U0451671

大足石刻全集

第九卷

大足石刻专论

大足石刻研究院　编

黎方银　主编

DAZU SHIKE
QUANJI

重慶出版集團　重慶出版社

THE DAZU ROCK CARVINGS

Vol. IX

COLLECTED RESEARCH PAPERS ON THE DAZU ROCK CARVINGS

EDITED BY
ACADEMY OF DAZU ROCK CARVINGS

EDITOR IN CHIEF
LI FANGYIN

重庆出版集团 重庆出版社

总 策 划　郭　宜　黎方银

《大足石刻全集》学术委员会

主　　任　丁明夷

委　　员　丁明夷　马世长　王川平　宁　强　孙　华　杨　泓　李志荣　李崇峰　李裕群　李静杰　陈明光　陈悦新　杭　侃　姚崇新　郭相颖　雷玉华　霍　巍（以姓氏笔画为序）

《大足石刻全集》编辑委员会

主　　任　王怀龙　黎方银

副 主 任　郭　宜　谢晓鹏　刘贤高　郑文武

委　　员　王怀龙　毛世福　邓启兵　刘贤高　米德昉　李小强　周　颖　郑文武　郭　宜　黄能迁　谢晓鹏　黎方银（以姓氏笔画为序）

主　　编　黎方银

副 主 编　刘贤高　邓启兵　黄能迁　谢晓鹏　郑文武

《大足石刻全集》第九卷编纂工作团队

本卷主编　米德昉

统　　稿　米德昉　刘贤高

英文翻译　姚淇琳

英文审定　Tom Suchan　唐仲明

审　　定　丁明夷

《大足石刻全集》第九卷编辑工作团队

工作统筹　郭　宜　郑文武

三　　**审**　曾海龙　邓士伏　郭　宜

编　　辑　王　娟　杨　帆

印前审读　曾祥志

装帧设计　胡靳一　郑文武

排　　版　张仙桃

校　　色　宋晓东　郑文武

校　　对　唐联文　廖　颖　廖应碧　何建云　李小君

总目录

GENERAL CATALOGUE

目　录

Catalogue

大足北山佛湾石窟分期研究

张媛媛　黎方银

一　引言

北山佛湾石窟是大足石刻的重要组成部分，位于重庆市大足区城北约1公里的北山佛岩坡半山崖壁上。其东北有营盘坡、西南有佛耳岩、西北有观音坡三处小型石窟点，西北与多宝塔隔涧相望（图1）。

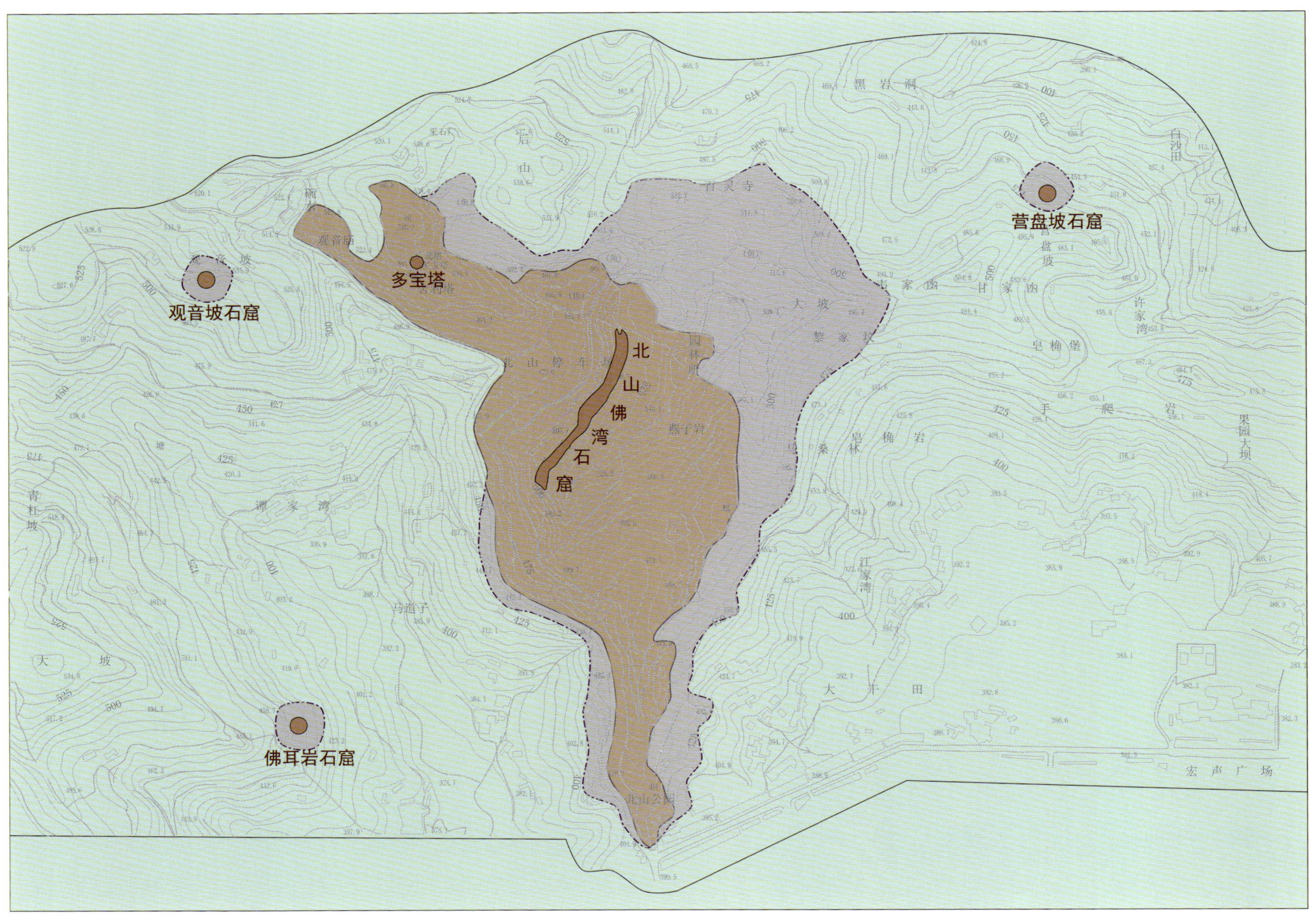

图1　北山佛湾石窟位置示意图

北山佛湾石窟沿山崖立壁顺势开凿，形如眉月，长约300米、高约7—10米；坐东面西，略呈南北走向。龛窟鳞次栉比，密如蜂房。造像分为南北两区，中为隙地。从南至北，通编为290号及14个附号，计304个编号[1]。其中，第1—98号及第3-1、9-1、9-2、

1　北山佛湾石窟编号肇始于1945年。时由杨家骆、顾颉刚、马衡等组成的“大足石刻考察团”在考察北山佛湾石窟时，将其编为255号。1954年，四川省文物管理委员会第一调查组与大足县文物保管所共同对其调查，重新编为290号。1982年，大足县文物保管所在1954年编号的基础上再次编号，除原编号外，仅增加了一些附号，现用白石灰书写在相应龛窟中的编号即是此次编定的。2003—2010年对北山佛湾石窟的考古调查基本遵循1982年编号，对个别新发现的龛像亦以附号编列。几次编号的原则基本一致，即：以独立龛窟及碑刻铭记为编号单位，从南区南端起向北依位置顺序编列，多层并列的由上至下编定，空龛或新发现的造像，以最近的龛号为主号，其余则为附号。本文遵从2003—2010年的编号。

55-1、70-1等5个附号，共计103个编号位于南区；第99、100号位于隙地中部；第101—290号及第116-1、151-1、171-1、175-1、180-1、180-2、187-1、190-1、229-1号等9个附号，共计199个编号位于北区（图2-1,图2-2）。

北山佛湾石窟304个编号中，单独编号的摩崖碑刻及题记共有13个，其余291个编号均为龛窟，所代表的龛窟总数为285个[1]，其中，空龛8个，宋以后4个，唐末至宋273个。除空龛、残毁龛窟、宋以后龛窟及碑刻题记外，本文兹将其中具有类型学分析条件的209个唐宋龛窟用作分期研究的对象。

北山佛湾石窟具有持续时间长、造像集中、题材多样、题记丰富的特点，在川渝唐末、五代、宋代石窟中极具代表性，其分期石窟对构建川东石窟发展的时空框架具有重要意义。此前，有关北山佛湾石窟分期研究的成果主要有3项：阎文儒先生根据造像题记，以年代为标尺，将北山佛湾造像分为晚唐至五代、宋两个阶段[2]；刘笑平、尹建华先生在对北山佛湾五代造像进行专题研究时，将其分为前蜀、后蜀两个阶段[3]；黎方银、王熙祥先生根据北山佛湾纪年题记，将无纪年的龛窟从造像组合、题材内容、龛窟形制、雕造技法、艺术风格、龛窟所处的部位等诸方面与之进行联系排比，将其中154个龛窟按时代先后分为晚唐、五代、宋三期[4]。这些研究成果，基本勾勒出了北山佛湾石窟的发展序列，但也因受调查不细、资料有限的条件所限，存在分段较粗、论述不详，方法单一、主观性强的问题，故不揣浅陋，试对北山佛湾石窟再作分期研究。

二　龛窟和造像的类型

（一）龛窟[5]

1. 窟形

北山佛湾石窟共计8个洞窟。按其平面形制，分为方形平顶窟和仿中心柱窟两类。

（1）方形平顶窟

窟顶为平顶，纵剖面呈长方形，沿壁均设低坛，部分窟底中后部另起坛。可分为两型。

A型：平面近方形，按低坛高度和形制分为两式。

Ⅰ式：环壁低坛较低，宽度相近，两壁转角处圆转；窟底中后部另设一很矮的低坛，其上配置主尊造像。仅见K180一例（图3-1）。

Ⅱ式：环壁低坛较高，两壁转角处近直角；后壁前低坛较宽，个别占据窟底一半以上，其上置主尊造像。多数窟底中后部再设一坛，且个别窟所设坛连同窟前低台形成三级台阶。代表洞窟如K133、K149、K176、K177（图3-2）。

B型：平面呈竖长方形，窟沿饰山石形纹，环壁设低台，三壁以横向隔梁分为多层。仅见K168一例（图3-3）。

（2）仿中心柱窟[6]

窟顶为平顶，底平面近竖长方形，中部收窄；纵剖面呈长方形。三壁造像的方式分为两类，一类以横向隔梁将壁面分为多层，隔梁间成横排凿像，如K155（图4-1）；一类在壁面凿圆拱形龛，于龛中再刻像，如K136（图4-2）。

2. 龛形

北山佛湾石窟以龛为主，共201个[7]，约占全部龛窟总数的96%。按其立面形制可分为方形龛、圆拱形龛二类。

（1）方形龛

共计156个。据立面形制和开凿方式可分为两型。

1　2003—2010年，大足石刻研究院在对北山佛湾石窟进行考古调查时，将第103、104号，第149、150号，第181、184号，第203、204号，第260、262、266号，第268、272号，第269、270号等15个编号合并为7龛。为使原编号不产生混乱，记述中仍保留原编号，但291个编号所代表的实际龛窟为285个。

2　阎文儒：《大足龙岗山石窟》，《四川文物》1986年《石刻研究专辑》。

3　刘笑平、尹建华：《试论大足北山五代造像》，《四川文物》1992年第4期。

4　黎方银、王熙祥：《大足北山佛湾石窟的分期》，《文物》1988年第8期。

5　本文依照《大足石刻全集》的分类标准，将开凿深度在两米以上者统称为窟，余者均称为龛。

6　这类洞窟中部均有造像与窟顶相接，类似于中心塔柱式，但又与北方典型的中心塔柱式窟存在一定差异，故名之为仿中心柱窟。

7　据本文统计，方形龛计有156个，圆拱形龛计有15个，其余30龛的龛形残损严重，无法辨别形制，但造像保存较好，可用作分期研究。

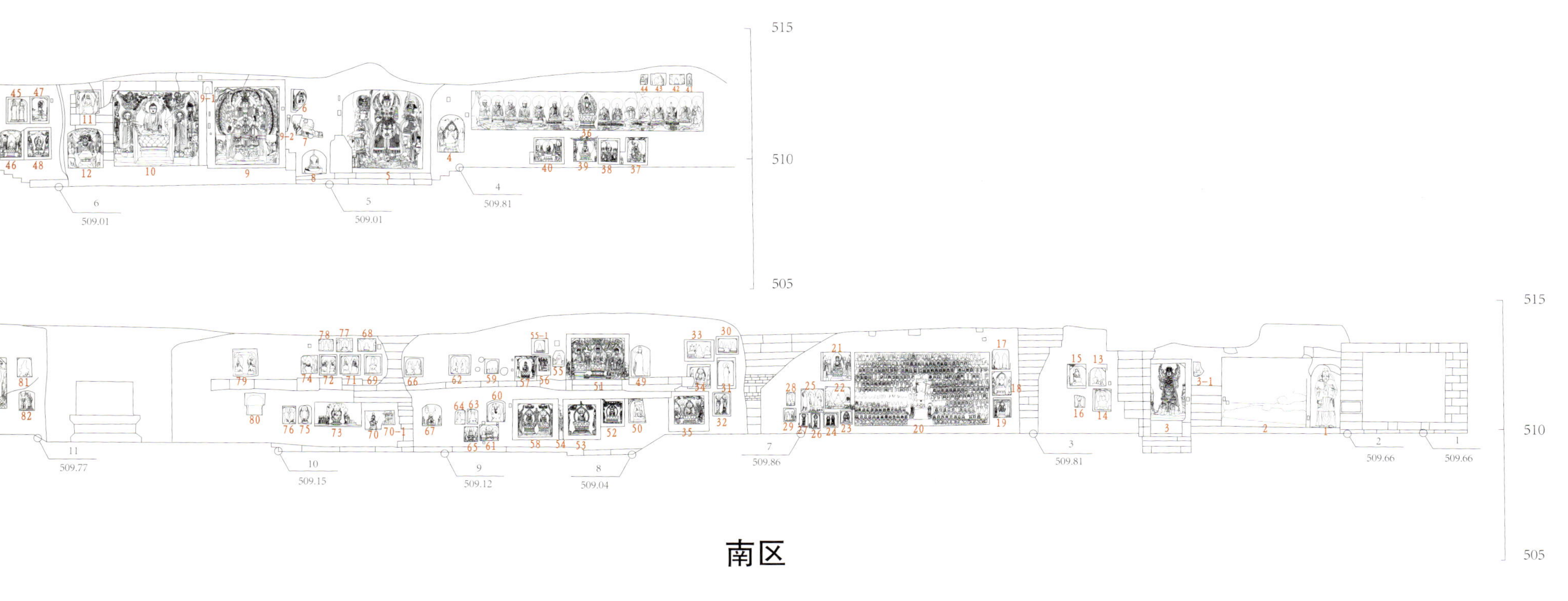

南区

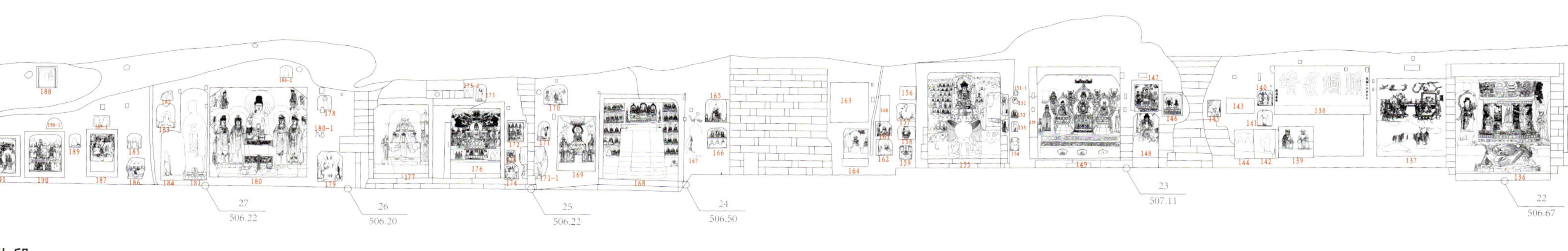

北区

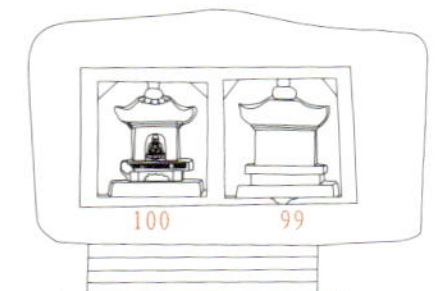

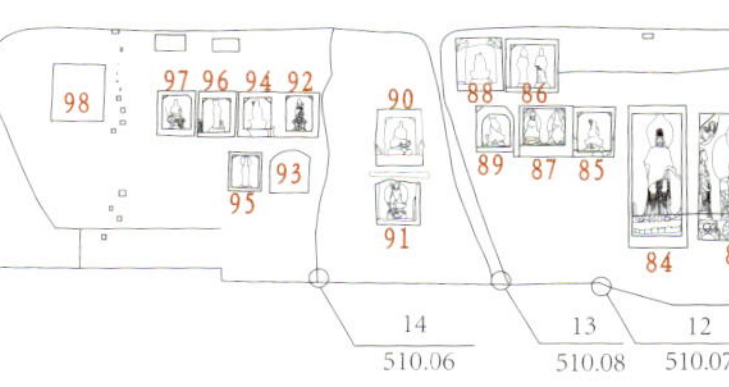

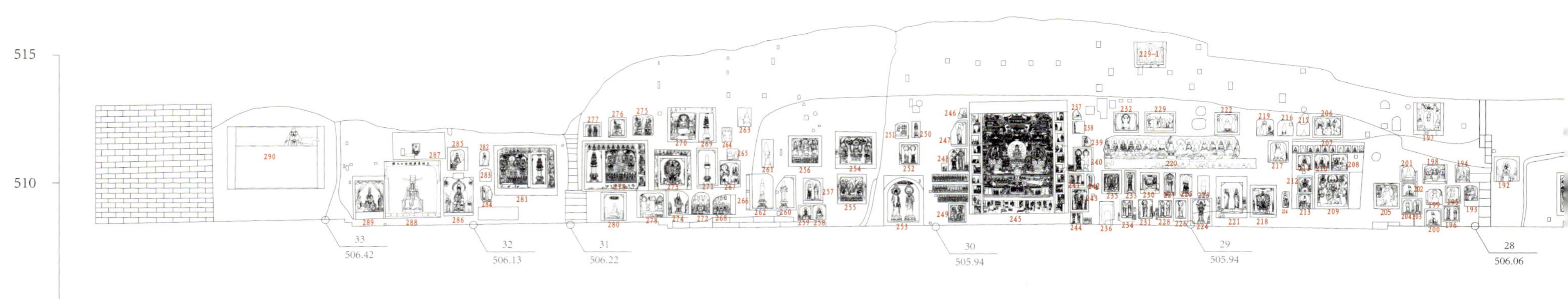

图 2-1　北山佛湾石窟立面图

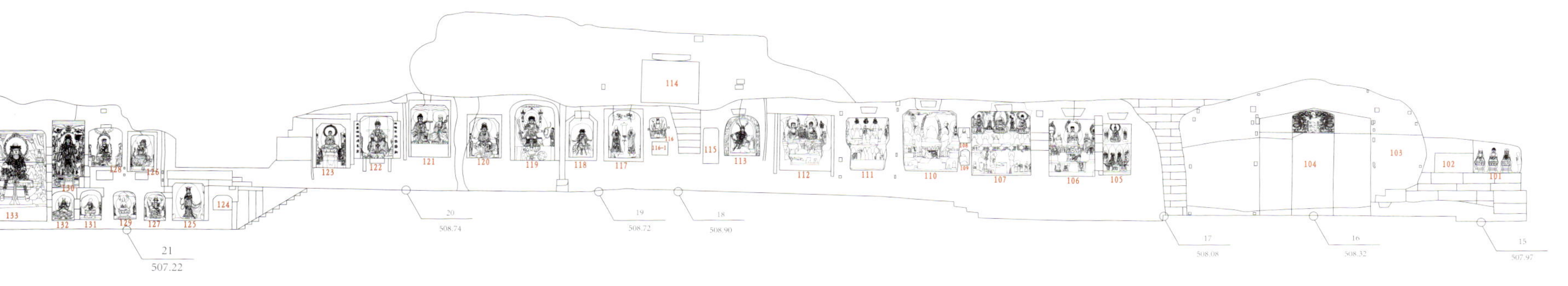

段

南段

图 2-2　北山佛湾石窟平面图

A型：单层方形龛。立面均呈长方形或正方形，左右上角大多凿有三角形斜撑[1]。按龛口开凿方式分为两个亚型。

Aa型：先在高低不平的自然崖壁表面平直凿进一定深度，形成一个方形平整面，再向其内开凿稍小的龛口[2]。按斜撑样式、龛沿装饰、设坛情况等，分为三式。

Ⅰ式：龛口近似盝形，三角形斜撑的下方斜边均较硬直，少数略有弧度。上方短边等于或短于左右侧短边。部分斜撑较深，明显低于龛沿。龛沿素面无饰。除个别龛外，龛底一般未设坛。如K51、K52、K53、K58、K191、K243、K245、K254等。其中共用一个平整面的K9、K10是一组双龛（图5-1）。

Ⅱ式：部分龛沿进深极浅。三角形斜撑的下方斜边弧度明显，上边一般等于或长于左右侧边，斜撑略低于龛沿。龛沿装饰纹样有两种，一种是在上侧龛沿浮雕一对相向的飞天；一种是在上方和左右侧龛沿浮雕束带的帷帐。少数龛内底部起高坛，一般占据龛内四分之一至三分之一的空间，坛前浮雕造像。代表龛形如K14、K15、K23、K24、K27、K35、K37、K47、K48、K57、K196、K255、K277、K286（图5-2）。

Ⅲ式：龛沿进深一般较浅。三角形斜撑体量较大，斜边均为直线，两侧短边长度大致相当，多数斜撑与龛沿处于同一平面，两者之间并无明显分界。龛沿素面无饰。环壁或左右壁多起低坛。后壁造像分层的现象较常见，有的层级之间还刻出隔梁。代表龛形如K118、K120、K121、K135、K172、K209、K256、K273（图5-3）。

Ab型：自然崖壁较平整，直接向内开凿龛口。按其大小、龛沿装饰、设坛情况等，分为两式。

Ⅰ式：以中小型龛为主。多数龛左右上角刻出三角形斜撑，其斜边均有弧度；另有少数龛在上沿浮雕一对相向的飞天。除个别龛外，底部均未设坛。代表龛形如K38、K39、K228、K231、K244（图5-4）。

Ⅱ式：以大中型龛为主。大多未刻三角形斜撑，有的斜边平直。龛沿素面无饰。环壁或左右壁多起低坛。后壁造像分为二至三层的现象较常见。代表龛形如K105、K106、K107、K110、K111、K137（图5-5）。

B型：双重方形龛。仅见K279、K281两龛，均为在外龛后壁再开凿并列的双龛，这是为了整合多种题材而出现的特定龛形（图5-6）。

（2）圆拱形龛

共15个。按其立面形制、开凿方式和龛沿装饰等可分为三式。

Ⅰ式：先在高低不平的自然崖壁表面平直凿进一定深度，形成一个竖长方形平整面，再向其内开凿出圆拱形龛口。龛沿面略凸，呈尖桃形，个别上方龛沿刻出垂饰帷幔。代表龛形如K50、K253（图6-1）。

Ⅱ式：开凿方式同Ⅰ式，在竖长方形平整面上开凿圆拱形龛口，有的在平整面左右上角刻出三角形斜撑。龛沿素面无饰。代表龛形如K88、K89、K117、K147、K227（图6-2）。

Ⅲ式：一部分直接沿自然崖壁向内开凿圆拱形龛口，另一部分则在龛口外侧凿出很浅的圆拱形龛面。顶部略弧，后壁圆转，近似穹窿形。个别龛出现沿壁设低坛、内壁隔梁分层和龛沿饰山石纹的特征。代表龛形如K75、K113、K116、K119、K127、K129、K166（图6-3）。

（二）**造像**[3]

1. 佛像

按其姿势，分为立式、倚坐式、结跏趺坐式等三类。

（1）立式

A型：着双领下垂式袈裟。

面长圆。头身比例协调，右侧衣角于领口下沿处略翻出，裙及小腿，衣纹疏朗流畅。如K38、K227、K231主尊佛像（图7-1）。

1　三角形斜撑结构是指方形龛龛口左右上角雕凿的类似三角形的托木结构，也有学者称其为“雀替”。

2　有学者将在自然崖壁表面平直凿进的部分视为外重龛，将向其内开凿的龛视为内重龛，故将此类龛形称为“双重方形龛”。《大足石刻全集》编写组认为，沿自然崖壁平直凿进的部分仅系为开龛提供一个平整面，是在不平整崖壁上开龛的一个必要过程和条件，与广元、巴中等地的外龛形制有一定区别，故未将此类龛归入双重龛范畴。本文采用《大足石刻全集》的分类原则，称其为“单层方形龛”。

3　因北山佛湾石窟造像题材复杂多样，而佛、菩萨、弟子三类造像相对数量较多，涵盖时段较长、分布区域较广，特征变化较快且明显，最具分期断代意义，故本文将佛、菩萨、弟子作为类型划分的对象，并选取其中保存完好、特征明显者作为各个类型的代表。

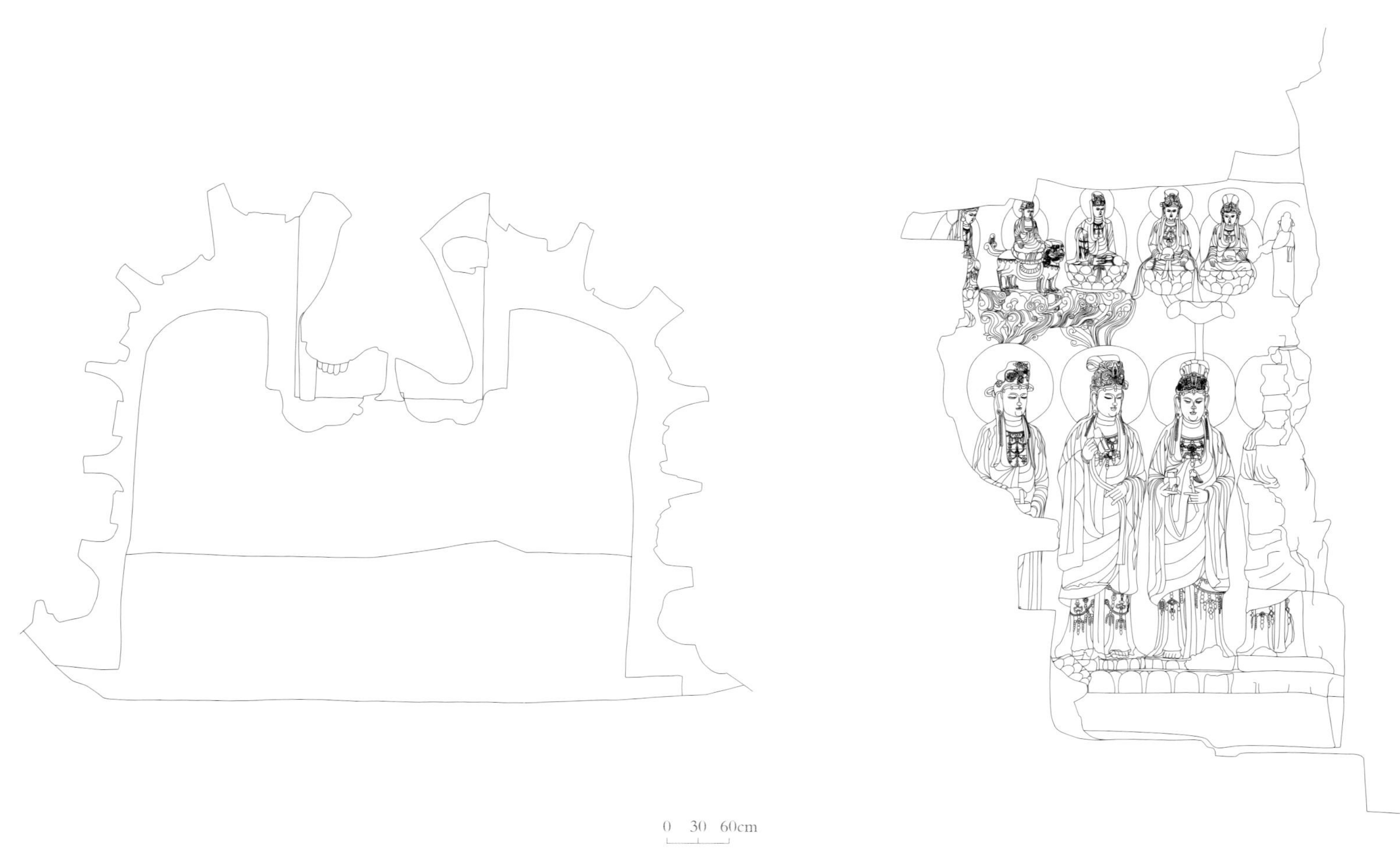

图 3-1　K180 平面、剖面图

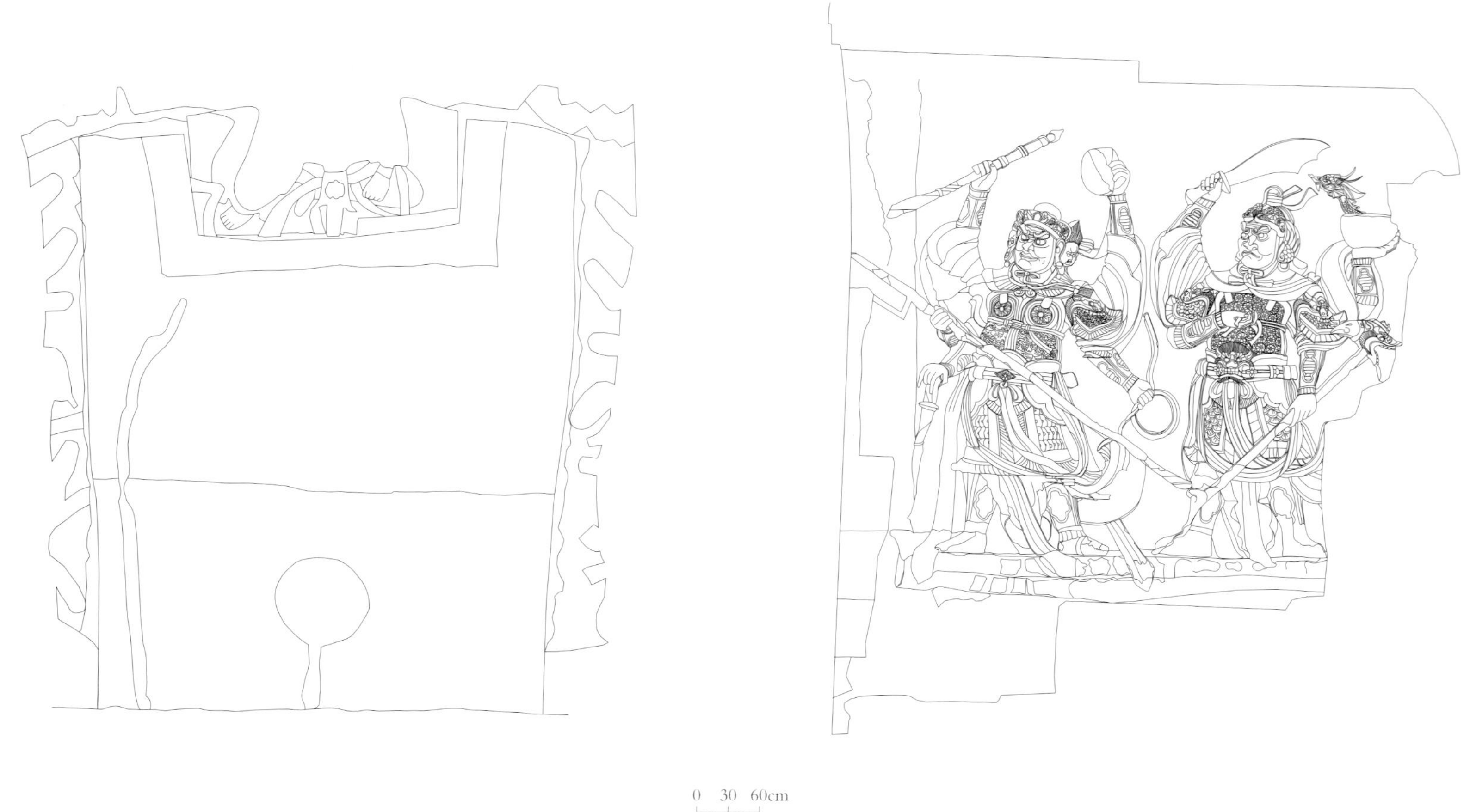

图 3-2　K133 平面、剖面图

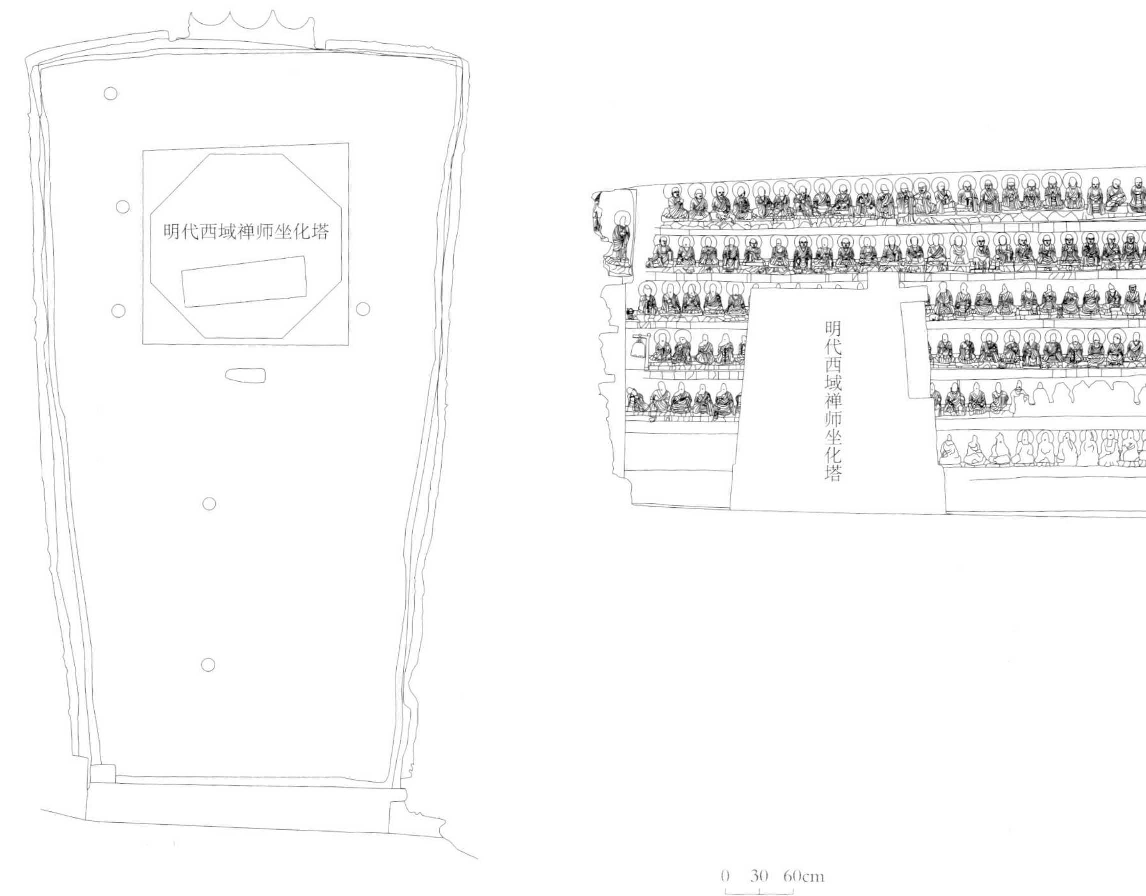

图 3-3　K168 平面、剖面图

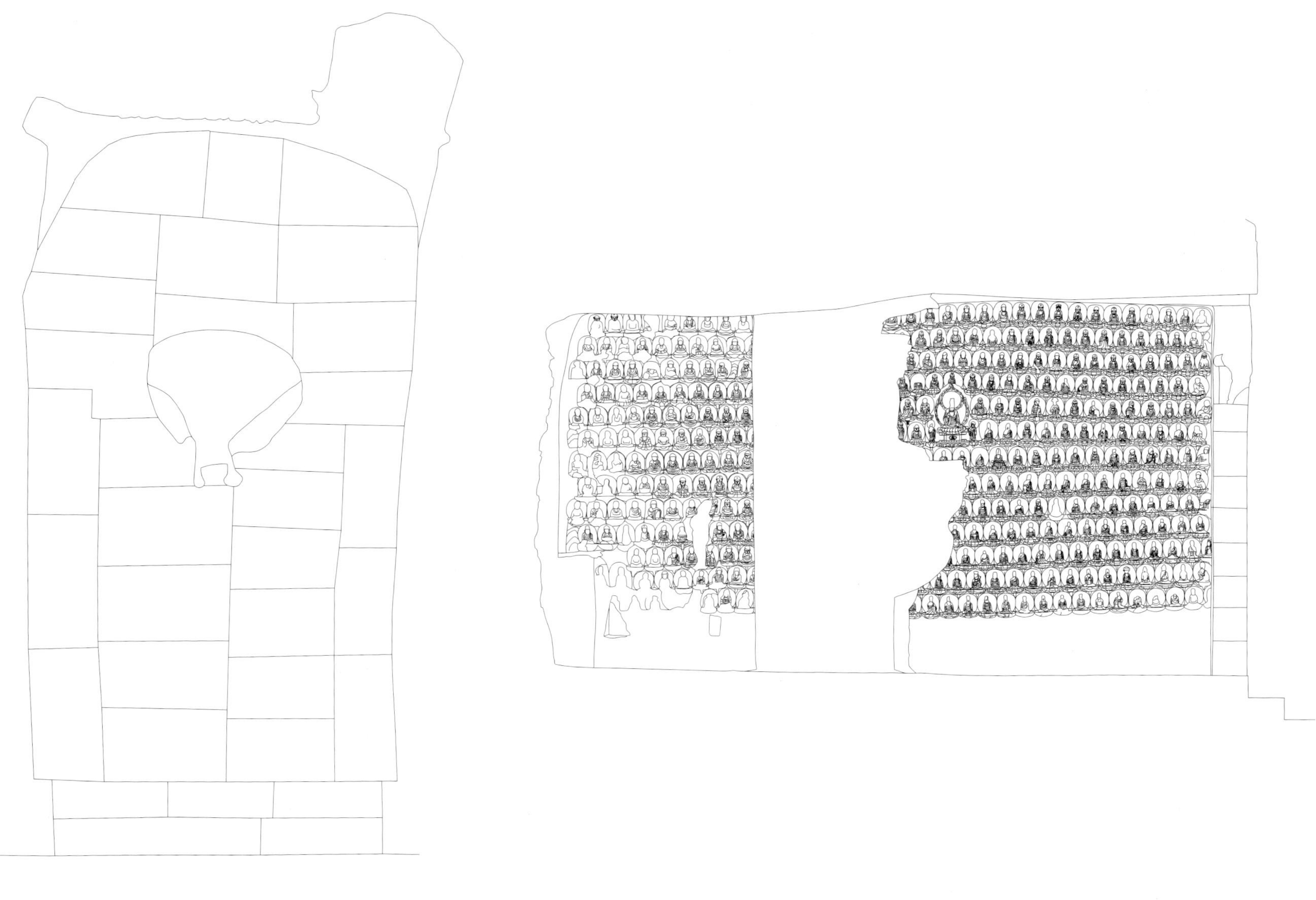

图 4-1　K155 平面、剖面图

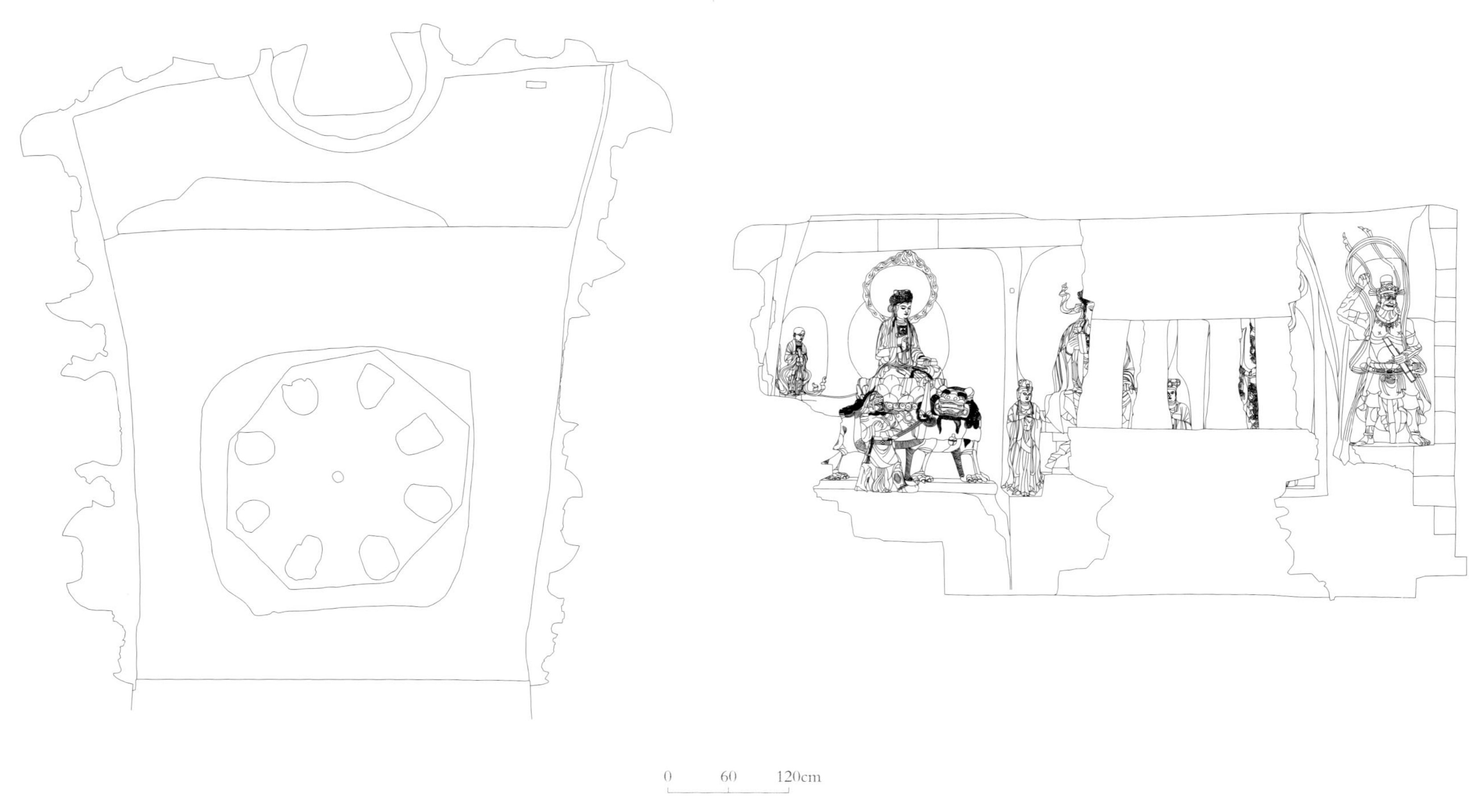

图 4-2　K136 平面、剖面图

图 5-1　K51 立面、平面图

图 5-2　K57 立面、平面图

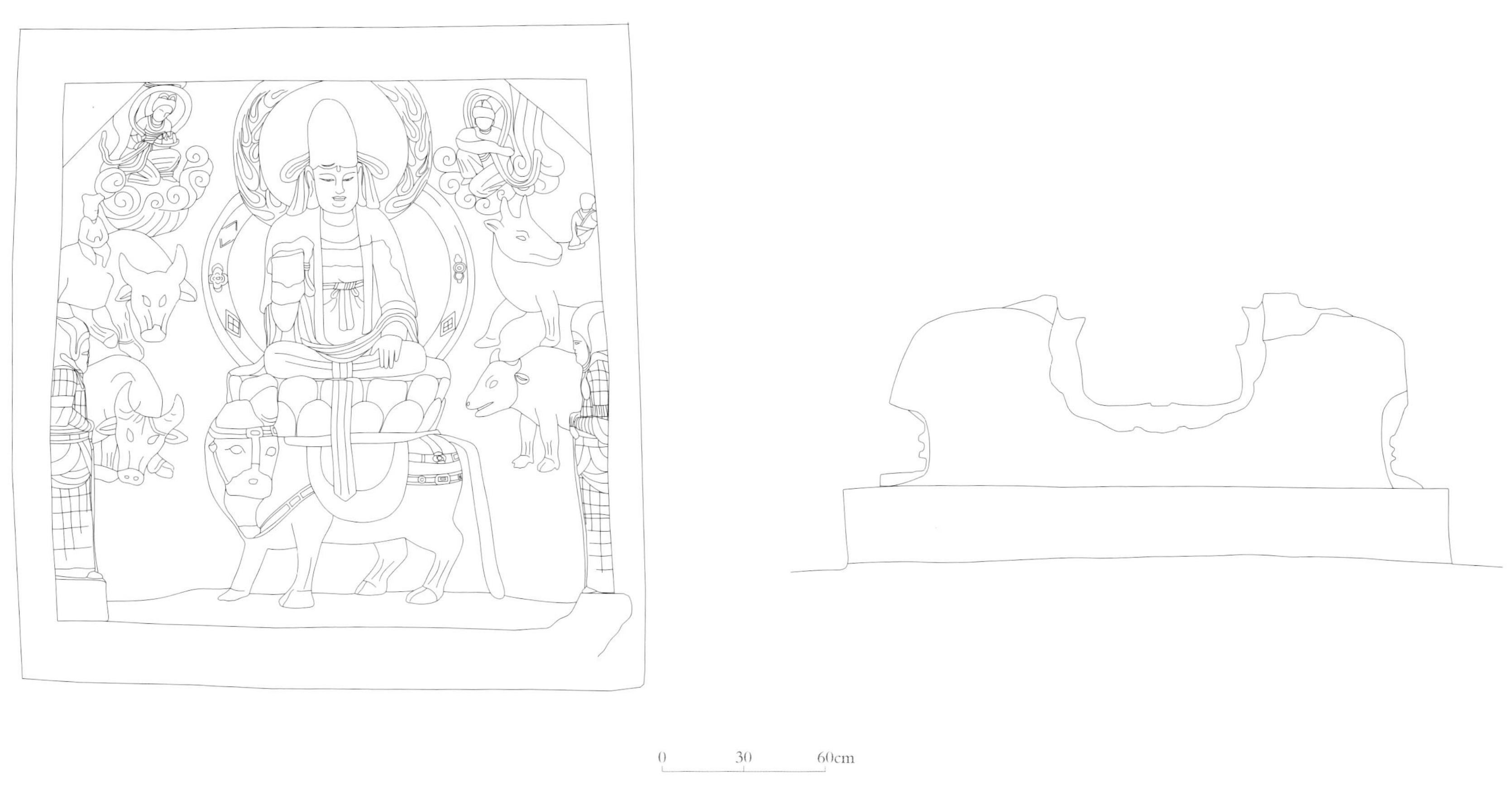

图 5-3　K209 立面、平面图

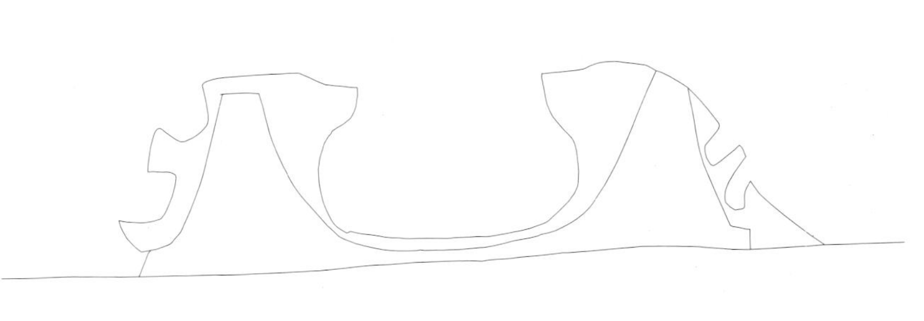

图 5-4 K39 立面、平面图

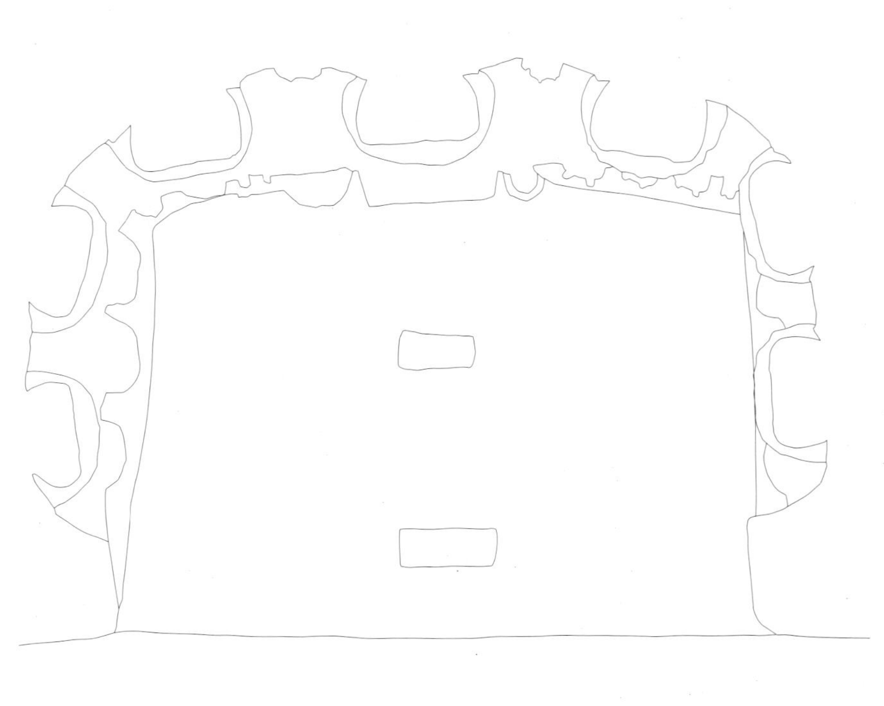

图 5-5 K107 立面、平面图

图 5-6　K279 立面、平面图

图 6-1　K253 立面、平面图

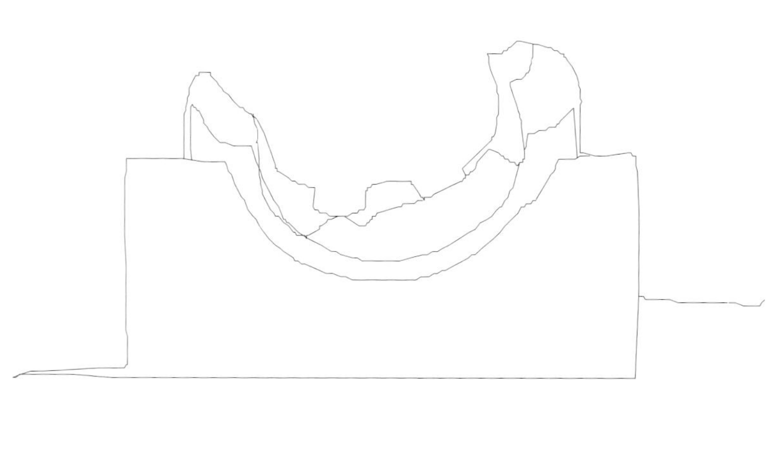

图 6-2 K227 立面、平面图

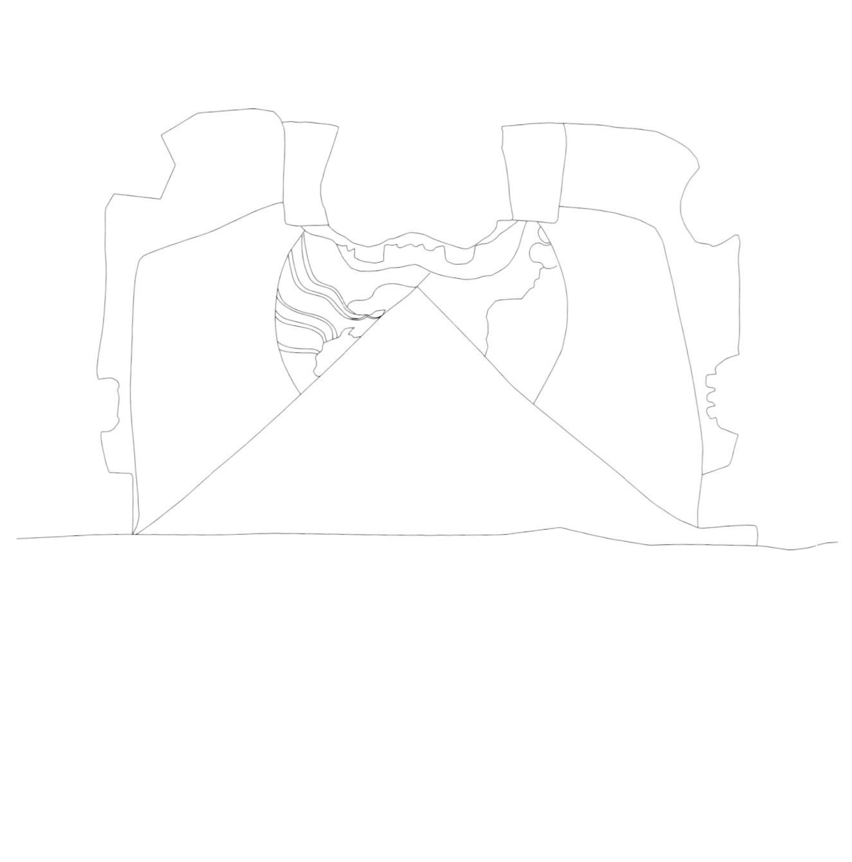

图 6-3 K119 立面、平面图

（2）倚坐式

A型：着双领下垂式袈裟。按脸型、头身比例、服饰、衣纹分为两式。

Ⅰ式：面方圆。袈裟轻薄贴体，领口下沿处袈裟翻出，下摆下垂及踝，衣纹多以浅而流畅的阴刻线表现。如K51左侧坐佛像（图7-2）。

Ⅱ式：头面稍长。袈裟贴体，两腿轮廓较明显；外层袈裟短及小腿，内侧僧衣下垂至踝，衣纹疏朗清晰。如K48、K147、K279、K281主尊佛像（图7-3）。

（3）结跏趺坐式

按袈裟穿着方式分为双领下垂式、通肩式和袒右式三型。

A型：身着双领下垂式袈裟，按袈裟敷搭方式差异分为三个亚型。

Aa型：右侧衣角掖入腹前袈裟内，两侧袈裟于领口下沿处翻出。按发式、脸型、体形、服饰等，分为三式。

Ⅰ式：肉髻较高，面相方圆，体形匀称。袈裟轻薄贴体，多以简洁流畅的阴刻线表现衣纹。领口下沿处袈裟外翻明显，衣摆呈倒三角形垂于座前。如K51中坐佛像（图8-1）。

Ⅱ式：顶有肉髻，头面略长，体形匀称。衣纹线较深且密集。领口呈“U”字形凸起，其下沿略外翻；后领上立与下垂的长耳相连；腹前束带，衣摆敷搭方式多样。如K21、K23、K36的主尊坐佛像（图8-2）。

Ⅲ式：未见肉髻，头面略长，细颈溜肩，体形修长。袈裟略显厚重，衣纹较为疏朗。领口下沿略外翻，腹前束带繁复，衣摆褶皱复杂，敷搭座前。如K112右主尊佛像（图8-3）。

Ab型：右侧衣角掖入腹前袈裟内，领口下沿不外翻。

除个别造像有较低的肉髻外，大多无肉髻。髻珠明显，螺发较粗。面部长圆，眉目舒展，体形修长。衣褶起伏明显，衣纹较为流畅，衣摆褶皱较多，均匀敷搭座前。如K135、K105、K106、K123、K136、K169、K176主尊佛像，K168后壁小龛主尊佛像，K155左壁中部坐佛像，K112左主尊佛像，K107上层从左至右第五身坐佛像。其中K169主尊头部为后代补刻，其他部分保持原貌（图8-4）。

Ac型：相较于其他双领下垂式袈裟领口下沿更高，近似通肩式袈裟；右侧衣角不掖入腹前袈裟内。按发式、脸型、头身比例、服饰，分为二式。

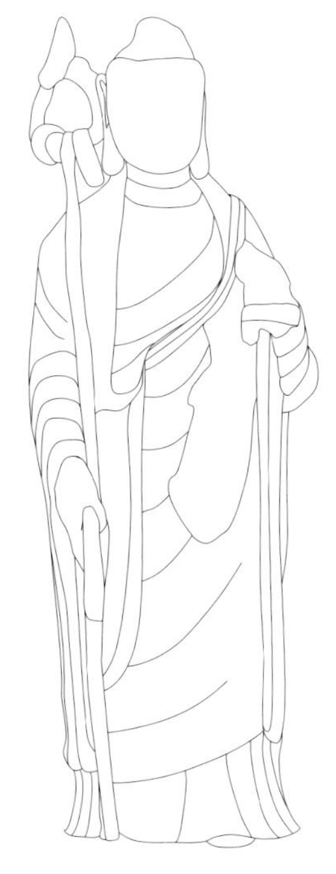

图7-1　K231主尊立佛

图7-2　K51左侧坐佛

图7-3　K281主尊坐佛

图 8-1　K51 中坐佛
图 8-2　K21 主尊坐佛
图 8-3　K112 右侧坐佛
图 8-4　K136 主尊坐佛
图 8-5　K39 主尊坐佛
图 8-6　K107 上层左起第六身坐佛
图 8-7　K52 主尊坐佛
图 8-8　K57 主尊坐佛
图 8-9　K12 主尊坐佛
图 8-10　K107 上层左起第七身坐佛

Ⅰ式：有肉髻，水波纹发式。面部方圆，头部相对较大，头身比例略失调。袈裟搭于左肩后，领口呈“U”字形凸起，敷搭于座前的衣摆质地轻薄，显露出莲座轮廓。仅K39主尊佛像一例（图8-5）。

Ⅱ式：不见肉髻，遍布螺发，髻珠明显。头面较长，体形修长，头身比例协调，袈裟略显厚重，搭于右肩或绕过头顶，敷搭于座前的衣摆褶皱较多。如K107上层从左至右第一、六身坐佛像（图8-6）。

B型：着通肩式袈裟。按面容、发式、服饰、衣纹分为两式。

Ⅰ式：面部方圆，多数鼻翼与口等宽，发式分为水波纹和螺发两种，袈裟较轻薄，衣纹多为简洁流畅的阴刻线。如K51右坐佛像，K6、K52、K53、K245、K254主尊佛像（图8-7）。

Ⅱ式：面部方圆，脸颊饱满，鼻翼较之前期较不明显。发式为水波纹，髻珠位置高而突出，身形健壮，两肩宽平，袈裟于两肋内陷，衣纹疏朗。如K35、K46、K57主尊佛像（图8-8）。

C型：着袒右式袈裟。按脸型、服饰、衣纹分为三式。

Ⅰ式：面方圆。右胁袈裟上沿高，不见僧祇支，袒露右胸，衣纹以较清晰流畅的阴刻线表现。如K12、K40主尊佛像（图8-9）。

Ⅱ式：头面较长。右胁袈裟上沿低，内着齐腋僧祇支，衣褶起伏明显。如K107上层从左至右第七身坐佛像，K155右壁中部坐佛像；K107上层第三身还出现了搭钮和偏衫（图8-10）。

2. 菩萨像[1]

按姿势分为立式、倚坐式、结跏趺坐式、半跏趺坐式、游戏坐式五种。

（1）立式

按所着服饰分为披帛和袈裟两型。

A型：上身着披帛，内着僧祇支或络腋。按体形分为两个亚型。

Aa型：形体偏瘦高。按脸型、服饰、衣纹等，分为五式。

Ⅰ式：项后缯带扎成的蝴蝶结两翅较短，下端垂及耳垂。面部丰圆，体形较修长，头身比例协调，身体较直。衣裙较轻薄，全身多密集深阴刻纵向衣纹，线条流畅。如K233、K240、K248、K253主尊菩萨像（图9-1）。

Ⅱ式：头部残毁，情况不明；身修长清瘦，肩宽与裙裾相当。衣裙甚为轻薄，披帛紧贴身体，串珠璎珞简素。如K20右侧胁侍菩萨像，K32左侧菩萨像（图9-2）。

Ⅲ式：面长圆，颈细长，斜肩瘦削，体形较之Ⅱ式稍矮，更为匀称。衣纹浅而流畅。如K224主尊菩萨像，K19、K21右侧胁侍菩萨像（图9-3）。

Ⅳ式：面长圆，腰较细，体修长，身更显健壮，立姿稍显硬直。衣裙质地略为厚重，衣纹更为疏朗简洁，串珠璎珞亦简素。仅见K83两侧胁侍菩萨像一例（图9-4）。

Ⅴ式：花冠左右两翼平行外展。面长圆，两颊饱满，神情生动。体形匀称，姿势多样，动态明显。长裙质地厚重，裙摆两侧明显外撇，裙脚处形成多层阶梯状褶皱。璎珞主要饰于胸前、腿膝处及衣带上，由小段的串珠和小巧的团花、菱形或圆形的璧环组成。最为显著者，是出现了细长而繁杂的各式衣带，包括缯带、披帛、飘带、饰带等，且互相穿插、交叉、作结，皆作飘动飞舞状。如K125、K130主尊菩萨像（图9-5）。

Ab型：体形匀称。按头冠、脸型、表情、服饰、衣纹等，分为三式。

Ⅰ式：面部丰圆，线条流畅；颈部粗短，双肩圆润，头身比例协调。衣裙轻薄贴体，衣纹浅而流畅。如K6、K10、K52、K53、K58左右侧胁侍菩萨像（图9-6）。

Ⅱ式：面部长圆，颈部细长，斜肩瘦削，体形修长清瘦。衣裙较为轻薄，衣纹浅而流畅，膝前璎珞深阴刻，小腿前衣纹呈“U”字形，裙摆两侧多明显外撇。如K24左侧菩萨像，K26、K27主尊菩萨像，K38胁侍菩萨像（图9-7）。

Ⅲ式：头部稍大，面部丰圆，两颊尤为饱满，颈部粗短，双肩宽平，上身粗壮，腿部细短，头身比例略失调。小腿前多为平行纵向衣纹。如K57左侧胁侍菩萨像，K196、K244右侧菩萨像（图9-8）。

---

1 此处“菩萨像”指代的是戴花冠、扎缯带、非光头或螺发、面容姿态偏女性、外着披帛或袈裟、内着僧祇支或络腋、下着长裙等特定形象的一类造像，涵盖菩萨、明王、天女等几种身份，为行文方便统以“菩萨像”称之。

B型：身着袈裟，体形以修长为主。按发式、脸型、服饰、衣纹等，分为六式。

Ⅰ式：部分缯带两端垂及耳垂。面部丰圆，削肩细颈，身形极为清瘦高挑，体形较直。袈裟分为通肩式和双领下垂式两种，个别后领上提覆于冠顶，皆轻薄贴体，下摆垂及小腿中部，衣纹流畅清晰。如K32右侧菩萨像、K221左侧菩萨像（图9-9）。

Ⅱ式：面部长圆，削肩细颈，体形高挑，身体有曲线。着通肩袈裟，个别后领上提覆于冠顶，袈裟略显厚重，衣领突出，下摆垂及膝间，衣纹疏朗简明。如K21、K241左侧菩萨像（图9-10）。

Ⅲ式：面部长圆，两肩宽平，头部稍大，上身健壮，腿部过于细短，体形不匀称。着双领下垂式袈裟，袈裟下摆较短，露出两膝，衣纹清晰疏朗。仅K270左右侧胁侍菩萨像一例（图9-11）。

Ⅳ式：头冠分为两种式样。一种为高耸的单重冠，两翼略外展；另一种分为上下两重，其中下重两翼略外展。面部较长而下颌略方，耳部外展，纤眉细目，眼角上扬，嘴角内收，神情温和。颈部呈上细下粗的圆锥形，两肩圆润。上身健壮，但腿部稍短，身体比例略失调。体形较修长，身体竖直，几乎无动感，稍显呆板。着双领下垂式袈裟，个别后领上提覆于冠顶。袈裟领口开口较高，质地厚重，衣褶起伏明显，衣纹流畅简洁。璎珞由小粒的花、环和小段的串珠串联而成。各式衣带笔直下垂。以K180左右侧壁的十身菩萨像最为典型（图9-12）。

Ⅴ式：头戴两重冠，下重两翼更宽。头略小，面较长，脸颊线条柔和，五官纤细，两耳外展，神情沉静。身形高挑，削肩细颈。缯带较细，下垂及胸。着双领下垂式袈裟，质地厚重。领口开口较高，衣纹疏朗流畅，衣带垂感较强。如K180正壁主尊两侧胁侍菩萨像（图9-13）。

Ⅵ式：头冠同Ⅳ式，亦分为单重和双重两种。单重冠的两翼或变成无翼，或变成更宽的翼；两重冠的下重左右两翼与中部转折明显，上沿形成三道半圆形的弧线，左右两翼近似正圆形。面部较方，脸颊更为丰满圆润，眉目舒展，神情更为自然生动。颈部呈圆柱形，体形略显丰腴，头身比例协调，姿态自然写实。袈裟分为双领下垂式和袒右式两种，个别后领上提覆于冠顶。袈裟领口开口较低，质地厚重而柔软，衣褶呈阶梯状，衣纹流畅写实。璎珞珠串更加丰富繁复，组合方式增多，并出现在两臂和腹前敷搭的袈裟外侧。团花体量变大，数量变多，形态多样，装饰性强。缯带较宽，尾端上扬，富有动感。袈裟之下显露出多条垂带，略有拂动。最有代表性的是K136正壁左右侧和左右侧壁小龛内的四身菩萨像（图9-14）。

（2）倚坐式

按所着服饰分为披帛、袈裟两型。

A型：上着披帛，内着僧祇支或络腋。按体形、姿势、服饰、衣纹等，分为四式。

Ⅰ式：面丰圆，口内敛，体丰腴，足尖向前。衣纹流畅但深浅不一。如K9、K218、K235、K243主尊菩萨像，K255左右胁侍菩萨像（图10-1）。

Ⅱ式：体形略显臃肿，两膝下压，与上半身夹角大于90度；两足尖外撇呈“八”字形。如K35左胁侍菩萨像，K48左右胁侍菩萨像（图10-2）。

Ⅲ式：面丰圆，两颊饱满，面带笑意。双肩圆润，体形健壮。衣裙轻薄贴体，两腿轮廓明显，膝部多垂挂平行的长串璎珞，腿侧长裙紧贴台座，披帛长裙均刻疏朗的纵向衣纹，两足尖向前或略外撇。如K273主尊菩萨像，K147、K279、K281两侧胁侍菩萨像，K249左侧菩萨像，K256左侧胁侍菩萨像（图10-3）。

Ⅳ式：花冠左右两翼平滑外展。面长圆，五官小巧。缯带细长，披帛长裙厚重。裙摆两侧明显外撇。裙脚处形成多层阶梯状褶皱。如K119主尊菩萨像（图10-4）。

B型：身着袈裟。按体形、服饰、衣纹等，分为四式。

Ⅰ式：体形略显臃肿。两膝下压，与上半身夹角大于90度；两足尖外撇呈“八”字形。衣裙质地柔软，衣纹疏朗流畅。如K35右侧胁侍菩萨像（图10-5）。

Ⅱ式：双肩宽广，体形健壮。衣裙轻薄贴体，两腿轮廓明显。膝前多垂挂平行的长串璎珞。腿侧长裙紧贴台座。披帛长裙均刻疏朗的纵向衣纹。两足尖向前或略外撇。如K267、K275左侧菩萨像（图10-6）。

Ⅲ式：面较长，五官小巧，颈呈圆锥形，体修长，身健壮，比例略失调，姿势显得僵直呆板。两例均后领上提覆于头顶。袈裟质地厚重，衣褶起伏明显，衣纹较为疏朗。袈裟领口开口较高，下摆上翻露出两膝。如K83、K286主尊菩萨像（图10-7）。

Ⅳ式：面相对较短，脸颊圆润，五官舒展，体形稍显丰腴。缯带较宽，尾端略翘。袈裟质地厚重柔软，衣褶呈阶梯状。衣纹流畅

1
2
3
4
5
6
7
8
9

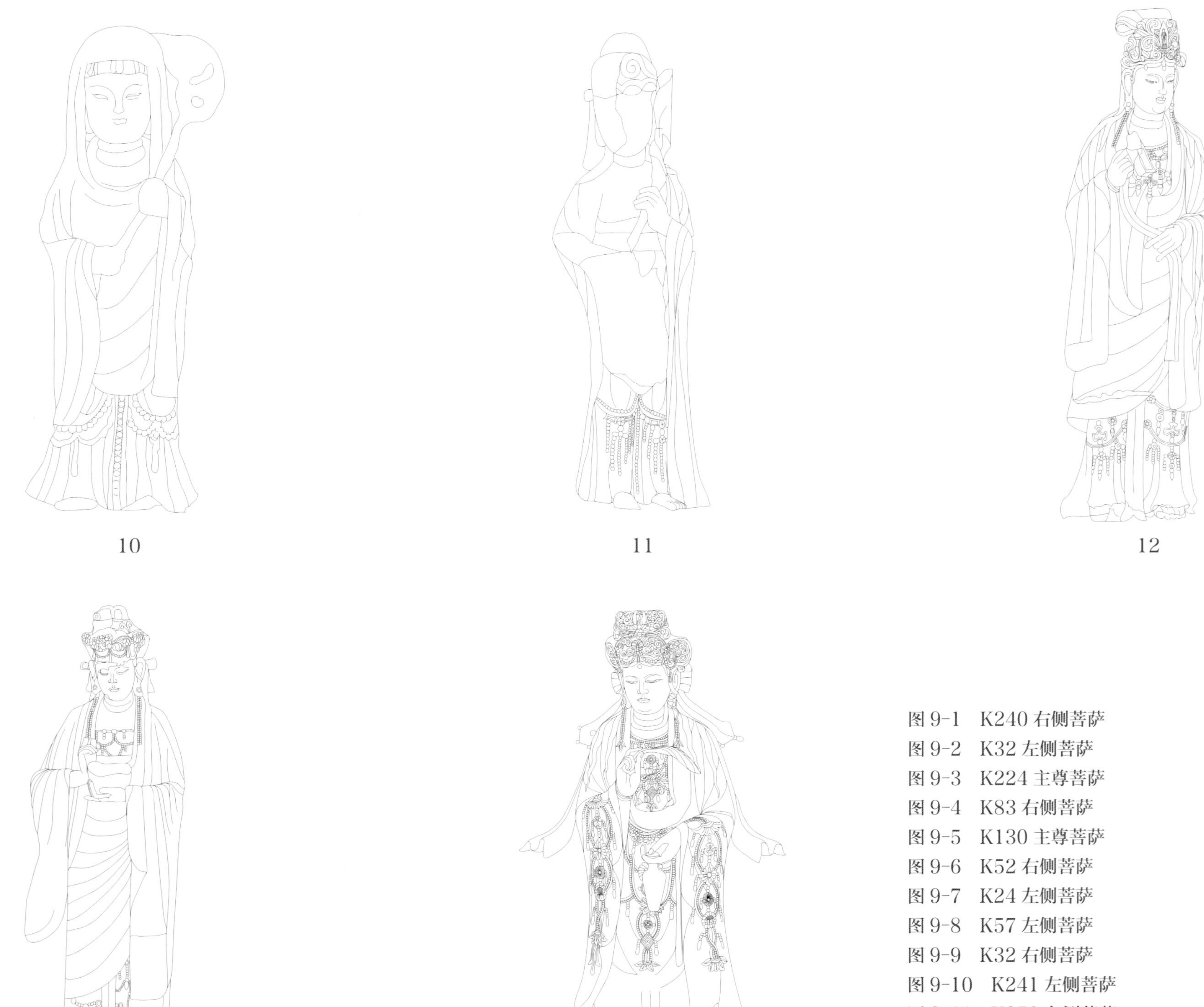

图9-1　K240右侧菩萨
图9-2　K32左侧菩萨
图9-3　K224主尊菩萨
图9-4　K83右侧菩萨
图9-5　K130主尊菩萨
图9-6　K52右侧菩萨
图9-7　K24左侧菩萨
图9-8　K57左侧菩萨
图9-9　K32右侧菩萨
图9-10　K241左侧菩萨
图9-11　K270左侧菩萨
图9-12　K180持印观音
图9-13　K180主尊左起第一身菩萨
图9-14　K136净瓶观音

写实，有的后领上提覆于头顶。如K128、K172右侧菩萨像（图10-8）。

（3）结跏趺坐式

按所着服饰分为披帛、袈裟和络腋三型。

A型：上身着披帛，内着僧祇支或络腋。按头冠、脸型、表情、服饰、衣纹等，分为四式。

Ⅰ式：面丰圆，口内敛，双肩圆润，体形较丰腴。衣纹浅而流畅。如K58右侧菩萨像，K12左侧胁侍菩萨像（图11-1）。

Ⅱ式：头冠分为高耸的单重冠和两翼外展的双重冠两种式样。缯带较细，下垂及胸。面部较长，五官纤细，两耳多外展，神情沉静。披帛质地较厚，一般从后腰处垂两带，在膝前交叉作结后下垂于座前。衣带极具垂感，几乎无动态。如K155、K149主尊菩萨像，K146右侧菩萨像（图11-2）。

Ⅲ式：单重花冠左右两翼自然外展。面部长圆，含颦欲笑，神情生动。身饰繁复的细长衣带，皆垂于座前作飞舞状，动态明显。如K116、K127、K132主尊菩萨像（图11-3）。

Ⅳ式：头冠亦分为单重和双重两种式样。单重冠高耸无翼，双重冠的下重左右两翼与中部转折明显，上沿形成三道半圆形的弧线，左右两翼近似正圆形。面方圆，五官舒展，略带笑意，神情生动。衣裙厚重，衣褶呈阶梯状，衣纹流畅写实。衣带数量减少，质地厚

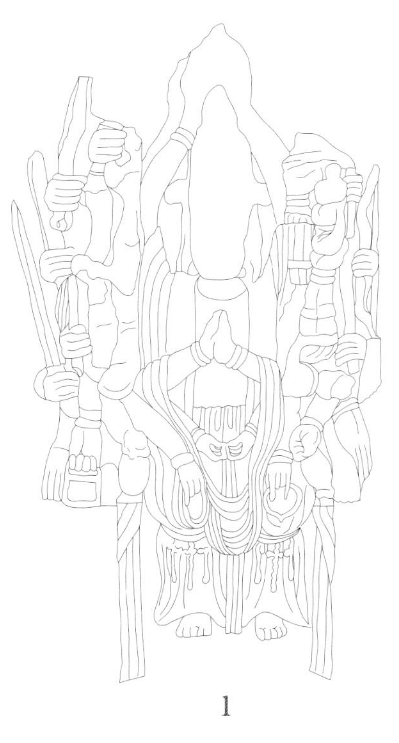
1

2

3

4

5

6

7

8

图 10-1　K243 主尊菩萨
图 10-2　K35 左侧菩萨
图 10-3　K281 右侧菩萨
图 10-4　K119 主尊菩萨
图 10-5　K35 右侧菩萨
图 10-6　K275 左侧菩萨
图 10-7　K286 主尊菩萨
图 10-8　K128 右侧菩萨

重，褶皱较多，如临微风略有拂动。如K148主尊像，K123左右侧胁侍菩萨像，K136两侧壁内龛和右壁中龛的三身像（图11-4）。

B型：身着袈裟。按头冠、脸型、服饰等，分为两式。

Ⅰ式：单重冠，有无翼和宽翼两种样式。面部较长，五官纤细，神情沉静，削肩细颈，身形修长。袈裟领口开口较高，个别后领上提覆于冠顶。袈裟和衣带质地厚重，垂感较强。以K149正壁主尊两侧的胁侍菩萨像和K180三壁上层菩萨坐像最具代表性（图11-5）。

Ⅱ式：头冠分为单重和双重两种式样，冠下多露发。面部丰圆，眉目舒展，神情温和而生动。袈裟和衣带质地厚重，衣褶呈阶梯状，衣纹流畅写实。衣带数量不多，部分有拂动感。如K118、K126主尊菩萨像，K106左侧胁侍菩萨像，K136左壁中龛菩萨像（图11-6）。

C型：上半身仅着络腋，不着袈裟或披帛。

头冠两翼较宽，平滑外展。缯带较细，下垂及胸。座前垂三带，中部一带系从腿间垂下，左右两带当自后腰处伸出，在膝前交叉作结后下垂。衣带极具垂感。仅K259一例（图11-7）。

图11-1　K58右侧菩萨
图11-2　K155主尊菩萨
图11-3　K132主尊菩萨
图11-4　K136左壁内龛菩萨
图11-5　K149右侧菩萨
图11-6　K136左壁中龛菩萨
图11-7　K259主尊菩萨

（4）半跏趺坐式

按所着服饰分为披帛、袈裟两型。

A型：上着披帛，内着僧祇支或络腋。按头冠、体形、服饰、衣纹等，分为三式。

Ⅰ式：颈部粗短，双肩圆润，体形匀称，袈裟衣纹浅而流畅。仅见K254左侧胁侍菩萨像一例（图12-1）。

Ⅱ式：头部情况不明。削肩细颈，体形略显臃肿，衣裙质地柔软稍厚，衣纹变粗，褶皱体积感明显。仅见保存情况较差的K46右侧胁侍菩萨像一例（图12-2）。

Ⅲ式：头戴两重花冠，其下重左右两翼与中部转折明显，左右两翼近似正圆形。缯带较宽，下垂及腰，尾端上扬。衣裙质地厚重，衣褶呈阶梯状，衣纹较为疏朗。仅见K121右侧菩萨像一例（图12-3）。

B型：身着袈裟。按体形、服饰、衣纹等，分为三式。

Ⅰ式：头部情况不明。双肩瘦削，形体清瘦，衣纹浅而流畅。仅见保存情况较差的K40左侧胁侍菩萨像一例（图12-4）。

Ⅱ式：单重冠两翼略外展，缯带较为细长。面部长圆，颈部近似圆锥形；上身健壮，腿部明显较短，身体比例失调。袈裟质地厚重，衣褶起伏明显，肢体、衣饰皆无动感。以K180正壁上层的两身菩萨像为例（图12-5）。

Ⅲ式：头戴单重冠，缯带较宽，下垂及腰，尾端上扬。冠下露发，面丰圆。衣裙质地厚重，衣褶呈阶梯状，衣纹较为疏朗。仅见K120主尊菩萨像一例（图12-6）。

1

2

3

4

5

6

图 12-1　K254 左侧菩萨
图 12-2　K46 右侧菩萨
图 12-3　K121 右侧菩萨
图 12-4　K40 左侧菩萨
图 12-5　K180 正壁上层右侧菩萨
图 12-6　K120 主尊菩萨

（5）游戏坐式

A型：上身着披帛，内着僧祇支或络腋。

花冠左右两翼平滑外展，面部长圆，两颊饱满，含颦欲笑。衣裙质地厚重，衣带细长繁复，上饰璎珞，相互穿插、交叉、作结，极具动感。仅见K113主尊菩萨像一例（图13-1）。

B型：上半身仅着络腋，不着袈裟或披帛。按面容、服饰、衣纹等，分为两式。

Ⅰ式：头戴双重冠，其中下重两翼略外展。面较长，耳外展，眉目纤细，神情温和。衣裙质地厚重，衣褶起伏明显，衣带笔直下垂，无飘动感。如K128、K180主尊菩萨像，K146左侧菩萨像（图13-2）。

Ⅱ式：头冠两翼外展明显，部分造像面部变短，出现大量细长的衣带，部分饰以璎珞，下端打结或分叉，互相穿插交叉，飘动感较明显。衣裙质地厚重，衣褶呈阶梯状，衣纹流畅写实。如K133、K135、K165、K210主尊菩萨像（图13-3）。

1

2

3

图13-1　K113主尊菩萨
图13-2　K180主尊菩萨
图13-3　K133主尊菩萨

3. 弟子像[1]

按姿势分为立式、结跏趺坐式、半跏趺坐式三种。

（1）立式

按所着袈裟分为双领下垂式、袒右式和通肩式三型。

A型：身着双领下垂式袈裟。按体形、服饰等，分为两式。

Ⅰ式：体形匀称或瘦高。袈裟质地较轻薄，衣纹稀疏流畅。如K244、K253左侧弟子像，K35、K53主尊左侧胁侍弟子像，K10、K46主尊右侧胁侍弟子像，K240右下侧供养比丘像（图14-1）。

Ⅱ式：体形较健壮。袈裟质地厚重，衣纹较为密集。如K117、K277左侧弟子像（图14-2）。

B型：身着袒右式袈裟。按体形分为两个亚型。

Ba型：体形匀称。按腿部比例、服饰等，分为两式。

Ⅰ式：腿部匀称，身形协调。袈裟质地较轻薄，衣纹较流畅。如K147、K281主尊左侧胁侍弟子像，K279主尊右侧胁侍弟子像（图14-3）。

1　此处“弟子像”指代的是具有光头或披帽、外着袈裟、跣足或着鞋等特定形象的造像，而非单指阿难、迦叶等佛弟子的造像，还包括罗汉、祖师、地藏菩萨、供养比丘等其他身份。本文为行文方便统称“弟子像”。

Ⅱ式：上身健壮，腿部较短，身形略失调。袈裟质地厚重，衣纹和褶皱较为密集。如K119左壁中部弟子像，K129、K135上层、K176主尊左右侧胁侍弟子像（图14-4）。

Bb型：体形高挑。

面相写实，体形多健壮，头身比例协调。袈裟质地厚重，衣褶起伏明显，部分呈阶梯状。如K112左侧胁侍弟子像，K136后壁中央主尊和右壁中龛主尊左侧胁侍弟子像，K121、K177左壁弟子像（图14-5）。

C型：身着通肩式袈裟。按体形分为两个亚型。

Ca型：体形匀称。

面相分为青年和老年两种，头身比例协调。袈裟质地较为轻薄，衣纹稀疏流畅。如K40、K51主尊左右侧胁侍弟子像（图14-6）。

Cb型：体形高挑。

面相分为青年和老年两种，头部稍小而身体尤为修长。袈裟质地较轻薄，衣纹稀疏流畅。如K10、K52左侧胁侍弟子像（图14-7）。

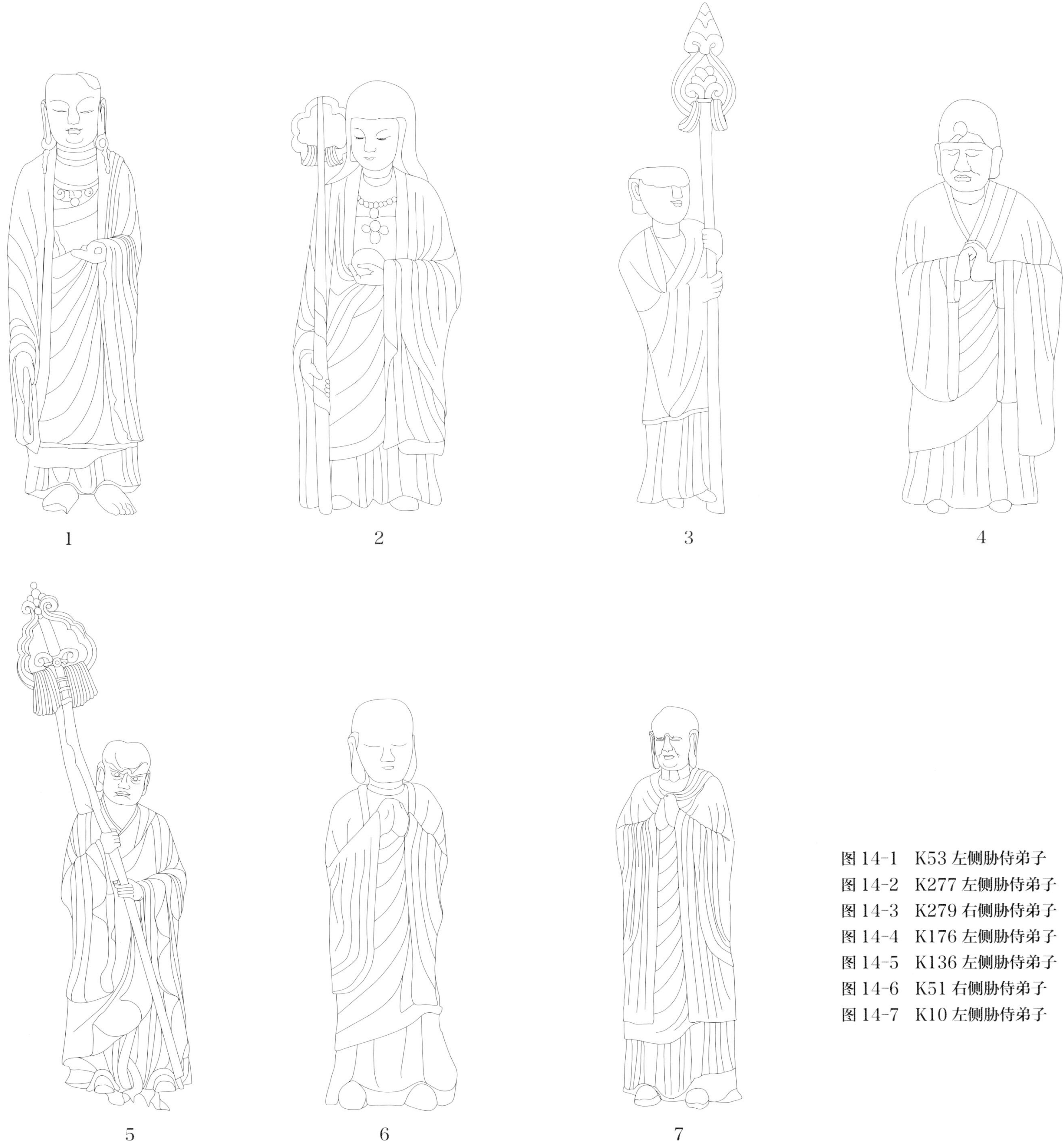

图14-1　K53左侧胁侍弟子
图14-2　K277左侧胁侍弟子
图14-3　K279右侧胁侍弟子
图14-4　K176左侧胁侍弟子
图14-5　K136左侧胁侍弟子
图14-6　K51右侧胁侍弟子
图14-7　K10左侧胁侍弟子

（2）结跏趺坐式

按所着袈裟分为双领下垂式、袒右式和交领式三型。

A型：身着双领下垂式袈裟。按体形、服饰等，分为两式。

Ⅰ式：体形匀称。由于敷搭方式的差异，领口呈“V”字形或“U”字形。袈裟质地较轻薄，衣纹流畅写实。如K36左侧第六身弟子像，K58左侧弟子像（图15-1）。

Ⅱ式：肩宽胸厚，体形略显臃肿。领口呈“U”字形。袈裟质地厚重，衣褶呈阶梯状。如K177正壁和右壁二主尊弟子像（图15-2）。

B型：身着袒右式袈裟。按体形、服饰等，分为两式。

Ⅰ式：上身较修长，头身比例协调。袈裟质地较轻薄，阴刻衣纹流畅写实。如K36左侧第五身、右侧第三身弟子像（图15-3）。

Ⅱ式：头部稍大，上身粗短。袈裟质地厚重，衣纹疏朗，衣褶呈阶梯状。如K168两身弟子像（图15-4）。

C型：身着交领式袈裟。

上身较修长，头身比例协调。袈裟质地较轻薄，衣纹流畅写实。如K36右侧第四身弟子像（图15-5）。

图15-1　K58左侧弟子
图15-2　K177主尊弟子
图15-3　K36主尊左侧第五身弟子
图15-4　K168五百罗汉之一
图15-5　K36主尊右侧第四身弟子

（3）半跏趺坐式

按所着袈裟分为双领下垂式和袒右式两型。

A型：身着双领下垂式袈裟。按脸型、体形、服饰、衣纹等，分为三式。

Ⅰ式：面部长圆，上半身修长，体形匀称。领口呈“V”字形。小腿前形成“U”字形衣纹。如K37主尊弟子像，K40、K241右侧胁侍弟子像（图16-1）。

Ⅱ式：面部丰圆，两颊尤为饱满。上身壮硕，束腰不明显。袈裟轻薄贴体，两腿轮廓明显，袈裟短及小腿中部，长裙下垂及踝。腿侧衣饰紧贴台座，小腿前均刻疏朗的纵向衣纹。如K276主尊弟子像，K249、K275右侧弟子像，K273龛外左右侧壁四身弟子像，K279、K281左侧壁前四身弟子像（图16-2）。

Ⅲ式：面部长圆，长颈削肩。袈裟质地厚重，衣褶呈阶梯状，腿前衣纹稀疏。仅见K121正壁左侧弟子像一例（图16-3）。

B型：身着袒右式袈裟。

上身修长，体形匀称。膝部衣纹呈“U”字形，下垂腿侧衣饰紧贴台座，形成纵向衣纹。仅见K191左侧弟子像一例（图16-4）。

图16-1　K37主尊弟子
图16-2　K279左壁弟子
图16-3　K121左侧弟子
图16-4　K191左侧弟子

三　分期与年代

（一）分组

按照上述类型的划分，为了方便讨论，现将209个龛窟中有代表性的77个龛窟及其造像的类型情况列入表1。

表1　北山佛湾石窟造像类型表

窟号	窟形·方形平顶 A Ⅰ	窟形·方形平顶 A Ⅱ	窟形·方形平顶 B	窟形·仿中心柱 A	龛形·方形 A a Ⅰ	龛形·方形 A a Ⅱ	龛形·方形 A a Ⅲ	龛形·方形 A b Ⅰ	龛形·方形 A b Ⅱ	龛形·方形 B	龛形·圆拱形 A Ⅰ	龛形·圆拱形 A Ⅱ	龛形·圆拱形 A Ⅲ	佛像·立式 A	佛像·倚坐 A Ⅰ	佛像·倚坐 A Ⅱ	佛像·结跏趺坐 A a Ⅰ	佛像·结跏趺坐 A a Ⅱ	佛像·结跏趺坐 A a Ⅲ	佛像·结跏趺坐 A b	佛像·结跏趺坐 A c Ⅰ	佛像·结跏趺坐 A c Ⅱ	佛像·结跏趺坐 B Ⅰ	佛像·结跏趺坐 B Ⅱ	佛像·结跏趺坐 C Ⅰ	佛像·结跏趺坐 C Ⅱ
9					▲																					
10					▲												▲									
12																									▲	
50											▲															
51					▲										▲		▲						▲			
52					▲																		▲			
58					▲																					
240					▲																					
243					▲																					
245					▲																		▲			
248					▲									▲												
6					▲																		▲			
21																		▲								
32					▲																					
36																		▲								
53					▲																		▲			
253											▲															
254					▲																		▲			
23						▲												▲								
24						▲																				
26						▲																				
27						▲																				
35						▲																		▲		
37						▲																				
38								▲						▲												
39								▲													▲					
40						▲																			▲	
46																								▲		
48						▲										▲										
218						▲																				

窟号	菩萨像·立式 A a Ⅰ	菩萨像·立式 A a Ⅱ	菩萨像·立式 A a Ⅲ	菩萨像·立式 A a Ⅳ	菩萨像·立式 A a Ⅴ	菩萨像·立式 A b Ⅰ	菩萨像·立式 A b Ⅱ	菩萨像·立式 A b Ⅲ	菩萨像·立式 B Ⅰ	菩萨像·立式 B Ⅱ	菩萨像·立式 B Ⅲ	菩萨像·立式 B Ⅳ	菩萨像·立式 B Ⅴ	菩萨像·立式 B Ⅵ	菩萨像·倚坐 A Ⅰ	菩萨像·倚坐 A Ⅱ	菩萨像·倚坐 A Ⅲ	菩萨像·倚坐 A Ⅳ	菩萨像·倚坐 B Ⅰ	菩萨像·倚坐 B Ⅱ	菩萨像·倚坐 B Ⅲ	菩萨像·倚坐 B Ⅳ	菩萨像·结跏趺坐 A Ⅰ	菩萨像·结跏趺坐 A Ⅱ	菩萨像·结跏趺坐 A Ⅲ	菩萨像·结跏趺坐 A Ⅳ	菩萨像·结跏趺坐 B Ⅰ	菩萨像·结跏趺坐 B Ⅱ	菩萨像·结跏趺坐 C	菩萨像·半跏趺坐 A Ⅰ	菩萨像·半跏趺坐 A Ⅱ	菩萨像·半跏趺坐 A Ⅲ	菩萨像·半跏趺坐 B Ⅰ	菩萨像·半跏趺坐 B Ⅱ	菩萨像·半跏趺坐 B Ⅲ	菩萨像·游戏坐 A	菩萨像·游戏坐 B Ⅰ	菩萨像·游戏坐 B Ⅱ
9															▲																							
10						▲																																
12																		▲															
50																																						
51																																						
52						▲																																
58						▲																	▲															
240	▲																																					
243															▲																							
245																																						
248	▲																																					
6						▲																																
21			▲							▲																												
32		▲							▲																													
36																																						
53						▲																																
253	▲																																					
254																														▲								
23																																						
24							▲																															
26							▲																															
27							▲																															
35																▲			▲																			
37																																						
38							▲																															
39																																						
40																																	▲					
46																															▲							
48																▲																						
218															▲																							

窟号	弟子像·立式 A Ⅰ	弟子像·立式 A Ⅱ	弟子像·立式 B a Ⅰ	弟子像·立式 B a Ⅱ	弟子像·立式 B b	弟子像·立式 C a	弟子像·立式 C b	弟子像·结跏趺坐 A Ⅰ	弟子像·结跏趺坐 A Ⅱ	弟子像·结跏趺坐 B Ⅰ	弟子像·结跏趺坐 B Ⅱ	弟子像·结跏趺坐 C	弟子像·半跏趺坐 A Ⅰ	弟子像·半跏趺坐 A Ⅱ	弟子像·半跏趺坐 A Ⅲ	弟子像·半跏趺坐 B
9																
10							▲									
12																
50																
51						▲										
52							▲									
58								▲								
240	▲															
243																
245																
248																
6																
21																
32																
36								▲		▲		▲				
53																
253	▲															
254																
23																
24																
26																
27																
35																
37													▲			
38																
39																
40						▲										
46																
48																
218																

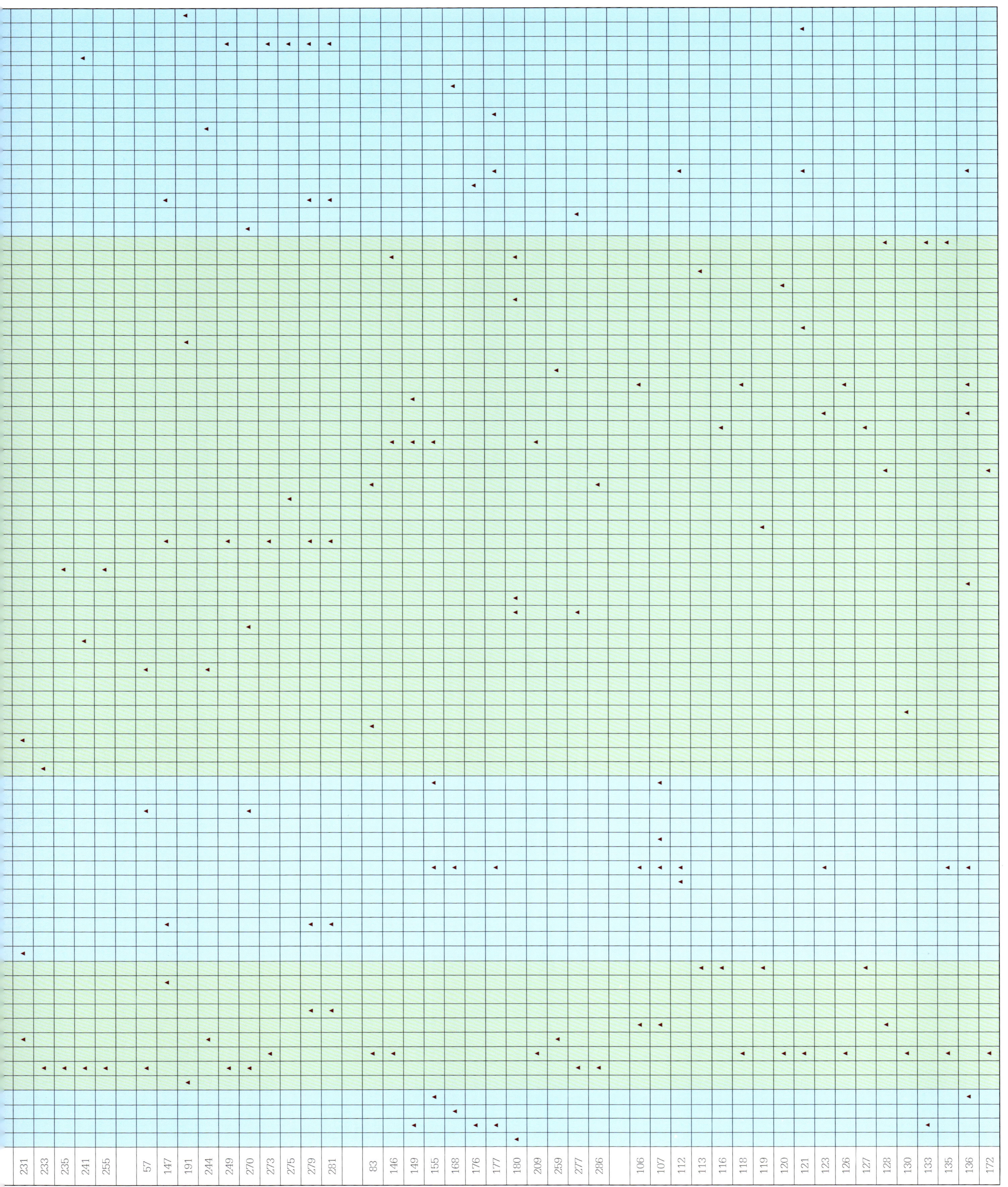
231
233
235
241
255
57
147
191
244
249
270
273
275
279
281
83
146
149
155
168
176
177
180
209
259
277
286
106
107
112
113
116
118
119
120
121
123
126
127
128
130
133
135
136
172

对表1所列各个代表性龛窟的形制及造像特征的组合关系进行排比分析，可将北山佛湾石窟分为八组。

第一组

以K9、K10、K12、K50、K51、K52、K58等龛窟为代表。龛形以Aa型Ⅰ式方形龛为主，个别并存Ⅰ式圆拱形龛。倚坐佛多见A型Ⅰ式，结跏趺坐佛多为Aa型Ⅰ式、B型Ⅰ式和C型Ⅰ式。菩萨类出现了Ab型Ⅰ式的立像，A型Ⅰ式的倚坐像，以及A型Ⅰ式的结跏趺坐像。立式弟子像则以A型Ⅰ式，Ca、Cb型较为常见，另有A型Ⅰ式结跏趺坐弟子。

第二组

以K240、K243、K245、K248等龛窟为代表。龛形仅见Aa型Ⅰ式方形龛。A型立佛和B型Ⅰ式的结跏趺坐佛都有发现。菩萨像与第一组差别较大，Aa型Ⅰ式的立像十分常见，还发现A型Ⅰ式的倚坐像。立式弟子像则见于A型Ⅰ式。

第三组

以K6、K21、K32、K36、K53等龛窟为代表。龛形与第一组相同，以Aa型Ⅰ式方形龛为主。B型Ⅰ式的结跏趺坐佛仍较多见，但本组不见Aa型Ⅰ式，而是新出现了Aa型Ⅱ式。Ab型Ⅰ式的立菩萨依然流行，Aa型Ⅱ式、Ⅲ式和B型Ⅰ式、Ⅱ式相继出现。结跏趺坐弟子的样式较多，A型Ⅰ式、B型Ⅰ式、C型等均已出现。

第四组

以K253、K254两龛为代表。龛形分别为Aa型Ⅰ式的方形龛和Ⅰ式的圆拱形龛。B型Ⅰ式结跏趺坐佛、Aa型Ⅰ式的菩萨立像、A型Ⅰ式的半跏趺坐菩萨和A型Ⅰ式的立弟子像大多与第二组关系密切。

第五组

以K23、K24、K26、K27、K35、K37、K38、K39、K40、K46、K48、K218、K224、K227、K231、K233、K235、K241、K255等龛窟为代表。龛的形制出现了较大变化，绝大多数龛形都转变为Aa型Ⅱ式方形龛，还出现了Ab型Ⅰ式方形龛和Ⅱ式圆拱形龛。结跏趺坐佛中不再出现前组常见的Aa型Ⅰ式和B型Ⅰ式，而是出现了演变之后的Aa型Ⅱ式、B型Ⅱ式，Ac型Ⅰ式、C型Ⅰ式则是新的样式，A型立佛和A型Ⅱ式倚坐佛也有发现。Aa型Ⅰ式的立菩萨还有个别延续，但本组最流行的是Aa型Ⅲ式、Ab型Ⅱ式和B型Ⅱ式；倚坐菩萨的A型Ⅰ、Ⅱ式与B型Ⅰ式并存；半跏趺坐菩萨的A型Ⅱ式与B型Ⅰ式并存。Ca型的立弟子和A型Ⅰ式的半跏趺坐弟子是本组最常见的样式。

第六组

以K57、K147、K191、K244、K249、K270、K273、K275、K279、K281等龛窟为代表。除个别小龛仍然沿用Aa型Ⅰ式外，龛形主要来自前一组已经出现的Aa型Ⅱ式、Ab型Ⅰ式方形龛和Ⅱ式圆拱形龛，并且开始出现Aa型Ⅲ式和B型方形龛。倚坐佛的A型Ⅱ式和结跏趺坐佛的B型Ⅱ式均是前一组的延续。立菩萨的Ab型Ⅲ式和B型Ⅲ式均为本组新发展而来；倚坐菩萨也以新出现的A型Ⅲ式和B型Ⅱ式为主，还有极个别的A型Ⅰ式沿用。弟子造像可见A型Ⅰ式、Ba型Ⅰ式的立像、A型Ⅰ式的结跏趺坐像，以及A型Ⅱ式、B型的半跏趺坐像，其中A型Ⅱ式的半跏趺坐弟子相当流行。

第七组

以K83、K146、K149、K155、K168、K176、K177、K180、K209、K259、K277、K286等龛窟为代表。本组龛窟形制发生了较大变化，一方面仍以龛为主，另一方面开凿了不少中小型洞窟。洞窟发现6例，A型Ⅰ式、A型Ⅱ式、B型方形平顶窟和仿中心柱窟都见于本组。部分龛仍然沿用Aa型Ⅱ式方形龛，但Aa型Ⅲ式方形龛开始成为更为主流的龛形，Ab型Ⅰ式和Ⅱ式方形龛也有零星发现。佛像所占造像比例有所下降，而菩萨像数量显著上升，并且发展出不少新造型。本组的结跏趺坐佛多见Ab型，也有C型Ⅱ式发现。菩萨立姿的Aa型Ⅳ式，B型Ⅳ、Ⅴ式，倚坐的B型Ⅲ式，结跏趺坐的A型Ⅱ式、B型Ⅰ式、C型，半跏趺坐的B型Ⅱ式，游戏坐的B型Ⅰ式一经出现便迅速流行开来，弟子则多见立姿的A型Ⅱ式、Ba型Ⅱ式、Bb型和结跏趺坐的A型Ⅱ式、B型Ⅱ式。

第八组

以K106、K107、K112、K113、K116、K118、K119、K120、K121、K123、K126、K127、K128、K130、K133、K135、K136、K172等龛窟为代表。龛窟形制也分为龛和窟两大类。洞窟发现2例，分别属于仿中心柱窟和A型Ⅱ式的方形平顶窟。Aa型Ⅱ式、Ab型Ⅰ式方形龛在本组基本消失，Aa型Ⅲ式和Ab型Ⅱ式方形龛成为常见的龛形，另外出现了新的Ⅲ式圆拱形龛。结跏趺坐佛见Aa型Ⅲ式、Ab型、Ac型Ⅱ式和C型Ⅱ式。菩萨像在本组中占据相当重要的地位，且进一步发展，如立菩萨出现Aa型Ⅴ式、B型Ⅵ式，倚坐菩萨出现A型Ⅳ式、B型Ⅳ式，结跏趺坐菩萨A型Ⅲ、Ⅳ式，B型Ⅱ式，半跏趺坐菩萨A型Ⅲ式、B型Ⅲ式，游戏坐菩萨A型、B型Ⅱ式。弟子立像多见Bb型，另有A型Ⅲ式的半跏趺坐弟子。

表2 北山佛湾石窟龛窟像类型沿用时间示意表

型式 \ 期别			一期		二期一段		二期二段		二期三段		三期一段		三期二段	
窟形	方形平顶	AⅠ									━			
		AⅡ										━	━	
		B									━			
	仿中心柱											━	━	━
龛形	方形	AaⅠ	━	━	━	━	━	━	━	━				
		AaⅡ					━	━	━	━	━	━		
		AaⅢ							━	━	━	━	━	━
		AbⅠ					━	━	━	━	━	━		
		AbⅡ									━	━	━	━
		B							━	━				
	圆拱形	Ⅰ	━	━										
		Ⅱ					━	━	━	━	━	━	━	━
		Ⅲ											━	━
佛像	立式	A	━	━	━	━	━	━						
	倚坐	AⅠ	━	━										
		AⅡ					━	━	━	━				
	结跏趺坐	AaⅠ	━	━										
		AaⅡ			━	━	━	━						
		AaⅢ									━	━	━	━
		Ab									━	━	━	━
		AcⅠ					━	━						
		AcⅡ									━	━	━	━
		BⅠ	━	━	━	━								
		BⅡ					━	━	━	━				
		CⅠ	━	━	━	━	━	━						
		CⅡ									━	━	━	━
菩萨像	立式	AaⅠ	━	━	━	━	━	━						
		AaⅡ			━									
		AaⅢ				━	━	━						
		AaⅣ									━			
		AaⅤ											━	
		AbⅠ	━	━	━	━								
		AbⅡ					━	━						
		AbⅢ							━	━				
		BⅠ			━	━	━	━						
		BⅡ				━	━	━						
		BⅢ							━	━				
		BⅣ									━			
		BⅤ										━		
		BⅥ												━

续表

期别 型式			一期		二期一段		二期二段		二期三段		三期一段		三期二段	
菩萨像	倚坐	AⅠ	—	—	—	—	—	—	—	—				
		AⅡ					—	—						
		AⅢ							—	—				
		AⅣ											—	
		BⅠ					—	—						
		BⅡ							—	—				
		BⅢ									—			
		BⅣ												—
	结跏趺坐	AⅠ	—	—	—	—								
		AⅡ										—		
		AⅢ											—	
		AⅣ												—
		BⅠ										—	—	
		BⅡ												—
		C									—	—	—	—
	半跏趺坐	AⅠ			—	—								
		AⅡ					—	—						
		AⅢ												—
		BⅠ					—	—						
		BⅡ									—			
		BⅢ												—
	游戏坐	A											—	
		BⅠ									—	—		
		BⅡ											—	—
弟子像	立式	AⅠ	—	—	—	—	—	—	—	—				
		AⅡ										—		
		BaⅠ							—	—				
		BaⅡ										—	—	—
		Bb										—	—	—
		Ca	—	—	—	—	—	—						
		Cb	—	—	—	—								
	结跏趺坐	AⅠ	—	—	—	—	—	—	—	—				
		AⅡ										—		
		BⅠ			—	—								
		BⅡ									—			
		C			—	—								
	半跏趺坐	AⅠ					—	—						
		AⅡ							—	—				
		AⅢ												—
		B							—	—				

（二）分期

为了对上述八组龛窟像的发展逻辑、演变序列作进一步的梳理和探讨，以下结合各组龛窟像的位置关系再作讨论分析。

第一、二组龛像分别集中于南区南端和北区北段的中部。第一组以K9、K10为中心，第二组以K245为中心展开。两组龛像均选择了崖面平整、岩体稳定、视线开阔，朝南或东的最佳崖面进行开凿。基本可以确定，两组造像属于北山佛湾石窟年代最早者。因两组造像各属一段崖面，且从纪年题记看，第一组K50、K51、K52与第二组K240、K243的开凿年代几乎相当，故可认为两组造像为并存关系。

与第一、二组开凿区域最近的是第三、四组龛像。其崖面亦较好，岩体稳定、视角较佳，对于朝向要求较低。其中，第三组龛像集中分布在第一组附近，除占据第一组余下的空余崖面外，还开辟出了南区巷道壁面这一造像区域；第四组主要分布在第二组的右侧崖壁。第三组与第四组为并存关系，且分别对第一、二组有明显的继承关系。第三、四组与第一、二组的相对关系还可以通过多组打破关系来确定，如第一组的K52外龛右壁被第三组的K53打破，K245的外龛左右壁开凿了众多小龛，分别属于第二、四、五、六组，说明K245作为第二组中开凿最早的龛，年代早于第四、五、六组以及部分第二组龛像，第三、四组则当晚于第一、二组。

第五组选择的崖面又次于第三、四组，对于朝向已经不作要求，采用的崖面多为前四组开凿余下的边角崖面，或者是岩体结构不佳、平整度较差的次等崖面，但所在位置仍靠近第一、二组中心区域。南区巷道壁面成为本组龛像集中开凿的区域，在早期龛像占用了局部位置较好的大块崖壁后，利用次等崖面开凿的K13—K16、K22—K29、K37—K40、K45—K48基本都属于第五组；南区巷道北壁第三组的K32还被第五组的K35打破了外龛右壁。本组造像的另一个重要区域是K245龛外左侧崖面。这是在K245右侧崖面已被第四组占用的情况下所做的选择，其崖面平整度差、石质更软，且被软弱夹层带割裂，整体上看岩体不佳。

在前五组基本用尽以K9、K10和K245为中心的两段崖面中部区域的前提下，第六组开始向远离中心的崖面发展。本组龛像以K245为中轴线，基本对称分布在北区北段崖面的两端，紧接第四、五组的两侧边缘。本组未见明确的打破关系，但是龛窟形制、造像样式、题材内容均具有连接第五、七组的过渡性特征。第五组最为常见的龛形Aa型Ⅱ式沿用至第六组，而第六组中新出现的Aa型Ⅲ式成为了第七组的主流龛形；第四、五组流行的菩萨像较清瘦，而在第七组则变得壮硕，其转变正是在第六组完成的。据此可以推测第六组的年代介于第五组和第七组之间。

第七组放弃了在前期集中开凿的崖面继续大规模开龛造像的方式，仅在第五、六组的边角地带补凿了部分小龛，主要转向前期基本未造像的北区北段南部区域开凿洞窟。此区域崖面情况整体较好，岩石结构较为稳定，部分崖面高阔平整，但连续性差，比较适宜营建较为独立且体量较大的洞窟。本组造像另有两处比较特殊的集中造像区，其一为K207—K214所在的区域，据其底部崖面曲折的现象，可以推测此处原为难以开龛造像的崖面转折处；其二位于北区北端，作为整个北山佛湾造像区的边缘地带，这段崖面的开凿也稍晚。结合前述龛形和造像演变逻辑的推断，第七组应当晚于第六组。

第八组龛像集中分布在北区的南段和中段，在前期造像集中的区域也有零星发现，尤其以第七组洞窟周边数量最多。北区中段的崖面情况与北段较为相似，因此本组的洞窟和大龛均集中于这一区域，但是较之第七组，空间显得更为局促。北区南段的情况稍为复杂，其北部崖面曲折呈“S”形，但岩体结构稳定，本组年代略早的龛像亦开凿于此段；中部崖面平直但岩石质地极差，开凿于此处的造像几乎没有完整保存的；南部为一独立的石包，K103、K104不管是龛形还是内容都与其他造像大相径庭，应有一定的时间差异。由此可见，第八组的崖面一部分是第七组的延续，另一部分是在迫于无奈的情况下选择了不利于开凿的区域，这些应当是北山佛湾最晚的一批龛像，此外，第七组的K83被第八组的K84打破了外龛右壁，进一步证明第八组晚于第七组（图17）。

通过对前述龛像的分布位置、打破关系和演变逻辑的分析，基本可以确定第一组与第二组、第三组与第四组属于并存关系，第五至八组均为前后相继的关系。按照各组之间的关系远近和重要转折的发生节点，进一步将北山佛湾石窟分为三期六段。

一期：第一组、第二组。

二期一段：第三组、第四组。

二期二段：第五组。

二期三段：第六组。

三期一段：第七组。

三期二段：第八组。

将上述有代表性的77个龛窟的分期成果，与北山佛湾其他龛窟进行全面的综合排比分析，可列出209个龛窟的分期情况（表3）。

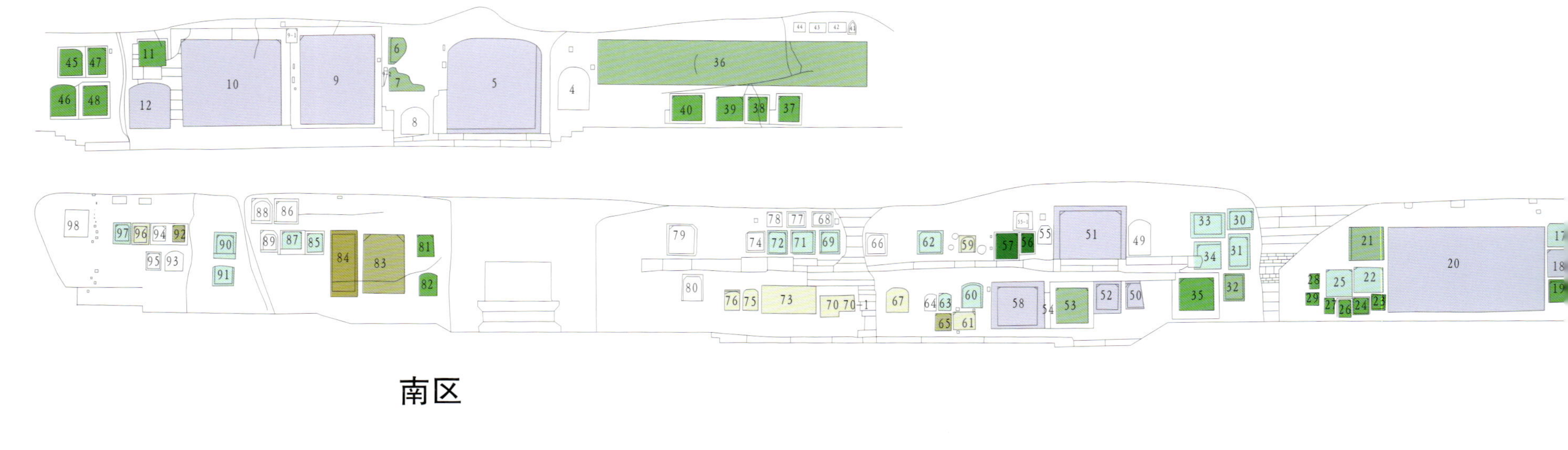

南区

北区南段

北区中段

北区北段

图17 北山佛湾石窟开凿次第示意图

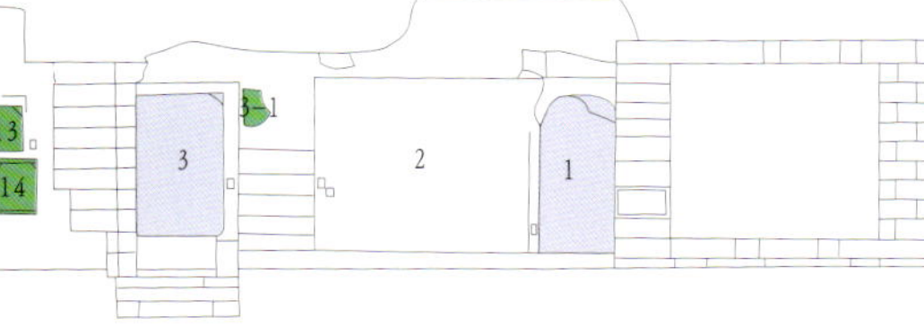
13
14
3
2
1

100
99

一期
二期
二期一段
二期二段
二期三段
三期
三期一段
三期二段

表3 北山佛湾石窟分期表

期别	一期	二期			三期	
		一段	二段	三段	一段	二段
年代	晚唐时期（892—907年）	前蜀前中期（907—918年）	前蜀晚期、后蜀早期（919—941年）	后蜀中晚期（942—965年）	北宋晚期（1107—1130年）	南宋早期（1131—1162年）
窟龛	1、3、5、9、10、12、18、20、50、51、52、58、240、243、245、248	6、7、21、32、36、53、253、254	3-1、11、13、14、15、19、23、24、26、27、28、29、35、37、38、39、40、45、46、47、48、81、82、203（含204）、218、220、221、224、225、227、228、230、231、233、235、238、241、242、247、255、257	56、57、147、187、190、191、194、196、200、202、244、249、251、256、260（含262、266）、261、267、269（含270）、271、273、275、276、279、281、282	65、83、92、146、149（含150）、155、168、176、177、179、180、208、209、210、211、212、258、259、277、286、289	84、105、106、107、110、111、112、113、116、117、118、119、120、121、122、123、125、126、127、128、129、130、131、132、133、135、136、137、148、152、164、165、166、169、172、274、285、287
		16、17、22、25、30、31、33、34、60、62、63、69、71、72、85、87、90、91、97、195、198、205、217、222、226、232、234、239、250、252			59、61、67、70、70-1、73、75、76、96、141、151、153、154、158、161、162、173、174、175、186、192、193、207、213、214、219、268（含272）、278、280、284	
合计	16	104			89	

（三）年代

北山佛湾石窟共有九十余则石刻题记，其中有明确纪年的造像记在三十则以上，且每期每段皆有发现。这批丰富的纪年题记可为北山佛湾石窟各期年代的讨论提供重要“标尺”。现按年代序列，将其纪年龛窟情况列入表4。

表4 北山佛湾石窟纪年龛窟表[1]

序号	龛/窟号	位置	铭文	纪年	期别
1	K58	左沿中上部	敬造救苦观世音菩萨、地藏菩萨一龛/，右为故何七娘镌造，当愿承此功德，早生/西方，受诸快乐。乾宁三年九月廿三日设（斋）/表赞毕。检校司空（守）昌（州刺）史王宗靖造。	乾宁三年（896年）	一期
2	K240	右沿外侧上方	敬造欢喜王菩萨一身。/比丘尼惠志造，奉报十方施主。乾宁三年五/月十六日设斋表庆讫，永为供养。/小师敬修△小师法进。	乾宁三年（896年）	一期
3	K50	龛外右侧中上部	敬造如意轮菩萨壹龛。/□都典座僧明悟奉为拾/（方）施主镌造。乾宁四年三月/□日设斋表赞讫。/□□主僧道广△△△小师道添。	乾宁四年（897年）	一期
4	K52	左沿上部	女弟子黎氏奉为亡夫刘□设□（奠）敬造。时以（乾）/宁四年正月廿三日设（斋表赞）讫。/□（亡夫）□□（昌）□（将）□□（御）史大夫刘□□（供养）。	乾宁四年（897年）	一期
5	K51	左沿外侧壁面中部	（滤）/（滤）资财增益/（滤）昌盛。光化二年七月廿六/（庆赞）毕。	光化二年（899年）	一期
6	K243	龛外左壁	敬（镌）造大悲千手眼菩萨壹龛。□□□□□/（右弟子军事押衙蹇知进先为）□□□（寨）□中之际夫妇惊忧同/□□□□△△贤圣□□□□□□□安□与骨肉团圆，今不负前/心，□□□上件△△菩萨（悉已酉年）以天（复）元年五月十五日就院修/□□□□□□鸿□永为供养。	天复元年（901年）	一期

1 本表所列铭文主要参考《大足石刻全集》，笔者在此基础上断句标点。

续表

序号	龛/窟号	位置	铭文	纪年	期别
7	K32	龛外右壁	□□□为亡妣造。/永平三年九月十四日追斋赞讫。/周氏奉为亡妣造。	永平三年（913年）	二期一段
8	K53	左沿上部	敬造地藏菩萨一身。/右衙第三军散副将种审能，为亡/男希言被贼伤煞造上件功德，化/生西方，见佛闻法。以永平五年四月/四日因（终）七斋表赞讫，永为供养。	永平五年（915年）	二期一段
9	K53	右沿上部	敬造阿弥陀佛，弟子种审能（愿嘉）佑/上下，骨肉（常）□（荣）/奉造。/敬造观音菩萨，又为男师乞、丑胡、（鄢盐）永安无灾（祸）。/永平五年七月六日设斋赞讫。	永平五年（915年）	二期一段
10	K39	龛外右侧	敬□发心镌造（大威）德炽盛光佛并九曜共一龛。右弟子□□/与□□□兄弟等□造上件功德，并已成（就意）者□□□□同/范□□陈雷□陪□法百年相守，次乞家（人）（漶）/偶随，永无障提。时（以乾）德四年十二月十六（日修斋表庆讫）。□/（敬）弟子温孟达、蹇忠（进）、于彦章、梁（贵）、陈（季）□、（邓知进）、/□□□、杨宗厚、蹇□芝、程彦晖、王（孟言）、王（德）全、陈（马敬造）。	乾德四年（922年）	二期二段
11	K27	龛外右上方	（漶）一身右□/（漶）/（漶）广政元年七月八日□/（漶）表赞讫。	广政元年（938年）	二期二段
12	K37	龛外右侧	敬（镌造）地藏菩萨一龛。/右弟（子）于彦章、邓知进并奉为/外（学任）师礼发心造上件功德，以希/眷属（宁）泰，□□（增）荣。以广政三年/（二月四日）修斋表庆讫，永为（瞻）敬。	广政三年（940年）	二期二段
13	K35	左沿	（漶）（一龛）。/（漶）意所造上件/（漶），为妻口陈/（漶）应愿心/（漶）。（广政四年二月）廿八日记。	广政四年（941年）	二期二段
14	K244	龛外左上方	□□造地藏□□/一龛。（漶）/（漶）子之□氏/求造□□□。广政/八年四月十七日/表赞讫。	广政八年（945年）	二期三段
15	K281	正壁右龛左侧壁面	敬镌造药师琉璃光佛、八菩萨、十二神王一部众，并七佛、三世佛、阿弥陀佛、尊胜幢壹所兼地藏菩萨三身，都共壹龛。/右弟子右厢都押衙知衙务刘恭、姨母任氏男、女大娘子、二娘子、男（仁寿）、仁福、仁禄等发心镌造前件功德，今并周圆伏愿身田清（爽），/寿算遐昌，眷（属）康安，高封禄位，先灵祖远，同沾殊善。以广政十七年太岁甲寅二月丙午朔十一日丙辰设斋表赞讫，永为瞻敬。	广政十七年（954年）	二期三段
16	K260	经幢幢身	以广政十八年岁次乙卯□月□日（漶）/赞讫，永为供养。	广政十八年（955年）	二期三段
17	K279	左右内龛之间	弟子通引官行首王承秀室家女弟子。救脱部众并十方佛、阿弥陀佛、尊胜幢、地藏菩萨四身共一龛。/氏发心诵念药师经一卷，并舍钱妆此龛。劭氏同发心造上件□□，今已成就。伏冀福寿长远，灾障不侵，（眷属）□□，公私清吉，以广政十八年二月廿四日修斋表/德意。希保家门之昌盛，保夫妇以康和，男福□□□□妇□□子李氏△周氏△女二娘子△四娘子□□□□娘子、女婿于承江△子五香、二香、三香。/△△△△通引行首王承（秀）。	广政十八年（955年）	二期三段
18	K288	龛口右上方	镌造各保寿年永远□报弥（陀）□□马道者（书），□□/初九日表庆功德，奉（善）弟子□□□□□□□□□/□有随喜见闻同□胜（利）□大观元年丁（亥）□十一（月）（漶）	大观元年（1107年）	三期一段
19	K286	上沿匾额	□□□□□□/为□月□□□/□官之年□□/（病）疾□时□□，/遂发心就此□/□（镌）造观音□/龛。以大观三（年）/正月彩绘毕，□/斋（修）庆赞讫，□/月十八日记。	大观三年（1109年）	三期一段
20	K180	右壁菩萨第2、3像间	县门前仕人弟邓惟明/造画普见壹身供养，乞/愿壹家安乐。政和六年/□壹月内，弟子邓惟明。	政和六年（1116年）	三期一段
21	K180	右壁菩萨第5像左上方	当州在城奉佛弟子/等□为同（漶）/发心就画（漶）/菩萨一尊（漶）/表庆讫。宣和四年。	宣和四年（1122年）	三期一段
22	K180	右壁第5像右上方	□（漶）德（漶）/身□□镌（漶）/妆彩同就，/贺恩水□。/庚子三月。	宣和二年（1120年）	三期一段
23	K168	左壁第1列罗汉第8—15像下方的石埌上	大宋昌/州大足县袁□/乡东郊/住何仪/兴、男觉/发、女大/娘子、二/娘、三娘、/四娘子阖/家等，并/发心镌/造妆銮/中尊罗/汉共一/十九位。/以宣和/四年六/月□十/八□□/次男□/上□□/（漶）/（漶）/（漶）/庆□□/供养记。	宣和四年（1122年）	三期一段

续表

序号	龛/窟号	位置	铭文	纪年	期别
24	K168	左壁第3列罗汉第5—10像下方的石垠上	（漶）/宣和□□/七月七日/题记。/□城□/外居住/奉善□/弟子苗/以夫妇/一家等，/（漶）/愿罗汉/□中造/□像五/身，祈乞/弟子无/□今者/（漶）/□同孙/女□绊/之日，命/僧看经/表庆/。小八□题。	宣和年间（1119—1125年）	三期一段
25	K168	右壁第4列罗汉第13—17像下方的石垠上	昌州在城/（漶）居/住奉善/弟子李/世明夫妇，/意为膝/下女三二/娘子□/造罗汉/五身，乞/阖家安/宁，寿命/延长。宣/和三年七/月初五/日题□。	宣和三年（1121年）	三期一段
26	K155	主尊菩萨像背屏左下侧	丙午年伏元俊、男世能镌此一身。	靖康元年（1126年）	三期一段
27	K176	右沿内侧平整面上部	本州匠人伏元俊、男世能镌弥/勒、泗州大圣。时丙午岁题。	靖康元年（1126年）	三期一段
28	K177	左沿内侧平整面上部	伏元俊镌记。/丙午年记。	靖康元年（1126年）	三期一段
29	K149	窟外右中部	奉直大夫知军州事任宗易同恭人/杜氏，发心镌造妆銮/如意轮圣观自在菩萨一龛，永为一/方瞻仰，祈乞/（漶）干戈永息。建炎二年四月。	建炎二年（1128年）	三期一段
30	K137	后壁左上方	当州克宁十将文志于/初暮日同施大钱叁贯。/图福利坚久，斯碑不坠。/绍兴甲寅重九日谨铭。/母亲薛氏、家室任氏、男谨识。	绍兴四年（1134年）	三期二段
31	K287	壁面中上部	（漶）诃□弥（漶）绍兴八年十二月（漶）	绍兴八年（1138年）	三期二段
32	K136	正壁左菩萨头顶上方	左朝散大夫权发遣昌州军州事张莘民，谨发诚心就院镌造/观音菩萨一尊，永为瞻奉。/今者彩刻同就，修设/圆通妙斋，施献寿幡，以伸庆/赞。祈乞/国祚兴隆，阖门清吉。/壬戌绍兴十二年仲冬二十九日题。	绍兴十二年（1142年）	三期二段
33	K136	正壁右菩萨头顶上方	□□□□郭外居住奉善□□□/□□□□郭氏、孙男陈文明□□□/□□□□镌刻妆彩/大势至菩萨、迦叶、阿难（共三尊）□□/经藏洞，永为历世/瞻仰。祈保寿年遐远，福寿□昌，/续裔□□，转增荣贵，愿/法轮常转祈，/舜日惟明。今者镌妆工毕，时以癸亥/绍兴十三年正月二十五日，伏僧庆/赞。谨题。△△赖川镌匠胥安（漶）。	绍兴十三年（1143年）	三期二段
34	K136	左侧壁内龛上方	弟子赵彭年同寿杨氏，/发至诚心敬镌造/文殊师利菩萨、普贤王/菩萨二龛，上祝/今上皇帝圣寿无疆，/（皇）封永固，夷夏乂安，人民快/乐，次乞母亲康宁，眷属/吉庆，普愿法界有情同/沾利益。绍兴十三年岁/在癸亥六月丙戌朔十六/日辛丑，斋僧庆赞。左从/事郎昌州录事参军/兼司户司法赵彭年谨题。	绍兴十三年（1143年）	三期二段
35	K136	右侧壁外龛上方	在城奉佛弟子王升同政/何氏，伏为在堂父王山、母亲/周氏，谨舍净财镌妆/大圣数珠手观音菩萨一尊，/永为瞻仰。伏愿二亲寿算增/延，合属百顺来宜，五福咸备，/二六时中，公私清吉。以丙寅绍/兴十六年季冬十二日表庆讫。	绍兴十六年（1146年）	三期二段

根据表4，并结合川渝地区同时代其他造像情况，现对北山佛湾石窟各期年代作如下推定。

第一期

关于北山佛湾石窟的始凿年代，据现存于北山佛湾石窟之首的唐乾宁二年（895年）《韦君靖碑》记载[1]，景福元年（892年），昌州割据军阀韦君靖因“士马虽精，其如城栅未固”，遂“卜筑当镇西北维龙岗山，建永昌寨”；其时公又于寨西凿出金仙，首开北山石窟，“现千手眼之威神，具八十种之相好”，“舍回禄俸，以建浮图，聆钟磬于朝昏，喧赞呗于远近”。考察第一期造像，K9主尊即为现千手眼之威神的千手观音，K10主尊则为具八十种相好的释迦佛，且K9、K10系同时开凿的双龛，与韦碑所载甚合。

另2001年，又在K9龛外左壁下端发现一则造像记：“（漶）□□□（寨面西）□□/（漶）□校司空（使持节都督）/（漶）

1 《蜀中名胜记》《金石续编》《金石苑》及嘉庆、道光、光绪、民国《大足县志》均收载此碑，然皆有讹脱，陈明光先生遂作《唐〈韦君靖碑〉校补》。载重庆大足石刻艺术博物馆等编：《大足石刻铭文录》，重庆出版社1999年版，第37—43页。

□□□□□□□□□□/（滤）□（靖）泰□县安□□（世）/（滤）□宿世殃□（唯）愿□□/（滤）不自天□□□从地踊/（滤）□□□□大悲（心）召募良工镌/大悲观世音菩萨（天龙）□部众一龛”。陈明光先生认为残存的“检校司空、使持节都督”唯与《韦君靖碑》所载韦君靖衔署一致，故认定K9的开凿者为佛湾石窟创始人韦君靖[1]，碑文部分词句似乎还涉及同为第一期开凿且与K9、K10造像风格一致的K5毗沙门天王龛。

由此似可推定，韦君靖率先开凿了K5、K9、K10。其后守昌州刺史、节度左押衙、充四州都指挥、兼昌州军事王宗靖，节度左押衙、检校左散骑常侍兼御史大夫、上柱国赵师恪，以及比丘尼惠志、都典座僧明悟、化首刘净意等分别于唐乾宁三年（896年）、乾宁四年（897年）、光化二年（899年）、天复元年（901年）开凿了K50、K51、K52、K58、K240、K243、K245等龛像[2]，说明第一期造像延续至唐末而不绝。

综上可知，第一期石窟的开凿始于唐景福元年（892年），终于唐亡，即公元892年至907年间。

第二期

第二期一段发现三则纪年题记，分属永平三年（913年）和永平五年（915年），集中在前蜀早中期。本段造像承接前期，发展至乾德年间（919—924年）进入下一阶段，故以前蜀开国的天复七年（907年）为始，集中在前蜀前中期，约在公元907年至918年间。

第二期二段的四则纪年年号分别为乾德四年（922年）、广政元年（938年）、广政三年（940年）和广政四年（941年）。从前蜀晚期持续到后蜀早期，约在公元919年至941年间。广政四年（941年）的K35造像形体走向臃肿，衣纹较为粗犷疏朗，具有二段向三段过渡的特征，故将其作为二期二段的开凿下限。

第二期三段也有四则纪年题记。本段纪年集中在后蜀中晚期的广政八年（945年）、广政十七年（954年）、广政十八年（955年），结合前段时间下限可知第二期三段的年代约在公元942年至965年间。

第三期

第三期一段共有八个龛窟存有纪年题记。纪年年号包括大观元年（1107年）、大观三年（1109年）、政和六年（1116年）、宣和二年（1120年）、宣和三年（1121年）、宣和四年（1122年）、靖康元年（1126年）、建炎二年（1128年）。很显然，从纪年题记看，第三期并非紧随第二期三段开凿，其间存在一段空白期。

在大足其他石窟中，目前所知纪年龛窟像早于北山佛湾大观元年（1107年）者，主要开凿于石篆山和石门山，集中于北宋元丰至绍圣年间（1078—1097年）[3]。而在北宋开国之后的一百多年间，不仅北山佛湾，就连整个大足地区，都未发现建隆至熙宁（960—1077年）的纪年龛窟。而另一个值得注意的现象是，此时大足寺院为数不少，今有遗迹可寻或有文可征者，东有大钟寺，西有石壁寺，北有延恩寺，仅大钟寺遗址一处就出土了佛教圆雕造像53件[4]。这一现象似乎显示，北宋初期，在大足原本十分流行的开龛造像之风停滞，转而盛行建寺造像。目前由于缺乏更多依据尚难定论，有待进一步探讨。

从第三期一段龛窟所呈现出的分期特征看，它与第二期三段之间也缺乏必要的直接承继关系，中间似乎存在断层。因此，我们初步认为，北山佛湾石窟可能没有北宋早中期龛像的存在。据此，可将本段年代推定在北宋大观至南宋建炎（1107—1130年）之间，即相当于北宋晚期至南宋初期。这一推论，既与本段的纪年情况及分期特征相符合，也与大足石刻开凿的整体历史情况相一致。

三期二段的纪年窟龛有K137、K287和K136，发现包括绍兴四年（1134年）、绍兴八年（1138年）、绍兴十二年（1142年）、绍兴十三年（1143年）、绍兴十六年（1146年）在内的多则题记。从大足其他石窟造像情况看，北山观音坡、妙高山、石门山、佛安桥、保家村、玉滩等数十处石窟，均有不少在布局方式、造型特征、题材内容、装饰纹样等方面与本段造像特征相一致的龛像，其纪年亦大多在绍兴年间。显而易见，本期造像活动臻至鼎盛正是在南宋早期绍兴年间。

然而观察崖面现象可知，绍兴纪年的K136、K137均位于北区中段，顺接北区北段三期一段的造像区域而来，属于本期开凿年代偏早的龛窟，早于北区南段崖面上的K103—K123。其中K103（含K104）位于北区石窟最南端，孤立于相对独立的崖面上，神道碑和孝经碑也明显有别于其他佛教题材的造像碑记，年代尚晚于连续开凿的K105—K123。而马衡先生考证认为，K103《古文孝经碑》的上石时间不晚于南宋孝宗之世（1163—1189年）[5]。由此可以推断，三期二段的年代下限也当在1189年。

1　陈明光：《大足北山佛湾发现开创者造像镌记》，《四川文物》2007年第3期。

2　据观察，开凿于唐乾宁三年（896年）的K240在开凿时明显打破K245，由此可确定，K245的下限应在唐乾宁三年（896年）。又如前述，北山佛湾石窟的上限为唐景福元年（892年）。据此可知，K245开凿的年代似在唐景福元年至唐乾宁三年之间（892—896年），是大足北山石窟中较早的龛窟之一。

3　大足石篆山K8老君龛的纪年为元丰六年（1083年）；K2志公龛的纪年为元丰八年（1085年）；K6孔子龛、K7三身佛龛的纪年均为元祐三年（1088年）；K5文殊普贤龛的纪年为元祐五年（1090年）；K9地藏十王龛的纪年为绍圣三年（1096年）。大足石门山石窟K4水月观音龛、K13山王土地龛的纪年均为绍圣元年（1094年）；K3释迦佛龛的纪年为绍圣三年（1096年）。石壁寺圆雕毗沙门天王像纪年为北宋大中祥符六年（1013年）。见重庆大足石刻艺术博物馆编：《大足石刻铭文录》，重庆出版社1999年版，第316—318、350—351页。

4　见前引书第469—476页；另见邓之金：《大足县大钟寺宋代圆雕石刻遗址调查》，《四川文物》1989年第5期。

5　马衡：《大足石刻古文孝经考释》，载《民国重修大足县志》卷首。

综上所述，我们推定，第三期二段上接第三期一段，其上限为南宋绍兴元年（1131年），下限不晚于淳熙末年（1189年），即在公元1131—1189年间，相当于南宋早中期。

（四）历史背景

从前文可见，北山佛湾经历了“始凿—兴盛—中止—复兴—衰落”的过程，本文拟结合历史文献、考古资料，简要分析政治、经济、文化、社会等要素，在不同发展阶段对北山佛湾造像开凿所产生的影响。

北山佛湾石窟的最早开凿与当时的政治局势密切相关。唐代晚期政局动荡，僖宗奔蜀，三川鼎沸，川中军阀相互攻伐，部将不时起兵反叛。韦君靖所组建的地方武装，以镇压韩秀昇叛乱的军功发迹，此后又作为东川节度使部将参与了平定杨师立、攻伐山行章的东西川之役[1]。因战功晋升至“使持节、都督昌州诸军事、守昌州刺史、充昌普渝合四州都指挥、静南军使”。在王建与顾彦晖争夺东川的过程中，不见韦君靖支持任何一方，而是出于设险固守的目的建立了永昌寨。

选择北山作为建寨之处，是因其兹山“崖巘重叠，嶝道崎岖，一夫荷戈，万人莫上”的险峻地势，近年来对永昌寨遗址的实地考察也能证明这一点。永昌寨的周边主要利用陡坎天险，若有缺口或平缓之处均以寨墙或削壁补救，形成一道抵抗攻击的防线[2]。所建的永昌寨“粮贮十年，兵屯数万，遐迩臻休，军民胥庆，耕织无妨，徭役不阙，可谓一劳永逸，有备无虞”，在满足日常生活和军事防御的要求外，还于崖壁之上凿造佛像，为军民提供精神支持。韦氏开凿的千手观音残记中有“宿世殃□，（唯）愿□□”，似有祈求观音救苦之意。毗沙门天王因救护安西的传说，作为守城退敌的神灵被供奉，自然也被率先开凿。北山佛湾石窟正是在这样一种偏安一隅的情况下开始凿造的。

除了相对安定的政治局势外，陆路交通也为造像重心东移提供了便利条件。从现有考古资料来看，大足和安岳是唐末至南宋造像最为集中的区域。川渝中东部的资中、乐至、合川、荣县、简阳等地也有造像发现[3]。据历史地理学相关研究成果可知，这些区域基本属于唐宋时期成渝之间两条主干道的重要节点。成渝北道路线为成都—中江—遂宁—合川—重庆，南道路线为成都—简阳—资中—大足—重庆。南北道之间在安岳分路，一路到遂宁合北道，一路到昌州合南道[4]。通达便利的交通条件使得川西地区中晚唐时期发达的摩崖造像能够循着南道传播到大足一带，也正是因为这样，北山佛湾的唐末造像与川西的关系格外密切。

从唐末最后几年到前蜀早期连续不断、风格一致的造像来看，这一时期昌州政权交替过渡平缓，并未遭遇巨变。最后一次东西川之战中，韦君靖想要置身事外已不太可能。乾宁三年至四年（896—897年），昌州为华洪所取，渝州、合州相继投降，而不管是《韦君靖碑》还是史书都不载韦君靖反抗之事，故有学者推测其时韦氏已暗降王建[5]。因此即使王朝更替，昌州也没有发生大变，造像活动并未中断。

前后蜀时期的四川地区几无战乱，安定富足。《蜀梼杌》记载：广政年间“蜀中久安，赋役聚省，斗米三钱。……村落闾巷之间，弦管歌声，合筵社会，昼夜相接。府库之积，无一丝一粒入于中原，所以财币充实”[6]。蜀主王建对僧人颇为尊崇，“乾宁初，王氏始定成都，雅郡守罗罢任，携广来谒蜀主。王氏素知奇术，唯呼为圣师焉”[7]，“时王氏将图僭伪，邀四方贤士，得休甚喜，盛被礼遇，赐赉隆洽，署号禅月大师”[8]。对后蜀孟氏也有类似记载：“孟蜀主昶欲携花蕊夫人至寺祭扫父知祥墓，因避暑，师前月戒寺僧敬待，昶至知而异之，赐号普通大师，有敕牒碑”[9]。昌州地区虽然难称富庶，也受到了安定政局和崇佛风尚的影响，在前后蜀时期开凿了大批小型龛像。

在北宋早中期，北山佛湾造像陷入停滞，其原因可能与北宋早期的巴蜀动乱有关。端拱年间（988—989年），卢斌就任梓、遂十二州都巡检使时，宋太宗下诏说“川陕人情易摇，设有寇攘，虽他境亦当袭逐”，淳化二年（991年）“贼任诱等寇昌、合州。斌率兵顿昌州南牛斗山，侦知贼在龙水镇，……遂斩诱等百余级，贼众悉平”[10]。可见此时川陕一带寇患颇为严重，昌州境内显然也有小股流寇为患。北山佛湾第253号龛妆彩记载：“为淳化五年草乱之时，愿获眷尚平善，常值圣明，妆绘此龛功德”。翻检史料可知淳

1 刘豫川：《〈韦君靖碑〉考辨》，《重庆师范大学学报（哲学社会科学版）》1985年第3期；王家祐、徐学书：《大足〈韦君靖碑〉与韦君靖史事考辨》，《四川文物》2003年第5期；龙腾：《大足唐代韦君靖摩崖碑探讨》，《四川文物》1996年第3期。

2 陈蜀仪、陈明光、梁洪、张划：《唐末昌州永昌寨考略》，重庆大足石刻艺术博物馆、大足县文物管理所：《大足石刻研究文集》（1），重庆出版社1993年版，第114—131页。

3 雷玉华：《四川石窟分区与分期初论》，《南方民族考古》第十辑，第193—369页。

4 蓝勇：《四川古代交通路线史》，西南师范大学出版社1989年版，第263—264页。

5 王家祐、徐学书：《大足〈韦君靖碑〉与韦君靖史事考辨》，《四川文物》2003年第5期。

6 （唐）张唐英：《蜀梼杌》，王云五主编：《丛书集成初编》，商务印书馆1939年版，第22页。

7 （宋）赞宁撰，范祥雍点校：《宋高僧传》第二册，中华书局1987年版，第687页。

8 （宋）赞宁撰，范祥雍点校：《宋高僧传》第二册，中华书局1987年版，第749页。

9 （明）曹学佺：《蜀中广记》卷八十三，《文渊阁四库全书》第592册，台北商务印书馆1986年版。

10 《宋史》卷三百八《卢斌传》，中华书局1977年标点本，第10140页。

化五年（994年）的“草乱”所指正是农民起义军王小波、李顺入蜀事件，“李顺入据成都，僭号大蜀王，改元曰应运，遣兵四出侵掠，北抵剑关，南距巫峡，郡邑皆被其害”[1]，“其党张余复攻陷嘉、戎、泸、渝、涪、忠、万、开八州”[2]。蜀中之乱声势浩大，牵涉地域甚广，其时昌州虽未被攻陷，但从陈绍珣发愿祈求家眷平安的题记来看，大足一带似乎也受到兵祸波及。

其后，随着昌州一带局势趋于安定，经济逐步恢复，北山佛湾妆彩活动开始兴起，开启了造像复兴的先声。这一时期的妆彩活动集中分布在北区北段，题刻纪年均在至道（995—997年）、咸平（998—1003年）和景德（1004—1007年）年间。几乎同时，圆雕造像也在大足境内兴盛起来。1986年，大足县新石乡长生村大钟寺遗址发掘出土的五十余件宋代圆雕造像，造像纪年从咸平三年（1000年）延续到治平三年（1066年）[3]。因题记中屡有“当院僧”“主持僧”“住持院主”之说，推测这批造像原本就施造于寺院内。石壁寺也发现纪年为“大中祥符六年”（1013年）的毗沙门天王像[4]。在石窟造像停止开凿的时期，妆修旧有龛像和施造寺院造像可能在一定程度上代替了祈福荐亡的功用。

北山佛湾造像再度兴起是在北宋大观到南宋淳熙之间（1107—1189年）。宋代大足先后隶属于梓州路和潼川府路，在四川地区经济发展状况仅次于成都府路[5]。有学者研究认为，大足地区在北宋元丰年间（1078—1085年）已经发展成为人口密度很高、土地高度集中、场镇经济发达、富家大户云集的富庶之地[6]。在良好经济条件的支持下，官民捐资造像风气日盛。张莘民、赵彭年、文志等朝廷任命的军政官吏均在北山施钱开凿大型龛窟，其他“在城居住”“郭外居住”的平民也热衷于参与到造像活动中来。此外，本地镌匠家族也对龛像开凿有不小的推动作用。从地理位置看，北山佛湾及周边地区是伏氏家族开龛造像的核心区域。伏元俊、伏世能父子在佛湾开凿了K155、K176、K177三个洞窟，北山周边的多宝塔和观音坡分别有伏小八和伏小六的题名，佛湾K168发现的“小八”可能也是工匠[7]。久负盛名的K136转轮经藏窟同样是由昌元赖川工匠胥安开凿[8]。

南宋绍兴之后，北山佛湾造像活动几近没落，转而成为时人游玩避暑之处。南宋绍兴十年至淳熙十四年（1140—1187年）之间，游记开始在北山佛湾石窟大量出现，这些题刻大多位于第三期大型龛窟的门框或内壁等显眼之处。如K137右侧岩壁刻赵子充等于南宋绍兴十年（1140年），K289左侧壁刻吕元锡等于南宋乾道年间（1165—1173年），K149右沿内侧平整面刻赵宋瑞等于淳熙十四年（1187年）游览北山的题记等。佛湾没落的重要原因是可供开凿的合适崖面已然用尽。前文分析过三期二段的龛像占据了佛湾最后可用的壁面，K163《无尽老人语录碑》中也有“今北山之石，看看尽于老僧之手”的说法。此后虽然也有少量明、清、民国的造像及碑文发现，但与唐宋时的胜景相比已不可同日而语。

四　各期特征

北山佛湾石窟从唐末、经前后蜀至宋代，历时约250多年。因开凿状况及历史背景的差异，各时期造像都有其自身特点。通过对龛窟形制、造像特征、题材组合的梳理和分析，现对各期特征归纳总结如下。

第一期

本期主要为单层方形龛。大多数先于自然崖壁凿出长方形平整面再开龛，个别出现双龛共用同一平整面的情况。三角形斜撑斜边平直或稍有弧度，上边等于或短于侧边，且厚度较薄，低于龛沿（图18-1）。出现了个别圆拱形龛，龛面浮雕尖桃形龛楣，上沿垂饰帷幔。本期以进深较深的大中型龛为主，浅而小的龛一般位于K245龛外龛两侧壁，龛像集中开凿于南区南端和北区北段中部。

本期出现的题材包括释迦说法、三世佛、千手观音、如意轮观音、欢喜王菩萨、观音地藏、阿弥陀佛与观音地藏、药师与观音、

1　（宋）李焘：《续资治通鉴长编》第二册，中华书局2004年版，第767页。

2　《宋史》卷五《太宗本纪二》，中华书局1977年标点本，第1册，第94页。

3　邓之金：《大足县大钟寺宋代圆雕石刻遗址调查》，《四川文物》1989年第5期；重庆大足石刻艺术博物馆、重庆市社会科学院大足石刻艺术研究所：《大足石刻铭文录》，重庆出版社1999年版，第468—476页。

4　重庆大足石刻艺术博物馆、重庆市社会科学院大足石刻艺术研究所：《大足石刻铭文录》，重庆出版社1999年版，第315页。

5　张邦炜、贾大泉：《宋代四川发展的不平衡性》，《西南师范大学学报（哲学社会科学版）》1989年第2期。

6　张划：《宋代大足石刻崛起内因探讨》，《四川文物》1991年第2期。

7　邓之金：《简述镌造大足石窟的工匠师》，《文博》1993年第3期。

8　刻于北山佛湾第136号窟大势至菩萨顶部的造像记因残蚀甚重，1982年发现时将其中的“赖川”识为“颍川”。经再次辨识，似应为“赖川”更妥。因昌州下辖大足、昌元、永川三县，而“赖川”又系昌元下辖的十四镇之一。参见（宋）王存撰，王文楚、魏嵩山点校：《元丰九域志》，中华书局1984年版，第326页。

毗沙门天王、观无量寿经变相等，多属唐中晚期巴蜀地区的流行题材。千手观音、如意轮观音、阿弥陀佛与地藏观音、毗沙门天王、天龙八部、观无量寿经变相等在川北、川西均有发现。这批造像也较符合经轨，如K9是川渝地区千手观音经变的典型样式，六臂、支颐、游戏坐的如意轮观音与巴中早期造像相似。同时出现了一些较为少见的造像或组合，如药师与观音、欢喜王菩萨等；观经变除有传统的西方三圣、净土世界、未生怨、十六观等内容外，还新增了文殊、普贤和五十二菩萨。大部分题材在本期之后走向衰落，观无量寿经变相、药师与观音、欢喜王菩萨等未再出现，三世佛、千手观音、毗沙门天王变得较为少见，个别如观音、地藏却发展成为了二期最为流行的题材。

本期造像内容较丰富的大龛一般是将主尊及其胁侍置于正壁，其左右两壁配置多组小型造像，布局较为对称规整，这种情况在千手观音和毗沙门天王两类题材中最为明显。

本期佛像肉髻较高，发式有水波纹和螺发两种。面部方圆，鼻翼明显。流行双领下垂式袈裟和通肩袈裟；双领下垂式的领口下沿处衣角外翻明显，部分衣摆呈倒三角形垂于座前。袈裟轻薄，衣纹流畅，多以阴刻线表现。

本期菩萨像同时并存两种样式。以K9、K10为代表的造像面部丰圆，脸颊饱满，嘴角翘起，神情和蔼，颈部粗短，身材匀称，头身比例协调，双肩圆润，体态丰腴柔美，身体曲线明显。衣裙轻薄贴体，衣纹浅而流畅。以K245为代表的造像头面部虽多残损，但可见缯带两翅较短，下端垂及耳垂（图18-4）。颈部稍长，体形瘦削高挑，身体曲线和动态较弱。璎珞紧束膝前裙摆，缯带和璎珞的体积感较强。全身密布深刻的纵向衣纹，衣裙轻柔度不及前者。

本期弟子面相有青年和老年两种。青年弟子像面部圆润，神情柔和；老年弟子像容貌苍老，颈部青筋暴露。体形匀称或瘦高，头身比例协调。身着双领下垂式或通肩式袈裟，质地均较轻薄，衣纹稀疏流畅。弟子形象的地藏菩萨饰璎珞和耳珰，光头不戴风帽，不持禅杖，托珠而立（图18-15）。

本期武士类造像戴头盔、方冠或幞头，明光甲较之裲裆甲更为常见，胸前束革带或勒甲索，袍服袖口多向上翻卷飞扬。毗沙门天王像头戴四方冠、肩部放出牛角形火焰纹头光，腰悬鱼形小刀，身披璎珞，在武士类造像中形象独特（图18-18）。其中K3和K5在身形、衣纹、胁侍等方面略有差异。

本期男供养人像头戴翘脚幞头，身着圆领长服。女供养人像头束发髻，内着抹胸，外着对襟长服。僧人像光头，着双领下垂式或交领式袈裟。供养人像多数双手合十，亦有个别持物者，或胡跪于祥云之上，或侧身面向主尊列队而立，立于队前引导者多为僧人像（图18-21）。绝大多数在龛外两侧和外龛两壁开凿浅龛刻造像，个别浮雕于龛内。

本期坐像台座分为方形束腰须弥座和束腰仰莲台座，立像多见低矮的仰莲台座（图18-9）。束腰仰莲台座的上部为二层或三层仰莲台，中部束腰为圆轮形或八边形，下部多为叠涩的圆形或八边形台，个别装饰一圈莲瓣。

本期佛、菩萨像饰内圆外尖的桃形头光和双重椭圆形身光，也有个别仅有圆形背光。头光和身光边缘饰火焰纹，有的身光内侧还有一圈几何纹样。弟子、天王、护法像多为圆形素面头光，个别内饰尖芒纹，毗沙门天王像为牛角形火焰纹头光（图18-27）。佛像身后配置菩提双树的情况有K10、K245两例。佛顶大多放出毫光（图18-30）。

本期出现华盖的龛窟所占比例较高，其形制大致可分为两种。一为简素的覆莲形，模拟扁平的莲花形象，刻出多层莲瓣。一为饰璎珞、流苏以及多层帷幔的八角形，立体感更强，装饰更为精致华丽（图18-12）。后者数量略多于前者。

本期飞天像较常见。头梳高髻，胸戴项圈，身饰飘带，下着长裙，裙尾长而分叉，身周环绕祥云，位于龛顶或主尊左右斜上方。身形皆纤细细长，曲折婉转，动感极强。双手多对称举于身侧，亦有捧物于身前者（图18-24）。

本期伎乐均以浮雕于龛顶的乐器表现，既有分散布置者，也有在祥云中成组表现者。

本期造像是巴蜀地区唐代造像的收尾之作，在形制、题材、组合、样式、布局等方面均表现出对巴蜀一带唐代石窟的继承和发展。不少传统题材在本期之后便走向衰落，甚至消失，另一部分则发展为下一阶段极其盛行的题材。造型和风格体现出晚唐造像的整体风尚，并且延续至二期一段，随后逐渐为新样式所取代。

第二期

第二期分为三段。

二期一段的龛口大多残损较重，据现存龛形可知其与一期非常相近，亦流行单层方形龛和圆拱形龛。但方形龛三角形斜撑的斜边弧度更为明显，有的浅龛斜撑直接与后壁相连；圆拱形龛龛沿装饰简化，有尖桃形而无帷幔。主要流行中型龛，半数以上相比一期变小变浅。龛像大多分布于开龛条件略次于一期造像的邻近崖面，也在南区巷道壁面造像。

二期二段的单层方形龛一部分延续一期特征，但多数沿着二期一段的变化趋势继续发展。三角形斜撑的下方斜边弧度大多相当明显，上边开始变长，一般等于或长于侧边（图18-2）；斜撑与顶部、后壁连为一体形成弧顶的情况较常见；部分龛沿饰飞天和帷幔；与一期相比，还出现了左右侧龛沿浮雕束带的帷帐的情况。圆拱形龛的龛沿装饰进一步简化为素面。本段以进深较浅的中小型龛为主，龛像集中于南区南段的巷道内和南区北段上层崖壁，K245左侧大块崖面也是重要的开凿区域。

二期三段的龛窟形制较为复杂。除前期已出现的单层方形龛和圆拱形龛外，本段还出现了独有的双重方形龛。这种特殊形制与整合多种题材于一龛的实际需求密切相关，如K279、K281即属此类情况。单层方形龛除一期、二期一段流行的Ⅰ式和二期二段流行的Ⅱ式外，本段新出现了Ⅲ式。其特征主要表现为，三角形斜撑体量较大，下方斜边平直无弧度，两侧边长度大致相当，斜撑与龛沿多无分界，因此内龛口呈盝形，龛沿素面无装饰。本段龛像体量大小不一，以中小型龛居多，大中型龛进深较深，小型龛则均为浅龛。龛像基本对称分布在以K245为中轴线的北区北段崖面的两端。

二期一段的龛像数量不多，造像题材也不如一期丰富，但其流行题材已具有前后蜀特征。本段最为重要的造像题材是观音、地藏合龛和阿弥陀佛、地藏、观音合龛。十六罗汉、西方三圣、双菩萨等其他题材也纷纷涌现。地藏、观音及其与阿弥陀佛的组合最早出现于一期，但是在本段重要性突显，不仅数量激增至龛像总数的一半，且相关题材出现复杂化倾向，其中两例出现了冥府题材，即K253两壁的十王和二司，K254两壁的十王和判官。

从数量和题材看，二期二段是北山佛湾造像的高峰期之一。与药师信仰相关的题材开始大规模出现，不仅有单尊的药师坐像或立像、抱持日月的日光月光菩萨，或两者组合而成的一铺三身，还出现了包含药师佛、日光月光菩萨、八大菩萨、十二神将等较为完整的药师经变相。释迦佛与十六罗汉、炽盛光佛与九曜是很有特色的固定组合。前段异军突起的地藏、观音合龛在本段继续流行，十王和判官一类的冥府题材仍有出现，除阿弥陀佛外，药师佛也开始与地藏、观音形成组合。与此同时，单尊的观音像和地藏像大量出现。一期较为常见的千手观音像继续出现，但是不再以众多眷属作为胁侍，婆薮仙和吉祥天女与其形成固定组合。此外，还可注意到出现了个别明王和多臂菩萨像。

二期三段的造像题材对前一段有明显的继承关系，大多数流行题材均见于二期二段，如观音、地藏的单尊造像，日光、月光菩萨和药师经变，观音、地藏及其与阿弥陀佛的组合，以及个别明王像等。需注意者有四点：一是佛顶尊胜陀罗尼经幢集中出现于本段，既有独立成龛的，也有与释迦说法图、药师经变相形成组合关系的；二是各种题材之间的组合复杂化，如药师经变与七佛、三世佛、十方佛、阿弥陀佛、陀罗尼经幢、地藏菩萨等特定题材组合，千手观音也首次与地藏、十方佛组合；三是游戏坐和山石台座同时出现于K200的主尊菩萨像，是北山佛湾最早的水月观音雏形；四是出现一种坐佛群像，均坐于从瓶中伸出的莲茎、莲花上，此类造像在北山佛湾均与观音地藏配置一处。

本期造像布局因龛的深浅大小而异。浅龛平面一般呈弧形，均以单尊或两尊造像置于正壁中央，胁侍立于两侧近龛口处。深龛的布局方式变化较大，二期一段与一期极为接近，主要造像设置于正壁，次要造像根据内容分组浮雕于左右壁，周围以祥云环绕，祥云向上斜拖云尾。二期二段的深龛平面一般呈半圆形，一佛二菩萨呈弧形坐于正壁前方，弟子一般体量较小，紧靠佛像背光两侧而立。其他造像分布于五身像之后或菩萨像外侧，个别在下方龛沿前刻二力士像。二期三段与前一段较接近，但进深变浅，面阔变宽，胁侍与主尊因此得以并排而坐。本段出现的新特征是造像开始配置于龛口，内龛龛口上沿常刻坐佛十身，外龛两侧壁则多开凿三或四身形制相同的地藏菩萨像。这样独特的布局方式节约空间，主次分明，适应了本段多种题材整合的需要。

二期一段部分佛像的发式、脸型、面容、衣纹等与一期佛像极为相似，但通肩袈裟更为流行，体形也略有变化。多数造像腋下稍凹，腰部显细，凹陷处呈弧线衣纹，另有部分开始出现领口凸起、长耳下垂的新特征。二期二段几乎所有佛像头部变长，不管是双领下垂式还是通肩式袈裟，领口均呈“U”字形凸起，后领耸立与下垂的长耳相连，双领下沿处衣角外翻不明显，衣摆敷搭方式多样，衣纹更为密集繁复。二期三段的佛像面部长圆，脸颊饱满，身形变得更为健壮，两肩宽而平，袈裟领口凸起的现象逐渐消退，衣饰紧贴双腿，倚坐佛像腿部轮廓明显，下摆分为内长外短的两层，整体衣纹疏朗粗犷。

二期立菩萨像所占比例较一期明显下降，半跏趺坐和倚坐菩萨数量上升，结跏趺坐和游戏坐菩萨像也开始出现。一期菩萨像的样式延续至二期一段，但身形更为清瘦，体态匀称、婀娜多姿者减少。一期菩萨像普遍身着披帛，而本段开始出现个别身着袈裟的菩萨像。从二期二段开始，一期菩萨像的样式差异开始消弭。本段主要表现为面部长圆，颈部细长，斜肩瘦削，体形或匀称或瘦高，衣裙轻薄，衣纹细腻复杂。二期三段的菩萨头部变大，腿部细短，头身比例略有失调，与三段佛像的演变规律一致，也出现双肩宽平，上身粗壮的特征。倚坐菩萨像因衣裙贴体显露两腿形状，膝前还垂挂平行的长串瓔珞，衣纹较之前段更为粗大疏朗（图18-5）。

二期弟子像姿势多样化，除立像外，还出现了大量结跏趺坐和半跏趺坐弟子。袈裟除前期流行的双领下垂式和通肩式外，袒右式和交领式也有发现，其他特征则与一期区别不大。值得注意的是，二期一段的沙门形地藏与一期特征一致，而从二段开始发生了很大改变。绝大多数地藏头戴风帽，部分有偏头的动作；左手托宝珠，右手持禅杖，杖首呈尖桃形，且从早到晚逐渐变大变圆（图18-7）；坐姿以半跏趺坐为主，也有少数立像；还有道明和尚和狮子胁侍左右（图18-16）。至二期三段，光头、不持禅杖、呈立姿的地藏像数量略有回升。

二期武士类造像头戴头盔或束发冠。在一期流行的明光甲不再出现，仅见裲裆甲；胸前不束革带，仅束勒甲索；袍服袖口不再向上飞扬，而用绳带作结垂悬肘部（图18-19）。

二期供养人像对一期有明显的继承关系。俗装供养人像与一期几无差别，只是男性供养人像开始出现直角幞头，动作也分为立姿和跪姿。胡跪者身下均有祥云承托，云尾上扬；立姿者多以二或三人面向主尊并列而立（图18-22）。供养人的雕刻方式和分布位置略有变化，相当数量的供养人开始出现在龛沿，一般在左右下方龛沿开龛造像或直接浮雕于其表面，同时一期已经出现的龛侧开龛和外龛侧壁开龛的现象在此时较为普遍。

二期方形束腰须弥座和束腰仰莲台座仍然流行，山石台座为本期新出现的台座样式。除仰莲台座外，还出现了更低的覆莲台座（图18-10）。束腰仰莲台的中部束腰以圆轮形和瓜棱形为主，八角形束腰基本消失不见。部分基座仍有多层叠涩，无叠涩者数量明显增多。更值得注意的是，开始在束腰和基座外侧镂雕如意头带纹、羊角形云头纹、绳结纹等多种纹饰。

二期佛像多见内圆外尖桃形头光和双重椭圆形身光，也有部分无头光仅有圆形背光者。菩萨像多数无身光，除内圆外尖桃形头光外，圆形头光也较为常见。弟子像多为素面圆形头光，小型武士像无身光。头光和背光多饰火焰纹，也有个别装饰卷草纹或云纹的（图18-28）。从二期二段开始，阴刻火焰纹线条大多不流畅。本期配置菩提双树的造像多为药师佛或阿弥陀佛，似乎与净土题材关系密切。个别佛像顶放毫光（图18-31）。

二期华盖仍有覆莲形和八角形两种并存。八角形华盖数量减少，地位下降，只流行于一段和二段，造型与一期区别不大；覆莲形华盖逐渐成为主流，到二期三段体量变小、装饰简化、写实性增强，个别还置于陀罗尼经幢之上（图18-13）。

二期飞天造型和动作与一期接近，但祥云环绕于身周的仅见一例，绝大多数不见云气或以云气托于身下。除继续浮雕于龛顶和主尊斜上方外，亦有少数出现在龛上沿处，成为龛沿装饰题材（图18-25）。

伎乐大多浮雕于龛顶，零散分布，仅K35一例刻于团云内。

本期龛像数量多，演变快，为巴蜀前后蜀造像的典型代表。前承川西、川北唐代造像之余绪，后启川东两宋造像之先河；既是北山佛湾造像开凿的高峰时期，又是川渝造像唐宋之变的关键阶段。从龛形、布局、造像、装饰等各个方面看，二期一段与一期的关系极为密切，除题材之外基本继承了一期的特征。从二期二段开始，传统因素虽仍存，但变化因素则在多方面占据了主导地位。一期出现的不少题材至此彻底消失，而药师、观音地藏等脱颖而出，成为本期最流行的题材。龛形和造像的变化亦较明显，尤其是佛、菩萨、弟子像等不仅数量多，且变化快。三段整体上与二段差别不大，仅出现了双重方形龛、陀罗尼经幢等新兴龛像，但某些特征在向三期靠拢。如体量较大、等腰直边的三角形斜撑开始出现，并于其后流行于整个第三期；同时几乎所有造像都出现了同一变化，即上半身变得相当健壮，略有不协调之感，衣纹粗大疏朗，强调体与面的关系，使得袈裟有厚重之感，这种风格与三期一段造像较为接近。综上所述可见，本期一段的继承、二段的兴盛和三段的转变，勾勒出了唐风向宋韵的转变进程。

第三期

第三期分为两段。

本期与前两期在龛窟形制方面的最大区别在于洞窟的出现，其中一段比二段更为盛行。按窟形可分为方形平顶窟和仿中心柱窟。方形平顶窟平面近方形或呈竖长方形，仿中心柱窟以上接窟顶的造像作为中心柱，与北方早期同类窟形差异较大。窟内均环壁起低台，窟底中后部一般也有低坛。龛形方面继续出现单层方形龛和圆拱形龛。不少方形龛不再使用三角形斜撑，其余三角形斜撑的造型与前述二期三段的特征一致（图18-3）。同时出现了龛底环壁或左右壁起低坛，壁面造像隔梁分层的现象。本期龛窟体量差异较大，窟以中型和小型为主，龛以大中型为主，主要分布于北区的南段至北段南部的崖面上，此外还在南区北部下层、北区北段中部和北端的小块崖壁上开凿部分龛像。

与二期相比，本期造像题材发生了很大变化。以佛为主尊的单尊立像、一铺三身或一铺五身减少，只有少数释迦佛、药师佛、阿弥陀佛、炽盛光佛等，金轮炽盛光佛的胁侍星神从九曜变为十一曜，还增加了二十八宿等相关内容。与之相反的是菩萨像数量大增，

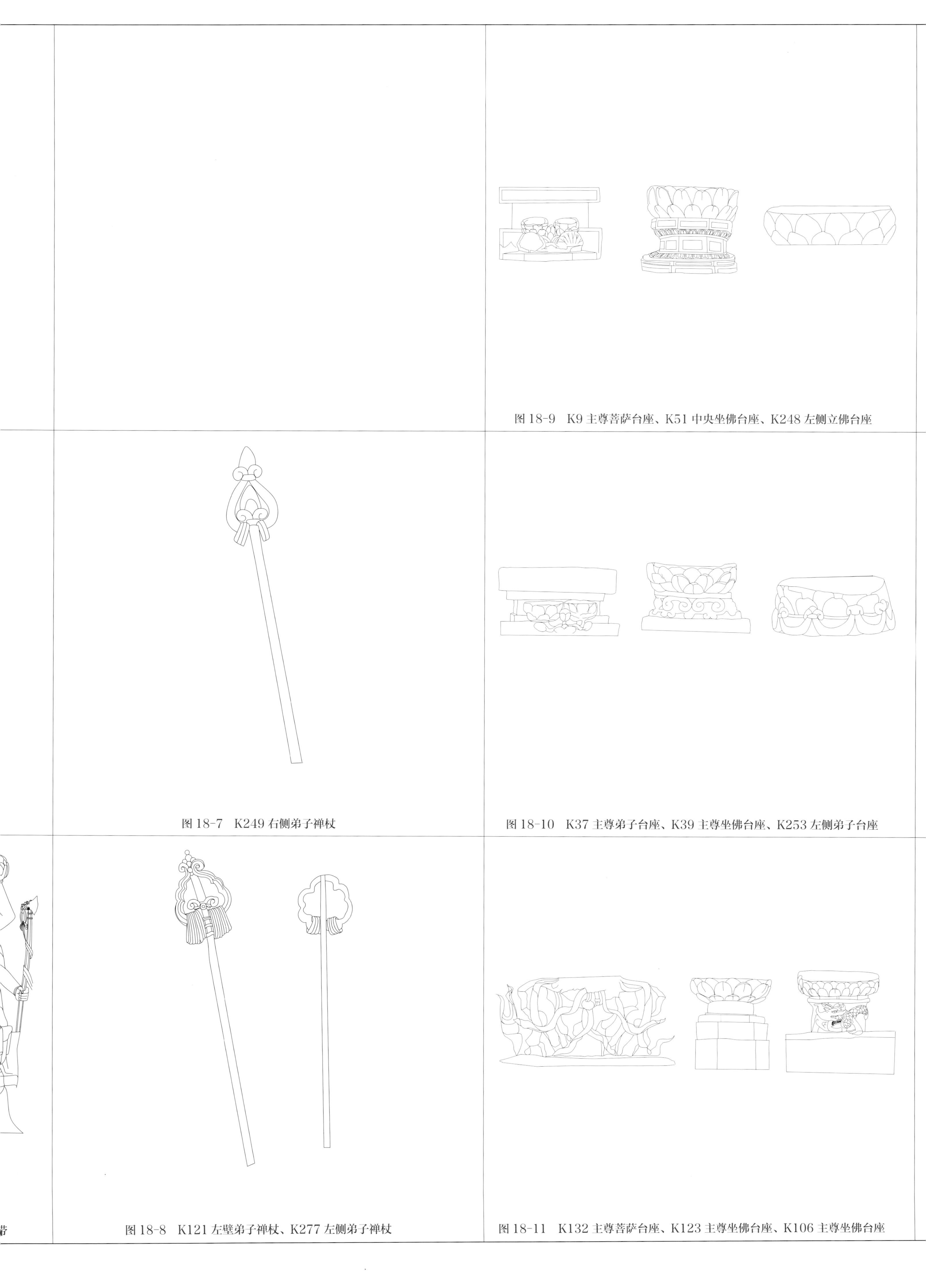

图 18-9　K9 主尊菩萨台座、K51 中央坐佛台座、K248 左侧立佛台座

图 18-7　K249 右侧弟子禅杖

图 18-10　K37 主尊弟子台座、K39 主尊坐佛台座、K253 左侧弟子台座

图 18-8　K121 左壁弟子禅杖、K277 左侧弟子禅杖

图 18-11　K132 主尊菩萨台座、K123 主尊坐佛台座、K106 主尊坐佛台座

图 18-1　K51 三角形斜撑

图 18-4　K245 左侧菩萨头冠和缯带

图 18-2　K26 三角形斜撑

图 18-5　K233 主尊菩萨头冠和缯带

图 18-3　K209 三角形斜撑

图 18-6　K130 主尊菩萨头冠和缯带、K136 右壁中龛菩萨头冠和缯

图 18-12　K10 华盖、K52 华盖

图 18-15　K52 左侧地藏像

图 18-13　K253 华盖、K279 华盖

图 18-16　K37 地藏、狮子、道明像

图 18-14　K149 华盖、K280 华盖

图 18-17　K121 左侧地藏像、K277 左侧地藏像

第一期	 图 18-18　K10 左壁武士、K3 主尊天王	 图 18-21　K245 龛外右侧壁供养人群
第二期	 图 18-19　K279 神将二身	 图 18-22　K252 龛沿供养人、K279 龛外右
第三期	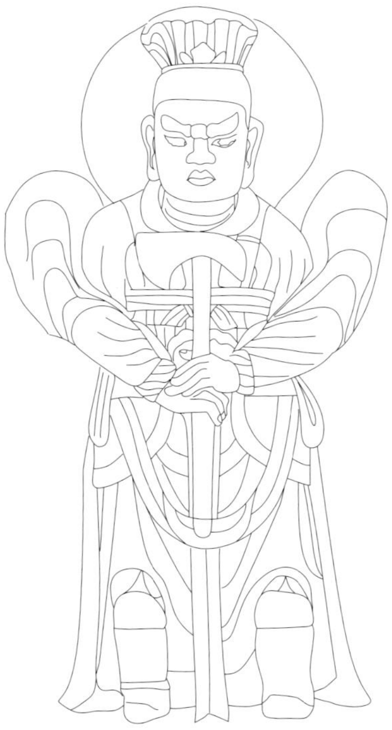 图 18-20　K149 右壁下层中部武士	 图 18-23　K121 右侧女供养人、K123 左侧

地位提升，组合多样，成为本期最重要的造像类别，其中以观音菩萨最为流行。前两期常见的净瓶观音继续出现，还出现了大批的水月观音、持印观音、数珠手观音、不空羂索观音、如意轮观音等特定形态的观音造像。组合方面也产生很大变化，多尊菩萨像以各种形式互相组合，两尊菩萨像如水月观音和不空羂索观音、持印观音和不空羂索观音，六尊如文殊、普贤、持印观音、不空羂索观音、如意珠观音、数珠手观音，十尊如十圣观音均较常见。观音地藏合龛在二期盛行一时，但在本期不仅数量大幅降低，地位也大幅下降，与其他造像的多种组合形式也趋于衰落。单尊地藏像基本消失，与药师佛、冥府题材的组合不再出现，阿弥陀佛、观音地藏也仅有零星发现，而是作为胁侍配置于一佛二菩萨和并坐二佛的两侧。此外，解冤结菩萨、诃利帝母、摩利支天、孔雀明王、三圣僧、千佛、五百罗汉等前期不见的题材纷纷涌现。经变类包括药师经变、维摩经变、弥勒下生经变等。维摩经变、弥勒下生经变是本期独有的题材，药师经变的内容发生变化，除药师七佛外，最大的改变是增补了燃灯、持幡、放生等供养情节。

本期方形平顶窟的主尊及胁侍一般布置于环壁低台上，仿中心柱窟则将支撑窟顶的主尊造像置于窟内近中部作为中心柱，两侧壁或直接沿壁浮雕，或以横向隔梁分层，或开凿小龛造像。本期一段的龛均很浅，多于龛底起低坛，于坛上造像，布局稍显紧促；至二段进深变深，一般环壁或左右壁前起台，造像布局更为疏朗，壁面造像分层的现象也流行于本段。

本期佛像仅见结跏趺坐式，面部长圆，体形修长，通肩式袈裟基本消失，双领下垂式袈裟较盛行，质地略显厚重，衣褶起伏明显，衣纹较为疏朗流畅。前后两段的造像风格差别不大，可见佛像在本期的造型已基本固化。

本期菩萨像进入了大发展阶段，不仅数量大增，样式繁多，且演变速度很快。除前期常见的立像、半跏趺坐像、倚坐像外，结跏趺坐菩萨和游戏坐菩萨开始大量出现。身着双领下垂式袈裟的菩萨像所占比例明显提高，还出现了只着络腋不披披帛者。本期菩萨像的造型大致经历了四个发展阶段：第一阶段的菩萨像头戴单重或双重头冠，头冠两翼略外展，面部较长，颌角略方，耳部外展，嘴角内收，神情温和，体形修长，上身健壮，但腿部稍短，身体直立无动感；披帛和长裙厚重，衣带垂感很强。第二阶段的菩萨像头冠两翼变宽，面部长圆，脸颊线条柔和，神情更为沉郁，头部变小，腿部拉长，身材高挑而协调，衣饰与前一阶段相近，但开始流行从后腰处垂两带于膝前交叉打结的样式；第三阶段的菩萨像头冠两翼平滑外展，神情格外生动，笑容满面，体形相对更为匀称，且姿态多变，长裙裙摆两侧外撇，裙脚处形成多层阶梯状褶皱，最有特色的是出现了数量甚多的细长衣带，部分尾端分叉，面饰璎珞，互相穿插交叉，皆作飘动飞舞状；第四阶段的菩萨像单重冠无翼或宽翼，两重冠下重的左右两翼与中部转折明显，上沿形成三道半圆形的弧线（图18-6），冠下多露发，面部变短，眉目舒展，面带笑容，神情自然，体形变得更为丰腴，姿态自然写实，衣褶呈阶梯状，强调体积感，衣带变宽，数量减少，动态变弱。第一、二阶段属于本期一段，第三、四阶段属于本期二段。

本期弟子像的面相写实，体形较为健壮，部分弟子像腿部显短，多见双领下垂式和袒右式袈裟，质地厚重，衣褶体积感较为明显。光头、托宝珠和戴风帽、持禅杖的地藏像并存，前者数量略多于后者（图18-17）。地藏禅杖的杖首出现多段转折，悬环变多变大（图18-8）。

本期武士类造像除头盔和束发冠外，还戴进贤冠，冠带多上扬，着明光甲和裲裆甲，胸部以勒甲索束甲，腰部系勒帛和革带，与二期相比袍服袖口变得宽大，下端不再打结，有的于肘部向上飞扬，也有悬垂于身侧的式样（图18-20）。

本期供养人的形象与前两期已有较大差异。男供养人戴直角或无脚幞头，身着交领或圆领长服，窄袖者较常见，腰间束带或系索。女供养人梳高髻，垂耳珰，内着抹胸和长裙、外着褙子，个别头戴冠饰、着交领长服、肩披披帛；双手或手肘上多覆巾帛，长垂于膝前。供养人身侧浮雕祥云的情况较少见。几乎所有供养人像均呈立姿，男供养人像手持香炉或双手合十，女供养人像双手合十或罩于巾帛下（图18-23）。本期供养人像不仅体量显著变大，地位显著升高，且几乎全刻于龛内较为明显的位置，明显有别于几乎全都位于龛外的第一、二期。大多将供养人置于龛内两侧壁近龛口处，有的特意为此凿出小龛，或在龛底高坛正面造像，还有的在后壁主尊身侧凿造小型群像或高大立像。

本期方形束腰须弥座和束腰仰莲台座依然是其主流样式，低矮的覆莲台基本消失。除首见二期的山石台座兴盛一时外，还有简素无饰的方台、圆台，以及仿照世俗家具而来的靠背椅、足踏、屏风出现。本期束腰仰莲台座的中部束腰主要是八角形和圆轮形，装饰内雕人物或花草的壸门，束腰外侧刻蹲狮或蟠龙盘绕。基座最多只有两层叠涩，多饰以仰莲瓣、覆莲瓣和羊角形云纹（图18-11）。

总体而言，本期的身光装饰走向衰落，头光和背光以素面居多，甚至有不少造像无头光或背光。与前期相比，舟形身光和圆形背光较普遍，部分火焰纹变得细长而连续，有时以浮雕表现（图18-29）。菩提双树仅有个别发现，特点是枝丫突出、树冠较为醒目。佛和菩萨像顶出毫光的现象更为普遍，毫光自髻珠或额头放出，分为两股或四股向上蜿蜒延至龛顶。有的毫光绕出的圆圈中间还饰刻坐佛和建筑（图18-32）。

本期华盖大致有三种形制。除数量基本相当的覆莲形和八角形外，还新出现了圆形华盖（图18-14）。与前期相比，覆莲形华盖造型更为简单呆板，厚度已经接近浅浮雕，甚至出现了阴刻的华盖。八角形华盖顶部皆素面无饰，帷幔的层数减少，璎珞、流苏、卷草等也变得较为简素，装饰性大为下降。圆形华盖形如圆盘或圆轮，有的表面饰以璎珞、莲瓣或花卉，整体而言装饰性不强。本期的三类华盖均有在其下方中部凸出圆盘形饰物的现象。

本期飞天像发髻变高，手臂变粗，腹部圆鼓，身形较之前期粗壮。长裙和飘带尽皆变短变厚，一般一手持物于前，一手置于胸前或腰侧，前腿曲于腹前，后腿屈膝后伸，身体几无曲折，轻盈飞动的感觉基本消失。飞天大多不再以祥云环绕或承托，仅有两例浮雕于团云之上。造像位置以左右侧壁上方最为常见，也有刻于华盖两侧或前方的。除浅浮雕外，还出现剔地平雕的手法（图18-26）。

与前两期相比，本期伎乐数量大减，乐器皆以云气纹环绕刻于龛窟顶部。

本期装饰的独特之处在于自然景观如云、花、石的运用非常普遍。云气的形态和位置更为多样，既有边缘卷曲的大片云气作为造像的背景，又有长拖云尾的环形祥云环绕人物和乐器，还有装饰边缘的条带状羊角形云纹（图19-1）。这一时期还流行各种写实性的

图19-1　K117 左壁云气、K121 左壁环形祥云、K136 转轮经藏羊角形云纹
图19-2　K130 上方花卉
图19-3　K133 后壁山石纹
图19-4　K110 题记框

祥瑞花卉，多将带枝叶的牡丹、石榴、百合等浮雕于龛壁上方（图19-2）。卷草纹一类的传统纹样则趋于衰落。山石不仅成为一种台座样式，还用于装饰龛沿和后壁，并且常与莲茎、莲花同出（图19-3）。本期的题记框一般上盖覆莲叶，下托仰莲座（图19-4）。

本期龛像在各个方面都发生了重大变革，不管是龛窟形制方面洞窟的出现，造像内容方面菩萨题材的兴盛，还是造像特征的快速更替和装饰题材的新样迭出，都奠定了这一阶段在北山佛湾石窟中的重要地位。本期造像与二期三段的联系比较微弱，似乎存在一个断层，但是最迟至此阶段唐宋变革已经基本完成。这种变化对其后大足宝顶山石窟的影响甚为深刻。这一时期川渝其他地区造像已经步入尾声，而以北山佛湾石窟为代表的川东地区正是方兴未艾，掀起另一次开窟造像的高潮。

五　结语

综上所述，本文采用考古类型学的方法将北山佛湾分为三期六段。据纪年题记和分期排比，第一期始于景福元年（892年），终于唐朝覆灭（907年）；上承川西兴盛一时的中晚唐造像，下启川东独具特色的前后蜀造像。第二期分为三段，分别是公元907年至918年、919年至941年、942年至965年。二期一段对第一期的继承关系较为明显，至二、三段发展形成了具有前后蜀特色的题材组合和造像样式。第三期分为两段，分别是公元1107—1130年、1131—1189年，大致对应北宋晚期和南宋早中期，在全国范围内石窟造像趋于衰落的大背景下，北山佛湾三期造像在龛窟形制、题材组合、造像样式、造型特征和装饰纹样等方面都可谓是两宋之交石窟造像的代表之作。北山佛湾经历了“始凿—兴盛—中止—复兴—衰落”的过程，起因是唐末开凿之初，韦君靖镇守永昌寨，维持着当地相对安定的局势，川西造像亦可随南道传入昌州一带；五代时期蜀中经济发达，崇佛风气炽盛，故而涌现出大量小型龛像；北宋早期兵祸绵延、流寇作乱，使得造像活动基本停滞，妆彩和圆雕像也在一段时间内暂时取代了开龛造像；其后经济恢复、官民信奉和镌匠传承推动了北宋晚期至南宋早期造像活动的复兴；至南宋淳熙之后，佛湾终因适合开凿的崖面用尽而衰落。

附记：本文线图由大足石刻研究院周颖、毛世福绘制；在撰写过程中，大足石刻研究院方珂、邓启兵、黄能迁、陈静、赵凌飞等给予了诸多帮助和启发，特此一并致谢。

附表　北山佛湾石窟一览表

编号	形制	内容	题材	分期
1	圆拱形龛（修补）	俗装立像	韦君靖像	一期
2	方形龛	碑刻	《韦君靖碑》	（乾宁二年，895年）
3	方形龛	立武士及二胁侍	毗沙门天王	一期
3-1	方形龛	坐佛		二期二段
4	残	一佛二弟子	释迦三尊	
5	方形龛	立武士及众胁侍	毗沙门天王	一期
6	方形龛	一佛二菩萨		二期一段
7	残	女性主尊及众胁侍		二期一段
8	残	坐像		
9	方形龛	多臂菩萨及众胁侍	千手观音经变	一期
9-1	残	坐像		
9-2	方形龛	残像		
10	方形龛	一佛二弟子二菩萨、八天王、十佛	释迦说法	一期
11	方形龛	一佛二菩萨		二期二段
12	残	一佛二菩萨	毗卢遮那、文殊普贤	一期
13	方形龛	坐像		二期二段

续表

编号	形制	内容	题材	分期
14	方形龛	坐像	地藏	二期二段
15	方形龛	坐像	地藏	二期二段
16	方形龛	立像		二期
17	方形龛	二立像		二期
18	方形龛	一佛二菩萨		一期
19	方形龛	一坐菩萨二立菩萨	观音	二期二段
20	方形龛	一主尊二菩萨、菩萨群像		一期
21	方形龛	一佛二弟子二菩萨	西方三圣	二期一段
22	方形龛	三坐像	阿弥陀佛、观音、地藏	二期
23	方形龛	坐佛	药师佛	二期二段
24	方形龛	二菩萨	日光月光菩萨	二期二段
25	残	三菩萨		二期
26	方形龛	立菩萨	观音	二期二段
27	方形龛	立菩萨	观音	二期二段（广政元年，938年）
28	方形龛	坐像	地藏	二期二段
29	方形龛	二菩萨	观音地藏	二期二段
30	方形龛	三坐像		二期
31	方形龛	立像		二期
32	方形龛	二菩萨		二期一段（永平三年，913年）
33	方形龛	三坐佛		二期
34	方形龛	一佛二菩萨		二期
35	方形龛	一佛二弟子二菩萨	西方三圣	二期二段（广政四年，941年）
36	残	一佛十六弟子	释迦佛、十六罗汉	二期一段
37	方形龛	弟子坐像	地藏	二期二段（广政三年，940年）
38	方形龛	一佛二菩萨、八菩萨、十二神将	药师经变	二期二段
39	方形龛	一佛九胁侍	炽盛光佛、九曜	二期二段（乾德四年，922年）
40	方形龛	一佛二弟子、一弟子一菩萨	阿弥陀佛、观音、地藏、迦叶阿难	二期二段
41	圆拱形龛	立像		
42	残	三残像		
43	残	残像		
44	残	存一佛一菩萨		
45	方形龛	二菩萨	日光月光菩萨	二期二段
46	方形龛	一佛二弟子二菩萨	药师佛、日光月光菩萨、迦叶阿难	二期二段
47	方形龛	明王像		二期二段
48	方形龛	一佛二菩萨		二期二段
49	残	菩萨立像		
50	圆拱形龛	菩萨坐像	如意轮观音	一期（乾宁四年，897年）
51	方形龛	三佛、二弟子、二菩萨、八胁侍	三世佛、迦叶阿难、文殊普贤、天龙八部	一期（光化二年，899年）
52	方形龛	一佛一弟子一菩萨	阿弥陀佛、观音、地藏	一期（乾宁四年，897年）

续表

编号	形制	内容	题材	分期
53	方形龛	一佛一弟子一菩萨	阿弥陀佛、观音、地藏	二期一段（永平五年，915年）
54	无龛	立像		
55	残	坐像及胁侍	降龙罗汉	
55-1	方形龛	坐像		
56	方形龛	一明王二童子		二期三段
57	方形龛	一佛一弟子一菩萨	阿弥陀佛、观音、地藏	二期三段
58	方形龛	一弟子一菩萨、二胁侍菩萨	观音、地藏	一期（乾宁三年，896年）
59	方形龛	三坐像		三期
60	方形龛	多臂菩萨	千手观音	二期
61	方形龛	三佛二弟子		三期
62	方形龛	二坐像	地藏观音	二期
63	残	菩萨坐像		二期
64	残	坐像		
65	方形龛	菩萨坐像、二胁侍	观音、善财、龙女	三期一段
66	方形龛	二坐像		
67	方形龛	坐像	降龙罗汉	三期
68	方形龛	一坐像二立像		
69	方形龛	坐像	地藏	二期
70	残	坐菩萨	水月观音	三期
70-1	残	十一立像		三期
71	方形龛	一弟子一菩萨	观音、地藏	二期
72	方形龛	一弟子一菩萨	观音、地藏	二期
73	残	一佛一弟子一菩萨	阿弥陀佛、观音、地藏	三期
74	方形龛	一佛二弟子二菩萨		
75	圆拱形龛	立佛		三期
76	方形龛	二立像		三期
77	残	一主尊二胁侍		
78	残	一主尊二胁侍		
79	方形龛	二菩萨		
80	未完成	空龛		
81	方形龛	坐像	地藏	二期二段
82	残	一弟子一菩萨	观音、地藏	二期二段
83	方形龛	一坐菩萨二立菩萨	观音	三期一段
84	方形龛	立菩萨	观音	三期二段
85	方形龛	弟子坐像	地藏	二期
86	方形龛	二立像		
87	方形龛	二菩萨		二期
88	圆拱形龛	坐像	地藏	
89	圆拱形龛	坐像	地藏	
90	方形龛	坐像		二期

续表

编号	形制	内容	题材	分期
91	残	弟子坐像	地藏	二期
92	方形龛	菩萨坐像	观音	三期一段
93	圆拱形龛	空龛		
94	方形龛	坐像	地藏	
95	方形龛	立像		
96	方形龛	立像		
97	方形龛	坐像		三期
98	方形龛	空龛		
99	方形龛	塔	墓塔	明清
100	方形龛	塔	墓塔	明清
101	圆拱形龛	一佛二菩萨，存一弟子		明清
102	摩崖	题刻	《教孝碑》	清（光绪二十八年，1902年）
103、104	人字顶龛	题刻	《古文孝经碑》《赵懿简公神道碑》	
105	方形龛	一佛二弟子二菩萨、十菩萨、供养场景		三期二段
106	方形龛	一佛二弟子二菩萨、一菩萨一弟子		三期二段
107	方形龛	七佛、八菩萨、十二神将、供养场景	药师经变	三期二段
108	方形龛	坐像		
109	方形龛	残像		
110	方形龛	一佛二弟子四菩萨、十二神将、供养场景	药师经变	三期二段
111	方形龛	二主尊及众胁侍		三期二段
112	残	二佛二菩萨二侍者		三期二段
113	圆拱形龛	菩萨坐像	水月观音	三期二段
114	方形平顶窟	残		
115	摩崖	题刻	《彩画佛像功德碑》	民国（民国十三年，1924年）
116	圆拱形龛	菩萨坐像及胁侍	不空羂索观音	三期二段
116-1	方形龛	空龛		
117	圆拱形龛	一弟子一菩萨	观音、地藏	三期二段
118	方形龛	菩萨坐像	持印观音	三期二段
119	圆拱形龛	六臂菩萨	不空羂索观音	三期二段
120	方形龛	菩萨坐像及胁侍	净瓶观音	三期二段
121	方形龛	一弟子一菩萨及胁侍	观音、地藏	三期二段
122	方形龛	女性主尊及侍女、幼儿	诃利帝母	三期二段
123	方形龛	一佛二菩萨		三期二段
124	圆拱形龛	空龛（未完成）		
125	方形龛（修补）	菩萨立像	数珠手观音	三期二段
126	方形龛	菩萨坐像	持印观音	三期二段
127	圆拱形龛	六臂菩萨	不空羂索观音	三期二段
128	残	三菩萨坐像	水月观音	三期二段
129	圆拱形龛	一佛二弟子		三期二段

续表

编号	形制	内容	题材	分期
130	方形龛	菩萨立像及八力士	摩利支天女及护法神	三期二段
131	圆拱形龛（修补）	菩萨坐像及胁侍	水月观音	三期二段
132	圆拱形龛（修补）	菩萨坐像	如意珠观音	三期二段
133	方形平顶窟	菩萨坐像、胁侍、四天王	水月观音	三期二段
134	摩崖	题刻	《民国大足石刻考察团记事碑》	（民国三十四年，1945年）
135	方形龛	上层一佛二弟子，下层菩萨及胁侍	下层水月观音	三期二段
136	仿中心柱窟	转轮经藏、一佛二菩萨、六菩萨、二力士	转轮经藏、阿弥陀佛、迦叶、阿难、观音、大势至、文殊、普贤、持印观音、不空羂索观音、如意珠观音、数珠手观音、护法神	三期二段（绍兴十二年，1142年；绍兴十三年，1143年；绍兴十六年，1146年）
137	方形龛	居士与菩萨辩法场景	维摩经变	三期二段（绍兴四年，1134年）
138	摩崖	题刻	《烽烟永靖碑》	（民国十三年，1924年）
139	方形龛	二俗神坐像		明清
140	残	一佛二菩萨		
141	方形龛	弟子立像		三期
142	方形龛	残像		
143	摩崖	碑刻	《鲁瀛诗碑》	（民国十三年，1924年）
144	方形龛	二坐像		
145	残	坐像		
146	方形龛	二菩萨坐像	水月观音、不空羂索观音	三期一段
147	圆拱形龛	一佛二菩萨、八菩萨、十二神将	药师经变	二期三段
148	方形龛	菩萨坐像	不空羂索观音	三期二段
149、150	方形平顶窟	三菩萨坐像及胁侍	如意轮观音、护法神	三期一段（建炎二年，1128年）
151	残	菩萨坐像	水月观音	三期
151-1	残	残像		
152	残	菩萨坐像	观音	三期二段
153	残	立像		三期
154	残	坐像		三期
155	仿中心柱窟	菩萨坐像、坐佛群像	孔雀明王、千佛	三期一段（靖康元年，1126年）
156	摩崖	题刻	《西域禅师坐化塔诗》	清
157	圆拱形龛	二坐像		
158	方形龛	一佛二弟子	药师佛	三期
159	残	六臂菩萨	不空羂索观音	
160	摩崖	残题刻		（绍兴十二年，1142年）
161	方形龛	一佛二胁侍	药师佛	三期
162	方形龛	弟子坐像	降龙罗汉	三期
163	摩崖	题刻	《无尽老人语录碑》	
164	方形龛	三菩萨坐像		三期二段
165	残	菩萨坐像	水月观音	三期二段
166	圆拱形龛	上层一佛一菩萨一弟子、下层一佛二弟子	上层阿弥陀佛、观音、地藏	三期二段

续表

编号	形制	内容	题材	分期
167	摩崖造像	菩萨立像		
168	方形平顶窟	弟子群像	五百罗汉	三期一段（宣和三年，1121年；宣和四年，1122年；宣和元年至宣和六年，1119—1124年）
169	残	一佛十一胁侍	炽盛光佛、十一曜、二十八宿	三期二段
170	残	二像并坐	观音地藏	
171	残	二像并坐		
171-1	残	残像		
172	方形龛	二像并坐	观音地藏	三期二段
173	残	六臂菩萨	不空羂索观音	三期
174	方形龛	六臂菩萨	不空羂索观音	三期
175	残	菩萨立像		三期
175-1	残	残像		
176	方形平顶窟	一佛二弟子二菩萨、僧俗群像	弥勒下生经变	三期一段（靖康元年，1126年）
177	方形平顶窟	三弟子坐像及胁侍	三圣僧	三期一段（靖康元年，1126年）
178	残	残像		
179	方形龛	坐菩萨	观音	三期一段
180	方形平顶窟	菩萨群像	十圣观音	三期一段（政和六年，1116年；宣和二年，1120年；宣和四年，1122年）
180-1	残	残像		
180-2	圆拱形龛	坐像		
181、184	圆拱形龛	二立像		
182	残	坐像		
183	残	坐像	水月观音	
185	残	一主尊二胁侍		
186	残	弟子坐像、坐佛群像	地藏	三期
187	方形龛	一弟子一菩萨、坐佛群像	观音地藏	二期三段
187-1	残	坐像		
188	方形龛	立像		
189	残	坐像	降龙罗汉	
190	方形龛	一佛二菩萨、八菩萨、十二神将	药师经变	二期三段
190-1	残	残像		
191	方形龛	一弟子一菩萨、坐佛群像	观音地藏	二期三段
192	方形龛	菩萨坐像	水月观音	三期
193	方形龛	一弟子一菩萨	观音、地藏	三期
194	方形龛	一佛一弟子一菩萨	阿弥陀佛、观音、地藏	二期三段
195	方形龛	弟子坐像	地藏	二期
196	方形龛	一弟子一菩萨	观音、地藏	二期三段
197	残	多臂菩萨两身	千手观音、不空羂索观音	
198	方形龛	一主尊四胁侍、十六弟子	释迦佛、十六罗汉	二期
199	圆拱形龛	坐像		

续表

编号	形制	内容	题材	分期
200	方形龛	菩萨坐像	水月观音	二期三段
201	方形龛	一佛二弟子		
202	方形龛	二菩萨立像	日光月光菩萨	二期三段
203、204	方形龛	一弟子一菩萨	观音、地藏	二期二段
205	方形龛	弟子坐像及胁侍	地藏、十王、判官	二期
206	方形龛	三佛坐像		
207	方形龛	十佛坐像		三期
208	方形龛	二菩萨坐像	不空羂索观音、观音	三期一段
209	方形龛	菩萨坐像、牛群、武士	解冤结菩萨	三期一段
210	方形龛	菩萨坐像	水月观音、善财龙女	三期一段
211	方形龛	菩萨坐像	持印观音	三期一段
212	方形龛	菩萨坐像	不空羂索观音	三期一段
213	方形龛	菩萨坐像	水月观音	三期
214	方形龛	菩萨立像		三期
215	残	残像		
216	残	残像		
217	残	弟子坐像	地藏	二期
218	方形龛	多臂菩萨及胁侍	千手观音及眷属	二期二段
219	方形龛	菩萨立像		三期
220	残	一佛十六弟子	释迦佛、十六罗汉	二期二段
221	方形龛	一弟子一菩萨	观音地藏	二期二段
222	方形龛	一佛一弟子一菩萨		二期
223	残	立像		
224	方形龛	六臂菩萨		二期二段
225	方形龛	菩萨立像	观音	二期二段
226	方形龛	立像		二期
227	圆拱形龛	立佛	药师佛	二期二段
228	方形龛	二菩萨像		二期二段
229	方形龛	残像	毗沙门天王	
229-1	残	多臂菩萨	千手观音	
230	方形龛	一佛十弟子二菩萨二力士	释迦三尊	二期二段
231	方形龛	一佛二菩萨	药师佛、日光月光菩萨	二期二段
232	方形龛	一佛二菩萨		二期
233	方形龛	菩萨立像		二期二段
234	方形龛	二菩萨像		二期
235	方形龛	多臂菩萨	千手观音	二期二段
236	残	空龛		
237	圆拱形龛	坐佛		
238	方形龛	残存胁侍菩萨一身		二期二段
239	残	残存佛像、弟子各一身		二期

续表

编号	形制	内容	题材	分期
240	方形龛	二菩萨立像	欢喜王菩萨	一期（乾宁三年，896年）
241	方形龛	一弟子一菩萨	观音、地藏	二期二段
242	方形龛	弟子立像	地藏	二期二段
243	方形龛	多臂菩萨	千手观音	一期（天复元年，901年）
244	方形龛	一弟子一菩萨	观音、地藏	二期三段（广政八年，945年）
245	方形龛	一佛二菩萨、天宫楼阁、菩萨群像、化生童子等	观无量寿经变	一期
246	残	坐佛		
247	方形龛	菩萨立像		二期二段
248	方形龛	一佛一菩萨	药师、观音	一期
249	方形龛	一弟子一菩萨	观音、地藏	二期三段
250	残	经幢	经幢	二期
251	方形龛	二菩萨坐像	日光月光菩萨	二期三段
252	方形龛	二菩萨立像		二期
253	圆拱形龛	一弟子一菩萨、俗人像	观音、地藏、十王、二司	二期一段
254	方形龛	一佛一弟子一菩萨、俗人像	阿弥陀佛、观音、地藏、十王、判官	二期一段
255	方形龛	一佛二菩萨、八菩萨、十二神将	药师佛、日光月光菩萨、八大菩萨、十二神将	二期二段
256	方形龛	一佛二菩萨、八菩萨、十二神将	药师佛、日光月光菩萨、八大菩萨、十二神将	二期三段
257	方形龛	二菩萨立像		二期二段
258	方形龛	弟子坐像	降龙罗汉	三期一段
259	方形龛	菩萨坐像	水月观音	三期一段
260、262、266	方形龛	二经幢、二弟子坐像	佛顶尊胜陀罗尼经幢、地藏	二期三段（广政十八年，955年）
261	残	经幢	经幢	二期三段
263	残	一主尊二胁侍		
264	残	残像		
265	残	残像		
267	方形龛	二菩萨坐像		二期三段
268、272	残	三佛二弟子、三菩萨二侍女		三期
269、270	方形龛	经幢、一佛二弟子二菩萨	佛顶尊胜陀罗尼经幢、释迦五尊	二期三段
271	方形龛	经幢	佛顶尊胜陀罗尼经幢	二期三段
273	方形龛	多臂菩萨、四弟子坐像、十佛坐像	千手观音、地藏、十方佛	二期三段
274	残	菩萨立像	持印观音	三期二段
275	方形龛	一弟子一菩萨	观音、地藏	二期三段
276	方形龛	弟子坐像	地藏	二期三段
277	方形龛	一弟子一菩萨	观音、地藏	三期一段
278	方形龛	一佛二菩萨、八菩萨	药师经变	三期
279	方形龛	一佛二菩萨、八菩萨、十二神将、经幢、四弟子坐像、十佛坐像	药师经变、佛顶尊胜陀罗尼经幢、地藏、十方佛	二期三段（广政十八年，955年）

续表

编号	形制	内容	题材	分期
280	方形龛	菩萨坐像	水月观音	三期
281	方形龛	一佛二菩萨、八菩萨、十二神将、经幢、四弟子坐像、十一佛坐像	药师经变、佛顶尊胜陀罗尼经幢、地藏、七佛、三世佛、阿弥陀佛	二期三段（广政十七年，954年）
282	残	菩萨坐像	观音	二期三段
283	残	空龛		
284	残	弟子立像、一像残	观音、地藏	三期
285	方形龛	菩萨坐像	观音	三期二段
286	方形龛	菩萨坐像	观音	三期一段（大观三年，1109年）
287	方形龛	残坐佛		三期二段（绍兴八年，1138年）
288	方形龛	三俗人坐像（改刻）	原疑为阿弥陀佛，现为明蜀总制林公及下属	原为北宋（大观元年，1107年），明代改刻（嘉靖三年，1524年）
289	方形龛	女性主尊及侍女、幼儿	诃利帝母	三期一段
290	摩崖	线刻像、题刻	林公像、林公诗碑	明（嘉靖三年，1524年）

大足石窟佛像着衣类型

陈悦新

大足石窟遍布重庆市西郊大足区境内，被公布为各级文物保护单位的石窟造像有75处。其中，全国重点文物保护单位5处——北山、宝顶山、南山、石篆山、石门山；重庆市级4处——尖山子、妙高山、舒成岩及千佛岩；大足区级66处。另北山多宝塔亦是全国重点文物保护单位。[1]

本文选择北山、宝顶山、石篆山、石门山、妙高山等五处纪年较多、保存较好的以佛教造像为主的石窟寺进行资料收集，现场绘制佛衣与菩萨衣的披覆方式示意图，运用考古类型学方法对佛衣及菩萨衣进行分析，梳理它们的演变脉络，探讨不同佛衣、菩萨衣样式的来源及其反映的社会历史文化因素。

北山，古名龙岗山，距大足区城北1.5公里，造像主要集中在佛湾，其余散布在营盘坡、北塔、观音坡、佛耳岩及其他处，开凿于唐景福元年至南宋绍兴年间（892—1162年）。

宝顶山位于大足区城东北15公里处，造像以大佛湾为中心，其余分布在周围的小佛湾、倒塔坡、龙头山、三元洞、大佛坡等十八处地方，营建时间约自南宋淳熙至淳祐年间（1174—1252年）。

石篆山在大足区城西南25公里的三驱镇佛惠村，造像主要分布在石篆山、千佛崖两处，据山上佛惠寺《严逊碑》记载，造像于北宋元丰五年至绍圣三年（1082—1096年）开凿而成。

石门山在大足区城东20公里的石马镇新胜村，造像分布在石门山和陈家岩两地，造像开凿于北宋绍圣至南宋绍兴二十一年（1094—1151年）。

妙高山位于大足区城西南偏南方向约37公里处，造像基本为南宋绍兴年间（1131—1162年）所镌造[2]。

一 大足石窟佛像着衣的类型

根据东晋南北朝传下来的汉译“四律”，即后秦弗若多罗共罗什译《十诵律》、后秦佛陀耶舍共竺佛念等译《四分律》、东晋佛陀跋陀罗共法显译《摩诃僧祇律》及刘宋佛陀什共竺道生等译《弥沙塞部和醯五分律》[3]，以及唐宋时期的汉籍文献，如唐玄奘《大唐西域记》、唐义净《南海寄归内法传》、宋赞宁《大宋僧史略》、宋元照《佛制比丘六物图》等文献中，对佛与僧着衣法式的记录，初步梳理出佛衣的概念，同时对照印度与汉地实物造像，进一步分析归纳佛衣的分类，并对其称谓予以拟定。

佛衣由内而外披覆三层长方形的三衣。里层第一衣称安陀会（意译下衣），其覆下体；中层第二衣称欝多罗僧（意译中衣），其覆全身；外层第三衣称僧伽梨（意译上衣），亦覆全身。据印度和汉地佛教造像中三衣的披覆形式，首先，从层次上将佛衣区分为上衣外覆类和中衣外露类。上衣外覆类仅表现上衣的披覆形式，中衣外露类则既表现上衣也表现中衣的披覆形式。其次，上衣外覆类据上衣披覆形式可分出通肩式、袒右式、覆肩袒右式、搭肘式、露胸通肩式等五种类型；中衣外露类据上衣及中衣披覆形式可分出上衣搭肘式、上衣重层式、中衣搭肘式等三种类型[4]。

---

* 本文原载大足石刻研究院编：《2014年大足学国际学术研讨会论文集》，重庆出版社2016年版。

1 陈明光：《大足石刻档案（资料）》，重庆出版社2012年版，第1—4页。

2 以上五处石窟的分布与开凿情况，参见王金华：《大足石刻保护》，文物出版社2009年版，第9—12页；刘长久、胡文和、李永翘：《大足石刻研究》下编《大足石刻内容总录》，四川省社会科学院出版社1985年版，第359—559页。

3 （梁）僧祐：《出三藏记集》，苏晋仁、萧链子点校本，中华书局1995年版，第116—120页。

4 陈悦新：《佛衣与僧衣概念考辨》，《故宫博物院院刊》2009年第2期，第48—72页。

大足石窟的佛衣以中衣搭肘式、通肩式、露胸通肩式三种类型为主[1]。

1. 中衣搭肘式。中衣搭肘式的披覆形式为，中层的中衣自身后通覆两肩，右衣角垂搭右肘，左侧被外层的上衣遮覆，不得而见；外层的上衣自身后覆左肩或通覆两肩，右衣角自右腋下绕过腹前搭向左肩，使得搭右肘的中衣露出。在胸腹部可见一斜向的遮覆衣，其为僧衹支，是防止弄污三衣而披覆的助身衣[2]。根据佛衣底端及左肩处钩钮[3]的处理形式可分为二式。

Ⅰ式：坐佛佛衣底端简洁，左肩处钩钮呈系带状。如北山佛湾唐景福元年（892年）第10号[4]主尊佛，北山营盘坡唐乾宁三年（896年）第3号[5]主尊佛，北山佛湾后蜀广政十七年（954年）第281号药师琉璃光佛[6]、后蜀广政十八年（955年）第279号[7]药师琉璃光佛、第21号主尊佛、第36号主尊佛等（图1）。

图1　中衣搭肘式佛衣Ⅰ式

1　北山佛湾唐景福元年（892 年）第 10 号主尊佛（涂色表示中衣，以下同）
2　北山营盘坡唐乾宁三年（896 年）第 3 号主尊佛
3　北山佛湾后蜀广政十七年（954 年）第 281 号药师琉璃光佛
4　北山佛湾后蜀广政十八年（955 年）第 279 号药师琉璃光佛
5　北山佛湾第 21 号主尊佛
6　北山佛湾第 36 号主尊佛

1　还有少量袒右式佛衣，如北山佛湾第12号、第40号龛内的佛衣。

2　（唐）慧琳：《一切经音义》第41卷《六波罗蜜多经》云："本制此衣恐污汙三衣，先以此衣抵右腋交络于左肩上，然后披著三衣。"《大正新修大藏经》第54卷，新文丰出版公司，1983年，第581页下。

3　在肩部安钩钮以起固定作用。《四分律》第40卷《衣揵度》："患风吹割截衣堕肩，诸比丘白佛，佛言：听肩头安钩钮。"《大正藏》第22卷，第855页下。

4　据北山佛湾第2号《韦君靖碑》记载推定，参见陈明光：《大足石刻档案（资料）》，重庆出版社2012年版，第5—6页。《韦君靖碑》铭文参见重庆大足石刻艺术博物馆等编：《大足石刻铭文录》，重庆出版社1999年版，第37—43页。本文窟龛编号均采用刘长久、胡文和、李永翘《大足石刻研究》下编《大足石刻内容总录》的编号，四川省社会科学院出版社1985年出版。

5　铭文参见重庆大足石刻艺术博物馆等编：《大足石刻铭文录》，重庆出版社1999年版，第16页。

6　铭文参见重庆大足石刻艺术博物馆等编：《大足石刻铭文录》，重庆出版社1999年版，第20页。"药师琉璃光佛"的称谓据铭文，以下有佛名号的均参见铭文。

7　铭文参见重庆大足石刻艺术博物馆等编：《大足石刻铭文录》，重庆出版社1999年版，第21页。

立佛佛衣左肩处未表现钩钮。如北山佛湾第38号立佛。

Ⅱ式：坐佛佛衣底端变化较多，或随莲瓣起伏，或在佛座两侧长垂，左肩处钩钮呈系带状或呈金属环状。如石篆山北宋元丰五年（1082年）第7号[1]右尊佛，石门山北宋绍圣三年（1096年）第3号[2]释迦牟尼佛，北山佛湾第123号主尊佛、第135号主尊佛、第169号主尊佛、北宋靖康元年（1126年）第176号[3]弥勒佛，妙高山南宋绍兴十四年（1144年）第2号[4]主尊佛，北山北塔下双佛，石门山陈家岩第1号左右尊佛，宝顶小佛湾第2号七佛中第3身等（图2：1—11）。

立佛佛衣左肩处钩钮呈金属环状。如宝顶大佛湾第5号华严三圣毗卢佛（图2：12）。

1 铭文参见重庆大足石刻艺术博物馆等编：《大足石刻铭文录》，重庆出版社1999年版，第317—318 页。

2 铭文参见重庆大足石刻艺术博物馆等编：《大足石刻铭文录》，重庆出版社1999年版，第351页。

3 铭文参见重庆大足石刻艺术博物馆等编：《大足石刻铭文录》，重庆出版社1999年版，第27页。

4 铭文参见重庆大足石刻艺术博物馆等编：《大足石刻铭文录》，重庆出版社1999年版，第324页。其纪年“天元甲子”，据考为绍兴十四年（1144年）。参见陈明光：《大足石刻“天元甲子”纪年考析》，陈明光：《大足石刻考古与研究》，重庆出版社2001年版，第123—125页。原载《四川文物》1987年第3期。

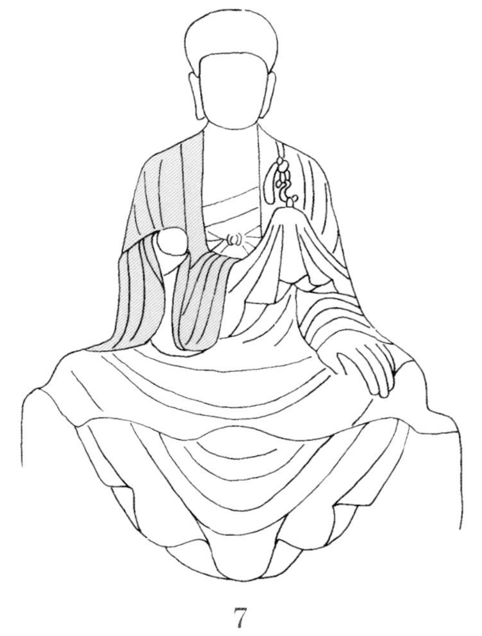
7

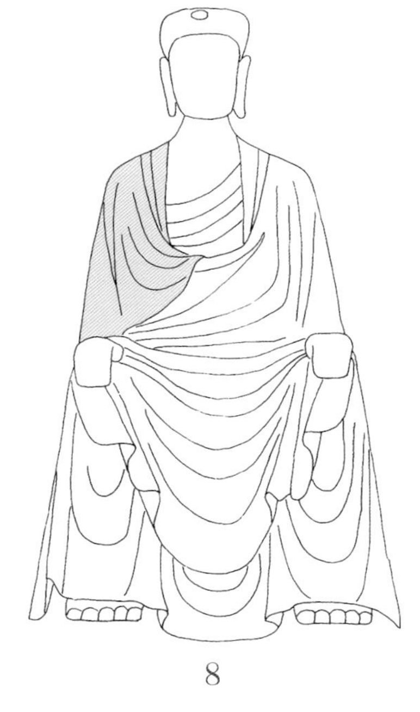
8

9

10

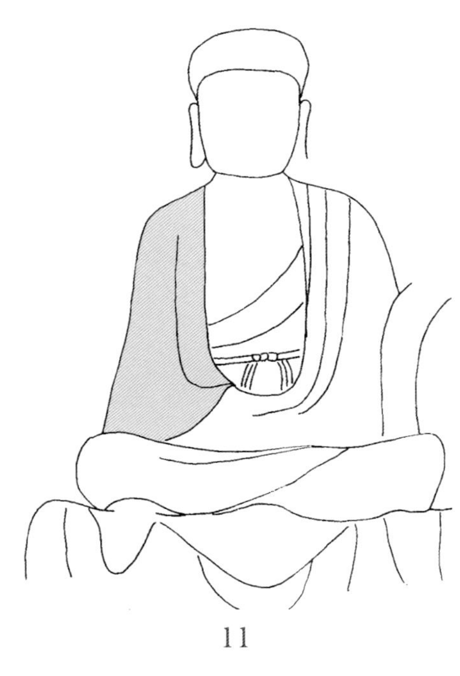
11

12

图 2　中衣搭肘式佛衣 II 式

1　石篆山北宋元丰五年（1082 年）第 7 号右尊佛
2　石门山北宋绍圣三年（1096 年）第 3 号释迦牟尼佛
3　北山佛湾第 123 号主尊佛
4　北山佛湾第 135 号主尊佛
5　北山佛湾第 169 号主尊佛
6　北山佛湾北宋靖康元年（1126 年）第 176 号弥勒佛
7　妙高山南宋绍兴十四年（1144 年）第 2 号主尊佛
8　北山北塔下双佛右尊
9　石门山陈家岩第 1 号圆觉洞正壁左尊佛
10　石门山陈家岩第 1 号圆觉洞正壁右尊佛
11　宝顶小佛湾第 2 号七佛中第 3 身
12　宝顶大佛湾第 5 号华严三圣毗卢佛

2. 通肩式。通肩式的披覆形式为，仅表现外层的上衣，上衣自身后通覆两肩，右衣角自颈下绕过搭向左肩。如北山佛湾不晚于唐乾宁三年（896年）第245号[1]阿弥陀佛、唐乾宁四年（897年）第52号[2]阿弥陀佛，北山营盘坡第1号下方未编号主尊佛，北山佛湾前蜀永平五年（915年）第53号[3]阿弥陀佛、前蜀乾德四年（922年）第39号[4]大威德金轮炽盛光佛、后蜀广政四年（941年）第35号[5]主尊佛、第254号主尊佛，石门山南宋绍兴十一年（1141年）第6号[6]阿弥陀佛等（图3）。

图 3 通肩式佛衣

1 北山佛湾不晚于唐乾宁三年（896 年）第 245 号阿弥陀佛
2 北山佛湾唐乾宁四年（897 年）第 52 号阿弥陀佛
3 北山营盘坡第 1 号下方未编号佛像
4 北山佛湾前蜀永平五年（915 年）第 53 号阿弥陀佛
5 北山佛湾前蜀乾德四年（922 年）第 39 号大威德金轮炽盛光佛
6 北山佛湾后蜀广政四年（941 年）第 35 号主尊佛
7 北山佛湾第 254 号主尊佛
8 石门山南宋绍兴十一年（1141 年）第 6 号阿弥陀佛

1 据第245号与唐乾宁三年（896年）第240号的位置关系判断。参见刘长久、胡文和、李永翘：《大足石刻研究》下编《大足石刻内容总录》，四川省社会科学院出版社1985年版，第417—420页。
2 铭文参见重庆大足石刻艺术博物馆等编：《大足石刻铭文录》，重庆出版社1999年版，第14页。
3 铭文参见重庆大足石刻艺术博物馆等编：《大足石刻铭文录》，重庆出版社1999年版，第17页。
4 铭文参见重庆大足石刻艺术博物馆等编：《大足石刻铭文录》，重庆出版社1999年版，第19页。
5 铭文参见重庆大足石刻艺术博物馆等编：《大足石刻铭文录》，重庆出版社1999年版，第19页。
6 铭文参见重庆大足石刻艺术博物馆等编：《大足石刻铭文录》，重庆出版社1999年版，第351—355页。

3. 露胸通肩式。露胸通肩式的披覆形式为，仅表现外层的上衣，上衣自身后通覆两肩，右衣角在颈下呈“U”形下垂至胸腹部搭向左肩。左肩处的钩钮有的呈系带状，有的呈金属环状。如石篆山北宋元丰五年（1082年）第7号中尊毗卢佛和左尊佛，北山佛湾第112号左尊佛、南宋绍兴十二至十六年（1142—1146年）第136号[1]主尊佛，石门山南宋绍兴二十一年（1151年）第1号[2]药师琉璃光佛，妙高山第4号阿弥陀佛，宝顶小佛湾第9号毗卢佛、第1号经目塔二层卷发尊像，宝顶大佛湾第29号圆觉洞正壁三尊佛、第14号毗卢道场毗卢佛等（图4）。

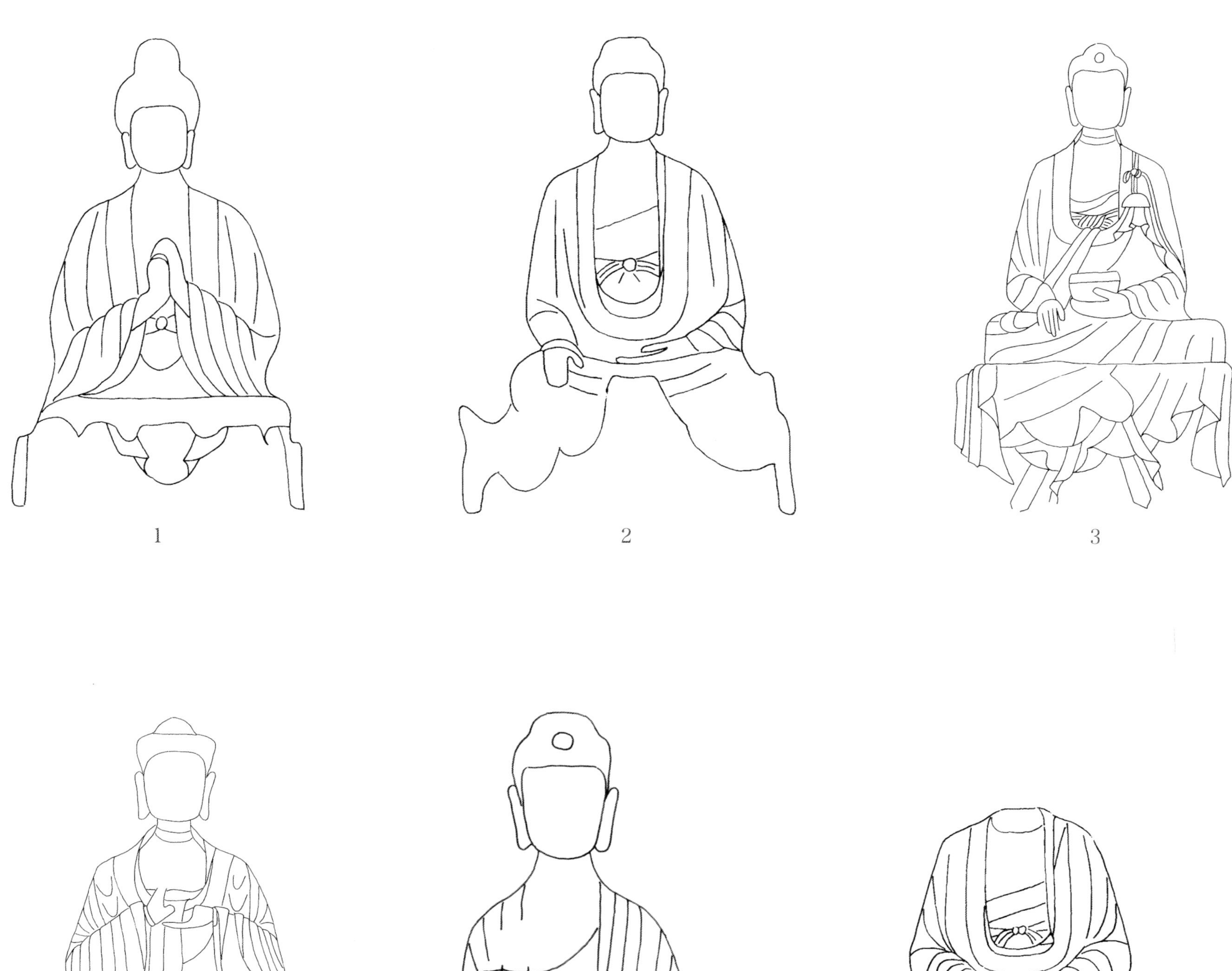

1　2　3

4　5　6

1　铭文参见重庆大足石刻艺术博物馆等编：《大足石刻铭文录》，重庆出版社1999年版，第31—33页。

2　铭文参见重庆大足石刻艺术博物馆等编：《大足石刻铭文录》，重庆出版社1999年版，第355—356页。

7

8

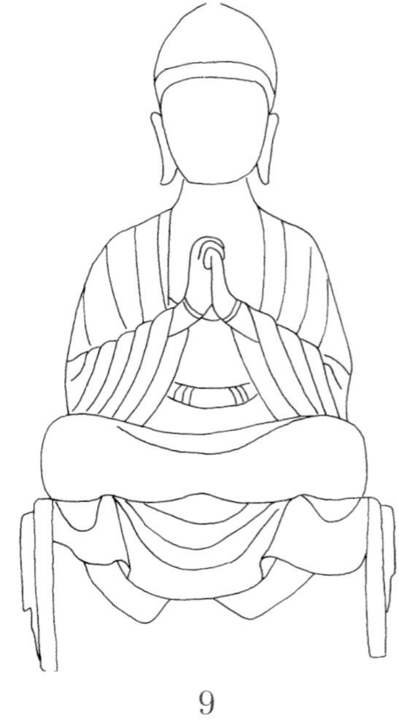
9

10

11

12

图 4　露胸通肩式佛衣

1　石篆山北宋元丰五年（1082 年）第 7 号中尊毗卢佛

2　石篆山北宋元丰五年（1082 年）第 7 号左尊佛

3　北山佛湾第 112 号左尊佛

4　北山佛湾南宋绍兴十二至十六年（1142—1146 年）第 136 号主尊佛

5　石门山南宋绍兴二十一年（1151 年）第 1 号药师琉璃光佛

6　妙高山第 4 号阿弥陀佛

7　宝顶小佛湾第 9 号毗卢佛

8　宝顶小佛湾第 1 号经目塔二层南面卷发尊像

9　宝顶大佛湾第 29 号圆觉洞正壁中尊佛

10　宝顶大佛湾第 29 号圆觉洞正壁右尊佛

11　宝顶大佛湾第 29 号圆觉洞正壁左尊佛

12　宝顶大佛湾第 14 号毗卢道场毗卢佛

大足石窟菩萨衣除了传统的裙衣外，也披覆佛衣[1]，主要有中衣搭肘式和露胸通肩式两种类型[2]。

中衣搭肘式，如北山佛湾北宋大观三年（1109年）第286号[3]观音菩萨、北宋政和六年（1116年）第180号[4]左右壁观音菩萨，石门山南宋绍兴十一年（1141年）第6号左壁观音菩萨，宝顶大佛湾第5号华严三圣文殊普贤菩萨、第29号圆觉洞圆雕跪菩萨等（图5）。

图 5　中衣搭肘式菩萨衣

1　北山佛湾北宋大观三年（1109 年）第 286 号观音菩萨

2　北山佛湾北宋政和六年（1116 年）第 180 号左壁外数第 2 身观音菩萨

3　石门山南宋绍兴十一年（1141 年）第 6 号左壁内数第 3 身观音菩萨

4　宝顶大佛湾第 5 号华严三圣左侧菩萨

5　宝顶大佛湾第 5 号华严三圣右侧菩萨

6　宝顶大佛湾第 29 号圆觉洞圆雕跪菩萨正、背面

1　据纪年，大足石窟的地藏菩萨自晚唐五代至北宋均有出现，因风化较严重，其披覆佛衣形式的演变脉络不甚清楚，此处讨论菩萨披覆佛衣的情况，暂不涉及地藏菩萨。

2　也有少量披覆袒右式佛衣，如石门山第6号左壁由内向外数第4身菩萨的着衣；还有少量覆肩袒右式佛衣，如北山佛湾第136号右壁外侧数珠手观音的着衣。

3　铭文参见重庆大足石刻艺术博物馆等编：《大足石刻铭文录》，重庆出版社1999年版，第24页。

4　铭文参见重庆大足石刻艺术博物馆等编：《大足石刻铭文录》，重庆出版社1999年版，第24—25页。

露胸通肩式，如北山佛湾政和六年（1116年）第180号左右壁观音菩萨，北山营盘坡第5号文殊普贤菩萨，石门山南宋绍兴十一年（1141年）第6号左壁观音菩萨，北山佛湾南宋绍兴十二至十六年（1142—1146年）第136号正壁及左壁观音，宝顶大佛湾第29号圆觉洞左壁中间菩萨、第14号毗卢道场侧壁菩萨等（图6）。

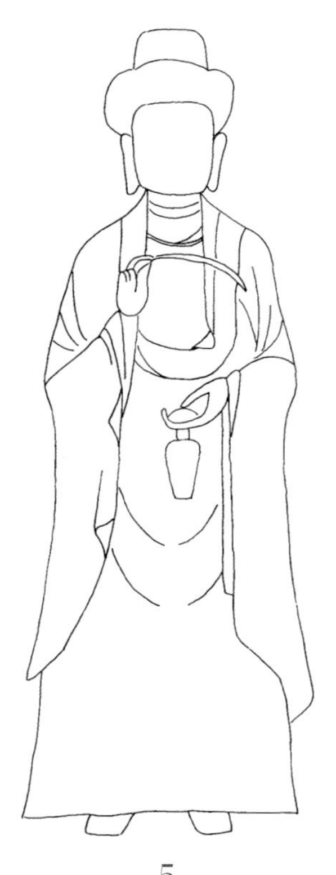

图6　露胸通肩式菩萨衣

1　北山佛湾政和六年（1116 年）第 180 号左壁外数第 5 身观音菩萨
2　北山营盘坡第 5 号右侧普贤菩萨
3　石门山南宋绍兴十一年（1141 年）第 6 号左壁内数第 1 身观音菩萨
4　石门山南宋绍兴十一年（1141 年）第 6 号左壁内数第 2 身观音菩萨
5　北山佛湾南宋绍兴十二至十六年（1142—1146 年）第 136 号正壁左侧观音菩萨
6　北山佛湾南宋绍兴十二至十六年（1142—1146 年）第 136 号左壁外侧观音菩萨
7　宝顶大佛湾第 29 号圆觉洞左壁中间菩萨

二　大足石窟佛像着衣的分期

根据以上所分析的五处石窟中37个窟龛的佛衣和菩萨衣的类型，可以将它们归纳分成两组，列如表1。

表1 大足石窟佛衣与菩萨衣类型分组表

位置	佛衣			菩萨衣		纪年	组别
	上衣搭肘式	通肩式	露胸通肩式	中衣搭肘式	露胸通肩式		
北山佛湾第10号	Ⅰ					唐景福元年（892年）	一
北山佛湾第245号		√				不晚于唐乾宁三年（896年）	
北山营盘坡第3号	Ⅰ					唐乾宁三年（896年）	
北山佛湾第52号		√				唐乾宁四年（897年）	
北山营盘坡未编号		√					
北山佛湾第53号		√				前蜀永平五年（915年）	
北山佛湾第39号		√				前蜀乾德四年（922年）	
北山佛湾第35号		√				后蜀广政四年（941年）	
北山佛湾第254号		√					
北山佛湾第281号	Ⅰ					后蜀广政十七年（954年）	
北山佛湾第279号	Ⅰ					后蜀广政十八年（955年）	
北山佛湾第21号	Ⅰ						
北山佛湾第36号	Ⅰ						
北山佛湾第38号	Ⅰ						
石篆山第7号	Ⅱ		√			北宋元丰五年（1082年）	二
石门山第3号	Ⅱ					北宋绍圣三年（1096年）	
北山佛湾第286号				√		北宋大观三年（1109年）	
北山佛湾第180号				√	√	北宋政和六年（1116年）	
北山佛湾第176号	Ⅱ					北宋靖康元年（1126年）	
北山营盘坡第5号					√		
北山佛湾第123号	Ⅱ						
北山佛湾第135号	Ⅱ						
北山佛湾第169号	Ⅱ						
北山佛湾第112号			√				
石门山第6号		√		√	√	南宋绍兴十一年（1141年）	
北山佛湾第136号			√		√	南宋绍兴十二至十六年（1142—1146年）	
妙高山第2号	Ⅱ					南宋绍兴十四年（1144年）	
妙高山第4号			√				
石门山第1号			√			南宋绍兴二十一年（1151年）	
北山北塔下双佛	Ⅱ						
石门山陈家岩第1号	Ⅱ						
宝顶小佛湾第2号	Ⅱ						
宝顶小佛湾第9号			√				
宝顶小佛湾第1号			√				
宝顶大佛湾第5号	Ⅱ			√			
宝顶大佛湾第29号			√	√	√		
宝顶大佛湾第14号			√		√		

表1中第一组的佛衣以中衣搭肘式Ⅰ式和通肩式为主；第二组的佛衣以中衣搭肘式Ⅱ式和露胸通肩式为主，同时，出现菩萨披覆佛衣中衣搭肘式和露胸通肩式的形式。根据窟龛纪年题记，第一组即第一期，年代约在晚唐五代时期，自唐景福至后蜀广政年间（约892—965年），第二组即第二期，年代约在两宋时期，自北宋元丰至南宋淳祐年间（1078—1252年）[1]。

1　目前学界一般将宝顶的营建时间推定在南宋淳熙至淳祐年间（1174—1252年）。

三　大足石窟佛像着衣类型的来源

来自印度的佛衣披覆形式，经过南北朝的纷繁变化，至唐代，汇集于两京地区的中衣搭肘式和通肩式佛衣成为范式，广泛影响着西部甘宁地区和南方地区[1]。

长安地区中衣搭肘式和通肩式佛衣，如约完工于隋仁寿二年（602年）六月五日之前的麟游慈善寺1窟[2]正壁主尊、完工年代约不晚于唐高宗永徽四年（653年）的麟游慈善寺2窟右壁大龛[3]内主尊（图7：1、2），洛阳地区如龙门石窟贞观十五年（641年）开凿经营的宾阳南洞正壁一铺大像[4]的主尊、潜溪寺正壁主尊、约凿于天授元年（690年）的高平郡王洞[5]佛像（图7：3—5）。

1

2

3

4

5

图7　两京地区中衣搭肘式和通肩式佛衣

1　长安地区麟游慈善寺1窟正壁主尊佛
2　长安地区麟游慈善寺2窟右壁主尊佛
3　洛阳地区龙门宾阳南洞正壁主尊佛
4　洛阳地区龙门潜溪寺正壁主尊佛
5　洛阳地区龙门高平郡王洞正壁右数第3身佛

甘宁地区的中衣搭肘式佛衣，如须弥山石窟105窟、莫高窟283窟（图8：1、2），南方地区的如四川广元石窟千佛崖806号释迦多宝佛窟、千佛崖211号苏颋窟等（图8：3、4）。甘宁地区的通肩式佛衣，如须弥山石窟54窟、莫高窟44窟（图8：5、6），南方地

1　陈悦新：《5—8世纪汉地佛像着衣法式》，社会科学文献出版社2014年版，第309—327页。

2　张燕、王建新、张建林：《慈善寺、麟溪桥窟龛造像的分期与编年》，西北大学考古专业等编著：《慈善寺与麟溪桥》，科学出版社2002年版，第98—99页。

3　张燕、王建新、张建林：《慈善寺、麟溪桥窟龛造像的分期与编年》，西北大学考古专业等编著：《慈善寺与麟溪桥》，科学出版社2002年版，第99—100页。

4　温玉成：《龙门唐窟排年》，龙门文物保管所、北京大学考古系编：《中国石窟·龙门石窟》（二），文物出版社1992年版，第175—177页。

5　温玉成：《龙门唐窟排年》，龙门文物保管所、北京大学考古系编：《中国石窟·龙门石窟》（二），文物出版社1992年版，第209 页。

区的如四川广元石窟千佛崖806号释迦多宝佛窟等（图8：7）。

大足石窟晚唐五代的中衣搭肘式佛衣和通肩式佛衣，仍是唐代两京地区这一范式影响的延续。其中的中衣搭肘式佛衣，直到两宋时期，也是流行的佛衣披覆样式；同时，菩萨也开始披覆中衣搭肘式的佛衣。北方辽宋金时期，中衣搭肘式佛衣和菩萨衣亦为普遍的

图 8　甘宁和南方地区中衣搭肘式和通肩式佛衣

1　须弥山 105 窟中心柱正壁主尊佛

2　莫高窟 283 窟正壁主尊佛

3　广元千佛崖 806 窟正壁右尊佛

4　广元千佛崖 211 窟正壁主尊佛

5　须弥山 54 窟正壁主尊佛

6　莫高窟 44 窟中心柱正壁主尊佛

7　广元千佛崖 806 窟正壁左尊佛

披覆形式，如辽清宁二年（1056年）山西应县佛宫寺释迦塔内佛像[1]、北宋治平四年（1067年）陕西黄陵钟山石窟主洞佛像[2]（图9：1、2），金皇统三年（1143年）山西朔州崇福寺弥陀殿内观音像[3]等（图9：3）。直到明代，中衣搭肘式的佛衣和菩萨衣，依然是流行的披覆形式，如北京明代法海寺大雄宝殿东西壁上方，佛众赴会图壁画中的佛衣与菩萨衣[4]（图9：4、5）。

图 9　北方辽宋金时期及明代中衣搭肘式佛衣

1　应县木塔第二层主尊佛正、背面
2　子长钟山石窟主洞主尊佛
3　朔州崇福寺观音菩萨
4　法海寺大雄宝殿西壁上方五佛中间主尊佛
5　法海寺大雄宝殿西壁上方右侧四菩萨右端菩萨

大足石窟与北方辽宋金及明代中衣搭肘式佛衣略有差别之处在于，大足石窟的中衣搭肘式佛衣，外层的上衣一般自身后覆左肩，右衣角自右腋下绕过腹前搭向左肩；而辽宋金时期及明代的中衣搭肘式佛衣，外层的上衣一般自身后覆两肩，右衣角自右腋下绕过腹前搭向左肩。这两种形式的中衣搭肘式佛衣，在唐代均有表现（图7：3、4），但宋以后，北方似以上衣覆两肩的形式多见，右肩的

1　梁思成：《山西应县佛宫寺辽释迦木塔》，《梁思成全集》第10卷，中国建筑工业出版社2007年版，第6—7、113—117页。
2　参见延安地区文物普查队、子长县文物管理所：《子长县钟山石窟调查记》，《考古与文物》1982年第6期，第39页。
3　参见山西省古代建筑保护研究所柴泽俊、柴玉梅：《山西古代彩塑》，文物出版社2008年版，第67—69页及彩版八十三。
4　陈悦新：《法海寺壁画中的佛像着衣》，敦煌研究院编：《2014敦煌论坛——敦煌石窟研究国际学术研讨会论文集》，甘肃教育出版社2016年版，第860—864页。

中衣被遮覆，到明清也较为普遍；而南方的大足、安岳石窟[1]则以上衣仅覆左肩的形式多见，右肩的中衣完全裸露出来。

大足石窟两宋时期流行的露胸通肩式佛衣及菩萨衣，在同期及以后的佛衣与菩萨衣的披覆形式中较为鲜见[2]。露胸通肩式佛衣最早见于南朝的栖霞山石窟（图10：1、2），其始凿时间约在永明二年（484年）以后，建武四年（497年）或永元二年（500年）之前，即5世纪末期[3]。这种佛衣类型对北朝深具影响，大约自北魏迁都至隋代（494—618年）这段较长时期中，青徐及甘宁地区广泛流行露胸通肩式佛衣[4]（图10：3—7）。唐以后露胸通肩式佛衣极为少见。

图 10　南北朝隋代露胸通肩式佛衣

1　栖霞山 19 窟正壁主尊佛（虚线表示后补或残毁部分，以下同）
2　栖霞山 22 窟正壁主尊佛
3　青州龙兴寺永安三年（530 年）贾淑姿造像
4　云门山隋代 1 龛正壁主尊佛
5　莫高窟西魏 285 窟正壁主尊佛
6　麦积山北周 141 窟正壁主尊佛
7　须弥山北周 51 窟正壁右尊佛

大足石窟晚唐五代继续流行唐两京地区的佛衣样式，两宋时期除了继续流行中衣搭肘式佛衣和菩萨衣外，露胸通肩式佛衣和菩萨衣较为普遍，这与邻近的安岳石窟唐五代及两宋时期的情况相同，反映了川渝地区唐五代承袭中原文化，两宋时期地方文化盛行的独特面貌，这一现象的历史背景及文化因素尚待进一步探讨。

1　陈悦新：《安岳石窟佛像着衣类型》，《文物》2016年第10期，第66—79页。

2　露胸通肩式佛衣在宋代可见庆阳北石窟寺第35窟壁面浮雕佛像，回鹘时期吐鲁番柏孜克里克石窟第27、31、39窟等窟顶上及北庭佛寺遗址中的壁画千佛。露胸通肩式菩萨衣可见麦积山石窟第4窟宋代重妆的菩萨像。它们与川渝地区的关系尚待探讨。

3　宿白：《南朝龛像遗迹初探》，载《中国石窟寺研究》，文物出版社1996年版，第176—179页。原载《考古学报》1989年第4期。

4　陈悦新：《5—8世纪汉地佛像着衣法式》，社会科学文献出版社2014年版，第39—52、104—110页。

唐《韦君靖碑》校补

陈明光

《韦君靖碑》（简称《韦碑》）摩崖刻于重庆大足区北山佛湾，通编为第2号。碑高260厘米、宽310厘米。由军事判官将仕郎、前守静南县令胡密撰文，唐昭宗乾宁二年（895年）上石。碑文分上下两部左行竖刻：上部53行，除首行刻35字外，其余满行为30字，计1440字，字径3.5厘米；下部101行，计2866字，序署145名节级将校名衔。

碑不题名，首、次行署韦君靖累衔“金紫光禄大夫、检校司空、使持节都督昌州诸军事守昌州刺史、充昌普渝合四州都指挥、静南军使，兼御史大夫、上柱国、扶风县开国男、食邑三百户韦君靖建”，史称《韦君靖碑》。

碑文记述：乾符之际黄巢起义，唐僖宗逃避至成都，蜀中藩镇征战，“四海波腾，三川鼎沸”。时任昌州昌元（今荣昌）县令的韦君靖，趁势“合集义军”，雄踞昌州。继而蜀中发生著名的“三川”之战——涪州韩秀升起义，西川陈敬瑄征讨东川杨师立、王建讨伐陈敬瑄，君靖无役不从，由是步步荣升，后为静南军使，成为统领四州虎视川东的封建领主。在王建夺取西川虎视川东的形势下，君靖为求自保，又以北山为中心“维龙岗山建永昌寨”，寨周围28里，筑城墙二千余处，建敌楼一百余所，粮贮十年，兵屯数万。至今北山沿崖寨墙遗迹犹存，上可窥得唐寨雄峰。

《韦碑》的历史价值，正如1945年以杨家骆、马衡为首的《大足石刻考察团·日记》所言：“一篇韦庄的《秦妇吟》表现了晚唐中原的动荡，而一块胡密的《韦君靖碑》也反映出晚唐东川的形势。”惜《新唐书》《旧唐书》失载。当时考察团拟由杨家骆撰《补新唐书韦君靖传》。《新唐书》载有“昌州下都督府”一语，但未涉《韦碑》只言片语。至南宋王象之《舆地纪胜》方首著其碑目，但其文不传。至明末曹学佺《蜀中广记·名胜》首录其文，但仅录碑的第14至44行，且多讹脱。直至清嘉庆二十四年（1819年）春，知县张澍登北山掘湮土，洗苔藓，方使沉霾千载之韦碑重现，时虽有剥落，还大率可读。张澍喜得此碑，首将碑现存文字录载在他主修的《嘉庆大足县志》上，并大歌其后。此后，《金石续编》《金石苑》和道光、光绪、民国《大足县志》续录载碑时存残文，从而引起国内外专家、学者注目。1960年，日本栗原益男发表《论唐宋末土豪地方势力——四川韦君靖的情况》（日《历史学研究》1960年7月第243号），日本日野开三郎又发表《唐韦君（靖）碑中应管诸镇寨节级的一点考察》（《和田博士古稀纪念东洋史论丛》1961年2月）。

鉴于《韦碑》可补新旧《唐书》缺略，笔者将上述史志录文与今碑存文（拓片）对照，恐因碑漶蚀难读，或录碑不善之故，以至无一文不讹脱，《蜀中名胜记》尤多，县志亦在所未免，且相互矛盾，致使研究者无所适从。为向专家、学者提供一份较客观的碑文，今以碑存字为底本，查考史志存文，择其善者校补，力求补碑之残缺、正史志之遗误。不识之处不妄补，留待识者补正。凡校补入字均加注方括号“【】”，注释列文后；凡碑中别体字一律书写成《现代汉语字典》中的字；凡碑漶灭字用“□”符号代替；凡碑行文行中的空位，一个字位书写一个“△”符号。

《韦碑》现状及校补后情况：正文53行1440字，今碑存1132字（含个别依稀可识字），校补入274字，补后共得1406字，仍缺34字；节级将校列署名衔101行2866字，今碑存1882字，校补入884字（含补入96个漶灭字符号在内），补后共得2766字，仍缺100字（实际全缺196字）。

校补后，节级将校署名共得145人（名字全的116人，名字不全的26人，佚名3人），其中韦氏弟兄子侄27人，与张澍和《金石续编》《民国大足县志》二书作者云160余人、22人异。

本文为碑校补本（依据《金石续编》《金石苑》与嘉庆、道光、民国《大足县志》校对，文中不另加注释说明），不妥之处，请方家教正。

---

* 本文原载重庆大足石刻艺术博物馆、四川省社会科学院编：《大足石刻研究文集》（2），重庆出版社1997年版。

唐《韦君靖碑》

01 【金紫光】祿大夫檢校司空使持節都督昌州諸軍事守昌州刺史充昌普渝合四州都指揮

02 【靜】南軍使兼御史大夫上柱國扶風縣開國男食邑三百户韋君靖建

03 軍事判官將仕郎前守靜南縣令【胡密撰】

04 □□【象】緯降靈河嶽孕粹必能挺生人傑卓立功名爲當世之△△元勳作

05 □□【之】巨屏茍非鑒識洞達機變玄微孰能創制奇功抑揚大節不有紀述

06 □□□来△△△我太守司空京兆公陶唐氏之遠裔漢丞相之後昆簪組相

07 【繼】□□□别△國史詳備家譜具存布在簡書略不覼縷△公少藴大志長負

08 □□□【刻】[1]鶴之工微耻雕虫之伎薄相时而动临事不疑怀

09 □□□【貫日之】[2]精誠蔚淩雲之氣宇語△仁智即樗裏罷説較△威猛則烏獲休扛響

10 □□【心】[3]若子牟之戀△主從軍立績同馬援之征蠻减竈得孫臏之謀投筋秘

11 □【留侯之】策揮劍即蛟螭潛伏彎弓而猿狖啼號加以月角衡衡犀文貫頂視

12 【質氣堂】[4]堂罕疋覩△神彩赳赳無雙實命世之△宏材爲一時之△英俊者也

13 【頃以乾】[5]符之際天下騷然蝗旱相仍兵戈四起△公覩兹遐僻人不聊生遂合

14 【集義軍招】[6]安户口抑強撫弱務織勸農足食足兵以煞去煞洎黄巢侵陷京闕

15 【鑾駕出幸成都四海波】[7]騰三川鼎沸韓秀昇勃亂黔峽侵軼巴渝△△公乃統

16 【率義軍】[8]討除逆【黨值秀】[9]昇盡拋舟檝圍逼郡城△公乃詳度機宜上下攔截依

17 【山排陣】[10]背水布兵兩面夾攻齊心剪撲賊勢大敗我武益揚渝牧田公備錄奏

18 【聞乃進】[11]忠節檢校御史大夫除拜普州刺史適值川帥效逆△將臣專征

19 【公乃收復】合州絕其枝蔓△△△恩旨加右散騎常侍除拜合州刺史洎郑君

20 【雄僕射】[12]失律廣漢山行章尚書攻圍當川△△故府主太尉丞相顧公累降命

21 【旨頻招】[13]起應△公統領精鋭二萬餘人虔告蓍龜申令士卒並破二十七寨煞

22 【戮五萬】[14]餘人大振△威聲△上聞

23 【特授檢】[15]校工部尚書拜當州刺史充昌普渝合四州都指揮靜南軍使累加刑

24 【部尚書右】僕射△公以臨郡歲久迺思退居上表陳情

25 【宸衷未允】[16]△詔旨褒奬特許量留加金紫光祿大夫檢校左僕射扶風縣開國

26 【男食邑三】百【户】△公累銜

1 主据《金石苑》，参考《金石续编》。

2 按嘉庆、道光《大足县志》补。《金石续编》仅“贯日”2字，度碑空位应为3字，故按《志》补。

3 度碑缺字数，按《金石续编》补。

4 按《金石苑》与嘉庆、道光、民国《大足县志》补。

5 主据《金石续编》《金石苑》，参考《蜀中名胜记》补。

6 据《金石续编》补。《蜀中名胜记》与光绪、民国《大足县志》作“合置”。

7 据《金石续编》《金石苑》补。《蜀中名胜记》与嘉庆、道光《大足县志》作“銮舆出幸成都”；光绪、民国《大足县志》作“驾幸”。

8 据《蜀中名胜记》《金石续编》《金石苑》补。诸《大足县志》作“统率义旅”。

9 据《蜀中名胜记》《金石续编》《金石苑》补。诸《大足县志》作“黨值秀”。

10 按《蜀中名胜记》补。《金石续编》作“排陈”；诸《大足县志》作“依山置”。

11 参照《蜀中名胜记》补。《金石续编》作“问□忠节”；《民国大足县志》作“闻进忠节”。

12 按《蜀中名胜记》补。

13 按《蜀中名胜记》《金石续编》补。

14 按《蜀中名胜记》与光绪、民国《大足县志》补。《金石续编》作“万□余人”，《金石苑》存“万余人”3字。

15 碑“校”字依稀可见，校字前存3字空位。《蜀中名胜记》作“上闻伟绩特加检校工部尚书”；《金石苑》存“检校……”；《金石续编》作“特授工部尚书”；嘉庆、道光《大足县志》作“□□□授工部尚书”；光绪、民国《大足县志》作“上闻伟绩特授工部尚书”。查碑首行署有工部尚书别称“检校司空”衔，度碑缺3字空位，录作“特授检校……”

16 按《蜀中名胜记》补。《金石续编》作“缺四字”。其他均无。

27 【鳳詔裒剖】[1]魚符政茂潁川△化光河内邑有倉箱之詠俗多襦袴之謠求瘼之

28 【念彌堅除】害之心尤切其於駕馭英傑取捨權豪重仁義如丘山輕金帛如泥

29 【沙憐孤恤】老濟弱扶危逆旅如歸遠湊鄭莊之驛遊人若市悉登漢相之門其

30 【拯緩四方】乃如此也每遇良辰美景月夕花朝張絃管以追歡啓盤筵而召侶

31 【周旋有禮】揖讓無譁罇酒不空座客常滿王衍之冰壺轉瑩嵇康之玉岫寧頹

32 【其禮讓謙】[2]恭又如此也至若立功立事爲△國爲家或坐運玄符或親提黑槊

33 【身先士卒首】[3]掃兇徒謀必十全舉無遺策其剛毅果敢又如此也當其賞功罰

34 【過激濁揚清】[4]甄奬公勤黜棄私黨三軍感△德萬衆歸心其△恩威刑賞又如

35 【此也△公睹】[5]以海濤未息雲陣猶横常厚駈脅左綿戴實奔衝遂府△使牒呼

36 【逼邊檄徵行】[6]然則士馬雖精其如城柵未固思大易習坎之義徵王公設險之

37 【文乃于景福元】[7]年壬子歲春正月卜築當鎮西北維龍崗山建永昌寨玆山也

38 【上掩霄靄下抗】[8]郊原矗似長雲岸如斷岸崖巘重疊嶝道崎嶇一夫荷【戈萬人】

39 【莫上△由是】[9]芟薙草木相度地形人力子來畚鍤雲至連甍比屋萬【户千門高】

40 【亢浚流深□】[10]溝洫煙籠粉堞霞捧朱樓龍吟笳角之聲雷動鼓鼙之【響而又良】

41 【工削墨△心匠】[11]設規築城牆二千餘間建敵樓一百餘所遐瞻天際【豈龜形之】[12]

42 【可倫高倚雲間豈蜃樓之】[13]能擬其上即飛泉迸出淥沼滂流崢嶸【一十二峰周】

43 【圍二十八裏蓋造化之凝結】[14]豈金湯之比倫況乎糧貯十年兵屯數【萬遐邇臻】

44 【休軍民胥慶耕織無妨傜役】[15]不闕可謂一勞永逸有備無虞△公又於【寨内西】

45 □□□□□□□□□【翠壁鑿】[16]出金仙現千手眼之威神具八十種之【相好施】

46 □□□□□【舍】[17]回祿俸以建浮圖聆鍾磬於朝昏宣讚唄於遠近所謂【歸依妙】

47 【門志求覺道者】[18]焉其軍中節級將校等深達機略博識古今皆是△公【同志弟】[19]

48 【兄異姓骨肉一】[20]心報△國戮力從軍鹹奉△△△渥恩皆【霑】[21]爵賞或官【崇題劍】

49 【或位列專城或】[22]榮授金貂或職兼霜憲雅符際會允屬△【休】明請列署【名銜庶】

---

1 按《蜀中名胜记》，参照《金石苑》存字补。《金石续编》与嘉庆、道光《大足县志》作“诏命□□兼符”；光绪、民国《大足县志》作“诏命爰剖”。

2 按《蜀中名胜记》《民国县志》，参照《金石苑》存字补。《金石续编》少“谦恭”2字。

3 碑“扫”字依稀可见，《金石苑》亦存“扫”字。参考《蜀中名胜记》与光绪、民国《大足县志》补，但《记》《志》均把碑“扫”作“挫”字。

4 参考《蜀中名胜记》与光绪、民国《大足县志》补，但《记》把“罚过”作“诉罪”。

5 碑和《金石苑》存文“以海涛未息”。参考《蜀中名胜记》作“此也公以海涛未息”，度碑行文规范补作“此也公睹以……”。《金石续编》和《大足县志》“海”均作“江”字。

6 按《金石续编》，互参光绪、民国《大足县志》补。《大足县志》作“缺三字”。

7 碑“年”字依稀可见。主按《蜀中名胜记》，参考《金石苑》《金石续编》及《大足县志》补。

8 按《金石续编》与光绪、民国《大足县志》补。《蜀中名胜记》作“上摩”。

9 碑“芟剃”二字依稀可见，与《金石苑》存字合。《蜀中名胜记》作“莫上由是芟剃草莱”。《金石续编》作“莫上芟剃草木”。嘉庆、道光《大足县志》作“莫上火 草木”。光绪、民国《大足县志》作“莫上由是……”度碑“芟”字前少5字，今录作“莫上 由是”。

10 参照《金石续编》和四部《大足县志》存文录作“亢浚流深□沟洫”。《蜀中名胜记》失录“深□沟洫”4字。

11 参按《蜀中名胜记》与光绪、民国《大足县志》补，但碑漶文空位应是6个字，故录作“良工削墨 心匠设规”。《金石续编》“心匠”作“大匠”。嘉庆、道光《大足县志》作“缺五字”。

12 按《金石苑》与嘉庆、道光《大足县志》补。《金石续编》“岂”作“非”，《蜀中名胜记》、民国《大足县志》作“非龟城之”。

13 碑及《金石苑》存“能拟”2字。按《蜀中名胜记》、民国《大足县志》补。《金石续编》“可伦”作“可同”，“能拟”作“可拟”。

14 按《金石续编》与光绪、民国《大足县志》补。《蜀中名胜记》“围”作“回”；嘉庆、道光《大足县志》作“围缺七字”。

15 参按《蜀中名胜记》《金石续编》与光绪、民国《大足县志》补。

16 《金石苑》存“翠壁凿”3字，但碑空位翠字前应缺9字。《金石续编》作“缺六字”。光绪、民国《大足县志》与前行连接作“西翠壁”。显与碑漶文空位不合。《蜀中名胜记》此处不录在北山佛湾凿像文字。今留空位，待识者补。

17 碑漶6字空位后存“回禄”等字。《金石苑》在回字前存一字的头部“人”，疑为“舍”字补入。《金石续编》作“□□钱舍”。四部《大足县志》作“缺四字”，民国王恩洋《大足石刻之艺术与佛教》云为“施金布地（舍）回禄俸”（《文教丛刊》1947年第7期），与碑接近，但若不加“舍”字，字数亦不合，待识者补正。

18 参考王恩洋文补。《金石续编》及四部《大足县志》作“门□□□□者”。

19 据《金石续编》《金石苑》补。清代三部《大足县志》“弟兄”作“兄弟”。民国《大足县志》作“有如同志兄弟”。

20 参按《蜀中名胜记》《金石续编》、民国《大足县志》补。清代三部《大足县志》作“□□□一”。

21 参按《蜀中名胜记》《金石续编》、民国《大足县志》补。

22 据《金石续编》、民国《大足县志》补。

50 【不墜勳業密】[1]叨依△△△門館累戴△恩光學淺文荒【紀】

51 【□□其未盡】神愚智拙錄△美事而猶踈輒將鄙俚之【詞聊述】

52 【□□之績將欲】煥乎不朽傳之無窮遂蔵斯文乃鐫貞【石大唐】乾寧二【年歲次】

53 【乙卯十二月癸未朔】[2]十九日辛丑記（碑上部文）

54 【節度】十將充【千□□□義軍將盧井勝】

55 【節度】衙前虞侯充【□□□義軍將】李思儒

56 節度衙前總管【充□□□】義軍將杜元備

57 節度十將充龍【□□□□】[3]將唐叔儀

58 節度十將充小井【義軍將】[4]楊行全

59 節度十將充【□□□】[5]鎮遏將檢校國子祭酒兼禦【史大夫上柱國羅】行舒

60 【節度衙】前總管【充□□灘鎮】將梁德昌

61 【節度先鋒將充□□義軍將袁南滸滸】

62 【軍事押衙充□□義軍鎮遏將趙沛】

63 【節度十將充□□義軍鎮遏將趙公武】

64 節度十將充□□義軍鎮遏將檢【校太子】賓客【兼侍禦】史上柱國袁義遵

65 節度十將充【安】溪義軍將檢校太子【賓】客兼侍禦史上柱國袁公會

66 節度衙前【虞侯】充賴甘斜崖義軍將廖居【瑤】

67 節度先鋒【兵馬使】充甘泉義軍將檢校國子祭酒兼侍禦史上柱國杜元立

68 節度先鋒【兵馬使】充來鳳義軍鎮遏使檢校國子祭酒兼禦史中丞上柱國韋君芝

69 節度押衙【充□□】義軍鎮遏使檢校國子祭酒兼禦史大夫上柱國何榮△王彥昌

70 節度討【擊使】充唇山義軍鎮遏將檢校太子賓客【兼侍】禦史上柱國楊思及

71 節度總管【□□】[6]穀義軍鎮遏將檢校國子祭酒兼禦史中丞上柱國韋君球

72 節度【散□□使充龍】歸義軍將檢校國子祭酒兼禦史中丞上柱國何朋

73 節度【副兵馬】使充防城將兼來蘇鎮將檢校國子祭酒【兼禦】史中丞上柱國高孟球

74 節度【副兵馬】使充安溪鎮副將檢校國子祭酒兼侍【禦史上】柱國王公進

75 節度【副兵馬使充】進雲寨鎮義軍都虞侯銀青光祿大夫檢校國子【祭酒兼】侍禦史上柱國羅從順△韋義豐

76 節度【副兵馬使】充進雲鎮判官銀青光祿大夫檢校國子祭【酒兼禦史】中丞上柱國毋從政△趙乾滉

77 節【度先鋒充進雲】鎮副兵馬使銀青光祿大夫檢校左監門【衛將軍】兼禦史大夫上柱國韋君意

78 節【度先鋒兵】馬使充昌元縣界遊弈義軍使檢校國子祭酒兼【禦史】大夫上柱國羅元直

79 節【度押衙充靜】南軍先鋒都知兵馬使兼三州捕盜使檢校左散【騎】常侍兼禦史大夫上柱國韋君政

80 【節度押衙】充葛仙寨義軍使前陵榮州捕盜感化軍使檢校左散騎【常侍守】左驍衛將軍兼禦史大夫上柱國李行瑄

81 【節度押衙】充龍水義軍鎮遏使檢校國子祭酒兼禦【史大夫】上柱國羅宗權

82 【節度】押衙充柳溪義軍鎮遏使檢校國子祭酒【兼禦】史大夫上柱國梁公瑗

83 【節度】押衙充南峰義軍鎮遏使檢校國子祭酒兼禦史大夫上柱國王元照

84 【節】度押衙充東流義軍鎮遏使檢校國子祭酒兼禦史大夫上柱國龍著

85 節度押衙充董市義軍鎮遏使檢校右散騎常侍兼禦【史大】夫上柱國伏芝進

---

1 据《金石续编》补。嘉庆、道光《大足县志》作“（缺三字）密”。光绪、民国《大足县志》在“密”字前多“云尔”2字。

2 据《金石续编》补。四部《大足县志》误为“己卯二月癸未朔”。《蜀中名胜记》录文有颠倒并漏录“岁次”2字。

3 《金石续编》及诸《大足县志》作“缺六字”，碑漶文空位只4个字。

4 按嘉庆、道光、民国《大足县志》与《金石苑》补。《金石续编》缺。

5 按碑漶文空位缺3字，《金石续编》及诸《大足县志》作“缺四字”。

6 按碑缺字数，参按《金石苑》、民国《大足县志》补。《金石续编》及嘉庆、道光《大足县志》作“兼侍御史”。

86 節度押衙充永川界義軍鎮遏使檢校國子祭酒兼禦【史大夫上】柱國梁文備

87 節度押衙攝永川縣令充義軍使檢校國子祭酒兼禦史大【夫上柱】國杜元立

88 節度押衙充淩雲寨義軍鎮遏使檢校右散騎常【侍】[1]兼禦【史大夫】上柱國牟省立

89 節度押衙充雲門義軍鎮遏使檢校國子祭酒兼禦史【大夫上】柱國張雅

90 節度押衙充四州指揮都虞侯進雲寨都團練義軍鎮遏使檢校【左】[2]【散騎】常侍兼禦史大夫上柱國韋君遷

91 節度左押衙充四州都指揮副兵馬使安溪鎮遏使檢校左散騎常【侍兼禦史】大夫上柱國賈文潔

92 應管諸鎮寨節級

93 當州軍府官節級

94 節度左押衙充四州軍副押銀青光祿大夫檢校國子祭酒【兼禦】史大夫上柱國馮【義】簡

95 節度押衙充軍府都勾官銀青光祿大夫檢校國子祭【酒兼】禦史大夫上柱國【王□□】

96 節度押衙充左廂衙隊使銀青光祿大夫檢校左散騎常【侍兼禦史】大夫上柱國梁貴儼

97 節度押衙充右廂衙隊斬斫等使銀青光祿大夫檢校左武衛【將軍兼禦】[3]史大夫【上柱國李□】[4]志

98 節度押衙充左後院隨身衙隊使銀青光祿大夫檢校左散騎常侍【兼禦史大夫上柱國韋和】銖

99 節度先鋒兵馬使充軍州都押衙銀青光祿大夫檢校國子祭酒兼【禦史大夫上柱國韋□壽】

100 節度押衙攝昌元縣令充牢城使銀青光祿大夫檢校國子祭酒兼【禦史大夫上柱國韋□】[5]寶

101 節度押衙充左廂將銀青光祿大夫檢校國子祭酒兼禦史大夫【上柱國□士章□□】本

102 節度押衙充右廂將銀青光祿大夫檢校國子祭酒兼禦史大夫【上柱國□□德】

103 節度押衙充左親近將銀青光祿大夫檢校國子祭酒兼禦史大夫【□□□□□□】

104 節度先鋒兵馬使充右親近將銀青光祿大夫檢校國子祭酒【兼禦史大夫□□□章】君幸

105 節度押衙充宴設將兼主兵十將銀青光祿大夫檢校國子【祭酒兼禦史大夫章】伯【鋒】

106 【節度先鋒兵馬使】充後曹將銀青光祿大夫檢校國子祭酒【兼禦史中丞上柱國韋□銖】

107 【節度先鋒兵馬使銀】青光祿大夫檢校國子祭酒兼禦史【中丞上柱國】□伯銖

108 【節度押衙充左元隨】都押衙銀青光祿大夫檢校左【散騎常侍□□□□□】上柱國韋益銖

109 【節度押衙充右元隨都】押衙銀青光祿大夫檢校國子【祭酒□□□□□□上柱】國趙師恪

110 【節度先鋒兵馬使充義軍】將銀青光祿大夫檢校國【子祭酒□□□□□□上柱】國何璠

111 【節度先鋒兵馬使充龍水鎮】將銀青光祿大夫檢校國子【祭酒□□□□□上柱】國王伯章

112 【節度先鋒兵馬使銀青光】祿大夫檢校國子祭酒【兼禦史中丞上柱】國王伯楷

113 【節度先鋒兵馬使銀青】光祿大夫檢校國子祭【酒兼禦史中丞】上柱國【潘】延【矩】

114 【節度先鋒兵馬使充左】元隨副將銀青光祿大【夫檢校國子祭酒兼禦史】中丞上柱國韋寶銖

115 【節度先鋒兵馬使充右】後院隨身將銀青光祿【大夫檢校國子】祭酒【兼禦史中丞上柱國謝公彥】

116 【節度先鋒兵馬使充】左內院隨身副將銀青光【祿大夫檢校太子】賓客【兼侍禦史上柱國韋】公銖

117 【節度押衙】充義軍使銀青光祿大夫檢校國子【祭酒兼禦史】大夫上【柱國韋君□△王彥芝】

118 【節度先鋒】兵馬使充右後院副將銀青光祿大【夫檢校國子祭酒兼禦史中丞】上柱國【韋宗銖】

119 【韋】迪銖△韋彥銖△韋君貞△何彥魯△【韋建銖△王伯球】譙珙△楊魯章

120 【節度】先鋒兵馬使充修造將銀青光祿大夫檢【校太子賓客兼】侍禦史上柱國王【文□】

1 参按《金石续编》及诸《大足县志》补。

2 据《金石苑》补。《金石续编》及《大足县志》作“右”。考《苑》录文与碑存字少误，故按此校补。

3 按《金石苑》补。碑存“左武卫”，《金石续编》及《大足县志》作“右武卫……李志”。

4 按《金石苑》补。碑存“左武卫”，《金石续编》及《大足县志》作“右武卫……李志”。

5 按嘉庆、道光《大足县志》补。“韦□宝”《金石续编》作“韦宝”。

121 【節度先】鋒兵馬使充知客將銀青光祿大夫【檢校國子祭酒兼】禦史中丞上柱國【韋彥】[1]昌△王【彥文】[2]

122 【節度押衙】充主兵十將銀青光祿大夫檢校國子【祭酒兼】禦史大夫上柱國任【□遠】

123 【節度押衙】充主兵十將銀青光祿大夫檢校國子【祭酒兼禦】史大夫上柱國趙文【□△何□□】△趙元進

124 【節度先鋒】將充主兵十將銀青光祿大夫檢校【太子】賓客【兼殿中侍禦史上柱國□伯仙】梁【廣】日

125 【節度散兵】馬使充橫衝將銀青光祿大夫檢校【太子賓客兼侍】禦史上柱【國何□德△韋君要】

126 【節度先鋒】兵馬使充左廂兵馬虞侯銀青光祿大夫檢校太子賓客【兼殿中侍禦史】上柱國呂演

127 【節度先鋒兵】馬使充右廂兵馬虞侯銀青光祿【大夫】檢校太子【賓客兼殿中侍】禦史上【柱國杜文選】

128 【節度先鋒兵】馬使充牢城都虞侯銀青光【祿大夫】檢校國子祭酒【兼禦史大夫】[3]上【柱國吳士】倫

129 【節度先鋒兵】馬使充壕寨將銀青光祿【大夫】檢校太子賓客兼侍禦史上柱國任公【約】

130 【節度先鋒兵】馬使充知市將銀青光祿大夫檢校太子賓客【兼侍禦史上柱國石公展△秦自操】[4]

131 【節度先鋒兵馬】使州補軍事押衙充通判官楊義貞△崔【孟餘】

132 【節度十將充】[5]擁陣將銀青光祿大夫檢校太子賓客【兼侍禦史上柱國何敬仙】[6]

133 【節度先鋒將充】[7]義勇軍將銀青光祿大夫檢校太子賓客【兼侍禦史上柱國】[8]馬公連△【鄧公立】[9]

134 李文禮△楊南照△【王才】[10]順△韋□△鮮道仙△韋太仙△羅公【舉△□□□△劉□□△王文□】[11]

135 【節度十將充都城局銀青光祿】大夫檢校太子賓客兼侍禦史上柱國【張□□△牟□□】[12]

136 【同節度副使兼軍事押衙】充左右兩廂都虞侯牢城判官【蘇家□△李卓△李德周】

137 【節度衙前虞侯充兩廂】都押官杜審言△欽文勝

138 【節度散兵馬使充右廂衙隊】副將檢校太子賓客兼【殿中侍禦史上柱國李公展△蘇□□】[13]

139 【節度散兵馬使充左廂衙隊】副將檢校國子祭酒兼禦【史中丞】[14]上柱國【楊思慶△董元倩】[15]

140 【節度散兵馬使充右親近副】將檢校太子賓客兼殿中【侍禦史上柱國韋君□△□□□】[16]

141 【節度散兵馬使充左親近副】將檢校太子賓客兼殿中侍禦史【上柱國韋公□△胡全父】

142 【四廂散副將虞侯陳】忠武△陳敬釗△趙鑒△王【文縱△羅才雅△羅公□】[17]

143 【羅貴方△李琮】△趙全△曾居藝

144 【軍曹孔目院】

145 【節度散兵馬使充廳】頭開拆書狀孔目官豐琯

146 【節度散兵馬使充書】狀孔目官李延祚【趙】[18]固休

147 【節度散兵馬使充廳】頭開拆孔目官潘延嗣

148 【節度散兵馬使兼軍】事押衙專知迴易務郭宗

---

1 据《金石苑》补。《金石续编》作“王彦昌”。

2 据《金石苑》补。《金石续编》作“王彦昌”。

3 按《金石苑》补。《金石续编》及《大足县志》少“大夫”2字。

4 据《金石苑》补。人名，《金石续编》及《大足县志》作“□□□袁贞懋”。

5 据《金石苑》补。《大足县志》把（143）的人名录作“何仙”。《金石续编》失录（143）中人名，误把下面一行的人名并在一起，误为“马三连□公立”。且录载其后。

6 据《金石苑》补。《大足县志》把（143）的人名录作“何仙”。《金石续编》失录（143）中人名，误把下面一行的人名并在一起，误为“马三连□公立”。且录载其后。

7 按《金石苑》补。人名，《大足县志》作“马三连□公立”。

8 按《金石苑》补。人名，《大足县志》作“马三连□公立”。

9 按《金石苑》补。人名，《大足县志》作“马三连□公立”。

10 据《金石苑》补。《金石续编》及《大足县志》误将本行人名录载前一行之后，按碑存字有误。

11 据《金石苑》补。《金石续编》及《大足县志》误将本行人名录载前一行之后，按碑存字有误。

12 据《金石苑》补。《金石续编》及《大足县志》误将前行人名录载其后。

13 主按《金石苑》补。人名，《金石续编》及《大足县志》作“李□□蒋文和”。

14 据《金石苑》补。《金石续编》及《大足县志》（157）中“中丞”作“左丞”。

15 据《金石苑》补。《金石续编》及《大足县志》（158）中人名作“杨思庆□□义董□”。

16 按《金石苑》补。《金石续编》及《大足县志》人名最后“□□□”3个漶灭字。

17 按《金石苑》补。《金石续编》在“罗公□”后至下行“罗贵方”之间，还录存6人18个漶灭字符号“□”。

18 据《金石苑》补。《金石续编》及《大足县志》，“赵”作“杜”。

149 【節度衙前總管充】驅使官閻行溢△劉珪△文獻直△【賈甄】[1]

150 【縣官】

151 【軍事判官將仕郎】前守静南縣令胡密

152 【軍事判官攝錄事】参軍儒林郎前守錄事参軍【裴鎮】

153 【軍事衙推文林郎】試太常寺協律郎前攝錄事参軍【文廓】

154 【軍事衙推文林郎試】左武衛兵曹参軍趙處【謙】（碑下部文）

1 按《金石苑》补。《金石续编》及《大足县志》，“甄”作“较”。

大足北山佛湾176与177窟

—— 一个奇特题材组合的案例

马世长

20世纪80年代初，因对敦煌壁画中的泗州大圣图像和相关资料发生兴趣，遂查阅文献和考古材料，希望撰写一篇《泗州大圣僧伽和尚考》，以求弄清楚僧伽的身世、经历、影响和相关遗迹和遗物。该文草就后，曾呈宿白师指正。先生除告知僧伽和尚影响也曾波及高丽，应予注意，并手录《高丽史》中的记载见示，同时要我了解前人的已有研究、补充文献和实物材料。当时国内学者，除敦煌孙修身先生撰文论证莫高窟72窟的泗州大圣像是僧伽和尚的影像外[1]，国内学者尚无人专题研究僧伽和尚。在日本，有牧田谛亮《中国に於ける民俗仏教成立の一過程——泗州大聖・僧伽和尚について》[2]一文，曾设专章论述僧伽和尚。后承日本友人菅谷文则先生，复印该文寄赠。牧田先生的论文，几乎囊括了所有的重要文献资料，对研究者极有教益和帮助。遗憾的是，对僧伽相关的遗迹和遗物，除敦煌写本外，均未道及。这促使我更加留意僧伽图像，努力搜求。我猜测，一定有若干僧伽像存在，只是缺少明确题记难以推定。这些实物材料的补充，需要假以时日。《泗州大圣僧伽和尚考》一文，亦不敢仓促示人，遂搁置至今。这期间，师友们知道我在搜集僧伽资料，每有发现，必热情告知，材料日渐丰富，则更知僧伽和尚影响的深远和巨大。亦深知有关文献、图像和相关遗迹，尚须继续努力搜求。日月更迭，至今已逾二十年。

论及大足北山176和177窟，何以扯到泗州和尚呢？这看似无关，但并非风马牛不相及，两者之间的确大有关系。

其一，北山176窟有泗州和尚僧伽雕像的题记，177窟有泗州和尚僧伽的大型雕像，两窟当然与泗州和尚有关系，自不待言。

其二，我开始关注大足石窟，即是从北山177窟泗州和尚僧伽的雕像为肇始的。我在收集僧伽图像时，看到北山176窟有镌造泗州像的题记时，十分兴奋。这是石窟中明确提及造泗州像的另一确切资料。随即写信向陈明光先生请教：像在何处？有何特征？由于当时尚不知北山177窟主尊像是僧伽，陈先生回复说，在北山176窟，题记明确无误。但僧伽像究系何指还不清楚。从发表的照片判断，北山177窟的主像，为一僧人像，应是僧伽。由于当时我还没有考察过四川石窟，对大足石窟缺少感性认识，所做判断尚须进一步验证。后来罗世平先生为收集博士论文资料，调查四川石窟，确认大足北山177窟主像为僧伽和尚，并撰文加以介绍。该像的内涵遂被确定[3]。以上是我与大足北山176和177窟的一段学术机缘。二十多年后，重又讨论北山176窟和177窟的若干问题，似乎是僧伽在冥冥中牵引着我。

20世纪90年代以后，我有机会多次造访大足，每至北山看到僧伽像，都要驻足细看，玩味两窟的独特内涵。去岁冬季和今年春，又两次赴大足考察并商议学术会议准备事宜。乘便又仔细观察两窟的种种图像，记录必要的数据和遗迹。根据调查的资料，并参考已有研究成果，对两窟的图像遗存和题材组合问题，做概要的叙述和论证。聊供关心大足北山石刻的同道参考、讨论和批评、指正。

一　位置与形制

（一）位置

大足北山佛湾是大足石窟中最大的石窟群，窟群坐东向西，计有编号窟龛290号。编号从南端开始，依次向北延续连接，窟群依

* 本文原载重庆大足石刻艺术博物馆编：《2005年重庆大足石刻国际学术研讨会论文集》，文物出版社2007年版。

1 孙修身：《莫高窟佛教史迹故事画介绍（一）》，《敦煌研究文集》，甘肃人民出版社1982年版。

2 ［日］牧田諦亮：《中国に於ける民俗仏教成立の一過程——泗州大聖　僧伽和尚について》，《東方学報》第25号，1954年。又收入牧田諦亮：《中国近世仏教史研究》，见《中国における民俗仏教成立の過程》之《僧伽和尚》，平楽寺書店，1957年。

3 罗世平：《敦煌泗州僧伽经像与泗州和尚信仰》，《美术研究》1993年第1期。

据自然地形环境，形成南北两区。

北山第176窟和177窟位于北区中部。第176窟居左，177窟居右。两窟左右毗邻，窟形和洞窟规模极为相似，明显地构成一组双窟。

（二）形制

两窟形制完全相同：平面为不规则的纵长方形，平顶，无前壁和窟门，实为一敞口巨龛。龛口长方形，左右上角呈圆弧状。左右壁、后壁与窟顶的连接处，亦作圆弧状。

176窟形制

窟口面阔约190厘米。进深，左侧壁和右侧壁不等，约为200—210厘米。窟高约265厘米。窟内正壁前置低坛，坛高27厘米，进深45—53厘米。低坛前沿宽201厘米，窟口面阔190厘米，窟内后壁和窟中部较窟口明显略宽。窟内地面，右侧进深116厘米，左侧进深138厘米。

177窟形制

窟口面阔约224厘米。进深，左侧壁和右侧壁不等，约为210—230厘米。窟高约270厘米。窟内后壁和窟中部较窟口略宽，形成内大外小的不规则长方形。窟内地面呈不规则长方形，左侧进深106厘米，右侧进深119厘米。

不同的是，176窟地面，平整划一。而177窟，雕像放置在倒凹字形低坛上，像下另有像座。低坛高36.5厘米。正壁低坛右侧进深34厘米，左侧进深45厘米。在窟内地面前部，以石材砌出三层台阶。窟前台阶，自下而上，三阶高度分别为22厘米、22厘米、21.5厘米。台阶进深，第一级28.5厘米，第二级26厘米。窟前地面至窟内地面，高65.5厘米。

从形制总体形态观察，可以看到如下共同点：形制基本相近，洞窟规模和体量也极为近似，两窟又左右为邻。显示出两窟之间存在密切联系，是一组统一规划，同时雕凿完成的双窟（图1）。

图1 176窟与177窟相对位置

二 题材与布局

窟内现存的雕像和浮雕的保存状况大体完好，主体内容清晰可辨，为我们解读图像提供了较好的条件。窟内雕像分布在后壁（正壁）和左右侧壁，窟顶也雕有装饰图案等内容。以下我们先对图像基本状况，作扼要的叙述和说明，然后讨论其内涵与特征。

（一）176窟

1. 图像描述

此窟的造像和浮雕，分布于正壁、左右侧壁和窟顶。但主尊佛像形体硕大，居于正壁的中部，突出、醒目。主尊佛像，毫无疑问是全窟的视点中心。在雕刻的题材布局中，此像也是整体图像的中心。其余雕刻以它为中轴，基本作对称式安排。正壁如此，左右侧壁构图，基本也是呈对称状。

正壁雕刻：

主尊像

正壁中部前方，雕出一尊佛像。除像身后部连接壁面外，全像近于圆雕。像高82厘米，结跏趺坐，左手覆于膝部，右手置于腹前，掌心向上。头上螺髻，肉髻前嵌一宝珠。身着双领下垂式袈裟，内穿僧祇支。袈裟下摆悬垂于束腰形仰莲座上，座高86厘米。莲座上部，多层仰莲瓣构成一独立莲座，其下束腰处作圆柱状。正面蹲踞一狮，双足上举作托举上部莲座状；左右各一狮，内侧一足亦作托举状；三狮之间，雕出两个壸门。壸门内各刻一伎乐，坐于莲座上，右者持排箫，左者持拍板。束腰下仅为一层仰莲瓣，其下是八角形基座，侧面浮雕覆莲瓣一匝。整个像座，安置于横长方形的低坛上。综观像座，体量硕大，高度约占据正壁下部一半，约为像高的两倍。且构成复杂，形式繁缛。相比之下，像座远比佛像突出醒目。似乎匠师的意匠，在于凸现其高超的雕刻技艺，而忽略了座上的佛像才是应该突出的主题。这种比例上的失衡现象，耐人寻味。由于全窟雕像体量均较小，相比而言，主尊像置于正壁中上部，又在中心位置上，仍然是人们的视点核心。其像座的体量，抬高了佛像的位置，又增加了佛像的稳重感。这或许是匠师有意而为的一种处理技巧（图2）。主尊像的身后，正壁中上部，为一高大的背屏。上部为半圆形，边缘作连弧状内凹，主尊头后有线刻圆形头光，两侧各有三身化佛。圆形头光左右两侧下方，线刻一水禽（？），形象不甚清晰。背屏中部两侧，各为一龙头。其下方各有一身作骑羊状的童子像，体形健壮。童子立于莲座上，莲座下有茎，插于瓶内，旁侧伸出一片莲叶。综观背屏雕刻的内涵，应是“六拏具”座的简化形态[1]。完整的六拏具座，应刻有金翅鸟、摩羯鱼、龙子、童子、象和兽王（狮子）的形象。在本图中，至少有龙头（龙子）、童子和摩羯鱼（佛头光两侧下方的水禽，疑是象征摩羯鱼？）。六拏具座，传入中原后，最早见于洛阳一带的优填王像的身后部，多系线刻，流行于初唐时期。此座式，后又被用于弥勒像[2]。本窟主尊使用六拏具座，是传承有序的，很值得注意（图3）。

图2　176窟正壁主尊

图3　176窟主尊六拏具座局部

主尊两侧侍立二弟子，形体较大。左侧为合十肃立的老年比丘。比丘上方，刻一天部护法形象：三头、六臂。上二手各托一圆形

1　六拏具座，具体形态和特征，在《佛说造像量度经》中，有具体描述和解说。汉译《佛说造像量度经》，又名《舍利弗问造像量度经》，有清代乾隆初年的工布查布汉文译本。译者曾担任清朝内阁译番蒙诸文西番学总管仪宾之职，并曾参与清代龙藏的编修工作。此经译成汉文后曾有单刻本流传，经文后附有工布查布对经文的解说。六拏具座，是一种特殊形式的像座，应源于印度，传入中国后在汉地和西藏均有流传，并见之于佛教图像。六拏具座的具体特征，《佛说造像量度经》描述：“有云六拏具者。一曰伽嚕拏。华云大鹏。乃慈悲之相也（鹏鸟与慈悲。梵名相近。故借其音而因以有形。表示无形之义。余皆仿此）。二曰布啰拏。华云鲸鱼。保护之相也。三曰那啰拏。华云龙子。救度之相也。四曰婆啰拏。华云童男。福资之相也。五曰舍啰拏。华云兽王。自在之相也。六曰救啰拏。华云象王。善师之相也。是六件之尾语。俱是拏字。故曰六拏具。又以合为六度之义。其尺寸色饰。则西番书有上中下之分。且汉地旧有其式。”根据经文可知，此座饰有六种不同的形象，一是大鹏（鹰形，应指金翅鸟）；二是鲸鱼（应指摩羯鱼）；三是龙子；四是童男；五是兽王；六是象王。

2　典型的实例有龙门石窟的惠简洞主尊像，龙门东山大万五佛洞主尊像等。

物（日、月？）。中左臂持绳索，中右臂持剑。下二臂双手合十。右侧为一青年合十比丘，其右侧下方，是一身作胡跪状的供养者，双手合十，跪于莲花座上。

主尊头部上方，中央是一座三开间的二层殿堂，殿堂当心间两侧雕出一只尾部上翘，双翅展开的瑞鸟，鸟的喙部不清，且尾部形如孔雀，难以确认是金翅鸟。殿堂坐落于多角形华盖上。华盖下为圆形柱状物，下部残失。下方两侧浮雕出两簇树冠。自佛像肉髻宝珠处，左右各有毫光两道升起，弯转飘逸，伸向两侧上方并延至侧壁。毫光四周，饰以伎乐飞天、化佛、瑞禽等（图4）。

正壁中部壁面刻出两组侍众人物。右侧部分保存完好，左侧部分略有残缺。右侧者，共有四列人物形象。上两列为世俗人物，头上戴冠，着交领大衣，双手合十。下两列为僧人像，多作合十状。其中最下一组僧人像比较别致，中间僧人双腿下垂倚坐，左后立一僧人，左手扶坐者肩部，右手持一半圆形物件。右侧站立一僧人，双手于胸前持一盘状物。此组僧人右前方，方形高台上放置一圆形容器。这组雕刻表现的内容，如果立僧所持物为剃刀，那么图像表现的应是出家剃度的场景（图5）。左侧部分，大体与右侧内容相同，唯其最下一列人物略有残损。推测亦应是表现剃度的场面。

图4　176窟正壁主尊毫光中图像

图5　176窟正壁右侧剃度图

正壁下部左右两侧，雕刻供养人像，边框栏高42—46厘米。各雕出三身供养人像，分别朝向佛，作拱双手礼拜状。供养者皆为两身大人和一个儿童。应是男女施主携子女的供养像。供养人像行列的外侧南北壁，各雕有双层的建筑物和院落围墙。建筑物的大门半启，缝中露出一身侍女人物。右侧壁部分保存完好，左侧壁略有残损。

左、右侧壁雕刻，布局大体相似，基本上是对称式安排。壁面皆为三段布局。上段约占壁面的三分之二，场面宏伟，人物众多。中段为一列人物，表现经变的某些情节。下段一列人物，为两组人像。中段与下段，位置较低，高度不足全壁的三分之一。综观全壁，上段的众多人物，似乎与主尊相呼应。形成说法与听法的盛大场景，是全窟的表现重点。中段的某些情节，则是整个主题的补充与点缀。

右侧壁雕刻：

上段顶部，是主尊头上毫光的延伸与拓展，兼装饰有建筑物与坐佛等形象，本壁略有残损。其下壁面浮雕出犬齿交错的山峦景色，似乎是暗示主尊说法的具体环境。

上半部分，计有人物四列。一、二列各为五身，头上着小冠，身穿大衣，正面合十肃立。第三列五身比丘，合十肃立。第四列，为四身合十肃立比丘。上述四列人物的内侧，为一身高浮雕的菩萨像。圆形头光和背光，结跏趺坐于象背上的仰莲座上。象立于饰以云纹的台座上。此尊菩萨像应是普贤菩萨，它与左侧壁的另一尊菩萨，形成文殊和普贤菩萨的组合。同时此身菩萨像，自然地将侧壁与正壁的场景分隔开。

上段下半部分，人物大小略有不同。外侧一身人物，身着盛装，形体高大，身后有背屏，左右侍立六身形体较小的侍从，两人执羽扇，两人执团扇，两人捧供物（？）。内侧并立二合十比丘（图6）。

最下一列，外侧为四身身着甲胄的武士形象。靠外者两身双手合十，内侧两身一人双手持杵状武器，另一人左手托持宝塔。其内侧为两列形体较小的比丘，上列三身，下列两身。

中段人物一列，共计六身。图像情节可分为三组，自外向内是：一骑马者，右手擎持一盖，高举向前，身后一人双手捧物，紧随其后（图7）。第二组，一人肩挑担，右手扶扁担，左手牵拉担物，作行走状。第三组，一高案后，左侧立一人，双手推一棍状物，作擀压状。右侧立一人，左手托钵，右手前举，作俯首观视状（图8）；内侧立一比丘，双手捧持卷状织物（？）。

下段供养人两组，边框栏高23—25厘米。外侧四身似为女性，双手合十，面部向内；另组七身，第一身，双手持长柄香炉，举于胸前。其后为两身童子，紧随其后，另三身皆双手合十，肃立前视。此组供养人，应是男性。

左侧壁雕刻：

上段大体同于右侧壁，唯人物数量略有不同。

上半部分人物四列，一、二列各五身，第一列五身为戴小冠人物，第二列有三人戴小冠，两身为比丘。第三列为五身比丘，第四列为四身比丘。内侧是一尊坐于狮子上的文殊菩萨，装饰台座同于右侧壁。

图6　176窟右侧壁听法群像局部

图7　176窟右侧壁伞盖供养图

图8　176窟右侧壁饮食供养图

下半部分，外侧高大盛装人物，双手合十。余者同右侧壁，可清楚地辨识出六位侍从人物为女性。其内侧仅有一身比丘。最下列四身着甲胄人物，外侧两身双手合十，内侧两身，一身双手拄剑（？），另一身，双手持锏状武器。内侧比丘两列，上列三身，下列两身。最外侧靠近龛口处，保存一身双手擎持旗杆的人物，杆上旌旗飞扬飘逸。据此可以推知，右侧壁亦应有一身同样的擎旗的人物形象。

中段人物一列，图像清晰的计两组。外侧一组，人物四身。外侧圆形墓丘，墓门方形洞开。其中一老者，右手拄杖，左手托腮，缓步前行；旁立一人，以手掩面作悲泣状；另一人躬身施礼，另一人俯身还礼（图9）。内侧一组，一人举手从树上摘取衣物，树下蹲坐（？）一人，左手似持衣物（？），其前放置一低台，似是放衣物的处所（图10）。其内侧，人物残损，图像不明。

图9　176窟左侧壁老人入墓图

图10　176窟左侧壁树上生衣图

下段为供养人一列，亦应是男女两组供养者形象，保存状况较右侧壁为差。

窟顶雕刻：保存状况不佳，大部分残失。从残迹可以推知，顶部原有硕大莲花图案作装饰，外围环以漂浮的多种乐器和瑞禽。

2. 题材讨论

本窟的题材十分清楚，本来不需要讨论。因为窟中保存有造窟者的题刻，明确指出雕的是弥勒。该窟窟口内侧上方，刻有榜题一方，高23厘米，宽6厘米。文字竖行，左起。题记两行，其文是：

本州匠人伏元俊、男世能，镌弥/勒、泗洲大圣。时丙午岁题。

此题记的拓片，刊布在《大足石刻铭文录》[1]，可以参看。据题记可知，本窟雕刻的是弥勒，邻窟（177窟）刻的是泗州大圣。雕刻完成的年代是丙午岁，《大足石刻铭文录》的辑录者认为，此丙午岁，应是北宋的靖康元年，即公元1126年。论者以匠师伏元俊在大足的雕凿活动时段为据，所论当可凭信（图11）。

因此176窟和177窟的开凿年代明晰确切，两窟的主题内容亦可肯定，毫无疑义。

根据上述176窟图像，可以认定全窟内容，皆是围绕弥勒展开的，故图像内涵统一完整。主尊系一身佛像，当是表现弥勒下生的图景。

图11　176、177窟右侧壁铭刻题记拓本

1　重庆大足石刻艺术博物馆等编：《大足石刻铭文录》，重庆出版社1999年版，第27页。

有关弥勒的下生经典，存世者主要有：后秦龟兹国三藏鸠摩罗什译的《佛说弥勒下生成佛经》和西晋月氏三藏竺法护译的《佛说弥勒下生经》。两经的文字表述与译文略有不同。

本窟所雕刻的图像，难以确指所据典籍。有可能参照两经内容，摘取某些典型情节，综合而成。将图像与经文对照，可以发现本窟图像表现的主要情节有：正壁主尊弥勒佛，"坐于龙华菩提树下"说法；"佛身出光照无量国"——毫光飞扬飘逸；窟顶乐器悬浮，表现"诸天空中作百千伎乐歌叹佛德"；正壁与两侧壁，众多听法人物，"若坐若立若近若远，各各自见佛在其前独为说法"；两侧壁中的四身着甲胄的武士形象，突出了听法人众的"四天王"形象；两侧壁的围绕众多侍从的盛装人物，或许是儴佉王与弥勒佛母在虔诚听法；正壁两侧下方的削发图像，似是表现儴佉王与弥勒佛母欲求出家，进行剃度的场景；右侧壁中段分别表现："以幡盖华香供养于佛"，"以衣食施人持戒智慧"，"施僧常食斋讲设会供养饭食"；左侧壁中段图像，从树上取衣物者，表现"自然树上生衣。极细柔软人取着之"；另组老人入墓，表现"人命将终自然行诣冢间而死"。

因此将本窟图像内涵，确认为弥勒下生经变是完全正确的。本窟左侧壁近龛口处上部，刻有妆銮题记，提及"妆銮弥勒下生/一堵，并仙乐顶盖"[1]。该题记，刊于《大足石刻铭文录》。辑录者称，题记为南宋妆銮记。据此可知，此窟南宋时期曾经重新妆彩；本窟内容，南宋人称其为弥勒下生经。

（二）177窟

1. 图像描述

177窟的雕像全部是比丘像，雕像计三组，分别安置于正壁和左右侧壁。窟内预设倒凹字形低坛，三组雕像置于低坛上。

正壁前为一方形高座，一高僧结跏趺端坐于座上，像高105厘米。背后竖立一件高大抹角长方形背屏，高207厘米。其前另有靠背，顶端呈微弧状向上隆起，两端作如意头形。靠背敷有织物。僧像面部丰隆、健壮，头戴披风帽。双手拢于胸前，胸腹前安放一件半圆形三足凭几，几足饰以兽面和兽爪。袈裟下摆悬垂于方形高座上。像两侧侍立二弟子，左侧者双手擎持一禅杖，像高140厘米。右侧者，手持净瓶，像高105厘米（图12）。

右侧壁亦是一身高僧像，结跏趺坐，双手平伸叠放于腹前，袈裟披覆头部，双目微合下视，口部微张，作讲说状。像坐高97厘米，像后背屏高203厘米（图13）。其外侧立一僧人像，头部残损。

左侧壁高僧像，像高148厘米。跣足、倚坐于高座上，足下有脚榻。后部背屏高196厘米。僧像头戴披风帽，面部轮廓棱角分明，两目圆睁，直视前方，双唇紧闭。左肩部袈裟有钩钮连接。右手拇指与小指相捻，余三指上伸，举于胸前。左手握持一长杖，杖头部悬挂剪刀、直角尺（矩）和扫帚，杖头旁侧卧伏一只小猴（图14）。此壁外侧，侍立一身年轻比丘像。面部丰圆、秀美，面部微微向外侧转，两目注视远方。双手自然半握，搭放于腹前，像高189厘米。

图12　177窟正壁主尊僧伽和尚和二弟子像

图13　177窟右侧壁万回和尚像

图14　177窟左侧壁宝志和尚像

1　重庆大足石刻艺术博物馆等编：《大足石刻铭文录》，重庆出版社1999年版，第74页。

2. 题材讨论

由于176窟题记明确指出，伏元俊父子雕凿了弥勒和泗州大圣，176窟主尊为弥勒，则177窟主尊应是泗州大圣。

关于泗州大圣，笔者在《中韩古代佛教文化交流两例》中，有概括说明，现摘引其文如下：

“泗州大圣者，是唐代高宗显庆年间从中亚何国入唐的高僧，名僧伽。僧伽自西域东来，经西凉府至长安和洛阳，继又游历江、淮、吴、楚诸地，最后到达泗州之临淮县。僧伽在临淮乞地建寺，唐中宗皇帝赐名曰普光王寺。至景龙年间，中宗遣使召僧伽入长安，被尊为国师，受到朝野的崇敬。景龙四年圆寂于长安荐福寺，同年五月归葬临淮之普光王寺，并起塔供养。”

“僧伽卒后，地位日益增高，并几次被赐以大师称号。唐乾符年间，赐号‘证圣大师’，宋庆德六年，赐僧伽‘普照明觉大师’，并敕令公私不得指斥其名。宋宣和元年，诏加僧伽大圣六字师号。”

僧伽以感通事迹著称，在赞宁的《宋高僧传》被列入感通类，卷十八有传，记载颇详。此外在李邕《大唐泗州临淮县普光寺碑》、《太平广记》卷十九僧伽大师条、《历代佛祖通载》《佛祖统记》《景德传灯录》、明《神僧传》等文献中，均有详略不等的记载。

僧伽被视为观音菩萨的化身，具有种种救苦救难的神通。唐后期以后，僧伽成为佛教信徒礼拜的对象，并日渐隆盛。

《宋高僧传》僧伽传称：“天下凡造精庐，必立伽真相，榜曰‘大圣僧伽和尚’，有所乞愿，多遂人心。”又云：大历十五年（建中元年780年），因僧伽现形于宫中，代宗皇帝遂令“写貌入内供养”。皇家对僧伽的崇奉，对民间信仰僧伽活动的滥觞，无疑起了推波助澜的作用。验之文献与考古发现的实物，为数甚夥。因而僧伽和尚在民间信仰中的巨大影响，在佛教信仰本土化的浪潮中，尤为值得注意。

目前已知题名确切的僧伽像有：敦煌莫高窟第72窟西壁僧伽画像，榜题墨书“圣者泗州和尚”（图15）。洛阳关林石刻艺术馆收藏的一件石雕像，像座旁侧，镌刻题字有“泗州大圣”四字，此像造于宋元祐七年（1092年）（图16）。大足北山177窟主尊石像，邻窟题记是“泗州大圣”，造于丙午岁，应是北宋靖康元年（1126年）。韩国首尔（汉城）三角山凿有僧伽窟，窟内供奉石造僧伽像，头戴披风帽，结跏趺坐（图17）。像后有石质背光，像与背光分离，难以确认两者为同时雕凿。背光表面雕有花纹，背后刻有汉字铭文，其中有辽代“太平四年甲子”的发愿文。按：辽太平四年，岁在甲子。查陈垣《二十史朔闰表》，两者相合。辽太平四年即宋天圣二年（1024年）。如果推测石背光系后代补刻，则僧伽像的雕凿年代，应早于辽太平四年。

图15　敦煌莫高窟72窟西壁泗州大圣画像

图16　洛阳关林石刻艺术博物馆藏宋代僧伽和尚石像

图17　韩国首尔（汉城）三角山僧伽窟中的僧伽和尚石像

以上四件僧伽像实物，称谓明确，特征一致。即雕像皆为戴披风帽的结跏像，这或许是僧伽像的一般特征。

此外还有不戴帽的僧人形象，例如浙江瑞安县仙岩寺塔出土的僧伽涂金木雕像。该像光头，着袈裟，结跏趺坐。此像题记标明是“泗州大圣普照明觉大师”。按：僧伽在宣德六年始有“普照明觉大师”称号，故是像应为宣德以后时期作品。

依照记名的僧伽像特征，若干考古发现的戴披风帽的僧像被认定为僧伽像。陕北地区石窟中，保存一批宋金时期的遗迹，其中不乏此类戴披风帽的僧像，如富县石泓寺第二窟前壁之高僧像；子长县钟山石窟第三窟后壁上的僧像，均为戴披风帽的僧人结跏像，与上举四例僧伽像特征相同。加之富县阁子头石窟，窟内窟门上方题刻明确提及：“圣佛殿，内有释迦九□，十方佛，十地菩萨，泗州。”这表明，陕北地区亦信仰泗州和尚，因而其他石窟内的此类僧人像，有可能就是僧伽像。我们还注意到，陕北石窟中的戴披风帽的僧像，像前也放置有三足凭几，与大足北山177窟泗州像极为类似。这或许为认定其为僧伽像，增添了一条旁证。在四川、杭州等地石窟中，也有若干此类戴披风帽的僧像，极有可能也是僧伽的雕像，有待继续搜求、辨识和认定。

文献记载中提到的泗州像、泗州影堂和泗州院，数量很多。仅牧田氏辑出的寺院中的泗州堂、庵、院之类建筑，即有数十处之多。实际上远远不止此数。可以说，泗州和尚信仰遍及全国各地。西起敦煌、长安，中至洛阳、开封，北达燕蓟地区，东及齐鲁，东南波及江、浙、闽诸地，西南遍及四川。这些文献资料，本文不再繁引。

回到177窟主尊，我们注意到，主尊像旁有两身侍者像，与左右壁僧像不同。故略作补说。按：普光王寺僧伽塔中之僧伽像旁，后曾补塑其弟子像。弟子像之一是木叉。

《宋高僧传》僧伽传称：

僖宗皇帝，敕以其（木叉之舍利）焚之灰塑像，……于今侍立于左，若配飨焉。

《老学庵笔记》卷三：

徽宗南幸还，至泗州僧伽塔下，问主僧曰：僧伽傍白衣执禅杖者何人？对曰：是名木义（木叉），盖僧伽行者。上曰：可赐度牒与披剃。

按：据《僧伽传》记载，则补塑木叉像其事当在僖宗中和年间，其像至宋代徽宗时犹存。

据此我们可以推定，177窟僧伽像左侧持禅杖侍者应是木叉。

据一般造像组合通例，僧伽像旁单独塑一身弟子木叉像，既不对称，也不合规范。推测其另一侧，还应有另一弟子像。可能是恒随僧伽左右的慧俨或者是慧岸。

《僧伽传》称：

弟子慧俨，未详氏姓生所。恒随师僧伽执侍瓶锡。……俨侍十一面观音旁。

按：《僧伽传》称，僧伽现十一面观音形，万回称其为观音化身。故“俨侍十一面观音旁”，即指慧俨侍于僧伽旁。

又《佛祖统纪》卷四十六称：

（宣和元年），泗州大圣见于大内，凝立空中，旁侍慧岸、木叉。

据此可以推测，僧伽塔中僧伽像旁，后代曾补塑二弟子像。其一为木叉，另一身是慧俨或者为慧岸。据此，177窟僧伽右侧持净瓶的侍者，应是其弟子慧俨（或慧岸？）。

177窟正壁的一组雕像可以确认是泗州大圣僧伽和尚，二胁侍弟子应是木叉和慧俨。

左侧壁主像，因其所持杖头悬挂直角尺、剪刀和扫帚等物，特征明显、突出，故可认定系宝志和尚（或称志公和尚）。有关的宝志传记称其：

常跣行街巷，执一锡杖。杖头挂剪刀及镜，或挂一两匹帛。

《景德传灯录》卷二十六谓：

宝志发长数寸，徒跣执锡杖。头擐剪刀、尺、铜鉴，或挂一两尺帛。

因为宝志的特征与众不同，极易识别。177窟左侧壁的僧像，确系宝志和尚，当无疑义。大足石篆山第2号龛，雕刻有志公和尚像。志公左手持直角尺，腕部悬挂铁矩。其身后一弟子挑担，担内放置斗、秤、扫帚等物（图18）。龛上壁面刻有长篇题记[1]。题记计15行，150余字。其文曰：

梁武帝问志公和尚曰：世间有不失人身药方否？公曰：有方。使不嗔心二具，【常欢喜二】两，慈悲行三寸，忍辱【根四橛】，善方便五两，善知□六分，【除】烦恼七颗。右件药七味，并□平等。就上将智惠刀□□，入三昧火炖。无碍白中金刚杵得□炼六波罗蜜为丸，如菩萨子大。早朝以八功德水下七丸，忌三恶□嗔痴。

麻作衣裘草作鞋，摇头不肯下山【寨】。□□□【鹿】□【花】过，笑得双□□□□。岳阳文惟简镌乙丑岁记。

图18　大足石篆山第2号龛，志公和尚像

今存石篆山佛会寺内的《严逊碑》（宋元祐五年，1090年）称：“巉崖刻像凡十有四，……曰文宣王龛，曰志公和尚龛。”严逊是石篆山石窟的造窟施主，其在碑中所称龛名十分清楚，系指今石篆山第2号龛[2]。

关于志公和尚的记载，牧田谛亮氏撰有《宝志和尚传考》[3]，辑录宝志事迹甚为详备，请参考。

右侧壁主像，因其无明显特征，故对其认定有不同的理解和意见，是很正常的。如果本窟的泗州大圣僧伽和尚与宝志和尚确定无疑，且僧伽又处于主尊地位。而与僧伽和尚有密切关联的僧人，应是万回和尚。万回和尚与僧伽和尚是同时代人，在《宋高僧传》中有传。谓僧伽和尚是观音化身之说，即出自万回之口。《僧伽传》云：

帝以仰慕不忘，因问万回师曰：“彼僧伽者何人也？”对曰：“观音菩萨化身也。经可不云乎？应以比丘身得度者，故现之沙门相也。”

《太平广记》僧伽和尚条亦称：

后中宗问万回师曰：“僧伽大师何人耶？”万回曰：“是观音化身也。”

1　重庆大足石刻艺术博物馆等编：《大足石刻铭文录》，重庆出版社1999年版，第316页。陈明光先生撰有《大足石篆山石窟“鲁班龛”当为“志公和尚龛”》，讨论此龛的题材。该文刊《文物》1987年第1期。

2　重庆大足石刻艺术博物馆等编：《大足石刻铭文录》，重庆出版社1999年版，第326页。

3　［日］牧田諦亮：《宝誌和尚伝攷》，《東方学報》第26号，1956年。

万回称僧伽为观音化身事，亦见于《宋高僧传》卷十八《万回传》、《佛祖统纪》卷四十、《佛祖通载》卷十三。

万回和尚，俗姓张。行走神速，万里之途，往返顷刻便归，故有万回之号，其详具见本传。万回也以神异、感通事迹著称，故其与宝志、僧伽同属神异僧人，又被后人目为圣僧。因而将三位神异僧人合刻于同一窟内，也是合乎情理的。愚以为将右侧壁主像推定为万回和尚，是较为切近历史实况的。

何时将宝志、僧伽和万回三人联系在一起，具体时间尚不明确。估计在唐代后期，应已出现三圣合龛的现象。

据报道，石窟中存有若干三圣合龛的实例。四川绵阳市魏城镇北山院石窟，第10号龛开凿于唐中和元年（881年），该龛存有宝志、僧伽和万回像。四川夹江千佛洞第91号龛，存有宝志、僧伽和万回像，无具体纪年。估计有可能也属于唐代后期的遗存。四川宜宾市旧州坝大佛沱石窟，存有宝志像、僧伽像和万回像各一龛。造窟题记为宋天圣六年（1028年）。此外在若干唐、宋时期的石窟中，有可能还有三圣合龛的遗存，有待发掘和认定。

在文献中有两件资料，对我们认识三圣僧的关系极有帮助。其一，敦煌莫高窟藏经洞出土的一件写本，被斯坦因劫去，今藏于伦敦。编号为S.1624。此件在《敦煌遗书总目索引》中，被定名《泗州僧伽大师实录》。经检索该件的缩微照片，通读全文后，知该卷内容不仅僧伽一人，同时还录有万回和宝志两人的事迹。故《敦煌遗书总目索引》拟名《泗州僧伽大师实录》欠妥。此卷杂抄僧伽、万回和宝志三人事迹，似应名之为《圣僧杂抄》。文中涂抹多处，最后未抄完。其中僧伽事迹，出自《泗州僧伽大师实录》，万回事迹，摘自《万回传记》。而宝志事迹似引自道宣的《三宝感通录》。令我们感兴趣的是，此件的抄录者何以要将宝志、僧伽和万回的事迹合而为一呢？这或许意味彼时将三个僧人组合供养的形式，已经出现并十分流行。此件的录文，请参见附录一。其二，日本入唐求法巡礼的僧人，携归为数众多的佛教写经和其他佛教文物。在其携归的经目中，不仅有《泗州和上（尚）赞》，还提及有宝志、僧伽和万回合组的雕像——三圣龛[1]。这表明，当时中国僧伽和三圣僧的信仰，较为流行。并且通过入唐的日本僧人传入日本。

综上所述，大足北山177窟的三位僧人雕像，被认定是宝志、僧伽和万回的组合，应是合理、可信的。这些具有神异色彩的僧人，被信徒们目为圣僧。因此177窟可以名之为“圣僧窟”，或者称之为“三圣窟”。

三　题材组合的讨论

（一）洞窟形制的组合

佛教石窟的形制，受到洞窟使用功能的制约。洞窟形制应能满足洞窟的宗教使用功能的要求，两者紧密相联。不同使用功能的洞窟，往往存在组合关系，或构成特殊形态的寺院组合。从早期佛教石窟开始，即存在诸多可以列举的实例。即使是同样性质的洞窟，也往往存在组合关系。其明显的实例如礼拜窟中的双窟组合。在形制上，两者左右毗邻，有的甚至通连。其例如云冈石窟二期中的若干组双窟。这类双窟多是统一设计，大体同时完成的。因此我们在注意其洞窟形制的特点的同时，也应该充分考虑成组洞窟，在雕刻或绘画题材方面，也很可能存有内在联系，近年一些学者在作图像学的研究中，不仅注意同一洞窟各种题材的关系，也在探索组窟之间的题材联系。这是很有见地的。

本文所举的大足北山176窟和177窟，在形制上两窟左右毗邻，形制相同；同一工匠雕凿，同年完成。毫无疑问，这是一组统一设计的双窟，不仅在形制上存在组合关系，在洞窟题材内涵上，也同样存在内在联系。两窟题材的组合较为特殊，但两者紧密相关。这种题材组合的出现，有其特殊的历史背景。这是本文的要旨所在，以下试作申述和论证。

（二）题材组合的内涵

根据176窟榜题的提示，结合洞窟图像的内容，我们已经可以认定，此窟的图像是根据《佛说弥勒下生经》，刻出的弥勒下生经变。从弥勒下生经的内容到经变的图像，均与邻窟177窟的僧伽和尚、宝志和尚、万回和尚无涉，难以将两者扯上关系。因此无法解释两窟图像有何关联。而177窟中的宝志和尚、僧伽和尚及万回和尚，在其相关的传记中，均未道及他们与弥勒之间存在任何牵连。

1　《大正藏》55册，《日本国承和五年入唐求法目录》（1卷）；圆仁：《智证大师请来目录》（1卷）等。

由此似乎难以确认两窟造像题材之间存在组合关系。虽然177窟雕刻了三位圣僧的造像，但是在造窟题记中，却只提及泗州大圣和弥勒。加之僧伽和尚在洞窟中居于主尊位置，显然也是明显地突出了僧伽和尚不同寻常的主导地位。因此寻找问题的答案，必须从泗州和尚与弥勒的关系入手。如果将两窟的主尊造像稍加比较，不难发现177窟的僧伽和尚像在体量上远远大于176窟的弥勒像。如果将两窟主尊造像放在一起观察，则泗州大圣僧伽和尚像就显得尤为突出。这种巨大的反差，是匠师有意而为，抑或是无意间造成了视觉上的误差？这就不得而知了。现存造像的实际状况是，僧伽像高大健硕、突出醒目；而相对稍小的弥勒佛像，反倒成了陪衬和点缀。这种现象难道真是没有任何缘由吗？其间的奥秘，大可玩味。

牧田谛亮先生在研究僧伽和尚时，注意到曾有一部名为《僧伽和尚欲入涅槃说六度经》的疑伪经。作为古逸经，被《大正藏》收入第85册古逸部。此经写本发现于敦煌莫高窟藏经洞，目前所知，共有四件。它们是：S.2565，S.2754，P.2217，散1563。其中P.2217写本首尾完整，经名俱在。当我们通读此经之后，发现此经存有僧伽与弥勒，将共同济世度人的记载。这真是踏破铁鞋无觅处，得来全不费工夫。正当我们山穷水尽之时，现在却柳暗花明了。以下我们试摘引若干文句，以见僧伽与弥勒的关系。其例如：

吾与弥勒尊佛同时下生，共坐华城救度（众）善缘。

吾后与弥勒尊佛下生本国，足踏海水枯竭，遂使诸天龙神八部圣众，在于东海心中修造化城。

上引经文，是以僧伽自述的口气说明的。两次提到僧伽将与弥勒同时下生，并共坐华城救度众善缘。这里的僧伽俨然如佛身，与弥勒平起平坐，可见其地位非同一般。

中国僧人杜撰了许多疑伪经，这是佛教中国化过程中的必然产物。通常疑伪经，多假以佛说的形式出现。而《僧伽和尚欲入涅槃说六度经》，却径直以僧伽口吻说经布道，这是比较少见的。此经中的僧伽是否就是泗州和尚呢？答案是肯定的。经文中提到"吾身已后，却从西方胡国中来"，"吾今遂入涅槃，舍利本骨愿往泗州"。这与僧伽和尚来自中亚何国，圆寂后归葬泗州的史实相符。故此经确系讲说泗州和尚的伪经。此经虽称是僧伽行将入灭时所说，实则杜撰于僧伽卒后。故此经之出不能早于八世纪上半叶，其下限也不会晚于十一世纪初（即藏经洞封闭之时）。以意度之，此经之出必在僧伽卒后，其神异事迹在民间广为流传，如经文所说"吾身便入涅槃。舍利、形象遍于阎浮，引化众生"。在僧伽信仰日益流行的状况下，由僧人杜撰、写出的。其时间约在唐后期前后。耐人寻味的是经中六度之人，第一度者为孝顺父母，敬重三宝。经文中强调，善男子和善女人要"慈心孝顺，敬吾形象"。伪经中突出孝道观念，明显地糅进了儒家思想。可以说，此经是佛教在中国进一步中国化、世俗化状况下的产物。

如果我们将《僧伽和尚欲入涅槃说六度经》的内容与大足北山176和177窟的图像比照，不难发现两者是如此地契合。因此我们有理由说，大足北山176和177窟图像题材的组合与联系，应是源于伪经《僧伽和尚欲入涅槃说六度经》的观念和思想。至此大足北山176和177窟图像题材组合的缘由，也就迎刃而解了。

四　余说

大足北山176和177窟的泗州大圣与弥勒的题材组合，十分奇特，也很鲜见。在中国佛教石窟中，据笔者所知是仅存的一个孤例。从两窟图像表面上看，似乎是泗州与弥勒并重，实则是以弥勒衬托泗州。这种题材组合的出现，应是泗州大圣信仰日益隆盛的产物。

神异僧人成为佛教信徒礼拜的对象，也是佛教中国化过程中另一引人注目的历史事实。其为大家所熟知的有宝志（志公和尚）、泗州大圣僧伽和尚、万回和尚、契此（布袋和尚）和刘萨诃等人。

其中的僧伽和尚，是比较特别的一例。传世的有关文献和考古资料表明，僧伽和尚自唐后期开始，至五代两宋，影响日益增大。僧伽从一个普通僧人，逐渐神化。从被誉为观音化身的神僧、圣僧，到进入佛殿、石窟，与佛并坐，被径称"泗州佛"，广受众人膜拜。雕刻和绘画的僧伽形象遍及各地，且有专设的泗州堂、泗州塔、泗州院，供奉僧伽，礼拜供养。信仰者上至皇帝，下到庶民。影响之大不可低估。全面论述僧伽和尚诸多神异事迹，辑录相关的僧伽遗迹、遗物，列举其在民众中的种种影响等问题，已超出本文讨论的要旨。笔者将在《泗州大圣僧伽和尚考》（未刊）专文中，再作陈述。目前可参考已刊布的有关研究论文[1]。

1　除牧田氏的论著外，还有徐苹芳：《僧伽造像的发现和僧伽崇拜》，《文物》1996年第5期；孙晓刚：《僧伽和尚像及遗书〈僧伽和尚欲入涅槃说六度经〉有关问题考》，《西北民族研究》1998年第2期；黄启江：《泗州大圣僧伽传奇新论——宋代佛教居士与僧伽崇拜》，《佛学研究中心学报》2004年第9期。

要作补充说明的是，僧伽和尚的影响，两宋之后并未削减。元、明时期，僧伽的神异事迹，进入小说和戏剧等文学作品。迟至近、现代，僧伽影响犹存。僧伽演化成降魔、护航、镇水的水神，关心青年男女婚姻的爱神。如此等等，不一而足。这期间的转化与演变，耐人寻味，值得调查与研究。

对泗州大圣僧伽和尚的崇拜，不仅流行于中国，并且东传到朝鲜半岛和日本。韩国汉城三角山的僧伽窟，就是明显的事例。僧伽和尚受到高丽王室的狂热关注，《高丽史》记载，高丽王室，曾多次巡幸三角山僧伽窟[1]。僧伽和尚的赞文和龛像，通过入唐求法的僧人携归日本，并在佛教信徒中流传。在日本的佛寺中，塑造僧伽像供人礼拜。据日本《药师寺缘起》西院条记载，“正堂一宇，中心安置画像弥勒净土障子。北面立大唐玄奘三藏影障子，良玉华殿样也。北端坐僧伽和尚影，在帐”[2]。有趣的是，在日本药师寺西院的佛殿中，僧伽和尚的影像也是坐像，且与弥勒净土（下生经变？）并列。这一组合与大足北山176、177窟的题材，何其相似！不过我们掌握的朝鲜半岛和日本的僧伽图像资料太少，难于了解更多情况。希望日本、韩国和朝鲜的学者，发掘并刊布僧伽和尚的有关资料。

附录一

S.1624《泗州僧伽大师实录》

长按：此卷系杂抄僧伽、万回和宝志三人事迹，而非僧伽一人，故拟名不妥，似应拟名为《圣僧杂抄》。文中涂抹多处，最后未抄完。

01 谨按唐《泗州僧伽大师实录》云：大师年八十三，暮春
02 三月入灭，万乘辍朝，兆民罢业。帝令漆身起塔，
03 便说长安。师灵欲归泗滨，忽现臭气，满城恶风，遍
04 塞宫内。皇帝惊讶，群臣奏言：疑大师化缘在于普
05 光，真身愿还本处。帝闻斯奏，心便许之。犹未发言，
06 异香满园。帝备威仪，津送香花，千里骈填。正当
07 炎热之时，一向清凉之景。五月五日达于淮甸入
08 塔天演光。于今过往礼瞻，咸降感通覆祐。谨
09 按传记，唐中宗皇帝时，万回和尚者，虢州阌
10 乡县人也。俗姓张，父乃隶人列校也。而兄从军在塞
11 外。家中设斋，兄好吃羔糜。回见羔糜思兄。遂
12 告母曰：送少许与兄去。母曰：真狂痴人也，此去五
13 千余里，人何得到？坚切觅之，母遂与去。顷刻便
14 归，家内斋犹未散。众人不信，乃将出兄回信，去时汗
15 衫，母自认得缝缠，讶极异事！往来万里程
16 途，故以万回为号。寻乃为僧，帝请于内道场供
17 养。帝感梦云：是观音化身。敕遣二宫官
18 扶侍。至迁化时，唯要本乡河水，指阶下令掘，忽
19 然河水涌出为井，饮毕而终。坊内井水皆咸
20 唯此井水甘美，因敕名醴泉坊焉。仍令
21 所司邈真供养。

（中阙）

22 真容而福至，闻　尊号以灾消　福利昭彰

1　马世长：《中韩古代佛教文化交流两例》，《中国石窟佛教考古文集》，台湾觉风佛教艺术文化基金会2001年。

2　《药师寺缘起》，《大日本佛教全书》第118册，佛书刊行会1913年。

23 今日当时，慈悲不替，观到此土存殁。三十

24 六化具载传记，辞帝归钟山入灭矣。昔泗州大

25 师忏悔，却复本形，重归大内，且化缘

26 毕，十二面观音菩萨形相。僧谣乃哀求，谣变容，謌言，和尚乃以爪剺面
开示。下笔

27 和尚或其形貌莫能得定。僧真和尚曰：可

28 与吾写真否？僧谣　圣者僧宝意处

29 见供奉。张僧谣邀入山远迎请入内殿

30 道场供养。因诣贤衔花巘神献果。梁武

31 帝遣使并宝辇人家供敬。分形赴斋，寻

32 隐钟山百兽者。游于扬州。擎杖，每悬剪刀

33 尺、拂。谨按三宝感通录曰：宋末沙门宝

34 志（以下未抄完）

35 □通（大字，草书，或是僧人花押？）。

长按：此件并非是一完整的文献，系僧人将三位僧人的事迹杂抄于一起。抄文间有错简之处。文中的僧谣，显然是著名画师僧繇的笔误。本录文所据照片不甚清晰，故录文难保准确无误。务请参照原件放大照片核校。

附录二

在敦煌遗书中，还存有几卷僧伽和尚经，此经在《伽传》和其他记载中皆未道及。一般疑伪经，多假托佛说。而此经明记僧伽事迹，却称名为经，是极为罕见的。计有S.2565，S.2754，散1563和P.2217等四件。其中伯希和劫去的P.2217号写本，首尾完整，且前后经名皆存。现转录本文如后：

01 僧伽和尚欲入涅槃说六度经

02 吾告于阎浮提中善男子善女人，吾自生阎

03 浮为大慈父，教化众生。轮回世间，经今无始。

04 旷劫分身万亿，救度众生。为见阎浮提众生，

05 多造恶业，不信佛法。恶业者多，不忍见，吾

06 身便入涅槃。舍利、形象遍于阎浮，引化众生。

07 以后像法世界满正法兴时，吾与弥勒尊佛

08 同时下生，共坐华城救度善缘。元居本宅在

09 于东海。是过去先世净土，缘为众生顽愚难

10 化，不信佛法多造恶业。吾离本处身至西

11 方，化众生，号为释迦牟尼佛。东国遂被

12 五百毒龙陷为大海，一切众生沉在海中，化

13 为鼋鼍鱼鳖。吾身已后，却从西方胡国中来，生

14 于阎浮，救度善缘，佛性种子。吾见阎浮众生，

15 遍境凶恶，自相吞食，不可开化。吾今遂入涅

16 槃，舍利本骨愿往泗州。已后若有善男子善

17 女人，慈心孝顺，敬吾形象，长斋菜食，念吾名

18 字。如是之人散在阎浮，吾愍见恶世刀兵竞
19 起，一切诸恶逼身不得自在。吾后与弥勒尊
20 佛下生本国，足踏海水枯竭，遂使诸天龙神
21 八部圣众，在于东海心中修造化城。金银为
22 壁，琉璃为地，七宝为殿。吾后至阎浮，兴流佛
23 法。唯传此经，教化善缘。六度弟子，归我化城，
24 免在阎浮受其苦难，悉得安隐。衣食自然，长
25 受极乐。天魔外道弱水隔之，不来为害。吾当
26 度六种人：第一度者，孝顺父母，敬重三
27 宝。第二度者，不煞众生。第三度者，不饮酒食
28 肉。第四度者，平等好心，不为偷盗。
29 第五度者，头陀苦行，好修桥梁并诸功德。
30 第六度者，怜贫念病，布施衣食，极济穷无。
31 如此善道六入之人，吾先使百童子领上
32 宝船，载过弱水，免使沉溺，得入化城。若不是
33 吾六度之人，见吾此经不信受，毁谤正法，
34 当知此人宿世罪根，身受恶报。或逢盗贼兵
35 瘴而死；或被水火焚漂；或被时行恶病，遭官
36 落狱。不善众生皆受无量苦恼，死入城狱，无
37 有出期，万劫不复人道。善男子善女人，书写
38 此经，志意受持，若逢劫水劫火黑风天暗，吾
39 放无量光明，照汝因缘俱来佛国，同归化城，
40 悉得解脱。南无僧伽，南无僧禁吒
41 莎珂达多姪他耶　唵　跋勒摄　娑婆珂
42 僧伽和尚经

大足北山佛湾第245[1]龛观无量寿佛经变相石刻建筑的调查

李志荣

大足石刻艺术博物馆“大足北山石窟考古学研究”课题于2004年8月正式开题，选择北山佛湾规模最大、内容最为复杂的第245龛观无量寿经变相龛作为开题项目。2004年10月始对第245龛及其附属窟龛进行科学测绘和记录。鉴于第245龛造像内容中包含大量的建筑形象[2]，笔者作为建筑历史研究者有幸被邀参加了这一工作。

测绘和记录，使我们有可能对第245龛作近距离的观察，这是以前的研究者不具备的条件。通过近距离观察，我们对其内容的丰富、构图布局的完整、权衡繁简的适当甚至雕刻工艺精粗意匠都有了更清楚的认识。特别是作为观经变相中表现西方极乐世界图景的龛内正壁侧壁的建筑形象，不仅数量多，形式丰富，而且建筑要素的刻画基本上符合古代木构建筑的权衡比例，中心殿阁及其左右两侧的八角形钟塔的刻画则可以看成是古代建筑的模型。它们不仅可以准确描述，并且可以较精确地测绘。特别重要的是，建筑形象在整个龛窟的布局中起着构图要素的作用。佛及其部众造像在借助建筑要素划定的空间内被安排得井然有序而气势非凡。

为了清楚地记录和描述第245龛，课题组完成了龛窟1：1的测图，包括平面图，正壁立面，侧壁立面，纵剖图和横剖图，为了突出表现建筑布局的完整，在测稿的基础上清绘出包括正壁和侧壁展开图的建筑全图（图1）。

图1　第245龛上部建筑展开图

第245龛刻画的大多数建筑形象主要是正面；中心殿阁和其前面一对八角形楼塔，使用圆雕手法，表现了部分建筑侧面的情况，内部结构则基本没有反映。尽管如此，这些可以画出完整立面图的建筑形象，是第245龛同期晚唐保存最完好的石刻建筑形象，比敦煌壁画以绘画形式表现的建筑形象更简洁和直观。测图基本上忠实记录了目前可以释读的建筑细部，这些细部，是1000多年前雕刻工匠的手所表现的晚唐木构建筑高度概括的形象，对于只有4个地面建筑实例[3]的唐代建筑史而言，无疑是重要的信息补充。

---

* 本文原载重庆大足石刻艺术博物馆编：《2005年重庆大足石刻国际学术研讨会论文集》，文物出版社2007年版。

1 黎方银：《大足北山石刻》注释（1），郭相颖主编：《大足石刻雕塑全集：北山石窟卷》卷首，重庆出版社1999年版，第15页。

2 最早对第245龛包含的建筑形象报道和研究的是已故著名古建筑史家辜其一先生，其《四川唐代摩崖中反映的建筑形式》发表在《文物》1961年第11期。其报道的第245龛建筑形象材料被编入刘敦桢主编的《中国古代建筑史》（中国建筑工业出版社1980年版，见第167页并注211）中国木构建筑在隋唐时期所存实例很少，建筑史研究在此期及以前依赖于文献材料和考古材料。佛教石窟寺中留存着大量的建筑形象，成为建筑史研究中最重要的了解无实例时代建筑历史发展脉络的图像资料。对此中国建筑史研究的开创者在20世纪30年代就认识到并给予高度重视，这一学术传统在1949年中华人民共和国成立后被继承下来。

3 目前被学术界承认的唐代木构建筑仅四座，且都集中在山西。它们分别是山西五台山南禅寺大殿、山西五台山佛光寺东大殿、山西平顺天台庵正殿和山西运城广仁王庙大殿。

一　北山佛湾第245龛的位置、形制、布局、年代及建筑形象大略[1]

第245龛位于北山佛湾石窟北区北段末，属于北区北段第五造像区，是该区最大的龛窟。龛底中线方向286°，基本上可算正面朝西。

从周围崖面观察，第245龛系沿自然崖面向内开凿而成。凿进后，形成左右两个侧断面，即龛外左右两侧侧壁，并在其龛外上方形成龛檐。故第245龛与左右侧壁形成倒凹字形平面关系，似在龛前形成一前室空间[2]。左右侧壁面目前基本为其他窟龛打破。左壁从上至下依次为第237、238、239、240、241、242、243、244龛；右侧壁中部偏下处刻属于第245龛的三排供养人，其上下均为其他龛窟所占，其上从上至下为第246、247、248龛，其下为第249龛[3]。

第245龛外沿立面呈竖长方形，大致与地面呈垂直关系。按其结构，可分为上沿、下沿、左沿、右沿四部分，各沿外界面打磨平整略与相邻界面垂直。按沿面外界计，总高度约4.66米，总宽3.65米，总面积约17平方米；龛口总高3.82米，总宽3.52米。下沿较左右沿突出8—9厘米，形成整个龛窟的底座。左沿右侧与右沿左侧均有一稍向龛内倾斜的侧沿面，宽约15.5厘米，上至龛顶，下与龛下沿上皮垂直，使左右沿与龛内左右壁面形成独立完整的结构区别。在左右沿面结构与上沿下皮形成的龛顶结构间，凿出一仿木结构的三角形托木，使龛口结构显具稳定感（图2）[4]。

龛内壁面，自下而上，逐渐向内延伸，加大进深，与龛顶交界处形成正壁与左右侧壁圆转交接的结构关系，整个龛壁横断面呈弧拱形，没有明显的分界；纵断面则呈逐层内收到阶梯状形式。为记录方便，按壁面转折关系以正壁、左右侧壁为名以示区别，正壁又据其逐渐内收的阶梯结构分为正壁下部、中下部、中部和上部四部分。龛顶与龛正壁上界大体垂直，呈水平状与左右侧壁成弧线相交，致龛顶平面略为半圆形，半径约117厘米（图3）。

图2　第245龛外立面

图3　第245龛内部结构

第245龛为观无量寿佛经变相龛，内容丰富，场景繁复，人物众多，在如上叙述的龛窟结构中，繁复的内容按如下的方式布局：左右沿和正壁下部，安排十六观和经序内容；西方三圣及其部众并宝楼阁及妙音乐构成的净土世界图景则布局在龛正壁侧壁和龛顶，并以中轴对称的构图予以表现；无量寿佛及其左右胁侍观音、大势至菩萨三像位于龛窟的几何中心。整个画面中心突出、紧凑完整。第245龛

1　详细情况参见《大足石刻全集》·第三卷《北山佛湾石窟第193—290号考古报告 上册》第三章。

2　据1945年《民国重修大足县志》卷首刊《大足日记》，第245龛在1945年尚有封闭的窟前建筑，这些建筑的残迹目前遗留在该窟的下端，部分打破了窟龛雕刻内容。这些窟前建筑所建时间距今并不久远。

3　第245龛左右侧壁编号及相互关系详情请参阅《大足石刻全集》第三卷《北山佛湾石窟第193—290号考古报告 上册》第三章。

4　据四川学者雷玉华博士的研究，有三角形托木的龛是川渝地区特有的，最早的有纪年的龛约出现在780年前后（蒲江看灯山第6号大龛内有纪年的小龛）。

题材内容的整体布局与《敦煌画研究》中松本荣一先生总结出的观经变构图之C形具有高度的一致性，应经过严格的设计规划，其依据的范本或与敦煌流行的经变范本有同样的渊源；与川渝地区现存的西方净土题材的窟龛比较，第245龛保存最完好，规模最宏大，布局也最完整[1]。

第245龛正壁下部上缘原有造像题记已漫漶不可读[2]。在右侧壁第二列与第三列供养人之间岩面左侧幸存有开龛题记一则，曰："造西方龛，□首刘净意、陈静喜、弟子李氏□□□□□□□□□□文氏。"[3]惜亦漫漶不可全读，致使第245龛缺失了最重要的年代记录。

第245龛系沿自然崖面向内开凿而成。凿进形成左右两侧壁。现右侧壁刻三列供养人，其二、三列间开龛题记已如前述，可见供养人像为与第245龛同时且统一规划的，其下有尚未完成的按规律造出的供养人毛坯一列则表明两壁的开凿没有最后完成。这样就为左右侧壁上后续开龛提供了岩面。基于这样的判断，我们认为在第245龛与左右侧壁的龛窟间存在相对年代关系，即现存左右侧壁的诸龛窟应是第245龛之后开凿的。

其中右壁供养人之下的第249龛，打破了原未完成的供养人，该龛有"至道□年"妆彩题记[4]，则此龛当在北宋至道年间（995—997年）或者之前开凿。而其左壁面第240龛，为一双观音龛，其龛右壁岩面题记："敬造欢喜王菩萨一身，比丘尼惠志造，奉报十方施主，乾宁三年五月十六日设斋表庆讫，永为供养。小师敬修　小师法进。"按，乾宁三年为公元896年。那么，第245龛的开凿年代又当在896年之前。据此推定第245龛的年代当在公元896年前，即乾宁三年之前。属北山佛湾早期窟龛（图4）。

第245龛表现的建筑形象，按其所在位置，可分为四部分。

一是分布于左右龛沿，各划分成十格方形，以浅浮雕手法刻出的"十六观"图景中的建筑[5]。因每格画面高宽均在33厘米左右，画面中又包含着在左或右的榜题条7厘米左右，画面较小，不可能刻画较大的建筑。但是，这些画面中出现的建筑物往往本身具有象征性，因而其形象当是刻画者认为最有代表性的。如右侧第六格方框（图5），其左下角出一云朵，其内刻出座呈四合院布局的院落建筑群。院一进，中轴对称布局，轴线最前端为一座两层歇山顶楼阁，上下均三间四柱；其后轴线上布局三间单檐歇山殿一座，此殿左右各有三间单檐歇山殿；前后殿阁间中轴线左右各布局一座单檐悬山顶的配殿。沿前殿两侧及左右配殿后三殿之后侧以回廊围合组成一组廊院。这组院落内的所有建筑物均位于较高的台基之上，屋身柱头卷杀，柱间施阑额，柱头之上施简单的栌斗直接承接撩檐枋，屋檐角稍上翘，屋顶叠瓦屋脊，脊端鸱尾，板门，直棂窗。这组院落中的单座建筑形象，和我们已知的关于唐代建筑的形象是吻合的。结合经文推测，这一方格内刻画的当是十六观之第六观"总想观"，这组院落代表的是幻化的众宝国土，极乐世界，应当是一处寺院，其布局和文献记载中的唐代大寺的"院"的布局，特别是在辽宋时期仍然保持唐代格局的寺院大略相似[6]。而其方格画面中反复出现的布局规整的莲池（如右8，左1，左5，左8），表现的也应是当时习见的庭院园林的形式。在这些龛沿画面中还可见为数较多的塔及幢，其形式也与已知唐代塔幢形式基本相埒（图6）。

二是位于龛内正壁下部和左右沿下部相联系的仍为方格构图的经序部分内容中表现的建筑形象。这里的形象因与世俗建筑相关联，所以出现了城门、城楼、复道等及一些围合的院落建筑。除稍简素外，建筑的细部表达与前述内容差异不大。

第三部分建筑是位于龛内正壁和侧壁的位于主尊上方的作为象征西方极乐世界天宫楼阁的一组建筑群。这是此次全龛建筑观测的重点，将在下一题择要详述。

第四部分就是龛窟自下而上的整体设计所显示的建筑布局。第245龛内整体内容是一幅立体的净土变相图景[7]，测绘结果表明，其正壁中下部、中部和上部以及侧壁的所有场景和建筑要素都紧密相连，即全龛采用由下而上的层层递进的方式，充分考虑了观者的视觉发展，表现了一组从前而后逐步展开的庞大的无量寿佛的世界图景——一个由中国式楼台构成的西天图景。第245龛的造像内容与

1　第245龛和川渝地区其他的窟龛如邛崃石笋山、盘陀寺，安岳灵游院等现存摩崖石刻中存在的宝船往生内容为敦煌观经变所无。也就是说，四川的西方变相也许有自己的底本来源。从《益州名画录》看来，成都应是一个重要来源。《川渝地区观经变相石刻中的建筑布局》笔者当另文专论。

2　在同样位置有前蜀乾德元年（919年，己卯）题记一款，尚存约40余字可辨识，但已无法句读。根据其与前款题记的位置，应为原龛记之后的重装或者供养题记。据重庆大足石刻艺术博物馆等编：《大足石刻铭文录》，重庆出版社1999年版，第17页，19条。

3　据《大足石刻铭文录》，第15页，10条。另据本报告集第三卷《北山佛湾石窟第193—290号考古报告　上册》第三章。

4　据《大足石刻铭文录》，第24页，36条。

5　参考的经文为《佛说观无量寿经》，宋西域三藏畺良耶舍译，《大正新修大藏经》第十二册，第365页。

6　徐苹芳：《北宋开封大相国寺平面复原图说》，徐苹芳著：《中国历史考古学论丛》，台湾允晨文化实业股份有限公司1996年版。辜其一：《四川唐代摩崖中反映的建筑形式》，《文物》1961年第11期。

7　《民国重修大足县志》孙科序："敦煌有此题材之壁画，而龙岗则雕凿以成立体之造构，异地同工，亦各有千秋矣"。异地同工的原因，是因为这些题材有相同的创作根据，一是佛经二是地面的建筑。这些变相中表现的建筑形象可以成为今天建筑史研究的有效参考资料的内在原因也在此。见本文第三部分。

图 4　第 245 龛龛外左侧壁龛像

图 5　第 245 龛右沿第六格方框中的院落

图 6　第 245 龛右沿第三格方框中的经幢

其建筑背景的高度的和谐统一是第245龛建筑最重要的特点[1]。

二　第245龛正壁上部及左右侧壁上部建筑举例[2]

龛正壁上部及左右侧壁上部约占本龛龛内壁面四分之一的面积，主要图像为一组高浮雕的木构建筑群。建筑群以龛正壁上部中央的两层殿阁为中心，其左右两侧分别对称布局一座经幢，一座安置有钟的楼阁式建筑（下称钟楼），一座两层楼阁式建筑和一座斜上透视表现的两层楼阁式殿宇（下称斜殿）。其中，中心楼阁、经幢、钟楼位于龛正壁，另一楼阁和斜殿位于龛左右侧壁。在中心楼阁和另一楼阁及斜殿间以复廊阁道相连，其展开图清晰显示为一座以三座并列布局的两层楼阁为主要殿阁、以两座两层楼阁为其配殿并以双层飞廊环绕的巨大廊院。

正壁中心楼阁、经幢、钟楼的下方，为龛中部所刻图像遮挡；侧壁楼阁、斜殿的下方，刻出莲池、勾栏、漫道，显示这组建筑构

1　第245龛在记录时尝试以建筑为框架进行，以强调建筑与佛像之间的相互空间位置关系。这样做，是基于对第245龛的仔细观察，也同时表明课题组对净土变相中建筑的记录在其内容记录中应予重视的考虑。

2　关于记录和术语。第245龛刻画的建筑都是仿木结构的，对它们的记录和描述，借用了记录古建筑的方法。“我国建筑之结构原则，……自史后迄于最近，皆以大木架构为主体。大木手法之变迁，即为构成各时代特征中之主要成分。故建筑物之时代判断，应以大木为标准，次辅以文献记录，及装修，雕刻、彩画、瓦饰等项，互相参证，然后结论庶不易失其正鹄。……于梁架斗拱之叙述，不厌其繁复详尽”（梁思成、刘敦桢：《大同古建筑调查报告》，原载于《中国营造学社汇刊》1933年第四卷第三、四期）。斗拱又是中国木构建筑中最具时代特征的标志性构件，因此，尽管第245龛建筑表现内部梁架的情况不多，斗拱也简单，对其建筑立面外观上表现的斗拱和内部结构的可能信息，课题组都尽量释读并如实记录。记录使用术语，均以北宋末年颁行的建筑工程术书《营造法式》为准。1937年刘敦桢先生在《河南省北部古建筑调查记》（《营造学社汇刊》第六卷第四期）中第一次提出古建筑描述的术语问题。因刊于《营造法式》的北宋术语与清代钦定的《工程做法则例》相差甚远，所以当时为叙述方便，凡明清两代建筑均使用清官式术语，明以前者，暂以《营造法式》为标准。随着古代建筑调查研究的深入，认识到明清以后中国建筑的结构和外观均较前代有重大变化，所以目前古代建筑学界通例，元及以前的建筑记录使用宋《营造法式》术语，明清使用清官式术语。

成的庭院场景[1]。

鉴于中心楼阁不仅是该龛最复杂的建筑形象，亦是第245龛雕造者意匠精妙的作品，故首先记述该龛表现的建筑（图7、图8）。

图7　第245龛正壁上部中心殿阁测绘图

图8　第245龛正壁上部中心殿阁

中心楼阁，位于正壁中央，为前出抱厦的二层歇山顶楼阁，平面呈向前伸出的凸字形，其下台基未刻出，抱厦前面勾栏底部由卷云承托。楼阁屋身前侧及左右均围以勾栏，形成凸形转折的回廊。从勾栏底部到正脊鸱尾顶端总高76.5厘米。

平面。底层七间，通面阔67厘米，进深刻出（从角柱至龛后壁）9.5厘米。明间次间前出抱厦，抱厦通面阔约27厘米，进深划间不详，约13厘米。二层五间，通面阔50厘米，由北到南，各间面阔分别为7、12、12.5、12、7厘米，明间比次间稍阔。两层屋身均围以勾栏。

立面。首先是抱厦。前有被云朵托起的从大殿一层转折前伸的勾栏，不见台基。抱厦屋身正中为一门洞开，门框上方施一门额，位于抱厦两角柱间的通长阑额之下，阑额两头上翘，使两角柱有较明显的生起。阑额上相当于明间柱之上，有与角柱铺作相类似的替木痕迹，在角柱铺作和这个痕迹之间，施蜀柱，南北均二枚，高随生起变化。角柱铺作刻画简单，应是在角柱上施栌斗，然后从栌斗正、侧和45°方向出挑实拍华拱一支，角部华拱稍上斜折类似角梁，然后华拱之上承接正侧面垂直相交的替木，替木承檐槫。实测栌斗总高1.5厘米，耳平0.8厘米，斗欹0.7厘米，内凹显著表现；实拍华拱，宽0.9厘米，厚0.3厘米，向外伸出0.4厘米。替木长约5.9厘米，厚（高）0.5厘米。檐槫之上为屋檐，屋檐两端上翘，其下亦装帷幔横帔。抱厦南侧面，只在角柱刻出角柱，在角柱柱头刻出横额，横额间刻出两枚散斗[2]，斗口内含向外伸出之实拍华拱，华拱之上施替木，通体相连未见分割，替木之上为檐槫，上为屋檐，檐口较平直，其下亦装从正面围转而来的帷幔。抱厦北侧面则在角柱刻出的横额上未施散斗，而是在其上一厘米处直接刻出通体的替木。替木之上为檐枋，之上屋檐，檐下亦装帷幔同正面。檐口之上为抱厦山面屋顶。正脊自主殿二层平座下向前伸出，长约17厘米，上下高约3.5厘米。正脊端头略残损，不见刻出鸱尾，而是在脊端饰一张口含珠向外的兽头[3]，正脊下方两侧垂脊长约6.5厘米，垂脊外侧刻有上下六个直径约0.8厘米的圆圈，表垂脊之排山沟滴。排山沟的内侧刻出博风板，宽约0.9厘米，博风板夹角间装如意头式悬鱼，未见惹草。戗脊平缓，长约11厘米，端头刻出三段脊端装饰。山花下博脊可见隐于博风板内。屋面铺筒瓪瓦，亦为圆形瓦当和重唇滴水。抱厦左右两侧屋面素平，未见刻出瓦垄等，唯檐口瓦当滴水同（图9、图10）。

第一层正中为前出的抱厦，左右两侧的稍间和尽间显露可见。北侧稍间和尽间只可见角柱和稍间南侧的立柱，此两柱间的立柱被前侧所刻立像遮挡，测得稍间和尽间总宽为22厘米；南侧稍间和尽间刻出三柱，间宽分别为12.5和9厘米，尽间较窄。柱头卷杀，柱间刻出阑额，柱头刻出栌斗，上承稍凸起浮雕出的撩檐槫，未见铺作痕迹，其上为屋顶。由于上部屋檐檐角上翘明显，所以在正面以线刻出的柱子均有明显的生起。以上这部分因为被遮挡在下面主尊眉间生出的两道上旋毫光后面（南侧毫光已残，在一层屋檐处残留毫光与屋檐交接的残迹），虽现毫光已残断，从刻画的简略还是可以看出这部分的简化是工匠对遮挡部分的着意处理。上翘的屋檐下为连续的帷幔横帔，上下宽约2厘米，从帷幔左右伸出可见出檐约4—5厘米。檐口之上为屋顶，正面博脊长约52.5厘米，上下宽即脊高1.7厘米，正面刻出瓦垄瓦沟，表现屋顶为筒、瓪瓦屋面。筒、瓪瓦瓦垄数刻画清楚，共33垄，筒瓦径1.3厘米，瓪瓦可见部分1厘

1　在上述建筑物之上及其附近，刻出佛、菩萨、天众、迦陵频伽、飞天、金翅鸟以及佛之毫光、祥云等图像，课题组将这些图像按其相应的位置关系，作大致的范围划分，附属于邻近建筑物进行介绍和记录。

2　此处尽管刻画简率，但是不能肯定补间栌斗完全放置在柱间横额上。那么栌斗与横额之间就有可能是一条普拍枋。

3　我们在安岳木门寺刻于明正统天顺间的石殿脊部还看到相类似的兽头（2005年6月调查）。

图 9　第 245 龛正壁上部中心殿阁抱厦

图 10　第 245 龛正壁上部中心殿阁抱厦正脊端头装饰细部

米。筒瓦下端饰圆形瓦当，瓪瓦尽端为重唇瓪瓦滴水。侧面虽刻出与正面相接到帷幔，瓦垄、瓦沟、瓦当、滴水等细部则从略。

楼阁二层，首先在第一层博脊之上置平座，其下未施平座铺作。平座正面长54.5厘米，上下高2厘米，向外出挑3.5厘米。其上勾栏，宽与平座外缘齐平，高6.5厘米，槫杖、盆唇地栿间以宝瓶式瘿项和间柱分为10段，瘿项间嵌对角菱形纹华板，间柱间为三道卧棂栏板。勾栏之上屋身通阔50厘米，浅浮雕刻出柱身，为五间，其中明间12.5厘米，次间12厘米，稍间稍窄7厘米。柱径2厘米，柱头卷杀。勾栏之上可见柱高由北向南依次为7.2、6.8、6.2、6.3、6.6、7.1厘米，虽不尽全部一律，但还是可以看出柱子有明显生起。柱间施阑额，高约1厘米。当心间贴两柱置槫柱，内侧置立椟，高均平抵至阑额下皮，内设两扇板门，向内半开。两次间于两外侧立柱刻出槫柱、立椟，但没刻出板门，为素平面。稍间各置一破子棂窗。柱头之上施栌斗，栌斗上宽2厘米，斗底宽1.3厘米，耳平0.7厘米，斗欹高0.5厘米，斗欹内凹显著。栌斗向外伸出实拍华拱，向外跳出1.4厘米，华拱之上置替木，长约4厘米，高可见0.5厘米，承其上撩檐枋。南角柱铺作，因生起原因，栌斗稍斜置，从正面、侧面均出实拍华拱，但正面伸出极小，仅约0.8厘米，侧面华拱底部已基本剥落，伸出约4厘米，但斜出角华拱似三角形上翘之角梁，伸出4.5厘米，与正侧面实拍华拱共承相交的替木承檐枋并檐及翼角。但是其北角铺作则仅刻出角梁，显得简化。补间铺作，当心间和次间均为正中立一蜀柱，左右各一组舒脚上翘的人字拱；稍间则施一朵人字拱。补间铺作均以浅浮雕刻出，不加辨认颇以为是檐下所施的帐幔。撩檐枋之上为檐椽，端头已残损，但仍历历可辨，椽径约1.2厘米，向外伸出约1.5厘米，各椽平行，无翼角辐射。椽之上为屋檐，檐角舒展上翘，翼翼然。侧面简素，但仍刻画出角柱、柱间横额、撩檐枋等檐下要件及侧面屋檐，显示侧面撩檐枋至侧壁进深约4.5厘米。檐口之上屋顶为歇山顶。正脊长39.7厘米，高2.8厘米，其正面刻出七条水平线，应表现叠瓦屋脊。正脊两端饰鸱尾，鸱尾与正脊接口处刻出一道竖线，竖线上端在正脊顶部刻半圆球装物件一，应是固定鸱尾的瓦钉帽。鸱尾高约5厘米，外侧边缘饰背鳍，上部刻作鸟首形，并刻出喙及眼纹，两喙作鸱尾尖内指。鸱身内并刻有蝌蚪状云纹。鸱尾顶部刻出似鸟首冠羽状拒雀叉子与龛顶相连。垂脊较短，约高2.8厘米，宽0.6厘米，亦刻出表示排山沟滴的横短线纹，因此判断其为专门刻画的歇山顶。戗脊宽1.2厘米，其脊背刻出一条凹线，以示戗脊的两面，端头则刻出三短横线，表示未施脊兽的脊端装饰。屋面仍为筒、瓪瓦屋面，筒瓦径1.3厘米。瓪瓦为0.8厘米，筒瓦共30垄。瓦当圆形并饰柿蒂纹，滴水为重唇滴水。左右侧面屋顶，虽稍蚀剥，可见未加雕刻，檐边素平（图11）。

图 11　第 245 龛正壁上部中心殿阁第二层屋身测绘图

需要指出的是，中心楼阁着意表现作为整个窟龛最高点的殿阁第二层和位于窟龛上部最前方抱厦的正面；抱厦屋身因被正前方金翅鸟的尾、翼遮挡，重点又集中在朝向正前的屋面和山花。除使用高浮雕表现整体体量外，凡如上重点刻画的地方，不仅使用线刻，而且使用浅浮雕，细部不厌其详，而被遮挡等不易刻画处，则仅在已经表现出体量的面上以简率的线刻示意，如殿阁第一层及侧面屋身等。这些简化并非随意，诸如柱头卷杀、柱上栌斗、柱间阑额等反映建筑结构特征的地方虽简率却并不忽略。抱厦正面刻出角柱和阑额，阑额是通长大檐额的结构形式，在阑额之上，相当于明间柱位可见露出少许铺作替木，似抱厦柱网与楼阁一层柱网没有严格对位。核以现存最早的有抱厦的建筑（北宋皇祐四年，1052年）正定隆兴寺摩尼殿平面，知其抱厦柱网相对独立，即抱厦柱和殿内第一层的柱网不完全对应[1]，这与第245龛情况一致，说明其简率处也似有所凭借。另外，建筑形象刻画时考虑了观者的视角，如中央殿阁二层侧面出檐就比正面出挑大得多，从实测数字看是正面出挑数的三倍余。显然从正面看，最能反映出屋面出檐大小的正是侧面。

将中心楼阁的主要信息归纳如下：

位置：中轴线中央；

形制：倒凸形平面；前出抱厦的二层歇山顶楼阁，底层7间，上层5间，抱厦3间，明间阔，余递减；

柱额：柱头卷杀，生起显著，柱间阑额，未施普拍枋；

铺作：柱头，实拍华拱承替木；补间，蜀柱加舒脚上翘人字拱；

结构：不施平座铺作的楼阁结构；

门窗装修：板门，破子棂窗；

山花：如意头悬鱼，无惹草；

脊饰：叠瓦正脊，鸱尾，拒雀。戗脊不施脊兽。

中心楼阁如上叙述的内容包括其雕刻精粗意匠的安排在第245龛上部表现的建筑中具有代表性，因此其他的殿阁情况列表如下，不再一一详述[2]。

表1　第245龛上部其他殿阁情况简表

名称	位置	形制	平面	柱额	铺作	结构	屋顶	门窗	脊饰
幢（图12） 	中心楼阁左右		正方形			石造		上覆宝幢帐璎珞	宝珠
钟楼（图13） 	中心阁前左右	楼阁	八角形，每面一间	圆柱，卷杀，阑额	角铺作栌斗角梁替木				
补间同中央殿阁上层	无平座铺作层的楼阁	八角攒尖盝顶	敞门，破子棂窗	山花蕉叶相轮宝珠					
飞廊（见图7、图8）	中心阁二层左右	虹形单层建筑廊	连续长方形	圆柱，卷杀，阑额	柱头铺作同中央殿阁二层，无补间		单坡或双坡	柱廊无门窗	叠瓦脊
复廊（图14） 	中心楼阁与其左右之楼阁间，跨正、侧壁	双层廊	连续长方形	圆柱，卷杀，阑额	柱头铺作同中央殿阁二层，无补间	无平座铺作层	单坡或双坡	柱廊无门窗	叠瓦脊

1　刘敦桢主编：《中国古代建筑史》，中国建筑工业出版社1980年版，第203页，图117—1。

2　详细描述并测量数据见《大足石刻全集》第三卷《北山佛湾石窟第193—290号考古报告 上册》第三章。

续表

名称	位置	形制	平面	柱额	铺作	结构	屋顶	门窗	脊饰
飞虹桥（图15） 	中心楼阁左右之楼阁与斜殿间，侧壁	虹形单层桥梁	连续长方形	圆柱，卷杀，阑额					
中心楼阁左右之楼阁（图16） 	侧壁	双层楼阁	长方形，上下五间，有饰有花砖之台基	圆柱，卷杀，阑额	柱头铺作同中央殿阁二层，无补间	无平座铺作层的楼阁	歇山顶	板门破子棂窗，但两配殿不全一致	叠瓦脊，鸱尾，瓦钉帽
斜殿（图17） 	侧壁	双层楼阁	长方形，上下三间	圆柱，卷杀，阑额	柱头铺作同中央殿阁二层，当心间补间同柱头	无平座铺作层的楼阁	歇山（四注？）顶	板门，无窗	叠瓦脊，鸱尾，瓦钉帽

三　第245龛建筑形象值得注意的现象

（一）单体建筑形象

（1）简单的斗拱

第245龛中心楼阁上下两层，底层总面阔67厘米余，楼阁总高度76.5厘米余，如果将它看成一座地面建筑的1/50的模型，则可推算其底层面阔约34米，总高度约38米余，其底层阔量相当于佛光寺大殿（857年，唐大中十一年，七开间，总面阔34米），而阁高则差不多是独乐寺观音阁（984年，辽统和二年，五间，两层，高约19米）的两倍。这样推算旨在以实物比照说明第245龛中心楼阁表现的是一座体量很大的建筑，但其檐下的柱头斗拱则是单斗实拍华拱承替木的构造，十分简单。与前述两座建筑——后者一般上认为是继承唐风的辽代建筑的代表作——使用斗拱情况相差很大。佛光寺柱头为七铺作，独乐寺上下层也均为七铺作（图18）。这时期斗拱之所以复杂，是因为它们在木构中承担很重要的结构作用。实例之外，敦煌画同类题材的建筑形象中，从初唐、晚唐到五代，柱头斗拱总的趋势是越来越复杂化[1]，唐代现存的实例中当然也有使用比较简单斗拱的情况，如山西平顺天台庵使用斗口跳，但一般都是尺度规模很小的建筑（天台庵为三间小殿）。对第245龛中心楼阁这样规模的建筑，使用如此简单的斗拱，从结构上看，在晚唐时期显得不很合理。

补间铺作，中央殿阁上层表现较为充分，明间，次间均为两组人字拱（叉手）加蜀柱的组合，稍间为单组人字拱。人字拱脚翘很大，远望似帐幔，显然也完全起不到结构作用。人字拱或者人字拱加斗子蜀柱的补间铺作流行在初唐，唐后期流行程度已衰减[2]。第245龛主殿使用已经不流行的补间形式也值得注意。

有趣的是，川渝地区其他几处摩崖，规模都较第245龛小，它们的斗拱与敦煌壁画或现存实例比较，也十分简单，把四川地区石刻建筑形象斗拱资料与中原和敦煌的材料作比较研究的学者已经注意到地区的差异，川渝地区情况复杂。然而如花置寺残存的斗拱遗迹（图19）和盘陀寺（图20）、石荀山（图21）的无量寿经变石刻建筑的斗拱比第245龛都要复杂。

对第245龛建筑斗拱简单的问题，辜其一先生假定为一种与正规的繁复的斗拱不一样的简化革新[3]，是很有见地的意见。然而在内部梁架与斗拱之间关系不明朗的情况下，考虑到第245龛的其他楼阁、塔，包括阁道复廊都采用和中央殿阁一样的柱头斗拱——甚至不稍体现建筑的体量和重要性的差别——考虑这种简单化的斗拱形式与石刻工艺或者设计繁简意匠相关似不无道理。与壁画比较，雕刻受制于材料和工艺的因素颇多，不如壁画般肆意，比壁画简化应是合乎情理的。川渝地区摩崖中的斗拱比敦煌壁画均显简单，更说

1　冯继仁：《中国古代木构建筑的考古学断代》，《文物》1995年第10期。萧默：《敦煌建筑研究》，机械工业出版社2002年版，第224—241页。

2　冯继仁：《中国古代木构建筑的考古学断代》，《文物》1995年第10期。

3　辜其一：《四川唐代摩崖中反映的建筑形式》，《文物》1961年第11期。

图 18　山西佛光寺柱顶斗拱

图 19　四川邛崃花置寺残存的斗拱遗迹

图 20　四川崇州盘陀寺无量寿经变石刻建筑中的斗拱

图 21　四川邛崃石荀山无量寿经变石刻建筑中的斗拱

明可能与本地石刻工艺传统有关。

第245龛的斗拱引发我们考虑的问题是：如果企图根据石窟龛窟中的建筑形象来复原一个时代、一个地区的建筑历史相关问题时，需要对该地区的同类题材的材料进行综合研究，找到其演变脉络，建立起自己的相对时间表，在此基础上才能将其放在整个时代的时空里进行比较。直接拿石刻建筑形象材料讨论同时期建筑历史问题，似不能不考虑作为佛教特有题材以及石刻工艺以及设计意匠对该类题材涉及的建筑形象的局限和影响。

（2）抱厦和歇山顶

第245龛中心楼阁，为双层歇山式楼阁底层前出抱厦的类型，不仅在第245龛很醒目，就是对唐代建筑史而言，也显得醒目——因为这样的建筑形象是敦煌壁画在唐以前所未见的（敦煌壁画中，这种建筑类型出现在安西榆林窟中），且比现存的实例，前文提到的正定隆兴寺摩尼殿（皇祐四年，1052年）（图22），早一个半世纪。

主殿第二层的歇山屋顶刻画精确，连垂脊两侧的排山沟滴也可辨认，垂脊很短，与前出抱厦可比照。歇山建筑在敦煌壁画的唐代变相中较少作为中轴线上的主殿，后者通常使用四注顶（庑殿顶）。四川同类题材建筑中，使用歇山作中心殿阁的目前所知除第245龛外，还有年代相差不远的石笋山第22龛中心楼阁；而前出抱厦的建筑形象比第245龛早近100年即已出现在成都附近（乐山龙泓寺净土变相摩崖）（图23），但并非主殿，作主殿目前所知仅第245龛一例。

第245龛抱厦山花悬鱼及脊饰刻画是唐代建筑形象中最完整的例子[1]。考虑到此殿作为中心主殿雕刻比例适中，转折完美，其反映

1　目前所存的四座唐代建筑仅木构架部分大体是唐代原物，屋顶以上的装饰细部均为后代所改换者。著名的佛光寺东大殿的鸱尾为元代烧制。

图 22　河北正定隆兴寺摩尼殿

图 23　四川乐山龙泓寺净土变相中的抱厦

的应当是我们已经不见的晚唐时期建筑造型组合趋于变化的实际情况。宋代以降木构建筑造型丰富多变的情形，早在晚唐就有例子，其发端则可能更早。而歇山建筑作为建筑群主殿，五代以后就极为普遍了。

如果我们考虑到敦煌的净土变相的底本与长安关系密切，反映的可能是长安中央地区等级较高的寺院建筑的情形，那么作为出现在四川的变相，其可能的底本来源或自成都，那么，中央主殿屋顶的变化，就可能是中央与地方建筑等级制度的反映。

（3）未施铺作的楼阁平座

中央殿阁与两侧配殿均为二层楼阁，但第二层楼阁平座之下不施铺作层，而是直接置于下层的屋脊之上，这是第245龛表现的楼阁建筑需要注意的现象。从敦煌壁画材料和现存的唐代以后的建筑实例看来，辽、宋、金代的楼阁或者仿木结构的楼阁式塔，多在上层平座之下施平座铺作，未施铺作的做法为此时期及以后的楼阁建筑所少见。

刘敦桢先生在《河南省北部古建筑调查记》中记录了河南省密县法海寺石塔[1]，幸存的照片显示，该塔第三层外部所施勾栏下面未施平座铺作（图24）。

据刘先生记录，该塔建于北宋咸平二年（999年，比第245龛晚100年），其“第三层外部施勾栏萦绕，勾栏式样与《营造法式》卷三所述单勾栏类似，不过地栿置于出檐戗脊上”，刘先生当时判断说：“不能算为平座。这当然是平座结构未产生之前的制度流传至后世者。”有趣的是刘先生引录了宋张哲撰《法海石塔记》，述该塔创建本末：

……帝天二年二月五日夜，有籍人安南郡仇知训者，□寐中自算造石塔。既觉，遂弃己材，洎旁诱郡好，共果厥势。凡绳准高下，规模宏促，即山以探索良珉，发地以斗……即奇势皆自知训襟臆出，所构匠氏但备磨刻而已。二年四月二日，□莲经七以围其躯，金像十四以实其虚。……咸平四年七月十五日记。

图 24　河南省密县法海寺石塔

1　《中国营造学社汇刊》第六卷第四期，第33页，图版三十二；第128页，文。据崔耕、张家泰、魏殿臣：《密县法海寺石塔摭遗》，《中原文物》1987年第4期，第37—44页，此塔1966年“文革”时拆毁。

从上文知，此塔为安南郡人仇知训梦醒发愿创建，且“奇势皆自知训襟臆出，所构匠氏但备磨刻而已”，塔是创建者自行设计的，刘先生说：“文中所述造塔原由，虽稍涉怪诞，但其准绳高下都出自仇知训的心裁，倒是一件极可趣的事。”该塔为四方形仿木结构石塔，屋面瓦檐刻画清晰，仇知训“心裁”出的第三层外部勾栏又合于《法式》，那么在咸平二年（999年）前曾有过无铺作的平座做法，知训见过尔后梦中焕发就有可能。如果刘先生判断不误，则第245龛的形象至少可提供一种思考的可能性，即“平座结构未产生之前流传之后世”的这种不施铺作的平座结构，也许是曾经与有铺作的平座共存的另一种楼阁营造的结构形式。

这样，尽管不能排除如斗拱类似的基于雕凿工艺的或设计意匠的简化处理的可能性，第245龛楼阁平座形象所显示的可能与法海寺塔平座构造的相似性似不应忽视[1]。

（4）八角形钟楼

两座八角形平面的双层楼阁式建筑对称布置在中心楼阁前左右两侧。因第二层攒尖顶上安置着传统上认为北朝以来佛塔建筑所特有的由山花蕉叶、相轮宝珠组成的塔刹，我们在记录时一开始将其断为二层楼阁式塔，然建筑第二层清晰刻出钟状物，且式样为唐代流行的钟样[2]，后将此二建筑判断为钟楼。

敦煌唐代观经变相图像中，位于主殿前左右对称布置的常常是式样完全相同但功能不同的钟楼和藏经楼，如盛唐第91窟与中唐第361窟所示，与第245龛对称布置钟楼形象不同，且前者的钟楼与经楼均为方形平面，也与第245龛不同。

然而，川渝地区发现的约略同时的观经变相中，对称布局于主殿两侧八角形建筑却并不罕见（图25、图26即盘陀寺观经变相中的八角楼阁及其细部），且多为两层楼阁式样，并同样于攒尖顶之上安置山花蕉叶、相轮宝珠组成的塔刹。尽管其第二层楼阁上刻画的并不是钟的形象，但这种形式构图上的一致性似不容忽视。

我国古建筑遗物中现存最早的仿木结构八角形建筑是五代时期的，而第245龛这两座建筑的刻画与中心殿阁一样几乎是一座木构建筑实体的缩微，似可看作晚唐时期八角形木楼阁式塔的简化模型。如此看来，中国古代八角形木构楼阁建筑的出现及其成熟要比通常认为的早得多。而川渝地区流行的这类以塔刹为屋脊装饰的形象，也可作为讨论木构八角形塔出现时间的比照材料。

图25　四川崇州盘陀寺观经变相中的八角楼阁

图26　四川崇州盘陀寺观经变相中的八角楼阁细部

1　但前述所引几处川渝地区石窟寺的相同题材变相中出现的楼阁多有平座斗拱。因此考虑第245龛的问题，还需全面考虑川渝地区的同类题材和工艺的替变和相互关系的整体情况。这是笔者反复强调，也是以后研究文章所要着力考虑的。

2　据宿白先生告知，目前所存唐钟数量不多。以现存西安碑林的唐钟为代表，其特点仅就造型而言，钟高大于其口径，比例因此显高瘦，其钟体上下多饰若干带状文饰。另正定开元寺现存晚唐钟楼建筑，其上悬钟与钟楼同期，虽铭文已灭失，但钟已被鉴定为唐钟，其特点亦与上同。

（二）建筑群布局[1]

第245龛上部建筑，从展开图看，以中心楼阁和与之并列的左右两楼阁联以复廊、阁道形成一座廊院。中心殿阁之前，左右对称布局钟楼两座，中心殿阁左右侧矗立两座经幢。

唐代寺院制度，以殿堂门廊组成庭院，以二三层楼阁为全寺的中心，沿中轴对称布局。大的寺院在纵轴线上布局两到三个院落，形成寺院的核心，在其左右往往布局若干次要的院，大寺可至数十院。中央主要庭院最大，正殿多位于庭院后侧。正殿左右翼以回廊，回廊折而向前，形成四合院，而走廊的转角和庭院的两侧常有楼阁和次要殿堂，并用圜桥来联系这些楼阁的上层[2]。以上的文字似乎适用于第245龛上部的建筑。从唐代文献资料和敦煌壁画图像资料得出的关于唐代佛寺面貌的文字，与第245龛建筑布局的契合，说明第245龛建筑反映的是唐代寺院建筑的基本面貌。说明这些变相具有相同的依据。

第245龛内整体内容是一幅立体的图景。测绘结果表明，从正壁中下部、中部和上部以及侧壁的所有场景和建筑要素都是紧密相连的。第245龛采用自下而上层层递进的方式，充分考虑了观者的视觉发展，加上龛顶若干乐器，表现了一组从前而后逐步展开的庞大的无量寿佛的世界——一个妙音萦绕的中国式楼台池阁构成的西天图景。这与敦煌同类题材的表现并无不同，再一次说明净土变相图的设计安排有共同的依据，除附会经文之外，更重要根据当是现实中地面上存在的寺院。

就目前浅近观察看来，第245龛的龛内中部应当是仿照一组地面大型寺院的中路，而其左右两沿的十六观图框，则似仿自大寺院中路两侧布局的“××院”。如果对照一下《戒坛图经》中表示的寺院图（图27，道宣关中戒坛图经所示律宗寺院）， 这样的考虑或许有一定道理。至于中路主院前有两层高台则显示寺院是由低至高展开的，中轴对称布局的水池，虽附会经文，但也应该有实际的地面寺院作参考。目前中国这样的寺院例子已基本不存[3]，唯日本京都平安时代晚期沿袭唐风的平等院凤凰堂，是现存按西方净土思想布局的典型寺院，大殿前即为广大的水面[4]。这样的寺院或许就是净土变相的现实根据。

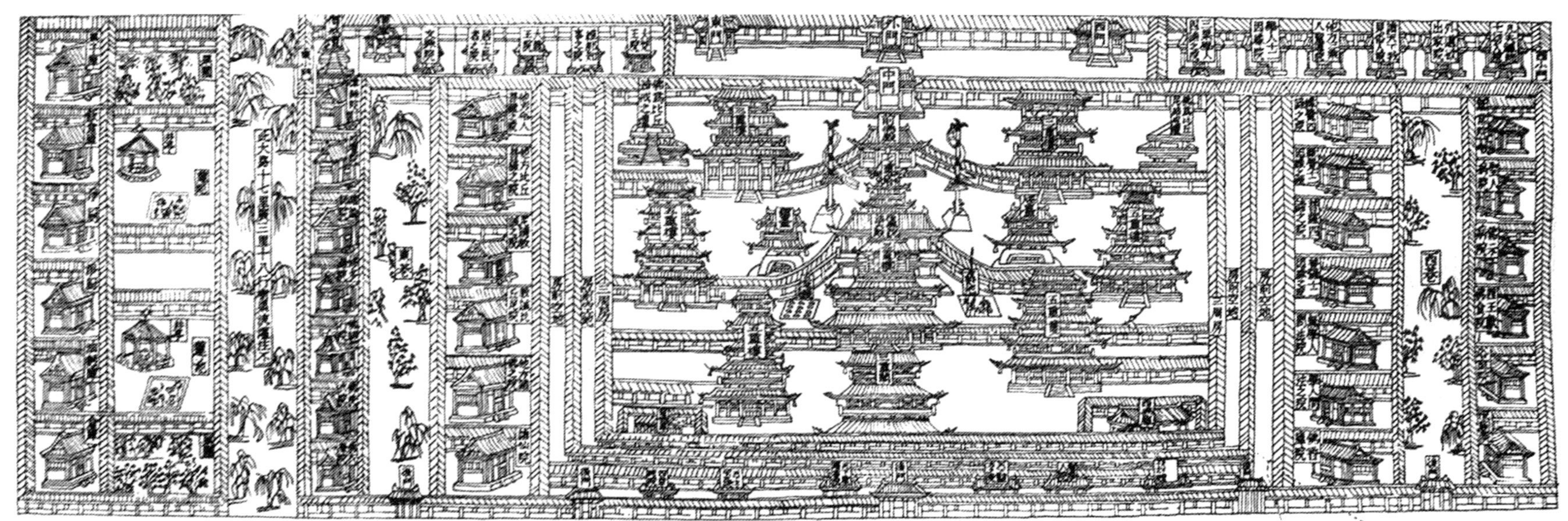

图27　道宣关中戒坛图经所示律宗寺院

在中心殿阁左右布局“左钟右藏”也是唐代寺院的重要制度[5]。这样形式的布局在敦煌壁画中保存较多，且使用不同图像明示钟、藏。如果仅从建筑面貌上看，第245龛两座楼塔对峙的形式，与敦煌壁画并无大不同，但如前所述，其第二层安置钟一座，刻画极清楚，是它的特殊之处，且为八角形，与敦煌壁画的大部分形象不同。这种布局与前述唐代以来一直沿用到宋代的钟、藏对峙的制度亦不相符合。第245龛二钟楼对峙的形象，反映的是一种怎样的地面寺院制度，或者有什么特殊的经文依据，或仅仅是观经变相设计者的

1　讨论第245龛建筑的布局，就涉及第245龛作为观无量寿经变龛所表现建筑的根据是什么的问题，这比直接从窟龛中将建筑元素提出来讨论要复杂得多。作者将从第245龛材料入手另文详讨。此处仅浅述对第245龛建筑布局考虑的一些初步意见。

2　据刘敦桢主编：《中国古代建筑史》第五章，中国建筑工业出版社1980年版。

3　元人王蒙所绘的保存了唐代格局的可能是浙江天童寺的《太白山图卷》中之佛寺所示的布局（图），表明这样的布局在实际寺院中可能是存在的。

4　小学馆：《日本名宝事典》，小学馆1971年版，第297页。

5　徐苹芳：《北宋开封大相国寺平面复原图说》，徐苹芳著：《中国历史考古学论丛》，台湾允晨文化实业股份有限公司1996年版。

“创意”需要对川渝地区的现存所有观经变相所显示的建筑布局形象作总体研究后或许可以找到答案[1]。

尽管第245龛的建筑形象早在上世纪50年代末即被关注和研究，然而由于石窟考古报告编写工作的滞后，对包括第245龛等同类型净土变相中建筑形象的比较研究都不是建立在近距离科学观测的基础上，因此多是大略的认识。此次考古报告的编写使对第245龛的观察得以细化，对学界进一步认识四川石窟中的建筑形象无疑是有帮助的。更重要的是，考古调查使我们进一步认识到，石窟建筑形象显示的特点，似应当首先放在佛教石窟寺发展演变的历史框架中认识，在此基础上，根据石窟寺建筑形象和地面建筑的可能关系，才能与同时代的古代建筑历史建立合理的关系，直接将此等同于同时期的地面建筑——或者单体，或者布局——都可能得出武断的结论。如果川渝地区的所有石窟寺都像第245龛一样编写出科学的考古报告，四川石窟寺中的建筑形象的研究必将深入，唯如此第245龛展示的建筑形象在古代建筑发展史中的地位才能得到更正确的认识。

笔者附注：

这是一篇12年前的旧稿，记录的是在马世长先生指导下首次调查与记录一座石窟龛像遗迹的收获。这次工作使我终生获益。在此向马老师的教导和提携致以最深切的感谢和怀念。

这篇文章是和黎馆长率领下的大足石刻同仁集体工作的成果，笔者仅执笔而已。当时参加245龛调查测绘记录的人员有刘贤高、周颖、毛世福、邓启兵、黄能迁、郭静、陈静。

这篇文章也是对传统测绘记录时代工作方式及其成果的存录。在数字化技术已全面引入大足石刻考古调查的今天，我们怀念曾经手工测绘时代付出的努力和心血，因为任时代变迁技术进步，全面观察、记录并呈现遗迹全息信息的考古初心存焉。

李志荣 2017年9月

1 我们认为，净土变相所显示的建筑形象有两个主要的来源，一是经典本身描述的西方世界图景所示的内容，这些形象不一定为地面所有建筑所有，但却广泛出现于变相建筑形象中，流行的建筑均布局于大面积水面之上的形象，应是根据经文所作的想象；而另一个主要的依据，也是最主要的依据，则是地面实际存在的建筑群，特别是大规模的建筑群，是净土变相展示西方世界的直接摹本。这一点已经被大量的研究所证实。而我们特别重视第245龛建筑形象所展示的与众不同的信息的原因也正在这里。

重新校补宋刻《唐柳本尊传》碑

陈明光

一　绪言

《唐柳本尊传》碑（略称《柳碑》），刊载晚唐四川“唐瑜伽部主总持王”柳本尊（名居直）“十炼”化道始末。南宋绍兴十年（1140年）释祖觉修撰，王直清刻石，立于四川汉州弥蒙寿圣院柳氏墓左，但早已湮没无闻，且史失其载。

本文校补之《柳碑》，乃南宋淳熙至淳祐年间（1174—1252年），大足宝顶赵本尊（名智凤），西去弥蒙学法，承持柳本尊教派，返里创建宝顶山石窟道场，营造《柳本尊行化十炼图》（赵智凤嗣法亦在毗邻安岳毗卢洞凿有相同的《十炼图》，通略称《十炼图》）弘扬其教，同时摹刻立于小佛湾坛台之《柳碑》。由于宝顶山石窟史亦失载，碑亦随之与世无闻。迨至清嘉庆二十三年（1818年），方见知县张澍《游宝顶山记》道其碑况曰：“碑额横刻隶书唐柳本尊传……碑文约二千余字，字极小漫漶不可读。”[1]道光刘喜海首录《柳碑》刊行《金石苑》（略称“清录本”）[2]。大足今存五部县志，仅《民国重修大足县志》录碑时存之文（略称“民国录本”）[3]。1945年春，在渝学典馆长杨家骆组“大足石刻考察团”赴县考察，椎拓过石窟图文，但日后仅见家骆先生著曰：“查柳本尊事迹，宝顶大宝楼阁（小佛湾）有……唐柳本尊传碑记载甚详。”[4]未见刊布拓本。

20世纪50年代，大足县文物保管所对宝顶石窟的碑刻做过拓片。1976年季冬，笔者就任文管所所长，日后清理拓本，见《柳碑》拓本已粘连残损（略称“碑本残”）。为查考柳氏教派脉络，1984年又重新拓片（略称“碑本新”），但碑文已漶蚀过半，借助“碑本残”才辨认出1363字。释籍多云：中国密教至空海东传日本，“汉地密宗则因会昌法难和五代变乱而渐至绝响”。但《柳碑》与宝顶山造像明证，晚唐至南宋年间，四川柳、赵教派却教化大行。鉴于《柳碑》可补释史缺页，但碑又漶蚀过半，纪年灭绝，于是据时收的文献资料与石刻铭文，以石刻《十炼图》题记的“天福”纪年为据，对《柳碑》进行了校补，以《宋刻〈唐柳本尊传〉碑校补》（略称“初校本”）刊发《世界宗教研究》（1985年第2期）。继有学贤提出，用《十炼图》纪年补《柳碑》不当，但未提出令人信服的理由。为此，笔者历经近20年的查考，探得《十炼图》刻“天福”纪年确有由来，但《柳碑》的“十炼”纪年，又应以唐“天复”为正。于是撰《宋刻〈唐柳本尊传碑〉校补文中“天福”纪年的考察与辨正》刊发《世界宗教研究》（2004年第4期），以校勘“初校本”的“十炼”纪年之误。

笔者在探索《柳碑》“十炼”纪年的同时，又获得一些新资料，特别是台湾档730《佛学研究中心学报》第四期（1999年7月版）刊黄锦珍先生《试论大足宝顶山柳本尊十炼图》文后附录的《〈唐柳本尊传〉碑》（略称“黄刊本”），引人关注。黄先生称：“所录之碑文以中央研究院傅斯年图书馆藏拓片第08830号为据，并参考《金石苑》及陈明光校补文字，原文加注标点，及简要的注解说明以供参照。”但未注明哪些是“傅馆藏拓本”的原文，亦未说明拓本的年代。把“黄刊本”“清录本”“民国录本”与本馆藏“碑本”对读，异同并存。鉴于“初校本”已有学贤采用补史之缺，又被收载多本文集，笔者有责任校勘不是之处。又鉴于“黄刊本”亦不尽是，为求还《柳碑》的真实，故据新搜得的史料，对《柳碑》重新校勘补正，以贴近《柳碑》历史的真实。

---

* 本文原载于《敦煌研究》2006年第3期。

1 嘉庆、道光《大足县志》卷一，道光丙申（十六年）重镌版。

2 载《金石苑》第四本。

3 《民国重修大足县志》卷一，1945年，中国学典馆北泉分馆印刷厂排印。

4 杨家骆：《大足宝顶区石刻记略》，《文物周刊》第21期，1947年2月9日。

二 《柳碑》现状与重新校补

《柳碑》仍存宝顶小佛湾坛台，但碑文大都漫漶。碑座，素面长方形。碑石，高152厘米、宽95厘米、厚11厘米。碑上端左角斜残，斜面长23厘米。碑额，横刻隶书“唐柳本尊传”，字径8厘米。碑文，竖刻42行，2796字，字径1.5厘米。其中，传文30行，满行70字（第12行中有双行并行9小字，该行多6字），计2046字；跋及附录10行，满行68字，计649字；首尾各一行，计101字。本次校补，仍以“清录本”（《金石苑》）为底本，照碑繁体字录写，按碑行文加标点。另，碑文每行前加序号，凡漶灭字用“□”符号代替，“清录本”残字用“#”符号代替，碑文行间的空位一个字位书一个“△”符号。凡校补入《柳碑》的文字，皆夹在“【】”括号内，脚注其来源。

唐柳本尊传

01 唐□□□□□□□【大輪】[1]□□【記傳瑜伽本尊教柳】[2]居士傳△△△△△△眉山【德雲府△沙門】[3]釋【祖】[4]覺重修△△△△△△右承奉郎前知叙州宣化縣王秉題額[5]。

02 □□□□氏，名居直□□□□□□□□□□□【瑜伽】[6]柳本尊數致神异，人不敢稱其名，號柳本尊，猶言法華之類也。先是州城北有柳生瘿，久之乃出嬰兒，邑都吏收養。既長，聰慧過人。

03 父歿，□以柳爲氏，【繼】父【職】[7]。邑人【多】[8]以事系□□□□【于之恤】[9]□慮□□賴以存活者甚衆。一日遇女子于途，遂與之歸。未幾【辭】[10]役，蔬食紙衣，律身清苦，專持大輪五部咒，盍〈瑜伽經〉中略

04 出念誦儀也，誦數年而功成。會廣明離亂之後，饑饉相仍，民多【疫】[11]疾，厲鬼肆其凶，居士憫焉。光啓二年六月十五日盟于佛，持咒以滅之。是歲八月八日建道場，然手指一節供諸佛，【誓】[12]

05 救苦惱衆生。俄空中語曰：“汝願力廣大，然此地非汝所居，當西去，遇漢即回，逢彌即止。”居士于是挈其屬，行次武陽象耳山，路逢男子袁承貴，願爲弟子，同游峨眉山，登絶頂，“值”[13]大雪，居

06 士露立雪中“凡一”[14]晝夜，儼然無變色。感异僧謂曰：“居士不【應】[15]居此山，今成都多厲鬼，盍往除之”，言迄不見。居士出山，至清流鎮西渡江，女子足跌溺水，居士呼漁人援之，求而不獲。至□

07 【流】[16]□一石，有文可讀，即以【奉】[17]居士。其文曰：“本尊金剛藏菩薩，而清凉聖人助其開化，濁世難久留，今還臺山矣。居士嘆息久之，領衆至成都，時王建帥蜀，而妖鬼爲祟，自稱江瀆神。天【復】[18]

08 元年正月十五日，持咒禁止之。妖怪屏息，居士【益】自【勵】[19]【無間】[20]□□□救濟，而秋毫無所受。蜀人德之，從其化而弃家預門人“之”[21]列者，無慮數十人。居士屏絶五味，淡食午齋，日益精□□[22]

---

1 据“碑本残”补。“黄刊本”同。

2 据“碑本残”补。“黄刊本”同，其中“记”字从“黄刊本”补。

3 “清录本”作“赵圣#△##”。“德云、沙门”4字，“碑本残”尚见。从“黄刊本”补全。

4 “清录本”存“#”残字。据碑跋文补，“黄刊本”同。

5 “黄刊本”把“右……王秉题额”15字，与碑第2行连接成一行。类似下面还有，不再注释。

6 从“黄刊本”补。

7 参照安岳《十炼图》洞额题记补。“黄刊本”同。

8 据“碑本残”补。“黄刊本”同。

9 从“黄刊本”补。

10 从“黄刊本”补。“碑本残”尚依稀可辨。

11 “清录本”作“感”。从“黄刊本”补。“碑本残”隐约可辨。

12 从《十炼图·炼指》题记补。“黄刊本”同。

13 “值”，从“清录本”。“黄刊本”作“逢”。

14 从“清录本”作“凡一”。“黄刊本”同。“初校本”误作“几□”。

15 从“黄刊本”补，“碑本残”尚依稀可辨。“清录本”作“须”。

16 从“黄刊本”补。

17 “碑本残”依稀可见，“黄刊本”同。

18 “清录本”为“天□”。《柳碑》纪年漶灭。“初校本”补为“天复”。“黄刊本”同。以下《柳碑》的“十炼”纪年，通为“天复”。

19 从“民国录本”补。“黄刊本”同。

20 从“黄刊本”补。“清录本”存“□#”。

21 据“碑本新”补。“黄刊本”无。

22 本行字数，“黄刊本”少2字。该本以下还有类似情况，不再一一注明。

09 □□□名而嘉之，恣其【游】[1]化，所至無得留。【天復二年，將香于左脚踝上燒煉，願衆生舉足】下【足皆過】道場，【永】[2]不踐邪婬之地。時四天王現身作證。後山□□□□□空□□□經□□□

10 □二人，楊直京臨江而釣，居士“勤”[3]□令持不□【爲】[4]，直京【驚】[5]恐，弃竿作禮悔過，邀居士造其家。中途大雨，□□□□□□□□見者异之。直京□【捨】[6]宅爲供，而身爲執侍。居士曰：“吾□□□

11 當與四衆共之”，因□曰□□院已，而至廣漢，留數日，忽憶“遇漢即回”之語，于是還彌蒙。廣漢太守趙公，遣吏請目睛，欲試可。居士知之，□【持】[7]索香水滌戒刀而剔之，忽菩薩現身爲【證。趙公】[8]

12 驚，即迎至州，痛自悔【恨，時】[9]天復三年七月三日也。四年春，【捨宅奉】[10]居士，爲四衆【廟】[11]院□，【毗盧庵】大【輪院】是也[12]。居士遣其徒住持，還歸彌蒙。趙復爲營廣（“廣”從“清録本”“黄刊本”。疑是廟？），彌蒙所居，道俗沓來，靡索不具。院成，居士【令徒弟】[13]

13 主之，乃【躬往】[14]金堂、次金【水。行】[15]至成都，玉津坊女子盧氏，施宅建道場，以奉香火。會嘉州四郎子神作孽，疫死甚衆。居士割左耳，立盟以除之，深沙神現身空中。五年七月，以香和【蠟煉心】[16]

14 上，以【供諸佛，發心令一切衆生永斷煩惱】[17]，感大【輪明王】[18]現身頂上【爲】[19]作證。又然香燭于頂上，以供養諸佛，復感文殊大聖應現。八月五日，結壇玉津坊，揮刀斷左臂，凡四十八刀【方斷，刀】

15 【刀發願，誓救衆生，以應阿彌陀四十八願，頂上】[20]百千天樂空際鏘鳴。厢吏以事白，蜀主嘆异，遣史慰勞。馬頭巷有丘紹者，病死已三日，心尚温。其妻請居士至其家，懇禱曰：“若獲【得再生】[21]

16 夫婦及二女當【終身給侍。”居士以香水灑之】[22]誦咒，少頃復蘇，自言：“【已墮】[23]地獄，聞罪人受苦聲，俄香風四來，香雨隨至，現一佛，身金色，乘紫雲，住空中，呼我名，遂驚覺。”因感泣，誓志修【行，夫】[24]

17 妻二【女俱來侍奉，不離左右。居士用蠟布裹陰，火】[25]焚之，以示【絶欲，俄寶蓋護其】[26]上。所司以聞，蜀主益嘉嘆，即召入問曰：“爾以何法救人，而靈感如是耶？”對曰：“居‘真’[27]精修‘八’[28]煉，誓求無【漏無

18 爲之果，專持大輪五部秘咒救度】[29]衆生。又問：“會何咒，須[30]何物？”對曰：“但得香花供養足矣。”乃嚴飭道場，請誦

---

1 据“碑本残”补。

2 连接3处，从《十炼图·炼踝》题记补。“黄刊本”作“天复二年，烧炼左踝，愿众生……”。

3 从“清录本”作“勤”。“黄刊本”作“劝”。

4 从“黄刊本”补。

5 据“碑本新”补。“黄刊本”作“京直感□”。

6 据“碑本新”补。“黄刊本”同。

7 据“碑本新”补。“黄刊本”同。

8 从《十炼图·剜眼》题记补。“黄刊本”同。

9 从《十炼图·剜眼》题记补。“黄刊本”同。

10 “碑本新”依稀可辨。“黄刊本”同。

11 “庙”，“清录本”存“#”字。“碑本残”依稀可辨，“民国录本”“黄刊本”同。

12 碑此处两行合一9小字。“清录本”作“□□□□大」菩萨是也」”。从“黄刊本”补齐。

13 从《十炼图·割耳》题记补。“黄刊本”同。

14 从《十炼图·割耳》题记补。“黄刊本”作“于化”。

15 从《十炼图·割耳》题记补。“黄刊本”同。

16 从“民国录本”和《十炼图·炼心》题记补。“黄刊本”同，但把6字录在下行之首。

17 从《十炼图·炼心》题记补。“民国录本”“黄刊本”皆同。

18 据“碑本残”补。“黄刊本”同。其中“王”字，“清录本”作“上”。

19 从《十炼图·炼心》题记语意补。“黄刊本”同。

20 从《十炼图·舍臂》题记补。“黄刊本”同。

21 从《十练图·炼阴》题记补。“黄刊本”同。

22 从《十炼图·炼阴》题记补。“黄刊本”同。

23 从“民国录本”补。“黄刊本”同。

24 从《十炼图·炼阴》题记补。

25 从《十炼图·炼阴》题记补。“黄刊本”同。

26 从《十炼图·炼阴》题记补。

27 从“清录本”。“碑本残”尚见“真、八”字。“初校本”会意为“直、日”，“黄刊本”同。

28 从“清录本”。“碑本残”尚见“真、八”字。“初校本”会意为“直、日”，“黄刊本”同。

29 从《十炼图·炼心》题记补。

30 从“清录本”。“黄刊本”作“需”。

咒，而光明四發。遂留供養三日，賜錢帛名香，居士不受，乞歸彌蒙。因下令“□□

19 □□□□□□□□□□□□□”[1]。【六年】正【月】[2]，然【兩膝】[3]以供諸佛，誓與【衆生同】會龍華【授記】[4]□。自爾四方道俗雲集座下，授其法者益衆。七年七月十四日中夜，呼楊直京謂曰：“吾將去矣，【汝當

20 久住，共持大教】[5]，□□□□□□衆【生，仍以】[6]咒□授袁承貴”。【説是語已，黙然坐滅】[7]，生歿享年六十四，建塔院中，今耳臂寶傳尚在。居士慈忍有力量，依《首楞嚴經》然半□【燒】[8]頂及心上，□□

21 □□□□□□□□□□□□□□□□示寂□【承貴】[9]□□□□□□□【二】夫人【患】水【蠱，爲□求于二】[10]居士持誦，夫人疾有瘳，蜀主大悦，俱封銀青光禄大夫，檢校太子、太傅，内殿侍□□

22 □□□□□□□□□□□□□【建】道場□□□□□【人】□□□□□□□□□【四□院□院事丘氏二女】□□□盂知祥□成都【陷】[11]塗，持念有感應，賜名位如故，後游南方莫測所終。□□

23 □□□□□□□□□□□□□咒法世世不絶。蜀廣政二十【六】[12]年【後】□□【造】三日，咒西金剛火【首】金剛【深沙】[13]大神，賜院中奉事，又賜楊直京紫綬金魚，俾領住持事□□□□□□□□□

24 大□□□□□□□□□□□□院事，凡五十年【間】[14]□□□□□□□八十餘間，至【熙寧】元年【正】[15]月，□敕賜壽聖院爲額，成都持瑜伽教賈文確件其事，命草澤張訥爲之記。又有本□□

25 □□□□□□□□□氏文□【即】□【義】不可讀。【紹興】[16]十年春，【前】□□馮翊、王直清，以【沙門釋祖】覺【刊】[17]正，故爲作傳。

26 □□□□□□正【覺】□□□□【天】上【人間】[18]一十六會□一十□□以瑜伽經【列】[19]爲五部，而以毗盧爲本尊，位居中央。其東方金剛部，佛曰阿閦。南方灌頂部，佛曰寶生。西方蓮華部，【佛曰】

27 【阿彌陀。北方羯磨】部，佛曰【不空成就】[20]。□次【刊曰】□□【瑜伽】□□四方□□，次【刊】二十八菩薩以【環】[21]之，四方各開一門，有四菩薩主之，是爲三十七尊，而毗盧居其中，故曰本尊。其所□□

28 □□□□□□□□□□□□【如來傳金剛薩埵大士，大士傳龍猛菩薩，龍猛傳龍智】阿【闍】梨，龍【智】[22]傳金剛智，智傳不空，不空傳嵩岳一行禪師，稱瑜伽宗。傳其法者，自非登壇授□□□

29 □□□□□□【因】□□□□□□□□□□□□□□□□□□□□□□□□□□□苦行，【志存救】物，視身世如弊屣，【惟】[23]苦不能動□其心，豈其所謂其心不“二”[24]而生物不測耶，□□經□□

---

1 □13字，“初校本”补为“敕赐额名大轮院长作皈依之地”；“黄刊本”同，皆误。详“尾注”。

2 “碑本新”尚见“六、月”字，从“黄刊本”补全。

3 从《十炼图·炼膝》题记补。“黄刊本”同。

4 “碑本残”隐然尚见“同、授”2字。从“黄刊本”补全。

5 从安岳《十炼图·割耳》题记附载本尊生年事补。

6 “碑本残”隐然尚见“生仍以”3字。“黄刊本”同。

7 前4字，从注5补。后4字，从“黄刊本”补。“初校本”据注5作“归于涅槃”。

8 从“黄刊本”补。但该本第20行的字数不足，且把下一行的16字位录列在行末。

9 从“黄刊本”补。

10 连接3处，从“黄刊本”补。

11 连接4处，从“黄刊本”补。

12 “清录本”作“四”。从“黄刊本”补。

13 连接4处5字，从“黄刊本”补。

14 “清录本”为“门”。从“黄刊本”补。

15 “熙宁”从宝顶山明宣德《重修宝顶山寿圣寺碑记》补，“黄刊本”同；“正”从“黄刊本”补。

16 连接3处，据“碑本残”补。

17 连接3处，按传碑前述意补，“碑本残”尚可辨“刊”字。“黄刊本”作以“□□委祖觉刊正”。

18 连接3处，据“碑本残”补，“黄刊本”同。其中“人间”2字，“清录本”为“又问”。

19 从“黄刊本”补。

20 五方佛名，据宝顶山佛祖岩佛前宝幢题名补。“黄刊本”同。

21 连接4处，从“黄刊本”补。其中“次刊”，“清录本”均作“次剖”。

22 从“黄刊本”并参考丁福保《佛学大辞典·八祖相承》补。

23 从“黄刊本”补。“碑本新”尚见“志”字。

24 “黄刊本”作“一”，“碑本新”尚明见“二”字。

30 □□□□□□□□□□□□□□□□□□□□□□□□□□□□【楞嚴經，所謂】[1]金剛【經】者【同】耳，凡持【明】[2]咒皆預此流。居士嘗爲金剛藏，而非金剛藏之化也。唐季崩離，禮樂大□□

31 □□□□□□□□□□□□□□□□□□□□□□□□人□□【靈感】使真僞【義】混，何足取哉。

32 □□□□□□□□□□□□□□□□□□□□□□何□【也】[3]，□□□□本尊院，通隸所部公聞之，欣然“極”[4]往觀焉。主事者導公，拜其墓于榛莽之間。公顧而嘆曰：“本尊靈异□

33 #□□四方□□□□不□□□□□□【爲一區】[5]，□□□【興】[6]崇奉之【意】[7]”。乃命本院尼仁辯、【法興師資】[8]爲本尊建塔于墓之上，架屋以覆之。既成，公謂岷曰：“本尊乃菩薩示現攝化□

34 □□□□□□□□以□□□□□□□□□□□不□疑信相半子可爲作傳，以明【着】[9]其事，吾將刻之墓左，以詔後世”。岷退，而詢諸好事，得傳記凡數本，猥【瑣】[10]鄙俚，雜□幻□□

35 □□本尊真菩薩師□方將□□□□□□□□作爲成書，以表揚于世，久之未暇也。一日，公走人【使】[11]，以華嚴導師覺公近所撰傳本相示，且曰：“子爲我詳加訂正。”庶幾傳之久□

36 可信不疑。謹□覺公詳述本尊化【道】始末，□□□四川盡悉，如岷素所欲書，雖欲加損不可得也。因【炷】[12]薌作禮書其末，以還公初。岷所生女希照甫勝笄，得疾三年，莫能名狀，□□

37 □加□□□□□□□平□□□本尊，【岷女】得【疾】死【厄】，□□【遂】許下發捨緣，以奉【香】火，故并録之，以示歸依【之】[13]心非一日也。紹興庚申端午日，贍養居士眉山張岷謹跋，男濟書□

38 □□□□□□□□□□□□□□□□□大師之□□□昔授記于五臺，□人曰：“【逢】□則止，遇【湖】[14]則住”，師【竟】[15]即其所修行門教，與大寶坊洪湖二山考之地志，其混别之名歟□

39 □□□□□□□成□虐□民□□□□□化□龍依歸以絶【性】□之【本師】[16]大【洪】道場，迄今雄侈，淄流【千乘】[17]，佛事之盛，居天下之甲乙。今傳載本尊，似聞空中語曰：遇漢即回□□

40 □□□□□□□□□□□□□□□□□□【佛法】忍洪持密語，以至燒指灼膚，割目截臂，作種種【難行】[18]苦行，爲衆生祛惑斷妄，而不起希有望報之心，與大洪師若合符然。□□

41 □□□□□□□□□□□□□□□□□□原本尊之所存心則善矣。因畢録之系于傳末雲。

42 △△△△△△△□□□□□□□□□九日，右奉議郎，前主管臺州崇道觀，賜緋魚袋王直清立石△△△院主尼仁辨△小師了通△師孫法興、法□△師息希照。

---

1 从“黄刊本”补。

2 通据“碑本新”补。其中“经同明”3字，“清录本”为“藏门□”，“黄刊本”作“藏词耳”。

3 据“碑本新”补。“黄刊本”同，也字下“□”作“行”字。

4 “极”从“清录本”。“初校本”曾为“函”，“黄刊本”同作“函”。

5 据“碑本新”补。“黄刊本”作“□一匾”。

6 “碑本残”依稀可辨。“黄刊本”同。“清录本”作“以”。

7 据“碑本新”补。“黄刊本”同。

8 据“碑本新”补。“黄刊本”亦同。

9 据“碑本新”补。“黄刊本”同。

10 从“黄刊本”补。“清录本”存“#”残字。

11 据“碑本新”补。“黄刊本”同。

12 从“黄刊本”补。

13 连接6处，同据“碑本新”补。“黄刊本”大同。

14 连接2字，据“碑本新”补。“黄刊本”同。逢□则“止”，“黄刊本”作“立”。

15 从“黄刊本”补。

16 “性、本师”，从“黄刊本”补。

17 “洪、千乘”，从“碑本新”补。“黄刊本”同。

18 “佛法、难行”，从“碑本新”补。“黄刊本”同。

三 《柳碑》重校后话

1. 重校《柳碑》概略

重新校补的《柳碑》文本（略称“重校本”），因有“碑本残、新”拓本，“黄刊本”（全文约2782字），“清录本”和“民国录本”等文献资料相互校证，较之“初校本”更接近历史的真实。

《柳碑》刻2796字，“清录本”存1941字。“初校本”得2224字，较1984年读碑多得861字，其中校补入283字。

“重校本”得2284字，其中校补入343字，注释94条，较“初校本”多得60字，增加10条注释。另勘正“清录本”及“初校本”中的20个字。“重校本”尚空缺512字。

2. 傅馆藏拓本由来与年代

大足由于惨遭元、明两季兵燹，致使大足石刻史失其载。史籍仅见《舆地纪胜》《蜀中广记》轻言一时一事、一龛一刻，不提及《柳碑》。清嘉庆知县张澍方注目大足石刻，也只是提及《柳碑》名字，但未拓片或深究。道光刘喜海首录《柳碑》刊行《金石苑》，但从其刊误的字句来看，他也没做过拓片。如碑首行，“碑本残、新”及“黄刊本”皆尚见“眉山德云府”字句，但《苑》却刊为“眉山赵圣启”。疑是在碑下录写，由于字小漶蚀难辨所致。

十四年抗战，国府迁都重庆，学贤云集巴蜀，大足石刻方渐为世人所识。1939年深冬（一云：1940年元月），内迁云南的“中国营造学社”（次年冬迁四川南溪李庄）学贤梁思成、刘敦桢、陈明达、莫宗江一行入川进行古建调查，自成都沿川陕公路北上、顺嘉陵江南下，由潼南来大足查看过北山、宝顶山石窟，但未见触及《柳碑》或拓片[1]。

傅斯年先生当年也住在南溪李庄，是史语所、中央博物院筹备处的负责人，与梁思成要好，但未发现他来大足的踪影。

1945年暮春，中国学典馆杨家骆组大足石刻考察团考察，对宝顶山石窟柳、赵二本尊事迹注重，在“椎拓其图文”中当有《柳碑》。

仅上浅见，在20世纪之前尚未发现有人椎拓《柳碑》，大足石刻考察团当是首次拓碑者，“傅馆藏拓本”可能是考察团的遗物，此外难有其他来源[2]。

拙文浅陋，学贤勘正！

1　林洙：《梁思成、林徽因与我》，清华大学出版社2004年版，第139—149页。

2　若有例外，抗战年间有拓本商椎拓北山碑刻，是否椎拓过宝顶《柳碑》出卖，尚待发现。

重庆大足宝顶山小佛湾大藏塔录文与研究

方广锠

重庆大足宝顶山小佛湾有宋代佛塔一座，四面三级，外壁刻满佛典目录。1985年，澄静发表的《法身塔》[1]介绍了该佛塔的概貌，并发表了对塔上佛典目录的录文。其后，重庆大足石刻艺术博物馆、四川省社科院大足石刻艺术研究所发表《大足宝顶山小佛湾祖师法身经目塔勘查报告》[2]（以下简称《报告》）。《报告》附有塔上所刻佛典目录的照片等珍贵的原始资料，对佛塔形制以及目前保存状况亦有较为详尽的介绍，并附《宝顶山祖师法身经目塔刻经目录》（以下简称《目录》）。此后，笔者曾依据上述两文披露的资料，撰写《四川大足宝顶山小佛湾大藏塔考》[3]（以下简称《大藏塔考》），对塔身所刻佛典目录进行录文与考证，主张该塔宜定名为“大藏塔”，并认为塔上所刻佛典的目录依据应为《开元释教录·入藏录》（以下简称《入藏录》）。对末尾所附“附录部分及密教经典部分”，则未予讨论，称将“另行研究”。

因为该塔建立至今已近千年，塔壁石刻文字裸露于外，历经千年风雨，漫漶严重。也因为当年《文物》杂志发表的照片较小，不少文字很难辨认，故《大藏塔考》中的录文往往依据模糊照片所示文字的大致轮廓，再依据《法身塔》《报告》中的相关录文，然后对照《入藏录》揣摩得之。若干年前，虽曾到大足小佛湾实地考察，但无逐一核对石刻文字的条件。多年来，一直以未能目睹该塔刻文之拓片为憾。今承刘贤高先生寄来大足小佛湾大藏塔三级共三组拓片照片的拼接件电子版，文字较为清晰，且可在计算机上放大，故依据该电子版照片对大藏塔所刻佛典目录重新录文、考订，由此纠正了《大藏塔考》一文中的不少录文错误；特别是得以重新考订塔上所刻佛典的目录所依据者，并非笔者前此认为的《入藏录》，其主体部分及附录部分的目录依据实为《开元释教录略出》（以下简称《略出》）[4]，而其末尾密教部分的目录依据则出于《大唐贞元续开元释教录》（以下简称《续开元录》），纠正了笔者前此的错误。在此特对刘贤高先生表示衷心感谢，并遵嘱在前述《大藏塔考》的基础上，改写为此文。

一　录文与考订

虽然从总体看，大藏塔所刻文字漫漶严重，拓片上不少文字依然难于辨认。但由于已经考订出大藏塔上所刻佛典的目录依据是《略出》与《续开元录》。故用《略出》与《续开元录》查核大藏塔上的佛典目录，可知该佛典目录的排列顺序乃从第一级东面开始，依次转向南、西、北，然后转向第二级的东、南、西、北，再转向第三级的东、南、西、北。刻在各佛龛旁的文字，其次序均为先左后右。

在此，依据拓片拼接件照片对大藏塔所刻佛典目录重新录文，并依据其目录依据略加考订。录文、考订之体例如下：

第一，依据《略出》及《续开元录》，亦即依据大藏塔所据佛典目录中诸部类的先后顺序，确定录文的顺序，但录文时保留大藏塔刻文的行款。方法是：

①对每级、每面录文前，先标注其刊刻的位置，并说明该级、该面共有多少行。如刻文分布在佛龛的左右两壁，则分别说明。

②录文时，在每行首部用阿拉伯数字标注该行序号，表示开始；每行尾部用行号（“/”），表示结束。

1　澄静：《法身塔》，载照知、澄静撰：《宝顶石刻》，重庆市佛教协会，1985年。笔者当年所见为童玮先生赠送的该文的复印件。

2　重庆大足石刻艺术博物馆、四川省社科院大足石刻艺术研究所：《大足宝顶山小佛湾祖师法身经目塔勘查报告》，载《文物》1994年第2期。

3　方广锠：《四川大足宝顶山小佛湾大藏塔考》，载《佛学研究》第二辑，佛教文化研究所，1994年。

4　有关《略出》与《入藏录》的差异及递承关系，可参见拙作《中国写本大藏经研究》（上海古籍出版社2006年版）的有关章节，此不赘述。

③为体现本佛典目录的部类结构，凡录文遇到文中有部类类目（含本佛典目录首部的“大藏”二字）时，一律换行单列，后退四字录文，以清眉目。亦即将原来夹杂在某行刻石文字中的部类类目单列为一行。该行中其他文字，依据其在《略出》中的不同部类位置，分为属上一行或属下一行。虽然此时该刻石文字可能录为二行或三行，但不改变该行文字行首标注的序号及行末标注的行号。

④凡遇大藏塔刻文与《略出》《续开元录》行文有出入者，按照大藏塔原文照录，但用录文考订符号注明，必要时出注说明。

第二，为了更清楚地反映该大藏塔上佛典目录与《略出》及《续开元录》的关系，反映各面刻文的先后次序，特对每一部佛典加编序号。序号用圆括号标注，置于每一部佛典的前面。

需要说明的是，本文所用的《略出》及《续开元录》均为中华电子佛典协会所编纂的《中华电子佛典集成》（CBETA2016）本，该《中华电子佛典集成》之《略出》与《续开元录》对所收佛典并无序号，本文所用序号均为笔者所编。在此对这些序号说明如下：

本文所用编号共有四种：

①对《略出》正文所载佛典目录所用的序号采自笔者的《〈开元释教录·入藏录〉复原拟目》（载拙作《中国写本大藏经研究》第六章，版本同上）。《略出》与《〈开元释教录·入藏录〉复原拟目》所收个别佛典略有参差，个别佛典的排列次序略有差异，本文如遇此种情况，均随文说明。该编号无字头标志，采用4位阿拉伯数字，不够4位的用“0”补足。

②对《略出》后部所谓“开元释教录·别录”部分所载的两部经典，另行加编序号，用字头“续一”标志，采用1位阿拉伯数字。

③对《略出》末尾所附“未不入藏经等”部分所载佛教典籍，加编序号，用字头“续二”标志，采用3位阿拉伯数字，不够3位的用“0”补足。

④对《续开元录》所载佛教典籍，加编序号，用字头“续三”标志，采用3位阿拉伯数字，不够3位的用“0”补足。

第三，为避文繁，异体字直接录为正字，不作说明。原文如有错字，照录原文，在其后标注正字，用“（ ）”括注。原文如有缺漏，且可以依据《略出》或《续开元录》补出者，在缺漏处拟补，用“[ ]”括注。原文如有衍文，且可以依据《略出》或《续开元录》删除者，用“〈 〉”括注，表示该字应删。必要时，对上述错字、缺字、衍字出注说明。

第四，残字、残泐字、残缺字处理：

①本文将原石上尚存若干较为明晰的残字痕，且依据残字痕及《略出》或《续开元录》可明确判定为某字的文字称为“残字”。

录文时对残字依据残字痕及《略出》或《续开元录》确定其文字，不予标注。

②本文将原石尚存，但拓片文字残泐，难以辨认者，称为“残泐字”。

a. 如残泐字的字数可以确定，录文时对残泐字用“□”标示，每个“□”标示一个残泐字。

b. 残泐字凡可根据《略出》或《续开元录》拟补者，在“□”后用“（ ）”括注拟补之。

c. 如残泐字的字数难以确定，录文时用“□…□”标示，不予拟补。

③本文将原石残缺，从而致使拓片文字缺失者，称为“残缺字”。

录文时残缺字用“……”或“□…□”标示时，不予拟补。个别亦有用“□”标示者，予以拟补。

由于已经落实大藏塔所刻佛典的目录依据为《略出》或《续开元录》，原则上说，该塔所有残字、残泐字、残缺字均可拟补。但大藏塔所刻佛典目录，未必与《略出》《续开元录》的文字完全一致，实际上大藏塔上现存文字亦确与《略出》《续开元录》偶有参差，故依据《略出》或《续开元录》拟补的文字，未必一定是大藏塔所刻原文。因此，本文对上述字数难以确定的残泐字、原石已佚无从考证的残缺字均不予拟补。读者如有兴趣，可以根据本文标注的诸经编号，自行参考《〈开元释教录·入藏录〉复原拟目》《略出》或《续开元录》，了解其相应内容。

第五，大藏塔刻石，在不少佛典名称的右下用细字，或在佛典名称下用双行细字标注卷数；但亦有未标注卷数者。按照《略出》或《续开元录》体例，所有佛典均应标注卷数。故录文时对大藏塔所刻佛典，凡标注卷数者，照录原文；凡未标注卷数者，一律予以拟补，并用“□（ ）”括注，以示区别。凡遇大藏塔佛典卷数与《略出》或《续开元录》中卷数不同者，一律照录原文，并在其后标注《略出》或《续开元录》中该佛典之卷数，用“（ ）”括注。

需要说明的是：古代佛典在流传过程中分卷常有变化。因此，录文对大藏塔佛典卷数的考订或拟补，并不表示大藏塔所刻佛典目录有误，只反映大藏塔佛典目录与《略出》或《续开元录》之间的差异。

第六，录文中，如遇注文为双行细字，用“【 】”括注。为避文繁，凡属上述佛典卷数，且为双行细字者，直接录文，不用“【 】”括注。

第七，大藏塔刻文中有若干武周新字及自造字，但使用并不周遍[1]。录文时，凡属用武周新字或自造字书写者，径直改为正字，但在该字后标注“*”号以示区别；凡不标注“*”号者，原文乃为正字。但凡属本录文拟补字，如从字形轮廓可分辨系用武周新字或自造字书写者，标注“*”；如无法分辨者，不予标注。

凡录文中出现的武周新字及自造字，一概收入附录《重庆大足宝顶山小佛湾大藏塔武周新字、自造字表》。收入方式，请参见该表说明。

［录文］

第一级

（一）东面，共刊刻佛典目录42行

01大*藏[2]：

（0001）《佛*说[3]大般若波罗蜜多*经*》，六百。（0002）《放光般□[4]□□（若波罗）蜜经，三十。（0003）《□□□□□□□□（摩诃般若波罗蜜经）》，……/

02（0004）《□□□□□□□（赞般若波罗蜜经*）》，十□（五）。（0005）《摩诃般若波罗蜜□（经）》，……/

03（0008）《□□（大明）度无极经*》，［四］卷。（0009）《胜天*王般若波罗蜜经*》，七。（0010）《文殊……/

04（0011）□□（若波）罗蜜经*》，一。（0012）《濡首菩萨无上清净分卫经*》，二。（0013）《金刚般……/

05（0015）《□□□（金刚般）若波罗蜜经*》，一卷，祇树林。（0016）《金刚*能*断般若波罗蜜……/

06（0017）刚般若波罗蜜多*经*》，名称城。（0018）《实相般若波罗蜜经*》，一。（0019）《仁王……/

07（0020）《摩诃般若波罗蜜大*明咒经*》，一。（0022）《大宝积经*》，一百二十。（0023）《大方广三……/

08（0027）《阿閦佛国经*》，二。（0028）《大*乘十法*经*》，一。初云：“佛住王舍城。”（0029）《普门品经*》，一。亦……/

09（0031）净*经*》，二。（0032）《法*镜经*》，一。（0033）《郁迦罗越问菩萨行经*》，一。（0034）《幻士仁贤*经*》，一。（0035）《决定□（毗）……/

10（0039）菩萨经*》，一。（0040）《阿阇世王女阿术达菩萨经*》，一。（0041）《离垢施*女经*》……/

11（0044）幻三昧经*》，三。（0045）《圣*善*住意*天*子所问经*》，三。（0046）《太子刷护经*》，一。（0047）《太子□（和）……/

1　某字有相应的武周新字或自造字。大藏塔上文字，凡每当出现该字，一律使用相应的武周新字或自造字，称为“使用周遍”。如文献中出现的该字，有的使用武周新字或自造字书写，有的依然使用正字，则为“使用不周遍”。

2　“大藏”两字应为大藏塔佛典目录的标题，表示塔上所刻乃一部大藏经的目录。《略出》相应标题为“开元释教录略出”。

3　《略出》无“佛说”。

4　刻石从此处断裂。

12（0050）方等要慧★经★》，一。（0051）《弥勒菩萨所问本愿经★》，一。（0052）《佛★遗日★摩□（尼）……/

13（0054）便方□（广）经★》，［一］。（0055）《毗耶婆（娑）问经★》，二。（0056）《大方等大集经★》，三十。（0057）《大★方等大集……/

14（0060）轮经★》，□（八）。（0061）《大集须弥藏经★》，一（二）。（0063）《虚空藏菩萨神咒经★》，一。（0064）《虚空孕菩□（萨）……/

15（0067）集菩萨念★佛三昧经★》，十。（0068）《般舟三昧经★》，［三］。（0069）《拔陂□□□（菩萨经★）……/

16（0072）萨经★》，四（六）。（0073）《大集臂（譬）喻王经★》，二。（0074）《大哀经★》，八。（0075）《宝女所问经★》，［四］。（0076）《无★言童子……/

17（0079）经★》，十。（0080）《大★方广佛华严经★》，五十。（0081）《大方广佛华严经★》，八十。（0082）《信力入印……/

18（0084）德★智不思★议境界★经★》，二。（0085）《大方广入如来★智德★不思★议经★》，一。（0086）《大★……/

19（0087）□□（议境）界★经★》，一。（0088）《大★乘金刚★髻珠菩□（萨）修行分》，一。（0089）《大方广佛华严……/

20（0092）方广菩萨十地★经★》，一。（0093）《兜沙经★》，一。（0094）《菩萨本业★经★》，一。（0095）《诸菩萨求佛……/

21（0099）《十住经★》，四。（0100）《等目菩萨所问三昧经★》，二。（0101）《显无边佛土功德★经★》，一。（0102）《如来★兴……/

22（0105）法界★品》，一。（0106）《大般涅槃经★》，四十。（0107）《大般涅槃经★》【后译荼毗分】，二。（0108）《大般泥洹经★》，六。（0109）《方等般泥洹……/

23（0112）大庄严经★》，十二。（0113）《普曜经★》，八。（0114）《法华三昧经★》，一。（0115）《无量义经★》，一。（0116）《萨昙分陀利……/

24（0120）说经★》，三。（0121）《维摩诘经★》，三。（0122）《说无垢称经★》，六。（0123）《大方等顶★王经★》，一。（0124）《大乘顶王……/

25（0128）胜王经★》，十。（0129）《金光明经★》，八。（0130）《佗真陀罗所问经★》，二（三）。【上二经★十一卷。】（0131）《大树紧那罗王所……/

26（0133）经★》，四。（0134）《宝雨★经★》，十。（0135）《宝云经★》，七。（0136）《阿惟越致遮经★》，四（三）。（0137）《不退转法★轮经★》，……/

27（0140）定印经★》，一。（0141）《等集众德★三昧经★》，［三］。（0142）《集一切福德★三昧经★》三。（0143）《持★心★梵天★经★》……/

28（0146）萨经★》，三。（0147）《持世经★》，四。（0148）《济诸方等学★经★》，一。（0149）《大乘方广总★持★经★》，一。（0150）《文殊师利……/

29（0153）大乘经★》，二。（0154）《深密解脱经★》，五。（0155）《解深密经★》，五。（0156）《解节经★》，一。（0157）《相续解脱地波□（罗）……/

30（0159）□□□（胜法★门）经★》，二。（0160）《楞伽阿跋多★罗宝经★》，四。（0161）《入楞伽经★》，十。（0162）《大乘入楞伽□（经）★》，□（七）。（0163）《□（菩）……/

31（0164）所说经★》，十。（0165）《大方等大云经★》，四。（0166）《大云请雨★经★》，一。（0167）《大云轮请雨★经★》，二。（0168）《大方等……/

32（0171）三昧经★》，一。（0172）《宝如来★三昧经★》，二。（0173）《慧★印三昧经★》，一。（0174）《如来★智印经★》，一。（0175）《大灌顶★经★》……/

33（0177）经★》，一。（0178）《药师瑠璃光七佛本愿功德★经★》，二。（0179）《阿阇世王经★》，二。（0180）《普超三昧经★》，四。（0181）《放……/

34（0185）腋经★》，［一］。（0186）《大净法★门经★》，一。（0187）《大庄严法门经★》，二。（0188）《如来★庄严智慧★光明入一切佛……/

35（0190）佛偈经★》，一。（0191）《观无量寿佛经★》，一。（0192）《阿弥陀经★》，一。（0193）《称赞净土佛摄受经★》，一。（0194）《□□（观弥）……/

36（0196）□□（时经★）》，一。（0197）《弥勒下生经★》，一。（0198）《弥勒下生成佛经★》，一。（0199）《诸法★勇王经★》，［一］。（0200）《一切法★高王经★》，一。……/

37（0204）《乐璎珞庄严方便品经★》，一。（0205）《六度集经★》，八。（0206）《太子须大★拏经★》，［一］。（0207）《菩萨□□□（睒子经★）》……/

38（0212）《无★字宝箧经★》，一。（0213）《大乘★离文字普光明★藏经★》，一。（0214）《大乘★遍照光明藏□□□（无★字法★）……/

39（0218）《月光童子经★》，一。（0219）《申日★儿★本经★》，一。（0220）《德★护长者经★》，二。（0221）《文殊师利问菩提经★》，一。（0222）《□（伽）……/

40（0225）《长者子制经★》，一。（0226）《菩萨逝经★》，一。（0227）《逝童子经★》，一。（0228）《犊子经★》，一。（0229）《乳光佛经★》，一。（0230）《无垢□□□（贤★女经★）》……/

41（0234）有经★》，［一］。（0235）《甚□□□（希有经★）》，［一］。（0236）《□□（决定）总★持★经★》，一。（0237）《谤佛★经★》，一。（0238）《宝积三昧文殊问法★身经★》，一。（0239）《入□□□（法界体）……/

42（0242）乘★百福相经★》，［一］。（0243）《大乘★百福★庄严相经★》，一。（0244）《大乘★四★法★经★》，一。（0245）《菩萨修□□□□（行四法经★）》……/

［方按：第一级东面缺漏第0021号《般若菠萝蜜多心经》、第0062号《虚空藏菩萨经》。］

（二）南面，共刊刻佛典目录42行

01（0249）《银色女经★》，一。（0250）《阿阇世王受决经★》，一。（0251）《采莲违王上★佛授决□（号）妙华经★》，一。□□□（亦直云）：《采莲□□□（违王经）》。（0252）《□□□（正恭敬）……/

02（0254）□（德）经★》，一。（0255）《说妙法决定业障经★》，一。（0256）《谏王经★》，一。（0257）《如来★示教胜军王经★》，一。（0258）《佛为……/

03（0261）《□（利）巡行经★》，一。（0262）《□□□□□□（文殊尸利行经★）》，［一］。（0263）《□□（贝多）树下思★惟十二因缘经★》，一。（0264）《缘起圣□□（道经★）》，［一］。（0265）《□□（稻秆）……/

04（0268）□□（昧经★）》，［一］。（0269）《灌□□□□□（洗佛形象经★）》，［一］。（0270）《□□□□（摩诃刹头）经★》，一。（0271）《造立形像福□（报）经★》，一。（0272）《作佛……/

05（0276）《八阳神咒经★》，［一］。（0277）《八吉祥经★》，［一］。（0278）《八□□□（佛名号）[1]经★》，一。（0279）《盂兰盆经★》，一。（0280）《报……/

06（0284）德★经★》，一。（0285）《不空羂索神变真……/

07（0289）陀罗尼经★》，三。（0290）《千眼千★臂观世音菩萨陀罗尼神咒经★》，二。（0291）《千手千★……/

08（0292）广大圆满无★碍大悲★心★陀罗尼经★》，一。（0293）《观世音菩萨秘密藏……/

09（0296）罗尼经★》，一。（0297）《□□（文殊）师利□（根）本一字陀罗尼经★》，一。（0298）《曼殊室利菩萨咒藏中……/

1　“佛名号”三字残失。此处依据上下文按残泐字处理。

10（0295）菩萨如意★［心］陀罗尼［咒］经》，一。（0301）《孔雀王咒经★》，一。（0302）《大金色孔雀王咒经★》，一。（0303）《佛说大……/

11（0306）经★》，十二。（0307）《十一面观世音神咒经★》，一。（0308）《十一面神咒心★经★》，一。（0309）《摩利支天★经★》，一。（0310）《咒五★首★经★》，一。……/

12（0313）大心★准提陀罗尼经★》，一。（0314）《七俱胝佛母准提大明陀罗尼经★》，一。（0315）《观自在……/

13（0318）最胜陀罗尼经★》，一。（0319）《佛顶尊胜陀罗尼经★》，一。（0320）《最胜佛顶陀罗尼……/

14（0322）持★经★》，一。（0323）《出生无量门持经★》，一。（0324）《阿难陀目佉尼呵离陀经★》，一。（0325）《无量……/

15（0327）利弗陀罗尼经★》，一。（0328）《一向出生菩萨经★》，一。（0329）《出生无边门陀罗尼经★》，……/

16（0332）际持法门经★》，一。（0333）《尊胜菩萨所问一切诸法★入无量门陀罗尼经★》，……/

17（0336）菩萨所问经★》，一。（0337）《华聚陀罗尼咒经★》，［一］。（0338）《华积陀罗尼神咒经★》，一。（0339）《六字……/

18（0342）便善★巧咒经★》，一。（0343）《持★句神咒经★》，一。（0344）《陀邻尼师（钵）经★》，一。（0345）《东方最胜灯……/

19（0347）罗尼经★》，一。（0348）《护命★法★门神咒经★》，一。（0349）《无垢净★光★大陀罗尼经★》，一。（0350）《请观……/

20（0352）室洗浴众僧经★》，一。（0353）《须赖经★》，［一］。《须赖经★》[1]，［一］。（0354）《私呵（诃）三昧经★》，一。（0355）《菩萨……/

21（0359）经★》，一。（0360）《菩萨行五十缘身经★》，一。（0361）《菩萨修行经★》，一。（0362）《诸德★福田经★》，一。（0363）《大方……/

22（0368）诸佛功德★经★》，□（三）。（0369）《须真天★子经★》，二。（0370）《摩诃摩耶经★》，二。（0371）《除恐★灾患……/

23（0376）普贤★菩萨行法★经★》，一。（0377）《观药王药上菩萨经★》，一。（0378）《不思★议光……/

24（0382）璎珞经★》，十二。（0383）《超日★明三昧经★》，二。（0384）《贤★劫经★》，十三。大乘经★单译，【一百/三十/一部。/】（0385）《大法炬……/

25（0388）《庄严劫千佛名经★》，一。（0389）《现在贤劫千佛名［经★］》，一。（0390）《未来★昌（星）宿劫……/

26（0392）《大方等陀罗尼经★》，［四］。（0393）《僧伽咤经★》，四。（0394）《力庄严三昧经★》，三。（0395）《大方广圆觉……/

27（0398）行经★》，三。（0399）《法★集经★》，六。（0400）《观察诸法行经★》，四。（0401）《菩萨处胎经★》，五。（0402）《弘道广……/

28（0406）计经★》，二。（0407）《中阴经★》，二。（0408）《大法★鼓经★》，二。（0409）《文殊师利问经★》，二。（0410）《月★上★女经★》，二。（0411）《大方……/

29（0414）面经★》，二。（0415）《文□□（殊师）利问菩萨署经★》，一。（0416）《大乘★造像功德★经★》，二。（0417）《广……/

30（0419）末法★中一字心★咒□（经★）》，一。（0420）《大佛顶如来★密因修证了★义……/

31（0422）童子□（经★）》，三。（0423）《□（苏）悉★地□（羯）罗经★》，三。（0424）《牟梨曼陀罗咒经★》，一。（0425）《金……/

32（0428）利宝藏陀罗尼经★》，一。（0429）《金刚光焰止风雨陀罗尼经★》，一。（0430）《阿咤……/

33（0432）贤★陀罗尼经★》，一。（0433）《大七宝陀罗尼经★》，一。（0434）《六字大★陀罗尼经★》，一。（0435）《安宅神

1　《入藏录》仅著录《须赖经》一卷，为“前凉月支优婆塞支施仑译”。《入藏录拟目》编为第353号。但《略出》著录同名《须赖经》两种：一种为“前凉月支优婆塞支施仑译”一卷，一种为“曹魏西域三藏帛延译”一卷。为不改变总体编号，本录文将两种《须赖经》均纳入第353号。

咒□（经★）》，［一］。（0436）《□（摩）……/

34（0438）尼经★》，一。（0439）《诸佛心★陀罗尼经★》，一。（0440）《拔济苦难陀罗尼经★》，一。（0441）《八名普密陀□□（罗尼）……/

35（0444）经★》，一。（0445）《智炬陀罗尼经★》，一。（0446）《诸佛集会陀罗尼经★》，一。（0447）《随求即得大自在陀……/

36（0449）经★》，或云《施★□□□□（饿鬼食咒★）经》，［一］。（0450）《庄严王陀罗尼［咒★］经★》，一。（0451）《香王菩萨陀罗尼……/

37（0455）萨能满诸愿最胜心陀[1]……/

38（0457）要》，一。（0458）《佛地★经★》，一。（0459）《佛垂般涅槃……/

39（0464）经★》，一。（0465）《贤★首经★》，一。（0466）《月明★菩萨经★》，一。（0467）《心……/

40（0471）咜和★罗所问光太子经★》[2]，一。（0472）《大意经★》，……/

41□…□（0477）《□□□（离垢慧★）菩萨所问礼佛法★□（经★）》，［一］。（0478）《□□□□□□□□（受持七佛名号所生）功德★经★》，一。（0479）《佛临涅……/

42□…□（0482）《不增不减经★》，一。（0483）《造塔功德★经★》，一。（0484）《绕佛塔功德★经★》，［一］。（0485）《大乘★四★法★经★》，［一］。（0486）《□□□□（有德★女所）……/

［方按：第一级南面第0295号经从原有位置错位到后一行，估计是发现漏刻，其后补刻所致。］

（三）西面，共刊刻佛典目录42行

01（0488）《妙色王因缘经★》，一。（0489）《佛为海龙王说法★印经★》，一。（0490）《师子素驮娑土（王）断肉★经★》，一。（0491）《般泥洹后灌腊经★》，［一］。（0492）《□□（八部）佛……/

02（0493）蜜经★》，一。（0494）《菩萨投身饿虎起塔因缘经★》，一。（0495）《金刚三昧本性清净★不坏□（不）灭经★》，一。（0496）《师子月★佛本生经★》，一。（0497）《长……/

03（0499）祥经★》，［一］。（0500）《长者女庵提遮师子吼了义经★》，一。（0501）《一切智光明仙人慈★心★因缘不食□□（肉经）》，□（一）。（0502）《□□□□□（金刚三昧经）》，二。（0503）《法灭□（尽）……/

04（0505）经★》，一。《僧□（祐）录》中云：“安公关中异经。”（0506）《优婆夷净★行法门经★》，二。（0507）《八大人觉经★》，一。（0508）《三……/

05（0513）《树提□□（伽经★）》，一。（0514）《长寿王经★》，一。（0515）《法常住经★》，一。

菩萨调伏藏，五十四。

（0516）《菩萨地★持★经★》，十。（0517）《菩萨……/

06（0522）《菩萨璎珞本业★经★》，二。（0523）《佛藏经★》，四★。（0524、0525）《菩萨戒本》，二。（0526）《菩萨戒羯磨文》，一。（0527）《菩萨善★……/

07（0530）《□□□□（文殊师利）净★律经★》，［一］。（0531）《清净★毗尼方广经★》，一。（0532）《寂调音所问经★》，一。（0533）《大乘三聚忏……/

08（0536）陀颰陀罗菩萨经★》，一。（0537）《菩萨受养（斋）经★》，一。（0538）《文殊悔过经★》，一。（0539）《□□□□□（舍利弗悔过）……/

09（0540）□□昧经★》，□（一）。（0541）《□□□□（十善业道）经★》，一。

菩萨□□（对法）藏　大乘释经★论

1　“萨能满诸愿最胜”七字残留在后一块刻石上，“心陀”二字残留在前一块刻石上。

2　《入藏录》与《略出》均称此经的正名为《德光太子经》，其下标注异名。但本目录将异名著录为正名，且所著录该异名与《略出》所载相同。

（0542）《大□□□（智度论）》，一百。（0543）《十地经*……/

10（0547）经*论》，□（六）。（0549）《能*断金刚*般若波罗□（蜜）多*经*论颂》，一，亦云《能*断金刚论》。（0550）《□□（金刚……/

11（0551）若波罗蜜多*经*论》，三。（0552）《金刚般若□（波）罗蜜经*破取着□□□□□（不坏假名论）》，……/

12（0554）论》，一。（0555）《法*华经*论》，二。（0556）《胜思*惟梵天*所问经*论》，四*。（0557）《涅槃论》，一。（0558）《涅槃经*本有今无……/

13（0561）论》，一。（0562）《转法*轮经*论》，一。

大*乘*集义论

（0563）《瑜伽师地论》，一百。（0564）《显扬圣*教论》，二十。（0565）《瑜□（伽）……/

14（0569）《大乘*阿毗达磨杂集论》，十六。（0570）《中论》，四。（0571）《般若灯论释》，十五。（0572）《十二门论》，一。（0573）《十八空论》，一。（0574）《百论》，二。……/

15（0579）乘*庄严经*论》，十三。（0580）《大庄严论经*》，十五。（0581）《顺中论》，二。（0582）（0583）（0584）《摄大乘*论》，八。（0585）《摄大乘*论释》，十五。（0586）《摄……/

16（0590）论》，三。（0591）《辩中边论颂》，一。（0592）《中边分别论》，二。（0593）《辩中边论》，三。（0594）《究意*（竟）一乘*宝性……/

17（0598）理门［论］》，一。（0599）《因明入正理论》，一。（0600）《显识论》，一。（0601）《转识论》，一。（0602）《□□（大乘）唯□□（识论）》，一。（0603）《□（大）乘*唯识论》，一。（0604）《唯……/

18（0608）夫论》，二。（0609）《入大乘论》，二。（0610）《大乘掌珍论》，二。（0611）《大乘五蕴论》，一。（0612）《大□□□□（乘*广五蕴）……/

19（0619）论》，一。（0620）《无相思*尘论》，一。（0621）《观所缘论》，一。（0622）《观所缘论释》，一。（0623）《回诤论》，一。（0624）《缘生论》，一。（0625）《十二因缘论》，……/

20（0631）《取因假*设论》，一。（0632）《观总*相论颂》，一。（0633）《上（止）观门论颂》，一。（0634）《手杖论》，一。（0639）《长阿含经*》，二十二。（0640）《中阿……/

21（0644）经*》，二，或直云《泥洹经》。（0646）《般泥洹经*》，二。（0645）《大般涅槃经*》，三。（0647）《入（人）本欲生经*》，一。（0648）《尸迦[1]罗越六向拜……/

22（0650）经*》，［一］。（0651）《寂志*果经*》，一。（0652）《起世经*》，十。（0653）《起世因本经*》，十。（0654）《楼炭□（经*）》，六。（0655）《□□□□□□□□□（长阿含）》，……/

23（0656）本起经*》，二。（0657）《七知经*》，一。或云《七智经》。（0658）《咸水喻经*》，一。或云《咸□□□（水譬喻经*）》。（0659）《□□□□□□□（一切流摄守因经*）》，……/

24（0663）本*致经*》，［一］。（0664）《顶生王故事经*》，一。或云《顶*生王经*》。（0665）《文陀竭□…□……/

25（0669）念*经*》，一。或直云《八念*经*》，亦名《禅行敛意*经*》。（0670）《离睡经*》，［一］。□□□□□□□□（亦名《菩萨诃睡眠经》）。（0671）《是……/

26（0675）名《阴因事经*》[2]。（0676）《释摩男本经*》，一。（0677）《苦阴因事经*》，一。（0678）《乐想经*》，□（一）。（0679）《□□（漏分）布经*》，一。（0680）《阿耨风……/

27（0683）波经*》[3]。（0684）《伏淫经*》，一。（0685）《魔娆乱经*》，一。一名《魔王入目连腹经*》[4]。亦云《弊魔试目连经*》。（0686）《弊……/

28（0687）罗汉赖咤和罗经*》[5]。（0688）《善*生子经*》，一。（0689）《数经*》，一。（0690）《梵志*頞罗延问种尊经

---

1 “尸迦”两字，占据一个字的位置。刻石略有残泐，似写成“［尸@迦］”。故似原石在刊刻之前已有残缺。

2 “名……经”五字为第0675号《苦阴经》的注文部分。

3 “波经”两字为第0683号《瞻婆比丘经》的注文部分。

4 “魔王入目连腹经”，《略出》作“魔王入目犍兰腹经”，《入藏录》作“魔王入目连兰腹经”。

5 “罗……经”七字为第0687号《赖吒和罗经》的注文部分。

★》，一。（0691）《三归五戒慈★……/

29（0693）说学经★》，一。（0694）《梵摩喻经★》，一。（0695）《尊★上经★》，一。（0696）《鹦鹉经★》，一。亦名《兜调经》。（0697）《兜调经★》，一。（0698）《意★经★》，一。（0699）《□□（应法）……/

30（0702）经★》，一。一名《持★斋★经》。（0703）《鞞摩肃经★》，一。（0704）《婆罗门子命★终爱念★不离经★》，一。（0705）《十支居士八城……/

31（0708）名《具法行经★》[1]。（0709）《广义法★门经★》，一。（0710）《戒德★香★经★》，一。或云《戒德经★》。（0711）《四★人出现世间经★》，一。（0712）《波斯匿……/

32（0714）避死经★》，一。（0715）《食施★获五★福★报经★》，一。一名《施★色力经》，一名《福德★经》。（0716）《频毗娑[2]罗王诣佛……/

33（0718）鬘经★》[3]。（0719）《鸯崛髻经★》，一。（0720）《力士移山经★》，一。或直云《移山经★》。亦云《四未有★经★》。（0721）《四未曾有□（法）……/

34（0723）一名《七佛姓字经★》[4]。（0724）《放牛经★》，一。亦云《牧牛经★》。（0725）《缘起经★》，一。（0726）《十一想★思★念★如来★经★》，一。（0727）《四★泥梨经★》，一。（0728）《阿那……/

35（0730）经★》，一。（0731）《国王不犁先尼十梦经★》，一。（0732）《舍卫国王梦见十事经★》，一。（0733）《阿难同学★经★》，一。（0734）《五蕴□（皆）……/

36（0737）经★》，一。（0738）《五阴□（譬）喻经★》，一。一名《水沫所漂经★》。（0739）《水沫所漂经★》，一。或云《聚沫譬经》。（0740）《□□□（不自守）意★经★》，……/

37（0743）□□□□（转法轮经★）》，一。（0744）《八正道经★》，一。（0745）《难提释经★》，一。（0746）《马有★三相经★》，一。（0747）《马有八态★譬□□（人经★）》，［一］。（0748）《□□（相应）相可经★》，［一］。（0749）《治……/

38□…□（0750）《□□□（摩邓女）经★》，一。（0751）《□□（摩邓）女解形中六事经★》，一。（0752）《摩登伽经★》，三。（0753）《舍头谏经★》，［一］。一名《太子二十八宿经》。（0754）《鬼……/

39□…□（0756）□…□（经★）》，一。一名《说地狱★饿鬼因缘经★》。（0757）《阿难问事佛吉凶经★》，一。一云《阿难问事经》。亦云《事佛……/

40□…□（0761）□…□罗经★》，一。（0762）《玉耶女经★》，一。（0763）《玉耶经★》，一。一云《长者诣佛说子妇无敬经》。（0764）《阿□□（遬达）经★》，一。（0765）《修行本起经★》，二。（0766）《太子……/

41（0767）□…□（经）》，四★。（0768）《法海经★》，一。（0769）《海八德★经★》，一。（0770）《四十二章经★》，一。（0771）《奈女耆域因缘经★》，一。□（或）直云《奈女经》。（0772）《罪……/

42□…□（0773）□…□《难龙王经★》。一名《降龙□□（王经★）》。（0774）□…□……/

［方按：

第一级西面存在如下问题：

第一，缺漏第0548号《宝髻菩萨四法经论》，缺漏第0635号《六门教授习定论》、第0636号《大乘法界无差别论》、第0637号《破外道小乘四宗论》、第0638号《破外道小乘涅槃论》等五部经。

从刻石的情况看，第0548号的缺漏，可能是刻工的疏忽。

第0635号到第0638号等四部经典的缺漏，虽然不排除也是刻工疏忽的可能性，但由于此处已到《略出》卷二的结尾，原卷有关于大乘经典的综述性文字及尾题，这样此处缺漏的文字大体上约为6行。如为经折装佛典，这6行恰为一个半叶。故此处的缺漏也可能是刻工所依据底本缺失了一个半叶。待考。

1 “名……经”五字为第0708号《普法义经》的注文部分。

2 “频毗婆”，《略出》《入藏录》均作“频毗娑”。但两个目录的注文中均有“亦云‘频婆’”字样。

3 “鬘经”两字为第0718号《鸯崛摩经》的注文部分。

4 “一……经”七字为第0723号《七佛父母姓字经》的注文部分。

第二，刻文中第0550号与第0551号经典颠倒。第0645号与第0646号经典颠倒。这应该属于刻工的疏忽。

第三，第0524号、第0525号均为《菩萨戒本》，虽均为一卷，但一为北凉昙无谶译，一为唐玄奘译，是两种不同的译本，故《略出》分别予以著录。但本经目将它们归并一起，刻成“《菩萨戒本》，二”。

同样的问题又见第0582号、第0583号、第0584号，《略出》此处著录三种《摄大乘论》，分别为陈真谛译三卷本、元魏佛陀扇多译二卷本与唐玄奘译三卷本，但本经目也将它们归并在一起，刻成“《摄大乘论》，八”。

“《菩萨戒本》，二”“《摄大乘论》，八”这种表述，在经录中乃指两卷本《菩萨戒本》、八卷本《摄大乘论》。故本经目的这种归并很容易引起读者的误解，估计这是刻工为简化工作而为之。]

（四）北面

说明：第一级北面中央有一个佛龛，上边左右角各有一个圆圈。佛典目录分别刻在剩余的石面上，左右各9行。次序从左到右。今按照其先后次序录文。

受刻石面积及形制影响，刻文有删略，每行所刻文字的数目不等。具体情况，可参见录文及随文注释。

左壁，共刊刻佛典目录9行：

01大藏。

（0775）《佛说禅秘要□（经★）》，□（三）。（0776）《七女经★》，一名《七女本★经★》。（0777）《八师经★》，［一］。（0778）《越难经★》，一。（0779）《所欲……/

02（0780）□□（五逆）经★》，一。（0781）《五★苦章句经★》，一。一名《五道章句经》。（0782）《坚意★经★》，一。一名《坚心★正★意★经》。……/

03（0785）□（梯）橙（隥）锡杖经★》，一。亦云《锡杖经》。（0786）《贫★穷老翁经★》，一。一名《贫★老经★》。（0787）《三摩竭□（经）》，一。（0788）《□□□□□（蓱沙王五愿）/

04经★，一。（0789）《琉璃王经★》，□（一）。（0790）《生★经★》，五。有★云《五十五经★》。（0791）《义★足经★》，［二］。

05（0793）《□（佛）本★行集经★》，六十。（0794）《本★事经★》，七。（0795）《兴起行/

06［经］★》，二。出杂藏。（0796）《业★报差别经★》，一。/

07（0797）《大安般经★》，安公[1]。/

08（0798）持入经★》，二。或[2]/

09也。（0799）《处[3]/

右壁，共刊刻佛典目录9行：

01（0801）《分别善[4]/

02经★》，一。（0802）《出家缘[5]/

03因缘经★》。（0803）《阿含正★行[6]/

1　“大……公”六字，《略出》作：“《大安般守意经》，二卷。亦直云《大安般经》。安公云：《小安般》。”但此行上下顶格，刻石无残缺，故应为刻石时似有删略。

2　“持……或”五字，《略出》作：“《阴时入经》，二卷。或作‘除’字，误也。”但此行上下顶格，刻石无残缺，除“也”字转入下行，应为刻石时似有删略。

3　“也处”两字，“也”字为第0798号的注文，参见上一个注释。“处”字为第0799号经。《略出》对该经的著录为“《处处经》，一卷。”但此行上下顶格，刻石无残缺，故应为刻石时似有删略。

4　“分别善”三字，《略出》作：“《分别善恶所起经》”。其中末尾“经”字，可见下一行首。本行上下顶格，刻石无残缺，故“恶所起”三字应为刻石时删略。

5　“出家缘”三字，《略出》作：“《出家缘经》，一卷。一名《出家因缘经》。”其中末尾“因缘经”三字，可见下一行首。本行上下顶格，刻石无残缺，故“经》，一。一名《出家”等六字应为刻石时删略。

6　“阿含正行”四字，《略出》作：“《阿含正行经》，一卷。一名《正意经》。”本行上下顶格，刻石无残缺，故“经》，一。一名《正意经》”等七字应为刻石时删略。如刻石无注文，则删略“经一”等两字。

04（0804）泥犁经★》，一。或云《十八地★狱★[1]/

05（0806）《禅行法★想★经★》，一。（0807）《长者子懊恼三[2]/

06处恼处》。（0808）《揵陀国王经★》，一。（0809）《须摩提长者经★》，一。[3]/

07（0814）《猘★狗★经★》，一。祐云：与《猘★狗★》同。（0815）《分别经★》，一。旧云与《阿难分别经》等同本者，□□（非也）。……/

08（0819）自说本起经★》，一。或云“自说”。亦云《本★末经》。（0820）《大★迦叶本★经★》，一。（0821）《四自侵经★》，一。（0822）《罗云……/

09（0824）罽比丘功德★经★》，一。（0825）《旹★（时）非时经★》，一。或直云《时经》。（0826）《自爱经★》，一。或云《自不自爱经★》。……/

［方按：

第一级北面左边缺漏第0792号《正法念处经》一部。右边缺漏第0800号《骂意经》、第0805号《法受尘经》、第0810号《阿难四事经》、第0811号《未生怨经》、第0812号《四愿经》、第0813号《黑氏梵志经》等六部经典。其中《骂意经》在《复原拟目》中位置在前，编为第0800号。但按照《略出》，位置应在第0804号，与《法受尘经》相连，亦即右边缺漏的六部经典可以分为两个群落：一、《骂意经》《法受尘经》；二、《阿难四事经》《未生怨经》《四愿经》《黑氏梵志经》。

由于刻在佛龛两边，受佛龛占位的影响，每行文字长短不一，刻工在刊刻时颇有任意删略的情况，可参见随文注释。故此处所缺经典，到底是刻工有意删略，还是刻工无意缺漏，尚难遽定。］

第二级

（一）东面

说明：第二级东面中央有一个佛龛，上边左右角各有一个圆圈。佛典目录分别刻在剩余的石面上，左壁13行，右壁12行。所刻佛典目录次序从左到右。今按照其先后次序录文。

受刻石面积及形制影响，刻文有删略，每行所刻文字的数目不等，佛龛两边刻文有断续。具体情况，可参见录文及随文注释。

左壁，共刊刻佛典目录13行：

拓片空白圆形下方大字：“假使热铁轮，/于我顶上□（旋）。”

01大★藏

（0829）《佛说大鱼事经★》，□（一）。（0830）《□□□（阿难七）/

02梦经★》，一。/

03或/

04直/

05云《七梦/

06经》。（0831）《阿（诃）雕阿那含经★》，一。一名“荷雕”，或作“荷（苛）”字。/

07（0832）《灯指因缘经★》，一。（0833）《妇人遇辜经★》，［一］。□□（一名）《妇遇对经★》。（0834）《四★□□（天★

---

1 “泥犁经》，一。或云《十八地狱”十字，《略出》作：“《十八泥犁经》，一卷。或云《十八地狱经》。”本行上下顶格，刻石无残缺，故首部“十八”、尾部“经”等三字应为刻石时删略。又，第04行第0804号与第05行第0806号之间，《略出》尚有经典两部：一为“《骂意经》，一卷”，一为“《法受尘经》，一卷”。按照本佛典目录的格式，应刻写为“骂意经，一。法受尘经，一”，共计九字。该九字似乎亦被删略。

2 “长……三”六字，《略出》作：“《长者子懊恼三处经》，一卷。亦云《长者懊恼经》。亦名《三处恼处》。”对照刻石，末尾之“处恼处”见于下一行首。本行上下顶格，刻石无残缺，故“处经》，一。亦云《长者懊恼经》。亦名《三”等字应为刻石时删略。

3 第06行末尾第0809号经与第07行首部第0814号经之间，缺漏四部经典，为：第0810号，《阿难四事经》，一卷；第0811号，《未生怨经》，一卷；第0812号，《四愿经》，一卷；第0813号，《黑氏梵志经》，一卷。

王）经*》，一。（0835）《摩诃迦叶度贫*母经*》，一。（0836）《十二品生死经*》，一。（0837）《□□□（罪福报）

08应经*》，一。一名《转轮六（五）道罪福报应经》。［方按：此处为佛龛边缘，无法刻字。故第0837号经与第0838号经中间有间隔，首尾不直接相接。］（0838）《五无返复经*》，一。一名《五*返复□□□（大义经）》。（0839）《□□（佛大）/

09僧大经*》，一。（0840）《□□（耶祇）经*》，一。（0841）《末罗/

10王经*》，一。（0842）《摩达国/

11王经*》，一。（0843）《旃陀/

12越国/

13王[1]/

右壁，共刊刻佛典目录12行：

拓片空白圆形下方大字："终不以此苦，/退*失菩提心*。"

01（0845）《弟子/

02□□□□（死复生经*）》，□（一）。□□（或云）/

03《□□□□□（死亡更生经*）》。（0846）《懈怠*耕/

04□…□（0847）《□□（辩意）长者子经*》。或云《长者子［方按：此处为佛龛边缘，无法刻字。故第0847号经中间有间隔，前后文字不直接相接。］辩意*经*》，一[2]。（0848）《无垢优婆夷□□（问经*）》，□（一）。……/

05□…□（0850）《□□□□（天请问经*）》，□（一）。（0851）《□□（僧护）经*》，一。（0852）《护净经*》，［一］。（0853）《木槵子经*》，一。或作"患*"字，又作"棵"。（0854）《无上*处经*》，一。（0855）《卢志*长者□□（因缘）经*》，［一］。（0856）《□□□（五王经*）》，□（一）。/

06（0857）《□□□□□（出家功德经*）》，□（一）。（0858）《□□（栴檀）树经*》，一。（0859）《颇多/

07和多/

08耆/

09经*》，一。/

10（0860）《普/

11达王/

12经*》，［一］。（0861）《佛灭度*后棺敛葬*送经*》，［一］。/

（二）南面

左壁，共刊刻佛典目录7行：

左壁先刻一副大字对联。上面横写四字标题"祖师颂曰"，上联为"一二三三四五六六"，下联为"心*日*心*心*大*事足足"。

其后接刻佛典目录。

01（亦云《比丘［陏］（师）经》。亦名《师比丘经》，（0862）《鬼子母经*》，一。（0863）《梵摩难国王经*》，一。（0864）《父母恩难报经*》，一。亦云《勒（勤）报经》。（0865）《孙多*邪（耶）/

02致经*》，一。（0866）《新岁经*》，一。（0867）《群牛譬经*》，一。（0868）《九横经*》，一。［方按：此处为佛龛边缘，无法刻字。故第0868号经与第0869号经中间有间隔，前后文字不直接相接。］（0869）《禅行三十七经*》，一。（0870）《比丘避女恶*名欲自/

1 "王"，原文如此。依据《略出》，以下应有"经"字。但因已到佛龛边缘，无处可刻，故予删略。又，依据《略出》，以下应有第0844号经："《五恐怖世经》，一。"但拓片照片未见，似亦被删略。

2 卷次一般均刻在经名下。此卷次刻在注文之异名下，比较特殊。

03□（杀）经★》，［一］。□…□/

04□…□（0872）《□□（无常）经★》，一。/

05亦名《三启★经》。/

06（0874）《八无暇有★/

07暇经★》，［一］。/

右壁，共刊刻佛典目录8行：

01（0875）《长/

02爪梵/

03志★请问/

04经★》，一。（0876）《譬喻经★》，一。/

05□…□/

06□…□/

07（0880.1）律》，□□□（六十一）。（0880.2）《后毗尼序》，三。[1]（0881）《根本★说一切有★部毗奈耶》，五十。（0882）《根本★说一切有★部苾刍尼毗奈耶》，二十。（0883）《根本★说一切有★部□□□□□（毗奈耶□（杂）……/

08（0884）本★说一切有★部尼陀那目得迦》，□（十）。（0885）《五分律》，三十。亦云《弥沙塞律》。（0886）《四分律》，六十。（0887）《僧祇比丘戒本》，一。亦云《摩诃……/

其后刻一副大字七言诗。上面横写四字标题“本师大★愿”，下为两行，前一行为“热铁轮里翻筋斗（头），猛火□（炉）中□□□”，下联为“伏请世尊为证★明★，五浊恶世誓先入”。

（三）西面

左壁说明：

西面左壁前部有一圆形小佛龛，佛龛下面有两行大字。为：“假使百千劫，所作业不忘。”

佛典目录刻写在左壁其余石面，共15行。

01（0888）《僧祇比丘尼戒本★》，一。亦云《比丘尼波罗/

02提木叉［方按：中隔小佛龛。］僧祇/

03戒本》，一。［方按：中隔小佛龛。］（0889）《十诵/

04比丘［方按：中隔小佛龛。］戒/

05本》，一。［方按：中隔小佛龛。］亦云/

06《〈十〉十［方按：中隔小佛龛。］诵波/

07罗提木叉［方按：中隔小佛龛。］戒本》。（0890）《十诵/

08□□□（比丘尼）戒本》，一。亦云《十诵比丘尼波罗提木叉戒本★》。/

09（0891）《根本★说一切有★部戒［经★］》，一。（0892）《根本★说一切有★部□（苾）刍尼戒［经★］》，一。（0893）《五分比丘戒本★》，一。亦云《弥沙塞戒本》。（0894）《五分比丘尼戒本》，一。亦云《弥沙塞/

10尼戒》。（0895）《四★分比丘戒本》，一。题云《四分戒本》。（0896）《四★［方按：中隔小佛龛。］分比丘尼戒本》，一。题云《四★分尼戒本》。（0897）《四★分/

1　关于第0880.1号经《十诵律》与第0880.2号经《后毗尼序》的问题，参见拙作《中国写本大藏经研究》（上海古籍出版社2006年版）第六章的有关论述。

11僧戒本*》，一。或云《昙无［方按：中隔小佛龛。］德*戒本*》。（0898）《解脱戒本》，一。（0899）《沙弥/

12十戒法并威［方按：中隔小佛龛。］仪》，［一］。亦名《沙弥威/

13仪》。（0900）《沙弥［方按：中隔小佛龛。］威仪》，一。（0901）《沙弥/

14尼杂/

15戒/

右壁说明：

西面右壁后部有一圆形小佛龛，佛龛下面有两行大字。录文见后。

佛典目录刻写在右壁其余石面，共14行。

01文》，一。失/

02译，今附［方按：中隔小佛龛。］东晋录。（0902）《沙/

03□□□□（弥尼戒经*）》，□（一）。（0903）《□（舍）［方按：中隔小佛龛。］利弗问经*》，［一］。（0904）《□□（根本）/

04说□□□□□□（一切有部百一）［方按：中隔小佛龛。］羯磨》，十。（0905）《大沙门百一羯磨/

05法*》，□（一）。□□□□（出《十诵律》）。（0906）□□□□□□□□《十诵羯磨比丘要用》，［一］。［方按：中隔佛龛。］（0907）《□□□（优波离）问佛经*》，一。或云《□□（优波）/

06离律》。（0908）《□□□□（五分羯磨）》，□（一）。（0909）《□□□□□（四分杂羯磨）》，□（一）。□□□□□（题云：《昙无德）律部杂羯磨》。以结戒场□□（为首）。/

07（0910）《（昙无德*羯摩）》，□（一）。□□□□□□（以结大界为首）。（0911）《□（四）/

08分比丘尼［方按：中隔佛龛。］羯磨/

09法》，一。祐/

10云/

11《昙/

12无德/

13羯磨》。或云［方按：中隔佛龛。］《□□□（杂羯磨）》。/

14（0912）《四分律删补随机羯磨》，一。（0913）《四分僧羯磨》，三。/

西面右壁后部有一圆形小佛龛，佛龛下面有两行大字。为："因缘会遇时，果报还自受。"

（四）北面

左壁说明：

北面左壁在佛典目录第一行与第二行之间有1行4个大字，作"普为四恩*"。

佛典目录刻写在左壁其余石面，共8行。

01题云《羯磨》，卷上*等出《四*分律》。（0914）《四*分尼羯磨》，三。（0915）《大*爱道*比丘尼经*》，二。亦云《大*爱受诚（戒）经*》。或直云《大爱道*经》。（0916）《迦叶禁/

02戒经*》，一。一名《摩诃比丘经》。亦直云《真伪沙门经》。（0917）《犯戒报应□□□（轻重经*）》，□（一）。□（出）《目连问毗尼经》。或［云］《目□□□（连问经）》。/

03（0918）《戒销灾经*》，一。或［云］《□□□□□（戒伏销灾经）》。［方按：中隔佛龛。］（0919）《□□（优婆）塞五戒相经*》，一。一名《优□□□（婆塞五）/

04戒略论》。（0920）《根本*说一切/

05有*部毗奈耶/

06□（颂）》，□（五）。（0921）《□（根）本/

07□□（说一）/

08□（切）/

右壁说明：

北面右壁在佛典目录第四行与第五行之间有1行4个大字，作“看转大藏”。

佛典目录刻写在左壁其余石面，共5行。

01□…□［方按：中隔佛龛。］□…□/

02□…□［方按：中隔佛龛。］（0922）陀那目得迦摄颂》，□（一）。（0923）《五/

03□□□□（百问事经*）》，□（一）。（0924）《□□□□（根本萨婆）多*部/［方按：中隔佛龛。］律摄》，十四。（0925）《毗尼摩得勒伽》，十。（0926）《鼻奈耶/

04□（律）》，□（十）。□□□□□□（一名《戒因缘经》）。（0927）《□（善*）见律毗婆沙》，十八。或云《毗婆娑律》。亦直云《善*见律》。（0928）《佛阿毗昙经*》，二。（0929）《□□□（毗尼母）经*》，二。（0930）《大□□（比丘）/

05三千威仪经*》，□（二）。（0931）《□□□□□□□□□（萨婆多毗尼毗婆沙）》，□□（九）。（0932）《□□□□□□□□（律二十二明了论）》，□（一）。□□（亦直）云《明了论》。

声闻*对法藏，三十六部。

（0933）《阿毗昙八揵度*论》，［三十］。/

第三级

（一）东面

［方按：

第二级北面末尾所刻为第0933号《阿毗县八揵度论》，如严格按顺序刊刻，则第三级东面应该从第0934号《阿毗达磨发智论》开始。现在第三级东面前三行残泐，第四行从第0991号《杂宝藏经》开始，中间空缺58部佛典。空缺者属于“小乘论”部分与“贤圣集传”部分。因第三级东面的三行残泐部分不可能刻下58部佛典，故此处刻石应有残缺。

造成刻石残缺的原因，可能有三种：

第一，因为塔上可供刊刻佛典的面积不够，故有意删略若干佛典。

第二，因刻工所依据的底本有缺失，故未曾刊刻缺失部分。

第三，因为刻工疏漏，故未曾刊刻这些佛典。

由于刊刻第三级东面的时候，第三级其他各面尚未刊刻，且刊刻到最后，第三级北面最后的壁面尚有空余，故因壁面可供刊刻佛典的面积不够故而有意删略的可能性可予排除。至于其余两种可能中，哪一种可能性较大，现在难以遽断。］

第三级东面刻文漫漶严重，现右壁刻文已完全不存在，此次亦未提供拓片照片，故仅对左壁刻文进行录文。

左壁：

从照片看，左壁应有刻文11行，刻文漫漶。

01□…□/［方按：此行刻文现已完全剥落，无文字保存。］

02□…□/［方按：此行刻文绝大部分剥落。个别文字尚存，但漫漶难辨，故不强作拟补。］

03□…□/［方按：此行刻文绝大部分剥落。个别文字尚存，但漫漶难辨，故不强作拟补。］

04□…□（0991）《杂宝藏经★》，□（八）。（0992）《那先比丘经★》，二。（0993）《五门□□□□□》，□（一）。□…□/

05□…□（0994）一名《不净观禅经★》，□（二）。（0995）《禅法要解》，二。一名《禅要经★》。（0996）《禅要呵/

06□□（欲经★）》，一。□…□（0997）《内身观章句经★》，一。（0998）《法★观经★》，［一］。（0999）《思惟略要□（法）》，□（一）。（1000）《□□（十二）游经★》，一。（1001）《旧杂/

07□□（譬喻）经★》□（二）。（1002）《□□□□（杂譬喻经★）》，一。（1003）《杂譬喻经★》，二。一名《菩萨度人经★》。（1004）《□□□□□（杂譬喻经★）》，□（二）。（1005）《阿育王譬/

08□□喻经★》，□（一）。□…□（1008）《□□□□□□□□（阿育王息坏目因缘）经》。一名《王子□/

09□…□/［方按：此行刻文绝大部分剥落。个别文字尚存，但漫漶难辨，故不强作拟补。］

10□…□/［方按：此行刻文绝大部分剥落。个别文字尚存，但漫漶难辨，故不强作拟补。］

11□…□/［方按：此行刻文绝大部分剥落。个别文字尚存，但漫漶难辨，故不强作拟补。］

右壁：略。参见上文对第三级刻文的介绍。

（二）南面

第三级南面佛典目录刻在佛龛两边，先左后右。

左壁说明：共刊刻佛典目录11行。

01□…□/

02□…□（1048）《□□□□□□（续大唐内典录）》，□（一）。（1049）《古今译经★□□（图记）》，□…□/

03□…□（1053）《□□□□（一切经音）义》，□□（二五）。（1054）《□□□（新译大）方广佛华严经★□□（音义）》，□…□/

04□…□（1057）《□□□□□□（续集古今佛道）论衡》，一。（1058）《东夏□□□□□（三宝感通录）》，□（三）。（1059）《□□□（集沙门）不拜/

05□□（俗议）》，□（六）。□…□（1061）《□□□□（大唐西域）求法高□□（僧传）》，□…□/

06□…□（1066）《□（破）邪论》，二。□…□/

07□…□/［方按：此行刻文绝大部分剥落。个别文字尚存，但漫漶难辨，故不强作拟补。］

08□…□/［方按：此行刻文绝大部分剥落。个别文字尚存，但漫漶难辨，故不强作拟补。］

09□…□（续一1）《□□□□（汉法本内）传》，□（五）。（续一2）《沙门法★琳别传》，□（三）。□…□/

10（续二002）《□□□□菩萨梦经》，□（二）。□□（改名）［方按：中隔佛龛。］《阱（净）□□□□（居天子会）》，□（二）。□…□/

11□…□［方按：中隔佛龛。］□…□/

右壁说明：共刊刻佛典目录11行。

01□…□［方按：中隔佛龛。］□…□/

02□…□［方按：中隔佛龛。］□…□/

03□…□/［方按：此行刻文绝大部分剥落。个别文字尚存，但漫漶难辨，故不强作拟补。］

04□…□/［方按：此行刻文绝大部分剥落。个别文字尚存，但漫漶难辨，故不强作拟补。］

05□…□（续二013）《□□（善臂）菩萨所问经★》，□（二）。（续二014）《无垢施菩萨□…□/

06□…□（续二016）《□□□（大方等）善住意★天★子问经★》，四★。（续二017）《大□（乘）方便经★》，三。□…□/

07□…□（续二020）《□□□□（大宝积经）》，□（一）。改名《□□□（普明菩）萨会》。□…□/

08□…□/［方按：此行刻文绝大部分剥落。个别文字尚存，但漫漶难辨，故不强作拟补。］

09□…□/［方按：此行刻文绝大部分剥落。个别文字尚存，但漫漶难辨，故不强作拟补。］

10□…□/［方按：此行刻文绝大部分剥落。个别文字尚存，但漫漶难辨，故不强作拟补。］

11□…□/［方按：此行刻文绝大部分剥落。个别文字尚存，但漫漶难辨，故不强作拟补。］

（三）西面

第三级西面佛典目录刻在佛龛两边，先左后右。

左壁说明：共刊刻佛典目录12行。

01□…□/

02（续二043）□…□愿经★》，一。（续二044）《发菩□□□（提心经）》，□（二）。□□□（亦云“论”）。（续二045）《法句经★》，□（二）。□□□（亦云“集”）。（续二046）《摄/

03□…□（续二048）《□□□□□□□□（虚空藏菩萨所问持）经★□（得）几福★经★》，一。（续二049）《大方广如/

04□…□性起全》，一品。（续二050）《随愿往生经★》，一。/

05□…□经。（续二052）《密迹金刚力士□（经★）》，□（二）。/

06□…□（续二053）《增一阿含经》。［方按：从石面位置看，颇疑此处的“增一阿含经”为（续二054）的注文。待考。］（续二055）《十二因缘经》，一。□…□/

07□…□（续二057）《□□□□□□□□（比丘问佛多优婆塞）命终经★》，一。

08□…□经★□…□/

09□…□/

10□…□/

11［方按：上为佛龛。］（续二062）僧经★》，一。（续二063）《还/

12［方按：上为佛龛。］父王/

右壁说明：共刊刻佛典目录11行。

01［方按：上为佛龛。］（续二064）□（太）子经★》，□（一）。□/

02［方按：上为佛龛。］□…□（续二066）《教戒罗怙/

03□□（罗经）》，□（一）。□…□（续二068）《□□□（善来求）苾刍因/

04□□（缘经）》，□（一）。并出《根本说一切/

05□□（有部）毗奈耶》。□…□（续二071）《□□□□□尊者善和好（意★？）声经★》，一。（续二072）《五种水/

06□（经）》，□（一）。（续二073）《□□（胜鬘）夫人本缘经★》，□（一）。（续二074）《胜光王信佛经★》，一。（续二075）《诛释种受报经★》，二。（续二076）《大世主苾/

07□□□（蓊尼入）涅槃经★》，一。（续二077）《敬法舍身经★》，□（一）。（续二078）《度二邪见童子得果经★》，□（一）。（续二079）《清阴（净）威仪/

08经★》，□（一）。（续二080）《大目连受报经★》，□（一）。（续二081）《初诞生现大瑞应经★》，一。（续二082）《度迦多衍那经★》，一。/

09（续二083）《□□□□□□（翳罗钵龙王业）报因缘经★》，□（一）。（续二084）《安乐夫人因缘经★》，一。（续二085）《增长因缘经★》，一。（续二086）《妙光/

10□□□（因缘经★）》，□（一）。（续二087）《降伏［外道］现大神通经★》，一。（续二088）《大药善巧方便经★》，□（一）。（续二089）《□□□□（佛从天下）赡部洲/

11□（经★）》，□（一）。□…□（续二092）《□□（法与）尼在家得□□（果经★）》，□（一）。□…□/

（四）北面

第三级北面佛典目录刻在佛龛两边，先左后右。

左壁说明：共刊刻佛典目录10行。

01□…□（续二094）《□□□（弟子事）师经★》，□（一）。（续二095）《七种不□□□（退转经★）》，□（一）。□…□/

02□…□/

03□…□（续二101）《八大国王分舍利经★》，□（一）。（续二102）《幻师阿□□□□（夷邹咒经★）》，□（一）。/

04（续二103）《□□□□（净度三昧）经★》，三。（续二104）《法★社经★》，□（一）。（续二105）《毗罗三昧经★》，二。（续二106）《决□□□□（定罪福经★）》，□（一）。/

05□…□（续二108）《□（益）意★经★》，一。（续二109）《最妙胜□（经）★》，一。（续二110）《□（观）世音□□□（三昧经★）》，□（一）。□…□/

06□…□（续三003）《□□□（秽迹金）刚★说神通□□□□□□□□□□□（大满陀罗尼法术灵要门）》，□（一）。□…□/

07□…□（续三004）《秽迹金刚法禁百□□（变法）》，□（一）。□…□/

08□…□（续三008）《□□□□（千手千眼）观自在菩萨［广大］圆满无碍大悲★心★陀罗□□□（尼咒本）》，□（一）。/

09□…□（续三006）《□□□□□□□□（金刚顶经瑜伽修习）毗卢遮那三摩地法》[1]，□（一）。□…□/

10［方按：上为佛龛。］（续三07）《□…□菩萨□□…□》[2]，□。/

右壁说明：右壁残泐严重，拓片可见不连续之两段文字，共刊刻佛典目录6行。

第一段，存字石面约如三角形。存佛典目录3行：

01□…□（续三009）《□□□（不动使）者陀□□□□□（罗尼秘密法）》，□□（十一）。□…□/

02□…□（续三010）《□（金）刚顶瑜伽□□□□□□（真实大教王经）》，□（三）。□…□/

03□…□（续三011）《□□□□□□（金刚顶瑜伽般）若理趣经★》，□（一）。□…□/

第二段，存字石面约如连颈鹅头。存佛典目录3行：

01□…□/

02□…□（续三026）《□□□□□□□□□□□□□（金刚顶瑜伽三十七尊分别圣）位法门〈经★〉》，□（一）。□…□/

03□…□/

［录文完］

1 “第续三006号”《金刚顶经瑜伽修习毗卢遮那三摩地法》位置应该在“第续三008号”《千手千眼观自在菩萨广大圆满无碍大悲心陀罗尼咒本》之前，但此处顺序有误。

2 从名称及排列位置，此经可能是《千手千眼观世音菩萨大身咒本》，编号应为“续三007”。因受续三006、续三008两号错位的影响，排列在这里。

二　目录依据

前此的研究者，对该塔所刻佛典的目录依据有所研究，大体有如下几种观点：

1. 《报告》认为："此塔与四川地区密教勃兴有紧密联系。……柳本尊被尊为四川密宗部主、祖师，赵智凤则自视为柳氏真传本尊。……赵智凤在宝顶山重振教风，营建大、小佛湾石窟道场，记载两代祖师的功业。小佛湾祖师法身经目塔正是这一史实的具体体现。塔身雕祖师法身像应与柳、赵，特别是赵智凤有直接关系。而塔身满镌佛经目录，更是意义深远的举动，或与赵智凤冀图以此独树一教经典，并防止此教法灭的考虑有关。"（《报告》第17页）则似乎认为这些经目是赵智凤本人出于"独树一教经典"之目的而特意编纂的，这些经目与密教有着特殊的关系。

2. 陈习删《大足石刻志略》认为目录依据是武周时期明佺等人所编的《大周刊定众经目录》[1]，但没有说明理由是什么。

3. 《法身塔》一文考察了《开宝藏》《崇宁藏》《毗卢藏》《思溪藏》《碛砂藏》等五种宋刊藏经的简单情况后，主张："这五种版是宋代古版，是'法身塔'所依据。以时间推测，前四种版为可靠依据。因宝顶石刻创建于南宋淳熙七年（1180年）至理宗末年（1259年），此时《碛砂藏》尚未完成雕刻。前四版中又以蜀藏可靠。因蜀藏系官版，流行于世，并送给日本、高丽、契丹等国，又为各版楷模。其余三种版本为私刻，地偏江南，入川情况无考据。"并谓："总观'法身塔'经目，非所谓赵智凤私自搜集，实为正统大藏经目。希藏有蜀藏古本者校之。"《宝顶石刻》（第96、97页）则否定该经目乃赵智凤个人纂集的可能，认为可能是按照《开宝藏》刊刻的。

4. 笔者在1994年发表的《大藏塔考》中提出的目录依据为《入藏录》。

塔上经目的刊刻依据，是我们今天研究该经目所代表的藏经形态以及其他相关问题的基础，由于刻文漫漶比较厉害，给研究这一问题造成较大的困难。前文已经提到，经过此次重新考察，明确该塔所刻经目的目录依据并非笔者在《大藏塔考》中提出的《入藏录》，而是《略出》与《续开元录》。在此进一步申述其理由：

1. 所刻经目的顺序与《略出》及《续开元录》的比较。

下面是诸面现存刻经简况：

第一级东面刻经从第0001号到第0245号。南面刻经从第0249号到第0486号。西面刻经从第0488号到第0774号。北面像龛左壁的刻经从第0775号到第0799号，右壁的刻经从第0801号到第0826号。

第二级东面像龛左壁的刻经从第0829号到第0843号，右壁的刻经从第0845号到第0861号。南面像龛左壁的刻经上接第0861号直到第0874号，右壁的刻经从第0875号到第0887号。西面像龛左壁的刻经从第0888号到第0901号，右壁的刻经上接第0901号直到第0913号。北面像龛左壁的刻经从第0914号到第0921号，右壁的刻经从第0922号到第0933号。

第三级东面像龛左壁的所存刻经从第0991号到第1008号，右壁全部漫漶。南面像龛左壁的所存刻经从第1048号到第1066号。然后接着刊刻续一、续二，到第续二002号结束。南面像龛右壁所存刻经从第续二013号到第续二020号。西面像龛左壁所存刻经从第续二043号到第续二063号。西面像龛右壁所存刻经从第续二064号到第续二092号。北面像龛左壁所存刻经从第续二094号到第续三008号（次序有错乱），北面像龛右壁所存刻经从第续三009号到第续三026号。

从上文比较可知，该塔所刻佛典目录的顺序与《略出》及《续开元录》完全相同。

2. 由于《略出》与《入藏录》的排序大抵相同，仅少数典籍有差异；且该塔佛典亦有刻文前后错落的，因此仅凭次序相同，并不能完全确认《入藏录》就是该塔所刻佛典目录的依据。这也是笔者《大藏塔考》一文犯错误的主要原因。但《略出》与《入藏录》在行文，包括经名、卷次、注文等有些许差异。而凡属有差异处，大藏塔上的文字均与《略出》相同，而与《入藏录》不同。这一点可以雄辩地证明该塔佛典目录的依据只能是《略出》。如下表：

1　陈习删：《大足石刻志略》，载《大足石刻研究》中编，四川省社会科学出版社1985年版。

编号	《略出》	《入藏录》
0028	《大乘十法经》，一卷。初云：佛住王舍城。	《大乘十法经》，一卷。佛住王舍城者。
0040	《阿阇世王女阿术达菩萨经》	《阿阇贳王女阿术达菩萨经》
0044	《如幻三昧经》，三卷。	《如幻三昧经》，二卷
0080	《大方广佛华严经》，五十卷。	《大方广佛华严经》，六十卷。
0130	《金光明经》，八卷。……《佤真陀罗所问经》，三卷。上二经十一卷同帙。	《合部金光明经》，八卷。……《伅真陀罗所问经》，二卷。……上二经十卷同帙。
0146	《持人菩萨经》，三卷。	《持人菩萨经》，四卷。
0165	《大方等大云经》，四卷。	《大方等大云经》，六卷。
0294	《观世音菩萨如意摩尼陀尼经》	《观世音菩萨如意摩尼陀罗尼经》
0354	《私诃三昧经》	《私诃昧经》
0377	《观药王药上菩萨经》	《观药王药上二菩萨经》
0388	《三劫三千佛名经》，三卷：《过去庄严劫千佛名经》一卷、《现在贤劫千佛名经》一卷、《未来星宿劫千佛名经》一卷。	《三劫三千佛名经》，三卷：《庄严劫》上、《贤劫》中、《星宿劫》下。
0434	《六字大陀罗尼经》	《六字大陀罗尼咒经》
0471	《赖吒和罗所问光太子经》	《赖吒和罗所问光德太子经》
0484	《绕佛塔功德经》	《右绕佛塔功德经》
0505	《天王太子辟罗经》，一卷。《僧祐录》中云：“安公关中异经。”	《天王太子辟罗经》，一卷。亦云《太子譬罗经》。或无“天王”字。
0551	《能断金刚般若波罗蜜多经论》	《能断金刚般若波罗蜜多经论释》
0591	《辩中边论颂》	《辩中边论》
0669	《阿那律八念经》，一卷。或直云《八念经》，亦名《禅行敛意经》。	《阿那律八念经》，一卷。或云《八念经》，一名《禅行敛意》，旧录云《禅行捡意》。
0670	《离睡经》，一卷。亦名《菩萨诃睡眠经》。	《离睡经》，一卷。
0675	《苦阴经》，一卷。一名《阴因事经》。	《苦阴经》，一卷。
0720	《力士移山经》，一卷。或直云《移山经》，亦云《四未有经》。	《力士移山经》，一卷。亦直云《移山经》。
0785	《得道梯隥锡杖经》，一卷。亦云《锡杖经》。	《得道梯橙锡杖经》，一卷。题云《得道梯橙经锡杖品第十二》，亦直云《锡杖经》。
0786	《贫穷老翁经》	《贫穷老公经》

如此等等，为避文繁，不一一列举。上述例子充分证明，大藏塔的经目依据是《略出》。

3. 《入藏录》对佛典做了部类的分判，并逐一著录在相应位置。《略出》亦分类别，但标注有所不同。如对大乘戒律部分，《入藏录》命名为“大乘律”，《略出》则命名为“菩萨调伏藏”。对小乘戒律部分，《入藏录》命名为“小乘律”，《略出》则命名为“声闻调伏藏”。上述类目，塔上刻文均与《略出》相同。

4. 还应该提出的是“续一”部分。

在《入藏录》中，主体部分结束以后，著录尾题“开元释教录卷第二十（入藏录卷下）”。在尾题之后，作为附录，著录不入藏部分（亦即本文所谓“续二”）。但在《略出》中，主体部分结束以后，尾题之前，增加了一个“别录”，内容为：

开元释教录（别录）

《汉法本内传》，五卷。未详撰者。

《沙门法琳别传》，三卷。沙门彦悰撰。

右二部，传明敕禁断，不许流行，故不编载。然代代传写之。[1]

亦即这两部典籍是被朝廷明令禁绝的，故《入藏录》中不收。但它们在民间依然流传，故《略出》把它们作为“别录”收入。而塔上佛典目录却包含有这两部典籍，这也充分证明该塔目录主体部分的依据不是《入藏录》，而是《略出》。

这里还需要说明：

《开元录·入藏录》是唐智升编纂《开元释教录》时审定，认为应该收入大藏经的佛典目录。由于它仅是一个私家目录，所以虽然在编成以后在当时有一定的影响，被纳入皇家官藏，但天下藏经依然保持百花齐放的势头，并没有按照《开元录·入藏录》调整、统一。直到“会昌废佛”之后，人们在重兴三宝的过程中，才出现用《开元录·入藏录》规范各地藏经，从而使各地藏经趋于统一的现象。但是，由于当时流通的都是写本藏经，各地佛教经典的流通情况各有不同，故虽然各地的大藏经都以《开元录·入藏录》为基础修造，但往往会有一些小的差异。《略出》原本是以《开元录·入藏录》为基础修造的大藏经的随架目录，由于当时各地的大藏经略有差异，故当时也出现了许多相互之间略有差异的《略出》。关于这一点，拙作《中国写本大藏经研究》的相关章节有详细的论述，并举出各种《略出》传本的实例，此处不再赘述。上述写本藏经的差异，也是其后中国刻本藏经形成中原系、北方系、南方系的主要原因。

我们目前常用的《略出》为《大正藏》本，其底本为明《嘉兴藏》本，参校了宋《思溪藏》本与元《普宁藏》本。上述三种藏经，都属于中国刻本大藏经的南方系统。也就是说，该《略出》实际是南方系藏经的传本。大藏塔所刻经目虽然源于《略出》，但它与《大正藏》本《略出》的文字亦略有差异，文繁不具述。这些差异很难用传抄或刊刻的讹误来解释，因此，大体可以肯定，大藏经经目所依据的，是当时流传的诸多《略出》中的一种。

通过上面的考察，《法身塔》一文提出的“总观‘法身塔’经目，非所谓赵智凤私自搜集，实为正统大藏经目”这一观点是正确的。该塔建于宋代，体现的也是宋代藏经的面貌，与所谓《大周刊定众经目录》也没有什么关系。《法身塔》一文提出，该目录或者与《开宝藏》的目录有关，“希藏有蜀藏古本者校之”。如前所述，《略出》属于南方系传本，而《开宝藏》属于中原系刻本藏经，与南方系有较大的差异。如当时流传的《大集经》有三十卷、六十卷等多种卷本。智升认为六十卷本是错误的，在《开元释教录》中做了评点，将三十卷本收入《开元释教录·入藏录》中，《略出》的《大集经》也是三十卷本。而《开宝藏》宋初在四川刻成的，它所依据的想必是当地的一部写本藏经，《开宝藏》所收的《大集经》恰恰是智升批评的六十卷本。现在塔上经目中的《大集经》也是三十卷本，这说明它的依据是《略出》而不是《开宝藏》。

三　塔名拟议

根据《报告》，该塔为三级四方楼阁式石塔，第一级北面为祖师佛龛，余三面均为佛经目录。第二级四面均开出圆龛，雕有浮雕佛像，北、东、南、西诸面依次为毗卢遮那佛、释迦牟尼佛、祖师、卢舍那佛。第三级四面亦均有佛龛，北、东、南、西诸面依次为微妙声佛、阿閦佛、宝生佛、无量寿佛。佛经目录除了刊刻在第一级东、南、西三面外，还刊刻在诸级各佛龛左右空白壁面处。

《报告》介绍说：虽然清代以来诸多著述都提及该塔，但并无调查与研究专著，甚至连称谓也不统一。我们知道，称谓并不是单纯的名称问题，更重要的是对研究对象进行定性，这是研究工作的第一步。《报告》中列举了现有的各种称谓：“大宝楼阁”“本尊塔”“经目塔”“经幢”“法身塔”等，并“根据塔身雕刻突出表现的‘六代祖师’像及所刻经目情况，定塔名为‘祖师法身经目塔’”（《文物》1994年第1期，第17页。以下凡引该文，仅注页码）。我认为，“大宝楼阁”是一种美称，在此可以置而不论。“经幢”有其特定的形制与内容，与本塔显然不类，故此也可以不予讨论。其他命名法则可以分为三类：一是着眼于佛经目录，如“经目塔”“法身塔”等；二是着眼于遗像，如“祖师塔”“本尊塔”等；三是将上述两者结合起来，如“祖师

1　《略出》，参见CBETA，T55，no.2155，p.746，b13-17。

法身经目塔”。

在此先讨论第一类着眼于佛经目录的命名法。

《报告》介绍，“经目塔”之名，系由四十年代“大足石刻考察团”定名。澄静《法身塔》一文介绍：“塔全身遍刻佛经名，俗称‘经目塔’。”（《宝顶石刻》，第95页。以下引用本文，亦只注页码。）两种说法何者正确，在此不拟考察。总之，这是一种直观而通俗的称呼。但是，既然是佛教的文物，按照“名从主人”的原则，还是应该按照佛教的规矩来称呼它。

澄静根据佛教经籍载述，主张称之为“法身塔”。他在《法身塔》一文中引述了《浴佛功德经》《造像功德经》（实为《造塔功德经》——方按）、《南海寄归内法传》中关于法身的论述以后，说：“佛经称法身，这满刻经目的塔，应名‘法身塔’。”（第95页）这种观点也不甚妥当。

澄静所引诸经籍不甚完整，且文字略有讹误。在此查证原文后，具引如下：

《浴佛功德经》云：

善男子！诸佛世尊，具有三身，谓法身、受用身、化身。我涅槃后，若欲供养此三身者，当供养舍利。然有二种：一者身骨舍利；二者法颂舍利。即说颂曰：

诸法从缘起，如来说是因；彼法因缘尽，是大沙门说。[1]

《造塔功德经》云：

尔时世尊告观世音菩萨言：善男子！若此现在诸天众等，及未来世一切众生，随所在方未有塔处，能于其中建立之者——其状高妙出过三界，乃至至小如庵罗果；所有表刹上至梵天，乃至至小犹如针等；所有轮盖覆彼大千，乃至至小犹如枣叶——于彼塔内藏掩如来所有舍利：发、牙、髭、爪，下至一分；或置如来所有法藏十二部经，下至于一四句偈。其人功德如彼梵天。

……尔时观世音菩萨复白佛言：世尊！如向所说，安置舍利及以法藏，我已受持。不审如来四句之义，唯愿为我分别演说！

尔时世尊说是偈言：

诸法因缘生，我说是因缘，因缘尽故灭，我作如是说。

善男子！如是偈义名佛法身，汝当书写置彼塔内。何以故？一切因缘及所生法，性空寂故，是故我说名为法身。若有众生解了如是因缘之义，当知是人即为见佛。[2]

《南海寄归内法传》卷四：

又复凡造形像及以制底，……当作之时，中安二种舍利：一谓大师身骨、二谓缘起法颂。其颂曰：

诸法从缘起，如来说是因；彼法因缘尽，是大沙门说。[3]

上述佛典说得很清楚，就佛教传统而言，佛塔中所置放的法身舍利，专指法身舍利偈，亦即缘起偈。我们知道，这一偈颂是舍利弗初见马胜比丘时，由马胜比丘诵出的。其后不同的佛教经籍对此偈颂有不同的表述，但意义完全相同。由于它阐明了佛教的根本理法——缘起法，所以受到特别的重视，认为如果解了该因缘之义，即为见佛。北京西山的佛牙舍利塔、房山云居寺塔均有该法身舍利偈。但是，佛经目录与法身舍利偈完全是两回事。所以，因为刊刻有佛经目录而称该塔为“法身塔”，显然并不合适。

其次讨论第二类着眼于造像的命名法。

---

1 《浴佛功德经》卷一，参见CBETA，T16，no. 698，p. 800，a6-11。

2 《佛说造塔功德经》卷一，参见CBETA，T16，no. 699，p. 801，a23-b15。

3 《南海寄归内法传》卷四，参见CBETA，T54，no. 2125，p. 226，c17-22。

在讨论这个问题之前，我想先提出另一个问题：这座塔有造像，有经目。那么，就修造者的本意来说，到底以造像为主，还是以经目为主？这既涉及我们对该塔性质的认识，也涉及命名的重点与方向。

这座三级四面的佛塔，最吸引人注意的是哪一面？应该是北面。该塔虽然遍身满刻文字，但在北面第一级有几个特别醒目的隶书双钩大字：一是檐额“佛说十二部大藏经”；一是两边的四个大字“正法”“涅槃”。加上北面第二级也有一副巨联：“普为四恩”“看转大藏”。使得整个北面气势特别宏大。从北面这些巨字来看，我认为，在修塔者的心目中，该塔的重点无疑是塔上经目所代表的大藏经。既然如此，着眼于造像而予以命名，是否有点失衡？也许有的先生会提出，“正法”“涅槃”四字完全可能与造像有关，这固然言之有理。但深入考察，可以发现这里的“正法”“涅槃”四字即使与造像有关，它与前面命名时所指代的“祖师”“本尊”却并无关，详如下述。

该塔共有九尊造像，其中七尊已经鉴定为佛像并予以定名。第一级北面、第二级南面的两尊被鉴定为祖师像，这就是以“祖师”命名该塔的依据。说这两尊造像是祖师像，主要依据是第一级北面有刻文“六代祖师传密印”；第二级南面有“祖师颂曰”云云。《报告》认为对蜀中密教发展起到重要作用的是“四川密教史上祖师式的关键人物——晚唐、五代的柳本尊和南宋的赵智凤。柳本尊被尊作四川密教部主、祖师，赵智凤则自视为柳的真传本尊”。（第17页）而赵智凤就是营建小佛湾道场，营建本塔的人。因此《报告》认为“塔身雕祖师法身像应与柳、赵，特别是赵智凤有直接的关系”。（第17页）对于这两尊祖师像，以往有两种说法，一说认为是柳本尊；一说认为是赵智凤。《报告》作者倾向于后说。（第25页）那么，这两尊造像到底是不是祖师？是谁？

考察第一级北面，造像的形制完全是按照佛之相好雕造的，应该是一尊佛像。“正法”“涅槃”四字确与这尊造像有关，但从这几个字看，这位主尊应该已经涅槃。既然如此，他就不可能是主持营建该塔的赵智凤。我认为，他也不是柳本尊。一则他与龛中偈颂所反映的身份不合。更主要的是，因为第一级北面的像龛实为这座佛塔的主龛。由于这一面的飞檐上有“佛说十二部大藏经”的檐额。第二级同一面有巨字“普为四恩，看转大藏”云云。联系本塔主要供养了一部大藏经，则主龛中的本尊应该是说法的主体。而柳本尊并不具备这种身份。凡此种种，我认为这尊造像应该是本师释迦牟尼佛像。那么，如何解释佛龛中“六代祖师传密印，十方诸佛露家风。大愿弘持如铁石，虚名委弃若尘埃”这一偈颂呢？我们知道，赵智凤自称：“六代祖师传法印”，这首偈正是赵智凤自誓宏愿所撰。他把这首偈颂刻在这里，应该是要请本师释迦牟尼佛为他的宏愿作证。

再看第二级南面的造像。从资料看，这尊造像也是佛的形象。但值得注意的是手腕戴镯。按照佛像造像的规矩，佛像是不应该有装身具的。从这一点上讲，这尊造像很奇特。龛外左壁有刻文：“祖师颂曰：一二三三四五六六；心赵心心大事足足。”含义待考。右壁刻文：“本师大愿：热铁轮里翻筋头，猛火炉中打倒旋。伏请世尊为证明，五浊恶世誓先入。”第二级的其他佛龛虽然也有类似偈颂，但都没有“祖师”“本师”字样。因此，这儿的“祖师”“本师”应指龛内主尊。我认为他不会是赵智凤。因为该塔是由赵智凤营建的，他不能自称 “本师”。我想，既然赵智凤自视为柳本尊的继承人，柳本尊已经逝世（或者说已经成佛），因此，很可能这儿雕造的就是柳本尊像。由于他已经成佛，自然可以以佛的相好出现。由于柳本尊这个佛不同于其他佛，所以出现手腕有镯的形象。我猜测这儿的镯或为念珠。也许当初柳本尊的确手不离念珠，所以留下这一形象。照片不很清楚，当年到大足小佛湾实地考察，并没有攀缘到第二层仔细观察的条件，故该镯实为念珠的说法，纯属推测。

再看“本尊塔”一名。根据《报告》，该名称最早见于清康熙史彰撰《重开宝顶碑记》，该文现载民国重修《大足县志》。从现有资料看，这是该塔诸种称谓中流行最早的一种，值得重视。“本尊”一词，密教用得较多，一般指在十方诸佛或大菩萨中本人所崇拜、供养的主尊。这儿的“本尊塔”是不是也在这一意义上使用这一名词？如果是，指哪一位佛陀或菩萨？我没有看到该《碑记》，不敢妄测。或许此名源于柳本尊之“本尊”二字？

如上所述，《报告》中所谓的两尊祖师像，一尊应为释迦牟尼像，另一尊可能是柳本尊像，待考。即使第二级南面佛龛中确为柳本尊像，由于该像龛在整个佛塔上显然并不处于重要地位，而如前所述，该塔的重点在大藏经，因此，单纯从造像着眼以命名，似有不妥。

再次简单谈谈两者结合的命名法。

我认为，将佛经目录与造像结合起来命名并非不可以，但必须准确。“祖师法身经目塔”一名则不理想。《报告》称定名的理由是该塔突出表现了“六代祖师”像与经目。如果说“六代祖师”是指第六代祖师赵智凤，则塔上并无赵智凤像；如果是指历代祖师共计六人，则与塔上造像不符。“法身”两字如果是指法身舍利偈，则显然有误。如果是指祖师的法身，则这种用法且与造像结合似乎未见先例。至于用“经目”两字作名称之不妥，已在上文叙述。

这座佛塔的形态为什么如此罕见？它到底应该叫什么名字？其实答案就在前面已经引用的《造塔功德经》中。

《造塔功德经》是印度佛教用以指导人们修建佛塔的一部著作。经中讲得很清楚，塔内应该供养二种东西：一、如来的舍利（这儿专指身舍利）；二、如来的法藏。这种供养又有两种形态：最圆满的应该供养“如来所有舍利：发、牙、髭、爪”与“如来所有法藏十二部经”。条件不具备，可以酌减，直至“一分”舍利与“一四句偈”。经中特意说明，所谓“一四句偈”，就是法身偈。也就是说，供养法身偈实际只是供养如来法藏的最起码的形态。

一般来讲，具足“如来所有舍利”是不可能的。具足“如来所有法藏”呢？要看如何理解“如来所有法藏”这个词。如果说它指所有的佛法，则佛法浩瀚如海，要想具足，谈何容易！如果说指所有的佛教经典，那也是完全做不到的事。因为按照佛教传统的说法，不少经典还藏在龙宫、天上，普通人又如何得到呢？不过，佛教有“一多相即”“小大相融”的思想，所以用一分如来舍利，就可以代表如来所有舍利；用“十二部经”，就可以代表如来所有法藏。简而言之，用一四句偈的法身舍利，也可以代表如来所有法藏。唐道宣《大唐内典录》云：“大圣乘机，敷说声教；离恼为本，不在繁曲。故半颂八字，号称开空法道；一四句偈，喻以全如意珠。广读多诵，未免于生源；常不说法，乃闻于自足。”[1]就是这个意思。所以一般佛塔，供养的仅是法身舍利偈。但赵智凤显然并不以中国习见的仅供养法身舍利偈的形态为满足。本塔第一级北面的檐额“佛说十二部大藏经”实为本塔的灵魂，它说明赵智凤是按照《造塔功德经》的要求，以“十二部大藏经”来代表释迦牟尼一代教法——如来所有法藏而供养之。

这儿的“十二部大藏经”实际是“十二部经・大藏经”的意思。“十二部经”本是印度佛典的一种早期分类方式，后来成为所有佛教典籍的代名词。这种用法很早就传入我国。如僧祐《出三藏记集》谓：“自我师能仁之出世也，鹿苑唱其初言，金河究其后说。契经以诱小学；方典以劝大心。妙轮区别，十二惟部；法聚总要，八万其门。”[2]在三宝崇拜思想的影响下，南北朝我国僧人编撰了一部《佛说佛名经》，其中也用“十二部经”来指代所有的佛教典籍。“大藏经”一词则是中国僧人的创造，主要指在我国发展成长的汉文大藏经。汉文大藏经形成后，人们也常用“十二部经”来称呼它[3]。因此，本塔檐额上“佛说十二部大藏经”的实际含义是赵智凤按照《造塔功德经》的要求供养如来所有法藏的代表——十二部经，但它已经不是印度佛教的“十二部经”，而是中国佛教的汉文大藏经。因为在中国佛教徒看来，十二部经与大藏经本来就是一而二、二而一的东西。

从本塔刻文也清楚反映，赵智凤特别突出本塔的供养大藏经的性质。在所刻经目的开头，特意注明“大藏”两字（第一级东面）；当刻文转到主龛上时，又注明“大藏”（第一级北面）；刻文一转到第二级，马上又注明“大藏”字样（第二级东面）。我想在转到第三级东面时，应该也有“大藏”两字，但漫漶严重，已无法辨认。

如上面所分析的，由于该塔以供养如来法藏为主，且赵智凤将其称为“十二部大藏经”或“大藏”，故根据“名从主人”的原则，可将该塔命名为“大藏塔”或“法藏塔”或“十二部大藏塔”。当然，如果与塔上的造像相联系，也不妨称为“本尊法藏塔”或“本尊大藏塔”等。但该造像是否柳本尊还需考证，故还是慎重为好。

四　研究价值

小佛湾的这座大藏塔具有较大的研究价值，简单地讲，可以归纳为如下四个方面：

（一）反映了当时流行的经录崇拜

佛教传入中国以后，历代均有供养大藏的记载，一般都是供养大藏经本身。如敦煌遗书伯3432号是敦煌龙兴寺供养器物历，其中就反映供养着一部大藏经。《宋高僧传・法慎传》有唐代僧俗信徒共同在院中置经藏，以香灯供养的记载。《入唐求法巡礼行记》也有在佛堂点灯供养藏经的记载。晚唐、五代，福建王审知曾经修造多部金银字大藏经以供养之。但赵智凤在此显然并非如此，他所刊刻的仅仅是佛经目录。就大藏塔“佛说十二部大藏经”的檐额以及刻文中的“大藏”云云而言，赵智凤显然把这些佛经目录看作大藏经的目录，进而认为这些目录代表了大藏经本身，所以要求大家“普为四恩，看转大藏”。也就是把念诵这些目录，等同于转读大藏。由于这里刊刻的《略出》正是当时流通的大藏经的随架目录，这就反映出我国信仰层面佛教的一种特有形态——用经录替代藏经，以经录为崇拜对象。

佛教经录本来只是关于佛教经典的目录，本身并没有什么神秘性。但是，随着佛教的发展，中国的信仰层面佛教在不断发展中

1　《大唐内典录》卷九，参见CBETA，T55，no. 2149，p. 312，c23-26。

2　《出三藏记集》卷一，参见CBETA，T55，no. 2145，p. 1，a9-12。

3　参见方广锠：《八—十世纪汉文大藏经史》，中国社会科学出版社1991年版，第168—191页。

不断创造出新的信仰形态，出现经典崇拜。经典崇拜又有两种形态：一种是对某一部或几部经典，如《法华经》《华严经》《大般若经》等的崇拜；一种是对全部佛教经典，亦即大藏经的崇拜。而随着经典崇拜的发展，记载了经典名称的佛经目录也开始具备一定的神秘意义或者代表意义，人们认为念诵或者携带经录可以产生功德，从而出现一种新的崇拜形式，也使佛教经录出现新的形态。如南北朝时期出现的伪经《佛说大佛名经》就罗列了一大批佛经的名称并一一膜拜之。由于篇幅限制，本文不可能对经录崇拜展开论述，请参见拙作《佛教典籍概论》之"经录与功德"节，以及拙作《中国写本大藏经研究》中关于《大藏经总目录》的论述。

经典崇拜的底蕴是功德思想。大藏塔上之所以刻《略出》，也是为了做功德，而不是真正供人研究大藏经的部帙结构，这与静琬为防止法灭无经而在房山云居寺刊刻石经完全不同。静琬刻经的目的是为法灭后的人提供经本，所以刻时特别认真，尽量不留错字。而赵智凤是单纯做功德，关键在于心诚。这就解释了为什么刻文中大量出现省略文字的情况。一般来说，凡是用于做功德的大藏，容易产生这种因形式而损害内容的情况。关于这一点，我在《俄藏〈大乘入藏录卷上〉研究》（载《北京图书馆馆刊》，1992年第一期）以及《佛教典籍概论》"功德与大藏经"节中均有叙述。从佛教的观点来说，一四句偈，亦可称为具足，则略有缺失，自然无碍大局。但是，由于计划不周，可以将该《略出》刻完整而未能做到，用我们现在的眼光看，实在有点遗憾。

（二）对《略出》原貌及流传形态的研究价值

《略出》的出现，对研究我国佛教大藏经具有重要意义。如果我们对照《略出》的各种传本，会发现一个有趣的现象：《略出》共四卷。其卷四在著录完《开元释教录・入藏录》全部内容之后，原有尾题作"开元释教录卷第四"，亦即《略出》至此结束。但被后人改为"《开元释教录》四卷，唐西崇福寺沙门智升撰"。这样，原来的尾题便变成一条著录。

不仅如此，有人又在该著录后增加了一个《别录》，内容如前所述，添加了两部曾经被明令禁止的佛典。亦即以《略出》为组织形态的佛教大藏经在其后的流传过程中不断演化，作为其随架目录的《略出》也就不断变幻形态。大藏塔为我们研究《略出》在宋代的变化提供了新的资料。

（三）对大藏经史研究的价值

大藏塔对大藏经史的研究价值可以分为两个方面：

第一，我们知道，《开元释教录》撰于开元十八年（730年），收经1076部，5048卷，分作480帙。其后我国的佛教经典不断译出，所以有必要对《开元释教录・入藏录》进行增补。贞元年间，僧人圆照曾撰《大唐贞元续开元释教录》，三卷，增补345卷。会昌废佛之后，全国虽以《开元释教录・入藏录》为标准来恢复本地藏经，但各地情况又有不同。有的仅恢复5048卷部分，有的按照《贞元续开元释教录》增补，也有的按照恒安《续贞元录》的形式增补。现在大藏塔反映的，则是又一种新的增补形态。前此，我已经几次撰文谈及大藏经在会昌废佛之后的统一过程中出现分化的问题。但当时所谈，都局限在5048卷部分的演化以及由此产生的刻本藏经的系统，没有涉及增补部分的问题。大藏塔的发现使我们进一步清楚意识到增补部分的分化问题，这是很有意义的。

第二，赵智凤修建小佛湾，已经是南宋时的事情。距《开宝藏》的完成，已有七八十年。可他刊刻大藏经目录时，所依据的目录仍然是《略出》这样的写本大藏经目录。这说明刻本佛经出现之后，并没有立刻替代所有的写本藏经，说明当时写本藏经仍然广泛流通。从现有实物资料看，北宋中晚期，在《开宝藏》《毗卢藏》《崇宁藏》已经流通的情况下，佛教非常兴盛的浙江一带先后修造了《金粟山大藏经》《法喜寺大藏经》等多部写本大藏。这说明当时还处在写本藏经、刻本藏经同时流通的时代，这对我们理解当时佛教大藏经的流传与演变具有一定的意义。

（四）对研究赵智凤思想与活动及宋代佛教的价值

迨至赵智凤活动的中国南宋，以法事仪轨为代表的信仰层面佛教已经成为中国佛教的一大主流。在这种情况下，作为当时信仰层面佛教的代表人物赵智凤特意在小佛湾修建这一座大藏塔，自然有他特定的宗教含义。那么，他的含义何在？我们知道，在佛教的法事活动中，往往有念诵佛典名称的仪节，那么，赵智凤修建这样一座大藏塔，是否也出于这样一种宗教目的呢？这对研究赵智凤思想与活动，乃至研究宋代佛教均有一定的价值。进而，有的研究者主张大足石刻实际上是用来做水陆法会的道场，那么这一大藏塔在水陆法会中又处在什么地位，发挥什么作用，都值得我们思考。

附录：《重庆大足宝顶山小佛湾大藏塔武周新字　自造字表》

说明：

一、本表中武周新字、自造字（含合体字）用"一般造字法"表示。"一般造字法"规则附后。

二、为避文繁，本表“位置”项仅著录该自造字第一次出现时的位置。著录方法列举如下：“1·东·01”，意为第一层东面第一行。此后该自造字如再次出现，仅在录文中以“*”标注，不再著录在“位置”项。但如同一个字的写法不同，则再次著录。

自造字		正字	位置
原字拓片	结体		
	[不/小]	大	1·东·01
	[大/根？]	佛	1·东·01
	[不/少]	多	1·东·01
	[口@幺]	经	1·东·01
	[一/（示+（丿/几））]	天	1·东·03
	[山/西/…/一]	刚	1·东·05
	[有+长]	能	1·东·05
	[氵+（缶－丿）]	法	1·东·08
	[（共－八）/水]	净	1·东·09
	[亻+玄]	贤	1·东·09
	[令/也]	施	1·东·10
	[（目+目）/王]	圣	1·东·11
	[不/西/（（尚-冋）/一）]	善	1·东·11
	[立/日/（（尚-冋）/一）]	意	1·东·11
	[慧-心/（（尚-冋）/一）]	慧	1·东·12
	[大/佛]	佛	1·东·12
	[〇@天]	日	1·东·12
	[言/（（尚-冋）/一）]	念	1·东·15
	[亠/卌/冖/口/心]	无	1·东·16
	[丶/一/曰/（尚-冋）/一]	德	1·东·18
	[田/（（尚-冋）/一）]	思	1·东·18
	[山/水/土]	地	1·东·20
	[自/十]	业	1·东·20
	[有/（尚-冋）/一]	德	1·东·21
	[十/卅]	来	1·东·21
	[田/八/二]	界	1·东·22
	[天/日]	顶	1·东·24
	[宀/水]	雨	1·东·26
	[德-心/（（尚-冋）/一）]	德	1·东·27
	[首/…/一]	德	1·东·27
	[扌+（丂/一）]	持	1·东·27
	[（尚-冋）/一]	心	1·东·27
	[大/子]	学	1·东·28
	[扌+（勿/（（尚-冋）/一））]	总	1·东·28

续表

自造字		正字	位置
原字拓片	结体		
	[乘-八+艹]	乘	1·东·38
	[（同-口+月）+（同-口+月）]	明	1·东·38
	[（北@白）/几]	儿	1·东·39
	[（厶/十）+（厶/十）]	福	1·东·42
	[二/二]	四	1·东·42
	[上+⊥]	上	1·南·01
	[兴/彡]	千	1·南·07
	[悲-心/（（尚-同）/一）]	悲	1·南·08
	[意-心/（（尚-同）/一）]	意	1·南·10
	[（士-丨）/几]	天	1·南·11
	[三/二]	五	1·南·11
	[首-二@天]	首	1·南·11
	[（佥-从）/一]	命	1·南·19
	[恐-心/（（尚-同）/一）]	恐	1·南·22
	[思-心/（（尚-同）/一）]	思	1·南·23
	[匚@出]	月	1·南·28
	[（目+目）/见]	了	1·南·30
	[悉-心/（（尚-同）/一）]	悉	1·南·31
	[四/示]	和	1·南·40
	[宀/王/口]	肉	1·西·01
	[穴/井]	净	1·西·02
	[慈-心/（（尚-同）/一）]	慈	1·西·03
	[有+?]	能	1·西·10
	[? /?]	多	1·西·10
	[不/真]	假	1·西·20
	[志-心/（（尚-同）/一）]	志	1·西·22
	[来-八]	本	1·西·24
	[念-心/（（尚-同）/一）]	念	1·西·25
	[艹/亘/寸]	尊	1·西·29
	[不/食]	斋	1·西·30
	[禾/（○@天）]	香	1·西·31
	[（厶/十）+（厶/十）]	福	1·西·32
	[亻（亠/口）]	有	1·西·33
	[想-心/（（尚-同）/一）]	想	1·西·34
	[十/卅/一]	来	1·西·34
	[口@狱]	狱	1·西·39

续表

自造字		正字	位置
原字拓片	结体		
	[木/丅]	本	1・北左・01
	田	正	1・北左・02
	[山/分]	贫	1・北左・03
	[出/人]	生	1・北左・04
	[（乐-木）/我]	义	1・北左・04
	[猘-犭 +扌]	猘	1・北右・07
	[扌 +苟]	狗	1・北右・07
	[⿰犭樂-犭 +木]	⿰犭樂	1・北右・07
	[怠-心/（（尚-冋）/一）]	怠	2・东右・03
	[九@女]	患	2・东右・05
	[千/火]	度	2・东右・12
	[死/土]	葬	2・东右・12
	[辶@（日/反）]	退	2・东右・大字
	[衣/？]	启	2・南左・05
	[证-豆+月]	证明	2・南右・大字
	[元@首]	道	2・北左・01
	[行@首]	道	2・北左・01
	[入/耳]	闻	2・北右・05

说明：

一、因年久漫漶，拓片上有些字的笔痕不清。上表仅供参考。

二、“一般造字法”基本规则

本组字法含“*”“/”“@”“-”“+”“？”六个半角基本符号，及“（ ）”“[ ]”“【 】”等三组全角分隔符。其使用规则如下：

符号	说明	范例
*	表横向连接	明＝日*月
/	表纵向连接	音＝立/日
@	表包含	因＝囗@大；或： 闲＝门@月
-	表去掉某部分	青＝请-言
-、+	前后配合使用，表示去掉某部分，而改以另一部分代替	闲＝间-日+月
？	表字根特别，尚未找到足以表示者	背＝（？*匕）/月
（ ）	为运算分隔符	绕＝组-且+（（土/（土*土））/兀）
[ ]	为文字分隔符	罗 [目*侯] 罗母耶输陀罗
【图】	图形符号，表示原文献在此有图形	

宝顶山道场造像布局的探讨

李巳生

一　前言

自佛教进入中土，大乘佛教流行时杂密经咒也随之传入，正式译密经、设坛、造像，唐代分宗立派在长安、四川、滇、藏逐渐盛行，并东传日本。开元三大士译经设坛灌顶，祈福禳灾，建五台山金谷寺密教专修道场，惠果受不空金、胎两界大法阿阇梨位，住持青龙寺灌顶坛。吐蕃宁玛派传莲华生无上瑜伽法，重密咒，单传，阿叱力师赞陀崛多到南诏建五密坛场，弘瑜伽法。日僧空海受业于惠果，归国后创真言宗。安史之乱后长安密教由盛而衰，唐会昌至宋太平兴国期间（841—983年），吐蕃朗达玛灭法，佛教中断百数十年。今唐建金谷寺专修道场及青龙寺灌顶坛已不存在，青藏寺院多明清壁画和泥塑。北宋，印僧天息灾、法天、阿底峡传布新译密经，迄至南宋施护、法护等也相继译出新经。在理学兴起，禅宗鼎盛，佛教诸宗相涉，儒释道交融中，密教植根于南北各民族地区传播演变。

四川地区南梁时已出现杂密造像，初盛唐时造以毗卢佛或弥勒佛为主尊的龛窟。中唐寺院壁画与石窟雕刻艺术繁荣，大造密坛曼荼罗，长安章敬寺马采，吐蕃藏饶萨先后入川弘法。晚唐至五代，守真、知玄皆当时名僧。大和七年（833年）河南金厥（谷）寺洪照师入川，其门人设密坛，真言驱邪，咒水治病救人[1]。柳本尊大中九年（855年）于嘉州始设道场，行道于川西南汉州、成都一带，残肢供佛，持大轮五部密咒治病驱邪，现种种神异，蜀主王建惊叹，召见嘉奖。四川地区密教造像自唐延续至宋，宋代造像盛行于川东安岳、合川和大足，南宋时凿宝顶山道场群。“宝顶山道场造像群，在中国本部密教道场之有大宗石刻者，亦惟此一处，诚中国宗教上之重要遗迹也”[2]。宝顶山道场造像群与印度尼西亚的婆罗浮屠，柬埔寨的吴哥石窟都是世界著名的密教遗迹，列入《世界遗产名录》。自1945年杨家骆先生组团考察大足石刻后，大足县志总纂陈习删先生撰文论述：“宝顶山石刻分刻两大系统之像（大佛湾、小佛湾），其缺点在无由联为一，足以破坏其理想东方佛国之完整。一为不分主从，合并两大系统之像集中刻一处，其缺点无由区别要次，不足阐发教义之精蕴。宝顶为密教何部，柳本尊、赵智凤二人居何等地位，其造像系统如何？殊无一人能言，亦不易言，即有言者，仍多不得其实。”但是，陈习删先生首次提出，宝顶山道场造像群，是“宋瑜伽部主总持王寺院，造像具有仪坛、阐教两大类”[3]。只是未详言两大系统以及其中多铺造像组合的“主从”“要次”“系统如何”。陈先生撰文至今已六十余年，宝顶山造像系统如何，仍然令人费解。是否密教也令学者怀疑。面对如此宏伟重要的宝顶山道场造像，很有必要从显示的特色入手，探索其系统布局如何形成，本文取得一鳞一爪，抛砖引玉。

1982年笔者在前贤研究的基础上，查阅有关佛教经论，由大足、安岳去川西南柳本尊行道地区搜集资料，与道场造像及镌题对照，从彼此相应契合之处推测，道场由四方结界、教相道场、事相坛场组合，由显入密，修习成佛[4]。之后，据《大乘本生心地观经》（简称《心地经》）、《诸佛境界摄真实经》（简称《真实经》）对照，从二经诸品次第阐述，为报四恩修习净业，菩提行以及本尊瑜伽成佛的内容与道场造像内涵相应之处，说明应是报恩成佛的道场[5]。鉴于道场毕竟建于南宋，宋代特定的历史背景和社会发展演变，佛教在佛儒交融、显密相涉、三教合流的趋势中加快了人间佛教的进程。宝顶山道场是在内忧外患日益严重，忠孝爱国思想激荡，文化发展至高峰，以及大足周边地区佛儒文化环境的影响中形成。本文拟在前文的基础上再作修定，从造像内涵与艺术的角度探

* 本文原载大足石刻研究院编：《2009年中国重庆大足石刻国际学术研讨会论文集》，重庆出版社2013年版。

1 赵长松：《三台东山摩岩遗存是唐代密宗道场》，《四川文物》1998年第3期。

2 杨家骆：《大足宝顶山石刻志略》，《中央日报·文物周刊》第20期，1947年2月2日。

3 陈习删：《大足石刻志略》，1955年油印本。

4 李巳生：《四川石窟雕塑艺术》，李巳生主编：《中国美术全集·雕塑编·四川石窟雕塑》，人民美术出版社1988年版，第18—21页。

5 李巳生：《报恩道场宝顶山》，《敦煌研究》2004年第6期。

讨宝顶山道场造像的内容与道场布局系统的特色。

二　概况

（一）地理位置

宝顶山报恩道场位于重庆市大足区。大足区地处嘉陵江与沱江系分水岭的低山丘陵地区，大足区及与之毗邻的安岳、合川等区，或佛或道或三教均为唐宋造像圣地。宝顶山道场造像群，凿造在大足区东北15公里的宝顶镇山王村。

（二）创建年代

关于宝顶山道场造像凿造年代虽有异说，而以南宋赵智凤主持，于淳熙至淳祐年间（1174—1252年）营建一说可信。赵智凤凿龛修行，造像行道事实有历史文献、碑碣记载。

大佛湾造像群中镌题有嘉定至嘉熙年间（1208—1240年）与赵智凤同时的朝廷大员，渝州、重庆府官员的书额题诗，宋禅僧宗赜撰父母恩重经变相十恩德颂词，牧牛图镌题“杨次公证道牧牛颂”，镌题“佛说守护大千国土经”及涅槃图的经典依据可能出自宋代译本。造像中的人物服饰、器物、建筑样式具宋代特色。雕刻的技法、艺术风格与大足北山南宋造像一脉相承。小佛湾灌顶坛上“毗卢庵”有“释迦如来涅槃至辛卯绍定四年（1231年）得二千一百八十二年”镌题，与嘉定时官员书额题诗纪年一并为确定宝顶山道场造像年代的依据。宝顶山道场大规模整体设计造像，可能在嘉定至绍定年间（1208—1233年）。

（三）造像形制

宝顶山道场造像群以圣寿寺小佛湾和大佛湾为中心，道场外围四方结界，大佛湾教相道场中设“毗卢道场”“报恩圆觉道场”，小佛湾设事相坛场，灌顶坛上设“毗卢庵”，侧设灌顶井戒律龛，山坡顶设坛、塔，疑即摩护坛。圣寿寺前水池底有宋刻“释迦足相”图，池侧设“释迦真如舍利宝塔”，附近建转法轮塔一座（图1）。婆罗浮屠与吴哥石窟用石材建筑，由平台、回廊、塔婆或佛龛、殿堂组合。宝顶山道场是在丘陵起伏，林木幽深，于2.5平方公里的自然环境中造像整体布局，似按凡夫修行成佛的次第步步深入，顺山势，逐层登高。由四方结界造像群进入山谷中的教相道场，然后登上事相坛场，以至山顶护摩坛场。

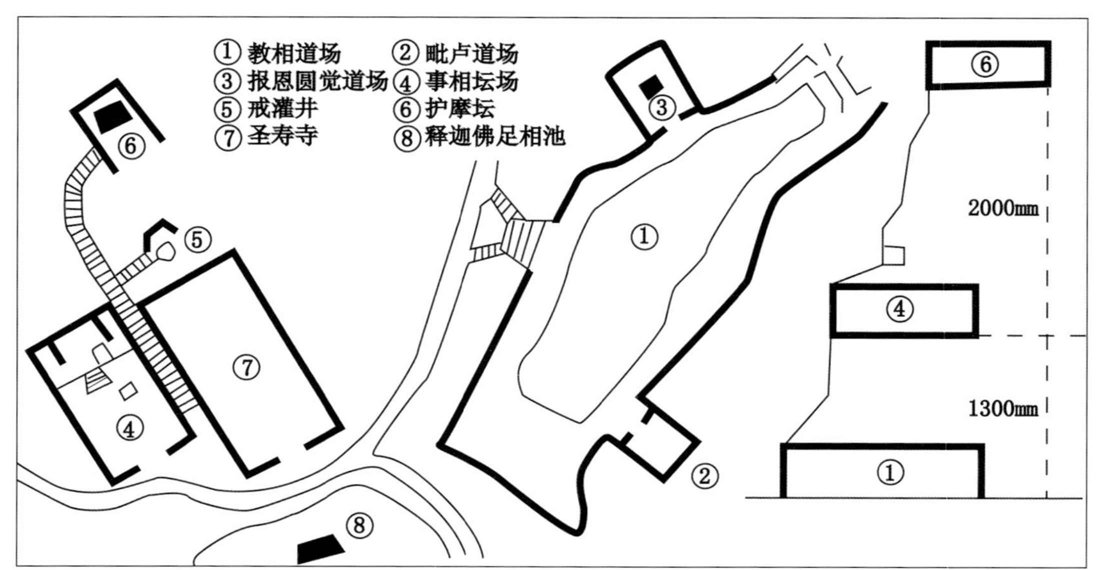

图1　宝顶山道场造像整体布局示意图

三　道场造像布局的特色

关于宝顶山道场造像的整体布局，杨家骆先生指出：“宝顶造像为一有系统、有计划之经营，故亦不能以一般整理造像之眼光视之。多巨制，且层次变化无穷，绝少雷同之处。”[1]此说在海内外学者中几乎一致，问题在于系统如何形成，整体布局依何经论？多年

1　杨家骆：《大足宝顶山石刻志略》，《中央日报·文物周刊》第20期，1947年2月2日。

来，笔者遍观道场造像，查阅有关经论，疑从道场经目塔可窥见有关线索。

经目塔因塔身遍刻大藏经目得名。密典称：修密行者登灌顶坛之前，应先恭敬礼拜阿阇梨，观祖师圆满福德之相，听闻正法，发愿修善断恶，修习三密，即身成佛。此塔分三层雕刻诸佛祖师像及经文、偈语、誓愿词，镌题“六代祖师传密印，十方诸师露家风”及“祖师颂”。据此，可简称祖师塔。（图2）

图 2　祖师塔示意图

（一）祖师宝塔　造像总纲

祖师塔位于小佛湾灌顶坛前，据密典及图像、镌题推知，塔身四面三级，象征四季、四方位、常乐我净四德及发心、修行、菩提、涅槃四阶段。第一级北面雕刻蓄卷发髭须的祖师像[1]，第二级四面分别雕刻宝冠螺髻法身毗卢佛、蓄螺髻报身卢舍那佛、应身释迦佛、蓄卷发化身祖师像，第三级四面雕刻的四佛均坐圆满月轮中。第一级赵智凤像与第二级毗卢佛像均位北壁，除第三级四佛外，其余诸佛及祖师像身左右侧均镌题与之相应的誓愿词、偈语等。如毗卢佛镌题道场宗旨“普为四恩”“看转大藏”；赵智凤像镌题“佛说十二部大藏”“正法”“涅槃”“六代祖师传密印，十方诸佛露家风”“大愿弘持如铁石，虚名委弃若尘埃”；报身佛镌题深信因果偈语“假使百千劫，所作业不忘，因缘会遇时，果报还自受”；应身佛镌题“假使热铁轮，于我顶上旋，终不以此苦，退失菩提心”；化身佛镌题“祖师颂：一二三三，四五六六，心日心心，大事足足”[2]；本师大愿“热铁轮里翻筋斗，猛火炉中打倒旋，伏愿世尊为证明，五浊恶世誓先入”。

密教尊师[3]，修密行者登灌顶坛前，首先拜祖师塔，恭敬礼拜祖师，领悟道场宗旨、所依经典、祖师传承、誓愿颂词，深信因果，发菩提心，听闻“正法”入“涅槃”。疑祖师塔造像及镌题的内涵，可能即道场造像系统的形成、造像整体布局的总纲。下文试就造像宗旨、法脉相承、所依经典、修习次第探讨如下。

1. 道场宗旨　为报四恩

祖师塔毗卢佛像侧镌题“看转大藏”“普为四恩”。道场中随处可见、发菩提心誓愿词、深信因果及“风调雨顺、国泰民安”等镌题，这些应即建道场宗旨。经说：“起大悲心，为报四恩，建立道场。修是法者，于其国中无有七难。”（《真实经金刚界外供

1　宝顶山道场中共有五十余身蓄须发僧：一般均称之为祖师像，若按镌题，造型以及构图中位置可推测：1. 柳本尊像在舍身十炼图和“毗卢庵”中均断左臂、眇左目，缺左耳。蓄须作凡人像，无须作佛像。镌题“本尊教主”“本尊贤圣”“瑜伽部主总持王”，在构图中居于主位或与释迦佛对坐。2. 赵智凤像三身均蓄卷发髭须，分别位于祖师塔与毗卢佛同一塔面，或位于“三仙人”图中，或位于地狱变塔前作持经说法状，镌题“吾道苦中求乐，众生乐中求苦”“诸佛菩萨与我无异”。

2　祖师颂可能有以下含义“一二三三，四五六六”（六波罗蜜，六祖师），“心日心心，大事足足”（《华严经》卷十“心佛及众生，是三无差别，诸佛悉了知，一切从心转，若能如是解，彼人见真佛”。受戒灌顶，三密相应，即身成佛，圆满具足）。

3　智满译《海潮音文库·真言宗》：“故求佛教之极圆意不可不读经，而经之秘密事实则在仪轨，仪轨事为之所以然，则必待阿阇梨之口授，且经与仪轨有异时，舍经而取仪轨，仪轨与口传有异时，舍仪轨而从口传。教相无秘，秘在事相。”

养品第五》[1]）“我今乐欲酬报四恩，投佛法僧出家修道”（《心地经厌舍品》[2]）。道场四方结界镌题“家家孝养二亲，处处皈依三宝”。“父母恩重经变”“大方便佛报恩经变”两铺造像，始于教相道场发愿，终于事相坛场炼行，更设有“报恩圆觉道场”。

2. 法脉相承　现世佛陀

密教重视法脉相承，“盖秘印秘明乃仅传一人之法，依于法脉系统，由师传弟，继续相承”[3]。称传授密经及仪轨法则的为传持祖师；传持相承教主之心印秘密即灌顶授法相承的为付法祖师；或既为传持祖师又为付法祖师；或因某宗派之首创者，或有重大贡献者列为该宗派之祖师。如日本真言宗弘法大师，“依法脉系统，大日、金刚萨埵、龙猛、龙智、金刚智、不空、惠果、弘法等八大祖师、大师居第八位”“其为真言宗立宗之祖师，当列为第一位”[4]。“吐蕃萨迦派昆龙王护为吐蕃最初出家七人之一，数传至宝王建寺，逐渐形成萨迦派，其子喜庆藏（1092—1158年）从师学多种法门，于是成为一切密法的教主”[5]。

宝顶山道场祖师塔壁赵智凤像侧镌题“佛说十二部大藏经”及显密经目，以及“六代祖师传密印，十方诸佛露家风”的镌题，疑以此表明其既为传授密经的传持祖师，又为相承教主心印的付法祖师。镌题既说“六代祖师传密印”却不列出祖师姓名？其原因可从赵智凤像侧镌题“大愿弘持如铁石，虚名委弃若尘埃”得到解释。或隐去姓名，归之于异人传授出自神力，有关柳本尊行道的碑偈和造像镌题中说：

□□□□氏名居直，▭柳本尊数致神异人不敢称其名，号柳本尊犹言法华之类也。先是州城北有柳生瘿，久之乃出婴儿，邑都吏收养，既长聪慧过人。……一日遇女子于途遂与之归，未几□役蔬食纸衣，律身清苦，专持大轮五部咒，盍瑜伽中略出念诵仪也，数年而成功。[6]

大藏佛言，本尊是毗卢遮那佛，观见众生受大苦恼，唐大中九年六月十五日于嘉州龙游县玉津镇天池坝，显法身出现世间，修诸苦行，转大法轮。[7]

圣寿本尊修诸苦行，转大法轮，其化甚行，明宗赐其院额曰“大轮”，至神宗熙宁间敕号“圣寿本尊”，后赵智凤因持其教，故亦以此为号焉。[8]

从以上碑文及造像镌题中，可见在法脉传承上柳本尊已被神化，所记柳本尊行化十炼颂咒驱邪行道，类似吐蕃“宁玛派秘密单传从事以法术作禳灾祈福治病驱邪活动的在家咒师”[9]。柳本尊与赵智凤均以本尊为号，“本尊者，自己之本觉也，菩提心也，即与释迦，弥陀等已成佛同体”[10]。

由于修密行必须尊师，不仅恭敬礼拜善知识，耳听口授密法，还应眼观祖师、本尊福德圆满之形象。在三座分道场中，柳本尊十炼图分别在教相道场及事相坛场中出现自圣入凡，或由凡入圣毗卢佛化身的教主形象，赵智凤端坐“大宝楼阁”前以示勤修陀罗尼成正觉，于地狱变图中持经说法，镌题“诸佛菩萨与我无异”。密典称：“法报应化体同用异”，柳、赵在道场造像中均以现世佛陀的面貌，供善男信女礼拜。赵智凤图像在祖师塔上的位置及镌题，表明他即现世道场之本尊，传法灌顶的大阿阇梨。

3. 所依经典　十二部经

小佛湾祖师塔上镌题“佛说十二部大藏经”及大小乘显密经目，存刻经目4428字，因漶蚀存3862字，可识经目510部，2135卷。在三座分道场造像中仅镌有十数经名，今摘录造像镌题经名，及据图像镌题推测的经名如次。

1　《大正藏》第18册，第280页上。

2　《大正藏》第3册，第306页中。

3　神林隆净著，欧阳瀚存译：《密宗要旨》，中华书局1939年版。

4　前揭神林隆净著，欧阳瀚存译：《密宗要旨》。

5　法尊：《萨迦派》，中国佛教协会编：《中国佛教》第一辑，知识出版社1980年版，第370页。

6　参宝顶山小佛湾沙门释祖觉重修《唐柳本尊传》碑。

7　参安岳石羊乡“毗卢洞柳本尊行化十炼造像镌题”。

8　参宝顶山大佛湾《重修宝顶山圣寿寺》碑。

9　丁汉儒等：《藏传佛教源流及社会影响》，民族出版社1991年版，第29—31页。

10　黄奉希译：《密宗大纲·大日释迦同体》，有正书局1923年版。

四方结界

《大藏佛说大鱼事经》	龙湾
《大藏佛说守护大千国土经》	佛祖崖

教相道场

《六趣轮回经》《根本说一切有部毗奈耶经》	六趣轮回图
《大宝楼阁善住秘密陀罗尼经》	广大宝楼阁图
《佛本行经》《大般涅槃经》	涅槃图
《千手千眼观世音菩萨广大圆满无碍陀罗尼经》	千手观音图
《大孔雀王咒经》《佛说孔雀明王画像仪轨》	孔雀明王图
《佛说最上意陀罗尼经》《清净法身毗卢遮那心地法门成就一切陀罗尼三种悉地经》	毗卢道场
《父母恩重经》《报父母恩德经》	父母恩重经变相
《大方便佛报恩经》《杂宝藏经》《睒子经》	大方便报恩经变相
《净饭王涅槃经》	
《观无量寿佛经》	观经变相
"缚心猿锁六耗""弥勒化身傅大士作"	六耗图
《华鲜经》《出曜经》《护口经》《地藏本愿经》	地狱变相
《大方广圆觉修多罗了义经》《南无大般若经》	报恩圆觉道场
《南无大华严经》《南无大宝积经》《南无大涅槃经》	
《杨次公证道牧牛颂》	牧牛图

事相坛场

《恒沙佛说大灌顶法轮经》《南无金幢宝胜佛教诫》	七佛壁
《受十善戒经》《佛说不可思议金刚手经》	灌顶坛
《诸佛境界摄真实经》	

以上经目显密皆备，镌题只表明某铺造像的经名，或随阿阇梨的意愿将多经组合增删改编，甚至自撰经论。关于系统布局，三座道场及多铺造像内容彼此的联系，无文字具体说明，“所以无由联为一区别要次，不足阐发教义之精蕴”。让观者自己去理解推测，查阅有关经论探讨。般若译《大乘本生心地观经》，《诸佛境界摄真实经》，二经在中唐译出后产生很大的影响，出现了含有“十恩德”与《父母恩重经》《报父母恩德经》合一的多种本子，如宝顶山父母恩重经变相即其中的一种。《大乘本生心地观经》所说十恩德，及为报恩修行成佛的次第与宝顶山道场造像大体相应，宝顶山灌顶坛造像也与《诸佛境界摄真实经》基本契合。疑以上诸经及阿底峡《菩提道炬论》所说三士道修行次第，可能与道场造像整体布局系统直接或间接有关。

4．修习次第　由显入密

密教在印度婆罗门教与佛教交融的发展中演变，随着时空的推移形成不同的派系。印度波罗王朝的统治者建超行寺“其中一半属于密教的内道部分，另一半属于密教的外道部分和显教，从这里可以看出，超行寺是以密教为中心的”[1]。唐开元间密教正式传入长安，翻译密经，设坛诵咒禳灾祈福受戒灌顶，以《大日经》或《金刚顶经》或二经共为根本经典，或兼习显宗。日本台密宗师最澄，“大师在唐一年，其所学法门遍及园密禅戒诸宗，称之为四种传承”[2]。创台密以《法华》为始经，《大日》为终经。弘法大师自长安受业于惠果，立《华严》与密一致的真言宗。修习教相事相二门，著《十柱心论》，倡前九柱心皆显教说，“教相者，理论也。事相

1　吕澂：《印度佛学源流略讲》，上海出版社2000年版，第200—205页。

2　［日］村上专精著，杨曾文译：《日本佛教史纲》，商务印书馆1999年版，第51—54页。

者，实践也，此二门不可相离，犹如鸟之双翼，车之双轮，故宜双修”[1]。以显教为道之加行，密教为道之正行。按修习次第先习教相，以显教义理为主，然后方可修习事相，进入密法核心，由阿阇梨口传密授。两宋时期辽代的道颐著《显密成佛心要集》，觉苑著《大日经演秘抄》，调和华严与密，西夏的慧克结合密教与念佛，著《密咒园音往生集》。印度兼弘显密的超行寺大德阿底峡，北宋时应邀入吐蕃，传授显密观行的教法，著《菩提道炬论》说“三士道”修习次第。弟子仲敦创噶当派，“把佛所说的一切语言——经律论三藏教义，都能摄在阿底峡所持的教授三士道次第修学之中”[2]。修习次第由显入密。

宝顶山道场中祖师塔上镌题“佛说十二部大藏经”大小乘显密经目，大佛湾以显教造像为主，小佛湾依密经设祖师塔、灌顶坛、应即教相道场与事相坛场。宝顶山道场基本上即按《菩提道炬论》说，在成佛的道路上，由因至果，为自利也为利他出发修人天行果、菩提行、证佛果三阶段的修习次第，圆满成佛报四恩。

（二）造像布局　纲目序列

据有关经论与道场造像群中主要造像及镌题对照推测，道场造像系统布局可能以祖师塔造像及镌题的内涵为总纲，道场内、外、前、后设结界像，按修习次第设教相道场和事相坛场，于教相道场中，分设“毗卢道场”及“报恩圆觉道场”，在事相坛场中设祖师塔、七佛壁、灌顶坛、护摩坛，提纲挈领组合经目序列。其中某铺造像的内涵与相毗邻的一铺或多铺，组合分段，脉络贯通，循序渐进，由浅入深，前呼后应，演示经论的义理功德和修习方法。形成以报四恩为宗旨，由显入密，修习本尊瑜伽，皈依教主柳本尊，成佛报恩的道场，展示出系统布局的特色。兹按照道场造像布局顺序探讨，略述如次。

1. 四方结界　清净道场

密教建道场须先择地，“瑜伽行者……欲建道场，先立四方结界”[3]“道场四方设四方结界，从印流出炽焰绕成坚固之城，诸恶人虎狼狮子不能附近”[4]。宝顶山道场结界方圆2.5公里散点分布在通往道场中心的四面八方的山崖上。例如：珠始山造佛半身像，左右站立金刚、药叉共八身，执器仗举大旗，镌题“风调雨顺、国泰民安”“佛日光辉、法轮常转”等偈语（图3）。龙头山造像二铺，一铺为毗卢佛，左右站立二身护法神；另一铺金刚神两肩火焰飘曳，脚踏火轮，手握鬼头刀，一女戴枷一男下跪，镌题“不准六种外道……精灵妄起贪爱……姿心侵犯……”。佛祖崖造毗卢佛及二菩萨半身像，佛冠顶有柳本尊像，用双钩大字镌题发菩提心誓愿词，深信因果以及风调雨顺、国泰民安等语，“欲得不恕无间业，莫谤如来正法轮”“家家孝养二亲，处处皈依三宝”等偈语。更用双钩字体镌题《佛说守护大千国土经》经名及经文约234字。佛典称：《佛说守护大千国土经》其功效力不仅护卫道场，还可消除众生一切灾难、不善之业，尤能镇护国家。

图3　珠始山结界像

1　金山影晤：《弘法大师之佛教观》，智满译：《海潮音文库》，有正书局1923年版。

2　前揭法尊：《迦当派》，第384页。

3　《大正藏》第24册，第1008页中。

4　程宅安：《密宗要义》，华通书局1929年版。

由金刚、明王、守护道场外围的四方结界和道场内的前后结界，形成寺院“法王”、甚深经典、僧众守戒的清净道场。宋僧智圆（976—1022年）特别强调结界对僧侣守戒的作用。他说：“大界不结，则律范无以行，律范不行则身、口无以齐，身口不齐则定慧无由着。”智圆于玛瑙院结界，“持戒布萨，并于每年结夏自恣，僧人结夏安居之最后有一日（七月十五日），在其他比丘面前袒露自己的过错、忏悔”[1]。

位于大佛湾东面约300米处，有四级八面转法轮塔。第一级，八菩萨立像，第二级，每面佛坐像，其中二身蓄卷发。上端壁面多剥蚀，隐约可见太子降生、沐浴、苦修、成道诸图。塔壁镌题：“佛日光辉、法轮常转”“风调雨顺、国泰民安”。据此塔位置，造像及镌题内容，可能出自《梵网经·心地品第十》：

若佛弟，常应教化一切众生，建立僧房山林田园立作佛塔，冬夏安居坐禅处所，一切行道处，皆应立之。而菩萨应为一切众生解说大乘经律，若疾病、国难、贼难、父母、兄弟、和上、阿阇梨亡灭之日，及三七日乃至七七日，亦应读诵讲说大乘经律，斋会求福。[2]

2. “毗卢道场” 人天行果

教相道场三面悬崖峭壁环绕，东、北二崖“毗卢道场”，南崖的“报恩圆觉道场”均凿佛窟为说法的殿堂。并在窟外左右摩崖上铺设与之相应的阐教像，依修习次第演示经论义理，镌题大量经文、偈颂，造像崖面高达7至13米，长达500米如连环画长卷。善男信女可沿参拜道往来观像礼拜、念经、唱偈颂。（图4）

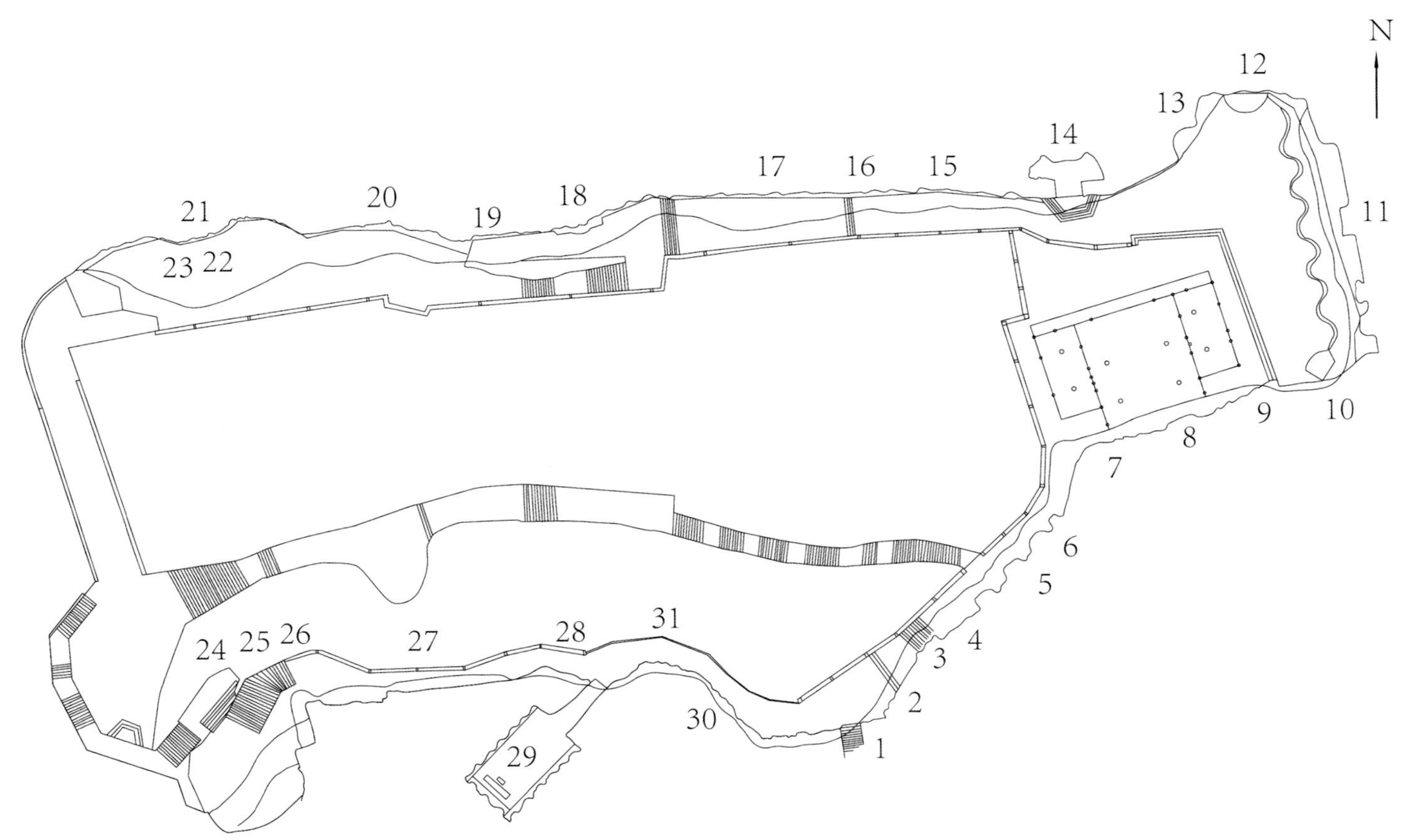

图4 宝顶大佛湾造像布局示意图

据造像经论及镌题经目内容推测，为向凡夫俗子宣讲正法，凿北崖“毗卢道场”为中心，在左右摩崖上组合经论造像，次第阐明深信因果，发菩提心，孝亲尊师，修禅持戒，皈依三宝的义理和功德。“毗卢道场”窟外壁凿圆满月轮中佛十六身及四天王，镌题：“欲得不恕无间业，莫谤如来正法轮”。窟内正壁八角攒尖亭内坐三佛，居中头戴宝冠的毗卢佛，口角放射出毫光（图5），右方窟壁设置佛坐莲花宝座。左右侍立菩萨金刚，下跪一或二菩萨的造像（图6），共六组；左方窟壁已崩毁，残存二组。在亭座露盘上浮雕人物、城门、楼阁，镌题“翅头城”“正觉门”，云朵中立童子，七座小塔内有坐佛，右方壁镌题“兜率宫”，疑与弥勒、善财童子故事有关。据此窟造像设置，其内容可能主要出自《清净法身毗卢遮那心地法门成就一切陀罗尼三种悉地经》：

尔时，毗卢遮那佛告言千百亿释迦牟尼佛，汝今谛听，吾为汝说调伏之法，令一切众生普得安乐。一切众生，于心地法门，有闻

1 转引自蒋文斌：《孤山智圆与其时代——佛教与宋朝新王道的关系》，《中华佛学学报》第19期，第284页。

2 《大正藏》第24册，第1008页中。

不闻者，俱得调伏。闻者令遣懃进加，若不闻者，令发道意。汝等当知，此人正造恶之时，汝等须知调伏之法。时时与作重病，世间方法无能救者，如此众生，为苦所逼。必发道意，乃可引摄令入佛道。[1]

时二金刚同声白佛言："世尊佛说总持法门，众生云何修学？"尔时毗卢遮那佛，即与释迦说心地神咒时文殊、普贤、观音、弥勒、金刚藏五大菩萨，总随侍释迦入深法界。听毗卢遮那佛说心地法要之门甚深境界。[2]

尔时毗卢遮那佛言："汝欲知三种悉地者，吾为汝说。汝等当知三部共同上中下悉地相，三部各有三种悉地。若有善男子等，欲得成上悉地者，当复清净护内外清净身三日四意三烦恼清净者，先诵所持之咒心诵所持之咒二十一遍。遍遍自口中有文理之光，从自口中而出，入诸神口中，光入尽已，想一切诸神，复入自口中，至心王安置，凡欲办事，每思性心念：我是大圣自在之身，今且化作凡夫人，于俗众生之中度苦众生。令人不识。"[3]

"若持佛顶咒得上悉地者，即共诸佛一种，何以故？虽身是凡夫，心得自在，辩才无碍，智慧无滞，能一切无人世间为师，具一切种智，一切神通，说不可尽。是故应知，与佛无异。菩萨万行，饶益众生，及有神通大智在。此持咒之人悉得如是。当知即是菩萨一种无有异也。"[4]

毗卢遮那佛言文殊："中悉地者，随持三部咒，各有本尊画像之法闭目定想，思念本尊神者，在于目前。对面而立。"[5]

毗卢遮那佛言："汝等当知，若人持三部神咒欲得下悉地者，先诵遍数及诵心地咒闭目而坐，观想金刚，于前铺设大曼荼罗坛。"[6]

当知此经是诸经中王，此咒是诸咒中王，汝等诸菩萨摩可萨，当须流布于阎浮提，与诸众生作大利乐，令持咒者速成悉地。尔时毗卢遮那佛言："流布此经，先观根性，然后付嘱。何以故？智惠之人闻之深信，无智之人必生惊怖。复有疑心，令彼众生反招其罪，死入地狱，为谤此经及诸佛等，获如是报。"[7]

图5　第14窟正壁

图6　第14窟右侧壁

1 《大正藏》第18册，第777页上。

2 《大正藏》第18册，第777页中。

3 《大正藏》第18册，第778页下—第779页上。

4 《大正藏》第18册，第779页中。

5 《大正藏》第18册，第779页中。

6 《大正藏》第18册，第779页下—第780页上。

7 《大正藏》第18册，第781页上。

据以上经文及造像设置揣知毗卢道场左右两翼造像是针对“闻者”尤其是“未闻者，世间方法无能救者”，特以通俗易懂的变文、变相，发挥俗讲道场的功能，令其喜闻乐见，感悟入佛道。“三种悉地”为修人天行果、菩提行、成正觉和道场中柳本尊、赵智凤以佛菩萨及本尊之身宣说正法，佛化作凡夫于俗众中度众生等，提供经典依据。在窟门楹联中含有“谤此经及诸佛”招其罪及在涅槃图、七佛壁上都镌题有“先观根性”等内容。

毗卢道场左翼造像群以展示深信因果轮回，尊崇师长，勤修陀罗尼，趣求涅槃妙乐的内容为主。造像群可分为三组，第一组为道场前结界像，雕造一猛虎，象征邪恶窥视道场及“守护甚深经典诸神”。

第二组造像六道轮回、广大宝楼阁、华严三圣三铺。在六道轮回图中，无常大鬼怀抱六趣生死轮，卷发僧胸前辐射出六道毫光，及三轮。其间分层浮雕天、人、阿修罗、畜生、饿鬼、地狱、傍生、鸽（贪染）、蛇（瞋恚）、猪（愚痴）和六趣生死者于罐中出头露足，以及十二缘生生灭、男女、老病死受苦乐等（图7）。镌题：

图7　六道轮回像

汝常求出离，于佛教勤修，降伏生死军，如象摧草舍。

三界轮中万种身，自从贪爱业沉沦。君看轮外恒沙佛，尽是轮中旧日人。

于此法律中，常为不放逸，能竭烦恼海，当尽苦边际。

此图像及镌题与《根本说一切有部毗奈耶》经所说基本契合。经说：“我之男女或弟子常为恶业，不勤修习清净梵行，欲令弃舍诸恶业故，是故我令敕诸苾刍，于寺门屋下画生死轮。”[1]

广大宝楼阁图中三位卷发僧端坐镌题有“宝顶山”三大字的石座上，身后三竹。竹前三童子，竹梢现三楼阁及佛像，镌题：“广大宝楼阁”（图8）。此图与《广大宝楼阁善住密秘陀罗尼经》所说三仙人得妙法成正觉的内容契合。经说：

……时彼仙人得法欢喜踊跃，于其住处如新，醍醐消没于地，即于没处而生三竹。竹内各生一童子，颜貌端正色相成就。时三童子，亦既生已，各于竹下结跏趺坐，入诸禅定至第七日，于其夜中皆成正觉。其身金色三十二相八十种好圆光严饰。时彼三竹一一变成高妙楼阁[2]。……

尔时，世尊告执金刚菩萨摩萨：“昔三仙人岂异人乎？今此宝幢塔中，三全身如来是；彼时三竹者，今妙楼阁宝幢是；彼时地者今此地是，彼时世界者今此世界是；彼时仙人闻此陀罗尼勤修习故，舍彼仙身，成等正觉。昔时空中净居天者岂异人乎？则我身是。昔有贤者夜日净居，常勤供养彼三仙人，其净居者，今妙种种色，清净如来是。昔彼三仙既成正觉，为彼净居有授记曰：‘汝于来世当作佛，奥妙种种色清净如来。’”[3]

经说三童子结跏趺坐成正觉，图中却又端坐卷发三僧，头顶毫光托童子及竹枝和楼阁，疑此三僧即道场三大阿阇梨，一位一体的本尊[4]，居中蓄髭须者应即赵智凤。若与经文对照，似暗示三僧即因勤修陀罗尼成正觉。此经含有孝亲尊师内容：“众生下劣，不勤精进，心多惑乱，愚痴暗钝，耽若诸欲，不信正法，不敬父母。不敬沙门、婆罗门，不敬尊者，是故此陀罗尼不能入彼之人手”[5]。

1 《大正藏》第23册，第811页上。

2 《大正藏》第19册，第639页中。

3 《大正藏》第19册，第639页下。

4 《密宗要旨·瑜伽观行之本尊》（神林隆净著，欧阳翰存译）载：“真言行者于瑜伽修行法时，有坛上之本尊，有召请之本尊，有道场之本尊，此三本尊成为一味一体，加持感应于行者。”

5 《大正藏》第19册，第636页下。

“华严三圣”（图9）以报身佛卢舍那居中。顶放射毫光，螺髻结印，二菩萨托塔，头戴花冠，身后满壁浮雕月轮。其中端坐佛、菩萨及卷发僧。以示《华严经》说“如来成正觉时，于其身中普见一切众生成正觉，乃于一切众生入涅槃”的功德愿心。《华严经卢舍那佛品》中说：“卢舍那佛成正觉，放大光明照十方，诸毛孔出化生云，随众生器而开化，令得方便清净道，佛于往古生死中，调伏一切诸群生，于一念中悉解脱。”[1]《梵网经》与此组造像内容相应，经中说：卢舍那佛“为此地众生凡夫，痴暗之人，说我本卢舍那佛心地，初发心中常诵戒光明，金光宝藏是一切佛来源，一切菩萨本源，佛性种子，一切众生皆有佛性”[2]。又说：“一切男子是我父，一切女人是我母，我生生无不从之爱之，故六道众生皆是我父母”[3]。

图8　广大宝楼阁像

图9　华严三圣像

此组造像演说轮回流转的因果和勤修陀罗尼成正觉，既设广大宝楼阁图，又造华严三圣像，证明“轮外恒沙佛，尽是轮中旧日人”。在《华严经》和密经中均以毗卢佛为教主，道场四方结界造像群，多铺华严三圣像以毗卢佛为主尊。此处却以卢舍那佛为主尊，而且，此蓄螺髻之佛也出现在灌顶坛金刚神室“毗卢庵”中，居于毗卢佛的位置。揣摩此处华严三圣中卢舍那佛即与毗卢佛同体，“体同用异”。佛身网罗法界包含六道，普现一切众生前。隋唐造像在佛衣上绘天堂、人间、地狱图，在此教相道场中则结合经文义理，雕刻天上、人间、地狱图于造像群中。所以特造巨像，报因行之功德，显佛之实智。

第三组造像以涅槃图为主（图10），前后崖壁浮雕《佛本行经》中所说太子诞生、沐浴、出游四门等故事。左右分别设置“舍利宝塔”“妙智宝塔”、千手观音、“化城龛”、孔雀明王。此组造像与常见涅槃图有异，如《大般涅槃经》所说：1. 如来常住不变易法世出世间的差别，常乐我净，众生悉有佛性，佛涅槃时只受婆罗门优婆塞纯托的最后供养，以平等心视诸众生。佛将涅槃，“时有无量诸弟子为欲利益安乐众生，成就大乘第一空行，愿发如来方便密教，为不断种种说法，为诸众生调伏因缘故，疾至佛所，稽首佛足，绕百千匝，合掌恭敬，却坐一面”[4]。疑此图佛前诸弟子、菩萨行列中前三人即“以平等心视众生”而设置。特将蓄卷发的瑜伽僧置于首位。2. 《大般涅槃经》说：“佛将涅槃，举声啼哭悲咽而言：‘苦哉、苦哉，世间空虚。’复白大众：‘我等今者一切当五体投地，同声劝佛莫般涅槃。’尔时世尊复告纯陀，莫大啼哭自乱其心。……世尊告诸比丘：‘汝等莫如凡夫忧愁，啼哭，当勤精进，系心正念。’”[5]故此图中弟子、菩萨等均无悲伤痛哭的表情。3. 经说：释迦涅槃时，即起大悲大智，因有大悲故不住于寂灭的涅槃而在三界中利乐众生，以已脱离迷界故不为生死所污染所束缚因而常乐，所以此涅槃图左右设千手观音、孔雀明王、仪坛祈福禳灾。

此组造像展示释迦佛涅槃，常乐我净，大悲大智，利乐众生。“愿发如来方便密教，为不断种种说法”经句仅见于宋译《大般涅槃经》本，与造像中蓄卷发瑜伽密教僧形象相应。所设“舍利宝塔”“妙智宝塔”“化城龛”似含证佛位四智圆满，达佛果位入涅槃。在“舍利宝塔”上以双钩字体镌题“天泽无私，不润枯木；佛威虽普，不立无根”偈语。崖顶有佛母自天下降图，似以此引人联

1 《大正藏》第9册，第405页中。

2 《大正藏》第19册，第620页上。

3 《大正藏》第9册，第405页中。

4 《大正藏》第12册，第366页上。

5 《大正藏》第12册，第376页上。

图 10 释迦佛涅槃像

想佛母从天降临时释迦为诸不孝众生说法[1]。

毗卢道场右翼造像演说发菩提心知母报恩，知心观心，修习净业皈依三宝，尊奉教主柳本尊。造像三组。第一组父母恩重经变、大方便报恩经变以及雷音图三铺。雷音图中造抱袋鼓风的风伯、猪头人身槌击环鼓的雷公、高举宝镜闪光的电母、腾空布云骑龙洒雨的雨师及一捧簿记事天神，镌题："勒烧煞五逆（者）"。诸神驾云凌空，地上一人仰首望天，一人卧烈焰中。崖壁镌题："雷音一震惊天地，万物生芽别是春""天不可欺，善恶到头终有报，只争来早与来迟"。

父母恩重经变上层造七佛，下层造像宣说报父母恩德，写大乘，供养三宝，持斋守戒，为不孝人地狱图，壁面镌题戒律，"若长大翻为不孝，毁辱亲情，不尊师范。三千条律令，不孝罪为先"。中层以"投佛乞求嗣息"，赐紫慈觉大师□宗赜颂一组居中，左右分别雕刻父母十恩德五组（图11），图文对照镌题颂词，多字漶灭，存字择要录后。

投佛祈求嗣息，……父母同香火，求生孝顺儿，提防年老日，起坐要扶持，父母皆成佛，绵绵法界如，尔时心愿足，方乃证无余，……

第一，怀担守护恩，……母黄如有病，动转亦身难。

第二，临产受苦恩，……慈父闻将产，空惶不自持

第三，生子忘忧恩，……初见婴儿面，双亲笑点头，从前忧苦事，到此一时休。

第四，咽苦吐甘恩，……□□儿子吃，□□自家餐，不□知恩少，他时报德难。

第五，推干就湿恩，……干处让儿卧，儿身熟□睡，仰推慈母为。诸佛亦何偏。

第六，乳哺养育恩，慈觉禅师宗赜颂曰，乳哺无时节，怀中岂暂离，不愁脂肉尽，惟恐小儿饥。

第七，洗濯不净恩，……儿身多秽污，洗洁□□□。

第八，为造恶业恩，古德颂曰……养儿方长大，婚嫁是寻常，宴会多杀害，罪业使谁当。

第九，远行忆念恩，慈觉颂曰，……恐依门庐望，归来莫太迟。

第十，究竟怜悯恩，颂曰百岁惟忧八十儿，不舍作鬼也忧之……

1 涅槃图中佛母在释迦降生和涅槃时出现，似与释迦孝亲并为众生说法有关。大足北塔造像"双林示寂式"、《西域记》卷六中都有"佛已涅槃、慈母摩耶夫人降至双树间，如来为诸不孝众生，从金棺起合掌说法"。

“大方便报恩经变”造像图文对照演示释迦因地修行成佛的故事（图12），在镌题有《三圣御制佛牙赞》的石座上设置释迦牟尼半身巨像，结说法印，托钵。头顶毫光托“忉利天宫”楼阁，侧浮雕三头六臂阿修罗及地狱受苦刑人物。释迦佛巨像左右侧壁，以《大方便佛报恩经》为主，集《杂宝藏经》《睒子经》《贤愚经》以及《净饭王涅槃经》中，释迦佛因地修行成正觉的故事，按内容情节组合人物，分为三层设置高浮雕造像共十二组，镌题经文摘录如次：

大藏佛说大方便佛报恩经。

大孝释迦佛亲担父王棺。

佛因地修行舍身济虎。

释迦因地鹦鹉行孝……鹦鹉有智慧，能怀孝养供父母……

释迦佛因行孝证三十二相……一一相好，皆是由我从初发心坚固菩提，知恩报恩，是故今得无上菩提……

释迦因地雁书报太子……太子持珠发愿，此是如意宝者令父母两目明净如故……

释迦因地为睒子行孝……睒子至孝，天地所知，欲具福者安慰人民，当令奉戒……

释迦因地剜肉……作千疮燃灯供养，王闻法已告诸人民。应为我亿持是法，其见闻者，发无上菩提心。

释迦佛因地修行舍身求法……我通达一切外道经论，修寂灭行，不为外道破坏。

释迦牟尼佛诣父王所看病……我曹父能生圣子，利益世间，今宜往诣报养育恩。

释迦因地行孝剜目睛出髓为药……是知如来行孝报恩，历尘沙劫不可思议。

释迦因地割肉供父母……王出投邻国，粮尽犹远，饥渴所逼，……食之随路而去……

图11　父母恩重经变像

图12　大方便报恩经变像

此组造像“不仅将当时佛教孝观发展的两大主流信仰，即侧重父母‘恩重’的佛教孝道信仰，及侧重子女‘报恩’的佛教孝道信仰，依当时流通的《父母恩重经》及《大方便佛报恩经》将佛教孝观完整地表现在石壁上”[1]。并与“三圣御制佛牙赞”及流行于民间的风雷雨电诸神组合以示修习成佛报恩孝亲忠君。“大方便报恩经变”造像崖壁顶端镌题“假使热铁轮，于我顶上旋，终不以此苦，退失菩提心”。此发菩提心誓愿词以纵横约40厘米的特大双钩字体横向排列，贯通宽约16米的造像壁顶，当有其特殊意义：1. 崖顶地狱图令人联想到释迦过去世因七情六欲坠入地狱，发菩提心修习成佛（《大方便佛报恩经·发菩提心品》）。2. 发菩提心是修菩提行成佛的根本，发菩提心以大悲为本，“大悲从慈，慈从报恩，报从念恩，怀念恩者从知母生”。“知母”（思惟法界有情都是自己的母亲），“念恩”（思惟一切有情于我有恩），“报恩”（思惟当报一切有情恩）[2]。学佛人当以知母知恩为起点，发菩提心，修习净业从报父母恩扩展到报四恩，自利利他成佛。3. 父母恩重经变造像下层有一小方碑，镌题以发菩提心誓词居中，左右侧镌“知恩者少”“负恩者多”，透露出赵智凤建报恩道场的缘起。

1　古正美：《大足佛教孝经经变的佛教源流》，重庆大足石刻艺术博物馆：《2005年重庆大足石刻国际学术研讨会论文集》，文物出版社2007年版。

2　《菩提道次第广论集注》（法尊译论，智敏集注）第17—18页“从金洲大师传来的七重因果教授”：1.知母；2.念恩；3.报恩；4.悦意慈；5.大悲；6.增上意乐；7.菩提心。

第二组造像居中“六耗图”、左“观经变”、右地狱变三铺（图13），“六耗图”崖壁上端镌题“缚心猿锁六耗”“弥勒化身傅大士作”，其下雕刻卷发僧端坐莲台，膝间躺一猴头状婴儿，莲台镌题“若人欲了知，三世一切佛，应观法界性，一切由心造”。卷发僧胸前放射出两道镌题有偈颂的莲花状毫光沿身侧上升。左侧镌题“善、福、乐”“人天五欲，四禅清净，二乘寂灭，菩提自在”，浮雕菩萨及着俗装人物。右侧镌题“恶、祸、苦”“地狱极苦，饿鬼饥渴，畜生患难，修罗斗战，人中贫贱”。浮雕阿修罗，地狱图。卷发僧头侧镌题“天堂地狱”“一切由心造”。

莲台下绳系象征“六耗”的动物。整个崖面围绕“一切由心造”的主旨，遍镌偈颂。例如：

眼如走犬，逐五色村；耳如乌鸦，啄空声起；鼻如毒蛇，□□□□；舌如野狸，寻尸旧□；身如大鱼，常思浊海；意如野马，奔走无闲（六耗偈句）。

咏心偈，方寸心非心，非浅亦非深，宽则遍法界，窄则不通针，善则出福乐，恶则祸殃侵，苦乐多般事，皆缘一寸心。

锁六耗诗，眼耳鼻舌身共意，暗使心神不自由，若能锁得六耗住，便是神仙大觉修。

“观经变”依《观无量寿佛经》中宣说的修习三福和十六观，及九品往生造像，以九品往生图为主位，两侧刻十六观，西方三圣仅露半身。壁面镌题经文及“普劝持念阿弥陀佛”“再三劝相念弥陀”碑文共2704字摘录如下：

大藏经云，尔时世尊告韦提希……欲生彼国者当修三福□□，一者孝养父母奉事师长，慈心不杀，修十善业，二者受持三皈具足众戒，不犯威仪，三者发菩提心深信因果，读诵大乘劝进行者，如此三事名为净业。佛告韦提希，此三种业乃是过去现在未来三世诸佛净业正因。（上品上生）

若有众生受持五戒持八戒斋修行诸戒不造五逆无众过患，以此善根回向愿生西方极乐世界。（中品上生）

或有众生毁犯戒律偷僧祇物不净说法，无有惭愧，如此罪人以恶业故应坠地狱。（下品中生）

地狱变崖面横向安排三层造像，上层十佛，地藏及二胁侍、十王、两司，在十王两司桌帷上镌题善恶业报偈语[1]。中层造刀山、寒冰、镬汤、剑树、拔舌、毒蛇、剉碓、锯解、铁床、黑暗等十地狱中罪人受苦刑。并镌题念佛功德[2]。下层主要雕刻世俗凡夫饮酒食肉及比丘破斋毁戒，父母、兄弟、夫妻、姊妹皆昏乱颠倒、杀父淫母等与应入何种地狱对应。造像由多经组合，镌题残存2770字，摘录如下：

大藏佛说华鲜经，佛告迦叶，善哉善哉，不饮酒者是我真子，即非凡夫。若饮酒者或父不识子，或子不识父，或兄不识弟，或弟不识兄，或夫不识妻，或妻不识夫，或姊不识妹，或妹不识姊，或不识内外眷属。善男子现前颠倒，何况未来一切众生。不饮酒肉者，得发无上菩提之心。（截膝地狱）

大藏佛说护口经云，诫诸众等善护口过勿妄出言。善有善报，恶有恶报，善恶无报，天地有私。（饿鬼地狱）

大藏佛说出曜经，佛言众生习恶。如铁生垢，颂曰：如铁生垢，反食其身，恶生于心，还自害形。（剉碓地狱）

此组造像以“六耗图”中说“一切由心造”，阐明善恶、祸福、苦乐的因果。以知心观心、观佛念佛，持十斋五戒修习净业为内容，向凡夫俗子宣讲安乐住人天之法。“观经变”中说修习三净业愿生极乐国土，两篇“劝念阿弥陀佛”文的功德，均与地狱变造像及镌题相呼应。更设祖师说法图，一蓄卷发髭须僧持经结印立塔前作说法状，塔壁镌题：“天堂也广，地狱也阔，不信佛言且奈心苦。吾道苦中求乐，众生乐中求苦。”发菩提心为救度众生苦修苦行，以调伏世人脱苦为乐。

第三组造像柳本尊行化十炼图和十大明王图（图14），崖檐上镌题“唐瑜伽部主总持王”八个大字，檐下雕刻五佛四菩萨坐圆满月轮中。柳本尊说法巨像其额心放射毫光上升至毗卢佛圆月轮，柳本尊着居士装，颌下蓄须，缺左耳、左臂、眇右目，右手举胸结印。左右壁雕刻与其行道事有关人物十七身。上层雕刻立雪、炼膝共十组，叙述柳本尊于唐光启二年至前蜀天福六年间（886—941

1　例如“破斋毁戒杀鸡猪，业镜昭然报不虚，若造此经兼画像阎王判放罪消除”（五官大王）。

2　例如“日念贤劫千佛一千遍不坠寒冰地狱。就中最苦是寒冰，盖因裸露对神明，但念诸佛求功德，罪孽消除好处生”（寒冰地狱）。

年），在嘉州、成都、金堂、弥蒙一带设道场，诵密咒舍身十炼供佛，为人驱邪治病事迹，称柳本尊为“本尊教主”“本尊贤圣”。每组均有镌题记事，强调其因神异受到刺史的惊叹，蜀主召见褒奖的故事。兹将镌题摘录如下：

第一炼指，本尊教主于光启二年偶见人多疫疾，教主悯之遂盟于佛，持咒灭之，在本宅道场中炼左手第二指一节供养诸佛，誓救苦恼众生。

第二立雪，本尊教主于光启二年十一月……将身向胜峰顶大雪中凝然端坐以表释迦文佛雪山六年修行成道。

第三炼踝，本尊教主宴坐峨眉……于左脚踝上烧炼供养诸佛愿共一切众生举足下足皆遇道场永不践邪谄之地。

第四剜眼，本尊圣贤至汉州……一日汉州刺史赵君差人来请眼睛诈云用作药剂欲试可，本尊已先知，人至将戒刀便剜付与殊无难色。……眼至赵君观而惊叹曰：“真善知识也。”投诚忏悔。时天福四年七月三日。

第五割耳，本尊圣贤令徒弟往弥濛躬往金堂金水行化救病，经历诸处亲往戒敕，诸民钦仰皆归正教，于天福四年二月十五日午时割耳供养。

第六炼心，本尊贤圣于天福五年七月三日以香蜡烛一条炼心，供养诸佛，发菩提心广大如法界，究竟如虚空，令一切众生断烦恼。

第七炼顶，本尊贤圣于天福五年七月十五日本尊以五香捍就一条蜡烛端坐炼顶，效释迦佛鹊巢顶相，大光明王舍头布施。

第八舍臂，本尊教主于天福五年在成都玉津坊道场内截下一支左臂……刀刀发愿誓救众生，以应阿弥陀佛四十八愿。本界厢吏谢洪具表奏闻，蜀王叹异遣使褒奖。

第九炼阴，本尊教主于天福五年前十二月中旬马头巷丘绍得病，身死三日，皈依本尊求救合家发愿若得再生剪发齐眉终身给侍。本尊具大悲心，以香水洒之，丘绍力苏。于是，丘绍夫妇二女俱来侍奉以报恩德，不离左右。闰十二月十五日本尊用腊布裹阴经一昼夜烧炼以示绝欲。……本界腾奏蜀王叹服。

第十炼膝，本尊贤圣蜀王钦仰日久因诏问曰：“卿修何道自号本尊？卿禀何灵救于百姓？”对曰：“予精修日炼，誓求无漏无为之果，专持大轮五部秘咒救度众生。”于天福六年正月十八日将印香烧炼两膝，供养诸佛发愿与一切众生龙华三会同得相见。

据《汉州志》“柳本尊嘉定人，唐开成年间，嘉定城北有柳生瘿，瘿破出瘿儿，郡人收养以柳为氏，少长，祝发于玉津镇天池坝，大中九年乙亥得道”“专持大轮五部秘咒救度众生”，为行道济世成佛的表范，在此柳本尊作为毗卢佛的化身由圣入凡的形象，教化学佛人发心皈依三宝，作为道场之教主接受供养礼拜。柳本尊行化图之下，横向排列十大明王半身巨像，以示诸佛菩萨化为明王护持正法[1]。作为后结界像，“本尊降临，更严警卫，以绝窥觊”[2]。

图13　地狱变、六耗图、观经变

图14　柳本尊行化十炼图和十大明王图

上述毗卢道场左右两翼造像群，是针对凡夫俗子演说入佛门基本义理的俗讲道场。由于凡夫俗子愚迷痴暗，是非不明，善恶莫

1　每身明王均有镌题如“大火头明王卢舍那佛化、大威德明王金轮炽盛如来化”等。

2　程宅安：《密宗要义·道场庄严》。

辨，进入教相道场，首先观六道轮回图领悟：诸行无常，有漏皆苦，生前死后都是苦海。善恶业果，随业受报，作业皆自心。解脱之道，在于思维人生难得，勤修出离心，解脱轮回流转的苦海，趣求涅槃妙乐。学佛人当听闻正法，亲近善知识。正法是证得涅槃大果的因，善知识是离恶修善，脱苦得乐的导师，一切佛法如是皆由善知识而得圆满，学佛人当恭敬礼拜善知识。发菩提心知母报恩、知心修心、持戒修禅、皈依三宝以求人天行果，强调坚持“正法”，修习净业入“涅槃”。释迦过去世能通达外道经论不为外道破坏，也曾因七情六欲坠地狱，修寂灭行发菩提心成佛。对于现世六师谤佛，破斋毁戒的男女，正在作恶世间方法无能救者俱得调服令入佛道。造像或由多经组合，或加以增删改编，演说华严、净土、禅、密诸经义理，方便多门，契一切众生之机。

3. “报恩圆觉道场” 进入菩提行

“报恩圆觉道场”位于南崖，与北崖毗卢道场相望，凿“圆觉洞”窟，为佛说法的殿堂（图15）。窟外摩崖造“牧牛图”及“具圆觉而成正觉者”的成正觉像。“圆觉洞”中正壁三佛二胁侍，佛前跪一菩萨作启请状，左右壁设菩萨共十二身，壁面上端浮雕带可能即“善财童子五十三参”。据造像布局和窟甬道左壁镌题“报恩圆觉道场”六个双钩大字，此窟当依《大方广圆觉了义经》佛应十二菩萨之请，向诸菩萨及末世众生演说圆觉义理和观行。造像为皈依三宝发心报恩成佛修习净业者而设。

学佛人既已礼拜北崖毗卢道场造像群听闻正法，为报四恩发心修习净业，当入“报恩圆觉道场”走向菩提行，依经修习除烦恼，灭四相，通过戒定慧三学培养善根，深入领会自觉觉他，自利利他，共入究竟圆觉的义理。《圆觉经》中有“众生同体”“自他憎爱”之说，此说也见于修菩提行的经论中。

尔时世尊告普觉菩萨言：善男子末世众生欲修行者，一定尽命供养善知识。欲来亲近应断傲慢，若复远离应断瞋恨，现逆顺境犹如虚空。了知身心毕竟平等，与诸众生同体无异如是修行方入圆觉。善男子末世众生不得成道，由有无始自他憎爱一切种子，故未解脱。若复有人见彼怨家如己父母，心无有二，即除诸病。于诸法中，自他憎爱，亦复如是。善男子，末世众生，欲求圆觉应当发心作如是言，尽于虚空一切众生，我皆令入究竟圆觉。[1]

世坏不坏法，苦乐等亦尔，如己之别苦，一一皆消尽，如是我受持，为于有情事。我若爱于他，令得平等乐，彼得快乐已，于自胜何夺。我若不爱他，彼得诸苦怖，彼苦怖不脱，于自当何胜。[2]

经说与儒家传统思想“仁爱之心”相应。仁爱是贯穿于天人的基本道德。《朱子语类》卷33中说：“唯其同体，所以无所不爱，所以爱者，以具有此心也。”[3]儒家所说“五常”基于孝道以仁为首，“今仁义礼智信者，岂非吾佛所施万行佛！”（契嵩《寂子篇》）。北宋庆历四年（1044年）安岳真相寺“圆觉洞记”，据《圆觉经》义阐发儒家所说，父子、兄弟、朋友、夫妇间的伦理道德及士、农、工、商人等的思想言行规范：

由佛氏之圆觉而知自己之圆觉。夫所谓圆觉者，始于爱身，终则明道，初非难事。然吾身之所急于圆觉者，曰父子仁，兄弟睦，朋友信，夫妇恩。利则思义，气则思和，酒则思柔，色则思节。且士务农，农力稼，工善事，商勤志，专志好修，硅步不舍。如是一性不昧，百行充实，天福毕至矣。

《圆觉经》又名《秘密三昧经》，圆觉洞内造像与一般有异。正壁三佛，居中毗卢佛冠顶有柳本尊像，二侍者中一蓄卷发（密僧），一头戴方冠捧笏（儒者）。如此设置可能是表彰柳本尊及赵智凤以真法施一切有情，广度众生，为佛儒的表范。“具圆觉而住持圆觉者如来也”，柳本尊以毗卢佛之化身与诸菩萨、弟子聚会在此显密佛儒交融，宣说修习智慧与禅定报恩成佛的道场中。佛法僧宝，具无量神通变化，利乐有情众生，“见种种境界，心当生希有。还如佛出世，不犯非律仪，戒根永清净，变一切众生，究竟入圆觉”[4]。

圆觉洞甬道左壁镌题“南无大般若经，南无大宝积经、南无大华严经，南无大涅槃经”，此四大经镌题多见于宋代盛行的水陆

---

1 《大正藏》第17册，第920页中。

2 《大正藏》第32册，第554页下。

3 ［日］荒木见悟著，杜勤、舒志田译：《佛教与儒教》，中国古籍出版社2005年版，第210页。

4 《大正藏》第17册，第920页下。

法会道场，在绵竹祥符寺思觉讲《报恩道场仪文》中说：“进入道场，当称念此四经，愿罪消灭，常得无量乐。”疑“报恩圆觉道场”，如合川涞滩鹫峰禅窟法堂，兼有水陆道场的功能。

圆觉洞外西侧“牧牛图”（图16）镌题“朝奉郎知润州赐紫金鱼袋杨次公证道牧牛颂”。沿山崖由西向东雕刻牧人强拉奔牛，鞭牛回首，牵牛行走，牛鼻无绳放任自由，牧人拍手歌唱，以至人睡牛卧，人牛各在一方等情节共十组，每组均镌题颂文，惜多有剥蚀。

图15 报恩圆觉道场殿堂

图16 牧牛图

此图之后更有二图，一图浮雕卷发僧结跏趺坐入定，镌题“无牛人自镇安闲，无住无依性自宽，只比分明谁是侣，寒山竹绿与岩泉”。“假使热铁轮，于我顶上旋，终不以此苦，退失菩提心”。另一图浮雕仰莲上端涌出一轮明月，镌题：“了了了无无所了，心心心更有何心，了心心了无依止，圆照无私耀古今！人牛不见杳无踪，明月光寒万象空，若问其中端的意，野花芳草自丛丛。”以上三图雕刻在同一崖面，图文对照揣知，“牧牛图”以牧人喻修行之人，牛喻人心，十组牧牛喻凡夫修心证道调伏心意，人法两空，回归佛性的进程。宗密《略疏》：“今知心是佛心，定当作佛。”[1]摄心一处，不起分别，得空观，修空见，断除“我”妄执，进入圆觉。以上三图与圆觉经修慧、禅定内容相应，仰莲与圆月含菩提心义，具金刚乘曼荼罗色彩。密典称，凡心如莲花，佛心如智德，圆满月轮。修行者于内心中观想，照见本心，犹如满月光遍虚空，无所分别。

“报恩圆觉道场”似一座报恩成佛从小乘至大乘由显入密的桥梁。善恶愚痴者均可入教相道场，听闻正法，闻法开慧，发心为报恩皈依三宝，获人天行果，今由“报恩圆觉道场”依经说义理观行，思维而生智慧，培养善根，发大菩提心，登上专修本尊瑜伽而证智慧，报恩成佛的事相坛场。

4. “毗卢庵” 成佛报恩

毗卢庵位于小佛湾，事相坛场灌顶坛上。现存坛场遗迹塔、壁、坛、室的建筑如婆罗浮图、吴哥石窟及泉州番佛寺坛场，均用石叠砌造像。据造像镌题以及建筑布局考察，由祖师塔、七佛壁、戒灌井、灌顶坛、护摩坛组合为修密行成佛的坛场。

七佛壁与灌戒井壁镌经文、戒律摘录如下：

梦幻泡影，欲知妙药十二部大藏经为药……观心去无明，一路涅槃门。

谨按弥勒佛颂云，漏识修因果，谁言得长久，绕经八万劫，终是落空亡。

按古佛诫颂云，天泽无私，不润枯木，佛威虽普，不立无根。

咄，邪不压正，喝，伪不当真。（南无金幢宝胜佛教诫）

宁以守戒贫贱而死，不以破戒富贵而生，持佛戒律现受吉祥，犯佛戒律现受不祥。

风调雨顺，国泰民安。（戒灌井）

日本东寺灌顶院系真言宗祖师空海依唐青龙寺风范所建，设正堂、礼堂、护摸堂。于正堂中设东西二坛绘胎藏系金刚藏系曼荼

1 《大正藏》第39册，第524页上。

罗。依法脉系统绘空海前后历代祖师图。

宝顶山灌顶坛上下二层，坛下设“佛报恩经”禅室（图17），修密行者必须先在报恩经禅室中观想，加行若干日，方可登坛受戒、灌顶、观想、炼行。此室造像多剥蚀仅存大形。正壁释迦佛坐特大圆满月轮中，左右侧壁浮雕依教相道场中父母恩重经变及“大方便报恩经变”两铺造像择要组合。佛俗并列，正反对照，而以“六师谤佛”和“释迦为众生设化法亲担父王棺”二组造像为主，供修密行者观想，知母念恩，效释迦因地修行，发大菩提心，成佛报恩，《真实经金刚界大道场品之余》：

瑜伽行者作如是想，诸佛菩萨今当降临，示现威德大神通力，作是想已，复应观察释迦如来成道之法。[1]

右壁

正壁

左壁

图17　佛报恩经禅室展开图

灌顶坛上法堂之右金刚神室，左理趣会禅室，法堂前偏左为“毗卢庵”禅室，禅室除正壁主像外，室内壁面、梁、柱、垛、门框等建筑构件上与法堂壁面均整齐排列诸佛、菩萨、圣众坐圆满月轮中，仅个别露半月。《真实经出身品第二》：

此等无量无数圆满月轮能令众生大菩提心皆得清净，此等无量无数圆满月轮，在于一切如来左右，从此月轮，现诸如来无量无数大智金刚，此大智金刚从满月出，复入毗卢遮那如来心中，依金刚萨埵三昧妙坚固力，及一切如来大威德力故，无量无数智慧金刚，合成一聚，量等虚空。[2]

金刚神室正壁主像为秘密主金刚神，此金刚手秘密主具大威力，能宣说如来正法，持诸佛之三业秘密摄护正法，披精进铠，现大威猛势，头顶放射光柱托蓄螺髻的毗卢佛，左柳本尊右释迦佛对坐，显示以毗卢佛为根本的一佛多僧的形象。壁面镌“风调雨顺、国泰民安”，发菩提心誓愿词和深信因果偈语，壁顶镌题“毗卢庵”，与左方“毗卢庵”禅室同名，造像内涵异同互有联系。

灌顶坛法堂正壁下方横向排列多组地狱苦刑图，可能即《受十善戒经・十施报品第二》中所说，罪人因十恶业堕地狱受苦刑情节，图中残留十恶业罪报名目镌题与经说大同小异，如经中并无“持官威而侵夺民（财）”名目。右方侧壁下，横向排列六大圆月轮，其中雕刻六波罗蜜中所说：“布施”财物、“施法”如理正法，“精进”利乐有情，其中一图上有“歌利王”三字，可证此图意为“忍辱”修道不退……。瑜伽行者在灌顶坛法堂恭敬礼拜阿阇梨，忏悔业障，受三昧耶戒，接受灌顶后入理趣会禅室（图18）。此室无镌题，据正壁菩萨装像可能即三排九身组合的形式，具金刚乘理趣会曼荼罗的特色。理趣会曼荼罗以毗卢佛坐中央月轮演说正法，广济众生，上下左右配四佛及四菩萨。“此会所显示之理趣，在不改吾人欲、触、爱、慢四烦恼之面貌而直化为菩提之眷属，最显著说明凡夫即佛之深理者”[3]。以上法堂及禅室造像的内容均与《真实经金刚界大道场品第三》相应：

持真言已作是想，我身及诸众生，身中所有一切烦恼悉皆除灭，四摄、十善、十波罗蜜，一切善业皆随圆满，犹如众流入于

1　《大正藏》第18册，第273页中。

2　《大正藏》第18册，第271页下。

3　前揭程宅安：《密宗要义・理趣会》。

大海。[1]

毗卢庵（图19、图20）禅室门框镌题“佛报恩重经”“大孝释迦佛”。正壁毗卢佛冠顶有柳本尊像，与左右两壁造像合为五佛四菩萨、柳本尊舍身十炼图及八明王图[2]镌题“各发无上菩提心，愿入毗卢法性海”，“六代祖师传密印，十方诸佛露家风”，“大愿弘持如铁石，虚名委弃若尘埃”“本者根本，尊者至尊”。佛典称：“瑜伽行者入道场应依次观想诸佛菩萨，遍学诸尊后选取一尊为信仰之对象，专修其内证之三密法门，昼夜精修以期成就，此即为行者所皈依的本尊，谓以此本而尊崇之。”据此推知，此禅室造像及镌题内容，为柳本尊教主与至高无上的毗卢佛同体作证，显然是以柳本尊为皈依本尊，实修报四恩成佛而设。《真实经金刚界外供养品第五》：

初夜后，夜入道场中，应当系念所归本尊，依法观行。现身必得广大福智，利益众生，无有等比。[3]

图18　理趣会禅室正壁

图19　“毗卢庵”禅室　左壁

图20　“毗卢庵”禅室　右壁

如经所说，瑜伽行者入禅室依法观想炼行，“先观本尊，安置于坛上，次观吾身即印契，语即真言，心即本尊，引诸佛入吾身中曰入我，引吾身入诸佛中，是曰我入”[4]。先观本尊福德之相及十炼苦行救度众生图像引入行者心中，心怀本尊之本誓念愿，口诵本尊之真实言，手结所传密印，次观我身，谛想月轮，本尊之三密与行者之三密相应摄入，融为一体。本尊即我，我即本尊而与本尊同体，即身成佛，报恩救度众生。

修密行者从四方接界进入教相道场，登事相坛场灌顶坛如法修习练行，以至修护摩悉地法。道场奉柳本尊为“瑜伽部主总持

1　《大正藏》第18册，第272页下。

2　前揭程宅安：《密宗要义·道场庄严》“明王结界僻出诸庵，使恶地易成”。

3　《大正藏》第18册，第280页上。

4　前揭黄奉希译：《密宗大纲修证门》。

王”，赵智凤传柳本尊法旨，其修习次第也与瑜伽部道次第基本契合，坛壁浮雕金刚界曼荼罗。“瑜伽部举行灌顶，即入金刚界曼荼罗，在三昧耶的基础上如法修习本尊瑜伽，最后修悉地（成就）法”[1]。疑灌顶坛上方山顶造像即室外护摩悉地法的坛场，燃火祭天，增诸福德，无诸灾殃、战乱，为国家修法。

综上所述，道场造像系统布局以祖师塔造像及镌题为总纲，以毗卢佛说“普为四恩、看转大藏”“风调雨顺、国泰民安”为宗旨，在下系三座分道场的殿堂中，均以着菩萨装的毗卢佛为主佛，殿堂外摩崖上的造像围绕报恩成佛的主题思想，以密为核心，组合禅、密、华严、净土诸宗经论互摄互融，提纲挈领次第演示经目义理和功德。始于六趣唯心，深信因果，勤修陀罗尼，强调发菩提心，孝亲尊师，一切由心造，修禅念佛，持斋守戒，修习净业。终于入坛受戒、灌顶、观想、练行、修本尊瑜伽成佛。“毗卢道场”诵密咒，修三种悉地成佛与灌顶坛上“毗卢庵”修三密皈依本尊前后呼应。“毗卢庵”镌题“只是一座毗卢庵、虚空法界遍包含”，展示出赵智凤所持瑜伽密宗的核心位置。三座分道场中各有其特定主题内容，人物造型、构图、风格多样变化。所以“层次变化无穷，绝少雷同”。即使有雷同之处，同一主题，同一人物，在三座分道场中的图像有变异，内涵越发丰富深刻。正是系统布局、主题思想重中之重：为演示凡夫发愿至炼行成佛，从孝亲进而仁爱，以至忠君护国。父母恩重经变、大方便报恩经变以及柳本尊十炼图三铺造像，反复雕刻在教相道场和事相坛场。其内容及图像或繁或简，柳本尊的形象或凡或圣，均融入深信因果、发菩提心、皈依三宝、修习戒定慧三学、报恩成佛的义理中。

道场造像依“佛说十二部大藏经”，但是，柳本尊并非经轨所说观想炼行中降临的诸佛菩萨，却被作为皈依的本尊。有的造像由多经组合为一铺，有的显然是随阿阇梨的意乐，联系现世善恶因果阐发经论义理而增删改编，充分发挥了艺术语言的功能，因而变文通俗易懂，变相别有新意，令善男信女喜闻乐见、发心皈依三宝。

四　在宋代佛儒文化的氛围中

宝顶山报恩道场建于南宋，是在南宋历史条件下佛儒文化中产生的。两宋时期通过中外之间及南北民族地区的互动交流，经济、文化、工商业空前发达。随着城市的繁荣，经济结构改变，封建秩序受到威胁，三纲五常为之动摇。程颢（1032—1085年）《陈治十事》：“今礼制未修，奢靡相尚，卿大夫之家莫能中礼，而商贩之类或逾王公，礼制不足以俭饬人情，名数不足以旌别贵贱。既无定分，则奸诈攘夺，人人求其欲而后已。”南宋时“临安士庶贵家子弟，放荡不羁尤甚于汴京”。贫富悬殊，战争灾祸，社会动荡，人心思变。以儒学为核心兼融佛道的理学兴起，禅宗鼎盛，佛与儒，显与密，三教合流向人间佛教加速发展进入了新的时期。在忠孝仁爱、济世护国思潮中产生了宝顶山道场。

（一）立足本土　变革出新

在宋金战争中，金兵入侵汴京，高宗迁都临安，中原人士渡江，政治经济中心南移。重庆成为长江上游重要口岸，大足县“山林水秀，士大夫避地常居焉”。僧道鼓吹“铸金造像利益最多，剖石镌岩福德尤甚”，宣和至绍兴年间造像活动进入高潮。较具规模的佛、道、儒三教造像群十余处分布各地。唐末、前后蜀以至南宋显密造像精品几乎集中在北山，多宝塔中数十龛“善财童子五十三参”说善财参拜的善知识中有菩萨、比丘、居士、长者、船师、外道、众艺童子等，成佛之路不离世俗生活。佛湾“观经变”龛浮雕未生怨囚禁父母的故事，说：“夫善之极者莫大于孝，恶之大其唯害亲乎。”更有宋刻《古文孝经碑》，宣说“夫孝始于事亲，以孝事君则忠”。南宋赵智凤事母至孝，五岁出家，十六岁去汉州弥蒙云游。弥蒙为“唐瑜伽部主总持王”柳本尊院所在地，宣讲佛儒孝道的“孝顺设供报恩道场”在绵竹由思觉主持，在吐蕃，噶当派的影响日益广泛。弥蒙与绵竹同属汉州，地处入康区，过茂州入吐蕃的交通要道，宋、金在边境茂州设榷场，地扼宋、金、西夏贸易和文化交流的要冲。赵智凤云游可能体悟到不空之后汉地密教由盛而衰的情况，“传瑜伽教多则多矣，而少验者何？”[2]禅宗之所以鼎盛，噶当派弘扬，都是能跟随历史演进的步伐，佛教自身的变革出新。赵智凤建宝顶山报恩道场，上承唐，前后蜀，基于大足本土及周边地区佛儒文化的氛围，随机设教，方便多门，独树一帜并呈现其环境特色。

1　谭影：《密乘道次第广论章节略录》，前揭中国佛教协会编：《中国佛教》第三辑，第328页。

2　赞宁：“传教令轮者，东夏以金刚智为始祖，不空为二祖，慧朗为三祖，已下宗承所损益可知也。自后歧分派别，咸曰：传瑜伽大教，多则多矣，而少验者何？亦犹羽嘉生应龙，应龙生凤凰，凤凰已降生庶鸟矣。欲无变革，其可得乎？”《宋高僧传》卷一，第12页。

（二）发弘誓愿，入五浊恶世

“大乘佛教提倡的是所谓‘菩萨行’，高举的是自利利他，慈悲度世的旗帜，坚决反对把出世与世间割裂开来，认为只有深入世间，深入众生，才是真实的出世解脱之道”[1]。宋代佛教在加速向人间化方向发展中走向高潮。禅宗说“心含万法”“见性成佛”，立足于现世人生，高度肯定自信、自我，“常向十善，天堂便至”。净土宗高唱“要将秽土三千界，尽种西方九品莲”。祖师塔上镌题“热铁轮里翻筋斗，猛火炉中打倒旋，伏愿世尊为证明，五浊恶世誓先入”。赵凤智发弘誓愿“普施法水，捍灾御患，德恰远近，凡山之前崖后洞，凿诸佛像，建无量功德”。《心地经》全经十二品中多与宝顶山道场造像内容相应，但是经中“厌舍品”“无垢品”所说“厌恶世间”“视身体如秽恶不堪的死狗”“必须离世出”等内容不见于宝顶山道场造像，宝顶山造像内容偏重在世间，孝亲忠君，求“风调雨顺，国泰民安”，由显入密，即身成佛报恩。

密教认为：“当相即道”，“即事而真”，修习密法转染成净，变苦为乐，不必离世间法，别求出世法。于灌顶坛设理趣会禅室观想，不改四烦恼之面貌化为菩提之眷属。“毗卢庵”禅室中，设置的皈依本尊像，是不见于佛经的瑜伽教居士柳本尊。“观经变”中静坐观想的是不同阶层的世俗人物，并非经中所说韦提希。《坛经》：“若欲修行在家亦得，不由在寺。但心清净，即是自行西方。”柳本尊、赵智凤均蓄须发作在家相。涅槃图颂赞释迦无住涅槃，利乐众生，设千手观音和孔雀明王两窟仪坛祈福禳灾。从东崖六道轮回图以至北崖地狱变图的内容，启发众生效“轮外恒沙佛”以自我业力破轮回，解脱轮回流转之苦。令众生思维，“天堂地狱一切由心造”，善恶报应“非天与人，自作自受”，今日能生而为人已极难得，应当珍重人生，修习净业，完美人生。于五浊恶世中实现人间净土。

（三）行三士道　严持戒律

宋代盛行于吐蕃影响深远的噶当派，其特点是强调戒律，调整僧人戒律修行次第和显密关系，以阿底峡的《菩提道炬论》为基础，发展为该派教法。其主要内容是立三士教，摄一切法（大小乘），以宣扬显教教义。噶当派主张密宗要传给经过考验的所谓“利根”的人，而以修习瑜伽为主。在社会上的宣传着重于善恶报应，因果轮回和超脱生死等说教，且多用虚构的佛的生生世世的神奇故事进行通俗的为人易解的宣传[2]，教相道场多铺显密造像中六道轮回图、父母恩重经变、大方便报恩经变，六耗图、观经变图、地狱变均反复宣讲戒律、因果轮回、善恶报应。

宝顶山造像群三座道场所修行果与三士道基本相应：凡夫俗子在教相道场听闻正法、开启智慧、离恶修善以求脱离轮回之苦，获天人之乐果；入“报恩圆觉道场”依《圆觉经》义理观行而生智慧，发菩提心修菩提行；登灌顶坛修习本尊瑜伽，证智慧皈依本尊，完成自利利他成佛报恩的全程。教相道场舍利塔上及事相坛场七佛壁面都镌题有“天泽无私，不润枯木；佛威虽普，不立无根”偈语。

噶当派支派教诫派以“念师长为皈依，念自身为本尊，念语言为诵咒，念众生为父母，念心性为本空”为“恒住五念”。宝顶山造像群中父母恩重经变、大方便报恩经变、“报恩圆觉道场”以及灌顶坛上佛报恩经禅室的造像内容贯穿了“六道众生都是我父母”的思想。“毗卢庵”禅室专修本尊瑜伽密法，观想、结印，诵咒练行以及“六耗图”“牧牛图”、明月图坐禅入定得空观修空见的内涵，与“恒住五念”不无联系。宋代一些僧人轻视戒律，苏轼《东坡志林》卷二载：“僧谓酒为‘般若汤’，谓鱼为‘水梭花’，鸡为‘钻篱菜’，竟无所益，但自欺而已，世常笑之。人有不为义而文以美名者，与此何异哉！”地处康藏交通要道的止贡寺，寺主巴仁钦贝（1143—1217年）为吐蕃止贡噶举派创始者，“以严持戒律，不饮酒食肉，徒效之，止贡派声名遂着于全藏”。无独有偶，与此同时的赵智凤，在地狱变祖师说法图中，镌题《华鲜经》经文，“善男子食酒肉者现世菩萨即非凡夫”并在崖壁上雕刻因饮酒食肉、破斋犯戒者入地狱受刑图。

（四）佛儒禅密交融　行孝忠君护国

中唐至南宋，禅宗发展进入鼎盛时期，高僧辈出，南方成为禅宗的天下，中唐海东（朝鲜半岛）无相，人称金和尚（金州大师）住成都净众寺，曾传“七重因果教授”。凤翔无住见无相后，入茂州白鹿山，禅语批判遁世，唱入世箴言。圭峰宗密弘扬《圆觉经》

1　杜继文：《中国佛教与中国文化》，宗教文化出版社2003年版，第21页。

2　丁汉儒等：《藏传佛教源流及社会影响》，民族出版社1991年版，第33—35页。

提出禅教合一，三教合流，代表此后佛教发展的大方向。张唯宗经成都入滇，摩诃衍进藏。四川禅系在成都、茂州以至滇、藏一带传播[1]。宋禅师克勤、居士张商英、苏轼往来南北，元丰时希昼禅师凿大足石篆山三教道场。南宋朝廷大员，南岳龙门远禅师法嗣冯楫（1075—1152年）捐资造大足北山多宝塔龛像及泸州报恩塔。川东破庵祖先（1136—1211年）及其弟子无准师范（？—1248年）传播临济宗于江浙、四川，远至朝鲜和日本[2]。据大足北山“绍兴四年刻维摩图记”“无尽老人碑”推测，当时北山含禅、密、华严思想的几个大窟，均为禅僧发愿凿造[3]，北山侧“报恩寺”可能即禅、密、华严兼融的禅寺。当赵智凤远去千里外的汉州云游，相距百里的合川鹫峰禅窟已开凿，岂未耳闻目睹？云游归来，奉柳本尊为教主，引禅入密建道场，从宝顶山报恩道场中可见禅宗的影响。例如，傅大士比丘身、传佛心印阐大乘法，为弘正法济世，曾欲烧身供佛。延寿“立心为宗”，以禅说禅净双修，兼容显密的思想，鼓吹尽忠立孝，治国齐家，为灭恶救苦，舍身残肢、焚身燃臂。与之相应，宝顶教相道场造柳本尊十炼苦行与傅大士作“六耗图”，两铺造像毗邻。更凿“观经变”“报恩圆觉道场”和“牧牛图”。赵州从谂禅师语录“知恩者少，负恩者多”[4]。玄觉“永嘉证道歌”中所说：“欲得不报无间业，莫谤如来正法轮。”等语镌题在宝顶山道场造像中。事相坛场七佛壁镌题“咄，邪不忏正”“喝，伪不当真”。似仿禅僧棒喝，振聋发聩，打破学人迷执。宝顶山道场造像以摩崖为主，于三面崖壁环绕中以连环图形式造像，与合川涞滩鹫峰禅窟造像群布局类似，并非巧合。

宋代加速走向人间佛教的进程，“从泛泛地提倡度众生，转向实际地忠君爱国，从泛泛地主张三教调合，转向依附儒家的基本概念”[5]。以儒治国，兴理学，崇孝道，佛儒同声合唱行孝报恩。朱熹集注“四书”，阐扬“忠”“孝”“三纲五常”。延寿、契嵩、智圆等，多位禅宗名僧高唱佛儒融合、尽忠立孝。契嵩《镡津文集》说：“古之有圣人焉，曰佛、曰儒、曰百家，心则一，其迹则异。夫一焉者，其皆欲为善也；异焉者，分家而各为其教者也。”认为佛教以孝为戒之端，恩及一切有情众生，“为孝其至见大矣”。宗杲《大慧法语》说“愚谓三教圣人，立教虽异，而其道同归一致，此乃万古不易之义”。“菩提心即忠义心，名异体同。余虽学佛者，然爱国、忧国之心，等于忠义大夫”。南宋时设像诵经报亲恩，祈冥福，护国禳灾，超度亡灵的水陆法会在江浙、四川最为盛行。乾道九年（1173年），史浩于四明东湖月波山建道场，以为报四恩之举，孝宗闻之，特给以水陆无碍道场寺额。《如来广孝十种报恩道场仪》为四川绵竹大中祥符寺思觉所集，乃引述宗密《佛说盂兰盆经疏》，慈觉（宗赜）《孝行录》和契嵩《孝论》，摘取经藏，旁及道教，集中国古代佛儒孝道著述之大成，由教诫、仪文、提纲、密教四部分组成[6]。其中有关孝道内容和文字多与宝顶山道场父母恩重经变、大方便报恩经变两铺造像及镌题相应契合。淳熙二年（1175年）孝宗诏建“护国金光明道场”，僧人高唱“保国护圣，国清万年”。是年，赵智凤去汉州云游，他审时度势，尊奉“护世之法王，济世之津梁，高宗理宗常礼之”[7]的柳本尊为教主，建宝顶山报恩道场。道场多处镌题“风调雨顺，国泰民安”，移刻“三圣御制佛牙赞”于大方便报恩经变释迦巨像座前。事相坛场毗卢庵后壁移刻“释迦舍利宝塔禁中应现图”，镌题“上祝皇王隆睿算，须弥寿量愈崇高，国泰民安息干戈，风调雨顺丰稼穑”。行孝报恩，忠君护国旗帜鲜明。

（五）变文变相　佛声佛色

佛教随缘教化，诸佛如来，随诸众生种种音声而为说法，为令安住佛正法故，随所应见而为示现种种形象。宝顶山道场依经造像，变文、变相，“先悦其耳目，渐率以义方”。令众生闻法则喜，动情明理。

随着城市经济和文化艺术的繁荣，南宋时翰林图画院设官职，行考试，罗致天下画工，高手雕绘匠师进入作院。如奇才异行者，可参加科举考试，川东雕匠毋震在绍熙元年（1190年）曾获遂宁科举特奏名。较具规模的造像，必“召善琢之良工访精能之巧匠”。雕绘巧匠往来南北，陕北石窟造像风格与宝顶山造像趋同中有变异，千手观音侍者中出现猪头、象头人身造型与山西崇福寺和《大理国画工张盛温梵像卷》的图像类似，可见其交流传播。宝顶山石窟依经造像，有的出自宋译新经，不少造像由多经组合，摘自《大藏经》的经文与经本有变异，增删改编。所以，变经文为图像必须创作新图，变文也务求概括简练通俗易懂，偈语颂词唱

1　王森：《西藏佛教发展史略》，中国社会科学出版社1992年版，第146页。

2　杜继文、魏道儒：《中国禅宗通史》，江苏人民出版社2008年版，第463页；陈习删：《大足石刻志略》，油印本，1995年版。

3　杜继文：《佛教史》，中国社会科学出版社1991年版。

4　《赵州观音院真际从谂禅师》，《指月录》上，巴蜀书社2006年版，第331页。

5　前揭杜继文：《佛教史》。

6　（南宋）思觉集，赵文焕、侯冲整理：《如来广孝十种报恩道场仪》，方广锠：《藏外佛教文献》第八辑，宗教文化出版社2003年版。

7　（清）嘉庆十年《汉州志·柳本尊寺碑》。

诵如歌。变相与变文相应对照，主题思想前后连贯铺陈于崖壁，无论经变故事图或曼荼罗变异纷呈。“令一切众生见之乐，观像不能尽，观不厌足”。

宋代画论重视艺术的多样性和独创性，在理论和技法上提出创见新说，出奇立异，开拓了石窟艺术的新天地。雕刻于露天的摩崖造像，立体造型高如圆雕，浅若线刻，层次变化丰富。因朝夕阴晴日照的角度和强弱而充分显示出造型之美，成千上万的善男信女，从四面八方进入道场，多角度远近观赏。进入道场结界地区，诸佛菩萨及护法神的半身像引人注目。令人联想到印度象岛湿婆三面半身像和柬埔寨巴扬寺塔上巨大的人面像。在《法华》《华严》以及密经中都有佛菩像及诸天人的半身从地涌出呈现空中的内容，从宝顶山多处半身像可见，不仅是依经造像，也是为了在构图及造型处理上的需要，增强艺术效果，半身较全身更为醒目、含蓄。四方结界、佛涅槃图、观经变、大方便报恩经变、十大明王等造像中，多种形式的半身处理手法，与宋画赵昌的“折枝花卉”、马远的“马一角”、夏珪的“夏半边”画风等，含蓄的处理，有异曲同工之妙。表现具有特征的一角隅，较之求全更胜一筹。以局部而敌全身者，当时还有“汝州司马寇画真武神于云雾中，现半身，观者敬骇”。远观四方结界造像也有类似的效果。

教相道场“大火头明王卢舍那佛化”等十大明王像，为以慈力变猛烈之像，或微露和悦容，表现出蓄威蕴怒，山临岳发之势。父母恩重经变造像中，父母子女的造型重在写实，大方便报恩经变造像中释迦抬棺，送葬弟子的造型侧重夸饰的手法处理，深刻描写慈爱养育、缅怀悲痛之情。地狱变中侍者的造型，大刀阔斧与细部刻画手法并用，人物形象剽悍、神态凶恶，或面露笑容、器宇轩昂。从不同性别、年龄多人组合受刑罪人的动态中，揭示其极度痛苦、愤怒、惶恐的激情。破戒醉酒、食肉杀生，多组父母、夫妻、兄弟、姊妹昏乱的形象，及动态和内心活动的刻画淋漓尽致、写心传神。造像群中“毗卢道场”和“报恩圆觉道场”“释迦涅槃图”“柳本尊十炼图”的诸佛菩萨造像雕刻精工如庄严的颂歌。父母恩重经变情节感人，手法写实。“牧牛图”粗笔写意、朴素自然，似优美的抒情曲。多组戏剧性场面波澜起伏，涌向高潮，不同的内容与形式，风格多样，交光互影，圆融无碍。

为了面向善男信女演说正法，特重造像通俗易懂，乐于接受，赵智凤博采众经，增删编纂，“观经变”造像中的“宝相观”，原经文约四百字，改写为五言四句，供俗众观像念经文，唱偈颂。变经文为图像又配以大量经文、偈颂等变文，图文对照，动心开慧。造像中除诸佛菩萨之智慧、慈悲、圆满的形象外，更有不少具七情六欲的凡夫俗子人物与多铺造像中居于主位。在大方便报恩经变中描绘谤佛的六师歌舞和地狱变中饮酒食肉的男女喜乐的情节，采取斜显正、乐显苦、喜显悲对比的手法，更为鲜明深刻突出主题内容。通过变相与变文的内涵充满善与恶、正与邪、苦与乐、生与死、真与伪、美与丑、凡与圣、僧与俗、痴与慧、愚与智的对照，“出语尽双，皆取对法，来去相因”[1]领悟“一切色是佛色，一切声是佛声”[2]。北崖造像从父母恩重经变到柳本尊十炼图七铺图像，崖面高达7至13米，宽约80米，场面最为宏伟壮观，正是感染力强烈，艺术表现力精华所在。激起善男信女心潮为之起伏，勤修净业，转染成净，发心报恩成佛。南宋嘉定至嘉熙年间（1208—1240年），理学家、朝廷大员，重庆府州官员为道场书额，题诗颂赞。明清碑记“声势之大，轰动朝野”，“震炫川东”，有“上朝峨眉，下朝宝顶”之语。大足及附近州府千千万万善男信女由“引香师”率领，成群集队敲锣打鼓，管弦齐奏，在行进中舞蹈，唱佛歌，呼佛偈，此起彼落涌入宝顶山报恩道场。“引香师”或俗讲僧讲唱造像内容，形成观赏造像艺术，烧香拜佛，祈福禳灾的盛大节日。

五　后语

中国封建社会发展到赵宋王朝，加强中央集权，发展经济和文化。以宋地为中心在与辽、金、西夏政权对峙中，开展与南北民族及中外之间的互动交流。佛教显密诸宗得到广泛深入的传播，理学融入佛道，丰富和发展了传统文化，以及在科学上的发明创造，经济和文化在世界上处于领先的地位。宋王朝自夸“太平盛世”的同时，政治腐败，上下交相争利，世风日下，危机四伏，内忧外患日益严重。帝王士大夫禅林高僧共唱忠孝仁爱、济世护国。南宋赵智凤以成佛报四恩为宗旨，建宝顶山报恩道场。“缘佛尚慈悲尤重报恩，佛之重法每以身殉，其报父母之恩亦舍命不惜也！”[3]历代不少寺院虽然名为报恩寺，但以报恩为宗旨，尊崇瑜伽居士为教主，作为皈依的佛陀，造像精湛规模之宏大系统完整，仅见于宝顶山道场。

1　《坛经》，《大藏经》第48册，第361页。

2　《百丈怀海大智禅师语录之余》，《古尊宿语录》卷二。

3　王恩洋：《大足石刻艺术与佛教》，《文教丛刊》1997年第7期。

赵智凤作为现世活佛，道场之大阿阇梨，在南北地区显密诸宗与当地的文化交融发展演变走向繁荣之际，尊崇前后蜀及两宋君主崇奉的柳本尊为教主。但是，赵智凤所持宗风和教理，已随时代之演进，佛教自身的发展，及四川本土文化特色变革出新。不仅妙慧慈悲，通晓显密义理，引禅、华严、净土归密，传法灌顶，而且兼具众艺，包融不同的艺术风格，吸取雕塑、绘画艺术传统的精华，出新意，求变化。整个以雕塑艺术语言表出之。道场造像系统布局前所未见，艺术风格饱含中国风世俗情。“宝顶山道场造像有计划、有宗旨，故能网罗经藏、包举诸宗，以示佛教之教义，因果之正理，修行之要道，及菩萨功德愿力之伟大崇高，皆表出无余。其志乃非求福田利益，盖以艺术作佛事，宏教救世”。“其计划之精细严密，规模之壮丽宏伟，艺术之精巧神妙，盖为古今所罕见也”[1]。印度本土以外，密教晚期的婆罗浮屠和吴哥石窟，系印度尼西亚和柬埔寨古代文明繁荣期的产物。宝顶山道场造像是为“华夏文化民族之文化，历数千载之演进造极于赵宋之世”[2]，跨登宋代佛教石窟艺术高峰的代表作。

1 王恩洋：《大足石刻艺术与佛教》，《文教丛刊》1997年第7期。

2 陈寅恪：《金明馆业稿二编》，上海古籍出版社1980年版。

论大足宝顶山南宋石刻造像的主题思想

李静杰

一 引言

（一）宝顶山石刻造像的分布与年代

宝顶山石刻造像，分布在重庆市大足区东北15公里的大佛湾、小佛湾及其周围地方（图1）。其中大佛湾造像规模最大，分布在一条开口向西的不规则矩形山湾，山湾东西长约150米，东面尽端宽约45米，三面山崖造像带总长约350米，造像崖面高15—30米不等。三面山崖上排列着31号造像，除南崖西端连续4号造像（23—26号）及北崖西端无编号小龛为清代补刻之外，余者概为南宋石刻。北崖14号、南崖24号为洞窟结构，其余均属于摩崖造像。小佛湾造像处在大佛湾东南300米处，编号9个，均为南宋石刻，部分经过明代改造。在大、小佛湾周围二三公里范围内的摩崖和巨石上，散布着十几处小规模造像，其中大部分属于南宋石刻。大、小佛湾及其外围区域造像，共同构成宝顶山石刻群。

宝顶山石刻造像群没有留下有关开凿过程和年代的直接证据，学界基本认同其为南宋中晚期赵智凤经营的大型佛教道场。赵智

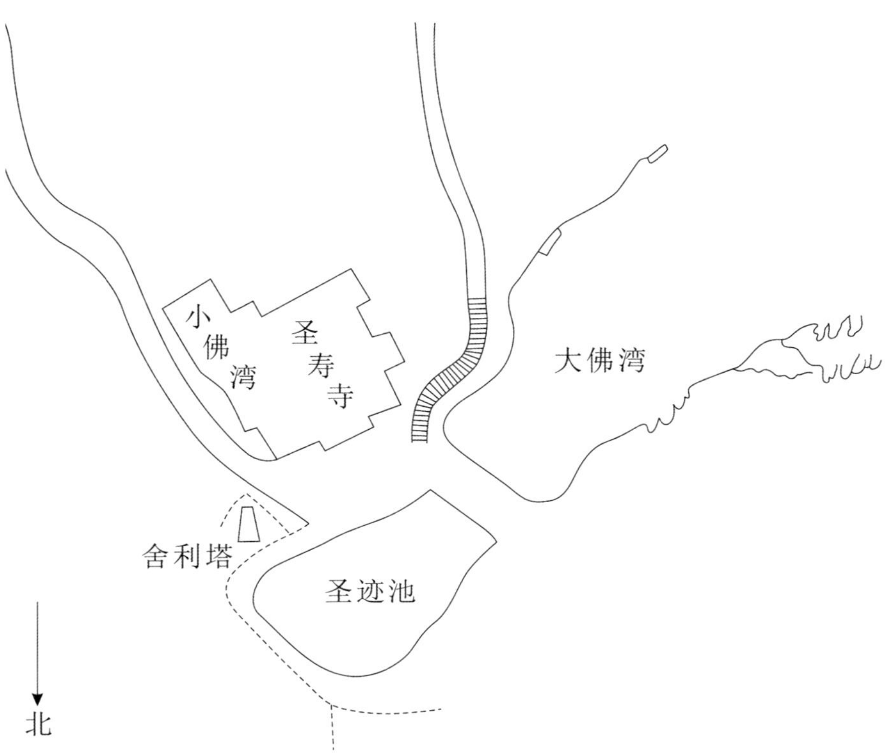

图1　大足宝顶山大佛湾造像分区示意图（据大足石刻研究院提供底图制作）

凤资料见于小佛湾已经无法识读的刻文[1]，目前可资利用的赵智凤资料，只有大、小佛湾现存的三块明代碑记。其一、二，分别为标记明洪熙元年（1425年）、宣德元年（1426年）刘畋人撰《重开宝顶石碑记》，二者内容基本一致。云赵智凤于南宋绍兴二十九年

* 本文在《大足宝顶山南宋石刻造像组合分析》一文基础上略加修改而成，原文刊于大足石刻研究院编：《2014年大足学国际学术研讨会论文集》，重庆出版社2016年版。

1　小佛湾七佛壁下部刊南宋嘉熙年间（1237—1240年）承直郎昌州军事判官席存著撰"赵智凤事实"，已经漫漶不清。清乾隆年间编修《大足县志》"隐逸仙释"篇录其残文。见重庆大足石刻艺术博物馆、重庆市社会科学院大足石刻艺术研究所编：《大足石刻铭文录》，重庆出版社1999年版，第211页。

（1159年）生于米粮里沙溪，五岁出家，十六岁云游汉州（今广汉），返还故乡后在宝顶山建设圣寿本尊殿，其时当在12世纪70年代末，学界多以此为大、小佛湾造像经营的上限[1]。其三，明弘治十七年（1504年）曹琼《恩荣圣寿寺记》云，赵智凤清苦七十余年修行得道[2]，时至13世纪40、50年代，亦即南宋淳祐年间（1241—1252年），是为大、小佛湾造像经营的下限[3]。另据，大足南山摩崖刊刻南宋淳祐七年（1247年）何光震《饯郡守王梦应记》，当时大足出现蒙古来袭、百姓流离的情况[4]，意味着经营宝顶山石刻的社会环境和物质基础不复继续存在，可以从侧面支持上述观点。那么，宝顶山石刻群究竟完成于何时，少许题记资料透露重要信息。就大佛湾而言，5号华严三圣像处树立的宇文屺诗碑，应刊刻于南宋嘉定十六年（1223年），所记内容说明当时宝顶山石刻群已然存在[5]。4号广大宝楼阁处杜孝严"宝顶山"和7号妙智宝塔处魏了翁"毗卢庵"题记，据考亦刊刻于嘉定十六年（1223年），应是配合工程竣工所为[6]。再者，约南宋绍定二年（1229年）成书的王象之《舆地纪胜》，明确记述宝顶山为赵智凤修行场所[7]。可见，至迟13世纪20年代初，宝顶山大佛湾佛教道场已经形成。就小佛湾来说，核心建筑毗卢庵落成于南宋绍定四年（1231年）[8]，并且七佛壁原有南宋嘉熙年间（1237—1240年）席存著撰"赵智凤事实"，说明小佛湾建筑石刻群可能完成于13世纪30年代，略晚于大佛湾竣工时间。

（二）宝顶山石刻造像主题的研究情况

1945年，杨家骆组织的14人"大足石刻考察团"，就大足石刻进行了第一次科学考察，从此，该石刻群进入学界视野，大足石刻造像的主题思想问题也开始成为学界关注的热点。

宝顶山石刻系赵智凤经营的一体化设计造像群（此指大、小佛湾），自"大足石刻考察团"发起研究以来[9]，学界没有太多疑义。既然一体化设计，应该具有统一的指导思想，也就是有作为中心内容的造像主题存在。事实上，过去近70年来，宝顶山石刻造像主题思想始终是学界关注的首要问题，诸多学者为此付出不懈努力，但宝顶山石刻造像自身的复杂性，导致这一问题非但没有妥善解决，反而出现意见分歧扩大化趋势。

就主流学术观点而言，宝顶山石刻造像群是否为密教道场，成为意见分歧的焦点。杨家骆在"大足石刻考察团"结束考察后不久，率先定性宝顶山为中国汉文化地区唯一的大宗石刻密教道场[10]，当时毕竟处在研究起始阶段，这一观点显然来自初步观察印象，不见具体论证加以支撑。20世纪50年代，陈习删明确指出宝顶山石刻包括大佛湾、小佛湾和外围区域三部分，并提纲挈领地论述了宝顶山密教道场的内涵[11]。认为在宝顶山三部分造像中，存在诸密教图像代表的坛仪像、诸显教图像代表的阐教像，两者构成密教瑜伽部的事相和教相体系，形成一个系统。还有释迦佛一生事迹图像代表的圣迹像，以及护持道场的标界像等从属像，构成另一系统。该认识

---

1 明洪熙元年（1425年）大足儒学教谕刘畋人撰《重开宝顶石碑记》，明宣德元年（1426年）大足儒学教谕刘畋人撰《重开宝顶石碑记》，均刊在大佛湾南崖西端崖面，二碑行文与内容近乎一致。洪熙元年碑记："重修宝顶山圣寿院碑记。（中略）传自宋高宗绍兴二十九年（1159年）七月十有四日，有曰赵智凤者始生于米粮里沙溪。年甫五岁，靡向华饰，以所居近旧有古佛岩，遂落发剪爪，入其中为僧。年十六，西往弥牟，云游三昼。既还，命工首建圣寿本尊殿，因名其山曰宝顶。"前引《大足石刻铭文录》第211—215页。

2 明弘治十七年（1504年）南京山东道监察御史曹琼撰《恩荣圣寿寺记》碑，在宝顶山圣寿寺玉皇殿。碑记："今考其书，毗卢佛在世，托生于本邑米粮里赵延富之家，奉母最孝。母尝抱疾，乃礼求于其师，将委身以救之，母疾以愈。他凡可济人利物者，靡所不至，清苦七十余年，始幻化超如来地之上品。观此又未必无据也。"前引《大足石刻铭文录》第218—219页。

3 陈明光：《宝顶山石窟概论——中国古代石窟艺术史上的最后一座殿堂》，重庆大足石刻艺术博物馆、重庆出版社出版：《大足石刻雕塑全集·宝顶石窟卷（上）》，重庆出版社1999年版。

4 《饯郡守王梦应记》："距大江几二百里，素无城守兵卫，狄难以来，官吏民多不免焉。加以师旅，因以饥馑，存者转徙，仕者退缩。"前引《大足石刻铭文录》第300—301页。

5 大佛湾5号华严三圣主尊左脚旁树立南宋知昌州军事宇文屺诗碑："剩云技巧欢群目，今贝周遭见化城，大孝不移神所与，笙钟麟甲四时鸣。宝顶赵智宗刻石追孝，心可取焉，因成绝句，立诸山阿。（中略）癸未二月一日。"前引《大足石刻铭文录》第233—234页。这是针对已经存在的宝顶山石刻内容的概括描述，符合此历史背景的癸未纪年，只有南宋嘉定十六年（1223年）。

6 李裕群：《大足宝顶山广大宝楼阁图像考》，重庆大足石刻艺术博物馆编：《2005年重庆大足石刻国际学术研讨会论文集》，文物出版社2007年版。

7 （南宋）王象之撰：《舆地纪胜》卷161《昌州·景物》："宝峰山，在大足县东三十里，有龛岩，道者赵智凤修行之所。"四川大学出版社2014年版，李勇先校点本第4882页。宝峰山应即宝顶山。

8 小佛湾毗卢庵《释迦舍利宝塔禁中应现之图碑》："释迦如来涅槃至辛卯绍定四年（1231年），得二千乙百八十二年。"前引《大足石刻铭文录》第192—193页。

9 "宝顶造像为南宋大足人赵智凤一手经营，历数十年，未竟全功而殁。（中略）宝顶造像既为一有系统、有计划之经营，故亦不能以一般整理造像之眼光视之。"杨家骆：《大足宝顶区石刻记略》，《文物周刊》第21期，1947年2月9日。

10 "赵氏传柳本尊法，为宗喀巴前密宗之大师，宝顶即其所经营之道场，在中国本部密宗道场之有大宗石刻者，亦惟此一处，诚中国宗教上之重要遗迹也。"前引杨家骆《大足宝顶区石刻记略》。

11 陈习删《大足石刻志略》（1955年稿本）之《别略·宝顶山》：宝顶山圣寿寺"右为小佛湾，左岩下为大佛湾，前为石池。东有龙头山、黄桷坡、珠始山，南有高观音，西有广大山、松林坡、佛祖岩，北有崖湾、文家坡、龙潭、对面佛，皆雕诸佛、菩萨像，以大、小佛湾为重点"。又，"至于宝顶造像，有大轮王像、广大宝楼阁像、孔雀明王像、柳本尊像、西方三十七尊像、护摩像、结界像，皆坛仪像，为瑜伽部之事相。有三世佛像、七佛像、十佛像、八菩萨塔像、圆觉洞像、六贼图像，皆阐教像，为瑜伽部之教相。结合教相、事相，即瑜伽部全部体系，是为一系统。又有拟释迦降灵像、拟释迦成道像、拟释迦涅槃像、拟佛牙精舍立像，为圣迹像，附以标界像、双足迹像、栗咕婆子像，为从属像。并建大宝楼阁僧伽蓝，释迦真如舍利宝塔、武周刊定众经目录经幢，具足三宝。结合三宝与圣迹二者，即成理想之东方佛国，是为又一系统"。刘长久、胡文和、李永翘编：《大足石刻研究》，四川省社会科学院出版社1985年版，第257、263页。

打通三部分造像的界线，着眼于整体造像内容和属性的分类，初步奠定宝顶山石刻密教道场说的基础。

20世纪80年代，李巳生进一步发展了密教道场说[1]，认为宝顶山石刻是基于密宗修习次第和教理，严密设计的曼荼罗道场，由小佛湾灌顶受戒道场、大佛湾祈福禳灾和俗讲道场，以及四方结界造像群三大部分构成。此认识着眼于三部分造像各自的特征和关系，强调它们的功能差别，夯实宝顶山石刻密教道场说的基础。以此为前提，20世纪90年代，陈明光认为宝顶山石刻造像似由外院、内院、四方结界三大部分组成，外院大佛湾似为导引世俗和密教修行者，经此教相之门而入事相仪坛的俗讲道场，内院小佛湾似为密教修行者习事相而设的仪坛，外围区域分布的佛、护法神像等则为四方结界像[2]。此观点加强了宝顶山石刻密教曼荼罗道场说。基于上述研究，21世纪初，何恩之继续强调宝顶山石刻三部分内容系密教曼荼罗构造的观点，进而认为邻县安岳境内的若干同时期石刻，形成以宝顶山为中心的朝觐网络[3]。不久，李巳生部分修改了从前观点[4]，认为宝顶山石刻造像是以“‘普为四恩，看转大藏’为宗旨，组合道场四方结界、教相道场、‘报恩圆觉道场’和事相道场，以柳本尊为归依，修习本尊瑜伽，成佛报恩的专修道场”。接着，其人另外著文在坚持上文观点的同时，强调了宋代新文化环境施加宝顶山石刻的影响[5]。此二者观点，丰富了宝顶山石刻密教曼荼罗道场说的内涵。

与大乘佛教经过无数世积功累德修行而得成佛不同，密教通过瑜伽修法即身成佛，采用曼荼罗表现即身成佛所达到的觉悟境界。然而，宝顶山石刻密教曼荼罗道场说持有者不能说明到底是怎样的曼荼罗，为何宝顶山石刻自身面貌与胎藏界曼荼罗以中台八叶院为中心的多重结构，以及金刚界曼荼罗以成身会为中心的九会结构大相径庭。况且，柳本尊—赵智凤一系所谓瑜伽密教缺乏连绵有序的传承系谱，亦无明确教理可依。所谓由显入密的修行次第，在石刻造像中也找不到归结点。所以能够产生这样的学说，大概在于宝顶山三部分石刻造像的空间分布，多少有些类似密教曼荼罗构造，而且密教性质图像占有一定比重，再者又标示柳本尊为“唐瑜伽部主总持王”诸多原因所致。归根结蒂，宝顶山石刻密教曼荼罗道场说持有者，无法论证其学说中存在的各种矛盾，此观点自然就失去存在的理据，只能看作一种假说而已。正因如此，自20世纪90年代以来，一些学者对宝顶山石刻密教道场说进行了尖锐批判[6]，认为宝顶山石刻根本不存在所谓的密教曼荼罗构造，而且多样化的造像内容非密教道场说所能涵盖。值得注意的是，以往学者的质疑和批判并非不合理或不够实质，但只是表明否定的立场，没有阐述应该是什么或到底是什么。

近年来，侯冲基于宝顶山所刻与瑜伽道场仪文关联文字，认为宋代瑜伽道场仪文为宝顶山佛教造像的文本依据，宝顶山造像群为佛教水陆道场[7]。笔者以为，宝顶山石刻造像的文本依据主要来源于三个方面，即正统翻译佛经、中土编撰典籍（含疑伪经，而不含瑜伽道场仪文），以及佛教经典与时代思潮混合形成的文本。至于宋代瑜伽道场仪文施加宝顶山石刻影响，或许存在可能，但这种影响远非决定性因素，仅就宝顶山三部分造像刊刻文字中的些许内容，不足以得出以宋代瑜伽道场仪文为依据设计并造像的结论。况且，水陆道场以超度水陆鬼魂升天为目的[8]，通常具有内外坛及上下堂等设置，以迎请并供养用于超度众生的各路神祇，且安置受超度的亡

---

1 李巳生：《四川石窟雕塑艺术》，李巳生主编：《中国美术全集·雕塑编·12·四川石窟雕塑》，人民美术出版社1988年版。

2 前引陈明光：《宝顶山石窟概论——中国古代石窟艺术史上的最后一座殿堂》。

3 Angela F. Howard, *summit of treasures: Buddhist Cave Art of Dazu, China*, Weatherhill, Inc. 2001.

4 李巳生：《报恩道场宝顶山》，《敦煌研究》2004年第6期。

5 李巳生：《宝顶山道场造像布局的探讨》，大足石刻研究院编：《2009年中国重庆大足石刻国际学术研讨会论文集》，重庆出版社2013年版。

6 诸如，刘长久：《中国西南石窟艺术》，四川人民出版社1998年版，第111—124页。姚崇新“Angela F. Howard, *summit of treasures: Buddhist Cave Art of Dazu, China*”（何恩之：《宝顶：中国大足佛教石窟艺术》），《艺术史研究》第7辑，中山大学出版社2005年版，第494页。胡文和：《安岳大足石窟中“川密”教祖柳本尊像造型分类——兼论大足宝顶不是“密宗道场”》，重庆大足石刻艺术博物馆、重庆大足石刻研究会编：《大足石刻研究文集》（5），重庆出版社2005年版，第228—235页。

7 著者论证宝顶山石刻一再出现的“假使热铁轮，于我顶上旋，终不以此苦，退失菩提心”偈颂，出自南宋早期祖觉《重广水陆法施无遮大斋仪》。“假使百千劫，所作业不忘，因缘会遇时，果报还自受”偈颂，亦关联宋代瑜伽教道场仪。宝顶山大佛湾圆觉洞甬道刊“南无大般若经、南无大宝集经、南无大华严经、南无大涅槃经”术语，与宋代瑜伽教道场仪称念的四大部经题目和顺序一致，同处刊“大通智胜佛”名号内涵的四谛、十二因缘内容，也见于宋代瑜伽道场仪式。而且，宝顶山大佛湾之大方便佛报恩经变、报父母恩重经变，与北宋晚期宗赜《孝顺设供拔苦报恩道场仪》密切关联。侯冲：《论大足宝顶为佛教水陆道场》，前引《大足石刻研究文集》（5）。

从实际观察可知，这些认识有一定见地及合理性，但当时水陆道场仪文可能只是施加了些许影响，并非决定宝顶山石刻性质的根本因素。再者，“假使百千劫，所作业不忘，因缘会遇时，果报还自受”偈颂，北宋建隆二年（961年）成书的永明延寿《宗镜录》卷71（《大正藏》第四十八册第816页上）、北宋晚期彦琪《证道歌注》（《续藏经》第六十三册第270页上）曾经引用，尽管不知其是否出自正统佛教经典，北宋流行于社会则为事实，南宋宝顶山石刻再次应用此偈颂，难以说就是水陆道场仪文影响的结果。还有，宝顶山佛祖岩所见“假使热铁轮，在我顶上旋，终不以此苦，退于无上道”偈颂，侯冲已指出来自《大方便佛报恩经》，据学界长期以来研究结果，该经可能是南北朝或稍早时期在中土编纂的一部经典。此出自《大方便佛报恩经》的偈颂，与宝顶山石刻反复出现的“假使热铁轮，于我顶上旋，终不以此苦，退失菩提心”偈颂相差无几，显然，后者以前者为基础改编而来，无论最初出于谁人之手，并非十分难为之事。而且，此句用于大乘佛教修行者励志的偈颂具有普遍性意义，未必一定关联水陆法事活动。

8 诸如，（南宋）洪迈《夷坚志》乙志卷9《刘正彦》：“宣和（1119—1125年）初，陕西大将刘法与西夏战死，朝廷厚恤其家，赐宅于京师。其子正彦既终丧，自河中徙家居之。宅屋百间，西偏一位素多鬼。（中略）客曰：‘为公徼福于释氏，作水陆法拯拔，以资冥路，若何？’”（中华书局2013年何卓点校本，第260页）。本书成于南宋中期。又，《夷坚志》乙志卷17《沧浪亭》：“姑苏城中沧浪亭，本苏子美宅，今为韩咸安所有。金人入寇时，民人后圃避匿，尽死于池中，以故处者多不宁。其后韩氏自居之，每月夜，必见数百人出没池上，或僧，或道士，或妇人，或商贾，歌呼杂沓良久，必哀叹乃止。（中略）（主人）即命十车徙池水，掘污泥，拾朽骨，（中略）乃葬诸城东，而设水陆斋于灵岩寺，自是宅怪遂绝。”前引中华书局2013年何卓点校本，第331页。

者鬼魂[1]，宝顶山石刻却全然不见这种设置，也没有水陆法会习见的三教混合造像，可以说，几乎不存在为建设水陆道场而设计并经营宝顶山石刻的可能。当然，在水陆法会活动盛行的宋代，利用宝顶山佛教道场开设水陆法会绝非没有可能，而这不能等同于宝顶山造像的指导思想或目的。此外，尚有持显教、密教混合造像说者，由于立论比较空泛，此不赘述。迄今为止，尚未看到一种新学说能够合理地解释宝顶山石刻造像的指导思想。

（三）本稿的目的和方法

基于上述关于宝顶山石刻造像主题研究的梳理可知，目前存在密教道场说、反对密教道场说两种主要观点，以及个别的水陆道场说。在上述诸说难以成立的情况下，需要探索新途径，寻找新方法，直至客观地揭示宝顶山石刻造像的主题思想。

为了达成这一目的，笔者以为，从宝顶山石刻造像的组合关系入手分析，或许是一条行之有效的途径。就宝顶山某一部分造像而言，将毗邻开凿且内容具有连带关系者视为一组，将连贯排列且表述同一思想的若干组视为一区，若干区构成一个部分。就解读宝顶山石刻造像来说，这几乎成为必由之路，但不同研究者的观念会导致判然有别的结论。其实，这种方法早已应用于宝顶山石刻研究[2]，然囿于先入为主的密教道场观念，始终无法解释其中出现的矛盾现象。因此，尽可能地消除各种主观性学术观念带来的负面影响，逐一分析各部分、各区、各组石刻的思想，就有可能推导出宝顶山石刻群的主题思想。

宝顶山石刻造像分为大佛湾、小佛湾和外围区域三个相对独立的部分。其中，大佛湾造像设计一体化、排列齐整、种类众多、规模巨大，而且保存基本完好，为本稿考察的主体和重点。小佛湾造像在历史上遭受破坏并经过重建，原初的布局和设计意图变得模糊。外围区域造像则极其分散，内容也比较单调。后二者仅作为辅助内容考察。

二　宝顶山大佛湾造像及其思想

大佛湾多为摩崖造像，少许为洞窟造像。就排列次序和表现意图观察，大体可以分为四区，即第一区南崖东段、第二区东崖（含南北崖的尽端）、第三区北崖、第四区南崖西段（图2）。

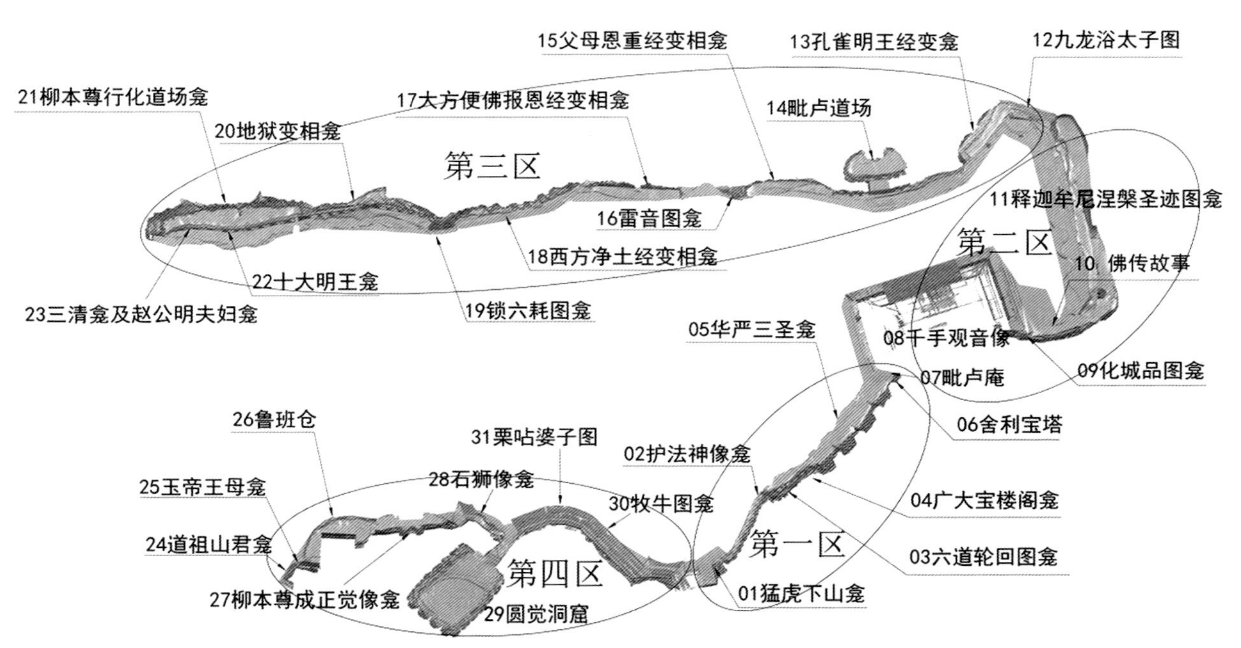

图2　大足宝顶山大佛湾造像分区示意图（毛世福据大足石刻研究院提供底图制作）

1　（北宋）黄休复《益州名画录》卷上："僖宗驾回［光启元年（885年）正月］之后，府主陈太师于宝历寺置水陆院，请南本画天神地祇、三官五帝、雷公电母、岳渎神仙、自古帝王、蜀中诸庙一百二十余帧，千怪万异，神鬼龙兽、魍魉魑魅，错杂其间，时称大手笔也。"（人民美术出版社1964年版，第14页）。据北宋景德三年（1006年）李畋序言，此书应完成于此前。又，（南宋）宗鉴《释门正统》（《续藏经》第七十五册）卷4《利生志》："又有所谓水陆者，取诸仙致食于流水，鬼致食于净地之义（第303页下）。（中略）我朝苏文忠公（轼）重述水陆法像赞，今谓之眉山水陆，供养上下八位者是也。熙宁（1068—1077年）中，东川杨锷祖述旧规，又制仪文三卷行于蜀中，最为近古。然江、淮、京、淅（应作'浙'）所用，像设一百二十位者，皆后人踵事增华，以崇其法，至于津济一也（第304页上）。"自序落款"皇宋嘉熙改元（1237年）三月十日，沙门宗鉴"，是为《释门正统》成书年月。上述文献表明，晚唐以来流行的水陆法会，包括像设一百二十位者繁琐形式及上下八位者简易形式。

2　诸如，前引杨家骆《大足宝顶区石刻记略》："宝顶造像既为一有系统有计划之经营，故亦不能以一般整理造像之眼光视之。此次考察为之分别段落，而不以窟计者，即以此故。"又，前引李巳生《报恩道场宝顶山》，区分宝顶山石刻造像为"四方结界、教相道场、'报恩圆觉道场'和事相道场"。

（一）第一区南崖东段造像

包括5号华严三圣像、4号广大宝楼阁图像、3号六道轮回图像、2号护法神像、1号下山猛虎像。其中5号自成一组，4、3号，2、1号分别构成一组。该区各组造像内容呈现由东而西排列的逻辑关系，即第一组（5号）、第二组（4、3号）、第三组（2、1号），第一、二组为主体（图3、图4）。

华严三圣像（5号）	广大宝楼阁图像（4号）	六道轮回图像（3号）	护法神像（2号）	下山猛虎像（1号）
第一组	第二组		第三组	

图3　大足宝顶山大佛湾南崖东段造像配置与分组示意图

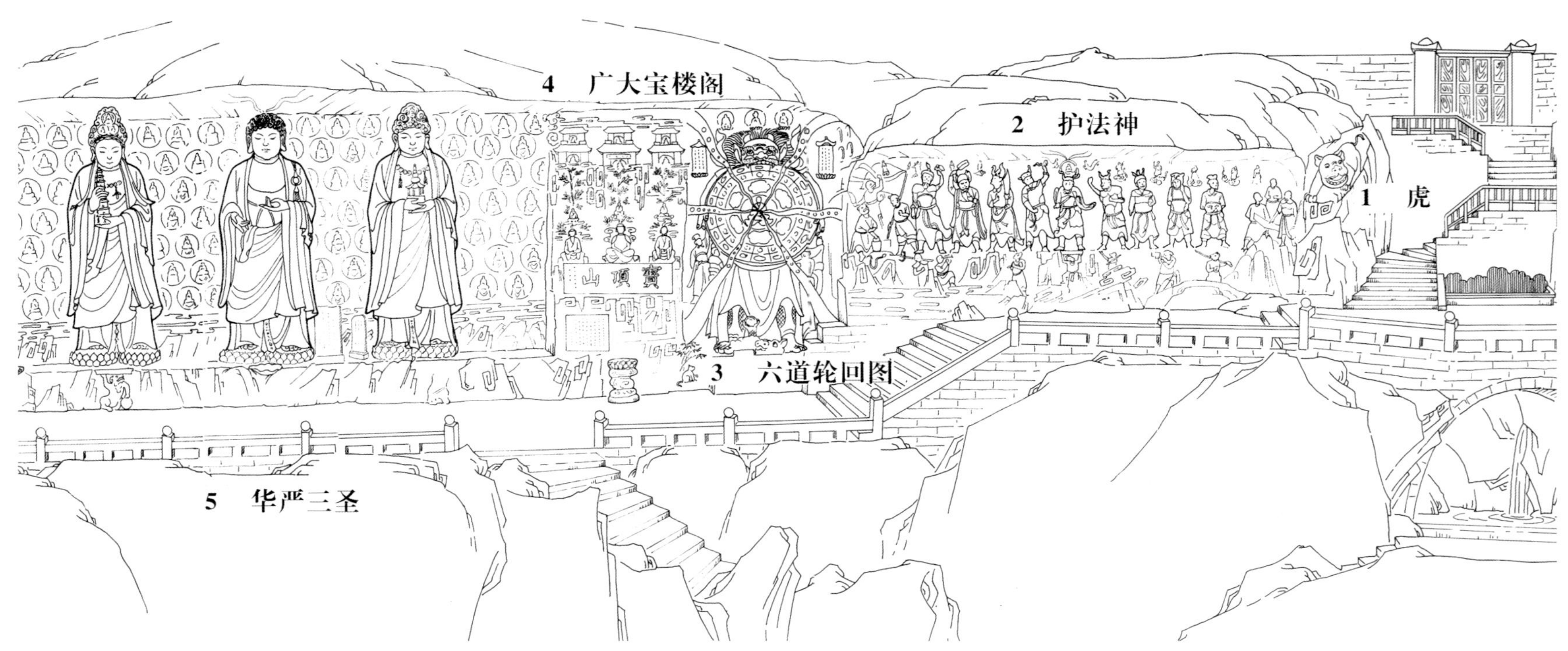

图4　大足宝顶山大佛湾南崖东段造像线描图（郭相颖 绘）

第一组造像（图5）。学界名之为华严三圣，身高各近7米，为大佛湾唯一的一组大型立像，况且处在中间位置，意义非同一般。左右胁侍菩萨分别托举舍利塔、法身塔（本稿以物象自身为基准确定左右方位，下同），具有成就法身的用意，由此而言，主尊佛陀应为法身毗卢遮那佛[1]，二菩萨则是文殊、普贤，三者组合形成华严三圣，代表由菩萨行而成就法身的意涵。华严三圣身后壁面布满月轮龛，龛中各有佛陀坐莲花上，似以月轮龛象征众生所发菩提心，清净圆满[2]，其中坐佛为成就法身的表现。

第二组造像（图6）。广大宝楼阁图像，由下而上三段分别表现修行三仙人、三竹及其中化生童子、三楼阁及其中佛陀，基于《广大宝楼阁善住秘密陀罗尼经》表现[3]，此经记述很久以前宝山中三仙人，分别化生为三竹中童子，成佛后各自住于三竹所化楼阁之

1　无宝冠的毗卢遮那佛见于小佛湾8号金刚神龛，该龛额题“毗卢庵”，其金刚神头顶现出无冠、施拱手印的毗卢遮那佛，左右两侧者为应身柳本尊、报身卢舍那佛，意涵无异于华严三身佛。前引《大足石刻铭文录》第194页。

2　（唐）般若译《大乘本生心地观经》（《大正藏》第三册）卷8《发菩提心品》：“佛言，‘善男子，凡夫所观菩提心相，犹如清净圆满月纶，于胸臆上明朗而住。若欲速得不退转者，在阿兰若及空寂室，端身正念，结前如来金刚缚印，冥目观察臆中明月，作是思惟，是满月轮五十由旬无垢明净，内外澄澈最极清凉，月即是心，心即是月。尘翳无染妄想不生，能令众生身心清净，大菩提心坚固不退’（第328页下）。”

3　李裕群认为，该图像依据《广大宝楼阁善住秘密陀罗尼经》表现，又基于经典记述众生得闻此陀罗尼经而远离六道苦楚，已而与毗邻的六道纶回图像关联，此言不虚。前引李裕群《大足宝顶山广大宝楼阁图像考》。

图 5　大足宝顶山大佛湾 5 号华严三圣像

图 6　大足宝顶山大佛湾 4 号广大宝楼阁图像与 3 号六道轮回图像

中，与图像完全吻合。重要且没有引起学界足够重视的是，三仙人因发菩提心因缘得闻《广大宝楼阁善住秘密陀罗尼经》[1]，而且设定前提，云不孝之人不能得此经[2]。由此可见，发菩提心、修行孝道亦是此经所强调的内容，这也是宝顶山石刻一再强调的思想，不仅仅在于奉持此经而得成佛。

六道轮回图像，作无常大鬼口衔、手捧一大圆盘表现，圆盘由内而外第一圈表现修行者，以及代表贪、嗔、痴三毒的鸽、蛇、猪，第二、三、四圈分别表现六趣、十二因缘、众生轮回水罐。修行者胸部发出六条光束，每条光中刻画5—8身佛陀。学界已究明此图像依据《根本说一切有部毗奈耶》表现[3]，这种认识大体不错，而且图像中刊刻出自该经的偈颂[4]。该经阐明修行者须精勤修行，不可放逸，以免沦落地狱之苦的道理，修行者摄伏其心为关键所在。不可忽视的是，该小乘佛教律典中绝无修行者成佛的论断，此图像所见由修行者胸部发出六条带有化佛的光束，以及相应说明偈颂[5]，显然是中国大乘佛教思潮流行的产物，印度阿旃陀笈多晚期17窟六道轮回图像也没有这种表现。再者，无常大鬼头顶的三尊像一直没有引起研究者足够重视，中间者为施拱手印宝冠佛，两侧者为作说法状的无冠佛，显然为华严三身佛组合，意味着成就法身为最终修行目的。因此，大佛湾六道轮回图像应该看作以《根本说一切有部毗奈耶》为基础，加入大乘成佛思想的表现，修行者不仅要摄伏其心，还须进一步发菩提心并成就法身[6]。

该组图像特别强调了发菩提心的重要性，并向众生展现发菩提心能够成佛的结果，由此可以激励修行者精勤不息。同时力行孝道、奉持陀罗尼、坚守戒律也是着力表现的方面。

第三组造像。2号护法神像分上下两层，上层中间雕刻一列9身护法神，两端各雕3身侍者、夜叉等类。其中，左端一侍者手持刊刻道场规则的条幅，旁边一人指示条幅，告诫来者须遵守之。下层雕刻一列7身兽首人身夜叉。据铭文可知[7]，9身护法神为获得六通的神灵，他们正制止诸夜叉盗石、偷瓜等行为。铭文同时提及八万四千会华严大斋，以及每会转读大藏经的信息告诉我们，该道场可能经常举办大型法会，华严思想应是法会颇受重视的内容。

1号下山猛虎处在大佛湾原来入口外，研究者普遍认为象征侵犯道场的邪恶势力，言之有理。九大护法神御敌于道场之外，同时维护道场内秩序，职责分明。护法神为本组主像，猛虎只是用来烘托氛围而已，就护法神所在位置来看，应主要担负守护大佛湾道场的职责。

第一区造像表述了两个基本点，一者修菩萨行而成就法身，二者修行者净化其心、发菩提心而得成佛。

（二）第二区东崖造像

包括东崖南部6号舍利宝塔图像、7号妙智宝塔图像、8号千手观音图像、9号化城图像，中间10号释迦事迹图像、11号释迦佛入涅槃图像、12号九龙浴太子图像，以及西部第13号孔雀明王经变。其中，6—9号、10—12号分别构成一组，13号自成一组。该区各组造像内容呈现先中间、次左、后右排列的逻辑关系，即第一组（12、10、11号）、第二组（9、6、7、8号）、第三组（13号）（图7）。

1　（唐）菩提流志译《广大宝楼阁善住秘密陀罗尼经》（《大正藏》第十九册）卷1《序品》：“彼三仙人系心专念佛、法、僧宝。复作是念，我等何时证无上正觉，度脱一切诸众生等。时彼仙众作是念已，须臾默然复起前念，由是念故即证慈悲欢喜一切众生种种楼阁三摩地（第639页上）。”

2　《广大宝楼阁善住秘密陀罗尼经》卷1《序品》：“尔时世尊告执金刚菩萨言，（中略）‘众生下劣不勤精进，多诸惑乱、愚痴、暗钝，耽着诸欲不信正法，不敬父，不敬母，不敬沙门，不敬婆罗门，不敬尊者，由此不能得是陀罗尼’（《大正藏》第十九册第636页下）。”

3　郭相颖：《刻在岩壁上的哲学伦理著作》，《重庆社会科学》1993年第3期。又，胡良学：《大足宝顶大佛湾六趣唯心图之管见》，重庆大足石刻艺术博物馆、重庆大足石刻研究会编：《大足石刻研究文集》（3），中国文联出版社2002年版。

4　无常大鬼肩部两侧刊：“汝常求出离，于佛教勤修，降伏生死军，如象摧草舍。于此法律中，常为不放逸，能竭烦恼海，当尽苦边际。”见于（唐）义净译《根本说一切有部毗奈耶》卷34《辗转食学处》，《大正藏》第二十三册，第811页中。

5　无常大鬼肩部两侧刊：“三界轮中万种身，自从贪爱业沉沦，君看轮外恒沙佛，尽是轮中旧日人。”

6　前引《大足宝顶山广大宝楼阁图像考》云，六道轮回图像中心者为佛像，且以《广大宝楼阁善住秘密陀罗尼经》为摆脱此图像所示六道轮回的途径，笔者以为有所不妥。原因在于，其一，《根本说一切有部毗奈耶》为小乘佛教律典，有别于密教系统的《广大宝楼阁善住秘密陀罗尼经》。其二，六道轮回图像本身所强调的就是心地修行，与奉持陀罗尼经无关。其三，此六道轮回图像中心者作卷发形象，应为尚未出离六道的修行者。其四，其胸部发出六条刻画化佛的光束，表明发菩提心方可超脱六道轮回。

7　条幅刊文：“宝山一寸地土、一树丛林、一钱物，及飞禽杂类等，各□华严大斋八万□千会，每会转□藏经一遍□□。不许人妄□□心，侵犯谋□物命。仰三□□法、八大六通□□守护。若依□□佛戒，同获□□，富贵长□，□□佛语……”前引《大足石刻铭文录》第94页。

孔雀明王图像（13号）	九龙浴太子图像（12号）（附加树下诞生图像）	释迦佛入涅槃图像（11号）	释迦事迹图像（10号）	舍利宝塔图像（9号右半）	化城图像（9号左半）	千手观音图像（8号）	妙智宝塔图像（7号）	舍利宝塔图像（6号）
第三组	第一组			第二组				

图 7　大足宝顶山大佛湾东崖造像配置与分组示意图

图 8　大足宝顶山大佛湾东崖中间造像线描图（郭相颖 绘）

第一组造像（图8）。按故事情节的先后顺序，依次为12号九龙浴太子图像、10号释迦事迹图像、11号释迦佛入涅槃图像。11号释迦佛入涅槃像处在该组和第二区的中央位置（图9），横长31.6米，体量硕大，显然为该组和本区的中心造像[1]。该涅槃像头北、面西[2]，右胁向下而卧，与佛传经典记述的佛入涅槃姿势一致。值得注意的是，在大佛湾符合这一设计准则的地方只有东崖，再加上偌大的入涅槃释迦佛形体，可以不加怀疑地判断，这是经过统一规划、严密设计的结果。在中央上方云气中配置以摩耶夫人为中心的一列9身天人像，是为摩耶夫人从忉利天降下吊唁佛陀情景。在释迦佛前方，配置以卷发修行者为首的19身参加悼念仪式的各色人物半身像[3]（图10）。该图像用仪式化表现代替了以往涅槃图像的情节性表现，呈现全新时代风貌。尤其卷发修行者处在队伍前头拱手施礼，又恰好当释迦佛面之前，仿佛宝顶山道场的经营者赵智凤在主持释迦佛丧礼。并且参加悼念仪式者以菩萨为主体，不见弟子身影，迥然有别于从前以弟子为主体的表现，推测这种情况与强调应化思想有关[4]。摩耶夫人关联情节出自《摩诃摩耶经》，据此经典，摩耶夫人出现实际等同于表述孝道思想[5]，也可以看作释迦佛应化行孝并教化众生的表现。那么，该涅槃图像，似乎可以理解为卷发修行者（赵智凤？）主持的，以表述孝道思想为主题的释迦佛丧礼。在陕北北宋晚期至金代早期石窟中，流行程式化涅槃图像（具备临终说法、入涅槃、金棺说法中几个场面），孝道思想也是表现的中心内容[6]。可见，通过涅槃图像表述孝道思想，已成为宋辽金时期习

1　当然，11号释迦佛入涅槃像还处在大佛湾的中央部位，但从大佛湾各个造像的作用观察，该像并非大佛湾的中心造像。

2　在佛传经典中，悉达多太子出游北门时遇见代表觉悟人生的比丘，逾城出家时还是选择北门，可见北方与成道概念发生关联。西方是日落方向，西方净土也是佛教徒希冀逝后往生的地方，可见西方与逝去的概念联系在一起。如此说来，释迦佛入涅槃时采用头北、面西姿势，是佛教思想逻辑使然。

3　在大佛湾及宝顶山外围区域，存在数量众多的半身像表现，这是粉本设计者独运匠心的结果。在有限的空间范围，采用半身造像形式能够制造大体量视觉效果，使得画面变得厚重且充满力量感。就此涅槃图像而言，以半身像形式表现参加悼念仪式的人群，这些人物与释迦佛硕大形体比较不至于显得太小，又可避免遮蔽释迦佛而影响主体内容，可以说是恰如其分的艺术设计。在广元皇泽寺隋唐之际28龛，高浮雕一佛、二弟子、二菩萨立像身后，浅浮雕以半身像及头像形式表现的天龙八部，类似表现其后波及川北、川中和川东（含重庆）地区。这种表现形式，大概就是宝顶山南宋半身造像设计思想的渊源。所不同者，宝顶山半身造像形式普遍应用于主体造像，是为中国佛教造像史上的一大创举。

4　应化思想即释迦佛在娑婆世界教化众生，以金刚不坏的法身观为基础，认为释迦佛涅槃非实有，而是教化众生的方便说法手段。在涅槃图像中，菩萨代替弟子恰是强调了菩萨救世思想，忽略了小乘佛教所述现实中的涅槃内容。

5　（南齐）昙景译《摩诃摩耶经》（《大正藏》第十二册）卷2："时摩诃摩耶（中略）与于无量诸天女等眷属围绕，作妙伎乐，烧香散花，歌颂赞叹，从空来下，趣双树所（第1012页下）。尔时世尊以大神力故，令诸棺盖皆自开发，便从棺中合掌而起，如师子王初出窟时奋迅之势。（中略）以梵软音问讯母言，远屈来下此阎浮提，诸行法尔，愿勿啼泣。（中略）于时阿难，（中略）即便合掌而白佛言，'后世众生必当问我，世尊临欲般涅槃时复何所说，云何答之'。佛告阿难，'汝当答言，世尊已入般涅槃后，摩诃摩耶从天来下，至金棺所。尔时如来为后不孝诸众生故，从金棺出，如师子王奋迅之势。（中略）汝可为后世诸众生辈，次第演说此经，名曰摩诃摩耶经，（中略）又名佛临涅槃母子相见经'（第1013页上、中）"。

6　李静杰：《中原北方宋辽金涅槃图像考察》，《故宫博物院院刊》2008年第3期。

图9　大足宝顶山大佛湾11号释迦佛入涅槃图像

图10　大足宝顶山大佛湾11号释迦佛入涅槃图像（局部）

惯性做法。

12号主要表现九龙浴太子场面，又填充表现树下诞生场面。10号画面分三层表现，大部已模糊，推测为释迦一生教化事迹。在下层右端靠近入涅槃释迦佛足处，四人抚棺恸哭场面还比较清晰，应为涅槃图像的延续。12、10号图像配置在两端偏僻位置，画面也远小于涅槃图像，意在与11号图像连成一体，形成释迦一生事迹展现，入涅槃则是该组造像的重心。

第二组造像（图11）。中央千手观音图像与两侧诸图像属于不同方面内容，须分开讨论。两侧图像的布局与内容明显具有对称性，暗示存在统一的设计思想。就布局而言，左侧6号舍利宝塔图像与右侧9号右半舍利宝塔图像形成一对，左侧7号妙智宝塔图像与右侧9号左半化城图像形成一对[1]。

就内容来说，左外侧五层“舍利宝塔”（6号）各层各面雕刻佛陀坐像，意味着成就金刚不坏的法身。右外侧五层“舍利宝塔”

1　郭相颖：《宝顶山大佛湾三部造像内容考探》，前引《2009年中国重庆大足石刻国际学术研讨会论文集》。该文已注意到该组图像的对称配置问题。

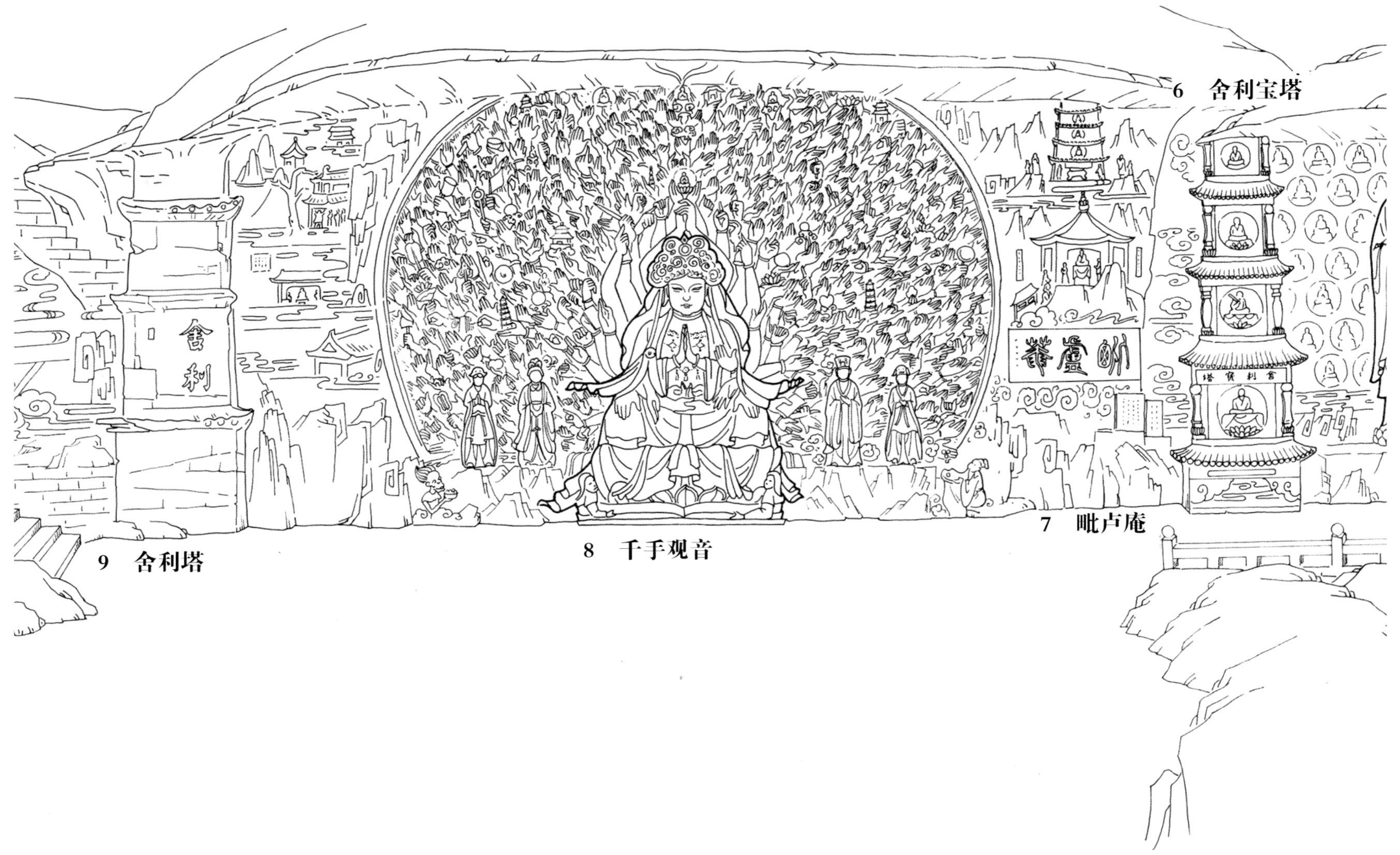

图11 大足宝顶山大佛湾东崖南部造像线描图（郭相颖 绘）

（9号右半）的下层刊“天泽无私，不润枯木；佛威虽普，不立无根”偈颂，出自后秦僧肇注解鸠摩罗什译《维摩诘经》内容[1]，意谓诸比丘与菩萨道行深厚，能够护持正法。暗示此塔为经法之塔。两外侧一对舍利宝塔形式有所不同，却都属于代表佛教真理或经典的法身塔，二者刊名“舍利宝塔”应即法宝之谓也。

右内侧图像（9号左半）由下而上依次刊“化城、正觉院、净土宫”三组建筑及修行者，画面简洁明了。所谓化城显然来自《法华经》，意思是通过方便、譬喻的方式，引导小乘信徒走上大乘成佛之路。正觉院则是觉悟成佛处所之意，与化城关联。在正觉院中刊“假使热铁轮，于我顶上旋，终不以此苦，退失菩提心”偈颂，系修行者发菩提心、修菩萨行的励志之言，也是走向正觉的前提。至于净土宫，属于信仰层面内容，暗示修行者期望将来往生净土。左内侧图像（7号）由下方“毗卢庵”和上方“妙智宝塔”组成。毗卢庵为六角亭式建筑，修行者居中，两外侧刊“假使热铁轮，于我顶上旋，终不以此苦，退失菩提心”偈颂，意谓由发菩萨心到成就毗卢遮那佛法身。至于妙智宝塔可以解释为智慧通达的法身。此两内侧图像分别与《法华经》《华严经》思想关联，各自表述了发菩提心、行菩萨行，直至成就法身的思想。不过，《法华经》之法身为释迦佛，《华严经》之法身为毗卢遮那佛，名称有异，内容并没有本质区别。左右内侧图像与左右外侧图像内涵多有重复之处，主旨在于成就法身。与第一组以涅槃为中心的释迦佛传图像关联，形成应身与法身的组合关系。

第二、三组造像。第二组中间的千手观音图像与第三组孔雀明王可能构成一对图像（图12）。就千手观音而言，相关陀罗尼经典云[2]，其人在过去无数世以前已经成佛，为救度众生现作菩萨，实际开启新一轮菩萨行。这样看来，将千手观音置于左右两对象征法身的图像中间，似乎形成观音的法身和应身组合。此陀罗尼为使众生发菩提心、行菩萨行，除灭众生一切灾难而设。就孔雀明王来说，

1 （十六国·后秦）鸠摩罗什译《维摩诘所说经》（《大正藏》第十四册）卷1《佛国品》：“一时佛在毗耶离菴罗树园，与大比丘众八千人俱，菩萨三万二千，一一众所知识，大智本行皆悉成就。诸佛威神之所建立，为护法城受持正法（第537页上）。”（十六国·后秦）僧肇《注维摩诘经》（《大正藏》第三十八册）卷1：“肇曰，天泽无私，不润枯木；佛威虽普，不立无根。所建立者，道根必深也。（中略）一切经法皆名法城，护持宣布令不坏也（第328页下）。”

2 （唐）伽梵达摩译《千手千眼观世音菩萨广大圆满无碍大悲心陀罗尼经》（《大正藏》第二十册）：“（观世音菩萨言）‘此陀罗尼，是过去九十九亿恒河沙诸佛（第108页下）所说。彼等诸佛为诸行人修行六度，未满足者速令满足故，未发菩提心者速令发心故，若诸声闻人未证果者速令证故（第109页上）。’（中略，佛言）‘此观世音菩萨不可思议威神之力，已于过去无量劫中已作佛竟，号正法明如来。大悲愿力，为欲发起一切菩萨，安乐成熟诸众生故，现作菩萨（第110页上）。（中略）此咒乃是过去四十恒河沙诸佛所说，我今亦说，为诸行人作拥护故，除一切障难故，除一切恶病痛故，成就一切诸善法故，远离一切诸怖畏故（第111页中、下）。’”

图 12　大足宝顶山大佛湾 13 号孔雀明王经变

其经典的功能在于祈福禳灾[1]，虽非菩萨行，而救度众生的意义没有两样。这一对遥相呼应的图像，阐述了修菩萨行、救度众生的思想。千手观音与孔雀明王成组或对置表现晚唐以降流行开来，诸如晚唐张南本于成都大圣慈寺兴善院一起绘制大悲菩萨（应为千手观音）、孔雀王变相[2]。大足北山南宋早期多宝塔36龛，以后壁主尊释迦佛为中心，左右壁分别雕刻孔雀明王、六臂不空羂索观音[3]，不空羂索观音的性质及功能与千手观音类同，可视为相近组合。这说明上述第二区第二组千手观音与第三组孔雀明王图像，确实存在成组配置的可能。

以上可见，东崖的三组造像体现了释迦以应身教化（修行孝道）众生和成就法身的思想，以及修菩萨行和救度众生的思想。

（三）第三区北崖造像

包括北崖东部14号毗卢道场窟、15号父母恩重经变、16号雷音图像、17号大方便佛报恩经变，西部18号观无量寿经变、19号六耗图像、20号地藏十王地狱图像、21号柳本尊十炼图像、22号十大明王像。根据造像内容和排列关系可以分作四组，即第一组（14号）、第二组（15—17号）、第三组（18—20号）、第四组（21、22号），各组内容的分量比较均衡，呈现由东而西的逻辑演化关系（图13）。

1　（唐）不空译《佛母大孔雀明王经》（《大正藏》第十九册）卷1：“摩诃摩瑜利佛母明王大陀罗尼有大威力，能灭一切诸毒怖畏灾恼，摄受覆育一切有情，获得安乐（第416页中）。”卷3：“复有鬼魅、人非人等，诸恶毒害一切不祥及诸恶病，一切鬼神并及使者，怨敌恐怖种种诸毒，及以呪术一切厌祷，皆不能违越此摩诃摩瑜利佛母明王。常得远离一切善不之业，获大吉祥，众圣加持，所求满足（第438页下）。”

2　（北宋）黄休复《益州名画录》卷上：“（成都）大圣慈寺（中略）兴善院大悲菩萨、八大明王、孔雀王变相，并南本笔。”前引人民美术出版社影印本第13页。

3　李永翘、胡文和：《大足石刻内容总录》，前引《大足石刻研究》第440—441页。

<table>
<tr><td>柳本尊十炼图像
（21号）</td><td rowspan="2">地藏十王地狱图像（20号）</td><td rowspan="2">六耗图像（19号）</td><td rowspan="2">观无量寿经变（18号）</td><td rowspan="2">大方便佛报恩经变（17号）</td><td rowspan="2">雷音图像（16号）</td><td rowspan="2">父母恩重经变（15号）</td><td rowspan="2">毗卢道场（14号）</td></tr>
<tr><td>十大明王像
（22号）</td></tr>
<tr><td>第四组</td><td colspan="3">第三组</td><td colspan="3">第二组</td><td>第一组</td></tr>
</table>

图 13　大足宝顶山大佛湾北崖造像配置与分组示意图

图 14　大足宝顶山大佛湾 14 号毗卢道场

第一组造像（图14）。毗卢道场窟，正壁中间雕刻向前凸出的多面体转轮藏（图15），正壁两侧与其余三壁高浮雕造像，左壁已毁坏。转轮藏中央主尊为毗卢遮那佛，与转轮藏左右前侧面二佛组成《华严经》三身佛[1]，周壁浮雕内容为《华严经》七处九会图像[2]，从而形成《华严经》教主与教义的组合，构成一座《华严经》殿堂，亦可看作《华严经》的象征。依据盛唐楼颖记述，转轮藏发明者为南朝后期傅大士，其人为满足众生遍阅佛经的愿望创制转轮藏，云推动转轮藏者与诵持诸经功德无异，已而天下所建转轮藏皆设置傅大士像[3]。此毗卢道场内转轮藏中设置《华严经》三身佛，连同周壁图像，看作毗卢遮那佛演说《华严经》的表现，理所当然。

1　李永翘、胡文和：《大足石刻内容总录》，前引《大足石刻研究》第475页。

2　胡文和：《四川石窟华严经系统变相的研究》，《敦煌研究》1997年第1期。又，重庆大足石刻艺术博物馆：《大足宝顶山大佛湾第14号窟调查报告》，前引《2009年中国重庆大足石刻国际学术研讨会论文集》。

3　（唐）楼颖《善慧大士录》（《续藏经》第六十九册）卷1：“大士在日，常以经目繁多，人或不能遍阅，乃就山中建大层龛一柱八面，实以诸经，运行不碍，谓之轮藏。仍有愿言，‘登吾藏门者，生生世世不失人身’。从劝世人，‘有发菩提心者，志诚竭力，能推轮藏不计转数，是人即与持诵诸经功德无异，随其愿心，皆获饶益’。今天下所建轮藏皆设大士像，实始于此（第109页下）。”

此转轮藏没有表现傅大士，而转轮藏平座勾栏南面壸门中图像[1]，可能与其人自称弥勒化身的事迹关联[2]。毗卢道场门框外壁两边刊“欲得不招无间业，莫谤如来正法轮”偈颂[3]。此唐代偈颂见于诸多宋代禅宗灯录之中，可见当时流传之广，将此偈颂刊于毗卢道场，意在告诫人们华严大藏不可诽谤。门外壁两边下部浮雕四天王，显然用来守护华严大藏。第一组处在第三区的开端位置，而且作为《华严经》的象征表现，《华严经》核心思想则是菩萨行，暗示这种思想对以后各组造像内容的指导作用。

图 15 大足宝顶山大佛湾 14 号毗卢道场转轮藏

第二组造像（图16）。15号父母恩重经变、17号大方便佛报恩经变为一对图像，也是本组基本内容，16号雷音图像则主要发挥连接两者的作用。15号分上、中、下三层雕刻（图17）[4]。上层浮雕七佛图像，意图尚不明了。中层浮雕父母恩重经变，以父母礼佛求嗣为中心，两侧表现父母十恩场面，情节由中心向两侧发展，左为单数右为双数。这种配置方式与本区第四组柳本尊十炼图像恰好相反，推测这是求得形式变化的结果，进一步说明大佛湾造像一体化设计的可能。下层浮雕三个不孝之人地狱受苦场面。该经变依据唐代汉地撰述《报父母恩重经》表现[5]，大多场面刊刻北宋中晚期宗赜禅师偈颂[6]，目的是直白地说明图像意涵[7]。尤其重要的是，处在画面中间的礼佛求嗣场面所刊宗赜“父母皆成佛，绵绵法界如，尔时心愿足，方乃证无余”偈颂表明，将孝顺父母与发菩提心联系在一起，乃至被服侍的父母成就佛道，足见宗赜其人孝道说的思想强度之高。此经变内容强调了父母的恩德，并警示不孝之人将要遭受可怕的报应，并没有具体体现如何报恩，那正是17号大方便佛报恩经变所要展示的内容。

据敦煌写本《报父母恩重经》记述[8]，世间众生行孝已纳入佛教修行范畴。而且，中层中央下方刊“假使热铁轮，于我顶上旋，终不以此苦，退失菩提心”偈颂，似乎世间孝行被赋予菩萨行的内涵。下层第六碑赞颂“父母如忧念，乾坤定不容，人间遭霹雳，地狱

1 转轮藏平座勾栏南面壸门的右侧与左侧，分别刻画“翅头城”“正觉宫”图像，“翅头城”应即弥勒下生经所云“翅头末城”的略称，“正觉宫”则泛指觉悟成道处所。引人注目的是，在此二图像的外侧各有一棵树木，枝丫挂满织物，恰是弥勒下生经典所云“自然树上生衣”的表现。

2 （南朝・陈）徐陵《善慧大士碑》：“东阳郡乌伤县双林寺傅大士（中略）云，‘补处菩萨，仰嗣释迦法王真子，是号弥勒。虽三会济济，华林之道未孚；千尺岩岩，穰佉之化犹远。但分身世界，济度群生，机有殊源，应无恒质’。自叙因缘大宗如此。”《善慧大士录》卷3附录（《续藏经》第六十九册第121页中）。其寺院以“双林”为名，似乎与释迦佛双树入涅槃事迹关联，暗示作为弥勒化身的傅大士，将传承释迦佛教法的意图。

3 此偈颂出自（唐）玄觉《永嘉证道歌》（《大正藏》第四十八册第396页中），前引《大足宝顶山大佛湾第14号窟调查报告》已指出。

4 15号父母恩重经变示意图

<table>
<tr><td colspan="11">七佛</td></tr>
<tr><td>第十 究竟怜悯恩</td><td>第八 为造恶业恩</td><td>第六 乳哺养育恩</td><td>第四 咽苦吐甘恩</td><td>第二 临产受苦恩</td><td>投佛祈求嗣息
知恩者少
负恩者多</td><td>第一 怀担守护恩</td><td>第三 生子忘忧恩</td><td>第五 推干就湿恩</td><td>第七 洗濯不净恩</td><td>第九 远行忆念恩</td></tr>
<tr><td colspan="11">不孝之人入地狱</td></tr>
</table>

5 胡良学：《宝顶大佛湾第15号龛刻石之管见》，《敦煌研究》1998年第4期。又，马世长：《〈报父母恩重经〉与相关变相图》，《宿白先生八秩华诞纪念文集》，文物出版社2002年版。

6 前引《大足石刻铭文录》第98—103页。又，刘贤高：《宝顶大佛湾第15号龛镌“慈觉大师”考略》，前引《大足石刻研究文集》（3）。

7 侯冲认为，这些偈颂来自已失传的宗赜《孝行录》，并且就是该经变的文本依据。侯冲：《宗赜〈孝行录〉及其与大足宝顶劝孝石刻的关系》，《中国佛学》1999年第2卷第2期。笔者以为，偈颂出自宗赜《孝行录》观点言之有理，但不足以说明就是该经变的文本依据。原因在于该经变内容无异于《报父母恩重经》，况且下层浮雕不孝之人堕落地狱场面，所刊说明文字为随机编纂的赞颂，而不是宗赜偈颂。

8 “为于爷娘忏悔（罪）愆，为于父母读诵此经，为于父母布施修福，若能如此名曰孝子。”前引马世长《〈报父母恩重经〉与相关变相图》。

图 16　大足宝顶山大佛湾北崖东部石侧造像线描图（郭相颖 绘）

图 17　大足宝顶山大佛湾 15 号父母恩重经变

饮烊铜”[1]，不仅表述了下层浮雕用意，还关联第16号雷音图像[2]，都是对不孝之人的严厉警告[3]。下层第三碑赞颂“欲□无穷孝，当求出世因，曾日不到处，须问释迦文”[4]，将世间孝行与出世间孝行联系起来。

17号以半身说法释迦佛为中心，两侧各分三层浮雕[5]（图18），上层两侧各3个场面，中层两侧各2个场面，下层两侧各1个场面，凡有12个场面。6个场面依据《大方便佛报恩经》表现，配置在靠近释迦佛的部位，另外6个场面依据其他经典表现，多配置在两侧部位。这些源自其他经典的场面均为呼应《大方便佛报恩经》场面而设置，非但不影响，而且加强了大方便佛报恩经变的思想力度。在全体场面中，9个场面为本生图像，3个场面为本行图像。在9个本生图像中，5个［（1）、（2）、（3）、（6）、（7）］属于纯粹孝行，1个［（4）］只能算作广义孝行，另有2个［（5）、（9）］为求法布施，1个［（8）］为自我自身布施[6]。下层左右侧的两个本行场面内容具有明确对称呼应关系（图19、图20）[7]，上、中层左右侧各场面表现具有一定对称性，然内容缺乏对应关系。各个场面刊文字，来自所据相关经典内容的缩略和变通，而且大多标示所述经典，表明本经变设计者十分了解相关经典内容，这些经典应该就是本经变的文本依据。就依据《大方便佛报恩经》表现的内容而言，除6个主要场面以外，主尊释迦佛肉髻放出光明，光明之上显现忉利天宫，以及释迦佛头部两侧六趣众生图像，均基于该经表现[8]。其他6个场面，与所据经典内容比较也没有明显差距。

据《大方便佛报恩经》卷1《孝养品》，如来本是法界身，以应化身在娑婆世界教化、救度众生，是为大方便佛称名的意涵。云如来在无数前生中难行苦行、难舍能舍，为一切父母行两种布施（自我自身布施、所有物布施）、修六波罗蜜，因孝养父母知恩报恩

1　前引《大足石刻铭文录》第102—103页。

2　侯冲认为，16号图像为15号下层图像的延续，符合实际情况。前引侯冲《宗赜〈孝行录〉及其与大足宝顶劝孝石刻的关系》。

3　在宋代社会，不孝之人将遭受天打五雷轰报应的观念已经深入人心。如《夷坚志》甲志卷8《不孝震死》：“鄱阳孝诚乡民王三十三者，初，其父母自买香木棺二具，以备死。王易以信州之杉，已而又货之，别易株板。及母死，则又欲留株板自用，但市松棺敛母。既葬旬日，为雷击死。”前引中华书局2013年何卓点校本第71页。

4　前引《大足石刻铭文录》第101页。

5　17号大方便佛报恩经变示意图及说明

<table>
<tr><td colspan="2">（6）</td><td colspan="2">（5）</td><td colspan="2">（4）</td><td rowspan="3">忉利天宫
六趣　　六趣
释迦佛
三圣御制佛牙赞</td><td colspan="2">（1）</td><td colspan="2">（2）</td><td colspan="2">（3）</td></tr>
<tr><td colspan="3">（10）</td><td colspan="3">（9）</td><td colspan="3">（7•</td><td colspan="3">（8）</td></tr>
<tr><td colspan="6">（12）</td><td colspan="6">（11）</td></tr>
</table>

（1）释迦佛因行孝证三十二相（《大方便佛报恩经》卷7《亲近品》）

（2）释迦因地行孝剜睛出髓为药（《大方便佛报恩经》卷3《论议品》）

（3）释迦因地鹦鹉行孝（《杂宝藏经》卷1）

（4）释迦因地雁书报太子（《大方便佛报恩经》卷4《恶友品》）

（5）释迦因地剜肉求法（《大方便佛报恩经》卷2《对治品》）

（6）释迦因地为睒子行孝［（西秦）沙门圣奉诏译《佛说睒子经》］

（7）释迦因地割肉供父母（《大方便佛报恩经》卷1《孝养品》）

（8）佛因地舍身济虎（《贤愚经》卷1）

（9）释迦佛因地修行舍身求法［（北凉）昙无谶译《大般涅槃经》卷14《圣行品》或（南朝・宋）慧严等依泥洹经加之《大般涅槃经》卷13《圣行品》］

（10）释迦牟尼佛诣父王所看病（《佛说净饭王般涅槃经》）

（11）六师外道谤佛不孝（《大方便佛报恩经》卷1《序品》《孝养品》）

（12）释迦牟尼佛为末世众生说化法故担父王棺（《佛说净饭王般涅槃经》）

附注：各部位图像名称来自本经变刊刻文字，依据经典经过笔者重新检索，与侯冲文章论述相关内容有所区别。

6　在南北朝时期，舍身闻偈图像与法华经象征释迦多宝佛组合表现，表述法华经的求法布施思想。实例如四川博物院藏茂县出土南齐永明元年（483年）造像碑侧面图像、敦煌莫高窟西魏大统四年（538年）285窟南壁图像。李静杰：《中原北朝期のサッタ太子とスダーナ太子本生図》，*MUSEUM*（东京国立博物馆研究志）第580号，2002年。笔者在该文中提出两种布施与求法布施的布施类本生图像分类方法。

7　（南朝・宋）沮渠京声译《佛说净饭王般涅槃经》（《大正藏》第十四册）：“尔时世尊，念当来世人民凶暴，不报父母育养之恩，为是不孝之者，为是当来众生之等设礼法故，如来躬身，自欲担于父王之棺（第782页下）。”

8　《大方便佛报恩经》（《大正藏》第三册）卷1《序品》：“尔时世尊熙怡微笑，从其面门放五色光，过于东方无量百千万亿佛土。彼有世界名曰上胜，其佛号曰喜王如来（第124页下）。（中略）（喜王如来云，释迦如来）‘为诸大众说《大方便大报恩经》，为欲饶益一切诸众生故，为欲拔出一切众生邪疑毒箭故，为欲令初发意菩萨坚固菩提不退转故，为令一切声闻、辟支佛究竟一乘道故，为诸大菩萨速成菩提报佛恩故，欲令一切众生念重恩故，欲令众生越于苦海故，欲令众生孝养父母故，以是因缘故放斯光明（第126页中）。’”卷1《孝养品》：“（尔时释迦如来）即现净身，于其身中现五趣身，一一趣身有万八千种形类（第127页中）。”卷2《对治品》：尔时转轮圣王“即燃千灯供养大师，（中略）其光上照乃至忉利天宫，其灯光明悉能蔽隐诸天光明（第134页下）”。画面与经典比较所不同者，经典记述忉利天宫现于释迦佛前生转轮圣王剜身为灯所发光明之上，而且画面中佛头部两侧实际表现六趣，比经典多出一趣，但内容都是相通的。

图 18　大足宝顶山大佛湾 17 号大方便佛报恩经变

图 19　大足宝顶山大佛湾 17 号大方便佛报恩经变六师外道谤佛不孝

图 20　大足宝顶山大佛湾 17 号大方便佛报恩经变释迦佛亲担父王棺

缘由，今生速得成佛[1]。本经变刊文字亦如此说[2]。说明孝养父母已成为菩萨行的核心内容，最终结果则是成就法身。该经变所见两个求法布施、一个自我自身布施图像，与孝行没有必然联系，所以出现在这里，就是强调酷烈的菩萨行和代表真理的法身思想，况且两种布施也是《孝养品》强调的内容。释迦缘在因地行孝而成就此金刚不坏之身，以此来示范、引导众生，好像也产生一定社会影响[3]，在这里似乎还有隐喻孝子赵智凤将来成就法身的用意。该经变顶部刊“假使热铁轮，于我顶上旋，终不以此苦，退失菩提心”偈颂，实际就是《大方便佛报恩经》卷1《孝养品》之须阇提太子割肉济父母本生、卷2《对治品》之转轮圣王剜身为灯求法本生叙述所见“假使热铁轮，在我顶上旋，终不以此苦，退于无上道”偈颂的翻版，强调了难行苦行、难舍能舍的菩萨行思想。

引人注目的是，在半身释迦佛正下方为三圣御制佛牙赞碑，上下无缝衔接，而且两者突出崖面的厚度和宽度基本一致，仿佛矗立着一尊释迦佛全身之像，如此设计恐非偶然或随意所为，另有其深意。三圣御制佛牙赞即北宋太宗、真宗、仁宗三朝皇帝赞颂释迦佛法身思想的偈颂，其中仁宗皇帝偈颂云三皇五帝、孔子老君肉身早已化为乌有，惟有释迦佛法身永世长存，阐释尤其精到，已而后者“惟有吾师金骨在，曾经百炼色长新”偈颂，赫然大字书写在小字佛牙赞两旁，以示观者[4]。那么，半身释迦佛与碑刻佛牙赞无一不在表述法身思想，二者浑然天成。再者，碑刻佛牙赞特别强调了法身释迦佛百炼所成的意涵。两宋之际眉山中岩寺祖觉禅师撰述《唐柳本尊传》叙述的十炼修行，或许受到北宋早中期三圣佛牙赞偈颂“百炼”菩萨行思想启示。就此而言，碑刻三圣佛牙赞与本区第四组柳本尊十炼图像发生密切关联。何等智慧之人堪胜此设计大任，令吾辈叹为观止。

父母恩重经变重在父母恩德，大方便佛报恩经变重在知恩报恩，二者恰好形成一对有密切因果关系的图像。进一步地说，此所谓父母恩德是现实世界中实有的，此诸报父母恩德故事尽管发生在释迦前生，却依然属于现实世界，只是在报恩中赋予菩萨行的含义。如果离开现实世界，报恩就失去了落脚点，已而，所谓出世间孝行，也就是另类的世间孝行。总体而言，修习以孝行为核心的菩萨行，成就金刚不坏法身，为这对图像表述的基本思想。

第三组造像（图21）。18号观无量寿经变、20号地藏十王地狱图像构成一对，19号六耗图像不仅发挥连接两者作用，而且具有昭示本组造像中心思想的功能（图22）。六耗图像内容分三部分，一者上方中间修行者缚心猿及由此而成佛（实为施定印阿弥陀佛），二者下方锁六耗，三者上方两侧摄伏其心与否导致的两种结果，特别强调了心地修行的重要性[5]。该图像额题“缚心猿，锁六耗”，并标明“弥勒化身傅大士作”，然图像内容综合了诸多心性思想，并具有明显宋代文化印痕，显然不可能全部内容出于傅大士之手。学界认为，该图像“咏心偈”刻文与南朝傅大士“心王铭”文意相近[6]，锁六耗刻文与5世纪初叶汉译《达摩多罗禅经》等关系

1　《大方便佛报恩经》卷1《孝养品》：“法无言说，如来以妙方便，能以无名相法作名相说。如来本于生死中时，于如是等微尘数不思议形类一切众生中具足受身。以受身故，一切众生亦曾为如来父母，如来亦曾为一切众生而作父母。为一切父母故，常修难行苦行，难舍能舍，头目、髓脑、国城、妻子、象马、七珍、辇舆、车乘、衣服、饮食、卧具、医药，一切给予。勤修精进、戒、施、多闻、禅定、智慧，乃至具足一切万行，不休不息，心无疲倦。为孝养父母知恩报恩故，今得速成阿耨多罗三藐三菩提。以是缘故，一切众生能令如来满足本愿故，是以当知一切众生于佛有重恩，有重恩故，如来不舍众生（《大正藏》第三册第127页下）。”所谓“如来以妙方便，能以无名相法作名相说”，道出该经教主释迦佛实为大乘初期经典所云法身佛。又，《大方便佛报恩经》卷1《孝养品》：“如来乘机运化，应时而生，应时而灭，或于异刹称卢舍那如来（《大正藏》第三册第128页上）。”此卢舍那佛显然为晋译华严经教主，与武周译华严经教主毗卢遮那佛之尊格无异，均为法身佛。此之谓《大方便佛报恩经》之教主释迦佛，等同于华严经之教主卢舍那佛（或毗卢遮那佛）。已而大乘初期法身佛与华严经法身佛思想产生交集，如实地反映了汉地法身佛观念正在发生变化的状态。山西高平开化寺大雄宝殿北宋晚期壁画，左壁绘制华严经变，右壁绘制大方便佛报恩经变，就是两种法身佛的对称表现。高平开化寺大方便佛报恩经变解读，参见谷东方：《高平开化寺北宋大方便佛报恩经变壁画内容考察》，《故宫博物院院刊》2009年第2期。

2　本经变下层左侧刊“大藏《佛说大方便佛报恩经》”：“如来（中略）常修难行苦行，难舍能舍，勤修精进，具足万行，不休不息，心无疲倦。为孝养父母故，今得速成无上菩提，由孝德也。”

3　（北宋）李昉等编《太平广记》卷168《章孝子》：“章孝子名全益，东蜀涪城人，少孤，为兄全启养育。母疾，全启割股肉以馈，其疾果瘳也。（中略）（全益）大顺中（890、891年）物故，（中略）出《北梦琐言》。”（中华书局2008年版，第1225—1226页）《太平广记》成书于北宋太平兴国年间（976—984年），所引《北梦琐言》为（五代）孙光宪撰述。此故事情节类似释迦因地割肉供父母故事。（南宋）周密《癸辛杂识》前集《郑仙姑》条：“瑞州高安县旌义乡郑千里者，有女定二娘。己酉秋，千里抱疾危甚，女刲骨和药，疾遂瘥。至次年，女出汲水之次，忽云涌于地，不觉乘空而去。人有见若紫云接引而升者，于是乡保转闻至县，县闻至州，乞奏于朝，立庙旌表以劝孝焉。”（中华书局1988年版，第30页）《癸辛杂识》成书于元朝初年。此故事情节类似释迦因地行孝剜睛出髓为药故事。又，（元）陶宗仪《南村辍耕录》卷6《孝行》：“延祐乙卯（1315年）冬，平江常熟之支塘里民朱良吉者，母钱氏年六十余，病将死。良吉沐浴祷天，以刀剖胸，割取心肉一脔，煮粥以饮母，母食粥而病愈。（中略）故为显白其孝，以为人子之劝省也。”（中华书局2004年版，第74—75页）此故事情节同样类似释迦因地割肉供父母故事。据元至正二十六年（1366年）孙大雅序，《南村辍耕录》应在此之前完成。这些故事近乎荒诞，难以说实有其事，然历唐宋元三代不断有人编纂其文，说明背后存在着相应的社会思潮。

4　在杭州玉皇山慈云岭，北宋绍圣元年（1094年）碑刻宋仁宗皇帝《佛牙赞》，却没有刊刻太宗、真宗皇帝佛牙偈颂，似乎也暗示着仁宗皇帝佛牙偈颂的代表性存在。慈云岭《佛牙赞》碑参见常青：《杭州慈云岭资贤寺摩崖造像》，《文物》1995年第10期。

5　所谓心地，《大乘本生心地观经》卷8《观心品》：“善男子，三界之中以心为主，能观心者究竟解脱，不能观者究竟沈沦。众生之心犹如大地，五谷五果从大地生。如是心法，生世、出世善恶五趣，有学无学、独觉、菩萨及于如来，以是因缘，三界唯心，心名为地。一切凡夫，亲近善友闻心地法，如理观察，如说修行，自作教佗赞励庆慰，如是之人能断三障，速圆众行，疾得阿耨多罗三藐三菩提（第327页上）。”又，卷1《序品》：“汝等凡夫不观自心，是故漂流生死海中；诸佛菩萨能观心故，度生死海到于彼岸。三世如来法皆如是（《大正藏》第三册第294页下）。”

6　邓之金：《大足宝顶山大佛湾“六耗图”龛调查》，《四川文物》1996年第1期。

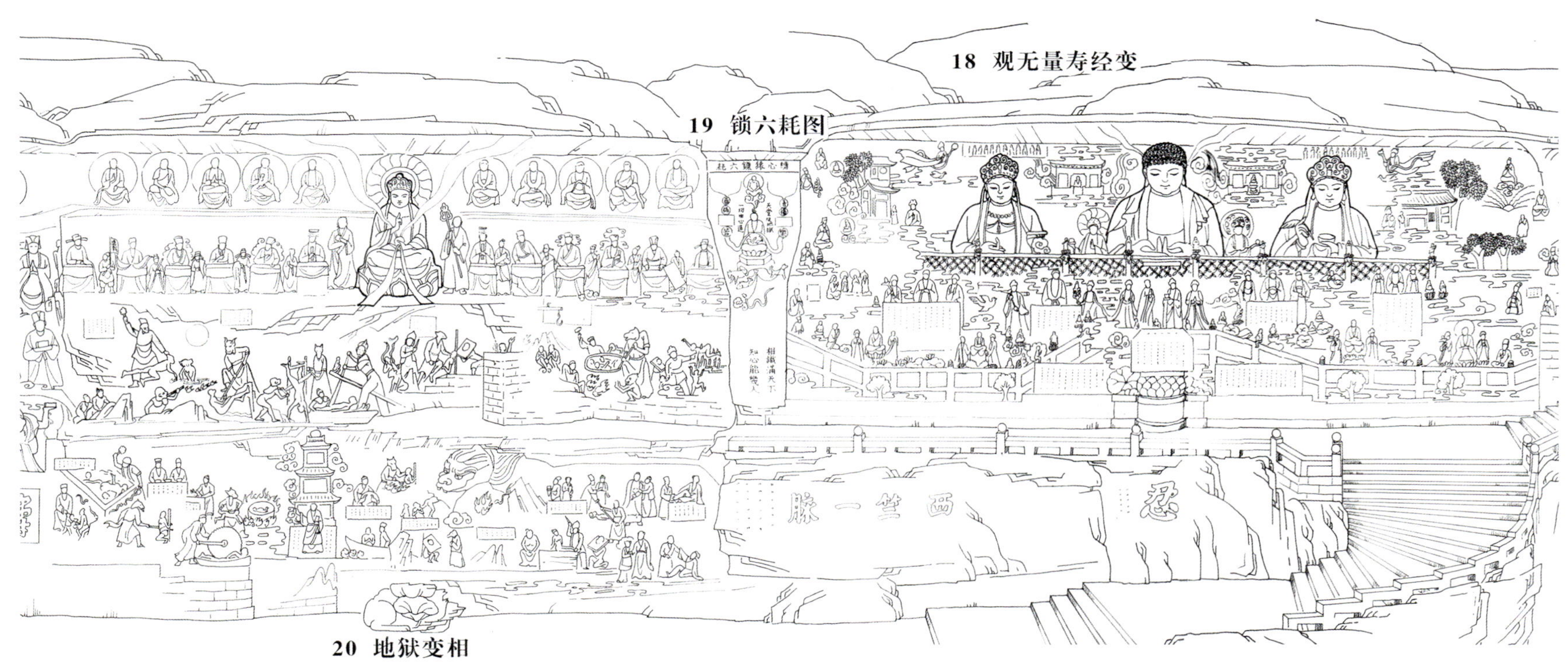

图21 大足宝顶山大佛湾北崖西部左侧造像线描图（郭相颖 绘）

密切[1]，而且其心法拥有深刻的佛教和社会背景[2]，这些观点各有见地。笔者以为，该图像心生恶善及其所致苦乐之果的图示，可能来自吴越国都钱塘（今杭州）慧日永明寺延寿禅师所著《宗镜录》[3]，其中阐述的因果报应思想与此六耗图对照别无两样。该图像中的十法界内容，与北宋早期台州慈云遵式的观心十法界图比较，也没有实质性区别[4]，继承关系显而易见，而且后者可能受到延寿的唯心思想影响。摄伏其心应是缚心猿、锁六耗的原始内涵，而此图像中修行者以成佛为目标，其间发生了由摄伏其心到发菩提心的转变。周围刊刻文字不仅阐释了该图像内涵，同时与左右两铺图像联系在一起[5]。

图22 大足宝顶山大佛湾第19号锁六耗图像

观无量寿经变分上下两层（图23），上层大画面表现西方三圣，下方横列三个品字形画面表现九品往生（图24），在主体画面两边表现十六观场面，九品往生成为着力表现内容，有别于唐五代时期侧重于极乐世界表现。该经变基于《观无量寿佛经》表现，此经宣称欲得往生西方极乐世界，当修三福，即孝养父母、皈依三宝、发菩提心[6]。此内容出现在该经正宗分开端，纲领全经，就本经变而言又被刊刻在中央部位，发挥着指示作用。值得注意的是，孝行被放在首要位置，恰好与上组造像主题呼应，这是之所以选择该经变并配置在此处的重要原因。再者，发菩提心也是不可缺少的前提条件，由此走上大乘成佛之道，况且该经在九品往生一节言及十地修行的初阶——欢喜地[7]，可见其中杂糅着菩萨行思想。该经进而指出观想诸佛法

1 陈灼：《大足石刻宝顶山大佛湾“缚心猿锁六耗”龛研究》，前引《大足石刻研究文集 》（5）。

2 郭相颖：《心心心更有何心——谈宝顶山摩崖造像心法要旨》，前引《2005年重庆大足石刻国际学术研讨会论文集》。

3 （吴越）延寿《宗镜录》（《大正藏》第四十八册）卷71：“心迹才现，果报难逃，以过去善恶为因，现今苦乐为果，丝毫匪滥，孰能免之，犹响之应声，影之随形，此必然之理也。唯除悟道，定力所排，若处世幻之中，焉有能脱之者。所以经偈云，‘假使百千劫，所作业不忘，因缘会遇时，果报还自受’（第816页上）。”

4 两者均具备十法界内容，都引用了八十卷华严经《升夜摩天宫品》的一段偈颂，只是宝顶山六耗图两次出现人道内容，在继承中有了变化。参见（南宋）志磐《佛祖统纪》卷50《名文光教志》，《大正藏》第四十九册第448页上。又，（唐）实叉难陀译《大方广佛华严经》（《大正藏》第十册）卷19《升夜摩天宫品》：“尔时觉林菩萨承佛威力，遍观十方而说诵曰，（中略）‘若人欲了知，三世一切佛，应观法界性，一切由心造’（第102页上、中）。”

5 主尊头部两侧刊：“天堂及地狱，一切由心造，作佛也由他，披毛从此得。”又，全图下方刊知心碑，中央大字“相识满天下，知心能几人”标示主题。两侧刊刻偈颂：“西方极乐国，去此非遥；南海普陀山，到头不远。天堂地狱，只在眼前；诸佛菩萨，与我无异。”前引《大足石刻铭文录》第129、132页。

6 （南朝·宋）畺良耶舍译《观无量寿佛经》（《大正藏》第十二册）：“尔时世尊告韦提希，（中略）‘我今为汝广说众譬，亦令未来世一切凡夫欲修净业者，得生西方极乐国土。欲生彼国者当修三福，一者孝养父母、奉事师长、慈心不杀、修十善业，二者受持三归、具足众戒、不犯威仪，三者发菩提心、深信因果、读诵大乘、劝进行者，如此三事名为净业，（第341页下）。”

7 《观无量寿佛经》：“上品下生者，（中略）于诸佛前闻甚深法，经三小劫得百法明门，住欢喜地（《大正藏》第十二册第 345页上、中）。”

图23　大足宝顶山大佛湾18号观无量寿经变

图24　大足宝顶山大佛湾18号观无量寿经变上品中生

图 25　大足宝顶山大佛湾 20 号地藏十王地狱图像

界身，便“是心是佛，是心作佛”[1]，与六耗图引用的《华严经》偈颂之即心即佛思想一致，强调了心地修行的重要性，这也是本组造像的中心内涵。就十六观场面来说，观想者涉及各色人物，恰是前引经典所云，为将来一切凡夫欲修净业者而说的表现，不同于唐五代观无量寿经变概以韦提希夫人为观想者的情况，这是突出现世教化的结果。总之，该经变在突出往生净土（亦即天堂之乐）的同时，也强调了心地修行、践行孝道的重要性。

地藏十王地狱图像分四层雕刻（图25）。由上而下第一、二层中央表现地藏菩萨，第一层两侧表现十尊佛像，第二层两侧表现十王图像，第三、四层表现十八组地狱场面。地藏菩萨以救度六道众生为己任，而且救拔其亡母鬼魂于地狱之中[2]，非唯众生的救度者，亦是诸菩萨中孝行的代表者（图26）。本铺图像的地藏菩萨作为主尊并大画面表现，在突出其人救度职能的同时，似乎还隐含着践行孝道的用意，与观无量寿经变异曲同工。敦煌藏经洞出土《佛说十王经》等中土编造的经典讲述，亡者鬼魂须在一七日至七七日、百日、一年、三年十个斋日，次第接受十王审判，根据亡者生前的善恶行为，决定其将来往生六道的去处，其间地藏协助十王，以保障审判的公平、公正，是为地藏、十王、地狱发生关联的文本依据。在第三层十组地狱场面之上分别刊刻一方榜题，记述某日念诵某一佛或菩萨，可以免遭堕落某一地狱之苦，研究认为这是十斋日念诵仪文，将上方诸佛与下方地狱联系起来[3]，通过生者念诵而使亡者免遭地狱苦楚。总之，该图像强调了地狱之苦和救度功能，并潜藏着孝道思想[4]。

总体而言，该组造像主旨在于阐明心地修行的重要性，明确指出摄伏其心与否导致的两种结果，同时内涵发菩提心并成就法身的

1　《观无量寿佛经》：“佛告阿难及韦提希，（中略）‘诸佛如来是法界身，遍入一切众生心想中。是故汝等心想佛时，是心即是三十二相、八十随形好，是心是佛，是心作佛’（《大正藏》第十二册第343页上）。”

2　（唐）实叉难陀译《地藏菩萨本愿经》（《大正藏》第十三册）卷上《忉利天宫神通品》：“佛告文殊师利，（中略）‘是地藏菩萨摩诃萨，于过去久远不可说不可说劫前，身为大长者子。时世有佛，号曰师子奋迅具足万行如来。（中略）时长者子，因发愿言，我今尽未来际不可计劫，为是罪苦六道众生广设方便，尽令解脱，而我自身方成佛道。以是于彼佛前，立斯大愿，于今百千万亿那由他不可说劫，尚为菩萨。（中略）又于过去不可思议阿僧祇劫，时世有佛，号曰觉华定自在王如来，彼佛寿命四百千万亿阿僧祇劫。像法之中，有一婆罗门女宿福深厚，众所钦敬，行住坐卧，诸天卫护。其母信邪，常轻三宝，是时圣女，广说方便，劝诱其母，令生正见。而此女母，未全生信，不久命终，魂神堕在无间地狱。时婆罗门女，知母在世不信因果，计当随业，必生恶趣。遂卖家宅，广求香华及诸供具，于先佛塔寺大兴供养（第778页上、中）。（中略）无毒合掌，启菩萨曰，（中略）云承孝顺之子，为母设供、修福，布施觉华定自在王如来塔寺。非唯菩萨之母得脱地狱，应是无间罪人此日悉得受乐，俱同生讫。（中略）时鬼王无毒者当今财首菩萨是，婆罗门女者即地藏菩萨是’（第779页上）。”

3　陈灼：《大足宝顶石刻“地狱变相・十佛”考识》，《佛学研究》1997年第6期 。

4　行孝与冥王审判关联的传说记述，参见《癸辛杂识》续集下《周弥陀入冥》条：“湖州贵泾坊有周弥陀者，（中略）为人善良且孝。忽以病殂，（中略）越二日复甦，曰‘此番得生，皆陈尚书之力’。因言至一官府，囚徒甚众，仰观据案者集陈本斋尚书也。（中略）（尚书）检大簿曰‘此人极孝，且所追同姓名，可令发回’。蹶然而甦。”（第198页）

图 26　大足宝顶山大佛湾 20 号地藏十王地狱图像（局部）

用意。地藏十王地狱图像内涵的救度思想，以及观无量寿经变、地藏菩萨潜藏的孝道思想，也是不可忽视的方面。

第四组造像（图27）。该组21号柳本尊十炼图像、22号十大明王像处在本区西端，上下并列配置，当初应作为一组设计。柳本尊十炼图像龛顶横披刊刻“唐瑜伽部主总持王”，壁面分上、中、下三层配置。上层表现五佛、四菩萨，此五佛应即密教金刚界五佛，方合瑜伽教内涵，但五佛两手动作随意，截然有别于标准的金刚界五佛手印。此四菩萨缺乏标志性特征，难以一一确认其身份。中、下层中央为柳本尊，中层两侧表现十炼图像，次序由外向内排列，左为双数，右为单数，下层表现关联事件和感应事迹。笔者以为，柳本尊十炼修行主要受到历史上《法华经》烧炼供养，以及《华严经》割舍布施行为的影响，进而发展了烧炼、割舍内容。也就是说，自南北朝以来，在中国佛教及其物质文化中，发挥主导作用的《法华经》与《华严经》的菩萨行思想，构成柳本尊十炼修行内容的基础，《华严经》思想则是其中的内核[1]。

十大明王仅雕刻半身，没有完工。明王为诸佛、菩萨的教令轮身，即诸佛、菩萨悲悯众生，现威猛愤怒之形象，以摧破众生的烦恼业障，实际是众生心地修行的辅助性因素。此十大明王像与上方五佛呼应，推测具有表述瑜伽密教内涵的企图。不仅如此，该造像配置于大佛湾北崖西端下方，处在整座道场边界，可能兼有守护道场的作用。

就该区四组造像整体而言，第一组造像作为《华严经》象征表现，暗示以菩萨行为核心的《华严经》思想对以后各组造像的指导作用。第二组造像重点表现修习以孝行为核心的菩萨行，并成就金刚不坏法身，是践行菩萨行思想的体现。第三组造像强调了心地修行的重要性，以及摄伏其心与否导致的两种结果，可以看作菩萨行的继续。第四组造像重点在于柳本尊十炼修行，具体地体现了《法华经》与《华严经》的菩萨行思想，由此而成就法身毗卢遮那佛，为本区造像做了小结。

1　李静杰、黎方银：《大足安岳宋代石窟柳本尊十炼图像解析》，前引《2005年重庆大足石刻国际学术研讨会论文集》。该文刊行之后，笔者又检索出陵州贵平（今四川仁寿）人周达，持大轮咒术救济病人，并自炼阴而亡的记述，其事亦发生在成都平原，且约略与柳本尊同时。由知此时此地这种修炼小有流行，应出自同一民间教派，然不知周达、柳本尊之间有何关联。亦即（北宋）李昉等编《太平广记》卷289《妖妄》大轮咒条云：“‘释教五部持念中，有大轮咒术，以之救病亦不甚效。然其摄人精魂，率皆狂走，或登屋梁，或齧瓷碗。闾阎敬奉，殆似神圣，此辈由是广获金帛。陵州贵平县牛鞞村民有周达者，贩鬻此术，一旦沸油煎其阴，以充供养，观者如堵，或惊或笑。初自忘痛，寻以致殂也。中间僧昭浦说，朗州有僧号周大悲者，行此咒术，一旦炼阴而毙。与愚所见，何姓氏恰同，而其事无殊也。盖小人用道欺天，残形自罚。以其事同，因而录之。’出《北梦琐言》。”（中华书局2008年版，第2301页）《北梦琐言》著者（五代）孙光宪生于陵州贵平（今四川仁寿），约前蜀时任陵州判官。

图 27　大足宝顶山大佛湾 21 号柳本尊十炼图像与 22 号十大明王像

（四）第四区南崖西段造像

包括第30号牧牛图像、29号圆觉洞、28号护法雄狮像、27号毗卢遮那佛像。其中30、29号构成一组，余二者各成一组。本区各组造像内容亦呈现由东而西排列的逻辑关系，即第一组（30、29号）、第二组（28号）、第三组（27号）（图28、图29）。

牧牛图像（30号）	圆觉洞（29号）	护法雄狮像（28号）	毗卢遮那佛像（27号）
第一组		第二组	第三组

图 28　大足宝顶山大佛湾南崖西段造像配置与分组示意图

第一组造像。牧牛图由东而西雕刻十二场面，前十个场面均一牛、一人、一偈颂，由榜题可知该图像基于北宋中晚期杨次公证道牧牛颂表现。学界一般认为，图像以牧牛人喻修行者，以牛喻心，表述了禅宗修行的十个阶次（图30）。第十一场面只雕刻一修行者（图31），上方与右方分别刊："无牛人自镇安闲，无住无依性自宽，只此分明谁是侣，寒山竹绿与岩泉"，"假使热铁轮，于我顶上旋，终不以此苦，退失菩提心"偈颂[1]。前者表明修行者进入无我境界，自身与天地融为一体，后者用来体现修行者坚贞不渝的决心。第十二场面仅刊刻偈颂："了了了无无所了，心心心更有何心，了心心了无依止，圆照无私耀古今。人牛不见杳无踪，明月光寒万象空，若问其中端的意，野花芳草自丛丛。"[2]偈颂后半来自晚唐五代之际普明禅师的牧牛图颂[3]。是为修行者进入物我两无境界，心地犹如一轮明月朗照空旷的大地。全体图像体现了由渐悟而顿悟的修行过程。

圆觉洞由正壁三佛、两侧壁下方十二圆觉菩萨、两侧壁上方善财童子五十三参构成。三佛中尊为毗卢遮那佛，左右侧者分别为阿

1　前引《大足石刻铭文录》第168—169页。

2　前引《大足石刻铭文录》第168—169页。

3　龙晦：《大足佛教石刻〈牧牛图颂〉跋》，《中华文化论坛》1994年第4期。

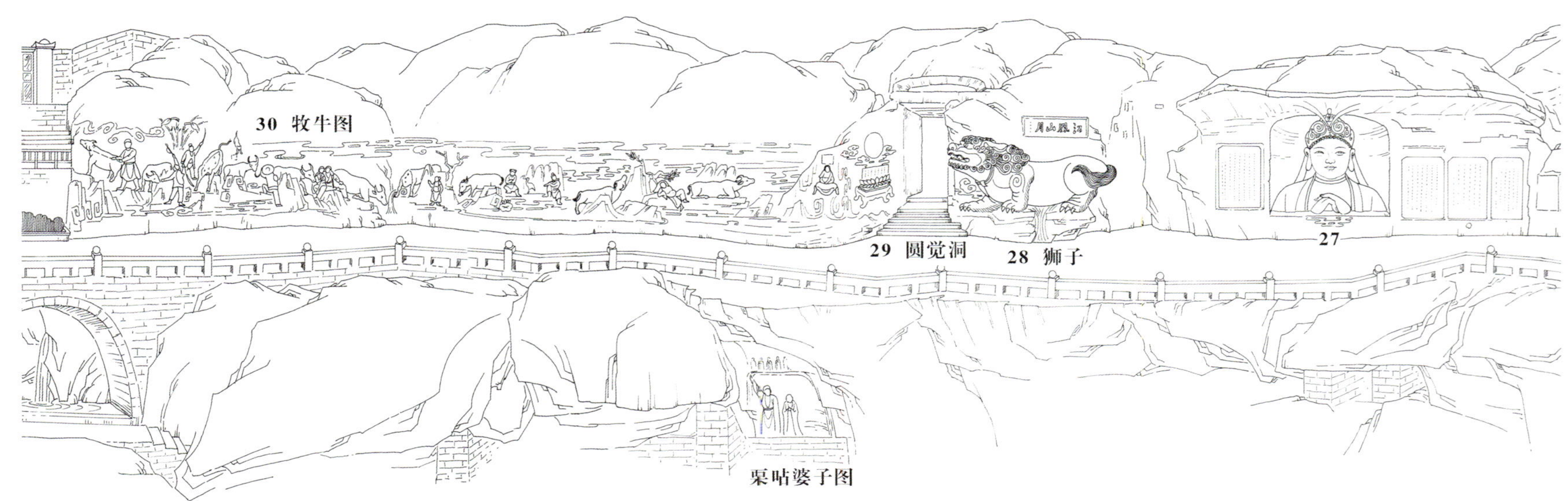

图29　大足宝顶山大佛湾南崖西段造像线描图（郭相颖 绘）

图30　大足宝顶山大佛湾30号牧牛图像之一

图31　大足宝顶山大佛湾30号牧牛图像之二

弥陀佛、药师佛[1]，前者代表法身，后二者各自代表西、东两方净土。中尊毗卢遮那佛前方圆雕一尊跪坐菩萨，代表十二菩萨依次向佛问道（图32）。十二圆觉菩萨出《大方广圆觉修多罗了义经》[2]，经文要义在于如何开发修行者心性，宗密将十二圆觉菩萨修证归纳为顿悟—渐修—顿悟的过程[3]，多有契合禅宗修行之处。五十三参出《大方广佛华严经·入法界品》，强调在现实事物中寻求解脱途径，以成就法身毗卢遮那佛[4]。有迹象表明，宋代圆觉经解释已经被赋予儒家思想内涵[5]，可能此大佛湾圆觉图像也不例外。

1　童登金、胡良学：《大足宝顶山大佛湾“圆觉经变”窟的调查研究》，《四川文物》2000年第4期。

2　即（唐）佛陀多罗译：《大方广圆觉修多罗了义经》，《大正藏》第十七册。一说此经出自中土大德之手。

3　（唐）宗密《大方广圆觉修多罗了义经略疏注》（《大正藏》第三十九册）卷上：“此圆觉经备前诸说，为文殊一章是顿解悟，普眼观成是顿证悟，三观诸轮是渐证悟，又三观——首标悟净圆觉，次明行相，后显功成。初中为对是顿悟渐修，中后为对是渐修顿悟（第527页中）。”

4　五十三参图像与成就法身组合的实例，还见于大足北山南宋早期多宝塔。李静杰：《论宋代善财童子五十三参图像》，《艺术史研究》第13辑，中山大学出版社2011年版。

5　安岳圆觉洞石窟之南宋圆觉洞外壁“普州真相寺新建圆觉洞记”：“穴石为洞，镌刻佛像，名之为圆觉。幻化凡俗，□□人意，使人慧目肃清，照耀心境，断诸邪见，乐由正道。□□因幻而识真，缘物而明我，使由佛氏之圆觉，而知自□□圆觉。夫所谓圆觉者，始于爱身，终则明道，初非难□。□□身之所急求圆觉者，曰父子仁，兄弟睦，朋友信，夫□□。□则思义，气则思和，酒则思柔，色则思节。且士务学，□□□，工尽事，商勤心。专致好修，跬步不舍。”上文为实地抄录所得。据新近调查成果，圆觉洞开凿于南宋庆元四年（1198年），参见李崇峰：《安岳圆觉洞窟群调查记》，前引《2005年重庆大足石刻国际学术研讨会论文集》。简而言之，佛教圆觉之意在于使人正确的思维，消除私心杂念。世俗社会圆觉则是家庭和睦、社会和谐，人人司其职而尽其力的社会秩序。

图32　大足宝顶山大佛湾29号圆觉洞局部

图33　大足宝顶山大佛湾27号毗卢遮那佛像

该组造像的重心在于表述心地修行和修菩萨行思想，达成法身也是不可忽视的方面。

第二组造像。28号护法雄狮像处在圆觉洞口，又靠近大佛湾南崖西端，既是本区也是大佛湾道场的护法者。

第三组造像（图33）。27号毗卢遮那佛胸像，施拱手印，头戴宝冠，冠中现出柳本尊像。为柳本尊行菩萨行、成就法身的表现。此造像处在大佛湾尾端，又作为修行者的终极目标表现，可以看作大佛湾造像的结局。

本区造像重点表述了心地修行的重要性，进而行菩萨行，成就法身毗卢遮那佛。

综上所述，大佛湾四区造像的主题，可以归纳为发菩提心、修菩萨行、成就法身思想，修菩萨行是其核心，孝道又成为菩萨行的首要内容。

三　小佛湾与外围区域造像及其思想

（一）小佛湾造像

小佛湾造像群位于大佛湾东南山坡上，地形南高北低，这里在石砌建筑壁面上浮雕造像，不同于大佛湾摩崖浮雕造像。据相关碑记资料[1]，宝顶山大小佛湾在元末兵火中遭受重创，土木建筑一无所存，沦为废墟。50年过后，时值明成祖永乐（1403—1424年）后期，重修寺院并整治大小佛湾造像群。小佛湾建筑在这次修治过程中发生很大改变，原初的规划情况已无法确知，但仍有少许建筑，如毗卢庵、法身经目塔基本原样保存下来（图34）。

1号法身经目塔为三层楼阁式方塔（图35）[2]。下层北面中间浮雕卷发修行者像，两侧刊“大愿弘持如铁石，虚名委弃若埃尘”等文字，飞额刊“佛说十二部大藏经”。其余三面下层刊刻经目。中层北面中间浮雕毗卢遮那佛，两侧刊刻大字“普为四恩，看转大藏”[3]。南面中间浮雕修行者，两侧刊刻大字“伏请世尊为证明，五浊恶世誓先入”等。东西两面中层中间浮雕其他佛陀，东面佛陀两侧刊刻大字“假使热铁轮，于我顶上旋，终不以此苦，退失菩提心”偈颂，西面佛陀两侧刊刻大字“假使百千劫，所作业不忘，因缘会遇时，果报还自受”偈颂。上层四面中间各自浮雕佛陀。中、上层浮雕、偈颂以外壁面刊刻经目。三层现存完整经目总计510种，

1　前引洪熙元年（1425年）《重开宝顶石碑记》：赵智凤“发宏誓愿，普施法水，御灾捍患，德洽远近，莫不皈依。凡山之前岩后洞琢诸佛像，建无量功德。（中略）遭元季兵燹，一无所存，遗基故址莽然荆棘。我大明永乐戊戌（1418年）八月初吉，报恩寺僧会了进举其比丘之士惠妙，奉命来住持之。既至后，与师弟惠旭乃以协谋重修为己任，常相与劳身焦思，夙夜展力，薙其榛莽，垒其土石，高者平之，虚者实之，纵横延袤，高低广狭，相度适宜。复募□之好事者捐资出橐，抡材鸠工。越四年辛丑正月法堂成，又越十月僧堂、馔堂、宝殿俱成，后三年甲辰廊庑、山门、庖厨、房舍莫不次第就绪，于是历载以来重修毗卢殿阁，石砌七佛阶台，重整千手大悲宝阁，兴修圆觉古洞。（中略）大明洪熙元年（1425年）八龙集乙巳正月，前云南考试官任四川重庆府大足县儒学教谕江西吉安府庐陵县刘畋人记，当代住持惠妙建立”。前引《大足石刻铭文录》第211—213页。

2　重庆大足石刻艺术博物馆：《大足宝顶山小佛湾祖师法身经目塔勘察报告》，《文物》1994年第2期。

3　所谓四恩，《大乘本生心地观经》卷2《报恩品》：“世、出世恩有其四种，一父母恩，二众生恩，三国王恩，四三宝恩。如是四恩，一切众生平等荷负（第297页上）。”

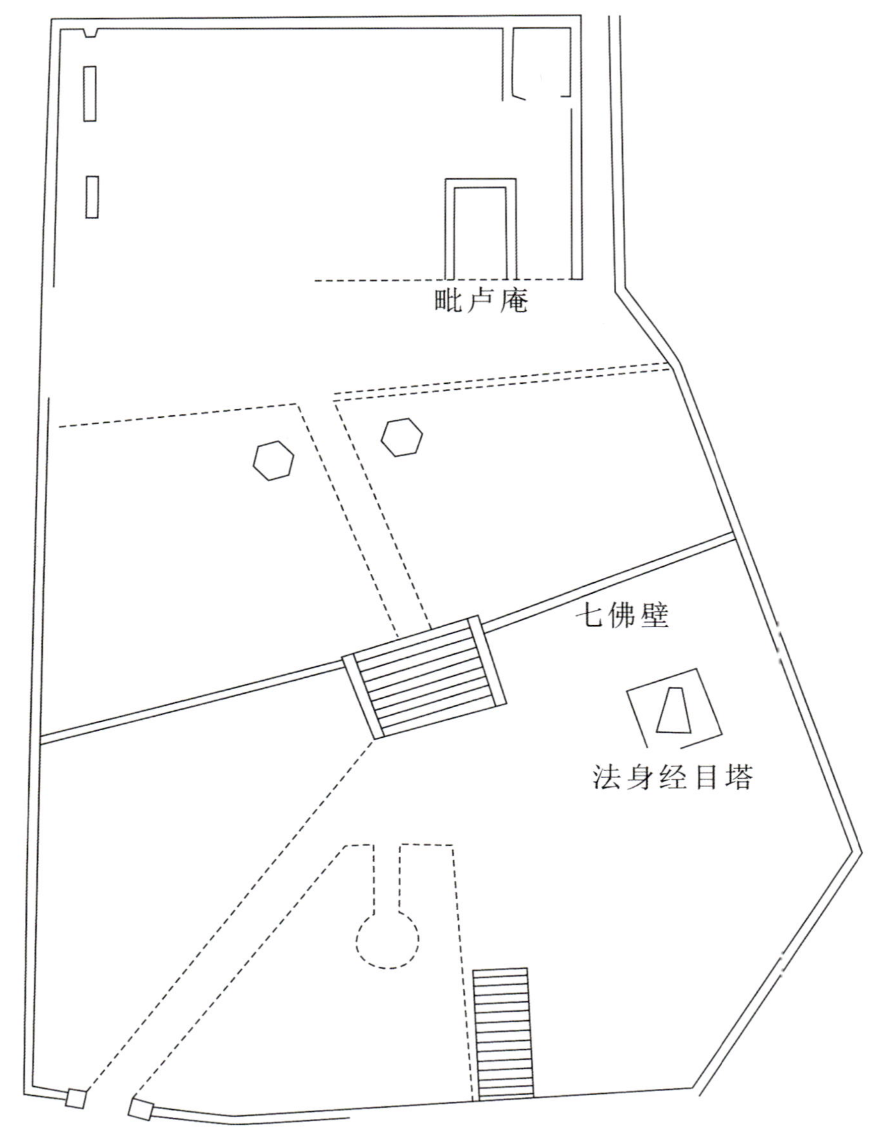

图34　大足宝顶山小佛湾主要遗迹分布图（据《文物》1994年第2期4页图2制作）

图35　大足宝顶山小佛湾法身经目塔北面

研究认为依据《开元释教录》之“入藏录”刊刻[1]。

该塔浮雕图像与刊刻文字主要表述了两方面内容。其一，北面下层修行者与中层毗卢遮那佛组合，结合题记可知，形成由发菩提心、修菩萨行而成就法身的因果关系，它以修行者坚定信念和不惜生死代价为前提。继而，中层北面毗卢遮那佛与中层南面修行者组合，就题记所示，似乎形成达成法身之后以应身救度众生的先后关系，是为成就法身的根本目的。从而构成菩萨行—成就法身—救度众生的逻辑关系[2]。其二，标示十二部大藏经并刊五百余经目，表明该塔就是大藏经象征，“普为四恩，看转大藏”铭刻，又说明该塔具有转轮藏功能，意图在于为众生宣说佛法，约略同时期的安岳孔雀洞经目塔亦如此。

5号毗卢庵处在坛台上（图36），与下方3号报恩经变洞一体化构造，均为前面敞开的凹字形状，二者图像应统一设计。毗卢庵内正壁浮雕法身毗卢遮那佛（图37），头冠中现出柳本尊，系柳本尊应身与法身的组合表现。左右壁上方对称配置柳本尊十炼图像，左壁为双数，右壁为单数，次序由外而内，与大佛湾21号柳本尊十炼图像配置形式相仿。以上图像组合，形成由菩萨行到成就法身的因果关系。毗卢遮那佛两侧刊刻大字“各发无上菩提心，愿入毗卢法性海”偈颂，表述了从发菩提心到成就法身的思想，而此处只见有菩萨行和达成法身图像，发菩提心内容应该被纳入广义菩萨行的范畴。左右壁下方对称配置八大明王，同样具有摧破众生烦恼业障的功能。柳本尊十炼图像与八大明王图像上下组合，可以看作大佛湾21、22号一组图像的缩影。毗卢庵左右外壁上方各开40个月轮龛，龛内雕像绝大多数为佛陀，个别为修行者。下方浮雕护法神，造型类似于大佛湾2号护法神像。左右壁前端刊刻大字“佛报恩重经，大孝释迦佛”，与下方报恩经变洞内容联系在一起。

3号报恩经变洞，正壁浮雕释迦佛。左右壁内侧浮雕大方便佛报恩经变，外侧浮雕父母恩重经变，内容俨然大佛湾15、17号一组图像的缩略表现。父母恩重经变在外，大方便佛报恩经变在内，使得后者邻接《大方便佛报恩经》中法身释迦佛表现，由外而内形成父母恩重—知恩报恩—成就法身的思想逻辑，其中同样蕴含着菩萨行的成分。毗卢庵与报恩经变洞组合，囊括了大佛湾21、22号，

1　方广锠：《四川大足宝顶山小佛湾大藏塔考》，重庆大足石刻艺术博物馆、四川社会科学院大足石刻艺术研究所编：《大足石刻研究文集》（2），重庆出版社1997年版。

2　表述这种思想的作品在北朝隋代已流行开来。李静傑：《北斉～隋の盧舎那法界仏像の図像解釈》，《仏教芸術》第251号，每日新聞社，2000年。又，李静杰：《北齐至隋代三尊卢舍那法界佛像的图像解释》，《艺术学》第22期，台北觉风佛教艺术文化基金会，2006年。

图 36　大足宝顶山小佛湾毗卢庵

图 37　大足宝顶山小佛湾毗卢庵正壁

15、17号及2号三组图像内容，可约略看作大佛湾造像的缩影。此二者实际形成一对由菩萨行而成就法身的图像构成，在承负小佛湾核心内容的载体上选择这一对图像，却没有表现其他大佛湾所见图像，显然是强化宝顶山主题思想的反映。基于大乘佛教菩萨行成就法身，而不是由密教曼荼罗修行即身成佛，这恰是确定宝顶山佛教道场属性的关键因素。小佛湾建筑石刻造像工程，可能建造于大佛湾造像工程尾声或完工之后，于是出现缩略模仿后者的情况。

引人注目的是，法身经目塔以北面为正方向，毗卢庵与报恩经变洞亦然，二者应是当时小佛湾主体设施，又处在南高北低的山坡上，由此判断原初小佛湾道场应坐南面北建设。毗卢庵集中体现了修菩萨行并成就法身的思想，无疑是小佛湾的核心建筑，推测毗卢庵向正前方的延伸线即小佛湾道场的中轴线，法身经目塔则处在中轴线前方偏左位置，亦符合寺院的布局规则。就小佛湾有限的面积，以及毗卢庵与报恩经变洞的狭小规模而言，比较适合出家人修行之用，不太适用于群众性礼拜和集会场所，功能确实有别于大佛湾。

（二）外围区域造像

基于大足石刻博物院历年调查成果，在宝顶山外围区域的山崖和突兀岩块上，发现16处南宋造像（图38、附表1），据其分布和内容大体可以推导出以下认识。

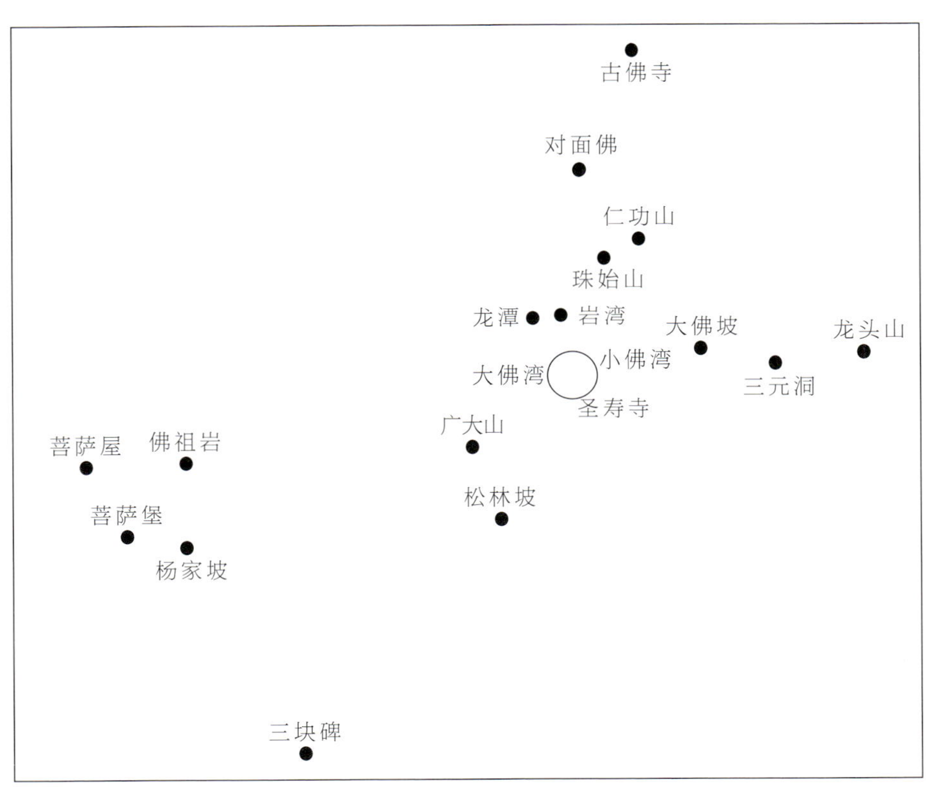

图 38　大足宝顶山外围区域南宋造像分布图（据《大足宝顶山石窟周边区域宋代造像考察研究》插图制作）

附表1　大足宝顶山外围区域造像分布与内容一览表

西北方	北方 （1）龙潭（渔翁，刊佛说大鱼事） （2）岩湾（一佛）	东北方 （3）珠始山（一佛八护法神） （4）仁功山（华严三圣） （5）对面佛（一佛） （6）古佛寺（毗卢遮那佛）
西方 （12）广大山（华严三圣，刊假使偈1） （13）佛祖岩（华严三圣，刊假使偈2、3，以及莫谤正法轮偈、孝养二亲偈、风调雨顺偈、守护大千国土经偈） （14）杨家坡（华严三圣，刊假使偈2） （15）菩萨屋（华严三身佛、三护法神，刊假使偈1） （16）菩萨堡（华严三身佛、三护法神，刊假使偈1并守护大千国土经偈）	中央 大佛湾、小佛湾	东方 （7）大佛坡（释迦多宝佛，刊假使偈1） （8）三元洞（一佛二护法神） （9）龙头山（毗卢遮那佛与二护法神、七护法神，刊守护大千国土经）
西南方 （10）松林坡（华严三圣，刊假使偈1、2） （11）三块碑（华严三圣，刊假使偈1、2）	南方	东南方
注：本表主要依据邓启兵、黎方银、黄能迁《大足宝顶山石窟周边区域宋代造像考察研究》（《2014年大足学国际学术研讨会论文集》，重庆出版社2016年版）制作，并参考《大足石刻内容总录》《大足石刻铭文录》内容。又， 假使偈1指：“假使热铁轮，于我顶上旋，终不以此苦，退失菩提心。” 假使偈2指：“假使百千劫，所作业不忘，因缘会遇时，果报还自受。” 假使偈3指：“假使热铁轮，在我顶上旋，终不以此苦，退于无上道。”		

其一，造像地点呈现自由分布状态。观察16处造像的相对位置关系，可以粗略分为东北、西南两片区域，分别有9处、7处。东南与西北属于空白区域。如果以大小佛湾为中心细致划分，则涉及周围8个方向中的5个，此5个方向各自分布造像2—5处不等。造像地点选择与地形、地势关系密切，分布十分不均匀，难以看出统一规划或均衡、对称配置的迹象。

其二，华严三圣像备受重视。即毗卢遮那佛与文殊、普贤菩萨组合，表述修菩萨行并成就法身思想。分布在6个地方，数量最多，见于东北方（4）仁功山，西南方（10）松林坡、（11）三块碑，以及西方（12）广大山、（13）佛祖岩（图39）、（14）杨家坡，大部分集中在西南片。此诸实例华严三圣均作半身像，主尊为施拱手印宝冠佛，主尊身高在2—4米上下，规模较大。就分布与造型来看，明显存在就近先后模仿的现象。其中（7）、（12）、（15）、（16）刊假使偈颂1，（10）、（11）刊假使偈颂1、2，（13）刊假使偈颂2、3，（14）刊假使偈颂2。三假使偈颂表述了发菩提心、修菩萨行、果报成佛的思想，与华严三圣像相辅相成。（13）还刊刻“欲得不招无间业，莫谤如来正法轮”；“家家孝养二亲，处处皈依三宝”；“风调雨顺，国泰民安”；“大藏佛说守护大千国土经”，内涵奉持正法、修行孝道、国泰民安、守护道场内容。

其三，华严三身佛与护法神形成组合。即上方雕刻法身毗卢遮那佛、报身卢舍那佛、应身释迦佛组合，表述成就法身并以应身教化、救度众生的思想。见于西方（15）菩萨屋、（16）菩萨堡（图40），二者地点接近，推测应用相同粉本，同时或先后雕刻。二实例均作三尊半身佛像，中间者施拱手印，应为毗卢遮那佛，左侧者双手笼于袖中，应为报身卢舍那佛，右侧者双手托钵，应为释迦佛，三者合成华严三身佛。主尊身高0.5—1米，规模相对较小。此两例三身佛下层均雕刻三身护法神像。这种组合类似于小佛湾金刚神龛，又有所不同。二实例都刊刻假使偈颂1，后者还刊“大藏佛说守护大千国土经”。

其四，一佛与若干护法神形成组合。一种为一佛二护法神组合，见于东方（8）三元洞、（9）龙头山，主尊佛作半身像，分别高4.38米、1.89米。另一种为一佛八护法神组合，见于东北方（3）珠始山，主尊作半身佛像，高2.7米。这些实例都有一定规模。其中（9）龙头山主尊比较完整，施拱手印，推测为毗卢遮那佛。这些组合的佛陀可以看作所在道场教主，护法神的职能则是守护道场，（9）龙头山刊刻“大藏佛说守护大千国土经”，可以佐证此观点。（3）珠始山实例，类似于小佛湾毗卢庵中毗卢遮那佛与八大神王组合。

其五，其他组合呈现多样化现象。（1）龙潭渔翁像，就刊刻“佛说大鱼事”文字来看，似乎表现了一则因缘故事。（2）岩湾雕刻一结跏趺坐佛，尊格不明。（5）对面佛雕刻一结跏趺坐佛，题记“一称南无佛，普共成佛道”，南无系致敬之意，可针对任何佛、菩萨，因此该题记未必确指阿弥陀佛。（6）古佛寺雕刻半身宝冠佛像一尊，应为毗卢遮那佛。（7）大佛坡雕刻结跏趺坐释迦多宝佛像，用来象征法华经，结合刊假使偈颂1，推测意图在于发菩萨心、修菩萨行、成就佛道。

图 39　大足佛祖岩南宋华严三圣像

图 40　大足菩萨堡华严三身佛像与护法神像

综上可知，首先，宝顶山外围区域造像地点分布不均，没有统一规划的迹象，而且同种内容造像分布比较集中，依次模仿的痕迹显著。其次，6处华严三圣像连同2处华严三身佛像，占总量之半，表述了发菩提心、修菩萨行、成就法身的思想，成为外围区域着重表现的内容。第三，一佛与若干护法神组合及其他多样化组合，体现了宝顶山外围区域造像的随意性。第四，各种造像组合、半身像造型和三个假使偈颂的普遍流行，反映了深受大小佛湾造像影响的情况。第五，这些造像多分布在古道边，现今周围往往有小规模居民，推测当初情况与此类似。那么，每处造像实际构成一个小型道场，适用于当地居民的法事活动。无论从分布地点，还是造像内容而言，都不符合密教曼荼罗结界像均衡、对称配置的原则，以及护卫道场的功能。由此而言，外围区域造像可以纳入宝顶山造像体系，却难以说与大小佛湾一体化设计。

四　余论

（一）以《大方广佛华严经》为中心的指导思想

如前所述，菩萨行是宝顶山石刻造像的核心思想，而菩萨行又是诸多大乘经典所强调的内容，那么，究竟是以哪一部经典为中心指导思想？种种迹象表明只有《大方广佛华严经》。在宝顶山石刻造像中，大佛湾5号华严三圣像、14号毗卢道场，以及外围区域6处华严三圣像和2处华严三身佛像，均可看作《华严经》的象征性表现。大佛湾21号柳本尊十炼图像、小佛湾毗卢庵造像，融合了《法华经》和《华严经》的菩萨行思想，特别强调了由菩萨行而成就法身的过程，达成法身毗卢遮那佛之结果，则表明《华严经》思想发挥支配作用。大佛湾29号圆觉洞又将发菩提心、修菩萨行、成就法身结合在一起。在宝顶山石刻群中，这些造像发挥着主导作用，以《华严经》菩萨行思想统领全局，其余各种造像基本围绕这一主题表现。

既然表述菩萨行一个核心思想，造像布局为何呈现若干区块形态，这应与宝顶山的地形、地势条件，以及尽可能容纳多种造像内容的规划设计关联。就大小佛湾整体而言，小佛湾地形比较平坦，适合利用砌筑形式造像，也便于与周围的地面寺院形成组合，于是采用浓缩造像的办法制作了法身经目塔、毗卢庵和报恩经变洞等建筑，用于僧侣修行和法事活动。大佛湾则为沟壑地形，崖壁落差大，而且具有充裕空间，适于大规模开窟造像，多方位展示佛教义理，从而形成了适用于公众进行法事活动的场所。仅就大佛湾来说，其广大空间能够容纳更多的造像内容，这里自然形成四个相对独立的区块，设计者便充分地利用了这种地貌形态，分区分组地安排了各种造像，各个区块造像内容经过周密考虑，使之彼此连贯又不重复。尽管大佛湾各区造像表述佛教思想的侧重点有所不同，而主题不离发菩提心、修菩萨行、成就法身的思想脉络。发菩提心系前提，修菩萨行为核心，成就法身则是结果，三位一体，在这种思想指导下统筹安排，各种造像多而不杂、繁简适中、脉络清晰、主题突出，使之成为中国古代佛教造像规划设计的杰作。

（二）宝顶山石刻造像反映的两种社会思潮

在宝顶山石刻造像之中，反映唯心和孝道思想的内容占了很大比重，而且直接参与主题思想的建构。唯心和孝道思想恰是宋代流行的社会思潮，既有产生于世俗社会的因素，也有来自佛教界的成分，共同作用于当时的佛教物质文化建设。

宝顶山反映唯心思想的造像，包括3号六道轮回图像、19号六耗图像、30号牧牛图像、29号圆觉图像。其中，六道轮回图像、六耗图像基本内涵为小乘佛教修行者摄伏其心，但二图像所示其修行者将来成就佛身，这是一般化的心地修行向大乘发菩提心转化的结果。牧牛图像为中国禅宗修行者摄伏其心的表现，以没有成佛的修行者身份结尾，可以看作在小乘佛教禅定修行基础上发展而来的心地修行。不过，牧牛图像与圆觉图像毗邻表现，似乎意味着前者之心地修行还没有结束。圆觉图像为大乘菩萨的心地修行，属于发菩提心的范围。而且，圆觉洞之圆觉菩萨与善财童子五十三参、毗卢遮那佛结合表现，表述发菩提心、修菩萨行、成就法身思想的意图十分明了。

吴越国延寿著《宗镜录》100卷，系统地阐述了其唯心思想[1]，认为心是本体，万事万物都是镜像。此心可用一代时教，应即延寿所重的华严宗、天台宗、禅宗和净土宗等思想诠释。延寿唯心思想对后世佛教产生深远影响，如前所述大佛湾六耗图像曾经吸收了延寿思想的成分。无独有偶，牧牛图像之文本依据证道牧牛颂的作者杨次公，即北宋哲宗朝任左朝请郎尚书礼部员外郎护军的杨杰，其人曾经为《宗镜录》作序[2]，如此看来，杨杰必然对该著述了然于胸，或许延寿的唯心思想已经体现在此证道牧牛颂之中。尚需提及的是，南宋早中期理学流派中的吕祖谦、陆九渊心学，曾经造成广泛的社会影响，但重在阐述社会伦理，与佛教唯心论差异较大，难以说给予佛教物质文化多大影响。

宝顶山反映孝道思想的造像，主要有大佛湾11号释迦佛入涅槃像，15号父母恩重经变、17号大方便佛报恩经变为一对图像，以及小佛湾报恩经变洞父母恩重经变、大方便佛报恩经变一对图像，间接关联者有大佛湾18号观无量寿经变、20号地藏十王地狱一对图像，还有4号广大宝楼阁图像。关于宝顶山石刻造像与孝道的关系以往学界多有关注，然基本集中在父母恩重经变、大方便佛报恩经变一对图像方面[3]，纵使涉及其他同类图像，论述程度也比较有限，尤其大佛湾11号释迦佛入涅槃像始终没有引起足够重视，影响了讨论宝顶山造像反映孝道思想的深度。

在宋代理学大发展的背景中，孝道再一次上升到意识形态的主要层面，二十四孝图像频繁出现在中原北方宋金墓葬中即是明证[4]。佛教界也给予积极的回应，北宋嘉祐七年（1062年），契嵩撰成辅教篇[5]。会通佛、儒，发明深意，著成《孝论》[6]。认为孝顺为至道之法，与天地同理。孝为戒之先，由戒而生众善，佛教五戒与儒家五常一致。父母为形生之大本，佛则能重其大本、报其大恩，是为极孝。继之宗赜禅师发扬光大孝道说，大佛湾父母恩重经变可见其行孝偈颂。时至南宋孝宗皇帝之世，孝道思想更被推向极致，其人不仅身体力行孝道，又于淳熙八年（1181年）制《原道论》[7]，重申五戒与五常一一对应，佛、儒不相违背，是为中道。其时正值宝顶山石刻初创阶段，这种来自皇帝的思想不能不带来某些影响，约略同时完成的大足北山103号范祖禹书古文孝经碑[8]，进一步说明世俗孝道融入佛教孝道之中。在孝道思想弥漫社会的大环境中，出现少年奉母至孝的赵智凤[9]，其人经营的宝顶山石刻出现众多宣扬孝道图像，已是自然中事。也正是在孝道成为社会主流意识的情况下，才出现当时议论宝顶山石刻者，唯独称道赵智凤孝行可嘉之言辞[10]。

这些形象生动地反映唯心和孝道思想的图像，不仅适用于出家的佛教修行者，对于在家佛教信众和非佛教徒而言，也是行之有效的教材，可以在一定程度上促使他们自觉地遵守佛教倡导的规范，同时达成社会教化目的。也恰是这种教化意义，才不会招致来自官方的强力打压，使得佛教寺院的经济和文化能够长久地存活下来，宝顶山佛教道场的形成亦不例外。

1　（五代十国）延寿《宗镜录》自序：“此识此心，唯尊唯胜。此识者，十方诸佛之所证；此心者，一代时教之所诠（第416页下）。（中略）举一心为宗，照万法如镜（《大正藏》第四十八册第 417页上）。”

2　《大正藏》第四十八册第415页上、中。

3　诸如，胡昭曦：《大足宝顶石刻与“孝”的教化》，《重庆社会科学》1993年第3期。前引侯冲《宗赜〈孝行录〉及其与大足宝顶劝孝石刻的关系》，以及前引李巳生《报恩道场宝顶山》等。

4　赵超：《“二十四孝”在何时形成》（上、下），《中国典籍与文化》1998年第1、2期。董新林：《北宋金元墓葬壁饰所见“二十四孝”故事与高丽〈孝行录〉》，《华夏考古》2009年第2期。

5　《佛祖统纪》卷45《法运通塞志》：“嘉祐七年（1062年），藤州沙门契嵩，（中略）进辅教编、定祖图正宗记。上读其书，至为法不为身，嘉叹其诚，敕以其书入大藏，赐‘明教大师’（《大正藏》第四十九册第413页上、中）。”

6　（北宋）契嵩《镡津文集》,（《大正藏》第五十二册）卷3《辅教篇下・孝论》：“著孝论一十二章示其心也。其发明吾圣人大孝之奥理密意，会夫儒者之说，殆亦尽矣，吾徒之后学亦可以视之也（第660页上、中）。”

7　《佛祖统纪》卷47《法运通塞志》：“南宋孝宗淳熙八年（1181年），上制原道论曰，‘朕观韩愈原道论，谓佛法相混，三教相绌，未有能辨之者，徒文烦而理迂耳’。若揆之以圣人之用心则无不昭然矣，何则释氏穷性命外形骸，于世事了不相关，又何与礼乐仁义者哉？然犹立戒曰不杀、不淫、不盗、不妄语、不饮酒，夫不杀仁也，不淫礼也，不盗义也，不妄语信也，不饮酒智也，此与仲尼又何远乎，从容中道圣人也（《大正藏》第四十九册第429页下）。”

8　该碑刊刻在104号赵懿简公神道碑龛左右壁及龛外左右壁。马衡基于孝经中有避两宋之际帝讳的情况，认为碑刻当在南宋孝宗以后。马衡：《宋范祖禹书〈古文孝经〉石刻校释》，《历史语言研究所集刊》20册（上），1948年。

9　参见前引明弘治十七年（1504年）曹琼《恩荣圣寿寺记》。

10　前引大佛湾5号华严三圣像处树立南宋宇文屺诗碑。

（三）宝顶山石刻造像表现形式的新发展

宝顶山石刻造像的表现形式呈现两个显著特征，一者将不同种类佛教图像组合在一起，二者诸多佛教图像呈现叙事性结构。这些形式上的变化，取决于其表述内容的需要。

陕北北宋晚期至金代早期石窟，普遍流行将各种不同种类的图像，采用叠加方式组合在同一石窟之中，同时表述多种佛教思想[1]。与此不同的是，大足宝顶山南宋石刻造像，一再出现组合不同种类图像表述同一思想的情况。诸如大佛湾18号观无量寿经变、19号六耗图像、20号地藏十王地狱图像一组，三者内容千差万别，尤其观无量寿经变、地藏十王地狱图像，原本是各自独立流行的题材，通过中间的六耗图像整合在一起，阐明“天堂及地狱，一切由心造”的深奥道理，重点集中在佛教唯心思想方面，使得三种不同性质的图像统一成一个有机体。大小佛湾均出现父母恩重经变、大方便佛报恩经变一对图像，这一对图像尽管性质相近，但仍属于不同的种类，以往也不见成对表现的情况，却通过组合使两者形成因果关系，用来表述修行孝道之菩萨行而成就法身的思想。大佛湾30号牧牛图像、29号圆觉图像组合，由禅宗心地修行过渡到发菩萨心，与成就法身联系在一起。基于佛教修行和社会教化需要而选择这些图像，如果不能全盘了解佛教思想和造型艺术，如果不是当时的文化精英，绝无可能出现这种纵使今天看来也近乎天衣无缝的设计，是为宝顶山石刻造像的与众不同。

叙事性图像在佛教物质文化中一直存在，但宝顶山石刻造像应用频率之高、表述思想性之强，非同一般。宝顶山石刻叙事性图像比比皆是，又主从分明、重点突出。诸如大佛湾10号释迦事迹图像、11号释迦佛入涅槃图像、12号九龙浴太子图像一组，完整地表现了释迦一生事迹，但不是简单地平列，入涅槃场面占据大半画面，其余场面仅发挥着衬托作用，竭尽全力表述释迦佛应化行孝并教化众生这一主题思想。大佛湾21号柳本尊十炼图像之十炼修行，以及关联事件和感应事迹，基于文本故事情节的均衡结构，画面采用平列式布局，然一切围绕着中间大画面并高浮雕表现的柳本尊，根本意图在于表述柳本尊行菩萨行、成就法身的思想。叙事性表现使得画面内容清晰明了，更容易为观众理解和接受，事实上还关联着宋代的文艺活动。得力于宋代城市经济的迅速发展，促成规模庞大的市民群体，他们不仅需要，也有时间参与到城市文化生活中来，于是适合于市民阶层的说话文艺应运而生。说话即类似于讲述故事的专门化文艺，采用叙事性结构并注重故事情节渲染是其重要特征，如果将这种文艺题材用图像形式表现，就形成了叙事性连环画式构造。这种形成于城市的文艺形式，随着文化向农村辐射和社会教化的流行，也必然影响到乡村社会。宝顶山石刻造像叙事性图像之所以发达，大概就是基于这样的文化背景。

（四）宝顶山大佛湾石刻造像的设计者及其他

如前所述，宝顶山大佛湾石刻造像精彩纷呈、思想严密、浑然一体，其设计者为赵智凤，还是一个分工协作班子，已经没有任何信息可查。不管怎样，那是一个宛如天成的巨大工程，使人感受到其设计者所拥有的丰富知识和超人智慧。之一，其设计者透彻理解当时流行的佛教思想，而且达到融会贯通的程度。其人既可以细致入微地捕捉所用具体教义之精髓，又能够高屋建瓴地把握佛教整体精神。之二，其设计者具有高超的艺术设计本领。不仅可以熟练地处理某一具体图像的细节和构图，而且能够恰如其分地统合各个组、区、部分之间的关系。之三，其设计者还擅长抓住所据文本的关键内容，采用夸张和个性化手法造型，能够瞬间吸引观者的视线。宝顶山大小佛湾石刻处处精彩，步步引人深思，堪称中国古代佛教物质文化中最完美的组成部分之一。

此外，在宝顶山及约略同时期的安岳毗卢洞、孔雀洞等处造像题记中，出现数量可观的异体字，俨然成为其时其地一种特殊文化现象。近来查阅宋代笔记文献发现，当时桂林地界也有类似情况[2]。由此看来，这是南宋时期西南地区较大地域共有的文化现象，非独流行于大足、安岳地方，但各地异体字的多寡和字形可能有所区别。

综上所述，宝顶山石刻造像表现形式多样、内容丰富，思想复杂又存在一条中心线索，构思之谨严非比寻常。遥想当年，宝顶山石刻设计者拥有何等文化知识和逻辑思维能力，方能规划出如此恢弘巨制之蓝图，以至于身处信息化社会的我辈众生，殚思竭虑也难以窥测其真面目。大足石刻研究奠基者陈习删有言，“殊无一人能言，亦不易言；即有言者，仍多不得其实”[3]，信矣。

---

1 李静杰：《陕北宋金石窟佛教图像的类型与组合分析》，《故宫学刊》第11辑，故宫出版社2014年版。

2 （南宋）范成大《范成大笔记六种》《桂海虞衡志·杂志·俗字》：“边远俗陋，牒诉券约专用土俗书，桂林诸邑皆然。今姑记临桂数字，虽甚鄙野，而偏旁亦有依附。孬音矮，不长也。闶音稳，坐于门中，稳也。奀亦音稳，大坐，亦稳也。仦音嫋，小儿也。奀音动，人瘦弱也。歪音终，人亡绝也。𡚸音腊，不能举足也。奻音大，女大及姊也。砳音勘，山石之岩窟也。閂音撰，门横关也。他不能悉记。予阅讼牒二年，习见之。”中华书局2002年版，孔繁礼点校本第129页。

3 陈习删：《大足石刻志略》之《别略·宝顶山》，前引《大足石刻研究》。

大足与安岳宋代石刻柳本尊十炼图像解析

李静杰　黎方银

西南地区为中国晚期佛教石窟的一大集中区域，重庆大足与四川安岳宋代石窟又是规模之巨者，且连成一片地域，那里保存着晚唐五代之际成都居士柳本尊以残害己身为特征的十种修炼图像[1]。柳本尊十炼图像凡有三处，分别是安岳石羊场毗卢庵摩崖浮雕、大足宝顶山大佛湾摩崖浮雕，以及宝顶山小佛湾毗卢庵砌筑石室浮雕。这些图像非但在全国，即使在为数众多的西南石窟中亦独树一帜，具有浓厚地域和鲜明时代特质。解析十炼图像，不仅是了解柳本尊其人的重要途径，而且是揭示宝顶山大小佛湾石刻造像思想的关键环节，亦有助于把握西南地区宋代社会的多元思想融合情况。

1945年大足石刻考察团的学术成果报道后，大足及邻近的安岳石刻，逐渐引起学界重视，柳本尊十炼图像亦为世人所知。但是，直到20世纪70年代，关于十炼图像的报道，仅限于只言片语的介绍。1983年王家佑文章，就十炼图像中出现的人物进行了初步分析[2]。1985年李永翘、胡文和执笔《大足石刻内容总录》，比较详细地引录了大足宝顶山大、小佛湾的十炼图像[3]。1994年曹丹、赵昤文章，记录了安岳石羊场毗卢庵的十炼图像[4]。1986年王熙祥、黎方银文章[5]，以及1995年陈明光、胡良学文章[6]，就安岳、大足两地十炼图像的题刻与图像异同做了比较研究。1996年傅成金文章[7]，认为安岳毗卢庵的十炼图像粉本，源自甘肃安西榆林窟所见五代绘梵网经变，如后文所述这种观点难以成立。1999年黄锦珍文章，注意到十炼图像与历史上僧侣舍身行为的联系，然就其中蕴含佛教思想的阐释不甚明了[8]。此外，还见有一些其他相关论述[9]。总体而言，迄今为止十炼图像的佛教内涵尚未挖掘出来，教义来源问题也没有得到解决。笔者在实地考察的基础上，结合前人的调查研究成果，力图澄清十炼图像的佛教内涵及其来源，继而阐释十炼图像中的毗卢遮那佛尊格。

一　柳本尊十炼图像的基本情况

为便于阐述观点，并使读者了解十炼图像的表现环境，及其与其他图像的组合状况，首先简略介绍三处图像的情况[10]。安岳石羊场毗卢庵十炼图像的题记资料，较其他两处丰富，故作为本稿考察的基点。过去的考察报告中录文存在一些讹误，现根据实物重新抄录全文，并将以往研究者的题记识别成果用作校勘资料。大足宝顶山大佛湾十炼图像中的十条题记，与石羊场毗卢庵基本一致，略去不录。

---

* 本文在《大足安岳宋代石窟柳本尊十炼图像解析》一文基础上略加修改而成，原文刊于重庆大足石刻艺术博物馆编：《2005年重庆大足石刻国际学术研讨会论文集》，文物出版社2007年版。

1 以往研究者称作“行化图像”或“十炼图像”。前者强调了柳本尊游方、劝化，后者突出了柳本尊自身修行，图像及题记反映的实际情况明显侧重于后者。所谓“炼”有两种理解，狭义为烧炼，广义为修炼，即修行实践。上述图像十个场面中的六个属于烧炼，另外四个与烧炼无关，因此，作为狭义的烧炼理解不甚妥当。宝顶山大佛湾17号大方便佛报恩经变图像，其中表现了忍辱太子本生、须阇提太子本生、萨埵太子本生、舍身闻偈本生，内容为捐躯或割舍己身，均属于自我自身布施。主尊释迦佛下大字榜题：“惟有吾师金骨在，曾经百炼色长新”。显然，这里所说的“炼”已经超出狭义的烧炼，意在广义的修行实践。据此，将上述柳本尊图像理解为广义的修行实践，即十种修炼，应无疑义。

2 王家佑：《柳本尊与密教》，《乐山市志资料》1983年第3期。收录刘长久、胡文和、李永翘：《大足石刻研究》，四川省社会科学院出版社1985年版。

3 前引《大足石刻研究》附录《大足石刻内容总录》，第490—492、504—505页。

4 曹丹、赵昤：《安岳毗卢洞石窟调查研究》，《四川文物》1994年第3期。

5 王熙祥、黎方银：《安岳、大足石窟中〈柳本尊十炼图〉比较》，《四川文物》1986年石刻研究专辑。

6 陈明光、胡良学：《四川摩岩造像“唐瑜伽部主总持王”柳本尊化道“十炼图”调查报告及探疑》，《佛学研究》1995年年刊。

7 傅成金：《安岳石刻：〈柳居士十炼窟〉内容初探》，《四川文物》1996年第4期。

8 黄锦珍：《试论大足宝顶山柳本尊十炼图》，《佛学研究中心年报》1999年第4期。

9 白中培：《安岳毗卢洞》，《四川文物》1987年第3期。胡文和：《安岳、大足柳本尊十炼图题刻和宋立〈唐柳居士传〉碑的研究》，《四川文物》1991年第3期。傅成金、唐承义：《四川安岳石刻普查简报》，《敦煌研究》1993年第1期。洪惠镇：《四川安岳四处重要佛教石刻——兼谈安岳与大足石刻的关系》，《美术史论》1994年第1期。胡文和：《四川道教佛教石窟艺术》，四川人民出版社1994年版，第327—336页。陈明光：《四川摩崖造像中柳本尊化道“十炼图”由来及年代探索》，《四川文物》1996年第1期。

10 测绘数据主要来自前引《大足石刻内容总录》，及前引曹丹、赵昤《安岳毗卢洞石窟调查研究》。

（一）安岳石羊场毗卢庵柳本尊十炼图像

石羊场毗卢庵（编毗卢洞1号），为坐北向南的摩崖造像龛，长14.4米，高6.6米，进深4.5米。在龛内的三层阶台上，用近乎圆雕形式表现诸修炼场面（图1、2）。

图1 安岳石羊场毗卢庵柳本尊十炼图像

<table>
<tr><td colspan="7">题记1
题记2、3 ○ ○ ○ ○ ○ 题记4、5</td></tr>
<tr><td>第一炼指</td><td>第三炼踝</td><td>第五割耳</td><td>宝塔</td><td>第六炼心</td><td>第四剜眼</td><td>第二立雪</td></tr>
<tr><td>第七炼顶</td><td>第九炼阴</td><td colspan="3">毗卢遮那佛</td><td>第十炼膝</td><td>第八舍臂</td></tr>
<tr><td colspan="2">天王 力士 侍从像</td><td colspan="3">力士 台座 力士</td><td colspan="2">侍从像 力士 天王</td></tr>
</table>

图2 安岳石羊场毗卢庵柳本尊十炼图像配置示意图

檐额上方中央，大字题刻："毗卢庵"。左、右侧（以实物自身为基准，下同）分别刻："只是毗卢一座庵""虚空法界遍包含"（题记1）。檐额中间平列5个直径1米的圆形龛，各浮雕一结跏趺坐佛。

五佛龛外侧两端大字题刻对联，左："天长地久，菩萨因中誓愿，定果熏修真秘密"（题记5）。右："国泰民安，显扬护国降魔，正心莫作等闲看"（题记2）。在五佛龛与两端的对联之间，为颂扬柳本尊的小字题刻。左："本尊教主者，始自嘉州城北，有柳生瘿，久而乃出婴儿，邑都吏收养。父没，继其职，以柳为氏。审详斯义，岂在今之操修，自凡入圣，即法身也。梵语毗卢遮那，华言遍一切处。或云种种光明，或云处处清净，或云不可思议法，或云不可思议境界，乃至多种义理，不可穷尽"（图3、题记4）。右："又本尊贤圣者，本自无为，超过诸有，名本尊也。有大菩萨名金刚藏，了悟本尊无为妙理。修菩萨行，已超十地。常游十方，助佛教化。悯苦众生，来入浊世。隐菩萨相，现凡夫身，入红尘里，转大法轮。因名本尊教主为号也"（图4、题记3）。

图3　安岳石羊场毗卢庵柳本尊颂记之一

图4　安岳石羊场毗卢庵柳本尊颂记之二

阶台中层中央雕刻主尊着宝冠毗卢遮那佛，身高2.7米，结跏趺坐，两手拱于胸前。下层中央为毗卢遮那佛台座，两侧各一护卫力士。上层中央，即毗卢遮那佛后上方，浮雕高0.8米的攒尖顶宝塔，宝塔中结跏趺坐一卷发人物，施禅定印。宝塔顶部发出两道毫光，向两侧伸延到龛顶檐口。

在阶台中层与上层的两侧，雕刻柳本尊十炼图像，左右侧各5个场面。左侧为双数，2、4、6居上层，8、10居中层，右侧为单数，1、3、5居上层，7、9居中层，均由外向内排列。中层左右侧上缘各有3块方形碑刻，逐一记述了十炼图像内容。柳本尊着居士装，第2、第7场面无冠，余均戴平顶方巾。

下层两侧各刻三人。左侧由内向外依次为托盘盛手的侍女、文官、武士，右侧由内向外依次为托盘盛耳的侍女、文官、武士。中、下层两端，内为力士，外为顶盔贯甲天王，是整座造像龛的守护神。在下层的毗卢遮那佛与第十炼本尊之间，浮雕四层楼阁式塔，下层刻三身坐像，中央为佛，两侧为修行者。中层右端力士左侧的壁面题刻道场守护文，与十炼图像没有直接关系[1]。

柳本尊十炼图像各场面的内容及题记分别如下（□内文字，据宝顶山大佛湾十炼图像的相关题记补充）。

第一炼指（图5）：本尊结跏趺坐，左手平举胸前，食指端燃起一束火焰。题记：“第一炼指。本尊教主于光启二年，偶见人多疫疾，教主悯之，遂盟于佛，持咒灭之。在本宅道场中，炼左手第二指一节，供养诸佛，誓救苦恼众生。感圣贤摄授，通不语云，‘汝当西去，遇弥即住，遇汉即回’。遂游礼灵山，却回归县。”本尊右侧立佛，为所供养佛。

第二立雪（图6）：本尊结跏趺坐，施禅定印。题记：“第二立雪。本尊教主于光启二年十一月，挈家游峨眉山，瞻礼普贤光相时，遇大雪弥漫，千山皓白。十三日，将身向胜峰顶，大雪中凝然端坐，以表释迦文佛雪山六年修行成道。感普贤菩萨现身证明。”本尊左侧立菩萨，即现身证明的普贤，又现出普贤所乘白象的前半身。

第三炼踝（图7）：本尊结跏趺坐，双手合十于胸前，左足踝燃起一束火焰。题记：“第三炼踝。本尊教主宴坐峨眉，历时已久，忽睹僧谓曰，‘居士止此山中，有何利益，不如往九州岛十县，救疗病苦众生’。便辞山而去。于天福二年正月十八日，本尊将檀香一两为一炷，于左脚踝上烧炼，供养诸佛。愿共一切众生，举足下足皆遇道场，永不践邪谄之地。感四天王为作证明。”本尊左右侧及左右后上方，各立一天王，即为作证明的四天王。

第四剜眼（图8）：本尊结跏趺坐，右手持戒刀作剜眼状。题记：“第四剜眼。本尊贤圣，至汉州已经旬日，忽忆往日圣言，‘逢弥即住，遇汉即回’，由此驻锡弥蒙。一日，汉州刺史赵君，差人来请眼睛，诈云用作药剂，欲试可。本尊心已先知，人至，将戒刀便

1　守护文题刻：“正是金刚宝山，一树丛林、一钱物、一寸地、一物命，立华严大斋八万四千会戒定。仰三界护佛护法护道天神、地神、山神、树神等一心守护，不许十恶、五逆、九十五种外道、鬼怪精灵，妄起贪爱，谋妒盗心，或放牛羊，侵犯一毫一叶等。天龙八部、五通圣者、八大将军施行，现遭王法、众苦恶难，死入阿鼻，万劫千生，不通忏悔。”宝顶山大佛湾2号护法神龛亦刊刻了类似文字，该造像龛处在大佛湾的入口，护法神与守护文共同起到守护道场的作用。石羊场毗卢庵亦处在整座道场入口，守护文与十炼图像中的护法神搭配，同样具有守护道场的作用。此地将守护文组合到十炼图像之中，疑为受到所在环境局限的结果。类似文字还见于大足佛祖岩、龙头山，其中佛祖岩者题名为“大藏佛说守护大千国土经”（《大足石刻研究》第513页）。《大足石刻铭文录》（重庆大足石刻艺术博物馆等编，重庆出版社1999年版，第94页）云，这些类似题刻为“大藏佛说守护大千国土经”的略写。《大正藏》第十九册收录有（北宋）施护译《佛说守护大千国土经》，然而，此经中并没有上述题刻的内容。“大藏佛说”一语，意思是引用大藏经中佛所说法，显而易见，不是某一具体佛经名称。在宝顶山大佛湾的造像题记中，不乏“大藏佛言”一语，都是开窟造像者根据实际需要摘录经文，或依经文原意编制的文字。据此，“大藏佛说守护大千国土经”可能采用了施护译《佛说守护大千国土经》的名称，内容则是开窟造像者自己编制所为。

图 5　安岳石羊场毗卢庵第一炼指场面

图 6　安岳石羊场毗卢庵第二立雪场面

图 7　安岳石羊场毗卢庵第三炼踝场面

图 8　安岳石羊场毗卢庵
第四剜眼场面

图 9　安岳石羊场毗卢庵
第五割耳场面

图 10　安岳石羊场毗卢庵
第六炼心场面

图 11　安岳石羊场毗卢庵
第七炼顶场面

剜付与，殊无难色。感金刚藏菩萨顶上现身。眼至，赵君观而惊叹曰，‘真善知识也’，投身忏悔。时天福四年七月三日也。”本尊左下方托盘跪者应为赵君使者，左上方捧笏板者应为刺史赵君，立菩萨则是现身证明的金刚藏。

第五割耳（图9）：本尊结跏趺坐，左手捏左耳，右手举戒刀作欲割状。题记：“第五割耳。本尊贤圣，令徒弟住弥蒙，躬往金堂金水，行化救病。经历诸处，亲往戒敕，诸民钦仰，皆归正教。于天福四年二月十五日午时割耳，供养诸佛。感浮丘大圣顶上现身，以为证明。

本尊教主，后于大唐宣宗皇帝在位，天福三年七月十四日夜，呼紫绶金章，谓曰，‘吾今去矣，汝当久住，共持大教，所有咒藏，咐嘱教授’。说是语已，归于涅槃。实时虚空，百千俱悬，总持秘密，摧邪显正。护世威王，一切菩萨，现前劝请，惟愿教主，久住说法，令诸末世，离恶道苦。本尊告曰，‘吾当引导，开权摄化，弘持大教，化毕缘终，理归寂灭’。法寿八十佑（又）四。一念皈依，获无量寿。”本尊右后方跣足立一操蛇武士，即为作证明的浮丘大圣。

第六炼心（图10）：本尊侧身倚坐，胸部燃起一束火焰。题记：“第六炼心。本尊贤圣，于天福五年七月三日，以香腊（蜡）烛一条炼心，供养诸佛。发菩提心，广大如法界，究竟如虚空，令一切众生永断烦恼。感大轮明王现身证明。一切众生，悉得醒悟。

大藏佛言，本尊是毗卢遮那佛，观见众生受大苦恼，于大唐大中九年六月十五日，于嘉州龙游县玉津镇天池坝显法身，出现世间，修诸苦行，转大法轮。始于唐武宗敕赐额，为毗卢院，永为引导之师。次孟蜀主敕赐额，名大轮院，长作皈依之地。终宋神宗皇帝熙宁年敕赐，号寿圣本尊院，永作救世医王。然历敕赐，已经三朝。”本尊左后方立一面八臂明王，即现身证明的大轮。右后方立佛应为本尊所供养佛。

第七炼顶（图11）：本尊结跏趺坐，头上燃起一束火焰。题记：“第七炼顶。本尊贤圣，于天福五年七月十五日，以五香捍就一条腊（蜡）烛，端坐炼顶，效释迦佛鹊巢顶相、大光明王舍头布施。感文殊菩萨顶上现身，为作证明。”本尊右侧立菩萨，即为作证明的文殊。

第八舍臂（图12）：本尊结跏趺坐，头左倾，袒露左臂，右手持戒刀作欲砍臂状。题记：“第八舍臂。本尊教主于天福五年，在成都玉津坊道场内，截下一只左臂。经四十八刀方断，刀刀发愿，誓救众生，以应阿弥陀佛四十八愿。顶上百千天乐，不鼓自鸣。本界厢吏谢洪具表奏闻，蜀王叹异，遣使褒奖。”本尊左侧站立男子似为蜀王使者，右后方立佛应为阿弥陀，头后方浮雕各种不鼓自鸣的乐器。

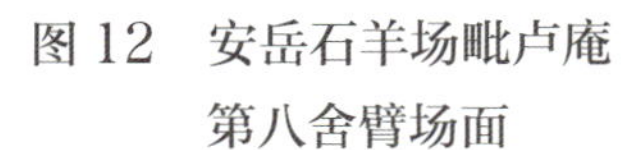

图 12　安岳石羊场毗卢庵第八舍臂场面

图 13　安岳石羊场毗卢庵第九炼阴场面

图 14　安岳石羊场毗卢庵第十炼膝场面

第九炼阴（图13）：本尊侧身斜躺，生殖器部位燃起一束火焰。题记："第九炼阴。本尊教主于天福五年前十二月中旬，马头巷丘绍得病，身死三日，皈依本尊求救。合家发愿，若得再生，剪发齐眉，终生给侍。本尊具大悲心，以香水洒之，丘绍立苏。于是丘绍夫妇、二女，俱来侍奉，以报恩德，不离左右。闰十二月十五日，本尊用腊（蜡）布裹阴，经一昼夜烧炼，以示绝欲。感天降七宝盖，祥云瑞雾，捧拥而来。本界腾奏，蜀王叹服。"本尊头左上方华盖印七宝盖。两侧为男女立像，左侧者疑是前来侍奉柳本尊的丘绍之妇，右侧者疑是奏明蜀王的官吏。

第十炼膝（图14）：本尊结跏趺坐，两膝各燃起一束火焰。题记："第十炼膝。本尊贤圣，蜀王钦仰日久，因诏问曰，'卿修何道，自号本尊。卿禀何灵，救于百姓'。对曰，'予精修日炼，誓求无漏无为之果，专持大轮五部秘咒，救度众生'。于天福六年正月十八日，将印香烧炼两膝，供养诸佛。发愿与一切众生龙华三会，同得相见。"

（二）大足宝顶山大佛湾柳本尊十炼图像

宝顶山大佛湾十炼图像（编大佛湾21号），为摩崖龛像。长25.4米，高14.6米（至地面），进深7.5米。龛内造像由上而下分四层，十炼图像雕刻在上起第一、二层，用近乎圆雕形式表现诸修炼面（图15、图16）。

最上为山岩檐额，檐额覆面中间题记"唐瑜伽部主总持王"（题记2）。左右侧分别题记"风调雨顺，国泰民安"（题记3）、"佛日光辉，法轮常转"（题记1）。檐额前面中间平列9个直径1.4米的圆形龛，中间5龛各浮雕一结跏趺坐佛，两侧各2龛浮雕坐菩萨。

第一、二层中央柳本尊结跏趺坐，像身高4.41米。着居士装，头戴平顶方巾。饰三绺胡须，眉间向上发出的毫光中现出毗卢遮那佛，佛两手拱于胸前，头顶发出两道毫光向两侧通向窟顶。第一层本尊两侧各5个修炼场面，左为双数，右为单数，由外向内排列的次序同安岳毗卢庵，题记内容亦基本一致，只是大佛湾缺少与十炼没有直接关系的颂记内容。第二层表现柳本尊十炼的侍者，由内向外，本尊左侧三者依次为托盘盛手侍女、文官、武将，右侧三者依次为托盘盛耳侍女、文官、武将，与石羊场毗卢庵一致。以外的世俗人物，为石羊场毗卢庵所不见（图17、图18）。

第三层表现十大明王（编大佛湾22号），均作半身像，左侧4身未最后完工。第四层为后来补刻三清等龛像（编大佛湾23号）。

（三）大足宝顶山小佛湾毗卢庵柳本尊十炼图像

宝顶山小佛湾毗卢庵（编小佛湾9号），为石条垒砌的坐南面北石室，室内宽1.7米，进深2.88米，高2.29米（图19、图20）。均为浅浮雕造像。

石室门额大字题记"毗卢庵"，之上右、左侧分别题记："只是毗卢一座庵""虚空法界遍包含"。左右门框分别题记："佛报恩重经""大孝释迦佛"。左右门框下缘分别题记："天魔俱胆丧""外道尽崩摧"。突出于石室门外左右壁挑梁石内侧，左题："假使热铁轮，于我顶上旋，终不以此苦，退失菩提心"；右题："假使百千劫，所作业不忘，因缘会遇时，果报还自受"。左右壁挑梁石端面分别题："摧邪显正""护世威王"。

室内三壁浮雕造像。正壁表现主尊结跏趺坐毗卢遮那佛，双手拱于胸前，头戴宝冠，眉间向上发出的毫光中端坐柳本尊。左右侧题

图 15　大足宝顶山大佛湾柳本尊十炼图像与十大明王图像

<table>
<tr><td colspan="11">题记1、2、3</td></tr>
<tr><td colspan="11">○ ○ ○ ○ ○ ○ ○ ○ ○</td></tr>
<tr><td>第一炼指</td><td>第三炼踝</td><td>第五割耳</td><td>第七炼顶</td><td>第九炼阴</td><td rowspan="2">柳本尊</td><td>第十炼膝</td><td>第八舍臂</td><td>第六炼心</td><td>第四剜眼</td><td>第二立雪</td></tr>
<tr><td colspan="5">侍从</td><td colspan="5">侍从</td></tr>
<tr><td colspan="11">十大明王（22号）</td></tr>
<tr><td colspan="11">三清龛（23号）</td></tr>
</table>

图 16　大足宝顶山大佛湾柳本尊十炼图像配置示意图

图 17　大足宝顶山大佛湾柳本尊十炼图像右半

图 18　大足宝顶山大佛湾柳本尊十炼图像左半

图 19　大足宝顶山小佛湾毗卢庵

右壁					正壁			左壁				
五割耳 一炼指	九炼阴 菩萨	七炼顶 三炼踝	横梁 菩萨 菩萨	佛 佛	菩萨（题记2）	毗卢遮那佛	菩萨（题记1）	佛 佛	横梁 菩萨 菩萨	八舍臂 四剜眼	十炼膝 菩萨	六炼心 二立雪
四大明王								四大明王				

图 20　大足宝顶山小佛湾毗卢庵柳本尊十炼图像展开配置示意图

刻对联："各发无上菩提心"（题记1）、"愿入毗卢法性海"（题记2）。佛左右上方圆龛中各雕刻一菩萨，二菩萨之间题记："本者根本""尊者至尊"。

左右壁后部靠近正壁处分别为两龛佛像，左右壁佛像的外侧又各两龛菩萨像。左右壁前部为十炼图像，每壁5个场面，分上中下三层配置，左壁为双数，右壁为单数（图21、图22）。诸场面次序依然由外向内，由下而上排列。与前两处不同的是，小佛湾毗卢庵十炼图像各自表现在小圆形龛内，背景也有所区别。如第一炼指场面表现一棵菩提树，第二立雪场面突出壁立的雪山。此外，各场面的内容较前两处简化，证明像及侍者数量少，道具也很简单。其中出现一组4人着道冠，执笏板的拥护道士像（图23），不见于其他两处。

十炼图像下方为八大明王，左右壁各4身。

毗卢庵石室外壁亦雕刻并题记。左右外壁上方分别开40个小圆形龛，每龛各雕刻一身坐佛，左右外壁下方分别雕刻6身护法金刚。后壁中央线刻"释迦舍利宝塔禁中应现之图"，宝塔两侧题记："释迦如来涅槃至辛卯绍定四年（1231年），得二千乙（一）百八十二年"。图下刻南宋嘉定十年（1217年）宁波阿育王山住持道权所书，嘉定八年（1215年）阿育王山舍利入宫廷供养事情之碑记。应现图与碑记的两侧分别大字题记："上祝皇王隆睿算，须弥寿量俞（愈）崇高""国安民泰息干戈，雨顺风调丰稼穑"。大字题记的上方两外侧分别为指日月菩萨，下方两外侧雕刻四天王。

宝顶山小佛湾毗卢庵的下层为报恩经变石室（编小佛湾3号）。室内正壁浮雕结跏趺坐释迦佛，左右侧壁浮雕报父母恩重经变与大方便佛报恩经变。报恩经变石室与毗卢庵一体化构造，而且毗卢庵左右门框题记，反映的正是报恩经变石室的浮雕内容，两者为统一规划设计并建造的一个组合。

上述三处柳本尊十炼图像有共同规律可循。十炼内容及次序完全相同，在图像配置上一概左为双数，右为单数，由外向内排列。而

图 21　大足宝顶山小佛湾毗卢庵 右壁

图 22　大足宝顶山小佛湾毗卢庵 左壁

图 23　大足宝顶山小佛湾毗卢庵 拥护道士像

且，石羊场毗卢庵与宝顶山大佛湾，柳本尊十炼图像的题记几乎一致。再者，石羊场毗卢庵与宝顶山小佛湾毗卢庵，柳本尊十炼图像的主尊均为毗卢遮那佛，宝顶山大、小佛湾的柳本尊十炼图像之下，都配置了明王图像。足见，此三处图像应出自共同的粉本，但由于表现环境不同，导致10个修炼场面或成一排，或分层配置。如下文所述，主尊为毗卢遮那佛或柳本尊，只是避免雷同的表现方式而已，反映的思想没有实质差异。目前学术界普遍认为，宝顶山大、小佛湾由柳本尊的推崇者赵智凤主持经营，又三处十炼图像及其组合具若干共同性，那么这些图像应该反映了赵智凤的思想。

安岳石羊场毗卢庵题记有北宋神宗熙宁年间（1068—1077年）敕赐寺额一事，这是毗卢庵开凿年代的上限，考虑毗卢庵造像风格接近同一地方华严洞造像的情况，既然后者完成于南宋中晚期[1]，那么毗卢庵十炼图像也应处在相应时间范围。宝顶山大佛湾十炼图像没有纪年题记，学术界根据赵智凤活动时间，认为宝顶山大佛湾凿刻于12世纪70年代末至13世纪20年代。也就是说，石羊场毗卢庵与宝顶山大佛湾十炼图像凿刻年代可能相近，然两处造像风格迥然有别，推测可能是匠工群体不同所致。小佛湾毗卢庵“释迦舍利宝塔禁中应现之图”题刻绍定四年（1231年），应为该毗卢庵的落成时间。再者，三处图像组合与配置形式相近，看不出明显的时段差异，推测三者凿刻时间相去不会太远。

二　柳本尊十炼图像的佛教内涵及其来源

在柳本尊十炼图像的10个场面中，第一炼指、第三炼踝、第六炼心、第七炼顶、第九炼阴、第十炼膝，与烧炼有关。不过，心属于内脏器官，所谓炼心，名不副实。第四剜眼、第五割耳、第八舍臂，与割舍有关。以上，均属于佛教自我自身的布施、供养行为。第二立雪，似乎与精进及禅定有关。布施居六度（布施、持戒、忍辱、精进、禅定、智慧）之首，鸠摩罗什译《大智度论》卷46《摩诃衍品》（《大正藏》第二十五册，第395页中），将布施行为分作自我自身布施，与所有物布施两种，自我自身布施至难至上，是大乘菩萨修行六度，成就佛道的关键所在[2]。柳本尊十炼图像中的9项，与自我自身布施关联，足见，其履行的是大乘菩萨的修行之道。

由图像和造像记，可以将柳本尊十炼图像，分成修炼图像部分、关联事件与感应事迹部分。将这两部分内容放到历史流绪中考察，是解析柳本尊十炼图像的根本途径。

1　齐庆媛：《大足与安岳宋代石刻菩萨像造型分析》，《2014年大足学国际学术研讨会论文集》，重庆出版社2016年版。

2　《大正藏》第二十五册，第395页中。北朝时期为表述法华经或维摩诘经的两种布施思想，一度流行萨埵太子与须达拏太子本生图像。李静傑：《中原北朝期のサッタ太子とスダーナ太子本生図》，*MUSEUM*（东京国立博物馆研究志）580号，2002年。又，李静杰：《南北朝隋代萨埵太子本生与须大拏太子本生图像》，《石窟艺术研究》第1辑，文物出版社2016年版。

（一）修炼图像

可以具体分为烧炼、割舍、立雪三种图像。

（1）烧炼图像

烧炼修行是法华经思想和信仰流行的产物。自西晋竺法护译出《正法华经》（《大正藏》第九册），法华经思想流行开来。后秦鸠摩罗什译出《妙法莲华经》（《大正藏》第九册），法华经思想大行于世，成为南北朝首要受到重视的经典，延续后世，盛而不衰。

《妙法莲华经》卷6《药王菩萨本事品》云："尔时佛告宿王华菩萨，乃往过去无量恒河沙劫有佛，号日月净明德如来。（中略）为一切众生喜见菩萨及众菩萨诸声闻众说法华经。是一切众生喜见菩萨乐习苦行，（中略）即作念言，我得现一切色身三昧，皆是得闻法华经力，我今当供养日月净明德佛及法华经。（中略）而自念言，我虽以神力供养于佛，不如以身供养。（中略）于日月净明德佛前，以天宝衣而自缠身，灌诸香油，以神通力愿，而自然（燃）身，光明遍照八十亿恒河沙世界。其中诸佛同时赞言，善哉善哉。善男子，是真精进，是名真法供养如来。若以华香、璎珞、烧香、末香、涂香、天缯、幡盖及海此岸栴檀之香，如是等种种诸物供养所不能及，假使国城、妻子布施亦所不及。善男子，是名第一之施，于诸施中最尊最上，以法供养诸如来故。（中略）一切众生喜见菩萨，作如是法供养已，命终之后，复生日月净明德佛国中，于净德王家结跏趺坐忽然化生。尔时日月净明德佛（中略）入于涅槃。（中略）一切众生喜见菩萨（中略）更供养舍利，（中略）然（燃）百福庄严臂，七万二千岁而以供养（第53页）。（中略）佛告宿王华菩萨，于汝意云何，一切众生喜见菩萨岂异人乎，今药王菩萨是也，其所舍身布施如是无量百千万亿那由他数。宿王华，若有发心欲得阿耨多罗三藐三菩提者，能燃手指乃至足一指（趾）供养佛塔，胜以国城、妻子及三千大千国土、山林、河池，诸珍宝物而供养者（第54页上）。"

又，《正法华经》卷9《药王菩萨品》云："佛言，乃往过去江河沙劫，尔时有佛，号离垢日月光首如来，（中略）时有菩萨，名众生喜见，（中略）而立誓愿以身为灯，为一切故，即然（燃）其身，供养诸佛。以精诚故，其光遍照八十江河沙诸佛世界（第125页上、中）。"所谓以身为灯，保留着《药王菩萨品》的原始内涵，值得重视[1]。

所谓烧身为灯供养诸佛，名为法供养，"于诸施中最尊最上"，燃臂供养佛舍利，以及燃手指、足趾供养佛塔，亦胜过以各种所有物供养。这种思想受到部分佛教徒倡导奉行。自《妙法莲华经》翻译之后，烧身供养于南北朝盛行一时[2]，延及唐宋相继不绝。燃臂、手指有时作为烧身的先行步骤，有时独立进行。查阅僧传资料，尚未发现燃足趾的实例，燃臂者偶尔可见，燃手指者比较常见，但相对烧身而言，燃手指者仍属于少数。在柳本尊十炼图像中见燃手指，不见燃足趾，且是舍臂而非燃臂。

查索历史上佛教徒燃指的情况，依事迹发生时间先后列举如下。

a. 梁慧皎《高僧传》（《大正藏》第五十册）卷12《亡身篇》云："释僧庆，姓陈，巴西安汉人。（中略）先舍三指，末誓烧身。渐绝粮粒，唯服香油，到大明三年（459年）二月八日，于蜀城武担寺西，对其所造净名（即维摩诘）像前，焚身供养。（中略）天水太守裴方明为收灰起塔（第405页下）。"

b. 梁宝唱《比丘尼传》（《大正藏》第五十册）卷4："冯尼者，本姓冯，高昌人也。（中略）住高昌都郎中寺，菜蔬一食，戒行精苦。烧六指供养，皆悉至掌。（中略）梁天监三年（504年）卒（第946页中、下）。"

c. 山东黄县北魏正光五年（524年）塔铭："兰仓令（中略）姓孙名辽，（中略）善能开化，方便导物，闻其善者欣若己身，见其恶者引出火宅。又不以支节之痛，示其无我之念，遂烧两指，尽身供养。"[3]

d. 唐道宣《续高僧传》（《大正藏》第五十册）卷27《遗身篇》云："释法凝，会州人也，俗姓庞氏。初齐武帝梦游齐山，（中略）遣于上立精舍，度僧给田业。凝以童子在先得度，专心持戒，道德日新。（中略）后年至七十，于佛像前置座而坐。初烧一指，昼夜不动，火然（燃）及臂。（中略）臂然（燃），火焰弥炽，遂及身，（中略）至身尽，唯一聚灰。众共理之，于上起塔（第678页上、中）。"

e. 唐楼颖《善慧大士录》（《续藏经》第六十九册）卷1云：金华南梁太清二年（548年）傅翕"大士又欲持不食上斋，及烧身为灯，遍照一切，供养三宝。（中略）弟子朱坚固烧一指为灯，（中略）普愿一切，舍身受身常值诸佛，闻法悟道，并证无生。（中

1　《妙法莲华经》及（隋）阇那崛多译《添品妙法莲华经》（《大正藏》第九册），均没有言及以身为灯。

2　［日］船山徹《捨身の思想——六朝仏教史の一断面》，《東方学報》第74冊，2002年。

3　李新宇、周海婴主编：《鲁迅大全集》23《学术编·石刻手稿　碑铭》，长江文艺出版社2011年版，第269页。

略）弟子留和睦、周坚固二人烧一指灯，（中略）发愿曰，（中略）舍身命财，烧身为灯，普为一切供养诸佛（第107页中、下）。（中略）陈永定元年（557年）二月十八日，大士告众曰，今世界众灾不息，人民困剧，谁能苦行，烧指为烧（应为‘灯’），普为一切供养三宝。（中略）比丘法如、居士宝月二人，钩身悬灯（第108页上、中）”。

f. 《续高僧传》卷27《遗身篇》云：“释僧崖（中略）以周武成元年（559年）六月，于益州城西路首，以布裹左右五指烧之。（中略）时人同号以为僧崖菩萨（第678页中、下）。”其后烧身供养。又，唐惠祥《弘赞法华传》（《大正藏》第五十一册）卷5《遗身篇》云：“（僧崖）每读法花经，至药王菩萨品，闻烧身供佛，焚指弘经。覃思斯言，内兴誓愿，遂烧一指，造法花经（第25页中）。”

g. 新罗崔致远《唐大荐福寺故寺主翻经大德法藏和尚传》（《大正藏》第五十册）云：“法师俗姓康氏，讳法藏。（中略）终年以励坚贞，竭日而修戒行。年甫十六，炼一指于阿育王舍利塔前，以伸供养。此后更游太白，雅挹重玄，闻云华寺俨法师讲华严经，投为上足（第280页中）。”又，南宋志磐《佛祖统记》（《大正藏》第四十九册）卷29云：“法师法藏，其祖康居国人，来居长安。藏年十六，诣四明阿育王舍利塔，鍊（炼）一指，誓学华严。则天朝为沙弥，策名宫禁。通天元年（696年），诏于太原寺开华严宗旨（第293页上）。”

h. 北宋赞宁《宋高僧传》（《大正藏》第五十册）卷23《遗身篇》云：“释无染者，（中略）恒念华严经。（中略）以贞元七年（791年）到台山善住阁院（第855页下）。（中略）广兴供施，每设一百万僧乃然（燃）一指，以为记验焉。及千万供毕，十指然（燃）尽。追开成中（836—840年），（中略）于中台顶，（中略）然（燃）身供养诸佛，（中略）从顶而炼，至足方仆矣。（中略）（弟子）赵氏叹曰，昔闻药王然（燃）身，今见上人，奇哉痛哉。后门人收真骨，于梵仙山南起塔，至今在矣（第856页上、中）。”

i. 《宋高僧传》卷21《感通篇》云：“释常遇，俗姓阴，范阳人也。（中略）大中四年（850年），杖锡离燕，孤征朔雪。祁沍千里，径涉五峰。诣华严寺菩萨堂，瞩文殊睟容。施右手中指，沃以香膏，爇以星焰。光腾半日，怡颜宛然（第845页中）。”

j. 《宋高僧传》卷23《遗身篇》云：“释元慧，（中略）于（吴郡嘉兴）法空王寺依清进为弟子，会昌元年（841年）往恒阳纳戒法，方习毗尼。入礼五台，仍观众瑞。二年归宁嘉禾，居建兴寺。立志持三白法，讽诵五部曼拏罗。于臂上爇香炷。（中略）至七年（847年）重建法空王寺。又然（燃）香于臂，供养报恩山佛牙。（中略）咸通中（860—874年）随送佛中指骨舍利，往凤翔重真寺，炼左拇指。口诵法华经，其指不逾月复生如故。乾宁三年（896年），偶云乖悆。九月二十八日归寂于尊胜院（第857页上）。”

k. 《宋高僧传》卷23《遗身篇》云：“释息尘，姓杨氏，并州人也。（中略）于天祐二年（905年），李氏奄有河东，武皇帝请居大安寺净土院，四事供养（第857页下）。（中略）复看大藏经匝，设斋然（燃）一指，伸其报庆。（中略）后唐长兴二年（931年），（中略）又讲华严新经，（中略）三年不出院门。一字一礼华严经一遍，字字礼大佛名经，共一百二十卷。复炼一指，前后计然（燃）五指。（中略）尘闻凤翔府法门寺有佛中指骨节真身，乃辞帝往岐阳瞻礼。睹其希奇，又然（燃）一指。尘之双手唯存二指耳。（中略）至七月二十七日辰时，枕肱而逝。（中略）晋祖敕葬于晋水之西山。小塔至今存焉（第858页上）。”

l. 《宋高僧传》卷23《遗身篇》云：“释景超，（中略）至于（江州）庐峰，便有息行之意。惟诵法华，鞠为恒务，九江之人且多景仰。尝礼华严经，一字拜之，计已二遍。乃烧一指，为灯供养。（中略）天福中（936—944年），卒于庵中（第858页中、下）。”

m. 《宋高僧传》卷23《遗身篇》云：“释慧明，俗姓蒋，钱塘人也。（中略）隐天台白沙，立草寮。（中略）寻汉南国王钱氏造大报恩寺，请以住持，假号圆通普照禅师。（中略）初明炼指为灯，于天台供养，后相继烧三指，而勤持课（第859页中、下）。”

n. 河北霸州西北岸村金大定十六年（1176年）“金涿州固安县颍川陈公塔记”：“公姓陈，讳孝初，（中略）闻善受持大法华经，（中略）自誓择日焚身，实大定十六年正月二十二日也。（中略）公登焚台，扬声赞佛，劝乡人以善。（中略）次日聚收灵骨，其中烧出一小金佛，殆寸余，并有舍利三粒。其自百年而下未之有也，若非宿殖德本，孰能如此。（中略）于其年正月己巳（即二十二日），刘善思、刘密、郝水资、李兴俊，皆公里人也，当公而前各烧一指，而归仰供养。（中略）其后里中父老子弟相与议，取西山之石，卜地建塔，即葬公灵骨及烧出金佛、舍利于其中。（中略）时大定十六年二月四日也。”[1]

以上史料表明：其一，燃指供养事例自南北朝迄唐五代连绵不断，宋辽金时期尚有遗风。从江南、四川到中原北方，西达吐鲁

1 阎凤梧主编：《全辽金文》，山西古籍出版社2002年版，第1663—1664页。

番，波及地域相当广泛，但基本属于汉文化流行地区。其二，a、d、e、f、h例与烧身联系在一起，e、l、m例记述燃指为灯，e例更云钩身悬灯，显然与法华经密切关联，f、j、l、n例则是法华经的奉持者。特别提及，m例云于天台供养，天台山为天台宗的基地，该宗依法华经立宗，所谓于天台供养，与供养法华经无异。其三，唐五代g、h、k例为华严经奉持者所为，出现和流行时间相对滞后，应是法华经烧身燃指供养思想和行为影响下的产物。其四，d、e、h例供养诸佛。j例供养佛牙、k例供养佛指，均属佛舍利供养，无异于供养诸佛。l、k例供养佛经。a例供养维摩诘，此者系大乘法的代表者，亦可视为供养佛经。i例供养文殊菩萨。e例供养三宝，属于泛泛之言。这些实例集中在供养诸佛和佛经方面，也有供养菩萨者，相对于法华经所述供养诸佛、佛舍利、佛塔，亦即广义诸佛，内容扩展到佛经和菩萨，大体属于佛法僧三宝范围。其五，a、c、h、n例为烧身供养者起塔供养，似乎暗示具有成就法身的用意。由此可知，燃指供养为法华经思想影响下的产物，概无疑义。显然，柳本尊燃指应属于法华经燃指为灯供养，况且这种行为在柳本尊前后，乃至十炼图像造作时期一直流行。

炼顶供养，在法华经中没有提及。查索佛教史传，依事迹发生时间先后列举如下。

a. 南宋志磐《佛祖统记》（《大正藏》第四十九册）卷41云："（宪宗）元和（中略）十四年（819年）正月，敕迎凤翔法门寺佛骨入禁中，敬礼三日，历送京城十寺。世传三十年当一开，开则岁丰人安。王公士庶瞻礼舍施，百姓炼顶、灼肤以为供养（381页中、下）"。

b. 《宋高僧传》卷23《遗身篇》云："我圣上践祚之四载（963年），两浙进阿育王盛释迦佛舍利塔。初于滋福殿供养，后迎入内道场，屡现奇瑞。八年二月望，诏于开宝寺树木浮（第861页下）图，仅登于尺。先藏是塔于深甃中，此日放神光，亘烛天壤。时黑白众中有炼顶、指者，有然（燃）香炷者，宣赐物有差（第862页上）"。

c. 《佛祖统纪》卷43《法运通塞志》：太平兴国七年（982年），"泗州奏，僧伽塔白昼放光，士民然（燃）顶、臂、香供养者，日千余人，敕内侍奉释迦舍利藏之塔下（第399页上）"。

d. 元念常《佛祖历代通载》（《大正藏》第四十九册）卷18云："天竺慈云法师遵式，（中略）台州宁海人。（中略）入国清普贤像前，烬一指，誓传天台之教。雍熙（984—987年）初，来谒四明，（中略）然（燃）顶，终朝誓力，行四三昧（第663页中）"。

e. 南宋宗晓《乐邦文类》（《大正藏》第四十七册）卷3《广平夫人往生记》云："政和门司赠少师讳珣之女，生十六年，嫁为镇洮军承宣使，今妙明居士陈（思恭）之妻（第190页下）。（中略）死之日哭者失声，至于炼顶、灼臂，以荐冥福。（中略）绍兴三年（1133年）二月二十一日，阿弥陀佛弟子、正信庵王（以宁）待制记（第191页上）"。

f. 南宋净善重集《禅林宝训》（《大正藏》第四十八册）卷4引《北山记闻》云："月堂曰，黄龙居积翠，困病三月不出。真净宵夜恳祷，以至然（燃）顶、炼臂，仰祈阴相。黄龙闻之责曰，生死固吾分也，尔参禅不达理若是。真净从容对曰，丛林可无克文，不可无和尚。识者谓，真净敬师重法，其诚至此，他日必成大器（第136页上）"。

以上史料表明：其一，炼顶供养出现于中唐，流行于两宋时期，流行时间更为滞后。涉及地域均在唐宋版图之内。其二，b、d例与燃指联系，c、e、f例与炼臂联系，将炼顶与燃指、炼臂视为同类苦行，炼顶可以看作对燃指、炼臂乃至烧身行为的模仿和扩充，a例灼肤供养亦然。那么，炼顶同样是法华经思想影响下的产物。d例在天台宗祖庭供养普贤菩萨、誓传天台之教，直接关联天台用以立宗的法华经思想。其三，a例供养佛骨、b例供养佛舍利塔，可视为供养诸佛。d例供养普贤菩萨，c例供养神僧僧伽塔，f例供养高僧，大体属于供养僧宝内容。e例供养居士亡者，超出供养三宝的范围。相对于燃指供养诸佛、佛经、菩萨而言，炼顶供养扩展到神僧、高僧乃至居士，涉及供养对象的层次明显降低了许多，应是烧炼供养泛化流行的结果。显然，柳本尊炼顶同样属于法华经烧炼供养行为，这种行为出现在柳本尊稍前，应该就是其人效法的对象。

炼阴供养，亦不包含在法华经烧炼内容之中。已知实例仅有五代北宋之际孙光宪《北梦琐言》之《逸文》篇，这则史料保存在北宋李昉等编《太平广记》卷289《妖妄》大轮咒条。云"释教五部持念中，有大轮咒术，以之救病亦不甚效。然其摄人精魂，率皆狂走，或登屋梁，或齧瓷碗。闾阎敬奉，殆似神圣，此辈由是广获金帛。陵州贵平县牛鞞村民有周达者，贩鬻此术，一旦沸油煎其阴，以充供养，观者如堵，或惊或笑。初自忘痛，寻以致殂也。中间僧昭浦说，朗州有僧号周大悲者，行此咒术，一旦炼阴而毙。与愚所见，何姓氏恰同，而其事无殊也。盖小人用道欺天，残形自罚。以其事同，因而录之。出《北梦琐言》"[1]。所谓，陵州贵平（今四

1　（宋）李昉等编：《太平广记》，中华书局标点本2008年版，第2301页。

川仁寿）十国人周达，持大轮咒术救济病人，并自炼阴而亡的记述，其事亦发生在成都平原，且约略与柳本尊同时。由知此时此地这种修炼小有流行，应出自同一民间教派，然不知周达、柳本尊之间有何关联。值得注意的是，《北梦琐言》著者孙光宪即生于陵州贵平，约前蜀时任陵州判官，所言所记应有事实所本。

在柳本尊的十炼事项中，除燃指、炼顶、炼阴外，还见有炼膝、炼踝、炼心。后三炼在《法华经》中没有提及，僧传史料也难以找出相应的事例。不过，炼膝、炼踝、炼心与燃指、炼顶一样，都是自残烧炼行为。可以说，这是柳本尊继承了传统僧侣的烧炼修行，同时将身体烧炼部位系统化的结果。人所共知，在保全生命的前提下，心本不可炼，画面所见柳本尊炼心，只不过在胸前燃烧蜡烛而已，从佛教教义方面探察，实际已经超出了《法华经》思想。

特别提及，宝顶山小佛湾毗卢庵外壁后面“释迦舍利宝塔禁中应现之图”，题刻“国安民泰息干戈，雨顺风调丰稼穑”，与上述开凤翔法门寺地宫，迎礼佛骨则岁丰人安，又入禁中供养的情况相近。释迦舍利宝塔禁中应现与迎礼法门寺佛骨，有着祈求国泰民安的共同目的和作用。上述北宋初年两浙进释迦佛舍利塔入宫廷供养，又与小佛湾释迦舍利宝塔禁中应现事件类似。此三则资料均与烧炼供养有关，由此推测宝顶山小佛湾毗卢庵的十炼修行，与“释迦舍利宝塔禁中应现”事件，或许存在前者供养后者的关系。还应提及，宝顶山大佛湾柳本尊十炼图像龛檐额题记“风调雨顺，国泰民安”“佛日光辉，法轮常转”，祈求国泰民安的用意亦十分显著。如此说来，柳本尊十炼修行很可能具有供养佛事，保佑国家安宁的深层内涵。

（2）割舍图像

割舍身体的修炼行为与《华严经》的布施思想密切关联。东晋末年，中印度人佛驮跋陀罗译60卷《大方广佛华严经》（《大正藏》第九册，简称《六十华严》），为南北朝华严学及初唐华严宗成立依赖的根本经典。武则天时期，于阗国三藏实叉难陀译80卷《大方广佛华严经》（《大正藏》第十册，简称《八十华严》），成为盛唐和以后华严宗研习的主要经典。十炼图像属于宋代遗存，故本稿立论主要采用《八十华严》。中唐时期，罽宾国三藏般若奉诏译出40卷《大方广佛华严经》（《大正藏》第十册，简称《四十华严》），充实了《华严经》入法界品的内容。

《八十华严》卷23《十回向品》云：金刚幢菩萨“告诸菩萨言，佛子，菩萨摩诃萨有不可思议大愿，充满法界，普能救护一切众生。所谓修学去来现在一切佛回向。（中略）佛子，菩萨摩诃萨回向有十种，三世诸佛咸共演说。何等为十，一者救护一切众生，离众生相回向，二者不坏回向，三者等一切诸佛回向，四者至一切处回向，五者无尽功德藏回向，六者入一切平等善根回向，七者等随顺一切众生回向，八者真如相回向，九者无缚无着解脱回向，十者入法界无量回向。（中略）过去未来现在诸佛，已说当说今说（第124页中、下）”。

又，《八十华严》卷25《十回向品》云：“云何为菩萨摩诃萨随顺坚固一切善根回向。佛子。此菩萨摩诃萨，（中略）具足修行一切布施，（中略）乃至王位，皆无所吝。（中略）或见来乞连肤顶发，欢喜施与，亦无所吝。眼、耳、鼻、舌，及以牙齿、头顶、手足、血肉、骨髓、心肾、肝肺、大肠、小肠、厚皮、薄皮、手足诸指、连肉爪甲，以欢喜心尽皆施与。（中略）普设无遮大施之会，其中众生，（中略）所求各异，等皆施与，悉令满足（第135页中、下）。”《八十华严》在以下的章节中，详细阐述了菩萨发广大菩提心，实践上文涉及的每一种布施，成就无上正觉的过程。

上文提到的布施种类，几乎包括了身体的各种器官和肢体。自南北朝以来，即出现《华严经》割舍布施或供养的实践者，唐代依然有所流行。下文依事迹发生时间先后列举如下。

a. 《善慧大士录》卷1云：梁太清二年（548年）傅翕大士“弟子楼宝印刺心，葛玄杲割左右耳，比丘菩提、优婆夷骆妙德二人割左耳，比丘智朗、智品等二十二人割右耳。发愿曰，（中略）谨割耳刺心，用血洒地，奉代师主，普为一切供养诸佛（第107页中、下）。（中略）陈永定元年（557年）二月十八日，大士告众曰，今世界众灾不息，人民困剧，（中略）谁能割耳出血，和香洒地，普为一切供养三宝。（中略）总六十二人谨奉命（第108页上、中）”。

b. 《续高僧传》卷27《遗身篇》云：“释普圆，不知何许人，声议所述似居河海。周武之初来游三辅。（中略）诵华严一部。（中略）有恶人从圆乞头，将斩与之，又不肯取。又复乞眼，即欲剜施，便从索手，遂以绳系腕着树，齐肘斩而与之，心闷委地。村人明乃闻知，因斯卒于郊南樊川也（第680页中、下）”。

c. 《续高僧传》卷11《义解篇》云：“释净渊，姓赵氏，京兆武功人也。（中略）属周武凌法，而戒足无毁。慨佛日潜沦，拟抉目余烈，乃剜眼奉养，用表慧灯之光华也。（中略）隋文重开正法，即预缁衣。而慧业遐举，闻持莫类。自华严、地持、涅槃、十地，皆一闻无坠，历耳便讲。（中略）大业七年（611年）（卒）（第511页中、下）”。

d. 唐贞元十九年（803年）剑南西川节度使韦皋撰“嘉州凌云寺大弥勒佛石像记”云：唐开元初（713年）以来，海通法师募捐创建乐山凌云寺弥勒大佛，“时有郡吏，将求贿于禅师。师曰，‘自目可剜，佛财难得’。吏发怒曰，‘尝试将来’。师乃自抉其目，捧盘致之。吏因大惊，奔走祈悔”[1]。

e. 《佛祖统纪》卷42《法运通塞志》：唐文宗大和“元年（827年），（中略）沙门善信（第384页下）大师学于马祖，悟佛法大意。后往五台修无碍供，久之见老父谓曰，‘师之大缘当在随洪’。师依教至大洪山，适居人以牲物祷雨于山之龙池。师止之曰，‘勿杀而牲，吾当为汝祷’。乃登山宴坐，甘雨霈然。有张武陵父子率众礼谢，为建道场。至是年忽示众曰，‘种种供养不若以身供养’，乃以利刃断左右足置几上，白乳流涌。门人哀号夺去其刃，师不起于座，遂入涅槃（第385页上）”。

f. 《宋高僧传》卷23《遗身篇》云：“释定兰，姓杨氏，成都人也。（中略）辄裸露入青城山，纵蚊蚋、虻蝇唼咋肤体。（中略）次则刺血写经，后则炼臂，至于拔耳、剜目，喂饲鸷鸟、猛兽。（中略）常谓人曰，吾闻善戒经中名为无上施，吾愿勤行，速要上果矣。大中三年（849年），宣宗诏入内供养。（中略）六年（852年）二月中，又愿焚然（燃）肩膊。（中略）遂焚焉而绝。有缘表请易名建塔，（中略）蜀都止呼定兰塔院（第856页中）”。

g. 北宋司马光《资治通鉴》卷266：后梁开平“二年（908年）春正月癸酉朔，蜀主（王建）登兴义楼。有僧抉一目以献，蜀主命饭僧万人以报之。翰林学士张格曰，‘小人无故自残，赦其罪已幸矣，不宜复崇奖以败风俗’。蜀主乃止”[2]。《宋高僧传》卷23《遗身篇》云：“释道舟，姓管氏，朔方回乐人也。（中略）入贺兰山白草谷，（中略）乃刺血画大悲千手眼立像。（中略）中和二年（882年）闻关辅扰攘，乃于城南念定院塔下，断左肱焚之，供养大悲像。愿倒冒干戈，中原塞上早见弭兵，言毕迅雷风烈洪澍焉。又尝截左耳为民祈雨。（中略）以天福六年（941年）辛丑岁二月六日，其夜未央结跏趺坐，留累门人，方毕而绝（第859页上、中）”。

h. 《佛祖统纪》卷44《法运通塞志》：大中祥符九年（1016年）“九月不雨，诏泗州龟山沙门智悟入京，止开宝寺祈雨。悟先在泗州祈雨有感，曾断一臂。至是又曰，‘若七日得雨更舍一臂’。五日大雨，乃截一臂。上遣使赐药。悟曰，‘无害’。人见所截臂无血，甚异之。泗守与郡人皆梦僧伽谓之曰，‘悟是五百罗汉中一，来此救世’（第405页下）”。

i. 明永乐九年（1411年）补刊《碛砂藏》之《大宝积经》附录《最初敕赐弘教大师雕藏经板院记》：“潞州长子县崔进之女，名法珍，自幼好道，年十三岁断臂出家。尝发誓愿雕造藏经，垂三十年，方克有成。大定十八年（1178年），始印经一藏进于朝。（中略）所造经板，亦愿上进。（中略）至二十一年（1181年）进到京师。其所进经板凡一十六万八千一百一十三，计陆千九百八十为卷。上命有司选通经沙门导遵等五人校正。至二十三年（1183年），赐法珍紫衣、号弘教大师。（中略）于是协力助缘刘法善等五十余人，亦皆断臂，燃臂燃指，刳眼割肝。至有舍家产、鬻男女者，助修经板胜事，始终三十年之久，方得成就。（中略）时永乐九年（1411年）岁次辛卯孟冬望日，杭州仙林万善戒坛祇殿善恢谨题”[3]。

以上史料表明：其一，割舍布施或供养行为，自南北朝迄宋金时期不断流行，从江南、四川到中原北方都有事例，但概分布在汉文化地区。其二，种类有a、f、g例割耳，c、d、f、g例剜眼，b、h、i例断臂，e例断足，这些内容均包含在《华严经》割舍范围，b、c例还是《华严经》的奉持者，这些事例基本可以看作《华严经》思想影响的结果。f、i例和燃臂、燃指联系在一起，与法华经思想发生关联。其三，目的有b、f例用于布施，无异于《华严经》割舍布施。a、c、e例用于供养诸佛等，类似于法华经烧炼供养。g例用于祈雨，d例表示坚定信念，i例用于誓愿，这几种目的比较随意。这些事例表明，柳本尊第四剜眼、第五割耳、第八舍臂修炼，有前例可援。

通观上述烧炼、割舍事例，可以视为《法华经》烧炼供养与《华严经》割舍布施思想影响的产物。然两种思想影响不是严格区分的，多数当事人似乎也没有分别对待的意识。《法华经》与《华严经》思想相互渗透，早在南北朝隋代已然如此，不仅体现在僧侣修行实践，而且表现在佛教物质文化之中 。[4]

同一情况见于石羊场毗卢庵与宝顶山大佛湾的柳本尊十炼图像题刻。第六炼心场面题记：“本尊（中略）以香腊（蜡）烛一条炼心，供养诸佛。发菩提心，广大如法界，究竟如虚空，令一切众生永断烦恼。”实际该题记出自《华严经》，《八十华严》卷25《十回向品》云：“菩萨摩诃萨，成就如意摩尼功德藏。（中略）发生无上菩提之心。（中略）广大如法界，究竟如虚空。佛子，是名菩

1　龙显昭主编：《巴蜀佛教碑文集成》，巴蜀书社2004年版，第45—46页。又，罗孟汀：《“嘉州凌云大佛像记碑”的发现及其考析》，《四川文物》1986年第4期。

2　（宋）司马光：《资治通鉴》，中华书局标点本1956年版，第8687—8688页。

3　李际宁：《〈金藏〉新资料考》，收录CBETA电子佛典ZW03，第449—451页。

4　李静傑：《北斉～隋の盧舍那法界仏像の図像解釈》，《仏教芸術》第251号，2000年。又，李静杰：《北齐至隋代三尊卢舍那法界佛像的图像解释》，《艺术学》第22期，台北觉风佛教艺术文化基金会，2006年。

萨摩诃萨第五无尽功德藏回向（第134页下）。”又，第三炼踝场面题记：“本尊将檀香一两为一炷，于左脚踝上烧炼，供养诸佛。愿共一切众生，举足下足皆遇道场，永不践邪谄之地。感四天王为作证明。”这段文字推测亦参考了《华严经》的记述。《六十华严》卷40《离世间品》云：“菩萨摩诃萨有十种事故，往诣道场。（中略）欲于举足下足，念念悉入无量正受诸三昧门，成等正觉故，往诣道场。为受一切天、龙、夜叉、乾闼婆、阿修罗、迦楼罗、紧那罗、摩睺罗伽，乃至释梵、四天王等恭敬供养，各不相知故，往诣道场（第668页上）。”《八十华严》卷59《离世间品》的记述相近。不仅“举足下足皆遇道场”词句类似，而且《离世间品》四天王与题记对应，可作旁证。可以说炼心、炼踝行为表面看来体现了《法华经》的烧炼思想，实际与《华严经》教义发生关联。

如上所述，历史上的烧炼、割舍行为，分别与《法华经》《华严经》教义关联。柳本尊修炼也是这样，反映了《法华经》的供养与《华严经》的布施思想。早期疑伪经《梵网经》（《大正藏》第二十四册）云：“若不烧身、臂、指供养诸佛，非出家菩萨（第1006页上）。”《梵网经》属于《华严经》系统典籍，其中出现的烧炼供养思想则来自《法华经》教义，亦反映了两者相融合的情况。该经又提出宁可残害、割舍己身，终不毁禁戒。但是，《梵网经》所述烧炼、割舍，都是围绕大乘菩萨戒律展开的，与柳本尊的修炼行为没有必然联系，因此不可能成为十炼图像的经典依据。

（3）立雪图像

石羊场毗卢庵与宝顶山大佛湾的柳本尊十炼图像，第二立雪场面题记：“本尊教主（中略）游峨眉山，将身向胜峰顶，大雪中凝然端坐，以表释迦文佛雪山六年修行成道。”这段记述表明，立雪与柳本尊的其他九项布施行为不同，与六度的精进、禅定比较接近。三国・吴康僧会译《六度集经》（《大正藏》第三册）卷6《精进度无极章》云：“精进度无极者，厥则云何？精存道奥，进之无怠。卧坐行步，喘息不替。其目仿佛，恒睹诸佛灵像变化，立己前矣。厥耳听声，恒闻正真垂诲德音（第32页上）。”同经卷7《禅度无极章》云：“禅度无极者云何？端其心，壹其意，合会众善内着心中。意诸秽恶，以善消之（第39页上）。”当年，释迦精进无替，禅定不止，得以成就佛道，柳本尊效法和履行的是同一菩提之路。石羊场毗卢庵者施禅定印，主要表现禅定修行，宝顶山大小佛湾者施合掌印，似乎在于表达对释迦雪山修行的恭敬之心。三处立雪图像中柳本尊均结跏趺坐，况且记述为端坐，而标题作立雪，这种情况似乎与当时所流行的禅宗二祖立雪传说有关。

以上考察表明，柳本尊十项修炼的半数有清晰历史来源。另外一半则是柳本尊自身完备的，使烧炼、割舍扩充到身体各个部位，这正是柳本尊修行实践的独到之处。所以能够在晚唐五代之际出现十炼修行，那是历史上烧炼、割舍思想及行为发展积聚的结果。

（4）其他割舍图像

与柳本尊十炼图像近乎相同时空中，还可以见到一些其他割舍图像，分析这些图像将有助于加深对前者的认识。

首先，宝顶山小佛湾毗卢庵所在的本尊殿东壁，一圆龛中雕刻着割臂的画面，上方题记“歌利王”（图24）。场面的主角结跏趺坐，身体比例为其他人的两倍，左臂已被砍去，右臂正被切割。主角右侧一者捧臂，主角左侧一者作切割状，之下还有另外二侍者。根据题记，知画面表现的是忍辱仙人本生，主角为忍辱仙人，作切割状的一者即歌利王。

歌利王，较早的汉译经典见于后秦鸠摩罗什译《金刚般若波罗蜜经》（《大正藏》第八册）。唐慧琳《一切经音义》（《大正藏》第五十四册）卷10释读此经“歌利王”云：“亦梵语也，或言迦利王。论中作迦蓝浮王，皆讹也，正云羯利王，此译为斗诤王。西域记云，在乌仗那国瞢揭厘城东四五里，是其处也。古译为恶世无道王，即波罗奈国王也（第368页上）。”由知，歌利王即羯利王。

歌利王事迹，鸠摩罗什译《金刚般若波罗蜜经》仅一笔带过。玄奘译《阿毗达磨大毗婆沙论》（《大正藏》第二十七册）卷182俱云缘起：“过去此贤劫中有王，名羯利。时有仙人，号为忍辱，住一林中，勤修苦行。时羯利王（中略）与内宫眷属，作诸伎乐，游戏林间，纵意娱乐，经久疲厌，而便睡眠。内宫诸女为花果故，游诸林间。遥见仙人，（中略）皆集其所，到已顶礼围绕而坐。仙人即为说欲之过，所谓诸欲皆是不净臭秽之法，是可诃责，是可厌患（第914页下）。（中略）王从睡觉，不见诸女，（中略）即拔利剑，处处求觅，乃见诸女在仙人边围绕而坐，生大瞋恚。（中略）语言，汝是未离欲人，云何恣情观我诸女，复言我是修忍辱人，可伸一臂试能忍不。尔时仙人便伸一臂，王以利剑斩之，如断藕根，堕于地上。（中略）时王复令伸余一臂，即复斩之。如前责问，（中略）如是次斩两足，复截两耳，又割其鼻，一一责问，答皆如前。令仙人身七分堕地，作七疮已，王心便止。仙人告言，王今何故自生疲厌，假使断我一切身分，犹如芥子，乃至微尘，我亦不生一念瞋忿，所言忍辱终无有二。复发是愿，（中略）我未来世，得

图24　大足宝顶山小佛湾本尊殿 忍辱仙人本生图像

图25　合川涞滩二佛寺 禅宗二祖慧可断臂像

图26　安岳茗山寺 南宋护法金刚像

阿耨多罗三藐三菩提时，以大悲心不待汝请，最初令汝修七种道，断七随眠。当知尔时忍辱仙人者，即今世尊释迦牟尼是，羯利王者即今具寿憍阵那是。故憍阵那见圣谛已，佛以神力除彼暗障，令其忆念过去世事，彼便自见为羯利王，佛为仙人（第915页上）。”北魏慧觉等译《贤愚经》卷2《羼提波利品》（《大正藏》第四册，第359页下、第360页中），记述了同一故事，唯仙人名羼提波利，国王名迦梨。

本尊殿与毗卢庵为一个大组合体，忍辱仙人本生与柳本尊十炼亦有可比之处。忍辱仙人被砍去双臂、双足，复割去两耳及鼻，就割舍的肢体与器官而言，与柳本尊割舍苦行接近。当然，忍辱仙人本生为忍辱行为，柳本尊割舍为布施行为，两者都属于六度修行。从二图像处在一个组合体的情况分析，忍辱仙人本生图像具有用来借鉴、渲染柳本尊苦行的功能。忍辱仙人本生因过去世行忍辱苦行，于今成佛为释迦牟尼，以此隐喻柳本尊苦行修炼，而成就法身毗卢遮那佛，这一层内涵尤其重要。

其次，在临近大足、安岳的重庆合川涞滩二佛寺，宋代摩崖造像的西岩上层，雕刻了释迦佛与中土禅宗六代祖师像（编15号）[1]。二祖慧可右手捧断掉的左臂于胸前（图25）。北宋道原《景德传灯录》（《大正藏》第五十一册）卷3《菩提达磨传》云：“时有僧神光者，（中略）近闻达磨大士住止少林，（中略）乃往彼晨夕参承。（中略）其年十二月九日夜，天大雨雪，光坚立不动，迟明积雪过膝。师悯而问曰，汝久立雪中，当求何事。光悲泪曰，惟愿和尚慈悲，开甘露门，广度群品。师曰，诸佛无上妙道，旷劫精勤，难行能行，非忍而忍，岂以小德小智，轻心慢心，欲冀真乘，徒劳勤苦。光闻师诲励，潜取利刀，自断左臂，置于师前。师知是法器。乃曰，诸佛最初求道，为法忘形，汝今断臂吾前，求亦可在。师遂因与易名，曰慧可（第219页中）。”据此，慧可为求得正法，断臂以誓，难行能行，非忍可忍，属于典型求法布施。此慧可断臂造像与柳本尊十炼图像没有直接联系，而它们处在相同时代并相近地域，反映了当时这一地区僧侣界提倡难行苦行的情况，从侧面说明柳本尊割舍图像的出现，有其深厚思想基础。

第三，与宝顶山大小佛湾毗邻的安岳茗山寺南宋造像[2]，在作为道场守护神的护法金刚群像中，一者口衔利器，双手扒开划破的胸口，露出佛面（图26）。画面用意一方面在于“心是佛心”，早在佛教初传中原时其思想已经介绍过来。后汉支娄迦谶译《般舟三昧经》（《大正藏》第十三册）卷1《四事品》云：“我所念，即见心作佛，心自见，心是佛心，佛心是我身（第899页中）。”在南朝·宋畺良耶舍译《观无量寿佛经》中也有体现（《大正藏》第十二册第343页上）。这种思想随着禅宗的崛起，风靡两宋社会。另一方面，蕴含着《华严经》的布施思想。《八十华严》卷27《十回向品》云：“菩萨摩诃萨以心布施诸来乞者。（中略）如是施时其心清净，为度一切诸众生故，（中略）为欲安住菩萨道故，为欲成就一切智故。（中略）愿一切众生得金刚藏心，（中略）得卍

1　罗仕杰、刘智：《合川涞滩摩崖造像考古调查》，《重庆历史与文化》2002年第2期。笔者以为，涞滩北岩弥勒大佛可能凿刻于北宋晚期至南宋早期，南岩与西岩的禅宗造像和罗汉群像可能凿刻于南宋中晚期。

2　唐承义：《安岳名山寺摩崖造像》，《四川文物》1990年第6期。

相庄严金刚界心，（中略）得灭诸魔业魔军众心，（中略）得被金刚甲胄心，得诸菩萨最上心，得成就佛法菩提光明心（第147页上中）。”所谓将心与人，成就不可破坏的无上菩提心，亦即成佛。由此而言，与柳本尊第六炼心的意思不谋而合，根本目的在于成就佛道。可见，柳本尊十炼图像出现不是孤立的，有相应的社会背景为依托。

（二）关联事件与感应事迹

柳本尊十炼的诸事项，多有与之关联的灵异事件，并有感应事迹发生。这些事件或事迹，可以与佛教史相互印证，进一步说明，柳本尊十炼图像是社会历史的产物。下文按柳本尊十炼图像的次序，逐一分析所发生的关联事件与感应事迹。

第一炼指，云“本尊（中略）偶见人多疫疾，教主悯之，遂盟于佛，持咒灭之。在本宅道场中，炼左手第二指一节，供养诸佛，誓救苦恼众生。感圣贤摄授”。在僧传史料中，不乏为救疾病、兵灾，或试图挽救佛法而烧炼、割舍己身的陈述。唐法琳《辩正论》（《大正藏》五十二册）卷3《十代奉佛》云：“梁东阳郡乌阳县双林寺傅大士，（中略）且知梁运将终，救愍兵灾。乃燃臂为灯，冀禳来祸（第506页上）。”前述《善慧大士录》卷1的文字，可资证明。又，前引《续高僧传》卷11《义解篇》，记述净渊感慨北周武帝灭佛，遂剜眼奉养，以表佛法之光华。

所谓咒术灭疫与感应事迹亦不稀奇，如《高僧传》卷12《亡身篇》云：“释普明，姓张，临淄人。（中略）以忏诵为业。诵法华、维摩二经，（中略）每诵至劝发品，辄见普贤乘象立在其前，诵维摩经亦闻空中唱乐。又善神咒，所救皆愈。（中略）以宋孝建中（454—456年）卒（第407页中）。”

第二立雪，云柳本尊挈家游峨眉山，瞻礼普贤光相，雪中端坐，效法释迦雪山修行，感普贤菩萨现身证明。在佛教四大名山中，峨眉山普贤菩萨道场的兴起，仅晚于五台山文殊菩萨道场，二者分别以《华严经》入法界品中，所谓西南方光明山、东北方清凉山的记述为经典依据。峨眉山作为普贤道场的起始时间无法确知。《宋高僧传》卷23《遗身篇》云：“释行明，俗姓鲁，吴郡长洲人也。（中略）初历五台、峨眉，礼金色银色二世界菩萨，皆随心应现。由此登天台，陟罗浮，入衡岳，游梓潼。属唐季湘之左右割裂，（中略）誓投躯学萨埵太子（第857页中）。”行明游历峨眉山，与柳本尊活动的时间仿佛，表明至迟于晚唐，峨眉山道场已经形成。比丘游历佛教名山的习俗，效仿善财童子游方求学而来，亦导源于《华严经》入法界品，行明与柳本尊游历峨眉山，亦应受此影响。

石羊场毗卢庵与宝顶山小佛湾毗卢庵的立雪场面，普贤菩萨旁边表现出白象。早在南北朝，随着法华经信仰的流行，基于法华经普贤菩萨劝发品，以及南朝·宋昙无蜜多译《观普贤菩萨行法经》的普贤乘象图像，已经流行开来。又，《六十华严》卷44《入法界品》云：“尔时佛在舍卫城祇树给孤独园大庄严重阁讲堂，与五百菩萨摩诃萨俱。普贤菩萨、文殊师利菩萨而为上首（第676页上）。”这是文殊、普贤菩萨成对出现的理由，而在隋以前的佛教图像中，很少将它们表现在一起，而且不见文殊骑狮图像。初唐阿地瞿多译《陀罗尼集经》（《大正藏》第十八册）卷1《金轮佛顶像法》云：“其下左边，画作文殊师利菩萨，身皆白色，顶背有光，七宝璎珞，宝冠天衣，种种庄严，乘于师（狮）子。右边画作普贤菩萨，庄严如前，乘于白象（第790页上）。”之后，基于此经典的乘象普贤、骑狮文殊图像，多成对出现。宋代恰逢这种图像盛行的时代，峨眉山又是普贤菩萨道场，第二立雪场面出现普贤菩萨证明像，在情理之中。

第三炼踝，云本尊“宴坐峨眉，历时已久，忽睹僧谓曰，‘居士止此山中，有何利益，不如往九州岛十县，救疗病苦众生’。便辞山而去。（中略）于左脚踝上烧炼，供养诸佛。（中略）感四天王为作证明”。这段文字与前引《宋高僧传》卷23《遗身篇》无染的记述相近，云无染在燃指、烧身之前，“贞元七年（791年）到台山善住阁院。（中略）于中台东忽见一寺，额号福生，内有梵僧，数可（第855页下）万计。染从头礼拜，递互慰劳。见文殊亦僧也，语染曰，‘汝于此有缘，当须荷众，勿得唐捐，有愿无行而已’。言讫化寺众僧，寂无所睹。染叹而言曰，睹兹灵异，岂可徒然，此危脆身，有何久固。乃遵言广兴供施（第856页上）”。可见，十炼图像中的神僧出现事件有前例可援。

四天王即东方持国天王、南方增长天王、西方广目天王、北方多闻天王，南北朝已经出现，隋唐流行开来，宋代正值大发展时期。因此，柳本尊十炼图像中出现四天王并非偶然。

第四剜眼，云：“一日，汉州刺史赵君，差人来请眼睛，诈云用作药剂，欲试可。本尊心已先知，人至，将戒刀便剜付与，殊无难色。感金刚藏菩萨顶上现身。”

所谓“诈云用作药剂”，与汉地早期编制《大方便佛报恩经》（《大正藏》第三册）记述的忍辱太子本生事迹相仿。该经卷3《论议品》云：“乃往过去（中略）有国，名波罗奈。（中略）其（国）太子性善不瞋，名曰忍辱。忍辱太子其年长大，好喜布施。

图 27　大足宝顶山大佛湾大方便佛报恩经变忍辱太子本生场面

图 28　邓县学庄南朝画像砖墓王子乔吹笙引凤图像

（中略）尔时大王有六大臣，其性暴恶，奸诡佞谄，（中略）常怀嫉妒，憎恶太子（第137页下）。尔时大王身婴重病，苦恼憔悴，命在旦夕。（中略）时六大臣即入静室，共谋议言，忍辱太子不除去者，我等终不得安隐（稳）也。（中略）即往太子所，报太子言，臣向在外，于六十小国八百聚落中，求觅药草，了不能得。太子问言，所求药草为是何物。大臣报言，太子当知，求药草者正是从生至终，不瞋人眼睛及其人髓。（中略）太子（中略）即报大臣，今我身者似是其人。（中略）尔时大臣即呼旃陀罗，断骨出髓，剜其两目。尔时大臣即捣此药，奉上大王，王即服之，病得除差。（中略）尔时世尊告弥勒菩萨、善男子等大众，（中略）忍辱太子者今我身是。菩萨于无量阿僧祇劫孝养父母，衣被、饮食、房舍、卧具乃至身肉骨髓，其事如是，以此因缘自致成佛。今此宝塔从地踊出者，即是我为其父母舍此骨髓及其身命，即于此处起塔供养，我今成佛，即踊现其前（第138页上、中）。”而且，在宝顶山大佛湾17号大方便佛报恩经变图像中，表现了忍辱太子本生场面（图27）。在宝顶山小佛湾报恩经变石室两侧壁，雕刻出大方便佛报恩经变、父母恩重经变，由于小佛湾毗卢庵与报恩经变石室一体化构造，二者存在组合关系。因此，柳本尊十炼图像中“诈云用作药剂”的记述，极有可能参考了《大方便佛报恩经》。

图 29　拜城克孜尔第 38 窟 尚阇梨仙人本生图像

金刚藏菩萨见于多种佛教文献，而在《华严经》与密教经典中出现频率甚高。金刚藏意为不可破坏犹如金刚之法器，金刚藏菩萨即达到佛陀智慧的大菩萨。在《华严经》中，金刚藏菩萨出现在继十回向品之后的十地品，通过十回向品的金刚幢菩萨，布施一切所有物乃至自我自身，进入佛陀的境地。于是，代表佛陀智慧的金刚藏菩萨，成为十地品的主角。从金刚藏菩萨与柳本尊十炼修行的组合分析，所指应为《华严经》的金刚藏菩萨。又，石羊场毗卢庵檐额题记：“有大菩萨名金刚藏，了悟本尊无为妙理，修菩萨行，已超十地。”此金刚藏菩萨与柳本尊十地修行联系起来，可以断定所指为《华严经·十地品》的金刚藏菩萨，非密教经典的金刚藏菩萨。

第五割耳，云感浮丘大圣顶上现身证明。浮丘大圣（或云浮丘公）传说为黄帝时仙人。南梁萧统编、唐李善注《文选》卷21，收录晋何敬宗《游仙诗》：“‘羡昔王子乔，友道发伊洛’。注引《列仙传》曰，王乔者，周灵王太子晋也，好吹笙作凤鸣，游伊、洛之间，道人浮丘公接以上嵩高山。”[1]在河南邓县学庄南朝画像砖墓中，王子乔吹笙引凤图像上出现这个人物（图28）[2]。在佛教图像中出现道教仙人证明像，有些不得其解，值得注意的是，南朝后期傅大士教团中曾有道士参与。《善慧大士录》卷1云：“陈永定元年（557年）二月十八日，大士告众曰，今世界众灾不息，人民困剧，（中略）谁能持不食上斋，请佛住世。时有比丘，（中略）道士陈令成、徐尹等总四十九人，奉持不食上斋（第108页上、中）。”柳本尊与傅大士均以居士身份修菩萨波罗蜜行，割舍、烧身的

1　上海古籍出版社标点本1986年版，第1017页。

2　河南省文化局文物工作队编：《邓县彩色画象砖墓》，文物出版社1958年版。

行迹无不惨烈。在宝顶山19号缚心猿锁六耗图像中，也曾经出现傅大士语录，反映了宝顶山开凿过程中受到傅大士思想影响的情况。而且，在宝顶山小佛湾毗卢庵，一组4人道士组合在十炼图像之中。仙人及道士的出现，或许与这种非纯粹佛教内涵的居士群体有关。不过，宝顶山雕刻的年代正是儒释道三教合流最热烈的时期，在佛教活动中掺杂道教成分，亦合乎情理。

第六炼心，云感大轮明王现身证明。大轮明王即大轮金刚，为密教胎藏界曼荼罗金刚手院三十三尊之一，表断惑之智德，手持三股金刚杵。炼心在十炼修行中处关键一环，以威力巨大的大轮金刚为作证明，推测意在证得金刚不坏之身。

第七炼顶，云："效释迦佛鹊巢顶相、大光明王舍头布施。感文殊菩萨顶上现身，为作证明。"所谓鹊巢顶相即尚阇梨仙人本生，大光明王舍头布施亦为本生。鸠摩罗什译《大智度论》卷17《序品・禅波罗蜜》云："如释迦文尼佛，本为螺髻仙人，名尚阇利。常行第四禅，出入息断，在一树下坐，兀然不动。鸟见如此，谓之为木，即于髻中生卵。是菩萨从禅觉，知头上有鸟卵。即自思惟，若我起动，鸟母必不复来，鸟母不来鸟卵必坏。即还入禅，至鸟子飞去，尔乃起（第188页上、中）。"前秦僧伽跋澄等译《僧伽罗刹所集经》（《大正藏》第四册第121页上）卷上所述略同。尚阇梨仙人本生图像曾经流行于龟兹石窟，诸如拜城克孜尔第17窟、38窟（图29）[1]，以及库车库木吐喇第63窟等[2]，均保存下来这种题材壁画。

《大方便佛报恩经》卷5《慈品》云："乃往过去阿僧祇劫，尔时有国名波罗奈，其波罗奈王名曰大光明。（中略）其王常怀慈心，布施一切，不逆人意。（中略）尔时边小国王闻大光明王布施之德，心生嫉妒。即集诸臣，谁能往彼波罗奈国，乞大光明王头。（中略）其中有一婆罗门（中略）至波罗奈国（第149页中、下）。（中略）（大光明王）以发自缚着树。（中略）时婆罗门寻断王头，持还本国。（中略）佛告阿难，（中略）尔时大光明王者，今则我身释迦如来是。菩萨如是修习苦行，誓为众生，念诸佛恩，是故超越，得成阿耨多罗三藐三菩提。（中略）我于此后园，在此一树下，舍转轮王头布施，数满一千，况余身分身体手足（第150页上、中）。"《贤愚经》卷6《月光王头施品》（《大正藏》第四册，第387页中—390页上）所述类同，名称不同而已。敦煌莫高窟北凉第275窟见有这种题材壁画[3]。

尚阇梨仙人本生与大光明王舍头本生，分别反映了六度的禅定、布施思想。此二本生均与头有关，因此在炼顶一项成为效法对象。

文殊菩萨为智慧之象征，自《陀罗尼集经》译出之后，通常骑狮文殊与乘象普贤菩萨成对出现。狮子表智慧威猛之相，不过十炼图像中没有表现狮子。在十炼图像中文殊、普贤菩萨同时出现，则应该受到当时流行的文殊、普贤菩萨成对表现图像影响。

第八舍臂，云："截下一只左臂。经四十八刀方断，刀刀发愿，誓救众生，以应阿弥陀佛四十八愿。顶上百千天乐，不鼓自鸣。"

四十八愿为阿弥陀佛在因地（修行佛道之位），为法藏比丘时，于世自在王佛处建立之誓愿。曹魏康僧铠译《佛说无量寿经》（《大正藏》第十二册）卷上云："尔时次有佛，名世自在王如来。（中略）时有国王，闻佛说法，心怀悦豫，寻发无上正真道意。弃国捐王，行作沙门，号曰法臧。（中略）比丘白佛，唯垂听察，如我所愿，当具说之（第267页下）。"于是法藏比丘以"设我得佛"的自问自答形式，发四十八宏愿，以满足无量众生愿望，终至成佛。经文记述与石羊场毗卢庵"菩萨因中誓愿"铭刻，颇相符合。又，南宋王日休校辑《大阿弥陀经》（《大正藏》第十二册），云法藏比丘发四十八愿之后，"行菩萨行时，（中略）利乐一切众生，令归佛道。如是积功累德，无量无数百千万亿劫，功德圆满，威神炽盛，方得成就所愿，而入佛位（第331页上）"。显然，柳本尊舍臂，应阿弥陀佛四十八愿，有意效法法藏比丘，积功累德，以至趋向佛位。所谓"百千天乐，不鼓自鸣"，是西方净土类经典所描述阿弥陀佛（或无量寿佛）世界的美好景象。柳本尊舍臂图像中所见天乐，则直接承袭了此前流行的西方净土图像表现。

第九炼阴，云："马头巷丘绍得病，身死三日，皈依本尊求救。（中略）本尊具大悲心，以香水洒之，丘绍立苏。（中略）感天降七宝盖，祥云瑞雾，捧拥而来。"这种蹊跷的记述，亦见于以往的僧传史料。《续高僧传》卷27《遗身篇》云："释普安，姓郭氏，京兆泾阳人。（中略）通明三藏，常业华严，读诵禅思，准为标拟（第681页上）。（中略）隋文创历（581年），佛教大兴。有程郭村程晖和者，颇怀信向，恒来安所听受法要。因患身死，已经两宿，缠尸于地，伺欲棺殓。安时先往鄠县，返还在道，行达西南之德行寺。东去晖村五里，遥唤程晖和，何为不见迎耶，连唤不已。田人告曰，'和久死矣，无由迎也'。安曰，'斯乃浪语，吾不信也'。寻至其村，厉声大唤，和遂动身。旁亲乃割所缠绳令断。安入其庭，又大唤之。和即窟（突）起，匍匐就安，令屏除棺器。

1　新疆维吾尔自治区文物管理委员会等编：《中国石窟・克孜尔石窟（一）》，文物出版社1989年版，图版61、139。

2　新疆维吾尔自治区文物管理委员会等编：《中国石窟・库木吐喇石窟（一）》，文物出版社1992年版，图版160。

3　敦煌文物研究所编：《中国石窟・敦煌莫高窟（一）》，文物出版社1982年版，图版14。

覆一筈笠以当佛坐，令和绕旋，寻服如故。更寿二十许岁（第681页下）。”由此可见，关于柳本尊的起死回生术记述，不过是仿效历史上的类似传说而已，目的在于神化柳本尊其人。

所谓天降七宝盖，亦有迹象可征。前引《续高僧传》卷27《遗身篇》，记述了北周蜀地僧崖燃指供养事，继而言其烧身。云：“及将动火也，皆睹异相。或见圆盖覆崖，有三道人处其盖上。或见五色光如人形像，在四门者（第680页上）。”七宝盖的出现，是用来暗示柳本尊行将上生净土世界。

第十炼膝，云：“发愿与一切众生，龙华三会，同得相见。”龙华三会即弥勒菩萨下生成佛，在龙华树下三会说法度人。一方面，说明了柳本尊救度一切众生的宏阔誓愿，另一方面，也反映了当时弥勒下生净土信仰流行情况。

综上所述，柳本尊十炼图像涉及的关联事件与感应事迹，多可以在此前及当时的比丘传记史料中，找到相应或类似的记载。也就是说，这些关联事件与感应事迹，主要来源于历史上的传说记述。北宋僧侣界对那些传说记述并不陌生，为了神话柳本尊其人，于是将没有必然联系的事件或事迹借用过来，经过改编，穿插到他的传记之中，继而在南宋雕刻成图像。

三　法身毗卢遮那佛的内涵

（一）法身佛与毗卢遮那佛

法身即佛之真身。此概念大小乘佛教共享，而且两者有密切连带关系。小乘佛教以戒、定、慧、解脱、解脱知见，此五种功德法成身，为五分法身，或云法身。前三者为根本，后二者为结果。《贤愚经》卷2《慈力王血施品》云：“我今以身血，济汝饥渴，令得安隐（稳）。后成佛时，当以法身戒定慧血，除汝三毒诸欲饥渴，安置涅槃安隐（稳）之处。阿难，欲知尔时慈力王者今我身是，五夜叉者今憍陈如等五比丘是（第360页中）。”所谓法身戒定慧血，即经历前世无数的难行苦行，成就的释迦牟尼佛法之身。东晋瞿昙僧伽提婆译《增壹阿含经》（《大正藏》第二册）卷44《十不善品》云：“佛告阿难曰，我灭度之后，法当久存。（中略）我释迦文佛寿命极长，所以然者，肉身虽取灭度，法身存在，此是其义（第787页中）。”显然，此法身观确指脱离肉体的存在。于是，由来于迦毗罗卫国太子的释迦牟尼佛，成为代表其所说教法的永久性佛陀，与初期大乘经典的法身概念没有本质区别。

同属于小乘阿含部的南朝・宋求那跋陀罗译《央掘魔罗经》（《大正藏》第二册）卷3云：“一切众生命，皆由饮食住，是则声闻乘（小乘），斯非摩诃衍（即大乘）。所谓摩诃衍，离食常坚固（第531页中）。（中略）如来常及恒，第一不变易，清净极寂静，正觉妙法身。甚深如来藏（隐藏的真理），毕竟无衰老，是则摩诃衍，具足八圣道（第532页上、中）。”这段记述直接切入到大乘法身观。在大乘初期经典法华经中，发展并强化了法身永恒的思想。《妙法莲华经》卷5《如来寿量品》云：“我成佛已来，复过于此百千万亿那由他阿僧祇劫。自从是来，我常在此娑婆世界说法教化，亦于余处百千万亿那由他阿僧祇国，导利众生。（中略）然今非实灭度，而便唱言当取灭度，如来以是方便教化众生（第42页中、下）。”释迦牟尼被神格化，不再将其人作为一个历史人物看待，主张释迦牟尼一直就是永恒真理的化身。

值得注意的是，无论小乘还是初期大乘，都强调难行苦行作为成就法身的前提条件，而且释迦佛为法身的象征存在。所不同的是，小乘佛教主张戒、定、慧三学，大乘佛教倡导菩萨六波罗蜜行。从佛教史及佛教史迹方面考察，在佛教法身观形成和发展过程中，西北印度与西域发挥了重要作用。这些地域十分重视释迦前身的难行苦行，尤其宣扬自我流血牺牲的本生故事广为流行，这种情况在印度本土笈多时代以前作品中很难看到，直到后笈多时代才有所流行。据东晋法显《法显传》（《大正藏》第五十一册），其人5世纪初经过西北印度时，访问了菩萨割肉贸鸽处、以眼施人处、以头施人处、舍身饲虎处，云诸处皆起塔供养，时称四大塔（第858页中）。在西域克孜尔石窟的现存壁画中，属于自我自身布施的种类众多，而且出现频率较高，如萨埵太子本生至少6次出现，慈力王施血本生、快目王施眼本生均出现4次以上。敦煌北凉、北朝洞窟也深受西域影响，流行自我自身布施图像。巴基斯坦印度河上游齐拉斯发现的萨埵太子本生岩画[1]，以及敦煌北魏第254窟萨埵太子本生壁画[2]，表现塔的作法与西北印度四大本生地起塔，以及经典的记述符合。这种塔的意义不仅在于佛教纪念，更重要的如前述慈力王施血本生所透露的，代表法身戒定慧血，也就是法身或佛法的

1　A. H. Dani, *Chilas: The City of Nanga Parvat(Dyamar)*, Islamabad, 1983.K. Jettmar-V. *Thewalt, Zwischen Gandhara and den Seidenstraben, Felsbider am Karkorum Highway*, Meinz, 1985.

2　前引《中国石窟・敦煌莫高窟（一）》图版35。

图30　拜城克孜尔第205窟萨埵太子本生图像

图31　安岳石羊场华严洞主尊毗卢遮那佛

图32　大足宝顶山大佛湾圆觉洞主尊毗卢遮那佛像

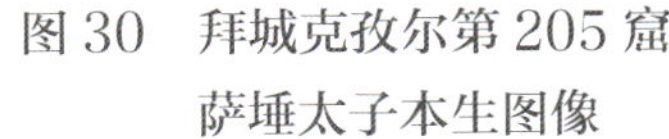

象征。克孜尔第205窟的萨埵太子本生壁画[1]（图30），充分体现了法身思想。在菱形山岳纹中，释迦佛坐在塔内，塔前老虎正在吞食萨埵太子，塔外右侧一弟子单腿跪坐聆听佛陀教诲。此画面下部残破，老虎的数量已不能确知。不过，其他西域萨埵太子本生图像均表现三头虎，是基于《贤愚经》表现的[2]，此画面可能也是这样。据此经，上述画面是释迦佛向阿难讲述萨埵太子本生的构图，释迦佛处在塔中，表明是坚固不坏的佛法之身。

龟兹石窟与敦煌石窟还流行求法布施本生图像，为获得佛法而不惜身命，如婆罗门舍身闻偈本生、修楼婆王本生、虔阇尼婆梨王本生、毗楞竭梨王本生、昙摩钳太子本生等，可以看作证得法身的一种手段。在印度本土极少出现这种本生图像，由于法华经与《华严经》视求法布施至高无上，推测这种本生的出现与流行，或许与大乘思想有所关联。

针对中国历史上的烧炼、割舍，乃至烧身、施身的比丘僧尼事例，《高僧传》卷12《亡身篇》云："若是出家凡僧，本以威仪摄物，而今残毁形骸，坏福田相。考而为谈，有得有失。得在忘身，失在违戒（第406页上）。"就是说残毁形骸的行为不是佛教所倡导的，亦有悖于佛教戒律，于佛教教义方面的积极因素，在于忘却自我自身。在佛经与戒律文献中，舍身行为通常表述的是释迦牟尼前身，确实这种行为在中国以外的比丘僧尼事迹中十分罕见，而中国的僧侣却身体力行，可以看作中国佛教史的一大特征。《续高僧传》卷27《遗身篇》评论云："斯皆拔倒我之宏根，显坏形之可厌，以将崩之朽宅，贸金刚之法身（第684页下）。"十分清楚地说明，这些残害或布施己身的行为，就是为了证得金刚不坏的法身。又，《宋高僧传》卷23《遗身篇》云："我世尊因地也，（中略）始外财而终内财。及熟善根，变难舍而成易舍。夫辍外财，外财难舍，难舍，凡夫也。捐内财，内财易弃，易弃，菩萨也。须知三世诸佛同赞此门，是真实修，是第一施。（中略）乘兹度岸，是曰真归，得金刚坚固之身（第861页中）。"这里赞扬释迦佛舍弃自身，证得法身，意在说明比丘僧尼残害或布施己身，是为了换取金刚不坏的法身。前文列举诸多有关烧炼、割舍的比丘僧尼事例，清楚地表明他们有意效法释迦前世的行为。当叙述那些比丘僧尼的身后事时，有些云及起塔供养，塔的存在难道不是法身的象征吗?

中国汉文化地区《华严经》思想兴起之后，出现大乘三身佛概念。北魏菩提流支译《十地经论》（《大正藏》第二十六册）卷3《初欢喜地》云："一切佛者有三种佛。一应身佛，二报身佛，三法身佛（第138页中）。"隋智顗《妙法莲华经文句》（《大正藏》第三十四册）卷9云："三如来者，（中略）非因非果，有佛无佛，性相常然，遍一切处而无有异为如，不动而至为来，指此为法身如来也。法如如智，乘于如如真实之道，来成妙觉，智称如理，从理名如，从智名来，即报身如来。（中略）八相成道转妙法轮，即应身如来。（中略）法身如来名毗卢遮那，此翻遍一切处。报身如来名卢舍那，此翻净满。应身如来名释迦文，此翻度沃焦。

1　新疆维吾尔自治区文物管理委员会等编：《中国石窟·克孜尔石窟（三）》，文物出版社1997年版，图版121。

2　松本榮一：《燉煌畫の研究》，東方文化學院東京研究所1937年版，第269—282頁。又，上原和：《玉虫厨子》，吉川弘文館1991年版，第427—433、441—442頁。

是三如来若单取者则不可也。（中略）普贤观结成法华，文云，释迦牟尼名毗卢遮那，乃是异名非别体也（第127页下）。”尔后，《华严经》教主毗卢遮那佛，代替释迦佛成为法身佛，原来具有法身性质的释迦牟尼佛转化为应身佛。但是，由波罗蜜而成就法身的观念，并没有因此而改变，《华严经》十回向品就是菩萨波罗蜜行的体现，只不过波罗蜜行的主人公由概念化的金刚幢菩萨，代替了作为本生主角的释迦前身。同属于法华经系统的南朝刘宋昙无蜜多译《观普贤菩萨行法经》（《大正藏》第九卷），在这种转变过程中发挥了重要作用，云：“释迦牟尼名毗卢遮那，遍一切处，其佛住处名常寂光（第392页下）。”即是上述《妙法莲华经文句》所采用的观点。

前引《续高僧传》卷27《遗身篇》叙述北周蜀地僧崖烧身之后，云：“阿迦腻吒寺僧慧胜者，抱病在床，不见焚身，心怀怅恨。梦崖将一沙弥来，（中略）下火焚香。胜怖曰，凡夫耳，未能烧身也。崖曰，无怖，用熏病耳。烬烬既尽，即觉爽健。又请现瑞。答曰，我在益州诡名崖耳，真名光明遍照宝藏菩萨（第680页上）。”经典中并不存在称名为光明遍照宝藏的菩萨，编造这样一种称呼显然有其缘由。唐法藏述《华严经探玄记》（《大正藏》第三十五册）卷2《卢舍那佛品》云：“卢舍那者，古来译或云三业满，或云净满，或云广博严净。今更勘梵本，具言毗卢遮那。卢舍那者，此翻名光明照，毗者此云遍，是谓光明遍照也（第146页下）。”光明遍照亦即毗卢遮那的意译，所谓光明遍照宝藏菩萨，内含成就法身毗卢遮那佛的用意，不过表述得比较隐晦。这是一个由烧身而获得法身的典型例证，而且发生的时间很早。又，前引《唐大荐福寺故寺主翻经大德法藏和尚传》云：“夫得无障碍眼者，身为佛身，得无恐怖心者，法为佛法。过此已往，行不圆满，功为未足。远生死，则摘之以说空；开冥途，则劳之以救苦。与大比丘众，应如是住不可思议。（中略）法藏（中略）是如来得目（第280页中）。”显然，将华严开宗祖师法藏视作佛身，亦即法身，也就是法身毗卢遮那佛。在柳本尊的传记资料中，将其人由波罗蜜菩萨行而成就法身毗卢遮那佛，表述得更直截了当。

石羊场毗卢庵檐额题刻：“审详斯义，岂在今之操修，自凡入圣，即法身也。梵语毗卢遮那，华言遍一切处。或云种种光明，或云处处清净，或云不可思议法，或云不可思议境界，乃至多种义理，不可穷尽。”所谓自凡入圣即法身，指柳本尊经由菩萨波罗蜜行，而获得法身。《梵网经》卷上也论及自凡入圣，成就法身的情况。云：“尔时卢舍那佛即大欢喜，现虚空光体性，本原成佛，常住法身三昧，示诸大众。是诸佛子谛听，善思修行。我已百阿僧祇劫修行心地，以之为因，初舍凡夫，成等正觉，号为卢舍那（第997页下）。”此卢舍那佛即《八十华严》之毗卢遮那佛。遍一切处是《观普贤菩萨行法经》对《华严经》毗卢遮那佛的解释。《六十华严》卷32《如来相海品》、《八十华严》卷34《如来十身相海品》云如来有种种光明。《六十华严》与《八十华严》中许多品言及如来种种清净。《六十华严》卷30、31《佛不思议法品》，《八十华严》卷46、47《如来十身相海品》等阐述了不可思议法。《六十华严》《八十华严》的若干品，以及《四十华严》的大部分内容，阐述了不可思议境界。所谓多种义理恰是《华严经》的重要特征。就此情况分析，柳本尊证得的法身，应该是《华严经》的毗卢遮那佛。

题刻的下半部分云：“又本尊贤圣者，本自无为，超过诸有，名本尊也。有大菩萨名金刚藏，了悟本尊无为妙理。修菩萨行，已超十地。常游十方，助佛教化。悯苦众生，来入浊世。隐菩萨相，现凡夫身，入红尘里，转大法轮。因名本尊教主为号也。”如前所述，此名金刚藏菩萨者就是《华严经·十地品》的主角。所谓隐菩萨相，现凡夫身，入红尘里，转大法轮，说的是柳本尊以居士身份十炼修行，于尘世现身说法，利导众生。这段记述与题刻的上半部分，即柳本尊成就法身毗卢遮那佛相联系。综合上下部分题记可知，柳本尊所成就的是《华严经》的毗卢遮那佛，非密教的大毗卢遮那佛（即大日如来）。

石羊场毗卢庵主尊毗卢遮那佛、宝顶山小佛湾毗卢庵主尊毗卢遮那佛，均为施拱手印的宝冠佛像，其造型与安岳石羊场华严洞主尊（图31）、宝顶山大佛湾圆觉洞主尊（图32）一致。而安岳华严洞与宝顶山大佛湾圆觉洞，均为《华严经》与《圆觉经》组合形态造像，且有基于华严经表现的善财童子五十三参图像，其主尊为《华严经》教主毗卢遮那佛无疑。由此可见，石羊场毗卢庵主尊及宝顶山小佛湾毗卢庵主尊，在造型方面与《华严经》教主毗卢遮那佛，没有实质性区别[1]。

石羊场毗卢庵十炼图像的主尊为毗卢遮那佛，上方佛塔中雕刻卷发柳本尊（图33）。柳本尊坐在佛塔中，意味其人行菩萨波罗蜜，由凡入圣而成就金刚不坏法身。佛塔中表现柳本尊体现了证得法身的过程，主尊毗卢遮那佛则是法身的象征，两者相辅相成。宝顶山小佛湾毗卢庵柳本尊十炼图像的主尊同为毗卢遮那佛，在眉间向上发出的毫光中端坐柳本尊（图34），表明柳本尊与毗卢遮那佛实为一体，是凡夫身与法身结合的形象表现。宝顶山大佛湾柳本尊十炼图像的主尊为柳本尊，眉间向上发出的毫光中现出毗卢遮那佛（图35），与石羊场毗卢庵及宝顶山小佛湾毗卢庵的情况相反，恰是作为法身毗卢遮那佛的柳本尊隐菩萨相、现凡夫身的表现。亦即将柳本尊看作法身毗卢遮那佛的化身或应身。强调了柳本尊由行菩萨波罗蜜，而成就法身毗卢遮那佛的过程。总之，上述三种表现方

1　值得注意的是，宝顶山大佛湾毗卢道场主尊亦为施拱手印的宝冠佛。主尊所在转轮经藏的腰沿诸莲瓣上浮雕化佛，藏身两侧露出的转桶上满刻莲花坐佛，这种做法符合《梵网经》卷上所云：“卢舍那住莲花台藏世界海。其台周遍有千叶，一叶一世界，为千世界。我化为千释迦据千世界（第997页下）”的记述。可见，此转轮藏与华严思想密切关联。

图 33　安岳石羊场毗卢庵主尊毗卢遮那佛像及法身塔

图 34　大足宝顶山小佛湾毗卢庵主尊毗卢遮那佛像

图 35　大足宝顶山大佛湾柳本尊十炼图像主尊柳本尊像

式没有本质区别，只是侧重点有所不同。引人注意的是，上述列举的毗卢遮那佛图像均为宝冠佛，十分契合《华严经》倡导的行菩萨波罗蜜，而成就法身毗卢遮那佛之教义。

（二）十炼图像与其他图像的组合

（1）与五佛、四菩萨、明王图像的组合

三处柳本尊十炼图像均配制五佛，宝顶山大、小佛湾的两处还配制四菩萨、明王。五佛、四菩萨、明王的图像构成，使人联想起密教曼荼罗，又关系到十炼图像主尊的性质问题。

石羊场毗卢庵檐额中间，5个圆龛内各浮雕一结跏趺坐佛（图36）。由左向右第一佛左手托钵，第二佛右手（手指残）举胸前似施无畏印，第三佛双手迭于腹前托宝珠，第四佛右手微握举于胸前，第五佛右手平举胸前。其中，手托宝珠的第三佛，可能是金刚界五佛的宝生佛，其余诸佛由于缺乏特征性表现，难以判定各自尊格。

宝顶山大佛湾柳本尊十炼图像，檐额前面中间凿出9个圆龛，中央5龛各浮雕一结跏趺坐佛（图37），两侧4龛浮雕坐菩萨。中央五佛龛由左向右，第一佛两手拇中指相捏，其余指交叉举于胸前，第二佛右手施无畏印，第三佛施拱手印，第四佛施弥陀定印，第五佛左手举于胸前。位居中央的第三佛施拱手印，与石羊场毗卢庵主尊及宝顶山小佛湾毗卢庵主尊毗卢遮那佛印相一致，应属于同一尊格。第二佛与第四佛手印，分别与金刚界五佛的不空成就佛、无量寿佛对应，推测具有同种属性。其余二佛尊格难以辨认。五佛龛左侧左起第一身菩萨两手交叉于胸前，第二身菩萨双手执布帛状物，五佛龛右侧左起第一身菩萨两手背相对交叉，第二身菩萨两手交叉于胸前，此四菩萨的尊格亦难以辨认。

在宝顶山小佛湾毗卢庵内，左右壁后部靠近正壁处，分别配置上下两龛佛像，左右壁佛像的外侧上下各两龛菩萨像。左壁上龛佛施弥陀定印，应为无量寿佛，下龛佛左手托贝叶（？），尊格不明（图38）。右壁上龛佛右手托宝珠，宝珠为宝生佛三昧耶形的象征，应为宝生佛（图39），下龛佛左手托经函（？），尊格不明[1]。左右壁四佛与正壁主尊毗卢遮那佛组合构成五佛。左壁上龛菩萨右手执莲花，应为观世音菩萨。下龛菩萨执璎珞，尊格不明。右壁上龛菩萨左手执经函，应为文殊菩萨。下龛菩萨执锡杖，应为地藏菩萨。

上述五佛图像的中央主佛均不作禅定印，由此判定不属于密教胎藏界五佛，只能考虑作为金刚界五佛的可能性。已发现印度帕拉

1　关于此四佛的比定，《大足石刻内容总录》云："左壁上为阿弥陀佛，下为不动佛；右壁上为宝生佛，下为阿閦佛"（第504页）。关于左右壁上方佛的认定应属正确，中国社会科学院世界宗教研究所罗炤教授亦持同样意见。但是，对左右壁下方佛的比定缺乏依据，尤其在确认金刚界阿閦佛与宝生佛的情况下，又将左壁下方佛认作不动如来，不动如来为胎藏界曼荼罗旧图样的北方佛，而金刚界曼荼罗的北方佛为不空成就如来，混淆了两部曼荼罗图像。

图 36　安岳石羊场毗卢庵柳本尊十炼图像檐额五佛

图 37　大足宝顶山大佛湾柳本尊十炼图像檐额五佛

朝金刚界五佛的中央主尊，作佛身者施转法轮印[1]，作菩萨身者施智拳印[2]。其余四佛均为佛身，阿閦佛施触地印，宝生佛施与愿印，无量寿佛施禅定印，不空成就佛施无畏印（图40）。与这种标准的金刚界五佛比较，配置在柳本尊十炼图像中的五佛造型有较大出入。首先，石羊场毗卢庵与宝顶山大佛湾十炼图像中的五佛主佛作佛身，但所施手印非转法轮印。宝顶山小佛湾毗卢庵的五佛主佛为宝冠佛，所施手印既不是转法轮印，又非智拳印，而是自创的拱手印。其次，以外四佛的尊格，除半数大体可以与标准金刚界五佛比定外，其他都难以确定。可见，与柳本尊十炼图像组合出现的五佛，具有作为密教曼荼罗表现的倾向，又难以与金刚界五佛造型一一对应。石羊场毗卢庵与宝顶山大佛湾十炼图像的五佛，相对独立于柳本尊十炼图像，而宝顶山小佛湾毗卢庵的五佛主佛，与十炼图像的主尊合为一体。如前所述，石羊场毗卢庵主尊与宝顶山小佛湾毗卢庵主尊，具有显著的《华严经》教主毗卢遮那佛尊格，而后者同时为五佛的主佛，可能兼有金刚界大毗卢遮那佛（即大日如来）的尊格。值得注意的是，与三处十炼图像组合出现的五佛，均分别表现在小圆形龛内，五个小圆形龛又构成一个组合。实际五小圆形龛为五月轮的象征，五月轮则是金刚界曼荼罗的一大特征，密教修行者通过对月轮及其中坐佛的观想，使心灵澄净，以至照见自己的菩提之心。继而，由月轮观进入五相成身观，即通达菩提心，修菩提

1　肥塚隆、宮治昭：《世界美術大全集 東洋編 第14巻 インド（2）》，小学館1999年版，図57。

2　同前引书，插图56。

图 38　大足宝顶山小佛湾毗卢庵左壁

图 39　大足宝顶山小佛湾毗卢庵右壁

图 40　印度比哈尔邦出土帕拉朝金刚界五佛像

心，诚金刚心，证金刚身，佛身圆满。修行者与大日如来一体化，即身成佛。

四菩萨与五佛搭配表现，意在构成一个完整的曼荼罗。但是，宝顶山大、小佛湾十炼图像中的四菩萨，无法与金刚界九会曼荼罗的四波罗蜜菩萨（金刚波罗蜜，左手金刚拳，右手触地印。金刚宝波罗蜜，左手握珠，右手与愿印。金刚法波罗蜜，禅定印。金刚羯磨波罗蜜，左手托梵荚，右手执羯磨）一一对应，姑且考虑作意向性的存在。

在宝顶山大、小佛湾柳本尊十炼图像下方，分别雕刻十大明王、八大明王图像。明王是诸佛菩萨由大悲而化现的威猛忿怒之身，受大毗卢遮那佛教令，以智慧力降伏一切烦恼魔障，多面多臂为其特征。明王的存在与密教主佛大毗卢遮那佛密切关联。同时，由于八大或十大明王与五佛、四菩萨图像组合，呈现浓厚的密教曼荼罗构成意向。

因此，就柳本尊十炼图像本身来说，判定属于大乘佛教菩萨波罗蜜行的范畴。五佛、四菩萨与八大或十大明王图像组合，则具有密教曼荼罗的构成意向。整体可以看成大乘佛教与密教图像的混合形态。

（2）与报恩经变图像的组合

如前所述，宝顶山小佛湾毗卢庵与其下层报恩经变石室，为统一规划设计并建造的一个组合。报恩经变石室中表现了报父母恩重经变与大方便佛报恩经变，此二经变同见于宝顶山大佛湾第15—17号，因而被看作后者的缩影。据研究，大足宝顶山的报父母恩重经变与大方便佛报恩经变，分别代表世间孝道、出世间孝道思想，且与北宋宗赜禅师《孝行录》密切关联[1]。可见，儒家倡导的孝道思想，在宝顶山宋代佛教石刻中产生重要影响。值得注意的是，在柳本尊活动的晚唐五代时期，孝道思想尚且没有受到十分重视，入宋以后，随着程朱理学的勃兴，孝道思想成为主流意识形态。因此，不能将宝顶山大小佛湾表现的孝道思想，理解为柳本尊的思想成分，应看作宋代思潮及大、小佛湾设计者（赵智凤？）的思想。宝顶山大、小佛湾图像及其题记表明，南宋时期孝道被纳入菩萨行的范畴。

（3）宝顶山小佛湾毗卢庵题刻文字的含义

宝顶山小佛湾毗卢庵门额题刻："只是毗卢一座庵""虚空法界遍包含"。主尊像两侧题刻："各发无上菩提心""愿入毗卢法性海"。前者可以释作，只是毗卢遮那佛的一座小屋，却包含着无量无边的广大世界。后者释作，诸菩萨或修行者兴发成就最高觉悟之心，深入毗卢遮那佛的智慧大海之中。这两句题刻大体与《八十华严》卷25《十回向品》的记述对应。云："佛子，菩萨摩诃萨复以善根如是回向。愿我所修一切佛刹，诸大菩萨皆悉充满。其诸菩萨体性真实，智慧通达，善能分别一切世界及众生界，深入法界及虚空界，舍离愚痴。成就念佛念法真实不可思议，念僧无量，普皆周遍，亦念于舍。法日圆满，智光普照，见无所碍。从无碍生，生诸佛法，为众胜上善根之主，发生无上菩提之心。（中略）破诸魔业，净众生界，深入法性，永离颠倒。（中略）常作佛事，得佛菩提，清净光明，具法界智，现神通力。一身充满一切法界，得大智慧入一切智。（中略）普照一切如来法界，悉能受持一切佛法。

1　侯冲：《宗赜〈孝行录〉及其与大足宝顶劝孝石刻的关系》，《中国佛学》第2卷第2期，1999年。

（中略）修习增广菩提之心。（中略）其心广大，犹如虚空，无有限量，入不思议。知一切业，及以果报，皆悉寂灭。心常平等，无有边际，普能遍入一切法界。（中略）住无边智菩提心力，广大如法界，究竟如虚空（第134页）。”亦即深入广大无边的毗卢遮那佛智慧大海，以发生无上菩提心为前提。

宝顶山小佛湾毗卢庵石室门外，左右壁挑梁石内侧题刻：“假使热铁轮，于我顶上旋，终不以此苦，退失菩提心”。“假使百千劫，所作业不忘，因缘会遇时，果报还自受”。前者由《大方便佛报恩经》的类似偈子，即“假使热铁轮，在我顶上旋，终不以此苦，退于无上道”转化而来，这一点已经由学界指出。意在表现柳本尊行菩萨波罗蜜，成就无上菩提的坚定信心。后者的经典出处此前尚没有查明，唐义净译《根本说一切有部毗奈耶》（《大正藏》第二十三册）卷6（第657页中）等多处，以及唐菩提流志译《大宝积经》（《大正藏》第十一册）卷57（第335页中）有类似偈子，云：“假令经百劫，所作业不忘，因缘会遇时，果报还自受”。北宋初期延寿集《宗镜录》（《大正藏》第四十八册），出现“假使百千劫，所作业不忘，因缘会遇时，果报还自受”偈子（第815页下），应该是《根本说一切有部毗奈耶》或《大宝积经》类似偈子的翻版。《宗镜录》所出现的偈子与小佛湾题刻完全一致，推测可能是后者的直接来源。其意如《宗镜录》所云：“以过去善恶为因，现今苦乐为果，丝毫匪滥，孰能免之。犹响之应声，影之随形。”于柳本尊而言，则是其人修行菩萨波罗蜜，而成就法身毗卢遮那佛。

四　余论

（一）十炼图像的性质

承上所述，笔者在实地调查的基础上，着眼相关的高僧传记史料，认为柳本尊十炼修行，主要受到历史上法华经烧炼供养，以及《华严经》割舍布施行为的影响，进而发展了烧炼、割舍内容。也就是说，自南北朝以来，在中国佛教及其物质文化中，发挥主导作用的《法华经》与《华严经》思想，构成柳本尊十炼修行的基本内容，《华严经》思想则是其中的内核。十炼修行中发生的关联事件与感应事迹，多可以在以往比丘僧尼事迹中找到相应或类似的记载，表明柳本尊传奇事迹具有多方面来源。可以说，柳本尊十炼修行系特定历史和地域环境中的特殊事例。

十炼图像的主题思想是大乘佛教菩萨波罗蜜行，柳本尊所成就法身应是《华严经》的毗卢遮那佛，如果仅仅着眼一些次要或表面依据，就断定十炼修行是密教行为，所得结论恐难以切合实际情况。三处十炼图像中均配置五佛图像，其中两处又包含四菩萨、八大明王或十大明王图像，显现密教曼荼罗的构成意向。因此，十炼图像呈现显教与密教两种图像的混合形态，类同情况一直延续到明清时期，形成中国晚期佛教物质文化的一大特征。

（二）历史上对于佛教徒自残行为的态度

历史上对于佛教徒自残行为，佛教徒与官方态度大相径庭。佛教徒态度大体可以从僧传记述中体现出来，三部《高僧传》作者认识又有所不同。

《高僧传》卷12《亡身篇》云：“故经云，能然（燃）手足一指，乃胜国城布施。若是出家凡僧本以威仪摄物，而今残毁形骸坏福田相，考而为谈有得有失，得在忘身，失在违戒。故龙树云，新行菩萨不能一时备行诸度，或满檀而乖孝。（中略）夫三毒四倒乃生死之根栽，七觉八道实涅槃之要路，岂必燔炙形骸然后离苦（第406页上、中）。”南梁慧皎一方面认为佛教徒自残系精进行为，这是因为佛经中有相应表述，另一方面认为自残行为不和戒律，觉悟有多种途径，不必自残其身。

《续高僧传》卷27《遗身篇》：“或焚灼以拔贪源，或刳剔以穷痴本，缠身为炬且达迷途，然（燃）臂为明时陈报德。（中略）斯皆拔倒我之宏根，显坏形之可厌，以将崩之朽宅，贸金刚之法身（第684页下）。（中略）观色相为聚尘，达性命如风烛，故能追踪前圣，诚宗像末之寄乎。（中略）如世之病任形而设方术，故焚溺以识贪瞋，谦虚以攻痴慢，斯业可尚；同静观而缘色心，斯道可崇，等即有而为空也。必迷斯迹，谓我能行，倒本更繁，徒行苦聚，故持经一句，胜舍多身（第685页上）。”初唐道宣认为自残行为是去除贪、嗔、痴三毒的有效途径，可以因此而成就金刚不坏的法身。同时提醒人们，盲目自残等同于招致苦楚和烦恼，诵经修行还是觉悟之正途。

《宋高僧传》卷23《遗身篇》云：“夫辍外财，外财难舍，难舍凡夫也；捐内财，内财易弃，易弃菩萨也。须知三世诸佛同赞此门，是真实修，是第一施（第861页中）。（中略）此篇所载成传开宗，令能忍难忍之人既亡若在，使舍身受身之者虽死犹生。图五芝于草木之前，列四瑞于鳞毛之表（第862页上）。”宋初赞宁认为舍身、自残系菩萨行，虽死犹生。

以上可知，三部《高僧传》作者对佛教徒自残行为持肯定态度，又反对盲目效法。

初唐义净认识与上述僧传作者比较则有所不同。其《南海寄归内法传》卷4《烧身不合》：“初学之流，性存猛利，未闲圣典，取信先人。将烧指作精勤，用然（燃）肌为大福。”[1]指出，烧身是肤浅佛教徒的盲目行为。又，同书卷4《古德不为》：“又复详观往哲，侧听前规，（中略）曾未闻遣行烧指，亦不见令使焚身。规镜目前，智者详悉。（中略）诲曰，‘大圣久已涅槃，法教讹替，人多乐受，少有持者。汝但坚心重戒，莫犯初篇。余有罪愆，设令犯者，吾当代汝入地狱受之。烧指烧身，不应为也’。”[2]继而指出，汉晋时期没有过烧身行为，末法时代众生应坚守戒律，万不可轻易烧身。

官方态度可以从一些诏书中反映出来，这些诏书集中于五代、辽宋时期。

北宋薛居正等《旧五代史》卷115《世宗本纪》云：后周显德二年（955年）诏书，“僧尼俗士，自前多有舍身、烧臂、炼指、钉截手足、带铃挂灯，诸般毁坏身体、戏弄道具、符禁左道，妄称变现、还魂、坐化，圣水圣灯妖幻之类，皆是聚众眩惑流俗，今后一切止绝”[3]。说明五代及其以前，舍身、烧炼、割舍行为形成社会风气，且被统治者视为蛊惑人心的流俗，已而遭到禁止。

元脱脱等《辽史》卷16《圣宗本纪》：开泰九年（1020年）“十二月丁亥，禁僧燃身炼指”[4]。说明焚身、燃指流俗波及辽国境域，同样受到统治者抵制。

元脱脱等《宋史》卷20《徽宗本纪》云：大观四年（1110年）二月，“禁然（燃）指顶、炼臂、刺血、断指”[5]。 此禁令从侧面透露，北宋末期烧炼、割舍风气盛行不止。又，清毕沅《续资治通鉴》卷92云：北宋徽宗政和七年（1117年）四月，“帝讽道录院曰，朕乃昊天上帝元子，为大霄帝君。睹中华被金狄之教，焚指、炼臂，舍身以求正觉，朕甚悯焉。遂哀恳上帝，愿为人主，令天下归于正道。帝允所请”[6]。 该敕令说明，燃指、炼臂等极端的佛教供养行为，禁而不止，其时正值宝顶山石窟开凿前夕。可见，柳本尊修炼图像中的烧炼、割舍画面，与当时僧侣界流俗十分吻合。

总体而言，在当时特定时空条件下，某些佛教徒认为舍身、自残行为无异于菩萨行，已而此类行为流行千年之久，柳本尊十炼图像得以造作和流行，就是当时佛教界倡导的结果。另一方面，如果客观地、历史地看待十炼修行，绝不可以与正统的、纯粹的佛教思想和行为等量齐观，已而在当时就遭受有识者严厉批判，事实上后世社会也鲜有倡导者。

1 王邦维：《南海寄归内法传校注》，中华书局1995年版，第222页。据（唐）义净《大唐西域求法高僧传》卷下《大津传》，武周天寿二年（691年），当时身处室利佛逝国（今印度尼西亚）的义净托付大津，将《南海寄归内法传》4卷带到长安，可知后者成书于此前。

2 王邦维：《南海寄归内法传校注》，中华书局1995年版，第235—237页。

3 （北宋）薛居正等：《旧五代史》卷115，中华书局标点本1976年版，第1530页。

4 （元）脱脱等：《辽史》卷16，中华书局标点本1974年版，第188页。

5 （元）脱脱等：《宋史》卷20，中华书局标点本1977年版，第233页。

6 （清）毕沅：《续资治通鉴》卷92，中华书局标点本1957年版，第2386页。

大足宝顶“毗卢道场”和“圆觉道场”图像内容、源流、宗教意义新探索

——破译“六代祖师传密印”的谜底

胡文和

前　言

大足宝顶山大佛湾第14号窟“毗卢道场”的造像题材内容，在上世纪80年代以前，学者们撰著的文章都未明确指出系源自何种佛典，应属何种经变相。王恩洋先贤述议是窟内容：

洞刻毗卢遮那佛像，居正位，左右壁间门楣两侧刻有文殊、普贤诸菩萨像（下略）。[1]

其论述旨意与该窟内容相去甚远。

大足陈习删先贤《大足石刻志略》中论述窟内造像内容是：

毗卢佛为瑜伽部主，即瑜伽部西方本尊。据《大乘瑜伽金刚性海曼殊室利千臂千钵大教王经》言，毗卢遮那告牟尼世尊言：吾从往昔修金刚秘密菩提教法，曼殊室利，是吾先师。（略）此部仪轨中座即毗卢法身，左方像皆乘狮，为文殊化身，右方像皆乘象，为普贤化身，与经言相合。[2]

然则陈先生所引用的佛典，其内容也与该窟造像内容不相符合。[3]

北京大学先贤阎文儒大作《大足宝顶石窟》中指出“北岩东端毗卢道场窟内的大日如来像”，惜未说明该窟题材内容出自何种佛典[4]；他又在同文注（16）中说第29号圆觉道场的宗教性质是：

十二圆觉菩萨，即菩萨十二地也。《大日经疏》十曰：“亦如菩萨十二地，即十地等妙之觉，犹如十二月，故此得一月之分，即是入初住地”。由此足证大日如来及十二菩萨，当然是密宗造像。[5]

1985年，佛教大德照知、澄静（执笔）撰著《宝顶石刻》，依据《大方广圆觉修多罗了义经》对第29号圆觉道场内容作了简介；继又指出第14号窟是“毗卢道场，就是华藏世界，包括华严全部五周四分教义，和‘七处九会’佛菩萨”，并认为该窟的凿造设计者是“智宗”[6]，此处他们沿袭了陈习删先贤的认定：“智宗”就是“赵智凤”法名。[7]

1　参见王恩洋：《大足石刻之艺术与佛教》，原载《文教丛刊》1947年第4期；后收录入《大足石刻研究》，见第105页。

2　参见刘长久、胡文和、李永翘：《大足石刻研究》，四川省社会科学院出版社1985年版，第276页。

3　陈先生引用的《大乘瑜伽金刚性海曼殊师利千臂千钵大教王经》，参见《大正藏》第20卷，第725、730页；笔者为其《大足石刻志略》作校注时，也曾将相关经文引录作说明，参见《大足石刻研究》，第316页。

4　参见阎文儒：《大足宝顶石窟》，《四川文物》1986年《石刻研究专辑》，第15页。

5　参见上引同书，第24页。

6　《宝顶石刻》，第18—24、47—48页，该小册子是重庆市佛教协会1985年9月出版的《佛教内部资料》。两位大德1985年4月开始撰写时，曾多次与笔者商榷。

7　参见《大足石刻研究》，第265页。

美国学者Angela Falco Howard 在其大作*Buddhist Cave Art of Dazu，China*中，也仅对第14号窟作了一般简介：

“The structure is the doctrinal centerpiece，representing the Padmagarbha lokadhatu（Lotus Treasury Adorned World Ocean），the sacred abode of Vairocana，from which he preaches”．“In keeping with the Huayan tenet of countless repetitions，the surrounding walls show again Vairocana’s triads preaching at the ‘Seven Places，Nine Assemblies’．”[1]

文中并未对其源流和造型风格作出深刻分析。

Henrik H. Sordnsen的大作*Zhao Zhifeng and Esoteric Buddhist Art at Mt. Baoding*中有一段论述非常有意思，文为：

“Let us now take a look at the images of Vairocana worshipped at Mt. Baoding. Perhaps the most striking iconographic feature is the peculiar convergence of Huayan华严and Esoteric Buddhist imagery. While it can most easily be recognized in the triads depicting Vairocana Buddha flanked by the bodhisattvas Manjusri and Samantabhadra，it also crops up in the iconography of the Pilu Pitual Space毗卢道场（Dafowan，group no. 14）as well as in the Yuanjue Cave圆觉洞（Dafowan，group no. 29）.Even though the former triad is central to Huayan Buddhism，we see it here with an Esoteric Buddhist input，or rather with an Esoteric Buddhist twist.”[2]

他已经认识到“the peculiar convergence of Huayan华严and Esoteric Buddhist imagery”，如果他能对安岳、大足华严系统和密教佛像作全面考察并系统排列，定当能得出新的结论。

笔者曾经对该窟内容作过初步研究。其中提到该窟的造像内容与《华严经》有关，限于那时的研究水平和资料的匮乏，未论述各组图像内容与《华严经》“七处九会”的对应关系，也未论述其与《华严经》系统变相的缘起由来，以及该窟的个别佛像造型源流[3]。因此，笔者提出两个问题，第一个即：该窟图像内容是否为《华严经》“七处九会”变相，其与《华严经》系统变相的缘起由来；第二个是：该窟中个别佛像形象造型，特殊的手印，以及文殊、普贤菩萨造型，其源流出自何处，该窟的题材内容性质并不属于密教造像，论证如下。

一　第14号窟“毗卢道场”

（一）毗卢道场图形

该窟曾关闭十余年，那时一般观者不能进入该窟，所以笔者于此再对该窟图像内容简介如下[4]：

该窟正中有一柱，其背面与窟后壁相连，为一呈八角形攒尖飞檐的两层亭阁，亭阁下层正面竖长方形龛中的结跏趺坐姿的毗卢佛，为柱形轮藏以及本窟的中心主像（图1）。毗卢佛所结手印印势是，双手举于胸前，左手半握，四指曲，右手也是四指曲，轻扣在左手上，两大拇指并拢（图2）。这个印势与日《密教印图集》等218图的“说法ノ印”势相仿佛（图3）[5]。窟右壁（西），靠窟门口处的右内壁（南壁西）；窟左壁（东），靠窟门口处的左内壁（南壁东），分别雕刻四组图像。每组中都有一主尊毗卢佛，图形结构为：

西第1组，窟右壁（西），右1（内），主像毗卢佛面东结跏趺坐于莲台上，佛头上方的岩壁上刻有一小坐佛，为其本尊像。佛左右侧的胁侍为文殊、普贤［该尊菩萨又为右2（中）主佛的胁侍］。

西第2组，窟右壁（中），主像毗卢佛面东趺坐于莲台上，其头上雕刻有一楼阁，楼阁上刻有“兜率宫”3字；佛左侧的普贤即右

1　Angela Falco Howard：*Summit of Treasures，Buddhist Cave Art of Dazu，China*，Weathhill，Inc.，2001，pp.22-23.关于宝顶山大佛湾第14号窟的造像内容，请读者再参见重庆大足石刻艺术博物馆《大足宝顶山大佛湾第14号窟调查报告》。

2　笔者原引自Henrik H. Sorensen：*Zhao Zhifeng and Esoteric Buddhist Art at Mt. Baoding*，《中国重庆大足石刻国际学术研讨会论文集》（二），2005年，第243页。2007年11月，笔者到重庆大足石刻艺术博物馆，馆长黎方银先生赠送了未刊本（二），特此说明。论文集现已正式出版，以上英文参见第385页译文，文物出版社2007年2月版。

3　笔者最初对该窟内容的探讨，参见拙著《四川道教佛教石窟艺术》，四川人民出版社1994年版，第315—319页。《四川石窟华严系统变相的研究》，《敦煌研究》1994年第1期，第90—95页。

4　关于第14号窟的造像内容，可参大足石刻艺术博物馆《大足宝顶山大佛湾第14号窟调查报告》，大足石刻研究院编：《2009年中国重庆大足石刻国际学术研讨会论文集》，重庆出版社2013年版，第91—141页。

5　该佛身分为毗卢佛，即大日如来，其手印应有两种，一种为智拳印；一种应为大日如来剑印，［日］《密教印图集》第1图“大日剑印”，第234图智拳印：日本·唐招提寺、高野山西塔、安祥寺，金刚寺的大日如来印势为智拳印；安岳千佛寨第44号宋代（北宋）凿造的“三佛”窟，窟内三立佛，中佛的手印即是智拳印；但大佛湾第14号窟中这尊佛的手印与上述两种比较都不相同，与《密教印图集》中的第199“观自在ノ印”、第203“现智身ノ印”、第208“合智ノ印”、第218“说法ノ印”相比较，暂定为“说法ノ印”，待请方家指正，［日］密教辞典编纂会编：《密教大辞典》（1—6册）第6册，台北新文丰出版社1979年版。

图 1　宝顶第 14 号窟轮藏柱

图 2　宝顶第 14 号窟轮藏柱正面图像主尊毗卢佛

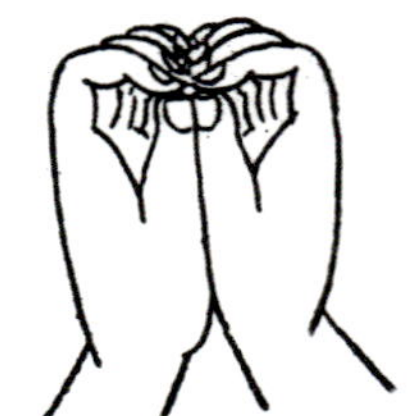

图 3　四种密教手印图（复制于《密教印图集》）

图 4A　宝顶第 14 号窟西（右）壁图像

图 4B　宝顶第 14 号窟西（右）壁第 1 组图像

1主佛的胁侍；右侧的胁侍文殊菩萨又为右3主佛的胁侍（图4A、图4B）。

西第3组，窟右壁（3），主佛毗卢佛结跏趺坐于莲座，其头上方的岩壁上，刻有文殊、普贤，其旁有呈跪姿的求法弟子（善财童子）。佛的左侧胁侍文殊菩萨即右壁（中）主佛的胁侍；佛右侧的普贤菩萨又为南壁西（靠窟门口）主佛的胁侍。

西第4组，窟右壁西上部（靠窟门口内南壁西），主佛毗卢佛面北趺坐于莲台上，其头顶上方有一楼阁（已风化模糊）（图5）。毗卢佛左侧胁侍普贤菩萨即右壁（3）主佛的右胁侍；佛右侧胁侍文殊菩萨在靠近窟门口处。

窟东壁（左）原来应有三组图像，清初因狂风拔树导致壁面崩毁，后修复，现仅存一菩萨像。靠窟门口南壁东还存一组像。

东第4组，在窟左壁东上部（靠窟门口内南壁东）。主佛毗卢佛面北趺坐于莲台上，其头顶上方有一楼阁（题刻风化，名称不详），楼上刻小佛像（图6）。主像毗卢佛的胁侍普贤趺坐于莲台上；其右侧胁侍文殊像毁。

（二）该窟轮藏柱上图像内容

关于窟中石柱（即轮藏）中层龛的图像。轮藏柱中层开有5龛，正面主龛中的为毗卢佛（上文已述）。主龛左右侧各开一佛幢

图5　宝顶第14号窟西（右）第4组图像主尊毗卢佛像

图6　宝顶第14号窟东（左）第4组图像

龛，佛幢呈现3面，每面各有6层，每层内雕刻一趺坐在莲台上的小佛。佛幢龛后各有一龛与窟后壁相连，龛内各雕刻一呈趺坐姿的佛像。左（东）边龛内佛像双手拱起施印势，为释迦佛；右（西）边龛内佛像身份应为阿弥陀佛[1]，因此，轮藏柱上三佛的组合就与大佛湾第29号圆觉洞中的组合是相似的。后者的中像形象造型与前者中像手印相同，其宝冠中为趺坐的柳本尊Ⅲ型小像，与前者不同。

轮藏柱中层下面为莲瓣开敷的大莲华，每一莲华瓣上均刻有一小坐佛。为什么北山第136号窟中转轮经藏下面莲台的莲瓣上没有刻小坐佛呢？因为前者是以可视化形式象征性表现华严经莲华藏世界[2]。又，在上下莲瓣之间还有一厚20厘米的莲台，台身露出正面和左右两面，上面刻有图像。台身正面中部雕刻一佛二弟子，左右两边有闻法的菩萨和信士；台身左端雕刻一座城门，门额上刻“正觉门”3字；右端也有一座城门，城门上题刻“翅头城”3字（图7A、图7B）。

那么，这轮莲台三立面上雕刻的图像内容是表现什么样的佛经教义呢？根据台身正面右端城门题刻“翅头城”的喻意，似应是以可视化形式象征性表现《弥勒下生经》中“龙华三会”的故事。《弥勒下生经》中言：弥勒菩萨从兜率天下生凡器世界，在“翅头末城”华林园中龙华树下说法成等“正觉”。因此，此处城门上的“翅头城”应是“翅头末城”的略称，为弥勒说法成佛的龙华会所在。莲台的东、西两面上的图像分别有武将及白象；天人捧摩尼轮宝出现于两端；应是同经中所言，弥勒成道之际，为转轮圣王蠰佉在位之时，王即以轮王七宝供养弥勒佛[3]。在敦煌莫高窟第445窟北壁的《弥勒下生经》变相中，我们可以看到用经中所说的七宝供养佛的画面[4]。此处台面上的七宝虽不全备，但应是以雕刻手法象征性表现了轮王的七宝。

1　《大足石刻内容总录》中，东（左）边龛内的佛像定名为释迦佛，西（右）边龛内的定名为卢舍那佛，但中像既为毗卢佛，再定名为卢舍那佛，似为不妥；按华藏世界，为诸佛报土的通名，《华严经》所说的为释迦以及释迦真身毗卢舍那的华藏；观经所说的极乐报土为阿弥陀华藏，都是相通的；所以笔者也将该佛像的身份复位为阿弥陀佛，参见丁福保：《佛学大辞典》，文物出版社1984年版，第1051D—1052A页。

2　据《梵网经》卷上，在有千叶的大莲华中台上有卢舍那佛，千叶各为一世界。卢舍那佛化为千释迦，居于千世界。复就一叶世界有百亿之须弥山（略）。参见《大正藏》第24卷，第997页。

3　参见《大正藏》第14卷，第423页下—424页中。

4　参见敦煌文物研究所编：《中国石窟·敦煌莫高窟（三）》，图版175；第236页图版说明，此图描绘弥勒菩萨由兜率天宫下生阎浮提成佛后的弥勒净土，图下部中间画蠰佉王以七宝台献佛的场面，文物出版社、［日］平凡社1989年第2版。

图 7A　宝顶第 14 号窟轮藏柱莲台立面特写

图 7B　宝顶第 14 号窟轮藏柱莲台立面特写

（三）该窟题材和华严变相缘起

华严经典的最终翻译完成，事实上是在唐时代与华严宗隆盛发展相辅相成的。当时的寺院中都有绘制《华严经》变相的壁画。关于寺院中这种变相的壁画，《历代名画记》对懿德寺、敬爱寺的记载比较其他寺院的更为清楚明细，如：

《历代名画记》卷第三・西京寺观等画壁：

懿德寺　三门东西华严变并妙。[1]

《历代名画记》卷第三・东部寺观等画壁：

敬爱寺　西禅院北壁华严变张法受描。[2]

《大番故敦煌郡莫高窟阴处士公修功德记》：

龛内……北墙药师净土、华严、弥勒、维摩变，各一铺……（沙州文录收载）。[3]

一部《华严经》卷帙庞大，有八十卷（新译本）之多，其经变相是如何将其文字内容予以可视化的呢？从某些文献记载中尚可略窥一斑。据说中国唐代鉴真大师在东渡日本之前，曾于天宝九载（750年）在广州开元寺见到了《华严经》“七处九会”的变相，遂予以精心复制，因此，从中可大概知道《华严经》变相的内容性质。《唐大和尚东征传》：

（广州）开元寺，有胡人造白檀华严经九会，率土匠六十人，三十年造毕，云云。[4]

又，唐刘禹锡所作的《毗卢遮那佛华严世界图赞》的序中有类似的记载：

佛说《华严经》，真入妙觉，不由诸乘。非大圆智，不能信解。德宗朝，有龙象观公，能于是经了第一义，居上都云华寺，名闻十方。沙门嗣肇是其上足，以经中“九会”纂成华藏图，俾人瞻礼。即色生经，因请余赞之。即说赞曰……[5]

1　（唐）张彦远：《历代名画记》（秦仲文、黄苗子点校），《记两京外州寺观画壁》，“懿德寺”条，人民美术出版社1983年版，第61页。

2　同前注所引，同卷，人民美术出版社1983年版，第68页。

3　转引自松本荣一：《燉煌畫の研究》，第八節《華厳経変相》，同朋舍出版1985年版，第189頁。

4　参见《大正藏》第51卷，第991页下。

5　参见（清）陈梦雷编纂，蒋廷锡校订：《古今图书集成・神异典》卷第91，中华书局1985年版。

两本文献中记载的“华严世界图”是根据该经“九会”绘制的，该事实给我们启示：唐代中期以降而产生的华严经变相，图像内容都是根据该经新译本（八十卷）的“七处九会”绘制的。而“七处九会”的华严经变相在中土出现伊始，其临摹复制品就早已传到了东瀛。例如：日天平十四年，约当唐德宗贞元十八年（802年），日道慈法师将制作的绣像携带回国进奉天皇，上面就有“七处九会”的图像。据日《大安寺资财帐》有关合绣佛像三张的记录，其中一张的记录提及：

一张，华严七处九会图像，右以天平十四年，岁次壬午，奉为十代天皇，前律师道慈法师、寺主僧致义奉造者。[1]

由上面所录引的文献记载可以略知，自从新译本八十卷《华严经》流行后，有关的华严变相都是绘制的“七处九会”图像，现在见到的敦煌壁画也足资佐证。那么，在新译八十卷本的《华严经》未出世之前，旧译六十卷本华严经是否也有绘画形式的变相呢？据文献记载，唐代新本未出之前，就有僧人据旧本绘“七处八会”的华严变相供奉。例如：《华严经传记》卷5《法诚传》记载：

释法诚，俗姓樊氏，雍州万年县人。幼出家，每以诵华严为业。……后于寺南岭造华严堂，……庄严既毕，乃洁净图画七处八会之像。[2]

根据这段文献记载，“七处八会”的图像内容和结构如何，概不明了。姑试以敦煌壁画中“七处九会”图形结构判断，其图像似有可能是以须弥山为中心，两边配以呈对称形式的“八会”图像。由此推测，“七处九会”的华藏世界图，极有可能是在以须弥山为中心的“八会”华严变相的基础上，增加了一会而绘制出来的。

以上是关于唐代华严经变相以绘画形式产生的由来。据文献记载所知，以“七处九会”为核心内容的华藏世界图，在中原及更远的寺院中流传甚广，甚至还传到了东瀛，蜀地的寺院中是否也存在表现这种变相的壁画呢？关于老四川（包括现重庆直辖市所属的地区）的寺院壁画绘制的题材内容，涉及释、道两派的，北宋初年黄休复《益州名画录》录载的是唐末五代绘制的壁画；南宋范成大撰著的《成都古寺名笔记》，基本上是依据黄休复的资料和观点。从他们的记载中，我们可知，截至北宋初年黄休复成书问世，有些壁画在南宋已经不复存在了！据两书的内容，唐、五代至宋，都有画家在成都地区的寺院中绘制“佛会”的变相；据范氏《成都古寺名笔记》载，中唐后期（800—820年）有辛澄在大圣慈寺普贤阁后壁“画佛会一堵”；孟蜀时代（934—965年）赵忠义曾在大圣慈寺六祖院南壁绘制一堵“佛会”。又，李之纯《大圣慈寺画记》载该寺存唐、五代的“佛会、经验、变相一百八十五（堵）”。这两则史料中的“佛会”是否就是“七处九会”的华藏世界图呢[3]？如此记载，实在是太模糊了。看来，要厘清大佛湾第14号“毗卢道场”窟中的图像还得另辟蹊径。

（四）敦煌华严变相图像内容结构

幸而敦煌莫高窟尚保存有29铺华严经变相的壁画；藏经洞中也出有关于华严变相的绢画，结合文献研究验证，多为中晚唐、五代时所绘制，法P.伯希和考察千佛洞拍摄了六组五代、北宋的华严经变相并公诸于世，其所在窟的号数和处的位置分别是：第61（117）号窟右壁为华严经变相[4]，第9（107）号窟右壁为华严经变相，第6（168）号窟右壁为华严经变相，第55（118F）号窟藻井北侧为华严经变相，第70（10）号窟右壁为华严经变相，第53（138）号窟藻井有损坏，图像内容难以辨认。其他五组图像似应为根据新译《华严经》而绘制的其“七处九会”的内容，五组的图像和结构都大体相同。图形大致结构为：全图下方的图形是，据《华严经·华藏世界品》所说的“莲华藏庄严世界海”内容表现的香水海、大莲华、金刚轮山等场面。全图的中央安置须弥山，其周围在适当的位置配以“七处九会”。“九会”是如何围绕须弥山这个中心排布，那就首先得清楚了解每一会的内容和所出的菩萨，兹列表简介于下：

1 《群书类从》第15卷，第393页上，转引自松本榮一：《燉煌畫の研究》，東方文化學院東京研究所，1937年。

2 参见《大正藏》第51卷，第171页上。

3 李氏文献中的“佛会”，应即“佛会图”的略称。即根据华严经绘制的毗卢舍那佛说法时，如来、众菩萨及诸弟子结集在现场聆听的盛大场面。画面的内容安排九铺佛说法图来表现毗卢佛说法和会座的情景，其实就是以绘画的形式将华严经复杂的教义文字予以可视化，图像组成为“七处九会”的大画面。成都大圣慈寺中唐、五代所绘制的“佛会”壁画，其题材和图像构成，似乎亦应如是。

4 第61为敦煌莫高窟洞窟现在的编号；〔117〕为P.伯希和考察莫高窟时的自编号（下同）。

华严经的九会・诸品・所出菩萨名号对照表[1]

唐译《八十华严》一部有三十九品，为“七处九会”所说。《六十华严》“第六・他化天会”“十一品”，前者分为“他化天”与“普光明殿”两处，所以即成为“九会”。后者一部有三十四品，合人间3处与天上4处为“七处”，于“普光法堂”重会总有“八会”，兹将两说列表对照如下：

七处九会					七处八会				
第一会	世主妙严品以下	六品	菩提道场		第一会	世间净眼品以下	二品	菩提道场	
第二会	如来名号品以下	六品	普光明殿		第二会	如来名号品以下	六品	普光法堂	
第三会	升忉利天宫品以下	六品	忉利天	人三	第三会	升须弥顶以下	六品	忉利天	人间三处
第四会	升夜摩天宫以下	四品	夜摩天	天四	第四会	升夜摩天宫自在品以下	四品	夜摩天	
第五会	升兜率天宫以下	三品	兜率天	同前	第五会	升兜率天宫宝殿品以下	三品	兜率天	
第六会	十地品	一品	他化天		第六会	十地品以下	十一品	他化天	天上四处
第七会	十定品以下	十一品	普光明殿		第七会	离世间品	一品	普光明殿	
第八会	离世间品	一品	普光明殿		第八会	入法界品	一品	野阁讲堂	即逝多林
第九会	入法界品	一品	重阁讲堂	即逝多林					

1　该表引录自［日］石田尚豊：《日本の美術270 華厳経絵》，至文堂1988年版，第21頁。

图 8　莫高窟第 76 号窟右壁七处九会图（伯希和拍摄　复制）

对比以上两说[1]，无论是“九会”，还是“八会”，其中人间说法为三处，天上说法为四处；据文献记载，寺院壁画都是将唐译《华严经》内容可视化，因此，“七处九会”就应是以图中的须弥山为中心排列的，那么，每一会的图像位置顺序是如何安排的，没有相关的文字资料对此解释说明，显然，这对于变相全图内容作释义理解确实有相当的困难。

然而幸运的是，在莫高窟第76（102）号窟右壁一铺《华严经》变相中，“九会”的图像为三段三行排列，九组图像的中心主像为释迦，其左右配以胁侍菩萨；在主像宝座下前面有略呈矩形涂以同一颜色的框，框内有文字对图形作简单说明，文字为立书左行，其中只有7组图像存有说明文字（图8）。第76（102）号窟《华严经》变相9组图像的排列顺序和题写文字参见下列示意图：

<table>
<tr><td>（五）

（全文不明）</td><td>（四）

十方万佛刹土时
菩萨皆明三昧
而为上首功德林
德林等大菩萨
诃萨如来集会功
尘数菩萨摩
方各佛土刹微
天宝座殿时十
第四会在夜摩</td><td>（六）

摩尼宝藏殿
化自在天王宫
第六会　在他</td></tr>
<tr><td>（七）

菩萨……
十方刹微尘菩萨摩
第七会在普明殿共</td><td>（三）

天帝释宫</td><td>（八）

十方佛土时
六位　法法门
众助　目果
问答普惠菩萨以
菩萨以千法
问之普贤说一
贤之众　念二百
那由他佛刹土［微］
以十不可说百亿
第八会普光明殿</td></tr>
<tr><td>（二）

第［二］会在</td><td>（一）

味时
毗卢遮那藏身三
菩萨于世尊前入
王　主　普贤
毗
四十九佛
微尘菩萨
场中说十佛［世界］
在阿兰若［法菩提］
第一会摩竭提国</td><td>（九）

（全文不明）</td></tr>
</table>

1　此处“七处九会”与“七处八会”对照表的依据，出自丁福保：《佛学大辞典》，中国书店2011年版，第1055页上，“华严经七处八会”“华严经七处九会”条目绘制。

根据以上9组图像保存的文字说明[1]，第一会（一）、第四会（四）、第六会（六）、第七会（七）、第八会（八）的位置已经明了。（三）仅存“天帝释宫”，无疑应是第三会。剩下（二）（五）（九）应是哪三会呢？而且“九会”的位置排列法为什么又会如此复杂呢？

第76窟“七处九会”位置示意图[2]

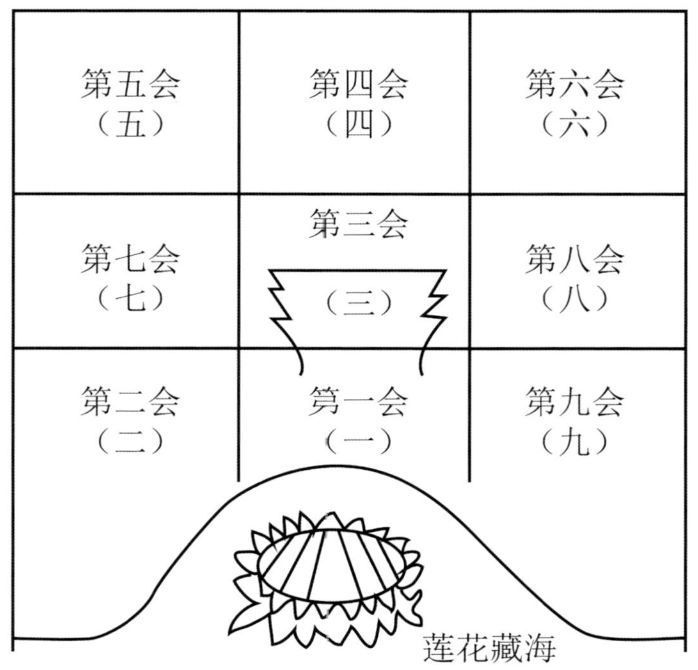

按照《华严经》中关于如来说法的场所，第一会是在摩竭提国“寂灭道场”；第二会、第七与第八会是在“普光明殿”，第九会是在“逝多林给孤独园”，这三处说法场所的位置是在“地上”，其所在图中应描绘在“须弥顶”的左右及下方。第三会的左右两边分别是“第七会”“第八会”；第一会的左右边就应是第二会、第九会。另外四会，“夜摩”“兜率”“他化自在”，以及“天宫”，就应在“须弥顶”的上方。因此，图中（全文不明）的（五）就应是第五会“兜率宫”。

根据莫高窟第76（102）号窟右壁《华严经》变相，是将“九会”，“地上”的五会，“天上”的四会，按上下关系分为三段三组的排列法，以此作为判别该变相图样的“标型”，即可以识别同处第55（118F）号窟图形的结构。

第55（118F）号窟《华严经》变相绘制藻井的北侧（右壁），图形轮廓因藻井壁面折向上部有收分而成为梯形。全图以“须弥顶”上的“帝释会”为中心，左右各配以四会，结构与第76（102）号窟的略异，不完全是呈三段三组式。该变相最引人注目的是，在“九会”主图的左右两翼大体还呈对称绘制了数十组图像。这些图像的内容是根据《华严经·入法界品》所说善财童子按文殊菩萨指示历“五十三善知识”绘制的（图9）。善财童子历访善知识的画图，不乏传世作品，但以壁画形式表现的甚为珍稀。[3]

图9　莫高窟第55号窟右壁七处九会图（伯希和拍摄　复制）

1　该图复制于［日］松本荣一：《敦煌画の研究》，《第一章　敦煌画に于け为各种变相之研究》，《第八节　华严经变》，东京文化学院东京研究所1985年重印本，第191—192页。又，莫高窟第44东向龛“华严经会”时代最早（盛唐）。晚唐第85窟窟顶北坡“九会”留有第一会、第四会、第八会、第五会、第三会、不明、第九会，七方题记。很可惜，关于这“九会”的位置排列，无示意图和文字说明；图像中的佛、菩萨形象造型也未有文字述议，参见《关于莫高窟艺术的内容》，载敦煌文物研究所编：《敦煌莫高窟内容总录》，文物出版社1982年版，第189—191页。

2　同前注，据第192页，Fig. 34复制。

3　参见“Musee Guimet：Deux Peintures Inedities du Fonds Paul Pelliot de Dunhuang（伯希和得自敦煌藏经洞两幅未公布的绘画）”，*Les arts de l’Asie centrale La collection Paul Pelliot*，pp.59-60.再参见前注，○C Editions kondansha 75001 Paris，1996 GK2932971994。

图10　敦煌石室藏《华严经》“七处九会”变相五代时代（10世纪初）　绢本着色

P. 伯希和还有得自于敦煌藏经洞的《华严经》变相图，质料为绢本着色，制作于五代时代（10世纪初）。这幅变相图的画面内容也是表现《八十华严》的“七处九会”。绢画分为9个方格（图10）。中段中央为：第三会忉利天宫会；正下方的图为：初会（第一会）菩提道场成最正觉智，顺十方国土，驻华藏世界毗卢性海，该图中，毗卢佛结跏趺坐，右手施说法印；其左右两边分别趺坐金刚藏、解脱月菩萨；两菩萨的上中下左右侧各趺坐9名菩萨。正下方图右边为第二会普光明殿说十信图；下方中央图左边为第九会逝多林说果法界，智能圆满，周遍法界，所住无碍。上段中央图为：第四会夜摩天说十行；其左边为：第六会他化自在天说十地；右边为：第五会兜率天说十回向。中段中央右边图为：第七会普光明殿说等觉妙觉；左边图为：第八会重回普光明殿，说教相差别圆融无碍。这幅绢画中“七处九会”的位置排列与莫高窟第76号窟的完全相同，抑或为后者的临摹复制本。

（五）宝顶毗卢道场和敦煌华严变相图像结构比较

以上我们讨论了《华严经》“七处九会”每一会的内容暨所出的菩萨；莫高窟第76（102）号窟、第55（118F）号窟；出自藏经洞的华严“七处九会”绘画的图像内容，现在就可以先将大佛湾第14号窟的图像，按位置顺序参照敦煌第55（118F）号窟的“七处九会”排列示意图，还原为平面绘画形式，兹参见以下所列这两者的平面位置图：

莫高窟第55（118F）号窟七处九会示意图

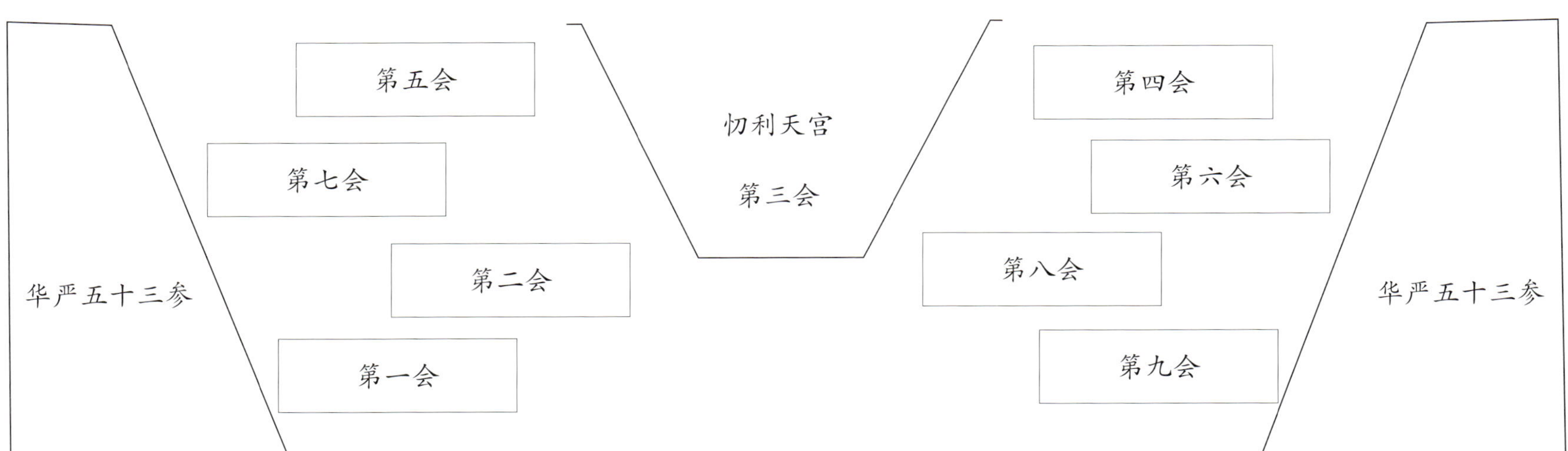

由于第55（118F）号华严“七处九会”图是以第三会忉利帝释天宫为中心，其余8会对称分列左右两边，显然和莫高窟第76（102）号窟的三段三行排列不相同。后者因还保留有6则榜题，基本上可以推拟出各会在全图所处的位置；将第55（118F）号窟的图与之比对，笔者暂拟其各会排列次序为：按从左向右推转，第一会从中下转至右边最下方（以主佛的方位定位），原中上第四会推移至左上。这样，第五会“兜率”、第三会“忉利天”、第四会“夜摩天”、第六会“他化自在”，仍处于“天宫”位置；而其余几会仍处于“地上”位置。

宝顶大佛湾第14号窟三壁立面展开示意图

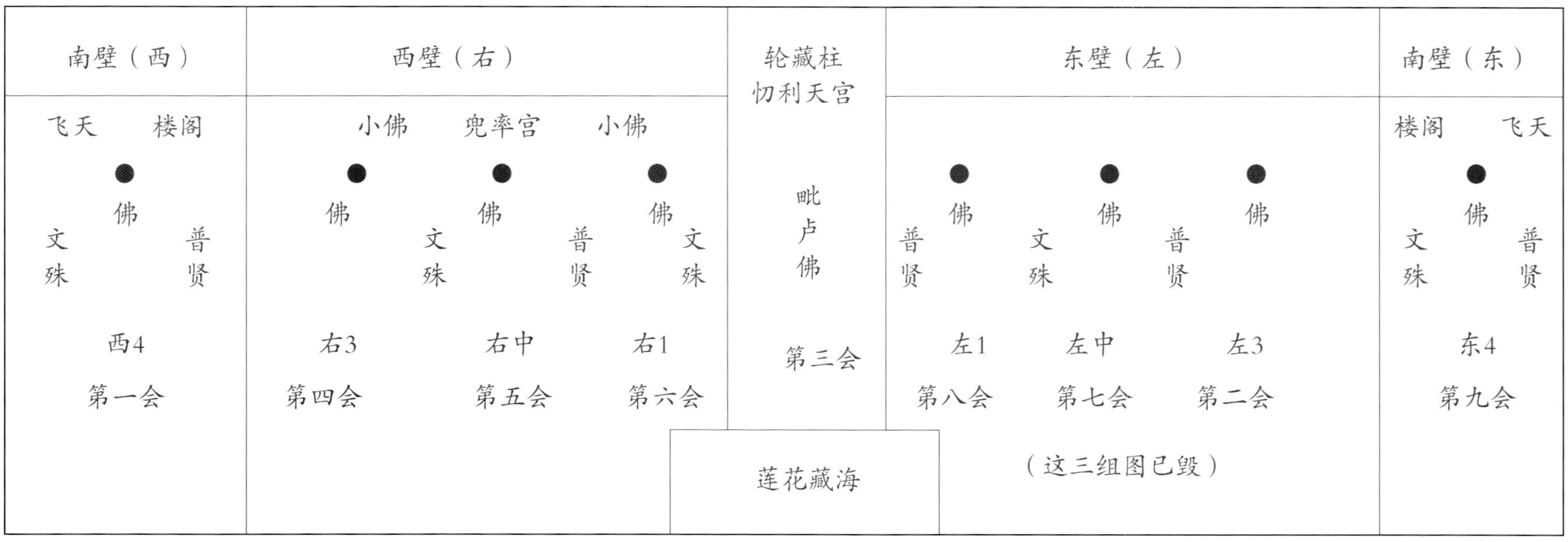

南壁（西）	西壁（右）			轮藏柱 忉利天宫	东壁（左）			南壁（东）
飞天　楼阁	小佛	兜率宫	小佛					楼阁　飞天
●	●	●	●		●	●	●	●
佛 文殊　普贤	佛	文殊　佛　普贤	佛　文殊	毗卢佛	普贤　佛	文殊　佛　普贤	佛	佛 文殊　普贤
西4	右3	右中	右1		左1	左中	左3	东4
第一会	第四会	第五会	第六会	第三会	第八会	第七会	第二会	第九会
				莲花藏海	（这三组图已毁）			

由此，宝顶第14号窟中“七处九会”图像现存六会可以基本定名：在展开图中，窟中的轮藏柱处于画面中心，上面雕刻的两层楼阁有5座较完好，每层中有一趺坐的小佛像，象征帝释天宫；正中毗卢佛像下面有一蟠龙象征莲华藏海，图像应为第三忉利天会；窟西壁，右中这组图像的主像头上方宫殿题刻有“兜率宫”，应是第五兜率天会。窟西壁右3图像中，主佛头上方呈趺坐姿的小佛像两足尖处向左右各冒出一道毫光绕于其背头两侧。据经文内容，这组图像应是第四夜摩天会（见示意图右3）[1]。右1图像中，主佛头部上方的形象着菩萨装，身后有双重硕大的宝珠形举身光，其右手施说法印，据经文，该形象应为金刚藏菩萨代佛说“十地品”[2]，这组图像应为他化自在天会（见示意图右1）。窟南壁（东）东4组图像中，主佛头部右上方有一手伸出作摩娑下方的（善财）童子像头顶（图11）。据经文，该组图像应是第九入法界品会[3]。那么，其对应的南壁（西）西4这组图像就应是第一菩提道场会。由于西壁（右）第四、五、六会，三会是从右往左排列，与轮藏柱上第三忉利天会构成九会中的“天上四处”说法；因此东壁（左）毁掉的三会就应是从左往右排列的第二、七、八普光明殿“人间说法”会。这样，宝顶第14号毗卢道场的《华严经》“七处九会”图像内容定名总算得到基本正解。

（六）东瀛“华严海会善知识图”

通过以上多方面的比对研究，我们可以给第14号窟“毗卢道场”图像内容作出明确的结论：应为“华藏世界图”，亦即《华严经》“七处九会”变相，其题材内容性质不属密教造像。本文前面所列的第一个问题，即该窟图像内容是否属于《华严经》变相及其源流和宗教性质得到了答案。而第二个，即该窟图像，以及佛、菩萨形象造型，是如某些学者认同的系所谓宝顶开创者“赵智凤”设计创建的呢，抑或是摹自该变相流行的画本呢？笔者曾对这个对一般参观者不开放的“宝窟”作过多次考察，兹试对其中佛像的造型作研究，或许有可能寻觅到破解的线索吧！

该窟中大日如来像，现存的6尊佛的手印印势有3种：（1）中佛、右1佛、西4佛、东4佛的手印相同，为笔者前面暂定名的“说法印”；（2）右3佛以左手掌掌心向上平置右足踝上施与愿印，右手举于胸前，手掌竖起只存半截手掌，可能原是施说法印；（3）右中佛的双手臂上举，两手掌心相向，大拇指与中指相扣，余指直伸（手指有损坏）（图12），经查《密教印图集》，与第293“智吉祥ノ印”相符。第（1）种普遍见于北宋时期的安岳毗卢洞、华严洞、茗山寺；大足石篆山第7号窟中的毗卢佛。第（2）种较常见，安岳圆觉洞北宋后期第11号窟、资中东崖南宋绍兴年间（1131—1162年）的释迦牟尼佛。第（3）种在宝顶山转法轮塔第2级上有一例；安岳毗卢洞第10号“幽居洞”中像毗卢佛也是这种印势；甚至还表现在东瀛华严系统的美术作品中，姑举两例说明以资佐证：

1. 日本东大寺藏“华严海会善知识图”中尊，造型为“中尊为白身，着通肩白衣，头戴宝冠，结跏趺坐在白莲华上；两臂屈肘，手掌心向上伸向外侧，大、中指相捻，余指平伸，结特异印相；有二重背光，周围施以五彩放射光；像的右肩斜上方墨书‘毗卢

1　2009年3月重庆大足石刻艺术博物馆对第14号窟搭架勘察，馆长黎方银邀请笔者去诠释该窟图像时的新发现；同时发现的还有南壁（东）东4的仙人以手摩善财头顶图像。《华严经》卷19《夜摩宫中谒赞品第20》“尔时世尊，从两足，放百千亿，妙色光明，普照十方”。《大正藏》第10册，第100页上。

2　《华严经》卷34《十地品第26之一》《他化自在天会》：“尔时金刚藏菩萨，承佛神力，（略）如实说菩萨十地。”同前引书，第179页上。

3　《华严经》卷64《入法界品第39之五》：“时毗目仙人，即伸右手，摩善财顶。”同前引书，第345页下。

图 11　宝顶第 14 号窟南壁（东）毗目仙人以手摩顶善财童子

图 12　宝顶第 14 号窟西（右）第 2 组图像主尊毗卢佛像

遮那如来’（卢舍那佛未曾用过）”（日《日本の美術270 華厳経絵》第12页图12）（本文图13）[1]。该中尊施这种特殊的印相，卢舍那佛从来未被认可有之。日明惠上人的著作《华严佛光三昧观秘宝藏》中曾载：“观想宝座上的毗卢遮那佛，其手的印相即为唐本善知识图中尊图所结的”，“二手臂曲肘靠近身体，手腕向外平伸，大指与中指相捻，其他指自然平伸”；这种中尊的印相与明惠上人《夢の記》所见到的毗卢遮那像印相相符合（日《日本の美術270 華厳経絵》第41页图42）（本文图14）。根据《夢の記》中的素描图，这个深刻反映在明惠脑海里的造型是，“两臂靠近身体，肘部呈曲托的姿态。这幅‘善知识图’的中尊像，有些色彩是补绘的，如所戴宝冠的上部，双肩的曲线略有扩张，较原肩部显得更宽；背光的周围添绘五色的放射线光焰（日《日本の美術270 華厳経絵》第41页图43）”。因此，被认定为原本的尊像表现出了宋代佛画的风格，而唐本善知识图的中尊与明惠上人著作中的素描稿是一致的，通过以上比较得到明确的认定[2]。

2. 日本园城寺藏“华严海会善知识图本”（园城寺，赤外线）写真。该善知识图与东大寺本善知识图图样相同，画面全部褪色、黯淡；在画的上段篆书榜题“园城寺本”，而“东大寺本”是楷书榜题。将两个图本对照比较，东大寺中尊原缺损后补绘的部分，园城寺本的要少得多。后者是表现宋本画的风格制作于镰仓时期（公元13世纪初）[3]。又，东瀛建长寺“五圣曼荼罗”上毗卢遮那三尊像的中尊[4]；波士顿美术馆“圆觉经变相”的中尊[5]，其造型和所结的特别印相，都与上述两例完全相同。那么，这种毗卢遮那像的源流来自何处呢？中国杭州飞来峰石窟的“华严佛会”（亦即“华严三圣”）最值得特别关注。

在飞来峰最南，青林洞入口的上方右壁，有浮雕的石刻，向内凹的崖壁上的佛龛中浮雕诸佛。佛龛的顶壁上有华盖。中尊头戴宝冠，身着有细褶条纹的通肩袈裟，结跏趺坐在莲座上，背光有三重火焰纹；诸像表现出了宋时代纤巧、柔美的雕刻技法[6]。诸尊佛像的中尊特别引人注目，其头部略有缺损，头戴宝冠，两臂屈肘，手掌伸向外，其他手指自然伸直，结特异形象的说法印（图15），这与明惠上人的《华严海会善知识图》中尊的形象造型较为一致；两胁侍为文殊、普贤菩萨，如此构成的三尊，又与建长寺五圣曼荼罗所表现宋画的风格相同（原书第14页图14）。如何理清它们之间的关系，飞来峰这龛的建造时代就须得确证。幸运的是，在龛内左壁上有一则铭刻，文为：

1　参见石田尚豊：《日本の美術270 華厳経絵》，第41頁。这幅图像中的主尊，其上部有所损伤，墨线勾勒的宝冠纹样，宝冠上沿为朱色，冠前面绘饰的宝珠，有部分残损；据冠右上部的金色可知原为金冠；面部的颜色系后补绘；白衣、白莲花基本上保持原样；背光已褪色，由红、灰黑、青、绿、黄五色组合从两下端至上部，间配以白色；背光的外缘，金色的放射线有些散乱（原文为日文）。

2　同前引书，第44页。

3　同前引书，第44—46页。

4　同前引书，第43页第46图，“五圣曼荼罗图”（高山寺）。文字说明为第44页。

5　同前引书，第59页第67图，“圆觉经曼荼罗图”（波士顿美术馆）。

6　参见王伯敏：《西湖飞来峰的石窟艺术》，《文物》1956年第1期。杭州飞来峰石窟是中国东南沿海最大的一处石窟造像群， 石窟依自然地势开凿，分布于自然岩洞或岩壁上，保存完整的有300多尊像。其中，五代造像11尊，宋代200余尊，元代100多尊。飞来峰青林洞南口乾兴元年（1022年）胡承德造浮雕像“卢舍那佛会十七身”，为此处特殊题材的造像，实际上表现的是“华严三圣”。

图13　华严海会善知识图·中尊部分（东大寺）
（复制于《日本の美術270 華厳経絵》）

图14　毗卢遮那如来像《夢の記》
（复制于《日本の美術270 華厳経絵》）

图15　杭州飞来峰华严佛会像

弟子胡承德，伏为四恩三有，命石工镌／卢舍那佛一十七尊。所期往来观瞻，／同生净土。时代（？）[1]宋乾兴□□四月　日记。

造像中的“宋乾兴□□年四月　日记”铭文，经查证，正好是在北宋真宗天禧[2]、仁宋天圣之间插入的一年，年次干支的字缺失，是年为公历1022年。由此可知，传入东瀛的毗卢遮那佛造型，以及明惠上人于12世纪末至13世纪初在建长寺所作佛画的风格，其实早于两世纪之前就在飞来峰的造像上表现出来了，并在中国大陆江浙一带流行。那么，有关镰仓初期（公元13世纪初）华严绘画源流传入东瀛的问题遂迎刃而解[3]。

此处笔者再略述飞来峰佛会龛中文殊、普贤的造型风格源流。日本清凉寺释迦如来立像的胎内曾发现《奝然入宋求法巡行并瑞像造立记》稿本。“瑞像”就是乘骑青狮白象的文殊、普贤菩萨像。奝然曾作为学问僧于北宋雍熙二年（985年）在台州开元寺留学[4]，佛像胎内的画稿本应是居住在台州者所作，画像的版本当时在台州甚为流行。由是可知，邻接台州的飞来峰文殊、普贤菩萨造型为什么会与稿本上绘像极为符合的缘故（还有关于稿本画像与造像之间的细节比较，不再赘述）。

综上所述，通过对东瀛寺院中《华严海会善知识》绘图中的形象造型和风格追根溯源，启示我们认识到：第二个问题，即大佛湾第14号窟右（西）壁第2组图像中的毗卢佛像，其结特异手印的造型；乘青狮、白象的文殊、普贤菩萨像，不仅可以在邻近的安岳石窟（如毗卢洞、华严洞）遗址中寻觅到比之时代更早的原型；这些原型所依据的画本应该也是当时流行的华严系统画稿。以下我们继续对也属于华严系统的宝顶第29号“圆觉道场”和安岳华严洞图像内容作比较研究，要论证的问题是：一、两窟正壁左右角形象造型是否为俗人的身份；二、两窟正壁中尊佛像的身份和宗教意义有何不同；两窟造像时代孰前孰后。三、在对安岳、大足其他华严系统造像作排列统计的基础上，论证多数主佛宝冠上有柳本尊化身像的宗教意义是，柳氏在宋代不仅是“川密”的教主，而且还被尊奉为华严宗的第“六代祖师”。

二　第29号窟“圆觉洞”（圆觉道场）

（一）宝顶圆觉洞的图像结构与安岳华严洞的异同

该窟正壁刻三佛像，几呈圆雕，均着“U”字领的袈裟，趺坐于莲台上。正中的毗卢舍那佛，头戴花冠，冠中有一小坐像，为柳本尊Ⅲ型形象，佛双手施印势与第14号“毗卢道场”中轮藏柱上主尊毗卢佛的相同。毗卢佛的左边为阿弥陀佛，双手在腹部施阿弥陀定印。毗卢佛的右边为释迦牟尼佛，造型与阿弥陀佛大体相同，双手在腹前捧钵。两佛头上方均刻一小化佛像（图16）。三佛趺坐的

1　参见［日］石田尚豊：《日本の美術270 華厳経絵》，第61頁，日文所录的这则题记，在“宋乾兴”之前加有“时代”两字，故笔者在其后加（？），特此说明。

2　日文原文为“天福て天圣の间”，“天福”是后晋年号，故作了订正。

3　同前引书，第62页。

4　参见［日］木宫泰彦：《日中文化交流史》（胡锡年译），《八、入宋僧的随身什物和带回的物品》，商务印书馆1980年版，第277—292页。

莲台下均为须弥座；毗卢佛须弥座下雕刻一蟠龙，左右佛的莲台下雕刻4狮举座，姿态不一。

窟的左右壁上各雕刻6尊菩萨像。

左壁，从右至左为：1.文殊，左手置于腹前，右手胸前结印。2.普眼，双手胸前结印。3.弥勒，左右手分别在胸腹前结印。4.威德自在，即大势至，游戏坐姿。5.净业障菩萨，双手于膝间结印。头上小佛上方的岩壁面上雕一座楼阁，阁门楣上刻有“法王宫”三字。6.圆觉，游戏坐姿，左手举胸前，右手抚膝（图17）。

右壁，从左至右为：1.普贤，左手置胸前持物，右手平置膝间。2.金刚藏，左手置腹间，右手胸前结印。3.清净慧，左手置腹部，右手于胸前结印。4.辨音，即观音，游戏坐姿，左上侧的岩面刻一甘露瓶。5.普觉，左手抚膝，右手举胸前结印，头上方小佛之上雕一楼阁，阁上刻有“光明藏”三字。6.贤善首，游戏坐姿，左手置膝上，右手举胸前结印。

这12尊菩萨，近似圆雕，均头戴高宝冠，身着大袖衣，胸部密饰璎珞，坐于四足金刚座上，座上有衣裙的下裾和披帛垂下，每尊菩萨坐高140厘米（不含座）。正壁三主像前有长条形的石刻供案，供案前中部为一圆雕的菩萨，面向主像，头略低垂，双手施莲华合掌印，跪于莲台上，跪身高240厘米（莲台和基座高110厘米）。菩萨的衣饰和形象与窟左右壁的12菩萨大体相同（图18）。

宝顶该窟其形制，窟内的佛、菩萨像、仿木的石刻供案等，使得观者步入此窟，仿佛是进入了安岳石羊镇的“华严洞”（图19A）。实际上，前者图像与后者的大有区别。安岳的正壁上是戴冠的佛，佛宝冠上柳本尊小佛造型为Ⅰ型（图19B）；宝顶的毗卢佛冠上的柳氏小像为Ⅲ型（图20）[1]。安岳释迦佛左右两边分别是骑乘青狮、白象的文殊、普贤；宝顶毗卢佛的两边分别是阿弥陀佛、释迦佛，其造型又分别与宝顶第18号龛主像阿弥陀佛、第17号龛主像释迦佛的基本相似[2]。安岳该窟左壁、右壁（图21A、图21B）与正壁交接的转角处，左边站立一发上拢束髻免冠，身着交领道衣的儒生（抑或为居士？），左手持一本宋版书形式的经箧，其右上角有阴刻的“合论”两字（图22A）；右边站立的形象似比丘，光头，身着带有哲那环的袈裟，右手举于胸前施说法印，左手握一经卷，卷首损坏，残存经名“那略”二字（图22B）[3]。宝顶的在相同位置，正壁左端转角处站在莲台上的形象造型，头上略有鬈发，身着袈裟，双手拱揖施印势（图23A），头上方的岩壁上有一小站佛（Incarnation），其左脚下有一青狮，是其左侧供桌上第一位文殊的乘骑。正壁右端转角处也有一站在莲台上的立像，头戴三梁进贤冠，身着圆领袍服，双手捧笏（图23B），其头上方的岩壁上也有一小站佛（Incarnation），其右脚下有一六牙白象，是其右侧供桌上第一位普贤的乘骑。

宝顶第29号窟左右壁上各雕刻6尊菩萨像，合为12圆觉菩萨，与安岳华严洞左右壁上各雕刻5尊略有不同。因为前者在正壁主佛的左右边分别安置了阿弥陀佛、释迦佛；文殊、普贤就分别安在左右壁上的第一位，其身份的象征，青狮、白象也分别雕刻在宝座的下部；左右壁上其后依次排列的5菩萨，其名号和位置，造型都与安岳华严洞的相同，只是方位发生了变化。

宝顶圆觉洞和安岳华严洞还有相似的图像，就是都在窟左右壁的上部雕刻有出自《华严经·入法界品》，即善财童子听文殊说法，依其指导，次第南行，参拜“五十三位善知识”的故事情节。前者的图像中楼阁上还可见到刻有“法王宫”（左壁），“光明藏”（右壁）等文字。后者的楼阁门楣上可见到刻有“众妙香国”“剪云补衣”“仙佛合踪”（右壁）等文字；而且图像刻得比前者更精致，保存得也较完整（图24A、图24B）。

宝顶和安岳的图像内容，还有两个重大的区别，就是前者的窟中正壁前面供案之前，有一尊呈跪姿的菩萨。这尊菩萨的身份，过去大陆学术界都一致认为其应是窟左右两壁12圆觉菩萨的化身（Incarnation），代12菩萨向佛求法（笔者此前有关的文章中亦是认同）[4]。后者中没有这尊菩萨。

（二）华严洞两个“俗人”身份暨造像时代考释

关于前文已述华严洞正壁左右两端一个世俗形象造型和一个僧人形象造型的身份，如何确定？

据洞内一块明万历十四年丙戌（1586年）妆彩碑记，指洞中的造像为“释迦、全堂□金相是柳、赵刊形”；或有学者认为碑文中的“柳、赵”是柳本尊、赵智凤，于是撰文说：

---

1 参见陈明光主编：《大足石刻雕塑全集·宝顶石窟卷（下）》，重庆出版社1999年版，第43页，图版45，大佛湾第29号窟圆觉洞三身佛像。

2 同前引书，参见同卷（上），第84页，图版92，大佛湾第17号大方便佛报恩经变图中的主像释迦佛像；第100页，图版114，大佛湾第18号观经变图。

3 参见胡文和：《安岳大足佛雕》，台北艺术家出版社1999年版，第222页，图版52－7.Ⅰ（祖师袁承贵）；52－7.Ⅱ（祖师杨直京）。再参见刘长久主编：《安岳石窟艺术》，四川人民出版社1997年版，第138—139页，图163，华严洞右壁内角“比丘”像，图164.华严洞左壁内角“道徒”像。

4 参见胡文和：《序——大足、安岳石窟艺术的关系研究》，《安岳大足佛雕》，台北艺术家出版社1999年版，第16页。

图 16　宝顶第 29 号窟正壁三身佛像

图 17　宝顶第 29 号窟右壁造像

图 18　宝顶第 29 号窟问法菩萨（善财？）

图 19A　安岳华严洞图像

图 19B　安岳华严洞正壁中佛特写

图 20　宝顶第 29 号窟正壁中佛特写

图 21A　安岳华严洞左壁菩萨全图

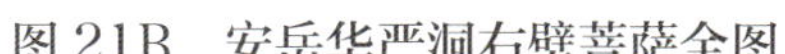

图 21B　安岳华严洞右壁菩萨全图

图 22A　安岳华严洞柳本尊弟子杨直京

图 22B　安岳华严洞柳本尊弟子袁承贵

图 23A　宝顶第 29 号窟柳本尊弟子袁承贵

图 23B　宝顶第 29 号窟柳本尊弟子杨直京

图 24A　安岳华严洞左壁上部华严五十三参之一

图 24B　安岳华严洞右壁上部华严五十三参之一

……华严洞与宝顶圆觉洞均为平顶窟，造像的程式和精工富丽等情况，都可称为姐妹窟。值得重视的，正壁华严三圣像正中毗卢佛头顶印光中呈现的是柳本尊居士装像。三圣像右角立头有卷发赵智凤像；左角立一手持经卷的年轻比丘，经卷泐文尚存“法轮”二字（应为“那略”——笔者注）。宝顶圆觉洞三身佛右立柳本尊像，左立赵智凤像。石羊“华严洞”清楚地展示了柳教三代人：柳本尊示现在正中毗卢佛顶印中，柳教承持者赵本尊立于宝顶圆觉洞柳的位置右角；宝顶圆觉洞立的左角，在华严洞内却现出了一个年轻的比丘，这当是赵本尊在石羊道场的传法弟子为是！[1]

其依据是“洞口左壁摩崖刻万历丙戌（1586年）碑云：‘夫古洞华严……金相是柳、赵刊形’的记述，与造像就相吻合了”[2]。碑文中所说的“金相是柳、赵刊形”，即是指华严洞中佛像群为柳本尊、赵智凤所造。但柳本尊是唐末五代初的人物，而赵智凤是在其250余年后的（南宋）绍兴二十九年（1159年）出生于大足米粮里，怎么可能会在华严洞中同时造像？

又有学者撰文说：

安岳石羊地区茗山寺是赵本尊的分道场，毗卢洞等处造像是其法嗣（华严洞左角立年轻的行者像，右角则是鬈发人赵智凤）主建，故刻赵本尊像，亦在情理之中。[3]

该文的作者未能依据文献并举出“鬈发人是赵智凤”的“标型”论证，其观点仅仅是猜测，不足以立论。

美国学者Angela F. Howard在其大作*Summit of Treasures: Buddhist Cave Art of Dazu，China*（《宝顶：中国大足石窟》）中论述认为：她不同意大多数中国学者把这两个形象指认为是柳本尊和赵智凤，而认为这两人是该洞窟的施主，及主持开凿者；其中头上有鬈发的可能是赵智凤的追随者（像他的师父那样），未曾落发。由此，她进一步推论认为，该形象的身份暗示观者，安岳华严洞的宗教性质，与同处（即安岳石羊镇）毗卢洞的造像一样，也是宝顶山造像的一个分支（中国某些学者推论为宝顶山的分道场——笔者注）[4]。Angela的观点同样也缺乏文献和造像“标型”佐证而立论，她只不过是接受并把上述某些中方学者的观点换成另一种语言形式表达，其根本思想仍然认为安岳华严洞等石窟遗址是宝顶山分道场。

关于安岳华严洞正壁三圣左右两边的形象，笔者早就已经对其身份作出了说明鉴定：两者分别是柳本尊的法嗣，左边束发身着俗人服饰的即柳氏俗家弟子后又为第二法嗣杨直京；右边身着袈裟的比丘形象者为柳氏的第一法嗣袁承贵；安岳毗卢洞“柳本尊十炼图”的“第五割耳”图题刻，《宋立“唐柳居士传”碑》文有明确记载[5]。最值得注意的是，左边居士形象的杨直京，其嘴角边各冒出一道毫光，其左手执的经箧上有“合论”两字，“合论”疑是代表唐李通玄所撰《华严经合论》[6]；北宋蜀中张商英也曾编著有《华严合论》。右边僧人形象的袁承贵手执经卷上遗存有“那略”二字，应为《大毗卢遮那略要速疾门五支念诵法》的残字[7]。这两位柳氏见之于文字和实物文献的法嗣所持的两部经典分属华严、密教的经典，并表现在同一石窟中，其意义是彰显柳本尊在唐末五代初自创的地方性密教派别已刻意融合两宗思想；华严洞主尊，即戴冠释迦佛的宝冠上雕刻柳本尊化身像（Incarnation）也是特向世人表明该教派非常重视属于华严系统的《圆觉经》。

大足宝顶第29号圆觉洞中的这两个形象仍分别是袁承贵（左）、杨直京（右）。据《唐柳居士传》碑中载，（此段碑文有缺字）前蜀主（应为王建）敕封柳本尊和袁承贵俱为“银青光禄大夫、太子太傅”；袁承贵虽是柳氏教派第一法嗣，“后游南方，莫测所终”。孟蜀时（934—965年），杨直京被赐以紫授金鱼（文官三品以上），“俾领主持事”。与安岳华严洞的相比，这两个人物不仅

---

1 陈明光、邓之金：《试述大足石刻与安岳石刻的关系》，《四川文物》1986年《石刻研究专辑》，第83页。

2 “万历丙戌（1586年）碑”全文参见笔者的录文，载胡文和、胡文成：《巴蜀佛教雕刻艺术史》下册（第5卷），巴蜀书社2016年版，第99页，限于篇幅，此处不赘述，读者可以自行判断是否可以引用来判定华严洞两个“俗人”身份的论据。

3 陈明光、胡良学：《四川摩崖造像“唐瑜伽部主总持王”柳本尊化道十炼图调查报告及探疑》，载《西南石窟文献》第4卷，兰州大学出版社2003年版，第356页。

4 Angela论述的原文为：Both young looking, the one in secular garb holds a tablet, the other in monastic robe clutches a handscroll （a sutra?）.Most Chinese scholars identify them as Liu Benzun and Zhao Zhifeng. But Liu Benzun is already clearly visible in Vairocana's crown, thus such duplication is not needed.Most importantly, the depiction of the two does not respect their conventional portraits. I propose that the pair represent the donor and the sponsor of the grotto, respectively.The individual with the hair arranged in coils was probably a religious follower of Zhao Zhifeng, who like his master, did not adopt the tonsure. This identification further implies that the Anyue Huayan Grotto, like the Biludong, was an offshoot of the Baodingshan, although executed at approximately the same time. This splendid cave is the result of Zhao's missionary zeal extending to nearby Anyue through local religious and secular support.*Summit of Treasures:Buddhist Cave Art of Dazu, China*, p.136.

5 参见胡文和：《四川石窟华严经系统变相的研究》，《敦煌研究》1997年第1期，第94—95页。

6 （唐）李通玄：《华严经合论》，收于《新编·续藏经》第五册。

7 （唐）菩提留支译：《大毗卢遮那略要速疾门五支念诵法》，《大正藏》第18卷，第876页。

有官衔，而且还在柳氏密教中证得了高级神祇地位（两像头上方都有小化佛）[1]。

而Angela对华严洞这两尊形象身份定名的根据是宝顶山有赵智凤造像，并在其大作中指出赵智凤的体表特征是：

The physical appearance of Zhao himself represented several times at the Baodingshan with curly hair，beard，and wearing earrings，dos not conform to the look or customs of an ethic Han prelate，but recalls an Indian and Tibetan tradition，embodied by the Acarya 阿阇梨，or spiritual teacher.[2]

据其描述，赵智凤有鬈发、络腮鬈胡须、戴耳环，不似汉人种，形象近似印度、吐蕃的阿阇梨。笔者曾从图像学角度对安岳、大足石窟各遗址中的柳本尊形象造型，以及被1945年“大足石刻考察团”指认鬈发人是“赵智凤”的形象造型作了系统的归纳、比对研究，得出结论：柳本尊的造型有三种[3]；大足宝顶小佛湾“祖师法身经目塔”上的鬈发人是柳本尊，不是赵智凤，而且整个宝顶龛窟中，寻觅不出赵智凤的“标型”。

（三）波士顿藏东瀛圆觉经变相的启示

Angela认为安岳华严洞的图像结构不如宝顶圆觉洞有和谐的因素，即安岳的华严三圣前面没有呈跪姿的菩萨；宝顶圆觉洞中有，这个菩萨是左右两壁上12菩萨的化身（Incarnation），象征其依次从宝座上下来向佛求法。但她没有考虑到安岳有北宋庆历四年（1044年）凿造的“圆觉洞”，就在安岳县城关镇东南2公里处的“圆觉洞”石窟遗址。该窟中造像基本上全毁于“文革”（图25）。不过从其残迹考察，左右壁上残存的宝座各有6个，正壁上的宝座有3个[4]。将上述两者的图像结构与之相比较，华严洞的结构与之不相符合，反而是宝顶的与之结构相似。可惜的是，在其周边的石窟遗址，甚至在现已誉满中外的敦煌莫高窟中，都寻觅不到与之相类的雕刻或绘画作品。

值得庆幸的是，我们在前面探讨宝顶第14号“毗卢道场”的源流时，就特别注意到东瀛在平安前期至镰仓前期（12世纪前期至13世纪前期）出现的表现与《华严经》信仰有关的系列美术绘画。即“毗卢遮那像ち追つて→毗卢遮那三尊像さ圆觉经变相／圆觉经佛画发现戴宝冠的释迦像／飞来峰の华严佛会画像”[5]。在波士顿美术馆所藏的一幅东瀛13世纪初（约当南宋中期）“圆觉经变相”绘画上，佛顶上光焰中心有一“卍”字，左右各飘出一道毫光，并配以二飞天；中尊主像呈趺坐姿，身后有两重半圆形的大背光，左右手臂曲肘向身体两侧伸张并结特异手印；佛的眷属众多，姿态和神情各异；画面上的色调为：肉身呈白红色；衣饰的着色，以白色为基调，配以朱、金、褐、浅褐、绿色（图26）。中尊佛像的造型与“华严海会善知识图”上毗卢遮那佛像相同，头戴宝冠，身着通肩衣饰，施的印相也一致。毗卢遮那如来的胁侍，根据《华严经》已设定的，应为文殊、普贤菩萨。该变相图中，手执如意乘狮的文殊菩萨与建长寺本（“毗卢遮那三尊”）的同样；普贤菩萨乘象，手执盈华（锡杖）。在三尊主像的下段画面上表现呈趺坐姿的10菩萨；其中，金刚藏、普眼、弥勒菩萨也是直接在同经中出现的，其名号为：清净慧、辨音（观世音）、贤善首、圆觉菩萨等等，根据这些众多菩萨的名号，由此可见，《圆觉经》与《华严经》的关系是何等的深沉、密切[6]！画面的中央，有一尊面朝向如来的趺坐像（图中加白圆圈处），据考定，应为善财童子（参见示意图）。在画面中，还表现有赴佛会的八万金刚、十万鬼王、二十八天王、大梵王、天帝释、诸天等；诸尊的配置是参照《华严经》中的内容而设计的。这幅画像的内容似乎表现的是毗卢遮那如来的说法会。因此，根据《圆觉经》内容而绘制的“圆觉经变相”，时代应晚于表现毗卢遮那如来说法的“华严海会善知识图”。由此我们可以确定，安岳和宝顶的题材虽然都是属于“圆觉经变相”，但前者的建造时代肯定早于后者。因为正是宝顶的时代要晚，所以窟中方才多了一尊代十二菩萨向佛问法的化身像（善财？），显现了一种“和谐”的气氛，弥补了安岳的不足之处。

---

1 参见胡文和：《安岳大足石窟中“川密”教祖柳本尊造型分类》，《大足石刻研究文集》（5），重庆出版社2005年版，第231页。

2 参见Angela F. Howard:*Summit of Treasures:Buddhist Cave Art of Dazu，China*，p.115。

3 这三种造型分别为：Ⅰ型为安岳毗卢洞中的柳氏头戴东坡巾，脸形较丰硕，鬈发至耳根　眇左眼、断左臂；Ⅱ型为安岳毗卢洞第10号幽居洞窟中的柳氏，鬈发至耳根，眇右眼，断左臂；Ⅲ型为宝顶大佛湾第21号十炼图，头戴东坡巾，脸形清癯，上唇和下颏有三绺胡须，该型的时代最晚。安岳华严洞正壁中佛宝冠上的柳氏像为Ⅰ型，时代最早。参见拙作《安岳、大足石窟中“川密”教祖柳本尊造型分类》，《大足石刻研究文集》（5），重庆出版社2005年版，第232—233页。

4 参见胡文和：《四川道教佛教石窟艺术》，《第三卷　四川石窟中道教、佛教题材内容的研究》“华严部系统的经变”，四川人民出版社1994年版，第315—316页。

5 据［日］石田尚豊《日本の美術270 華厳経絵》：毗卢遮那像さ追つて，一、毗卢遮那三尊像さ圆觉经变相，明惠上人的‘华严海会善知识图’的原本，据文献记载，应系唐本，中尊毗卢遮那佛的造型和手相，已经从中国的美术遗品中得到了证实。

6 ［日］石田尚豊：《日本の美術270 華厳経絵》，第56頁。

图 25　安岳圆觉洞第 10 号窟（“文革”前黑白照片，安岳文管所提供）

图 26　波士顿圆觉经变相（复制于《日本の美術 270 華厳経絵》）

波士顿美术馆的“圆觉经变相”佛画的构图内容，诸菩萨的尊名、性格等，都见之于《华严经》。但是中尊，即《圆觉经》中说

圆觉菩萨　文殊菩萨　（戴金冠的释迦佛）毗卢遮那如来　普贤菩萨　贤善首菩萨

净诸业障菩萨　威德自在王菩萨　普眼菩萨　弥勒菩萨　金刚藏菩萨　清净藏菩萨　辨音菩萨　普觉菩萨

八万金刚　（善财童子）　十万鬼王

大梵王　二十八天王　天帝释

波士顿圆觉经曼荼罗诸尊配置图

法的释迦佛却被表现成《华严经》绘画中的毗卢遮那佛，即成为戴冠的释迦佛，显然是受宋代华严系列佛像绘画的深刻影响[1]。《圆觉经》，按其教义应属华严系统，不属于密教；经中说法主尊为释迦佛，主要胁侍为文殊、普贤。那么，如果要将该经中三主像以可视化的形式表现为图像，中尊佛像就不应戴宝冠，是否有这种变相产生呢？我们通过多年的考察和研究，肯定回答是“有”！而且是在中唐以降就出现在巴蜀石窟遗址中。邛崃石笋山第32号龛，龛中主像为头有高肉髻的释迦佛，趺坐在有铺帛垂下的束腰莲座上，双手置于小腹前交叉的足踝上捧钵；其左右胁侍为乘狮、象的文殊、普贤菩萨（图27）。据该龛左边岩壁上的题刻“石笋山菩提、释迦二像龛并铭……大历二年（767年）”，其中的“释迦”龛就是指的第32号龛[2]。资中重龙山（即北岩）第93号窟，时代为唐大中年间（847—859年），主尊为头有高肉髻，趺坐在莲台上的释迦佛，左手施触地印，右手施无畏印；其胁侍为乘狮、象的文殊、普贤菩萨；同处，即北岩第144号窟造像图形与之完全相似（亦系晚唐作品）（图28A、图28B）[3]。安岳圆觉洞第63号五代时代的大龛中，龛内雕刻释迦佛、文殊和普贤菩萨组合的图像。过去，学者都将这样组合的图像命名为“华严三圣”，中尊主像就应该是戴冠的毗卢遮那佛，可主佛又不戴宝冠；其实应是根据《圆觉经》内容表现的“释迦三圣”，而这种变相出现的缘由正好与中唐以降《圆觉经》流行的背景相吻合。

图27　邛崃石笋山第32号龛释迦三圣唐大历二年（767年）

图28A　资中北岩第144号龛文殊菩萨 晚唐

图28B　资中北岩第144号龛普贤菩萨 晚唐

通过以上对“圆觉经变相”与“华严海会善知识图”，以及华严系列的佛画关系研究，我们应该看出：华严系列的变相作品，主体应是戴冠的毗卢遮那佛；“圆觉经变相”中，主佛应是不戴冠的释迦佛；上面列举的四川石窟遗址中晚唐、五代的图像，即是实证。宋代的“圆觉经变相”中，主佛像变成戴冠的释迦佛，那是因为《圆觉经》与《华严经》的特殊关系，及受毗卢遮那佛三尊图像的造型影响所致。宝顶大佛湾第5号龛中的一佛二菩萨三尊大像，1986年4月在大足召开的“第二届大足石刻研讨会”上，或认为应定名“西方三圣”；或认为应是“华严三圣”。我们认为正确定名应是“释迦三圣”。

现在，我们再重新检视宝顶大佛湾第29号圆觉洞正壁中像与安岳华严洞正壁中像的造型区别。宝顶的中尊像造型是：头戴宝冠，冠正面的莲座托起一轮圆日，发出火焰光，寓意大日遍照；冠顶上冒出的毫光中为趺坐的柳本尊Ⅲ型化身像；该佛像的莲台下为须弥座，座下有一蟠龙；这些寓意的是莲华藏海；那么这尊佛像的身份是正宗的（Orthodox）毗卢遮那佛。此处暂不论中佛左右两边的释迦佛和阿弥陀佛安置的宗教意义。窟左右壁上各排列6菩萨，合为12圆觉菩萨；窟左右壁上部又表现《华严经·入法界品》的可视化图像。所以我们可以得出结论，宝顶的这窟《圆觉经》变相是受《华严经》变相的深切影响，应是毋庸置疑的了！其主像造型与同处14号“毗卢道场”轮藏柱中像毗卢佛比较，后者的宝冠顶部上面没有柳氏Ⅲ型的化身像，两者所表现的宗教性质都完全不一样，前者是把柳氏尊奉为大日如来，而后者根本不是。而且前者还有原型可寻，其结构是与安岳圆觉洞遗址中第15号“圆觉洞”窟［北宋庆历四年（1044年）］相同的（前文已述）。

安岳华严洞中尊主像也是戴宝冠，冠正面虽有柳氏Ⅰ型小化身像，但却没有升起在冠顶上部，冠正面立面没有莲台托起一轮冒出

1　参见［日］石田尚豊：《日本の美術270 華厳経絵》，至文堂1988年版，第57頁。

2　参见胡文和：《四川道教佛教石窟艺术》，第23—24页；该龛中的文殊菩萨像头部，2002年我们再次（记不清多少次）造访时，发现已被盗割，询问当地乡民，均说不知道！

3　参见上引同书，第48页。

火焰光的日轮；而且该佛趺坐的莲台下面，没有须弥山，也没有蟠龙，那就是莲台下面没有象征性地表现莲华藏海。其次，主佛左右两边的胁侍为乘骑狮、象的文殊、普贤菩萨；其余10位菩萨是分别安置在窟的左右壁上，壁的上部表现《华严经·入法界品》的可视化图像。该窟的造像题材也应该定名为《圆觉经》变相，与宝顶第29号窟的相比较，中尊主像佛的身份不是毗卢遮那佛，而是戴宝冠的"释迦佛"（因为冠正面有柳氏的Ⅰ型小化身像，故加双引号）。而且正壁的组合更接近本文上面已列举的，中唐以降四川石窟中所出现的"释迦三圣像"组合（中佛不戴冠）；而后者在大足邻近地区（除安岳）的石窟遗址中没有这种组合的造像。

（四）华严教义对柳氏"川密"教派造像的深切影响

安岳宋代石窟造像基本上是分布在该县的东南部，而且是以石羊场（镇）的毗卢洞为中心分布的。在其东面为华严洞、茗山寺造像；在其东北面为林凤镇的塔坡造像，以及高升乡的大佛寺造像。在这些遗址中，宋代造像题材内容突出的是：华严洞的圆觉经变相正壁三大像为华严三圣像，《华严经·入法界品》变相（善财童子五十三参）；茗山寺的毗卢佛像、文殊菩萨像；塔坡的华严三圣像；高升大佛寺的华严三圣像。在华严三圣中尊主像毗卢佛（华严洞的中尊像戴金冠的释迦佛），茗山寺单尊毗卢佛的宝冠立面上都有柳本尊的Ⅰ型化身像（Incarnation）。由于过去学术界（包括笔者在内）都是把柳本尊纯粹认定为密教教主，因而遂将华严三圣像的宗教性质界定为密教造像。现在看来，将其笼统归属于密教，有失偏颇。简言之，笔者过去对安岳这几处造像遗址作研究时，只单纯考虑到密教的因素，而根本忽略了龛窟中题刻，以及形象造型特征所蕴含的华严教义成分。

例如：毗卢洞第8号窟的柳本尊十炼图，中心主像为毗卢佛，其身后的舍利塔中有柳本尊的凡身像（即柳氏涅槃像），表明毗卢佛即柳本尊的法身像，却仍难以据此断定其宗派归属。但在安岳毗卢洞第8号窟十炼图中，"第七炼顶"为柳氏作证文殊菩萨的右侧，有一长方形题刻，文为：

正是金罡宝山，一树丛林、一钱物、一寸地、一物命，立华严大斋，／八万四千戒定，即：三界护神、护法、护道、天神、地神、山神、／树神等，一心守护，不许十恶五逆，九十五种外道，鬼怪精灵，妄／起贪爱，谋妒盗心，或放牛羊，侵犯一毫一叶，付／天龙八部、五通圣者、八大将军施行。必遭／王法，□苦恶难，死入阿鼻，万劫千生，不通岁□。／

这通题刻中经文文字与宝顶山大佛湾第2号护法神龛一神将手中所持的石刻册文相同[1]，均为寺院前所立的"告示"，警示一切众生，不应心生侵扰庄严道场的意图。不过，毗卢洞题刻中"立华严大斋，八万四千戒定"与宝顶大佛湾石刻册文"华严海会"的意义是相同的，这实际上也是暗示毗卢洞十炼图中心主像毗卢佛（即柳本尊的法身像）具有华严教主的身份。

另在华严洞，图像内容是圆觉经变相，不过该经是属于华严部系统，因此变相的属性自不例外。首先是正壁主尊为毗卢佛（戴冠的释迦佛）；又据唐李通玄（635—730年）《新华严经论》认为《华严经》教主伴别者"一佛、二文殊、三普贤"[2]，即是强调以文殊、普贤配合毗卢遮那佛，共为华严三圣的观点[3]。正壁上原本出自《圆觉经》中"释迦三圣"即构成所谓的"华严三圣"像；而在三圣像身后的岩壁面上还刊刻有楷书体的文句"若人欲了知，三世一切佛，应观法界性，一切唯心造"[4]。这则偈句是出自80卷《华严经》卷19，觉林菩萨于夜摩天宫中所说的颂言。另在窟左右壁的上方雕刻了10幅出自《华严经·入法界品》，即该品中所说的善财童子参访五十三善知识的部分内容。从以上题材的搭配，说明华严洞是以华严系统经典内容为主的造像，因此窟内的主尊毗卢佛（戴冠的释迦佛），其宗教身份无疑应为华严教主。根据主尊毗卢佛像的宝冠上有柳本尊Ⅰ型造像，亦即柳氏的宗教身份又兼华严教主。

由于毗卢洞以及华严洞中毗卢佛像的宗教性质和身份，在表面上是密教教主，如毗卢洞窟额题刻中所说"本尊教主，（略）自凡入圣，即法身也，梵语毗卢遮那佛，华言遍一切处"；而更深层次表现的意义是为华严教主。在《宋立"唐柳居士传"碑》记载的柳本尊研习的佛教典籍中，并没有提及与华严部经典的关系（或者由于《宋立"唐柳居士传"碑》中的相关文句缺佚，使我们现在不得而知），然而根据毗卢洞十炼图题刻，华严洞的造像题材内容；以及茗山寺的毗卢佛像，塔坡、高升大佛寺的华严三圣像，我们可以发现：柳本尊所自创的宗教派别传至宋代，已将华严系统经典的教义纳入了其传法内容中。

1　该神将所持的石刻册文，参见郭相颖主编：《大足石刻铭文录》，重庆出版社1999年版，第94页，护法神龛经文录文和拓片图版。

2　（唐）李通玄：《新华严经论》卷2，《大正藏》第36卷，第739页上。

3　华严三圣为本师毗卢遮那如来，及普贤、文殊两大菩萨，见（唐）澄观：《三圣圆融观门》卷2，《大正藏》第45卷，第671页上。

4　（唐）实叉难陀等译：《华严经》卷19，《大正藏》第10卷，第102页上。

这还可以通过华严洞两个特别形象所执的经典予以证实。前文已述，该洞中华严三圣左边居士形象的杨直京左手所执经函上刻有“合论”两字，似即代表唐李通玄所著的《华严经合论》；其右边僧人形象的袁承贵手执《大毗卢遮那略要速疾门五支念诵法》经卷[1]。两位柳氏法嗣分别执密教、华严的经典，正是表明柳本尊教派的核心思想是将密教与华严教义融合。华严洞中还有正壁的普贤菩萨，右壁第1位普眼，都是以左手托一函经书。塔坡的普贤菩萨，茗山寺的第3号文殊菩萨，也都是以左手托一函经书[2]。所有这些细节特征就是暗示柳氏教派极其重视华严部的经典，而上述几处遗址都没有密教造像。

那么，华严教主的形象造型为何与密教大日如来的特征相近似呢？因此我们得了解华严教主名号及形象造型的由来。早期在武周之前（690—704年），华严教主名号及造像出自东晋佛驮跋陀罗（359—429年）所译的《六十华严经》，被称为卢舍那（Rocana）佛，其造像不戴宝冠，袈裟上表现有“华严法藏世界图”像，这样的佛像被称名为“卢舍那法界人中像”[3]。只是安岳这些宋代遗址中的戴冠毗卢佛像，与早期的卢舍那佛式样的华严教主相比较，在形象造型上没有任何传承关系。

以毗卢遮那佛（Virocana）为名号的华严教主是出自武周圣历二年（699年）实叉难陀（652—710年）等译出的80卷《华严经》[4]。该经中将60卷《华严经》中的教主“卢舍那佛”（Rocana）译名为“毗卢遮那佛”。自此以降，经过华严宗三祖贤首大师（643—712年）、四祖澄观大师（738—839年）的大力推广，80卷《华严经》遂成为华严宗奉行的根本大典。澄观还在《三圣圆融观门》中说：“华严三圣为本师毗卢遮那如来，及普贤、文殊两大菩萨”[5]，这也就是其教主开始被称谓毗卢遮那佛的由来。唐玄宗开元年间（713—741年），印度正纯密教传入中土后，其主要奉持的经典《金刚顶经》《大毗卢遮那成佛神变加持经》（即《大日经》），都将“毗卢遮那佛”作为“大日如来”的异名。因此，中土在8世纪（A.D.700）之后，毗卢遮那佛竟然同时成为了华严、密教教主。

密教毗卢佛主要沿自印度模式，以头戴宝冠、手结智拳印（Vajra-mudrā，即金刚印）、结跏趺坐的特征出现。华严教主即与密教的同名，由此受其影响，那么两宗教主的形象造像或许有可能相似？根据高句丽8世纪新罗时期华严宗本尊造像的形象似有可能得到某些启示。例如：现韩国庆尚北道庆州市吐含山麓的佛国寺中的毗卢佛像，佛国寺原为新罗华严宗系的寺院，殿中的主尊毗卢佛为华严教主，佛像身着袒右肩袈裟，双手于胸前结智拳印。又，韩国庆尚北道庆州佛国寺保存有于公元8世纪后期（750—800年）制作的金铜毗卢舍那佛坐像（像高177厘米，编为国宝第26号）。这尊毗卢遮那佛供奉在佛国寺毗卢殿中。其面相丰满，神态端严，头有螺发和高肉髻，双眼半睁；鼻、口、唇的线条棱角分明。佛颈有三道项线，身着偏袒右肩的袈裟，身体前面的衣纹雕刻呈凸棱式的平行圆弧线条，袈裟右衣襟拉上缠绕在左小臂上。两膝因像呈跏趺坐姿雕刻呈厚实状态，衣纹褶襞是用雕刻写实手法表现的。该佛像身躯厚实、隆胸，双手在胸前结智拳印（Vajra-mudrā，即金刚印）。这尊毗卢遮那佛的造型是由公元8世纪中叶新罗人唐求法僧带回的（图29）[6]。据此像，在8世纪，新罗就已经有了结大日如来智拳印的华严教主像。韩国学者研究认为：华严教主表现出结密教手印的特征，是因为在8世纪新罗学问僧入华学习法藏、澄观一派的华严教法，当时华严宗四祖澄观兼通秘咒及仪轨之学[7]，而将禅、密导入了华严教法中，所以华严教主的图像，方有可能受到密教的影响[8]，以至8世纪后，高句丽出现了手结智拳印样式的华严主尊毗卢佛像。

按高句丽毗卢佛像的变化来推测，唐代中土华严教派的毗卢佛像，亦应受密教大日如来影响，其特征就应是头戴宝冠，手结“智拳印”。令人遗憾的是，在中土没有一例这种唐代华严毗卢佛像保存下来。据宋范成大《成都古寺名笔记》中载，成都大圣慈寺壁画中有杜觊龟、赵公祐、赵希正所绘制的毗卢佛画像，在公元12世纪尚能见到，可惜的是这些壁画全毁于战火中，关于其造型，文献却

---

1 这与《宋立“唐柳居士传”碑》中所载柳氏临终以“（缺字）咒□授袁承贵”相符合，《宋立“唐柳居士传”碑》碑文录载（清）刘燕庭：《金石苑》第五册，清道光丙午年来凤堂石印本，1846年。

2 在大足宝顶山小、大佛湾及周围的华严三圣像中，没有一例捧经函的类似造像。

3 北齐时代（550—577年）的卢舍那法界人中像，参见青州市博物馆编：《青州龙兴寺佛教造像艺术》，图138、139、140－1、140－2，北齐石刻卢舍那法界人中像、拓片、圆雕立像。次参见《中国石窟·敦煌莫高窟（一）》，图版162，南壁中层，卢舍那佛，北周，筓219页图版说明。再参见Angela F. Howard：“The Monumen tal Cosmological Buddha in The Freer Gallefry of Art：Chromology and Style（弗里尔画廊中一尊“世纪观佛”像的年代和风格），”*ARS ORIENTALIS*, XIV，1984，pp.53-73. 1986年，Angela F. Howard到四川美术学院学习，曾将这篇文章赠与 笔者，笔者将该文译出并附上原文中的全部黑白图片，载胡文和、胡文成：《巴蜀佛教雕刻艺术史》上册，巴蜀书社2015年版，第338—356页。

4 关于80卷《华严经》在中土武周时期（690—704年）译出的过程及参与人员，参见《开元释教录》卷9，《大正藏》第55卷，第566页上。

5 参见（唐）澄观：《三圣圆融观门》卷2，《大正藏》第45卷，第671页上。

6 参见［韩］秦弘燮《韓国の仏像》，学生社1979年版，図版21，第213頁（79）図版説明。

7 参见《宋高僧传》卷5《澄观传》，《大正藏》第50卷，第737页上。

8 ［韩］朴亨国：《慶北大学博物館所蔵砂岩造毘盧遮那仏坐像について》，《佛教藝術》第230号，1997年，第61頁。

图 29　结智拳印的金铜毗卢舍那佛坐像　坐身高 177 厘米　新罗时期　公元 8 世纪后期（750—800 年）

图 30　大足石篆山第 7 号毗卢佛像　北宋元丰七年（1084 年）　宝座下蟠龙象征“莲华藏世界海”

无只言片语[1]。在巴蜀唐代石窟中有头戴宝冠，袒右肩，以右手施触地印（bhū mispaú sa-mudrā）的佛像，造像题刻中指明了佛像的身份是“菩提瑞像”[2]，但民间信徒妆修却将这种样式的佛像当作密教的大日如来像；令人困惑的是，大陆学术界某些学者在其论述中也将“菩提瑞像”归于密教造像（有关的文章甚多，不赘），指认为“毗卢遮那佛”。但是巴蜀宋代石窟中，毗卢佛却是另一种造型。

在巴蜀宋代石窟造像中，既有造像题刻指明其宗教身份，保存状况又完好的毗卢佛像为大足石篆山第7号龛。该龛凿造于北宋元丰七年（1084年）。中像毗卢佛头戴宝冠，宝冠立面上有金轮；佛像的手印为，其左手半握，右手四指屈覆在左手背上；其宝座为三层仰莲台，下为一蟠龙[3]。题刻中指明其身份为“毗卢佛”，但不是密教教主，因为其宝座为莲台，下有蟠龙，象征《八十华严》中的“莲华藏世界海”，所以该佛的真实身份为华严教派教主毗卢佛（图30）。石篆山的佛、道像都是普州，即出自安岳镌刻世家的文惟简率其子镌刻的[4]；安岳千佛寨北宋时代（960—1126年）第44号三身佛窟，中佛所结的手印（20世纪90年代被重修，已失去原貌），石篆山第7号龛的与之完全相似。由此可以证实，大足最早的毗卢佛像（即华严教主像）是从安岳传入，由安岳工匠雕刻的。又，毗卢洞北宋时代（960—1126年）第10号“幽居洞”正壁中像毗卢佛头戴宝冠，双臂屈肘靠近身体，双手掌平伸向外，以大拇指捻中指结特殊手印；其左侧为头有鬈发、缺左耳、断左臂的柳本尊Ⅱ型造像。但中像的造型与东瀛奈良东大寺所藏的（唐）本《华严海会善知识图》的中尊毗卢佛像完全相同[5]，与之相同的还有北宋乾兴年（1022年）杭州飞来峰青林洞“华严佛会”中的毗卢佛的造型[6]。由此可见，安岳的这种毗卢佛像身份并不是密教教主，而是华严教主毗卢佛的又一种造型，其源流与唐本《华严海会善知识图》密切相关。宝顶山大佛湾周围的“结界像”，皆为“华严三圣”像，过去都被判定为密教造像[7]，其实就是围绕宝顶山大佛湾这个巨大的“华严法藏世界图”为中心的华严“七处九会”变相的一种形式；在布局方面，正是沿袭了安岳华严洞、茗山寺、塔坡、高升大佛

1　（宋）范成大：《成都古寺名笔记》，载《全蜀艺文志》卷42，杨升庵先生原本，新都左本悉朗山校。

2　参见胡文和、胡文成：《巴蜀佛教雕刻艺术史》（中册）第二卷《广元、巴中石窟艺术》第三章《千佛崖各时代龛窟造像》第贰节唐代造像（三）第366号窟。巴蜀书社2016年版。

3　参见《大足石刻研究》，第529—530页。

4　参见拙作《大足石篆山石门山妙高山宋代石窟与文氏镌匠世家的关系研究》，台北《中华佛学学报》第14期（2002），第75—78页。

5　参见《日本の美術270 華厳経絵》，第46页第48图华严海会善知识图（东大寺）。

6　王伯敏：《西湖飞来峰的石窟艺术》，《文物》1956年第1期，第22页，第24页图二。

7　大足陈习删先贤最早在其大作《大足石刻志略》中将这些“华严三圣”像归之于“瑜伽部坛仪像”，参见《大足石刻研究》，第280—281页。

岩以毗卢洞为中心的构图模式，但是形象造型的雕刻技艺明显逊色于后者。

综上所述：华严教主最初为卢舍那佛，在唐代由于《华严经》译本的改变，其名号和形象造型与唐代开元时期（713—741年）传入中土的密教教主大日如来重合，但是两者在中土都没有遗留传世的作品，反而见之于韩国新罗时期的遗物，如前所述。

中国大陆有的研究唐代密教造像的学者不察，却将巴蜀石窟遗址中的“菩提瑞像”断定为密教教主造像。更为遗憾的是，1945年“大足石刻考察团”将大足宝顶大佛湾造像定性为“密宗道场”[1]，其后的学者多持“考察团”的这种观点；问题在于后世学者多从唐代密教传承谱系去论证宝顶山石窟遗址的宗教性质，而忽略了其与宋代华严教派及教义的关系。

（五）安岳、大足其他华严系统造像

对安岳、大足华严系统造像多数主佛宝冠上有柳本尊化身像的宗教意义探究。

根据本文以上对宝顶大佛湾第14号窟毗卢道场，第29号圆觉道场图像结构和题材内容的探索，我们清楚地认识到，两者都是采用雕刻形式将《华严经》“七处九会”和“圆觉经变相”的平面绘画予以立体表现；并厘清了宝顶圆觉道场和安岳华严洞的主从关系，后者的题材也是“圆觉经变相”，时代早于前者；后者正壁中像佛的身份应是戴宝冠的释迦佛，前者的是毗卢遮那佛。再据东瀛学者研究成果（参见前文所述），《圆觉经》及其变相绘画，无论就经文内容、佛、菩萨名号、图像结构等，都与《华严经》、华严系列的变相有极为密切的关系。其实，这一特异现象早就在公元11—12世纪后期（1044—1200年），即北宋后期至南宋前中期（约当绍兴至淳熙年间，1131—1190年）安岳、大足石窟遗址的造像中强烈反映出来了。值得我们深刻思考的是，这些造像中的主佛宝冠上几乎都有柳本尊的化身像，除了表明其为“川密”教主的身份，是否还暗示有另外的宗教意义呢？兹将两处石窟遗址中有类似题材内容的造像列表，并作进一步探讨如下：

安岳、大足宋代石窟中华严系统造像统计表（暂列）

序号	地　点	名　称	时　间	造像内容	备　注
1	安岳云居山	圆觉洞	北宋庆历四年（1044年）	窟正壁上雕刻三身佛，左右壁上各雕刻6尊菩萨	全部造像毁于“文革”
2	安岳赤云乡箱盖山	华严洞	北宋末南宋初期（1120—1150年）	窟正壁主像佛戴宝冠，冠立面有趺坐的柳本尊Ⅰ型造像，佛左右两边为文殊、普贤；窟左右壁上各雕刻5尊菩萨；上部雕刻部分《华严经·入法界品图像》；另雕刻2名柳本尊的法嗣	保存基本完好，窟顶壁1984年重新复制
3	安岳林凤乡塔坡	华严三圣	北宋末南宋前期（1120—1150年）	中像毗卢佛头戴宝冠，冠立面上有趺坐的柳本尊Ⅰ型像，其上有火焰纹的日轮；佛左右边为文殊、普贤	文殊头部清代被改刻（图31A、图31B）
4	安岳石羊镇毗卢洞	华严三圣	北宋末南宋初期（1120—1150年）	正壁上雕刻华严三圣，文殊、普贤未乘骑青狮、白象；造型与塔坡相同	编号为18号
5	安岳石羊镇毗卢洞	三身佛（幽居洞）	北宋末南宋初期（1120—1150年）	窟内正壁中像为毗卢佛，宝冠顶上有日轮，双手屈肘，手掌外伸施特殊印势；左边为柳本尊，有髼发，缺左臂；右边佛像，头有螺发，右手屈肘施印（无畏印），手掌已坏	编号为第10号（图32A、图32B）
6	安岳高升乡大佛岩	华严三圣	北宋末南宋前期（1120—1150年）	窟原名大佛洞，正壁雕刻华严三圣，中像佛头戴宝冠，冠立面上有柳本尊Ⅰ型像，双手结智拳印，文殊头戴7叶化佛冠，普贤头戴5叶化佛冠。	文殊、普贤未乘骑狮、象（图33A、图33B）
7	安岳鼎新乡茗山寺	毗卢佛	北宋末南宋初期（1120—1150年）	毗卢佛手结毗卢说法印，头戴宝冠，冠立面有柳本尊Ⅰ型像	保存基本完好（图34）
8	安岳鼎新乡茗山寺	文殊菩萨	北宋末南宋初期（1120—1150年）	文殊菩萨呈立姿，头戴5叶化佛冠，右手托经书	保存基本完好
9	大足宝顶大佛湾	毗卢道场	南宋前期（1131—1162年）	窟内雕刻《华严经》“七处九会”图像	窟东壁有3组图像毁于清代

1　吴显齐：《介绍大足石刻及其文化评价》，载《大足石刻研究》，第32页。

续表

序号	地　点	名　称	时　间	造像内容	备　注
10	大足宝顶大佛湾	圆觉道场	南宋中期（1162—1200年）	窟内雕刻三身佛，12尊圆觉菩萨，2名柳本尊的法嗣；《华严经·入法界品》部分图像，中佛宝冠立面有柳本尊Ⅲ型像	明洪熙元年碑记载有“兴修圆觉古洞”
11	大足宝顶大佛湾	释迦三圣（原定名华严三圣）	南宋前期（1131—1162年）	宝顶大佛湾第5号龛，中像为释迦佛，未戴宝冠，仅头部冒出两道毫光，其左右为分别呈站姿的文殊、普贤	保存基本完好
12	大足宝顶广大山	华严三圣	南宋中期（1162—1200年）	窟内雕刻华严三圣，中像宝冠中有发射火焰光的日轮，佛左右两边分别雕刻文殊、普贤	保存基本完好（图35）
13	大足宝顶松林坡	华严三圣	南宋中期（1162—1200年）	窟内雕刻华严三圣，造型与广大山的基本相同	三像胸部以下风化严重，石质剥落
14	大足宝顶佛祖岩	华严三圣	南宋中期（1162—1200年）	窟内雕刻华严三圣，中佛宝冠立面上有柳本尊Ⅰ型像，双手前面盘中莲台上有一放射火焰光的日轮。普贤右手持如意，文殊双手举于胸前托贝叶经	保存基本完好（图36A、图36B）
15	大足宝顶三块碑	华严三圣	南宋中期（1162—1200年）	窟内正壁趺坐的佛像头戴宝冠，其额顶白毫中冒出一光上升为云，云中趺坐柳本尊Ⅲ型像，整个造型与宝顶圆觉洞的中像相同	三像头部略有损毁，龛内有“假使热铁轮”偈语（略）
16	大足宝顶小佛湾	毗卢遮那佛	南宋前期（1131—1162年）	窟内正壁趺坐的佛像头戴宝冠，冠正面有柳本尊Ⅰ型像，未见有放射火焰光的日轮，窟左右两壁上雕刻柳本尊十炼图和八大明王	部分造像石质风化（图37A、图37B）
17	大足宝顶小佛湾	毗卢庵	南宋前期（1131—1162年）	窟内正壁上，中为手施说法印的毗卢佛（不戴宝冠），左为柳本尊Ⅰ型像，右为一趺坐的佛（释迦佛？）	保存基本完好（图38A、图38B）
18	大足石门山陈家岩	圆觉洞	南宋前中期（1131—1200年）	窟正壁上雕刻三佛，未戴冠，中佛头部上方有一小化佛；这三佛是释迦佛、毗卢佛、阿弥陀佛；窟左右两壁上雕刻12圆觉菩萨；另雕刻《华严经·入法界品》部分图像	该洞于1946年发掘，“文革”中，多数菩萨头部被毁掉

我们将上表中所罗列的题材造像分类，从中可以看出，除第（9）号是《华严经》“七处九会”变相外，第（2）、（10）、（18）号是较完整的“圆觉经变相”；第（11）号的中佛未戴宝冠，其余的都是中佛头戴宝冠，这些既可以归于华严系列，也可以归于圆觉变相的简化形式。

再则，从上表中排列的华严三圣诸尊及圆觉经变相，中尊主佛的造型，除第4、8、9、12、13、18号外，其余的宝冠立面（或上部）上都有柳本尊的化身像；其中，第2、3、5、6、7、14、16号的为柳本尊Ⅰ型像，第10、15号的为柳本尊Ⅲ型像（我们曾撰文论证柳氏Ⅰ型像出现的时代要早于其Ⅲ型像，此处不赘述）[1]。这就值得特别重视，即：柳本尊不仅被尊奉为其创立的柳氏密教教主，而且还荣登为华严教派的祖师，由此启发我们能够破解宝顶小佛湾“祖师法身经目塔”第一层上面和同处第5号窟正壁左右侧刊刻的“六代祖师传密印，十方诸佛露家风”（下略）这则偈语的谜底[2]。

（六）“六代祖师传密印”的谜底

过去，“大足石刻考察团”将宝顶山石窟造像判定为“密宗道场”[3]，后来的学者们便“墨守成规”，殚思竭虑地把这则偈语置

1　参见拙著《安岳、大足石窟中“川密”教祖柳本尊像造型分类》，《大足石刻研究文集》（5），重庆出版社2005年版，第228—235页。

2　分别参见《大足石刻内容总录》，《大足石刻研究·下编》，第501页；《大足石刻铭文录》，第170—171页，图2—108，第一级北面塔身经目、偈颂。

3　参见吴显齐：《介绍大足石刻及其文化评价》，载《大足石刻研究》，第32页。

图 31A　安岳林凤乡塔坡毗卢佛像

图 31B　安岳林凤乡塔坡普贤菩萨像

图 32A　安岳毗卢洞第 10 号窟“幽居洞”

图 32B　安岳毗卢洞第 10 号窟中柳本尊像特写

图 33A　安岳高升乡大佛岩华严三圣像

图 33B　安岳高升乡大佛岩毗卢佛像和头部特写

图 34　安岳鼎新乡茗山寺毗卢佛像和头部特写

图 35　大足宝顶广大山毗卢佛像

图 36A　大足宝顶佛祖岩毗卢佛像
宝冠立面上有柳本尊Ⅰ型像

图 36B　大足宝顶佛祖岩文殊、普贤像

图 37A　宝顶小佛湾第 9 号窟毗卢遮那佛像

图 37B　宝顶小佛湾第 9 号窟毗卢佛像头部特写

图 38A　宝顶小佛湾第 4 号窟正壁佛像

图 38B　宝顶小佛湾第 4 号窟正壁主佛左侧柳本尊 I 型像特写

于中国唐代正纯密宗的传承谱系中去寻征答案，结果是南辕北辙，歧义纷争。关于中国唐代佛教密宗的传承谱系，文献可参见日《密教大辞典》第六册《密教法流系谱》，整理甚为详细，据《三国相承》，（1）《付法传》所载传承谱系为：大日—金萨—龙猛—龙智—金刚智—不空—惠果；其中，龙智又传善无畏——行。（2）海云血脉《两部大法相承师资付法记》所载传承谱系为：金刚界是，大日—金萨—龙猛—龙智—金（刚）智；其再传一为善无畏，一为不空，不空传惠果。胎藏界是，大日—金刚手—达磨掬多—（善）无畏；其所传有三支：一为金（刚）智—不空；一为（大兴善寺）一行；一为（保寿寺）玄超—（青龙寺）惠果[1]。本文此处再举例传世文物说明。日本京都教王护国寺藏《真言七祖像》七幅，绢本着色。均为唐李真应东瀛学问僧空海（弘法大师）请求而作。空海于唐德宗贞元二十年（804年）奉日本天皇旨，将摩纳（袈裟）及国信物五百余贯文奉上惠果，受密宗嫡传。该七祖像其他六祖像都是后世临摹，只有不空金刚大和尚像是唐代唯一真迹。“真言七祖”又有“八祖”之说：以大日如来为教主，金刚萨埵为二祖，龙树为三祖，龙智为四祖，金刚智为五祖（也称中国密宗第一祖），不空为六祖，惠果为七祖，其下中国无继之为祖者。日大村西崖《中国美术史雕塑篇》称为《真言祖师影》[2]。联系前文曾探讨的东瀛在12—13世纪初，华严系列法藏图像和教义的流行，并追根溯源到受中国大陆宋代华严绘画强烈影响的历史事实反馈，现在我们应转换思路，切入唐代华严宗的传承谱系，将佛教史上注疏《圆觉经》最权威的圭峰宗密禅师纳入视线。

宗密（780—841年）为四川西充人，一身二任，既是承传法藏、澄观华严教系的第五祖，又是唐代禅宗南派顿教菏泽系的四传弟子；其为中晚唐时期最大的禅宗学者和导致佛教整体学风根本改变的关键人物[3]。宗密非常推崇《圆觉经》，精辟地指出其所具有的包容性特质：“此经具法性、法相、破相三宗经论；南北顿、渐两宗禅门，又分同华严、圆教，具足司修门户”[4]。其所作的前瞻性分析，非常切合中唐以降的禅教融合，三教合流的时代风气，从而使《圆觉经》从浩瀚的佛典中脱颖而出，成为宋代佛教经典的代表：其注疏甚至传至高句丽和东瀛，并产生了深远的影响（本文前论述的“圆觉经变相”绘画即是实证）[5]。

《圆觉经》不仅融合了华严、禅宗的教旨，而且其与民间密教有深厚的关系。在佛教的经典中，《圆觉经》分类列为大乘修多罗（Sutra）经，后又被归入“华严部”。所以，该经自问世以来，关于其论疏都是从显教的角度出发，而忽略了经文中所含藏的密教旨义。这也就使得我们过去在论证安岳华严洞、大足宝顶圆觉道场的题材内容时，也未能重视，甚至忽略《圆觉经》与密教关系的缘故。《圆觉经》开卷就以陀罗尼神秘的方式传播该经的宗旨；位列12大菩萨之首的文殊菩萨问法后，“尔时，世尊告文殊师利菩萨：‘（略）善男子，无上法王有大陀罗尼门，名圆觉，流出一切清净真如、菩提、涅槃，及波罗蜜’[6]”。其后内容就是围绕修证这“本有圆觉”而展开的。最后卷尾直接说明该经还有五种名号：“是经名‘大方广圆觉陀罗尼’亦名‘修多罗了义’，亦名‘秘密王三昧’，亦名‘如来决定境界’，亦名‘如来藏自性差别’。[7]”从中可以看出该经具有深厚的密教色彩，在该经中更有“秘密大圆觉心”的说法。所以，安岳、大足石窟遗址中出现“圆觉经变相”的洞窟，以及相关题材的造像，缘由则不难理解。

柳本尊是唐末五代初自创密教体系（即被暂定名为“川密”）的教主，其宗教组织的活动范围也仅限于以成都为中心的川西地区（其影响有可能达于沱江和涪江流域地区）[8]。在老四川的宋代石窟遗址中，最早将他尊奉为密教教主和华严教派教主的造像，分别是表现在安岳石羊场毗卢洞“柳本尊十炼图”中，图中的主佛为戴宝冠的毗卢佛；以及与毗卢洞相距约4公里的华严洞中，正壁主佛为戴宝冠的释迦佛；其后，又流行于安岳大足，其他地方的石窟遗址中。柳本尊的出生年代，据安岳毗卢洞第8号窟“柳本尊十炼图”第5图“割耳”题刻中刊载：柳氏生于唐宣宗大中九年（855年）[9]；其卒年据《金石苑》第5册《宋立“唐柳居士传”碑》文中记载：柳本尊卒于天复七年（即唐昭宗天祐四年，907年），终年64岁。关于柳本尊的生年，现在一般都认定是唐宣宗大中九年（855年）。根据明洪熙元年（1425年）刘畋人撰写的《重修宝顶山圣寿院记》碑，照其说法，柳氏去世时应只53岁，而不是64岁。据此，柳本尊不是生于大中九年（855年），而应是生于唐武宗会昌四年（844年）。正与华严宗五祖圭峰宗密卒年会昌元年（841年）紧紧衔

---

1 《密教法流系谱·三国相承》，载增订新版《密教大辞典》第六册，台北市新文丰出版社1979年版。

2 参见林树中：《李真〈真言七祖像〉及其他》，《西北美术》（西安美术学院）1997年第2期，第37—39页。关于“李真”，据该文作者考订，《历代名画记》中的“李嗣真”即“李真”，“嗣”字为衍文，为古本传抄之误。

3 参见杜继文主编：《佛教史》，中国社会科学出版社1991年版，第302页。

4 宗密：《圆觉经大疏钞》卷一之下。

5 参见中国佛教协会编：《中国佛教》第3辑，知识出版社1989年版，第31页；再参见《日本の美術270 華厳経絵》，第75—76頁，第98図朝鮮地図。

6 参见胡文和：《四川石窟华严经系统变相的研究》，《敦煌研究》1997年第1期，第90页。

7 参见《圆觉经》“贤善首章”。

8 参见胡文和：《安岳、大足“柳本尊十炼图”题刻和宋立“唐柳居士传”碑的研究》，《前后蜀的历史与文化》，巴蜀书社1994年版，第156页。

9 参见胡文和：《安岳大足佛雕》，台北艺术家出版社1999年版，第214页，第（61）的注文。

接。并且，《宋立“唐柳居士传”碑》中载：北宋熙宁元年（1068年），柳本尊在成都、广汉弥蒙（牟）传瑜伽教的寺院被赐予“寿圣”额，即是柳氏及其私创的教派取得了合法的政治地位。再据《传》碑所载，柳本尊被奉为佛、菩萨，其弟子和信众尊名号为“本尊”，是已将他置于毗卢佛化身的地位；柳氏不仅修持密教，还重视《圆觉经》和《首楞严经》。所以，柳本尊才有可能又被尊奉为华严宗的“第六代祖师”，正是宝顶小佛湾“祖师法身经目塔”上第一级正壁（北）大圆龛外右侧和同处第5号窟正壁左右侧的“六代祖师传密印”这则偈语的谜底[1]。这则偈语也是向当时的信徒（以及现在的观者）暗示：大圆龛中的鬈发人像，即过去被认为的“赵智凤像”，其实就是柳本尊像（图39）。

图 39　柳本尊真身像　宝顶小佛湾“祖师法身经目塔”北面第一级大圆龛　北宋末南宋初（1120—1162 年）

（七）结语

笔者在此就宝顶造像源流、宗教性质和时代等问题提出几点看法：

距柳本尊去世两百余年后的宋孝宗淳熙年间（1174—1189年），赵智凤到弥蒙去“云游三昼”（即三天），回归大足后，于宝顶山首先“修建本尊殿，传授柳本尊法旨”。这个“本尊殿”就是现在宝顶大佛湾北岩最西端编为第21号的“柳本尊行化十炼图”龛；那么北岩东端的第14号毗卢道场窟会是赵氏修建的吗？整个大佛湾的造像工程都是他发起建造的吗？其实，毗卢道场和圆觉道场中尊主像造型和身份的宗教意义根本不同，就已经证明它们不是在同一时代由同一宗教思想指导雕刻出来的作品。换言之，宝顶山的造像不能笼统归之于赵氏“开创”，此其一[2]。

1　小佛湾的造像是早于大佛湾，参见胡文和：《对大足宝顶〈父母恩重变相〉重新研究》，敦煌研究院编：《2004年石窟研究国际学术会议论文集》（下册），上海古籍出版社2006年版，所以这则偈语刊刻的时代应在（南宋）绍兴二十九年（1159年）之前，是年为赵智凤生年。

2　参见拙著《安岳、大足石窟中“川密”教祖柳本尊造型分类》，《大足石刻研究文集》（5），重庆出版社2005年版，第228—235页。

又，公元11至12世纪，中国宋代佛教的信仰和修行实践是一种多元化的混合形式，其中包含净土教的信仰、儒家的孝道思想、教禅结合（华严禅）的修行（宝顶“圆觉道场”和“牧牛图”雕刻在一处，即是实例），窟教不拘于仪轨的造佛、华严法藏世界教仪图像，所有这些都在宝顶以雕刻形式得到了表现。然而，对宝顶造像的宗教性质探索，如果不将之置放于中国宋代佛教历史的大环境中去探索，仍然认定此处造像是这种或那种性质的“道场”，那正是“不识庐山真面目，只缘身在此山中”。例如：宝顶小佛湾与“六代祖师传密印”同处刊刻的“祖师颂曰：一二三三，四五六六”，从华严系列的经典中去求解，就会得到这是隐含八十卷《华严经》“七处九会”、品数、卷数的答案[1]，此其二。

再则，关于宝顶山的造像源流，有的学者仅仅局限着眼于大足本地，归之于赵智凤（1159—1234或1237年）的“创建”，甚至有的归之于受云南或西藏密教的影响[2]。其实，宝顶的雕像，在造型和图像学方面，我们都可以在与大足毗邻的安岳毗卢洞、华严洞、孔雀洞、茗山寺、高升大佛岩等处见到与之类似的作品；特别是高升大佛岩“华严三圣”中的主佛是老四川宋代石窟中唯一的双手施智拳印（即金刚印）的毗卢佛。后者作品表现出来的高超雕刻技艺远胜过了宝顶的石像。而且安岳的这些遗址相互之间的距离都在不超过10公里范围内；有如此密切的地缘关系，在形象造型和图像学方面又如此相似，所以这些都给我们提供了绝好的理由作出结论；安岳的这些雕像时代是12世纪前中期（1120—1150年），即北宋末至南宋绍兴中兴时期（1120—1160年）[3]，由同样一群，或关系极为密切的工匠世家雕刻制作的。他们就是从北宋皇祐四年（1052年）以降至12世纪末（绍熙三年，1192年），一直活跃在大足和安岳，以雕刻造像为职业的普州（安岳）文氏工匠世家[4]。因此，我们在研究大足宝顶造像的源流和风格时，不能忽视了其与安岳石窟造像的历史渊源关系[5]。

---

1 参见拙著《宝顶小佛湾祖师法身经目塔经目版本暨“祖师颂曰”寓意考释》，《2009年中国重庆大足石刻国际学术研讨会论文集》，重庆出版社2013年版，第501—513页。

2 Angela认为：“In fact, the content of some Baodingshan reliefs and sutras that inform others suggest more likely a direct transmission from Tibet. The Baodingshan representation of the Wheel of Rebirth, for example, has no parallel in China, but is always present among the frescoes of surviving Tibetan templs.” *Buddhist Cave Art of Dazu, China*, p.114.

3 此处我们引录Henrik H. Sorensen, “Buddhist Sculptures From The Song Dynasty At Mingshan Temple（茗山寺）In Anyue（安岳）, SiChuan”中一段画龙点睛的文句说明：“We can safely date the majority of the images at Mingshan Temple to the twelfth century, probably around the end of the Northern Song and the beginning of the Southern Song dynasty（ca.A.D.1120–50）.The high quality of the carvings, which is even superior to that seen in Dafo Wan at Mount Baoding, leads me to believe that the Mingshan sculptures were made before Zhao Zhifeng initiated his grandiose project in Dazu in A.D.1179.” See: *Artibus Asiae*, 55: 3–4（1995）, p.301.

4 参见拙著《大足石篆山石门山妙高山宋代石窟与文氏镌匠世家的关系研究》，《中华佛学学报》（14），2002年，第75—79页。

5 Angela认为宝顶山造像与上述安岳几处造像的年代大致相当，但为了突出宝顶山的中心地位，她却将安岳几处造像断定晚于宝顶山，把安岳这几处造像视为宝顶山造像的分支，是赵智凤传柳氏密教的分道场，Angela F.Howard: *Summit of Treasures: Buddhist Cave Art of Dazu, China*, p.136, Bangkok: Orcbid Press, 2001.

大足地区唐宋时期千手千眼观音造像遗存的初步考察

姚崇新

一　千手千眼观音造像的兴起及其在巴蜀地区的初传

千手千眼观音（以下除引文外，皆简称“千手观音”）又称大悲观音，而“大悲者，观世音之变也”[1]，即它是观音的一种变化身。更确切地说，它属密教系统的一种观音变化身，但随着时间的推移，千手观音造像越来越多地承载着民众信仰的诉求，而其原本的宗教内涵却越来越少，至少在中国内地情况如此。相关经典在宣扬其功能时谓其“千臂庄严普护持，千眼光明遍观照。真实语中宣密语，无为心内起悲心。速令满足诸希求，永使灭除诸罪业……我今称诵誓归依，所愿从心悉圆满”[2]、“以千眼照见，千手护持”，“能利益安乐一切众生”[3]。这些功能颇合民众信仰的心理诉求，因此千手观音虽然属于密教题材，伴随着密教兴起而兴起，但从后来千手观音的信仰和造像情况看，多数情况下已脱离密教体系，成为民众佛教信仰万神殿中的一员。

国内千手观音造像当是伴随着有关千手观音经典的翻译而出现的，智通译《千眼千臂观世音菩萨陀罗尼神咒经序》对此交代得很清楚[4]。汉译有关千手观音的主要经典，除智通上译外，还有伽梵达摩译《千手千眼观世音菩萨广大圆满无碍大悲心陀罗尼经》、菩提流志译《千手千眼观世音菩萨姥陀罗尼身经》（《大正藏》卷二十，No.1058）、不空译《千手千眼观世音菩萨大悲心陀罗尼经》、善无畏译《千手观音造次第法仪轨》（《大正藏》卷二十，No 1068）、金刚智译《千手千眼观自在菩萨广大圆满无碍大悲心陀罗尼咒本》（《大正藏》卷二十，No.1061）、苏嚩罗译《千光眼观自在菩萨秘密法经》（《大正藏》卷二十，No.1065）等。它们先后译于初唐至盛唐时期，其中以智通译本为最早，译于太宗贞观年间，其次是伽梵达摩译本；译于高宗永徽年间。而菩提流志译本和不空译本实际上分别是智通译本和伽梵达摩译本的同本异译[5]，内容大同小异。

参诸画史资料，可以发现唐代京师寺院画壁中也很早就出现了千手观音形象。于阗画家尉迟乙僧在长安慈恩寺塔上所绘千手观音，是画史有关千手观音图像创作的最早记载。据画史记载，武周长安年间（701—704年）重修长安慈恩寺塔，尉迟乙僧不仅在塔上绘制了密像千钵文殊，还绘制了千手观音。张彦远《历代名画记》卷三《记两京外州寺观画壁·两京寺观等画壁》载：“慈恩寺……塔下南门尉迟［乙僧］画，西壁《千钵文殊》，尉迟画。”[6]朱景玄《唐朝名画录》也载：“［尉迟］乙僧，今慈恩寺塔前功德。又凹凸花面中间《千手眼大悲》，精妙之状，不可名焉。”[7]而从实际造像遗存看，要略早于画史记载的创作时间。

我们知道，中原地区现存可以肯定的早期密教遗物，多武周时期遗迹[8]，其中包括千手观音造像。我国发现的最早的纪年千手观音造像，迄今所见，是1986年河北新城县（现高碑店市）出土的一尊白石千手观音立像，造于武周证圣元年（695年），高浮雕，一

1　苏轼：《大圣慈寺大悲圆通阁记》，《全蜀艺文志》卷三八，刘琳、王晓波点校，线装书局2003年版，第1160页。

2　不空译：《千手千眼观世音菩萨大悲心陀罗尼经》，《大正新修大藏经》（以下简称《大正藏》）卷二十，第115页下。

3　伽梵达摩译：《千手千眼观世音菩萨广大圆满无碍大悲心陀罗尼经》，《大正藏》卷二十，第106页下、108页上。

4　此《经序》云：“千手千眼菩萨者，……自唐武德之岁，中天竺婆罗门僧瞿多提婆，于细氎上图画形质及坛法手印经本，至京进上。太武见而不珍，其僧悒而旋辔。至贞观年中，复有北天竺僧赍《千臂千眼陀罗尼》梵本奉进。文武圣帝敕令大总持寺法师智通共梵僧翻出咒经并手印等。……［神功年中］于妙氎上画一千臂菩萨本经咒进上，神皇令宫女绣成，或使匠人画出，流布天下不坠灵姿。”（《大正藏》卷二十，第83页中、下）

5　参看彭金章：《千眼照见千手护持——敦煌密教经变研究之三》，《敦煌研究》1996年第1期，第12页。宿白：《敦煌莫高窟密教遗迹札记》，原载《文物》1989年第9、10期，收入宿白著《中国石窟寺研究》，文物出版社1996年版，第280页。

6　俞剑华注释本，上海人民美术出版社1963年版，第60—61页。段成式《酉阳杂俎续集》卷六《寺塔记》下亦载：“［慈恩寺］塔西面画湿耳师子，仰摹蟠龙，尉迟画。及《花》《子（千）钵曼殊》，皆一时妙绝。”［（唐）段成式著、方南生点校：《酉阳杂俎》，中华书局1981年版，第262页。按“及《花》《子（千）钵曼殊》”方氏点作“及花子钵、曼殊”，误，“子”当是“千”的误书。］

7　《景印文渊阁四库全书》第812册《子部·艺术类》，台湾商务印书馆1982年版，第365页。

8　宿白前揭文，第280页。

面千手（其中8只正大手），立式（图1）[1]。龙门东山万佛沟的两身千手观音雕像，年代也属于武周时期，是现存无纪年造像中最早的遗存。一身位于万佛沟高平郡王窟东侧下方一小窟的东壁，浮雕，一面千手（臂），立式；另一身位于万佛沟北崖，浮雕，一面千手，立式，专龛雕出（图2）[2]。综合画史文献记载和现存最早的造像遗存的分布情况约可推知，国内的千手观音造像最早出现于唐朝的两京地区。但从目前唐代千手观音造像遗存的分布情况看，比较集中的首先是敦煌地区，其次是川渝地区，不过，它们的年代普遍晚于两京地区，可见千手观音造像经历了从两京向各地逐渐扩散的过程。

敦煌地区的千手观音造像多以经变的形式出现，还有少量是以曼荼罗的形式出现的[3]。主要分布在敦煌莫高窟、安西榆林窟等石窟壁画中，此外，出自藏经洞的纸绢画中也有一定数量的遗存。据调查统计，石窟壁画中多达70铺，外加纸绢画中的20余铺，总数达90余铺，时代从盛唐一直延续到元代，中唐至宋是其繁盛阶段[4]。

一面千手（臂）是敦煌千手观音造像的主要构图形式，一面千手式也是敦煌出现的最早的千眼观音造像，遗存见于莫高窟盛唐洞窟中（图3）[5]。

图1　唐证圣元年造千手观音石雕立像，河北新城县出土，695年（刘建华摄）

图2　龙门万佛沟北崖第2133号龛所雕千手观音像，武周时期（采自《中国石窟·龙门石窟》第二卷，图版253）

图3　莫高窟第113窟主室东壁南侧千手观音经变，盛唐（图片由敦煌研究院提供）

值得注意的是，约当8世纪中期前后，中原内地的千手观音造像样式经敦煌传入西域地区，近年在新疆和田策勒县达玛沟喀拉墩1号佛寺遗址出土的千手观音壁画即是很好的证明。据研究，这幅新发现的观音绘画与以往当地发现的观音图像资料差异较大，以往当地的观音造型艺术体现了多方面影响的综合，而这幅千手观音图像则体现了对内地粉本的直接移模，具体而言，粉本来自敦煌的可能性最大，因为其构图与敦煌绘画高度相似（图4、图5）[6]。这是迄今所见中原内地千手观音图样向西北辐射所达最远的区域。

图4　达玛沟喀拉墩1号佛寺出土千手观音壁画，编号06CDKF：001，约8世纪中期（图片由新疆维吾尔自治区博物馆提供）

图5　敦煌藏经洞出土千手观音绘画，局部，绢本设色，法国集美博物馆，编号MG.17659，981年（采自《西域美术：集美博物馆伯希和藏品》第一卷，图版98）

1　有关该尊造像的详细情况，参看刘建华：《唐代证圣元年千手千眼大悲菩萨石雕立像》，载重庆大足石刻艺术博物馆编：《2005年重庆大足石刻国际学术研讨会论文集》，文物出版社2007年版，第469—476页；同氏《河北唐代密教雕刻》，载中国考古学会编：《中国考古学会第十四次年会论文集》，文物出版社2012年版，第477—479页。

2　参看宿白前揭文，第280—281页；李文生：《龙门唐代密宗造像》，《文物》1991年第1期，第62—63页；李玉昆：《我国的观音信仰与龙门石窟的观音造像》，载龙门石窟研究所编：《龙门石窟一千五百周年国际学术讨论会论文集》，文物出版社1996年版，第161—162页；常青：《试论龙门初唐密教雕刻》，《考古学报》2001年第3期，第335—360页。

3　参看邰惠莉《敦煌版画中的曼荼罗》（图文版）一文图7《千手观音菩萨曼荼罗》，文载中国社会科学院历史所主办《唐史》（tanghistory）网站“敦煌专页”栏目。

4　参看王惠民：《敦煌千手千眼观音像》，《敦煌研究》1994年第1期，第63页；彭金章前揭文，第12页。另参敦煌研究院编：《敦煌莫高窟石窟内容总录》，文物出版社1996年版。

5　彭金章前揭文，第14、28页。

6　参看拙稿《和田达玛沟佛寺遗址出土千手千眼观音壁画的初步考察——兼与敦煌的比较》，《艺术史研究》第十七辑，中山大学出版社2015年版，第254—261页。

千手观音图样向西南地区辐射最远的区域是云南境内的大理国。由大理国画工张胜温等完成于大理利贞三年（1174年）的《梵像卷》中，包含了两幅千手观音绘画，一幅是第93页的《千手观音》，另一幅是第102页的《大悲观世音菩萨》。前者无榜题，但据画面菩萨的造型特征可确定为千手观音。观音单面立式，面三只眼，仅绘出四十一只正大手（似漏绘一手，应为四十二只正大手），其余小手未表现。头冠顶现化佛，每手掌中现一只眼，每手或持物，或作手印，其中一双手分别托举汉地样式的日月（日以三足乌表示，月以桂花树、玉兔等表示）。观音左下方面向观音跪着一男子，双手持一张口的袋子，应是贫儿，右下方面向观音胡跪一男子，枯瘦如柴，伸手作乞讨状，应是饿鬼。画面下方左右角各绘一多臂（四臂？）明王，作愤怒相，周身火焰环绕，二明王之间绘两身兽首人身像，一为象首人身，当为频那，一为猪首人身，当为夜迦（图6）。后者有榜题，题"大悲观世音菩萨"，具四十二只手，构图形式与前者基本相同，唯观音作结跏趺坐姿，贫儿和饿鬼分别被婆薮仙和吉祥天女所替代，兽首人身的频那和夜迦已完全人形化，仅头戴兽冠。观音正下方也绘一多臂（六臂？）明王，周身火焰环绕，不过该明王无愤怒相，且身着官服，甚为罕见（图7）。汉式日月图形常见于敦煌千手观音绘画中（参看图5），婆薮仙、吉祥天女以及频那、夜迦等也常见于敦煌千手观音绘画中，因此大理的千手观音图像传统应源自中原内地[1]。更确切地说，中原内地的图样应是经过四川传入大理的，因此四川大理两地的千手观音图像有着更直接的联系，通过下文对四川地区相关资料的分析将证实这一点。

图6 大理国张胜温等绘《梵像卷》第93页《千手观音》，现藏台北故宫博物院，约1174年（采自李玉珉《张胜温〈梵像卷〉之观音研究》，附图1）

图7 大理国张胜温等绘《梵像卷》第102页《大悲观世音菩萨》（采自李玉珉《张胜温〈梵像卷〉之观音研究》，附图1）

1 参看李玉珉：《张胜温〈梵像卷〉之观音研究》，载李玉珉编：《观音特展》，台北"国立"故宫博物院2000年版，第230、233页。

敦煌及大理地区的千手观音造像遗存以及学者们对其所做的研究为我们研究川渝地区的同类造像遗存提供了很好的参照系[1]。

川渝地区是观音造像遗存比较集中的地区之一，它们既反映出与中原北方造像的联系，又具有地方特色，是研究观音图像变迁和观音信仰变迁的重要资料。川渝地区的千手观音造像，从文献的角度看，与敦煌相同，最早也出现于盛唐时期，地点是成都。段成式《酉阳杂俎续集》卷六《寺塔记》下载云：

［长安］翊善坊保寿寺，本高力士宅，天宝九载（750年）舍宅为寺……有先天菩萨帧（一作幢），本起成都妙积寺。开元初，有尼魏八师者，常念《大悲咒》。双流县百姓刘乙，名意儿，年十一，自欲事魏尼，尼遣之不去，常于奥室立禅。尝白魏云："先天菩萨见身此地。"遂筛灰于庭。一夕，有巨迹数尺，轮理成就，因谒画工随意设色，悉不如意。有僧杨法成，自言能画，意儿常合掌仰祝，然后指授之，以近十稔，功方毕。后塑先天菩萨凡二百四十二首，首如塔势，分臂如意蔓。……画样凡十五卷。柳七师者崔宁之甥，分三卷往上都流行。时魏奉古为长史，进之。后因四月八日，赐高力士，今成都者是其次本。[2]

郭若虚《图画见闻志》卷五《故事拾遗》"先天菩萨"条所载与此大同，可能抄自段书[3]。联系上下文可知，这里所描述的具"二百四十二首，首如塔势，分臂如意蔓"的先天菩萨显然就是被视为观音化身的千手观音[4]，可知千手观音在唐代一度被称为先天菩萨，得名缘由不得而知。这里的"帧"意为画幅，因此所谓的"先天菩萨帧"其实就是千手观音的画样。该画样应是成都形成的千手观音的新画样，后流入京师长安，是新画样的回流。这是有关川渝地区千手观音造像的较早记载，故事发生在开元年间，段成式在蜀地生活有年，想必故事未必全系杜撰[5]。这个故事还暗示彼时成都地区的千手观音造像样本与京师长安同类造像样本之间存在密切的联系。该故事还表明，巴蜀地区千手观音形象的出现不晚于开元年间，这与巴蜀地区千手观音造像遗存年代的上限大体一致。

从造像遗存看，川渝地区最早的千手观音造像遗存的年代与文献记载大体相当，即盛唐时期，中晚唐、五代（即前、后蜀）至两宋，是其流行时期。造像主要以摩崖雕刻的形式分布于成都以外的各地石窟中。从构图形式看，具有经变的特点。据迄今正式发表的资料，川渝地区的千手观音造像遗存，除大足以外，还有如下分布：

夹江牛仙寺摩崖造像第183号龛，中唐[6]；夹江千佛岩摩崖造像第7号龛、34号龛、83号龛、84号龛，中晚唐[7]；邛崃石笋山摩崖造像第3号龛、8号龛，中唐[8]；丹棱郑山摩崖造像第40号龛，盛中唐[9]；丹棱刘嘴摩崖造像第34号龛、45号龛、52号龛，盛中唐[10]；蓬溪新开寺摩崖造像第1号龛，咸通元年（860年）[11]；仁寿牛角寨摩崖造像第25号龛、98号龛，盛中唐[12]；资中北岩（重龙山）摩崖造像第

---

1 关于敦煌千手观音图像的专题研究可参看前揭王惠民文、彭金章文，以及刘玉权：《榆林窟第3窟〈千手经变〉研究》，《敦煌研究》1987年第4期。相关研究可参看松本榮一：《燉煌畫の研究》，東方文化學院東京研究所1937年版；小林太市郎：《唐代の大悲観音》，《仏教芸術》第20—22号，1953—1954年，收入氏著《小林太市郎著作集7 仏教芸術の研究》，淡交社1974年版；宿白前揭文等；关于大理的千手观音图像研究，参看李玉珉前揭文。

2 段成式著，方南生点校：《酉阳杂俎》，第257—258页。按"后塑先天菩萨凡二百四十二首，首如塔势，分臂如意蔓"一句，小林太市郎标点补字如下："后塑先天菩萨凡二百，四十二［臂］，首首如塔势，分臂如意蔓。"方括号中的"臂"字为小林太市郎补字（参看小林太市郎《唐代の大悲観音》，收入氏著《小林太市郎著作集7 仏教芸術の研究》，第108頁）依据佛经的说法，千手观音的确存在多首（面）的情况，乃至千面万面（详后文）。在雕塑实践中，雕塑出千面万面绝非易事，但雕塑出二三百面也并非没有可能，若采用圆雕或圆塑的手法就极有可能。因此不应将"凡二百四十二首"点断，这样正好与"首如塔势"相呼应，意为所塑先天菩萨的二百四十余首层层叠叠，形如塔状。此外，若按小林氏的标点，则此次所塑先天菩萨达二百身之多，显然不符合上下文文意。观上下文文意，可以看出此次塑造是先天菩萨样式的初创，不可能一次塑二百身之多。因此学者仍多倾向于点作"后塑先天菩萨凡二百四十二首，首如塔势，分臂如意蔓"（参看王惠民前揭文；滨田瑞美：《莫高窟吐蕃时期的千手千眼观音变——以眷属图像表现为中心》，载樊锦诗主编：《敦煌吐蕃统治时期石窟与藏传佛教艺术研究》，甘肃教育出版社2012年版，第298页）。

3 参看《景印文渊阁四库全书》第812册《子部·艺术类》，第555页。

4 据《寺塔记》记载，保寿寺内还有善继题辞《先天帧赞连句》，其辞云："观音化身，厥形孔怪；胣瘤淫厉，众魔膜拜。"极言其诡异怖畏之相（段成式著，方南生点校：《酉阳杂俎》，第258页）。

5 四库馆臣指出："是书（指《酉阳杂俎》及《酉阳杂俎续集》——引者按）多诡怪不经之谈，荒渺无稽之物，而遗文秘籍，亦往往错出其中。故论者虽病其浮夸，而不能不相征引，自唐以来推为小说之翘楚，莫或废也。"《四库全书总目》卷一二四《子部·小说家类三》"《酉阳杂俎》并《续集》"条，中华书局1964年版，第1214页。在四库馆臣看来，此书虽多不经之谈，但仍有可信的一面。

6 参看周杰华：《夹江新发现的唐代摩崖造像》，《四川文物》1988年第2期，第27—28页；胡文和：《四川道教佛教石窟艺术》，四川人民出版社1994年版，第36页。

7 参看王熙祥、曾德仁：《四川夹江千佛岩摩崖造像》，《文物》1992年第2期，第59、65页；前揭胡文和：《四川道教佛教石窟艺术》，第34页。

8 参看丁祖春、王熙祥：《邛崃石笋山摩崖造像》，《四川文物》1984年第2期，第37—39页；前揭胡文和：《四川道教佛教石窟艺术》，第23页。

9 参看王熙祥：《丹棱郑山—刘嘴大石包造像》，《四川文物》1987年第3期，第30—33页；前揭胡文和：《四川道教佛教石窟艺术》，第29页。按《丹棱郑山—刘嘴大石包造像》一文将40号龛编作64号龛；又郑山造像中有两处"天宝"年号的纪年题记，则此处造像始于盛唐，延至中唐，因此整区造像应为盛中唐时期。

10 参看前揭王熙祥：《丹棱郑山—刘嘴大石包造像》，第30—33页；前揭胡文和：《四川道教佛教石窟艺术》，第31页。按此处造像除了有"天宝"纪年题记外，还有"元和""长庆"等年号的纪年题记，因此整区造像应为盛中唐时期。

11 参看邓鸿钧：《新开寺唐代摩崖造像初探》，《四川文物》1989年第5期，第57页；前揭胡文和：《四川道教佛教石窟艺术》，第58页。

12 参看邓仲元、高俊英：《仁寿县牛角寨摩崖造像》，《四川文物》1990年第5期，第72页。

113号龛，中晚唐[1]，资中西岩摩崖造像第4号龛、45号龛，晚唐五代[2]；荣县二佛寺摩崖造像第1号龛，中晚唐[3]；富顺千佛崖摩崖造像第1号龛，宋[4]；安岳卧佛院摩崖造像第45号龛，盛唐[5]；安岳庵堂寺摩崖造像第4号龛，武成二年（909年）[6]；安岳千佛寨摩崖造像第75号龛及另一龛不具编号的造像，中唐[7]；安岳圆觉洞摩崖造像第42号龛，五代宋初[8]，等等。实际遗存数量可能还要多一些。从地域分布看，主要分布在成都以东以南地区，大足也在这个区域内。而成都以北，以及川东北地区鲜见。

安岳千佛寨第75号龛和安岳卧佛院第45号龛可作为川渝地区早期千手观音造像遗存的代表，特别是后者。千佛寨第75号龛千手观音呈立姿，立于一并列雕刻的佛和菩萨像之间，头部已损毁，身躯残损较多，34只正大手呈放射状分布于身体两侧，每侧各17只手，身前另见4只手残痕，手中持物可辨者有数珠、杨柳等，身后有椭圆形身光（图8）[9]。

安岳卧佛院第45号龛千手观音雕刻于卧佛院最大的三个刻经洞之外的前廊左壁，刻经洞内的刻经题记中有开元纪年，但45号龛应系补刻，因此年代应略晚于洞内刻经。45号龛千手观音亦呈立姿，立于仰莲座上，裸上身，下着贴体羊肠长裙。头部已损毁，但从残痕仍可辨识出，有十一面，排列方式为3+4+3+1模式，即最下一排为三面，第二排为四面，第三排为三面，顶部一面，因此呈塔状分布，这不仅使人想起“首如塔势”的先天菩萨。观音头后有双重圆形头光，雕出六只正大手，其中二手于胸前合十，左上手举齿轮状物，应是宝轮，左下手下伸，掌心有一铜钱，手下方站立一人，双手捧一口袋，正在接撒落的铜钱，应是贫儿；右上手持宝铎，右下手亦下伸，手下方站立一人，裸体，头发倒竖，仰面张口作承接状，应是饿鬼。在观音身体左右两侧的壁面上，阴刻出数以千计的小手，呈扇形分布，手掌中皆有一眼（图9）[10]。达州高观音岩的那身造于中唐时期的观音像，可视为安岳卧佛院45号龛造像的简化形式。该龛造像除了没表现出数以千计的小手外，其余部分与安岳卧佛院45号龛造像基本一致：十一面，排列方式也为3+4+3+1模式；六只正大手；下方两侧有饿鬼与贫儿，只不过二者的位置对调了（图10）[11]。有学者认为该龛造像为十一面观音，但只要将其与安岳卧佛院45号龛造像进行比较，不难发现它其实是安岳卧佛院45号龛造像的简化形式，即略去了小手的表现，所以应是具十一面的千手观音。另外，四川遂宁大埂子摩崖造像中有一龛未完工的立式千手观音像，仅雕出了身体右侧的正大手，身体左侧的正大手尚未雕出，虽然头部已损毁，且整个造像风化严重，但仍可辨出颈部以上有三面，以上还有面，因此这尊千手观音应是十一面千手观音（图11）。因风化毁损严重，该龛造像的年代已难以确定，不过，毗邻该龛的一龛造像有天宝九年（750年）纪年题记[12]，因此推测该龛造像属于中唐当无大误。由此可见，在千手观音造像在川渝地区流行的早期阶段，十一面千手观音造像就比较流行。

值得注意的是，川渝地区的十一面千手观音雕造传统一直延续到了元明时期，说明此种千手观音在川渝地区有一定的流行度。实例可举重庆长寿东林寺摩崖千手观音造像、重庆合川钓鱼城摩崖千手观音造像以及泸州玉蟾岩摩崖千手观音造像等。

长寿东林寺摩崖千手观音像头部损坏严重，从残损头部的形状可辨造像为十一面千手观音像。千手观音结跏趺坐于仰莲座上，座下雕水波纹。有四十二只正大手，前有六手，即二手向上作托举状，二手当胸合十，另二手于腹前结定印，身体两侧分别有十八只手，执各种法器。左右两侧龛壁雕出眷属若干。该龛有“至大七年（1314年）”题记，因知系元代造像（图12）[13]。

合川钓鱼城摩崖千手观音造像，立式，头部、身躯及正大手均已毁坏，手呈内外两种形态，内为近于圆雕的正大手，外为七八层的排列有序的阴刻小手，呈放射状分布（图13）。该尊造像虽然损毁严重，但从头部毁损的面积和轮廓判断，应是十一面千手观音。

1　参看王熙祥、曾德仁：《四川资中重龙山摩崖造像》，《文物》1988年第8期，第21页；同氏：《资中重龙山摩崖造像内容总录》，《四川文物》1989年第3期，第38页；前揭胡文和：《四川道教佛教石窟艺术》，第49页。

2　前揭胡文和：《四川道教佛教石窟艺术》，第49、51页。

3　参看四川省文物考古研究院编：《四川散见唐宋佛道龛窟总录·自贡卷》，文物出版社2017年版，第67页。

4　同上注，183页。该书将其年代定为唐宋，但根据该龛千手观音的宝冠的特征，应属宋代。

5　参看彭家胜：《安岳卧佛院调查》，《文物》1988年第8期，第3页；前揭胡文和：《四川道教佛教石窟艺术》，第63页。关于该龛的年代，有盛唐和中唐两种意见，笔者倾向于盛唐。虽然该龛年代略晚于刻经窟，但观其风格，仍属盛唐时期。

6　参看前揭胡文和：《四川道教佛教石窟艺术》，第81—82页。

7　参看李小强待刊稿《千地绽放——中国千手观音造像遗存》。

8　参看负安志：《安岳石窟寺调查记要》，《考古与文物》1986年第6期，第50页；前揭胡文和：《四川道教佛教石窟艺术》，第48页。

9　参看李小强待刊稿《千地绽放——中国千手观音造像遗存》。

10　有学者将包括本龛在内的具十一面的千手观音都视为十一面观音（参看李翎：《十一面观音像式研究——以汉藏造像对比研究为中心》，《敦煌学辑刊》2004年第2期，第79—81页），其实是混淆了十一面观音与具十一面的千手观音的区别。根据有关千手观音的经典，千手观音可以是一面，也可以是多面、十余面、数十面、上百面，乃至千面万面，实际造像中以一面居多［关于千手观音首数（面数）的考察详后文］；其次，该龛阴刻出数以千计的小手只能与千手观音相联系；另外，甘露施饿鬼，财宝施贫儿，是与千手观音造像图式或经变相匹配的内容（实例比比皆是，不备举），与十一面观音经典及造像无关。因此十一面观音与具十一面的千手观音不是一回事，不能混为一谈。

11　关于该龛造像的详细情况，参看四川省文物考古研究院编：《四川散见唐宋佛道龛窟总录·达州卷》，文物出版社2017年版，第236页。

12　参看李小强待刊稿《千地绽放——中国千手观音造像遗存》。

13　参看王玉：《重庆地区元明清佛教摩崖龛像》，《考古学报》2011年第3期，第411页。

图8 安岳千佛寨第75号龛千手观音，中唐（采自李小强待刊稿《千地绽放——中国千手观音造像遗存》）

图9 安岳卧佛院45号龛十一面千手观音，盛唐（采自刘长久《中国西南石窟艺术》，四川人民出版社，图版37）

图10 达州高观音岩十一面千手观音造像，中唐（图片由刘睿先生提供）

图11 遂宁大埂子摩崖十一面千手观音，中唐（采自李小强待刊稿《千地绽放——中国千手观音造像遗存》）

图12 长寿东林寺摩崖十一面千手观音造像，元（采自王玉《重庆地区元明清佛教摩崖龛像》，图版壹：1）

图13 合川钓鱼城十一面千手观音造像，元（采自李小强待刊稿《千地绽放——中国千手观音造像遗存》）

图14 泸州玉蟾岩摩崖十一面千手观音造像，元明时期（采自李小强待刊稿《千地绽放——中国千手观音造像遗存》）

该龛造像原来的崖面是南宋军民和张珏为了纪念王坚的抗元战功而刻的一通“纪功碑”，因碑文中有斥骂蒙元统治者的文字，宋元易代后，被蒙元统治者改刻为千手观音造像，目前在造像的边缘位置仍依稀可识原碑文的只言片语，如“逆丑元主”“纪厥功被之金石”“坚以鱼台一柱支半壁”等等[1]。可见该龛系元代造像证据确凿。重庆地区元代佛教造像本来就遗存不多，该龛造像应该是重庆地区最重要的元代佛教造像遗存，可惜近期发表在《考古学报》上的《重庆地区元明清佛教摩崖龛像》一文漏收。

泸州玉蟾岩摩崖千手观音造像是该处摩崖造像中规模最大的一龛造像（观音身高近6米），保存相对完好，观其风格，特别是从其面相呈方形的特点看，造像应属元明时期。该尊千手观音造像也有十一面，排列方式与上述造像有所不同，为3+3+3+1+1模式；立姿，高浮雕出四十二只正大手，其中二手当胸合十，又二手相叠托物于腹际，其余正大手均各有持物。在观音身后正大手以外的壁面，浅浮雕出数以千计的小手，呈放射状分布（图14），但在下方观音的两侧未雕出饿鬼与贫儿形象。

1 参看李小强待刊稿《千地绽放——中国千手观音造像遗存》。

长寿东林寺、合川钓鱼城以及泸州玉蟾岩的这几尊千手观音摩崖造像的构图虽然与安岳卧佛院第45号龛造像存在一定的差异，但它们无疑属于同一类造像，即均是具十一面的千手观音造像，是千手观音造像的一种类型，与十一面观音不是一回事。玉蟾岩千手观音造像更加证实了这一点。当然，十一面千手观音的流行不能说与十一面观音经典的翻译及其伴生的十一面观音信仰的流行没有任何关系，至少从形式上看，十一面千手观音造像除了可以承载千手观音的信仰内涵之外，似乎还可以兼顾十一面观音信仰的内涵，因此造此种千手观音像可谓一举两得。

二 北山造像

大足是川渝地区的千手观音造像遗存分布最为集中的地区，理应给予较多关注，但实际关注并不多[1]。现存摩崖龛像共10铺，其中除宝顶大佛湾1铺、圣水寺1铺外，其余8铺均集中于北山区，因此北山造像无疑是本文考察的重点。北山区的8龛造像分别是：北山佛湾第9号、218号、235号、243号、273号龛，北山营盘坡第10号龛，北山观音坡第27号龛，北山佛耳岩第13号龛，总计8龛造像。兹将北山诸龛千手观音造像基本信息列表如下，再作讨论[2]。

大足北山区千手观音造像信息一览表

龛号	基本信息	年代	备注
佛湾9	内外双重方形平顶龛，龛高2.90米，宽2.70米，深1.42米。 主尊千手观音面西善跏趺坐于金刚座上，高浮雕，头戴花蔓宝冠，冠中一结跏趺坐化佛。胸饰璎珞，披帛两端自体侧垂于座前。脚踏有梗仰莲足踏，桃形身光，半圆形头光。身光边缘阴刻火焰纹，内侧两边分别浅浮雕出9只手，以示千手（下同），头光中浅浮雕莲瓣一周。身体两侧各高浮雕出21只正大手，多数已残。保存较好者，有上方一双手托举一结跏趺坐佛至冠顶，一双手当胸合十，一双手手指弯曲反置腹际。左右各有一手分置宝瓶，左侧一手托结跏趺坐化佛，一手执锁形物，一手执旁牌。左侧一手执数珠置于左膝，右侧一手执玉环置于右膝。 主尊座左侧一人物面向主尊（头残），跪式，仅穿裤衩，瘦骨嶙峋，双手托钵，正接自主尊一掌中流出的甘露。主尊座右侧一老者胡跪，面向主尊仰首引颈，面相丰圆，头戴唐式软脚幞头，身着唐式圆领窄袖长袍，双手执一袋，作接物状。 自观音双手所托化佛的头顶向龛两侧壁化现出若干朵祥云，每朵云中均有雕像。每朵祥云末梢均指向化佛头顶。两侧壁云朵左右对称，各分四层，每层两朵。 左侧壁上层：内侧云朵中浅雕5身结跏趺坐佛，分两层排列，上二下三；外侧一朵正中雕一猪首（象首？）人身神，环其一周雕鼓十二面，该神双手作击鼓状。鼓圈外左侧一神兽面人身，右手执索。右上角现一人头部及双臂，左手执羽扇。左侧壁中层：内侧云朵正中雕一六臂神骑于孔雀上，应是孔雀王，头残；外侧一朵正中雕文殊菩萨骑于青狮上，两侧各雕一胁侍菩萨，狮尾雕一狮奴。左侧壁下层：内侧云朵正中雕一立菩萨并二童子形侍者；外侧一朵正中雕二立天王，左像持弓，右像仗剑。左侧壁底层：内侧一朵中雕一女侍者，立式，云鬓宽大，双手捧物；外侧一朵正中雕一力士，像已毁。 右侧壁上层：内侧云朵中浅雕5身结跏趺坐佛，布局与左侧壁上层内侧云朵完全相同；外侧一朵正中雕一神，手持风袋，作布风状。右侧壁中层：内侧云朵中雕一神，三头六臂，骑于牛上，应是摩醯首罗天。两手上举各托一圆形物（似为日月），两手当胸合十，另左一手下握金刚圈，另右一手下握牛缰；外侧一朵正中雕普贤菩萨结跏趺坐于白象上，双手当胸合十，两侧各立一胁侍菩萨，象尾雕一象奴。右侧壁下层：内侧云朵正中雕一立菩萨并二童子形侍者，构图与左侧壁下层内侧云朵完全相同；外侧一朵正中亦雕二立天王，左侧一身左手托物上举，右手置腰际，右侧一身已风化。右侧壁底层：内侧一朵中雕波斯仙，长髯赤膊，高鼻深目，左手执杖，右手持物前伸；外侧一朵雕像已风化（图15）。	晚唐	外龛左侧壁有题记，但大部漫漶，仅能识读出“大悲观世音菩萨”数字[3]。

1 对大足的千手观音造像，除少数学者有所介绍外，迄未见深入的专题研究文字，参看黎方银：《大足石窟艺术》，重庆出版社1990年版，第138—144页；Angela F. Howard, *Summit of Treasures: Buddhist Cave Art of Dazu, China*, Weatherhill, 2001, pp.15-16.

2 相关信息主要依据笔者2004年12月—2005年1月在大足考察石窟期间所做的考察笔记，同时参考了前揭《大足石刻内容总录》。笔者在大足考察期间，得到重庆大足石刻艺术博物馆黎方银、郭兴建、刘贤高、黄能迁诸先生及其他同仁的多方关照与帮助，在此深表谢忱！关于造像年代的判断，除个别参考了造像题记外，主要参考了黎方银、王熙祥：《大足北山佛湾石窟的分期》，《文物》1988年第8期。收入重庆大足石刻艺术博物馆、大足县文物保管所编：《大足石刻研究文集》（1），重庆出版社1993年版，第47—74页。

3 按此条题记系笔者2004年12月—2005年1月考察北山造像时新发现，重庆大足石刻艺术博物馆、重庆市社会科学院大足石刻艺术研究所编：《大足石刻铭文录》（重庆出版社1999年版）未见收录。

续表

龛号	基本信息	年代	备注
佛湾218	外方内圆拱平顶龛，龛高1.31米，宽0.79米，深0.20米。 主尊千手观音面西善跏趺坐于金刚座上，高浮雕，头戴花蔓宝冠，冠中一结跏趺坐化佛。头顶上方悬镂空华盖，盖两侧各有一飞天，体态轻盈。主尊面部风化，胸饰璎珞，脚踏有梗仰莲足踏，圆形身光。部分手臂风化残损，难以确定正大手的数量。保存较好者，有上方一双手托举一结跏趺坐佛至冠顶，一双手当胸合十，一双手手指弯曲反置腹际。前左侧一手执玉环置于左膝，前右侧一手执数珠置于右膝。其他手则分执宝珠、宝瓶、宝印、宝铎等法器。 龛左侧壁有善财童子立云中，双手持棍；龛右侧壁有龙女立云中，双手持物似长幡（图16）。	五代	
佛湾235	方形平顶龛，龛高0.73米，宽0.59米，深0.20米。 主尊千手观音面西善跏趺坐于金刚座上，高浮雕，头戴花蔓宝冠，冠中一结跏趺坐化佛。胸饰璎珞，脚踏有梗仰莲足踏，桃形身光，身光边缘阴刻火焰纹。部分手臂风化残损，难以确定正大手的数量。保存较好者，有上方一双手托举一趺坐佛至冠顶，一双手当胸合十，一双手手指弯曲反置腹际。一双手分执玉环、执数珠置于双膝。其他手则分执宝瓶、宝印、宝铎等法器。 主尊座左侧跪一人物面向主尊，仅穿裤衩，瘦骨嶙峋，双手托钵，正接自主尊一掌中流出的甘露。座右侧一老者胡跪，面向主尊仰首引颈，双手执一袋，作接物状。 龛两侧壁上方各有一飞天，于云端中双手当胸合十。左侧壁下方一侍者捧物而立，已风化；右侧壁下方一老者袒肩跣足，左手捧物，右手执杖，似为波斯仙（图17）。	五代	
佛湾243	方形平顶龛，规模适中，龛及像均损毁风化严重。 主尊千手观音面西善跏趺坐于金刚座上，像已风化剥蚀，仅辨大体轮廓，构图与235号龛基本一致。正壁上方两龛角处各浮雕一飞天，体态瘦削轻盈，其裙尾及飘带相互交织形成主尊头顶上方的镂空华盖。龛两侧壁下方各一侍者立于云头，左侧侍者男性，手扶拐杖，似波斯仙；右侧侍者女性，手持带叶莲蕾（图18）。	天复元年（901年）	龛左壁外侧有造像题记：“敬［镌］大悲千手观音菩萨壹龛。□□□□□/［右弟子军事押衙蹇知进先为］□□□［寨］□中之际，夫妇惊扰，同/［发愿上造］。贤圣［愿齐加护］，□□安［泰］，与骨肉团圆。今不负前/心，［遂镌造］上件菩萨。［悉己酉年］以天［复］元年五月十五日，就院修/□□［赞，用开鸿泽］，永为供养[1]。”

1　录文采自前揭《大足石刻铭文录》，第15页。标点系笔者所加。

续表

龛号	基本信息	年代	备注
佛湾273	内外双重方形平顶龛，龛高1.51米，宽1.10米，深0.73米。 主尊千手观音面西善跏趺坐于金刚座上，高浮雕，头戴花蔓宝冠，冠中一结跏趺坐化佛。胸饰璎珞。脚踏有梗仰莲足踏，圆形身光，身光边缘阴刻火焰纹。主尊头顶上方龛顶悬一覆莲形华盖，华盖两侧各浅浮雕飞天一身，浮于祥云之上，手执莲蕾，面向龛外。主尊身体两侧共高浮雕出40只正大手，其中6只已残。上方一双手托举一结跏趺坐佛至冠顶，一双手当胸合十，一双手手指弯曲反置腹际。左侧一手执数珠置于左膝，右侧一手执玉环置于右膝。身侧各手分执宝瓶、宝塔、宝镜、宝钵、莲蕾、宝经等法器宝物。 主尊座左侧跪一人物面向主尊，双手托钵，正接自主尊一掌中流出的甘露。座右侧一老者胡跪，面向主尊仰首引颈，双手执一袋，作接物状。 内龛左侧壁近门处雕一女侍，立式，双手捧供盘；内龛右侧壁近门处雕波斯仙，跣足而立，长髯瘦身，著袒右袈裟，高鼻深目，左手执杖，右手握数珠。 外龛门楣上方，雕有十尊小佛，皆并排坐于仰莲座上，手结定印，螺发。 外龛左右侧壁上下对称高浮雕出披帽地藏4身（左右侧壁各2身，左侧壁上方一身已残），风格一致，皆圆形头光，着交领袈裟，右舒相坐于须弥座上，左手托珠反置腹前，右手执锡杖倚靠右肩。右侧壁地藏须弥座左侧分别雕一少年沙门合掌侍立（图19）。	五代	
营盘坡10	方形平顶龛，平面横长方形，后部凿通壁长坛，坛上雕主尊。龛高1.54米，宽1.80米，深1.46米。 主尊千手观音结跏趺坐于束腰仰莲圆座上，桃形身光，光圈周围浅浮雕出手掌若干只。主尊高浮雕，头戴花蔓宝冠，身着对襟轻衫，中有饰带垂于座前。其身体两侧共高浮雕出42只正大手。上方一双手托举一结跏趺坐佛至冠顶，一双手当胸合十，腹前二手捧钵。膝前左侧一手执净瓶，右侧一手执杨枝。身侧各手分执宝塔、化佛、宝铎、宝印等法器宝物。主尊莲座下为如意轮，轮下为基座，有二人面内跪伏座前。 主尊两肩上方，内侧各有一菩萨跽坐于莲台上，身后有圆形背光；外测各有五佛结跏趺坐于祥云内，身后有莲瓣形火焰纹背光，云尾飘向龛顶。外侧佛像，相互对称。主尊两侧正壁，左有文殊结跏趺坐于莲座上，座驮于青狮之背，下有一朵祥云护托；右有普贤结跏趺坐于莲座上，座驮于白象之背，下有一朵祥云护托。狮、象首尾各立一供养菩萨，云尾延向龛顶。 龛左侧壁上、中部各浮雕祥云一朵，云尾朝向龛顶，每朵云内雕一组像。上部一朵云内雕一神，右手握袋口，左手压袋作布风状；中部一朵云内雕一神将，骑马飞奔，右手执辔，左手扬鞭。 龛右侧壁上、中部亦各浮雕祥云一朵，云尾朝向龛顶，每朵云内亦雕一组像。上部一朵云内雕一神，兽首人身，周围布鼓11面，双手举槌，作击鼓状；中部一朵云内雕孔雀王，骑于孔雀上，双手合十，孔雀展翅欲飞。 龛左右侧壁下部，各雕一护法金刚，皆戴盔着甲。左壁一身左手当胸，右手拄锏而立；右壁一身双手握鞭而立。右壁金刚外侧还雕有三身立像：内二身为护法神将，俱着甲胄，一将双手执剑，一将手持大刀；外一身为女侍，云鬟宽大，身着长裙，双手捧供盘，立莲台上。	晚唐	
观音坡27	方形浅龛，龛高0.70米，宽0.60米。 仅凿一千手观音像，小巧玲珑，风格极近北山佛湾五代时期的同类作品。（此龛内容有待进一步了解）	五代	
佛耳岩13	方形浅龛，龛高0.80米，宽0.60米，深0.40米。 造像风化残损严重。正壁凿千手观音坐像，腹以下漫漶残缺，坐姿不明。有饿鬼等接甘露造型，但已风化，仅余痕迹。龛口左右有一女侍和波斯仙二像残身。	五代	

关于北山摩崖造像开凿的历史，最重要的文字资料是唐昭宗乾宁二年（895年）刻于北山佛湾的《韦君靖碑》，碑文有云："公（指韦君靖——引者，下同）睹以海涛未息，云阵犹横……然则士马虽精，其如城栅未固。思大易习坎之义，征王公设险之文，乃于景福元年壬子岁春正月，卜筑当镇西北维龙岗山建永昌寨。"又云："公又于寨内西□□□□□□□□□翠壁，凿出金仙，现千手眼之威神，具八十种之相好。施□□□□□，舍回俸禄，以建浮图。聆钟磬于朝昏，喧赞呗于远近。所谓归依妙门，志求觉道者焉。"[1]

龙岗山即北山，据碑文可知，韦君靖的永昌寨建于昭宗景福元年（892年），建寨之后，又由韦君靖主持，在寨内开龛造像，则约可推知北山摩崖造像肇始于景福元年至乾宁二年（892—895年）。北山现存纪年造像题记也支持这一看法，据对北山造像题记的全面调查，迄未发现一条早于景福元年的纪年题记[2]。

值得注意的是，据上引《韦君靖碑》碑文"现千手眼之威神"一语判断，在韦君靖主持开凿的北山最早一批龛像中已镌有千手观音造像，由此可知北山最早的千手观音造像当不晚于乾宁二年（895年）。可见千手观音造像在北山一开始就受到当地高层韦君靖集

1　录文引自陈明光：《唐〈韦君靖碑〉校补》，原载重庆大足石刻艺术博物馆编：《大足石刻研究文集》（2），重庆出版社1997年版。收入氏著《大足石刻考古与研究》，重庆出版社2001年版，第89—90页。另参前揭《大足石刻铭文录》第一编《尖山子、圣水寺、北山石窟》之"碑碣"部分，第37—43页。《铭文录》录文实采自陈氏校补录文，标点系笔者所加。按碑本无题名，首、次行署有昌州刺史、静南军节度使韦君靖累衔，方志文献据此称《韦君靖碑》，今从。

2　参看前揭《大足石刻铭文录》第一编《尖山子、圣水寺、北山石窟》之"造像龛刻铭文"部分，第11—36页。事实上，北山现存最早的纪年造像题记没有早于乾宁元年的。

图 15　佛湾第 9 号龛千手观音

图 16　佛湾第 218 号龛千手观音

图 17　佛湾第 235 号龛千手观音

图 18　佛湾第 243 号龛千手观音

图 19　佛湾第 273 号龛千手观音

团的重视，影响及于后世的造凿，这可能是北山千手观音造像出现频率较高的原因之一。

关于韦君靖僚属造千手观音的情况，我们在北山佛湾造像题记中有发现，即上表所示佛湾第243号千手观音造像龛题记。据此条题记，该龛造于天复元年，造像者蹇知进署衔为“军事押衙”，此应是大顺元年至光化二年间（890—899年）静南军节度使韦君靖、王宗靖军中的官衔[1]，当即《韦君靖碑》中所谓的“节度押衙”。但《韦君靖碑》末将校名衔中未列此人，可能是因为他得衔的时间稍晚。

但由于题记缺乏或漫漶，由韦君靖主持开凿的千手观音造像不能确定，现只能作些推测。从崖面情况以及造像的崖面分布情况和造像规模来看，笔者推测，韦君靖主持开凿的二手观音造像很可能就是北山佛湾第9号龛造像（该龛本有造像记，惜已漫漶，参看上表）。理由主要有二：其一，从整个北山的崖面情况看，佛湾区无疑是最好的区域，而从佛湾的崖面情况看，最显要的位置应该是佛湾的南端，所以这里很有可能成为北山造像最早的开凿地点。而事实上，这里不仅镌有最重要的韦君靖像、《韦君靖碑》，还有北山规模最大的一龛造像——毗沙门天王像（5号龛）。从造像题记看，这一区域有造像题记的造像多早期纪年，主要为乾宁纪年，最早者为乾宁二年[2]。而9号龛恰在该区域内。其二，从造像规模来看，9号龛无疑是北山千手观音造像中规模最大的一龛，这从列表信息可以看出，这符合韦君靖的身份。造像规模虽然与造像者的身份不能完全对应，但作为造像者身份的参考还是可以的。

下面结合列表信息，参照有关经典，对北山千手观音造像略作具体分析。

1. 姿势

北山千手观音造像均采取坐姿，8龛造像中除1龛坐姿不明、1龛为结跏趺坐外，其余均为善跏趺坐，可见当地的千手观音造像流行善跏趺坐。此种姿势在川渝地区造像中是有先例的。前揭造于中唐时期的资中北岩第113号龛，造于中晚唐的夹江千佛岩第34号龛、第83号龛（图20）、第84号龛（图21）以及造于咸通元年的蓬溪新开寺第1号龛等，主尊均为善跏趺坐。此外，造于晚唐五代的资中西岩第45号龛、造于宋的资中北岩第113号龛、造于五代宋初的安岳圆觉洞第26号龛和第42号龛等，主尊亦为善跏趺坐。可见善跏趺坐姿的千手观音造像在川渝地区有一定的传统。

图20　夹江千佛岩第83号龛千手观音，中晚唐（采自李小强待刊稿《千地绽放——中国千手观音造像遗存》）

图21　夹江千佛岩第84号龛千手观音，中晚唐（采自李小强待刊稿《千地绽放——中国千手观音造像遗存》）

1　参看前揭《大足石刻铭文录》第一编《尖山子、圣水寺、北山石窟》之“造像龛刻铭文”部分，第15页。又，目前学术界就王宗靖是否即韦君靖的问题有所争论，笔者以为，在没有获得确切证据之前，还是不要将他们视为同一人为好。

2　如第26号龛题乾宁二年造，第58号龛题乾宁三年造，第50号龛、52号龛题乾宁四年造，等等。参看前揭《大足石刻铭文录》第一编《尖山子、圣水寺、北山石窟》之“造像龛刻铭文”部分，第11—14页。

按千手观音造像的姿势，经轨中并无统一的规定。经轨中仅明确了结跏趺坐一种姿势；善无畏译《千手观音造次第法仪轨》谓千手观音“上首正体身大金色，结跏趺坐大宝莲华台上”[1]。不空译《摄无碍大悲心曼荼罗仪轨》及苏嚩罗译《千光眼观自在菩萨秘密法经》亦称千手观音为结跏趺坐[2]。其他经轨中并未言及其姿势[3]。而在实际的雕塑绘画作品中，千手观音有立式、结跏趺坐、善跏趺坐乃至游戏坐等姿势。可见创作时并不一定拘泥于仪轨，要求今天的造像遗存与仪轨完全对应也是不可能的。前揭河北证圣元年像及龙门的两铺千手观音雕刻均为立式；敦煌石窟中的千手观音壁画以结跏趺坐式和立式为主，中晚唐五代以结跏趺坐式为主，北宋至元以站立式为主[4]；敦煌藏经洞所出纸、绢画千手观音作品多立式，另有结跏趺坐式、游戏坐式[5]；陕北延安地区宋金时期石窟中的千手观音雕刻多呈站立式[6]；《大正藏·图像部》所附千手观音图像既有结跏趺坐式也有立式[7]。而川渝地区的千手观音雕刻除善跏趺坐、结跏趺坐等姿势外，亦有立式的[8]，只不过善跏趺坐的姿势在川渝地区占主流。此外，千手观音采取善跏趺坐式在川渝以外的地区似乎也比较少见，故初步判断此种坐式可能是川渝地区的一种特色。

2. 面（首）数

关于千手观音的面（首）数，前文注释中已略有提及。总体上看，经轨的说法并不统一。可以是一面，也可以是多面，多面的具体数额经轨的说法也不尽相同。具体而言，经轨中有言及十一面者、有言及五百面者、有言及一面三面五面七面九面十一面乃至千面万面者[9]。但在实际的雕塑绘画中，表现出十数面并非难事，数十面已然不易，遑论百面千面万面！当然，若是圆雕，雕塑出百首以上也并非绝不可能，前揭先天菩萨即据称有二百四十二首（面）。所以在千手观音的造像遗存中，我们看到的较多的是单面、数面及十数面的形象，不过面数更为复杂。我们在《大正藏·图像部》不仅可以看到三面五面十一面千手观音，还可以看到四面十二面十三面十四面千手观音[10]；日本曾流行过二十七面千手观音[11]；敦煌石窟中的千手观音壁画有一面者、三面者、七面者、十一面者、五十一面者，其中一面者数量最多，其次为十一面者[12]。

包括北山造像在内的大足地区的千手观音造像均为一面。值得注意的是，在川渝地区，不惟大足如此，川渝地区的千手观音造像也多为一面，仅个别为多面[13]。如此接近整齐划一的做法似乎暗示，川渝地区的千手观音造像的内在联系比较密切。事实上，川渝地区的千手观音造像的相似性还表现在其他方面。

根据经轨，单面者往往头戴化佛宝冠，璎珞严身。智通译《千眼千臂观世音菩萨陀罗尼神咒经》所载千手观音画像法云：“次说画像法。谨按梵本，造像皆用白氎，广十肘，此土一丈六尺，长二十肘，此土三丈二尺。菩萨身作檀金色，面有三眼一千臂，一一掌中各有一眼。……菩萨头著七宝天冠，身垂璎珞。”[14]又菩提流志译《千手千眼观世音菩萨姥陀罗尼身经》云：“若画千手千眼观世音菩萨摩诃萨像变者，当用白氎纵广十肘或二十肘。是菩萨身作阎浮檀金色，面有三眼，臂有千手，于千手掌各有一眼，首戴宝冠，冠有化佛。……身服著以天妙宝衣，咽垂璎珞。”[15]比照上表所列信息，北山千手观音造像一般头戴花蔓宝冠，冠中现化佛，胸饰璎珞，

---

1 《大正藏》卷二十，第138页。

2 参看《大正藏》卷二十，第129、119页。

3 参看王惠民前揭文，第66页；彭金章前揭文，第12—13页。

4 参看彭金章前揭文，第13页。

5 立式者如P. 4518之一、之二、之三、之四、之五，P. 4067之一，P. 4030，P. 3958；跏趺坐者如P. 4518之六、之七、之八，P. 3969；游戏坐者如P. 4518之十。参看林世田、申国美编：《敦煌密宗文献集成续编》，北京临京古籍印装厂2002年版，第492—509页。

6 见于延安万佛洞、子长钟山、志丹石坬庄、黄陵千佛寺等石窟中。参看何利群：《延安地区宋金时期石窟分期研究》，北京大学考古文博学院硕士学位论文，2001年，第10页，及图版肆：3、图版肆：4；齐鸿浩：《延安地区石窟寺密宗造像》，《文博》1991年第6期，第56—57页，及图版贰：2。

7 结跏趺坐式者如《大正藏·图像部》卷三《诸尊图像》卷上，图64；《大正藏·图像部》卷三《图像卷》第六（观音上），图55等。立式者如《大正藏·图像部》卷三《别尊杂记》卷十七，图56。

8 如仁寿牛角寨第25号龛千手观音，参看前揭邓仲元、高俊英：《仁寿县牛角寨摩崖造像》；安岳卧佛院第45号龛十一面千手观音、达州高观音岩十一面千手观音以及泸州玉蟾岩十一面千手观音等，参看本文图9、图10、图14。

9 参看王惠民前揭文，第64页；彭金章前揭文，第14页。

10 三面者参看《大正藏·图像部》卷十二《诸观音图像》，图8、9；五面者参看《大正藏·图像部》卷十二《诸观音图像》，图7；十一面者参看前揭《大正藏·图像部》卷三《诸尊图像》卷上，图64；十三面者参看《大正藏·图像部》卷十二《诸观音图像》，图6；十四面者参看前揭《大正藏·图像部》卷三《图像卷》第六（观音上），图55、《大正藏·图像部》卷四《曼荼罗集参考图》，图68、71，以及前揭《大正藏·图像部》卷三《别尊杂记》卷十七，图56等。

11 日本《白宝抄·千手观音法杂集》上引《胎藏记》云：“千手千眼观自在，通身黄色，有二十七面。”又引《大原记》云：“圆堂本黄金色，二十七面。”又引《观自在莲花顶瑜伽法》云：“又有莲花顶轮成就法，行者于顶观置二十七面。”（《大正藏·图像部》卷十，第800—801页）按此形象在日本极为流行，曾御版印行过，参看王惠民前揭文，第64页。

12 参看王惠民前揭文，第64—65页；彭金章前揭文，第14页。

13 如安岳卧佛院第45号龛千手观音为十一面，参看前揭彭家胜《安岳卧佛院调查》。

14 《大正藏》卷二十，第87页。

15 《大正藏》卷二十，第101页。

比较符合经轨。此种表现风格，与川渝其他地区的造像也比较接近。

3. 正大手及千手

关于千手的表现，北山千手观音造像以表现数量有限的正大手为主，其他手只是在身光中象征性地浅雕若干，如佛湾第9号龛在主尊身光两边分别浅浮雕出9只手。这与宝顶大佛湾第8号龛南宋时期的千手观音千手俱足的情况有很大差异，不过川渝其他地区中唐至五代的同类造像也多如此表现，但正大手的数量不尽相同。

北山千手观音的正大手能判明者有两种，一种是40只（如佛湾第273号龛），一种是42只（如佛湾第9号龛、营盘坡第10号龛）。40只或42只正大手是最接近经轨的做法。

按诸佛典，可以看出，从千手观音的普世原则出发，教义希望它的手眼数量无限，多多益善，不仅限于千手千眼，千手千眼只是一个约数，极言其多。所以有些经轨干脆就把千手观音的臂数无限放大了，如般刺密帝译《首楞严经》在述及千手观音的臂数时云："二臂、四臂、六臂、八臂、十臂、十二臂、十四、十六、十八、二十至二十四，如是乃至一百八臂、千臂万臂八万四千母陀罗臂。"[1]

但无限放大的臂数在图像上毕竟无法表现，所以有的经轨还是以千臂为限。如菩提流志译《千手千眼观世音菩萨姥陀罗尼身经》在述及千手观音的臂数时云："其正大手有十八臂。……其余九百八十二手，皆于手中各执种种器仗等印，或单结手印皆各不同。"[2]这里十八只正大手与其余九百八十二只手相合，正好是一千只。

但无论雕刻或绘画，表现一千只手并非易事，所以经轨中往往更多强调的还是表现正大手，故而上引经文中不厌其烦地将十八只正大手的印相及执物一一罗列。既然表现千手非易，此经下文又提出了折中的做法："又一本云……图画其菩萨身，当长五尺而有两臂，依前第五十臂印法亦得供养，不要千手千眼。此依梵本，唯菩萨额上复安一眼。"[3]据此，绘画时只须表现出两臂，并于额际复安一眼，就可代表千手观音。

而经轨中又以40或42只正大手的提法较普遍，所以40或42只正大手在造像中是比较通行的做法，当然它们主要还在于自身的象征意义，即象征着千只乃至无限多的手臂。这种提法较早的出处见于伽梵达摩译的《千手千眼观世音菩萨广大圆满无碍大悲心陀罗尼经》，此经罗列的正大手有如意珠手、羂索手、宝钵手、宝剑手、跋折罗手、金刚杵手、施无畏手、日精摩尼手、月精摩尼手、顶上化佛手、葡萄手等[4]。按其所列手的数目，刚好是40。与伽梵达摩本同本异译的《千手千眼观世音菩萨大悲心陀罗尼经》（不空译）所载手数和名称与伽梵达摩译本基本一致[5]。故而经轨中又称为"四十手法"[6]，四十手分五部可成千手千眼[7]。但合掌手和顶上化佛手实际上分别是两只（一双）手，所以实际手的总数应是42只，也就是说，造像中表现出42只手才是比较符合经轨的。但表现为40只手亦与经轨相去不远，毕竟经轨中有"四十手法"的提法。"四十手法"在雕塑绘画匠师那里有时可能就笼统地理解成40只手了，故而作品中有时表现为40只手，有时表现为42只手。由此可见，北山千手观音正大手的做法是比较接近经轨的。

40只正大手在大足以外的川渝地区其他同类造像中也有表现，如资中北岩开凿于中唐时期的113号龛、蓬溪新开寺开凿于咸通元年的1号龛均为40只正大手[8]。42只正大手在大足以外的川渝地区其他同类造像中或许也有所表现，只是目前由于信息披露的不对称或造像毁损严重，有待进一步确认。

从敦煌千手观音的情况看，正大手为40只或42只者占大多数，表明它们是当地绘制千手观音正大手的基本形式，尤其是盛、中唐时期的作品无一例外是40只或42只正大手[9]。结合川渝地区的同类造像，约可窥知40只或42只正大手是表现千手观音正大手的基本形式之一，而且更流行于早期作品中（川渝的节奏稍慢于内地）。

关于北山千手观音正大手所执的法器宝物，由于残损较多，只能辨识出一小部分。根据列表信息，有宝瓶、旁牌、数珠、玉环、宝珠、宝印、宝铎、宝塔、宝镜、莲蕾、宝经、宝钵、杨枝、化佛等，比照上文所引经轨中所规定的正大手所执的法器宝物，北山千

---

1 《大正藏》卷十九，第105页。

2 《大正藏》卷二十，第101页。

3 《大正藏》卷二十，第101页。

4 参看《大正藏》卷二十，第105页。

5 参看《大正藏》卷二十，第117—119页。

6 参看苏嚩罗译:《千光眼观自在菩萨秘密法经》，《大正藏》卷二十，第120页。

7 参看苏嚩罗译:《千光眼观自在菩萨秘密法经》，《大正藏》卷二十，第120页。

8 参看王熙祥:《丹棱郑山—刘嘴大石包造像》，《四川文物》1987年第3期，第30—33页；前揭胡文和:《四川道教佛教石窟艺术》，第29页。按《丹棱郑山—刘嘴大石包造像》一文将40号龛编作64号龛；又郑山造像中有两处"天宝"年号的纪年题记，则此处造像始于盛唐，延至中唐，因此整区造像应为盛中唐时期。参看邓仲元、高俊英：《仁寿县牛角寨摩崖造像》，《四川文物》1990年第5期，第72页。

9 参看彭金章前揭文，第17页。

手观音正大手所执的法器宝物没有越出经轨所规定的范围。可见北山千手观音正大手的执物似乎也比较接近经轨。

4. 眷属

千手观音眷属众多，造像中往往令人目不暇接，确认身份实属不易。再者，并非所有的附属性造像都可视为千手观音的眷属。按诸经轨，记载千手观音眷属最为全面的经典是善无畏译的《千手观音造次第法仪轨》，其不仅详列诸眷属名目，还指出了它们的持物，有些还指出了它们的体貌特征：

八大菩萨以为眷属。大士前有童目天女持可爱华，乃童子并持经僧座，其形七岁童子貌。第三重有二十八部众，有各各本形……一、密迹金刚士，赤红色具三眼，右持金刚杵……二、乌刍君荼央俱尸，左手持一股金刚杵……三、魔醯那罗达，黑赤红色，具三眼，瞋怒相也……左手持杵，右手把宝盘……四、金毗罗陀迦毗罗，白红色，左手把宝弓，右手把宝箭。五、婆驭婆楼那，白红色，左手索，右手安腰。六、满善车钵真陀罗，左手金刚轮，右手拳印，红色。七、萨遮摩和罗，左手把宝幢……右手施愿印。八、鸠兰单咤半祇罗，左手金刚铎，右手金刚拳，白红色。九、毕婆伽罗王，左手把刀，右手安腰。十、应德毗多萨和罗，左手持弓，右手三叉杵箭，色黄黑也。十一、梵摩三钵罗，色红白，左手持宝瓶，右手三股杵。十二、五部净居炎摩罗，色紫白，左手持炎摩幢，右手文竿。十三、释王三十三，色白红，左手安腰，右手持金刚杵。十四、大辨功德娑怛那……左手把如意珠……右手金刚剑。十五、提头赖咤王，赤红色又青白色，左手执如意宝玉……右手刀。十六、神母女等大力众，色如（后缺）。十七、毗楼勒叉王，色赤，左手执杵，右手把剑。十八、毗楼博叉王，色白，左手执杵，右手把金索，青色。十九、毗沙门天王，色绀青，左手持宝塔，右手杵。二十、金色孔雀王，身色黄金，左手执宝幢……二十一、二十八部大仙众者……伊舍那神以为上首，身色黑赤白也，左手执杵。右手取朱盘器……二十二、摩尼跋陀罗，色白红，左手执宝幢……右手施愿印也。二十三、散脂大将弗罗婆，身色赤红，左手执金刚，右手安腰。二十四、难陀跋难陀，身色上赤色，左手执赤索，右手剑……二十五、修罗……身赤红色。左手持日轮，右手月轮……二十六、水火雷电神，此四神皆备夫妻……二十七、鸠盘荼王，长鼻，瞋怒形也，黑色，左手战丈器，右手执索。二十八、毗舍阇，大目，瞋怒形，黑赤色，左手火玉也。[1]

这里有三点需要说明。其一，《仪轨》所列，确切地说，应是千手观音曼荼罗中的眷属，与此相同，其他经轨也是在千手观音曼荼罗语境下谈其眷属的。这提示我们，在一般的千手观音绘画和雕塑作品中，其眷属不可能与经轨完全对应，因为一般的千手观音绘画和雕塑作品所表现的并不是严格意义上的千手观音曼荼罗（密教洞窟中的图像除外）。但是，经轨的内容，仍然是人们创作千手观音眷属的依据。其二，以上所列并不是千手观音眷属的全部，其他经轨中还列有其他一些眷属。而且按照经轨的说法，有些眷属本身也有眷属，如“诸善神及神龙王、神母女等，各有五百眷属”[2]，所以作品中出现几十上百乃至二百余身眷属是不奇怪的。其三，在实际的千手观音绘画和雕塑作品中的“眷属队伍”中的成员，往往不仅限于经轨中开列的眷属，这使得实际作品中的“眷属队伍”具有一定的随意性和不确定性[3]。

北山千手观音造像的眷属视龛内空间大小多寡不一，从列表信息可以看出，以佛湾9号龛、佛湾273号龛和营盘坡10号龛内容较丰富，且保存较好。兹以此两龛为基础，对北山千手观音造像的部分眷属试略加识读。

（1）十方诸佛

十方诸佛简称十方佛，指代十方三世一切诸佛，所以又称十方千佛。此种形象在北山千手观音造像的附属雕刻中比较常见，它们有的分成两组，每组五身，对称雕于主尊上方两侧，如佛湾9号龛、营盘坡10号龛左右侧壁上层内侧云朵中各浅雕的5身跏趺坐佛即是；有的并排刻于龛楣上，如佛湾273号龛龛楣上的10身跏趺坐佛。敦煌千手观音经变中也常见十方诸佛，且布局与第一种情形相似[4]。四川地区现存较早的千手观音变相龛中即有十佛，如上列资中重龙山第113号龛造像。

按诸经轨，十方诸佛不在千手观音的眷属之列，但有关千手观音的经典中多次提到十方诸佛：伽梵达摩译《千手千眼观世音菩萨广大圆满无碍大悲心陀罗尼经》在述及千手观音的由来时云：“［观世音菩萨］发是愿已，应时身上千手千眼悉皆具足。十方大地

1 《大正藏》卷二十，第138页上至139页上。

2 伽梵达摩译：《千手千眼观世音菩萨广大圆满无碍大悲心陀罗尼经》，《大正藏》卷二十，第105页。

3 有关千手观音图像中的眷属研究，参看浜田瑞美：《敦煌唐宋時代の千手千眼観音変の眷属衆について》，《奈良美術研究》第9号，2010年；前揭同氏《莫高窟吐蕃时期的千手千眼观音变——以眷属图像表现为中心》，第283—299页。

4 参看王惠民前揭文，第68页。

六种震动，十方千佛悉放光明，照触我身，及照十方无边世界。”[1]可见观世音菩萨在化现为千手观音时即感应十方诸佛并得其助益。同经在述及正大手及持物时三次提到十方诸佛：“若为面见十方一切诸佛者，当于紫莲华手……若为十方诸佛速来授手者，当于数珠手……若为十方诸佛速来摩顶授记者，当于顶上化佛手。”[2]又不空译《千手千眼观世音菩萨大悲心陀罗尼经》云：“今诵《大悲陀罗尼》时，十方佛即来为作证明，一切罪障悉皆消灭。”[3]可见供养十方诸佛可以满足人们面见十方诸佛、希望十方诸佛授记、作证等愿望。

（2）孔雀王

即孔雀明王，兹依经轨定名。据列表信息，见于佛湾9号龛和营盘坡10号龛。佛湾9号龛左侧壁中层内侧云朵正中雕一六臂神骑于孔雀上（头残），此神当即孔雀王（但一般孔雀王为四臂）；营盘坡10号龛右侧壁中部一朵云内亦雕孔雀王，骑于孔雀上。

《仪轨》所列千手观音眷属中有“金色孔雀王，身色黄金，左手执宝幢，上有孔雀鸟，细妙色也，说无量妙言”。可见孔雀王属于经轨的眷属成员，只是构图与经轨有一定差异。敦煌同类作品中也有此形象，但被称为“孔雀王菩萨”[4]。

（3）文殊、普贤

据列表信息，文殊、普贤见于佛湾9号龛和营盘坡10号龛，在龛内左右侧壁对称雕出。佛湾9号龛左侧壁中层外侧云朵正中雕文殊骑于青狮上，右侧壁中层外侧云朵正中雕普贤结跏趺坐于白象上。营盘坡10号龛主尊两侧正壁左有文殊结跏趺坐于青狮之背，右有普贤结跏趺坐于白象之背。

按文殊、普贤进入千手观音的“眷属队伍”，于经轨无据，也不见于敦煌同类作品中[5]，迄今所见川渝地区文殊菩萨进入千手观音眷属队伍的最早遗例出现于邛崃石笋山中唐时期的《千手观音经变》龛中，但看不出与大足北山造像存在直接的渊源关系[6]，因此文殊、普贤进入千手观音的“眷属队伍”应属当地出现的新因素。我们注意到，在北山不同时期除华严三圣造像以外的其他题材的龛像中，也不时见到文殊、普贤的身影，它们往往被作为主尊眷属或胁侍的一部分，对称雕于龛的左右侧壁，不惟千手观音造像如此。这是当地华严思想和华严信仰流行的反映。晚唐五代以来，以华严三圣为主尊的石刻造像遍及大足及其附近的安岳、资中地区。近期已有学者探讨大足石刻中的华严思想与华严信仰[7]。我们还注意到，大足地区出现的这一新因素对其他地区后来的千手观音经变造像还产生了一定的影响，如内江东林寺北宋摩崖千手观音经变造像中，在龛的左右侧壁偏上方的位置就对称雕出了文殊与普贤（参看本文图35）[8]。

（4）波斯仙、功德天

据列表信息，波斯仙见于佛湾9号龛、235号龛、243号龛、273号龛，营盘坡10号龛，佛耳岩13号龛。一般位于龛右侧壁下部，即那位长髯赤膊，高鼻深目，一手执杖，一手持物的老者。按诸经轨，波斯仙也不在千手观音的眷属之列。但日本《密藏记》云：“次千手千眼观自在菩萨……左侍婆苏大仙，取仙杖；右侍功德天，取花。”[9]这里的婆苏大仙当即波斯仙。又日本《白宝抄・千手观音法杂集》下引《杂记》智证云：“观自在菩萨曾从婆叟学法，彼恼恪不与法。向后于弥陀以受法，法成就多与彼仙人，现千手眼降服彼，所以仙老在千眼前。”又同书又引《毗沙门经序》云：“大广智云，婆薮仙是观世音菩萨一化身，又一身上现三千眼者，显一念三千法门。”[10]这里的婆叟、婆薮仙均即波斯仙，可见波斯仙与千手观音也是颇有因缘的，作品中出现此形象也是有依据的，只是所处位置与文献记载稍异。

在上列诸龛与波斯仙对应的位置，即龛左侧壁下部，均对称雕出一女侍形象，从保存较完好的形象看，特征比较一致：立式，云鬟宽大，双手托盘或手持莲花面向主尊作供养状。此即功德天。按功德天属于经轨中的千手观音的眷属，但未言其具体位置。由

---

1 《大正藏》卷二十，第106页。

2 《大正藏》卷二十，第111页。不空译《千手千眼观世音菩萨大悲心陀罗尼经》所载略同。

3 《大正藏》卷二十，第116页。

4 参看彭金章前揭文，第19页。

5 敦煌千手观音经变中，眷属中的菩萨通过榜题可确认其名称的有18种之多，但未见文殊、普贤，参看彭金章前揭文，第19页；从造型特征上看，也未见文殊、普贤，参看前揭滨田瑞美：《莫高窟吐蕃时期的千手千眼观音变——以眷属图像表现为中心》，第288—295页。

6 该龛即邛崃石笋山第3号龛，在该龛主尊周围雕出了众多的千手观音的眷属，其中包括骑狮文殊菩萨（参看前揭滨田瑞美：《莫高窟吐蕃时期的千手千眼观音变——以眷属图像表现为中心》，第296页）。但石笋山千手观音造像的文殊菩萨在当时只是偶见，不似大足北山频繁出现，此其一；石笋山造像只单雕出一身文殊，不似大足北山文殊、普贤总是对称出现，此其二。综合以上两点，笔者认为邛崃石笋山千手观音造像中出现文殊的做法与大足北山千手观音造像中频繁对称出现文殊、普贤的做法不存在直接的渊源关系。

7 参看陈清香：《大足石窟中的华严思想提要》，载重庆大足石刻艺术博物馆编：《2005年大足石刻国际学术研讨会论文集》，文物出版社2007年版，第273—296页。

8 参看李小强待刊稿《千地绽放——中国千手观音造像遗存》。

9 《大正藏・图像部》卷一，第13页。

10 《大正藏・图像部》卷十，第814页。

上引《密藏记》的记载可知她处于与波斯仙对应的位置，及日本《诸说不同记》卷六“功德天”条载：“现图在千手前之左，女形也。……左手持莲叶，上盛花，或图金盘上莲”[1]，可以判断，此与波斯仙对称雕出的女侍形象就是功德天。上引《白宝抄·千手观音法杂集》下又引《杂记》云：“功德天者，表布施破悋贪，亦此观音化身对破［婆］叟悋也。”[2]可见功德天与波斯仙对称雕出也是有根据的，她是针对波斯仙的悋啬的。

波斯仙和功德天两位眷属在敦煌同类经变画中也很常见，且有榜题证明它们的身份。前者在榜题中多写作“婆薮仙”，也有作“婆秀仙”“婆瘦仙”“婆首仙”“婆叟仙”的，这主要是音转差异；后者多数榜题为“功德天”，个别题作“大辨才天女”的[3]。二者也往往在主尊千手观音两侧对称绘出，北山的布局情形与之接近。至于为何有时将功德天题为“辨才天女”，可能也是受了文献的影响。《白宝抄·千手观音法杂集》（中）引《寺寺房抄》云：“辨才天则功德天也。”[4]是则文献中有时将辨才天与功德天视为同一。

（5）饿鬼、贫儿

据列表信息，在北山千手观音造像的佛湾9号龛、235号龛、273号龛以及佛耳岩13号龛内都有这样二身一组形象：它们均于主尊座两侧下方对称雕出，二者皆胡跪，面向主尊，仰首引颈。左侧者仅穿裤衩，瘦骨嶙峋，双手托钵，正接自主尊掌中流出的甘露。右侧者双手执一袋，亦作接物状。我们将左侧者比定为饿鬼，右侧者比定为贫儿。

按诸经轨，饿鬼、贫儿亦不在千手观音的眷属之列。但是不空译《千手千眼观世音菩萨大悲心陀罗尼经》在一一述及千手观音正大手的诸种功用时，首先交代的就是为满足饥渴有情及诸饿鬼的甘露手：“若为一切饥渴有情及诸饿鬼得清凉者，当于甘露手。”[5]可见本着众生平等的原则，饿鬼的要求在千手观音那里理应首先得到满足。饿鬼既已见诸经典，将其纳入图像系统是很自然的。而千手千眼的功用本在以此满足众生诸多的愿望，即所谓“若我（指观世音——引者）当来堪能利益安乐一切众生者，令我即时身生千手千眼具足”[6]，所以在给饥渴者以甘露的满足时，并没有忘记给贫者以“富饶种种功德资具”的满足：“若为富饶种种功德资具者，当于如意宝珠手。”[7]于是作品中就出现了贫儿持袋接宝物或给贫儿施钱的场面。由此可见贫儿的形象虽系艺术杜撰，但于经典也并非全无所据。

最后需要说明的是，这里给饿鬼、贫儿的定名，依据来自于敦煌绘画榜题。在敦煌千手观音经变中，也多见此类形象[8]，其中不乏有榜题者，如P.3352千手观音经变榜题底稿中有“甘露施饿鬼”“七宝施贫儿”字样[9]。再如松本荣一《敦煌画の研究》附图《千手观音经变》榜题有“饿鬼乞甘露时”“贫人乞钱时”等字样[10]。可知千手观音造像画面中承接甘露者即是经典中所谓的饿鬼，而接宝物或钱币者应称为贫儿。由此看来，有些学者将贫儿称为“贪儿”是不准确的。

（6）雷神、风神

据列表信息，佛湾9号龛左侧壁上层外侧一朵正中雕一猪首（象首？）人身神，环其一周雕鼓十二面，该神双手作击鼓状。营盘坡10号龛右侧壁上部一朵云内亦雕一神，造型与前者基本一致。我们将其比定为雷神。在佛湾9号龛右侧壁及营盘坡10号龛左侧壁与雷神对应的位置的云朵内雕出一神，造型基本一致：手持风袋，作布风状。我们将其比定为风神。

按诸经轨，雷神属于千手观音的眷属。前引《千手观音造次第法仪轨》：“二十六，水、火、雷、电神，此四神各备夫妻。雷者天雷神，电者地电也，此余者水火以为身严。”[11]但在敦煌石窟的千手观音经变中，不仅有水神、地神、火神，还有风神[12]。可见风神出现在千手观音的眷属中并非当地的独创。

（7）地藏

据列表信息，佛湾273号龛外龛左右侧壁上下对称雕出4身地藏，风格一致，皆圆形头光，着交领袈裟，右舒相坐于须弥座上，左

---

1 《大正藏·图像部》卷一，第78页。

2 《大正藏·图像部》卷一，第814页。

3 参看彭金章前揭文，第19页。

4 《大正藏·图像部》卷十，第814页。

5 《大正藏》卷二十，第117页。

6 语出伽梵达摩：《千手千眼观世音菩萨广大圆满无碍大悲心陀罗尼经》，《大正藏》卷二十，第106页。

7 语出伽梵达摩：《千手千眼观世音菩萨广大圆满无碍大悲心陀罗尼经》，《大正藏》卷二十，第106页。

8 参看彭金章前揭文，第20页。

9 参看王惠民前揭文，第69页。同样的榜题也见于大英博物馆藏晚唐敦煌绢画：《千手千眼观音经变》中，参看前揭濱田瑞美：《莫高窟吐蕃时期的千手千眼观音变——以眷属图像表现为中心》，第293页。

10 松本榮一：《燉煌畫の研究》，圖像篇附圖174。

11 《大正藏》卷二十，第139页上。

12 参看彭金章前揭文，第20页。

手托珠反置腹前，右手执锡杖倚靠右肩。从它们在龛中所处的位置看，应当属于主尊千手观音的眷属。

按地藏菩萨成为千手观音的眷属于经轨无据，也未见于其他同类作品中，在北山也仅此一例，当是此地千手观音造像中出现的新情况。在包括北山在内的大足晚唐五代以来的佛教雕刻中，地藏出现的频率是很高的，既有作为主尊单龛雕出的情况，也有与其他尊像组合在一起的情况[1]。这些造像资料为我们考察地藏成为千手观音眷属的新情况提供了重要线索。

最后需要说明的是，北山千手观音的眷属应该还可以识读出一部分，但有一定难度，只能留待日后。图像的识读是深入研究的基础，所以这项工作必须继续下去。从以上确认的眷属看，北山千手观音的眷属大多还是于经轨有据的，且反映出与北方同类造像的相似性。但是，此地眷属中也出现了既不见于经轨，又不见于北方作品的新成员，如文殊、普贤、地藏等，这应当是川渝地区千手观音造像出现的新情况，这些新情况特别值得关注。

三　圣水寺与宝顶山造像

1. 圣水寺千手观音造像

圣水寺千手观音造像即圣水寺摩崖造像第3号龛造像。圣水寺摩崖造像位于大足区西28公里的高升镇，与安岳毗邻，距位于大足区铁山镇的尖山子摩崖造像不过4公里。值得注意的是，1987年，当地文物工作者在尖山子摩崖造像区域发现了初唐“永徽”纪年题铭，因而尖山子摩崖造像被认为是川东地区最早的佛教摩崖造像[2]。圣水寺摩崖造像无纪年题铭，但考虑到其与尖山子摩崖造像邻近，因而尖山子摩崖造像纪年题铭的发现对圣水寺摩崖造像的年代上限的判断有一定的参考价值。

3号龛为内外双重方形平顶龛，外龛高2米、宽2.38米、深0.22米，内龛高1.57米、宽1.74米、深0.46米，造像处于半风化状态。内龛后壁正中高浮雕出主尊千手观音，观音结跏趺坐于仰莲座上，身高0.63米，莲座下又承束腰须弥座。观音一面，头戴宝冠，面相长圆，臂饰宝钏手镯，胸饰璎珞，披帛一端自座前垂下。观音身后雕出近圆形身光，其左右两侧分别高浮雕出20只正大手，在身光中呈放射状分布。其中两手当胸合十，两手于腹前结定印，两手手心向上置于膝上，肩后两手高举佛像于头顶，肩部两手分别托举日、月，其余各手分持各种法器。身光中正大手以外的空余部分被阴刻的小手填满，计有数百只。内龛正壁两侧即左右侧壁自上而下分三层高浮雕摩醯首罗天、孔雀王、菩萨、天王、力士等。须弥座两侧各浮雕一身女供养人，着交领广袖长裙，云鬟宽大，体态丰腴，双手托供物面向主尊侍立。内龛左右侧壁还雕有世俗人物形象多身。内龛龛门两侧，自上而下分别凿出两方形浅龛，龛内分别雕出两身菩萨形象，龛门两侧下方，对称雕出两身三头六臂的明王形象，左侧明王头部已风化，右侧明王三面皆作愤怒相。二明王皆一腿抬起，身体歪斜，身后满饰火焰纹（图22）[3]。二明王的身量明显大于其他眷属造像。从其身后满饰火焰纹这一点看，它们应是不动明王，因为背负猛火是不动明王形象的标配（图23、图24）[4]。从二明王所在的位置（龛门两侧下方）看，它们无疑充当了最重要的护法角色。传统上，这是力士的位置。我们将该龛造像的年代定为中晚唐，当无大误。

不难看出，该龛千手观音整铺图像的构图形式和内容与北山诸龛千手观音造像有较大差异，其年代也早于北山造像，应是大足地区早期的千手观音造像图式。就眷属而言，不见北山常见的文殊、普贤菩萨等，而突出明王。按明王也属于千手观音眷属的一类，故而诸明王出现在千手观音造像的眷属队伍中亦属正常。此外，相较于圣水寺千手观音庞大的眷属队伍，北山千手观音眷属队伍规模相对较小，内容相对简单。圣水寺与北山两地造像的差异表明，二者之间不存在直接的承继关系，只能说明大足地区唐五代

1　关于大足地藏造像的考察与研究，参看胡良学、蒋德才：《大足石刻的地藏造像初识》，原载《四川文物》1997年第2期，收入重庆大足石刻艺术博物馆编：《大足石刻研究文集》（4），中国文联出版社2002年版，第114—123页；罗世平：《地藏十王图像的遗存及其信仰》，《唐研究》第四卷，1998年，第373—414页；陈明光：《石窟遗存〈地藏与十佛、十王、地狱变〉造像的调查与研究——兼探〈十王经变〉与〈地狱变〉的异同》，陈明光著：《大足石刻考察与研究》，中国三峡出版社2001年版，第225—262页．姚崇新、于君方：《观音与地藏：唐代佛教造像中的一种特殊组合》，《艺术史研究》第十辑，中山大学出版社2008年版，第467—508页；姚崇新：《药师与地藏——以大足北山佛湾第279、281号龛造像为中心》，载重庆大足石刻艺术博物馆编：《2009年中国重庆大足石刻国际学术研讨会论文集》，文物出版社2013年版，第449—468页；Chün-fang Yü and Yao Chongxin, “Guanyin and Dizang: The Creation of a Chinese Buddhist Pantheon”, *Asiatische Studien*, Vol.70, Issue 3, 2016, pp.757-796.

2　参看重庆大足石刻艺术博物馆、四川省社会科学院大足石刻艺术研究所：《大足尖山子、圣水寺摩崖造像调查简报》，原载《文物》1994年第2期，收入《大足石刻研究文集》（2），重庆出版社1997年版，第150页。

3　以上内容系笔者在参考《大足尖山子、圣水寺摩崖造像调查简报》一文的基础上［参看《大足石刻研究文集》（2），重庆出版社1997年版，第154页］，进行的补充完善。简报将明王视为力士，欠妥。

4　不空译《底哩三昧耶不动尊圣者念诵秘密法》卷上载不动明王造型云：“内作赤色大力焰，即是火焰之鬘，从内而出遍于身上，如鬘也。”《大正藏》卷二一，第13页中。这一点无论是唐密系统还是藏密系统都是一致的。

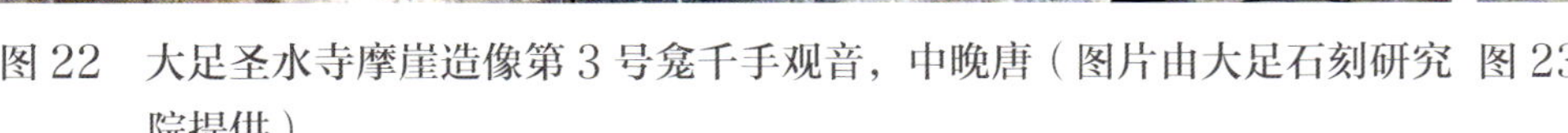

图 22　大足圣水寺摩崖造像第 3 号龛千手观音，中晚唐（图片由大足石刻研究院提供）

图 23　大足圣水寺摩崖造像第 3 号龛龛门左侧明王像（图片由大足石刻研究院提供）

图 24　大足圣水寺摩崖造像第 3 号龛龛门右侧明王像（图片由重庆大足石刻研究院提供）

时期千手观音造像的内容与图式具有阶段性特征。圣水寺造像代表了当地千手观音造像图式的早期特征，这一时期眷属队伍的内容似乎更接近经轨，因此整铺图像更具有经变的性质，而北山造像代表了当地千手观音造像图式的新变化，这一时期眷属队伍出现了不合经轨的新内容，这应与当地流行的佛教思想、佛教信仰的新变化有关。

对于圣水寺千手观音造像图式，需要思考以下两个问题：一、为何选择不动明王作为最重要的护法角色？二、这种造像图式是否有源头可寻？兹先讨论第一个问题。

按不动明王为佛教密宗八大明王首座，具有在遇到任何困难的时候，均能扫除障难，并不为动摇之意。不动明王显现愤怒相，使侵扰众生之邪魔畏惧而远离，使众生于修行路上不致动摇善念菩提心。以其法力深广，曾降伏摩醯首罗天，《底哩三昧耶不动尊圣者念诵秘密法》卷上载此事：

有摩醯首罗者，即是三千世界之主，住三千界之中。心慢故不肯从所召命，而作是念：是三界之主，更有谁尊而召我耶？复作是念：彼持明者畏一切秽恶，我今化作一切秽污之物，四面围绕而住其中，彼所施明术何所能为？时无动明王承佛教命召彼天，见其作如此事，即化受触金刚（即是不净金刚），令彼取之。尔时不净金刚须臾悉噉所有诸秽，令尽无余。便执彼来，至于佛所。彼复言：尔等是夜叉之类，而我是诸天之主，何能受尔所召命耶？寻即逃归，如是七遍。尔时无动明王白佛言：世尊，此有情故犯三世诸佛三昧耶法，当何事治之？佛言：即当断彼也。时不动明王即持彼，以左足蹈其顶半月中，右足蹈其妃首半月上。尔时大自在天寻即命终，于尔时闷绝之中证无量法，而得授记，生于灰欲世界，作佛号日月胜如来。[1]

由此可见，不动明王威力之不寻常。不动明王应是诸明王中威力最著者，在整铺千手观音造像中，将其置于龛门两侧下方是合乎逻辑的。当然，在本龛造像中，摩醯首罗天与不动明王都是千手观音的眷属身份，因而不存在后者对前者的降服问题。

下面讨论第二个问题。迹象表明，这种造像图式有源头可寻，就川渝地区而言，其源头似乎在川西地区。

地处川西南的丹棱有郑山摩崖造像，造像整体年代属盛中唐时期，其中第40号龛主尊为千手观音。该龛千手观音结跏趺坐于束腰莲座上，雕出32只正大手，其余小手层叠浮雕于圆形背光中。眷属队伍庞大，据统计多达120余身，因此这应是一铺千手观音经变。特别值得注意的是，在龛的左右沿口下方对称雕出两身六臂护法明王[2]。笔者推测，这两身六臂护法明王很可能就是不动明王，其布局形式与圣水寺千手观音龛基本一致。

同处川西南的邛崃石笋山摩崖造像第3号龛和第8号龛也是伴有多眷属的《千手千眼观音经变》龛（中唐时期），其中第3号龛造像前文已提及。滨田瑞美教授绘制了这两龛的眷属分布示意图（图25、图26）。

1　《大正藏》卷二一，第13页中、下。

2　该龛造像内容的提示，参看前揭王熙祥：《丹棱郑山—刘嘴大石包造像》，第31—32页。

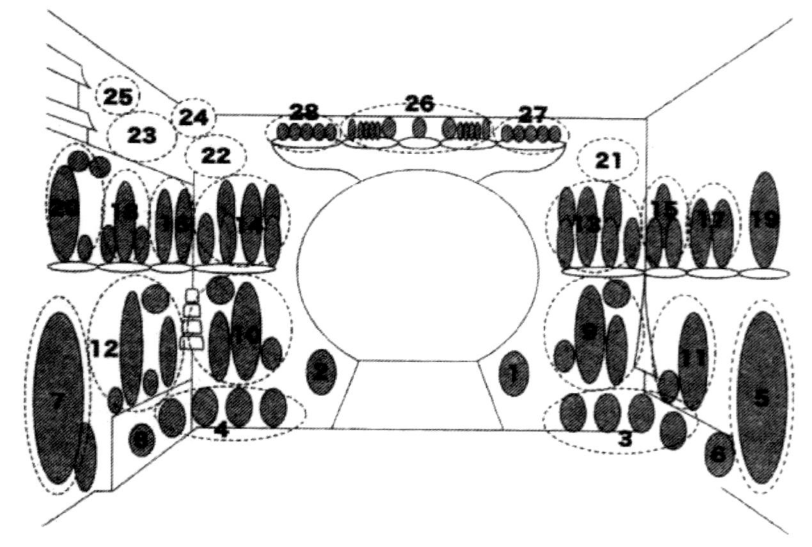

图25　邛崃石笋山摩崖造像第3号龛千手观音眷属示意图（采自滨田瑞美《莫高窟吐蕃时期的千手千眼观音变——以眷属图像表现为中心》，图14）

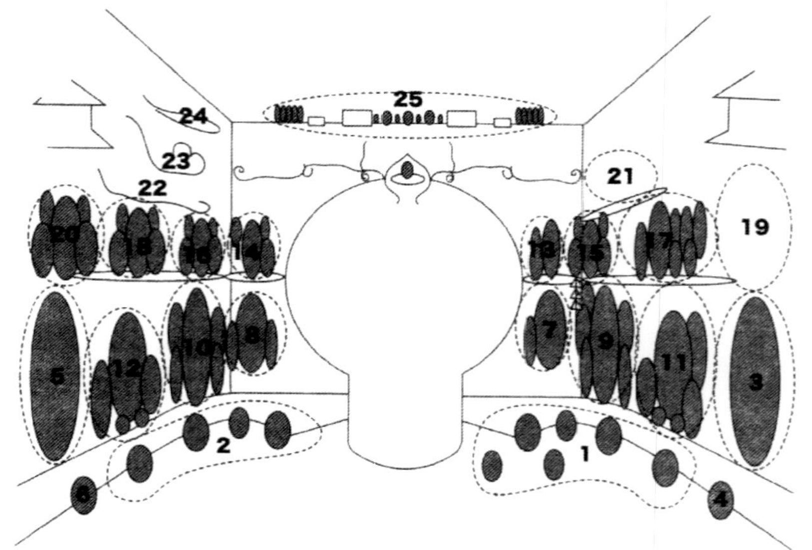

图26　邛崃石笋山摩崖造像第8号龛千手观音眷属示意图（采自滨田瑞美《莫高窟吐蕃时期的千手千眼观音变——以眷属图像表现为中心》，图15）

据滨田教授提示，图25所示第3号龛的第5号和第7号位都是六臂明王，图26所示第8号龛的第3号和第5号位分别是四臂明王和六臂明王[1]。这几身明王的共同特点是，都位于龛口处，对称雕出，且身量较其他眷属要大，因此笔者推测，这两龛的4身护法明王很可能也是不动明王[2]，其布局形式同样与圣水寺千手观音龛一致，即同处龛口，对称雕出，且身量较大。另外，与圣水寺第3号龛一样，邛崃石笋山第3号龛和第8号龛主尊也呈结跏趺坐姿，圆形身光。

基于以上观察，同时考虑到上举川西南地区的千手观音造像的年代要早于大足圣水寺千手观音造像，我们推测，圣水寺第3号龛千手观音的造像图式源于川西地区。

通过以上对不动明王身份的比定，不难看出，前文所揭大理国《梵像卷》中所绘的两幅千手观音像中的明王也应是不动明王（周身火焰环绕是其最明显的标志），且构图形式及理念也与上述邛崃石笋山造像相似：《梵像卷》中作为千手观音眷属的不动明王或对称出现在观音两侧，或位于观音正前方，且相较于其他眷属．它们的身量要大得多，明显意在突出其护法身份（参看本文图6、图7）。这从另一个侧面反映出《梵像卷》中的千手观音绘画图式与四川地区千手观音造像的渊源关系。

不过，这种构图形式不能视为四川地区的独创，迹象显示，它与唐代敦煌石窟壁画中的千手观音经变的构图形式高度相似，表明二者关系密切。如莫高窟第148窟主室东壁门上所绘千手观音经变，为敦煌石窟中最早一批千手观音绘画作品之一，属盛唐时期。千手观音结跏趺坐于莲座上，有正大手若干，手中各执法器，圆形身光周围绘出眷属二十余身。其中，在画面下方的外侧，对称绘出两身身量明显大于其他眷属的明王像，左侧为军荼利明王，一面三目八臂，火焰背光；右侧为乌枢沙摩明王，一面三目四臂，火焰背光（图27、图28）[3]。

这种以千手观音为中心、眷属环绕、明王护持的构图模式在敦煌中唐、晚唐、五代及西夏时期的千手观音经变中得到广泛运用，成为敦煌地区唐宋时期千手观音经变的基本构图模式。只是，以护法角色出现的这两身明王的身份并不十分固定，除了军荼利明王和乌枢沙摩明王外，还有马头明王、四臂明王、六臂明王、八臂明王等[4]，其中四臂明王、六臂明王出现的频率比较高，而六臂明王出现的频率似乎最高。

通过上述观察，我们有理由相信，川渝地区唐代千手观音龛像的构图形式很大程度上受到了敦煌盛唐以来千手观音经变构图形式的影响，在川渝地区的构图中，也颇流行六臂明王，同时可见四臂明王，相信这不是偶然的巧合。上文已暂将川渝地区的六臂明王识读为不动明王，若这一识读不误，敦煌地区的六臂明王也应是不动明王。当然，在敦煌千手观音经变中的明王的元素配置上，我们看到火焰背光也并不是不动明王的专利，其他明王也可以配置，如上举莫高窟第148窟千手观音经变中的军荼利明王和乌枢沙摩明王皆配以火焰背光。这一点，川渝地区似乎有所不同。但无论如何，川渝地区唐代千手观音龛像的构图形式受到了敦煌千手观音经变

1　参看前揭滨田瑞美：《莫高窟吐蕃时期的千手千眼观音变——以眷属图像表现为中心》，第296页。

2　按不动明王的形象颇多，根据仪轨所载的不同，形象亦有所区别，而且在实际创作中，往往可见艺匠的自由发挥，因此不动明王的形象有多种类型。从面、臂、足相看，有一面二臂相、一面四臂相、三面二臂相、四面四臂相、四面四臂四足相、一面六臂六足相、四面六臂相等等。本文所见的三面六臂式不动明王或可视为地方造像的创造性发挥，当然，参照上述提示，将石笋山第8号龛3号位的四臂明王视为不动明王也是可以的。其体形的多变为我们识别其身份带来一定的困扰，但“背负猛火”这一标配无疑是识别不动明王身份的重要标志。

3　参看浜田瑞美：《中国石窟美術の研究》第Ⅱ部第四章“敦煌唐宋時代の千手千眼觀音变”，中央公論美術出版2012年版，第316-318頁。

4　参看浜田瑞美《敦煌唐宋時代の千手千眼觀音变》附表10“敦煌石窟の千手千眼觀音变の眷属配置”，第361—368頁。

图27 敦煌莫高窟第148窟主室东壁门上千手观音经变，盛唐（采自濱田瑞美《中国石窟美術の研究》，图178）

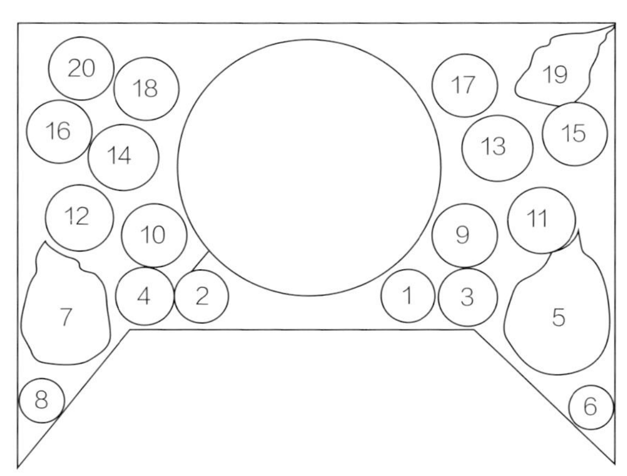

图28 莫高窟第148窟主室东壁门上千手观音经变眷属配置示意图，第5号位为军荼利明王，第7号位为乌枢沙摩明王（采自濱田瑞美《中国石窟美術の研究》，图179）

构图形式的强烈影响则是毋庸置疑的。基于这一事实，我们将川渝地区唐五代时期的千手观音龛像的性质定为千手观音经变，当无大误。

2. 宝顶山千手观音造像

一般所谓的宝顶山千手观音造像，即指宝顶山大佛湾摩崖造像第8号龛千手观音造像，雕造于南宋时期，属于大佛湾造像群的一部分。不能排除大佛湾造像群存在整体设计的可能性，那么，该龛造像与大佛湾其他龛像之间可能存在着设计者的内在逻辑关系，但限于本文主旨，这里只侧重于对8号龛造像本身的考察。该龛造像是国内现存规模最大的坐式千手观音造像之一，因而颇受关注。龛口左右呈弧形，龛高达7.2米，像宽达12.5米，占壁面积达88平方米[1]。该龛位于大佛湾南崖东段中部，上为外挑的岩檐，下与地坪相接。龛檐紧接“大悲阁”木构建筑，据宝顶山所遗明代摩崖碑刻的记载，“大悲阁”木构建筑的初建不晚于明洪熙元年（1425年）[2]，千手观音雕造伊始即配有龛檐类附属建筑亦未可知。该龛造像历史上曾多次培修，中国文化遗产研究院刚刚完成了最近的一次培修[3]。为尽可能多地窥其原貌，本文仍采用本次培修以前的图片资料。

主尊千手观音结跏趺坐于仰莲座上，头戴化佛宝冠，冠沿高且明显外侈，冠带作结后沿双肩斜垂至大腿外侧，冠面层层雕刻坐佛。眉间竖刻一目，直鼻小口，颈刻三道纹，璎珞呈网状覆于胸前。内着僧祇支，外着双领下垂式袈裟。身体两侧刻出正大手12只，其中两手当胸合十，两手于腹前内侧结定印；两手于腹前外侧结定印；左右侧上方两手上举，左手托珠，右手覆巾；左右侧中间两手平直前伸置大腿上，左右侧下方两手抚膝。左右低坛上各雕立像2身，皆着世俗服装，应是施主或供养人（2男2女，应是两对夫妇，男子皆着官服，表明他们不是普通人）[4]。龛外左右下角分别刻出贫儿、饿鬼形象。观音所坐莲座两侧，各雕1身半身力士像，似自地涌出。力士口方鼻阔，浓眉环眼，头戴凤翅盔，身着宽袖袍服，腰系革带，展臂相对作抬举莲座状。观音左右及身后浮雕千手（臂），层层叠叠，手（臂）总数，以往统计为1007只[5]，不确，最新统计为830只。手腕皆戴镯，手中多握持法器，未持法器者则结各种印相。手掌外露者，皆于掌心处刻一只眼睛（图29—图32）。[6]

作为宝顶山大佛湾造像群的组成部分，该龛造像属南宋时期，应该没有问题。从造像风格也可以得到印证：该尊千手观音所戴宝冠冠沿高且明显外侈的做法是南宋时期菩萨所戴宝冠的主流样式。因此从这个角度看，这铺千手观音像具有鲜明的时代特征，地域特征反而不甚明显。这龛巨制的出现并非偶然，它应是宋代以来川渝地区千手观音造像巨型化发展趋势的产物。

宋代以降，川渝地区的千手观音造像开始向巨型化的方向发展（至少一部分造像如此），川渝各地相继出现了千手观音的巨制。据南宋王象之《舆地纪胜》（定稿大约在1228—1233年间）记载，雅州（芦山郡）“报恩寺，在郡西坡上，有大悲像，高耸六丈”[7]。大悲像即千手观音像，此大悲像应系宋代作品，很可能是南宋作品。按唐天宝元年（742年）改雅州都督府为芦山郡，乾元元年（758年）复为雅州，宋因之，州（郡）治在今雅安县城关镇。若以宋元每尺约合今0.31米计，这尊千手观音高达18.6米以上，是名

1 参看李永翘、胡文和：《大足石刻内容总录》，载刘长久等编：《大足石刻研究》，四川省社会科学院出版社1985年版，第471页。

2 此据明洪熙元年（1425年）大足县儒学教谕刘畋人所撰《重修宝顶山圣寿院记》摩崖碑刻，其文有云：“……于是历载以来，重修毗卢殿阁，石砌七佛阶台，重整千手大悲宝阁。”题刻录文据陈习删著，胡文和、刘长久校注：《大足石刻志略校注》，收入刘长久等编：《大足石刻研究》，第266页。

3 有关该龛造像的历代培修情况，参看燕学锋、席周宽：《千手观音的历代培修及面积勘测》，载重庆大足石刻艺术博物馆编：《大足石刻研究文集》（5），重庆出版社2005年版，第507—509页；最近的这次培修由中国文化遗产研究院承担，是历史上规模最大的一次培修，前后历时8年，耗资数千万元，于2015年完工，参看相关新闻报道。

4 有学者认为宝顶山造像是宗教结社形式的团体事业行为，因此没必要表现供养人形象或供养人题记，因而宝顶山造像缺乏供养人像和供养人题记（参看王玉冬：《半身形像与社会变迁》，《艺术史研究》第六辑，2004年，第47页）。但如果我们不将本龛中的这几身世俗人物视为供养人的话，很难再给他们找出更合适的身份。

5 参看李永翘、胡文和：《大足石刻内容总录》，载刘长久等编：《大足石刻研究》，四川省社会科学院出版社1985年版，第471页。

6 本段文字除特别注明外，主要参考了重庆大足石刻艺术研究院编：《大足石刻全集》第一卷（上），重庆出版社2017年版，第148—149页。在此基础上，笔者略有补充完善。

7 （南宋）王象之撰，李勇先点校：《舆地纪胜》卷一四七《雅州·景物下》，四川大学出版社2005年版，第4397页。

图29　宝顶大佛湾第8号龛千手观音像全景，南宋（照片由大足石刻研究院提供）

图 30　宝顶大佛湾第 8 号龛千手观音像线图（照片由大足石刻研究院提供）

图31　宝顶大佛湾第8号龛千手观音像左侧内侧男供养人，着官服，作恭谨状（照片由大足石刻研究院提供）

图 32　宝顶大佛湾第 8 号龛千手观音像座下方抬座力士之一（照片由大足石刻研究院提供）

副其实的巨制，应是立式，其高度与河北正定隆兴寺北宋初年铜铸的大悲观音像相差不多。据隆兴寺内一通详细记载铸像过程的宋碑介绍，北宋开宝四年（971年）七月宋太祖驻跸正定时，因城西大悲寺及铜像先毁于契丹，继又毁于后周显德年间（954—960年），遂命在寺内铸造大悲菩萨铜像，寺院建筑也因之扩建。此大悲像高达22米，是国内现存最高的铜质佛教造像之一。相较之下，芦山郡报恩寺的大悲像的身量并不比这尊敕造的大悲像少多少，可惜，报恩寺早已寺毁像亡，给我们留下的只有无尽的想象。正定隆兴寺的大悲像提示我们，早在北宋初年，内地已开始出现千手观音像的巨制，可见千手观音造像巨型化也并不是川渝地区独有的传统。

现存遗迹表明，川渝地区千手观音巨制的出现与内地大致同时，约略始于北宋前期，实例如内江的三铺摩崖千手观音经变造像。其一为内江翔龙山摩崖倚坐千手观音造像，倚坐的身高竟达8米，可谓气势恢宏，在造像右侧崖壁上刻有南宋“淳熙三年”（1176年）题记（图33）；其二为内江圣水寺摩崖千手观音坐像（结跏趺坐），也堪称恢宏巨制，龛高与宽达8米以上，造像体量与翔龙山千手观音相当（图34）；其三为内江东林寺摩崖千手观音像，倚坐身量高达7米以上，在体量与规模上与翔龙山、圣水寺千手观音大致相当，也同样堪称巨制（图35）[1]。翔龙山千手观音造像侧崖壁上虽有南宋纪年题记，但笔者怀疑是后来补刻，因为造像风格不类南宋，但也不会太早，因为该龛打破早期龛像的痕迹很明显（参看本文图33）；圣水寺千手观音的年代一般认为为晚唐；东林寺千手观音的年代一般认为为宋代。笔者认为，这三龛造像规模体量相当，地域相近，且构图形式和风格也比较接近，因此它们的年代应该相去不远。言风格接近最值得注意的是头冠的样式，它们都戴着冠沿较高且不外侈的镂空宝冠，这是川渝地区北宋时期流行的菩萨宝冠的样式，五代时期已开始出现。另外，它们的正大手手臂直而僵硬、身体平直而僵硬，这是宋代以后的特点，表明它们的年代早不到五代。因此，综合考虑，笔者倾向于将它们的年代定为北宋时期。

图33　四川内江翔龙山摩崖千手观音像，善跏趺坐，北宋（采自李小强待刊稿《千地绽放——中国千手观音造像遗存》）

南宋以降，川渝地区的千手观音巨制传统仍在延续，除大足宝顶大佛湾8号龛造像外，我们还能看到其他同时期的遗存，富顺千佛崖摩崖造像第1号龛千手观音造像即是其例。该龛内正壁雕千手观音坐像一尊，游戏坐姿，像高达4.30米。观音两侧高浮雕出42只正大手，分执法器，正大手以外浅浮雕小掌六层，呈扇形分布，龛顶及两侧分层高浮雕眷属若干（图36）[2]。该龛造像虽经现代重修、妆金，但原貌大体上还在，从观音头戴冠沿较高且已开始外侈的宝冠、长圆的面相等特征看，该龛造像应属南宋时期[3]。4.30米的高度虽然与翔龙山造像8米的身高相比算不上皇皇巨制，但也绝非以前流行的小制作（如大足北山千手观音造像）可比，因此该龛造像仍可纳入千手观音造像巨型制作的范畴。与此同时，成都寺院中也出现了千手观音巨制。据冯檝《大中祥符院大悲像并阁记》记载，南宋绍兴年间在成都圣寿寺内的大中祥符院中雕造了一身高达“四十七尺”的千手眼大悲立像，耗时四年（具体记载详后）。“四十七尺”约合14.5米，也堪称巨制。迹象表明，千手观音造像巨型化的做法在川渝地区一直延续到了元明时期，遗存如本文图14所示泸州玉蟾岩的那尊造于元明时期的立式十一面千手观音像，据介绍，其身高也达到了5.6米[4]；再如四川平武明代报恩寺（建于1439—1460年）大雄宝殿供奉的主尊立式千手观音像，据介绍，其身高高达9米，雕造者匠心独运，用一根巨大的楠木雕刻而成，堪称木雕佛教造像中的杰作。值得注意的是，等身供养人夫妇像也出现在观音左右（图37）[5]。

1　参看黄刚：《心香一瓣自莲花——内江八景之一“东林晚眺”》，载佛教导航网，网址：http://www.fjdh.cn/ffzt/fjhy/ahsy2013/06/090741252649.html。

2　参看四川省文物考古研究院编：《四川散见唐宋佛道龛窟总录·自贡卷》，文物出版社2017年版，第183页。在此基础上，笔者略有补充完善。

3　《四川散见唐宋佛道龛窟总录·自贡卷》将其年代定为唐宋（第183页），过于宽泛，观其风格，其年代显然到不了唐代。

4　参看李小强待刊稿《千地绽放——中国千手观音造像遗存》。

5　参看李小强待刊稿《千地绽放——中国千手观音造像遗存》。

图34　四川内江圣水寺摩崖千手观音像，结跏趺坐，北宋（采自李小强待刊稿《千地绽放——中国千手观音造像遗存》）

图35　四川内江东林寺摩崖千手观音像，善跏趺坐，北宋（采自黄刚《心香一瓣自莲花——内江八景之一“东林晚眺”》）

图36　四川富顺千佛崖摩崖造像第1号龛千手观音，北宋（采自《四川散见唐宋佛道龛窟总录·自贡卷》，图401）

图37　平武报恩寺木雕千手观音及供养人像，明代（采自李小强待刊稿《千地绽放——中国千手观音造像遗存》）

千手观音巨制的出现与流行，其背后隐含的逻辑可能是千手观音信仰在宋代以后得到进一步加强。不过，两宋时期川渝地区为何如此流行仍然是一个需要进一步思考的问题。

将供养人造像纳入到整个图像系统中是宝顶大佛湾8号龛造像的新做法，因而值得稍加关注。就川渝地区的千手观音造像传统而言，像宝顶大佛湾8号龛这样直接将供养人像置入整个图像体系中的做法前所未见，而且位于正前方主尊的两侧，处于观者视域的中心区域，且身高与真人相若，所有这一切，都意在提示礼佛者在礼拜千手观音时，也时刻注意到供养人组像的存在，用今天的网络语言来说，就是让供养人不停地在礼佛者面前“刷存在感”。按将供养人的身量不断增大直至等身甚至更大，是晚唐五代以来敦煌石窟艺术的趋势，直至宋初依然如此。这种旨在突出供养人地位的图像语言在其他地区其实也存在，只不过没有敦煌那么明显。既然是一种总体趋势，也就不必把这种做法视为大足地区独有的特色。不过，千手观音巨制+等身供养人的构图模式首先出现在大足地区却也是不争的事实，受其影响，我们在川渝的其他地区还能看到这种做法的晚期实例，如图37所示平武报恩寺明代木雕千手观音巨像的两侧，供养人夫妇的等身像赫然在列（男供养人居左，着官服，女供养人居右）。平武报恩寺的实例也可以反证宝顶大佛湾8号龛中的世俗人物组像只能是供养人，这说明，宝顶山造像系统中供养人的概念还是存在的，而且在某些特殊窟龛中表现得还很突出。

将千手观音的宝座让半身力士抬举的构图做法是宝顶大佛湾8号龛造像的另一比较新颖的做法，因学者对宝顶山造像群中的半身像有不同的解读，因而在此也需稍加关注。

已有学者注意到宝顶山的佛教造像群中半身像表现的普遍存在，其身份多样，包括佛、菩萨、天王、力士乃至世俗人物等，如大佛湾毗卢道场窟门两侧的四身半身天王像、大佛湾大方便佛报恩经变浮雕中的半身佛群像、大佛湾观无量寿经变浮雕中的西方三圣半身像、大佛湾涅槃佛前圆雕的半身群像（包括数身菩萨以及柳本尊、赵智凤等）、大佛湾九龙浴太子浮雕中托抬水池的半身力士、大佛湾树下降诞浮雕中的半身武士等，而且在宝顶山的外围区域也有类似的表现。学者将它们的图像语言和寓意解释为表现的是“云中世界”“云中现”，半身应是云雾遮挡的结果，因此整个造像群表达的主要是“幻化”“升天”的内涵，证据之一是宝顶山造像群普遍存在的云气纹[1]。更为重要的是，学者认为半身像图像语言包含“云中现”的寓意并非宝顶山造像群独有独创，这种图像语言早在晚唐五代时期在昌州（今大足）、普州（今安岳）以及四川其他地区业已形成[2]。按照这样的逻辑，川渝地区晚唐五代以来无论什么环境、什么场合下出现的半身像，其图像语言都是“云中现”，进而表达的都是“幻化”“升天”等的思想内涵。按造半身佛像有悖佛教戒律[3]，大概是因为教内认为造半身佛像“善相”不具足，对佛不够恭敬，有失造像本意，因而半身佛像比较罕见，像宝顶山这样大规模地造半身像因而显得很不寻常，其背后的逻辑的确值得探讨。上述学者的观点有一定的启发意义，不过似乎还有进一步思考的余地。

我们首先注意到，这种造作半身佛（菩萨）像的做法在大足地区南宋以后逐渐成为一种传统，大足明代摩崖佛教造像中还有这种做法，如大足三驱镇千佛岩摩崖造像第11号龛观经变中的西方三圣胸像，可视为这种传统在当地的延续，观其风格，与宝顶山造像一脉相承（图38）。可见，我们首先应该将这种做法定位为大足地区的一种地方传统[4]。不过，早在盛中唐时期，川渝地区已出现半身大佛造像，今四川仁寿县牛角寨摩崖造像第44号龛造像即是。大佛为半身胸像，依崖镌造，半身高达12.4米，半圆雕。大佛雕造于一高16米，宽11米、深8.7米的无顶巨龛中。佛头高达6.6米，螺发，低平肉髻，面相方圆，双眼半睁，双手当胸合十，胸部以下部分与山岩融为一体，神态安详，气势磅礴。大佛胸部两侧各雕一力士，均高1.9米，立于台基上。造像基本完好，唯大佛的鼻、口以及双手系后代修补（图39）[5]。从大佛胸部两侧各雕出力士的做法看，可以排除此龛造像未完工的可能性，因为常识告诉我们，如果主尊是立式，力士当位于主尊的腿部两侧，如果主尊是坐式，力士位于主尊宝座两侧，因此，如果此龛主尊原计划是全身雕出的话，力士不应该过早地出现在主尊的胸部两侧。可见此龛半身大佛的雕造是有意为之，不是中途辍工的半成品。从大佛头部的造像特征看，与乐山大佛非常接近，不留龛顶的做法也与乐山大佛一致，因此该龛造像的年代应在盛中唐时期，牛角寨摩崖造像群中有天宝八载（749年）和贞元十一年（795年）纪年题记，可为旁证[6]。

仁寿牛角寨的这龛造像实例表明，至迟盛中唐时期，人们就已突破了造半身佛像的禁忌，之后是否逐渐形成了一种传统不敢断言，但似乎不绝如缕，如杭州西湖宝石山宋代雕造的半身佛像，至今尚存，俗称“大佛头”[7]。从本文的角度看，仁寿牛角寨的这尊唐代半身大佛对相距不远的大足地区（仁寿与大足的直线距离160公里左右）宋代半身佛像造作灵感的启发是完全可能的。唐人造此巨大的半身大佛的动机已不得而知，但肯定不能简单地与“云中现”“幻化”“升天”等概念相联系，因为不闻该龛壁面或佛胸部以下有云气纹的表现。同样，墓葬中（如成都永陵王建墓及其夫人墓中）出现的半身形象的图像语言是否也是“云中现”“幻化”“升

---

1 参看前揭王玉冬：《半身形像与社会变迁》，第26—46页。

2 参看前揭王玉冬：《半身形像与社会变迁》，第16页。

3 从佛教戒律的角度看，造半身像是禁止的，关于这一点，王玉冬已据《优婆塞戒经》和智𫖮《法华文句记》等文献的记载加以说明，这里不赘述（参看前揭王玉冬《半身形像与社会变迁》，第5—6页）。

4 近期有学者就宝顶山半身像的成因又提出了一些新看法，认为受到了早期文本中神通灵异现象的语言启导，是宋代文人画高度写意化追求的反映，同时也是艺术创作中“追变求奇”精神的流露（参看龙红：《论大足石刻半身佛和半身菩萨像》，《中国文化研究》2008年春之卷，第192—196页）。但这样分析仍然停留在外围层面，仍然经不起类似“这种做法为什么偏偏会在南宋时期在大足地区集中出现并最终成为一种地方传统”一类问题的拷问。至于有人认为宝顶山多半身像可能是出于节省人力物力的考虑（参看温廷宽：《论大足宝顶石刻的一些特点》，原载《文物参考资料》1958年第4期，收入刘长久等编：《大足石刻研究》，第62页），就更经不起逻辑的推敲了，因为假如宝顶山的做法是出于人力物力的考虑的话，那么图38所示的明代造像难道也存在人力物力问题吗？

5 参看前揭邓仲元、高俊英：《仁寿县牛角寨摩崖造像》，第71页。

6 参看前揭邓仲元、高俊英：《仁寿县牛角寨摩崖造像》，第71页。

7 有关西湖宝石山宋代所造“大佛头”的详细情况，参看前揭王玉冬：《半身形像与社会变迁》，第21—23页。

图38 大足千佛岩第11号龛观经变中西方三圣胸像，明永乐年间

图39 仁寿牛角寨鹰头岩摩崖半身大佛，盛中唐（采自刘长久《中国西南石窟艺术》，图69）

天”抑或类似的表达，也是值得怀疑的，因为专门针对亡者的丧葬空间与语境与带有神圣性的佛教道场空间与语境之间，虽然不能说绝对没有任何联系，但二者毕竟属于两个完全不同的话语系统。由此可见，由于半身像出现的时间（时间有早有晚）、空间（所处的具体环境，甚至包括自然环境）、语境（文化内涵与文化属性）等方面的差异，导致它们可能存在完全不同的图像语言的语义场，因而出现在不同时间、不同空间、不同语境中的半身像的图像语言很难用“云中现”“幻化”“升天”等几个关键词来统括，用民间俗语说就是，很难用“一把尺子量到底”。

具体到宝顶山造像群中的半身像，虽然它们在时间、空间、语境方面相对统一，且宝顶山造像群特别是大佛湾造像群很可能存在统一规划，但这些半身像是否真正存在高度统一的语义场笔者仍然表示怀疑，原因在于宝顶山造像群中云气纹虽然多见，但并不是无处不在，特别是它作为半身像的“遮挡物”理应更多地出现在半身像的下方，但遗憾的是，半身像的下方恰恰少见云气纹，此其一；此造像群中的个别半身像，如8号龛中托抬千手观音宝座的力士，有其自身的图像传承，亦即有其独立的图像语言系统，这样的半身形象，与其说表现的是“云中现”，毋宁说表现的是“从地涌出”，此其二。

8号龛中半身力士托抬千手观音宝座的做法源自于“力士托座”的构图传统，这一传统既见于佛教美术又见于世俗美术，且相互借鉴，因而佛教美术与世俗美术之间造型颇多相似之处。佛教美术中多见于佛塔基座处，力士往往全身表现，作托扛佛塔状（图40）。而就本龛的半身力士图像的粉本而言，直接影响似乎来自川西平原，实例可举成都永陵王建墓及其夫人墓中的半身抬棺床的力士。两相比较，宝顶大佛湾8号龛中的力士形象与永陵中的力士还颇有几分相似（图41），可见从永陵到宝顶，这种图像的粉本在川渝地区是传承有序的。

不过，半身力士之进入千手观音的造像系统在川渝地区并不始于宝顶大佛湾8号龛造像，更早的实例见于安岳圆觉洞五代时期的千手观音经变中，即圆觉洞第26号龛造像。该龛千手观音造像与大足北山佛湾五代千手观音造像高度相似，善跏趺坐于金刚座上，所不同者，圆觉洞此龛在观音足下又雕出仰莲座，莲座由两身半身力士托扛着（图42）。可见千手观音造像中力士托扛宝座的图式在大足周围地区早已出现了。至此，宝顶山大佛湾8号龛造像中力士托（抬）宝座的图式的来源基本清楚了，至于8号龛中力士的具体样式，如前所述，则可能来自川西平原。可见，将宝顶山大佛湾8号龛中的半身力士也纳入到“云中现”“幻化”“升天”等话语体系中显然是不合适的。

四　粉本的来源及其在川渝地区的传播线索

前文已指出，川渝地区的千手观音造像，最早大约出现于盛唐时期，地点是成都。那么成都应该是川渝地区最早出现千手观音造像的地区，而千手观音变相的粉本首先流传于成都地区的寺院中。约自盛中唐之际，成都寺院中开始出现专门供奉千手观音的“大悲院”。据画史记载，唐至德年间（756—758年）玄宗在蜀时建造的成都大圣慈寺即有大悲院[1]。之后建于元和二年（807年）的成都圣

1　参看黄休复：《益州名画录》卷上“范琼”条，《景印文渊阁四库全书》第812册《子部·艺术类》，第482页。关于大圣慈寺的建造年代，参看严耕望：《唐代成都寺观考略》，《大陆杂志》第六三卷第三期，1981年，第101页。按北宋时期，大圣慈寺又建有大悲阁，与原大悲院并存，原大悲院被称为“西大悲院”。参看前揭苏轼：《大圣慈寺大悲圆通阁记》，第1160—1162页；范成大：《成都古寺名笔记》，《全蜀艺文志》卷四二，第1263—1265页。

图40　山东灵岩寺僧人墓塔下部的托塔力士，宋元时期（采自百度图库）

图41　前蜀周皇后墓抬棺床半身力士像之一（采自王玉冬《半身形像与社会变迁》，图11）

图42　安岳圆觉洞第26号龛千手观音像，五代（采自王玉冬《半身形像与社会变迁》，图7）

寿寺也建有大悲院[1]。中唐以降，成都寺院画壁中的千手观音变相逐渐增多，仅大圣慈寺即有若干堵。宋范成大《成都古寺名笔记》记大圣慈寺画壁云：

前寺，多宝塔……及塔上壁画……《文殊》《普贤》《观音》《大悲》《如意轮》共五堵，并古迹。……文殊阁：四壁画《北方天王》……《大悲》《毗卢》《十大弟子》四堵，阁外壁画《大悲》《三十七尊》《法华经验》《大悲菩萨》四堵……并待诏赵公祐笔。……《千手眼观音》《势至》，张希古笔。……华严阁：……窗外两壁画《大悲》，待诏张南本笔。……药师院：连寺廊、八门、两壁，画《千眼大悲》《北方天王》《大悲》《释迦变相》四堵，待诏范琼笔。……极乐院：门外壁画……《大悲菩萨》，左全笔。《观音》《大悲》二堵，古迹。[2]

据《益州名画记》，张南本还在大圣慈寺兴善院绘有《大悲菩萨》；范琼还在大悲院绘有《大悲变相》[3]。考诸画壁形成的年代，多在中晚唐。据《益州名画录》，张南本“中和年（881—885年）寓止成都”、范琼“开成年间（836—840年）与陈皓、彭坚同时同艺，寓居蜀城”、左全“宝历年中（825—827年）声驰阙下，于大圣慈寺［画］……《千手眼大悲变相》”。[4]不过，大圣慈寺显然还有比上述诸人作品更早的、被范成大称为“古迹”的作品，其中有二《大悲》。我们有理由推测它们完成于中唐早期。

大圣慈寺无疑是当时成都绘画的中心[5]，但其时成都其他一些寺院的画壁也相当可观，其中当然也有千手观音变相。据《益州名画录》，范琼在成都圣兴寺也绘有《大悲变相》：“圣兴寺大殿《东北二方天王》《药师十二神》《释迦十弟子》《弥勒像》《大悲变相》，并咸通（860—874年）画。”[6]

成都地区千手观音的绘画、制作传统，自中唐以降，历两宋而不衰。

大圣慈寺本有大悲院，至北宋元丰五年（1082年），有法师敏行者，又造大悲像，并以阁覆之。苏轼为之记云：

成都，西南大都会也，佛事最盛，而大悲之像未睹其杰。有法师敏行者，能读内外教，博通其义，欲以如幻三昧为一方首，乃以大旃檀作菩萨像。端严妙丽，具慈愍相，千臂错出，开合捧执，指弹摩拊，千态具备，首各有目，无妄举者。复作大阁以覆菩萨，雄

1　参看《益州名画录》卷上“范琼”条，第483页。关于圣寿寺的建造年代，参看严耕望前揭文，第101页。

2　《全蜀艺文志》卷四二，第1263—1265页。

3　参看《益州名画录》卷上“张南本”条、“范琼”条，第486、482页。

4　参看《益州名画录》卷上“张南本”条、“范琼”条、“左全”条，第486、482、485页。

5　此从李之纯《大圣慈寺画记》述大圣慈寺绘画的文字可见一斑：“举天下之言唐画者，莫如成都之多；就成都较之，莫如大圣慈寺之盛。”《全蜀艺文志》卷四一，第1247页。

6　《益州名画录》卷上“范琼”条，第483页。按台北故宫博物院藏有传范琼所绘大悲观音像，但实际上是明代托名作品，参看前揭李玉珉编：《观音特展》，图19及第206—208页说明文字。

图43　四川资中重龙山摩崖造像第113号龛千手观音经变，观音面部及身躯经后人修补，中晚唐（采自李小强待刊稿《千地绽放——中国千手观音造像遗存》）

图44　四川资中重龙山摩崖造像第88号龛毗沙门天王像，中唐（采自王熙祥、曾德仁《四川资中重龙山摩崖造像》，图八）

伟壮峙，工与像称。都人作礼，因生敬悟。[1]

由此可以想见此像颇具规模。此阁被称为大悲阁，至南宋绍兴十一年（1141年）还曾进行过维修[2]。

同样在绍兴年间，成都圣寿寺内的大中祥符院中，雕造了一身千手大悲巨制，并作阁以覆之，时人为之记云：

沙门法珍……于［绍兴］十七年春，役工雕造千手眼大悲像，至二十一年孟冬像成。立高四十七尺，横广二十四尺。复于二十二年季春，即故暖堂基而称像建阁，阁广九十尺，深七十八尺，高五十四尺，于绍兴二十二年阁就，奉安圣像于其中。像如阎浮檀金聚而为山，晃耀一切，千目咸观，千手咸运，无方不照，无苦不救。[3]

这是宋代以来川渝地区形成的千手观音巨制传统在成都的反映。

成都地区虽然曾有着十分丰富的千手观音绘画、造像作品，但由于是以画壁的形式或单体雕刻的形式存在于当地寺院中，注定最后的命运是寺毁像亡，所以今天在成都地区已无法发现相关的蛛丝马迹了。今天我们只能凭借文献，作些许想象罢了。

笔者不惜笔墨考察成都地区千手观音的绘作情况，旨在说明一点，那就是，包括大足在内的川渝地区的千手观音造像的粉本，或直接或间接地，都可能出自成都地区。理由如下：其一，成都无疑是中晚唐以来西南地区的佛教与佛教艺术中心；其二，文献表明，川渝地区最早的千手观音造像可能首先出现于成都地区，时间为盛唐；其三，文献表明，成都地区的确有着悠久的千手观音绘作传统；其四，从金石文献以及川渝各地有关千手观音的造像遗存和造像铭记看，川渝各地的千手观音造像均不早于成都地区最早出现同类造像的年代。

值得注意的是，资中重龙山（北岩）摩崖造像第113号龛千手观音经变，学者业已指出，该龛从布局到内容都与大足北山佛湾第9号龛十分接近[4]。该龛主尊千手观音善跏趺坐于金刚座上，头戴高沿花蔓冠，冠中一化佛。具42只正大手，肩上两手合托一坐佛于冠顶，腰间两手于腹际结定印，稍下两手各执念珠一串于膝上，其余各手各执法器。椭圆形身光，缘饰火焰纹，内刻手掌二圈，以示千手（以第9号龛为代表的大足北山佛湾千手观音经变的做法与之高度相似：身光边缘阴刻火焰纹，内侧两边分别浅浮雕出手掌若干只，以示千手）。饿鬼、贫儿分别跪于座侧。龛上方左右转角各镌五佛立于云端，象征十佛。左右壁对称由上至下浮雕六层小像，为千手观音眷属，包括雷公、电母、风伯、云婆等（图43）[5]。两相比较不难发现，大足北山佛湾第9号龛无论布局还是内容都与资中重龙山第113号龛造像大同小异，表明二者关系密切，后者年代早于前者，前者应是受到了后者的影响。此外，安岳庵堂寺雕凿于前蜀武成二年（909年）的第4号龛千手观音造像的布局内容[6]，与重龙山第113号龛造像亦十分接近，表明安岳境内的千手观音造像也受到了资中的影响，这当然也在情理之中。

大足地近资中（两地直线距离仅百余公里），安岳离资中更近，两地造像受其影响完全是可能的。

1　前揭苏轼：《大圣慈寺大悲圆通阁记》，第1160—1161页。

2　参看赵耆：《增修大悲阁记》，收入《成都文类》卷三九，此据龙显昭主编：《巴蜀佛教碑文集成》，巴蜀书社2004年版，第165—166页。

3　参看冯檝：《大中祥符院大悲像并阁记》，收入《成都文类》卷四十，此据前揭龙显昭主编：《巴蜀佛教碑文集成》，第175页。

4　参看前揭王熙祥、曾德仁：《四川资中重龙山摩崖造像》，第21页。

5　参看前揭王熙祥、曾德仁：《四川资中重龙山摩崖造像》，第21页。

6　有关庵堂寺第4龛千手观音造像的详细情况，参看前揭胡文和：《四川道教佛教石窟艺术》，第81—82页。

图45　大足北山佛湾第3号龛毗沙门天王像，晚唐

图46　大足北山佛湾第125号龛数珠手观音像，宋

大足北山造像中不仅千手观音造像受到了资中的影响，只要稍加比较不难发现，北山的毗沙门天王造像也明显受到了资中的影响。资中是四川地区毗沙门天王造像遗存最为集中的地区，仅重龙山就有二十处之多，年代多属中晚唐时期。唐元和年间（806—820年）资州刺史羊士谔曾作《毗沙门天王赞》，今有《毗沙门天王赞碑》传世，可见此地中唐以来便形成了雕造毗沙门天王像的传统。造于韦君靖时期的大足北山佛湾第3号龛毗沙门天王像无论布局还是造像风格都深受资中同类造像的影响，资中重龙山雕于中唐时期的保存较好的第88号龛、第106号龛毗沙门天王像可资参比。第88号龛毗沙门天王头戴盔（已残），上身着鱼鳞甲，下身着条形锁子甲，肩后有牛角形背光，足下两侧各有一夜叉（仅出头部），双足间下有一地神（仅刻出肩部以上，犹如从地涌出）。右侧壁侍立一武士，戴盔披甲。左侧壁侍立一妇人，着广袖长裙，双手捧钵，内盛供物（图44）[1]。两相比较不难看出，大足北山佛湾第3号龛毗沙门天王像除眷属稍多于重龙山第88号龛以外，其余布局及造像风格与后者高度一致，包括牛角形背光以及侍立武士和妇人所处的位置等（图45）。眷属增多可视为晚期图像对早期样式的进一步发展。

迹象表明，资中对大足北山造像的影响一直延续到了宋代。大足北山佛湾第125号龛数珠手观音（俗称“媚态观音”）以其造型艺术的精湛已广为人知（图46），其年代一般定为宋，这是比较稳妥的做法，不过从其头冠的样式（冠沿高且明显外侈）看，笔者倾向于定为南宋，保守一点儿的话，也只能定在两宋之际。值得注意的是，已有学者指出该龛造像与资中重龙山宋代同类造像存在相似性，具体而言，是指重龙山第60号龛观音像[2]。观音头戴花鬘冠，耳环垂肩，左手执柳枝，右手挽带，周身密饰璎珞，嘴角眉梢略带微笑，体态婀娜，丰姿绰约。龛左壁存北宋大中祥符三年（1010年）重妆彩记事碑一通，《资中县续修资州志》误将该碑记为镌造碑，则该龛造像应为北宋前期作品，其下限不晚于大中祥符三年（1010年）[3]。由此可见，“媚态观音”的粉本从资中重龙山到大足北山，是传承有序的。

从地理位置看，资中位于大足西北，地处成都至渝州（重庆）的交通要道上。由此我们似乎看到了唐末五代时期千手观音造像的粉本自川而渝的传播途径，即由成都而资中而大足。当然粉本在传播过程中也可能会随着时空的变化而产生局部变化，所以大足北山佛湾第9号龛造像与资中重龙山第113号龛造像局部又有所差异，毗沙门天王像也是如此，相信“媚态观音”像也是如此。

不过，宝顶山千手观音造像粉本的来源须另作考虑，因为千手观音造像巨型化的做法已告诉我们，它并不是对大足以前千手观音造作传统的简单继承，因此需要将目光移向大足以外地区。笔者认为，就宝顶千手观音造像而言，大足以外首先需要考虑的是内江地区的造像遗存。早在20世纪40年代，在内江圣水寺东方文教院讲学的佛教学者王恩洋就注意到了内江与大足两地的佛教石刻造像存在诸多相似性，可惜他并没有作系统研究[4]。这两地佛教造像之间的关系或许是今后值得跟进的课题，但就本文而言，笔者想着重指出的是宝顶山千手观音造像巨制与内江地区巨型化千手观音造像的关系。我们当然重点考虑的是前文已提及的内江翔龙山摩崖千手观音造像、圣水寺

1　参看前揭王熙祥、曾德仁：《四川资中重龙山摩崖造像》，第21页。

2　参看前揭王熙祥、曾德仁：《四川资中重龙山摩崖造像》，第28页。

3　参看前揭王熙祥、曾德仁：《四川资中重龙山摩崖造像》，第28页。

4　王恩洋有关内江、大足两地佛教石刻造像多相似的看法并未见诸正式的文字，后人的回忆文章中有间接提及。其所撰唯一一篇研究大足佛教石刻的文章《大足石刻之艺术与佛教》一文中也并未论及大足内江两地石刻造像的关系（该文原刊《文教丛刊》1947年第7期，收入刘长久等编：《大足石刻研究》，第102—118页）。

摩崖千手观音造像以及东林寺摩崖千手观音造像等三铺千手观音造像巨制。笔者认为，宝顶山千手观音造像的参照系可能直接来自于上述内江的三铺造像，理由如下：1）这三铺造像的年代前文已作分析，为北宋时期，普遍早于宝顶山千手观音造像；2）大足内江两地地缘关系密切，内江在大足正西，两地直线距离不到100公里，比大足资中之间的距离还要近；3）内江境内巨型千手观音造像如此集中说明，这里一度是巨型千手观音造像的中心。基于以上三点，我们有理由相信宝顶山千手观音造像的样式取自内江，当然，如果考虑到坐姿的话，宝顶山千手观音造像与内江圣水寺千手观音造像更为密切。当然，一如前文所言，模仿的同时有局部变化完全是可能的，具体而言，宝顶山千手观音造像宝冠样式的变化（这是顺应时代的变化）、供养人的添加、托座力士的添加等都可视为新出现的局部变化。

结 论

从造像属性判断，大足地区的千手观音造像基本上属于经变性质，这一点与川渝地区的其他千手观音造像是一致的。但与周边地区特别是与大足以西地区相比，大足地区的千手观音造像出现得并不算早。通观相关遗存，大足地区千手观音造像的发展大体可分为三个阶段：第一阶段约中晚唐时期，是大足千手观音造像的起始阶段，以大足圣水寺千手观音造像为代表；第二阶段约唐末五代时期，是大足千手观音造像的鼎盛时期，以北山佛湾等处的千手观音造像群为代表；第三阶段为南宋时期，是大足千手观音造像的尾声，以宝顶山大佛湾千手观音造像为代表。不难看出，该地区的千手观音造像活动是不连续的，特别是第二与第三阶段之间有相当长的时间间隔，因而该地千手观音造像图式之间缺乏明显的承继关系，从而也使整个大足地区的千手观音造像的内容与图式呈现出阶段性特征。尽管如此，各阶段造像都有着各自清晰的生成逻辑，这些生成逻辑大体上都要到大足以西的地区去寻找。

第一阶段明王把龛口的做法不见于第二阶段的造像中，而第二阶段造像中出现的新眷属如文殊、普贤以及地藏等也不见于第一阶段造像的眷属群，这进一步说明一、二阶段造像图式不存在承继关系。但与第一阶段造像高度相似且年代更早的图式却见于川西南的邛崃，饶有趣味的是，这也是敦煌唐代石窟中的常用图式，那么四川地区的此种图式与敦煌的关系是显而易见的。当然，此种图式在四川传播的中心应是成都，邛崃只是成都影响的结果。因此，第一阶段的图式应是直接来自于川西地区，若要追根溯源的话，其源头或许在敦煌。第二阶段的造像风格同样与西面的资中同类造像存在高度相似，迹象表明，唐末五代时期，资中造像对大足的影响不仅限于千手观音造像，影响是多方面的，如毗沙门天王造像，这种影响甚至持续到了南宋时期。不过，就千手观音造像粉本的流传而言，资中只是中转站而已，唐末五代时期千手观音造像粉本自川而渝的传播途径，应是由成都而资中而大足。第三阶段造像的出现与川渝地区特别是四川地区北宋以来逐渐兴起的巨型化千手观音造像传统有直接的关系，因此如前所言，它生成的逻辑同样要到大足以西的地区去寻找。种种迹象表明，紧邻资中且与大足相距不远的内江地区北宋以来一度成为巨型千手观音造像的中心，因此我们相信，宝顶山千手观音造像的基本样式取自内江。

由此可见，大足地区的千手观音造像只是整个川渝地区唐宋时期千手观音造像的一部分，其发展变化与大足以外区域特别是大足以西区域不同时期千手观音造像的发展变化息息相关，了解它们与大足以外区域造像之间的关系，对于认识川渝地区唐宋时期的密教及密教造像的传播轨迹应该有一定的启发意义。现在看来，中唐以后川渝地区的密教与密教造像有自川西平原逐渐向南部以及东南部推移的地域变化趋势。

既然大足地区的千手观音造像属于整个川渝地区千手观音造像的一部分，那么它们与川渝其他地区千手观音造像的趋同性是可以想见的，但这并不意味着大足地区的千手观音造像完全没有自己的特色。如第二阶段造像中出现的不见于其他地区，也不见于经典的新眷属文殊、普贤、地藏等，再如第三阶段造像中凸显供养人地位做法以及以半身力士托抬宝座的做法，前者不见于其他地区，后被其他地区所效仿，后者仅见于与大足毗邻的安岳地区。这些新元素皆可视为大足本地的地方特色，其背后隐含的，很可能是某一时期大足地方的信仰逻辑，当然值得今后进一步探究。

唐宋时期大足药师造像考察

米德昉

药师如来是大足石刻群中造像题材之一，虽然数量不多，分布不广，但其在造像样式与所涉信仰方面有着浓郁的地域特色，值得关注。关于该造像的基本情况早期见录于1985年版《大足石刻内容总录》（下文简称《总录》），所计数量共10龛[1]，判定时间在五代、两宋间。自上世纪80年代至今，国内外学者胡文和[2]、苏默然（Thomas Suchan）[3]、胡良学[4]、姚崇新[5]、滨田瑞美[6]等相继对大足药师造像展开程度不同的探讨。梳理这些研究，其中苏默然氏在北山佛湾石窟寺新辨识出药师造像9例，可谓是对《总录》的一大修正与弥补，从而使原有的数量增至19例。其余学者皆为个案或专题式研究，所谈限于《总录》公布的案例，未见新的发现。

近期，我们对大足佛教造像进行的一次调查中，经重新辨认又发现药师造像4例：北山佛湾第248、23、112龛和多宝塔第119龛。其中多宝塔第119龛《总录》未记外，余皆有载，但所判均非药师[7]。

这次的发现说明自唐至宋大足地区药师造像至少有23例，从其分布看，主要集中在北山佛湾。造作数量以五代、宋为多，目前初步断定为唐代的有1例（北山佛湾第248龛），五代有12例（北山佛湾第23、38、46、75、190、227、231、255、256、278、279、281龛），宋代有10例（北山佛湾第107、110、112、140、147、158龛；多宝塔第119龛；北山佛耳岩第9、12龛；石门山第1龛）。从造像构成而言，可分四类：单尊一类；与诸眷属一类；七佛组合一类；与其他尊像组合一类（详见附录1）。

一　药师单尊造像

大足药师单尊造像数量不多，目前仅发现3龛，即为北山佛湾第23、75、227龛，均造于五代时期。这几龛规模较小，龛高都不足一米，形式皆为单龛单尊，药师有趺坐与站立两种形姿，从形象特征而言，除却所执钵与锡杖，基本为一般如来造型。

佛湾第23龛，药师趺坐于单瓣莲座，左手托钵，右手扶膝，着僧祇支、垂领袈裟，波纹发髻，后有椭圆形身光与内圆外桃形头光，头部略残。龛右壁镌一锡杖。这种图式与大英博物馆藏敦煌晚唐绢画药师像（Ch.00101）类似，该画药师趺坐于莲台，左手托钵，右手施印，锡杖立于右侧座架上（图1、图2）。《总录》中将此龛作为地藏，显然属于有误。

第75龛，主尊立于双层莲台，虽风化严重，不过从头部、身光、莲台、锡杖等残存痕迹推断，应该是一尊药师，其特征与第227龛药师类似（图3、图4）。

第227龛，药师左手举至左肩托钵，右手下垂斜执锡杖，身后右侧一朵祥云自上而下，以示降临、赴会、行道之意。这一点与四川资中晚唐第47龛药师相同，该龛药师右侧身后祥云以阴刻线条加以表现（图4、图5）。

药师站立持钵与锡杖的样式在敦煌初唐石窟（莫高窟第322窟）就已出现（图8），以后历代较为多见，一般绘于主室正龛两侧位

---

* 本文原载大足石刻研究院、四川美术学院大足学研究中心编：《大足学刊》（第一辑），重庆出版社2016年版。

1 《大足石刻内容总录》中记录10龛，分别为北山佛湾第110、147、190、255、256、279、281龛，北山佛耳岩第9、12龛，石门山第1龛。参刘长久、胡文和、李永翘：《大足石刻研究》，四川省社会科学院出版社1985年版，第364—575页。在此之前，陈习删在其著作《大足石刻志略》（1955年竣稿）中提及北山及石门山有题记的几龛药师造像，未做论述。参看《大足石刻研究》，第185—356页。

2 胡文和：《四川摩崖造像中的〈药师变〉和〈药师经变〉》，《文博》1988年第2期。

3 Thomas Suchan，“The Enternally Flourishing Stronghold：An Iconographic Study of the Buddhist Sculpture of the Fowan And Related Sites At Beishan，Dazu CA. 892–1155”. Ph.D. dissertation（Ohio State University，2003），2003，pp.437–455.

4 胡良学：《大足石刻“药师经变”的调查研究》，重庆大足石刻艺术博物馆编：《大足石刻研究文集》（5），重庆出版社2005年版，第65—81页。

5 姚崇新：《药师与地藏——以大足北山佛湾第279、281号龛造像为中心》，大足石刻研究院编：《2009年中国重庆大足石刻国际学术研讨会论文集》，重庆出版社2013年版，第259—279页。

6 浜田瑞美：《大足北山仏湾の薬師龕について》，津田徹英：《図像学Ⅰ—イメージの成立と伝承（密教・垂迹）》，竹林舎2012年版，第100-119頁。

7 《总录》中对这几龛的主尊判定是：第248龛为“地藏、观音”、第23龛为“地藏”、第112龛为“释迦的生身与法身”，这种结论值得商榷。

置（图6）。龙门石窟古上洞亦有唐代时期执钵与锡杖药师造像。四川地区尤其多见，所存最早者为盛唐时期作品，如广元千佛崖第116龛、巴中水宁寺第1龛，之后晚唐资中重龙山第47、100龛及大足佛湾第248龛等。可以想见这种造型上的一致性体现了图像学上的传承关系。

上述药师尊像都具有持钵与锡杖的图像学特征。佛教艺术中，对于单尊佛像尊格的判定往往依赖于其手印、形姿、法器等方面，但这并非是硬性的标准，因为佛皆有“三十二相，八十随形好”，其圣容本身差别不大，加上历代造作流于程序化，所以好多情况下难以绝对化地区分一尊佛像是此而非彼。对于药师如来而言，其形象最初与一般佛尊并无多少差别，后来随着其图像制作的发展以及信仰的变迁，最终被赋予特定的身份标志，此标志即是药师手中的法器——钵（药器或药钵）与锡杖。唐后期以来中国药师造像基本以持钵及锡杖为主要特征，从而相异于其他如来形象。这一点在大足唐宋时期一系列药师造像中亦有体现。

钵与锡杖常指出家僧侣在行乞中所执器具。钵乃餐具，锡杖为防身、助力之物。在佛教中，钵与锡杖也是特殊的法器，不光为僧徒所持，佛、菩萨、弟子亦有执。钵（patra），又名波呾啰、钵多罗、僧祇钵等，意译为应器（“应法之器”），是比丘六物（三

图 1　佛湾第 23 龛药师　五代

图 2　敦煌绢画药师　晚唐

图 3　佛湾第 75 龛药师　五代

图 4　佛湾第 227 龛药师　五代

图 5　资中第 47 龛药师　晚唐

图 6　榆林第 25 窟药师　中唐

衣、钵、坐具、漉水囊）之一。有体、色、量之规定，“体用铁瓦二物；色以药烟熏治；量则分上中下”。经云：“钵是恒沙诸佛标志，不得恶用。”[1]锡杖（khakkhara），又名隙弃罗、智杖、德杖、声杖、禅杖等。其形制可分三部分，上部是锡，即杖头，有二股六环或四股十二环等之分，中部木，下部或牙角[2]。锡杖的意义，《得道梯橙锡杖经》中佛告诉诸比丘：“汝等皆应受持锡杖，所以者何？过去诸佛执持锡杖，未来诸佛执持锡杖，现在诸佛亦执是杖。如我今日成佛世尊亦执如是应持之杖，过去未来现在诸佛，教诸弟子，亦执锡杖。是以我今成佛世尊，如诸佛法，以教于汝，汝等今当受持锡杖。所以者何？是锡杖者，名为智杖，亦名德杖。彰显圣智故，名智杖；行功德本故，曰德杖。如是杖者，圣人之表式，贤士之明记，趣道法之正幢，建念义之志，是故汝等咸持如法。”[3]因为有这种规定，故在佛教造像中可以看到佛、菩萨、弟子、僧侣等持钵或锡杖的案例。

药师造像在其发展中经历了从不持法器到持钵与锡杖的过程。从文献记载看，中国药师造像早在三世纪就已出现。《十二砚斋金石过眼续录》卷四有广州光孝寺西晋太康六年（285年）张扬刺造药师铜像之记载，云“像高一尺一寸，广六寸”，上有题记：

太康六年八月十六日，东作使张扬刺生得小男，□师留此，上祷药师佛，愿已过父母、见在眷属、法界有情，生生见佛，世世闻法，道心坚固，乃至菩提，不□□。[4]

这是目前中国所见最古关于药师造像的记载，由于原像不存，有关细节不得而知。“太康六年”《药师经》在中国尚未译出。现存最早的药师像为五世纪初作品，见于云冈石窟第11窟（云冈中期，471—494年）西壁上部小龛雕刻一药师佛，龛下有铭文“佛弟子□□/□沙□□芽（药）师琉璃光佛一躯……”[5]。之后六至七世纪药师像的造作逐渐多起来，从现有的材料来看，早期药师与一般如来无异，手中不持物。

图7　莫高窟第302窟药师　隋

图8　莫高窟第322窟药师　初唐

隋代时出现托钵药师形象，如莫高窟隋代第302窟南壁东侧药师，立姿，左手托钵，右半身已毁，左侧一胁侍菩萨。（图7）。不过药师托钵的形象在隋代尚不普及，仍有一些图像中药师不持任何物[6]。至初唐时出现托钵与执锡杖的药师，遗存于莫高窟初唐时期第322、220、338等窟。其中第322窟东壁门南绘药师及日、月光二菩萨，皆立姿，药师左手托钵，右手捻执一小锡杖（图8）。第220窟药师七佛变中，左数第二尊及最中间一尊药师左手托钵，右手亦捻执一小锡杖。两铺图像中药师持钵与锡杖的姿态比较接近，其中锡杖样式较为独特，杖头部分为一圆环形状，和后来股套环的形制比较不同。这种锡杖样式在新疆克孜尔、库木吐喇等石窟壁画中较多见，敦煌所绘或源于西域。但是药师持钵与锡杖的图像并没有很快流行开，更多仅持钵，有锡杖者为数较少，反映了发轫期药师尊格的不确定性。大约中唐以后，托钵与执锡杖方成为药师如来的基本特征并渐次被固定下来，相关造像见于各地唐、五代、宋等不同时期石窟。

钵与锡杖为何成为药师佛的标志性法器，未有史籍见载，药师经典对于此类问题亦无明确规定，故只能想其大略。

钵在药师手中不仅仅是一般意义上的法器，其被赋予的另一层意涵在于充当了“药器”的功用。一些图像中，药师所执钵内绘制

1　《大正藏》第45册，第900页中。

2　《大正藏》第45册，第1169页中。

3　《大正藏》第17册，第724页上。

4　（清）汪鋆：《十二砚斋金石过眼续录》卷四，扬州陈恒和书林，民国二十年（1931年）藏版。

5　阎文儒：《云冈石窟研究》，广西师范大学出版社2003年版，第104页。

6　如敦煌隋代第394、417、433、436等窟所绘药师说法图中，药师不持物。

图 9　日本胜持寺九世纪木雕持壶药师像

图 10　日本《图像抄》录唐本药师像

了颗粒状物，此举无疑是“续命”之药的形象化反映。在日本药师像鲜有执钵及锡杖者，而以持“药壶”为特征[1]（图9）。显然此处“药壶”与“钵”在功用与意涵上并无二致。这是钵在药师手中所具有的特殊意义，因之不空在《药师如来念诵仪轨》中提及：“安中心一药师如来像，如来左手令执药器，亦名无价珠，右手令作结三界印。”[2]可见至少在盛唐时候“药器”（钵）已经是药师常执法器了。后来又配以锡杖，或与民间将其看作“大医王”有关，执锡杖以体现其“行道”世间的意义。日本早期一些文献将持钵与锡杖的药师像特意注明“唐本”，以别于日本药师图像[3]（图10）。药师如来持钵与锡杖的样式基本流行于中国，由此看来这种范式应该是唐代以来汉地所创。大足所存案例中，药师有只持钵者、或钵与锡杖均持者，但绝无不持钵而仅持锡杖者。此外，诸多造像中药师捧钵，锡杖置于身侧或由弟子执持，个别龛将此二物雕凿于药师头光两侧壁间。

虽然如此，如前文所述，钵与锡杖非药师之专物，释迦造像中亦有配置或执持钵与锡杖的情况。北山多宝塔第64龛为释迦涅槃变，其中正壁娑罗树间出现钵与锡杖，当然此处是法脉传承的一种象征，意义有别于药师所持。在克孜尔、库木吐喇等诸多早期石窟中，前室顶脊、礼拜道顶以及侧壁绘有诸多持钵与锡杖的释迦像，这些窟凿于五世纪左右，内容以反映小乘佛教思想为主，所以这些执持钵与锡杖的佛就不应该判定为药师。

二　药师与二胁侍、八菩萨、十二神将等诸眷属的组合

药师与众眷属组合造像共计14龛，可分为三种形式：第一种，药师与二弟子、二菩萨（日、月光）的五尊组合，计3龛（北山佛湾第46、140、158龛）；第二种在上述五尊组合基础上再加进八菩萨与十二神将，计9龛（北山佛湾第38、190、255、256、278、147龛，多宝塔第119龛，北山佛耳岩第9、12龛）；第三种为上述五尊只配置十二神将，没有八菩萨的组合，计2龛（石门山第1龛、北山佛湾第110龛）。

（一）药师五尊组合

药师五尊即为传统的一佛、二弟子、二菩萨组合，这种结构带有简单说法图的特性。

第46龛造作于为五代时期，方形浅龛，主体结构为药师、二弟子与日、月光二胁侍菩萨，药师趺坐于束腰莲座，头毁，桃形身光，顶有华盖，左手托钵，右手扶膝，锡杖凿于右侧背光后，二弟子随侍两侧，左右为日、月光菩萨，善跏趺坐，分别持日、月轮（图11）。

第140龛，宋代开凿，龛内造像残损严重，大体可辨认出一佛二菩萨，皆趺坐于束腰莲座，龛左右壁各有一立像痕迹，具体不明。从主尊背光右侧锡杖推断，此三尊应为药师与日、月光菩萨（图12）。

第158龛，宋代开凿，药师趺坐于方形须弥座，左手托钵，右手损毁，左右二弟子随侍，其中右侧弟子执锡杖。左右有头光残

1　百桥明穗：《敦煌的药师经变与日本的药师如来像》，《1987年敦煌石窟研究国际讨论会文集》（石窟考古编），辽宁美术出版社1990年版，第391—392页。

2　《大正藏》第19册，第29页中。

3　前揭百桥明穗：《敦煌的药师经变与日本的药师如来像》，第391—392页。

痕，造像不存，可能为日、月光二胁侍菩萨（图13）。

图 11　第 46 龛药师五尊 五代

图 12　第 140 龛药师五尊 宋

图 13　第 158 龛药师五尊 宋

（二）药师与二胁侍、八菩萨、十二神将等的组合

此类组合数量最多，如前文所述有11龛。造像上除个别龛略有差别外，整体格局基本雷同。一般药师与日、月光菩萨是龛内主体造像，以坐姿为主，其余眷属造像皆立姿。药师左右有弟子随侍，龛左、右壁分四尊列出八菩萨，龛沿下方正壁并排造立十二神将；药师均配置钵与锡杖，或由左右弟子分别执持，或雕刻于主尊背光两侧壁面。其中北山佛湾第190、255、256、278、147龛，北山佛耳岩第12龛均属此类构造（图14、图15、图16）。

右侧

正壁

左侧

图 14　第 255 龛药师与诸眷属组合 五代

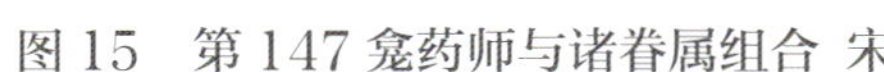
图 15　第 147 龛药师与诸眷属组合 宋

图 16　佛耳岩第 12 龛药师与诸眷属组合 宋

需要说明的一点是，这些龛中药师以倚坐姿出现，个别还有舒相姿（第255龛）者；另外将钵或锡杖雕在药师身光两侧壁间，还有如第110、278龛中日、月光菩萨手中，日、月轮也分别雕在各自身后壁。这种做法是川渝地方化特色在佛教造像上的具体反映。

其他如佛湾第38、110龛，佛耳岩第12龛，多宝塔第119龛，石门山第1龛，与上述几龛在造像结构或内容上略有差别。如第38龛造像均为立姿，药师持钵与锡杖，样式与第227龛相同。药师左右立日、月光菩萨及随侍弟子（左女右男），龛两侧为八菩萨，十二神将造于日、月光菩萨头光上部，只现半身。药师尊像在龛内很突出，在比例上明显大于其他造像（图17）。佛耳岩第12龛造像布局与第9龛类似，所不同者十二神将位置如同第38龛凿于左右壁上方，亦作半身。

第119龛位于多宝塔外层第三级，上世纪80年代编撰《总录》时因限于条件多宝塔外壁诸龛未有记录，直到近些年才得以公布。该龛中药师趺坐于高莲台，左手施定印，右手施说法印，锡杖与钵由左右弟子执持。左右壁自上而下依次布局十二神将，日、月光菩萨，二弟子，八菩萨，前方设立供案、灯轮、神幡、放生笼及三身供养人等。日、月光菩萨立于神将与八菩萨间，如不依据各自手中日、月轮，难以辨出（图18）。在造像意涵上，此龛较之其他上述诸龛复杂，其中诵经、燃灯、竖幡、礼拜的场景，表现了一种特殊的药师供养仪式场景（下文详述）。

第110龛，宋代开凿，为药师、二弟子、四菩萨、十二神将组合，没有八菩萨。药师像残毁严重，结跏趺坐于圆形束腰蟠龙莲台，火焰舟形背光，顶出四道毫光，光内有化佛。左右侧各立弟子像，右像上部有锡杖。左右为日、月光菩萨，有残，跏趺坐于须弥座，戴花蔓冠，璎珞严身，圆形头光。二菩萨持物分别刻于二弟子头光上部，左边祥云上托日轮，右边祥云上托月轮。日月光二菩萨外侧各一身菩萨，体格略小，跏趺坐姿，左像头冠有化佛，应为观音，右像已毁。靠近龛口左右壁为十二神将，每侧六身，分上下三层排列，有程度不同的风化。四尊菩萨座基处有供养人残像三身。主尊座基左侧一灯轮、右侧一放生笼状物。观音座基处有五身供养人痕迹，对面座基处有两身供养人。龛内左、右上角有镌龛榜题各一则（内容见附录2）。此龛省略了八菩萨，其中多出二身菩萨，或为八菩萨中文殊与观音（图19）。

图17　第38龛药师与诸眷属组合　五代

图18　多宝塔第119龛药师与诸眷属组合　南宋

图19　佛湾第110龛药师与诸眷属组合　宋

石门山第1龛整体结构与其他诸龛略有不同，龛内药师跏趺坐于束腰莲台，内圆外桃形头光，无身光，左手托钵，右臂举于胸前，手残。左一男弟子，持锡杖侍立，右一女弟子合十侍立，头残不存。左、右壁为日、月光菩萨，立姿，手中持物残，二菩萨外侧各立一供养人及一神将，上身均毁。龛外下共刻十尊神将抱拳侍立，正壁刻六尊，左右壁各立两尊（图20）。龛外左壁残存“辛未绍兴（1151年）”等纪年及镌匠题记。此龛亦未造八菩萨。

二胁侍、八菩萨及十二神将等诸眷属在药师经典中均有体现。《药师经》传入汉地先后有五译，今存者四，即东晋帛尸梨蜜多罗本（《拔除过罪生死得度经》）、隋达摩笈多本（《佛说药师如来本愿经》）、唐玄奘本（《药师琉璃光如来本愿功德经》与唐义净本（《药师琉璃光七佛本愿功德经》）。刘宋孝武世，沙门慧简于大明元年（457年）译出《药师琉璃光经》，惜其译“梵宋不融，文辞杂糅，致令转读之辈多生疑惑”[1]，因之没有得以广播，最终失传。诸上所译典籍中，后来较通行者为玄奘本。这几部经典除义净本提及“七佛本愿”多有不同外，其他经文短小（六千字左右），内容大同小异。经文主要阐述了药师如来在因地“行菩萨道”时，以大悲心发“十二大愿”摄导众生。其中日光、月光（或日曜、月净）二胁侍菩萨为上首，持药师之正法宝；八大菩萨在众生命终之时“乘空而来，示其道径”；十二神将护卫教化、饶益有情。众生只要按照药师法门“至心受持”，即会免遭“九横死”难，更“令诸有情，所求皆得”。

药师携诸眷属的图像最早出现于隋代，莫高窟有5铺反映该内容的说法图，见于隋代第302、394、417、433、436窟，大多绘于窟顶，画面内容与结构大同小异，基本为：药师结跏趺坐于中央，两侧立日、月光二菩萨或八大菩萨，佛座前有多层轮式灯架，十二神将胡跪左右，个别有神幡、飞天等（图21）。这些图像中药师不持钵及锡杖，在结构上与大足上述造像不尽相同。巴蜀地区关于药师信仰的传播似要晚于中原，相应的药师像造作最早见于唐代，宋黄休复《益州名画录》记唐赵公佑、范琼及后蜀赵忠义等曾在成都大圣慈寺绘药师像或药师经变等[2]。现存遗例中，药师携眷属的造像在四川安岳千佛寨、资中西岩等亦有发现，其中安岳千佛寨晚唐第96龛内容更为丰富，堪称经变：药师跏趺坐于中央莲台（未有钵与锡杖配置），顶有华盖；八菩萨侍立左右；下方龛沿处为十二神将肃立；左右壁故事性画面反映了十二大愿、九横死内容（图22）。大足地区一系列药师像的造作应该受到中国北方及巴蜀诸地相关造像的影响。

图20　石门山第1龛药师与诸眷属组合　南宋

图21　莫高窟第433窟药师说法图　隋

图22　安岳千佛寨第96龛药师经变　晚唐

三　药师七佛组合

大足药师造像中七佛组合形式仅有一例，宋代所构，遗存于北山佛湾第107龛（图23），后代在龛楣残损处题写“七贤龛”，《总录》中将此七佛误定为过去七佛。该龛造像分上、中、下三层，上层为药师七佛趺坐于莲座，正壁三尊，左右壁各二。药师安坐于中间，头及右手残，左手托钵，体形较之左右略大。二菩萨随侍，居左者执锡杖。两侧为东方六佛，皆禅定姿。中层八菩萨，亦趺坐姿，仅右侧第一身略为完整，余皆损毁，唯留残痕及方形须弥座。下层正壁为供案、灯轮、神幡、僧人、供养人等，左右壁为十二

1　《大正藏》第14册，第401页上。又见于敦煌遗书P.3090《新翻药师经序》。

2　黄休复：《益州名画录》，四川人民出版社1982年版，第13、15—16、69页。

神将，皆合十跪拜姿。

右壁

正壁

左壁

图 23　第 107 龛药师七佛组合 宋

药师七佛组合的案例最早见于初唐，除本龛外主要遗存于敦煌莫高窟，如初唐第220窟北壁药师七佛变（图24）、盛唐第166窟南壁药师七佛立像、中唐第155窟帐形龛顶西披药师七佛立像与第365窟洪辩建“七佛药师之堂”造像等[1]。其中第220窟药师七佛变绘于主室北壁，画面主体为药师七佛并排站立，手中分别持钵、锡杖、念珠等物。中间一尊左右有二胁侍菩萨，其余佛间穿插八菩萨，诸佛左右两侧绘十二神将。佛、菩萨身后竖立三神幡，与上部飞天、器乐相穿插。下方中间绘四身舞女，左右为伎乐，舞女两边及中间各安置一巨大的灯轮。画面金光灿烂，展现了药师七佛净土的殊胜气氛。应该说此经变在造像意涵上与北山第107龛存在一定的差异。其余几例主要突出了七佛药师形象，在特征上基本是同一姿态的重复，体现了药师法门仪轨中关于“造彼如来形像七躯”的供养意涵。

另外，日本所存七至八世纪时期药师造像的祥光中显现七佛形象，应属药师七佛。如法隆寺七世纪初金铜药师像，桃形火焰纹头光中药师七佛趺坐于莲座（图25）。另有八世纪药师像身光与头光中亦有药师七佛形象（图26）。此外胜持寺九世纪木雕药师像，头光与身光中除药师七佛之外，还造有十二神将（图9）。

图 24　莫高窟第 220 窟药师七佛变 初唐

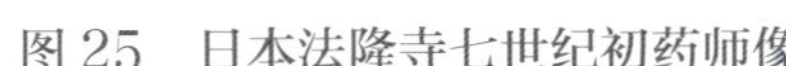

图 25　日本法隆寺七世纪初药师像

图 26　日本法隆寺八世纪药师像

1　P.4640（5）《吴僧统碑》记：“是以勤勤谛思，恳恳增修，开七佛药师之堂，建法华无垢之塔者，其惟我和尚焉。”其中“七佛药师之堂”即是学界所谓第365窟。

关于药师七佛有两种指代：第一指七尊药师群像。达摩笈多及玄奘所译《药师经》中均说明在供养药师的仪轨中应“造彼如来形像七躯”，此“如来”即指药师。第二指东方七佛。即义净《药师琉璃光七佛本愿经》中所言包括药师在内的东方七佛，其余六佛名为：光胜世界吉祥王如来、妙宝世界宝月智严光音自在王如来、圆满香积世界金色宝光妙行成就如来、无忧世界无忧最胜吉祥如来、法幢世界法海雷音如来、善住宝海世界法海胜慧游戏神通如来。这些如来均居东方各自净土庄严世界，为救度世间苦众在最初行菩萨道时发大愿，只是六佛所誓只有八愿或四愿，不及药师之十二大愿殊胜，故在七佛中药师处于统领地位，造像中往往居于诸佛中间位置。义净本所言“欲供养彼七如来者，应先敬造七佛形象”，此七佛乃药师与其余东方六佛。第107龛所造七佛正是东方七佛，其中将药师置于中间位置，形体较之左右其他佛稍大，显然是为了有意突出其主体地位。

第107龛中，正壁下层一些造像内容颇值得关注，尽管有残，仍可辨认。其中方形台为供桌，上面应有供物，已残毁不清。供桌左右偏上位置二人面对而立，左侧者残损严重，仅存轮廓，右侧者着袈裟，侧身微弓礼拜样，头部与手风化不清。二人物有圆形头光，其身份应是高僧大德。二僧下方分别有二物，左侧一塔形状物为七层灯轮，上部分毁损；右侧一覆钵状物为放生笼，开有小门，里面一鸟作飞出状。灯轮与放生笼一侧各立一高僧，有圆形头光，着袈裟，头部均残。左侧者双手举于胸前，风化不清，其身后立四身供养人亦有风化，似二男一女一孩童；右侧者侧身持一长幡，身后立一女供养人，下身没于高出地面的方形台中（应为祥云）。这样一组图像究竟在说明一个什么样的问题呢?

佛教信仰在民间总是充满浓郁的世俗化色彩。就药师信仰而言，更多信众看重的是对自身生命安全与现世利益的迫切追求。如果说弥陀信仰之终极目的是为了“出世”，往生净土世界，那么药师信仰则是为了“入世”，改善现世生活。一个是为了解决“死”的问题，一个是为了解决“生”的问题，二者有着信仰倾向之差。然而令信徒倍觉踏实的是，药师信仰不仅能解除现世困惑，而且还不耽误来世往生，甚至西方净土的往生。《药师琉璃光七佛本愿经》明确指出：“若有四众苾刍、苾刍尼、近事男、近事女及余净信男子女人，若能受持八支斋戒，或经一年或复三月，受持学处。以此善根愿生西方极乐世界见无量寿佛，若闻药师琉璃光如来名号，临命终时有八菩萨乘神通来示其去处，即于彼界种种杂色众宝花中自然化生。”[1]当然《药师经》中关于解除病痛以及临终关怀的法门尤为信徒所关注。人一旦为病苦所折磨，续命求生是最大的渴望，因而祈求药师开出种种“良药”，为其消灾延寿。而当一切无法挽回，生命即将走向终点时，也希望得到药师的救度，以使来生远离灾难苦厄。在信徒看来，要获得这些福报仅凭诵经、念佛、布施等简单行为似乎不够，需要举行一系列特殊的供养仪式方显得正式、隆重。相关的仪轨《药师经》本身就有说明：“阿难问救脱菩萨曰：‘善男子，恭敬供养彼七如来，其法云何？’救脱菩萨言：‘大德，若有病人及余灾厄欲令脱者，当为其人七日七夜持八戒斋，应以饮食及余资具随其所有供佛及僧；昼夜六时恭敬礼拜七佛如来；读诵此经四十九遍；燃四十九灯；造彼如来形像七躯，一一像前各置七灯，其七灯状圆若车轮，乃至四十九夜光明不绝；造杂彩幡四十九首，并一长幡四十九尺；放四十九生。如是即能离灾厄难，不为诸横恶鬼所持。大德阿难，是为供养如来法式。若有于此七佛之中随其一佛称名供养者，皆得如是无量功德所求愿满，何况尽能具足供养。’”[2]此仪轨包含了斋戒、供佛、斋僧、礼忏、诵经、燃灯、造像、竖幡、放生等一系列环节，若人做如此供养，便会“离灾厄难”“所求愿满”，毋庸说“具足供养”。

这样一来，第107龛造像的功能与意涵就易于解释了。龛内下层造像所展示的正是药师七佛供养仪式的场景。造像中供桌用以陈列“饮食”等供品，两侧相对站立的高僧，应手执经册在诵经。此二像风化不清，做出如此推断是借鉴了多宝塔第119龛造像。第119龛正壁下层造像内容与第107龛极为相类，保存完整，且同处一个时代、一个地区，可做参照。在第119龛中没有供桌，与第107龛供桌上方二僧相应的位置，是二尊着袈裟的菩萨手执经册，表现的是诵经的情景。另外，第107龛中灯轮与神幡旁边各有一僧，分别在“燃灯”与“竖幡”，神幡旁边的放生笼以及飞出状的鸟表现的是“放生”环节。这些在第119龛中均有类似表现（图27、图28）。

可以看出，第107龛造像完全与经文的意涵相契合，只是在具体表现时，出于龛内造像空间布局与主次安排的考虑，设计者大胆采用象征手法，诸多仪式环节删繁就简，以少胜多，既充分表达了经旨，又不使画面闭塞。

另外，第107龛内几身供养人像亦不可忽略。右侧竖幡僧人后面为一尊女像，其下半身隐没于云中，且独立于其他四尊供养人像。这种不同的安排说明，此女供养人是本龛功德主家族已过世的亲人，立于云中，是其亡灵的象征（类似的亡灵供养像又见于佛湾第105龛与多宝塔第109龛中）。左侧第一身男供养人或许是她的丈夫，另外三人是这对夫妇的儿子、儿媳与孙子。此龛由此家族所开，目的在于为逝者追荐，为生者祈福。

1 《大正藏》第14册，第414页上。

2 《大正藏》第14册，第415页下。

图27　第119龛造像局部

图28　第107龛造像局部

四　药师与其他非眷属尊像的组合

药师与其他非眷属尊像的组合有5例，即北山佛湾第248、231、279、281、112龛。在形式上可分为两类：药师单尊与其他尊像的组合和药师携眷属与其他尊像的组合。

（一）药师与观音组合

药师与观音组合在大足目前发现1例，为北山佛湾第248龛，造作时间在晚唐时期。第248龛是一座小型浅龛，内为药师与观音二像，皆立姿，等高，有相同的内圆外桃形浮雕头光。药师居左，水波纹形发髻，着袈裟，左手于胸前托钵（钵残），右手持锡杖，形态与第227龛药师同；观音璎珞严身，头、双手均残，持物不明；龛左右各造二身供养人像（图29）。

此龛《总录》中辨识为地藏与观音，显然有误。地藏与观音组合在佛教造像中是一个较为常见的题材，佛湾有不少案例。各类造像中地藏在外形特征上多以披风帽或光头弟子形象为主，或立或善跏趺坐，往往手持宝珠与锡杖。由于地藏持物与药师接近，一些风化模糊的地藏与药师石刻造像往往易被混淆，故须借助一些细节及相关组合像辨识推定。第248龛观音左侧像头部虽有部分残损，但仍能看出波纹形发髻，典型是佛的造型，结合其执钵、锡杖之姿态同于第227等龛药师形象，故属药师无疑。

药师与观音的交涉始于唐代，相关遗例还见于龙门唐代造像，如王思业造像题记云：“大唐太州郑县王思业为太后皇帝、一切众生及七世父母，今为亡女妙法造药师像一区并观音像一区，以四业患□得可，故造，今并成就。愿亡者托生西方，见存者无诸哉障。”[1]莫高窟盛唐第171窟亦有表现，窟内西壁龛外南侧绘药师一身，北侧绘观音一身，二者呈对置形制。

第248龛的造作年代在《总录》中定为五代，笔者以为这一时间可以再做斟酌。该龛位于晚唐第245龛外龛右侧壁，此壁自上而下开凿有4个小龛，第248龛居于壁面靠中间部位，明显占据了一个相对理想的位置，且龛形最大，故可推断此龛开凿先于其他相邻龛。再分析与之相对的左侧壁，上下共开有8个龛，其中与第248相对位置是第240龛，造二身菩萨及三身供养人像，龛壁有“乾宁三年（896年）”镌龛题记（图30）。该龛在龛形、大小、位置、供养人造作等方面与第248龛极为相似，尤其二者在处理菩萨服饰、衣纹及头光等细节上如出一辙，极似由同一工匠所为。故可推断此二龛为同期所造，第248龛之完成也应在晚唐乾宁间。

在佛教中菩萨在阶位上要低于佛，一般作为佛的胁侍，辅助佛教化众生。然而上述例证中观音与药师并置，显然有意消除了佛与菩萨二者间的差距，做了“平等”的处理。这种做法意非降低了药师的身份，而是抬高了观音的地位。类似的造像也见于广元千佛崖第187-3龛，该龛为唐代造作，内作观音与一佛并列而立[2]。唐代以来，巴蜀地区观音信仰极其浓郁，圣观音、水月观音、如意轮观音、不空羂索观音、千手观音等各类观音造像几乎无处不有，仅大足佛湾以各类观音为主体的造像达40余龛，足见观音在民间信徒中的声望与地位。药师与观音并置有悖于正规经典，显然这是佛教世俗化的产物，也是地区民间信仰在造像上的体现。但主要原因在于民间信徒将二者视为现世救度的精神依托，看到了双方在消灾延寿、救苦救难上有着较大的共同性，同时供奉，旨在期望得到双重的救护与庇佑。

1　［日］水野清一、长广敏雄：《龙门石窟的研究》，《龙门石刻录文》第198条，东京座右宝刊行会昭和十六年（1941年）版，第265页。

2　王剑平、雷玉华：《广元石窟内容总录·千佛崖卷》，巴蜀书社2014年版，第168—172页。

图 29　第 248 龛药师与观音组合 晚唐

图 30　第 240 龛二菩萨组合 乾宁三年（896 年）

（二）药师与观音、地藏的组合

第231龛是药师三尊立姿组合，《总录》中定为地藏与二胁侍。药师形姿与第248、227龛所造相同，持钵与锡杖，形象高大，与左右胁侍形成明显对比，看去颇具单尊供奉意义。药师左侧一菩萨，右侧像损毁，从残存袈裟推断，应为弟子，所以此龛属药师、观音与地藏的组合。此类组合形成于唐代，与当时净土信仰的盛行有着一定的关联。莫高窟盛唐第176、205窟，广元千佛崖唐代第88、105、116龛，巴中北龛唐代第1龛等为其同例（图31、图32）。

图 31　第 231 龛药师、观音与地藏 五代

图 32　莫高窟第 205 窟药师、观音与地藏 盛唐

第231龛中药师为主尊，左右日、月光二胁侍被置换为观音与地藏，与第248龛有所不同的是，此组合加进了地藏，供奉的意义自然发生一定的变化。地藏是中国佛教中与观音、文殊、普贤并誉的四大菩萨之一，以“众生度尽，方证菩提；地狱未空，誓不成佛”之大悲誓愿而著称。地藏住地狱教化苦众，是幽冥界“教主”，在大乘佛教中深得广大信众的崇奉与膜拜。地藏信仰始于隋唐之际，盛唐时期臻于隆兴[1]。唐代冥界观念的形成与发展是地藏信仰兴起的主要动因，一旦死后堕入地狱，希冀得到地藏的救度与关怀是信众最典型的信仰诉求。地藏信仰的发展催生了一系列地藏图像的制作，先有单尊形制，以后逐渐出现与弥陀、药师、弥勒、观音、十方佛、十王等的不同组合像，反映了地藏信仰与净土信仰的交融。

药师与观音、地藏的组合造像体现了现世救度与冥界救度两种思想的结合，这种救度的终极目的是往生西方净土世界。药师法门明确说明：“若欲往生西方极乐世界阿弥陀如来所者，由得闻彼世尊药师琉璃光如来名号故，于命终时，有八菩萨乘空而来，示其道径，即于彼界，种种异色波头摩华中自然化生。”[2]地藏信仰与西方净土世界的关联亦在一些经典显示，《佛说地藏菩萨经》云：“若有人造地藏菩萨像，写地藏菩萨经，及念地藏菩萨名，此人定得往生西方极乐世界。”[3]而观音自然不必说，是“西方三圣”之一，更是信众的导引者。体现地藏信仰与西方净土信仰融合更为直观的是弥陀与地藏、观音的组合造像，北山佛湾多有造作，如晚唐第52龛，五代第53、57龛等。

（三）药师携诸眷属与陀罗尼经幢、地藏、十方佛的组合

第279、281龛均造于五代，开龛形制较为特别，皆为大龛内再造小龛，造像内容为药师携诸眷属与陀罗尼经幢、地藏、十方佛等的组合。

第279、281龛位置相邻，均三层方形龛，大小一致，作风相同，造像内容为药师携眷属与经幢、地藏、十方佛等的组合（图33、图34）。第279龛内龛中间为药师、二胁侍、八菩萨及十二神将等眷属龛，总体造像格局与第256龛大同小异。药师左侧为地藏，披风帽、舒相坐，执锡杖与宝珠，左侧立一弟子，像分四层重复造作；右侧开龛造一八面体经幢，上书《佛顶尊胜陀罗尼》经咒。中层龛龛楣刻一排十方佛，皆趺坐于莲台。外龛右侧上下四层刻九身供养人像。第281龛与之类似，不同之处在于药师居右，经幢居左，地藏重复造三层，另外中龛上方一排小佛，据题记为七佛、弥陀与三世佛。两龛皆有明确镌造时间和供养人题记（详见附录2），其中第279龛造于广政十八年（955年），第281龛造于后蜀广政十七年（954年）。综合各种因素可知，此二龛经统一规划，由不同施资人、同批工匠造作。

图33　第279龛造像　五代

图34　第281龛造像　五代

药师与经幢、地藏、十方佛等共处一龛，这种复杂的组合案例在大足仅见于北山。四川资中西岩有与之类似的造像龛，年代在晚唐五代间，虽已风化，尚能辨识出是药师携眷属与经幢的组合，不同的是，该龛并无地藏及十方佛。除巴蜀地区外，中国北方广大地区佛教石窟鲜有此种组合造像。

1　尹富：《中国地藏信仰研究》，巴蜀书社2009年版，第2页。

2　《大正藏》第14册，第402页下。

3　《大正藏》第85册，第1455页中。

上述龛中，经幢的意义不在于其造像本身，而在于幢身所书“尊胜陀罗尼”。此陀罗尼出自密教经典《佛顶尊胜陀罗尼经》，该经于唐高宗时期（650—683年）传入汉地，时由杜行𫖮、佛陀波利、地婆诃罗、义净等先后译出，诸译本中佛陀波利本后来流布最广。此经旨在宣讲破除一切“罪业等障”及“秽恶道苦”之法门，其中“地狱救度”思想始终贯穿全经，故有“救拔幽显最不可思议”之赞。经文内以三百余字的“尊胜陀罗尼”作为“增益寿命之法”，为广大信众所受持。经云众生若能听闻、颂读、书写此陀罗尼者，“此人所有一切地狱畜生阎罗王界饿鬼之苦，破坏消灭无有遗余”[1]。而将此陀罗尼写于经幢符合经文中“安高幢上、或安高山、或安楼上，乃至安置窣堵波中”之规定。唐宋时期民众竖幢供奉《佛顶尊胜陀罗尼经》成为风尚，其制作几乎遍布南北各地，如五台佛光寺经幢［两座，一为唐大中十一年（857年），另一为唐乾符四年（877年）］、浙江金华法隆寺经幢［唐大中十年（856年）］、河北赵州陀罗尼经幢［北宋景祐五年（1038年）］、昆明地藏寺经幢（五代至宋大理国时期）[2]以及广元、巴中、大足石刻群中的经幢等，足见唐宋时期佛顶尊胜陀罗尼信仰在民间的盛行[3]。

由于《佛顶尊胜陀罗尼经》所宣扬的地狱拯救思想契合了唐代兴起的地狱观念，故佛顶尊胜陀罗尼信仰与地藏信仰自然相容，互为补充。当然除了地狱拯救之外，此经还有增益寿命、追荐亡者、助生极乐等功能，自然而然与药师、观音信仰有机联系起来。大足北山的几龛药师与地藏、经幢等的造像组合，其意义正在于三者在追求现世利益与来世解脱方面具有着极大的信仰共性。

另外，龛楣处十方佛，预示着藉由药师、地藏及尊胜陀罗尼，信众可从现世秽土世界以及地狱等恶道依自愿往生至任何佛国净土。从这样一组造像可以看到，药师信仰注重的是现世福报，地藏与尊胜陀罗尼信仰关照的是地狱解脱，而十方佛信仰则是为了最终的净土往生。三者并重，反映了佛教世俗信仰中信众在关照自身利益上所具有的“多重保险”意识[4]。

（四）药师与卢舍那、观音、地藏的组合

第112龛凿于宋季，是一个相对复杂的组合（图35），主尊二佛并坐，左侧为药师，左手托钵，右手扶膝；右侧为卢舍那，左手置于腹前，右臂上举，手印残损不清。二佛均着僧祇支、垂领袈裟，袈裟覆座，内圆外桃形头光。药师左侧一弟子持锡杖侍立，卢舍那右侧一菩萨捧物侍立。左、右壁二像首、胸、臂等多处毁损严重，仅存残躯与莲座部分。左侧像坐姿不明，内圆外桃形头光，有六臂，仅存一左臂，上举，手中执物损毁，整体分析，应为六臂观音；右壁像舒相坐，圆形素面头光，着袈裟，胸饰简易璎珞，两臂不存，莲座前残存一截棍状物（为锡杖部分），左胸前升起一道带状祥光（应来自摩尼宝珠），从诸特征推断应为地藏。在地藏右侧立有一执魂幡者，圆形头光，上身皆残，为引路菩萨，其后有二俗装人物像亦有残损（图36）。二佛座下部造像风化不清。在正壁药师与卢舍那之间凿有一组供养像，共六人分三层站立，最上层者看似一女像，中间一对夫妇，下部三孩童，应该是三代之家（图37）。龛内不见题记，龛口部分塌陷，造作情况不明。从供养人像分析，该龛是一座家族功德龛，所不同的是，造像内容的设计完全不同于佛湾其他窟龛，从供养人的角度而言，这种新奇的尊像组合折射了该家族特殊的信仰诉求。

右壁

正壁

左壁

图35　第112龛造像 宋

1　《大正藏》第19册，第350页中。

2　李彦、张映莹：《〈佛顶尊胜陀罗尼经〉及经幢》，《文物世界》2007年第5期。

3　夏广兴、方海燕：《佛顶尊胜陀罗尼信仰与唐代民俗风情》，《上海师范大学学报》2005年第6期。

4　前揭姚崇新：《药师与地藏——以大足北山佛湾第279、281号龛造像为中心》，第259—279页。

图 36　第 112 龛引路菩萨

图 37　第 112 龛供养人像

如果左右壁造像推断未错，此龛则为以药师、卢舍那为主尊，搭配观音与地藏的组合。药师与地藏、观音的组合是唐代以来常见的造像题材（前文有述），而与卢舍那的结合并不多见，在大足仅此一例。

佛教艺术中，卢舍那造像与华严信仰紧密相关，其中“法界人中像”以如来身示现法界一切众生及华严圆通妙旨，成为诠释华严“法界救度”思想的代表性造像。有唐一代华严信仰甚是兴盛，武则天尤其推重，曾多次屈尊太原寺听讲《华严经》，并遣使赴于阗求取梵本《华严经》，诏令实叉难陀译出“八十华严”[1]，后又“助脂粉钱两万贯”营建奉先寺卢舍那造像等。唐代华严思想的深化与流布推动了卢舍那信仰的进一步展开，并有相关造像产生。就药师与卢舍那而言，唐代一些案例反映了药师与卢舍那之间存在一定的关联，如新疆盛唐阿艾石窟将两尊药师分别与卢舍那、地藏置于同壁[2]，表示药师与卢舍那、药师与地藏的一种特殊搭配[3]。莫高窟盛唐第446窟西壁龛外北侧绘药师，南侧绘卢舍那，二像呈对置搭配。另外榆林窟中唐第25窟正壁为卢舍那并八菩萨（两旁各四，左侧图像已毁）曼荼罗，左右侧分别为地藏（已毁）与药师[4]，在整体格局上形成卢舍那与地藏、药师的组合。

卢舍那的性格在于“法界救度”。“法界”涵盖了一切无边“沙界”“尘区”，“法界救度”在时空上具有着无限性。就“救度”意涵而言，卢舍那与药师、观音、地藏之间存在相通性，而“法界救度”较之药师、观音与地藏之济世、救拔特性更具统领、涵摄意义。诸尊的结合与互动反映了世间“救度”思想的拓展与升华，药师与观音之现世救度、地藏之冥界救度最终与卢舍那之法界救度相交融，从而达到圆通境地。这一宗教意义，即是第112龛造像思想与功能的体现。

此龛中还需一提的是地藏左侧执长幡的引路菩萨与其身后两身俗像，俗像一高一矮，是一成人和孩童（图36）。这组像人物较小，与龛内主体造像形成鲜明对比。引路菩萨是流行于唐宋之际的一种图像[5]，敦煌发现数帧晚唐五代时期此类题材绢画。主要形式为：一菩萨执长幡在引领亡者前行。这种图像的形成应与当时社会往生、冥界观念有关。第112龛内出现此类造像，隐含了本龛供养家族对已故亲人的追荐意义。而将这一情景安置于地藏像边显然与地狱信仰有关，希望能够得到地藏菩萨的救拔与超度。

1　《大正藏》第10册，第1页上。

2　严松：《新发现的新疆库车县阿艾1号石窟壁画》，《东南文化》2000年第12期。

3　赖文英：《论新疆阿艾石窟的卢舍那》，《圆光佛学学报》2010年第16期。

4　沙武田：《吐蕃统治时期敦煌石窟研究》，中国社会科学出版社2013年版，第471—483页。

5　王铭：《菩萨引路：唐宋时期丧葬仪式中的引魂幡》，《敦煌研究》2014年第1期。

小 结

在大足石刻造像群中，唐宋时期药师题材占据了仅有的少数，不如观音造像那样纷繁复杂、遍布各处。虽然其数量少，但却不可忽视，因为它反映了不同时期药师信仰在四川东部大足地区的发展情况。总体分析这批药师造像，有以下特色：其一，造作时间虽跨唐宋，但集中于五代、宋季；其二，分布不均衡，大多集中在北山佛湾，宝顶、石篆山、妙高山等一些代表性造像区未见造作；其三，造像结构丰富，有单尊、携眷属以及与其他尊像组合等多种形式；其四，造像既有流行式样（如单尊形式、与诸眷属部众组合形式等），也有特殊式样（如药师七佛、与卢舍那组合等）；其五，看其作风，与大足同期石刻其他造像一致，反映出力求完美、协调、端庄、细腻的一面。

就药师形象的塑造而言，有以下几种样式（图38）：

1. 左手持钵，右手施印跏趺坐式。有北山第23、46、112等龛及多宝塔诸龛等。
2. 双手不持物结印跏趺坐式。有多宝塔第119龛。
3. 双手不持物结印倚坐式。有北山第190、256、279、281等龛。
4. 双手不持物结印舒相坐式。有北山第255龛一例。
5. 持钵与锡杖立姿式。有北山第38、248、227、231等龛。

a 佛湾第 112 龛　b 多宝塔第 119 龛　c 佛湾第 279 龛　d 佛湾第 255 龛　e 佛湾第 227 龛

图 38 大足石窟中药师造像特征（a、b、c、d、e）

本文是对大足唐宋时期药师造像基本情况的考察，对于每类造像只做浅显解释，未展开深入、细致的论证，在此贡献给诸位方家参考，以作更为全面、科学、详尽的考述。

附录1　唐宋时期大足药师造像总述（表内长度单位：cm）

地区	龛号	时代	龛形	造像内容
北山佛湾	248	晚唐	单层方形龛，顶略弧，高84、宽61、深15。	药师与观音。正壁左药师，右观音，均内圆外桃形头光，立于莲台。药师水波纹形发髻，头顶残，着僧祇支、通肩垂领袈裟，左臂举于左胸前，手残，右手于腹右侧持锡杖，像高67。观音头残，璎珞严身，双手皆残，像高68。龛外左右各有供养人立像两躯，左侧二躯像，头残，着官服，合十；右侧两尊像，头残，一成人与一孩童。
	23	五代	单层方形龛，顶略弧，高45.5、宽35、深14。	药师单尊。药师头部略残，水纹发髻；着僧祇支、通肩垂领袈裟，背饰椭圆形身光及内圆外桃形头光，跏趺坐于单层莲台，左手于腹前托钵，右手抚右膝，像高31.5。龛右壁立一锡杖。
	38		双层方形龛，内龛顶略弧，平面马蹄形，外龛高112、宽84、深10，内龛高93、宽68、深30。	药师与诸眷属。药师，螺髻，五官模糊，着僧祇支、通肩垂领袈裟；无身光，内圆外桃形头光；左手举于左肩前，残，似托钵，右手斜持锡杖；立于圆形莲台，像高58。药师左、右侧为日、月光菩萨，皆纨高髻，璎珞严身，日光菩萨捧日轮，月光菩萨捧月轮，二者素面圆形头光。主尊身后左右侧各一侍者合十而立，左侧为女弟子，菩萨装，右为男弟子，着袈裟，皆圆形头光。龛左右壁为八菩萨，左侧四身，分两层，下层二身并立，上层二身只现半身，诸菩萨皆有圆形头光、双手合十，右侧四菩萨造像与之类似。日、月光菩萨身之左侧及头光上方为十二神将，左右各六，皆现半身，武士装。
	46		双层方形龛，内龛顶略弧，外龛高123、宽100、深45，内龛高98.5、宽99、深47。	药师与日、月光菩萨及二弟子。药师，头残毁，左手于腹前托钵，右手抚右膝，跏趺坐于束腰莲座，圆形背光及内圆外桃形头光，顶上一宝盖，背光右后一锡杖，残像高24.4。背光左右各一棵菩提树。药师左右各一弟子，圆形头光，着袈裟，合十。龛左右日、月光菩萨，戴花冠，胸饰璎珞，游戏坐于束腰莲座，圆形背光及内圆外桃形头光，分别托日、月轮。
	75		单层方形龛，顶略弧，平面马蹄形，高72.8、宽50.5、深25.7。	药师单尊。药师立于双层莲台，头、胸、双手皆残，右肩处有锡杖痕迹，着袈裟，椭圆形背光及内圆外桃形头光，像高54。
	190		双层方形龛，内龛顶略弧，分两层造像，外龛高177、宽153、深96，内龛高133、宽125、深55。	药师与诸眷属。药师倚坐于须弥座，头部、二手均残，内圆外桃形头光，着僧祇支、通肩垂领袈裟，双足踏莲，残像高59。左右日、月光菩萨，头戴花冠，有残，璎珞严身，倚坐于束腰莲台，分别持日、月轮。药师左侧一男弟子，着袈裟，合十侍立；右侧一女弟子，菩萨装，持一锡杖侍立。身后有菩提树。左、右壁为八菩萨，两边各四，左侧上下各两尊，圆形头光，下面两尊立于莲台，上面两尊现半身，皆有程度不同残损，持物不明；右侧造像特征与之相同。龛下层刻十二神将，正壁十尊皆抱拳，左右壁各刻一尊，持物（残）。武士装，并排而列，部分像残。
	227		双层方形龛，内龛顶略弧，外龛高90、宽47、深31，内龛高77、宽36、深10。	药师单尊。药师立于双层莲台，内圆外桃形头光，着僧祇支、通肩垂领袈裟，左手上举托钵，右手持锡杖，肩、颈处残，身右侧后刻祥云，像高69。
	231		单层方形龛，顶略弧，平面马蹄形，龛高69、宽51、深19。	药师与观音、地藏。药师立于莲台，头顶残，五官模糊，内圆外桃形头光，着僧祇支及通肩垂领袈裟，左手上举托钵，钵残，右手持锡杖，像身高54。药师左右壁各立一像，左侧观音，双手捧物，物残，右侧像头、胸、手皆残，有袈裟痕迹，应为地藏，二像皆圆形头光。龛外左壁下刻一供养人像，头束发髻，身着广袖长服，合十，胡跪于祥云上。
	255		双层方形龛，外龛饰垂帐，内龛顶略弧，分两层造像，外龛高132、宽114、深12，内龛高98、宽88、深56。	药师与诸眷属。药师游戏坐于须弥座，右腿下垂足踏莲，头残，着僧祇支、通肩垂领袈裟，左手抚左膝，右臂举于胸前，手残，圆形背光及内圆外桃形头光，像高47。背光左右各刻一棵菩提树，右壁立一锡杖。日、月光菩萨皆头部残损，圆形背光，内圆外桃形头光，倚坐姿，分别持日、月轮。龛左右壁为八菩萨，两侧各四，分两层，下层二像立于莲台，上层二像现半身，皆圆形头光，双手合十或捧物，头部大多残损。龛下部刻十二神将，武士装，左右各六抱拳面对而立，其中左数第三身与第十身手中持物。龛外左侧下立二供养人像，一头戴官帽，着圆领广袖长服，合十；另一残。二像对面相同位置立三身供养人像，似女像，残损严重。供养人像上部有残存题记。
	256		双层方形龛，外龛饰垂帐，内龛顶略弧，外龛高123、宽129、深23，内龛高96、宽103、深43。	龛内造像内容、格局等与第190龛大同小异。所不同处，此龛药师头光左侧壁雕一药钵。

续表

地区	龛号	时代	龛形	造像内容
北山佛湾	278	五代	双层方形龛，内龛顶略弧，上部残，外龛高109、宽113、深47，内龛高95、宽88、深43。	药师与诸眷属。药师及右边月光菩萨已毁，龛下造像风化难辨。从残痕看：药师与日、月光菩萨跏趺坐姿，内圆外桃形头光，日光菩萨左肩上部壁祥云上刻日轮，右侧相对位置祥云上刻月轮。药师左右立侍从，左侧为弟子，双手捧钵；右侧像毁，持锡杖。龛左右壁为八菩萨，两侧各四，做法同于第190、256等龛。龛顶右侧残存一身飞天。龛前下方造像不清，右侧残存栏楯并人物。
	279		三层方形龛，外龛高187、宽244、深78；中龛高172、宽221、深70；内龛由并列两小方龛构成，左龛顶略弧，分两层造像，高151、宽110、深40；右龛顶略弧，高120、宽54、深20。	药师诸眷属、经幢、地藏、十方佛等组合。内龛中间为药师、二胁侍、八菩萨及十二神将龛，总体造像格局与第256龛大同小异。所不同者，本龛造像顶部有华盖并琵琶、箜篌、弟子等天乐九件，天乐两侧还有飞天各一身，十二神将下部雕有出水莲。药师龛左侧为分上下四层刻四身风帽地藏，舒相坐，左手于腹前托宝珠，右手执锡杖，圆形身光、头光，左侧立一弟子，合十，头均残。药师龛右侧刻一经幢，通高21.5。束腰八边形蟠龙幢基，底层左右各一力士背负，上部四天王；八边形幢身，三面刻经文，覆八角双重塔形宝盖，上有趺坐佛、飞天等；宝盖上部为仰莲基座宝珠。龛上部左右侧各有三身踩云供养人像。中层龛龛楣刻十方佛，皆趺坐于莲台。外龛右侧上下四层刻九身供养人像，合十，立姿，第三层三身，余皆二身。经幢龛左侧及下部外壁有“广政十八年（955年）”“咸平二年（999年）、四年（1001年）”造像、妆銮题记。
	281		三层方形龛，外龛高190、宽232.5、深81；中龛高148、宽216、深63；内左龛顶略弧，高112、宽52.5、深21.5；内右龛顶略弧，高119、宽105、深43。	此龛与第279龛相邻，二龛在龛形、大小、内容及作风等方面较一致，不同之处在于此龛中药师龛居右，经幢龛居左，龛左侧地藏造像为三列，龛上方为七佛、弥陀、三世佛。有造像、妆銮题记。
	107	宋	单层方形龛，顶略弧，平面马蹄形，分三层造像，高229、宽182、深170。	药师七佛、八菩萨、十二神将等。造像分上、中、下三层。上层莲台趺坐药师七佛，中间体格稍大者为药师，头残，像高43，左手托钵，右臂于胸前，手残；着僧祇支、通肩袈裟，舟形火焰背光，头顶四道带状毫光；药师身侧二女弟子，左像执锡杖，右像残。药师左右为东方六佛，两侧各三，圆形身光、内圆外桃形头光，皆禅定印，着僧祇支、通肩或袒右肩袈裟，右侧第二身佛头披袈裟一角，诸佛像均高约40。第二层为八菩萨趺坐于须弥座，右侧第一身残存，余皆风化不清。第三层左右壁为十二神将，两侧各六，跪姿，抱拳，外着宽袍，圆形头光。每壁上下各三身分两层排列，下层三身风化严重。第三层正壁中间一供案，稍上二残像面对做礼拜状，均有圆形头光。下部供案左侧一灯轮、五身立像，礼拜状，头均残，其中靠近供案者有圆形头光；右侧一放生笼、神幡，二身供养人像。其中着宽袍者侧身礼拜状，头残，有圆形头光；另一女像立姿，现半身。
	110		单层方形龛，平面马蹄形，高202、宽186.4、深177。	药师与四菩萨、二弟子等。药师，残毁严重，结跏趺坐于圆形束腰蟠龙莲台，舟形火焰背光，顶出四道毫光，光内有化佛，残像高83。左右侧各立弟子像，残毁严重，均圆形头光，着广袖长服，右像上部有锡杖。药师左右为日、月光菩萨，有残，跏趺坐于须弥座，戴花蔓冠，璎珞严身，圆形头光。二菩萨持物分别刻于二弟子头光上部，左边祥云上托日轮，右边祥云上托月轮。日月光二菩萨外侧各一身菩萨，体格略小，跏趺坐姿，左像观音，右像已毁。靠近龛口左右壁为十二神将，每侧六身，分上下三层排列，每层二身，最下者身全，抱拳而立，以上皆现半身，均圆形头光，着宽袍。右侧诸像全毁。四尊菩萨座基处有供养人残像：其中日光菩萨座基处一身、月光菩萨座基处二身。主尊座基左侧一灯轮、右侧一放生笼状物。观音座基处有五身供养人痕迹，对面座基处有两身供养人。龛内左、右上角有镌龛榜题各一则。
	112		单层方形龛，顶略弧，龛口及前沿塌陷，高211、口宽186、内宽215、深160。	药师与卢舍那、六臂观音、地藏、引路菩萨等。正壁二佛并排跏趺坐于方形束腰须弥座，均圆形身光及内圆外桃形头光，着僧祇支、通肩垂领袈裟，像高87。左侧药师左手于胸前托钵，右手抚右膝；右侧卢舍那左手置于腹前，右手置于胸前，手残不存。龛左内侧一弟子持锡杖侍立，右内侧一女弟子，上身残，双手捧物侍立，皆圆形头光。二佛间壁上分三排立供养人六身，下三身、中二身、上一身，皆合十。龛左、右壁像残损严重，从痕迹判断左为六臂观音，坐姿不明，内圆外桃形头光；右为地藏，着袈裟，胸有璎珞，舒相坐，圆形头光，有锡杖、宝珠光痕迹。地藏左侧一引路菩萨，持神幡，上身残，圆形头光，其后二供养人立像。二佛座基处造像不明。
	140		单层方形龛，顶略弧，高62、宽64.4、深23。	药师与日、月光菩萨等三尊。药师三尊皆残损，坐姿不明，有圆形身光并内圆外桃形头光。药师右侧壁立一锡杖。龛左右壁各立一像，残，仅存下半身。

续表

地区	龛号	时代	龛形	造像内容
北山佛湾	147	宋	单层方形龛，顶略弧，分两层造像，高120、宽120、深44。	药师与诸眷属。药师倚坐姿，着僧祇支、通肩垂领袈裟，左手抚左膝，右手结说法印，内圆外桃形头光，无身光，顶有覆莲花形宝盖，宝盖左右有琵琶、箜篌等乐器，像高58。日、月光菩萨圆形头光，分别手持日、月轮。龛顶左右角各一身飞天驾祥云。药师身后左右各一男女弟子，男弟子合十侍立，头顶上壁刻药钵；女弟子持锡杖侍立。左右壁为八菩萨，两侧各四，分上下两层站立，圆形头光，残损严重。龛外侧下部立十二神将，抱拳，武士装，均有残损。
	158		单层方形四角圆弧浅龛，上部及龛下部皆有残毁，龛高60、宽70、深17。	药师五尊。正壁药师结跏趺坐于须弥座，头残，内圆外桃形头光，顶壁一覆莲形宝盖，着袈裟，左手于腹前持钵，右手残毁不存，残像高18。药师左右各立一弟子，左合十，右双手于左胸前持锡杖，头残。左、右壁二造像完全损毁，仅存头光痕迹。
北山佛耳岩	9	宋	双层方形龛，内龛顶略弧，外龛高117、宽106、深65，内龛高105、宽88、深38。	药师与诸眷属。药师跏趺坐于束腰莲台，头部残，着僧祇支、通肩垂领袈裟，双手残，腹前有托钵痕迹，圆形背光及内圆外桃形头光，顶有华盖，呈覆莲形，周围刻祥云、飞天，正壁雕菩提树。背光后左边一女弟子，菩萨装，圆形头光，合十；右边一男弟子，圆形头光，合十，身后右侧壁雕一锡杖。药师像高33。日、月光菩萨，皆游戏坐于束腰莲台，各自持日、月轮，圆形背光，头光不现。菩萨头、手、腿、莲座等部位风化严重。龛之左、右壁为八菩萨，两侧各四，分两层，上下皆二，均现全身，圆形头光，合十而立，个别像风化严重。龛下部正壁及左右壁共刻十二神将，正壁十尊，左右各一尊，皆圆形头光，武士装，抱拳而立。左、右龛楣上有残存题记。
	12		双层方形龛，内龛顶略弧，外龛高94、宽93、深49，内龛高71、宽73、深39。	药师、二胁侍、八菩萨、十二神将等眷属。药师头残，跏趺坐于束腰莲台，着僧祇支、通肩垂领袈裟，椭圆背光、内圆外桃形头光，双手残，腹前有托钵痕迹，像高36。左、右日、月光菩萨，皆游戏坐于束腰莲台，分别持日、月轮，圆形背光，头光不现。菩萨头、手、腿、莲座等部位风化严重。药师佛背光后之左右为八菩萨，圆形头光，合十，现半身，残损严重，仅存六身。龛左右壁为十二神将，分上、中、下三层排列，大多风化不清。外龛左壁竖刻“元丰八年（1085年）……”题记。
北山多宝塔	119	南宋	嵌壁方形龛，拱形龛口，覆斗形叠涩顶，内龛高145、宽76、深62。	药师与诸眷属。药师跏趺坐于束腰莲座，磨光发髻，无头、身光，着僧祇支、通肩垂领袈裟，袈裟一角覆右肩，左手、右手分别于腹、胸前施印，像高41。药师左右与莲台齐高处立二弟子，合十侍立；二弟子外侧分别为日、月光菩萨，持日、月轮侍立，现半身。二弟子及日、月光菩萨上层为十二神将，两侧各六，有的抱拳，有的持棒形物，皆现半身。下层为八菩萨，圆形头光，立姿，皆持物，部分残。其中靠近莲台左侧一菩萨着垂领袈裟，捧药钵，右侧一菩萨着垂领袈裟，执锡杖。莲台前方左右二菩萨着垂领袈裟，持经文侧身面对而立。莲台正下方有一七层灯轮、神幡及放生笼，左侧立二男女供养人，右侧一僧人侧身诵经状。
石门山	1	南宋	单层方形龛，顶略弧，高110、宽114、深82。	药师与诸眷属。药师跏趺坐于束腰莲台，内圆外桃形头光，无身光，着僧祇支、通肩垂领袈裟，左手托钵，右臂举于胸前，手残，像高49。左一男弟子，持锡杖侍立，右一女弟子合十侍立，头残不存，菩萨装，二像均圆形头光。左、右壁为日、月光菩萨，立姿，内圆外桃形头光，手中持物残，二菩萨外侧各立一供养人及一神将，上身均毁。龛下共刻十尊神将抱拳侍立，正壁刻六尊，左右壁各立两尊，着装、姿态相同。龛外左壁残存“辛未绍兴（1151年）”等纪年及镌匠题记。

附录2 药师造像龛题记

1. 佛湾第110龛（二则）

（1）昌州在郭正东街居住奉善/弟子张辉、刘氏夫妇、膝下男/张师明、妇昝氏、次女道保娘/合家同命工开岩镌造妆銮/药师琉璃光如来、菩萨、药叉/神将共一龛。永为历世瞻仰。

（2）▭所生□/▭氏各□/佛妆▭方利/佑合家眷无▭嗣繁/昌子孙▭以岁次癸□三/月初贰日奉□就院斋□□表庆。

2. 佛湾第255龛（二则）

（1）▭意为□□□染患/▭上件圣容□□门男□□□/▭男□□□/▭月十八日就▭。

（2）▭娘▭/龛。/▭患耳愿早除□/▭月七日设斋表赞。/女弟子解氏。

3. 佛湾第279龛（三则）

（1）弟子通引官行首王承秀，室家女弟子救脱部众，并十方佛、阿弥陀佛、尊胜幢、地藏菩萨四身共一龛，佛保/氏发心诵念药师经一卷，并舍钱妆此龛。勾氏同发心造上件，□□今已成就。伏冀福寿长远，灾障不侵，□□□□，公私清吉。以广政十八年二月廿四日修斋表/德，意希保家门之昌盛，保夫妇以康和。男福□□□□妇□□子李氏、周氏，女二娘子、四娘子、□□□□娘子，女婿于承江，子五香、二香、三香，/女贞休，灾殃不染。以咸平四年四月十八日修挂幡斋表白记。通引行首王承〔秀〕。

（2）佛顶尊胜陀罗尼曰/曩谟薄伽跋帝□□迦钵罗么/毗失瑟咤耶勃陀耶〔薄〕伽跋帝〔怛〕/他唵毗输驮耶三摩三□□□/娑娑娑钵罗弩揭谛迦□郏/娑婆嚩秫地阿鼻诜者□揭/多伐折郍阿嚧嘌多毗□□阿诃罗阿诃啰瑜散□□□□□驮/耶输驮耶哦哦□□□□地乌瑟/尼沙毗舍耶□□□□萨啰。

（3）女解氏/妆銮尊胜幢/一所。/右女弟子董氏、/女解氏造。以咸平/二年三月三十日冬/斋表赞讫。

4. 佛湾第281龛（二则）

（1）敬镌造药师琉璃光佛、八菩萨、十二神王一部众，并七佛、三世佛、阿弥陀佛、尊胜幢壹所，兼地藏菩萨三身，都共壹龛。/右弟子右厢都押衙知衙务刘恭，姨母任氏，男女大娘子、二娘子、男〔仁寿〕、仁福、仁禄等发心镌造前件功德，今并周圆。伏愿身田清〔爽〕，/寿算遐昌，眷〔属〕康安，高封禄位，先灵祖远同沾殊善。以广政十七年太岁甲寅二月丙午朔十一日丙辰设斋表赞讫，永为瞻敬。

（2）▭/▭/▭/娑□□□□□□□诃□□娑秫地。/弟子右厢都押衙知衙务刘恭造。/阿……/秫地阿鼻诜者□揭多伐折□□□/嚩秫地阿鼻诜者□揭多伐□/郍阿嚧嘌多毗□阿诃罗阿/罗阿输□陀/▭/▭/▭。

5. 佛耳岩第9龛（二则）

（1）▭〔药师琉璃〕光佛、日月光菩萨同一龛。

（2）▭发心妆銮此▭。

6. 佛耳岩第12龛（一则）

▭［元］丰八年六月七日前郡幕吴绶题。

7. 石门山第1龛（一则）

▭/▭/自▭/妆此▭/药师佛一龛，祈乞见存安乐，/往生天世。/世世生生福报无尽。/岁辛未绍兴▭。/镌匠蹇忠进刻，/主持文道盛书。

8. 多宝塔第119龛（一则）

本州□厢界□/奉佛弟子□/□同室杨氏、/何□、同室□□/、药师▭塔□□/□合□安□/小▭。

大足与安岳宋代石刻孔雀明王图像分析

杨　筱

孔雀明王，梵名摩诃摩瑜利（Mahāmāyūrī），为孔雀王陀罗尼之拟人化，常作女性形象表现，以持孔雀尾翎或乘坐孔雀为特征。其信仰起源于古印度部派佛教时期救治蛇毒的咒语，杂部密教时期仅见陀罗尼经本，中期密教阶段形成人格化尊像，晚期密教阶段多被视为“五护佛母”之一，在印度、尼泊尔、中国、日本、朝鲜等地都产生过较大影响[1]。就中国汉文化地区而言，孔雀王陀罗尼传入时间较早，东晋南朝已有帛尸梨蜜多罗、僧伽婆罗等所译汉文经本流布，但相关图像盛行时间应不早于盛唐，8世纪义净、不空次第重翻此经并附出带尊像的仪轨后，孔雀明王尊像及坛场的制作始见风靡。迄今所知，唐宋时期图像多遵循汉文仪轨，集中于河西地区壁画和巴蜀地区石刻（含四川省和重庆市）；元明清时期作品受藏传密教影响加深，有壁画、唐卡、雕塑、经卷插图等多种形式。

自20世纪80年代以来，这一题材引起了学界的持续关注，特别是唐宋时期遗存，分布集中、数量众多，实为研究藏传佛教进入前汉地密教信仰之绝佳课题[2]。目前河西地区孔雀明王图像的研究已有相当突破，但巴蜀地区同类题材的讨论受图像残损等客观条件限制，尚未取得关键性突破[3]。实际上，巴蜀地区孔雀明王图像多为独立窟龛，主尊孔雀明王之余，复有众多眷属及情节性场面，无论是主体内容的丰富性还是所关涉的社会文化信息，都不逊于河西地区。本文在实地考察基础上[4]，结合美术史图像学和考古类型学，着力厘清该地图像的内容及相关信仰，进而与河西地区等其他同类题材作品对比，明确巴蜀地区孔雀明王遗存的时代性与地方性。

具体而言，巴蜀地区孔雀明王图像主要集中于大足石刻，除北山佛湾第155窟完成于北宋末年外，石门山第8窟、北山多宝塔第36龛、玉滩第2龛及宝顶山大佛湾第13龛皆为南宋时期作品。此外，四川安岳报国寺南宋孔雀洞，邻近大足地区，与上述5例图像属同一发展系统，一并加以叙述；四川遂宁龙居寺晚唐孔雀明王龛，为已知仅存的唐代实例，又同在巴蜀，故亦纳入背景考虑（图1）。大足与安岳的孔雀明王图像，在汉文仪轨的基础上吸纳了诸多来自显教造像及民间信仰的元素，逐渐形成相对稳定的地方性系统。主尊孔雀明王出现新的四臂持物组合，附属背景图像流行比丘被蛇咬、天胜阿修罗两个情节性场面，又与观音、诃利帝母等组合，突出去毒息灾、求子安产的现实功益。与河西地区上层贵族赞助的孔雀明王图像不同，巴蜀地区同题材作品既不关涉正纯密教之金刚界法，亦少受北宋新传入印度样式影响，透露出明显的“分割化、通俗化”倾向，为唐密信仰在民间社会传承衍变之产物。

1　孔雀明王及“五护佛母”信仰的发展脉络与传播情况，见Gerd J. R. Mevissen，“The Indian Connection：Images of Deified Spells in the Arts of Northern Buddhism，Part Ⅰ”，*Silk Road Art and Archaeology*，vol.1，Kamakura：The Institute of Silk Road Studies，1990，pp.227-246.Gerd J. R. Mevissen，“The Indian Connection：Images of Deified Spells in the Arts of Northern Buddhism，Part Ⅱ”，*Silk Road Art and Archaeology*，vol.2，Kamakura：The Institute of Silk Road Studies，1991/1992，pp.351-382.“五护佛母”为五部陀罗尼人格化女性尊像之集合，即《大随求陀罗尼经》之大随求佛母，《大千摧碎佛母经》之大千摧碎佛母，《孔雀明王经》之孔雀明王，《大寒林佛母经》之大寒林佛母，《大秘咒随持陀罗尼经》之大秘咒佛母。安西榆林窟第3窟现存西夏五护佛母图像一组，但“五护佛母”中的孔雀明王与本文讨论汉传密教系统差距较大，故不纳入讨论。有关研究见刘永增：《瓜州榆林窟第3窟五守护佛母曼荼罗图像解说》，《敦煌研究》2015年第1期，第21—28页。贾维维：《榆林窟第3窟五护佛母图像研究》，《敦煌研究》2015年第4期，第14—24页。

2　李永翘、胡文和撰：《大足石刻内容总录》，收录于刘长久、胡文和、李永翘编：《大足石刻研究》，四川省社会科学院出版社1985年版。敦煌研究院编：《敦煌莫高窟石窟内容总录》，文物出版社1996年版。郭相颖、李书敏等编：《大足石刻雕塑全集》，重庆出版社1999年版。彭金章：《敦煌石窟全集10・密教画卷》，商务印书馆2003年版。

3　1996年，王惠民初步整理了《孔雀明王经》及其图像在河西地区和巴蜀地区的流传情况。就河西地区遗存而言，2011年桥村爱子将该地孔雀明王像分为一面四臂、一面二臂及一面六臂三类，逐一分析各类图像的来源，指出该地孔雀明王的流行与曹氏归义军家族的支持密不可分。与之相对，巴蜀地区研究相对滞后，陈习删、Thomas Suchan、温玉成、郭相颖等对巴蜀地区大足石刻所存孔雀明王窟龛内容进行过初步释读并提出部分猜想，但尊像持物及部分附属背景场面的解读仍存在较大争议，图像脉络及功能意涵亦有待厘清。王惠民：《论〈孔雀明王经〉及其在敦煌、大足的流传》，《敦煌研究》1996年第4期，第37—47页。［日］橋村愛子：《敦煌莫高窟及び安西榆林窟の孔雀明王（Mahāmāyūrī）について——帰義軍節度使曹氏による密教受容の一断面》，《美学美術史研究論集》第25号，名古屋大学大学院文学研究科美学美術史研究室2011年版，第27—54頁。陈习删著，胡文和、刘长久校注《大足石刻志略校注》，析出自前引刘长久等编：《大足石刻研究》，第279页。Thomas Suchan，“The Eternally Flourishing Stronghold：An Iconographic Study of the Buddhist Sculpture of the Fowan and Related Sites at Beishan，Dazu，ca. 892—1155”. Ph.D. dissertation，The Ohio State University，2003，pp.337-352.温玉成：《大足宝顶石窟真相解读》，析出自重庆大足石刻艺术博物馆编：《2005年重庆大足石刻国际学术研讨会论文集》，文物出版社2007年版，第114—130页。郭相颖：《宝顶山大佛湾三部造像内容考探》，析出自大足石刻研究院编：《2009年中国重庆大足石刻国际学术研讨会论文集》，重庆出版社2013年版，第169—181页。

4　笔者于2013年3月、2014年7月、2016年9月三次实地调查了四川遂宁、安岳与重庆大足诸地的孔雀明王遗迹，2013年11月考察了西印度艾罗拉石窟及东印度奥利萨邦等地佛教遗迹，2015年1月调查了杭州烟霞洞。参与实地考察的还有清华大学李静杰老师及其历年研究生。

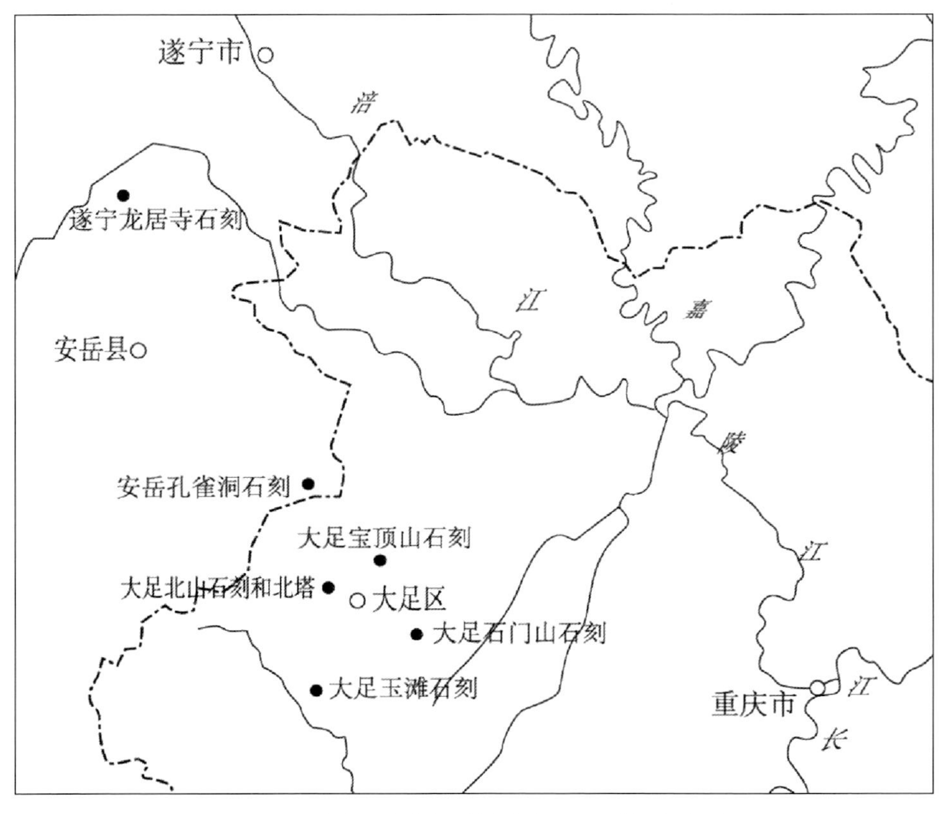

图1　巴蜀地区唐宋石刻孔雀明王图像分布图

一　孔雀明王及其图像

为便于叙述，下文先介绍相关经咒、仪轨及图像的整体情况，再分析遂宁龙居寺晚唐孔雀明王龛，以厘清大足、安岳宋代实例出现之背景。

（一）经咒、仪轨及图像

在现存《孔雀明王经》之中，汉文本内容保存最为完整[1]。《大正藏》收录有6个译本：失译者名今附秦录的二本及传后秦鸠摩罗什本相对简略，保留了较多部派佛教护咒经典痕迹；南梁僧伽婆罗译本篇幅大有增益，所据底本业已成熟，但不见人格化尊像，仍属早期密教经典；盛唐义净译本和不空译本内容进一步丰富，附出有内含明王尊像的坛场仪轨，中期密教色彩鲜明[2]。诸译本核心皆由“比丘被蛇咬”和“孔雀王本生”两个故事组成，叙述比丘莎底（Savati,或意译为吉祥）劈柴时被蛇咬伤，中毒倒地，阿难为之求助于佛陀，佛陀遂说往昔作金曜孔雀王时曾被网所缚，持念孔雀王陀罗尼获救之事，并宣称此陀罗尼有大威力，可祈雨祈晴、去毒治病、驱除鬼祟、求子、延寿、止兵戈等，过去七佛、弥勒、四大天王、药叉、女鬼、龙王等咸以此陀罗尼守护持诵者[3]。

孔雀明王的相关仪轨（附表1），可分为两大系统。一为汉文仪轨，由8世纪初义净译《佛说大孔雀咒王经》之《坛场画像法式》，以及8世纪中叶不空译《佛说大孔雀明王画像坛场仪轨》组成[4]。二者的孔雀明王皆为一面四臂，持物基本一致；但义净所记摩诃摩瑜利为立像，立于主尊佛陀之左侧；不空所记孔雀明王结跏趺坐于孔雀所驮莲座上，置中台八叶式坛场之中心（图2）[5]。一为梵

1　除汉文本外，该经还见有梵文本、藏文本及西夏文本，见王静如及西尔文·列维研究。王静如：《佛母大孔雀明王经夏梵藏汉合璧校释》，《西夏研究》第1辑，国立中央研究院历史语言研究所,1930年，第181—250页。王静如：《佛母大孔雀明王经龙王大仙众生主名号夏梵藏汉合璧校释》，析出自《庆祝蔡元培先生六十五岁论文集》，国立中央研究院历史语言研究所，1935年，第737—776页。［法］西尔文·列维著，冯承钧译：《大孔雀经药叉名录舆地考》，商务印书馆1931年版。

2　田久保周誉认为，《大正藏》中失译者名今附秦录二本应即东晋帛尸梨蜜多罗译《大孔雀王神咒》《孔雀王杂神咒》，传后秦鸠摩罗什译本是以帛尸梨蜜多罗本为基础编纂的伪经。田久保周誉：《初期孔雀経類とその大乗的展開》，《豊山教学大会紀要》第6号，豊山教学振興会1978年版，第1—31頁。有关6个汉文译本的内容比对，见大塚伸夫：《最初期密教の実態：〈孔雀明王経〉を中心として》，《大正大學研究紀要》第89号，大正大學出版部2004年版，第308-284頁。

3　鉴于不空译本内容完整、流通最广，本稿主要采用该译本分析作品，并参考其他译本。

4　下文分别简称为“义净仪轨”与“不空仪轨”。（唐）义净译：《佛说大孔雀咒王经》卷3，《大正藏》第十九册，第476页上至477页下。（唐）不空译：《佛说大孔雀明王画像坛场仪轨》，《大正藏》第十九册，第439页下—441页上。

5　有关四臂持物，义净记载，“右边一手持柚子，一手执莲花，左边一手持吉祥果，一手执孔雀尾三茎”（《大正藏》第十九册，第476页中）。不空记载，“右边第一手执开敷莲华，第二手持俱缘果（其果状相似水苽）。左边第一手当心掌持吉祥果（如桃李形），第二手执三五茎孔雀尾”（《大正藏》第十九册，第439页下）。唐代的密教仪轨中尊像的“第一手”指主臂，即与肩膀直接连接的手臂，“第二手”指辅臂，即主臂之下的手臂。如上所述，义净、不空所记持物内容大体一致，但义净仅区分左、右，不空明确左边第一手、第二手及右边第一手、第二手来描述，位置更为清晰。下文分析作品时沿用“第一手”“第二手”的描述方式。

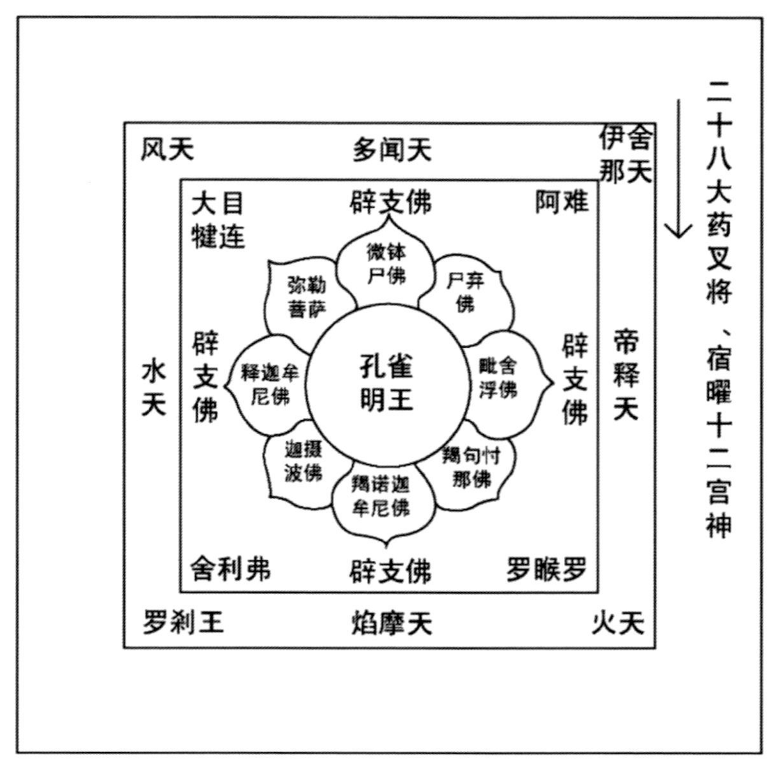

图2　不空仪轨孔雀明王坛示意图

藏仪轨，以12世纪印度晚期密教的无畏笈多大师（Abhayākaragupta）编纂《成就法鬘》（Sādhanamālā）、《究竟瑜伽鬘》（Nīspannayogāvalī）中相关记载为代表[1]。孔雀明王可为一面二臂像，胁侍于多罗菩萨左侧，亦可为三面六臂或三面八臂，作为"五护佛母"之一出现。此外，日本平安至镰仓时代（794—1333年）佛教图像志，保留了诸多日本僧人关于中国孔雀明王的见闻，亦可作为研究参考。

现存孔雀明王图像，最早实例见于7、8世纪西印度艾罗拉石窟的一面二臂像，8世纪以后东印度帕拉朝的一面四臂坐像传入东亚汉字文化圈并获得较大发展，至迟11世纪喜马拉雅地区开始盛行三面六臂或三面八臂坐像，且逐渐向周围扩散[2]。学者曾对孔雀明王相关仪轨与图像之间的关系进行过系统梳理，在此不再赘述，但需要特别指出的是，东亚汉字文化圈所存孔雀明王像，多依据汉文仪轨中不空传译者制作，一面四臂、乘孔雀；部分实例受梵藏系统影响表现为一面二臂或三面多臂，但明王基本仍以孔雀为坐骑，保留了不空仪轨中关键性的图像学特征[3]。

不空仪轨在汉传密教图像系统的强势，可能与天宝五年（746年）不空奉诏设孔雀明王坛求雨灵验一事有关。借此契机，不空所传孔雀明王法成为这一信仰主流，尔后相关图像制作日渐增多。文献记载北宋宣和年间（1119—1125年）御府藏有吴道子、翟琰、卢楞伽所绘"孔雀明王像"，南宋中晚期秘阁补入王维的"孔雀明王像"[4]。上述作品很可能皆为依据不空仪轨所绘明王尊像，据画家生卒年判断，应完成于盛中唐，可惜皆已散佚，具体图像不详。实际上，目前研究尚未刊布有唐代孔雀明王实例，下文讨论的遂宁龙居寺晚唐龛弥补了这一时期图像资料的空白。

（二）晚唐实例：遂宁龙居寺龛

龙居寺位于四川省遂宁市安居区白鹤嘴村，寺内有一巨石，存10龛佛道造像[5]。巨石西南面为孔雀明王龛，龛口呈方形，作双层边框，外龛通高1.31米，面阔1.73米，进深0.90米，内龛为近半圆形平面平顶结构（图3-1、图3-2）。该龛虽无明确纪年，但体量较大，位置优越，与两侧光化二年（899年）龛像不存在打破关系，推测应属于同期开凿[6]。龛内造像因近年翻修有所损毁，仅可大体

1　孔雀明王相关内容见于［印度］无畏笈多编：《成就法鬘》之中第91号、第104号、第116号、第197号、第201号、第206号仪轨和《究竟瑜伽鬘》第18号仪轨。上述二书皆为密教尊像仪轨的合集，所收多数单篇仪轨的撰成时间应早于12世纪。Benoytosh Bhattacharya，*Sādhanamāla*. Baroda：Oriental Institute，1986. Benoytosh Bhattacharya，*Nīspannayogāvalī*. Baroda：Oriental Institute，1949.

2　前引Gerd J. R. Mevissen，"The Indian Connection：Images of Deified Spells in the Arts of Northern Buddhism，Part Ⅰ"，pp. 227-246。

3　前引Gerd J. R. Mevissen，"The Indian Connection：Images of Deified Spells in the Arts of Northern Buddhism，Part Ⅰ"，pp. 227-246。

4　相关引文参阅附表2。（北宋）佚名：《宣和画谱》，浙江人民美术出版社点校本2012年版，第20、21、22页。（南宋）佚名撰：《南宋馆阁录续录》卷3，陈骙、佚名撰：《南宋馆阁录、续录》，中华书局点校本1998年版，第181页。此外，北宋佚名《宣和画谱》记载御府藏有阎立本绘"孔雀明王像"，但阎立本活跃期间尚无人格化孔雀明王仪轨流传，该孔雀明王像应非阎立本所作。前引王惠民：《论〈孔雀明王经〉及其在敦煌、大足的流传》，第38页。

5　彭高泉：《遂宁摩崖造像艺术简述》，《四川文物》1993年第2期，第40—45页。此简报并未提及孔雀明王龛情况，李静杰老师及研究生于2009年8月考察时发现。

6　遂宁龙居寺孔雀明王龛左侧为地藏龛，题"维光化二年（899年）岁次己未，□□州光道里龙居院……"，右侧为道教龛，题"光化二年十月"。前引彭高泉：《遂宁摩崖造像艺术简述》，第42页。

辨识其原初面貌（图4）。后壁居中为孔雀明王，一面四臂，结跏趺坐于孔雀所驮仰莲座上，左第一手持桃形果实，右第一手食指与拇指相捻，两指间尚残一小段茎秆，左第二手执一茎孔雀尾翎，右第二手为后代修补，持物情况不明。孔雀双翅平展，尾羽开屏成圆形，立覆莲台上。左、右壁由内而外各一佛陀、一比丘，结跏趺坐于方形台座。佛陀带火焰纹身光，台座下伏一狮子。围绕孔雀尾浮雕七尊小佛，各坐一云头，结禅定印。内龛两外侧各立一顶盔贯甲的神将，左侧者执棒状物，右侧者持羂索。

图 3-1　遂宁龙居寺孔雀明王龛平面图

图 3-2　遂宁龙居寺孔雀明王龛

图 4　遂宁龙居寺孔雀明王龛透视图

该龛左、右壁比丘与佛陀并坐，在已知唐代石刻中并无类似配置，应为特殊设计。考虑到不空仪轨的相关描述，该龛可能是孔雀明王坛的简化表现。不空所记孔雀明王坛，为中台八叶式构图，其内院莲花胎上绘孔雀明王，周匝莲瓣上绘七佛及弥勒；中院四方绘四辟支佛，四隅绘四大声闻；第二院绘八方天王及诸眷属，第三院绘二十八药叉及十二宫曜。而在龙居寺龛中，龛内诸尊像与坛场各院眷属形成有趣的呼应关系[1]。孔雀所立覆莲台，可视作内院中台八叶莲花，孔雀明王及环绕的七尊小禅定佛，对应莲花胎内的明王尊

1　前引不空：《佛说大孔雀明王画像坛场仪轨》，《大正藏》第十九册，第439页下—441页上。

像及八叶内各住定相的过去七佛。左、右壁佛陀、比丘，代表中院四辟支佛、四大声闻。内龛外侧二神将，象征第二院八方天，右侧执羂索者或为西方水天[1]。该龛设计者极为重视龛内尊像的相对位置，以还原不空坛场中各院眷属的空间关系。如围绕孔雀明王的七尊小佛，后壁五尊位于孔雀圆形尾羽之后，仅露出头部或躯体一侧，左、右壁两尊小佛位于两侧坐佛之前，挡住了坐佛的部分身光，表明由内而外应为孔雀明王、七尊小佛、两侧坐佛，呼应不空坛场中孔雀明王、过去七佛、辟支佛的位置关系。

遂宁龙居寺龛，图像内容基本依照不空仪轨设立，主尊形象、四臂持物皆与不空的描述相符，胁侍眷属也竭力还原孔雀明王坛之层次；但其表现形式明显借用了唐代显教流行的一铺七尊式造像，两侧台座下的对狮亦为该地一铺多尊式龛像中常见装饰元素。以盛中唐所出密教仪轨为内涵，借用显教图像之布局，这种图像组织形式在晚唐密教图像中并非孤例。陕西扶风法门寺出土的晚唐遗物中，类似密教图像颇为盛行，如咸通十四年（873年）八重宝函之第四重宝函大日金轮曼荼罗中一字金轮佛顶尊图，从主尊图像特征来看，其主要依据不空于774年所出《一切时处轨》；但其余胁侍及供养天女、天王皆无明确密教尊格特征，整体人物排布亦不遵循原曼荼罗之布局，而更加接近于敦煌莫高窟常见的树下说法图[2]。遂宁龙居寺龛与法门寺地宫出土遗物相去不远，其以一铺七尊式造像简略表现孔雀明王坛，表明巴蜀地区已受到这一时期密教图像"显教化"风尚的影响。

两宋时期，孔雀明王信仰在大足、安岳地区复兴，图像与显教造像进一步融合，眷属多无明显尊格，背景增加经变性质的情节性场面，至南宋中晚期重新引入孔雀明王坛，方对不空仪轨有所回归。

二　现存遗迹情况

大足、安岳地区现存的6例孔雀明王石刻，依据载体形制的不同，可分为洞窟、侧壁、龛式造像三类。

（一）洞窟造像

大足北山佛湾第155窟（以下简称"北山第155窟"）窟口呈方形，为纵长方形平面平顶中心柱结构，通高3.22米，面阔3.18米，进深5.92米（图5-1、图5-2）。窟内中间偏后以中心柱形式雕刻孔雀明王，周围三壁浮雕千佛。左壁、右壁中段偏前对称表现一稍大画面坐佛，约各占6尊千佛的面积。后壁中段上部凿一方形龛，龛内雕一坐佛，约占9尊千佛的面积，左侧复有一深空龛。该窟孔雀明王尊像侧面题"丙午岁伏元俊、男世能镌此一身"，陈习删据他处同一工匠题刻推测，"丙午岁"即北宋靖康元年（1126年）[3]。

大足石门山第8窟（以下简称"石门山第８窟"）窟口近方形，为横长方形平面平顶中心柱结构，通高3.18米，面宽3.12米，进深2.31米[4]（图6-1、图6-2）。该窟无前壁，隔甬道与一巨石相对，巨石居中浮雕香炉及莲台，亦属本窟范畴。窟内中间偏前以中心柱形式雕刻孔雀明王。后壁与左、右壁最上层为三尊像及十八罗汉。余下壁面之中，后壁左侧为乘孔雀天女、一神将及比丘被蛇咬场面，右侧为五天人。左、右壁则再分三层，对称配置图像。左壁为神将与阿修罗斗战、天人及侍女、树下小屋，右壁为龙、天人及侍女、闭扉小屋。此窟孔雀明王所饰耳珰、臂钏、璎珞及孔雀所踏莲台，与同石窟寺南宋绍兴六年至十一年（1136—1141年）第6窟诸观音菩萨造型相类[5]，推测本窟亦开凿于南宋早期。

（二）侧壁造像

大足北山多宝塔第36龛（以下简称"多宝塔第36龛"）位于北山多宝塔第三级塔心西南面，作覆斗形叠涩顶，龛口呈方形，龛高1.17米，面阔0.80米，进深0.67米，藻井高1.13米（图7-1、图7-2）。后壁中间为佛陀，左壁为孔雀明王，右壁为六臂菩萨。多宝塔建于南宋绍兴十七年至二十五年间（1147—1155年）。该龛龛楣造像记结尾处题"……兴二十……狐琳书"，"兴二十"应为绍兴二十年（1150年）。

1　前引不空《佛说大孔雀明王画像坛场仪轨》："次西方画水天，持羂索，与诸龙众围绕。"《大正藏》第十九册，第440页上。

2　赖依缦：《一字佛顶轮王与炽盛光佛：佛教星宿信仰图像的唐宋之变》，析出自颜娟英、石守谦编：《艺术史中的汉晋与唐宋之变》，台北石头出版社2014年版，第225—256页。

3　重庆大足石刻艺术博物馆、重庆市社会科学院大足石刻艺术研究所编：《大足石刻铭文录》，重庆出版社1999年版，第375页。

4　刘长久、胡 文和、李永翘编：《大足石刻研究》，四川省社会科学院出版社1985年版，第545—547页。

5　重庆大足石刻艺术博物馆、重庆市社会科学院大足石刻艺术研究所编：《大足石刻铭文录》，重庆出版社1999年版，第352页。

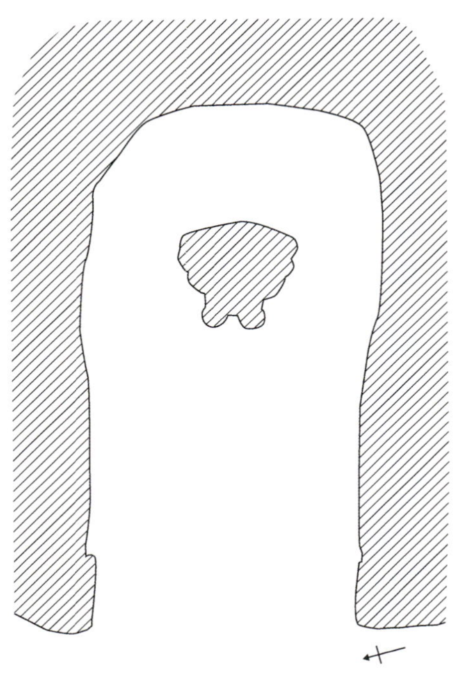

图 5-1　大足北山佛湾第 155 窟平面图

图 5-2　大足北山佛湾第 155 窟

图 6-1　大足石门山第 8 窟平面图

图 6-2　大足石门山第 8 窟

（三）龛式造像

大足玉滩第2龛（以下简称“玉滩第2龛”）龛口呈方形，为近半圆形平面平顶结构，通高2米，面阔1.65米，进深0.85米（图8-1、8-2）。后壁中间为孔雀明王，两侧上层各立二神将，下层各立一神将。左壁枯树旁立一着短褐者，右壁立一着交领袍服者。第2龛与绍兴七年（1137年）第1龛毗邻，二者大小相仿，龛檐相连并浮雕连通的云气纹，开凿年代应相去不远。

安岳报国寺孔雀洞（以下简称“孔雀洞龛”）龛口呈方形，为近半圆形平面平顶结构，通高4.07米，面阔3.30米，进深1.77米（图9-1、图9-2）。后壁居中为孔雀明王，两侧上层分立四天人、六天人，下层各立一神将。右壁上层为四神将与阿修罗斗战场

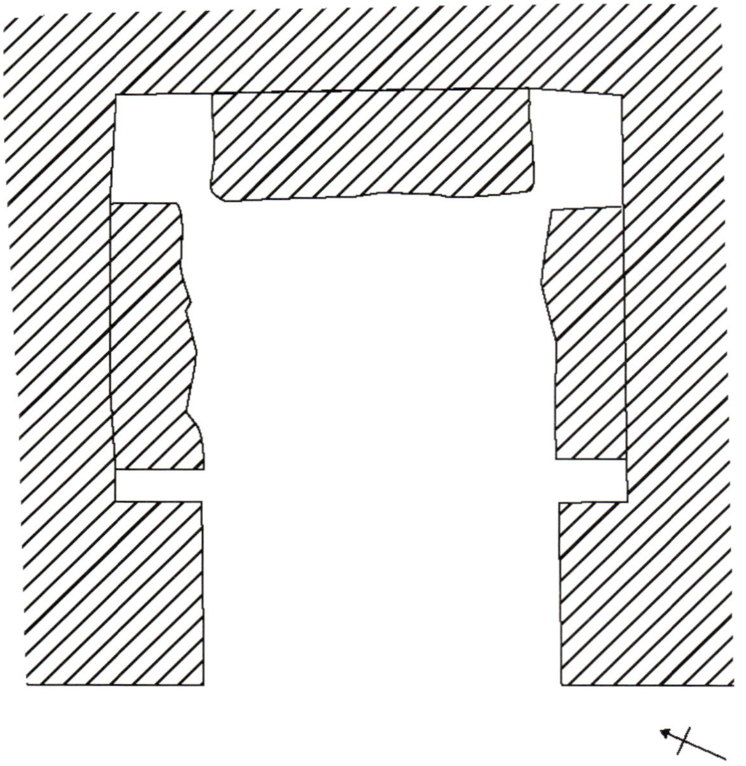

图 7-1　大足多宝塔第 36 龛平面图

图 7-2　大足多宝塔第 36 龛

图 8-1　大足玉滩第 2 龛平面图

图 8-2　大足玉滩第 2 龛

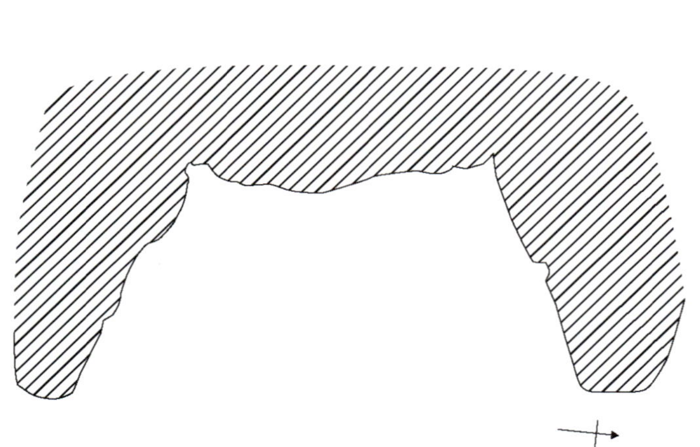

图 9-1　安岳孔雀洞孔雀明王龛平面图

图 9-2　安岳孔雀洞孔雀明王龛

面，下层为明清刊刻题记。左壁完全坍塌，情况不明。本龛孔雀明王与安岳南宋中晚期华严洞十二圆觉菩萨的宝冠、着装、璎珞几乎一致[1]，推测二者属同期作品。

大足宝顶山大佛湾第13龛（以下简称“宝顶山第13龛”）龛口近扇形，为半月形平面拱顶结构，通高5.90米，面阔5.60米，进深2.60米[2]（图10-1、图10-2）。后壁居中为孔雀明王，两侧分两层浮雕天人、随侍、修行者等，左侧上方云层间题刻“药叉”二字。左上隅为比丘被蛇咬场面，右上隅为乘孔雀人物及持“天胜修罗”旌旗的神将。龛内底部浮雕龙、蛇、龟等动物。学界根据赵智凤活动时间，推定宝顶山大佛湾开凿的上限为南宋淳熙六年（1179年），下限为13世纪三四十年代，第13龛亦应开凿于这一时期[3]。

由上可知，大足、安岳宋代孔雀明王图像，集中开凿于1126年至13世纪三四十年代约百年间，北宋末为洞窟造像，南宋早期洞窟、侧壁与龛式造像三者并行，南宋中晚期变为单一龛式造像。值得注意的是，洞窟造像中北山第155窟和石门山第8窟主尊孔雀明王立于窟内中心，结构与中心柱窟相似。但两宋时期中心柱窟早已不再流行，推测这一设计可能是为了满足密教仪轨或仪式的需求。例如，不空仪轨中孔雀明王坛需于中心绘孔雀明王，上述两窟可能是借中心柱式孔雀明王像将窟内空间确认为坛场。

上述6例窟龛，明王尊像及附属图像的发展脉络相对独立，又多与邻近窟龛图像形成组合。故下文分别从主尊孔雀明王、附属背景图像、与其他窟龛组合三个方面讨论。

三　主尊孔雀明王

学界一般认为大足、安岳孔雀明王皆结跏趺坐于孔雀所驮莲座上，与不空仪轨关系密切，但对图像与仪轨之间的差异缺乏必要讨论，部分持物的辨识及定名亦存在分歧。这里从尊像造型及持物意涵两方面切入，希望对上述问题认识有所推进。

（一）尊像造型

四川宋代孔雀明王像，按手臂数目差异可分为一面四臂像和一面二臂像两类。一面四臂像，共计5例，占绝大多数。一面二臂像，仅见1例，属特殊情况。

（1）一面四臂像

北宋晚期至南宋早期，北山第155窟（图11-1、图11-2）、石门山第8窟（图12-1、图12-2）及多宝塔第36龛（图13-1、图13-2）孔雀明王造型接近，头戴饰缠枝纹样宝冠，饰耳坠、臂钏及网状璎珞，披帛覆双肩与上臂，下着长裙。除多宝塔第36龛者右第一手持物残损外，其余皆保存完整，左第一手执带须扇状物、右第一手执长茎莲蕾、左第二手持梵夹、右第二手持球状物。孔雀为全身像，双翅各呈三角形展开，北山第155窟、多宝塔第36龛者立于地面，石门山第8窟者立于双莲台上。

南宋中晚期，孔雀洞龛（图14-1、图14-2）及宝顶山第13龛（图15-1、图15-2）孔雀明王造型略有变化，头戴化佛宝冠，无耳饰，胸配璎珞，着双领下垂式袈裟，内置僧祇支。其中，宝顶山第13龛明王戴七佛冠，宝冠中间一立佛，两侧六坐佛。二者四臂持物内容一致，但左右互换了位置。孔雀洞龛者，左第一手执长茎莲花，右第一手置于胸前（手掌残损），左第二手持盛桃形果实的圆盘，右第二手持梵夹。宝顶山第13龛者，左第一手于胸前横执孔雀尾翎，右第一手执长茎莲蕾及莲叶，左第二手持梵夹，右第二手持盛桃形果实之圆盘。孔雀双翅平展，仅表现半身，这一造型不见于以往实例，可能与安岳、大足南宋石刻中半身造像的流行有关。

上述五例孔雀明王，除孔雀洞龛者左右手持物互换外，其余诸例持物皆为左第一手执带须扇状物或孔雀尾翎，右第一手执莲花，左第二手持梵夹，右第二手持球状物或盛桃形果实的圆盘（下文四臂持物的描述次序与之相同）。据后文研究可知，带须扇状物应为孔雀尾翎替代物，球状物亦为果实。故该地宋代一面四臂像的持物可概述为孔雀尾翎、莲花、梵夹、果实。这一持物组合与不空仪轨及巴蜀唐代实例的持物——吉祥果、莲花、孔雀尾翎、俱缘果——差距较大，但与敦煌莫高窟第205窟（图16）、第208窟甬道五代

1　齐庆媛：《四川宋代石刻菩萨像宝冠造型分析》，《敦煌研究》2014年第2期，第40—51页。

2　前引李永翘、胡文和：《大足石刻内容总录》，第473页。

3　东登：《再谈宝顶山摩岩造像的年代问题》，《文物》1983年第5期，第90—91页。又，陈明光：《宝顶山石窟概论——中国古代石窟艺术史上的最后一座殿堂》，前引《大足石刻雕塑全集·宝顶石窟卷（上）》，重庆出版社1999年版，第1—16页。

图 10-1　大足宝顶山大佛湾第 13 龛平面图

图 10-2　大足宝顶山大佛湾第 13 龛

图 11-1 大足北山佛湾第 155 窟孔雀明王

图 11-2 大足北山佛湾第 155 窟孔雀明王线描图

图 12-1 大足石门山第 8 窟孔雀明王

图 12-2 大足石门山第 8 窟孔雀明王线描图

图 13-1　大足北山多宝塔第 36 龛孔雀明王

图 13-2　大足北山多宝塔第 36 龛孔雀明王线描图

图 14-1　安岳报国寺孔雀洞龛孔雀明王

图 14-2　安岳报国寺孔雀洞龛孔雀明王线描图

图 15-1　大足宝顶山大佛湾第 13 龛孔雀明王

图 15-2　大足宝顶山大佛湾第 13 龛孔雀明王线描图

图16　敦煌莫高窟五代晚期第205窟甬道壁画孔雀明王像
（采自《敦煌石窟全集10·密教画卷》，图版174）

壁画孔雀明王像所持孔雀尾翎、莲花、莲蕾、果实接近[1]。有意思的是日本12世纪图像志记载“（孔雀明王）又宗朝本四臂之中左右二手各持莲花云云”[2]，“宗朝本”即“宋朝本”，“左右二手各持莲花”的描述与敦煌五代图像一致，而日本入华僧人主要活跃于中原、江南，推测上述二地可能亦流行有持孔雀尾翎、莲花、莲蕾、果实的孔雀明王[3]。从区域文化交流情况考虑，不能排除巴蜀地区受河西地区或中原、江南地区作品影响的可能，进而以梵夹取代左第二手的莲蕾，形成大足、安岳现有的持物组合。

（2）一面二臂像

南宋早期，玉滩第2龛孔雀明王（图17-1、图17-2）为一面二臂，头戴宝冠，着双领下垂式袈裟，左手于腹前握卷成圆筒状的经书，右手平置于膝，掌心向下。所乘孔雀为全身像，立于地面，无双翅及尾羽。

一面二臂坐像的孔雀明王可追溯至西印度艾罗拉石窟，7世纪左右的第10窟（图18）、第12窟（图19）明王尊像皆垂右腿半跏趺坐于莲座上，莲座下象征性表现一开屏孔雀，第10窟左手施与愿印、右手执孔雀尾翎，第12窟者手臂残损，从残存痕迹推测左手执孔雀尾翎、右手施与愿印。敦煌莫高窟第169窟（图20）、第133窟、第165窟以及安西榆林窟第33窟甬道北宋早期绘制的4例孔雀明王，一面二臂像，左手执孔雀尾翎，右手施与愿印，结跏趺坐于孔雀所驮莲座上，似乎是在不空仪轨基础上吸收了类似艾罗拉第12窟因素，类似造型亦见于《成就法鬘》第201号[4]。玉滩第 2 龛孔雀明王与河西地区北宋实例类似，亦为乘孔雀、坐莲座的一面二臂像，但持物、手印变化较大。左手所握经书，应为该地一面四臂孔雀明王所持梵夹的变体，右手曾经后世修补，现自然平置膝上，原初形态是否为与愿印已不得而知[5]。

（二）持物意涵

上述孔雀明王的持物（图表1），依造型差异可分为四类，下文结合藏内藏外文献逐一分析各类持物的意涵。

（1）莲花

石门山第8窟、北山第155窟、多宝塔第36龛、宝顶山第13窟孔雀明王右第一手，以及孔雀洞龛明王左第一手皆执长茎莲花，绝大多数实例符合不空仪轨“右边第一手执开敷莲华”[6]的描述。在佛教中，莲花常用于象征清净，亦是诸尊像常见持物之一，如千手观音菩萨四十主臂中有四臂分执白、紫、青、红四色莲花，寓意功德、面见诸佛、往生净土或天宫等[7]。孔雀明王的相关经典对莲花并无特殊解释，推测这一持物意在表述普遍意义的清净、功德。

（2）孔雀尾翎及带须扇状物

宝顶山第13龛明王左第一手执三茎孔雀尾翎，大体符合不空“（左边）第二手执三、五茎孔雀尾”[8]的记载，仅位置略有差异。北山第155窟和石门山第8窟明王左第一手所持扇状物，边缘出须，形状与孔雀尾翎相似，应作孔雀尾翎替代物表现[9]。又，该持物兼具扇子和拂尘的造型，可能是文献中以孔雀尾翎金翠毛制成的扇拂[10]。北宋久居成都的黄休复《寓孔雀书》云“（孔雀尾）为妇人首饰

---

1 彭金章：《敦煌石窟全集10·密教画卷》，香港商务印书社2003年版，图版174。桥村爱子据甬道内供养人形象及相关造像记判断，莫高窟第205窟、第208窟甬道壁画孔雀明王绘制于曹议金至曹元德时期，即925年至950年左右。

2 前引《图像抄》卷3，《大正藏》第九十一册，第12页中。

3 （北宋）赞宁《宋高僧传》卷25之“后唐凤翔道贤传”云：“释道贤，不知何许人也。持讽孔雀王经以为日计，末则受瑜伽灌顶法，持明之功愈加征应”，曾得后唐末帝李从珂重用，卒于洛阳，“今两京传大教者，皆法孙之曾玄矣”。据王惠民研究，后唐与敦煌往来密切，敦煌五代晚期孔雀明王的流行应受到了道贤的影响。笔者认为这一观点确有见地，考虑到宋代日本僧人仍见有执双莲花孔雀明王，而两京地区道贤法嗣不绝，或可进一步推测这类孔雀明王与道贤所传密法有关。（北宋）赞宁：《宋高僧传》卷25，中华书局点校本2012年版，第642—643页。前引王惠民：《论〈孔雀明王经〉及其在敦煌、大足的流传》，第41—43页。

4 前引橋村愛子：《敦煌莫高窟及び安西楡林窟の孔雀明王（Mahāmāyūrī）について——歸義軍節度使曹氏による密教受容的一断面》，第44頁。

5 标准与愿印应掌心向前，但敦煌莫高窟第431窟、第456窟甬道北宋早期壁画一面六臂孔雀明王像，左第一手施与愿印，掌心向下，故即便玉滩第2龛原初右手为掌心向下，亦有作与愿印表现的可能。前引橋村愛子：《敦煌莫高窟及び安西楡林窟の孔雀明王（Mahāmāyūrī）について——歸義軍節度使曹氏による密教受容的一断面》，図13-2、図14-2。

6 前引《佛说大孔雀明王画像坛场仪轨》，《大正藏》第十九册，第440页上。

7 （唐）伽梵达摩译：《千手千眼观世音菩萨广大圆满无碍大悲心陀罗尼经》：“若为种种功德者，当于白莲华手。若为欲得往生十方净土者，当于青莲华手……若为面见十方一切诸佛者，当于紫莲华手……若为往生诸天宫者，当于红莲华手。”《大正藏》第二十册，第111页上。

8 前引《佛说大孔雀明王画像坛场仪轨》，《大正藏》第十九册，第440页上。

9 Thomas Suchan曾提及孔雀尾制扇之事，但未注意到巴蜀地区宋代文献对扇拂的记述。前引“Thomas Suchan, The Eternally Flourishing Stronghold: An Iconographic Study of the Buddhist Sculpture of the Fowan And Related Sites at Beishan, Dazu, ca. 892—1155”，348。

10 （唐）刘恂《岭表录异》：“交趾郡人多养孔雀……人又养其雏为媒，旁施网罟捕野孔雀。伺其飞下，则牵网横掩之。采其金翠毛，装为扇拂。”原书已佚，该条收录于（北宋）李昉等编，张国风会校：《太平广记会校（十九）》，北京燕山出版社2011年版，第8242页。此外，（南宋）志磐《佛祖统纪》卷43《法运通塞志第十七之十》记载北宋初“开宝寺沙门继从等，从西天还献梵经、舍利塔、菩提树叶、孔雀尾拂”。侧面证明了宋僧对孔雀尾所制法器的重视。《大正藏》第四十九册，第397页中。

图 17-1　大足玉滩第 2 龛孔雀明王像

图 17-2　大足玉滩第 2 龛孔雀明王像线描图

图18　印度艾罗拉石窟7世纪第10窟孔雀明王像

图19　印度艾罗拉石窟7世纪第12窟孔雀明王像

图20　敦煌莫高窟北宋早期第169窟甬道壁画孔雀明王像（采自《敦煌石窟全集10·密教画卷》，图版175）

及扇拂之类”[1]，显然宋代巴蜀之人对孔雀尾扇拂并不陌生[2]。孔雀明王以孔雀尾翎或带须扇状物为持物，一者可标示其尊格，另一方面孔雀尾翎具有祛病驱祟的功能[3]，可彰显孔雀明王祛毒息灾的意涵。

（3）果实

孔雀洞龛明王左第二手、宝顶山第13龛明王右第二手皆持一盛有桃形果实的圆盘，即不空所记桃李形吉祥果[4]。石门山第8窟者右第二手所持球状物顶部带蒂，应作石榴形吉祥果表现。北山第155窟、多宝塔第36龛明王的四臂持物与石门山第8窟者基本相同，二者所持球状物亦应为吉祥果[5]。孔雀明王以石榴形吉祥果为持物的记录，广泛见于日本平安后期至镰仓时代的图像志[6]，实例有东京国立博物馆藏12世纪绢本设色孔雀明王、大阪松尾寺镰仓时期绢本设色孔雀明王坛之孔雀明王左第一手持物，以及高野山金刚峰寺孔雀堂1200年左右木雕孔雀明王右第二手持物[7]。石榴形吉祥果具有降伏、多子等意涵[8]，孔雀明王以其为持物，或意在表述安产安胎。

（4）梵夹

石门山第8窟、北山第155窟、多宝塔第36龛、宝顶山第13窟孔雀明王左第二手及孔雀洞龛明王右第二手持方形梵夹。此外，玉滩第2龛孔雀明王左手握卷成筒状的经书，应为梵夹之变体。孔雀明王持梵夹记述不见于现存仪轨，推测梵夹应为中国自行发展的持物[9]。梵夹通常象征佛法、般若，孔雀明王以梵夹为持物，应意在突出其作为佛母的意涵[10]，所谓般若即佛母[11]。这一观念在唐代经论中已见零星论述，但直至北宋早期新译经典之中才受到特别重视，天息灾（后改名法贤）、施护等所译般若系经典、仪轨及相关疏论，皆以“佛母般若波罗蜜多”冠名[12]。孔雀明王持象征般若的梵夹，关联佛母意涵，应即上述思潮的产物。

四　附属背景图像

除多宝塔第36龛外，大足、安岳孔雀明王图像皆自成窟龛，于明王尊像外皆表现内容丰富的附属图像。依据具体内容的差别，可将各实例附属图像分为千佛图像及具情节性图像两类。

（一）千佛图像

千佛图像仅见于靖康元年北山第155窟，该窟以孔雀明王为中心柱，左、后、右三壁布列千佛，佛陀多跏趺坐短茎莲花上，施禅定印，亦有拱手、持物或凭几者，间杂少许弟子、菩萨（图21-1、图21-2、图21-3）。左右壁中段偏前与后壁中段方形龛内皆配置

1　（北宋）黄休复：《茅亭客话》卷8，上海古籍出版社点校本2012年版，第134—135页。

2　石门山南宋绍兴六年至十一年（1136—1141年）第6窟左壁由外至内第二位观音持带须扇状物，以往学界称之为“宝扇手观音”，颜娟英认为第6窟十圣观音应为千手观音正大手之化身，但正大手之中不见“宝扇手”，相近者仅“白拂手”，推测此尊像为“白拂手观音”。笔者认为该带须扇状物与石门山第8窟孔雀明王所持者一致，或亦为“扇拂”，以替代表现“白拂”。颜娟英：《大足石窟宋代复数大悲观音像初探》，析出自前引重庆大足石刻艺术博物馆编：《2005年重庆大足石刻国际学术研讨会论文集》，第434—448页。

3　前引义净《佛说大孔雀咒王经》卷3：“若小儿病或被鬼持，以孔雀尾拂拭咒之即得离苦。”《大正藏》第十九册，第476页下。宋代抚州宜黄，邹智明突然暴病，请临江寺僧为之诵《孔雀明王经》，后见佛像处有一孔雀以尾逐疠鬼出，病遂痊愈。（南宋）洪迈撰，何卓点校：《夷坚志》支景卷2《孔雀逐疠鬼》，中华书局2006年版，第888页。

4　前引《佛说大孔雀明王画像坛场仪轨》：“左边第一手当心掌持吉祥果（如桃李形）。”《大正藏》第十九册，第440页上。桃形吉祥果是巴蜀地区最为常见的吉祥果造型，北山佛湾北宋第122龛诃利帝母，其膝上小儿所持吉祥果亦表现为桃形。

5　日本福井县万德寺所藏写成于1213年的《觉禅钞》记录：“有唐本像具六臂（四臂如常），右手持日轮，左手安心执梵夹。”增记隆介据此推测北山第155窟孔雀明王右第二手所持球状物，与左第二手梵夹对应，应为日轮。万德寺所藏《觉禅钞》所记仅为日本僧人见闻，又为孤证，解释可信度有限。增記隆介：《日本の美術508 孔雀明王像》，至文堂2008年版，第36頁。

6　如日本元历元年（1184年）兴然《五十卷钞》卷10：“又问云：‘吉祥果者何物哉？’答：‘口传云，此有四种类，石榴、梨子、枣、大甘子也。此中大甘子为第一也。今所持者石榴也。’”此外，日本图像志记载孔雀明王四臂持物对应敬爱、增益、息灾、降伏四种法，但中国未见相关论述，不确定这种解说是否适用于中国孔雀明王，同兴然《五十卷钞》卷10：“又问云：‘总四手所持物表示如何？’答：‘或口传云，莲花表悲，即伽多耶。俱缘果，眼之增长身气力，补瑟征迦。吉祥果，伏鬼木子，与阿毗遮噜迦相应也。尾，拂障难故，表扇底迦事耳云云。’然者四臂所持物表成就四种法也。”［日］高岡隆心編：《真言宗全書》第十四册，真言宗全書刊行会1936-1939年版，第203頁下。

7　［日］京都国立博物館：《王朝の仏画と儀礼》，京都国立博物館1998年版，図版24、29。［日］浜田隆編：《日本古寺美術全集 第13巻 金剛峯寺と吉野　熊野の古寺》，集英社1983年版，図版7。

8　石榴形吉祥果可能最早出现在具有明确求子意涵的诃利帝母图像之中，见［日］田辺勝美編：《鬼子母神と石榴：研究の新視点》，《大和文華》第101号，1999年，巻頭図版第7—8頁，第41—32頁。

9　孔雀明王持梵夹的记录仅见于日本万德寺所藏《觉禅钞》，相关引文及分析见本页注释5。

10　Thomas Suchan认为梵夹旨在强调孔雀明王佛母的意涵，但是他将梵夹、吉祥果及佛母关联起来，认为梵夹是作为吉祥果的替代物表现，这一对应恐过于牵强。前引Thomas Suchan，“The Eternally Flourishing Stronghold：An Iconographic Study of the Buddhist Sculpture of the Fowan And Related Sites at Beishan，Dazu，ca. 892—1155”，348。

11　（唐）玄奘《大般若波罗蜜多经》卷360《初分佛母品第四十一之二》：“由此故说甚深般若波罗蜜多能生诸佛，是诸佛母，能示诸佛世间实相。”《大正藏》第六册，第558页中。

12　如天息灾于太平兴国五年（980年）译《圣佛母小字般若波罗蜜多经》；法贤于淳化二年（991年）译《佛母宝德藏般若波罗蜜多经》，以及施护于景德二年至三年（1005—1006年）译《圣佛母般若波罗蜜多经》《佛母般若波罗蜜多大明观想仪轨》，大中祥符四年（1011年）译《佛母般若波罗蜜多园集要义论》及《佛母般若波罗蜜多园集要义释论》。

图表1　四川宋代孔雀明王持物比较表

		右第二手	右第一手	左第一手	左第二手
一面四臂	北山第155窟	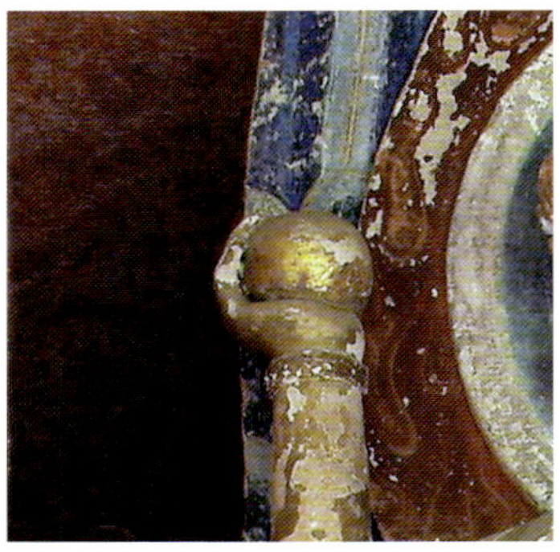 球状物	 长茎莲蕾	 带须扇状物	 梵夹
	石门山第8窟	 带蒂球状物	 长茎莲蕾	 带须扇状物	 梵夹
	多宝塔第36龛	 球状物	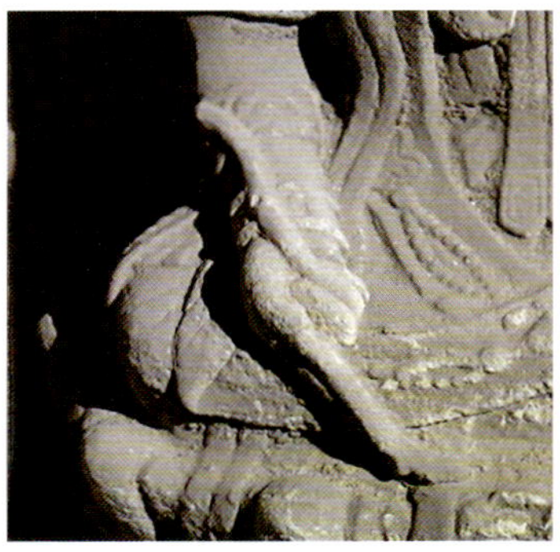 长茎莲蕾（残损）	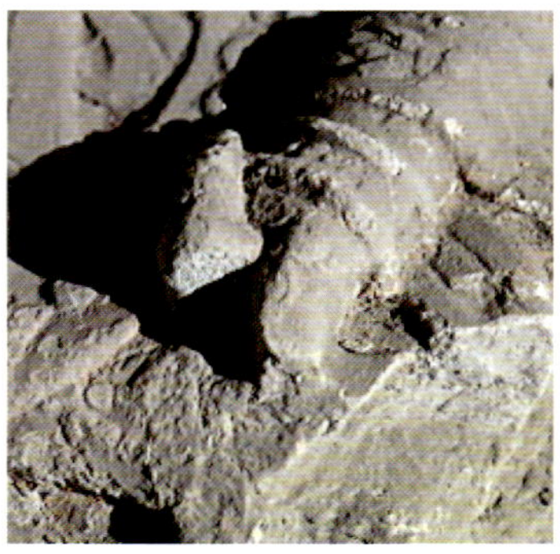 持物残损	 梵夹（残损）
	孔雀洞龛	 梵夹	 持物残损	 长茎莲蕾	 盛桃形果实的圆盘
	宝顶山第13龛	 盛桃形果实的圆盘	 长茎莲蕾	 孔雀尾翎	 梵夹
一面二臂	玉滩第2龛	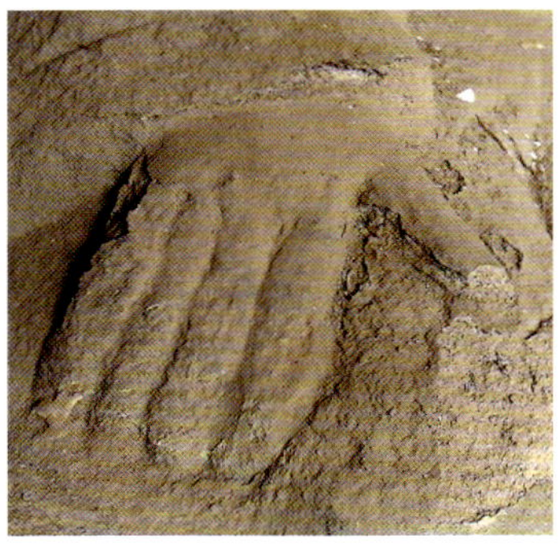 掌心向下抚膝		 经书	

一较大体量佛陀，皆结跏趺坐于须弥座上（图22-1、图22-2、图22-3）。左壁者左手自然下垂，右手施说法印，尊格不明。右壁者椅背饰六拏具，左手敛于腹前，右手施触地印，为典型降魔成道式释迦佛。后壁者仅存胸部以下部分，结跏趺坐于须弥座上，双手置于胸前，可能是施转法轮印的阿弥陀佛或施智拳印（或拱手印）的毗卢遮那佛[1]。此外，右壁后段一横长方形小龛浮雕三尊倚坐像（图23），考察四川地区图像传统[2]，此龛应为双观音、地藏，比丘貌者即地藏，反映现世救济、灭罪得福。

千佛为十六国北朝以来普遍流行的图像，多依千佛名号经表现，可分为侧重时间观念的三劫千佛，以及侧重空间观念的十方千佛两种，强调往生净土、灭罪得福乃至成佛等利益[3]。本窟千佛图像不见榜题，无法确认其所依据的经典。但是千佛图像在北宋时期大足、安岳的造像中并不流行，北山第155窟孔雀明王与千佛的组合，可能是基于某种思想有意设计所为。《孔雀明王经》宣扬此陀罗尼为一切诸佛宣说[4]，不空亦尊孔雀明王为佛母，将其作为诸佛之母般若的代表，北宋施护甚至将《孔雀明王经》等同于一切如来，强调其降伏诸魔、息止灾变、护持佛法及国界的功能[5]。由此而言，北山第155窟千佛图像存在表述诸佛宣说孔雀明王陀罗尼，或强调孔雀明王佛母意涵的可能。此外，就千佛图像固有的净土信仰成分，以及宋代孔雀明王常用于荐亡的情况来看[6]，也不排除此窟千佛寓意亡者往生净土的可能。

（二）具情节性图像

南宋孔雀明王窟龛附属背景图像，主要由比丘被蛇咬、天胜阿修罗两个情节性场面与诸天众组成，肇始于石门山第8窟，玉滩第2龛和孔雀洞龛形成稳定布局，宝顶山第13龛引入不空孔雀明王坛，成为集大成者。

（1）石门山第8窟

石门山第8窟为洞窟造像，其附属图像分层配置于左、后、右三壁，由上而下可分为四组（图24）。

第一组，三尊像及十八罗汉。左壁上层中段为三尊像，尊格不明。居中佛陀结跏趺坐于莲座上，左手抚膝，右手施无畏印。左侧者半跏趺坐于须弥座上，左腿平置，右腿下垂，双手托瓶。右侧者结跏趺坐于须弥座上，施禅定印。左壁余下的三比丘，与后壁十比丘，右壁五比丘，立于窟内上层一连贯的石台上，构成十八罗汉，后壁中段二比丘身侧表现龙、虎，为降龙、伏虎罗汉。十八罗汉不见于《孔雀明王经》，应借鉴自巴蜀地区流行题材。

第二组，天胜阿修罗场面。左壁偏上一神将与一阿修罗斗战（图25）。神将双手持双剑，迈步向前。阿修罗一面六臂，左右第一手持戟迎战，余下四手持羂索、剑、日、月，双足扭向后方，足侧一提鞘小将侧身后倒，作败退状。后壁左侧偏上一天女跪坐于孔雀背上，朝左壁飞去。孔雀之下，一神将持戟跨步，亦向左壁奔去（图26）。右壁偏上一天龙自转角处云雾中跃出，身侧立一小将（图27），复有二天女及一单膝跪地者。天人战胜阿修罗虽常见于佛教大小乘经典，但《孔雀明王经》对此并无直接描述，仅记载四天王、药叉大将、鬼女、药叉女、天母、龙王等，过去曾经帮助天人战胜阿修罗，为何着力表现这一场景，仍有待讨论[7]。

第三组，诸天人。左、右壁中层各一天人（图28-1、图28-2），左壁者随侍一捧净瓶天女，右壁者随侍一托果盘天女。后壁右侧偏上三天人，偏下二天人（图29）。以上七天人，皆着圆领袍服，戴五梁冠或束发小冠，除后壁最左侧者合掌外，其余天人皆双手持笏，作礼敬状。《孔雀明王经》河王、山王、星宿、大仙等次第出场，拥护孔雀明王经的持诵者及其眷属[8]。本窟诸天人皆为程式化造型，缺乏明显特征，可能是泛泛地表现了经文记载的诸天人。

第四组，比丘被蛇咬场面。后壁左侧下层枯树之下，一比丘扑倒于地，斧头抛落于一侧，另一比丘侧身而立，双手置胸前，嘴唇微张，作诧愕状（图30）。《孔雀明王经》卷1："时有一苾刍名曰莎底，出家未久新受近圆，学毗奈耶教，为众破薪营澡浴事。有

1　若为阿弥陀佛，可能与左、右壁佛陀构成横三世佛，即阿弥陀佛、弥勒佛、释迦佛。北山佛湾第176窟弥勒下生经变窟主尊弥勒佛结跏趺坐于须弥座上，左手下垂于膝部，右手敛于腹前。此窟与北山第155窟同为伏元俊于靖康元年（1126年）雕刻，故后者左壁结跏趺坐佛陀也存在作为弥勒佛表现的可能。若为毗卢遮那佛，则与左、右壁佛陀构成华严三身佛，即法身毗卢遮那佛、报身卢舍那佛、应身释迦牟尼佛。

2　肥田路美：《关于四川地区的地藏、观音并列像》，析出自前引重庆大足石刻艺术博物馆编：《2005年重庆大足石刻国际学术研讨会论文集》，第519—539页。

3　李静杰：《陕北宋金石窟佛教图像的类型与组合分析》，《故宫学刊》第十一辑，紫禁城出版社2014年版，第92—120页。

4　前引不空《佛母大孔雀明王经》卷1："阿难陀，此佛母大孔雀明王真言，一切如来同共宣说，常当受持自称己名，请求加护。"《大正藏》第十九册，第419页中。

5　（北宋）施护译《佛说守护大千国土经》卷下："所谓守护大千国土大明王陀罗尼经、佛母大孔雀明王经、尸多林经、大随求陀罗尼经、大威德神咒经，如是等皆为一切如来，降伏诸魔调难调者，息诸众生种种灾变，护持佛法及诸国界，速疾法门。"《大正藏》第十九册，第593页上。

6　北宋朱彧在广州时曾遇一三佛齐人（今苏门答腊及其周围），善诵《孔雀明王经》，然其语音高昂，与世传孔雀明王陀罗尼差距甚远，故感慨"其书（《孔雀明王经》）已经重译，宜其不同，但流俗以此书荐亡者，不知中国鬼神如何晓会"。见（北宋）朱彧：《萍州可谈》，上海古籍出版社点校本2012年版，第21页。

7　前引不空《佛母大孔雀明王经》卷1、2，《大正藏》第十九册，第417页中、422页中、426页中、428页、429页、433页上。

8　前引不空《佛母大孔雀明王经》卷1，《大正藏》第十九册，第436—437页。

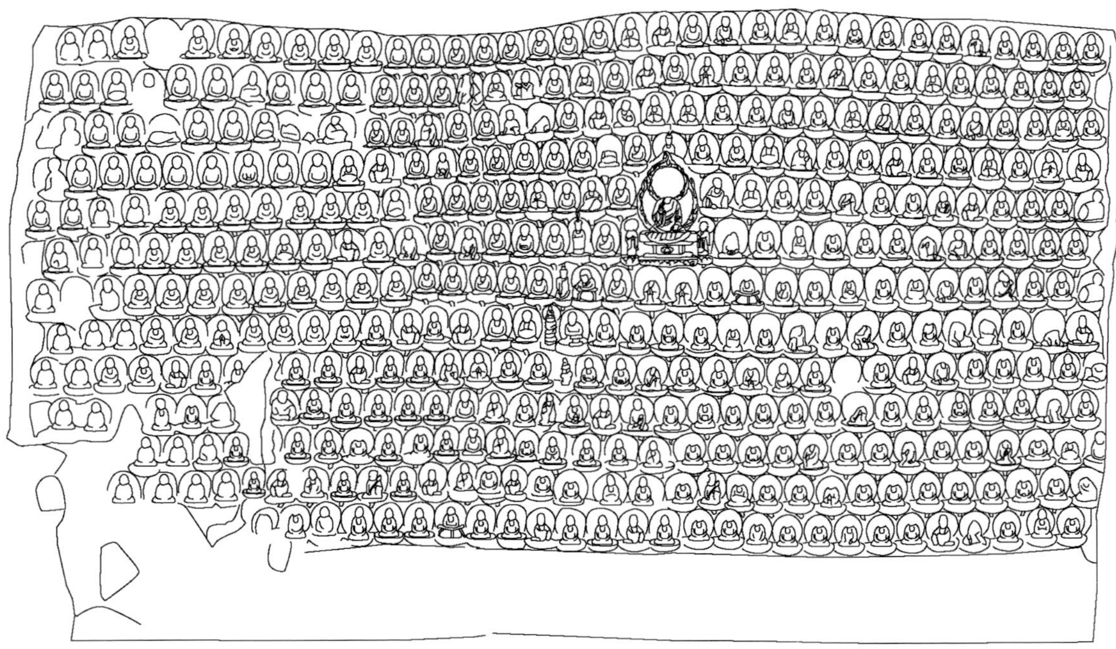

图 21-1　大足北山佛湾第 155 窟左壁立面图

图 21-2　大足北山佛湾第 155 窟后壁立面图

图 21-3　大足北山佛湾第 155 窟右壁立面图

图 22-1　大足北山佛湾第 155 窟右壁释迦佛

图 22-2　大足北山佛湾第 155 窟后壁佛陀

图 22-3　大足北山佛湾第 155 窟左壁佛陀

图 23　大足北山佛湾第 155 窟右壁后段 双观音、地藏

图 24　大足石门山第 8 窟三壁图像分组示意图

图 25　大足石门山第 8 窟 左壁偏上天人与阿修罗斗战

图 26　大足石门山第 8 窟 后壁左侧偏上乘孔雀天女、神将

图 27　大足石门山第 8 窟 右壁偏上天龙及小将

图 28-1　大足石门山第 8 窟 右壁天人及天女

图 28-2　大足石门山第 8 窟 左壁天人及天女

图 29　大足石门山第 8 窟 后壁右侧五天人

图 30　大足石门山第 8 窟 后壁左侧下层比丘被蛇咬场面

大黑蛇从朽木孔出，螫彼苾刍右足拇指，毒气遍身闷绝于地，口中吐沫两目翻上。尔时具寿阿难陀见彼苾刍，为毒所中极受苦痛，疾往佛所礼双足已……具如上说。”[1]对照可知，该场面应表现比丘被蛇咬之事，倒地者为莎底比丘，侧身而立者为阿难。左、右壁下层各一小屋（图31-1、图31-2），左壁者处一大树下，树上生衣，屋内一比丘临桌倚座，双手合十。右壁者门扉紧闭。两小屋外侧窟门处各立一持笏板文官、一拱手礼敬武将。以上图像意涵不明。

（2）玉滩第2龛与孔雀洞龛

玉滩第2龛与孔雀洞龛为龛式造像，其附属图像延续了石门山第8窟的内容，但对布局有所调整，于后壁分两层配置诸天、护法神将，左、右壁表现情节性场面。

玉滩第2龛中（图32），后壁上层明王两侧各立二神将，内侧二尊拱手礼敬，左外侧者戴筒形冠，左手托塔、右手持剑，右外侧者左手持剑、右手残损（图33-1、图33-2）。此四神将应为四天王，托塔者为多闻天王，大足北山佛湾靖康元年（1126年）第176窟右侧壁面中段四天王造型与之相类。四天王为孔雀明王眷属，见于义净所记坛场，旨在护卫明王及其信众[2]。后壁下层两侧各立一护法神将，左侧者光头、持剑向下，右侧者戴风帽、举刀向上。左壁立一着短褐者（图34），其左手扶树，右手持物带柄，疑为斧头，足侧似有一蛇自树洞蜿蜒而出，着短褐者应为莎底比丘。右壁立一着交领袍服者（图35），双手置于胸前，所属尊格不明。

孔雀洞龛中（图36），后壁上层左侧立二神将、二天人，多拱手致礼，右侧分两排立六天人，仅前排居中者保存完整，手托果盘，弓身供养（图37-1、图37-2）。后壁下层左右各立一护法神将，皆拱手礼敬。上述神将及天人，所属尊格不明。左壁已塌毁。右壁上层为天胜阿修罗场面（图38）。四神将立于云头，一抱石作投掷状，一持矛相向，一张弓欲射，一持长杆而立。与之对战的阿修罗立岩石间，三面六臂，手持日、月、羂索、宝剑、戟等。下层为明清题刻，非最初设计所为。

（3）宝顶山第13龛

宝顶山第13龛为龛式造像，其附属图像在玉滩第2龛、孔雀洞龛的基础上加以丰富，形成以主尊明王为中轴左右对称的图像（图39）。以往研究者试图通过文字榜题及图像细部逐一辨识人物尊格，但始终未能取得实质性突破。笔者认为该龛层次清晰，若着眼于组合关系，由大到小考察其图像内容，或可有所收获。具体来说，左、右上隅的情节性场面及龛底的动物内容明确，可优先讨论。主体的诸天人及修行者残损较多，需先据对称关系补全图像，再进行分析比定。

情节性场面，配置于龛内左、右上隅（图40-1、图40-2）。左上隅为比丘被蛇咬场面，莎底扑倒于方石上，阿难立于一侧，合掌持梵夹，嘴唇微张，似在诵经。背景表现一枝叶繁茂的大树，树干上露出半截蛇尾，树下有一带檐建筑，题刻相关故事经文[3]。右上隅为天胜阿修罗场面，一着袈裟人物结跏趺坐于孔雀所驮莲座上，左手抚膝，右手持经书。身后一神将手持旌旗，上刻“天胜修罗”四字。

动物，分布于龛内底部。左侧为一猛兽、一龟、一犬（图41-1、图41-2）。右侧为一龙、一龟、一蛇（图42-1、图42-2）。龙有角无足，亦无鳞片，涌现于水波间，应不同于石门山第8窟的天龙，或为“决江开渎”之地龙[4]。《孔雀明王经》记述该陀罗尼可使毒龙、毒蛇等诸毒入地，可镇压恶兽，驱除不祥[5]。该龛于孔雀明王及诸天人下方浮雕龙、猛兽、蛇、犬，似乎旨在宣扬孔雀明王镇压恶兽，去毒息灾的功能。

余下图像以诸天人及修行者为主，分两层表现于明王左右。右侧图像保存完整，后壁上层戴五梁冠、瘦骨深目者，及戴乌角巾、面容狰狞者为天人，捧香炉者为侍女；下层中间戴五梁冠、着袍服带蔽膝者为天人，两侧双手托罐者及顶方形供盘侏儒为侍者。右壁上层戴五梁冠、持宝锏者为天人，着甲胄者为侍者；下层垂右腿半跏趺坐者，以及立于云间者，皆双手胸前结印，应为修行者。明王左侧图像破坏严重，后壁上层存二天人，一戴火焰形宝珠，拱手横持宝锏，一戴兜鍪，左右手已残损，似向上持杆状物，天人上方云

1　前引不空《佛母大孔雀明王经》卷1，《大正藏》第十九册，第416页上。

2　前引不空《佛母大孔雀明王经》卷3：“阿难陀，四天王亦随喜宣说此佛母大孔雀明王真言曰……令我（某甲）并眷属，皆得远离一切鬼神使者……”《大正藏》第十九册，第435页中。前引义净《佛说大孔雀咒王经》卷3《坛场画像法式》：“次明画像法……东边画毗提诃洲形如半月，于中画持国健达婆天王，以众健达婆神而共围绕。于佛南边画瞻部洲，其形如车北广南狭，于中画俱槃荼增长天王，以众俱槃荼神而共围绕。于佛西边画瞿陀尼洲，形如满月，于中画广目龙天王，以诸龙众而共围绕。于佛北边画北俱庐洲，其形正方，于中画多闻药叉天王，以诸药叉神而共围绕。”《大正藏》第十九册，第476页中。

3　其铭文为：“大藏经云，有一苾蒭名曰莎底，出家未久，新受近圆觉□□中□□□□□若□□□□□为□□□□□出□□□□告足□□□气遍身□□□地□□□士而作。”前引《大足石刻铭文录》，第97页。

4　参考前引《翻译名义集》卷2。

5　（南梁）僧伽婆罗译《孔雀王咒经》：“大孔雀王咒等，所杀诸毒愿皆入地，令我某甲等皆得安隐，徙一切毒龙、蛊等之及人所作。齿齧电雨蛇鼠，痈疽蚨蝮蚰蚣，虾蟆蝇虻蜂虿……愿渡诸毒皆入地中。”《大正藏》第十九册，第456页中。前引《佛母大孔雀明王经》卷2：“愿除灭……地动恶兽及诸死怖。”《大正藏》第十九册，第431页下。前引《佛说大孔雀咒王经》卷3《坛场画像法式》：“若异此者即非善瑞。谓若梦见驴骡、骆驼、猿猴、猪犬、蛇蝎、猫鼠……此等皆是不吉利相。”《大正藏》第十九册，第477页上。

图 31-1　大足石门山第 8 窟 右壁下层小屋

图 31-2　大足石门山第 8 窟 左壁下层小屋

图 32　大足玉滩第 2 龛立面展开图

图 33-1　大足玉滩第 2 龛 后壁上层右侧二天王

图 33-2　大足玉滩第 2 龛 后壁上层左侧二天王

图 34　大足玉滩第 2 龛 左壁莎底比丘

图 35　大足玉滩第 2 龛 右壁天人

图 36　安岳孔雀洞孔雀明王龛立面展开图

图 37-1　安岳孔雀洞龛

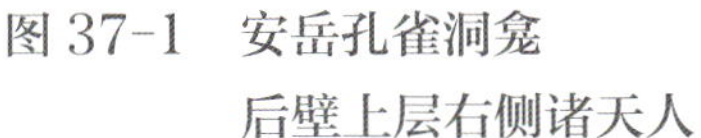

后壁上层右侧诸天人

图 37-2　安岳孔雀洞龛
后壁上层左侧诸天人

图 38　安岳孔雀洞龛
右壁上层天胜阿修罗场面

图 39　大足宝顶山大佛湾第 13 龛分组示意图

图 40-1　大足宝顶山大佛湾第 13 龛 右上隅天胜阿修罗场面

图 40-2　大足宝顶山大佛湾第 13 龛 左上隅比丘被蛇咬场面

图 41-1　大足宝顶山大佛湾第 13 龛龛底左侧猛兽

图 41-2　大足宝顶山大佛湾第 13 龛龛底左侧龟、犬

图 42-1　大足宝顶山大佛湾第 13 龛龛底右侧蛇、龟

图 42-2　大足宝顶山大佛湾第 13 龛龛底右侧龙

层之间浮雕“药叉”二字；后壁下层仅见三残像，推测中间着袍服带蔽膝者为天人，两侧为侍者。左壁则已完全损毁。该龛为左右对称设计，据右侧图像推测后壁左侧上层应另有一侍从，左壁上层应有一天人、一侍从，下层应有二修行者。

因此，全龛共计八天人，至少七尊为男性，且造型互有区别。在已知相关经典中，仅八方天具有上述特征。再综合孔雀明王、“药叉”榜题和修行者，笔者认为该龛主体图像应为不空孔雀明王坛。

一者，孔雀明王代表孔雀明王坛内院。明王为中台八叶莲花胎内的孔雀明王，宝冠中七佛为八叶内的过去七佛，对应坛场内院的过去七佛。七佛冠还见于南宋中晚期安岳高升大佛寺第1龛左侧文殊像，以及大足宝顶山大佛湾第5龛两侧胁侍文殊、普贤像，其出现与文殊作为七佛之师的认识有关[1]，明显不同于宝顶山第13龛的情况。

二者，明王两侧的八天人代表孔雀明王坛的第二院。后壁右侧下层戴五梁冠者（图43），足下踩一龙，推测为诸龙环绕的西方水天。后壁左侧上层戴兜鍪者（图44），颈部系带飞飘，左右手似持杆状物，可能是持风幡的西北风天[2]。其余天人无法依据不空仪轨直接比定，或可参照八方天的内部次序进行推演。八方天守护方位固定不变，但其叙述次序分为两种：一种按顺时针方向次第记录，如不空仪轨，一种分四向、四隅两组阐述，如唐代一行《大毗卢遮那成佛经疏》[3]、菩提流支《如意轮陀罗尼经》[4]。从西方水天、西北风天的位置来看，本龛八方天并未遵循不空仪轨，更接近分组配置，而实际造像亦呈现分组倾向，后壁上层四天人皆两人一组，共一侍从，后壁下层与左、右壁上层四天人皆独立分布，各有侍从。如果上述猜想成立的话，前一组天人对应四隅天人，右侧面容狰狞

1　上述三例巴蜀地区南宋中晚期菩萨像七佛冠中，中央佛陀头戴宝冠，施拱手印，似乎具有毗卢遮那佛和释迦佛双重尊格。但宝顶山第13龛孔雀明王宝冠中央的立佛，未戴宝冠，仅与周围坐佛组成过去七佛。有关巴蜀地区南宋中晚期菩萨像七佛冠，见前引齐庆媛：《四川宋代石刻菩萨像宝冠造型分析》，第45页。

2　前引《佛说大孔雀明王画像坛场仪轨》：“次第二院画八方天王并诸眷属。东方画帝释天王，执金刚杵，与诸天众围绕。次东南方画火天，左手执军持，右手施无畏，与五通苦行仙众围绕。次南方画焰摩天王，执焰摩幢，与焰摩界鬼众围绕。次西南方画罗刹王执刀，与诸罗刹众围绕。次西方画水天，持羂索，与诸龙众围绕。次西北方画风天王，执幢幡，与诸持明仙众围绕。次北方画多闻天王，执宝棒，与诸药叉众围绕。次东北方画伊舍那天，执三戟叉，与诸步多鬼众围绕。”《大正藏》第十九册，第440页上。

3　（唐）一行《大毗卢遮那成佛经疏》卷5：“复次行者应知护方八位，凡所造作曼荼罗随此而转。东方因陀罗，次第随转至南方焰摩罗，西方嚩噜拏，北方毗沙门。东北伊舍尼，东南为护摩，西南涅哩底，西北为嚩庾。”《大正藏》第三十九册，第630页下。

4　（唐）菩提流支《如意轮陀罗尼经》之《如意轮陀罗尼经坛法品第五》：“外院东面画天帝释，左右画诸天众围绕。南面画焰魔王，左右画诸鬼母众围绕。西面画水天王，左右画难陀龙王、乌波难驮龙王及诸龙王众围绕。北面画多闻天王，左右画诸药叉众围绕。东南面画火天神，左右画苦行仙众围绕。西南面画罗刹王，左右画诸罗刹众围绕。西北面画风天王，左右画风天众围绕。东北面画大自在天王，左右画宫盘荼鬼众围绕。”《大正藏》第二十册，第193页中。

者（图45）造型与同石窟寺地狱变相中的恶鬼相似（图46），可能是恶鬼之王西南罗刹天[1]。右侧老者（图47），与敦煌莫高窟盛唐第148窟南壁龛顶西坡观音经变之火天瘦骨深目的苦修形象类似（图48），或亦为东南火天。左侧戴火焰形宝珠者则可能是余下的东北伊舍那天（图49）。后一组四天人对应四向天人，右壁戴五梁冠者（图50）或为余下的东方帝释天、南方焰摩天、北方多闻天之一。

三者，“药叉”二字代表孔雀明王坛第三院。对第三院情况，不空仪轨仅提及“次第三院从东北隅，右旋周匝画二十八大药叉将，各与诸鬼神众围绕”[2]，并未详细描述药叉将的造型。本龛后壁左侧上层云雾之间浮现“药叉”二字（图51），可能承继了仪轨简略的表述方式，以文字榜题代表二十八药叉，暗示第三院的存在[3]。

四者，修行者代表孔雀明王坛内咒师。不空仪轨记载结坛时须有咒师结诸手印。右壁下层二修行者皆双手结印，其中立于云间者手印保存完整（图52），左右手屈食指相对于胸前，与不空仪轨中“以二头指屈如钩向身招”[4]的金刚钩菩萨手印一致，故推测本龛修行者应为坛场咒师。

宝顶山第13龛在延续情节性场面的基础上，重新引入不空孔雀明王坛，并于坛场底部镇压恶兽，形成一铺布局对称、意涵丰富的新图像，为四川南宋孔雀明王图像中最为成熟者。宝顶山石刻为赵智凤经营的大型道场，其设计之严谨，思想之复杂，可于本龛孔雀明王图像中窥见一斑。

五　与其他窟龛的组合

这一地区孔雀明王窟龛往往与相邻窟龛形成图像组合，共同表述某种思想。下文基于组合内容的不同将其分为两种，逐一叙述。

（一）孔雀明王+观音

孔雀明王与观音组合，最明确实例为多宝塔第36龛（图53）。该龛后壁为结跏趺坐的主尊佛陀，台座两侧各立二侍者。左壁为一面四臂孔雀明王，结跏趺坐于孔雀所驮莲座上，左右各立一侍者。右壁为一面六臂不空羂索观音（图54），倚坐于台座上，左右第一手已残损，第二手持绳索、宝剑，第三手分托日、月，台座左侧一侍者，右侧二侍者。

类似实例还见于北山佛湾靖康元年（1126年）第155窟孔雀明王与建炎二年第149窟如意轮观音（图55-1、图55-2）[5]。第149窟为长方形平面平顶结构，通高3.43米，面阔3.22米，进深3.46米。此二窟左右毗邻，大小相仿，规格明显区别于同区段其他窟龛，且开凿时间近乎相同，同组设计的可能性较大。此二窟营造于北宋灭亡、南宋建国之际，第149窟即明确题有“干戈永息”愿文[6]，推测孔雀明王窟的营造也主要是为了息止兵患、庇护太平。此外，宝顶山大佛湾东崖第11龛释迦牟尼佛涅槃图像两侧，对称配置第13龛孔雀明王和第8龛千手观音（图56）[7]。第8龛龛口似扇形，为半月形平面拱顶结构，通高7.20米，面阔12.50米。此二者主尊皆为多臂的神祇，龛形相近，于宝顶山大佛湾东段两侧遥相呼应，亦应为成组配置。

孔雀明王与观音形成对等组合，一方面因为二者皆强调现世救济，在信仰上具有天然的联系。宋代观音信仰呈现一体化趋势，无论是显教观音，还是如意轮观音、不空羂索观音及千手观音等密教观音，皆致力于除灭众生的一切苦难[8]。而孔雀明王的主要功能亦在于免除厄运，息止灾祸，与观音救苦救难思想相类。另一方面，可能与宋代流行《孔雀明王经》《法华经》并诵有关。这一修持方法

1　（唐）慧琳《一切经音义》卷25：“罗刹，此云恶鬼也。食人血肉，或飞空，或地行，捷疾可畏也。”《大正藏》第五十四册，第464页中。

2　前引《佛说大孔雀明王画像坛场仪轨》，《大正藏》第十九册，第440页中。

3　以往研究者认为“药叉”二字与其下方二天人有关。但是，上述榜题的位置高于龛内诸天众，尺寸也远大于单尊天人，与常规榜题明显不同，作为龛内天人身份标示的解释过于牵强。前引王惠民：《论〈孔雀明王经〉及其在敦煌、大足的流传》，第40页。

4　前引《佛说大孔雀明王画像坛场仪轨》，《大正藏》第十九册，第440页下。

5　前引郭相颖等编：《大足石刻雕塑全集·北山石窟卷》，第13页。

6　北山佛湾第149窟外侧右壁有造像记云：“奉直大夫知军州事任宗易同恭人杜氏，发心镌造妆銮如意轮圣观自在菩萨一龛，永为一方瞻仰。祈乞□□□□，干戈永息。时建炎二年（1128年）四月□□□□。”前引《大足石刻铭文录》，第27页。

7　李静杰：《大足宝顶山南宋石刻造像组合分析》，大足石刻研究院编：《2014年大足学国际学术研讨会论文汇编——暨大足石刻首次科学考察70周年纪念会》（未刊稿本第二册），第45—69页，图8。

8　前引颜娟英：《大足石窟宋代复数大悲观音像初探》，第445页。

图 43　大足宝顶山大佛湾第 13 龛 水天

图 44　大足宝顶山大佛湾第 13 龛 风天

图 45　大足宝顶山大佛湾第 13 龛

图 46　大足宝顶山大佛湾第 20 龛恶鬼后壁左侧上层面目狰狞者

图47　大足宝顶山大佛湾第13龛后壁右侧上层老者

图48　敦煌莫高窟盛唐第148窟南壁龛顶西坡　火天（采自《敦煌石窟全集10·密教画卷》，图版21）

图 49　大足宝顶山大佛湾第 13 龛 后壁左侧上层宝铜火焰宝珠者

图 50　大足宝顶山大佛湾第 13 龛 右壁上层持宝铜戴五梁冠者

图 51　大足宝顶山大佛湾第 13 龛 后壁左侧上层“药叉”

图 52　大足宝顶山大佛湾第 13 龛 后壁右侧下层二修行者

图 53　大足多宝塔第 36 龛立面展开图（右壁、后壁、左壁）

图54　大足北山佛湾多宝塔第36龛不空羂索观音

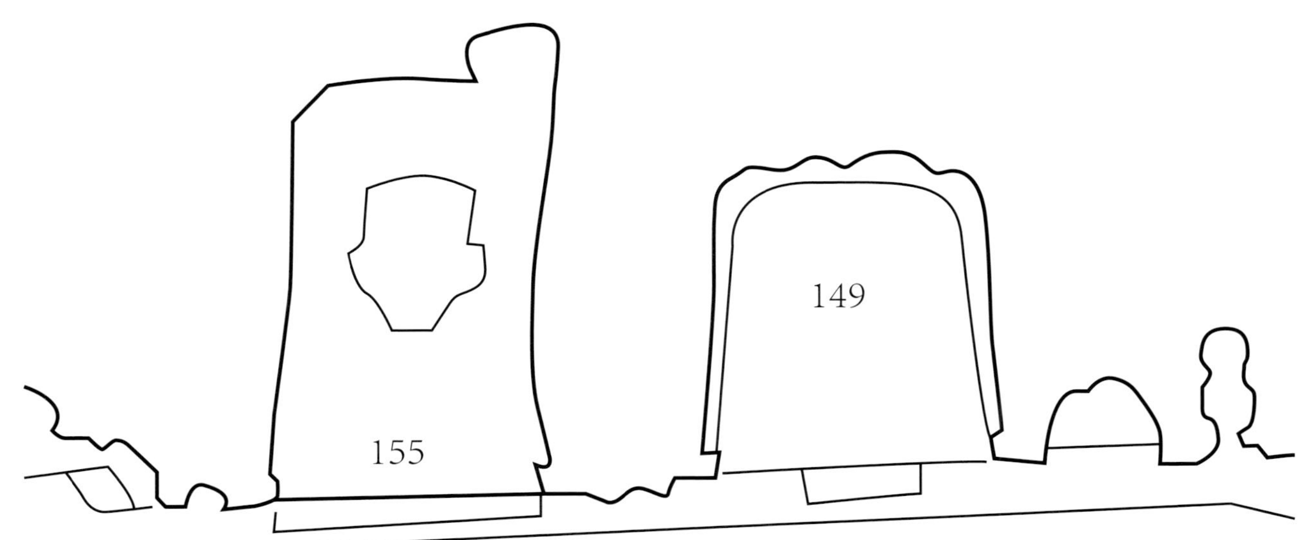

图 55-1　大足北山佛湾第 149 窟及第 155 窟平面示意图（大足石刻研究院提供）

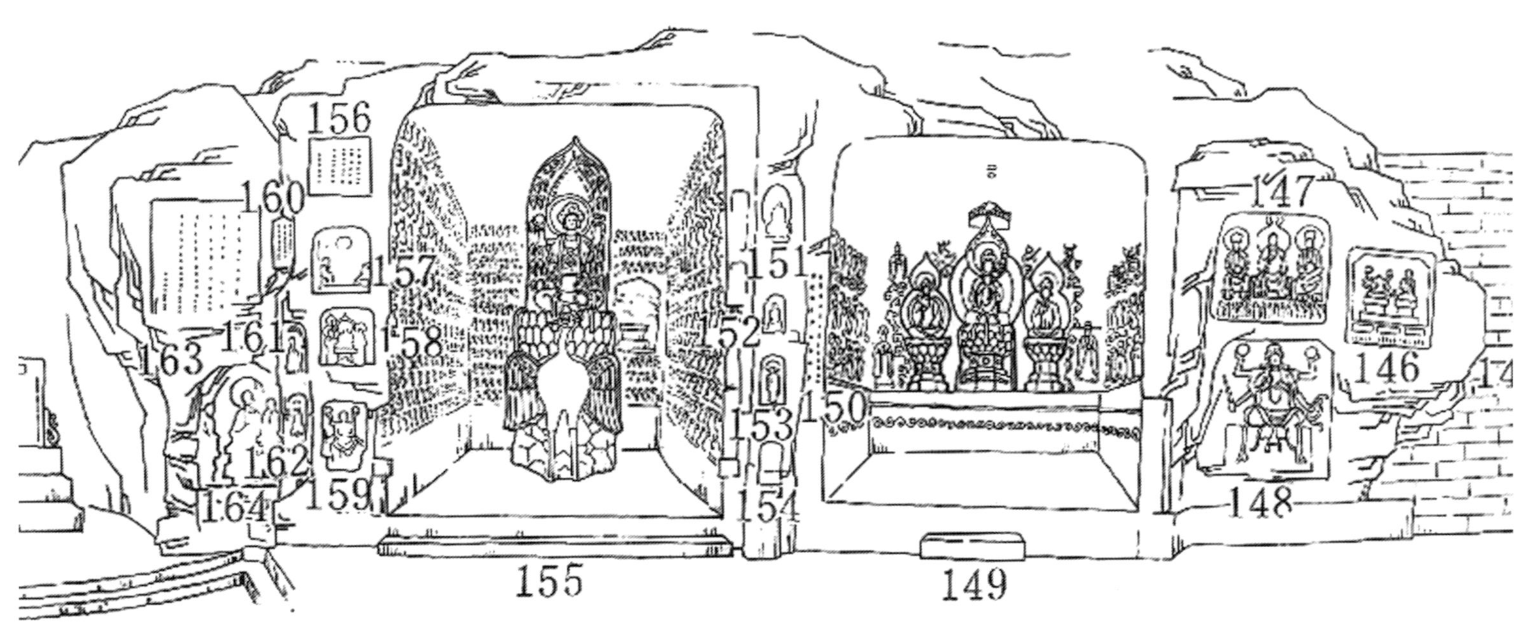

图 55-2　大足北山佛湾第 149 窟及第 155 窟立面（采自《大足石刻雕塑全集·北山石窟卷》第 13 页）

不仅流行于僧侣之中[1]，还影响了皇家寺院的建筑布局和南郊斋宫的毕功典礼[2]。常州太平兴国寺北宋东、西二幢，分别刊刻《佛母大孔雀明王经》《观音经》[3]。此处《观音经》实为后秦弘始元年（399年）鸠摩罗什译《妙法莲花经》之《观世音菩萨普门品》。推测北宋《孔雀明王经》《法华经》并诵与孔雀明王、观音的共同信仰有关，进而推动了大足地区孔雀明王、观音图像组合的流行。

（二）孔雀明王+诃利帝母+五通大仙

孔雀明王与诃利帝母组合见于玉滩第2龛与第3龛（图57）。第3龛位于第2龛孔雀明王右侧，龛口近扇形，为长方形平面拱顶结构，通高2米，面阔1.76米，进深0.9米（图58）。左侧为诃利帝母，着圆领敞袖袍服，左手于膝上抱一儿童，右手置胸前，足侧萦绕三两童子；右侧人物现已严重残毁，无法辨识。类似组合亦见于石门山，第9龛开凿于第8窟孔雀明王右侧外壁（图59），龛口近扇形，为半月形平面平顶结构，通高1.63米，面阔2.13米，进深0.74米（图60）[4]。龛内居中表现诃利帝母，着曲领敞袖襦裙，左手残损，右手自然置膝上，旁有一童子跷右腿，作攀附状。左侧为正在哺乳的乳母，身后立一随侍，右侧为一侍女，三童子及一少年围绕。诃利帝母原为取食人子的药叉女，为佛所教化，皈依三宝，世人以其求子最为灵验[5]。诃利帝母为追随孔雀明王药叉众之一，《孔雀明王经》记载："此佛母大孔雀明王真言，散支迦大将、诃利帝母及五百子，并诸眷属，亦随喜宣说。"[6]而宋代的孔雀明王具有庇护生产的功能，金华县孝顺镇农民陈二妻怀孕时，于佛前许《孔雀明王经》一部，以祈荫护，既而生男[7]。因此，孔雀明王与诃利帝母构成主从组合，突出求子安产的功能。

此外，石门山第7龛安置于第8窟左外壁，龛口近扇形，为半圆形平面平顶结构，通高2.90米，面阔1.24米，进深0.39米（图61）[8]。龛内五通大仙，着圆领窄袖袍服，单腿立风火轮上，左手举于胸前，右手甩至身后。《夷坚志》之《江南木客》云："大江之南地多山，而俗禨鬼，其神怪甚佹异，多依岩石树木为丛祠，村村有之……又曰木客，一足者曰独脚五通，名虽不同，其实则一。"五通大仙，喜淫乱女子，能使人感怀鬼胎，其中"南城尉耿弁妻吴，有祟孕，临蓐痛不可忍，呼僧诵孔雀咒，吞符乃下鬼雏，遍体皆毛"[9]。孔雀明王或可压制五通大仙，第7龛者独脚五通亦从属第8窟孔雀明王图像，与右侧诃利帝母呼应，共同表述孔雀明王可护佑子孙繁衍。

六 小 结

除本文所讨论的巴蜀地区外，唐宋时期孔雀明王图像还集中于河西地区的莫高窟与榆林窟。该地现存8铺五代至北宋初壁画，以尊像表现为主，皆绘制于石窟甬道顶部或两侧，多由曹氏归义军家族成员赞助。此外，日本京都仁和寺藏一幅宋代绢本孔雀明王像，

---

1 成寻《参天台五台山记》记载熙宁六年（1073年）三月二十三日："尉氏县兴国寺口孟禅院主宝乘和尚兴照大师来坐，赐紫人也。照大师云，常念法花经、孔雀瑜伽经、十大明王真言人也云云。"［日］成寻著，白化文、李鼎霞点校：《参天台五台山记》，花山文艺出版社2008年版，第257页。（北宋）延一《广清凉传》卷3："僧道演……依真容院法忍大师为弟子，每诵法华、孔雀、金刚、般若等经，以为常务。"《大正藏》第五十一册，第1124页中。

2 北宋明道二年（1033年），宋仁宗出资在汴梁左街护国禅寺大安塔两侧营造左右献殿，分别持讽《孔雀经》《法华经》。（北宋）夏竦：《文庄集》卷27《碑铭·大安塔碑铭奉勅撰》，《景引文渊阁四库全书》第1087册，台湾商务印书馆1986年版，第269页。北宋南郊郊天斋宫完工仪式上，需讽《孔雀明王经》与《法华经》，王安石及王珪文集中皆见为此所撰的祷文《南郊青城彩内毕功大殿上开启保安祝寿讽孔雀明王经斋文》及《南郊青城彩内毕功大殿上开启保安祝寿讽法华经斋文》。王珪、王安石二人皆曾供职于负责郊祭祷文的中书省，又都以文辞出众，无法直接判断作者，但现存《临川先生文集》为宋人所编原本，保存完好，而《华阳集》为清人自《永乐大典》辑出，误收误录情况严重，该斋文由三安石所作可能性较大。（北宋）王安石著：《临川先生文集》，中华书局1959年版，第487页。

3 缪荃孙等纂：《江苏省通志稿·金石志》（第八册），江苏古籍出版社2002年版，第264页。

4 Thomas Suchan，"The Cliff Sculpture of Stone-Gate Mountain：A Mirror of Religious Eclecticism in the Art of Twelfth-Century Sichuan"，*Archives of Asian Art*，vol.57，University of Hawai'i Press，2007，pp.51-84，Fig.4.

5 （唐）义净《南海寄归内法传》卷1："故西方诸寺，每于门屋处，或在食厨边，塑画母形，抱一儿子于其膝下，或五或三，以表其像。每日于前盛陈供食。其母乃是四天王之众，大丰势力，其有疾病无儿息者，飨食荐之，咸皆遂愿。广缘如律，此陈大意耳。神州先有名鬼子母焉。"中华书局点校本1995年版，第50页。（唐）不空《诃利帝母真言经》："又法女人欲得男女者，月经后澡浴，取黄乳牛母子同色者，勾乳一升置银器中，以右手无名指搅乳，诵真言加持一千八十遍，然后取服，至七日内则得有胎。"《大正藏》第二十一册，第289页下。

6 前引《佛母大孔雀明王经》卷2，《大正藏》第十九册，第438页上。

7 前引《夷坚志》支乙卷8《陈二妻》，第860页。

8 前引郭相颖等编：《大足石刻雕塑全集·南山石门山石篆山等石窟卷》，图版53。

9 前引洪迈：《夷坚志》丁志卷19《江南木客》，第695—697页。

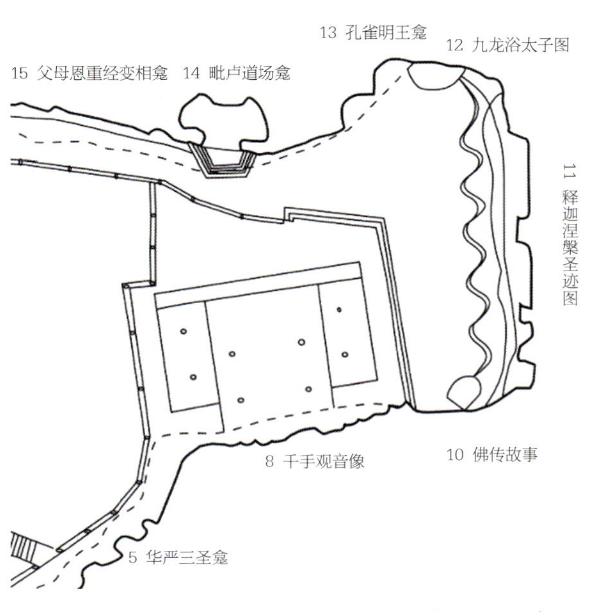

图 56 大足宝顶山大佛湾东崖造像平面示意图（大足石刻研究院提供）

图 57 大足玉滩第 3 龛与第 2 龛

图 58 大足玉滩第 3 龛 诃利帝母

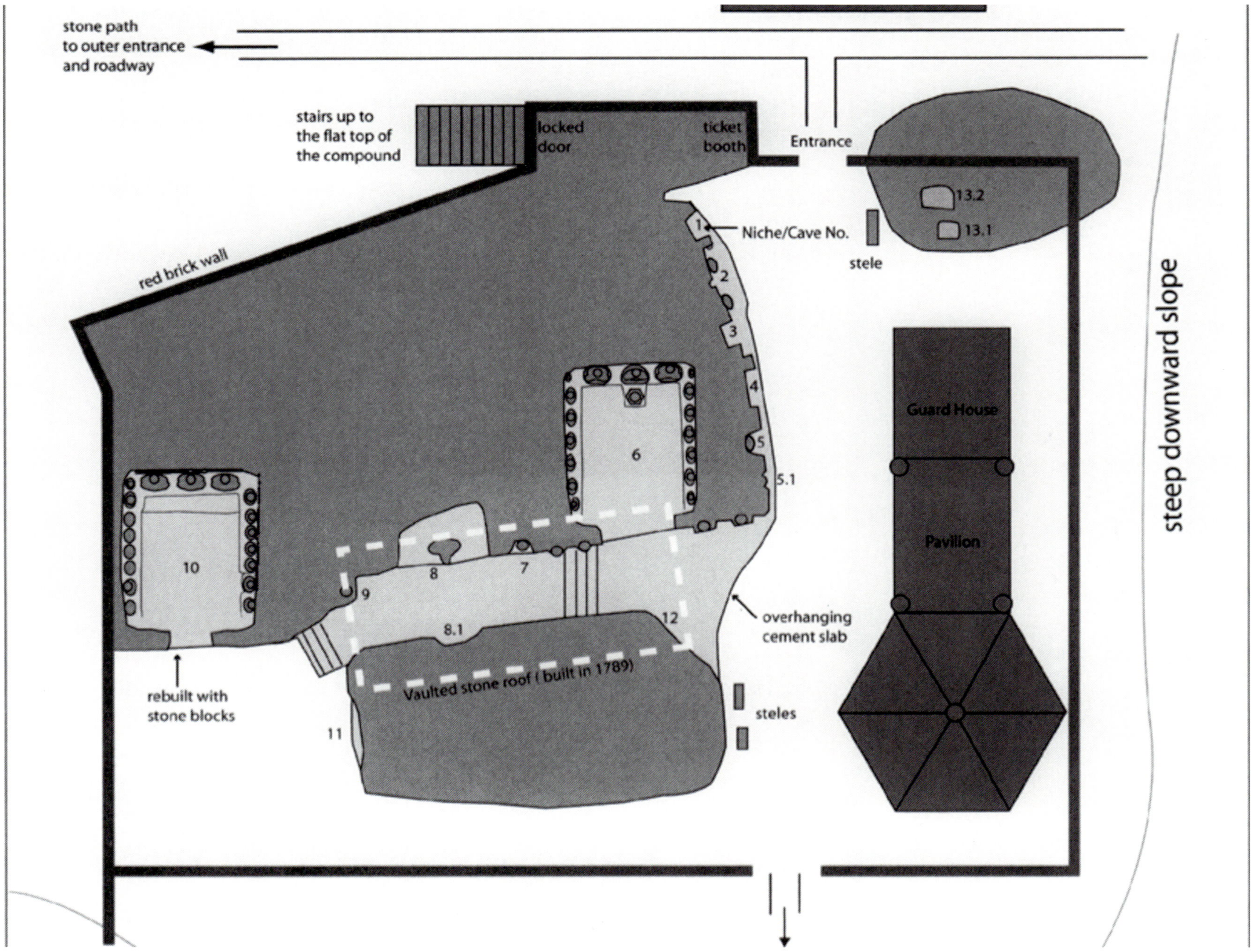

图59 大足石门山平面示意图（采自“The Cliff Sculpture of Stone-Gate Mountain: A Mirror of Religious Eclecticism in the Art of Twelfth-Century Sichuan”, Fig. 4）

图 60　大足石门山第 9 龛诃利帝母

图61　大足石门山第7龛五通大仙（《大足石刻雕塑全集・南山石门山石篆山等石窟卷》，图版53）

图62　日本京都仁和寺藏北宋绢本设色孔雀明王（采自《王朝の仏画と儀礼》，图版30）

设色生动，技法精湛，推测应出自宫廷画师之手（图62）[1]。以上各实例之中，孔雀明王皆乘孔雀，但具体造型与不空仪轨所述图像相比有不同程度的差异，亦与巴蜀地区现存作品大相异趣[2]。

河西地区石窟与仁和寺所藏孔雀明王图像，或关涉金刚界法，或吸收新传入的印度样式，反映了宫廷及上层贵族所崇奉密教依然保留了正纯密教之色彩，对印度传入晚期密教思想亦有所接纳。如前所述，五代晚期，莫高窟第205窟、第208窟所见孔雀明王像，与不空仪轨基本一致，仅对持物略有调整。其中，第205窟孔雀明王两侧绘一面四臂明妃、降三世明王、金刚嬉菩萨、金刚舞菩萨、风天及阎摩天，推测为据金刚界法所设别尊曼荼罗[3]。显然，该铺图像的设计者不仅熟悉不空所传孔雀明王法，而且对正纯密教两部大法之一的金刚界法颇为精通。进入北宋，莫高窟第169窟、第133窟、第165窟以及榆林窟第33窟孔雀明王为一面二臂，莫高窟第431窟、第456窟出现一面六臂像，但皆保存了坐莲座、乘孔雀的姿态。而仁和寺藏孔雀为三面六臂像，亦结跏趺坐于孔雀所驮莲座上。上述二臂与六臂的造型皆可追溯至印度，持物亦大体与《成就法鬘》的相关描述一致，推测上述造型的出现与北宋早期中印交流的恢复有关。这一时期入华梵僧增多，带来了诸多印度晚期密教的经典及思想，如与孔雀明王直接关联的"五护佛母"信仰，即在此时传入中国[4]。河西地区为印度僧人来华必经之路，宫廷又为其最终传法之所，确有可能将印度晚期密教流行孔雀明王样式带入上述地区，进而影响孔雀明王图像的制作[5]。

1　前引京都国立博物館：《王朝の仏画と儀礼》，図版30。

2　此外，杭州烟霞洞存吴越国浅浮雕孔雀明王，主体图像已基本损毁，仅左、右下手所执莲花、三茎孔雀尾翎尚可辨识，故暂不列入本文讨论。该洞为吴越国钱俶之舅吴延爽出资营造，开凿于10世纪上半叶。桥村爱子认为烟霞洞孔雀明王为一面四臂，其左下手执莲花可能借鉴了苏悉地院孔雀王母，进而影响了莫高窟第205、208窟孔雀明王左第二手执莲花造型。但从现存图像来看，孔雀明王图像存在左右手互换持物现象，以持物的左、右无法作为三者关联的证据。此外，史岩20世纪60年代考察描述，该孔雀明王为一面六臂，后续研究亦应对这一线索有所考虑。史岩：《杭州南山区雕刻史迹初步调查》，《文物参考资料》1956年第1期，第9—22页。前引［日］橋村愛子：《敦煌莫高窟及び安西榆林窟の孔雀明王（Mahāmāyūrī）について——歸義軍節度使曹氏による密教受容的一断面》，第31頁。

3　前引［日］橋村愛子：《敦煌莫高窟及び安西榆林窟の孔雀明王（Mahāmāyūrī）について——歸義軍節度使曹氏による密教受容的一断面》，第51頁。

4　北宋时期施护在其所译《佛说守护大千国土经》中，明确将"五护佛母"关联的五部经典并列，云："佛告诸比丘：'我此经典，总有五种眷属部类，如是次第，所谓《守护大千国土大明王陀罗尼经》《佛母大孔雀明王经》《尸多林经》《大随求陀罗尼经》《大威德神咒经》，如是等皆为一切如来，降伏诸魔调难调者，息诸众生种种灾变，护持佛法及诸国界，速疾法门。'"《大正藏》第十九册，第593页上。

5　纽约大都会艺术博物馆藏莫高窟藏经洞出土绢本设色菩萨像，左手持盛有果实的圆盘，右手执一茎孔雀尾翎，立于仰莲台上，应为孔雀明王。从幡头所绘坐佛及幡内散花风格判断，此作与藏经洞9—10世纪作品相似。其面相及装饰具带有浓郁的印度风格，姿态与艾罗拉石窟7世纪第6窟及第8窟所见一面二臂立像颇为相似，几乎不见汉传密教仪轨所述孔雀明王特征，仅服饰、披帛等细节与莫高窟同时期菩萨像装束接近，或为依据印度僧人带来的新样式直接绘制。大都会艺术博物馆所藏绢本菩萨像见Denise Party Leidy，"Banner with a Bodhisattva, Possibly Mahamayuri" in "Recent Acquisitions, a Selection:2007-2008"，*The Metropolitan Museum of Art Bulletin*, Volume 64, No.2, The Metropolitan Museum of Art, 2008 Fall, pp.1-59:11。

与上述情况不同，巴蜀地区孔雀明王图像始终以不空仪轨为根本，借鉴、吸收了显教造像与民间信仰中相关因素。一方面，自晚唐以降，这一地区密教图像显教化趋势日盛。遂宁龙居寺晚唐龛，以一铺七尊造像表现孔雀明王坛，即为该地密教图像中借用显教造像形式的早期实例。北宋末到南宋早期，大足及安岳的孔雀明王图像中，眷属人物缺乏密教尊格特征，又多表现情节性内容，流行比丘被蛇咬及天胜阿修罗场面。至南宋中晚期，宝顶山第13龛重新引入孔雀明王坛，方对密教仪轨有所回归。这种变化可能与当地佛教团体的发展有关，赵智凤及其信众在践行密法之时，可能比其前辈修行者更为重视唐代密教典籍，故在造像中对不空仪轨有所恢复。

另一方面，两宋时期地方社会所见密教，明显区别于推崇两部大法的唐代纯密，以崇拜特定本尊、诵持特定咒语为主，侧重满足信徒需要，即所谓“分割化及通俗化的密教”[1]。具体到去毒息灾的孔雀明王，继唐代既有的祈雨祈晴之外，两宋时期对其治病驱魅、安胎安产、荐别亡者等诸现实功益亦受到关注。从图像来看，上述大足、安岳实例中孔雀明王持梵夹，又与千佛组合，突出孔雀明王作为佛母的意涵，本尊崇拜色彩鲜明。其核心思想仍为去毒息灾，如孔雀明王第一手执关联除魅去秽的孔雀尾翎（或带须扇状物），附属图像表现比丘被蛇咬场面强调救治，坛场底部镇压象征灾厄、邪毒的恶兽。但是，该地孔雀明王像持寓意多子的石榴形吉祥果，又与求子灵验的诃利帝母、关联祟孕的五通大仙组合，表述庇佑子孙繁衍的意涵，显然其安产安胎的功能颇受重视。

需要指出的是，显教化、通俗化的图像也为图像阐释带来了一定的困难。天胜阿修罗场面见于石门山第8窟、孔雀洞龛及宝顶山第13龛，所据位置、图像大小及出现次数，都不逊于比丘被蛇咬场面。然而，与作为该经缘起的比丘被蛇咬不同，天胜阿修罗在《孔雀明王经》并无直接描述，为何这一情节会受到特别重视？其具体意涵为何[2]？就现存资料来看，一种可能是《孔雀明王经》在巴蜀地区传播过程之中，俗讲的讲经者用乘孔雀者助天人战胜阿修罗这一情节取代原有孔雀王本生，成为该地地方性文本的两个核心情节之一。天胜阿修罗故事一般意在表述正法必将战胜非法，《孔雀明王经》的俗讲者吸纳这一情节，显然与孔雀明王增益正法、息灾止祸的功能有关，但其具体意涵仍不可知，仅存两点猜想。一者，石门山第8窟天人与阿修罗斗战场面中，有龙从云雾中跃出。天龙者，可兴云致雨，不知天胜阿修罗情节是否与孔雀明王求雨之功用有关[3]。二者，宋代经典有以天与阿修罗斗战关联现世战争者，施护亦曾强调包括《孔雀明王经》在内的“五护陀罗尼”可护持佛法及诸国界，该地孔雀明王图像中天胜阿修罗场面的流行，或许与这一时期宋金战争有关，希望借助孔雀明王之力护持现实战争获胜。

元明清时期，受到藏传佛教的影响，孔雀明王图像较之前已大有不同[4]。在与唐宋同时期的日本、朝鲜，唐密系统的孔雀明王图像获得较大发展。在今后研究之中，详细对比同时期中、日、朝的图像及信仰，或可勾勒出8—13世纪以汉译仪轨为核心的孔雀明王图像在东亚地区传播与发展的整体面貌[5]。

附：本文修改自笔者2015年清华大学硕士学位论文，2016年11月曾于苏黎世大学“Vision and Visuality in Buddhism and Beyond”研讨会进行口头发表。文中未注明出处图片为实地拍摄或笔者绘制。在写作过程中，社会科学院廖旸研究员曾给予了极具建设性的修改意见，日本筑波大学博士生因幡聪美女士、德国慕尼黑大学博士生王芳女士、印度德里大学博士生印照法师以及清华大学博士生陈秀慧女士提供了诸多资料，在此谨致谢忱！

1 栂尾祥云著，释圣严译：《密教史》，东初出版社1992年版，第110页。

2 学者曾对天胜阿修罗场面提出过几种解读，但受限于资料等诸多原因，目前尚无法全然厘清。陈习删认为宝顶山第13龛天胜阿修罗场面神将持“天胜修罗”旌旗，借鉴了（北宋）施护译《佛说无能胜旛王如来庄严陀罗尼经》中“汝应持是陀罗尼，以杂色采作囊盛之系于旌旗之上”的内容。前引陈习删：《大足石刻志略校注》，第279页。温玉成认为天胜阿修罗场面与巴蜀唐代僧人守真有关，《宋高僧传》之“蜀僧守真”下附弥加事迹，其曾受帝释天请迎上天持诵《华严经》，以击退阿修罗。前引温玉成：《大足宝顶石窟真相解读》，第114—130页。郭相颖认为宝顶山第13龛乘孔雀者为孔雀明王。前引郭相颖：《宝顶山大佛湾三部造像内容考探》，第175页。

3 （南宋）法云《翻译名义集》卷2：“龙有四种，一守天宫殿，持令不落，人间屋上作龙像之尔。二兴云致雨，益人间者。三地龙，决江开渎。四伏藏，守转轮王大福人藏也。”《大正藏》第五十四册，第1078页中。前引不空《佛母大孔雀明王经》卷3：“阿难陀，若天旱时及雨涝时，读诵此经，诸龙欢喜，若滞雨即晴，若亢旱必雨，令彼求者，随意满足。”《大正藏》第十九册，第439页上。

4 廖旸：《明清时代的三铺孔雀明王壁画——兼及对图像配置的探讨》，《美术研究》2010年第1期，第26—33页。

5 10—11世纪日本孔雀明王信仰与宋代相当相似，明王持石榴形吉祥果，主要功能为除病、去秽、安产，且出现关联《法华经》《孔雀明王经》的法事活动，推测二者之间存在紧密联系。橋村愛子：《平安時代前期・中期における孔雀经法の形成と展開——空海請来から藤原道長による平産の祈りへ》，《密教図像》第29号，密教図像学会2010年版，第15—38页。

附表1　孔雀明王造型的关联经典

		一面二臂	一面四臂	三面六臂	三面八臂
汉文仪轨	《佛说大孔雀咒王经》卷3《坛场画像法式》		立像；右边一手持柚子，一手执莲花，左边一手持吉祥果，一手执孔雀尾三茎		
	《佛说大孔雀明王画像坛场仪轨》		结跏趺坐于孔雀所托莲座上；右边第一手执开敷莲华，第二手持俱缘果（其果状相似水苽）。左边第一手当心掌持吉祥果（如桃李形），第二手执三五茎孔雀尾		
梵文仪轨	《成就法鬘》第91、104号	孔雀尾翎、拂尘			
	《成就法鬘》第116、201号	孔雀尾翎、施与愿印			
	《成就法鬘》第197号			左侧三手持伞、弓、水瓶；右侧三手执孔雀尾翎、矢，施与愿印	
	《成就法鬘》第206号；《究竟瑜伽鬘》第18号				左手依次持钵（钵内比丘向上乞食）、孔雀尾翎、盛金刚杵之盘、宝幢。右手为施与愿印，持宝瓶、法轮、剑
日本图像志	《秘藏记》卷末	左手执莲花，右手持孔雀尾翎			
	《图像抄》卷3	左手持孔雀尾翎，右手持吉祥果			
	《图像抄》卷3		四臂像之中，左右手各持莲花		
	《白宝抄》之《孔雀经法杂集下》		右第一手执孔雀尾翎，左第一手执金轮，右第二手执吉祥果，左第二手执宝马头		
	《觉禅钞》之《孔雀经法下》			四臂如常，新增右手持日轮、左手执梵夹	
	《觉禅钞》之《孔雀经法下》			左右二手合掌，右一手执孔雀尾翎三茎，一手持棒，左一手持桃形果实	

文献来源：

Benoytosh Bhattacharya, S ā dhanam ā la. Baroda: Oriental Institute，1986.

Benoytosh Bhattacharya, N ī spannayog ā val ī . Baroda: Oriental Institute，1949.

（唐）义净：《佛说大孔雀咒王经》卷3《坛场画像法式》，《大正藏》第十九册。

（唐）不空：《佛说大孔雀明王画像坛场仪轨》，《大正藏》第十九册。

［日］空海：《秘藏记》卷末，《大正藏》第八十九册。

［日］惠什：《图像卷》卷3，《大正藏》第九十一册。

［日］澄圆：《白宝抄》之《孔雀经法杂集下》，《大正藏》第九十六册。

［日］日本福井万德寺所藏《觉禅钞》所记《孔雀经法下》，转引自增記隆介：《日本の美術508孔雀明王像》，至文堂2008年。

附表2　中国古代文献所录唐宋时期孔雀明王图像

朝代	作者	文献
唐	阎立本	《宣和画谱》卷2："今御府所藏四十有二……孔雀明王像一。"
	吴道子	《宣和画谱》卷2："今御府所藏九十有三……孔雀明王像四。"
	王维	《南宋馆阁录续录》卷3："（秘阁所藏）……孔雀明王一。"
	翟琰	《宣和画谱》卷2："今御府所藏四……孔雀明王像一。"
	卢楞伽	《宣和画谱》卷2："今御府所藏一百五十……孔雀明王像一。"
	姚思元	《宣和画谱》卷2："今御府所藏三，佛会图一、孔雀佛铺图一、紫微二十四化图一。"
	张南本	《益州名画录》卷上："中和年间（881—885年），寓止蜀城，攻画佛像人物龙王神鬼……大圣慈寺……竹溪院六祖兴善院大悲菩萨、八明王、孔雀王变相并南本笔。"
前蜀	杜龀龟	《宣和画谱》卷3："避地居蜀，事王衍为翰林待诏……今御府所藏十有四……孔雀明王像一。"
南唐	曹仲元	《宣和画谱》卷3："江南李氏时为翰林待诏……今御府所藏四十有一……孔雀明王像一。"
北宋	马贲	《绘事备考》卷5："画之传世者……孔雀佛铺图二。"
南宋	李祐之	《绘事备考》卷6："其先开封人，久居临安……画之传世者，孔雀明王像一。"
	佚名	《南宋馆阁录续录》卷3："不知名氏者四十轴……孔雀明王一、学吴道子孔雀明王一、学李公麟孔雀明王一。"

文献来源：

（北宋）佚名：《宣和画谱》，浙江人民美术出版社点校本2012年版。

（南宋）陈骙、佚名撰：《南宋馆阁录》及《南宋馆阁录·续录》，中华书局点校本1998年版。

（北宋）黄休复：《益州名画录》，中华书局点校本1991年版。

（清）王毓贤撰：《绘事备考》，《景引文渊阁四库全书》第826册，台湾商务印书馆1986年版。

大足石刻观无量寿经变分析

孙明利

引言

观无量寿经变（以下简称观经变）系四川地区主流佛教石刻造像内容[1]，大足地区存有三例反映不同时代风貌的代表性实例，分别是位于大足中心地方的北山佛湾晚唐第245龛观经变，处在大足东北方向的宝顶山大佛湾南宋第18龛观经变，以及雕刻于大足西南方向的千佛岩明代第11龛观经变（图1），此三例分布地点相距不太遥远，然上下纵跨五百年。这些实例规模之巨大，内容之丰富，意涵之深刻，足以据此观察四川乃至中国西方净土图像和信仰的发展情况。

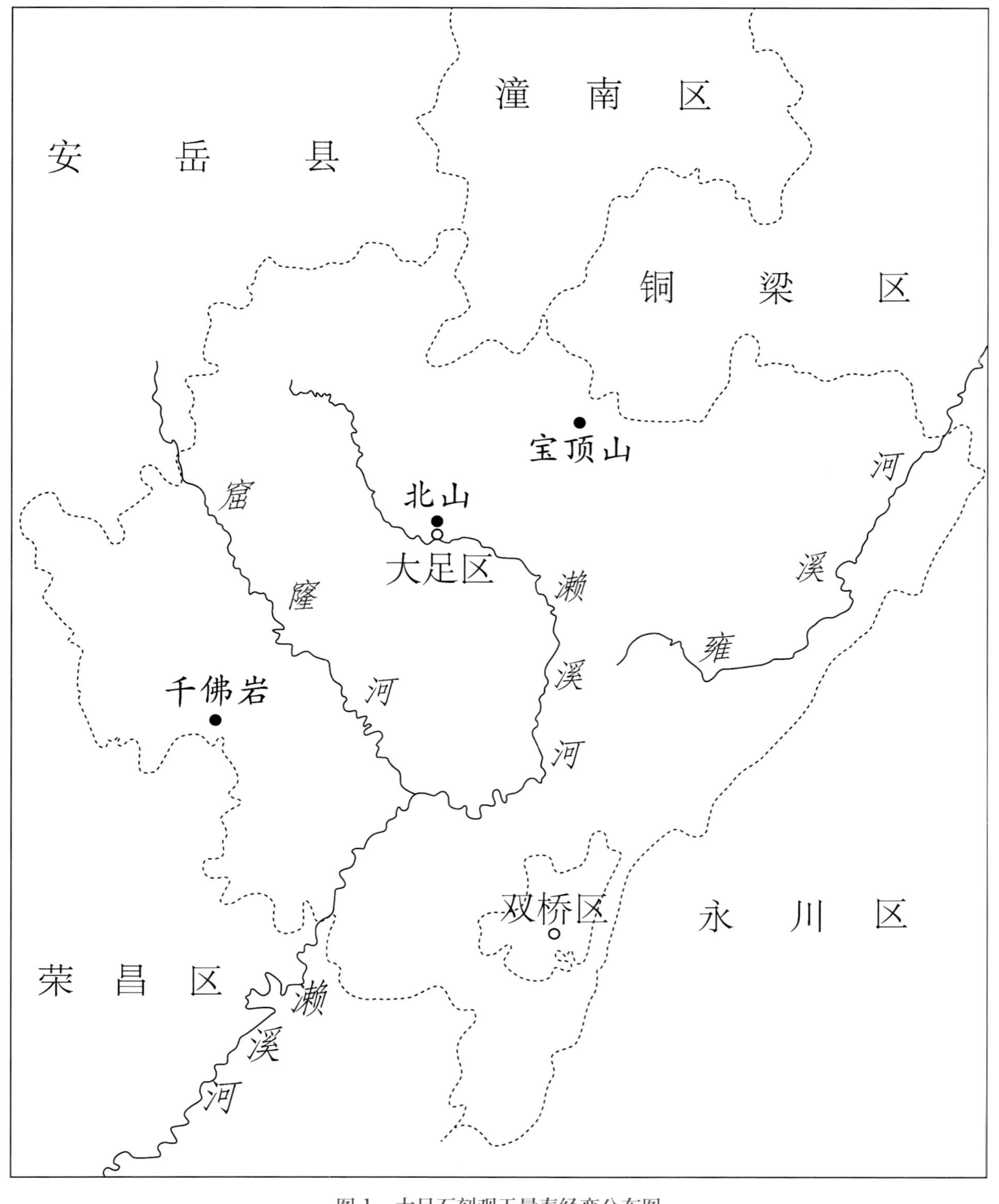

图1　大足石刻观无量寿经变分布图

1　本稿所指的四川地区包括1997年划为独立行政区的重庆市。

大足石刻观经变主要依据南朝宋畺良耶舍译《佛说观无量寿佛经》制作，表现西方净土世界景象、未生怨、十六观，以及九品往生，但也受到以三国魏康僧铠译《佛说无量寿经》为代表的无量寿经类，以及十六国后秦鸠摩罗什译《佛说阿弥陀经》这两类净土经典的影响[1]。

以往，学界对大足北山佛湾晚唐第245龛和大足宝顶山大佛湾南宋第18龛二例观经变已有较多关注[2]，前辈学者在细致考古调查基础上，对北山与宝顶山二图像各自的布局与表现，以及二者的联系和区别产生一定程度认识，但有关图像具体内容和深层内涵的分析还留有较大空间。

鉴于此种情况，笔者于2014年7月和2016年7月两次前往大足进行实地调查，获得充实一手资料[3]，并以先前梳理四川唐、五代摩崖浮雕观经变整体发展脉络的成果为依托[4]，运用美术史图像学方法阐释大足地区三例观经变各自图像布局、具体表现及图像意涵，以期得出关于大足石刻观经变发展的规律性认识。

一　大足北山佛湾晚唐第245龛观无量寿经变

大足北山佛湾第245龛为内外双层龛（图2），内龛高388厘米、宽260厘米、深93厘米，外龛高471厘米、宽362厘米、深110厘米。龛外右侧壁最宽处134厘米，龛外左侧壁最宽处112厘米。内龛左右上角有三角形斜撑[5]。

此龛龛外右侧壁第二排供养人像石垠内侧原有刘净意等造西方龛铭文，但漫漶严重，失去明确纪年，又龛外左侧壁第240龛双菩萨像右侧存唐乾宁三年（896年）造像记，且第240龛打破了第245龛龛外崖壁，据此推测，大足北山佛湾第245龛的开凿年代不晚于唐乾宁三年（896年）。据统计，大足北山佛湾唐代石刻造像题记集中于乾宁年间（894—898年），目前可知最早者为乾宁二年（895年）第26龛观音像，且佛湾南段现存唐昭宗乾宁二年（895年）胡密所撰的韦君靖碑。综合而言，大足北山佛湾第245龛的开凿年代大致为9世纪90年代前半期，属于晚唐末期[6]。

大足北山佛湾第245龛内龛表现西方净土世界场景，外龛左右边框表现十六观图像，两方十六观图像下端和外龛底部表现未生怨图像。本稿依据图像所处位置，称名内龛图像为中间图像，外龛左右边框及底部的十六观与未生怨图像为边带图像，二者共同表现《佛说观无量寿佛经》内容，因此，大足北山佛湾晚唐第245龛题材为观无量寿经变（以下简称北山第245龛观经变）。

不论龛像体量，还是图像内容、雕刻水平，北山第245龛观经变在四川唐代观经变中都称得上上乘之作，早已引起前辈学者注目。以往学者对该龛图像的研究可概括为建筑图像、乐器图像，以及整体图像内容三方面。

20世纪60年代，辜其一先生以北山第245龛为例，介绍四川唐代摩崖中的建筑形式，主要描述了斗拱、柱额、屋顶、装饰四部分[7]。其后，李显文先生围绕主体建筑、台阶、栏杆、基座、柱、阑额、斗拱、门窗、屋顶等多个方面，分析了该龛建筑结构，内容翔

1　（三国·魏）康僧铠译《佛说无量寿经》（《大正藏》第十二册）讲述无量寿佛前生在因地为法藏比丘时发四十八大愿、修菩萨行的事迹，以及西方净土世界景象。（十六国·后秦）鸠摩罗什译《佛说阿弥陀经》（《大正藏》第十二册）重点描述了西方净土世界的极乐景象。（南朝·宋）畺良耶舍译《佛说观无量寿佛经》（《大正藏》第十二册）序分讲述阿阇世王弑父、囚母的未生怨故事，正宗分讲述释迦佛教导韦提希夫人往生西方极乐世界的十六种观想法（简称十六观），流通分描述韦提希夫人与五百侍女往生西方净土世界内容。本稿多处引用此三部经典，为避免累赘，下文不再重复说明译者、时代及出处。又，无量寿佛与阿弥陀佛系同一尊格佛陀，前者意译，后者音译。

2　胡文和：《四川道教佛教石窟艺术》，四川人民出版社1994年版，第248—253页；胡文和：《巴蜀佛教雕刻艺术史·中》，巴蜀书社2015年版，第461—463页；［日］武者小路著，黎方银译：《大足石刻四题》，收录于重庆大足石刻艺术博物馆、四川社会科学院大足石刻艺术研究所编：《大足石刻研究文集》（2），重庆出版社1997年版，第510—522页；黎方银：《大足石窟艺术》，重庆出版社2001年版，第97—104页。

3　2014年7月，笔者与清华大学李静杰老师，以及研究生齐庆媛、王友奎、杨筱、朴玟静等一起前往大足考察，参加考察的人员还有台北艺术大学林保尧老师及其助手蔡秉彰，以及台湾华梵大学博士生陈怡安等。2016年7月，承蒙大足石刻研究院的鼎力支持，笔者与江西科技大学李静老师一同前往大足考察。李静杰老师、齐庆媛、李冠畿、林保尧老师、陈怡安，以及蔡秉彰向笔者慷慨提供了实地调查资料，十分感谢。

4　孙明利：《四川唐五代摩崖浮雕观无量寿经变分析》，收录于麦积山石窟艺术研究所编：《石窟艺术研究》第一辑，文物出版社2016年版，第174—239页。

5　大足北山佛湾第245龛观无量寿经变著录见于李永翘、胡文和：《大足石刻内容总录》，收录于刘长久、胡文和、李永翘编著：《大足石刻研究》，四川省社会科学院出版社1985年版，第418—420页；黎方银主编：《大足石刻雕塑全集：北山石窟卷》，重庆出版社1999年版，第19—25页，图版21—27；李巳生主编：《中国石窟雕塑全集 7·大足》，重庆出版社2000年版，第7—10页，图版7—10。该龛尺寸来自笔者实地测量。又，本稿所指龛内造像包括内龛和外龛两层，龛外造像指龛外两侧壁造像，并以龛像自身为基准确定左右方位，下同。

6　大足北山佛湾第26龛观音像题记：“敬造救苦观音菩萨一身，右弟子何君友敬为亡男□□造上件功德，□□□以乾宁二年二月十三日赞讫。”大足北山佛湾第240龛题记：“敬造欢喜王菩萨一身，比丘尼惠志造，奉报十方施主。乾宁三年五月十六日设斋表庆讫，永为供养。小师敬修，小师法进。”大足北山佛湾第245龛龛外右侧壁题记：“造西方龛化首，刘净意，陈静喜，弟子李氏……□□文氏。”重庆大足石刻艺术博物馆、重庆市社会科学院大足石刻艺术研究所编：《大足石刻铭文录》，重庆出版社1999年版，第11、12、15页。

7　辜其一：《四川唐代摩崖中反映的建筑形式》，《文物》1961年第11期。

实，分析细致，但对于整体建筑布局着墨不多[1]。李志荣女士对该龛正壁上部中心楼阁作了详细测绘与记录，并分析了第245龛建筑中的特殊现象，如简单的斗拱、抱厦和歇山顶、未施铺作的楼阁平座、八角形钟楼等单体建筑物象，并概括描述了建筑群布局，但其他建筑仅列表描述，没有仔细分析[2]。

秦方瑜先生细致考察了北山第245龛的乐器图像[3]，识别龛内乐器名称，标明乐器排列部位，统计各种乐器数量，进而将北山第245龛乐器与敦煌莫高窟初唐第220窟北壁药师净土经变中的乐器比较，并探讨两组乐队的属性，认为二者更接近于唐代十部乐中的燕（宴）乐。

胡文和先生将北山第245龛作为四川唐代观经变的实例之一加以描述[4]，大致描述了该龛中间图像布局，两边十六观和底部阿阇世王弑父囚母故事，并阐述西方三圣、莲池化生、十六观等图像内容，但未做具体分析，缺乏对整体龛像布局、图像内容的细致解读。王惠民先生从北山第245龛观经图像解读、观经图像流行背景、一佛五十菩萨图源流，以及图像学意义四个方面专门分析了该龛图像[5]，该文第二、第三方面文献梳理价值较高，但第一图像解读方面较为简略。

以上可见，前辈学者对北山第245龛观经变的研究各有侧重，但有关该龛图像的整体布局，以及各部分图像详细内容，还缺乏具体、详尽的讨论。基于学界存在的问题，笔者在实地考察基础上，采用美术史图像学方法，以梳理四川唐、五代观经变整体发展脉络成果为依托，从图像表现、图像源流、图像含义三方面递进分析北山第245龛观经变，并比较河西地区同类图像，以期更为全面、细致、深入地揭示该龛图像内容。下文按照由内而外，由主及次的顺序，依次阐述内龛中间图像、外龛边带图像，以及龛外两侧壁图像等。

（一）中间图像

北山第245龛观经变内龛浮雕西方净土世界景象，场面恢弘，气象庄严，展现净土世界的器世间清净与众生世间清净之象[6]。器世间清净即众宝合成的空间场景，众生世间清净即无有众苦、但受诸乐的众生，二者共同构成极乐世界[7]。下文依次阐述北山第245龛观经变所呈现的西方净土世界图像布局、场景、圣众，以及往生场面，由整体到局部，力求细致有序地分析中间图像。

1. 西方净土世界图像布局

关于北山第245龛观经变中间图像布局，学界已有初步成果，但某些方面尚待完善。胡文和先生以栏杆为界，将正壁图像分成四部分，分别是上重的西方三圣和净土全景（包括左右壁中下部的莲座人物）、西方三圣下方的伎乐和莲池化生、再下方的三品九生，以及正壁底部的阿阇世王弑父囚母故事[8]。黎方银先生将正壁图像分成极乐盛况、西方三圣、三品九生[9]。王惠民先生也将之分成阿弥陀佛三尊像、九品往生、自然景观三组[10]。前辈学者已大致区分净土景象、西方三圣、九品往生三方面，但图像布局仍需细化。

笔者将北山第245龛观经变中间图像大致分成五部分（图3）。从上往下，各部分图像和位置分别是：第一，表现鸟雀与乐器的龛顶虚空处。第二，布满天宫楼阁的正壁与左右壁上部空间。第三，西方三圣所处的正壁中部空间。第四，五十二菩萨像所处的左右壁中下部空间。第五，表现往生场面的正壁下部空间。第二至第五部分以平台栏杆为界，区隔分明。西方净土世界场景与圣众分布在各部分图像之中。

1　李显文：《大足北山佛湾摩崖造像第245窟中反映的唐代建筑及结构》，《四川文物》1986年S1期。

2　李志荣：《大足北山佛湾245龛观无量寿佛经变相石刻建筑的调查》，收录于重庆大足石刻艺术博物馆编：《2005年重庆大足石刻国际学术研讨会论文集》，文物出版社2007年版，第58—75页。

3　秦方瑜：《北山石刻乐器考略》，收录于前引重庆大足石刻艺术博物馆、四川社会科学院大足石刻艺术研究所编：《大足石刻研究文集》（2），第406—410页。

4　胡文和：《四川唐代摩崖造像中的“西方净土变”》，《四川文物》1989年第1期；胡文和：《四川道教佛教石窟艺术》，四川人民出版社1994年版，第249—250页。

5　王惠民：《北山245窟的图像与源流》，收录于前引重庆大足石刻艺术博物馆编：《2005年重庆大足石刻国际学术研讨会论文集》，第37—57页。

6　（北魏）昙鸾《略论安乐净土义》：“问曰，‘安乐国有几种庄严，名为净土？’答曰，‘若依经据义，法藏菩萨四十八愿即是其事，寻赞可知，不复重序。若依《无量寿论》，以二种清净，摄二十九种庄严成就。二种清净者，一器世间清净、二是众生世间清净’。”《大正藏》第四十七册，第1页上。

7　《佛说阿弥陀经》：“舍利弗，彼土何故名为极乐？其国众生无有众苦，但受诸乐，故名极乐。又舍利弗，极乐国土七重栏楯、七重罗网、七重行树，皆是四宝周匝围绕，是故彼国名曰极乐。”（第346页下）

8　前引胡文和：《四川唐代摩崖造像中的“西方净土变”》。

9　前引黎方银：《大足石窟艺术》，第99页。

10　前引王惠民：《北山245窟的图像与源流》。

图2　大足北山佛湾晚唐第245龛观无量寿经变

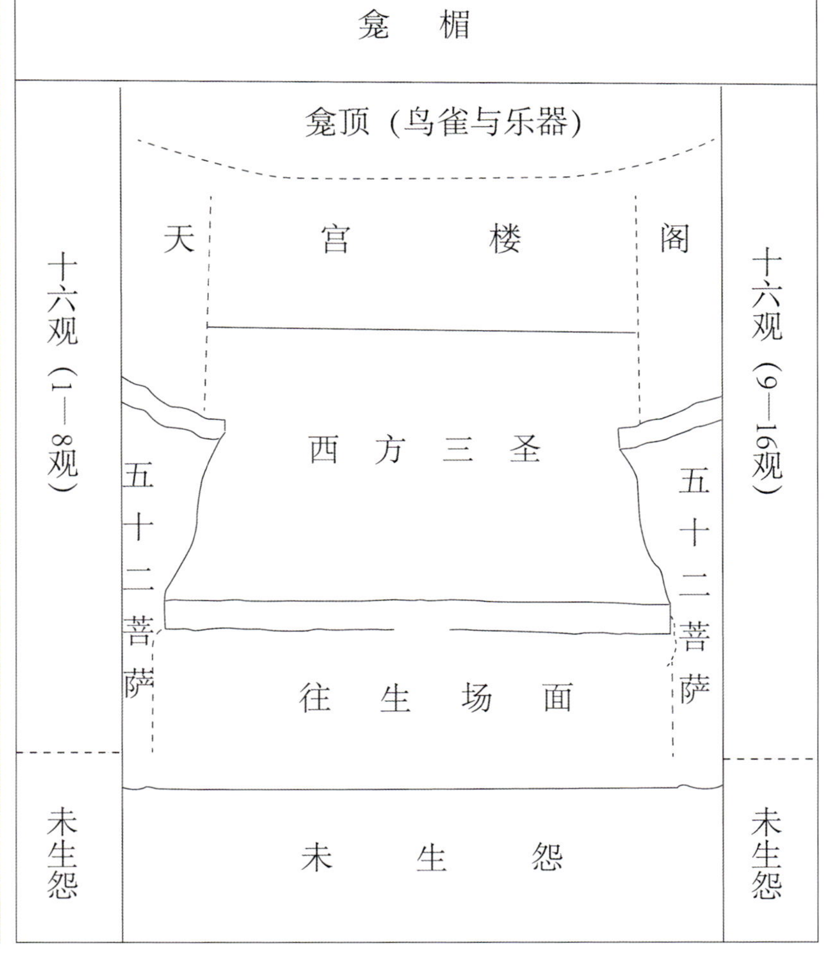

图3　大足北山佛湾晚唐第245龛观无量寿经变整体布局示意图

四川唐、五代观经变中间图像存在三种类型，分别是突出建筑的表现、突出莲枝化现的表现，以及建筑与莲枝化现并重的表现[1]。北山第245龛观经变上部全为天宫楼阁，与突出建筑表现的邛崃盘陀寺中晚唐第3龛相似[2]，左右壁中下部又布满坐在莲茎上的五十二菩萨像，与突出莲枝化现表现的资中重龙山晚唐第55龛一致，其吸收前两类图像布局因素，属于兼顾建筑与莲枝化现的第三种类型。与之图像布局类似者还有荣县龙洞东区晚唐第5龛、资中重龙山晚唐第32龛，以及安岳庵堂寺五代第21龛，参照四川唐、五代观经变地域分布情况（图4），可知这四例建筑与莲枝化现并重的观经变集中在沱江下游和涪江下游，具有一定地域特征。

河西地区唐代壁画观经变主要突出建筑表现，不见突出莲枝化现表现及建筑与莲枝化现并重表现。莫高窟盛唐第171窟东、南、北三壁绘突出建筑表现的观经变，西壁绘突出莲枝化现的一佛五十菩萨图像，将同一主题的两种类型图像结合在一个石窟中，而北山第245龛观经变在同一龛造像中兼顾建筑与莲枝化现图像，是四川唐代西方净土图像自身发展演变的结果。

2. 西方净土世界场景

阿弥陀佛前生在因地为法藏比丘时，发四十八大愿，立誓普度众生，历经无数劫难，苦修菩萨行，最后成就佛果，建立庄严、殊胜的西方净土世界，又称安乐世界或极乐世界[3]。极乐国土自地以上至于虚空的一切万物，包括以宫殿楼观为主体的建筑物和以池流华树为代表的自然物，皆是众宝合成[4]。

（1）建筑物

西方净土世界的讲堂、精舍、宫殿，以及楼观等建筑物，皆由七宝合成，其上又覆盖真珠、明月及摩尼众宝，呈现宝楼林立、七宝庄严的景象[5]。北山第245龛观经变之建筑物堪称四川唐、五代观经变中最为壮观者，且保存较好，为了解唐代建筑提供了珍贵的实

1　所谓莲枝化现，即从粗壮的莲茎中分出细小的莲枝，莲枝上接莲蓬座，其上承托姿态各异的菩萨，还有鸟雀、房屋等。莲枝上的物象都是在西方极乐世界中化现出来的，故称此种形式为莲枝化现，与莲池化生不同。两者的区别在于莲茎生长之处和莲枝上的物象，莲池化生是从莲池中长出莲茎，莲枝上仅表现化生童子，而莲枝化现是从大地或满瓶中长出莲茎，莲枝上除童子以外，还有菩萨、鸟雀等其他图像。

2　本稿以唐文宗大和九年（835年）甘露之变作为划分中唐和晚唐的界限。

3　《佛说无量寿经》卷上：“阿难白佛，‘法藏菩萨为已成佛而取灭度，为未成佛为今现在’。佛告阿难，‘法藏菩萨今已成佛，现在西方，去此十万亿刹，其佛世界名曰安乐’。（中略）无有三涂苦难之名，但有自然快乐之音，是故其国名曰极乐。”（第270页上、271页中）

4　《佛说无量寿经》卷上：“设我得佛，自地以上至于虚空，宫殿楼观、池流华树，国土所有一切万物，皆以无量杂宝百千种香而共合成，严饰奇妙超诸人天。其香普熏十方世界，菩萨闻者皆修佛行，若不尔者，不取正觉。”（第268页下）

5　《佛说无量寿经》卷上：“又讲堂精舍、宫殿楼观皆七宝庄严，自然化成，复以真珠明月摩尼众宝以为交露，覆盖其上。”（第271页上）

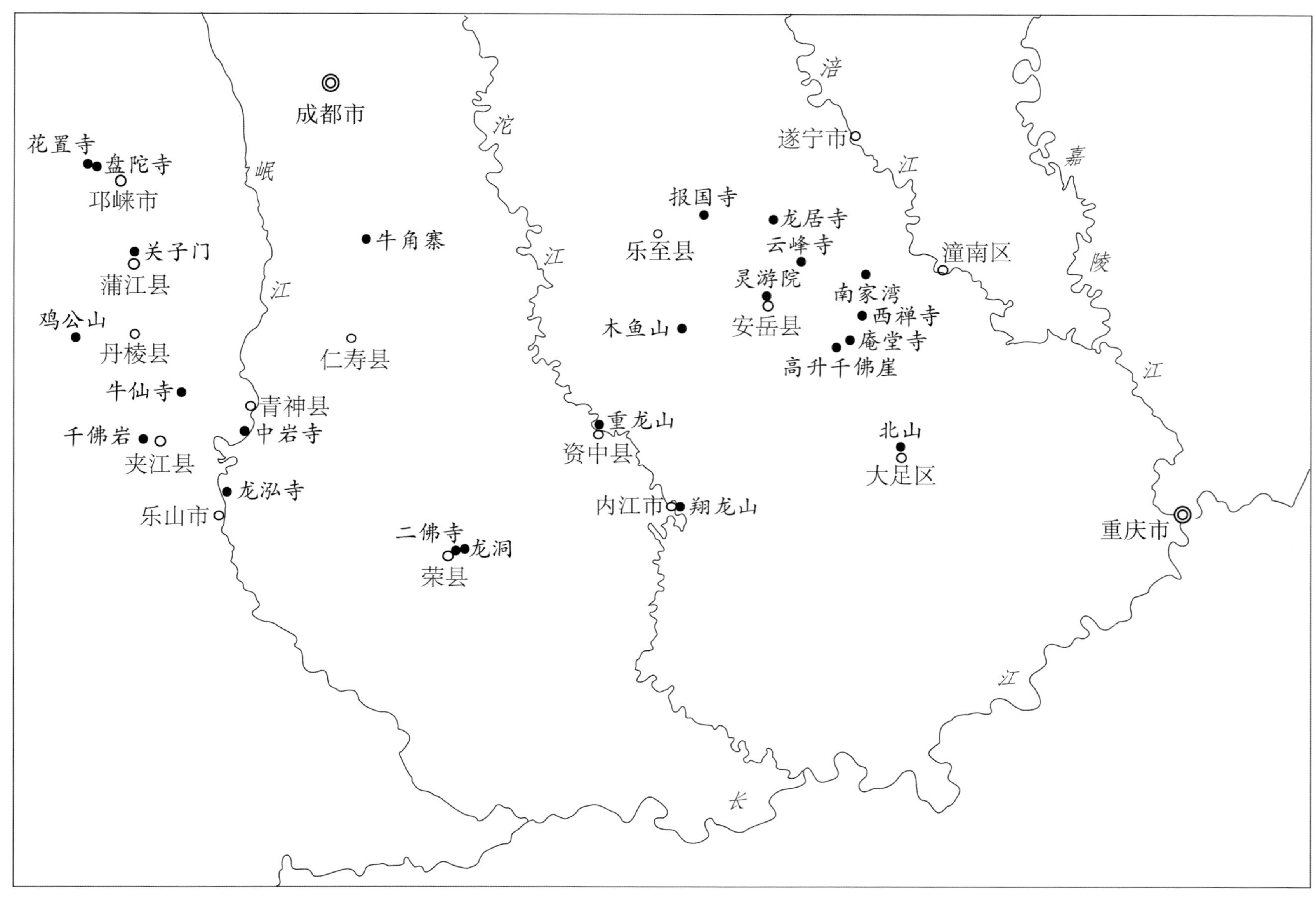

图4　四川唐、五代摩崖浮雕观无量寿经变分布图

物资料。其中，最引人注目者系布满上部空间的天宫楼阁。正壁与左右壁共五座楼阁，沿中轴线左右对称布局，连成一片宏伟的建筑群。正壁中央浮雕一座两层殿阁，两边平台上各设置一座经幢和一座八角形塔楼（图5）。左右壁各浮雕两座以虹桥相连的两层楼阁。

正壁中央的两层殿阁规模最大，成为北山第245龛观经变天宫楼阁的中心建筑。这座殿阁为重檐歇山顶式样，上层殿阁面阔五间，中央门半开，中间施以平座起连接作用，下层殿阁面阔七间，中央前出抱厦，抱厦面阔三间，中间敞开。在已知四川唐、五代观经变中，正壁中央殿阁前出抱厦者仅有两例，即北山第245龛和安岳庵堂寺五代第21龛（图6），二者位于川东地区涪江和嘉陵江西岸。后者的中央殿阁简化成一座单层大殿，但抱厦形制受前者影响显著。在四川唐代西方净土经变中，楼阁前出抱厦者还有邛崃石笋山中唐第4龛西方净土经变、乐山凌云寺盛中唐西方净土经变龛（图7）[1]，以及乐山龙泓寺晚唐观经变龛，集中于川中地区岷江两岸。三者均在两座三层楼阁的第二层中央前出抱厦，前者三层楼阁位于宝船上，后二者三层楼阁位于正壁中央殿阁两侧。第一例与第三例抱厦面阔三间，抱厦中央安置一尊坐佛，第二例抱厦面阔三间，中央敞开。北山第245龛观经变在正壁中央殿阁前出抱厦的形制，在四川唐代西方净土经变中首次出现，其抱厦形制与乐山凌云寺盛中唐西方净土经变之抱厦十分相似，可能受到川中地区稍早时间西方净土经变影响。此外，在四川唐、五代观经变中，中央殿阁作歇山顶表现者较多，例如北山第245龛和夹江千佛岩晚唐第137龛等（图8），而河西地区唐代观经变中央殿阁以庑殿顶表现居多。

在正壁中央殿阁两侧平台上，各设置一座经幢和一座两层楼阁。楼阁为八角形攒尖顶，顶端为饰有山花蕉叶和相轮的塔刹，中间施以平座连接上下层，两层均为八角形屋檐，本稿称之为塔楼。经幢被鸟雀等遮挡较多，不十分明显。与此表现相似者还见于夹江千佛岩晚唐第115龛、132龛、137龛（图9），以及荣县金碧崖晚唐第5龛观经变（图10）。这四例集中在川中地区，与北山第245龛观经变一样，均左右对称设置一座经幢和一座两层八角形塔楼，前三例雕刻在中部正壁与左右壁交接处，最后一例雕刻在上部左右壁。

1　笔者将西方净土经变分成一般化西方净土经变和观无量寿经变两类，前者仅表现西方净土世界场景，后者在前者基础上还表现十六观或未生怨图像。本稿所言西方净土经变即指一般化西方净土经变。

图 5　大足北山佛湾晚唐第 245 龛观无量寿经变正壁上部建筑

图 6　安岳庵堂寺五代第 21 龛观无量寿经变正壁上部中央殿阁（李静杰摄）

图 7　乐山凌云寺盛中唐西方净土经变左侧楼阁（齐庆媛摄）

图 8　夹江千佛岩晚唐第 137 龛观无量寿经变正壁楼阁

图9　夹江千佛岩晚唐第137龛观无量寿经变中部右侧塔楼与经幢

图10　荣县金碧崖晚唐第5龛观无量寿经变右侧上部塔楼与经幢（李静杰摄）

上述夹江千佛岩、荣县金碧崖、大足北山三地晚唐观经变之经幢与塔楼建筑形制相似，说明三者建筑粉本存在相似性，推测北山第245龛观经变建筑粉本应来自川中地区。

就塔内物象而言，上述夹江千佛岩和荣县金碧崖两地实例塔楼中设置坐佛及胁侍，而北山第245龛观经变两座八角形塔楼上层，似乎都悬挂着一口钟，李志荣女士判定这两座楼阁均为钟楼[1]。可是，在中国寺院建筑中，一般在大殿两侧分别配置一座钟楼和经楼，几乎不见在大殿两侧各配置一座钟楼的实例，如果北山第245龛观经变果真设置两座钟楼的话，情况则十分特殊。四川唐、五代观经变设置钟楼者还有安岳高升千佛崖晚唐第15龛观经变（图11），该龛右侧浮雕一座正面两层楼阁，楼阁上层中央悬挂一口钟，可惜与之对称的左侧楼阁严重风化，已无法辨别其中物象。安岳高升千佛崖晚唐第15龛观经变与北山第245龛观经变同属川东地区，且二者年代和地点都相近，或可据此推测在川东地区晚唐时期的观经变粉本中加入了钟楼图像。

按照唐代寺院制度，钟楼在东[2]，但是在绘画中，钟楼的位置并不固定，例如莫高窟盛唐第91窟南壁观经变右侧绘钟楼、左侧绘经楼，而莫高窟晚唐第85窟北壁药师经变与之相反，左侧绘钟楼，右侧绘经楼（图12）[3]。后者钟楼和经楼形制与北山第245龛观经变之塔楼相似，都表现为顶端设置塔刹的两层八角形楼阁，可能反映了晚唐时期的钟楼形制。

左右壁上部空间各配置两座两层楼阁（图13-1、图13-2）。靠内的两座楼阁为歇山顶，面阔五间，中间设置平座，下层楼阁外围设置围栏，楼阁下方还砌有表面装饰花砖的台基。这两座楼阁形制与规模几乎一致，但在细节表现上稍有不同。右壁靠内楼阁上层刻出了直棱窗，而对应左壁者没有刻画。靠外的两座楼阁面阔三间，下层中央门半开，正对着一座拱桥。拱桥架在莲池之上，连接着前后栏杆。北山第245龛观经变之楼阁大多采用水平的正视角雕刻，而左右壁靠外的两座楼阁采用斜上视角雕刻。同样采用斜视角雕刻左右侧配殿者还见于夹江牛仙寺中晚唐第11龛观经变（图14）、丹棱郑山中唐第42龛西方净土经变，二者位于川中地区岷江西岸。斜视角楼阁普遍出现在敦煌壁画观经变中，以透视方法表现空间，而四川地区观经变因采用摩崖浮雕表现方式，呈现三维立体空间，无须采用透视方法，因此，斜视角楼阁并不流行。上述三例观经变所刻斜视角楼阁，大概照搬当时绘画粉本雕刻所致。北山第245龛观经变两座斜视角楼阁可能受到川中地区同类图像影响，而楼阁靠近龛口的位置也可能影响其表现方式。

正壁与左右壁共五座楼阁连成一体，其中正壁中央殿阁与左右壁靠内楼阁以廊道相连，而左右壁两座楼阁之间以虹桥相连。兼用廊道和虹桥连接楼阁的现象普遍流行于四川唐、五代观经变。值得注意的是，此龛廊道为上下两层的复式结构（图15），分别连接正壁与左右壁上下两层楼阁，而其余四川唐、五代观经变中的廊道仅为单层，或连接单层大殿，或连接上层楼阁。这种复层廊道将上下左右的建筑全部贯通起来，不仅起到连接作用，而且更加突出建筑群的壮观气势。但是，此处复层廊道略呈弧形，从正壁中央直接延伸至左右壁，这种表现似乎不大符合现实情况。在现实寺院中，连接正壁与左右壁的廊道应该呈直角转折，这在大量敦煌唐代壁画中可以看到。北山第245龛观经变为浅龛摩崖浮雕，笔者推测应是工匠顺应崖壁走向，将廊道处理成弧形转折，既符合连接楼阁需求，又不遮挡其他物象，最大程度地展现宏伟的天宫建筑。

经幢作为西方净土世界不可或缺的建筑之一，成对出现在四川唐、五代观经变中，一般设置两座或四座经幢，位于中部或上部空间。而北山第245龛观经变正壁共雕刻六座经幢，两座位于上部中央殿阁两侧（图5），两座位于中部阿弥陀佛两侧（图16），还有两座位于下部中央拱桥两侧（图17）。《佛说观无量寿佛经》共记述了三种幢，分别是金幢、花幢和宝幢。金幢位于琉璃地下方，擎琉璃地[4]，花幢位于虚空中光明台两边[5]，宝幢则位于莲花台上[6]，三者分别位于地下、空中和地上。北山第245龛观经变上部两座经幢处于空中平台上，因被鸟雀遮挡，仅露出少许幢顶、幢身和幢基，幢基为束腰方形基座，幢身覆盖花蔓，应为花幢。中部阿弥陀佛两侧经幢，幢顶隐现于飞天之后，似有九层，幢身素面，其与阿弥陀佛莲花台座同处于宝地上，应为宝幢。下部拱桥两侧经幢处于宝地下方，近似于经典所述“下有金刚七宝金幢擎琉璃地”，可能为金幢。下部经幢位于拱桥侧面狭小的平台上，雕刻位置较为特殊，未见于其他同类实例。

---

1 前引李志荣：《大足北山佛湾245龛观无量寿佛经变相石刻建筑的调查》，第70页。

2 “寺之制度，钟楼在东”。（唐）段成式撰，曹中孚校点：《酉阳杂俎·寺塔记上》，上海古籍出版社2012年版，第159页。

3 萧默：《敦煌建筑研究》，文物出版社1989年版，第76、78页，图39、42。

4 《佛说观无量寿佛经》：“见琉璃地内外映彻，下有金刚七宝金幢擎琉璃地。其幢八方八楞具足，一一方面百宝所成，一一宝珠有千光明，一一光明八万四千色，映琉璃地。”（第342页上）

5 《佛说观无量寿佛经》：“琉璃地上，以黄金绳杂厕间错，以七宝界分齐分明。一一宝中有五百色光，其光如花，又似星月，悬处虚空成光明台。楼阁千万百宝所成，于台两边各有百亿花幢、无量乐器，以为庄严。”（第342页上）

6 《佛说观无量寿佛经》：“于七宝地上作莲花想。（中略）此莲花台，八万金刚甄叔迦宝、梵摩尼宝、妙真珠网，以为交饰。于其台上自然而有四柱宝幢，一一宝幢如百千亿须弥山，幢上宝缦如夜摩天宫。”（第343页上）

图11　安岳高升千佛崖晚唐第15龛观无量寿经变正壁右侧钟楼（李静杰摄）

图 12　敦煌莫高窟晚唐第 85 窟北壁药师经变左侧钟楼线图（据《敦煌建筑研究》图 42 局部绘制）

图 13-1　大足北山佛湾晚唐第 245 龛观无量寿经变右壁上部建筑

图 13-2　大足北山佛湾晚唐第 245 龛观无量寿经变左壁上部建筑

图 14　夹江牛仙寺中晚唐第 11 龛观无量寿经变正壁建筑（李冠畿摄）

图15　大足北山佛湾晚唐第245龛观无量寿经变右侧上部廊道

图16　大足北山佛湾晚唐第245龛观无量寿经变中部右侧经幢

图17　大足北山佛湾晚唐第245龛观无量寿经变下部拱桥右侧面经幢

西方净土世界充满池水，因此拱桥的设置不可或缺。北山第245龛观经变共设置了三座拱桥，两座位于左右壁上部（图13-1、图13-2），一座位于正壁下部中央（图18），三者均横跨在莲池上，两端与栏杆的望柱相连，连接上下平台。在正壁下部中央设置弧形拱桥的方式流行于四川唐、五代观经变，类似实例诸如仁寿牛角寨中唐第3龛、7龛，丹棱鸡公山晚唐观经变龛，安岳高升千佛崖晚唐第15龛，资中重龙山晚唐第32龛、55龛，以及乐至报国寺五代第1龛、5龛等。这座拱桥处于阿弥陀佛正下方，连接下方平台与阿弥陀佛所处平台，有的甚至直接与阿弥陀佛基座相连，表现出信众希望在此岸登上方便之桥，速至极乐世界面见阿弥陀佛的愿望[1]。但是，在左右壁上部雕刻拱桥者不见于其余四川唐、五代观经变实例，可能因为其余实例并没有在上部空间设置莲池，自然无须安放拱桥。

平台与栏杆在北山第245龛观经变建筑布局中具有分界作用，具体而言，该龛建筑布局可划分成4层（图19-1），每层设置不同

1　（唐）法照《净土五会念佛诵经观行仪》卷中："（法）照以永泰二年（766年）四月十五日，于南岳弥陀台（中略）正念佛时，有一境界，忽不见道场屋舍，唯见五色光明，云台弥漫法界。忽见一道金桥，从自面前，彻至西方极乐世界，须臾即至阿弥陀佛所，头面作礼阿弥陀佛所。"《大正藏》第八十五册，第1253页中、下。

的物象。第1层平台上主要雕刻天宫楼阁，第2层平台上主要安置西方三圣，第3层平台上设置拱桥及桥下莲池等，第4层平台上设置阶道与楼台。除第1层平台没有设置栏杆以外，其余3层平台外沿均雕刻栏杆，且栏杆装饰纹样也起到区分平台层次的作用。

第2层西方三圣所处平台左右侧及下沿均围绕栏杆，平台下沿的栏杆作水平雕刻，观世音和大势至菩萨两侧的栏杆作“之”字形雕刻。这些栏杆上雕刻一模一样的花卉纹样，花卉作上面观，中间雕刻四片花瓣，四周装饰卷草，华板处为三道横杆（图19-2）。该层栏杆虽然不在同一水平线上，但一模一样的栏杆纹样表明，栏杆所立之处实际位于同一层平台。西方三圣平台中央向下延伸出一座拱桥，该拱桥及桥下空间形成第3层平台。拱桥下方栏杆上雕刻几何形纹样，华板处浅刻多道竖直线（图19-3）。第4层平台位于正壁最下部，平台中央对称设置阶道，两端设置楼台。阶道与楼台的栏杆纹样一致，均雕刻花卉纹样，华板处为三道横杆图案（图19-4），除了花瓣分为五片以外，其余纹样与第2层西方三圣平台栏杆几乎一致。楼台与阶道后面设置过道，过道下以夯土支撑，过道上的栏杆雕刻另一种花卉纹样，叶子更长，华板处为几何形图案（图19-5），华板纹样与第3层拱桥下方栏杆上的几何形纹样一致。第4层平台前后空间关系清晰，且前后栏杆纹样不同，明显有意为之。

第4层左右两端还设置了两座楼台（图20）。川中地区设置楼台者如邛崃盘陀寺中晚唐第3龛观经变、蒲江关子门晚唐观经变龛，以及乐山龙泓寺晚唐观经变龛，三者集中在岷江流域，均在左右壁紧靠龛口处各设置一座楼台，以虹桥与正壁主体楼阁相连。北山第245龛观经变之楼台与主体楼阁分开，不同于川中地区楼台表现，与之相似者见于资中重龙山晚唐第32龛观经变（图21），二者楼台不仅形制相似，所处位置一致，就连楼台栏杆装饰花纹也十分相近，可见晚唐时期资中与大足两地龛像雕刻关系密切。

以上，北山第245龛观经变的建筑布局已经明了，从正面看，可分成上下4层，但从俯视角度看，这4层平台逐层向外突出，构成从后向前的空间关系。该龛利用摩崖的立体优势，不需使用透视方法即可表现区分明显的建筑空间，这也是四川唐、五代观经变的典型特征。较为特殊的是，第2层原本水平放置的西方三圣平台，却凭借栏杆的转折之势，将平台向外倾斜表现，平台内之物一览无余，这种表现方式不见于其余四川唐、五代观经变，似乎与敦煌唐代壁画观经变略有相似之处，例如敦煌莫高窟盛唐第172窟北壁观经变（图22）[1]。北山第245龛观经变开凿时间大约晚于唐僖宗入蜀10年，或许西方三圣平台表现可能受到两京地区同类经变粉本影响。综合而论，北山第245龛观经变的建筑布局及表现方式，在吸收当地同类图像基础上，可能还参考来自两京地区的同类图像粉本因素。

（2）自然物

极乐国土功德庄严，宝地、宝池、宝树行列，亦有莲花、水流、百宝色鸟等自然景物充填其间。这些景物还会发出微妙音声，其音宣说念佛、念法、念僧，演说苦、空、无常、无我、诸波罗蜜，令人心驰神往。

《佛说阿弥陀经》记述，极乐国土有七宝池，池中充满八功德水，池底以金沙布地。四边阶道以金、银、琉璃、玻璃四宝合成。宝池之上有楼阁，装饰金、银、琉璃、玻璃、砗磲、赤珠、玛瑙七宝。池中莲花大如车轮，散发出青、黄、赤、白等光色，微妙香洁[2]。

北山第245龛观经变分别在正壁西方三圣平台下方和左右壁楼阁下方设置莲池。正壁下部两侧莲池以中央拱桥为中心对称设置，外围栏杆，莲池中空出梯形空间设置伎乐，池中充填着象征八功德水的波状水流、大如车轮的团圆莲花、扇形莲叶，以及莲苞等（图23）。左右壁上部莲池位于楼阁之下，亦对称设置，与经典记述宝池上有楼阁情况一致。莲池中除了水流、莲花、莲叶、莲苞等自然物之外，还雕刻了两条龙头宝船（图24）。

在设置宝船的四川唐、五代观经变实例中，川中地区中晚唐观经变表现大型楼阁式宝船，川东地区晚唐、五代观经变普遍表现小型龙头宝船。与北山第245龛观经变宝船形制相似者还有安岳庵堂寺五代第21龛，以及乐至报国寺五代第1龛、5龛观经变，或许这四例宝船依据相近粉本雕刻，抑或后三例宝船受到第一例影响。四例观经变之宝船虽然形制相似，但雕刻位置有所差别。后三例观经变均设置两条龙船，对称雕刻在正壁最下部莲池中，船头相对，而北山第245龛观经变设置四条龙船，对称雕刻在左右壁上部莲池中，同壁两船方向一致，宝船上设置划船的化生童子，表现西方净土水道乘船则乐的易行道修行方便法门，以及往生者乘佛愿力往生极乐世界的意涵[3]。

1　前引萧默：《敦煌建筑研究》，第72页，图35。

2　《佛说阿弥陀经》：“极乐国土有七宝池，八功德水充满其中，池底纯以金沙布地。四边阶道，金、银、琉璃、颇梨合成。上有楼阁，亦以金、银、琉璃、颇梨、砗磲、赤珠、玛瑙而严饰之。池中莲花，大如车轮，青色青光，黄色黄光，赤色赤光，白色白光，微妙香洁。舍利弗！极乐国土成就如是功德庄严。”（第346页下、347页上）

3　有关四川唐、五代观经变中宝船的表现及其意涵，详见笔者《四川唐五代观无量寿经变光明转与宝船因素分析》，《故宫博物院院刊》2017年第4期。

图 18　大足北山佛湾晚唐第 245 龛观无量寿经变正壁下部中央拱桥

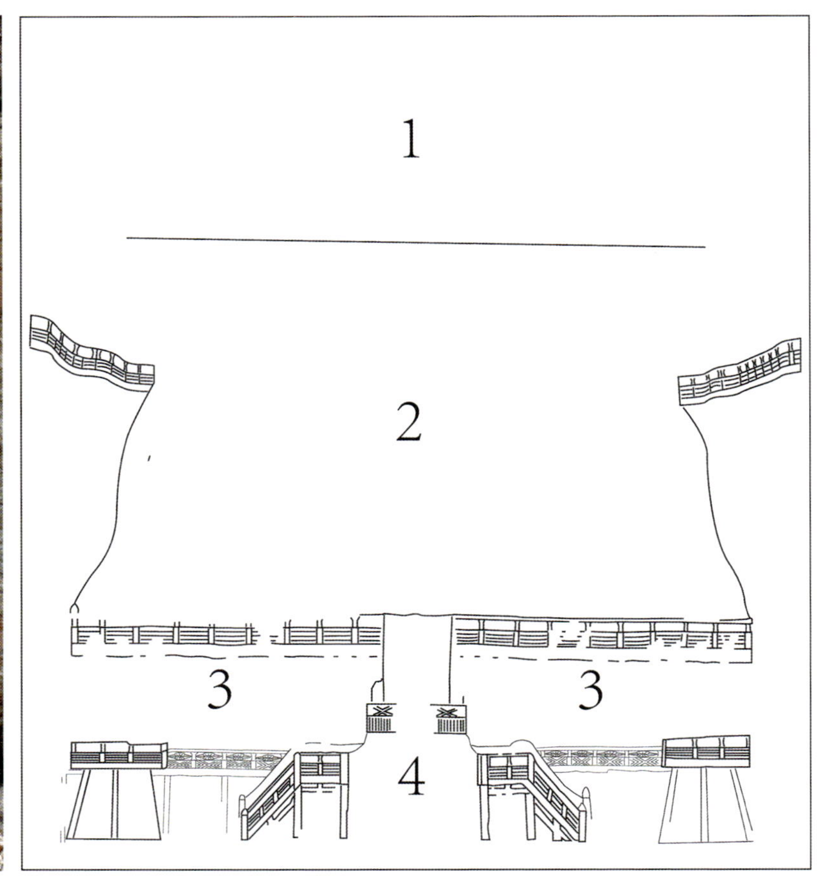

图 19-1　大足北山佛湾晚唐第 245 龛观无量寿经变平台栏杆线图

图 19-2　大足北山佛湾晚唐第 245 龛观无量寿经变西方三圣平台栏杆纹样

图 19-4　大足北山佛湾晚唐第 245 龛观无量寿经变正壁最下部前层栏杆纹样

图 19-3　大足北山佛湾晚唐第 245 龛观无量寿经变正壁下部拱桥下沿栏杆纹样

图 19-5　大足北山佛湾晚唐第 245 龛观无量寿经变正壁最下部后层栏杆纹样

极乐国土不仅有宝池生莲，还有宝地生莲。北山第245龛观经变兼有宝池与宝地两种生莲方式，宝池生莲表现在莲池中，宝地生莲主要表现在左右壁中下部五十二菩萨像处。该龛左右壁莲茎从宝地上长出，继而向上生长并不断分出莲枝连接莲花座，缝隙中亦有许多扇形莲叶充填其间，与《佛说观无量寿佛经》所述七宝地上莲花有八万四千大叶仿佛[1]。

《佛说观无量寿佛经》第四观宝树想记载，极乐国土有七重行树，树高八千由旬，树上七宝花叶俱足，众叶间生出像旋火轮一样

1　《佛说观无量寿佛经》："欲观彼佛者，当起想念。于七宝地上作莲花想，令其莲花一一叶作百宝色，有八万四千脉，犹如天画，一一脉有八万四千光，了了分明皆令得见，华叶小者纵广二百五十由旬。如是莲华有八万四千大叶。"（第342页下）

图 20　大足北山佛湾晚唐第 245 龛观无量寿经变正壁最下部右侧楼台

图 21　资中重龙山晚唐第 32 龛观无量寿经变正壁最下部左侧楼台

图22　敦煌莫高窟盛唐第172窟北壁观经变建筑线图
（《敦煌建筑研究》图35）

图 23　大足北山佛湾晚唐第 245 龛观无量寿经变正壁下部莲池

图 24　大足北山佛湾晚唐第 245 龛观无量寿经变左壁上部莲池

的妙花，花上有七宝果[1]。北山第245龛观经变之宝树树立在正壁天宫楼阁之下、西方三圣身后，露出些许树干和树枝，在西方三圣头上形成三簇枝繁叶茂、花果盛开的树冠（图25）。在四川唐、五代观经变中，宝树经常作为背景表现在西方三圣身后，北山第245龛观经变亦是如此，在正壁下部往生场面中阿弥陀佛身后同样雕刻宝树。此外，该龛左右壁上部莲池边亦树立两棵宝树，树干直立，顶上绽放圆形花朵，与正壁宝树表现不同，依其位置推测，可能是经典所述的旃檀树[2]。当微风吹动时，诸宝行树发出微妙音声，如同百千种乐器同时演奏一般悦耳、动听，听到音声者自然发出念佛、念法、念僧之心，得深法忍，不受苦患[3]。

《佛说阿弥陀经》记述，极乐国土有种种奇妙杂色之鸟，分别是白鹄、孔雀、舍利、迦陵频伽，以及共命鸟，这些鸟雀是阿弥陀佛欲令法音宣流变化所作[4]。《佛说观无量寿佛经》第五观八功德水想记述，百宝色鸟由如意珠王光明所化[5]。北山第245龛观经变共雕刻鸟雀34只，龛顶7只，上部空间23只，下部空间4只，其中可辨识孔雀4只，迦陵频伽10只，共命鸟1只，其鸟雀数量位居四川唐、五代观经变之首，且布局合理，雕刻精美。

正壁中部西方三圣宝盖上雕刻3只孔雀（图26），头朝下，口衔宝盖，翅膀向两侧张开，尾巴向上竖起，羽毛散开成半圆形，展示孔雀开屏的优美姿态，其奋力张开的翅膀和紧致的上半身，又透出身体的张力，工匠高超的雕刻技艺昭然可见。正壁最下部中央一尊佛像宝盖上也雕刻1只倒立的鸟雀，风化严重，仅存张开的双翅，但雕刻位置及姿态与上部3只孔雀一致，同样口衔宝盖。在宝盖上装饰鸟雀的做法还见于夹江千佛岩晚唐第115龛、132龛、137龛（图27），以及蒲江关子门晚唐观经变龛，集中在川中地区岷江西岸。这四例观经变在二胁侍菩萨宝盖上装饰宝幢和鸟雀，宝幢与宝盖相连，一只鸟雀侧立在宝盖上方、宝幢之前，尾巴上翘，似乎也是孔雀。北山第245龛观经变之孔雀倒立在西方三圣宝盖上，与川中地区孔雀侧立在二胁侍菩萨宝盖上表现有所区别，并影响了大足地区宋代造像，例如大足北山佛湾北宋靖康元年（1126年）第176窟弥勒下生经变（图28），此龛弥勒像宝盖上方所刻倒立孔雀，身姿与北山第245龛如出一辙，尾羽开屏之态更为突出，但不如后者饱满有力。

迦陵频伽在北山第245龛观经变中全表现为伎乐，6只位于正壁西方三圣宝盖两侧（图25、图29），4只位于顶部正壁与左右壁交接处。迦陵频伽均雕刻在祥云上，上半身为菩萨装，头戴宝冠，项饰璎珞，手持乐器，下半部为鸟身，翅膀和尾巴向上张开，披帛环绕头部后与尾部一起向上飘扬，有的手执铜钹，有的吹奏笛、笙等，乘云而来演奏天乐。该龛迦陵频伽上半身菩萨装束、圆弧带形披帛形式，以及分布在宝盖两侧的雕刻位置，均与夹江千佛岩中晚唐第99龛观经变相似（图30）[6]。后者在西方三圣宝盖两侧缝隙中浅刻4只迦陵频伽，虽然迦陵频伽翅膀与尾部向下的表现与前者不同，但不难看出其对前者的影响。此外，迦陵频伽翅膀与尾部反折向上的表现不见于川中地区中晚唐观经变，而流行于川东地区晚唐、五代观经变，实例有安岳云峰寺晚唐第4龛，以及乐至报国寺五代第1龛、5龛等。

一身二头的共命鸟位于北山第245龛观经变龛顶中轴线顶端。龛顶7只鸟雀以共命鸟为中心，左右对称分布（图31）。共命鸟两头相对，身体并拢，翅膀向左右下方张开，颈部飘带系结后向下飘扬。共命鸟下方、靠近正壁处的两只鸟雀，向左右侧飞翔，颈部也系飘带。在龛顶中央雕刻颈部系带共命鸟者还有荣县二佛寺晚唐第23龛（图32），其共命鸟姿势与北山第245龛观经变十分相似，但飘带更长。共命鸟与龛顶各种乐器均挂长长的飘带，在空中飞扬，仿佛被清风吹拂一般。安岳庵堂寺五代第21龛观经变龛顶鸟雀配置受北山第245龛观经变影响，中央共命鸟表现相似，但颈部没有系飘带（图33）。可见，就龛顶共命鸟表现而言，北山第245龛观经变与川中地区荣县二佛寺晚唐观经变龛关系较为紧密，并影响到川东地区五代观经变。

北山第245龛观经变三座拱桥上各浮雕一只鸟雀，左壁上部拱桥上的鸟雀俯身下冲，右壁上部和正壁下部拱桥上的鸟雀上半身残，仅残留鸟足与鸟翅（图18），无法辨识鸟雀种类。在四川唐、五代观经变正壁下部中央拱桥上浮雕共命鸟或迦陵频伽的情况均存

---

1 《佛说观无量寿佛经》："观宝树者，一一观之作七重行树想，一一树高八千由旬，其诸宝树七宝花叶无不具足。（中略）此诸宝树行行相当，叶叶相次，于众叶间生诸妙花，花上自然有七宝果。一一树叶，纵广正等二十五由旬，其叶千色有百种画，如天璎珞。有众妙华作阎浮檀金色，如旋火轮。"（第342页中）

2 《佛说无量寿经》卷上："内外左右有诸浴池，（中略）其池岸上有旃檀树，华叶垂布香气普熏，天优钵罗华、钵云摩华、拘物头华、分陀利华，杂色光茂弥覆水上。"（第271页上、中）

3 《佛说阿弥陀经》："彼佛国土，微风吹动，诸宝行树及宝罗网出微妙音，譬如百千种乐同时俱作，闻是音者皆自然生念佛、念法、念僧之心。"（第347页上）《佛说无量寿经》："又其国土，七宝诸树周满世界，金树、银树、琉璃树、颇梨树、珊瑚树、玛瑙树、砗磲树，或有二宝三宝乃至七宝转共合成。（中略）微风徐动出妙法音，普流十方一切诸佛，其闻音者得深法忍，住不退转，至成佛道，不遭苦患。"（第270页下、271页上）

4 《佛说阿弥陀经》："彼国常有种种奇妙杂色之鸟——白鹄、孔雀、舍利、迦陵频伽、共命之鸟。是诸众鸟，昼夜六时出和雅音，其音演畅五根、五力、七菩提分、八圣道分如是等法。其土众生闻是音已，皆悉念佛、念法、念僧。舍利弗！汝勿谓，'此鸟实是罪报所生'。所以者何？彼佛国土无三恶趣。舍利弗！其佛国土尚无三恶道名，何况有实？是诸众鸟皆是阿弥陀佛欲令法音宣流变化所作。"（第347页上）

5 《佛说观无量寿佛经》："复有赞叹诸佛相好者，从如意珠王踊出金色微妙光明，其光化为百宝色鸟，和鸣哀雅，常赞念佛、念法、念僧。"（第342页下）

6 四川省文物考古研究院等：《夹江千佛岩：四川夹江千佛岩古代摩崖造像考古调查报告》，文物出版社2012年版，第259页，图148。

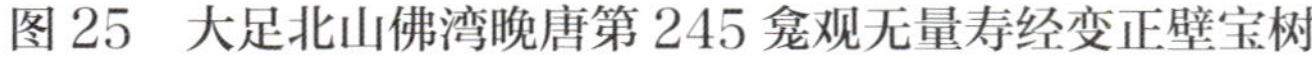

图 25　大足北山佛湾晚唐第 245 龛观无量寿经变正壁宝树

图 26　大足北山佛湾晚唐第 245 龛观无量寿经变阿弥陀佛宝盖上方孔雀

图27　夹江千佛岩晚唐第137龛观无量寿经变右胁侍菩萨宝盖上方鸟雀

图28　大足北山佛湾北宋靖康元年（1126年）第176窟弥勒下生经变弥勒像宝盖上方鸟雀

在。浮雕共命鸟者有仁寿牛角寨中唐第3龛、丹棱鸡公山晚唐观经变龛、夹江千佛岩晚唐第132龛、遂宁龙居寺晚唐观经变龛，以及安岳庵堂寺五代第21龛。浮雕迦陵频伽者有安岳云峰寺晚唐第4龛，以及乐至报国寺五代第1龛、5龛，后者两例观经变迦陵频伽身姿明显受北山第245龛观经变影响。夹江牛仙寺中晚唐第11龛，以及夹江千佛岩晚唐第115龛、137龛，正壁下部拱桥上鸟雀上半身残毁，与北山第245龛一样，无法识别种类。

图29　大足北山佛湾晚唐第245龛观无量寿经变右胁侍菩萨宝盖左侧迦陵频伽

图30　夹江千佛岩中晚唐第99龛观无量寿经变右胁侍菩萨宝盖两侧迦陵频伽线图（《夹江千佛岩》图148）

图 31　大足北山佛湾晚唐第 245 龛观无量寿经变龛顶

图 32　荣县二佛寺晚唐第 23 龛观无量寿经变龛顶（齐庆媛摄）

图 33　安岳庵堂寺五代第 21 龛观无量寿经变龛顶（李静杰摄）

北山第245龛观经变众多鸟雀集中在龛顶、龛内上部空间，以及拱桥附近，其疏密有致的对称布局明显经过精心安排，不仅起到装饰和填补空间的作用，而且发挥着宣扬佛法的功能。净土世界的这些百宝色鸟，昼夜不断发出和鸣哀雅的音声，其音演畅五根、五力、七菩提分、八圣道分等法，其土众生闻是音已，皆悉念佛、念法、念僧。

（3）天乐

净土世界天乐缭绕，除了伎乐奏乐以外，还有各种乐器悬处虚空，不鼓自鸣。北山第245龛观经变在龛顶对称设置两朵祥云，于祥云中雕刻多种乐器，有铜钹、琵琶、古筝、箜篌、海螺、羯鼓、笙、排箫等，每件乐器上都系着长长的飘带，在空中飘扬（图31）。在龛顶浮雕不鼓自鸣乐器的表现流行于四川唐、五代观经变，其余实例有夹江千佛岩晚唐第137龛、荣县二佛寺晚唐第23龛、遂宁龙潭寺晚唐第3龛、安岳木鱼山晚唐五代第18龛、安岳庵堂寺五代第21龛，以及安岳灵游院五代第7龛。诸实例龛顶乐器皆系飘带，使之产生飞动感，但将乐器刻画在祥云中的表现仅见于北山第245龛观经变，示意悬处虚空。这些乐器自然演说苦、空、无常、无我之音，宣扬念佛、念法、念僧[1]。

该龛龛顶中央雕刻一朵圆形大莲花，莲瓣分明，四周环绕四尊飞天菩萨（图31）。安岳木鱼山晚唐五代第18龛龛顶中央亦设置圆形大莲花，与北山第245龛观经变相似。《佛说无量寿经》记述，极乐世界菩萨凭借阿弥陀佛威神，一餐之间即可到达十方世界供养诸佛，而供养诸佛的无数供具在虚空中化成巨大花盖，光芒耀眼、芬芳四溢，诸菩萨欣悦欢喜，在虚空中共奏天乐，歌叹阿弥陀佛的威德[2]。该龛虚空中央雕刻的圆形大莲花与华（同“花”）盖无异，莲花周围环绕飞天菩萨，两边分布众多乐器，形成极乐世界天乐缭绕的场面。

3. 西方净土世界圣众

圣众为观经变灵魂和着意表现的对象，北山第245龛观经变突出表现了西方三圣、五十二菩萨、十方诸佛、化生童子、伎乐、飞天，以及供养人等，构成众生世间清净之象。

（1）西方三圣

西方三圣即阿弥陀佛及其二胁侍观世音和大势至菩萨，系观经变的核心人物，处于北山第245龛观经变正壁中心位置，且体量最大（图34）。

阿弥陀佛居中，结跏趺坐在莲花座上，施转法轮印，头饰螺形发髻，顶部肉髻残损，着通肩式袈裟，腿部刻画抽象，呈块状隐于袈裟之下，不露双足，袈裟下摆覆盖莲座，身后浮雕圆形背光，背光上浅刻六个小圆圈环绕阿弥陀佛。莲座之下安置八边形束腰基座，基座前安置方形供桌，供桌上放置三足香炉，供桌表面浅刻弧线纹，示意其上有布覆盖。阿弥陀佛所处位置较二胁侍菩萨略后、略高，凸显其主尊身份。

阿弥陀佛双手平举于胸前，右手在上、掌心向下，左手在下、掌心向上，应为转法轮印的变体形式。除北山第245龛观经变以外，四川唐、五代观经变主尊阿弥陀佛施转法轮印者还有仁寿牛角寨中唐第3龛、7龛，邛崃盘陀寺中晚唐第3龛，夹江牛仙寺中晚唐第11龛（图35），以及荣县龙洞东区晚唐第12龛，集中于中晚唐观经变。其中，北山第245龛与夹江牛仙寺中晚唐第11龛阿弥陀佛均施变体转法轮手印，二者阿弥陀佛左右手相反，但所施手印几乎一致，似有所关联。

该龛观经变主尊阿弥陀佛身后浮雕圆形背光，笼罩全身，且背光上浮雕若干小圆圈，有别于佛像头光和身光组合情况，外龛十六观图像之第八、九观阿弥陀佛同样浮雕圆形背光，可见该龛阿弥陀佛有意表现圆形背光。阿弥陀佛设置圆形背光者还见于乐至报国寺五代第1龛、5龛观经变十六观之第八、九观，可能受北山第245龛观经变影响，但不见于其余四川和敦煌唐、五代同类经变之主尊阿弥陀佛。日本奈良阿弥陀寺和京都长香寺藏镰仓时代（12—14世纪）绢本着色观无量寿经变十六观图，其第九观所绘阿弥陀佛均附圆形背光（图36）[3]，且背光中对称描绘十尊坐佛，特意与同幅画面中、出现在其他观想中的阿弥陀佛相区别。《佛说观无量寿佛经》第九观遍观一切色想记述，应当观想阿弥陀佛身相光明，身光明指阿弥陀佛身上毛孔所放光明，其圆光中有无数化佛，一一化佛有无数化菩萨作为侍者，相光明指阿弥陀佛相好光明，一一光明遍照十方世界[4]。上述日本二例第九观之阿弥陀佛，明显依据经典圆光化佛的记述而作，阿弥陀佛圆形背光即为圆光，背光中小坐佛则为圆光中化佛。再看北山第245龛观经变之阿弥陀佛，可知其圆形背光也应依据《佛说观无量寿佛经》第九观特意刻画，至于圆光上的小圆圈，当时可能绘有化佛。

阿弥陀佛宝盖两侧附刻四道光明，向两上方延伸至龛楣两端后仍继续延伸，暗示光明照耀没有止境。上方两道光明作流线形，下方两道光明在延伸过程中，间隔式地绕成小圆圈，圆圈中雕刻坐佛，笔者称之为光明转图像（图37）。这种光明转图像与四川唐、五代多例观经变表现相似，例如荣县二佛寺晚唐第23龛、资中重龙山晚唐第55龛、遂宁龙潭寺晚唐第3龛，以及安岳庵堂寺五代第21龛，这几例观经变所示光明均从阿弥陀佛头部放出。北山第245龛观经变阿弥陀佛头顶残损，从光明延伸的轨迹推测，光明应从阿弥

1 《佛说观无量寿佛经》：“八种清风从光明出，鼓此乐器，演说苦、空、无常、无我之音。是为水想，名第二观。（中略）众宝国土，一一界上有五百亿宝楼，其楼阁中有无量诸天作天伎乐。又有乐器悬处虚空，如天宝幢不鼓自鸣，此众音中，皆说念佛、念法、念比丘僧。此想成已，名为粗见极乐世界宝树、宝地、宝池，是为总观想，名第六观。”（第342页上、下）

2 《佛说无量寿经》卷下：“佛语阿难，‘彼国菩萨承佛威神，一食之顷往诣十方无量世界，恭敬供养诸佛世界，随心所念，华香、伎乐、缯盖、幢幡，无数无量供养之具自然化生、应念即至，珍妙殊特非世所有。转以奉散诸佛、菩萨、声闻、大众，在虚空中化成华盖，光色晃耀，香气普熏。其华周圆四百里者，如是转倍，乃覆三千大千世界，随其前后以次化没。其诸菩萨佥然欣悦，于虚空中共奏天乐，以微妙音歌叹佛德，听受经法欢喜无量’。”（第273页下）

3 ［日］奈良国立博物館：《特别展 聖地寧波 日本仏教1300年の源流》，奈良国立博物館2009年版，第68—69頁，図版62—63。

4 《佛说观无量寿佛经》：“佛告阿难及韦提希，‘此想成已，次当更观无量寿佛身相光明。阿难当知，无量寿佛身如百千万亿夜摩天阎浮檀金色，佛身高六十万亿那由他恒河沙由旬，眉间白毫右旋宛转如五须弥山，佛眼清净如四大海水清白分明，身诸毛孔演出光明如须弥山。彼佛圆光如百亿三千大千世界，于圆光中有百万亿那由他恒河沙化佛，一一化佛，亦有众多无数化菩萨以为侍者。无量寿佛有八万四千相，一一相中各有八万四千随形好，一一好中复有八万四千光明，一一光明遍照十方世界，念佛众生摄取不舍。其光相好及与化佛，不可具说，但当忆想令心明见。见此事者，即见十方一切诸佛，以见诸佛，故名念佛三昧’。”（第343页中）

图 34　大足北山佛湾晚唐第 245 龛观无量寿经变西方三圣

图35　夹江牛仙寺中晚唐第11龛观无量寿经变阿弥陀佛（李冠畿摄）

图36　日本奈良阿弥陀寺藏镰仓时代（12—14世纪）绢本着色观无量寿佛经十六观图之第九观（《特别展　聖地寧波　日本仏教1300年の源流》图版62）

图 37　大足北山佛湾晚唐第 245 龛观无量寿经变阿弥陀佛光明转局部

陀佛头顶放出。该龛观经变阿弥陀佛头部大放光明，光明在空中不断延伸并绕圈形成光明转，光明转中刻画坐佛，意在表述阿弥陀佛光明照耀十方佛国之意涵[1]。

阿弥陀佛作为西方净土世界的灵魂人物，出现在三类净土经典中。关于观世音菩萨和大势至菩萨的描述，《佛说观无量寿佛经》最为详细，《佛说无量寿经》简略介绍，《佛说阿弥陀经》则没有提及。《佛说无量寿经》记述，极乐世界诸菩萨为度脱一切众生，放弃成佛的本愿，甘愿一生都作菩萨，其中观世音菩萨和大势至菩萨最尊第一[2]。《佛说观无量寿佛经》记述，观世音菩萨、大势至菩萨分别位于阿弥陀佛左、右两边[3]，观世音菩萨宝冠中有一化佛，大势至菩萨肉髻中有一宝瓶[4]，此乃辨别二者尊格的标志。观世音菩萨和大势至菩萨协助阿弥陀佛普化一切众生，因此作为阿弥陀佛胁侍出现[5]。北山第245龛观经变阿弥陀佛左胁侍观世音菩萨宝冠中央似雕刻一尊小趺坐化佛，右胁侍大势至菩萨宝冠似以花卉替代宝瓶，与经典记述有所出入。

观世音菩萨和大势至菩萨结跏趺坐在莲花座上，头戴宝冠，内着僧祇支，外披天衣，胸饰璎珞，身后浮雕桃形头光和火焰纹舟形身光，莲花座下安置圆鼓状束腰基座。左侧观世音菩萨右手平放于腹前，掌心向上并托钵，左手举至左肩，手持杨柳枝。右侧大势至菩萨左手平放于腹前，掌心向上，右臂弯曲，手部残，但仍可看出手持一株长茎莲花。二胁侍菩萨手势及持物与仁寿牛角寨中唐第7龛观经变表现如出一辙（图38），二实例两胁侍菩萨的左右手动作与持物一一对应，后者阿弥陀佛同样结跏趺坐、施转法轮印（残）、着通肩式袈裟。再结合上述北山第245龛与夹江牛仙寺中晚唐第11龛观经变阿弥陀佛的相似性，可知北山第245龛观经变西方三圣深受川中地区成都附近中晚唐同类图像影响。乐至报国寺五代第1龛、5龛观经变左胁侍菩萨一手托钵、一手持杨柳枝，右胁侍菩萨双手一上一下共持一株长茎莲花，与北山第245龛观经变表现相似，推测受到后者影响。

西方三圣上方设置精美宝盖（图26、图34），位于宝树前方。宝盖上下四层，上方三层雕刻成弧形帷幔状，第一层刻画璎珞，其余各层刻画不同的装饰纹样。阿弥陀佛头上宝盖略大，二胁侍菩萨头上宝盖尺寸相近。依据《佛说观无量寿佛经》第四观树想记述，有大光明化成无量宝盖，其宝盖中映现三千大千世界及十方佛国[6]。

（2）五十二菩萨

北山第245龛观经变左右壁中下部布满姿态各异的小菩萨（图39-1、图39-2），每壁各七层。从上向下，每层菩萨数目分别是7尊、5尊、4尊、3尊、3尊、2尊、2尊，两壁分别雕刻26尊菩萨，合为52尊，构成五十二菩萨。

该龛左右壁中下部五十二菩萨各自安坐在莲蓬座上，承托莲蓬座的莲枝从最底层长出，向上生长并分叉，生出新莲枝承托上一层莲蓬座。各层莲蓬座水平整齐排列，上下层莲蓬座则错落有致。各层菩萨之间空隙中浮雕向上生长的莲枝和侧面观扇形大莲叶，有些角落中还雕刻莲苞。这种莲茎生长方式、莲蓬座排列形式，以及缝隙中填充侧面观扇形莲叶的表现，在四川唐代一佛五十菩萨像[7]、千佛化现像，以及西方净土经变中都有类似图像。一佛五十菩萨像实例有绵阳碧水寺初唐第19龛（图40），千佛化现像实例有安岳千佛寨盛唐千佛像（图41），西方净土经变实例有广安冲相寺盛唐西方净土变龛，观经变实例有潼南南家湾晚唐第10龛（图42）。从图像上看，四川唐代西方净土经变似乎受到一佛五十菩萨像和千佛化现像的双重影响，其源头可追溯到西印度后笈多时代（6世纪中叶至8世纪中叶）石窟造像及壁画，如阿旃陀第7窟前廊左右壁千佛化现像（图43）。就莲枝与莲蓬座排列方式而言，晚唐造像比初盛唐造

---

1 （东汉）支娄迦谶译《佛说无量清净平等觉经》卷一：“佛言，‘无量清净佛光明最尊、第一无比，诸佛光明皆所不及也。八方上下无央数诸佛中，有佛项中光明照七丈，中有佛项中光明照一里，（中略）中有佛项中光明照千二百万里，中有佛项中光明照一佛国，（中略）中有佛项中光明照二百万佛国’。佛言，‘八方上下无央数诸佛，其项中光明所照皆如是也。无量清净佛项中光明，焰照千万佛国。所以诸佛光明所照有远近者何？本前世宿命求道为菩萨时，所愿功德各自有大小，至其然后作佛时悉各自得之，是故令光明转不同等，诸佛威神同等耳，自在意所欲作为不豫计。无量清净佛光明所照最大，诸佛光明皆所不能及也’。”《大正藏》第十二册，第281页下至282页中。

2 《佛说无量寿经》卷下：“佛告阿难，‘彼国菩萨皆当究竟一生补处，除其本愿，为众生故，以弘誓功德而自庄严，普欲度脱一切众生。阿难，彼佛国中，诸声闻众身光一寻，菩萨光明照百由旬。有二菩萨最尊第一，威神光明普照三千大千世界’。阿难白佛，‘彼二菩萨其号云何’？佛言，‘一名观世音，二名大势至，是二菩萨于此国土修菩萨行，命终转化生彼佛国’。”（第273页中）

3 《佛说观无量寿佛经》：“复当更作一大莲华在佛左边，如前莲华等无有异，复作一大莲华在佛右边。想一观世音菩萨像坐左华座，亦放金光如前无异，想一大势至菩萨像坐右华座。”（第343页上、中）

4 《佛说观无量寿佛经》：“次亦应观观世音菩萨，（中略）顶上毗楞伽摩尼妙宝以为天冠，其天冠中有一立化佛。（中略）次观大势至菩萨，（中略）顶上肉髻如钵头摩花，于肉髻上有一宝瓶，盛诸光明普现佛事。”（第343页下至344页上）

5 《佛说观无量寿佛经》：“观世音菩萨及大势至于一切处身同，众生但观首相，知是观世音，知是大势至。此二菩萨助阿弥陀佛，普化一切。”（第344页下）

6 《佛说观无量寿佛经》：“观宝树者（中略）一一树叶纵广正等二十五由旬，其叶千色有百种画，如天璎珞。有众妙华作阎浮檀金色，如旋火轮，宛转叶间踊生诸果，如帝释瓶。有大光明，化成幢幡无量宝盖，是宝盖中映现三千大千世界一切佛事，十方佛国亦于中现。”（第342页中）

7 以往，学界通常将一佛五十菩萨像归为西方净土经变，笔者认为一佛五十菩萨像具有西方净土信仰性质，可归为西方净土图像，但不能称为西方净土经变。原因在于，一佛五十菩萨像所依据文本为中土编撰佛教故事，并非西方净土经典。此外，学界对于一佛五十菩萨像的图像界定有些模糊，常常将融入一佛五十菩萨像的西方净土经变与独立表现的一佛五十菩萨像混为一谈。本稿所述一佛五十菩萨像仅指独立表现者。笔者将四川唐、五代西方净土图像分成三类，第一类是独立表现的一佛五十菩萨像，第二类是一般化西方净土经变，第三类是带有十六观或未生怨的观无量寿经变，后两类统称为西方净土经变。

图 38　仁寿牛角寨中唐第 7 龛观无量寿经变西方三圣

图39-1　大足北山佛湾晚唐第245龛观无量寿经变右壁五十二菩萨像右半

图39-2　大足北山佛湾晚唐第245龛观无量寿经变左壁五十二菩萨像左半

图 40　绵阳碧水寺初唐第 19 龛一佛五十菩萨像右壁局部（李静杰摄）

图 41　安岳千佛寨盛唐千佛像（李静杰摄）

图 42　潼南南家湾晚唐第 10 龛观无量寿经变右壁局部（李静杰摄）

图 43　阿旃陀石窟后笈多时代第 7 窟前廊右壁千佛化现像局部（李静杰摄）

像更加规整，表现形式更加统一，可能是晚唐时期趋向程式化表现所致。在上述诸例中，北山第245龛观经变与潼南南家湾晚唐第10龛观经变表现最为相近，二者同为涪江西岸晚唐实例，但后者菩萨像较前者更为饱满有力，可能开凿于晚唐偏早时期。

此外，有些实例的莲枝与莲蓬座表现形式与北山第245龛左右壁五十二菩萨像相似，但各菩萨之间空隙中仅雕刻莲枝，没有表现扇形莲叶，例如丹棱郑山第71龛一佛五十菩萨像、资中重龙山晚唐第55龛观经变等。就莲枝菩萨分布位置及层数而言，北山第245龛观经变与资中重龙山晚唐第55龛观经变十分相似（图44），二者均在左右壁布满姿态各异的莲枝菩萨，且两壁菩萨各分七层整齐排列。后者位于沱江东岸，与前者几乎处于同一水平位置，开凿时间为唐咸通初年（860年）前后，比前者早30年左右，推测北山第245龛观经变五十二菩萨像分布位置受到资中重龙山晚唐第55龛观经变影响。

以上可知，北山第245龛观经变左右壁五十二菩萨像布局应来自川东地区比之稍早的晚唐观经变。从莲枝形式看，四川唐代西方净土经变可能同时受到一佛五十菩萨像和千佛化现像的影响，但是就莲枝菩萨形象而言，四川唐代西方净土经变无疑受到当地初盛唐一佛五十菩萨像影响，确切地说一佛五十菩萨像逐渐融入到西方净土经变中。

一佛五十菩萨像作为初盛唐时期流行于四川地区的西方净土图像，出现时间略早于西方净土经变，表现为主尊阿弥陀佛及其二胁侍菩萨，以及五十尊坐在有茎莲花上姿态各异的小菩萨，因此被称为一佛五十菩萨像或阿弥陀佛与五十二菩萨像。已知最早的纪年实例为梓潼卧龙山唐贞观八年（634年）第1龛一佛五十菩萨像[1]，该龛外右侧刊刻“阿弥陀佛并五十二菩萨传”造像碑。盛唐之后，四川地区一佛五十菩萨像几乎不再独立表现，逐渐融入当地西方净土经变之中，仍然表现众多坐在有茎莲花上的小菩萨，但菩萨数目不一，于是在唐代以建筑为主体的西方净土经变之外，形成又一类突出莲枝化现的西方净土经变。

在已知四川唐、五代莲枝化现型观经变中，只有北山第245龛观经变一例所刻莲枝菩萨数量为52尊，这为证明一佛五十菩萨像融入观经变提供了一个十分有力的证据。这些小菩萨坐在莲蓬座上，着菩萨装，饰璎珞，各附桃形头光，有的双手合十，有的一手支颐作思维状，有的双手于胸前捧物，还有的一手捧物一手抚膝等，情态多样。四川唐代一佛五十菩萨像表现的莲枝菩萨虽然全部坐在莲蓬座上，但坐姿多样，结跏趺坐、游戏坐、跪坐等，身体作正面或侧面表现，有的小菩萨似乎还在对话交谈，气氛活跃。北山第245龛观经变之五十二菩萨像大多结跏趺坐，仅个别几尊作一腿平放一腿支起的游戏坐，且身体均作正面表现，与潼南南家湾晚唐第10龛左右壁莲枝菩萨表现相似。这种情况表明，初盛唐一佛五十菩萨像因素融入观经变后，发展到晚唐时期，表现形式逐渐统一。

值得注意的是，在北山第245龛观经变左右壁五十二菩萨像最上层中央，各设置了一尊结跏趺坐、双手或隐于袖中或施禅定印、着通肩式袈裟、头披风帽的特殊形象（图45）。这种特殊形象也见于四川唐代一佛五十菩萨像和莲枝化现型西方净土经变。一佛五十菩萨像实例有巴中南龛盛唐第33龛、62龛、78龛、116龛等。一般化西方净土经变实例有丹棱郑山中唐第42龛、丹棱刘嘴中唐第39龛，以及仁寿牛角寨中唐第21龛等。观经变实例有仁寿牛角寨中唐第3龛、7龛（图46），以及资中重龙山晚唐第55龛。此外，敦煌莫高窟初唐第332窟东壁一佛五十菩萨像第三层最右边描绘一尊结跏趺坐、着通肩式袈裟、头戴宝冠的菩萨[2]。巴中南龛盛唐第62龛一佛五十菩萨像左右壁下方所刻特殊形象颈部装饰璎珞（图47），北山第245龛观经变所刻两尊特殊形象颈部似乎浅刻项圈，由此可知，这种特殊形象是穿袈裟的菩萨像。在以上实例中，穿袈裟菩萨像在众菩萨像中处于中部或下部位置，而北山第245龛将两尊穿袈裟菩萨像设置在最上层中央，占据至关重要的位置，明显有意为之，但用意尚不十分明了[3]。

北山第245龛观经变左右壁恰好雕刻52尊姿态各异的菩萨，不仅着菩萨装菩萨表现充分，就连一佛五十菩萨像中不易为人察觉的穿袈裟菩萨也给予特别关注，而五十二菩萨像在整龛造像中所处的位置，以及莲座、莲枝、莲叶整齐排列的方式，更是取当地其他同类造像之精华，经过精心布置所为。这些精细之处无不反映出粉本设计者深谙当地西方净土图像，并能够取长补短，从而形成北山第245龛观经变如此布局严密的图像。

十方世界发愿往生极乐国土的众生，以莲花化生方式往生至阿弥陀佛国。至于莲花化生者的归宿，低等级往生者能够发菩提心，或得为阿罗汉，高等级往生者能够进化为菩萨，甚至修行成佛[4]。粉本设计者在北山第245龛观经变左右壁中下部设置五十二菩萨像，可能借用五十二菩萨像形式，表现高等级往生者进化为菩萨后，在净土世界修菩萨行的状态。

---

1 于春、王婷著：《绵阳龛窟——四川绵阳古代造像调查研究报告集》，文物出版社2010年版，第116—134页，图版75—81。

2 施萍婷主编：《敦煌石窟全集5·阿弥陀经画卷》，香港商务印书馆2002年版，第250页，图版241。

3 小野英二注意到敦煌莫高窟初唐第332窟和梓潼卧龙山初唐第1龛一佛五十菩萨像中着袒右肩式袈裟菩萨，但没有注意到着通肩式袈裟菩萨，也没有讨论其意涵。小野英二：《阿弥陀仏五十菩薩図像の成立と展開について》，《美術史研究》第48冊，2010年，第109—130頁。

4 李静杰：《于阗系莲花化生像及其在中原北方的传播发展》，收录于杜斗城、丁得天主编：《丝绸之路与永昌圣容寺国际学术研讨会论文集》，待刊，第174—196页。

图 44　资中重龙山晚唐第 55 龛观无量寿经变左壁局部

图 46　仁寿牛角寨中唐第 7 龛观无量寿经变局部

图 45　大足北山佛湾晚唐第 245 龛观无量寿经变右壁五十二菩萨局部

图 47　巴中南龛盛唐第 62 龛一佛五十菩萨像局部线图

（3）其他圣众

西方净土世界庄严殊胜，圣众云集。除了上文分析的西方三圣和五十二菩萨像以外，北山第245龛观经变以众宝合成的建筑和自然场景为载体，还表现了其他一佛二胁侍、众多菩萨、伎乐、飞天，以及化生童子等不同尊格、不同形象的圣众。

在该龛上部天宫楼阁场景中，左右对称浮雕6处位于祥云上身后设置宝树的一佛二胁侍像，应为十方诸佛。2处位于正壁中央殿阁两侧，略微被主尊阿弥陀佛头部延伸光明遮挡，佛结跏趺坐在莲座上，二胁侍菩萨侍立左右。4处位于左右壁靠内楼阁与廊道连接处，上下排列，上方浮雕一立佛二菩萨像，下方浮雕一坐佛二弟子像（图48）。位于上方的一立佛二菩萨像所处祥云尾端向上飘扬至龛顶，暗示十方世界诸佛乘云而来赞叹阿弥陀佛[1]。同样以佛及胁侍表现十方诸佛者还有邛崃盘陀寺中晚唐第3龛和青神中岩寺中晚唐第26龛观经变，其余四川唐、五代观经变均以成组结跏趺坐佛代表十方诸佛，推测北山第245龛观经变十方诸佛表现受到川中地区中晚唐观经变影响。

极乐世界菩萨云集，北山第245龛观经变还表现了文殊菩萨、普贤菩萨，以及其他闻法、供养菩萨等。

文殊菩萨、普贤菩萨分别位于左右壁靠近龛口处楼阁上方（图49-1、图49-2），双手于胸前合十，各结跏趺坐在狮子和大象背上的莲座上，形成骑狮文殊和乘象普贤一对图像。狮子和大象作侧面表现，头朝龛口。手握缰绳、牵引坐骑的昆仑奴站立在后，身体后倾。坐骑前方还雕刻一位体量较小双手合十的立姿者，面向坐骑。这些形象均位于祥云上，祥云尾端延伸至龛顶，表示骑狮文殊和乘象普贤乘云前来。在四川唐、五代观经变中，约3/4实例明确设置骑狮文殊和乘象普贤一对图像，形成本地区一般化表现。骑狮文殊和乘象普贤一般处在龛内两侧壁或龛外两侧，川中地区实例一般将二者设置在中部或下部，川东地区实例一般将二者设置在中部或上部。北山第245龛所示文殊、普贤像，应在同类图像基础上制作，但尚未在四川中晚唐观经变中找到图像配置元素及表现相似者，与之文殊、普贤整体表现及雕刻位置最为接近者是安岳灵游院五代第7龛观经变（图50-1、图50-2），二者相同点是骑狮文殊和乘象普贤均表现在祥云上、配置在左右壁楼阁上方，坐骑作侧面表现，并配置昆仑奴和双手合十者，不同点是二者文殊、普贤左右配置相反，坐骑朝向相反，后者明显为受到北山第245龛观经变影响的产物。

净土经典中并没有关于骑狮文殊与乘象普贤成对出现的记载。二者之所以成对配置在西方净土经变中，一方面沿袭了初唐以来这对图像的习惯性表现，另一方面与净土菩萨行思想发生关联。《文殊师利发愿经》记述，修行者期待命终时，面见阿弥陀佛且往生安乐国，得阿弥陀佛授记，以文殊之愿加普贤之行来修菩萨行[2]。菩萨行观念在净土修行中受到特别重视，《佛说无量寿经》5次强调修菩萨行，进而指出修菩萨行须学普贤之德[3]，可见菩萨行是连接文殊、普贤和西方净土的纽带。智慧勇猛的文殊菩萨和行业广大的普贤菩萨组合，象征菩萨行的圆满。此外，骑狮文殊与乘象普贤通常配置在观经变两侧，似乎还暗含守护净土世界之用意。

许多小菩萨密布于西方三圣平台之上，多数集中在西方三圣莲花台座两边（图51），还有的排列在栏杆边上，多数双手合十，也有的手捧供物，应是闻法菩萨和供养菩萨。西方三圣莲座前方又雕刻两尊站在莲座上的供养菩萨，体量比其他小菩萨略大，双手向上托举供品，呈现给西方三圣，可惜残毁严重，仅大势至菩萨莲座前方保留一尊，其余仅剩腿部。正壁下部中央和左右壁上部拱桥上的菩萨面向莲池，手扶栏杆，凭栏观望（图18）。四川唐、五代观经变普遍流行众多小菩萨密布在西方三圣莲座周围的表现，北山第245龛观经变亦沿袭此种表现方式。在拱桥上雕刻凭栏观望菩萨的做法，还见于资中重龙山晚唐第55龛（图52），以及乐至报国寺五代第1龛、5龛观经变，前者开凿时间早于北山第245龛观经变，且此二者表现相近，应存在影响关系。

亦有众多菩萨、诸天等凭栏站立在各层楼阁或廊道中，露出上半身。诸菩萨和天人容貌端正，智慧高明，形象没有差异[4]。正壁中央楼阁上层浮雕4尊菩萨像，附有头光。左右壁靠外楼阁下层亦浮雕身披天衣菩萨。其余楼阁中人皆双手合十而立，应是天人[5]。在正壁天宫楼阁平台上，左右对称雕刻6尊五体投地礼拜者，礼拜者纷纷面向中央殿阁恭敬跪拜（图53）。此画面应是十方世界人民听闻阿弥陀佛名号后向其致敬，并五体投地、稽首作礼表现[6]。

1 《佛说无量寿经》卷下："无量寿佛威神无极，十方世界、无量无边、不可思议诸佛如来，莫不称叹。于彼东方恒沙诸国，无量无数诸菩萨众皆悉往诣无量寿佛所恭敬供养，及诸菩萨、声闻、大众听受经法，宣布道化，南西北方、四维上下亦复如是。"（第272页下）

2 （东晋）佛陀跋陀罗译《文殊师利发愿经》："愿我命终时，除灭诸障碍，面见阿弥陀，往生安乐国。生彼佛国已，成满诸大愿，阿弥陀如来，现前授我记。严净普贤行，满足文殊愿，尽未来际劫，究竟菩萨行。"《大正藏》第十册，第879页下。

3 《佛说无量寿经》卷上："设我得佛。他方佛土诸菩萨众来生我国。（中略）游诸佛国修菩萨行，供养十方诸佛如来，开化恒沙无量众生，使立无上正真之道，超出常伦诸地之行，现前修习普贤之德，若不尔者不取正觉。"（第268页中）

4 《佛说无量寿经》卷上："彼佛国土清净、安稳、微妙、快乐，次于无为泥洹之道。其诸声闻、菩萨、人天，智慧高明，神通洞达，咸同一类，形无异状，但因顺余方故，有人天之名，颜貌端正，超世稀有，容色微妙，非天非人，皆受自然虚无之身、无极之体。"（第271页下）

5 《佛说观无量寿佛经》："众宝国土，一一界上有五百亿宝楼，其楼阁中有无量诸天。"（第342页下）

6 《佛说无量寿经》卷上："设我得佛，十方无量不可思议诸佛世界、诸天、人民闻我名字，五体投地，稽首作礼，欢喜信乐，修菩萨行，诸天、世人莫不致敬，若不尔者不取正觉。"（第268页下、269页上）

图 48　大足北山佛湾晚唐第 245 龛观无量寿经变右壁十方诸佛

图 49-1　大足北山佛湾晚唐第 245 龛观无量寿经变右壁乘象普贤

图 49-2　大足北山佛湾晚唐第 245 龛观无量寿经变左壁骑狮文殊

图 50-1　安岳灵游院五代第 7 龛观无量寿经变右壁骑狮文殊

图 50-2　安岳灵游院五代第 7 龛观无量寿经变左壁乘象普贤

图 51　大足北山佛湾晚唐第 245 龛观无量寿经变正壁中部小菩萨

图 52　资中重龙山晚唐第 55 龛观无量寿经变正壁下部拱桥上菩萨

图 53　大足北山佛湾晚唐第 245 龛观无量寿经变正壁上部左侧跪拜者

图54　大足北山佛湾晚唐第245龛观无量寿经变正壁阿弥陀佛左侧飞天

该龛二尊飞天位于正壁中部阿弥陀佛两侧宝幢上（图54），双臂张开，手托供品，披帛环绕头部后从腋下穿出，与祥云、双腿一起扬向后上方。川中地区唐代观经变刻画飞天较为形象写实，而川东地区晚唐、五代观经变刻画飞天上身形象，下身抽象。与北山第245龛观经变飞天形象相似者还有潼南南家湾晚唐第10龛、安岳高升千佛崖晚唐第15龛观经变等。此外，该龛龛顶中央所刻四尊菩萨形飞天，身姿轻盈，环绕圆形大莲花，这种表现未见于四川唐、五代其他观经变实例。

伎乐位于正壁下部梯形莲池之间的阶台上（图55），右边者保存较好，左边者残毁严重，身穿世俗女子服装，头部环绕飘带。右边8尊伎乐分上下两层间错排列，每层四尊。下层伎乐全为坐姿，一尊正面表现，三尊向中央微侧身，所坐台阶正面浅刻壸门。上层伎乐残留二尊，仅雕刻上半身，面向观者。一般情况下，伎乐常与舞者组合出现，该龛似乎刻意省略舞者。

往生西方净土者皆为莲花化生，每位往生者有一朵包裹自己的莲花，莲花开放后，往生者变成童子从莲花中化生出来，进入极乐世界。北山第245龛观经变各种姿态的化生童子引人注目，有的在莲池中处于化生阶段，有的刚从莲花中完成化生，便迫不及待地爬出莲池，想要进入庄严的净土世界，有的爬栏杆（图56），还有的在奋力划船，童子们嬉戏调皮的样子惹人喜爱。

（4）往生西方净土世界

信仰阿弥陀佛的众生希望能摆脱现世苦难，往生至无有诸苦的极乐世界。信徒出资镌凿观经变，其最终目的即是命终后可以往生至彼岸理想世界。北山第245龛观经变以庄严的建筑和自然场景为载体，上下左右充填往生场面。正壁西方三圣下部空间（图57-1），以栏杆为界，可分为上下两层，下层表现往生时圣众来迎场面，上层表现莲池化生场面。

下层中央台阶上雕刻一佛二弟子二菩萨二力士，力士身后各雕刻五弟子（图57-2）。台阶正面浅刻壶门，与上层伎乐台阶表现一致。主尊佛结跏趺坐在莲花台座上，右手施无畏印，左手抚膝，着敷搭双肩下垂式袈裟，身后浮雕头光与身光。该佛像头部放出两道光明，向左右上方延伸至宝盖，宝盖由一只倒立孔雀口衔，身后宝树花叶盛开，这些表现形式均与主尊阿弥陀佛一致，推测这尊佛像也是阿弥陀佛。该群像两侧阶道延伸一小段后转折向下与宝地相通，阶道下方施柱承托，柱间雕刻一菩萨与二眷属。菩萨体量明显大于身旁眷属，所乘祥云尾端斜向上方，表明此菩萨从中央群像处而来。阶道上所刻形象残毁较严重，但倾斜阶道上的童子形象依稀可辨，例如左侧宝地上一位童子站在阶道旁，其上一位童子手扶望柱，右侧倾斜阶道上残留一位手持莲苞童子。

下层左右两端各设一座楼台，台上设一佛二菩萨像（图20）。佛像结跏趺坐在莲座上，双手于腹前似施弥陀定印，着通肩式袈裟，并附头光与身光，头上雕刻宝树，是为阿弥陀佛的表现。阿弥陀佛两侧二胁侍菩萨，应为观世音和大势至菩萨。楼台后有通道通往中央，通道上诸菩萨双手合十，通道下亦刻三尊菩萨或双手合十或手捧物品。

下层往生场面究竟与九品往生如何对应？因图像特征并不十分明确，笔者提出两种猜测。

第一种，若严格对应下层往生图像与九品往生经文，推测中央为上品上生，左右两侧分别为上品中生和上品下生，即北山第245龛观经变仅表现上品三生。

《佛说观无量寿佛经》九品往生记述，往生者往生净土世界时，西方三圣及其他圣众会前来迎接。因往生者修行程度有高低，导致往生品级有差别，因此各品级前来迎接的圣众有所差异（附录1）。上品上生者品级最高，因此前来迎接的圣众相应等级最高、数量最多。上品上生者往生时，阿弥陀佛与观世音及大势至菩萨，以及无数化佛、百千比丘、声闻大众、无量诸天俱来迎接，且阿弥陀佛大放光明、照耀往生者。下层中央所刻阿弥陀佛、菩萨、比丘、诸天等来迎圣众，以及阿弥陀佛头部大放光明表现均与经典契合，应为表现前来迎接上品上生者的圣众。中央两侧阶道下方对称雕刻的一菩萨二眷属像，以往被学界误认为西方三圣，这两组像与中央群像应属于一组造像，同为前来迎接往生者的圣众。

下层左右两端往生场面雕刻阿弥陀佛与二胁侍菩萨像，应为西方三圣。依据《佛说观无量寿佛经》九品往生内容，仅上品三生者享有西方三圣亲自来迎的待遇，上品上生已在中央表现，那么，左右侧很可能表现的是上品中生和上品下生，至于二者如何对应，因图像并无明显区别，所以无法分辨。

第二种，参照大足宝顶山大佛湾南宋第18龛观经变九品往生布局，推测北山第245龛观经变表现三辈往生场面。具体而言，大足宝顶山大佛湾南宋第18龛观经变九品往生场面，中央设置上品往生，左侧设置中品往生，右侧设置下品往生，每一品都表现了西方三圣，且图像与意涵受到北山第245龛观经变影响（本稿第二部分详细分析）。或许可以逆向推测，北山第245龛观经变正壁下层往生场面同样在中央设置上品往生，左侧设置中品往生，右侧设置下品往生，表现了三辈往生场面。

正壁下部上层与左右壁上部楼阁下方均设置莲池化生，且三处莲池化生场面均由莲池、池中化生童子、池上拱桥，以及桥上菩萨与鸟雀组成，因图像组合元素一致，故一并分析。

正壁下部上层中央设置一座拱桥，两侧设置莲池。莲池中的化生童子，或结跏趺坐、双手合十，或攀爬栏杆试图进入净土世界（图23、图56）。拱桥中央雕刻一只鸟雀，两侧雕刻两尊菩萨（图18）。菩萨头残，凭靠桥身，背对而立，手扶栏杆，各手持一长串念珠，念珠垂在拱桥侧面（图17、图57-3）。手持数珠念诵阿弥陀佛名号之法，经过道绰法师（562—645年）推行，在唐代盛极一时[1]。从桥上菩萨的身姿动态推测，似乎在与莲池中的童子们呼应，其手持念珠或许含有教导往生者念佛之意。

---

1 （唐）道宣撰，郭绍林点校《续高僧传》卷20《唐并州玄中寺释道绰传》：“并劝人念弥陀佛名，或用麻豆等物而为数量，每一称名，便度一粒。如是率之，乃积数百万斛者，并以事邀结，令摄虑静缘。道俗响其绥导，望风而成习矣。又，年常自业，穿诸木栾子以为数法，遗诸四众，教其称念，屡呈祯瑞，具叙行图。”中华书局2014年版，第762页。

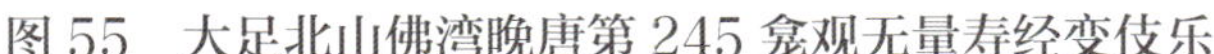

图 55　大足北山佛湾晚唐第 245 龛观无量寿经变伎乐

图 56　大足北山佛湾晚唐第 245 龛观无量寿经变化生童子

图 57-1　大足北山佛湾晚唐第 245 龛观无量寿经变正壁下部往生场面

图57-2　大足北山佛湾晚唐第245龛观无量寿经变正壁下部中央上品往生场面

图57-3　大足北山佛湾晚唐第245龛观无量寿经变正壁下部拱桥左侧

图 58　大足北山佛湾晚唐第 245 龛观无量寿经变左壁上部往生场面

左右壁上部楼阁下方各设置莲池化生场面（图58），莲池中个别童子或坐或站在莲花上，多数童子向拱桥奋力划船（图24）。莲池之上架立拱桥，桥上雕刻一只鸟雀和数尊菩萨。左壁上部拱桥上紧靠楼阁的一尊菩萨手扶栏杆，身体后拱，头向前伸，似乎在为划船童子加油鼓劲，其右，站在下层楼阁栏杆内的两尊菩萨，一同向莲池伸出右手，授手接迎童子。左右壁上部靠外楼阁下层大门一半关闭、一半虚掩，一人站在门口，头朝向其右边三尊菩萨及划船童子，似乎被那边的热闹场面吸引。拱桥似乎为化生童子速至净土世界提供了通道，敦煌莫高窟中唐第159窟南壁观经变左右侧楼阁下方即绘有童子在莲池中莲花化生后直接爬上拱桥的场景（图59）[1]。童子上桥后合掌称诵阿弥陀佛名号，即可灭除自身罪恶[2]，与正壁桥上菩萨手持念珠意涵一样，强调念佛修行。

总体而言，该龛三壁莲池化生场面表述意涵一致，即往生者往生时，菩萨前来迎接并劝导其念佛，鸟雀发出和雅音声，宣扬法音。往生者一方面自力修行，另一方面闻法增进，在菩萨的接引下，或直接爬上栏杆，或奋力划船登上拱桥，希冀进入光明普照、法音不绝的净土世界。

图59　敦煌莫高窟中唐第159窟南壁观无量寿经变局部（《敦煌石窟全集5·阿弥陀经画卷》图版212）

左右壁莲池化生场面中的拱桥直通最外侧的楼阁，且楼阁下层中央门半开，似是专门为往生者进入天宫楼阁设计的通道。天宫楼阁之间以廊道或虹桥相连，往生者进入最外侧楼阁后，即可通向中央主殿。如前所述，天宫楼阁平台上设置五体投地礼拜者面向中央楼阁跪拜（图53），其中两位跪拜者位于正壁与左右壁楼阁相接的廊道下方，似乎刚从左右壁楼阁中出来，正向中央殿阁前进，一位跪拜者拜倒在中央殿阁旁边的花幢下。中央殿阁下层抱厦大门敞开，似乎是跪拜者进入殿阁的入口，上层大门向内半开，外立四菩萨，可能暗示跪拜者需勤修菩萨行方可进入七宝合成的天宫楼阁。往生者五体投地，稽首作礼，欢喜信乐，修菩萨行，从两边向中间，逐步进入理想佛国中的天宫楼阁。

以上可见，北山第245龛观经变往生场面精心布置在正壁下部空间，并填充在上部建筑空间，井然有序，呈现从下往上，由两边向中央行进的序列。如果左右壁中下部五十二菩萨像表现往生者在净土世界修菩萨行的观点可以成立的话，那么，该龛中间图像实际由西方三圣、西方净土世界场景，以及往生净土并修菩萨行组成，且往生场面受到十分重视，表述了往生者希望进入净土世界的迫切愿望。

（二）边带图像

《佛说观无量寿佛经》序分讲述了阿阇世王弑父囚母的故事。在阿阇世出生之前，相师们预言其出生后定当杀父，因此又名未生怨[3]。阿阇世为梵文音译，未生怨则为汉文意译，指同一个人[4]。未生怨故事讲述了阿阇世将其父频婆娑罗王囚禁并断其饮食，其母韦提希秘密送食给频婆娑罗王，阿阇世发现后大怒，欲剑杀其母，经两位大臣劝解，改将韦提希幽闭在深宫中。被幽闭的韦提希悲痛欲绝，厌恶尘世希求净土，遂发愿往生极乐世界，不闻恶声、不见恶人。由此，进入该经正宗分，释迦佛说法教导韦提希十六种观想清净业处的方法。未生怨和十六观是观经变重要组成部分，因二者处于北山第245龛外龛左右及底部边框，对应上文所述内龛中间图像，在此称为边带图像。

1　前引施萍婷主编：《敦煌石窟全集5·阿弥陀经画卷》，第219页，图版212。

2　敦煌藏经洞出土后唐天成元年（926年）《佛说阿弥陀讲经文》文书（伯3210号）记载："化生童子上金桥，五色云擎宝座摇，合掌唯称无量寿，八十亿劫罪根除。"黄永武主编：《敦煌宝藏》第126册·伯3002-3216号，台北新文丰出版公司1986年版，第585页。

3　（北凉）昙无谶译《大般涅槃经》卷34："善见太子复作是言：'国人云何骂辱于我？'提婆达言：'国人骂汝为未生怨。'善见复言：'何故名我为未生怨，谁作此名？'提婆达言，'汝未生时一切相师皆作是言，是儿生已当杀其父，是故外人皆悉号汝为未生怨，一切内人护汝心故，谓为善见。'"《大正藏》第十二册，第565页下。

4　（唐）善导《观经序分义》卷第二："从有一太子下至恶友之教已来，正明阇王恍惚之间，信受恶人所误。言太子者彰其位也，言阿阇世者显其名也，又阿阇世乃是西国正音，此地往翻名未生怨，亦名折指。"《大正藏》第三十七册，第253页中。

1. 未生怨

北山第245龛观经变之未生怨以连续方格形式在外龛左右下角各竖刻两个小格，在底部横刻11个小格，形成“凹”字形布局，每格自成一个场面。在四川唐、五代观经变中，该龛未生怨表现内容最为丰富，雕刻也最为精细。当地以连续方格形式表现未生怨者还有夹江牛仙寺中晚唐第11龛和安岳庵堂寺五代第21龛观经变，前者在外龛右侧下部雕刻3个方格，从下往上表现3个典型情节，后者未生怨方格形式及布局均与北山第245龛相似，明显受其影响。

下文按照从左往右的顺序将北山第245龛观经变之未生怨情节进行编号（图60-1、图60-2），依次识别每格图像内容[1]。

图 60-1　大足北山佛湾晚唐第 245 龛观无量寿经变未生怨前半线图

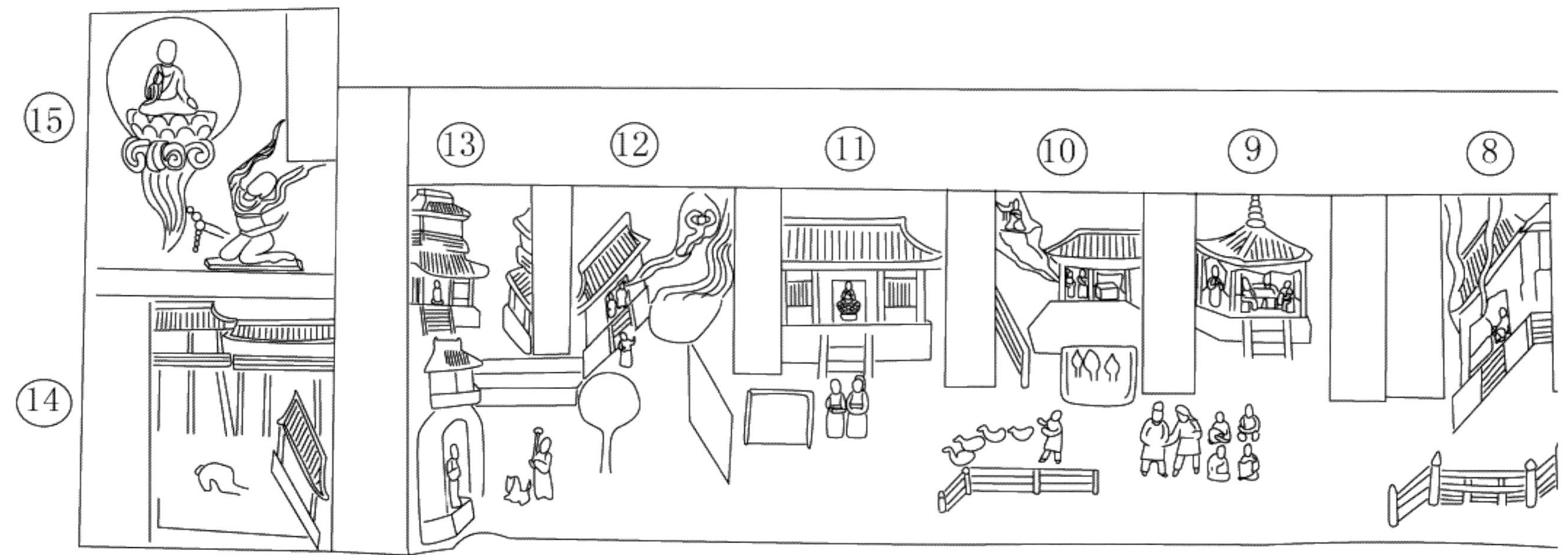

图 60-2　大足北山佛湾晚唐第 245 龛观无量寿经变未生怨后半线图

1　关于北山第245龛观经变之未生怨各场面内容，王惠民先生按照从左往右的次序将15个场面依次解释为王舍大城、宿信佛法、宫廷政变、释迦修行、王后探监、国王礼佛、王子探监、狱卒禀告、国王闻法、大臣求情、王子囚母、禅定修行、轮番说法、狱中闻法、王后礼佛。笔者与其观点分歧较大，认为有必要重新解读。前引王惠民《北山245窟的图像源流》。

场面①，刻画了由高楼、院墙和大树组成的深宫大院，一人在楼阁中，一人坐于院内，应表现频婆娑罗王被狱卒幽禁情景[1]。场面②刻画场景与场面①相似，暗示故事地点一致。下层楼阁中有一女子捧物进入，上层楼阁中雕刻一人。空中复有二人乘云而至，其中一人持锡杖。此图像应表现韦提希夫人送食给频婆娑罗王，大目犍连与富楼那乘云飞来，为频婆娑罗王说法场景[2]。

场面③，上方阿阇世王骑在马上，身后一侍者为其撑举伞盖，马前一人相对而立，似在对话，马后一人当为阿阇世王随从，下方有一侍卫模样人揪着另一人，旁边还残留一人的双脚。作阿阇世王发动宫廷政变表现的解释，难以符合该场面所处时间段，所谓阿阇世王侍卫惩罚频婆娑罗王侍者的说法也没有相应经典依据。笔者以为该场面表现了阿阇世王问询守卫的场景[3]。场面④，有一人坐龛内禅定修行，身旁升起一道光束，光束显现七尊佛陀，中间一佛发出光芒。经典云，释迦放光遍照十方，其光化作金台，十方国土皆于中现。其光又照频婆娑罗王，使之成就阿那含果[4]。由此而言，上述画面可能是释迦佛（龛中禅定者）放光，并现十方国土（七佛）的表现，除此以外无可对应者。

场面⑤、⑥楼阁相对，院墙相连，说明此二格可能表现内容相关。场面⑤，下方空地上二人向左侧行走，走在前面者为双手合十、身穿袈裟的比丘。场面⑥，下方二着女式衣裙者站在云上，应为韦提希及其侍女，前方旗杆上悬挂一幡。此二场面下方四人行走方向一致，应表现佛说法结束后，佛弟子引领韦提希夫人及其侍女往生西方极乐世界场景[5]。

场面⑦、⑧后方院墙相连，前方围栏相接，暗示此二格可能表现了相近内容。场面⑦，下方5人一组，中间一着大臣装束，手持笏板，面向右侧二人。右侧二人中，一人以手按住另一人，同时扭头面向中间大臣。大臣身后刻一有髻女子，应是韦提希。推测此场面表现阿阇世王欲害其母韦提希，正被二大臣劝阻的场景[6]。场面⑧，屋内似有一人，还有两道光贯穿内外。

场面⑨，三人坐于亭内，旁立一人。下方二人站立，身旁还有坐者四人。场面⑩，屋内正中设置方台，台上升起祥云飘至空中，屋外空地处表现莲池与赶鸭子情景。场面⑪，大殿中央一佛结跏趺坐在莲花座上，施转法轮手印，表现了世尊前来王宫说法的场景[7]。场面⑫，殿内二人，空中两朵浮云，一朵飘来一朵离去，殿外一人手指云朵。场面⑬，一人坐于屋内，一女子立于屋外窗边，下方城楼下一人与前方人物似在对话。

场面⑭，三座建筑代表深宫，符合韦提希幽闭之处的描述，院中一人五体投地作礼，应为韦提希求救于释迦的表现[8]。场面⑮，一跪坐女子双手上举，璎珞散落在地，面向祥云之上结跏趺坐佛。应表现韦提希夫人摘除璎珞，跪地向释迦佛悲泣诉说情节[9]。

由上可知，北山第245龛观经变之未生怨场面①、②、③与经典序分所述故事情节吻合，场面⑭和⑮也符合经典关于未生怨故事结尾的描述，但是场面④—⑬雕刻内容不能与经典记述顺序一一对应，说明此龛未生怨并非完全按照经典顺序和内容雕刻。

2. 十六观

十六观依次为一日想、二水想、三地想、四树想、五八功德水想、六总观想（亦称宝楼观）、七花座想、八像想、九遍观一切色想、十观观世音菩萨真实色身想、十一观大势至色身想、十二普观想、十三观杂想、十四上辈生想、十五中辈生想、十六下辈生想。

北山第245龛观经变之十六观位于外龛左右边框，面向龛外配置，采用条幅格子式布局，每边框各八个小方格，一格表现一观，从上往下，右边设置一至八观，左边设置九至十六观（图61）。每格边上都保留一长条形空白处，并上下错开布置，应是当时题写榜题之处。该龛十六观图像遵循《佛说观无量寿佛经》内容与次序表现，在20厘米见方的小方格内逐一精心刻画。观想者韦提希夫人作正面表现，身穿世俗女子服装，结跏趺坐在铺垫上，其形象重复出现在每一格图像中。

---

1 《佛说观无量寿佛经》：“尔时王舍大城有一太子，名阿阇世，随顺调达恶友之教，收执父王频婆娑罗，幽闭置于七重室内，制诸群臣一不得往。”（第341页上）

2 《佛说观无量寿佛经》：“国大夫人名韦提希，恭敬大王，澡浴清净，以酥蜜和麨用涂其身，诸璎珞中盛葡萄浆密以上王。尔时大王，食麨饮浆，求水漱口。漱口毕已，合掌恭敬，向耆阇崛山遥礼世尊，而作是言：‘大目犍连是吾亲友，愿兴慈悲授我八戒。’时目犍连如鹰隼飞疾至王所，日日如是授王八戒。世尊亦遣尊者富楼那为王说法。”（第341页上）

3 《佛说观无量寿佛经》：“时阿阇世问守门人：‘父王今者犹存在耶？’时守门者白言：‘大王，国大夫人身涂麨蜜，璎珞盛浆持用上王。沙门目连及富楼那从空而来为王说法，不可禁制。’”（第341页上）

4 《佛说观无量寿佛经》：“尔时世尊放眉间光，其光金色遍照十方无量世界，还住佛顶化为金台如须弥山，十方诸佛净妙国土皆于中现。（中略）尔时世尊即便微笑，有五色光从佛口出，一一光照频婆娑罗王顶。尔时大王虽在幽闭，心眼无障遥见世尊，头面作礼，自然增进成阿那含。”（第341页中、下）

5 《佛说观无量寿佛经》：“尔时世尊说是语时，韦提希与五百侍女闻佛所说，（中略）愿生彼国，世尊悉记皆当往生。”（第346页上、中）

6 《佛说观无量寿佛经》：“时阿阇世闻此语已，怒其母曰：‘我母是贼，与贼为伴，沙门恶人幻惑呪术，令此恶王多日不死。’即执利剑欲害其母。时有一臣名曰月光，聪明多智，及与耆婆为王作礼，白言大王：‘臣闻毗陀论经说，劫初已来，有诸恶王贪国位故，杀害其父一万八千，未曾闻有无道害母。王今为此杀逆之事，污刹利种，臣不忍闻，是栴陀罗，我等不宜复住于此。’时二大臣说此语竟，以手按剑却行而退。”（第341页上）

7 《佛说观无量寿佛经》：“佛从耆阇崛山没，于王宫出。”（第341页中）

8 《佛说观无量寿佛经》：“今向世尊五体投地，求哀忏悔，唯愿佛日教我观于清净业处。”（第341页中）

9 《佛说观无量寿佛经》：“时韦提希礼已举头，见世尊释迦牟尼佛，身紫金色坐百宝莲华。（中略）时韦提希见佛世尊，自绝璎珞举身投地，号泣向佛白言：‘世尊，我宿何罪生此恶子。’”（第341页中）

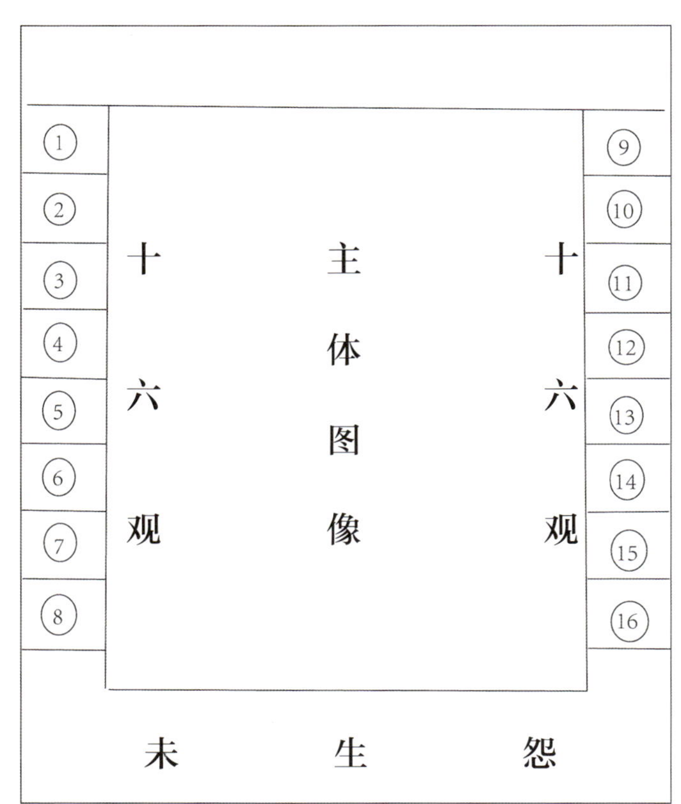

图61　大足北山佛湾晚唐第245龛观无量寿经变十六观布局示意图

图62　大足北山佛湾晚唐第245龛观无量寿经变十六观之第一观日想

右边上起第一格表现第一观日想（图62），刻画连绵的山峰及山中一轮状如悬鼓的落日，以此反映“见日欲没”的经典内容。观想者如能通过见日，专想不移，则闭目、开目都能明了[1]。一般而言，四川唐、五代观经变十六观之第一观仅雕刻一轮圆日，经典中也没有提及山峰，同样雕刻山峰和圆日者还见于安岳木鱼山晚唐五代第18龛观经变、乐至报国寺五代第5龛观经变，不见时间更早的实例。然而，敦煌唐代观经变第一观经常描绘山峰与落日，形成一幅小型山水画，例如莫高窟盛唐第172窟南壁观经变（图63）[2]。

右边第二格表现第二观水想（图64），刻画一莲池，池中充满波状水流、莲叶及莲苞。池中向上放射四道光束，光束上方浅刻一排曲折栏杆。依据经典，观想者想见极乐世界一切皆是大水，水凝结成冰，冰映彻成琉璃。琉璃地上七宝分界，七宝中有五百色光，此光悬处虚空成光明台。此格图像可能以上排栏杆代表平台，表现光明从宝池中涌出形成光明台的场景。水想完成时，观想者可达到不管是闭目还是开目，观想景象都不会散失的境界，此观完成后，即可见到极乐国土的概貌[3]。在四川唐、五代观经变中，此格图像内容最为丰富，也最契合经典描述。

右边第三格表现第三观地想（图65）。此观经文并未描述宝地形象，而第二观水想经文仔细描述了琉璃宝地，因此，该图像应是依据水想所述的琉璃地内容所作。此处刻画一个平行四边形表示琉璃地，中央空白平整处即为冰，表现琉璃地内外映彻的景象。琉璃地四边浅刻线条，表现琉璃地以黄金绳杂厕间错、以七宝界分齐分明的景象。琉璃地四角各竖立一座宝幢，映照琉璃地[4]。按照经典，金刚七宝金幢应位于琉璃地下方，擎琉璃地，但浮雕如此表现甚有难度，所以常见者通常将宝幢设置在地上。此处宝地与宝幢表现与敦煌莫高窟第431窟西壁初唐十六观之第二观水想表现相似，后者也在宝地四角竖立四座宝幢（图66）[5]。观想者如能作此地想观，即

1　《佛说观无量寿佛经》：“佛告韦提希：‘汝及众生应当专心，系念一处，想于西方。云何作想？凡作想者，一切众生自非生盲，有目之徒皆见日没。当起想念，正坐西向谛观于日，令心坚住，专想不移，见日欲没状如悬鼓。既见日已，闭目开目皆令明了。是为日想，名曰初观。作是观者名为正观。若他观者名为邪观。’”（第341页下、342页上）

2　前引施萍婷主编《敦煌石窟全集5・阿弥陀经画卷》，第181页，图版167。

3　《佛说观无量寿佛经》：“佛告阿难及韦提希：‘初观成已，次作水想。想见西方一切皆是大水，见水澄清，亦令明了，无分散意。（中略）琉璃地上，以黄金绳杂厕间错，以七宝界分齐分明，一一宝中有五百色光。其光如花，又似星月，悬处虚空成光明台。（中略）是为水想，名第二观。此想成时，一一观之极令了了，闭目开目不令散失，唯除食时，恒忆此事。作是观者名为正观，若他观者名为邪观。’佛告阿难及韦提希：‘水想成已，名为粗见极乐国地。’”（第342页上）

4　《佛说观无量寿佛经》：“既见水已当起冰想，见冰映彻作琉璃想。此想成已，见琉璃地内外映彻，下有金刚七宝金幢擎琉璃地。其幢八方八楞具足，一一方面百宝所成，一一宝珠有千光明，一一光明八万四千色，映琉璃地，如忆千日不可具见。”（第342页上）

5　前引施萍婷主编：《敦煌石窟全集5・阿弥陀经画卷》，第100页，图版74。

图63　莫高窟盛唐第172窟南壁观无量寿经变十六观之第一观日想（《敦煌石窟全集5·阿弥陀经画卷》图版167）

图 64　大足北山佛湾晚唐第 245 龛观无量寿经变十六观之第二观水想

图 65　大足北山佛湾晚唐第 245 龛观无量寿经变十六观之第三观地想

图66　敦煌莫高窟第431窟西壁初唐十六观之水想观（《敦煌石窟全集5·阿弥陀经画卷》图版74）

可除却八十亿劫生死之罪，来世必可往生至佛国净土[1]。

右边第四格表现第四观树想（图67），宝树分前后两排刻画，前排四棵宝树仅刻树身，后排三棵宝树露出树干，以此表现七重行树，每棵树均笔直向上说明宝树之高。每棵树上浅刻竖向线条，并分成七节，表现一一树上覆盖七重妙真珠网之景，但因石质材料及空间所限，不能像绘画般表现网间宫殿。宝树上方花叶繁茂，表现七宝花叶具足之象[2]。其盛开的花叶与中间图像西方三圣身后宝树表现一致。以往学界识别该格图像为韦提希观三棵树，没有留意宝树数目与树上网蔓及其意涵。

右边第五格表现第五观八功德水想（图68），刻画一平行四边形，中间为莲池，池中浅刻波状水纹，表示七宝合成的池水正在流动，池中莲苞与莲叶代表七宝莲花[3]。

右边第六格表现第六观总观想（图69），在祥云上刻画一座完整的寺院，围墙环绕，入口处设置台阶与山门，院内后方设置大殿及二配殿，两侧设置厢房。前方山门和后方大殿作正面表现，院内两侧厢房与围墙刻画硬山顶，作俯视表现。二配殿位于大殿左右后方，形成倒品字形布局。大殿与配殿的屋顶、开间，以及台基表现一致，但配殿体量明显小于大殿，主次鲜明。经典记述，此观完成，观想者即可粗略见到极乐世界的宝树、宝地和宝池，如见到以上景象，即可除却无量亿劫极重恶业，命终之后必定往生极乐世界[4]。此观图像在其余四川唐、五代观经变中表现不一，或不刻宝楼，或刻微小楼阁，或刻单层大殿，或刻两层楼阁，而该观图像刻画一座完整寺院，甚是可贵。

右边第七格表现第七观花座想（图70），于地上设置一座束腰须弥台座，应为莲花台。台身作前上面观表现，台座右边刻画一座宝幢，其后方亦残留宝幢痕迹，表现莲花台上自然而有四柱宝幢之象。此想完成，观想者即可灭除五百亿劫生死之罪，必定往生极乐世界[5]。与此表现相似者还见于青神中岩寺中晚唐第26龛观经变十六观之第七观（图71），其须弥座四角各竖立一座宝幢。

右边第八格表现第八观像想（图72），刻画一外围栏杆的莲池，池中涌出一株有茎莲花形成莲花座，座上浮雕一尊佛像。该佛像结跏趺坐，施弥陀定印，着通肩式袈裟，身后环绕圆形背光，头顶放出两道光明向上延伸，并在空中绕成光明转。佛像上方表现花繁叶茂的宝树，身后宝地上设置两座宝塔，左侧为十三级密檐式塔，右侧仅剩塔基。该佛像坐姿、袈裟、圆光、头顶光明转，以及上方宝树表现均与中间图像之主尊阿弥陀佛一致，且第八观即观想阿弥陀佛，可知该佛像为阿弥陀佛。此处阿弥陀佛身后圆光和头部光明转表现与第九观经文相符，而坐在莲花上，以及宝池、宝树等环境又与第八观经文符合，实际融合两观经典内容。此想成时，观想者不论入定与否，始终听闻妙法，如作此观，即可除却无量亿劫生死之罪，于现身中得念佛三昧[6]。

左边上起第一格表现第九观遍观一切色想（图73），该观刻画一方形莲池，池中涌出一株有茎莲花，莲花上安坐阿弥陀佛。阿弥陀佛施弥陀定印，着通肩式袈裟，身后环绕圆形背光，头上宝树花叶盛开，除了省略头部光明以外，其余表现均与第八观阿弥陀佛形象一致。此观仅观想阿弥陀佛，没有环境描写，因此相比第八观，此处阿弥陀佛像更为突出。观想者如作此观，来世即可往生在诸佛面前，得无生忍[7]。第八、九观阿弥陀佛身后环绕圆形背光的表现，还见于乐至报国寺五代第1龛、5龛观经变，应是受北山第245龛观经变影响的产物，但此二者阿弥陀佛莲座位于祥云上，而不是莲池中涌出的有茎莲花座。

左边第二格表现第十观观世音菩萨真实色身想（图74），刻画一尊菩萨结跏趺坐在莲花台座上，右手似持杨柳枝，左手似托钵，身披天衣，胸饰璎珞，身后雕刻头光和身光。该菩萨头部残，其冠中是否刻有化佛不得而知，但整体形象与中间图像观世音菩萨表现一致。经典记述，众生仅闻观世音菩萨名号，即可获无量福，观想者如作此观，可不遇诸祸，净除业障，除却无数劫生死之罪[8]。

---

1 《佛说观无量寿佛经》：“佛告阿难：‘汝持佛语，为未来世一切大众欲脱苦者，说是观地法。若观是地者，除八十亿生死之罪，舍身他世必生净国，心得无疑。’”（第342页上）

2 《佛说观无量寿佛经》：“佛告阿难及韦提希：‘地想成已，次观宝树。观宝树者，一一观之作七重行树想，一一树高八千由旬，其诸宝树七宝花叶无不具足。（中略）妙真珠网弥覆树上，一一树上有七重网，一一网间有五百亿妙华宫殿。’”（第342页中）

3 《佛说观无量寿佛经》：“佛告阿难及韦提希：‘树想成已，次当想水。欲想水者，极乐国土有八池水，一一池水七宝所成，其宝柔软从如意珠王生，分为十四支，一一支作七宝色。黄金为渠，渠下皆以杂色金刚以为底沙。一一水中有六十亿七宝莲花，一一莲华团圆正等十二由旬。（中略）是为八功德水想，名第五观。’”（第342页中、下）

4 《佛说观无量寿佛经》：“佛告阿难及韦提希：‘众宝国土，一一界上有五百亿宝楼。（中略）此想成已，名为粗见极乐世界宝树、宝地、宝池，是为总观想，名第六观。若见此者，除无量亿劫极重恶业，命终之后必生彼国。’”（第342页下）

5 《佛说观无量寿佛经》：“此莲花台，八万金刚甄叔迦宝、梵摩尼宝、妙真珠网以为交饰。于其台上，自然而有四柱宝幢，一一宝幢如百千万亿须弥山。（中略）是为花座想，名第七观。（中略）此想成者，灭除五百亿劫生死之罪，必定当生极乐世界。”（第343页上）

6 《佛说观无量寿佛经》：“想彼佛者，先当想像，闭目开目见一宝像如阎浮檀金色坐彼华上。像既坐已，心眼得开，了了分明。见极乐国七宝庄严，宝地、宝池、宝树行列。（中略）此想成时，佛、菩萨像皆放妙光，其光金色照诸宝树。（中略）此想成时，行者当闻水流光明及诸宝树、凫雁、鸳鸯皆说妙法，出定入定恒闻妙法。行者所闻出定之时忆持不舍，令与修多罗合，若不合者名为妄想，若与合者名为粗见极乐世界。是为想像，名第八观。作是观者，除无量亿劫生死之罪，于现身中得念佛三昧。”（第343页上、中）

7 《佛说观无量寿佛经》：“作是观者，舍身他世生诸佛前，得无生忍，是故智者应当系心谛观无量寿佛。（中略）是为遍观一切色想，名第九观。”（第343页下）

8 《佛说观无量寿佛经》：“是为观观世音菩萨真实色身想，名第十观。佛告阿难：‘若欲观观世音菩萨，当作是观。作是观者不遇诸祸，净除业障，除无数劫生死之罪。如此菩萨，但闻其名获无量福，何况谛观。’”（第344页上）

图 67　大足北山佛湾晚唐第 245 龛观无量寿经变十六观之第四观树想

图 68　大足北山佛湾晚唐第 245 龛观无量寿经变十六观之第五观八功德水想

图 69　大足北山佛湾晚唐第 245 龛观无量寿经变十六观之第六观总观想

图 70　大足北山佛湾晚唐第 245 龛观无量寿经变十六观之第七观花座想

图 71　青神中岩寺中晚唐第 26 龛观无量寿经变十六观之第七观花座想（齐庆媛摄）

图 72　大足北山佛湾晚唐第 245 龛观无量寿经变十六观之第八观像想

图73　大足北山佛湾晚唐第245龛观无量寿经变十六观之第九观遍观一切色想

图74　大足北山佛湾晚唐第245龛观无量寿经变十六观之第十观观世音菩萨真实色身想

左边第三格表现第十一观观大势至色身想（图75），刻画一尊菩萨结跏趺坐在莲花台座上，形象与观世音菩萨相同，但头部残，肉髻中是否刻画宝瓶不能得知。菩萨双手一上一下共同持物，与中间图像大势至菩萨手势相同，只是此处手中持物既小又残，无法辨识是

图75　大足北山佛湾晚唐第245龛观无量寿经变十六观之第十一观观大势至色身想

图76　大足北山佛湾晚唐第245龛观无量寿经变十六观之第十二观普观想

否为长茎莲花。观想者观想大势至菩萨，即可除却无数劫生死之罪，如作此观，更可免除胎生之苦，常常游历诸佛净妙国土[1]。

左边第四格表现第十二观普观想（图76），地上升起一团祥云承托莲花，表示该莲花处于佛国中。一女子被莲花包裹，仅露出头部和少许上半身。该女子头饰、衣着与韦提希夫人一致，可能以韦提希夫人代表往生者。此处表现观想者见到自己在极乐世界莲花化生，莲花开时，观看极乐世界圣众并闻听妙法的场景。观想者如在出定后仍能忆持入定时所见之景，则从粗见极乐世界进入见到极乐世界的境界[2]。

左边第五格表现第十三观杂想（图77），刻画两排曲形栏杆，栏杆中表现莲池，池中浅刻莲苞、莲叶。莲池左端刻画一尊佛像站在莲座上，双手下垂，右手掌心向内侧，左手掌心向外，似施接引印，着通肩式袈裟，身后浮雕头光和身光。表现一丈六无量寿佛像在池水上的场景，如此观者获福无量[3]。

左边第六格表现第十四观上辈生想（图78），刻画一尊力士，右手上举似持金刚杵，下身着裙，全身肌肉结实、有力。此处以力士表现上辈往生，目的在于突出上品上生者的勇猛、精进[4]。在四川唐、五代观经变中，第十四观上辈生想雕刻力士像者还有安岳庵堂寺五代第21龛，以及乐至报国寺五代第1龛、5龛观经变（图79），集中在川东地区涪江西岸。从力士形象和表现意向看，这三例五代观经变明显受到北山第245龛观经变影响。

左边第七格表现第十五观中辈生想（图80），刻画一方形莲池，池中涌出一株有茎莲花形成莲花座，座上浮雕一位结跏趺坐女子。该女子身形、着装均与韦提希夫人相同，且身后散发着光芒。此处可能以韦提希代表中辈往生者，表现往生者自见己身坐莲花台

1　《佛说观无量寿佛经》："作此观者，名为观见大势至菩萨，是为观大势至色身相。观此菩萨者，名第十一观。除无数劫阿僧祇生死之罪，作是观者不处胞胎，常游诸佛净妙国土。此观成已，名为具足观观世音及大势至。"（第344页中）

2　《佛说观无量寿佛经》："佛告阿难及韦提希：'见此事时当起想，作心自见生于西方极乐世界，于莲华中结跏趺坐，作莲华合想，作莲华开想。莲华开时，有五百色光来照身想、眼目开想，见佛菩萨满虚空中，水鸟、树林及与诸佛，所出音声皆演妙法，与十二部经合。若出定时忆持不失，见此事已，名见无量寿佛极乐世界。是为普观想，名第十二观。'"（第344页中）

3　《佛说观无量寿佛经》："佛告阿难及韦提希：'若欲至心生西方者，先当观于一丈六像在池水上。如先所说，无量寿佛身量无边，非是凡夫心力所及。然彼如来宿愿力故，有忆想者必得成就。但想佛像得无量福，况复观佛具足身相。（中略）是为杂想观，名第十三观。'"（第344页中、下）

4　《佛说观无量寿佛经》："上品上生者，（中略）生彼国时，此人精进勇猛。"（第344页下）通读《佛说观无量寿佛经》对九品往生者的描述，只有上品上生者采用精进勇猛一语形容往生者的特征，其他八品往生者皆无特征描述语。

图 77　大足北山佛湾晚唐第 245 龛观无量寿经变十六观之第十三观杂想

图 78　大足北山佛湾晚唐第 245 龛观无量寿经变十六观之第十四观上辈生想

图79　乐至报国寺五代第5龛观无量寿经变十六观之第十四观上辈生想（李冠畿摄）

图80　大足北山佛湾晚唐第245龛观无量寿经变十六观之第十五观中辈生想线图

图81　乐至报国寺五代第5龛观无量寿经变十六观之第十五观中辈生想（李冠畿摄）

并被来迎圣众所放光明照耀的场景[1]。乐至报国寺五代第1龛、5龛观经变十六观之第十五观中辈生想（图81），地上涌起祥云，云上设置莲花座，座上设置房屋，屋中安坐往生者，同样表现往生者自见己身坐莲花台、往生极乐世界的场景，与该格图像有相似之处。

左边第八格表现第十六观下辈生想（图82-1、图82-2），大部分空间刻画外围栏杆的莲池，池中密布莲苞和莲叶，还有一人作胡跪合掌状。因下辈往生者等级最低，莲花化生速度最慢，经历劫数最多，所以表现在图像上多是尚未开放的莲苞，表示下辈往生者

1　《佛说观无量寿佛经》："中品上生者，（中略）行者临命终时，阿弥陀佛与诸比丘眷属围绕，放金色光至其人所，演说苦空无常无我，赞叹出家得离众苦。行者见已，心大欢喜，自见己身坐莲花台。"（第345页中）

图82-1　大足北山佛湾晚唐第245龛观无量寿经变十六观之第十六观下辈生想

图 82-2　大足北山佛湾晚唐第 245 龛观无量寿经变十六观之第十六观下辈生想线图

尚处于劫中。胡跪合掌者已从莲花中往生成功，其合掌姿势亦合乎经典对下品上生者的描述[1]。

关于第十四至十六观图像内容，王惠民先生认为观想物分别是力士、佛及植物，按照佛最尊、人次之，以及植物最下的等级差异，依次表现中辈往生、上辈往生和下辈往生。其依据中品下生中“譬如壮士屈伸臂顷，即生西方极乐世界”的经文，将第十四观判定为中辈往生，但“譬如壮士屈伸臂顷”为时间描述语，出现在许多经典中，形容动作很快，时间很短，不能与力士形象混淆。又将第十五观中往生女子误识为佛，也没有注意到第十六观莲池中的往生者[2]。笔者认为，该龛第十四至十六观图像依据经典顺序雕刻，分别表现了上、中、下三辈往生。

北山第245龛观经变之十六观图像采用四川唐代观经变流行的条幅格子式表现，按照经典内容刻画，布局合理，雕刻精细。有些十六观图像能从四川唐代同类图像中找到相似之处，例如第七观花座想与青神中岩寺中晚唐第26龛观经变相似。但较多图像在其之前的四川唐代观经变中未曾出现，例如十六观每观设置长条榜题形式，四川实例见于北山第245龛和安岳木鱼山晚唐五代观经变，不见于川中地区稍早实例，却流行于敦煌唐代观经变，如敦煌莫高窟盛唐第45窟北壁观经变、莫高窟盛唐第320窟北壁观经变等[3]。再如该龛第一观表现山峰和落日景象，四川实例见于北山第245龛及五代观经变，而在敦煌唐代观经变中较为普遍。还有些图像在四川和敦煌唐代同类图像中均未曾见到，例如第六观所刻整座寺院。该龛观经变开凿在唐僖宗避难入蜀（880—884年）后仅10年左右，那些与敦煌相似图像因素很可能是依据两京地区粉本制作。据此推测，北山第245龛观经变之十六观图像，应综合了四川和两京地区同类粉本图像因素，并加入粉本设计者创意，才呈现如此布局严密、雕刻精细之作。

（三）龛外图像

北山第245龛观经变龛外两侧壁浮雕多龛造像。龛外右侧壁从上到下依次浮雕菩萨龛、药师佛与菩萨合龛、供养人像，以及观音地藏合龛（图83-1）。龛外左侧壁上方三龛造像残毁，其余造像从上到下依次浮雕双菩萨龛、观音地藏合龛、地藏龛、千手观音龛，

1　《佛说观无量寿佛经》：“下品上生者，（中略）命欲终时遇善知识，为读大乘十二部经首题名字，以闻如是诸经名故，除却千劫极重恶业。智者复教合掌叉手，称南无阿弥陀佛。”（第345页下）

2　前引王惠民：《北山245窟的图像源流》。

3　前引施萍婷主编：《敦煌石窟全集5·阿弥陀经画卷》，第167—168页，图版149—150。

图 83-1　大足北山佛湾晚唐第 245 龛观无量寿经变龛外右侧壁

图 83-2　大足北山佛湾晚唐第 245 龛观无量寿经变龛外左侧壁

以及观音地藏合龛（图83-2）。

从龛像雕刻层位看，龛外右侧中间供养人像与龛内造像属于一体化设计，即龛内造像完成后随之在龛外雕刻供养人像。供养人像分三排整齐排列（图84-1），均侧身朝向龛内净土世界。其中上起第一排最靠近龛内者是一位着僧装、右手执行香炉的比丘（图84-2），其身后者和第二排供养人均为头戴幞头、双手合十的官员，第三排为女子。供养人排列顺序反映身份有别，分别是比丘第一、男子官员第二、女子第三。男供养人身穿官员服装，女供养人为贵妇形象，应是官员的家属，表明供养人属于贵族阶层。据龛外

图 84-1　大足北山佛湾晚唐第 245 龛观无量寿经变龛外右侧壁供养人

图 84-2　大足北山佛湾晚唐第 245 龛观无量寿经变龛外右侧壁供养人局部

左侧壁第243龛唐天复元年（901年）千手观音龛造像记[1]，其供养人为一对夫妇，其中男供养人名蹇知进，官衔为军事押衙，可印证右侧壁供养人同为官员及其家属。据《大足石刻铭文录》记载，北山第245龛观经变龛外右壁供养人像第二排石埂内侧残留“造西方龛”，以及“刘净意、陈静喜、弟子李氏、文氏”等造像记，推测写全名者为男子官员，李氏、文氏等代表女子家属。该龛观经变浮雕规范且精细，可以充分地彰显净土教理，其供养人的排列次序应经过充分考虑。

在龛外侧壁雕刻成排供养人像的做法流行于川东地区晚唐、五代观经变，相似实例还有安岳木鱼山晚唐五代第18龛、资中重龙山晚唐第32龛、内江翔龙山晚唐观经变龛，以及乐至报国寺五代第1龛观经变。前二例位于沱江东岸，相距较近，各在龛外侧壁刻两排供养人。供养人体量大小差别明显，以此区别身份高低。后二例与北山第245龛供养人表现较为接近，均在上层雕刻男供养人，在下层雕刻女供养人，并在第一层靠近龛内处雕刻一位比丘，反映一定共同性。

龛外左侧壁造像多有明确纪年，从上往下，分别是唐乾宁三年（896年）第240龛双菩萨像、唐天复元年（901年）第243龛千手观音像，五代后蜀广政八年（945年）第244龛观音地藏像[2]，在第245龛观经变完成后陆续镌凿。右侧壁第248龛药师佛及菩萨合龛与左侧壁第240龛双菩萨龛所处位置相对，且两龛形制、大小、左右下角供养人像相近，尤其菩萨像表现十分相似，推测这两龛开凿于相近时期[3]。

龛外其他造像虽然开凿时间不同，也没有经过一体化设计，但是造像题材集中在观音（包括千手观音）、地藏、药师三类，且存在两两组合现象。药师佛和观音菩萨同时具有救苦救难的现实救济功能，地藏菩萨具有拯救地狱众生的职能。第243龛千手观音像造像记表明供养人夫妇期望骨肉团圆，这不正是反映供养人希望得到观音菩萨的护佑，过上安泰的现世生活吗？这些龛像开凿于观经变龛外，表明供养人不仅期望来世往生极乐世界，不堕地狱，也希望现世得到庇护与救济。

1　大足北山唐天复元年（901年）第243龛千手观音像题记：“敬（镌）造大悲千手观音菩萨壹龛，□□□□□（右弟子军事押衙蹇知进先为）□□□（寨）□中之际，夫妇惊扰，同（发愿上造）贤圣（愿齐加护）□□安（泰），与骨肉团圆，今不负前心，（遂镌造）上件菩萨（悉己酉年）以天（复）元年五月十五日就院修□□（赞用开鸿泽）永为供养。”前引重庆大足石刻艺术博物馆等编：《大足石刻铭文录》，第15页。

2　大足北山佛湾后蜀广政八年（945年）第244龛观音地藏像题记：“□□造地藏□□一龛……子之□氏求造□□□广政八年四月十七日表赞讫。”前引重庆大足石刻艺术博物馆等编：《大足石刻铭文录》，第20页。

3　米德昉：《唐宋时期大足药师造像考察》，收录于大足石刻研究院、四川美术学院大足学研究中心编：《大足学刊》（第一辑），重庆出版社2016年版，第37—63页。有关药师佛的尊格判断，承蒙米德昉老师告知，十分感激。该文将第240龛和第248龛分别定名为双观音和药师、观音，因第240龛题记称“欢喜王菩萨”，又此三尊菩萨头、手俱残，无法判断观音尊格，本稿均称为菩萨。

二　大足宝顶山大佛湾南宋第18龛观无量寿经变

大足宝顶山大佛湾第18龛观无量寿经变（图85），高815厘米，宽2160厘米，深250厘米[1]。学界论证宝顶山石刻造像是南宋中期赵智凤经营的大型佛教道场，笔者认同这一观点，认为宝顶山大佛湾第18龛观无量寿经变亦属同时期造像（以下简称宝顶山第18龛观经变）。

宝顶山第18龛观经变为大足乃至四川地区已知唯一的宋代观经变，其图像表现与当地唐代观经变差异甚大，规模之巨亦前所未有。以往学界关于宝顶山第18龛观经变的研究，集中在资料刊布和题记分析两方面。

在资料刊布方面，20世纪80年代，《大足石刻志略校注》简略描述了该龛观经变图像，录入所有题记[2]。《大足石刻内容总录》记录了该龛观经变尺寸，将图像内容分成西方极乐国土、三品九生、十六观三部分并依次描述，仅录入十六观题记，其余题记未收录[3]。90年代，胡良学先生全面调查了该龛观经变，详细记录并测量了各部分图像、题记的内容和尺寸[4]。《大足石刻铭文录》刊布了该龛观经变石碑拓本并记录了题记内容及尺寸[5]。《大足石刻雕塑全集：宝顶石窟卷（上）》和《中国石窟雕塑全集第7卷·大足》刊布了该龛观经变部分图片[6]。

在题记分析方面，集中在该龛观经变两块劝念阿弥陀佛碑文和十六观偈颂。胡文和先生比较敦煌古抄赞文与该龛劝念阿弥陀佛碑文及十六观偈颂，认为二者文字具有相似性，是当时民间流行的、不受地域限制的佛教文学作品[7]。侯冲先生认为该龛观经变两块劝念阿弥陀佛碑文和十六观偈颂均出自北宋僧人宗赜的著作[8]。陈明光先生比对北宋僧人宗赜所作偈颂与十六观及劝念阿弥陀佛碑文，得出题记是赵智凤为通达世俗而作的结论[9]。

以上可见，以往学界对于宝顶山第18龛观经变进行了全面和细致调查，并注意到劝念阿弥陀佛碑文与北宋僧人著作之间的联系。但是，对于宝顶山第18龛观经变的图像内容及含义尚无专文讨论。因此，本稿在实地调查基础上，采用美术史图像学方法，结合图像与题记两方面，具体分析该龛观经变整体布局和各部分图像内容，建立图像表现与题记内容之间的联系，力图深入阐释图像意涵。

宝顶山第18龛观经变图像布局清晰明了（图86），正壁图像以中间栏杆为界分成上、下两层。正壁上层以西方三圣巨大胸像为中心表现净土世界景象，下层表现九品往生图像，左右壁表现十六观图像。该龛观经变与北山第245龛观经变图像布局存在相似之处，即西方三圣在上，往生场面在下，十六观在两侧，但前者强调九品往生图像，后者强调净土世界景象，这是二者最大区别。

（一）西方净土世界景象

宝顶山第18龛观经变净土世界景象表现较为简洁，但图像配置元素仍较为全面，西方三圣、天宫楼阁、十方诸佛、供养菩萨、宝树、鸟雀等一应俱全。

正壁上层的西方三圣作为该龛观经变主尊，表现成巨大胸像，占据上层大部空间。阿弥陀佛居中，双手于胸前施弥陀定印，头部放出两道光明（图87）。左胁侍观世音菩萨宝冠中央雕刻一立化佛，左手于胸前托钵，右手于右肩前持杨柳枝（图88）。右胁侍大势至菩萨宝冠中央雕刻一放光宝瓶，右手于胸前结印，左手于左肩前手指前伸，托三层叶状物（图89）。该龛观经变主尊表现为大型胸像的做法不见于四川唐、五代观经变，而流行于大足与安岳宋代造像，以体量巨大的半身像表现主尊造像威严的气势[10]。

阿弥陀佛头部两侧各设置一座悬浮在祥云上的楼阁，表明此楼阁为天宫。楼阁中的结跏趺坐佛应为前来称赞阿弥陀佛的十方诸佛，这种表现流行于四川唐、五代观经变。两座天宫楼阁正下方各设置一尊菩萨半身像，宝冠中央雕刻趺坐佛，附刻圆形头光，头光上方刻火焰纹。左侧菩萨双手持长茎莲花，右侧菩萨左手于胸前结印，右手于身体右前方托盘，盘上盛水果等供品。观世音和大势至

1　尺寸出自胡良学：《大足宝顶大佛湾西方净土变相》，《敦煌研究》1997年第2期。

2　陈习删著，胡文和、刘长久校注：《大足石刻志略校注》，收录于前引刘长久、胡文和、李永翘编著：《大足石刻研究》，第287—290页。

3　前引李永翘、胡文和：《大足石刻内容总录》，收录于前引刘长久、胡文和、李永翘编著：《大足石刻研究》，第480—483页。

4　前引胡良学：《大足宝顶大佛湾西方净土变相》，该文又收录于童登金：《大足石刻研究文集》（4），中国文联出版社2002年版，第439—460页；胡良学：《宝顶山大佛湾“西方净土变相”的调查研究》，《中华文化论坛》1997年第4期。

5　前引重庆大足石刻艺术博物馆等编：《大足石刻铭文录》，第114—128页。

6　陈明光编：《大足石刻雕塑全集：宝顶石窟卷（上）》，重庆出版社1999年版，第100—116页，图版114—136；前引李巳生主编：《中国石窟雕塑全集第7卷·大足》，第145—151页，图版144—150。

7　前引胡文和：《四川道教佛教石窟艺术》，第252—253页。

8　侯冲：《宋代的信仰性佛教及其特点——以大足宝顶山石刻的解读为中心》，前引重庆大足石刻艺术博物馆编：《2005年重庆大足石刻国际学术研讨会论文集》，第301—302页。

9　陈明光著：《大足石刻档案（资料）》，重庆出版社2012年版，第381—395页。

10　主尊造像同样表现为半身胸像者还有大足宝顶山大佛湾第27龛毗卢遮那佛像、大足佛祖岩南宋华严三圣像、大足广大山南宋华严三圣像，以及大足松林坡南宋华严三圣像等。

图 85　大足宝顶山大佛湾南宋第 18 龛观无量寿经变

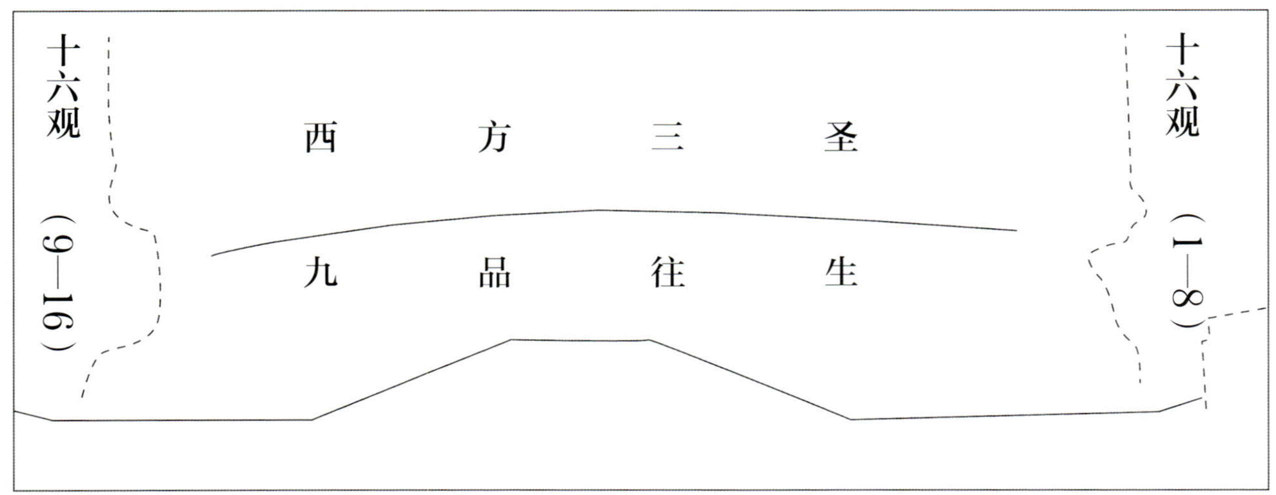

图 86　大足宝顶山大佛湾南宋第 18 龛观无量寿经变图像布局示意图

图 87　大足宝顶山大佛湾南宋第 18 龛观无量寿经变阿弥陀佛

图88　大足宝顶山大佛湾南宋第18龛观无量寿经变观世音菩萨

图 89　大足宝顶山大佛湾南宋第 18 龛观无量寿经变大势至菩萨

图 90　大足宝顶山大佛湾南宋第 18 龛观无量寿经变十方诸佛与飞天

菩萨头顶上方接近龛顶处，各雕刻一排立佛，每边十尊，应为十方诸佛（图90）。十方诸佛外侧各设置一尊菩萨形飞天，侧身面向中央，左侧飞天右手托盘，盘上盛物，右侧飞天手持长茎莲花。十方诸佛位于阿弥陀佛头部光明两侧，表现了十方诸佛受到阿弥陀佛光明照耀和诸菩萨、飞天供养的景象。十方诸佛表现沿用了四川唐、五代观经变图像意涵。

二胁侍菩萨两外侧各设置一座两层楼阁，左侧者题为大宝楼阁（图91），右侧者题为珠楼（图92）。大宝楼阁上层悬挂一钟，钟旁坐一手持木槌者，应为敲钟人。珠楼上层雕刻一尊结跏趺坐佛。两座楼阁下层均设置一双手合十童子立像和一半身菩萨像。正壁中间栏杆前后七折，应为《佛说阿弥陀经》所述极乐国土七重栏楯的表现。栏杆上雕刻的连钱纹（图93）与大宝楼阁、珠楼下层门窗纹样一致，并见于大足磨儿坡南宋绍兴三十年（1160年）墓出土石刻牌楼门窗（图94）[1]，可知为大足南宋流行的建筑装饰纹样。

七折栏杆立柱上各设置一身伎乐童子。伎乐童子站在由祥云承托的莲花上，身穿世俗服装，演奏圆鼓、筚篥（图95）、横笛、羯鼓、六页拍板等乐器。从图像元素看，宝顶山第18龛观经变设置栏杆、伎乐、乐器三种元素，与大足磨儿坡南宋绍兴三十年（1160年）墓出土石刻伎乐一致（图96）[2]。从人物形象看，宝顶山第18龛观经变身穿世俗服装的伎乐童子，有别于九品往生中装饰项圈和飘带的化生童子，也不同于大足磨儿坡南宋绍兴三十年（1160年）墓室出土的成年伎乐男子，更不同于唐、五代观经变中常见的伎乐女子。从乐器种类看，宝顶山第18龛观经变乐器与磨儿坡宋墓出土乐器相同，已不见唐、五代观经变中常见的箜篌、古筝等乐器。通过以上三方面分析可知，宝顶山第18龛观经变伎乐表现，既参考了大足南宋世俗伎乐演奏场面，又将伎乐童子巧妙地安置在佛国净土

1　大足石刻博物馆藏。重庆大足石刻艺术博物馆：《重庆大足龙水镇明光村磨儿坡宋墓清理简报》，《四川文物》2002年第5期。

2　大足石刻博物馆藏。

的建筑环境中，突出佛国净土中的童子形象，无不反映造像设计者的匠心用意。

正壁上层大宝楼阁和珠楼外侧各设置一棵枝叶茂盛的宝树，下层栏杆左右侧亦浮雕四棵宝树，树叶表现一致，说明为同一树种。下层宝树从左至右，第一棵已被现代修补，其余三棵仍是原貌，树叶上几乎布满花果，还发出火焰和形状不一的光明。第二棵宝树中央花果放出的光明向两上方延伸并绕圈（图97），与北山第245龛观经变阿弥陀佛头部光明转表现如出一辙，应是受四川唐、五代观经变阿弥陀佛光明转图像影响的产物。第三棵宝树中央仅一道光明向上延伸并绕圈，第四棵宝树中央的花果放出两道流线形光明。《佛说观无量寿佛经》第四观树想记述，宝树叶间生出像旋火轮一样的金色妙花，花上自然有放大光明的七宝果。可知，下层宝树采用了自唐代流行、在宋代普及的光明转图像，表现了树上涌生诸果并放大光明的景象。

鸟雀分布在正壁左右侧，均朝向中央表现，上下两层各4只。2只双头共命鸟立在上层两棵宝树树枝上，2只孔雀口衔花枝位于上层二飞天下方。4只鸟雀分布在下层九品往生图像缝隙中，从左至右，1只迦陵频伽双手合十（图98），3只鸟雀口衔璎珞。该迦陵频伽上半身为人身，双手合十，身上附刻张开翅膀，下半身着裙，没有刻出鸟足，与唐代上半身人身、下半身鸟身的迦陵频伽表现不同。

（二）九品往生

宝顶山第18龛观经变正壁下层设置九品往生图像，上品往生居中，中品往生居左，下品往生居右，各品上、中、下三等同样采用中、左、右次序配置（图99）。下文按照九品往生顺序，首先分析各品图像内容，然后比对九品往生碑文和《佛说观无量寿佛经》经文内容，找出异同点（详见附录2，下文不再一一注释），进而阐述图像意涵。

1. 上品往生

上品往生图像分布在正壁下层中间，中央为上品上生，左侧为上品中生，右侧为上品下生。

（1）上品上生

上品上生图像中央雕刻四尊立菩萨（图100），头戴花冠，胸饰璎珞。从左往右，第一尊菩萨双手合十，宝冠中央雕刻一缕祥云，云上残留一尊趺坐化佛的下半身。第二尊菩萨左手托金刚台座、右手持莲花台座，宝冠中央雕刻一尊站在莲台上的立化佛。第三尊菩萨双手隐于布下，共托莲花台座，宝冠中央雕刻一莲台，与第二尊菩萨冠中化佛所立的莲台表现一致，莲台上物象仅残留下半段，不知是立化佛还是宝瓶。第四尊菩萨双手于腹前上下叠放，右手持长串佛珠，宝冠中央雕刻一缕祥云，云上安坐一尊化佛。第一、二、四尊菩萨宝冠中均雕刻化佛，可知为三尊观世音菩萨，第三尊菩萨可能为大势至菩萨也可能是观世音菩萨。第一尊和第四尊菩萨内着僧祇支，外披天衣，宝冠上均雕刻祥云和坐佛，可知二者对称表现。中间两尊菩萨身穿袈裟，均手托莲花台座，宝冠中央雕刻莲台，同样对称表现。二菩萨手中的莲花台座，由莲花座和方形基座组成，基座四角有柱承托，应为经典记述的金刚台。

四菩萨上方栏杆上横题“上品上生”四字，栏杆之上为该龛观经变主尊阿弥陀佛。其余八品往生图像均设置西方三圣，并将品级名称与内容镌刻在同一块石碑上，而此处上品上生图像中央仅设置四尊菩萨，并将上品上生名称单独刻在主尊阿弥陀佛与四菩萨之间，表明主尊阿弥陀佛兼具上品上生接引佛的功能。

四菩萨下方雕刻三身童子，露出上半身，中央童子双手合十，左侧童子右手托盘，盘上放置供物，右侧童子左手持一株长茎莲花。两侧童子均侧身面向中央，且一侧托盘、一侧持莲花的形式与观经变主尊阿弥陀佛两侧的供养菩萨，以及靠近龛顶处的两尊供养飞天表现具有一致性，可知这两身童子也作供养状。上部供养飞天、中部供养菩萨、下部供养童子，同侧三者所处位置大致可连成一条直线，而这两条直线之内分布着阿弥陀佛和十方诸佛，显然为造像设计者有意安排。上品上生经文记述，上品上生者往生至极乐世界之后，需历事诸佛，推测此处以供养童子表现上品上生者历事十方诸佛。

三身童子下方雕凿成一块长方形石碑，碑文结尾刻“大藏佛说观无量寿佛经”，表明碑文依据《佛说观无量寿佛经》镌刻，但与经文有所出入，似有意为之，下文讨论碑文有别于经文之处及其成因。

第一，碑文开头至“此三种业乃是过去、未来、现在三世诸佛净业正因”，讲述欲生极乐世界者应修三种福业（净业），包括孝道、受戒、发菩提心三方面。在碑文中，这段内容直接后续上品上生碑文，但在经文中，这两段内容之间还有第一至第十三观经文。碑文撰写者有意将净业内容与九品往生碑文相连，起到统摄九品往生的作用，亦即强调九品往生者都应修习三福，而三福中孝道居于

图 91 大足宝顶山大佛湾南宋第 18 龛观无量寿经变大宝楼阁

图 92 大足宝顶山大佛湾南宋第 18 龛观无量寿经变珠楼

图 93 大足宝顶山大佛湾南宋第 18 龛观无量寿经变栏板纹样

图 94 大足磨儿坡南宋绍兴三十年（1160 年）墓出土的石刻牌楼局部

图95 大足宝顶山大佛湾南宋第18龛观无量寿经变伎乐童子之一

图 96 大足磨儿坡南宋绍兴三十年（1160 年）墓室出土的石刻伎乐

图 97　大足宝顶山大佛湾南宋第 18 龛观无量寿经变宝树之一

图 98　大足宝顶山大佛湾南宋第 18 龛观无量寿经变迦陵频伽

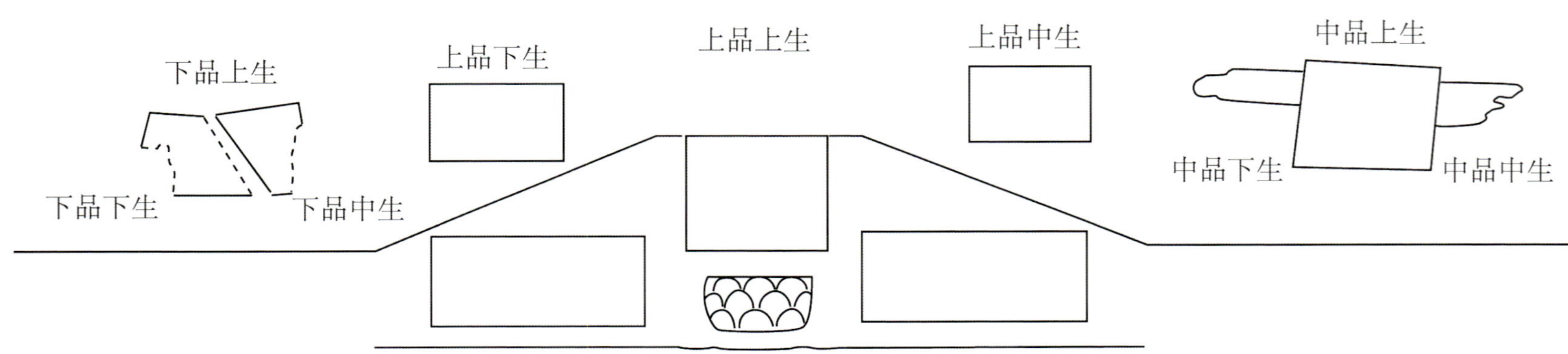

图 99　大足宝顶山大佛湾南宋第 18 龛观无量寿经变九品往生布局示意图

图100　大足宝顶山大佛湾南宋第18龛观无量寿经变九品往生之上品上生中部

图101　大足宝顶山大佛湾南宋第18龛观无量寿经变九品往生之上品上生下部

首位，与宝顶山大佛湾造像尽力倡导的孝道思想呼应[1]。此外，唐代净土宗师善导将《佛说观无量寿佛经》之第一至十三观归结为定善，将三福九品归结为散善[2]，进而在分析散善含义时，将三福作为正因，将九品作为正行[3]，推测此碑文撰写者可能受到善导思想影响。

第二，经文记述“我（释迦）今为汝（韦提希）广说众譬，亦令未来世一切凡夫欲修净业者，得生西方极乐国土”。而碑文有意将“未来世一切凡夫”改为“末世一切凡夫”，表明碑文撰写者将其所处时代看作末世，期望末世众生修习净业得以往生极乐国土。

第三，经文所言三心指至诚心、深心、回向发愿心，而碑文所指三心为慈心不杀、具诸戒行，读诵大乘，以及修行六念、回向发愿心，实为经文所言的三种众生。笔者认为，至诚心、深心及回向发愿心概念比较抽象，一般人看后可能不明其理，而慈心不杀，具诸戒行，读诵大乘，以及修行六念、回向发愿心较为具体，观看后即知如何发心和修行。碑文撰写者如此修改，应该是为了简洁明了地教化众生。

第四，关于上品上生者的迎接场面，碑文与经文有两处出入较大。其一，碑文将“百千比丘、声闻大众、无量诸天”统称为“无量大众”。其二，碑文省略“与诸菩萨授手迎接，观世音、大势至与无数菩萨，赞叹行者劝进其心”。所以如此修改，应是为了与图像匹配。原因之一，图像表现西方三圣与诸菩萨，并未表现百千比丘和声闻大众等形象，因此统称为无量大众。之二，图像没有表现阿弥陀佛与诸菩萨授手迎接的场面，因此省略相应经文内容。

石碑正下方向前突出一曲形平台，平台上安置一个空莲座，两边雕刻大莲叶，形成莲池环境（图101）。在四川观经变正壁下部中央设置空莲座的表现，还见于丹棱鸡公山晚唐观经变龛（图102），以及乐至报国寺五代第1龛、5龛观经变，三者空莲座上均雕刻椭圆形背光，应是为往生者准备的坐具。该空莲座在整体龛像中的位置与三例唐、五代观经变相同，推测造像设计者参考了四川唐、五代同类图像，亦以空莲座作为往生者的坐具。

空莲座两边各设置一块石碑，左侧碑文为普劝持念阿弥陀佛，右侧碑文为再三相劝念弥陀，两块石碑内容均为劝世人念诵阿弥陀佛（碑文见附录3、附录4）。在四尊来迎菩萨中，第一尊菩萨双手合十和第四尊菩萨手持念珠的手势，暗含念佛之义，与碑文内容契合。宝顶山第18龛观经变一方面采用大足南宋流行的数珠手观音造型[4]，另一方面用通俗易懂的文字劝世人念诵阿弥陀佛，也从侧面说明了北山第245龛观经变正壁下层往生场面中菩萨手持念珠图像的意涵。

空莲座及其两侧劝念阿弥陀佛石碑，位于上品上生图像和石碑正下方，并且和上品上生石碑一起分布在下层栏杆下方，就此观察应属于上品上生内容。但是，往生西方净土世界者皆莲花化生，且往生者都需要念佛修行，那么，空莲座及其两侧劝念阿弥陀石碑作用应覆盖所有九品往生图像。

从下往上，上品上生图像由劝念阿弥陀佛石碑、空莲座、上品上生石碑、化生童子、四菩萨，以及阿弥陀佛组成。结合图像和碑文内容可知，上品上生表现了往生者勤念阿弥陀佛、修三福、发三心，即可登上莲座，在放光阿弥陀佛和手执金刚台观世音菩萨的迎接下往生至极乐佛国，并历事诸佛，获得无量陀罗尼法门的往生经过。

（2）上品中生

上品中生雕刻西方三圣、上品中生石碑、化生童子，以及宝池等图像（图103）。石碑居中，其余图像分布在石碑周围。

西方三圣立于石碑之后，阿弥陀佛居中，露出上半身，双手于胸前施弥陀定印。左胁侍观世音菩萨宝冠中央设置一趺坐化佛，右手于胸前平托一亚字形基座，左手垂下，掌心侧向外。右胁侍大势至菩萨宝冠中央设置一细长形放光宝瓶，左手于胸前平托一莲花台座，右手垂下，抚摸一童子头顶。依据上品中生经文与碑文内容，阿弥陀佛与观世音及大势至菩萨持紫金台至行者前，可知二胁侍菩萨手托之物为紫金台。

石碑两侧各设置两身趺坐在有茎莲花上、双手合十的化生童子，最左侧童子莲座下的莲茎十分明显。石碑之下、阿弥陀佛正下方，一身面向阿弥陀佛、背对观者的化生童子双手合十、跪坐在大莲花上。石碑下方浅刻波状水流，浮雕大莲叶和菱形、圆形等宝物，表明石碑下部为七宝池。宝池外还有两身童子侧身合掌、跨坐在栏杆上。此外，上品中生场面左下角凹处刻一世俗人，可能为往生者。

---

1 李静杰：《大足宝顶山南宋石刻造像组合分析》，收录于大足石刻研究院编：《2014年大足学国际学术研讨会论文集》，重庆出版社2016年版，第22页。

2 （唐）善导集记《观经玄义分》卷第一：“从此已下次答定、散两门之义，问曰，‘云何名定善？云何名散善？’答曰，‘从日观下至十三观已来名为定善，三福九品名为散善’。”《大正藏》第三十七册，第247页中。

3 （唐）善导集记《观经正宗分散善义》卷第四：“从此已下次解三辈散善一门之义。就此义中即有其二，一明三福以为正因，二明九品以为正行。”《大正藏》第三十七册，第270页中。

4 关于大足南宋数珠手观音造型的分析，详见齐庆媛：《江南式白衣观音造型分析》，《故宫博物院院刊》2014年第4期。

图 102　丹棱鸡公山晚唐观无量寿经变龛局部

图 103　大足宝顶山大佛湾南宋第 18 龛观无量寿经变九品往生之上品中生

比对上品中生碑文与经文，存在两点较大差异。第一，碑文有意省略经文描述内容，例如在接引场面中西方三圣与千化佛一起授手，往生者下金台礼佛等被省略的经文内容，没有表现在图像中。第二，经文记述上品中生者往生至极乐世界后得无生法忍，现前受记，而碑文刻意将“现前”改成“摩顶”，并在该品场面中表现大势至菩萨手摩童子头顶。可见，经文被有意修改，并与图像表现契合。

结合碑文和图像内容可知，上品中生图像表现了西方三圣前来迎接上品中生者，以及上品中生者往生至极乐世界的经过。观世音和大势至菩萨手托紫金台前来迎接，观世音菩萨伸出宝手接引，上品中生者跪在阿弥陀佛正下方的大莲花上，合掌赞叹阿弥陀佛，往生至极乐世界七宝池中，大势至菩萨为其摩顶授记。《佛说观无量寿佛经》记述，观世音菩萨以其宝手接引众生[1]，大势至菩萨以智慧光普照一切，令众生远离三涂苦难、得无上力，因此名为大势至[2]。往生者由慈悲的观世音菩萨伸手接引，由智慧的大势至菩萨手摩其顶，强烈吸引着众生发愿往生极乐世界。

（3）上品下生

上品下生与上品中生对称表现，设置西方三圣、上品下生石碑、化生童子，以及宝池等图像（图104）。石碑居中，其余图像分布在石碑周围。

阿弥陀佛立于石碑之后，露出上半身，双手隐于袖中。二胁侍菩萨分立石碑两侧，观世音菩萨宝冠中央雕刻一趺坐化佛，左手置于腹前，手部残毁，右手持一株有茎莲花，大势至菩萨宝冠中央雕刻一细长形放光宝瓶，双手共持一株长茎莲花。在二胁侍菩萨手中的莲花上各安置一尊附带头光和身光的趺坐化佛，左侧化佛头光周围雕刻火焰。

在石碑两侧、观世音和大势至菩萨下方各设置两身趺坐在莲花上、双手合十的化生童子。在石碑之下、阿弥陀佛正下方，设置一身面向阿弥陀佛、背对观者的童子，其合掌手势及跪坐姿势与上品中生场面对应童子表现一致。在下方栏杆上还设置三身化生童子，左侧童子俯跨栏杆，中间童子残毁，仅剩飘带末端，右侧童子侧身合掌、跨坐栏杆。童子身旁浮雕七宝池、大莲叶等，表示宝池环境。

位于主尊阿弥陀佛正下方，面向阿弥陀佛、背对观者的童子形象已出现在四川唐代观经变中，例如夹江千佛岩中晚唐第99龛、晚唐第132龛观经变，以及内江翔龙山晚唐观经变龛。宝顶山第18龛观经变上品中生和上品下生场面的背对童子，同样位于阿弥陀佛正下方，且该童子双腿跪坐、脚心向外的姿势也与这三例四川唐代观经变相似，说明该背对童子形象沿用了同地区以往的表现形式。此外，上品下生右下角凹处刻一世俗人，与上品中生对称表现，可能亦为往生者。

上品下生碑文残毁严重，剩余部分与经文出入较小，此处不单独分析。上品下生经文记述，阿弥陀佛与观世音、大势至、诸眷属

1　《佛说观无量寿佛经》：“次亦应观观世音菩萨，（中略）以此宝手接引众生。”（第343页下、344页上）

2　《佛说观无量寿佛经》：“以智慧光普照一切，令离三涂、得无上力，是故号此菩萨名大势至。”（第344页上）

持金莲花，化作五百化佛前来迎接往生者。该图像在观世音和大势至菩萨手中莲花上设置化佛，应为西方三圣与化佛一起前来迎接上品下生者表现，并刻上品下生者在七宝池中莲花化生、合掌礼佛的内容。

2. 中品往生

中品往生图像位于正壁左侧，以中品往生石碑为中心，上、中、下三生图像成品字形布局。中央石碑上方设置中品上生图像，左侧设置中品中生题名和图像，右侧设置中品下生题名和图像。中品三生碑文合刻在中央大石碑上，分布位置也与图像相应，上生居中，中生居左，下生居右。

（1）中品上生

中品上生图像设置西方三圣与四身化生童子（图105）。西方三圣立于中品往生石碑之后，露出上半身。阿弥陀佛居中，双手于腹前施弥陀定印，头顶放出两道流线形光明并向两侧下方延伸。左胁侍观世音菩萨宝冠中央雕刻一立化佛，双手置于左腹前，左手掌心托右手掌背，右手掌心上安置一净瓶。右胁侍大势至菩萨宝冠中央雕刻一放光宝瓶，双手置于右腹前并隐于布下，共托一宝瓶，宝瓶形制与菩萨宝冠中宝瓶一致并向上放出一道光明。二胁侍菩萨两外侧、中品中生和中品下生题名石碑上各设置两身双手合十、跪坐在莲花上的化生童子。一般情况下，阿弥陀佛头部光明向上延伸，例如该龛观经变主尊阿弥陀佛和下文所述第十三观阿弥陀佛，而此处阿弥陀佛光明向两侧下方化生童子处延伸，应为阿弥陀佛放金色光照耀往生者的表现。

比对中品上生碑文与经文，二者最大区别在于，经文记述中品上生者临命终时，阿弥陀佛与诸比丘眷属围绕，而碑文将比丘改成菩萨，目的在于契合图像表现，因为中品上生表现西方三圣，没有表现比丘。

结合碑文与图像内容可知，中品上生图像表现了西方三圣前来迎接，且阿弥陀佛放大光明照耀中品上生者，中品上生者心大欢喜，自见己身坐莲花台，长跪合掌为佛作礼的内容。

（2）中品中生

中品中生图像雕刻西方三圣与六身化生童子（图106）。阿弥陀佛居中，结跏趺坐在莲花台座上，双手于腹前施弥陀定印，附刻圆形头光。二胁侍菩萨立于阿弥陀佛左右两侧。左胁侍观世音菩萨宝冠中央残留一立化佛，右手残，左手置于左腹前，手持一株带有莲叶的长茎莲苞。右胁侍菩萨宝冠中央雕刻一宝瓶，双手在身体右侧一上一下共持一株长茎莲苞。在西方三圣下方的栏杆上，横列六身被莲花包裹的化生童子，有的仅露出头部，有的露出头部和些许合掌双手。

比对中品中生碑文与经文内容，有两处被刻意修改。第一，经文记述中品中生者命欲终时，阿弥陀佛与诸眷属放金色光、持七宝莲花至行者前，而碑文将眷属改成菩萨，与二胁侍菩萨手持莲花的图像表现吻合，并省略放金色光描述，因为此处没有表现西方三圣放光。第二，经文记述行者自见坐莲花上，而碑文改成行者自见坐莲花内，与化生童子被包裹在莲花内的图像一致。

结合碑文与图像内容可知，中品中生图像表现了西方三圣一同前来，且观世音和大势至菩萨手持七宝莲花迎接中品中生者，中品中生者坐在莲花内，七日之后莲花开放，往生者开目、合掌、礼佛的内容。

（3）中品下生

中品下生图像设置西方三圣和六身化生童子（图107），与中品中生图像对称表现。阿弥陀佛居中，结跏趺坐在莲花台座上，双手于腹前施弥陀定印，附刻圆形背光。二胁侍菩萨侍立左右，左胁侍观世音菩萨宝冠中央雕刻一趺坐化佛，左手于腹前托钵，右手于胸前持杨柳枝，右胁侍大势至菩萨宝冠中央雕刻一宝瓶，双手在身体右侧一上一下共持一株带有莲叶的长茎莲苞。在西方三圣下方栏杆上横列六身被莲花包裹的化生童子，有的仅露出头部，有的露出头部和些许合掌双手。

结合碑文与图像内容可知，中品下生图像表现了西方三圣前来迎接，中品下生者莲花化生，七日后莲花开放，观世音和大势至菩萨为其宣说妙法的内容。

3. 下品往生

下品往生图像位于正壁右侧，与中品往生图像对称布局。下品往生图像以下品往生石碑为中心，上、中、下三生图像形成品字形布局。中央石碑上方设置下品上生图像，左下侧设置下品中生图像，右下侧设置下品下生图像。下品三生碑文合刻在中央大石碑上，分布位置也与图像一致，上生居中，中生居左，下生居右。

（1）下品上生

下品上生图像设置西方三圣和五身化生童子（图108-1）。西方三圣立于石碑之后，露出上半身。阿弥陀佛双手于胸前施弥陀定印。左胁侍观世音菩萨宝冠中央雕刻一趺坐化佛，左手于腹前托钵，右手于胸前持杨柳枝。右胁侍大势至菩萨宝冠中央雕刻一宝瓶，

图104　大足宝顶山大佛湾南宋第18龛观无量寿经变九品往生之上品下生

图 105　大足宝顶山大佛湾南宋第 18 龛观无量寿经变九品往生之中品上生

图106　大足宝顶山大佛湾南宋第18龛观无量寿经变九品往生之中品中生

图 107　大足宝顶山大佛湾南宋第 18 龛观无量寿经变九品往生之中品下生

图 108-1　大足宝顶山大佛湾南宋第 18 龛观无量寿经变九品往生之下品上生

图 108-2　大足宝顶山大佛湾南宋第 18 龛观无量寿经变九品往生之下品上生局部（李静杰摄）

双手共持一株长茎莲苞。两身化生童子位于阿弥陀佛两侧的石碑上，仅露出头部，左侧童子仰头向上，双手合十，似乎在认真听法的样子。两身化生童子位于二胁侍菩萨外侧，对称设置，露出上半身，双手合十，下半身被莲花包裹。还有一身化生童子位于石碑之下、阿弥陀佛正下方的大莲叶上，五体投地礼拜阿弥陀佛（图108-2）。

结合碑文与图像内容可知，下品上生图像表现了西方三圣前来迎接，下品上生者莲花化生，四十九日后莲花开放，观世音和大势至菩萨为往生者宣说十二部经的内容。

（2）下品中生

下品中生图像设置西方三圣和六身化生童子（图109）。阿弥陀佛居中，结跏趺坐在莲花台座上，双手于腹前施弥陀佛定印，附刻头光和身光，圆形头光外围浮雕火焰纹。二胁侍菩萨侍立左右。左胁侍观世音菩萨宝冠中央残留一立化佛的下半身，左手于腹前持净瓶，右手于胸前持杨柳枝。右胁侍大势至菩萨宝冠中央雕刻一放光宝珠，左手垂下似接引状，右手持幡，幡上刻“随愿往生”四字。西方三圣下方两立柱之间横列六身仅露出头部或些许合掌双手的化生童子，从左至右，第一、四、五身被莲花包裹，第二、三、六身被扇形莲叶包裹。

结合碑文与图像内容可知，下品中生图像表现了西方三圣前来迎接，下品中生者莲花化生，经六劫后莲花开放，观世音和大势至菩萨安慰往生者，并为其宣说大乘经典的内容。

（3）下品下生

下品下生图像设置西方三圣和六身化生童子（图110）。阿弥陀佛居中，结跏趺坐在莲花台座上，双手于腹前施弥陀佛定印。二胁侍菩萨侍立左右。左胁侍观世音菩萨宝冠中央雕刻一趺坐化佛，双手在身体左侧共持一方盒，可能是盛经卷的木匣。右胁侍大势至菩萨宝冠中雕刻一放光宝瓶，双手于胸前隐于布下，似捧物。西方三圣下方两立柱之间横列六身仅露出头部或些许合掌双手的化生童子，从左至右，第一、二、五身被扇形莲叶包裹，第三、四、六身被莲花包裹。

下品下生经文记述，下品下生者往生时，没有来迎圣众和坐具，而碑文添加了往生者“命终之后见金莲花住其人前”之句，加入了金莲花作为往生者的坐具。

结合碑文与图像内容可知，下品下生图像表现了西方三圣前来迎接，下品下生者在莲花中化生，满十二大劫后，莲花开放，观世音和大势至菩萨为下品往生者宣说实相、除灭罪法的内容。

以上可知，宝顶山第18龛观经变九品往生每一品均表现了西方三圣前来迎接往生者，以及往生者莲花化生并闻法、灭罪、受记，乃至历事十方诸佛的内容，并不是简单的来迎图，而是完整的往生经过。依据九品往生经文，各品往生者因各自修行程度有差别，所以往生待遇也有相应差别，并不是每一品往生者都享有西方三圣亲自来迎的至高待遇。但是该龛九品往生图像不仅每一品均表现西方三圣来迎，而且往生碑文全部去掉经文中“回向愿求生极乐国”的“求”字。可见，造像设计者似乎有意向世人展示，往生极乐世界是一件方便易行的事情。

正壁上层中央的阿弥陀佛，兼具西方净土世界主尊和上品上生接引佛的职责，正壁下层中央的空莲座，也同时具备迎接上品上生者和九品往生者的功用。空莲座及其两侧的劝念阿弥陀佛碑文，意在劝导世人念佛并引导其发愿往生极乐世界。空莲座所在平台宽270厘米，空莲座直径90厘米[1]，不排除当时在此举行礼忏仪式的可能性[2]。《佛说观无量寿佛经》又名净除业障、生诸佛前，可见此经要点在于灭除业障[3]。佛教徒如若在空莲座上跪坐礼拜，抬头即可面见阿弥陀佛，若虔心称诵阿弥陀佛名号，即可除却无数劫生死之罪。下品中生大势至菩萨手中幡上明确刻写随愿往生，往生者除去自身罪障之后，即可发愿往生至极乐世界，远离苦恼现实。

（三）十六观

十六观图像分布在左右壁，现存十五观，每观雕刻观想人、观想物、观想题名及偈颂（图111-1、图111-2）。十五观图像从上至下错落有致排列，左壁保存第一至七观，第八观残毁，右壁保存第九至十六观，各观之间没有界线区隔。

左壁上起第一处表现第一观日想（图112），雕刻一位结跏趺坐女子，侧身面向中央，双手于胸前捧物，头戴宝冠，身穿世俗服

---

1 空莲座平台尺寸来自笔者实地测量，空莲座直径尺寸来自前引胡良学《大足宝顶大佛湾西方净土变相》。

2 感谢清华美院王友奎博士提供宝贵意见。

3 《佛说观无量寿佛经》：“尔时阿难即从座起前，白佛言：‘世尊，当何名此经，此法之要当云何受持？’佛告阿难：‘此经名观极乐国土、无量寿佛、观世音菩萨、大势至菩萨，亦名净除业障，生诸佛前。’”（第346页中）

图109　大足宝顶山大佛湾南宋第18龛观无量寿经变九品往生之下品中生

图 110　大足宝顶山大佛湾南宋第 18 龛观无量寿经变九品往生之下品下生

图 111-1　大足宝顶山大佛湾南宋第 18 龛观无量寿经变十六观右半

图 111-2　大足宝顶山大佛湾南宋第 18 龛观无量寿经变十六观左半

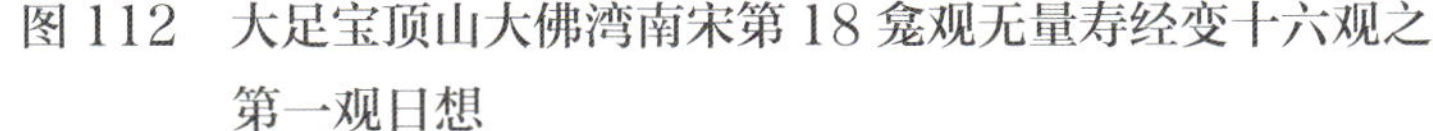

图112　大足宝顶山大佛湾南宋第18龛观无量寿经变十六观之第一观日想

图113　大足宝顶山大佛湾南宋第18龛观无量寿经变十六观之第二观水想

饰。该女子贵妇装扮，且居于十六观之首，应为韦提希夫人。韦提希夫人右侧崖壁上雕刻一轮圆日，圆日两下方浅刻祥云。第一观仅雕刻一轮圆日的做法流行于四川唐、五代观经变。圆日正下方镌刻题为“日观”的偈颂[1]：“辗破无明窟，冲开极乐乡，红轮重示处，即此是西方。”无明窟指五浊恶世的娑婆世界，极乐乡指美好的极乐世界。辗破和冲开二词表达了厌恶娑婆、求生净土的强烈愿望。

左壁第二处表现第二观水想（图113），雕刻一位结跏趺坐男像，施禅定印，着右肩半披式袈裟，耳饰圆形耳珰，头发卷曲，头上升起一团火焰，为修行者模样（赵智凤？）。男像右侧设置一扇形莲叶，在莲叶底部浅刻一椭圆形水池，池中水流波动并向上放出数道光明，水池上方水平刻画一条直线，直线上中间部位浅刻一座两层楼阁，直线两端各浅刻一座经幢，表现经文记述宝池放光在空中形成光明台，台上坐落宝楼阁，台两边各立花幢的景象。男像左上方镌刻题为“水观”的偈颂：“禅心澄定水，坚住即寒冰，一片常清净，光明直下生。”该偈颂将禅定修行与观想水变成冰的过程相关联，说明观想时需令心坚住，专想不移。

左壁第三处表现第三观地想（图114），雕刻一位结跏趺坐比丘像，像着钩钮式袈裟，双手置于胸前，手部残，推测原为合掌印。比丘像右侧浅刻由菱形方格组成的宝地，每一菱格中浅刻一朵花，是为琉璃宝地以七宝界格分明，每一宝中有如花般光明的表现。宝地上设置一经幢，幢基与第二观水想中的花幢表现一致，幢身显露三面，每面雕刻一立佛，左后方雕刻一道斜向上方光明，是为宝幢放光映照琉璃宝地的表现。宝地和宝幢的表现依据第二观水想经文，但将经文中原本位于琉璃地下方的金幢刻在琉璃地上方。比丘像左侧镌刻题为“地观”的偈颂：“莹彻琉璃地，□□古佛心，正观无□相，邪见入□林。”莹彻琉璃地与光照琉璃宝地图像对应。正观和邪见二词与经文“作是观者名为正观，若他观者名为邪观”对应。

左壁第四处表现第四观树想（图115），雕刻一位结跏趺坐男像，像身穿交领宽袖长袍，头戴冠，双手于胸前合十。男像右侧浅刻七宝界格的宝地，与第三观地想中的宝地相连。宝地前浮雕五棵宝树，从左至右，第二、四棵宝树高大、树叶茂盛，树叶与正壁宝树相同，其余三棵宝树较小，位于两棵大树树干两侧。男像与宝树之间镌刻题为“树想”的偈颂：“五根为道本，七觉是心华，八证菩提果，庄严法界家。”该偈颂应将《佛说阿弥陀经》所述的五根、七菩提分、八圣道分，分别对应宝树的根、花、果，以此庄严法界家即佛国世界。

左壁第五处表现第五观八功德水想（图116），雕刻一位结跏趺坐男像，像身穿交领宽袖长袍，束发戴冠，双手于胸前合十。男像右侧设置一宝池，池中雕刻莲苞和莲叶。三朵莲苞并列雕刻，左侧和中央莲苞上均有宝珠，中央莲苞上的宝珠还放出光明，表现莲花宝珠涌出微妙光明的景象。宝池左上方镌刻题为“池观”的偈颂：“彩现金刚底，光翻七宝莲，虽分八功德，只是一根源。”该偈颂概括了第五观经文内容，所谓七宝池以杂色金刚布地并放射光明照耀七宝莲花，水分八池而同出一源。

1　笔者以重庆大足石刻艺术博物馆等编《大足石刻铭文录》第120—125页刊布的宝顶山第18龛观经变十六观偈颂拓本为底本，并参考录文重新点校，下同。

图 114　大足宝顶山大佛湾南宋第 18 龛观无量寿经变十六观之第三观地想

图 115　大足宝顶山大佛湾南宋第 18 龛观无量寿经变十六观之第四观树想

图 116　大足宝顶山大佛湾南宋第 18 龛观无量寿经变十六观之第五观八功德水想

图 117　大足宝顶山大佛湾南宋第 18 龛观无量寿经变十六观之第六观总观想

左壁第六处表现第六观总观想（图117），雕刻一位头戴兜鍪、双手合十的武士像，现存上半身。武士像周围浅刻竹子，右侧雕刻一座侧面观两层楼阁。第六观表现一座两层楼阁的做法流行于唐、五代观经变。楼阁上方镌刻题为“总观”的偈颂：“遍地林泉景，高楼四望宽，若无向上眼，谁得凭栏杆。”遍地林泉与图像中武士像身旁的竹林环境对应，高楼与宝楼对应，又以观经变中常见的童子攀缘栏杆隐喻信徒发愿而得往生极乐世界。

左壁第七处表现第七观花座想（图118），雕刻一位头戴冠、双手合十、穿圆领上装的半身男像，其左侧雕刻一座莲花台座。莲花台座中层基座右上角残留一根立柱，可知当初基座四角应有四根立柱，或许关联经文所谓莲花台上自然有四柱宝幢记述。据第七观经文，此莲花台处处变化，或为金刚台，或作真珠网，或作杂花云。该莲花台座与正壁中央上品上生菩萨手托金刚台相似，可能表现莲花台化作金刚台的景象。此观偈颂已不存在。

左壁第八观像想，物象已不存，《大足石刻铭文录》记录该观镌刻题为“宝相观”的偈颂：“众生心是佛，相念即菩提，宝像如开眼，分明更是谁。”该偈颂指出《佛说观无量寿佛经》是心作佛、是心是佛的宗旨。

右壁上起第一处表现第九观遍观一切色想（图119），雕刻一位双手合十、结跏趺坐男像，像头上幞头巾带垂至肩部。该像左侧雕刻一圆龛，龛中设置一尊施弥陀定印的结跏趺坐佛。此观想佛像与北山第245龛观经变之第九观阿弥陀佛表现相似，推测佛像外围的圆龛应是圆形背光的表现。该像正下方镌刻题为“法身观”的偈颂：“且举河沙量，令观法界身，白毫如不昧，诸相自然分。”该偈颂概括了第九观经文内容，观想者应当系心观想阿弥陀佛，从白毫相入手，八万四千相好自然得见，观想阿弥陀佛即可见十方无量诸佛。

右壁第二处表现第十观观世音真实色身想（图120），雕刻一位双手合十、结跏趺坐、头戴展翅乌纱帽的官员像。官员像左侧雕刻一尊蒙头趺坐的菩萨，与宝顶山小佛湾南宋入定观音像相似[1]，可知该尊菩萨也为入定观音像[2]。官员像右侧镌刻题为“观世音观”的偈颂：“观音何所辩（通‘辨’），立佛在天冠，五道光中现，慈悲接有缘。”该偈颂指明观世音菩萨冠中化佛标志，及其身光中现五道众生，并接引众生的经文内容。

右壁第三处表现第十一观大势至色身想（图121），雕刻一位双手合十、结跏趺坐、头戴平顶方巾的世俗男像。其头上所戴的平顶方巾与宝顶山南宋第21龛柳本尊十炼图中的柳本尊像一样，推测为居士。男像左侧雕刻一尊结跏趺坐菩萨，其宝冠中央设置一宝瓶，双手一上一下共持一株长茎莲花，是为大势至菩萨。大势至菩萨双手共持长茎莲花的表现在四川唐代观经变中已经出现，例如仁寿牛角寨中唐第7龛、潼南南家湾晚唐第10龛观经变等，至宋代更为普及，例如上述宝顶山第18龛观经变九品往生图像中的大势至菩萨，以及大足北山南宋绍兴十二至十六年（1142—1146年）转轮经藏窟后壁右侧大势至菩萨等。男像与大势至菩萨中间镌刻题为“大势至观”的偈颂：“势智（通‘至’）如何别，冠中望宝瓶，无边光照处，智惠（通‘慧’）摄群生。”该偈颂指明大势至菩萨冠中宝瓶标志，及其以智慧光普照众生的本质。

右壁第四处表现第十二观普观想（图122），雕刻一位结跏趺坐、双手合十的世俗男像。男像左侧雕刻一身双手合十、结跏趺坐在有茎莲花上的化生童子。莲茎两侧雕刻莲叶，表示莲池环境。男像与童子之间镌刻题为“普观”的偈颂：“依正庄严事，花开次弟（通‘第’）成，坦然心不动，时至佛来迎。”该观表现了往生者观想自己在极乐世界七宝池中莲花化生的场景。

右壁第五处表现第十三观杂想（图123），雕刻一位结跏趺坐、双手合十、戴帽的世俗女像，其左侧雕刻立于莲花上的西方三圣。阿弥陀佛居中，双手于胸前施拱手印，头顶放出两道光明并向上延伸。左胁侍观世音菩萨宝冠中央设置一趺坐化佛，右胁侍大势至菩萨宝冠中央设置一宝瓶，二胁侍菩萨双手于腹前笼袖中。西方三圣上方镌刻题为“丈六金身观”的偈颂：“佛智开方便，令观丈六身，观音并势至，化佛亦如云。”第十三观经文记述，先当观一丈六尺佛像立在池水上，且阿弥陀佛神通变化，或现大身满虚空中，或现小身丈六八尺，所现之形皆真金色。此处即为阿弥陀佛现丈六金身像，观世音和大势至菩萨协助阿弥陀佛教化众生的表现。

右壁第六处表现第十四观上辈生想（图124），雕刻一位结跏趺坐、双手合十的带发男像，其左侧雕刻一菩萨二童子立像。菩萨戴冠，双手于腹前笼袖中，两侧各一合掌童子。男像与菩萨之间镌刻题为“上品观”的偈颂：“上品皆菩萨，初中了正因，第三新发意，一道出凡伦。”该偈颂指出上品往生者修习善导名为正因的三福（孝道、受戒、发菩提心），发愿往生至极乐世界，可脱离六道轮回，得不退转，并进化为菩萨。

右壁第七处表现第十五观中辈生想（图125），雕刻一位半身男像，像束发戴冠，肩部披巾，应为武士。男像左侧雕刻一尊罗汉像，蒙头趺坐，并附头光和身光。男像右侧镌刻题为“中品观”的偈颂：“中品阿罗汉，同超五浊时，开花分早晚，见佛智参差。”中辈生想经文记述，中品上生者应时即得阿罗汉道，三明六通具八解脱，中品中生者经半劫成阿罗汉，闻法欢喜得须陀洹，中品下生者过一小劫成阿罗汉，闻法欢喜得须陀洹。该观偈颂简明扼要地概括出中品观的实质。

右壁第八处表现第十六观下辈生想（图126），雕刻一位结跏趺坐、双手合十的年轻女像，面目姣好，似为大家闺秀。该观没有设置观想物，观想人面向其左侧九品往生之下品三生图像，此布局应为造像设计者周密安排，巧妙地将九品往生之下品三生图像与十六观之下品观融为一体。女像左上方镌刻题为“下品观”的偈颂：“下品全凶恶，曾无二利因，遇人称十念，勇猛谢沉沦。”该偈颂说明下品者全为做恶业之人，没有自利利他的因缘，有幸遇到善知识称念阿弥陀佛名号，即可除却千劫极重恶业，不入恶道，简明扼要地说明下品观主要内容。

将上、中、下三品往生者分成菩萨、罗汉、凡夫的表现在唐代已经出现。敦煌莫高窟第431窟南壁初唐九品往生末尾绘释迦佛及

1　现藏大足石刻博物馆。

2　有关入定观音像的研究，详见齐庆媛：《论入定观音像的形成与发展》，《敦煌研究》待刊。

图 118　大足宝顶山大佛湾南宋第 18 龛观无量寿经变十六观之第七观花座想

图 119　大足宝顶山大佛湾南宋第 18 龛观无量寿经变十六观之第九观遍观一切色想

图 120　大足宝顶山大佛湾南宋第 18 龛观无量寿经变十六观之第十观观世音真实色身想

图 121　大足宝顶山大佛湾南宋第 18 龛观无量寿经变十六观之第十一观大势至色身想

二弟子、二菩萨，以及韦提希夫人和五侍女，表现《佛说观无量寿佛经》流通分内容，即韦提希和五百仕女闻法、发愿往生极乐世界的场面[1]。在这幅壁画中，一弟子面对释迦佛而立，应为阿难，其身后向上升起三朵祥云，上方两朵祥云上分别绘一尊菩萨和罗汉，下方祥云上的人物似戴幞头，三朵祥云中央绘一佛坐在莲花台座上，背对下方圣众而乘云离去。该画面紧接在九品往生之后，将往生者归为菩萨、罗汉、凡夫三类，可看作对九品往生的总结。

十六观三辈生想分别表现菩萨、罗汉、凡夫的作法不见于四川唐、五代观经变，宝顶山第18龛观经变虽与敦煌莫高窟第431窟初唐壁画存在相似之处，但二者时代、地域都不相同，应不存在直接影响关系。笔者推测，宝顶山第18龛观经变十六观之三辈生想如此表现，或受到四川唐宋时期地面寺院壁画观经变影响，或是造像设计者依据经文含义创作所为。

1　前引施萍婷主编：《敦煌石窟全集5·阿弥陀经画卷》，第114页，图版95。

图 122　大足宝顶山大佛湾南宋第 18 龛观无量寿经变十六观之第十二观普观想

图123　大足宝顶山大佛湾南宋第18龛观无量寿经变十六观之第十三观杂想

图124　大足宝顶山大佛湾南宋第18龛观无量寿经变十六观之第十四观上辈生想

图125　大足宝顶山大佛湾南宋第18龛观无量寿经变十六观之第十五观中辈生想

图126　大足宝顶山大佛湾南宋第18龛观无量寿经变十六观之第十六观下辈生想

唐、五代观经变十六观之观想人为韦提希夫人，而宝顶山第18龛观经变十六观表现了十六位身份、形象不同的观想人。以往，学界认为这十六位观想人代表当时社会各阶层人物，表明宝顶山石窟主持者赵智凤面向社会各层人士布道，是宋代佛教世俗化的反映。但是，笔者梳理十六观图像后发现，一者，十六位观想人物并非来自社会各个阶层，再者，十六位观想人物的排列顺序与其身份有关。

就十六位观想人身份而言，第一位贵妇代表韦提希夫人，第二位修行者可能代表宝顶山造像主持者赵智凤，第三位是比丘，其余十三位观想人为世俗人。从十三位世俗人的服饰和形象看，几乎属于社会中上层人士，难以找到处在社会下层的体力劳动者。

就十六位观想人排列顺序来说，《佛说观无量寿佛经》记述，因韦提希夫人请愿，释迦才为韦提希及未来世一切欲生极乐国者说十六种观想法。此处韦提希夫人排在首位，符合经文内容，也与唐、五代观经变表现一致。第二位修行者果真是赵智凤的话，亦符合其担任宝顶山石刻造像主持者的身份。第三位比丘可能代表当时的一般僧人。其后共排列十三位世俗人，在第四至十三位观想人中，文臣和武将排列在前，居士在后，最后第十三位是妇女。在第十四至十六位观想人中，前两位是男子，最后一位是女子。除去第一、二位的韦提希和修行者（赵智凤？），其后十四位观想人存在先僧后俗、先男后女的设计逻辑，与北山第245龛观经变龛外右壁供养人像排列顺序一致。宝顶山大佛湾造像规模宏大，开窟造像无疑需要巨大财力支撑，十六观中的世俗人物可能即是出资造像供养人的代表。

三　大足千佛岩明代第11龛观无量寿经变

大足千佛岩第11龛观无量寿经变（图127），宽452厘米，高392厘米，左壁进深99厘米，右壁进深72厘米[1]。龛内存明永乐八年（1410年）和永乐十年（1412年）造像记[2]，由知该龛观无量寿经变开凿于明代早期（以下简称千佛岩第11龛观经变）。

以往学界对于千佛岩第11龛观经变进行了较为细致的调查[3]，本稿以此为基础将该龛造像放在大足石刻观经变的整体脉络中分析，试图通过比对宝顶山第18龛观经变，弄清楚大足明代观经变的图像特征和反映思想。

千佛岩第11龛观经变正壁上层以西方三圣为主体表现净土世界景象，下层配置九品往生，左右壁配置十六观、供养人等，图像布局明显参考了宝顶山第18龛观经变，九品往生仍是整龛造像的重心所在。

（一）正壁图像

1. 西方净土世界景象

净土世界景象集中在上层空间（图128），表现西方三圣、天宫楼阁、供养菩萨、鸟雀、飞天等，图像元素与布局仿照宝顶山第18龛观经变，但雕刻工艺相对粗糙。

西方三圣表现成巨大胸像，占据上层大部空间。主尊阿弥陀佛居中，双手于腹前施弥陀定印。左胁侍观世音菩萨宝冠中央雕刻一趺坐化佛，双手于腹前托钵。右胁侍大势至菩萨宝冠中央雕刻一宝瓶，双手于腹前隐于供物衬布之下，上托一叶状物。以胸像形式表现西方三圣，明显照搬了宝顶山第18龛观经变作法。

阿弥陀佛与两侧胁侍菩萨的缝隙处各自刻画两朵祥云，每侧云朵上安置两尊结跏趺坐佛像。二胁侍菩萨两外侧从上往下各设置一座天宫、一只口衔璎珞的鸟雀、一尊半身菩萨像。左右壁顶部各雕刻一尊飞天，飞天面向龛内，一手托盘，盘上盛放供物，一手持长茎莲花。这些图像元素仿照宝顶山第18龛观经变，但略微调整图像布局。表现了十方诸佛、供养菩萨及飞天、鸟雀等极乐世界景象。

2. 九品往生

九品往生位于正壁中下部两栏杆之间，从上往下可细分为三层。第一、二层设置九品往生，上品三生居中，中品三生居左，下品三生居右（图129），第三层上下设置成排莲苞和化生童子。

上品上生位于九品往生中央，雕刻四菩萨立像与化生童子（图130）。从左至右，前两尊菩萨宝冠风化，后两尊菩萨宝冠中央分别雕刻一趺坐化佛，可知为观世音菩萨。第一尊菩萨双手于胸前合十，第二、三尊菩萨双手于胸前托金刚台，第四尊菩萨于腹前左手在下，右手在上持长串佛珠。内侧两尊菩萨身穿袈裟，对称表现，二菩萨头部中间题刻“上品上生”。外侧两尊菩萨身披天衣，亦对称表现，两外侧各浮雕一只口衔璎珞的鸟雀和迦陵频伽。该龛观经变主尊阿弥陀佛兼具上品上生之阿弥陀佛接引佛的功能。

四菩萨下部浅刻波状水流，并刻莲苞、莲叶等，表示莲池环境。外侧两尊菩萨下方各浮雕一身内侧身跪坐在莲花上的化生童子，二者外侧各有一身被莲苞包裹、仅露出头部的化生童子和一身趺坐在莲花上的化生童子。四菩萨下方横列三身趺坐童子，中间者双手合十，左侧者双手于腹前托物，右侧者双手共持一株长茎莲花（上部残）。三身童子下方雕凿成一块方形石碑，碑上刻“给孙园”。石碑两侧上方各有一身合掌、趺坐童子，下方凿成小龛形状，各雕刻一位侧身跪坐、面向石碑的世俗人。两位世俗人处在小龛中的表现，与宝顶山第18龛观经变上品中生和上品下生左右下角的世俗人表现相似，此处世俗人面向刻写“给孙园”的石碑跪坐，似乎在祈求子孙繁衍。

上品中生位于上品上生左侧，雕刻西方三圣立像和化生童子（图131）。阿弥陀佛居中，双手掌心向上叠放在腹前。二胁侍菩萨双手在腹前隐于衬布下各托紫金台。阿弥陀佛与左胁侍菩萨头部之间题刻“西方净土上品中生”。西方三圣正下方莲花上三身化生童子，中间者面向阿弥陀佛、两侧者内侧身面向中央，双手合十。三身童子之间和外侧刻四朵莲苞，莲苞上露出些许童子头部，示意童子在莲苞中化生的状态。

1　尺寸来自笔者实地测量数据。

2　千佛岩第11龛观经变左壁上部题记：“佛，大明永乐八年（1410年）正月造。”右壁上部题记：“任佷年，大明四川道，永乐十年（1412年）八月造了。”前引《大足石刻铭文录》，第407—408页，编为第8龛。

3　前引《大足石刻内容总录》，收录于前引《大足石刻研究》，第536—537页，编为第7龛。王玉：《重庆地区元明清佛教摩崖龛像》，《考古学报》2011年第3期，编为第11龛，本稿采用此编号。

图127　大足千佛岩明代第11龛

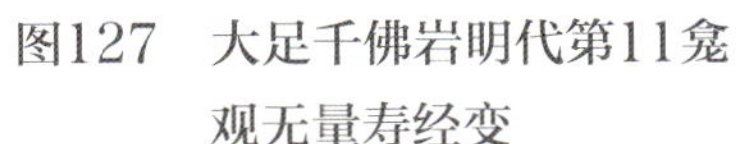

观无量寿经变

图 128　大足千佛岩明代第 11 龛观无量寿经变正壁上层

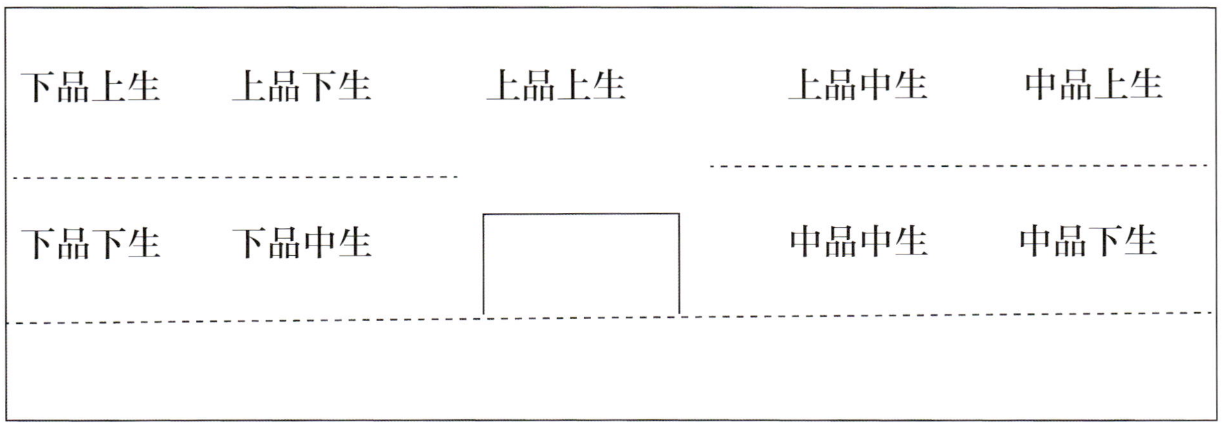

下品上生	上品下生	上品上生	上品中生	中品上生
下品下生	下品中生		中品中生	中品下生

图 129　大足千佛岩明代第 11 龛观无量寿经变九品往生布局示意图

图132　大足千佛岩明代第11龛观无量寿经变九品往生右半（上品下生、下品三生）

图130　大足千佛岩明代第11龛观无量寿经变九品往生之上品上生

图131　大足千佛岩明代第11龛观无量寿经变九品往生左半（上品中生、中品三生）

上品下生位于上品上生右侧，雕刻西方三圣立像和化生童子（图132）。阿弥陀佛居中，双手于腹前笼袖中。二胁侍菩萨各自手持一株长茎莲花，花上安置一趺坐化佛。阿弥陀佛与右胁侍菩萨头部之间题刻“极乐世界上品下生”。西方三圣下方莲花上三身化生童子，中间者结跏趺坐并双手合十，两侧者面向中央侧身跪坐。三身童子之间及外侧雕刻四朵莲苞，莲苞中露出童子头部，同样示意童子在莲苞中化生的状态。

中品往生位于正壁左半（图131），中品上生处在第一层最左侧，中品中生和中品下生分别处在第二层内、外侧。

中品上生浮雕西方三圣和化生童子。阿弥陀佛居中，坐在莲花台座上，双手于腹前施弥陀定印（残）。二胁侍菩萨侍立左右，仅雕刻上半身，手中各持一瓶。阿弥陀佛左下方凿一块由莲花承托的长条形碑，碑上题刻“中品上生”。在石碑两侧，各雕刻两身坐在莲花上双手合十化生童子，从左至右第三身童子面向观者结跏趺坐，其余三身童子面向中央侧身跪坐。第三、四身童子之间雕刻一株带有粗壮莲茎的莲苞，莲苞中露出些许童子头部。中品中生和中品下生各浮雕西方三圣，阿弥陀佛居中，坐在莲花台座上，二胁侍菩萨侍立左右，双手在腹前隐于衬布下托物，各自在阿弥陀佛与左胁侍菩萨之间题刻“中品中生”和“中品下生”。

下品往生位于正壁右半（图132），下品上生处在第一层最右侧，下品中生和下品下生分别处在第二层内、外侧。

下品上生浮雕西方三圣立像和化生童子。阿弥陀佛居中，双手于腹前施弥陀定印。二胁侍菩萨侍立左右，左胁侍菩萨双手捧物，右胁侍菩萨手持一株长茎莲花。阿弥陀佛与左胁侍菩萨头部之间题刻“下品上生”。西方三圣下方莲花上趺坐四身化生童子，左侧两身双手合十，右侧两身残。四身童子之间和外侧雕刻五朵带有莲枝的莲苞，从左至右第一、二、五朵莲苞中露出童子头部。中品中生和中品下生各浮雕西方三圣，阿弥陀佛居中坐在莲花台座上，二胁侍菩萨侍立左右。在下品中生中，左胁侍菩萨手持一放光宝瓶，右胁侍菩萨左手似托物，右手持幡，幡上竖刻“随愿往生”，在阿弥陀佛与右胁侍菩萨之间题刻“下品中生”。在下品下生中，二胁侍菩萨双手置于腹前托物，阿弥陀佛与左胁侍菩萨之间题刻“下品下生”。

总体而言，千佛岩第11龛观经变九品往生图像元素、布局及表现，明显仿照宝顶山第18龛观经变而来，例如上品上生中的四菩萨和三童子，其余八品中的西方三圣，以及九品往生题名等。但是，千佛岩第11龛观经变也呈现自身特色。其一，突出表现化生童子。九品往生第一、二层化生童子或坐在莲花上，或被有茎莲苞包裹。第三层上下分别密布一排莲苞、横列在栏杆上的化生童子。其二，省略九品往生碑文。九品往生第二层中央石碑所刻“给孙园”与九品往生无关，信徒祈求子孙繁衍的愿望一目了然。宝顶山第18龛观经变之九品往生，以图像和碑文结合的形式教化、吸引众生往生极乐世界。千佛岩第11龛观经变尽管仍然表现九品往生，但同时借用极乐世界众多化生童子，表达信徒祈求多子多孙的现实愿望，图像内容发生新时代变化。

（二）左右壁图像

千佛岩第11龛观经变左右壁除顶部飞天外，各设置六排造像（图133、图134）。

左壁从上往下，第一、二排各浮雕五尊着袈裟双手合十比丘立像。第三排浮雕三尊结跏趺坐像，中间者右手于胸前持数珠，左手衣袖软搭在腿上，暗示袖中无臂，其左侧竖刻“本尊祖师”，该像与宝顶山大佛湾南宋第21龛柳本尊十炼图中的断臂柳本尊像相似，可知其为柳本尊。两侧者双手于腹前施禅定印，头披风帽，身穿袈裟，为比丘像。左像左边竖刻“开山时南和尚”，右像右边分两排竖刻“官晓山和尚”“僧会”，指明二者身份[1]。第四排浮雕三尊结跏趺坐像，左像双手合十，身穿袈裟，其右竖刻“池观”。中像双手于腹前施禅定印，身穿袈裟，其左竖刻“□观”。右像双手合十，身穿世俗服装，其右竖刻“日观”。第五排浮雕三尊倚坐像，各自戴冠，身穿世俗服装，左像右边竖刻“总观”，中像左边竖刻“长者观”，右像左边竖刻“水观”。第六排雕刻两尊双手合十的倚坐像，左像戴冠，为世俗人，其右竖刻“地观”，右像头戴兜鍪，为将军形象，其左竖刻“将军观”。

右壁从上往下，第一、二排各雕刻五尊身穿袈裟双手合十比丘立像，与左壁第一、二排比丘像对称表现。第三排浮雕五尊像，左侧三尊像为西方三圣立像，阿弥陀佛居中，二胁侍菩萨侍立左右并双手托物，阿弥陀佛与左胁侍菩萨之间竖刻“丈六金身观”。右侧二像侧身相对，左像站立，右像跪坐。第四排浮雕四尊像，分左右两组，左组刻一结跏趺坐佛像和一侧身跪坐世俗人像，其下横刻“法身观”，右组刻一结跏趺坐头披风帽像和一侧身跪坐世俗人像，其下横刻“观世音观”。第五排浮雕五尊像，可分左右二组，左组造像三尊，中像身穿袈裟站立，左像面向中央侧身站立，右像面向中央侧身跪坐，其下横刻“大势至观”。右组造像两尊，左像结跏趺坐，右像侧身跪坐（残），其下横刻“中品观”。第六排浮雕四尊像，左侧第一尊侧身站立，第二尊结跏趺坐在莲花台座上，右

1　千佛岩第11龛观经变左右壁题记现多已风化不清，引用题记出自前引《大足石刻铭文录》第407页。

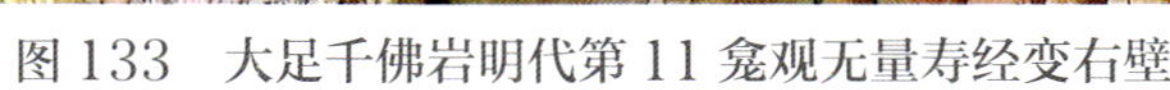

图 133　大足千佛岩明代第 11 龛观无量寿经变右壁

图 134　大足千佛岩明代第 11 龛观无量寿经变左壁

侧两尊造像风化严重。

以上可知，左右壁上层刻比丘像，下层刻十六观。左壁现存日观、水观、地观、池观、总观、长者观及将军观等，仅刻观想人，没有观想物。右壁现存法身观、观世音观、大势至观、丈六金身观及中品观等，观想人和观想物均有。从排列顺序推测，左壁为第一至八观，右壁为第九至十六观，但没有依据经典十六观顺序排列。

此外，千佛岩明永乐元年（1403年）第1龛十二光佛造像由僧人铭宗主持，结集大足各寺院僧人向善男信女募化善财，并命工匠开凿而成[1]。其中“堂教僧官本师和尚晓山”与千佛岩第11龛观经变左壁的“官晓山和尚”名称相同，可能是同一个人。千佛岩第1龛造像有宝顶山僧人参与其中，这也为千佛岩第11龛观经变仿照宝顶山第18龛观经变推论提供了依据。由千佛岩明永乐元年（1403年）第1龛十二光佛造像记可知，当时开凿一龛造像，需由僧人主持募化，善男信女出资，工匠镌造方可完成。千佛岩第11龛观经变左右壁上部雕刻的比丘像可能是参与造像的僧人代表。十六观顺序杂乱且左壁仅刻世俗观想人，说明其镌刻目的在于突出供养人功德，已然不是观想修行。

1　千佛岩第1龛十二光佛造像题记：“大明国四川道重庆府（古）昌州大足县僧会司僧人铭宗，为洪（武）三十一年（1398年）十一月十二日，寓居静南乡静南里重龙山般若庵开山，恒自惟□，生于斯世，难报四恩，未资三有，于是□□十方善男信女同发善心，慈悲喜舍资财，命匠镌造十二光佛一龛，愿各人见生父母及多生父母，累劫究亲，随个同生净土。化缘僧人铭宗，堂教僧官本师和尚晓山证盟，珠玉寺无影禅师证盟，权司官和尚铭宝，报恩寺主持铭□，佛会寺主持广性、广贵，宝林寺主持铝□，妙高寺主持□□，宝顶主持僧□悟，□□匠人□□□□□□□（德主）信人江齐祥、江齐□。永乐元年（1403年）癸未三月（岁次）……”此文以《大足石刻铭文录》第404页收录拓本为底本，重新点校而成。

此外，大足大石佛寺明永乐十四年（1416年）第4龛西方净土图像仅存正壁造像，上下层分别浮雕西方三圣胸像、九品往生[1]，其图像布局有仿照千佛岩第11龛观经变迹象。因该龛像雕刻粗糙且被后世涂改，不再赘述。

四　小结

综上所述，本稿具体地阐述了大足石刻观经变，即北山晚唐第245龛、宝顶山南宋第18龛，以及千佛岩明代第11龛三个实例。北山第245龛观经变既沿用了四川唐代观经变的图像布局及表现，又参考来自两京地区的同类图像，并加入造像设计者创新成分，形成四川代表性唐代观经变巨制，反映了唐代佛教倾注西方净土信仰热情的景况。北山第245龛观经变突出表现庄严的西方净土世界景象，又着力刻画往生图像，且细致雕刻十六观和未生怨内容，是四川唐代观经变中表现内容最为完整者，就其开凿于唐代末期的时间点而言，既是对四川唐代观经变的完美总结，又是大足一地观经变发展的开端。

宝顶山第18龛观经变在北山第245龛观经变基础上，沿用西方三圣居上，往生场面在下，十六观位居两侧的布局，但是画面内容重心发生转移，弱化西方净土世界景象并省略未生怨图像，更加突出西方三圣主尊，并强调九品往生场面。宝顶山第18龛观经变之九品往生，每一品均表现西方三圣来迎和童子往生极乐世界的完整过程，并镌刻通俗易懂的九品往生碑文，吸引、教化众生发愿往生佛国净土，图像凸显了宋代佛教的教化功能。该龛十六观表现特色鲜明，观想物既参考唐代同类图像，又加入南宋时期流行因素，观想人由韦提希夫人、修行者、比丘，以及多位世俗人组成，大不同于唐代统一表现成韦提希夫人的情况，推测将不同身份供养人代表融入其中。

千佛岩第11龛观经变图像布局及表现模仿宝顶山第18龛观经变痕迹明显，虽然画面重心仍为九品往生，但是密布的化生童子和“给孙园” 题刻，清晰地表述了信众祈求子孙繁衍的强烈愿望，借用极乐世界众多化生童子形象表达朴素的现实需求，形成新时代民俗化造型风貌。

附记：

本稿在写作过程中，得到清华大学李静杰老师的悉心指导，李秋红研究生的细心校稿，以及齐庆媛博士后和王友奎博士的热心帮助。大足石刻研究院大力支持笔者实地调查，并对本稿提出了宝贵的修改意见，谨致谢忱。又，本稿因篇幅有限，有关文中所列四川唐、五代观经变各实例的著录和断代情况，详见拙作《四川唐五代摩崖浮雕观无量寿经变分析》（收录于麦积山石窟艺术研究所编《石窟艺术研究》第一辑，文物出版社2016年版，第174—239页），此外，未注明出处图片由笔者拍摄或绘制。

附录1　南朝宋畺良耶舍译《佛说观无量寿佛经》九品往生经文梳理表

品级	往生条件	迎接圣众	往生形式	所得果位
上品上生	发至诚心、深心、回向发愿心。慈心不杀、具诸戒行，读诵大乘方等经典，修行六念，回向发愿生彼佛国。	阿弥陀如来与观世音及大势至，无数化佛、百千比丘、声闻大众、无量诸天，观世音菩萨执金刚台， 与大势至菩萨至行者前。阿弥陀佛放大光明照行者身，与诸菩萨授手迎接。	行者见已，欢喜踊跃，自见其身乘金刚台，随从佛后，如弹指顷往生彼国。	闻已即悟无生法忍，经须臾间历事诸佛，遍十方界，于诸佛前次第受记，还至本国，得无量百千陀罗尼门。
上品中生	不必受持、读诵方等经典，善解义趣，于第一义心不惊动，深信因果，不谤大乘。	阿弥陀佛与观世音及大势至、无量大众眷属围绕，持紫金台至行者前。	行者自见坐紫金台，合掌叉手、赞叹诸佛。如一念顷，即生彼国七宝池中。	得不退转，历事诸佛，于诸佛所修诸三昧，经一小劫得无生法忍，现前受记。

1　大足大石佛寺第4龛西方净土图像宽300厘米，高212厘米，深40厘米。尺寸来自笔者实地测量。以往，学界称该龛造像为西方净土变或观经变，虽然其图像布局明显仿照宝顶山第18龛观经变和千佛岩第11龛观经变，但是图像内容简略，不足以构成完整的经变，因此本稿称之为西方净土图像。该龛著录见于前引王玉《重庆地区元明清佛教摩崖龛像》，编为第12龛；陈明光：《大小石佛寺摩崖造像调查记略》，收录于陈明光著：《大足石刻考察与研究》，中国三峡出版社2002年版，第107—121页，编为第4龛。又，大足大石佛寺两龛地藏菩萨像刊刻明永乐十四年（1416年）造像记，其中一龛位于西方净土图像右侧，推测该龛西方净土图像开凿于同时期。

续表

品级	往生条件	迎接圣众	往生形式	所得果位
上品下生	亦信因果不谤大乘，但发无上道心。	阿弥陀佛及观世音并大势至，与诸眷属持金莲华，化作五百化佛来迎此人。	行者自见身坐金莲花，坐已华合，随世尊后即得往生七宝池中。	经三小劫得百法明门，住欢喜地。
中品上生	受持五戒，持八戒斋，修行诸戒，不造五逆，无众过恶。	阿弥陀佛与诸比丘眷属围绕，放金色光至其人所，演说苦、空、无常、无我，赞叹出家得离众苦。	行者自见己身坐莲花台，长跪合掌为佛作礼。未举头顷即得往生极乐世界，莲花寻开。	应时即得阿罗汉道，三明六通具八解脱。
中品中生	一日一夜持八戒斋，一日一夜持沙弥戒，一日一夜持具足戒，威仪无缺。	阿弥陀佛与诸眷属放金色光，持七宝莲花至行者前。	行者自见坐莲花上，莲花即合，生于西方极乐世界。	闻法欢喜得须陀洹，经半劫已成阿罗汉。
中品下生	孝养父母，行世仁义，命欲终时遇善知识为其广说阿弥陀佛国土乐事，亦说法藏比丘四十八大愿。		譬如壮士屈伸臂顷，即生西方极乐世界。	闻法欢喜得须陀洹，过一小劫成阿罗汉。
下品上生	愚人作众恶业，不诽谤方等经典，多造恶法，无有惭愧，命欲终时遇善知识，为赞大乘十二部经首题名字。	尔时彼佛即遣化佛、化观世音、化大势至至行者前。	行者见化佛、光明遍满其室，乘宝莲花，随化佛后，生宝池中。	经十小劫，具百法明门，得入初地。
下品中生	罪人以恶业故，应堕地狱。命欲终时，遇善知识以大慈悲，即为赞说阿弥陀佛十力威德。	地狱猛火化为凉风，吹诸天华，华上皆有化佛、菩萨迎接此人。	如一念顷，即得往生七宝池中莲花之内，经于六劫莲花乃敷。	闻此法已，应时即发无上道心。
下品下生	愚人作不善业，五逆十恶，具诸不善，以恶业故，应堕恶道，临命终时，遇善知识种种安慰，为说妙法，教令念佛。		如一念顷即得往生极乐世界，于莲花中满十二大劫，莲花方开。	闻已欢喜，应时即发菩提之心。

附录2　大足宝顶山大佛湾南宋第18龛观无量寿经变之九品往生碑文与经文对照表

品级	碑文	《佛说观无量寿佛经》
上品上生	大藏经云：（尔时世尊告韦提希，“汝□□□，阿弥陀佛去此不远，汝当系念谛□□国净业成者，我今为汝广说众譬，亦令未世一□□夫欲修净业者，得生西方极乐国土。欲生彼国者，当修三福。一者孝养父母，奉事师长，慈心不杀，修十善业。二者受持三皈，具足众戒，不犯威仪。三者发菩提心，深信因果，读诵大乘，劝进行者。□此三事名为净业。”佛告韦提□，“□三种业乃是过去、未来、现在三世□佛净业正因。”）佛告阿难及韦提希，“凡生西方极乐国土有九品人。上品上生者，若有人愿生彼国，发三种心，所谓慈心不杀，具诸戒行，读诵大乘，修行六念，回向发愿心，（具三心者必生□□。）此人精进勇猛故，阿弥陀佛与□□、势至、无数化佛、无量大众，观世音菩萨□金刚台，与大势至菩萨至行者前，佛放光明照□者身。行者见已，欢喜踊跃，自见其身乘金刚台，随□佛后，如弹指□往生彼国。生彼国已，见佛菩萨色相□足，演说妙法，闻已即悟无生法忍，经须臾间历事□佛，于诸佛前□第受记，还至本国，得无量陀罗尼法门。是名上品上生者。大藏佛说观无量寿佛经。”	（尔时世尊告韦提希，“汝今知不，阿弥陀佛去此不远，汝当系念谛观彼国净业成者，我今为汝广说众譬，亦令未来世一切凡夫欲修净业者，得生西方极乐国土。欲生彼国者，当修三福。一者孝养父母，奉事师长，慈心不杀，修十善业。二者受持三皈，具足众戒，不犯威仪。三者发菩提心，深信因果，读诵大乘，劝进行者。如此三事名为净业。”佛告韦提希，“汝今知不，此三种业乃是过去、未来、现在三世诸佛净业正因。”）佛告阿难及韦提希，“凡生西方有九品人。上品上生者。若有众生愿生彼国者，发三种心即便往生。何等为三，一者至诚心，二者深心，三者回向发愿心。（具三心者必生彼国。）复有三种众生，当得往生。何等为三，一者慈心不杀、具诸戒行，二者读诵大乘方等经典，三者修行六念，回向发愿生彼佛国。具此功德，一日乃至七日，即得往生。生彼国时，此人精进勇猛故，阿弥陀如来与观世音及大势至，无数化佛、百千比丘、声闻大众、无量诸天，七宝宫殿，观世音菩萨执金刚台，与大势至菩萨至行者前。阿弥陀佛放大光明照行者身，与诸菩萨授手迎接。观世音、大势至与无数菩萨赞叹行者，劝进其心。行者见已，欢喜踊跃，自见其身乘金刚台，随从佛后，如弹指顷往生彼国。生彼国已，见佛色身众相具足，见诸菩萨色相具足，光明、宝林演说妙法。闻已即悟无生法忍，经须臾间历事诸佛，遍十方界，于诸佛前次第受记，还至本国，得无量百千陀罗尼门。是名上品上生者。”

续表

品级	碑文	《佛说观无量寿佛经》
上品中生	西方净土上品中生 大藏佛言："上品中生，受持、读诵方等经典，善解义趣，于第一义心不惊动，深信因果，不谤大乘，以此功德，回向愿生西方极乐国土。行此行者命欲终时，阿弥陀佛与观音、势至、无量大众持紫金台至行者前，赞言，'法子，汝行大乘，解第一义，是故我今来迎接汝。'行者自见坐紫金台，合掌赞佛，如一念顷即生彼国七宝池中，佛及菩萨俱时放光照行者身。因前宿习普闻众声，纯说甚深第一义谛，应时即得阿耨菩提，即至十方，历事诸佛，于诸佛所修诸三昧，得无生忍，摩顶受记。是故名为上品中生者。"	上品中生者。不必受持、读诵方等经典，善解义趣，于第一义心不惊动，深信因果，不谤大乘。以此功德，回向愿求生极乐国。行此行者命欲终时，阿弥陀佛与观世音及大势至、无量大众眷属围绕，持紫金台至行者前，赞言，"法子，汝行大乘，解第一义。是故我今来迎接汝，与千化佛一时授手。"行者自见坐紫金台，合掌叉手，赞叹诸佛，如一念顷即生彼国七宝池中。此紫金台如大宝花，经宿即开。行者身作紫磨金色，足下亦有七宝莲华。佛及菩萨俱放光明照行者身，目即开明。因前宿习普闻众声，纯说甚深第一义谛，即下金台礼佛合掌，赞叹世尊。经于七日，应时即于阿耨多罗三藐三菩提，得不退转，应时即能飞至十方，历事诸佛，于诸佛所修诸三昧，经一小劫得无生法忍，现前受记。是名上品中生者。
上品下生	极乐世界上品下生 （前半碑文风化严重） 见□□□□□世尊□□得往□□□□□□□后乃了□□，闻众音声皆演妙法，游历十方，供养诸佛，于诸佛前闻甚深法，经三小劫得百法明门，住欢喜地。是名上品下生者。	见此事时，即自见身坐金莲花。坐已华合，随世尊后即得往生七宝池中。一日一夜莲花乃开，七日之中乃得见佛。虽见佛身于众相好，心不明了，于三七日后乃了了见，闻众音声皆演妙法，游历十方，供养诸佛，于诸佛前闻甚深法。经三小劫得百法明门，住欢喜地。是名上品下生者。
中品上生	中品上生 中品上生者。若有众生受持五戒，持八戒斋，修行诸戒，不造五逆，无众过患，以此善根，回向愿生西方极乐世界。临命终时，阿弥陀佛与诸菩萨眷属围绕，放金色光至其人所，演说苦、空、无常、无我，赞叹出家，得离众苦。行者见已，心大欢喜，自见己身坐莲花台，长跪合掌为佛作礼，闻赞四谛，得罗汉道，三明六通，具八解脱。是名中品上生者。	中品上生者。若有众生受持五戒，持八戒斋，修行诸戒，不造五逆，无众过恶，以此善根，回向愿求生于西方极乐世界。行者临命终时，阿弥陀佛与诸比丘眷属围绕，放金色光至其人所，演说苦、空、无常、无我，赞叹出家得离众苦。行者见已，心大欢喜，自见己身坐莲花台，长跪合掌为佛作礼。未举头顷即得往生极乐世界，莲花寻开。当华敷时，闻众音声赞叹四谛。应时即得阿罗汉道，三明六通具八解脱。是名中品上生者。
中品中生	中品中生 大藏佛言："中品中生者。若有众生一日一夜持八戒斋，持沙弥戒，持具足戒，威仪无缺，以此功德，回向愿生极乐，戒香薰修。如此行者命欲终时，阿弥陀佛与诸菩萨持七宝莲花至行者前，赞言，'善男子，如汝善人，随顺三世诸佛教法，我来迎汝。'行者自见坐莲花内，莲花即合，生于西方七宝池中。经于七日莲花乃敷，开目合掌赞叹世尊，闻法欢喜得须陀洹，经半劫已成阿罗汉。是名中品中生者。"	中品中生者。若有众生，若一日一夜持八戒斋，若一日一夜持沙弥戒，若一日一夜持具足戒，威仪无缺，以此功德，回向愿求生极乐国，戒香薰修。如此行者命欲终时，见阿弥陀佛与诸眷属放金色光，持七宝莲花至行者前。行者自闻空中有声，赞言，"善男子，如汝善人，随顺三世诸佛教故，我来迎汝。"行者自见坐莲花上，莲花即合，生于西方极乐世界。在宝池中，经于七日莲花乃敷。花既敷已，开目合掌赞叹世尊。闻法欢喜得须陀洹，经半劫已成阿罗汉。是名中品中生者。
中品下生	中品下生 中品下生者。若善男子、善女人孝养父母，行世仁慈。此人命欲终时，遇善知识为其广说阿弥陀佛国土乐事及四十八愿。闻此事已寻即命终，屈伸臂顷即生极乐世界，在莲花内经于七日，遇观音、势至为说妙法，闻法欢喜得须陀洹，经一小劫成阿罗汉。是则名为中品下生者。	中品下生者。若有善男子、善女人孝养父母，行世仁义。此人命欲终时，遇善知识为其广说阿弥陀佛国土乐事，亦说法藏比丘四十八大愿，闻此事已寻即命终。譬如壮士屈伸臂顷，即生西方极乐世界。生经七日遇观世音及大势至。闻法欢喜得须陀洹，过一小劫成阿罗汉。是名中品下生者。
下品上生	下品上□ 下品上生者。或有人作众恶业，虽不诽谤□□□□。如此愚人多造恶法，无有惭愧。命欲□□□善知识为赞大乘十二部经首□□□□□□□□如来诸经名故，除却千劫□□□□□□□□□□□阿弥陀佛，称佛名故□□□□□□□□□□□□佛，即遣化佛、化观音、势至□□□□□□□男子，以汝称佛□□□□□□□□迎汝。行者即见□□□□□□□室。见已欢喜，即便命终，乘宝莲花□□□□□宝池中。经七七日莲花乃敷，□□□□萨为说十二部经，闻已信解，发无上道心，得入初地，闻赞三宝名字即得往生。是名下品上生者。	下品上生者。或有众生作众恶业，虽不诽谤方等经典。如此愚人多造恶法，无有惭愧。命欲终时遇善知识，为赞大乘十二部经首题名字。以闻如是诸经名故，除却千劫极重恶业。智者复教合掌叉手，称南无阿弥陀佛，称佛名故，除五十亿劫生死之罪。尔时彼佛，即遣化佛、化观世音、化大势至至行者前，赞言，"善哉，善男子，汝称佛名故，诸罪消灭，我来迎汝。"作是语已，行者即见化佛、光明遍满其室。见已欢喜，即便命终，乘宝莲花。随化佛后，生宝池中，经七七日莲花乃敷。当花敷时，大悲观世音菩萨及大势至菩萨，放大光明住其人前，为说甚深十二部经。闻已信解，发无上道心。经十小劫，具百法明门，得入初地。是名下品上生者。得闻佛名、法名及闻僧名，闻三宝名即得往生。
下品中生	下品中生 大藏佛言："下品中生者。或有众生毁犯戒律，偷僧祇物，不净说法，无有惭愧。如此罪人以恶业故，应堕地狱。命欲终时，地狱众火一时俱至，遇善知识为说阿弥陀佛十力威德，亦赞戒、定、慧，解脱知见。此人闻已，除八十亿劫生死之罪，地狱猛火化为凉风吹诸天花，花上皆有化佛、菩萨迎接此人。如一念顷即得往生七宝池中莲花之内，经于六劫莲花乃敷，观音、势至以梵音声安慰彼人，为说大乘经典。闻此法已，即发无上道心。是为下品中□□。"	下品中生者。或有众生毁犯五戒、八戒及具足戒，如此愚人，偷僧祇物，盗现前僧物，不净说法，无有惭愧，以诸恶法而自庄严。如此罪人以恶业故，应堕地狱。命欲终时，地狱众火一时俱至，遇善知识以大慈悲，即为赞说阿弥陀佛十力威德，广赞彼佛光明神力，亦赞戒、定、慧、解脱，解脱知见。此人闻已，除八十亿劫生死之罪。地狱猛火化为凉风，吹诸天华，华上皆有化佛、菩萨迎接此人。如一念顷，即得往生七宝池中莲花之内，经于六劫莲花乃敷。当华敷时，观世音、大势至以梵音声安慰彼人，为说大乘甚深经典。闻此法已，应时即发无上道心。是名下品中生者。

续表

品级	碑文	《佛说观无量寿佛经》
下品下生	下品下生 下品下生者。或有众生作不善业，五逆十恶，具诸不善。如此愚人以恶业故，应堕恶道，经历多劫，受苦无穷。如此愚人临命终时，遇善知识种种安慰，教令念佛。彼人苦逼，不遑念佛。告言："若不能念佛者，应称无量寿佛。"如是至心令声不绝，称佛名故，于念念中除八十亿劫生死之罪，命终之后见金莲花住其人前，如一念顷即得往生极乐世界。于莲花中满十二大劫，莲花方开时，观音、势至为广说实相除灭罪法。闻已欢喜，应即发菩提心。是名下品下生者。	下品下生者。或有众生作不善业，五逆十恶，具诸不善。如此愚人以恶业故，应堕恶道，经历多劫，受苦无穷。如此愚人临命终时，遇善知识种种安慰，为说妙法，教令念佛。彼人苦逼，不遑念佛。善友告言，"汝若不能念彼佛者，应称归命无量寿佛。"如是至心令声不绝，具足十念，称南无阿弥陀佛。称佛名故，于念念中除八十亿劫生死之罪。如一念顷即得往生极乐世界，于莲花中满十二大劫，莲花方开。当花敷时，观世音、大势至以大悲音声，即为其人广说实相除灭罪法。闻已欢喜，应时即发菩提之心。是名下品下生者。

注：

（1）碑文以《大足石刻铭文录》收录石碑拓本为底本，并参考录文重新点校而成。经文出自南朝宋畺良耶舍译《佛说观无量寿佛经》，《大正藏》第十二册，第341—346页。

（2）"□"符号，表示此处文字不存或已无法识别；外加"□"者，表示其中文字部分残存或约略可识。

（3）铭文下加"·"的字为铭文所添加，在经文中没有；经文下加"·"的字在铭文中没有，被铭文省略。

（4）下画直线的字表示铭文与经文记录不一致。

（5）加"（ ）"中的字表示铭文与经文内容一致，但出现位置不同。

附录3

普劝持念阿弥陀佛碑文（位于龛正中下部"上品上生"碑左下壁）

普劝持念阿弥陀佛

浮世生身事若何，犹如春燕垒巢窠，波波役役营家计，不如随分念弥陀。

文章俊辩应名科，朱紫荣身志意多，官崇谁免无常至，不如方便念弥陀。

飞枪走射势难过，骏马骑来似掷梭，力敌万夫输老病，不如习善念弥陀。

富贵资材不厌多，朝昏计算恐差讹，忧烦不觉头如雪，不如知足念弥陀。

音声清响善讴歌，一曲新词格调和，直饶唱得行云坠，不如净口念弥陀。

柳眉星眼赛姮娥，玉体时新着绮罗，华容只可常年少，不如及早念弥陀。

棋夸敌手智谋多，打劫争先在切磋，光阴一半因兹废，不如端坐念弥陀。

商人经纪最奔波，远地他方到处过，江湖风浪危中险，不如归去念弥陀。

惯习公方损陷他，巧妆词颂逞喽啰，家财使尽招人怨，不如省事念弥陀。

杀业冤家债渐多，将何词理见阎罗，教君一路超生法，不如知悔念弥陀。

念佛持经福最多，不持不念罪恒河，如来金口亲宣说，普为众生解网罗。

幸知仁者信受奉行。

附录4

再三相劝念弥陀碑文（位于龛正中下部"上品上生"碑右下壁）

三界炎炎如火聚，道人未是□□□，莲池宝土乐无穷，收拾身心好□□。

西方极乐七宝池，八功德水不思□，底有金沙岸香树，莲花涌出化生儿。

人人佛性本天真，念佛常为作佛因，不念不称心似漆，何时得见本来身。

眷属亲情不是亲，满堂金玉未为珍，不如一句弥陀佛，便是生生引路人。

念念常存念佛心，念而无念最功深，功成无念须成佛，成佛人天自仰钦。

口闲念佛譬如闲，不碍家缘不费钱，大有便宜何不念，莫教临死却忙然。

贪生日日只忙忙，不觉年衰鬓似霜，或若鬼魔来要取，且推不办向阎王。

有田不种放教荒，秋后羡人收满仓，有佛有经不礼念，死来地狱遣谁当。

地狱三涂却爱游，天堂佛国不寻求，欲求佛国天堂乐，勤念弥陀早转头。

再三相劝念弥陀，不念之人没奈何，虽则无人奈何得，奈何却自有阎罗。

念念无常步步随，勤心念佛是便宜，再三共劝成多口，子细思量为阿谁。

注：以上碑文以《大足石刻铭文录》收录石碑拓本为底本，并参考录文重新点校而成。

大足与安岳宋代石刻菩萨像造型分析

齐庆媛

四川、重庆是继北方地区之后，宋代又一个佛教雕塑发达区域。菩萨像的发展规模远超佛像，以胁侍形式表现者数量众多，作为主尊表现者也为数不少，且形体庞大者时有所见，菩萨像一跃成为佛教造像的重心。菩萨像不仅数量占绝对多数，美术和工艺内涵也更加丰富，代表了当时佛教雕塑发展的主流和新水平。与四川、重庆宋代佛教造像的状况一致，石刻菩萨像比较密集地分布在地域毗邻的重庆大足、四川安岳两区县（图1），呈现一体化发展态势，难以割裂开来，故本稿一并分析，将其他市县（区）零星分布的同时期菩萨像作为必要补充。零星的北宋早中期实例集中分布在大足北山佛湾，多数风化或遭到人为毁坏，难以进行造型分析。北宋晚期至南宋晚期菩萨像获得充分发展，数量众多且保存较好，自11世纪80年代至13世纪40年代为实质性发展阶段，造像活动长达160年。

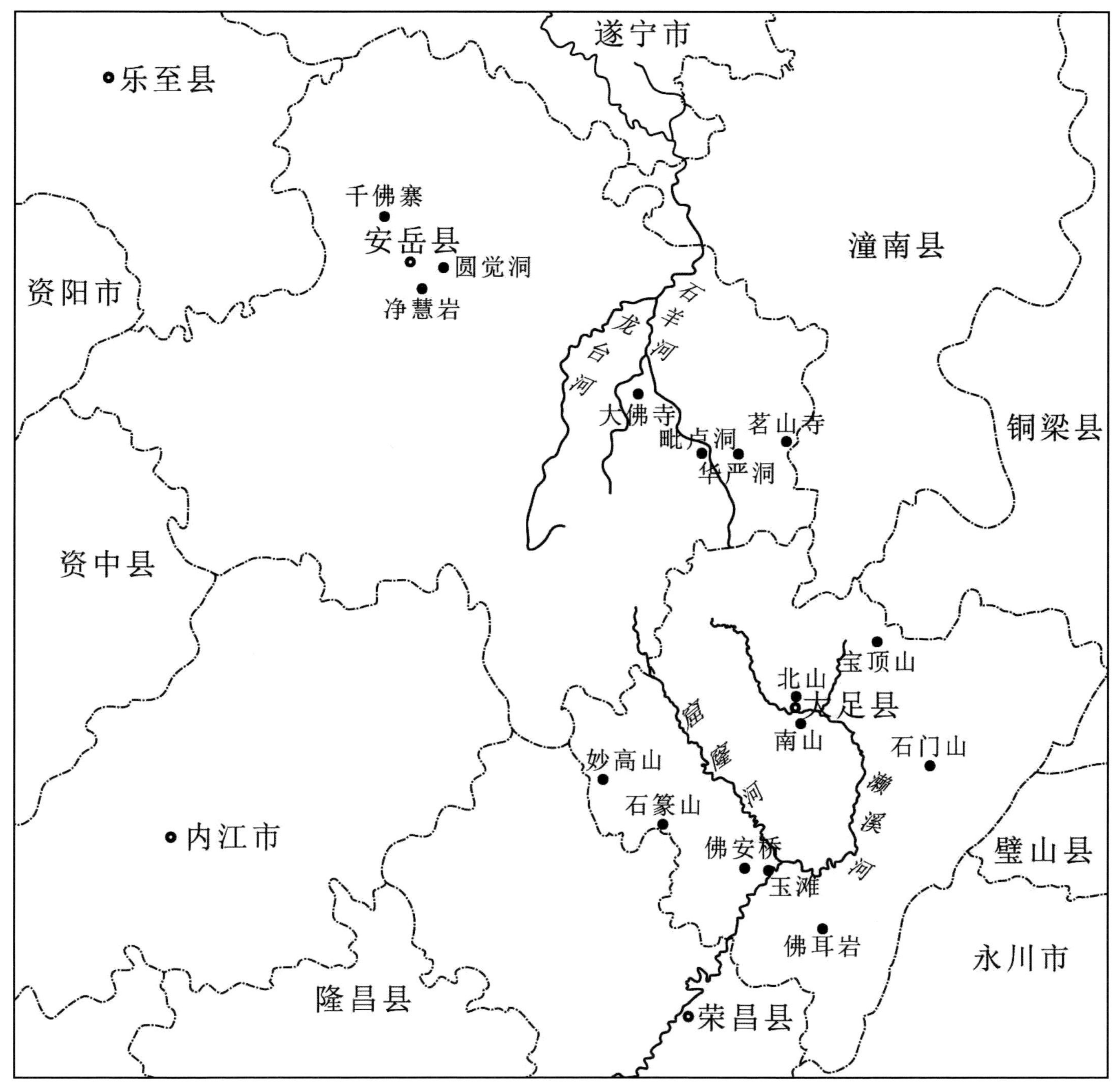

图1　大足与安岳宋代主要石刻菩萨像分布示意图

以往，学界在对大足与安岳石窟及摩崖造像进行总录编纂、图录刊布、概论叙述及分期断代考察过程中，收集了大量菩萨像信息，为进一步考察提供了诸多便利[1]。关于菩萨像造型，目前仅有少数学者针对大足与安岳观音菩萨像展开专门讨论，大体可以分为两个方面。其一，就大足或安岳一县，或某个地点观音像的讨论。陈静将大足石刻水月观音像划分为晚唐五代、宋代、明清三个阶段，逐一从人物造型、背光形式、造像组合三方面进行了系统分析，并探讨了水月观音像流行的缘由[2]。刘光霞将大足北山佛湾观音像分为晚唐、五代、北宋晚期至南宋早期三个阶段，分析了观音像坐式等因素及其反映的佛教造像世俗化、生活化问题[3]。吴云从造像题材、窟龛形制、雕刻手法、体态等方面探究了安岳石窟观音像的造型特征，重点分析了其审美意蕴[4]。其二，就观音形式分类的考察。如颜娟英着眼于大足石门山第6窟，大足北山佛湾第180窟、第136窟，以及妙高山第4窟群体观音像的题记、持物，得出复数观音为千手千眼观音变化身的结论[5]。王倩从造像背景、形式分类（千手观音、复数观音、单龛观音等）、世俗化三方面分析了大足石刻观音像[6]。此外，陈悦新关于安岳石窟佛像着衣类型分析，亦涉及安岳石窟少数宋代菩萨像服装造型[7]。以上研究都是关于一县一地，或造像形式的分析，菩萨题材又局限于观音，就大足与安岳石刻菩萨像整体造型而言，迄今尚无专论，学界还无从了解四川盆地宋代石刻菩萨像的发展脉络和规律。

笔者基于实地调查获取大量第一手资料[8]，并参考以往学界成果，采用考古类型学与美术史样式论相结合的方法，对菩萨像进行系统化形式分类及样式考察，力求得出大足与安岳宋代石刻菩萨像造型发展的整体性认识。本稿选择有明确纪年且保存较好的实例作为切入点，建立大致的年代标尺，进而将无纪年实例比照纪年实例插入相应的位置，从而建立菩萨像发展序列。大足与安岳宋代石刻菩萨像造型涵盖宝冠、服装、装身具和躯体形态四要素（图2），下文在具体分析各个要素的基础上进行概括与提炼，从而梳理大足与安岳宋代石刻菩萨像造型的整体发展脉络，并努力发掘其中的深层文化意涵。本稿的造型排年，亦有助于判断诸多无纪年菩萨像的年代。

提及宋代菩萨像造型特征，学界惯用“世俗化”概括之，然就菩萨像如何体现世俗化问题则鲜有深入讨论。本稿将菩萨像造型因素与宋代世俗文化进行细致比较，从实物与文献两方面相互印证，具体地阐释宋代菩萨像造型的世俗化情形，同时说明关联的地域特征。

---

1 刘长久、胡文和、李永翘：《大足石刻研究》，四川省社会科学院出版社1985年版。辛玉：《大足安岳石刻初探》，《四川文物》1986年S1期。胡文和：《四川道教佛教石窟艺术》，四川人民出版社1994年版。黎方银、王熙祥：《大足北山佛湾石窟的分期》，《文物》1988年第8期。胡良学、陈静：《大足石篆山、妙高山摩岩造像的调查研究》，《四川文物》1998年第1期。胡良学、陈静：《大足石篆山、妙高山摩岩造像的调查研究（续）》，《四川文物》1998年第2期。黎方银编：《大足石刻雕塑全集·北山石窟卷》，重庆出版社1999年版。陈明光编：《大足石刻雕塑全集·宝顶石窟卷（上）》，重庆出版社1999年版。邓之金编：《大足石刻雕塑全集·宝顶石窟卷（下）》，重庆出版社1999年版。童登金编：《大足石刻雕塑全集·南山、石门山、石篆山等石窟卷》，重庆出版社1999年版。刘长久主编：《安岳石窟艺术》，四川人民出版社1997年版。李巳生主编：《中国石窟雕塑全集第7卷·大足》，重庆出版社2000年版。刘长久主编：《中国石窟雕塑全集第8卷·四川、重庆》，重庆出版社2000年版。大足石刻研究院编：《大足石刻》，重庆出版社2012年版。邓启兵、黎方银、黄能迁：《大足宝顶山石窟周边区域宋代造像考察研究》，收录于大足石刻研究院编《2014年大足学国际学术研讨会论文集》，重庆出版社2016年版。白中培：《安岳毗卢洞》，《四川文物》1987年第3期。曹丹、赵晗：《安岳毗卢洞石窟调查研究》，《四川文物》1994年第3期。唐承义：《安岳名山寺摩崖造像》，《四川文物》1990年第6期。徐胭胭、王磊、李耘燕、谭浩源：《四川安岳县茗山寺石窟调查简报》，《四川文物》2015年第3期。李官智：《安岳华严洞石窟》，《四川文物》1994年第3期。胡文和、陈昌其：《浅谈安岳圆觉洞摩崖造像》，《四川文物》1986年第1期。李崇峰：《安岳圆觉洞窟群调查记》，收录于重庆大足石刻艺术博物馆编《2005年重庆大足石刻国际学术研讨会论文集》，文物出版社2005年版。王剑平、雷玉华、傅成金：《四川安岳圆觉洞造像的初步研究》，《成都考古研究》2013年第2期。成都文物考古研究所、北京大学中国考古学研究中心、安岳县文物局：《四川安岳县圆觉洞摩崖石刻造像调查报告》，《南方民族考古》第九辑，2013年。曾德仁：《四川安岳石窟的年代与分期》，《四川文物》2001年第2期。

2 陈静：《大足石刻水月观音造像的调查与研究》，收录于重庆大足石刻艺术博物馆、重庆大足石刻研究会编：《大足石刻研究文集》（5），重庆出版社2005年版。

3 刘光霞：《大足北山佛湾石窟观音坐式刍议》，前引《大足石刻研究文集》（5）。

4 吴云：《安岳石窟观音像的造型艺术及价值意义研究》，重庆大学硕士学位论文，2015年。

5 颜娟英：《大足石窟宋代复数大悲观音像初探》，前引《2005年重庆大足石刻国际学术研讨会论文集》。

6 王倩：《大足石刻观音造像艺术研究》，青岛大学硕士学位论文，2012年。

7 陈悦新：《安岳石窟佛像着衣类型》，《文物》2016年第10期。

8 2009年8月，笔者与清华大学李静杰老师和研究生范丽娜、杨莹沁，以及山东大学研究生李晓云一起，比较系统地调查了四川、重庆宋代石窟及摩崖造像。2014年7月，笔者跟随李静杰老师带领的考察团，再次调查了四川、重庆宋代石窟及摩崖造像，参加考察的还有清华大学研究生孙明利、王友奎、杨筱、朴玟静、李冠畿、徐畅，台北艺术大学林保尧老师及其助手陈怡安、蔡秉彰，中央美术学院研究生祁姿妤、吴天跃，以及首都博物馆邢鹏。2014年11月，笔者跟随李静杰老师又补充考察了大足宝顶山大佛湾、小佛湾造像。此外，黄文智慷慨提供2014年4月考察四川、重庆石窟及摩崖造像资料，孙明利与李静慷慨提供2016年7月系统考察大足石窟及摩崖造像资料。

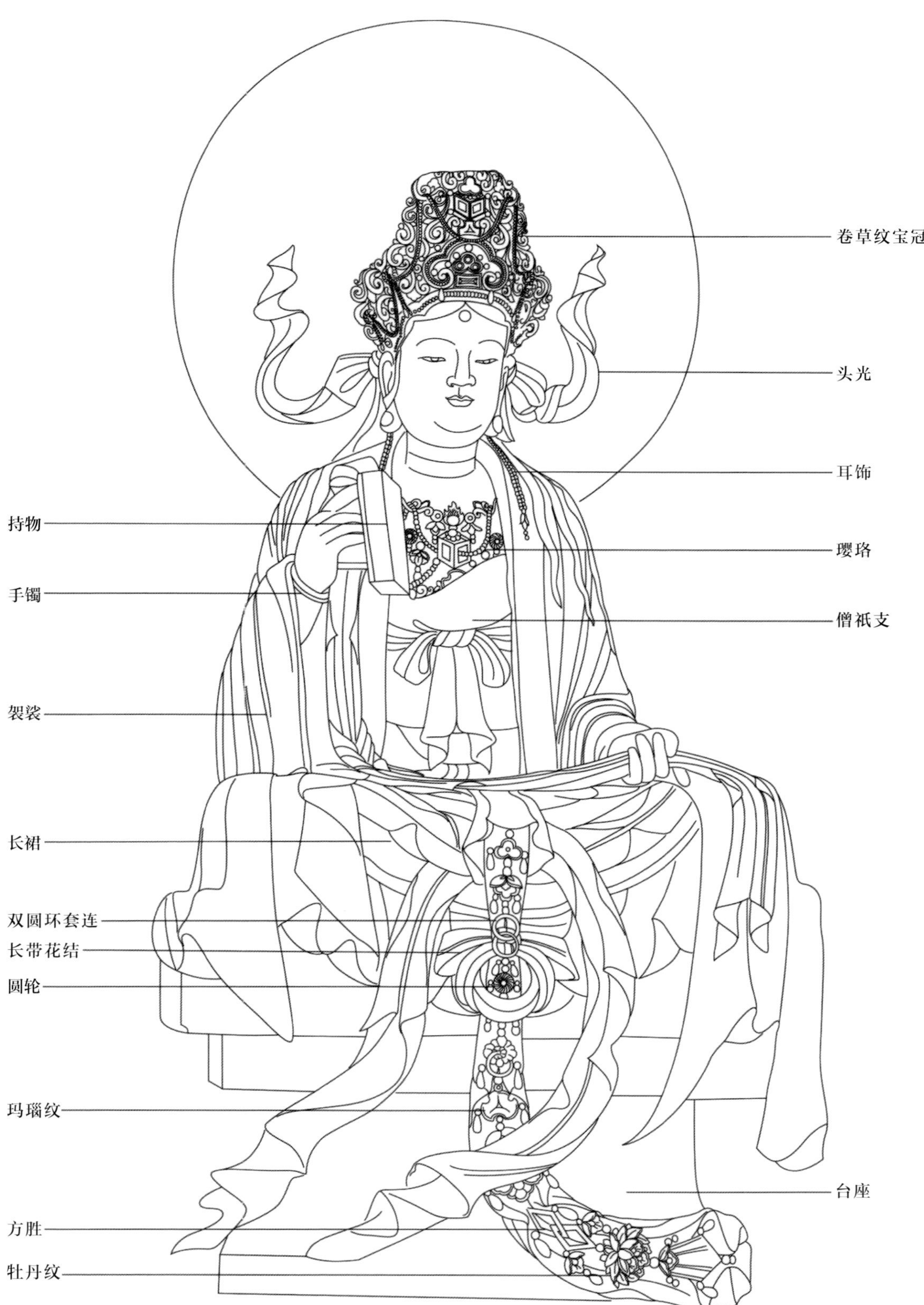

图2　菩萨像宝冠、服装与装身具名称示意图（大足北山佛湾第136窟南宋玉印观音像）

一　宝冠

大足与安岳宋代石刻菩萨像一概头戴宝冠，宝冠内容十分丰富，为梳理菩萨像序列和编年的首要因素。具有一定数量的宝冠佛像之宝冠与菩萨像宝冠造型同步发展，故一并分析。宝冠主体则为植物纹样，依据植物纹样形式差异可以分为卷草纹宝冠和牡丹纹宝冠两类，每类纹样又可细分为不同的型与式。基于这种多层次的类型分析，从而建立菩萨像序列，进而揭示其造型演化规律。

（一）卷草纹宝冠

大足与安岳宋代菩萨像及宝冠佛像，其卷草纹宝冠自始至终盛行不衰，北宋卷草纹宝冠较多因袭唐、五代传统，南宋卷草纹宝冠颇多受到世俗纹样影响，至南宋中晚期形成异常繁缛华丽的造型。根据卷草纹形状的差异可以将宝冠细分为两型，其一，茎叶互用型卷草纹宝冠，一个个S形叶片翻转连接，茎叶互用，连绵相续，用于菩萨像宝冠。其二，茎蔓添叶型卷草纹宝冠，以抽象的枝条构成波状起伏或内旋环绕的骨架，其上添加繁茂卷叶，用于菩萨像及宝冠佛像。至南宋中晚期，后者逐渐取代前者，卷草纹宝冠形成鲜明地域特征。

1. 茎叶互用型卷草纹宝冠（表1）

这种宝冠流行于北宋晚期至南宋中期，南宋晚期罕见。北宋晚期及南宋之初实例上承晚唐、五代菩萨像宝冠传统，南宋早中期实例推测受到当地南宋墓葬雕刻等世俗因素影响，卷草纹发生显著变化。北宋及南宋之初卷草纹宝冠，多数S形叶片以中间化佛为中心，呈漩涡状左右对称配置，叶片圆润且往往刻画叶脉纹，布局疏朗。诸如，大足北山佛湾第180窟左壁第四尊北宋政和六年至宣和四年（1116—1122年）观音菩萨像（表1-1）[1]、第149窟南宋建炎二年（1128年）观音菩萨像（表1-2）[2]，以及江津高坪石佛寺北宋第1龛水月观音像与第3龛日月光菩萨像宝冠[3]。各实例卷草纹细节刻画略有差异，表现意匠则颇为一致，沿用了晚唐、五代大足与安岳地区菩萨像卷草纹宝冠的造型传统（表1-3）。

南宋早中期实例，如大足北山佛湾第136窟南宋绍兴十二年至十六年（1142—1146年）玉印观音像（表1-4）[4]、合川涞滩二佛寺南宋菩萨像（表1-5）[5]。其卷草纹宝冠趋向复杂，一方面冠体增加了U形璎珞、如意云纹、团花等造型因素。另一方面卷草纹叶片小而多，布局繁密，与泸县宋墓雕刻卷草纹如出一辙[6]（表1-6）。

2. 茎蔓添叶型卷草纹宝冠（表2）

（1）菩萨像茎蔓添叶型卷草纹宝冠

流行于北宋晚期至南宋晚期，可以分为前后两个阶段。第一阶段北宋晚期至南宋早期，约自11世纪80年代至12世纪70年代，茎蔓添叶型卷草纹兼有疏朗与繁密两种形式。第二阶段南宋中晚期，约自12世纪80年代至13世纪40年代，茎蔓添叶型卷草纹概为繁密形式。

第一阶段茎蔓添叶型卷草纹，以S形、M形或8字形茎蔓为骨架，向上下或左右延伸，依托茎蔓有序地排列若干圆滑的C形叶片，形成二方连续或四方连续布局，配置在单层或双层冠体。诸如，安岳圆觉洞第14龛北宋元符二年至大观元年（1099—1107年）观音菩萨像（表2-1）[7]、大足北山佛湾第180窟右壁第四尊（1116—1122年）观音菩萨像（表2-2），以及大足北山佛湾第136窟南宋绍兴十三年（1143年）文殊菩萨像（表2-3），以宝冠中央为轴线S形茎蔓添叶型卷草纹左右对称布局，由中央向左右或两上方延伸呈

1　本稿以物象自身为基准确定左右方位，次序由内向外排列，下同。窟右壁第二、三尊观音像头上部题记："……愿一家安乐，政和六年□壹月内弟子邓惟明。"窟右壁第五尊观音像部上方题记："……菩萨一尊□表庆讫，宣和四年。"可知第180窟造像雕刻时间为北宋政和六年至宣和四年（1116—1122年）前后。见郭相颖主编：《大足石刻铭文录》，重庆出版社1999年版，第25页。为简便起见，本稿中同一实例再次应用时省略年号，只标出公元纪年。

2　窟右壁外侧题记："……如意轮圣观自在菩萨一龛，永为一方瞻仰祈乞，□□□□干戈永息，建炎二年四月□□□□。"前引《大足石刻铭文录》，第27页。

3　前引《中国石窟雕塑全集第8卷·四川、重庆》图版234、图版241、图版242。

4　大足北山佛湾第136窟正壁左侧观音菩萨像头上方刊刻南宋绍兴十二年（1142年）题记，正壁右侧大势至菩萨像头上方、左壁文殊菩萨像头上方刊刻绍兴十三年（1143年）题记，右壁数珠手观音像头上方刊刻绍兴十六年（1146年）题记，可知同窟其他造像约在1142—1146年之间完成。前引《大足石刻铭文录》第31—34页。大足北山佛湾第136窟观音菩萨像计五尊，为了便于区分，依据持物命名四尊为净瓶观音像、玉印观音像、日月观音像、数珠手观音像，依据服装的显著差异将另一尊命名为白衣观音像。

5　笔者以为，合川涞滩二佛寺主尊两侧十胁侍菩萨像的宝冠、服装及璎珞，符合南宋中期菩萨像造型特征，而且所在雕刻层位晚于现存淳熙丁酉（1177年）、淳熙丙午（1186年）题记禅宗祖师造像，可为其造像提供相对年代参考。题记参考黄理等：《合川涞滩摩崖石刻造像》，《四川文物》1989年第3期。

6　四川省文物考古研究所等编著：《泸县宋墓》，文物出版社2004年版，图版8，图20、图22、图26等。

7　观音左侧立《真相寺石观音像记》碑："……元符己卯（1099年）创初，大观丁亥（1107年）告毕……"见龙显昭主编：《巴蜀佛教碑文集成》，巴蜀书社2004年版，第147页。安岳圆觉洞石窟编号采用前引《四川安岳县圆觉洞摩崖石刻造像调查报告》一文。

漩涡状密集排列，高低错落起伏，具有强烈流动性和节奏感。相似造型宝冠已流行于四川唐代菩萨像之中（表2-4），造型简洁，宋代则在前代基础上发生新变化。如北山佛湾第136窟南宋绍兴十二年（1142年）净瓶观音像宝冠卷草纹骨架作M形（表2-5），合川涞滩二佛寺主尊两侧南宋胁侍菩萨像宝冠卷草纹骨架作8字形结构（表2-6）。

第二阶段茎蔓添叶型卷草纹，在第一阶段三种骨架基础上混合或叠加使用。突出表现在卷草纹茎蔓内旋成一个个圆形或圆环形，其上密布卷云状C形叶片，宝冠下缘装饰穗状璎珞、簇花、摩尼珠等，异常繁缛。诸如，大足的宝顶山大佛湾、广大山、松林坡、佛祖岩，以及安岳的华严洞、毗卢洞、茗山寺、高升大佛寺等石窟及摩崖造像中菩萨像宝冠，惜缺乏纪年资料。学界认为宝顶山造像由南宋赵智凤经营于南宋淳熙六年（1179年）以后的一段时间[1]，然而，学界对安岳宋代造像的年代尚未取得统一认识。上述大足、安岳两地菩萨像，无论宝冠，抑或服装、璎珞皆呈现高度一致性，推测两者年代应比较接近。两地菩萨像宝冠的茎蔓添叶型卷草纹，茎蔓上密集排列云状叶片造型，在邻近大足与安岳的华蓥安丙家族南宋中晚期墓葬雕刻中高频率出现，可作为相对年代参考[2]（表2-7）。此外，安岳千佛寨第24窟南宋绍熙三年（1192年）大势至观音菩萨像（表2-8），残存宝冠茎蔓添叶型卷草纹的细部特征与上述实例契合。由此可知，上述安岳地区菩萨像应为南宋中晚期作品。

第二阶段茎蔓添叶型卷草纹宝冠其他因素呈现多样化面貌。以往常见宝冠中间设置化佛或宝瓶形式依然流行，其中化佛的应用呈泛化趋势，由观音菩萨像扩大到十二圆觉众菩萨像（表2-9、表2-10）、地藏菩萨像[3]，以及涅槃图像中诸菩萨像等（表2-11），而宝冠中间设置宝瓶依然为大势至菩萨像的标志[4]。此外，菩萨像宝冠新出现饰宝塔、五佛与七佛三式，下文分而述之。

其一，饰宝塔。迄今仅见安岳茗山寺第2龛右侧菩萨像一例，其宝冠中间设置一座七层密檐式宝塔，底层安结跏趺坐佛像一尊（表2-12）。宝冠中间设置宝塔作法在以往菩萨像中罕见，可能受到来自印度帕拉朝弥勒菩萨像造型影响，七层密檐式宝塔则为典型的中国式样。

其二，饰五佛。实例一，安岳茗山寺第3龛南宋文殊菩萨像，宝冠饰五尊结跏趺坐佛（表2-13）。自左向右，第一尊佛右手举起，似施无畏印，第二尊佛施禅定印，第三尊佛施拱手印，第四尊佛印相不明，第五尊佛左手施触地印，右手举至胸前。位于中间第三尊佛的拱手印与大足、安岳地区毗卢遮那佛手印一致，推测为同种尊格。第一尊佛、第二尊佛及第五尊佛分别对应金刚界五佛的不空成就如来、无量寿佛、阿閦佛，故此五佛应视为金刚界五佛。实例二，安岳高升大佛寺第1龛右侧普贤菩萨像（表2-14）[5]，位于宝冠中间的第三尊佛略大，施弥陀定印，可判断为阿弥陀佛。余者双手笼于袖中放置腹前，无法判断其尊格属性。

菩萨像宝冠饰五佛造型在宋辽金时期流行开来，具有时代共通性[6]。唐宋时期翻译密教经典多提及五佛冠[7]，表五智之义，为毗卢遮那佛、诸佛顶尊及诸菩萨等所戴之冠。上述文殊菩萨像宝冠配置密教金刚界五方佛，符合经典原意。普贤菩萨像宝冠配置以阿弥陀佛为中心的五佛，特别强调了阿弥陀佛净土信仰，或可视为《华严经》末后普贤菩萨十大行愿导归极乐净土的产物[8]。

其三，饰七佛。实例有三，安岳高升大佛寺第1龛左侧文殊菩萨像（表2-15）、大足宝顶山大佛湾第5龛左胁侍菩萨像[9]，宝冠中七佛分上下两层配置，上层二佛，下层五佛，均结跏趺坐。位于下层中间者形体略大，头戴宝冠且露出部分发髻，施拱手印。余者均不戴宝冠，双手置于袖中交于腹前。大足宝顶山大佛湾第5龛右胁侍菩萨像（表2-16），宝冠上层三佛，中间者戴宝冠且施拱手印，下层四佛。其中戴宝冠、施拱手印坐佛为毗卢遮那佛，其余六佛尊格不明。

---

1 东登：《再谈宝顶山摩岩造像的年代问题》，《文物》1983年第5期。胡昭曦：《大足宝顶山石刻浅论》，《乐山市志资料》1983年第3期。陈明光：《试论宝顶山造像的上限年代》，《四川文物》1986年第S1期。

2 四川省文物考古研究院等编著：《华蓥安丙墓》，文物出版社2008年版，图版11、图版24、图版25、图版27。

3 前引《大足石刻雕塑全集·宝顶石窟卷（上）》图版140。

4 如大足宝顶山大佛湾第18窟诸多大势至菩萨像，宝冠中间均设置宝瓶。前引《大足石刻雕塑全集·宝顶石窟卷（上）》图版115、图版117。

5 清乾隆年间安岳县令徐观海作《大佛禅院碑记》："治东六十里长林乡云龙山，石壁上肖像有古大佛三尊。中释迦如来，左文殊，右普贤。"见前引《巴蜀佛教碑文集成》，第667页。

6 李玉珉：《易长观世音像考》，《美术史研究集刊》第21期，台北台湾大学艺术史研究所2006年。

7 五佛冠又称五智冠、五智宝冠、五宝天冠。

8 （唐）般若译《大方广佛华严经》卷40《入不思议解脱境界普贤行愿品》："……是诸人等于一念中，所有行愿皆得成就，所获福聚无量无边。能于烦恼大苦海中拔济众生，令其出离，皆得往生阿弥陀佛极乐世界。"《大正藏》第十册，第846页上。普贤菩萨最后行愿为往生极乐世界，架起了华严与净土的桥梁，至此《华严经》菩萨行臻于圆满。宋代，僧俗界不乏受持《普贤行愿品》往生净土的实例。（南宋）志磐撰《佛祖统纪》卷27《净土立教志》："元照，住灵芝弘律学，尤属意净业。一日，会弟子讽观经及普贤行愿品，加趺而化，西湖渔人皆闻空中乐声。"又："钟离景融，少师第七子，（中略）一夕命僧妙应诵普贤行愿品，炷香敬听毕，两手作印而化。自任氏少师大夫，三世得生净土。"《大正藏》第四十九册，第278页下、282页下。该时期普贤像五佛冠中心为阿弥陀佛，可能是普贤菩萨导归净土的象征，而采用五佛表现，大概是借用了密教五佛冠的形式。

9 关于大足宝顶山大佛湾第5龛三尊像的尊格属性，学界存在两种观点，即"华严三圣"与"西方三圣"。综合考察大佛湾的图像组合，持"华严三圣"观点更合乎情理。前引《大足石刻内容总录》持左文殊、右普贤的观点（第470页）。《大足石刻雕塑全集·宝顶石窟卷（上）》持左普贤、右文殊的观点。四川、重庆宋代华严三圣像，左文殊、右普贤与左普贤、右文殊的配置情况俱存，在缺乏坐骑的情况下，难以进一步判断其尊格属性。

宝冠中一再出现七佛，说明并非偶然为之，前两例看似在五佛基础上添加二佛，但其内涵发生了实质性变化。在佛教经典中与七佛关系最为密切的菩萨，当推被誉为七佛之师的文殊菩萨，此说在宋代已成为佛教常识[1]。上述二例文殊菩萨像宝冠中配置七佛，推测基于文殊菩萨作七佛之师的认识而创。那么，七佛中法身毗卢遮那佛应兼有释迦牟尼佛尊格，余者为过去六佛的简单表现。普贤菩萨经常与文殊菩萨成对出现，两者除坐骑区别明显外，在造型上并没有显著差异。在这种情况下，普贤菩萨像同时采用文殊像新颖的宝冠造型也是可能的。

（2）宝冠佛像之茎蔓添叶型卷草纹宝冠

在大足与安岳宋代涌现一批宝冠佛像，自北宋晚期一直持续到南宋晚期，或为三佛的中尊，或为柳本尊十炼图像主尊，或为单尊佛像，而最多见者为华严三圣主尊，学界认为此类佛像为法身毗卢遮那佛。毗卢遮那佛宝冠的主体纹样均为茎蔓添叶型卷草纹，盛行于南宋中晚期，与菩萨像宝冠并行发展，应直接借鉴了菩萨像造型因素。头戴宝冠的毗卢遮那佛，十分契合《华严经》所倡导的行菩萨波罗蜜而成就法身毗卢遮那佛之教义[2]，这应是毗卢遮那佛借用菩萨像造型因素的根本所在。

宝冠佛像实例众多，遍布大足与安岳石刻。在卷草纹宝冠之下可见两三排螺形发髻，有意凸显佛陀尊格。据宝冠前面饰物可以大体分为柳本尊像与摩尼宝珠两式。

其一，饰柳本尊像。诸如，大足宝顶山小佛湾毗卢庵南宋绍定四年（1231年）主尊[3]（表2-17）、佛祖岩毗卢遮那佛像（表2-18），以及安岳的茗山寺第5龛（表2-19）、高升大佛寺第1龛（表2-20）、华严洞的毗卢遮那佛像（表2-21），宝冠正中均设置柳本尊像，除少数破损者外，一概头戴四方平顶巾，身着交领居士装，结跏趺坐，左袖软搭于膝上，其造型与大足宝顶山大佛湾第21龛主尊柳本尊像相近（表2-22）。大足与安岳宋代石窟3处柳本尊十炼图像之第八炼，表现柳本尊割舍左臂，已而在毗卢遮那佛像宝冠中表现为左袖软搭的柳本尊像，表述柳本尊经由菩萨行证得法身毗卢遮那佛的过程。上述实例集中在南宋中晚期，与赵智凤极力传承弘扬柳本尊教法不无关系。

其二，饰摩尼宝珠。诸如，安岳毗卢洞第8龛（表2-23）、大足宝顶山大佛湾第14窟毗卢洞（表2-24），以及广大山华严三圣龛之毗卢遮那佛像[4]，宝冠中央设置火焰状摩尼宝珠，有的发出两道毫光。宋辽金时期，火焰状摩尼宝珠常见于菩萨像宝冠上，宝冠佛像则应借用了这一造型因素。

以上可见，大足与安岳宋代菩萨像茎叶互用型与茎蔓添叶型卷草纹宝冠，在唐、五代基础上获得进一步发展。北宋晚期至南宋早期造型灵活多变、疏密兼有，至南宋中晚期后者取代前者，且逐渐受到当时世俗社会卷草纹影响，渐趋繁缛细密。南宋中晚期毗卢遮那佛像宝冠造型，借鉴了同时期菩萨像宝冠茎蔓添叶型卷草纹因素，其中配置柳本尊像则呈现浓郁地域特征。

（二）牡丹纹宝冠

牡丹纹宝冠是菩萨像造型史上的一大创造，流行于北宋晚期至南宋晚期，为佛教造像本土化、世俗化的真实写照。宋人热爱牡丹，促使牡丹纹样普遍流行，随之影响到菩萨像的装饰。牡丹纹宝冠在特定的时间盛行于大足与安岳地区，与宋代牡丹栽培中心的南移密切关联。

牡丹原产中国，在唐代牡丹被视为繁荣昌盛、雍容华贵的象征，赢得上层社会人士的喜爱。至宋代，牡丹的发展进入全盛期。据花卉史研究成果，宋代著述牡丹谱录约21项，品种多达191个，远超前代[5]。欣赏牡丹风俗从宫廷到民间无处不有，佛教寺院亦成为观赏牡丹的绝佳场所，“花开时，士庶竞为游遨，往往于古寺废宅有池台处为市井、张幄帟，笙歌之声相闻”[6]。四川彭州“曩时永宁院有僧，种花最盛，俗谓之牡丹院，春时赏花者多集于此”[7]。中国第一部牡丹谱《越中牡丹花品》即为北宋僧人仲休（或仲林）所作[8]，可见佛教人士对牡丹的由衷热爱。在爱牡丹习俗风靡宋代社会的情况下，牡丹花卉亦成为该时期最重要的装饰纹样，在陶瓷、丝

1　（南宋）绍隆等编《圆悟佛果禅师语录》卷18：“文殊是七佛之师，为什么出女子定不得？”《大正藏》第四十七册，第798页下。（南宋）赜藏主编集《古尊宿语录》卷9：“侍郎问，‘文殊是七佛之师，未审文殊以何为师？’　师云，‘独镇五峰头’。”《卍新纂续藏经》第六十八册，第55页下。

2　李静杰、黎方银：《大足安岳宋代石窟柳本尊十炼图像解析》，前引《2005年重庆大足石刻国际学术研讨会论文集》。

3　宝顶山小佛湾毗卢庵洞外后壁《释迦舍利宝塔禁中应现之图》题刻“绍定四年（1231年）”，应为毗卢庵的落成时间。前引《大足石刻铭文录》，第192页。

4　前引《大足石刻雕塑全集·宝顶山石窟卷（下）》图版152。

5　陈平平：《我国宋代的牡丹谱录及其科学成就》，《自然科学史研究》1998年第17卷第3期。陈平平：《宋代牡丹品种和数目研究之三》，《中国农史》2003年第1期。

6　（北宋）欧阳修著：《欧阳修全集（上）》之《洛阳牡丹记》，中国书店1986年版，第529页。

7　（南宋）陆游著：《陆放翁全集（上）》之《天彭牡丹谱》，中国书店1986年版，第259页。

8　成书于北宋雍熙三年（986年），现残存其序。陈平平：《中国宋代牡丹谱录种类考略》，《南京晓庄学院学报》2000年第16卷第4期。

表1 大足与安岳宋代石刻菩萨像茎叶互用型卷草纹宝冠实例及相关实例

<table>
<tr><td>
1-1 大足北山佛湾第 180 窟左壁第四尊北宋政和六年至宣和四年（1116—1122 年）观音菩萨像头部线描</td><td>
1-2 大足北山佛湾第 149 窟南宋建炎二年（1128 年）观音菩萨像头部线描</td></tr>
<tr><td>
1-3 安岳圆觉洞第 26 龛前蜀千手观音像头部（齐庆媛摄）</td><td>
1-4 大足北山佛湾第136窟南宋绍兴十二年至十六年（1142—1146 年）玉印观音像头部线描</td></tr>
<tr><td>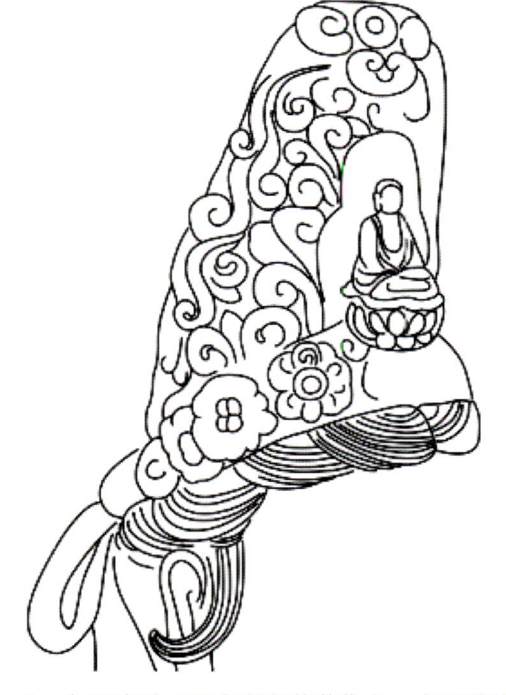
1-5 合川涞滩二佛寺南宋菩萨像之一宝冠线描</td><td>
1-6 泸县青龙镇 2 号墓南宋浮雕卷草纹线描（据《泸县宋墓》图版 8 绘制）</td></tr>
</table>

表2　大足与安岳宋代石刻菩萨像茎蔓添叶型卷草纹宝冠实例及相关实例

<table>
<tr>
<td>
2-1　安岳圆觉洞第 14 龛北宋元符二年至大观元年（1099—1107 年）观音菩萨像头部线描</td>
<td>
2-2　大足北山佛湾第 180 窟右壁第四尊北宋观音菩萨像头部线描</td>
</tr>
<tr>
<td>
2-3　大足北山佛湾第 136 窟南宋绍兴十三年（1143 年）文殊菩萨像头部线描</td>
<td>
2-4　成都万佛寺遗址出土唐代观音菩萨头像（李静杰摄）</td>
</tr>
<tr>
<td>
2-5　大足北山佛湾第 136 窟南宋绍兴十二年（1142 年）净瓶观音像头部</td>
<td>
2-6　合川涞滩二佛寺南宋菩萨像之二宝冠（李静杰摄）</td>
</tr>
</table>

 2-7　华蓥安丙家族 1 号墓南宋浮雕卷草纹线描 （据《华蓥安丙墓》图版 27 绘制）	 2-8　安岳千佛寨第 24 窟南宋绍熙三年（1192 年）大势至菩萨像头部线描
 2-9　安岳石羊场华严洞左壁第二尊南宋十二圆觉菩萨像头部线描	 2-10　安岳石羊场华严洞右壁第一尊南宋十二圆觉菩萨像头部线描
 2-11　大足宝顶山大佛湾第 11 龛南宋菩萨像之一头部（齐庆媛摄）	 2-12　安岳茗山寺第 2 龛右侧南宋菩萨像头部线描

续表

2-13　安岳茗山寺第 3 龛南宋文殊菩萨像头部线描

2-14　安岳高升大佛寺第 1 龛南宋普贤菩萨像头部线描

2-15　安岳高升大佛寺第 1 龛南宋文殊菩萨像头部线描

2-16　大足宝顶山大佛湾第 5 龛右侧南宋菩萨像头部线描

2-17　大足宝顶山小佛湾毗卢庵南宋毗卢遮那佛像头部

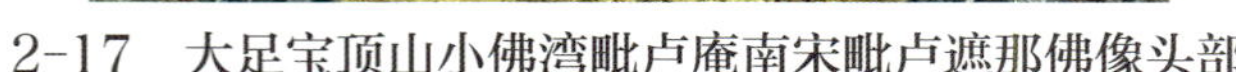

2-18　大足佛祖岩华严三圣龛南宋毗卢遮那佛像头部（李静杰摄）

 2-19　安岳茗山寺第 5 龛南宋毗卢遮那佛像头部（李静杰摄）	 2-20　安岳高升大佛寺第 1 龛南宋毗卢遮那佛像头部（李静杰摄）
 2-21　安岳石羊场华严洞南宋毗卢遮那佛像头部（李静杰摄）	 2-22　大足宝顶山大佛湾第 21 龛南宋柳本尊像
 2-23　安岳毗卢洞第 8 龛南宋毗卢遮那佛像头部（齐庆媛摄）	 2-24　大足宝顶山大佛湾第 14 窟南宋毗卢遮那佛像头部

织品、建筑雕刻、器物装饰、壁画上皆见其形影，同时牡丹纹用于装饰佛教尊像。

虽然宋代社会普遍热爱牡丹，可是用牡丹纹装饰菩萨像的实例，却集中在大足与安岳北宋晚期至南宋晚期，牡丹栽培中心的转移成为主要动因。在唐代，牡丹种植集中在北方的长安与洛阳。在五代十国时期牡丹作为观赏名花流入蜀地，但直到五代十国之末名贵牡丹花种才流入民间[1]。牡丹栽培和欣赏一经传入四川民间，在两宋时期迅速发展起来。诗人陆游在南宋淳熙五年（1178年）写成《天彭牡丹谱》，详细记述了彭州牡丹的盛况。其《花品序》有云："牡丹在洛阳为第一，在蜀天彭为第一，（中略）崇宁（1102—1106年）之间亦多佳品。"[2]可见，北宋晚期四川彭州牡丹已闻名于世，与此同时，菩萨像牡丹纹宝冠流行开来。南宋时期，四川成为全国牡丹栽培中心，菩萨像牡丹纹宝冠亦进入鼎盛时期。

在菩萨像牡丹纹宝冠中，牡丹纹基本由花、叶、茎构成，茎表现为各种抽象曲线，花、叶为造型的重点。据牡丹纹花、叶的形态，可以将牡丹纹宝冠分为写实、装饰、介于二者之间三型。

1. 写实型牡丹纹宝冠（表3）

牡丹纹花、叶基本模拟实物形状。这种宝冠流行于北宋晚期至南宋早期，集中见于大足妙高山第3窟文殊菩萨像（表3-1）及第4窟左壁第三尊观音菩萨像（表3-2）。前者宝冠正中刻画一朵盛开的牡丹，花、叶呈上面观，花朵边缘曲皱，四周伸展叶脉分明的叶片，宝冠两侧各装饰一朵含苞待放的牡丹花苞。后者硕大牡丹花配置在宝冠上方，作侧面观表现，形象地刻画花瓣中的篦纹与花蕊（表3-3）。宋代写实牡丹纹极为发达，在四川宋代墓葬雕刻中经常表现花瓣肥大且有篦纹的牡丹花[3]（表3-4），与菩萨像宝冠的牡丹纹相近。

菩萨像宝冠上牡丹纹样栩栩如生，不禁让人联想到古代的簪花习俗。簪花也称戴花，是将生花或像生花戴在发髻或冠帽上。据学界研究，簪花习俗汉代已流行，至宋代达到鼎盛，不论男女老少，不分尊卑贵贱均可戴花。簪花不仅是宋朝一项重要的礼仪制度，亦是节日喜庆的象征，更成为具有时代特色的民俗景观[4]。文献关于簪花的记载比比皆是，由于宋代牡丹为诸花的代表，成为簪花首选[5]。北宋王辟之《渑水燕谈录》记载宋真宗赐戴牡丹花于重臣的场景[6]。北宋苏轼《吉祥寺赏牡丹》描绘了众人簪牡丹的情景："人老簪花不自羞，花应羞上老人头。醉归扶路人应笑，十里珠帘半上钩。"[7]南宋周密《武林旧事》描述了"牡丹芍药蔷薇朵，都向千官帽上开"的宫廷簪花壮观场面[8]。实物资料更形象地展示戴牡丹的场面，北宋刘履中《田畯醉归图》描绘了老翁高冠上簪牡丹骑牛醉归的情景[9]，仿佛苏轼诗中记述那般。南宋摹本周文矩《宫中图》贵妇发髻上戴着一朵盛开的硕大牡丹（表3-5）[10]。南宋《杂剧打花鼓图》一朵艳丽的牡丹插在女子冠帽的右侧（表3-6）[11]。通过上述例证推测，宋代盛行簪牡丹风俗，或许是促成菩萨像写实型牡丹纹宝冠流行的诱因。

2. 装饰型牡丹纹宝冠（表4）

牡丹纹花、叶经过艺术家重新创作，形成富有装饰意味表现。这种宝冠流行于北宋晚期至南宋早期。实例分布在大足地区，诸如北山佛湾第136窟南宋绍兴十六年（1146年）数珠手观音像（表4-1、表4-2），以及妙高山第3窟普贤菩萨像（表4-3）、第4窟左壁第四尊观音菩萨像（表4-4）。前两例宝冠中三四朵牡丹花随枝条起伏，后者宝冠正中刻画一朵饱满的牡丹花。三者牡丹花瓣为三四层，中心为花蕊，外层花瓣肥大为造型的重心，一概表现为卷云状，其余花瓣为简洁的圆形或尖桃形，装饰意味浓厚。其中前两例亦着力刻画叶片，形成叶茂花繁、生机盎然的表现。

该形态的牡丹纹系唐代同种纹样的延续，富贵华丽的气质曾一度赢得北宋上层社会喜爱，成为北宋皇陵主要装饰纹样。巩义宋太

1　马文彬：《试论牡丹在蜀作为名花之年代》，《四川文物》2000年第3期。

2　前引陆游《陆放翁全集（上）》之《天彭牡丹谱》，第259页。

3　前引《泸县宋墓》图版19、图版26、图版63等。前引《华蓥安丙墓》图版15、图版125等。

4　沈从文编著：《中国古代服饰研究》，上海世纪出版集团2002年版，第160页。李鹏翔：《古代男子簪花杂谈》，《文史天地》2003年第10期。郑继猛：《论宋代朝廷戴花、簪花礼仪对世风的影响》，《西华师范大学学报（哲学社会科学版）》2010年第3期。冯尕才、荣欣：《宋代男子簪花习俗及其社会内涵探析》，《民俗研究》2011年第3期。

5　《洛阳牡丹记》载："至牡丹则不名直曰花，其意谓天下真花独牡丹。"又，"洛阳之俗，大抵好花。春时城中无贵贱皆插花，虽负担者亦然。"前引《欧阳修全集（上）》，第526、529页。

6　（北宋）王辟之《渑水燕谈录》卷1："……后曲燕宜春殿，出牡丹百余盘，千叶者才十余朵，所赐止亲王、宰臣。真宗顾文元及钱文僖各赐一朵。又常侍宴，赐禁中名花。故事，惟亲王、宰臣即中使为插花，余皆自戴。上忽顾公，令内侍为戴花，观者荣之……"中华书局1981年版，第2页。

7　（北宋）苏轼著：《苏东坡全集（上）》第3卷，中国书店1986年版，第65页。

8　（南宋）周密著：《武林旧事（插图本）》，中华书局2007年版，第7页。

9　北京故宫博物院藏。启功主编：《中国历代绘画精品·人物卷2墨海瑰宝》，山东美术出版社2003年版，图版58。

10　盛天晔编著：《宋代人物（上）》，湖北美术出版社2011年版，第80页。

11　北京故宫博物院藏。启功主编：《中国历代绘画精品·人物卷3墨海瑰宝》，山东美术出版社2003年版，图版117。

表3　大足与安岳宋代石刻菩萨像写实型牡丹纹宝冠实例及相关实例

<table>
<tr><td>
3-1　大足妙高山第 3 窟南宋文殊菩萨像头部线描</td><td>
3-2　大足妙高山第 4 窟左壁第三尊南宋观音菩萨像头部（李静杰摄）</td></tr>
<tr><td>
3-3　大足妙高山第 4 窟左壁第三尊南宋观音菩萨像宝冠局部线描</td><td>
3-4　泸县喻寺镇 1 号墓宋代浮雕牡丹纹线描
（据《泸县宋墓》图版 19 绘制）</td></tr>
<tr><td>
3-5　绢画周文矩《宫中图》（南宋摹本）局部
（出自《宋代人物 上》第 80 页）</td><td>
3-6　绢画《杂剧打花鼓图》（南宋）局部
（出自《中国历代绘画精品·人物卷 3 墨海瑰宝》图版 117）</td></tr>
</table>

表4　大足与安岳宋代石刻菩萨像装饰型牡丹纹宝冠实例及相关实例

4-1　大足北山佛湾第136窟南宋绍兴十六年（1146年）数珠手观音像头部

4-2　大足北山佛湾第136窟南宋绍兴十六年（1146年）数珠手观音像宝冠局部线描

4-3　大足妙高山第3窟南宋普贤菩萨像头部（李静杰摄）

4-4　大足妙高山第4窟左壁第四尊南宋观音菩萨像头部线描

4-5　巩义宋神宗之陈皇后陵东列望柱拓本局部（出自《北宋皇陵》图版221）

4-6　巩义宋陵周王墓出土石刻头像局部（齐庆媛摄）

宗之李皇后陵及宋神宗之陈皇后陵东列望柱刻画的牡丹纹（表4-5）[1]，卷云状花瓣与叶片，呈现与菩萨像宝冠装饰型牡丹纹相近面貌。引人注意的是，宋代官员的官帽也采用装饰型牡丹纹。巩义宋真宗之子周王墓出土石刻像（表4-6）[2]，头戴高冠，冠体正中刻画一株盛开牡丹，花朵饱满，花瓣曲卷翻转，充满生机，上述妙高山第4窟观音像宝冠与之大致相当。在装饰牡丹纹流行及其用于世俗官帽装饰的影响下，菩萨像装饰型牡丹纹宝冠流行自然顺理成章。

3. 介于写实与装饰之间的牡丹纹宝冠（表5）

牡丹纹花、叶在模拟自然形态基础上经过艺术处理，更具次序感。这种宝冠流行于北宋晚期至南宋晚期。为了便于分析，根据花朵的形态细分为密集式牡丹纹宝冠与疏朗式牡丹纹宝冠。

其一，密集式牡丹纹宝冠。牡丹花瓣密集，层层叠叠，这种牡丹纹宝冠所存实例较多，北宋晚期至南宋早期为主要发展期，个别实例延续到南宋中晚期。诸如，大足北山佛湾第180窟（1116—1122年）观音菩萨像（表5-1、表5-2）、第136窟南宋绍兴十二年至十六年（1142—1146年）日月观音像（表5-3、表5-4），大足妙高山第4窟大势至菩萨像（表5-5），大足佛祖岩南宋文殊菩萨像等（表5-6）。其宝冠刻画牡丹花二至五朵不等，随枝条起伏作正立、侧立、倒立姿态，左右对称排列于冠体。多数花冠内层花瓣呈三瓣状，其余花瓣或密集尖细，或舒展肥大。该形态的牡丹纹在宋代格外受重视，或许直接影响到菩萨像牡丹纹宝冠。宋太宗之李皇后陵东列望柱北宋牡丹纹（表5-7）[3]，铜川黄堡镇窑址出土印花“大观”“政和”款牡丹纹碗[4]，以及泸县宋墓雕刻牡丹纹等[5]，其花瓣重叠密集与菩萨像宝冠的牡丹纹意匠相近。

其二，疏朗式牡丹纹宝冠。牡丹花瓣肥大稀疏，该牡丹纹宝冠始自北宋晚期，流行于南宋。北宋晚期至南宋早期形式多样，如大足北山佛湾第180窟（1116—1122年）左壁第二尊观音菩萨像，宝冠刻画六朵上面观单层牡丹花，花瓣边缘呈三瓣状（表5-8）。大足石门山第6窟南宋绍兴十一年（1141年）诸菩萨像[6]，多数宝冠刻画二至四朵缠枝牡丹，花冠呈上面观，花瓣圆润饱满，瓣内装饰篦纹，花瓣中间常表现两片花蒂（表5-9）。以上两种造型的牡丹纹常见于宋代瓷器表面装饰，或施加菩萨像造型一定影响[7]。大足妙高山第5窟南宋水月观音像（表5-10）[8]，宝冠左右各刻画三朵侧面观牡丹花，随波状枝条俯仰形态各异，与华蓥安丙家族墓雕刻牡丹纹有诸多共同性[9]。

南宋中晚期，菩萨像宝冠牡丹纹趋向统一，如大足宝顶山大佛湾第11龛菩萨像（表5-11）、第29窟菩萨像[10]、安岳石羊场华严洞右壁第三尊菩萨像等。多数宝冠为左右各一朵（少数为二朵）牡丹对称配置于冠体，花冠一概为侧面观，花瓣呈勾云状翻转与叶片相得益彰。类似造型的牡丹纹一并流行于四川宋墓，具有浓郁地方特征，菩萨像牡丹纹宝冠的盛行与此不无关系（表5-12）[11]。

密集式与疏朗式牡丹纹，可与宋代牡丹谱录中记载的千叶（或多叶）与单叶牡丹对应，其中前者占牡丹品种的四分之三，尤为宋人喜爱[12]。在北方地区千叶（或多叶）牡丹逐渐取代单叶牡丹，在四川地区千叶（或多叶）牡丹自北方引进后盛行。《洛阳牡丹记》载：“……左花之前，唯有苏家红、贺家红、林家红之类，皆单叶花，当时为第一。自多叶、千叶花出后，此花黜矣，今人不复种也。”[13]《天彭牡丹谱》曰：“彭人谓花之多叶者，京花。单叶者，川花，近岁尤贱川花，卖不复旧。”[14]又，“宣和中，石子滩杨氏皆尝买洛中新花以归，自是洛花散于人间”[15]。可知，四川的千叶（或多叶）牡丹并非当地品种，应是宣和或之前一段时间从洛阳引进的新品种。完成于宣和四年（1122年）的大足北山佛湾第180窟13尊观音菩萨像，6例牡丹纹宝冠中5例为密集式千叶（或多叶）牡丹，1例为疏朗式单叶牡丹，足见人们对新品种牡丹的热爱程度。以至于在最初引进的几十年间，菩萨像密集式牡丹纹宝冠盛极一

---

1 河南省文物考古研究所编：《北宋皇陵》，中州古籍出版社1997年版，图版77、图版221等。

2 巩义市博物馆藏。

3 前引《北宋皇陵》图版78。

4 刘涛著：《宋辽金纪年瓷器》，文物出版社2004年版，图2-14、图2-15。

5 前引《泸县宋墓》图24、图187、图188。

6 大足石门山第6窟有多条“辛酉绍兴（1141年）”的题记。前引《大足石刻研究》，第544—545页。

7 谷莉：《宋辽夏金装饰纹样研究》，苏州大学博士学位论文2011年，表2-2。

8 大足妙高山第5窟右壁外侧有“绍兴乙亥仲春五日”的游人题记，可知造像的年代下限为南宋绍兴二十五年（1155年）。前引《大足石刻铭文录》第329页。

9 前引《华蓥安丙墓》图版36、图版37。

10 前引《大足石刻雕塑全集·宝顶石窟卷（下）》图版51。

11 前引《华蓥安丙墓》图版13、图版83。

12 陈平平：《我国宋代牡丹品种和数目的再研究》，《自然科学史研究》1999年第18卷第4期。

13 前引《欧阳修全集（上）》，第529页。

14 前引《陆放翁全集（上）》，第260页。

15 前引《陆放翁全集（上）》，第259页。

表5　大足与安岳宋代石刻菩萨像介于写实与装饰型牡丹纹宝冠实例及相关实例

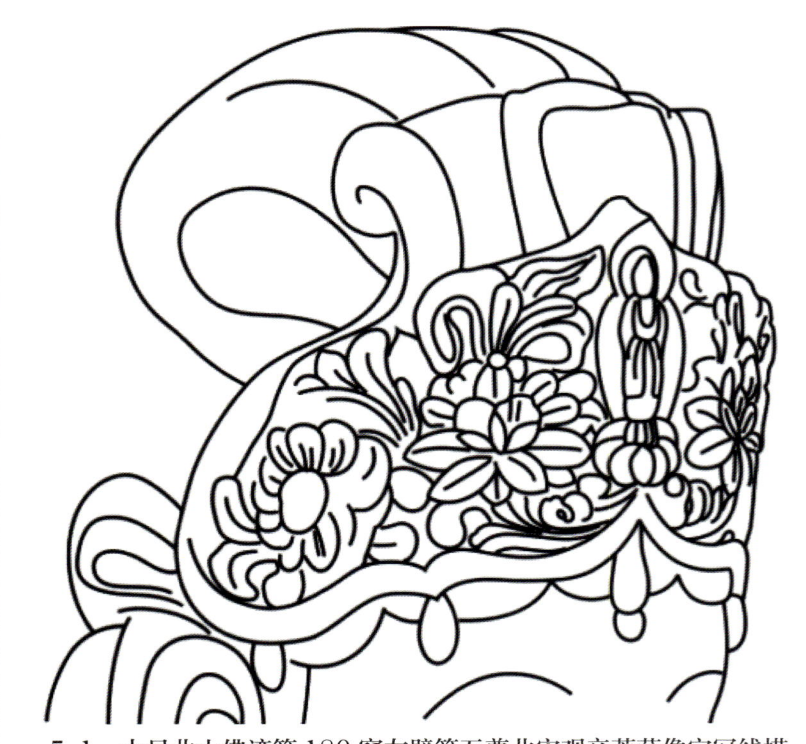 5-1　大足北山佛湾第 180 窟左壁第五尊北宋观音菩萨像宝冠线描	 5-2　大足北山佛湾第 180 窟左壁第三尊北宋观音菩萨像宝冠线描
 5-3　大足北山佛湾第 136 窟南宋日月观音像头部	 5-4　大足北山佛湾第 136 窟南宋日月观音像宝冠局部线描
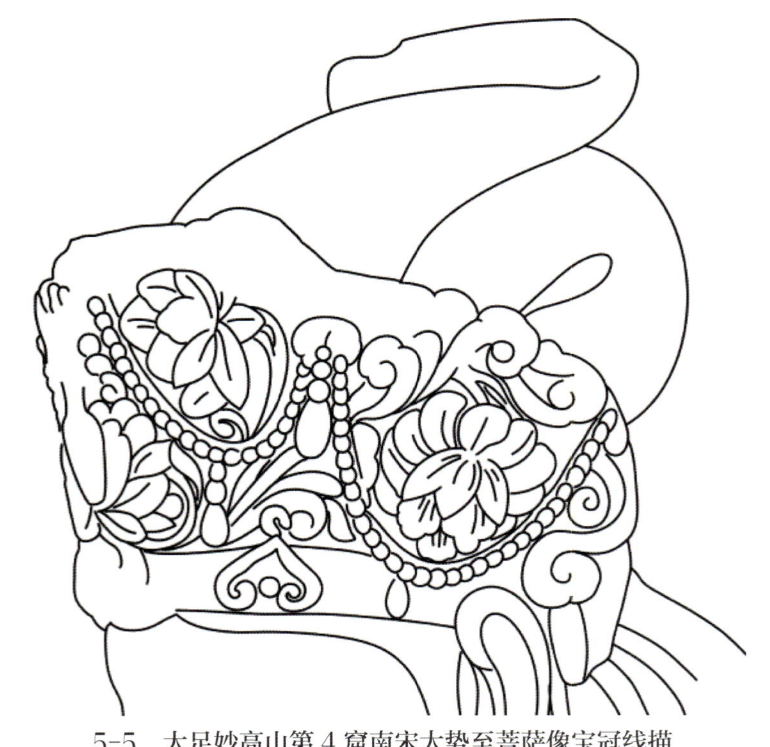 5-5　大足妙高山第 4 窟南宋大势至菩萨像宝冠线描	 5-6　大足佛祖岩华严三圣龛南宋文殊菩萨像头部

 5-7　巩义宋太宗之李皇后陵东列望柱拓本局部 （出自《北宋皇陵》图版 78）	 5-8　大足北山佛湾第 180 窟左壁第二尊北宋观音菩萨像头部线描
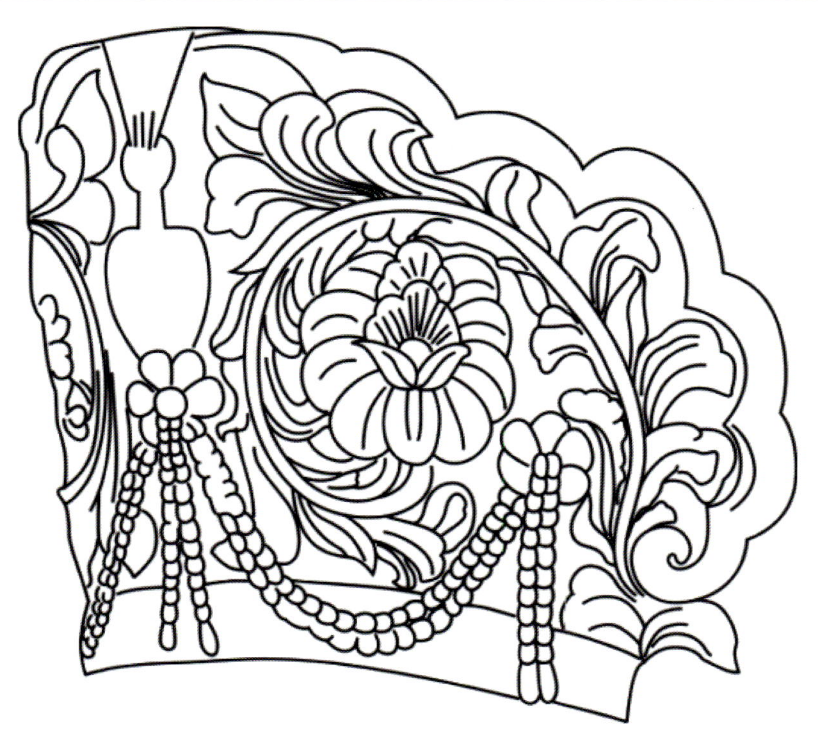 5-9　大足石门山第 6 窟南宋绍兴十一年（1141 年） 大势至菩萨像宝冠线描	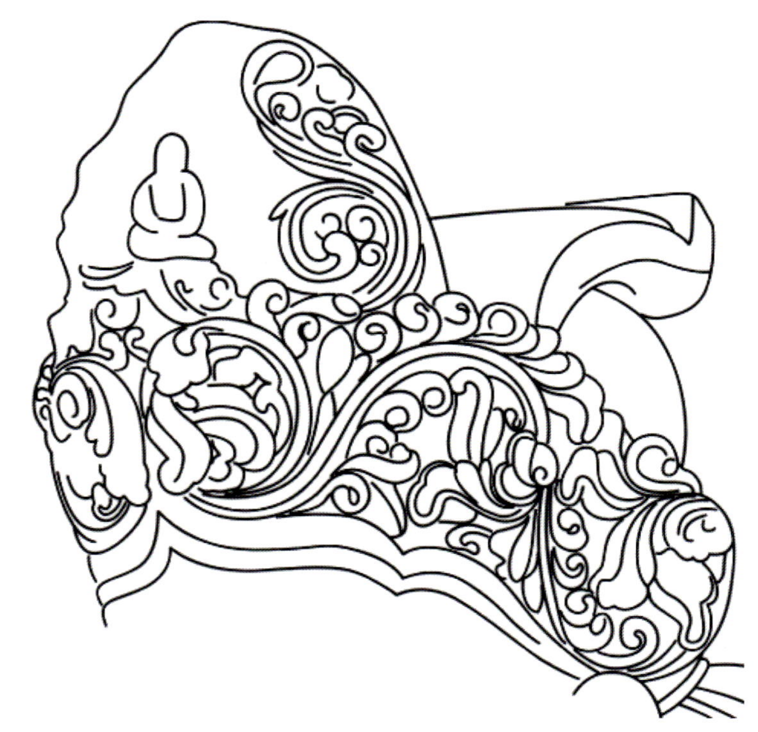 5-10　大足妙高山第 5 窟南宋水月观音像宝冠线描
 5-11　大足宝顶山大佛湾第 11 龛南宋菩萨像之二头部（齐庆媛摄）	 5-12　华蓥安丙家族 1 号墓南宋浮雕牡丹纹线描 （据《华蓥安丙墓》图版 13-1 绘制）

时。从牡丹谱可知，四川单叶牡丹先于千叶（或多叶）牡丹，乃是被看作当地品种，在四川应该有相当长的发展期。虽然单叶牡丹后来不受重视，但是在宋代牡丹纹样中始终占有一席之地，尤其在四川宋墓中不乏实例且富有变化，该地区疏朗式牡丹纹宝冠如实记录了单叶牡丹纹发展历程。

由上可见，大足与安岳宋代牡丹纹宝冠是在牡丹栽培到达全盛时期的产物。北宋晚期牡丹纹宝冠开始流行，至南宋风靡一时，与牡丹在四川发展的背景紧密相联。北宋晚期至南宋早期，菩萨像牡丹纹宝冠丰富多彩，写实型、装饰型、介于两者之间的牡丹纹宝冠均得到较大发展，反映了艺术家旺盛的创作力。南宋中晚期，菩萨像宝冠牡丹纹趋向一致，多为介于写实与装饰之间的疏朗式造型，与当地世俗社会牡丹纹样发展相辅相成。

（三）宝冠形体

大足与安岳宋代菩萨像宝冠形体复杂多变，总体上经历了由多样到统一的过程。北宋晚期至南宋早期，宝冠或高或低，或单层或双层，冠体边缘或有明确边界线，或依赖花卉纹样而边缘参差不齐。南宋中晚期，宝冠多为形体高大的单层结构，花卉纹样边界即冠体边缘。鉴于宝冠形体十分复杂的情况，本稿仅讨论几种特殊形体的宝冠。

其一，“吕”字形冠。大足妙高山第3、4窟菩萨像，宝冠分为上窄下宽的两层结构，上层为较规则的平板状，下层略呈不规则的三、五面体（表6-1）。相似实例较早见于安岳圆觉洞第59龛后蜀菩萨像[1]，只是宝冠上层近半圆状，推测该形式宝冠出现与五代硬胎幞头的流行有关[2]。大足宋代菩萨像“吕”字形宝冠边缘虽不甚平整，但从中似乎可以看到宋代皇帝所戴硬质蹼头的影子（表6-2）[3]。

其二，筒形冠。集中见于合川涞滩二佛寺南宋菩萨像（同表2-6），宝冠外形呈长筒状。筒形冠为辽代菩萨像的典型冠式，尔后影响到金代与西夏菩萨像[4]。涞滩二佛寺菩萨像筒形冠形体高大，比较接近辽代菩萨像，不排除受北方影响的可能。

其三，博鬓冠。安岳石羊场华严洞南宋华严三圣像（同表2-21、表6-3），宝冠两侧上翘的翅状物，应为宋代皇妃命妇博鬓冠影响下的产物。《宋史·舆服志》载：“妃首饰花九株，小花同，并两博鬓。”“皇太子妃首饰花九株，小花同，并两博鬓……中兴（南宋初年）仍旧制。”“命妇服，政和议礼局上花钗冠，皆施两博鬓，宝钿饰。”[5]宋代妇女戴博鬓冠以表尊贵，如台北故宫藏宋仁宗后像与宋真宗后像（表6-4）[6]，以及河南登封城南庄宋代壁画墓贵妇人画像[7]，均头戴博鬓冠。此外，四川阆中市双龙镇宋墓出土的一对金博鬓簪更可提供实物参考[8]，卷草式边框里装饰各式镂空花卉，晶莹剔透。华严洞三圣像宝冠借鉴世俗最尊贵的博鬓冠造型，足见人们在塑造佛、菩萨像时没有忽视或忘记使用最高规格礼遇。

综上所述，大足与安岳宋代石刻菩萨像以精美的宝冠为造型重心，卷草纹宝冠与牡丹纹宝冠均在北宋晚期至南宋晚期展现大发展面貌。卷草纹宝冠上承唐、五代传统，并紧随宋代世俗卷草纹演变的步伐而变化，至南宋中晚期形成异常繁缛的造型。牡丹纹宝冠在宋人热爱牡丹，以及牡丹栽培重心南移四川的背景下应运而生，为宋代菩萨像造型的一大创造，生动地反映了佛教造像民俗化过程。

大足与安岳宋代菩萨像宝冠可以明显地分为前后两个阶段。第一阶段即北宋晚期至南宋早期，约自11世纪80年代至12世纪70年代，卷草纹宝冠与牡丹纹宝冠造型多样，无论是宝冠纹样还是形体均灵活多变，尤其在南宋绍兴年间（1131—1162年）获得极大发展，造型各异的宝冠彰显了新时代人文创造力。第二阶段即南宋中晚期，约自12世纪80年代至13世纪40年代，卷草纹宝冠与牡丹纹宝冠呈同步发展趋势，纹样虽然繁缛，却略显单调。总而言之，大足与安岳宋代菩萨像宝冠是佛教造像民俗化、地域化进程中代表性实物，造型华丽而精致，令后来者望尘莫及。

---

1 前引《安岳石窟艺术》图75。

2 据沈从文研究，五代时期幞头改为硬胎，渐趋方整。前引《中国古代服饰研究》第392页。安岳圆觉洞第59龛菩萨像宝冠外形，酷似南唐李陵出土男佣所戴幞头状帽。南京博物院编著：《南唐二陵发掘报告》，文物出版社1957年版，插图77。

3 台北故宫博物院编辑委员会编：《千禧年宋代文物大展》，台北故宫博物院2000年版，图版Ⅰ-2、图版Ⅰ-3。

4 齐庆媛：《中国北方地区辽代与北宋菩萨像造型分析》，《艺术史研究》第十二辑，中山大学出版社2010年版。齐庆媛：《金代与西夏菩萨像造型分析》，《故宫学刊》第十一辑，故宫出版社2014年版。

5 （元）脱脱等撰：《宋史》，中华书局1977年版，第3535—3536页。

6 前引《千禧年宋代文物大展》图版Ⅰ-4、图版Ⅳ-17。

7 郑州市文物考古研究所、登封市文物局：《河南登封城南庄宋代壁画墓》，《文物》2005年第8期，图10。

8 杨伯达主编：《中国金银玻璃珐琅器全集·金银器（二）》，河北美术出版社2004年版，图版252。

表6　大足与安岳宋代石刻菩萨像宝冠形体及相关实例

 6-1　大足妙高山第 4 窟南宋大势至菩萨像头部（李静杰摄）	 6-2　台北故宫藏绢画《宋太祖坐像》局部 （出自《千禧年宋代文物大展》图版Ⅰ-2）
 6-3　安岳石羊场华严洞南宋普贤菩萨像头部（黄文智摄）	 6-4　台北故宫藏绢画《宋仁宗后坐像》局部 （出自《千禧年宋代文物大展》图版Ⅳ-17）

二 服装

大足与安岳宋代菩萨像服装多质地厚重、宽松蔽体，身披袈裟形式十分流行，成为区别于以往菩萨像的主要特征。根据现存实例服装形式的显著差异，可以分为袈裟、披风，以及络腋（或僧祇支、披帛）与裙组合三类，每一类依据服装形式的微观差异，作进一步细分。

（一）袈裟

袈裟原本为佛装（或僧装），菩萨像披袈裟在唐代尚属于特殊情况，最常见的是地藏菩萨像，这与经典所记述的地藏菩萨形象有关[1]。除此之外，还有弥勒菩萨像，文殊、普贤菩萨像，以及密教八大菩萨像等，但实例非常有限。至宋代，菩萨像披袈裟成为普遍现象。菩萨像袈裟一方面囊括了佛像袈裟的主要形式，另一方面吸收现实生活中僧人袈裟乃至世俗人服装的造型因素，从而呈现多种面貌。大部分实例上身内着僧祇支，下身着长裙，外披袈裟。根据袈裟形式的差异，主要分为双领下垂式袈裟及其转化式袈裟、敷搭双肩下垂式袈裟及其转化式袈裟，钩钮式袈裟，以及右肩半披式袈裟四种。除此之外，还见少量的袒右肩式袈裟。

1. 双领下垂式袈裟及其转化式袈裟[2]（表7）

双领下垂式袈裟，指袈裟左右领襟自然下垂的形式，在北宋晚期至南宋晚期菩萨像中普遍流行。大多数实例袈裟左右领襟下垂至胸、腹部围合成U形，袈裟右领襟末端搭于左臂，直接借鉴了唐宋时期佛像着装形式（表7-1）。根据袈裟细部差异，可以分为前后两个阶段。

第一阶段北宋晚期至南宋早期，约自11世纪80年代至12世纪70年代，造型比较自由，未形成统一模式。诸如大足北山佛湾第180窟左壁第二尊（1116—1122年）观音菩萨像[3]（表7-2），以及大足石门山第6窟（1141年）宝篮手观音、杨柳观音像[4]（表7-3、表7-4），袈裟左右领襟下垂至胸部，形成小U形，未显露僧祇支。大足北山佛湾第180窟右壁第二、四尊（1116—1122年）观音菩萨像（表7-5、表7-6），二者U形领襟内雕刻僧祇支，前者U形领襟下缘翻出，造型近似安岳圆觉洞第59龛后蜀阿弥陀佛像袈裟（表7-1），上述实例袈裟下边缘自然垂下，或至膝部以上，或至膝部，长短不定。

大足妙高山第4窟左壁第一尊南宋观音菩萨像[5]（表7-7），袈裟左右领襟下垂至腹部偏上位置呈U形，内着束带僧祇支，与同窟阿弥陀佛像袈裟相像（表7-8）。袈裟下边缘衣纹向上复折呈褶皱状，造型别致。大足北山佛湾第136窟（1142年）净瓶观音像亦着束带僧祇支（表7-9），只是被璎珞遮掩若隐若现。大足妙高山第4窟左壁第四尊南宋观音菩萨像（表7-10），以及大足北山佛湾第136窟（1142—1146年）玉印观音像（表7-11），袈裟左右领襟呈敞开式自然垂下，显露束带僧祇支。这种直领对襟袈裟不见于以往实例，大概受宋代女子窄袖对襟背子的影响（表7-12）[6]，只是菩萨像袈裟袖口比较宽松，与背子略有不同。

第二阶段南宋中晚期，约自12世纪80年代至13世纪40年代，造型趋向统一，袈裟左右领襟下垂至腹部呈大U形，内着束细带的僧祇支，与同时期佛像袈裟同步发展（表7-13）。安岳石羊场华严洞右壁第一、三尊菩萨像[7]（表7-14、表7-15），二者袈裟领襟及僧祇支造型相仿，唯前者袈裟末端搭于左臂，后者敷搭左肩，略有区别。

双领下垂转化式袈裟，是指袈裟在原有基础上右肩另敷偏衫的形式。菩萨像实例集中在南宋，承袭了四川、重庆地区唐宋时期佛像袈裟造型传统。如合川涞滩二佛寺菩萨像（表7-16）以及安岳茗山寺第2龛双菩萨像（表7-17），前者袈裟右领襟敷搭左臂，偏衫顺右肩下垂至肘部，衣褶为斜线状，与该窟西岩释迦佛立像袈裟类同。后者袈裟右领襟敷搭左肩，偏衫覆右肩，衣纹呈自然褶皱状，则类似于同时期大足宝顶山大佛湾第18龛阿弥陀佛像袈裟（表7-18）。由此可见，菩萨像袈裟紧随佛像袈裟变化的步伐。

---

1 常见地藏形象有两种，即光头形和被帽形，两者均身披袈裟。光头形地藏依据经典造型，（失译人名今附北凉录）《大方广十轮经》卷一：“是地藏菩萨作沙门像，现神通力之所变化，有如是等大庄严事。”《大正藏》第十三册，第681页下。被帽形地藏来自唐代僧人道明还魂记的叙述，松本榮一：《燉煌畫の研究・圖像篇》，東方文化學院東京研究所1937年版，第378頁。

2 双领下垂式袈裟为汉式袈裟的基本形态，十六国时期已经出现，尔后普及开来。马世长：《汉式佛像袈裟琐议》，《艺术史研究》第七辑，中山大学出版社2005年版。费泳：《中国佛教艺术中的佛衣样式研究》，中华书局2012年版，第249—285页。

3 大足北山佛湾第180窟共十三尊观音菩萨像，主尊为游戏坐姿，主尊两侧各立六尊，两侧第六尊均残。着双领下垂式袈裟者共三尊，分别为左壁第二尊，右壁第二、四尊。

4 大足石门山第6窟正壁为西方三圣像，左右壁各五尊观音菩萨立像。

5 大足妙高山第4窟正壁为西方三圣像，左右壁各五尊观音菩萨立像，其中左壁第五尊残毁。

6 背子或曰对襟旋袄。前引《中国古代服饰研究》。前引《宋史》卷一百五十三《舆服志》载：“……女子在室者冠子、背子。众妾则假紒、背子。”第3578页。背子在宋墓出土实物、雕塑人物，以及宋代绘画作品中均有体现。前引《泸县宋墓》彩版15-1。

7 安岳石羊场华严洞正壁为华严三圣，左右壁各五尊菩萨像，正壁文殊、普贤菩萨与左右壁十尊菩萨组合成十二圆觉菩萨。

表7 大足与安岳宋代石刻菩萨像双领下垂式袈裟及其转化式袈裟实例和相关实例

7-1 安岳圆觉洞第59龛五代·后蜀阿弥陀佛像线描

7-2 大足北山佛湾第180窟左壁第二尊北宋观音菩萨像

7-3 大足石门山第6窟南宋宝篮手观音像

7-4 大足石门山第6窟南宋杨柳观音像（出自《大足石刻雕塑全集·南山、石门山、石篆山等石窟卷》图48）

7-5 大足北山佛湾第180窟右壁第二尊北宋观音菩萨像

7-6 大足北山佛湾第180窟右壁第四尊北宋观音菩萨像

续表

 7-7　大足妙高山第 4 窟左壁第一尊南宋观音菩萨像（李静杰摄）	 7-8　大足妙高山第 4 窟南宋阿弥陀佛像（李静杰摄）	 7-9　大足北山佛湾第136窟南宋净瓶观音像
 7-10　大足妙高山第4窟左壁第四尊南宋观音菩萨像服装示意图	 7-11　大足北山佛湾第 136 窟南宋玉印观音像	 7-12　泸县青龙镇三号墓墓壁左侧南宋侍女（出自《泸县宋墓》彩版15-1）

 7-13　安岳石羊场华严洞南宋毗卢遮那佛像（李静杰摄）	 7-14　安岳石羊场华严洞右壁第一尊南宋菩萨像（齐庆媛摄）	 7-15　安岳石羊场华严洞右壁第三尊南宋菩萨像（李静杰摄）
 7-16　合川涞滩二佛寺南宋菩萨像（李静杰摄）	 7-17　安岳茗山寺第 2 龛右侧南宋菩萨像（李静杰摄）	 7-18　大足宝顶山大佛湾第 18 龛南宋阿弥陀佛像

2. 敷搭双肩下垂式袈裟及其转化式袈裟[1]（表8）

敷搭双肩下垂式袈裟，由内外两层组合而成，内层袈裟左右领襟自然下垂，外层袈裟作袒右肩式披着，形成内层袈裟搭于右肩，外层袈裟搭于左肩的形式。因外层袈裟自身后穿过右腋绕至体前，致使内层袈裟右领襟下垂后复折上覆盖部分外层袈裟。这种袈裟在唐代发展为佛像的主流着衣形式，宋代持续流行（表8-1），进而影响至菩萨像着装。唐、五代不乏地藏菩萨像实例（表8-2），此外还有少许文殊菩萨像、弥勒菩萨像开始着这种形式的袈裟（表8-3）。至宋代，该袈裟一跃成为菩萨像最盛行的着装。菩萨像袈裟造型具有共通性，内层垂下的右领襟与外层左领襟围合成U形，与宋代佛像袈裟同步发展，不同于唐、五代袈裟不规则的形状。

具体来讲，可以明显地分为前后两个阶段。前一阶段北宋晚期至南宋早期，造型呈现多样化。诸如安岳圆觉洞第14龛（1099—1107年）观音菩萨像（表8-4），内层袈裟右领襟衣纹自然，外层袈裟衣纹呈密集左皱式，巧妙地表现了外层袈裟从身后穿过右腋并掖进下垂的内层袈裟，进而搭于左臂的结构关系，而上身斜披络腋，保留了菩萨像原有造型因素。大足北山佛湾第180窟左壁第四、五尊（1116—1122年）观音菩萨像[2]（表8-5），以及大足妙高山第4窟右壁第四、五尊南宋观音菩萨像[3]（表8-6），内层右领襟与外层左领襟下垂至胸部围合成小U形，内着僧祇支，整体上模仿了该时期佛像袈裟造型（表8-1），但是内层袈裟右领襟衣纹处理不够自然，外层袈裟左皱式衣纹略显松弛，没有很好地表现外层袈裟穿过右腋搭于左臂而形成的牵引力。这表明匠师在将敷搭双肩下垂式袈裟用于菩萨像时，只是取其形似，却未完全理解两层袈裟的穿插关系。

第二阶段南宋中晚期，造型趋向程式化。诸如安岳石羊场华严洞普贤菩萨像（表8-7）、安岳茗山寺第8窟右侧菩萨像（表8-8），以及安岳高升大佛寺第1龛文殊、普贤菩萨像（表8-9），袈裟内层右领襟与外层左领襟下垂至腹部围合成大U形，衣纹比较自然，上身均内着束细带的僧祇支，造型固定下来。

值得一提的是，在北方地区宋辽金时期亦有诸多雕塑菩萨像着该形式的袈裟[4]，敷搭双肩下垂式袈裟被宋辽金时期菩萨像普遍采用，除模仿佛像袈裟外，与同时期僧人袈裟的影响不无关系。宋代僧人着两层袈裟现象十分普遍，这从反映僧人着装的罗汉像中可以窥见一斑[5]，虽然内层袈裟为交领式，但外层袈裟为袒右肩式披着，整体上为内层袈裟搭于右肩，外层袈裟搭于左肩的结构，与菩萨像袈裟有相通之处。

敷搭双肩下垂转化式袈裟，指内层袈裟被披帛替代，披帛覆右肩，外层袈裟依然为袒右肩式披着形式。这是菩萨像袈裟的一种新形式，盛行于南宋中晚期。该形式袈裟在佛像中十分罕见，大概是工匠在塑造菩萨像时，受到敷搭双肩下垂式袈裟的启发，进而结合菩萨像惯用的披帛加以创新而成。诸如安岳茗山寺第3龛文殊菩萨像（表8-10）、安岳石羊场华严洞左壁第四尊菩萨像[6]（表8-11），以及大足宝顶山大佛湾第29窟右壁第六尊菩萨像[7]（表8-12），披帛覆右肩后变为细长型垂下，然后折上搭于右前臂，右臂部分袒露，外层袈裟袒右肩式披着，自身后绕至体前，末端进而敷搭左肩与左臂，上身均内着束带僧祇支，服装造型整齐划一。

以上两种袈裟的长裙呈现一体化发展趋势。北宋晚期至南宋早期实例，由于袈裟长至膝部或小腿中上位置，及地长裙露出下半段，形如筒状或“八”字，极似宋代女子长裙[8]。长裙中间有两条长带，或并置下垂（同表7-2、表7-3、表7-5、表7-6，表8-4、表8-5），或左右分开（同表7-7），或系花结（同表7-9—表7-11，表8-6），形式多样。南宋中晚期实例（同表7-14、表7-15，表8-10—表8-12），袈裟长至小腿中下部，致使长裙仅仅露出下缘，中间长带较少显露，形式单一。

上述两种袈裟衣纹雕刻手法亦可以明显分为前后两个阶段。北宋晚期至南宋早期，袈裟衣纹处理采用平刀雕刻技法、线面结合，线条刚劲洗练、波折密集，衣纹转折处时常出现三角形状，为该时期的显著特征。南宋中晚期，袈裟衣纹处理较多采用圆刀雕刻手法，线条圆润顺畅、绵柔疏松，衣纹转折处较少出现折角。

---

1 敷搭双肩下垂式袈裟是在北魏末期诞生的一款汉式袈裟，东魏、北齐兴起，此后继续流行。前引《中国佛教艺术中的佛衣样式研究》第361—380页。

2 除此之外，还有左壁的第一、三尊，右壁的第一、三尊观音菩萨像。

3 除此之外，还有左壁第三尊，右壁第四尊观音菩萨像。

4 诸如山西晋城青莲寺释迦殿北宋文殊像，安塞黑泉驿石窟北宋十二圆觉菩萨像，辽阳白塔辽代胁侍菩萨像，朔州崇福寺弥陀殿金代菩萨像等。此外，还有诸多绘画菩萨像的实例。奈良国立博物馆编集：《圣地宁波》，奈良国立博物馆2010年版，图版57、图版64。

5 前引《圣地宁波》图版104。杨振国主编：《海外藏中国历代名画4·辽金西夏元》，湖南美术出版社1998年版，图版32。

6 除此之外，还有右壁第四尊菩萨像。

7 大足宝顶山大佛湾第29窟正壁为三佛，中央毗卢遮那佛，左侧阿弥陀佛，右侧药师佛。左右壁各有六尊菩萨像，合计为十二圆觉菩萨。见童登金、胡良学：《大足宝顶山大佛湾“圆觉经变”窟的调查研究》，《四川文物》2000年第4期。

8 如北京故宫藏宋代绢画《瑶瑶步月图》、台北故宫藏宋代绢画《招凉仕女图》中女子像，以及泸县宋墓出土石刻女子像，其及地长裙的长度和外形均酷似菩萨像长裙。

表8　大足与安岳宋代石刻菩萨像敷搭双肩下垂式袈裟及其转化式袈裟实例和相关实例

<table>
<tr>
<td>
8-1　大足北山佛湾第 176 龛北宋靖康元年（1126 年）弥勒佛像服装示意图</td>
<td>
8-2　大足北山佛湾第 248 龛五代地藏菩萨像</td>
<td>
8-3　荥阳大海寺遗址出土盛唐弥勒菩萨像（孙明利提供）</td>
</tr>
<tr>
<td>
8-4　安岳圆觉洞第14龛北宋元符二年至大观元年（1099—1107年）观音菩萨像（李静杰摄）</td>
<td>
8-5　大足北山佛湾第 180 窟左壁第四、五尊北宋观音菩萨像</td>
<td>
8-6　大足妙高山第 4 窟右壁第四、五尊南宋观音菩萨像（齐庆媛摄）</td>
</tr>
</table>

续表

 8-7　安岳石羊场华严洞南宋普贤菩萨像（齐庆媛摄）	 8-8　安岳茗山寺第 8 窟右侧南宋菩萨像（李静杰摄）	 8-9　安岳高升大佛寺第 1 龛南宋文殊菩萨像（李静杰摄）
 8-10　安岳茗山寺第 3 龛南宋文殊菩萨像服装示意图	 8-11　安岳石羊场华严洞左壁第四尊南宋菩萨像服装示意图	 8-12　大足宝顶山大佛湾第 29 窟右壁第六尊南宋菩萨像

3. 钩钮式袈裟（表9）

钩钮式袈裟，指外层袈裟在左胸部施用钩钮吊系的形式[1]，唐代菩萨像钩钮式袈裟已流行开来，而宋代僧人时兴的钩钮式袈裟更对当时菩萨像袈裟产生直接影响，使得这种着衣形式在南宋中晚期菩萨像中风靡一时。

在唐代，披钩钮式袈裟的菩萨像以地藏为多[2]，其钩钮式袈裟与唐代佛像、弟子像袈裟一致，绝大多数钩钮为软质材料制成的细长带[3]。此外，还见少许其他尊格的菩萨像，诸如安岳千佛寨第12龛唐代八大菩萨像中两尊披钩钮式袈裟（表9-1），其钩均为硬质圆环，袈裟一端挂在钩上。一尊纽似乎为细绳，另一尊纽则为硬质弯曲物，钩与纽在左肩部连接。唐代僧人施用的这种钩钮式袈裟或许是唐代菩萨像钩钮袈裟之源头，如晋城古青莲寺正殿迦叶像，以及唐贞观三年（629年）石刻镇海寺比丘像[4]，其钩均为硬圆环，这在当时是一种新式样，并未广泛流行。至宋代，僧人钩钮式袈裟彻底改变了唐代及其以前细带相系的形式，其钩钮沿用唐代开始使用的硬质材料并加以发展，这与佛教律典之规定不无关系。北宋道诚集《释氏要览》卷上曰："钩钮，《僧祇》云：纽绁集要云，前面为钩，背上名纽，先无此物。……佛制一切金银宝物，不得安钩钮上，惟许牙、骨、香木之属。"[5]宋代僧人流行的钩钮式袈裟，极大地促进了佛教尊像袈裟的变革，佛像、罗汉像，乃至菩萨像无不受其影响。大足与安岳南宋菩萨像钩钮式袈裟的钩一概作硬环表现，根据纽之形态差异可分为以下三种情况。

其一，纽为硬质弯曲物。如安岳石羊场华严洞右壁第二尊菩萨像（表9-2），以及大足宝顶山大佛湾第18龛观音菩萨像（表9-3），两者纽被塑造成精美的S形卷草状，其上系结长带，其下勾连环状钩，造型大体一致。只是前者钮作八角环状，后者纽为圆环形。这两尊菩萨像袈裟钩钮在唐代相近结构基础上进行了再创造，造型更加美观。

其二，纽为软质细绳。如安岳石羊场华严洞左壁第一尊菩萨像（表9-4），以及大足宝顶山大佛湾第20龛地藏菩萨像[6]，细绳纽系结于圆环钩上。相似造型的实例亦见于北方地区北宋菩萨像，如安塞黑泉驿石窟十二圆觉菩萨像（表9-5）。这种钩钮式袈裟直接受到宋代僧人施用同类袈裟影响。北宋端拱二年（989年）铜铸慧能坐像[7]、南宋绢画《天台大师像》（表9-6）[8]、安岳石羊场华严洞南宋比丘像等，钩钮式袈裟均为细绳系硬圆环的形式。这种式样袈裟还流行到日本，一度成为日本僧人时兴的袈裟形式[9]。在这种背景下，除了菩萨像袈裟，更有诸多佛像、罗汉像袈裟随僧人袈裟钩钮变化而改变。

其三，纽为硬质条状物。实例众多，诸如大足宝顶山大佛湾第18龛大势至菩萨像（表9-7）、第29窟左壁第三尊菩萨像，大足佛祖岩普贤菩萨像等，与同时期佛像钩钮式袈裟完全一致（表9-8），硬条状纽用长带系结横置于钩环上，以起到固定作用，硬质条状纽应取材于牙、骨、香木之类材料。这种形式的钩钮组合在唐代难觅其迹，较早实例零散出现在北宋罗汉像及僧人像中，如子长钟山第3窟北宋治平四年（1067年）前壁罗汉像、安塞石寺河石窟右壁北宋宣和二年（1120年）罗汉像、安塞黑泉驿石窟前壁北宋罗汉像，以及火奴鲁鲁美术馆藏北宋元符二年（1099年）干漆僧坐像[10]，均着相同造型的钩钮式袈裟。推测北宋中期是该钩钮式袈裟产生的上限年代，抑或逐渐流行。至南宋，这种钩钮式袈裟引起了当时僧人的足够重视，盛极一时。京都涌泉寺藏南宋嘉定三年（1210年）绢画《道宣律师·元照律师像》（表9-9），以及京都二尊院藏南宋绢画《净土五尊像》[11]，诸祖师像钩钮式袈裟，无一例外为硬条状纽横置于圆环钩上的形式。大足宝顶山大佛湾第29窟比丘像亦着这种造型的袈裟，基本反映了当时僧人袈裟面貌，足见应用之广。是故，工匠们在塑造佛、菩萨像时，敏锐地观察到宋代袈裟细节的变化，于是这种钩钮式袈裟在佛教造像中盛行。

4. 右肩半披式袈裟与袒右肩式袈裟（表10）

菩萨像着右肩半披式袈裟的实例集中在大足地区北宋至南宋早期。诸如，大钟寺遗址出土北宋菩萨像[12]（表10-1），峰山寺第4龛

1　钩钮式袈裟是对施钩钮多种袈裟的总称，仅针对施钩钮这一局部特征而言。钩钮式袈裟于6世纪中叶在东魏、北齐境内出现，尔后影响扩大且持续流行。前引《中国佛教艺术中的佛衣样式研究》，第381—392页。

2　如巴中南龛第61龛地藏像，以及夹江千佛崖第90、154龛地藏像。

3　费泳：《佛像衣着中的"带饰"问题》，《艺术考古》2007年第4期。唐代佛像袈裟的钩钮多为上下两条长带相系形式，该时期数量众多的地藏像身披钩钮式袈裟，与佛像袈裟大体一致。

4　美国火奴鲁鲁艺术学院藏。台北故宫博物院编辑委员会编：《海外遗珍·佛像》（一），台北故宫博物院1986年版，图版118。

5　《大正藏》第五十四册，第27页上。马世长与费泳已经注意到这条文献，但是未展开分析。前引马世长：《汉式佛像袈裟琐议》、费泳：《佛像衣着中的"带饰"问题》。

6　前引《大足石刻雕塑全集·宝顶石窟卷（上）》图版140。

7　史岩编：《中国美术全集·雕塑编5·五代宋雕塑》，人民美术出版社1988年版，图版42。

8　滋贺西教寺藏。前引《圣地宁波》图版52。

9　如京都万寿寺藏弘安二年（1279年）绢画《圣一国师像》，和歌山兴国寺藏正和四年（1315年）绢画《无本觉心像》，前引《圣地宁波》图版145、图版152。

10　［日］松原三郎：《中国仏教彫刻史論：図版編3》，吉川弘文館1995年版，第832頁。

11　前引《圣地宁波》图版136。

12　大足石刻博物馆藏，大足大钟寺遗址出土造像雕刻于北宋咸平至治平年间（998—1067年）。见邓之金：《大足县大钟寺宋代圆雕石刻遗址调查》，《四川文物》1989年第5期。在北宋早中期实例极其缺乏的情况下，该菩萨像愈显珍贵。

表9　大足与安岳宋代石刻菩萨像钩钮式袈裟实例和相关实例

<table>
<tr>
<td>
9-1　安岳千佛寨第 12 龛第四尊唐代菩萨像局部（齐庆媛摄）</td>
<td>
9-2　安岳石羊场华严洞右壁第二尊南宋菩萨像局部线描</td>
<td>
9-3　大足宝顶山大佛湾第 18 龛南宋观音菩萨像局部（齐庆媛摄）</td>
</tr>
<tr>
<td>
9-4　安岳石羊场华严洞左壁第一尊南宋菩萨像局部（齐庆媛摄）</td>
<td>
9-5　安塞黑泉驿石窟北宋十二圆觉菩萨像之一（李静杰摄）</td>
<td>
9-6　南宋绢画《天台大师像》局部（出自《圣地宁波》图版 52）</td>
</tr>
<tr>
<td>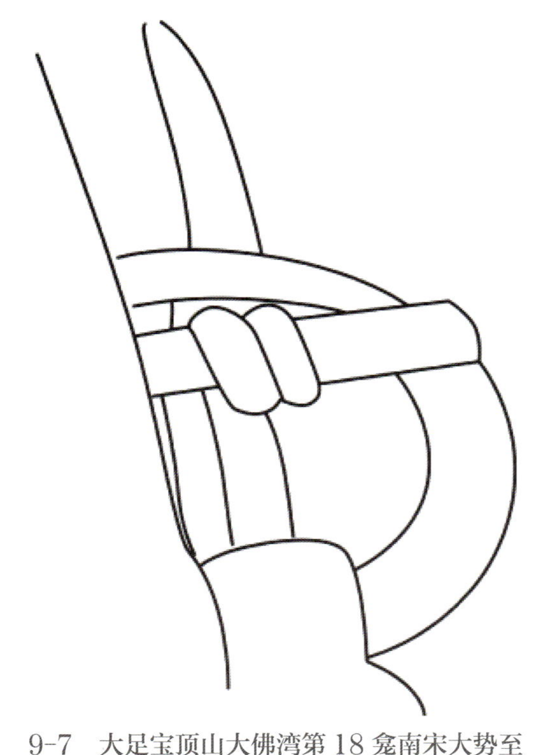
9-7　大足宝顶山大佛湾第 18 龛南宋大势至菩萨像局部线描</td>
<td>
9-8　大足宝顶山大佛湾第 17 龛南宋释迦牟尼佛像局部线描</td>
<td>
9-9　南宋嘉定三年（1210年）绢画《道宣律师・元照律师像》之元照律师局部（出自《圣地宁波》图版136）</td>
</tr>
</table>

表10　大足与安岳宋代石刻菩萨像右肩半披式袈裟与袒右肩式袈裟实例和相关实例

 10-1　大足大钟寺遗址出土北宋菩萨像（孙明利摄）	 10-2　大足峰山寺第4龛左壁第四尊南宋观音菩萨像（孙明利摄）	 10-3　大足北山佛湾第136窟南宋数珠手观音像
 10-4　大足峰山寺第4龛南宋阿弥陀佛像（孙明利摄）	 10-5　大足石门山第6窟南宋宝扇手观音像	 10-6　大足北山佛湾第12龛晚唐佛像（齐庆媛摄）

左、右壁第四尊南宋观音菩萨像[1]（表10-2），以及北山佛湾第136窟南宋绍兴十六年（1146年）数珠手观音像（表10-3），袈裟右领襟半披右肩，然后绕至右前臂下面，进而敷搭左肩与左臂，模仿了唐宋时期佛像袈裟形式[2]（表10-4）。

菩萨像着袒右肩式袈裟的实例十分有限，见于大足石门山第6窟（1141年）宝扇手观音像（表10-5），右肩与右臂袒露在外，亦模仿了佛像袈裟，之所以未广泛流行，亦与佛像袈裟情况一致。在唐代，着袒右肩式袈裟的佛像十分有限，且在晚唐仅见于重庆地区[3]，如大足北山佛湾第12龛佛像（表10-6）。至宋代，这种形式的袈裟在佛像中亦不多见。

以上可知，大足与安岳宋代石刻菩萨像袈裟受到佛像袈裟与现实生活中僧人袈裟的双重影响。其中双领下垂式及其转化式袈裟、敷搭双肩下垂式袈裟、右肩半披式与袒右肩式袈裟，借鉴了佛像袈裟的诸多造型因素，且与佛像袈裟发展步调一致。敷搭双肩下垂转化式袈裟是菩萨像袈裟的新形式，体现了当时艺术家的创造精神。钩钮式袈裟主要汲取当时僧人袈裟造型因素，充满着浓郁的现实情调。

（二）披风

披风，即外衣敷搭宝冠的形式，成为两宋时期观音像普遍流行的服装形式。据笔者考察，中唐以来宝冠之上搭披风成为白衣观音像的标志性特征，披风借鉴了唐代及其以前禅定僧覆头衣造型因素，晚唐、五代冠搭披风的白衣观音像流行开来[4]（表11-1）。两宋时期，披风在晚唐、五代基础上进一步创新发展，形式日趋多样。根据披风造型差异，可细分以下三种情况。

其一，披风左右领襟下垂至胸部围合成小U形，左领襟在左肩处翻折进而披覆宝冠，末端少许搭于右肩。实例聚集在大足地区，流行于北宋晚期至南宋早期。具体而言，北宋晚期与南宋早期造型又区别明显。北山佛湾第286龛北宋大观三年（1109年）观音菩萨像（表11-2）、第180窟右壁第五尊（1116—1122年）观音菩萨像（表11-3），披风仅敷搭高大宝冠的上缘，与大足、安岳地区五代流行的白衣观音披风造型相仿。所不同的是，北宋两例披风实际由内外两层构成，内层衣右领襟垂下，之后反折向上搭于右臂，外层衣自左肩敷搭宝冠，开启披风造型新风尚。该形式披风大概受同时期盛行的敷搭双肩下垂式袈裟影响，将外层袈裟末端敷搭于宝冠便形成了披风。北山佛湾第149窟左侧南宋建炎二年（1128年）观音菩萨像（表11-4），以及石门山第6窟（1141年）宝瓶手观音像（表11-5），两者披风均自左肩披覆宝冠大部分，且形成自然褶皱。该形式的披风一度影响到佛像，如北山佛湾第107龛宋代佛像（表11-6）。

其二，披风覆宝冠后自然下垂至腹部，左右领襟围合成大U形，右领襟末端敷搭左肩与左臂，流行于两宋时期。大足与安岳地区实例造型差异明显。大足北山佛湾第136窟（1142—1146年）白衣观音像（表11-7）、妙高山第4窟左侧第二尊南宋观音菩萨像（表11-8），两者披风覆宝冠形成自然褶皱，且均在两肩处翻折，衣纹呈三角形，与子长钟山石窟第3窟前壁（1067年）罗汉像披风极为相似（表11-9）。尤其妙高山观音像还着力刻画束带僧祇支，更与罗汉服装造型一致。此外，西安碑林石刻艺术馆藏两尊北宋观音头像亦冠搭披风[5]，虽然披风整体造型不明，但从披风起伏有致的衣纹来看，似乎与大足地区观音像披风有相通之处。从中可以窥见，大足南宋佛教造像似乎受到陕西地区北宋造像的某些影响。大足石刻博物馆藏两尊观音菩萨像（表11-10）[6]、安岳石羊场华严洞南宋中晚期观音菩萨像（表11-11），披风仅仅搭于宝冠上缘，左右领襟线条平滑流畅，形成自身特点。

其三，披风敷搭宝冠后两领襟自然垂下，呈对襟式。仅见大足妙高山第4窟右壁第三尊观音菩萨像一例（表11-12），披风线条一波三折，衣纹在肩部、腰部、腿部形成一个个对称的三角形，富有装饰性。披风呈对襟式，这在以往未曾出现，也许是受宋代女子服装启发。中江县月耳井村宋墓出土女俑像[7]，头裹巾子，身穿直领对襟长衫，造型与菩萨像披风有相似之处。

以上可知，大足与安岳宋代观音菩萨像流行冠搭披风的装束，承袭了唐、五代造型传统。宋代菩萨像披风由于受到罗汉像与世俗人服装影响，造型日益更新，焕发出新时代生命力。具体而言，北宋晚期至南宋早期实例众多，披风形式丰富，南宋中晚期实例有所减少，披风形式趋向雷同。

---

1 大足峰山寺第4龛主尊阿弥陀佛居中，其左右各立五尊观音菩萨像。该龛造像组合、造型特征与大足石门山南宋绍兴十一年（1141年）第6窟、大足妙高山第4窟南宋西方三圣与十圣观音像有诸多共通之处，推测为同时代作品。

2 廖苾雅：《中原北方唐代石刻佛像序列考察》，《艺术史研究》第十辑，中山大学出版社2008年版。

3 陈红帅：《四川重庆唐代石刻佛像序列考察》，《故宫学刊》第5辑，紫禁城出版社2009年版。

4 齐庆媛：《江南式白衣观音造型分析》，《故宫博物院院刊》2014年第4期。

5 一尊于西安市南郊沙滹沱村出土，另一尊出土地点不明。见西安碑林博物馆编、赵力光主编：《西安碑林佛教造像艺术》，陕西师范大学出版社2010年版，第187—188页。

6 两尊观音菩萨像从大足宝顶山小佛湾移入。

7 中江县文物保护管理所：《四川中江县月耳井村宋墓清理简报》，《四川文物》2012年第2期。

表11　大足与安岳宋代石刻菩萨像披风实例和相关实例

11-1　安岳圆觉洞第 59 龛五代・后蜀观音菩萨像（李静杰摄）

11-2　大足北山佛湾第 286 龛北宋大观三年（1109 年）观音菩萨像

11-3　大足北山佛湾第 180 窟右壁第五尊北宋观音菩萨像

11-4　大足北山佛湾第 149 窟左侧南宋建炎二年（1128 年）观音菩萨像

11-5　大足石门山第 6 窟南宋宝瓶手观音像

11-6　大足北山佛湾第 107 龛宋代佛像

续表

 11-7　大足北山佛湾第 136 窟南宋白衣观音像	 11-8　大足妙高山第 4 窟左壁第二尊南宋观音菩萨像（孙明利摄）	 11-9　子长钟山第 3 窟前壁北宋治平四年（1067 年）十六罗汉像之一（李静杰摄）
 11-10　大足石刻博物馆藏南宋观音菩萨像	 11-11　安岳石羊场华严洞观音菩萨像（齐庆媛摄）	 11-12　大足妙高山第 4 窟右壁第三尊南宋观音菩萨像（李静杰摄）

（三）络腋（或僧祇支、披帛）与裙组合

此类服装实际包含四种组合关系。其一，络腋与裙组合。其二，络腋、披帛与裙组合。其三，僧祇支、披帛与裙组合。其四，披帛与裙组合。在此一并分析的缘由是四者之裙没有多少变化，故先就其他组合元素分而述之，然后一并论述裙装。

其一，络腋与裙组合。实例集中于北宋晚期至南宋早期，在五代基础上进一步发展。诸如大足石门山第4龛北宋绍圣元年（1094年）水月观音像[1]、北山佛湾第131龛水月观音像（表12-1）、第133窟南宋水月观音像（表12-2），以及石门山第6窟（1141年）如意轮观音像与宝珠手观音像（表12-3），诸菩萨像上身长条状络腋自左肩斜至右腹，绕过身后在体前敷搭，继承大足地区五代菩萨像造型因素[2]。其中前两尊络腋缠绕一次后下垂，与五代菩萨像尤其接近。后三尊络腋在体前缠绕两次后下垂，边缘衣纹向外侈呈波状左右对称表现，呈现高度一致性，应是南宋绍兴年间（1131—1162年）造型新特征（表12-2、表12-3）。

其二，络腋、披帛与裙组合。实例较少，集中于南宋，造型自由。大足妙高山第5窟（1155年）水月观音像（表12-4），络腋为常见的长条状，宽松披帛覆两肩与上臂后下垂变为长条状在腹部相交。安岳毗卢洞第5龛南宋水月观音像（表12-5）与巴中南龛第10龛南宋淳熙元年（1174年）观音菩萨像（表12-6）造型有相似之处，络腋刻画为一块布帛，末端从里翻出，造型新颖，披帛紧窄敷搭两肩。只是前者披帛自然下垂后搭在同侧胳膊，形式自由。后者披帛两端下垂至膝部重叠为一个U形，复反折向上各自敷搭对侧前臂，延续了四川地区唐代菩萨像造型传统[3]。

其三，僧祇支、披帛与裙组合。北宋晚期至南宋早期盛行一时，南宋中晚期衰落。北宋晚期至南宋早期实例众多，僧祇支造型略有差异，披帛造型统一。大足妙高山第4窟大势至菩萨像（表12-7），以及大足北山佛湾第136窟（1143年）文殊菩萨像（表12-8），僧祇支自左胸斜至右腹，在腰部束成花结带。大足北山佛湾第149窟主尊（1128年）观音菩萨像（表12-9）、第136窟（1142—1146年）普贤菩萨像（表12-10），僧祇支齐胸束成花结带，创造出一种新形式。上述实例披帛两端披覆上臂后下垂至腹部相叠呈大U形，然后各自反折向上穿过对面肘部顺体侧垂下，继承了大足地区晚唐菩萨像披帛造型传统[4]。南宋中晚期实例较少，僧祇支造型雷同，披帛造型并不固定。大足宝顶山大佛湾第14窟文殊菩萨像（表12-11），以及第29窟左壁第四尊南宋菩萨像（表12-12），僧祇支上缘在胸部偏下位置略呈斜线，在腰部束细带。前者披帛与前一阶段相似。后者披帛自然下垂，复反折向上，敷搭同侧胳膊，与前述安岳毗卢洞水月观音像披帛相似。

其四，披帛与裙组合。实例集中于北宋晚期至南宋早期，披帛形式自由随意。大足石门山第6窟（1141年）莲花手观音像与宝镜手观音像（表12-13、表12-14），披帛两端下垂在体前相交，呈不规则X形，然后各自转向对侧敷搭前臂后顺体侧下垂。大足北山多宝塔内第8龛南宋绍兴十八年（1148年）观音菩萨像[5]、第9龛南宋观音菩萨像（表12-15）[6]，披帛两端下垂相叠呈U形，然后反折向上敷搭对面肘部顺体侧下垂，是宋代菩萨像披帛比较常用的形式。

以上四种组合形式的服装下装一概为长、短裙套穿，承袭唐、五代传统。裙装造型发展之处是长带的运用，据此分为前后两个阶段。前一阶段北宋晚期至南宋早期，着重刻画长带，可分为裙腰两侧长带与中间长带两组。后一阶段南宋中晚期，长带表现处于衰落状态，裙腰两侧长带消失，仅存中间长带。北宋晚期至南宋早期实例，如表12-1—表12-4、表12-7—表12-9、表12-13—表12-15，裙腰两侧各有一长带在体前相互缠绕呈X形，为这一时期典型特征。裙腰中间长带分作两条（少数分为四条）垂下，绝大多数在二分之一偏上位置系成一个硕大花结，然后下垂（表13-1）。长带的广泛应用以及长带系花结造型，除延续唐代菩萨像造型因素外，更重要的是受到宋代世俗服装深刻影响。唐代，在裙腰两侧系长带的菩萨像非常罕见，而在裙腰中间系长带的菩萨像比较常见，且有部分实例中间长带系花结。就四川地区而言，在巴中、邛崃、丹棱等地有些许实例，或对宋代菩萨像施加一定影响。但宋代菩萨像裙腰两侧及中间均系长带，且大部分实例中间长带系花结，这离不开宋代上层社会服装的推动。宋代男子文武官员服装在腰部前后左右系长带的现象非常普遍，并且长带系成精致花结。如北宋皇陵诸多石刻文武官像[7]（表13-2）、宁波东钱湖南宋石刻文臣武将像[8]，以及大足石门山第10窟

1　龛内壁上有一题记可见“甲戌绍圣元年□月八日造”等字。前引《大足石刻研究》，第542页。

2　如大足北山佛湾第213龛、231龛五代水月观音像。

3　如蒲江飞仙阁第37龛晚唐四尊胁侍菩萨像、夹江千佛岩第154龛中晚唐观音菩萨像。

4　如大足北山佛湾第245龛晚唐观音、大势至菩萨像。

5　前引《大足石刻雕塑全集·北山石窟卷》图版161。

6　除此之外，还有大足北山佛湾第117龛观音菩萨像。

7　前引《北宋皇陵》图130。

8　杨古城、龚国荣：《南宋石雕》，宁波出版社2006年版。

表12 大足与安岳宋代石刻菩萨像络腋（或僧祇支、披帛）与裙组合实例及相关实例

<table>
<tr>
<td>
12-1 大足北山佛湾第 135 龛宋代水月观音像</td>
<td>
12-2 大足北山佛湾第 133 窟南宋水月观音像</td>
<td>
12-3 大足石门山第 6 窟南宋宝珠手观音像</td>
</tr>
<tr>
<td>
12-4 大足妙高山第 5 窟南宋绍兴二十五年（1155 年）水月观音像（李静杰摄）</td>
<td>
12-5 安岳毗卢洞第 5 龛南宋水月观音像（齐庆媛摄）</td>
<td>
12-6 巴中南龛第 10 龛南宋淳熙元年（1174 年）观音菩萨像（齐庆媛摄）</td>
</tr>
</table>

续表

 12-7　大足妙高山第 4 窟南宋大势至菩萨像服装示意图	 12-8　大足北山佛湾第 136 窟南宋文殊菩萨像	 12-9　大足北山佛湾第 149 窟主尊南宋观音菩萨像
 12-10　大足北山佛湾第 136 窟南宋普贤菩萨像	 12-11　大足宝顶山大佛湾第 14 窟南宋文殊菩萨像	 12-12　大足宝顶山大佛湾第 29 窟左壁第四尊南宋菩萨像
 12-13　大足石门山第 6 窟南宋莲花手观音像	 12-14　大足石门山第 6 窟南宋宝镜手观音像	 12-15　大足多宝塔内第 9 龛南宋观音菩萨像

表13　大足与安岳宋代石刻菩萨像裙装长带花结和相关实例线描

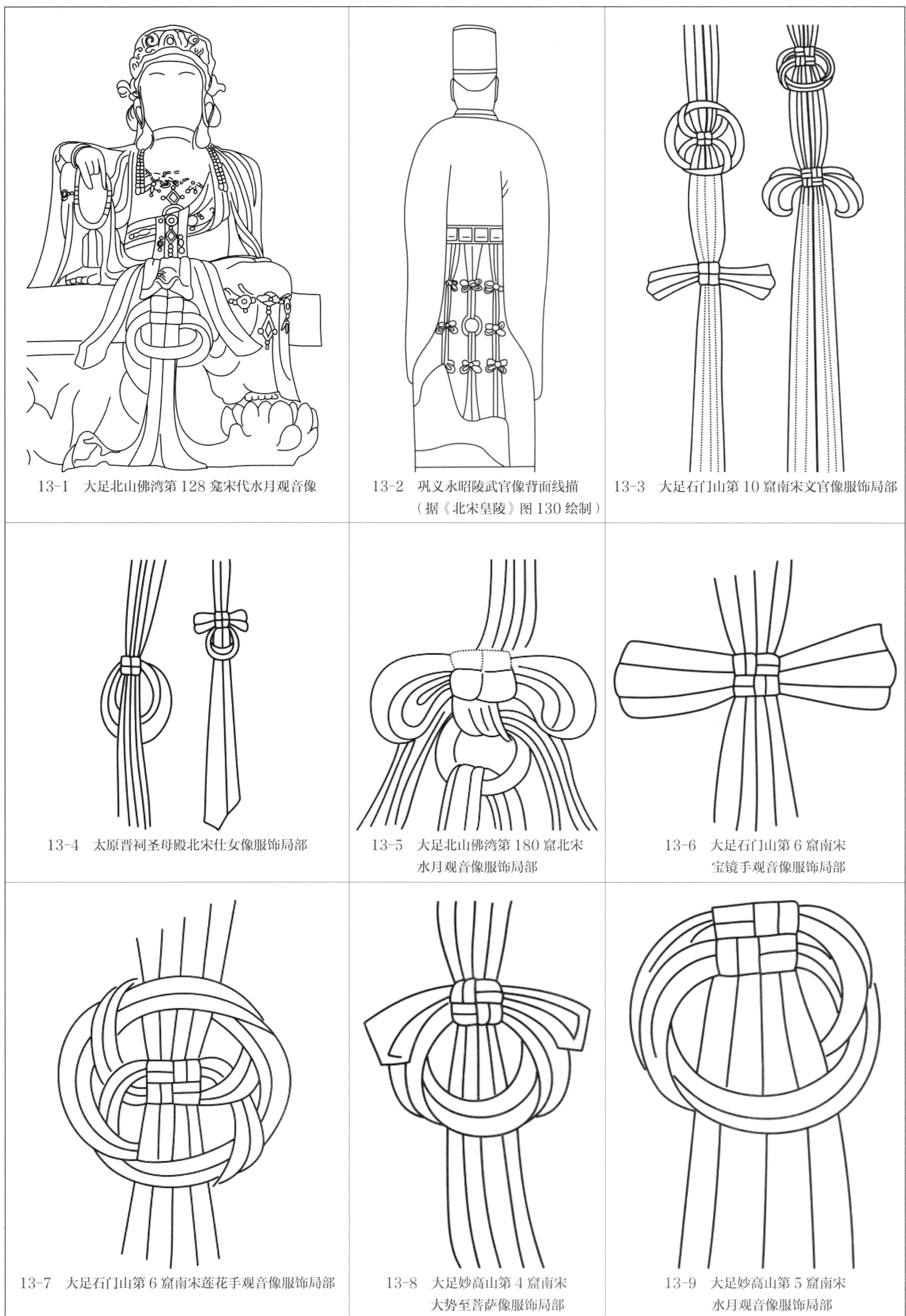

13-1　大足北山佛湾第128龛宋代水月观音像	13-2　巩义永昭陵武官像背面线描（据《北宋皇陵》图130绘制）	13-3　大足石门山第10窟南宋文官像服饰局部
13-4　太原晋祠圣母殿北宋仕女像服饰局部	13-5　大足北山佛湾第180窟北宋水月观音像服饰局部	13-6　大足石门山第6窟南宋宝镜手观音像服饰局部
13-7　大足石门山第6窟南宋莲花手观音像服饰局部	13-8　大足妙高山第4窟南宋大势至菩萨像服饰局部	13-9　大足妙高山第5窟南宋水月观音像服饰局部

南宋石刻文官群像（表13-3），长带花结由单组单花结至三组三花结不等。女子服装亦不例外，晋城、太原北宋诸多彩塑仕女像（表13-4）[1]、宋代（佚名）绢画《却坐图》中皇后与妃嫔[2]，以及偃师酒流沟宋墓出土雕砖厨娘像[3]，诸多女子裙腰前后左右长带系各种花结。以上各式各样的花结工致精巧，极富装饰，有的花结连接玉环，即所谓的玉环绶[4]。在这种背景下，菩萨像裙腰系长带及中间长带系花结的装束蔚然成风。

菩萨像长带花结分为两种情况，其一长带花结与圆环组合，其二仅长带系花结。前者实例稀少，大足北山佛湾第180窟（1116—1122年）主尊观音菩萨像（表13-5），长带系花结后套挂在圆环上，圆环下复挂另一长带，与宋代官员之玉环绶类似（表13-2）。后者实例众多，花结形式多样，但具有一个共同特征，即结心为“卐”字。宋代世俗服装花结结心种类繁多，但菩萨像花结唯独选择“卐”字结心，推测是基于“卐”字是佛教的象征而运用。花结的整体造型可以分为四组。第一组结心在中间，左右分出两翼，诸如大足石门山第6窟（1141年）五尊菩萨像[5]（表13-6），大足北山佛湾第110龛日光菩萨像与第133窟水月观音像（同表12-2）等。第二组结心在中间，长带由内而外盘绕成切边圆形，如大足石门山第6窟（1141年）莲花手观音像（表13-7）、大足妙高山第4窟正壁观音菩萨像等。第三组结心在上，分出两翼与内外翻转的圆形，如大足妙高山第4窟大势至菩萨像（表13-8）。第四组结心在上，两个圆形穿插缠绕，如大足北山佛湾第128龛水月观音像（表13-1）、大足妙高山第5窟水月观音像（表13-9）。特别提及的是，前述北宋晚期至南宋早期披袈裟的菩萨像，长裙中间亦装饰花结长带，袈裟遮掩长裙及中间长带大部分，显露在外的长带于小腿位置系花结，其花结造型不外乎上述四组[6]。这四组花结在宋代世俗服装中均流行（表13-3、表13-4），且外形与菩萨像花结十分相似，二者的亲缘关系不言而喻。

南宋中晚期实例，诸如安岳毗卢洞第5龛水月观音像（同表12-5），以及大足宝顶山大佛湾第14、29窟菩萨像（同表12-11、表12-12），裙腰两侧长带消失，中间长带或顺势垂下，或仅仅显露末端部分，不见花结装饰。

以上可知，宋代大足与安岳菩萨像络腋（或僧祇支、披帛）与裙组合服装，是在唐、五代菩萨像旧有服装基础上的再创造。所包含的四种组合关系服装，均在北宋晚期至南宋早期获得新发展。其中络腋、僧祇支、披帛三个造型因素基本因唐之旧，而裙装之长带成为造型创新所在。裙腰两侧长带在体前X形相交，以及裙腰中间长带系花结，成为该时期标志性造型特征，宋代世俗服装所起到的作用不容忽视。南宋中晚期四种组合关系服装发展缓慢，不再刻画裙腰两侧长带，与前一阶段服装造型区别显著。

综上所述，大足与安岳宋代菩萨像服装迎来大发展契机，形式千变万化。菩萨像三类服装，袈裟、披风，以及络腋（或僧祇支、披帛）与裙组合服装均获得极大发展，除了沿袭唐、五代菩萨像服装旧有形式，还杂糅其他服装造型因素。其袈裟不但借鉴了佛装造型，且敏感地捕捉到宋代僧装的革新之处，并且进一步吸收宋代世俗女子服装造型特征。披风在原有基础上不断推陈出新，进而借鉴罗汉像服装造型因素。络腋（或僧祇支、披帛）与裙组合服装将宋代上层社会男女服装的细节装饰运用到极致。

大足与安岳宋代菩萨像服装明显分为前后两个阶段，第一阶段即北宋晚期至南宋早期，约自11世纪80年代至12世纪70年代，以上三类服装并行发展，形式多样，富于变化。该时期衣纹波折有力，出现较多锐角。第二阶段即南宋中晚期，约自12世纪80年代至13世纪40年代，菩萨像披袈裟成为主流形式，在第一阶段基础上创造出新形式，其他两类服装处于衰退态势。该时期衣纹圆滑顺畅、起伏缓和。

三　装身具

大足与安岳宋代石刻菩萨像尤其注重装身具的刻画，与北方地区形成鲜明对比，地域特征显著。装身具上承唐、五代菩萨像传统，进一步受宋代装饰之风影响，形成富有时代特色的新风貌。装身具主要表现在耳饰、手镯与瓔珞三方面，其中璎珞繁缛华丽达到

1　如晋城市郊玉皇庙玉帝殿仕女侍臣群像、晋城市郊二仙庙仙女像，以及太原晋祠圣母殿圣母坐像及其仕女群像。前引《中国美术全集·雕塑编5·五代宋雕塑》图版81—83、85—95。

2　前引《中国历代绘画精品·人物卷3墨海瑰宝》图版109。《却坐图》描绘《汉书·爰盎传》记载的一段故事，其绘画风格显示为13世纪前后的作品。

3　中国历史博物馆藏。

4　《宋史》卷一百五十一《舆服志》：“太祖建隆元年（960年），太常礼院言，‘准少府监牒，请具衮龙衣、绛纱袍、通天冠制度令式。（中略）小双绶长二尺六寸，色同大绶，而首半之，间施三玉环。朱韈赤舄，加金饰’。诏可。”前引《宋史》，第3523页。

5　分别是正壁观音与大势至菩萨像，右壁宝珠手、宝镜手、如意轮观音像。

6　大足妙高山第4窟左壁第四尊、右壁第三尊观音菩萨像之花结属于第一组。大足北山佛湾第106龛观音菩萨像之花结属于第二组。大足北山佛湾第136窟玉印观音像之花结属于第三组。大足妙高山第4窟左壁第四、五尊观音菩萨像之花结属于第四组。

极致，成为菩萨像造型的重心。

（一）耳饰

大足与安岳宋代石刻菩萨像耳饰明显地分为前后两个阶段。第一阶段北宋晚期至南宋早期，菩萨像极为盛行佩戴耳饰，第二阶段南宋中晚期，菩萨像戴耳饰者十分罕见。北宋晚期至南宋早期，菩萨像佩戴耳饰固然离不开唐、五代菩萨像的影响[1]，但宋代世俗女子普遍戴耳饰的风气，起着不可忽视的推动作用。南宋周密《武林旧事》卷二载：“元夕节物，妇人皆戴珠翠、闹蛾、玉梅、雪柳、菩提叶、灯球、销金台、貂蝉袖、项帕，（中略）至夜阑，则有持小灯照路拾遗者，谓之扫街，遗钿堕珥，往往得之，亦东都之风也。”[2]珥即用珠子或玉石做的耳饰，透过“遗钿堕珥，往往得之”，可以窥见宋代女子戴耳饰的盛况。从宋代雕塑及绘画作品观察，女子所戴耳饰的流行款式可能成为菩萨像耳饰的造型来源。菩萨像耳饰主要分为耳环与耳坠两类，此外还见少量耳钉。

1. 耳环

耳环即环形耳饰，穿过耳垂的部分较细。耳环造型简洁，备受人们喜爱，流行时间久远。佩戴耳环见于唐代佛像、菩萨像，乃至僧人像，入宋以后菩萨像继续流行。如大足北山佛湾第118龛玉印观音像（表14-1）、大足石门山第6窟（1141年）宝篮手观音像。宋代世俗女子亦流行戴耳环，造型与菩萨像耳环相仿[3]。

2. 耳坠

耳坠由上下两部分组成，上部固定于耳，下部垂挂坠子。大足与安岳宋代菩萨像耳坠可细分为两型。

其一，耳坠上部为耳钉，下垂挂珠串坠子。诸如大足北山佛湾第180窟现存十尊（1116—1122年）观音菩萨像（表14-2）、第155窟北宋靖康元年（1126年）孔雀明王像、第136窟（1142年）净瓶观音像（表14-3）与同窟（1143年）文殊菩萨像（表14-4），以及大足石篆山第5龛北宋元祐五年（1090年）文殊、普贤菩萨像[4]，耳坠上部耳钉或为圆形，或为花形，其下垂挂两排、三排、五排不等的珠串坠子，长至肩部或胸部，有的甚至到达胸部以下位置，足见该造型耳坠的盛行程度。有的坠子末端装饰三叶草纹或一排圆珠，小巧可爱。上述珠串形耳坠，或许直接受宋代上层社会女子装饰的影响。北京故宫南熏殿旧藏宋代帝后像，凡盛装者皆戴单排珍珠耳坠（表14-5）[5]。大足石窟诸多贵族女子像所戴与菩萨像类似的珠串坠子，大概表现了珍珠耳坠[6]。《宋史》卷一百五十三《舆服志》：“景祐元年（1034年）（中略）非命妇之家，毋得以珍珠装缀首饰、衣服，及项珠、璎珞、耳坠、头䌙、抹子之类。”[7]可见珍珠耳坠不仅用于装饰，更是高贵身份的象征。菩萨像耳坠较贵族女子耳坠造型更加丰富。如安岳圆觉洞第14龛（1099—1107年）观音菩萨像（表14-6）、大足妙高山第4窟大势至菩萨像（表14-7），珠串坠子中间组合装饰花卉纹，精致美观。

其二，耳坠上部为耳环，下垂挂各种物件组成的坠子。多数实例继承唐代菩萨像造型因素，如大足北山佛湾第113龛南宋水月观音像，以及大足石门山第6窟（1141年）宝镜手观音像（表14-8），耳环垂挂两颗硕大圆珠。大足妙高山第4窟左壁第三尊南宋观音菩萨像（表14-9），耳环垂挂单排大小不一的圆形或椭圆形珠子。类似造型的耳坠均见于唐代菩萨像（表14-10），宋代显然受其影响。少数实例为宋代创新形式，如安岳圆觉洞第7龛南宋绍兴二十三年（1153年）观音菩萨像[8]（表14-11），耳环下装饰一颗大圆珠连接三排小圆珠组成的坠子，其下再垂挂一朵菱形花。该造型的耳坠亦为世俗珍珠耳坠的再创造。

3. 耳钉

集中见于合川涞滩二佛寺南宋菩萨像（表14-12），耳钉为单瓣圆花，或许受到北方地区北宋菩萨像的影响，如长子法兴寺圆觉殿十二圆觉菩萨像、西安碑林博物馆藏两尊观音菩萨头像，以及子长钟山石窟第3窟菩萨像（表14-13），均戴耳钉，耳钉为圆花形，造型与重庆南宋菩萨像耳钉颇相一致。

---

1 邛崃、丹棱、梓潼、大足、安岳等地唐、五代石刻菩萨像流行戴耳饰，为四川宋代菩萨像戴耳饰表现的渊源。

2 前引《武林旧事（插图本）》第55—56页。

3 登封唐庄宋代壁画墓2号墓的大多数女子戴耳环。见郑州市文物考古研究院、登封市文物局：《河南登封唐庄宋代壁画墓发掘简报》，《文物》2012年第9期。

4 龛右壁外侧题记：“岳阳镌作文惟简，男居安、居礼，庚午中秋记”，庚午即北宋元祐五年（1090年）（前引《大足石刻铭文录》第318页）。除此之外还有大足北山佛湾第136窟日月观音像、玉印观音像、数珠手观音像，大足妙高山第5窟水月观音像，以及妙高山第4窟正壁观音像与左壁第一、四尊，右壁第二、四尊观音立像，大足石门山第8龛南宋孔雀明王像等。

5 高山泽编：《中国历代帝后像》，上海，有正书局，出版日期不明。

6 如大足北山佛湾第136窟侍女像、第289窟诃利帝母像，大足石门山第6窟侍女像、第9窟诃利帝母像。

7 前引《宋史》第3575—3576页。

8 龛内有“癸酉绍兴二十三年（1153年）九月二十二日立毕”的题记。前引傅成金：《再识安岳圆觉洞摩崖造像》。

（二）手镯

大足与安岳宋代菩萨像手镯借鉴了同时期世俗女子手镯款式，造型新颖且富于变化，改变了唐、五代菩萨像手镯单一形式[1]。依据手镯造型可以分为前后两个阶段。前一阶段北宋晚期至南宋早期，手镯形式多样。后一阶段南宋中晚期，手镯造型缺少变化。

北宋晚期至南宋早期，有的手镯继承了旧有形式，为简单的圆环状，诸如大足北山佛湾第180窟（1116—1122年）十尊观音菩萨像（表14-14），手镯为窄式圆环，且素面无纹，类似于唐代菩萨像手镯。相似造型的手镯亦见于宋墓出土实物，如湖州菁山宋墓出土七件银钏镯（表14-15）[2]。有的手镯则在旧有基础上加入创新元素，如大足妙高山第4窟正壁观音菩萨像，以及大足北山佛湾第136窟（1143年）文殊菩萨像（表14-16），手镯由两个圆环与一圈联珠构成，圆环为旧有形式，而联珠手镯可以找到安县相宫出土的一对宋代金镯实物依据（表14-17）[3]，有的手镯则是宋代新创，显著特点是镯体明显变宽，且雕刻精致花纹，如大足石门山第6窟（1141年）诸多菩萨像（表14-18），以及安岳圆觉洞第7龛（1153年）观音菩萨像（表14-19），宽体手镯上雕刻着精致团花。类似的手镯在唐代鲜有所见，可视为宋代世俗女子手镯影响的产物。建德下王村南宋墓出土四件金镯（表14-20）[4]，造型为宽式，一对镯体锤揲出卷草纹，另一对镯体锤揲出四时花卉，虽然纹样与菩萨像手镯不完全一致，但意趣相近。

南宋中晚期手镯一概为圆环状，诸如安岳茗山寺菩萨像，大足宝顶山大佛湾第29窟，以及安岳石羊场华严洞十二圆觉菩萨像，大多数手镯素面无纹，少数刻画两道弦纹（表14-21）。刻画两道弦纹的手镯在宋墓中亦有实物出土[5]，可与菩萨像手镯相对照。

以上可知，宋代石刻菩萨像耳饰与手镯明显分为前后两个阶段，北宋晚期至南宋早期，绝大多数菩萨像戴耳饰和手镯，且两者造型富于变化。其中珠串耳坠受到宋代贵妇珍珠耳坠影响，宽式雕花手镯则借鉴了宋代世俗女子手镯的造型因素。南宋中晚期，菩萨像不再戴耳饰，虽佩戴手镯，但造型单一。

（三）璎珞

大足与安岳宋代石刻菩萨像璎珞装饰之多样，雕刻之精细，较以往菩萨像有过之而无不及，成为菩萨像造型史上的华丽篇章。宋代菩萨像不仅继承了四川、重庆以往菩萨像注重刻画璎珞的传统，且融合了宋代世俗诸多装饰纹样，从而形成一个新高峰。四川、重庆菩萨像自南朝、隋代至唐、五代，一直重视雕刻璎珞。即使在唐、五代菩萨像整体注重躯体形态表现的情况下，亦未忽视对璎珞的刻画，装饰繁丽璎珞的菩萨像随处可见，直接构成大足与安岳宋代菩萨像璎珞的发展基础。宋代装饰纹样的应用面和题材比以往更宽广，诸多宋代流行的装饰纹样成为菩萨像璎珞组成元素，使得菩萨像造型更加接近时代潮流。

北宋晚期至南宋晚期菩萨像璎珞获得极大发展，尤其在绍兴年间（1131—1162年），密布全身的璎珞成为造型重心。宋代菩萨像璎珞极其复杂，本文从以下两方面入手分析。其一，组成元素。将不同菩萨像璎珞的相同组成元素抽离出来，系统地进行类型式划分，着重分析出现频率较高元素的来源，并揭示其中深层文化内涵。其二，配置方式。着眼于璎珞佩置部位，一并分析璎珞的串联方式。通过以上微观与宏观考察，总结出璎珞发展的整体面貌。

1. 组成元素

菩萨像璎珞由一个个元素串联、排列而成，将不同菩萨像璎珞的相同元素提取出来，进行横向梳理，从而客观认识璎珞构成元素的发展脉络。菩萨像璎珞组成元素包括几何纹与植物纹两种，每一种又可以进一步细分。在讨论每一个具体元素时，按照所出现的频率和在整体璎珞中的位置，分为主要、重要、次要三个层次来叙述。

（1）几何纹（表15）。几何纹是大足与安岳宋代石刻菩萨像璎珞应用极其广泛的一类纹样，主要包括菱形、圆形、玛瑙纹、如意纹、项牌、立体几何形六类。虽然用几何纹装饰菩萨像璎珞的传统由来已久，但是宋代菩萨像璎珞更多地借鉴了当时社会盛行的几何纹，具有新时代特征。

其一，菱形。菱形为宋代菩萨像璎珞主要的几何纹构成元素，可以进一步划分为菱形内套、菱形环、四分菱形三式。菱形内套在唐代已经出现，宋代流行开来，菱形环与四分菱形则为宋代新发展。

---

1 四川唐、五代石刻菩萨像普遍佩戴手镯，手镯一般呈素面无纹的圆环状。大多数实例一手戴一对镯子，少数实例一手戴一只镯子。

2 湖州市博物馆：《浙江湖州菁山宋墓》，《东南文化》2007年第4期，图版3。

3 安徽省博物馆藏。前引《中国金银玻璃珐琅器全集2·金银器（二）》图版207。

4 北京大学中国考古学研究中心、杭州市文物考古所：《浙江省建德市大洋镇下王村宋墓发掘简报》，《考古与文物》2008年第4期，图6—图8，图版1—图版2。

5 如安徽省博物馆藏彭州宋易氏妇人墓出土一对金镯。前引《中国金银玻璃珐琅器全集2·金银器（二）》图版207。

表14 大足与安岳宋代石刻菩萨像耳饰、手镯实例线描和相关实例

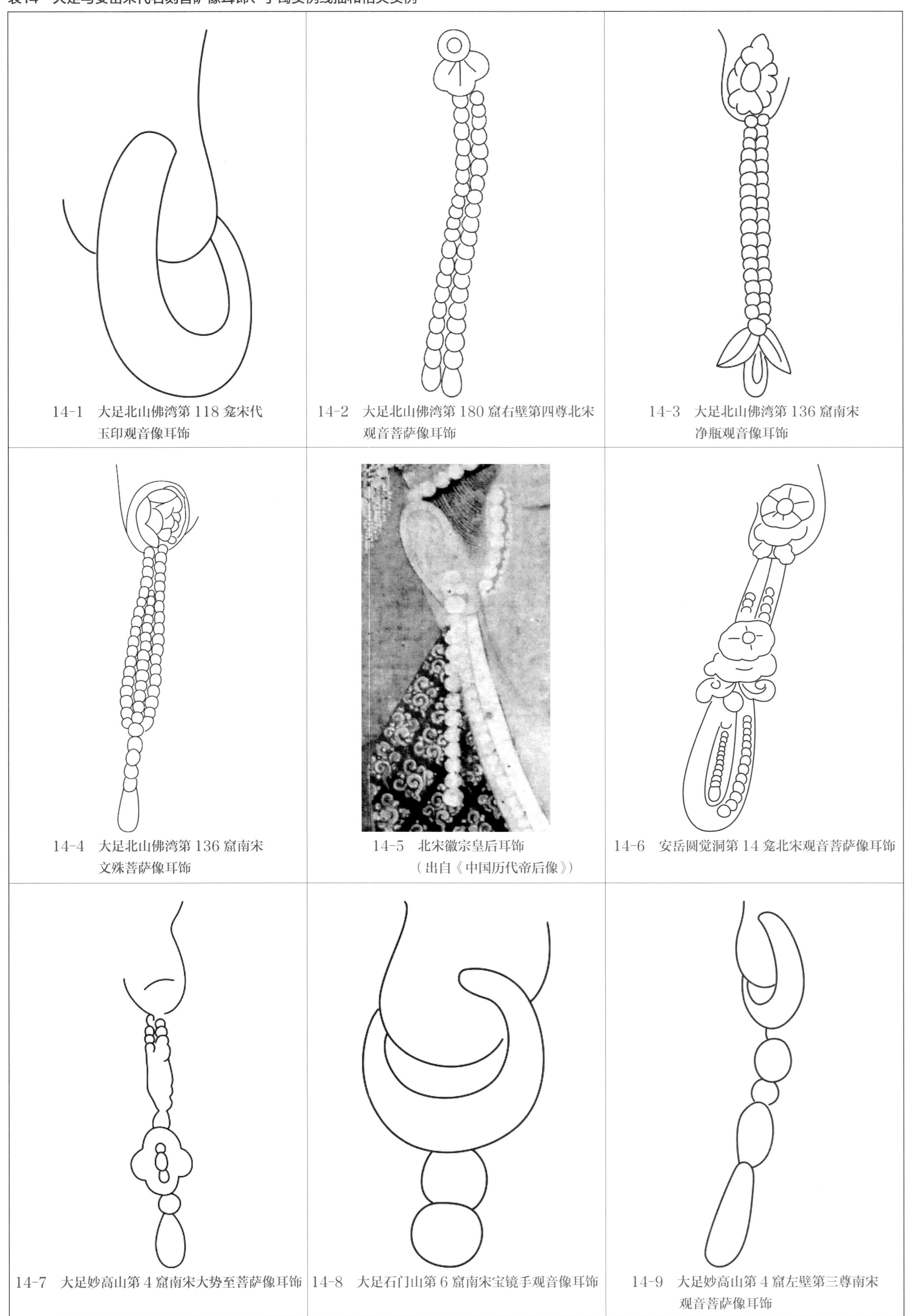

14-1 大足北山佛湾第 118 龛宋代玉印观音像耳饰	14-2 大足北山佛湾第 180 窟右壁第四尊北宋观音菩萨像耳饰	14-3 大足北山佛湾第 136 窟南宋净瓶观音像耳饰
14-4 大足北山佛湾第 136 窟南宋文殊菩萨像耳饰	14-5 北宋徽宗皇后耳饰（出自《中国历代帝后像》）	14-6 安岳圆觉洞第 14 龛北宋观音菩萨像耳饰
14-7 大足妙高山第 4 窟南宋大势至菩萨像耳饰	14-8 大足石门山第 6 窟南宋宝镜手观音像耳饰	14-9 大足妙高山第 4 窟左壁第三尊南宋观音菩萨像耳饰

续表

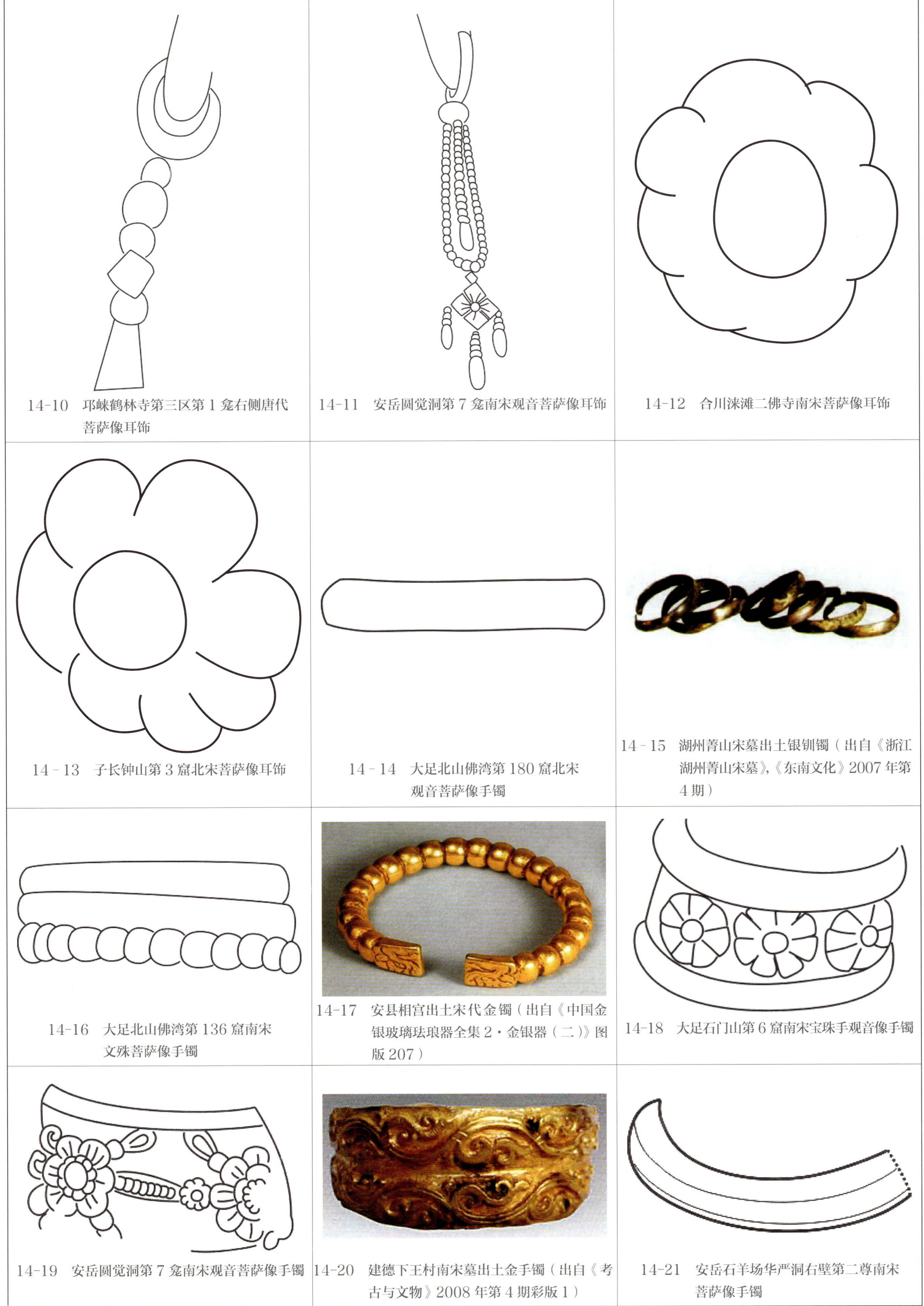

14-10 邛崃鹤林寺第三区第 1 龛右侧唐代菩萨像耳饰

14-11 安岳圆觉洞第 7 龛南宋观音菩萨像耳饰

14-12 合川涞滩二佛寺南宋菩萨像耳饰

14-13 子长钟山第 3 窟北宋菩萨像耳饰

14-14 大足北山佛湾第 180 窟北宋观音菩萨像手镯

14-15 湖州菁山宋墓出土银钏镯（出自《浙江湖州菁山宋墓》，《东南文化》2007 年第 4 期）

14-16 大足北山佛湾第 136 窟南宋文殊菩萨像手镯

14-17 安县相宫出土宋代金镯（出自《中国金银玻璃珐琅器全集 2·金银器（二）》图版 207）

14-18 大足石门山第 6 窟南宋宝珠手观音像手镯

14-19 安岳圆觉洞第 7 龛南宋观音菩萨像手镯

14-20 建德下王村南宋墓出土金手镯（出自《考古与文物》2008 年第 4 期彩版 1）

14-21 安岳石羊场华严洞右壁第二尊南宋菩萨像手镯

菱形内套式。包括菱形套方（表15-1）、套圆（表15-2）、套花（表15-3）三种形式，流行于北宋晚期至南宋早期。如大足北山佛湾第180窟（1116—1122年）右壁第二、三尊观音菩萨像，第133窟水月观音像，以及大足石门山第6窟等诸多菩萨像，菱形套方、套圆、套花作为次要元素穿插在璎珞中。菱形套方在唐代菩萨像中已经出现，诸如成都万佛寺遗址出土唐开元二十五年（737年）菩萨像[1]、仁寿牛角寨第12龛唐代菩萨像等。菱形套方、套圆、套花亦是宋代世俗流行的装饰纹样（表15-10），可能直接影响到菩萨像璎珞。

菱形环式。具体分为单菱形环（表15-4）与双菱形环套连（表15-5）两种形式，在北宋晚期至南宋早期盛行一时，成为菩萨像璎珞主要构成元素。诸如大足石篆山第5龛（1090年）文殊菩萨像，大足北山佛湾第180窟（1116—1122年）左壁第二尊与右壁第四尊观音像、第136窟（1146年）数珠手观音像（1142—1146年）与玉印观音像、第133窟水月观音像，大足峰山寺第4窟南宋观音菩萨像，大足石门山第6窟（1141年）诸多菩萨像，以及安岳圆觉洞第7龛（1153年）观音菩萨像等，硕大的单菱形环与双菱形环一般处于璎珞的主要位置，格外引人注目。

这两种形式的菱形环或同时出现在同一尊造像上，或单独出现，其中双菱形环套连尤其重要，在同一尊造像中有时多达三组。双菱形环套连，即方胜。方胜因其同形同心，而有同心双合的吉祥寓意，被世人普遍喜爱。方胜在历史上由来已久，至宋代迎来了鼎盛期，文献中关于方胜纹的记载不胜枚举。南宋庄绰《鸡肋篇》卷上：“泾州虽小儿皆能捻茸毛为线，织方胜花，一匹重只十四两者，宣和间一匹铁钱至四百千。”[2]《宋史·舆服志》记载仪仗队随从的服装、官员佩戴的锦绶，用方胜纹装饰者众多[3]，且集中于北宋晚期至南宋早期，与菩萨像璎珞方胜纹元素流行时间恰好吻合。首刊于北宋崇宁二年（1103年）李诫《营造法式》记述，方胜纹用于建筑彩绘装饰[4]。在宋墓壁画、雕刻中处处可见方胜纹的形影[5]。南宋孟元老《东京梦华录》记载将食品制成方胜形状，足见宋代普通市民喜爱方胜的程度[6]。南宋苏汉臣绢画《货郎图》货架上悬挂着红色方胜，想必是当时流行的吉祥饰品[7]。在方胜纹盛行的背景下，艺术家很自然地将此吉祥纹样赋予庄严的菩萨像，成为宋代菩萨像璎珞中最具代表性的组成元素。

四分菱形式。即单个菱形被平分为四份，为宋代菩萨像璎珞元素的新发展。可以细分为三种，第一种四个菱形依次套层层递减的菱形（表15-6），第二种X形相交处各有一个小菱形（表15-7），第三种四个素面小菱形（表15-8）。第一种形式流行于北宋晚期至南宋早期，后两种形式流行于南宋中晚期。北宋晚期至南宋早期实例，如大足石篆山第7龛北宋元丰五年至元祐三年（1082—1088年）右胁侍菩萨像[8]、第5龛（1090年）普贤菩萨像，以及大足北山佛湾第136窟（1142年）观音菩萨像等，第一种形式的四分菱形作为重要元素配置在璎珞中。南宋中晚期实例，如大足宝顶山大佛湾第5龛左右胁侍菩萨像、第29窟十二圆觉菩萨像等，第二、三种形式的四分菱形高频率出现，其中第二种形式作为该时期主要的几何纹元素，配置在璎珞的显要位置。

前两种形式的四分菱形，非常具有视觉冲击力，尤其前一种造型会让人产生一种光影效果，推测受到宋代建筑彩画“叠晕”方法之影响[9]。譬如河南登封唐庄壁画墓北宋晚期2号墓保存较完整的壁画，在仿木结构的斗拱处，彩绘大量叠胜，其造型与菩萨像璎珞四分菱形相仿[10]。

在宋代，菱形是变化丰富、应用广泛的一种几何纹样，经常用于丝织品、建筑、瓷器、金银器的装饰。福州南宋黄昇墓出土丝织

1　四川博物院藏。

2　（南宋）庄绰撰：《鸡肋篇》，中华书局1983年版，第33页。

3　前引《宋史》卷一百四十五《舆服志》：“明年（1143年），郊，准国初大驾之数，一万一千二百二十人。（中略）而指挥使、都头仍旧用锦帽子、锦臂袖者，以方胜练鹊罗代。”第3407页。同书卷一百四十九：“中兴之制，（中略）祗应人员服帽子、宜男方胜缬衫。”第3489页。同书卷一百五十二：“元丰二年（1079年），详订朝会仪注所言：（中略）诸司三品三梁，四品、五品二梁，御史台四品、两省五品亦三梁，而绶有晕锦、黄狮子、方胜、练鹊四等之殊。（中略）六梁冠，方胜宜男锦绶，为第三等，左右仆射至龙图、天章、宝文阁直学士服之。（中略）政和议礼局更上群臣朝服之制，（中略）六梁冠，白纱中单，银革带，佩，方胜宜男锦绶，银环，（中略）二梁冠，角簪，方胜练鹊锦绶，（中略）中兴，仍旧制。”第3554—3556页。

4　（北宋）李诫撰，邹其昌点校《营造法式》卷十四《彩画作制度》：“身内作通用六等华，外或用青、绿、红地作团科（窠），或方胜，或两尖，或四入瓣。（中略）飞子作青、绿连珠及梭（棱）身晕，或作方胜，或两尖……”人民出版社2006年版，第98—99页。

5　湖南省文物考古研究所：《湖南桂阳刘家岭宋代壁画墓发掘简报》，《文物》2012年第2期，图25。前引《华蓥安丙墓》图版100。

6　（南宋）孟元老撰，伊永文笺注：《东京梦华录笺注》，中华书局2007年版，第781页。

7　启功主编：《中国历代绘画精品·人物卷2墨海瑰宝》，山东美术出版社2003年版，图版57。

8　龛左右门柱有“戊辰年十月七日”“壬戌八月三日”题记，壬戌为北宋元丰五年（1082年），戊辰为北宋元祐三年（1088年），可知造像完成于1082—1088年之前。前引《大足石刻铭文录》第317—318页。

9　前引《营造法式》卷十四《彩画制度》多处提及“叠晕”画法（第95—101页），卷三十四叠晕图案有一共同点即层层叠套（第400—406页）。

10　前引《河南登封唐庄宋代壁画墓发掘简报》。

品纹样[1]（表15-9）、《营造法式》图样，以及成都琉璃厂窑北宋窑工印记等装饰大量菱形纹[2]（表15-10），可以看出其盛行程度。诸多造型各异的菱形纹能与菩萨像瓔珞菱形纹一一对应。由此可见，世俗社会形式多样的菱形纹，为菩萨像瓔珞提供了取之不尽、用之不竭的素材，极大地丰富了菩萨像造型因素。

其二，圆形。圆形向来是菩萨像瓔珞常用构成元素，四川、重庆唐代石刻菩萨像使用尤其频繁，并直接影响到宋代。宋代菩萨像圆形瓔珞除沿用以往造型元素，更多采用了宋代盛行的圆形纹样，让人倍感新颖独特。依据形式差异，将圆形分为圆形套花、圆轮、圆环、钱纹或球纹、联珠纹五式。

圆形套花式（表15-11）。流行于北宋晚期至南宋早期，如大足石门山第6窟（1141年）宝篮手观音像，以及大足北山佛湾第133窟水月观音像，其圆形套花瓔珞元素承唐代之旧。

圆轮式（表15-12）。集中见于大足北山佛湾第136窟（1142—1146年）诸多菩萨像，圆轮作为次要元素组织到瓔珞中，成都琉璃厂窑北宋窑工印记圆轮造型与之相仿（表15-18）。

圆环式。细分为单圆环与双圆环套连两种造型（表15-13、表15-14），作为瓔珞的重要元素流行于北宋晚期至南宋早期。如大足北山佛湾第149窟（1128年）观音菩萨像、第136窟（1142—1146年）普贤菩萨像，以及大足石门山第6窟（1141年）大势至菩萨像与宝镜手观音像，单圆环或双圆环位于颈部或胸部正中，无疑是瓔珞的重心。单圆环在以往菩萨像瓔珞中也曾出现，而双圆环套连的形式比较少见，其流行大概与宋人的重视有关。大足妙高山第2窟三圣龛右壁南宋绍兴年间（1131—1162年）文宣王孔子像，头戴冕旒，旒计十二条，乃天子大裘或衮冕之制，冕旒两侧护耳香袋下垂双圆环套连的吊饰[3]，似乎是上述菩萨像双圆环瓔珞元素的原型。

钱纹或球纹式。系宋代菩萨像瓔珞独具特色的几何纹元素，与宋代世俗装饰纹样密切关联。之一，标准方孔圆钱纹（表15-15）。如大足石门山第6窟（1141年）宝经手、宝扇手菩萨像，两三个钱纹点缀在菩萨像瓔珞中，使神圣的尊像多了几分世俗情。之二，内弧形方孔圆钱纹，或曰盘球纹（表15-16、表15-17）。如大足北山佛湾第136窟（1142—1146年）白衣观音像，以及大足宝顶山大佛湾第18龛南宋大势至菩萨像，后者内弧形方孔中又刻画了“米”线，与前者有细微差别。钱纹或盘球纹在宋代流传甚广。元代费著撰《蜀锦谱》记载了“盘球锦”，反映了盘球纹在四川地区一度流行的情况。上述两种造型的钱纹或盘球纹，可参考广汉雒城镇北宋墓出土桌子的表面装饰[4]、成都琉璃厂窑北宋窑工印记[5]（表15-18）、禹县白沙一号宋墓壁画中的线球[6]，以及泸县青龙镇一号南宋墓门框装饰等[7]。之三，四圆相交作四方连续排列，即连钱纹，为球路纹（或球露纹）的一种。如大足妙高山第4窟正壁南宋观音菩萨像（表15-19），连钱纹瓔珞元素四圆相交处装点一个个小圆。球路纹是宋代应用极其广泛的一种装饰纹样，南宋周密《齐东野语》卷六：“御府临六朝、羲、献、唐人法帖，并杂诗赋等，用球路锦。”[8]江苏金坛南宋周瑀墓出土了连钱纹绫，可提供丝织品实物参考[9]。泸县南宋墓石刻大量仿木结构连钱纹格子门窗，四圆相交处配小圆，与菩萨像瓔珞十分相像（表15-20）[10]。

四分圆形式。圆形被X形平分为四份，流行于南宋中晚期。如安岳石羊场华严洞菩萨像，大足宝顶山大佛湾第11龛、第29窟菩萨像等，四分圆形，四个扇形内各套一个小扇形（表15-21），或作四个素面扇形（表15-22），造型与前述四分菱形的第二、三种有相通之处。

联珠纹式。两宋时期普遍流行。联珠纹始终是菩萨像瓔珞重要组成元素，正如苏轼《无名和尚颂观音偈》“累累三百五十珠，持与观音作瓔珞”记述的那般[11]。造型细分为二。之一，简单联珠纹（表15-23、表15-24），唐、五代长联珠纹逐渐被新流行的短联珠纹取代，且出现三排联珠纹组合，这种情况在南宋中晚期尤其突出。如安岳石羊场华严洞、大足宝顶山大佛湾第29窟十二圆觉菩萨像等。之二，穗状联珠纹（表15-25），一排排联珠纹在连续弧形带上表现，集中出现于北宋晚期至南宋早期。大足妙高山第3窟普贤菩萨像为典型实例，穗状联珠纹配置在颈部，继承唐代旧有形式，如成都万佛寺遗址出土唐代菩萨像（表15-26）。

1　福建省博物馆编：《福州南宋黄昇墓》，文物出版社1982年版，图53、图56。

2　蒲存忠：《成都琉璃厂窑北宋窑工印记》，《四川文物》2004年第6期。

3　前引《大足石刻雕塑全集·南山、石门山、石篆山等石窟卷》图版160。

4　四川省文物考古研究所、广汉县文物管理所：《四川广汉县雒城镇宋墓清理简报》，《考古》1990年第2期。

5　前引《成都琉璃厂窑北宋窑工印记》。

6　宿白：《白沙宋墓》，文物出版社1957年版，插图31。

7　前引《泸县宋墓》图9。

8　（南宋）周密撰，张茂鹏点校：《齐东野语》，中华书局1983年版，第95页。

9　黄能馥、陈娟娟著：《中国丝绸科技艺术七千年》，中国纺织出版社2002年版，图7—图78。

10　前引《泸县宋墓》图12、图13、图24、图25，图版5等。

11　（北宋）苏轼著：《苏东坡全集》（三），中央书店1936年版，第1页。

其三，玛瑙纹。玛瑙纹流行于北宋晚期至南宋早期，为菩萨像璎珞重要元素。如大足北山佛湾第180窟右壁第三尊（1116—1122年）观音菩萨像、第136窟（1146年）数珠手观音像与同窟（1142—1146年）玉印手观音像，大部分玛瑙纹呈两三层三瓣状（表15-27、表15-28），也有外层为三瓣状、最内层为三角形（表15-29），造型酷似《营造法式》图案中的“胡玛瑙”（表15-30），以及广汉雒城镇北宋晚期墓葬出土桌子表面玛瑙纹饰[1]。《蜀锦谱》记载有“玛瑙锦”，说明在四川宋代玛瑙纹流行情况。玛瑙作为佛教七宝用品之一，用于菩萨像璎珞恰如其分[2]。

其四，如意纹。分为单个如意纹与四合如意纹两式，前者在北宋晚期至南宋早期零星出现，至南宋中晚期成为璎珞主要元素，后者仅在个别实例中出现。

单个如意纹式（表15-31）。南宋中晚期代表性实例，如大足宝顶山大佛湾第18龛大势至菩萨像、大足佛祖岩华严三圣龛文殊菩萨像，以及安岳石羊场华严洞右壁第二尊菩萨像，单个硕大的如意纹为璎珞主要构成元素。如意纹作为一种吉祥纹样在宋代备受关注，漆器、金银器表面装饰密集如意纹的现象非常普遍（表15-32）[3]。南宋虞公著夫妇合葬墓，墓室内边饰即以正、反如意纹串联而成，出土的漆盒亦饰如意纹[4]。世人对如意纹之喜好，影响到菩萨像的装饰。

四合如意纹式（表15-33）。如大足北山佛湾第136窟（1146年）数珠手观音像，四合如意纹组合在长串璎珞中，如意纹中间为四瓣花，造型与福州南宋黄昇墓、德安南宋周氏墓出土罗、绢织品四合如意纹相似（表15-34）[5]。

其五，项牌。项牌盛行于南宋中晚期，作为菩萨像璎珞最主要元素，成为该时期的特征。实例众多，诸如安岳石羊场华严洞十二圆觉菩萨像、茗山寺菩萨像，以及大足宝顶山大佛湾菩萨像等，扁平状项牌虽然与安岳地区盛唐菩萨像项牌有相通之处[6]，毕竟时代久远，其流行应源于宋代世俗社会的项牌。菩萨像项牌下边缘大多数为圆弧状（表15-35、表15-36），可与阆中市双龙镇宋墓出土三联项牌、宁波天封塔地宫出土宋代项牌实物相对照[7]。而安岳茗山寺第2窟双菩萨像、大足宝顶山大佛湾第11龛菩萨像，项牌下边缘由一个个如意纹构成（表15-37），类似于江西星子陆家窑藏出土宋代项牌（表15-38）[8]。

其六，立体几何形。常见立方体与上下两层多面体两式，集中流行于北宋晚期至南宋早期。

立方体式。诸如大足北山佛湾第119龛不空羂索观音像、第136窟（1142—1146年）白衣观音像和玉印观音像，以及大足妙高山第4窟右壁第二尊观音菩萨像，立方体元素位于璎珞的主要，或次要位置不定。立方体外形有细微差异，有的由三个素面菱形组成（表15-39）、有的为立方体轮廓内套三个菱形（表15-40）、有的由三个菱形套方组成（表15-41）。

上下两层多面体式。如大足石门山第6窟（1141年）宝珠手观音像、北山佛湾第133窟水月观音像，上下两层多面体承托着火焰圆形宝珠或圆形宝珠（表15-42），构成璎珞的主要元素，配置在胸部正中位置。

立体几何图形鲜见于以往菩萨像璎珞，应为宋代的创新发展，其流行似乎与宋代立体几何纹的发展有关。《营造法式》卷三十二、三十三图案中有多种表现立体效果的几何纹。浙江永嘉宋代银器窖藏发现银鎏金并头楼阁簪，为立体锥形造型，说明立体几何图形已经用于饰品[9]。菩萨像璎珞某些立体几何图形承托火焰状的摩尼宝珠，推测与《宋史》记载的大辇“火珠方鉴”有所关联[10]。

其他几何纹形主要包括回纹（表15-43）、三曲纹（表15-44）、银锭纹（表15-45）、二分圆形（表15-46）四种。其中前两种流行于北宋晚期至南宋早期，继承唐代菩萨像璎珞旧有传统。后两种流行于南宋中晚期，应为宋代新创造型。

（2）植物纹（表16）。植物纹亦是宋代菩萨像璎珞重要组成元素，大多表现为花卉。形式多样的花卉装饰菩萨像璎珞，使之更加华丽、美观，这是在宋代花卉纹样兴盛的背景下产生的，改变了唐代菩萨像璎珞以几何纹为主体的格局。依据花卉纹形态差异大致

1 前引四川省文物考古研究所、广汉县文物管理所：《四川广汉县雒城镇宋墓清理简报》。

2 不同佛经所见七宝内容不尽相同，其中金、银、琉璃、玻璃、砗磲、赤珠、玛瑙记述出现频率较高。

3 如彭州文管所藏宋代如意云头纹银梅瓶。成都市文物局编著：《成都馆藏文物精品选》，四川美术出版社2011年版。再如，德安县博物馆藏德安县杨桥村出土南宋如意云纹银粉盒、福建博物院藏福州茶园村宋墓出土南宋如意云纹银粉盒。前引《中国金银玻璃珐琅器全集2·金银器（二）》图版233、图版245。如意纹漆器详见韩倩：《宋代漆器》，清华大学硕士学位论文，2006年。

4 四川省文物管理委员会、彭山县文化馆：《南宋虞公著夫妇合葬墓》，《考古学报》1985年第3期。

5 前引《福州南宋黄昇墓》图41。周迪人、周旸、杨明：《德安南宋周氏墓》，江西人民出版社1999年版，第50、55页。

6 如安岳千佛寨第12龛唐代八大菩萨像中两尊菩萨像佩戴项牌。

7 前引《中国金银玻璃珐琅器全集2·金银器（二）》图版251。林士民：《浙江宁波天封塔地宫发掘报告》，《文物》1991年第6期。

8 扬之水：《奢华之色——宋元明金银器研究（一）》，中华书局2010年版，图版1—图版55。

9 金柏东、林鞍钢：《浙江永嘉发现宋代窖藏银器》，《文物》1984年第5期。前引《奢华之色——宋元明金银器研究（一）》图版1—图版10。

10 前引《宋史》卷一百四十九《舆服志》：“太祖建隆四年（963年），翰林学士承旨陶谷为礼仪使，创意造为大辇：赤质，正方，油画，金涂银叶，龙凤装。其上四面行龙云朵，火珠方鉴，银丝囊网，珠翠结络，云龙钿窠霞子。”第3486页。

表15　大足与安岳宋代石刻菩萨像璎珞几何纹元素和相关实例线描

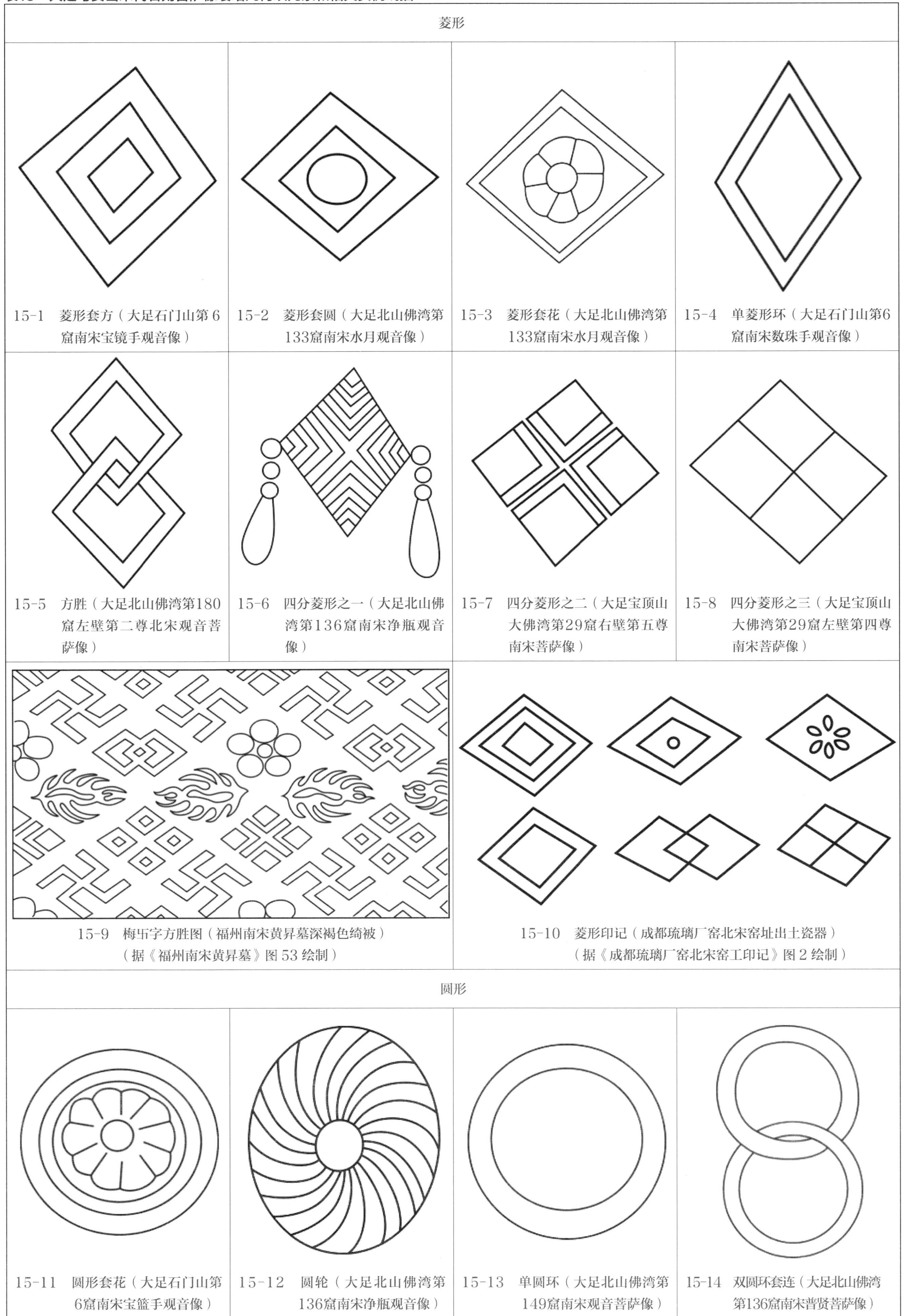

菱形

15-1　菱形套方（大足石门山第6窟南宋宝镜手观音像）

15-2　菱形套圆（大足北山佛湾第133窟南宋水月观音像）

15-3　菱形套花（大足北山佛湾第133窟南宋水月观音像）

15-4　单菱形环（大足石门山第6窟南宋数珠手观音像）

15-5　方胜（大足北山佛湾第180窟左壁第二尊北宋观音菩萨像）

15-6　四分菱形之一（大足北山佛湾第136窟南宋净瓶观音像）

15-7　四分菱形之二（大足宝顶山大佛湾第29窟右壁第五尊南宋菩萨像）

15-8　四分菱形之三（大足宝顶山大佛湾第29窟左壁第四尊南宋菩萨像）

15-9　梅卍字方胜图（福州南宋黄昇墓深褐色绮被）（据《福州南宋黄昇墓》图53绘制）

15-10　菱形印记（成都琉璃厂窑北宋窑址出土瓷器）（据《成都琉璃厂窑北宋窑工印记》图2绘制）

圆形

15-11　圆形套花（大足石门山第6窟南宋宝篮手观音像）

15-12　圆轮（大足北山佛湾第136窟南宋净瓶观音像）

15-13　单圆环（大足北山佛湾第149窟南宋观音菩萨像）

15-14　双圆环套连（大足北山佛湾第136窟南宋普贤菩萨像）

续表

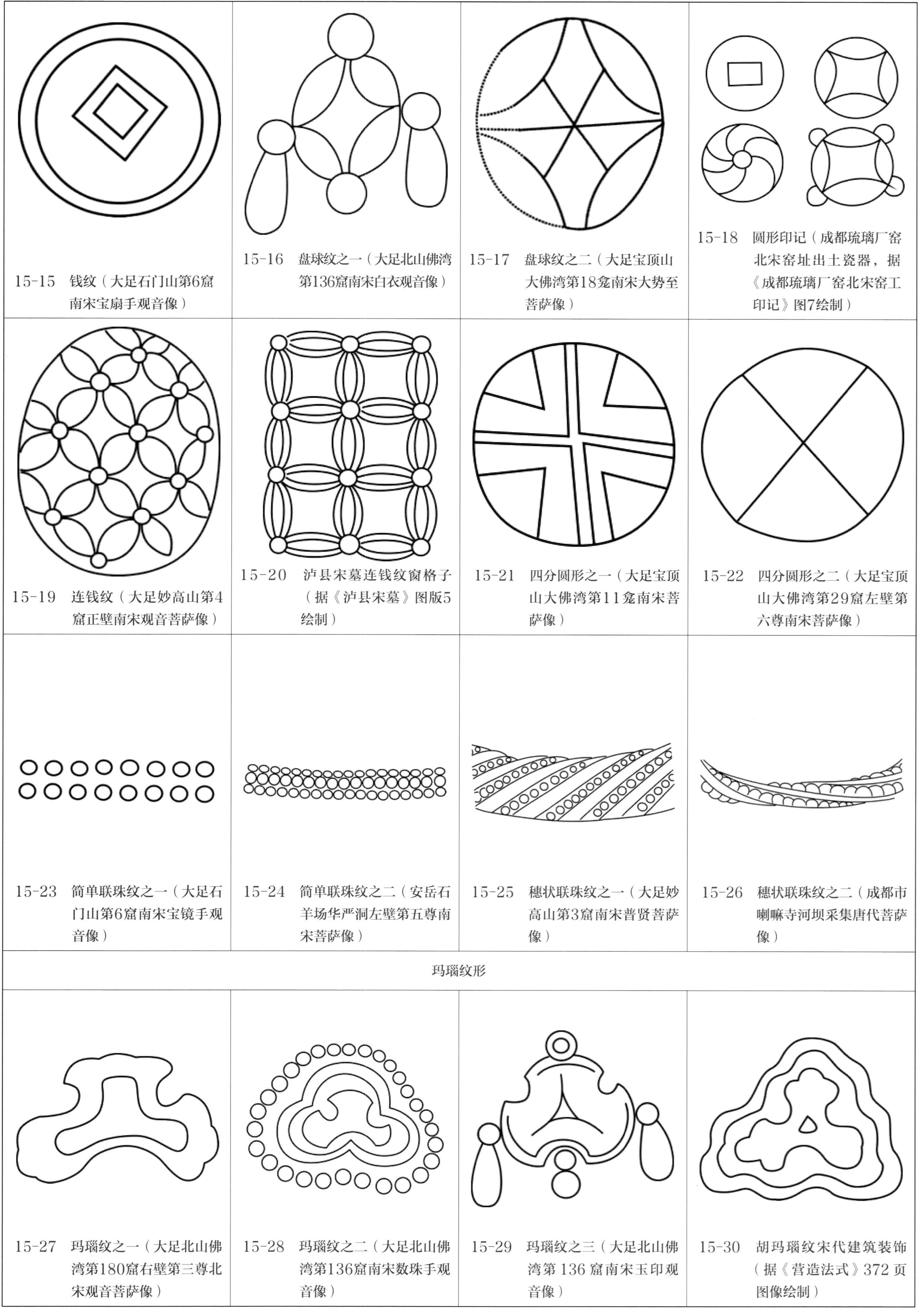

15-15 钱纹（大足石门山第6窟南宋宝扇手观音像）	15-16 盘球纹之一（大足北山佛湾第136窟南宋白衣观音像）	15-17 盘球纹之二（大足宝顶山大佛湾第18龛南宋大势至菩萨像）	15-18 圆形印记（成都琉璃厂窑北宋窑址出土瓷器，据《成都琉璃厂窑北宋窑工印记》图7绘制）
15-19 连钱纹（大足妙高山第4窟正壁南宋观音菩萨像）	15-20 泸县宋墓连钱纹窗格子（据《泸县宋墓》图版5绘制）	15-21 四分圆形之一（大足宝顶山大佛湾第11龛南宋菩萨像）	15-22 四分圆形之二（大足宝顶山大佛湾第29窟左壁第六尊南宋菩萨像）
15-23 简单联珠纹之一（大足石门山第6窟南宋宝镜手观音像）	15-24 简单联珠纹之二（安岳石羊场华严洞左壁第五尊南宋菩萨像）	15-25 穗状联珠纹之一（大足妙高山第3窟南宋普贤菩萨像）	15-26 穗状联珠纹之二（成都市喇嘛寺河坝采集唐代菩萨像）
玛瑙纹形			
15-27 玛瑙纹之一（大足北山佛湾第180窟右壁第三尊北宋观音菩萨像）	15-28 玛瑙纹之二（大足北山佛湾第136窟南宋数珠手观音像）	15-29 玛瑙纹之三（大足北山佛湾第136窟南宋玉印观音像）	15-30 胡玛瑙纹宋代建筑装饰（据《营造法式》372页图像绘制）

<table>
<tr><td colspan="4">如意纹形</td></tr>
<tr>
<td>
15-31　单个如意纹（大足宝顶山大佛湾第 18 龛南宋大势至菩萨像）</td>
<td>
15-32　如意云头纹（彭州文管所藏宋代银梅瓶局部，据《成都馆藏文物精品选》图版 97 绘制）</td>
<td>
15-33　四合如意纹之一（大足北山佛湾第 136 窟南宋白衣观音像）</td>
<td>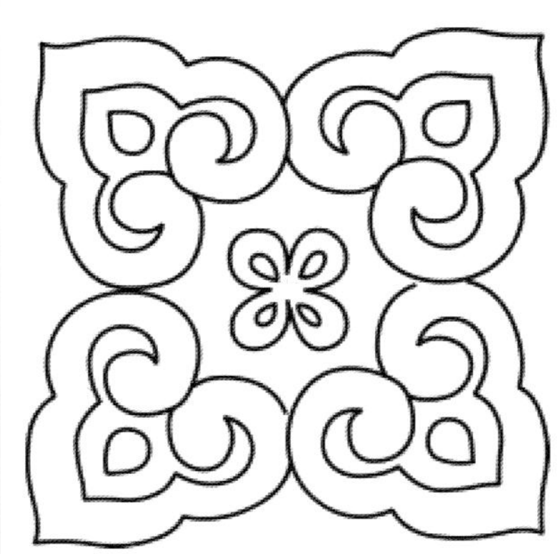
15-34　四合如意纹之二（福州南宋黄昇墓褐色罗，据《福州南宋黄昇墓》图 41 绘制）</td>
</tr>
<tr><td colspan="4">项牌</td></tr>
<tr>
<td>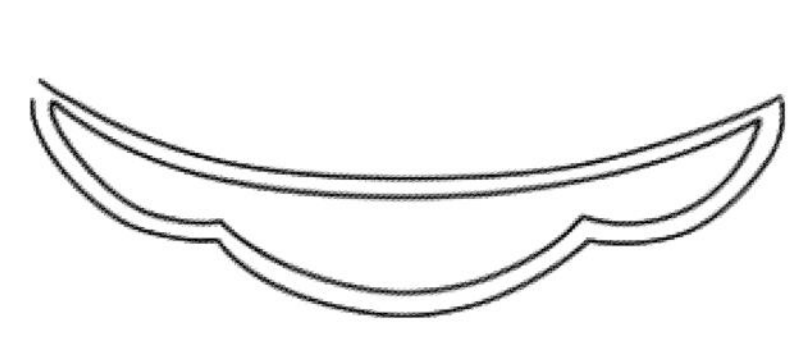
15-35　项牌之一（大足北山佛湾第 29 窟左壁第三尊南宋菩萨像）</td>
<td>
15-36　项牌之二（安岳石羊场华严洞右壁第一尊南宋菩萨像）</td>
<td>
15-37　项牌之三（大足宝顶山大佛湾第11龛南宋菩萨像）</td>
<td>
15-38　宋代项牌（星子县陆家窑藏出土，据《奢华之色　（一）》图版1—图版55绘制）</td>
</tr>
<tr><td colspan="4">立体几何形</td></tr>
<tr>
<td>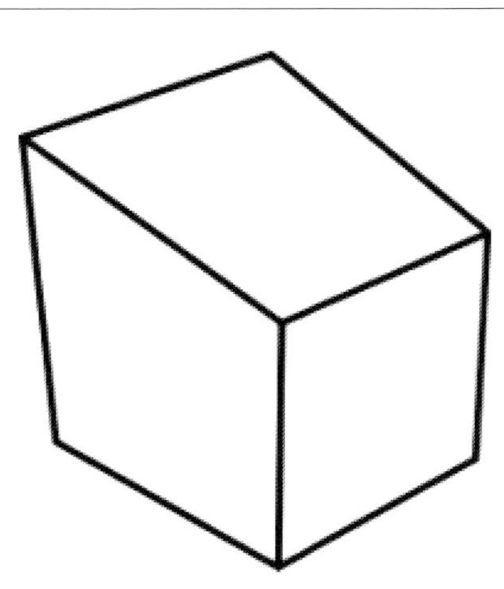
15-39　立方体之一（大足北山佛湾第119龛宋代不空羂索观音像）</td>
<td>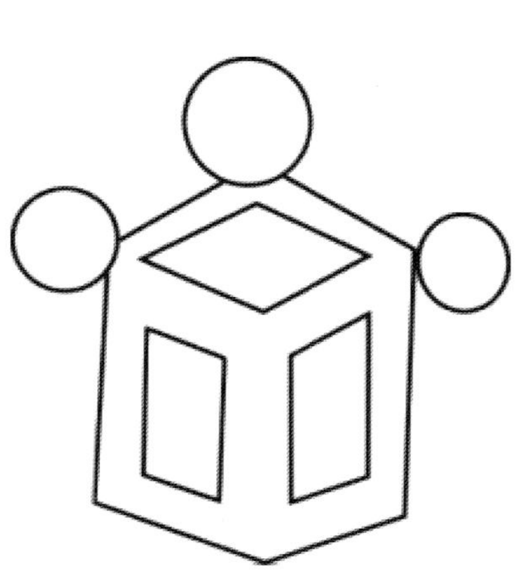
15-40　立方体之二（大足北山佛湾第136窟南宋白衣观音像）</td>
<td>
15-41　立方体承托火焰宝珠（大足北山佛湾第136窟南宋玉印观音像）</td>
<td>
15-42　上下两层多面体承托火焰宝珠（大足石门山第6窟南宋宝珠手观音像）</td>
</tr>
<tr><td colspan="4">其他纹样形</td></tr>
<tr>
<td>
15-43　回纹（大足北山佛湾第136窟南宋文殊菩萨像）</td>
<td>
15-44　三曲纹（大足北山佛湾第136窟南宋玉印观音像）</td>
<td>
15-45　银锭纹（安岳石羊场华严洞右壁第五尊南宋菩萨像）</td>
<td>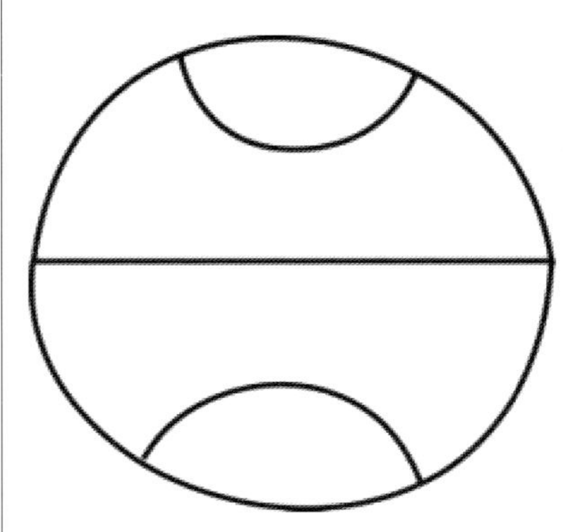
15-46　二分圆形（安岳石羊场华严洞左壁第五尊南宋菩萨像）</td>
</tr>
</table>

分为四类，可以明显辨识的有牡丹与菊花，其他则是各式各样的杂花，还有三叶形花叶。

其一，牡丹纹。牡丹是北宋晚期至南宋早期菩萨像瓔珞最主要的植物纹元素，与宝冠纹样一致，是宋人喜爱牡丹，以及牡丹栽培中心南移四川的产物。细分为侧面观与上面观两式。

侧面观牡丹式。如大足妙高山第4窟正壁大势至菩萨像、右壁第一尊观音菩萨像，以及大足北山佛湾第136窟（1142—1146年）日月观音像、玉印观音像等，瓔珞中牡丹纹元素造型比较写实，花瓣密集，应为宋代名贵牡丹品种千叶（或多叶）牡丹（表16-1）。大足石门山第6窟（1141年）宝镜手观音像，牡丹纹为较舒朗的造型（表16-2）。而北山佛湾第136窟白衣、数珠手、净瓶观音像，牡丹纹变化自由，花瓣与花蕊经过艺术加工，富有装饰意味（表16-3—表16-5）。侧面观牡丹纹形体硕大，雕刻精致，或正或立，使得瓔珞分外华丽，衬托了菩萨像雍容华贵之美。

上面观牡丹式。花瓣边缘呈三曲状的单层四瓣花最常见（表16-6），如大足妙高山第3窟文殊、普贤菩萨像，大足北山佛湾第136窟（1142年）净瓶观音像与同窟（1146年）数珠手观音像，四瓣牡丹或大或小随意装点在瓔珞中。大足北山佛湾第136窟（1142—1146年）白衣观音像，四朵四瓣牡丹花组合在一起构成瓔珞元素，形式新颖（表16-7），第180窟（1116—1122年）观音像，牡丹则为双层四瓣花的造型（表16-8）。

其二，菊花纹。菊花纹作为瓔珞的构成元素，在南宋中晚期迎来兴盛期，成为该时期植物纹的代表。实例众多，如安岳石羊场华严洞菩萨像，大足宝顶山大佛湾第11龛、第29窟菩萨像，以及大足佛祖岩菩萨像，瓔珞菊花纹作上面观表现，绝大多数花心较大凸起呈网状或颗粒状，边缘作单层花瓣，花瓣有的细小密集（表16-9），有的肥大舒朗（表16-10）。菊花纹在菩萨像瓔珞中反复出现，有的在同一实例中多达六朵。值得注意的是，该时期菩萨像宝冠除了卷草纹与牡丹纹两种主体纹样，经常见到一簇簇菊花纹安置到发髻中，足见当时菊花纹流行之盛（表16-11）。

在宋代，菊花迎来了大发展契机。北宋晚期出现中国历史上第一部菊谱，此后至南宋末年，共有8部菊花专著相继问世，菊花品种多达163个，远超前代[1]。作为“四君子”之一的菊花在宋代大受人们欢迎。正如南宋范成大《菊谱》序：“山林好事者，或以菊比君子。其说以谓岁华晼晚，草木变衰，乃独烨然秀发，傲睨风露，此幽人逸士之操。”[2]再如南宋史正志《菊谱》：“菊，（中略）所宜贵者，苗可以菜，花可以药，囊可以枕，酿可以饮。所以高人隐士篱落畦圃之间，不可一日无此花也。”[3]宋代陶瓷、丝织品上菊花纹应用非常普遍，亦见菊花纹首饰。浙江永嘉宋代银器窖藏发现银镂空锥菱形钗，中心打造成菊花纹（表16-12）[4]。前述江西星子陆家窖藏出土宋代银牡丹鸾凤纹项牌，其右侧还雕刻了六朵菊花。此二例菊花纹花心较大凸起呈网状或颗粒状，与菩萨像瓔珞菊花纹元素相仿。宋代菩萨像瓔珞菊花纹花心大多四周单花瓣，其形态接近宋代各种《菊谱》中记载“佛顶菊”“楼子佛顶”品种。南宋范成大《菊谱》：“佛顶菊，亦名佛头菊。中黄，心极大，四傍白花一层绕之。”[5]南宋史正志《菊谱》：“楼子佛顶，心大突起，似佛顶，四边单叶。”[6]宋代菊花纹形式多样，但菩萨像瓔珞与宝冠菊花纹造型高度一致，选取了以佛顶命名的菊花品种，或许是一种巧合。

其三，杂花纹。杂花作为菩萨像瓔珞的构成元素，在两宋时期极为流行。大多数杂花为上面观表现，造型不一，以四瓣到八瓣不等的单层圆花为主流，此外还见双层或三层花，品类繁多（表16-13—表16-16）。

其四，三叶花草纹。即两片叶子夹一朵花或三片叶的造型，作为瓔珞的次要元素，主要流行于北宋晚期至南宋早期。三叶花草瓔珞沿袭以往菩萨像瓔珞传统，起到点缀作用，但造型趋向多样化（表16-17—表16-20）。

菩萨像瓔珞花卉元素之所以如此流行，其根本原因在于宋人喜爱花卉，种花、卖花成为产业。南宋吴自牧《梦粱录》描绘了花卉市场繁荣景象，“是月春光将暮，百花尽开，如牡丹、芍药、棣棠、木香、酴醿、蔷薇、金纱、玉绣球、小牡丹、海棠、锦李、徘徊、月季、粉团、杜鹃、宝相、千叶桃、绯桃、香梅、紫笑长春、紫荆、金雀儿、笑靥、香兰、水仙、映山红等花，种种奇绝。卖花

1　两宋时期菊谱已知8种，现存4种。分别是（北宋）刘蒙《菊谱》一卷，崇宁三年（1104年）问世，记载35个品种。（南宋）史正志《菊谱》一卷，记载28个品种。（南宋）范成大《菊谱》一卷，记载36个品种。（南宋）史铸《百集菊谱》六卷，记载163个品种。王子凡、张明姝、戴思兰：《中国古代菊花谱录存世现状及主要内容的考证》，《自然科学史研究》2009年第28卷第1期。

2　（南宋）范成大等著，杨林坤等编著：《梅兰竹菊谱》，中华书局2010年版，第199页。

3　（南宋）史正志撰：《菊谱》（三），中华书局1985年版，第1页。

4　前引《奢华之色——宋元明金银器研究（一）》图版1—图版10。

5　前引《梅兰竹菊谱》，第244页。

6　前引《菊谱》（三），第3—4页。

表16　大足与安岳宋代石刻菩萨像璎珞植物纹元素和相关实例线描

<table>
<tr><td colspan="4">牡丹纹</td></tr>
<tr><td>
16-1　侧面观写实牡丹纹之一（大足北山佛湾第136窟南宋玉印观音像）</td><td>
16-2　侧面观写实牡丹纹之二（大足石门山第6窟南宋宝镜手观音像）</td><td>
16-3　侧面观装饰牡丹纹之一（大足北山佛湾第136窟南宋白衣观音像）</td><td>
16-4　侧面观装饰牡丹纹之二（大足北山佛湾第136窟南宋白衣观音像）</td></tr>
<tr><td>
16-5　侧面观装饰牡丹纹之三（大足北山佛湾第136窟南宋白衣观音像）</td><td>
16-6　上面观牡丹纹之一（大足北山佛湾第136窟南宋净瓶观音像）</td><td>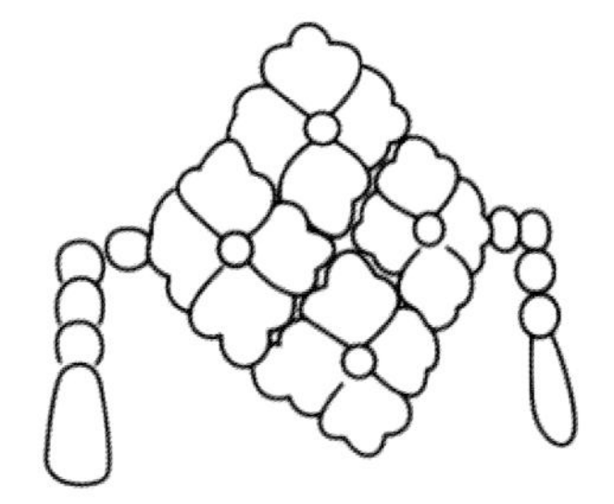
16-7　上面观牡丹纹之二（大足北山佛湾第136窟南宋白衣观音像）</td><td>
16-8　上面观牡丹纹之三（大足北山佛湾第180龛右壁第五尊北宋观音菩萨像）</td></tr>
<tr><td colspan="4">菊花纹</td></tr>
<tr><td>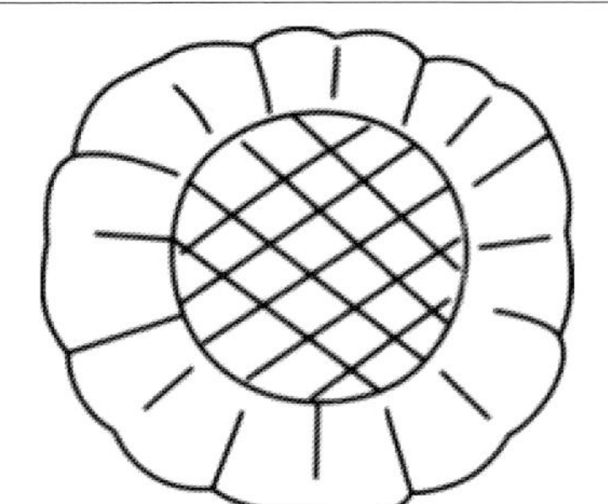
16-9　菊花纹之一（安岳石羊场华严洞左壁第四尊南宋菩萨像）</td><td>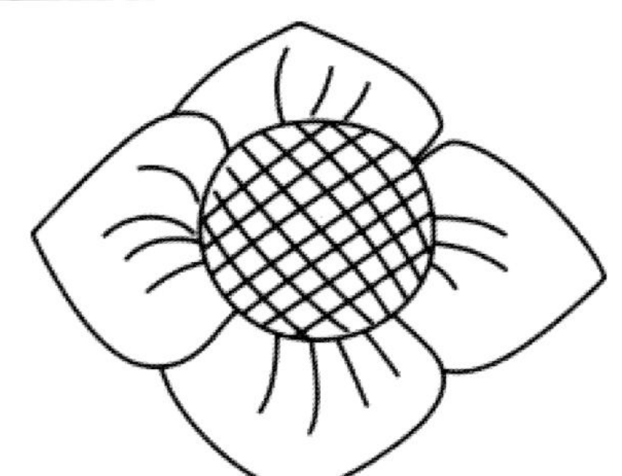
16-10　菊花纹之二（大足佛祖岩华严三圣龛南宋普贤菩萨像）</td><td>
16-11　菩萨像宝冠菊花纹（大足宝顶山大佛湾第11龛南宋菩萨像）</td><td>
16-12　菊花纹宋代银鎏金并头楼阁簪（据《奢华之色（一）》图版1—图版10绘制）</td></tr>
<tr><td colspan="4">杂花纹</td></tr>
<tr><td>
16-13　四瓣花（大足北山佛湾第29窟左壁第四尊南宋菩萨像）</td><td>
16-14　六瓣花（大足宝顶山大佛湾第11龛南宋菩萨像）</td><td>
16-15　八瓣花（大足石门山第6窟南宋宝珠手观音像）</td><td>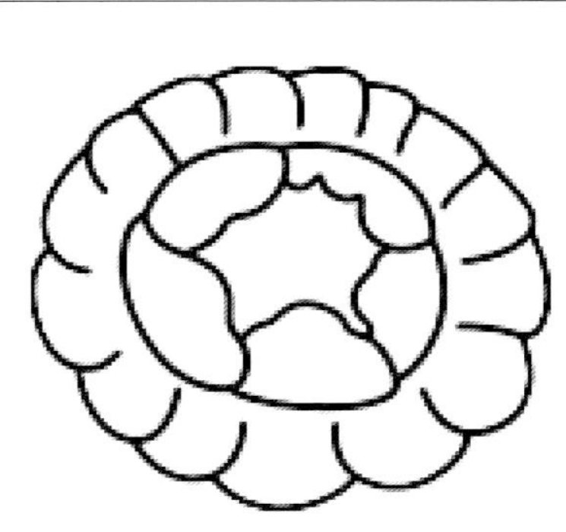
16-16　双层花（大足佛祖岩华严三圣龛南宋文殊菩萨像）</td></tr>
<tr><td colspan="4">三叶花草纹</td></tr>
<tr><td>
16-17　三叶花草之一（大足北山佛湾第136窟南宋玉印观音像）</td><td>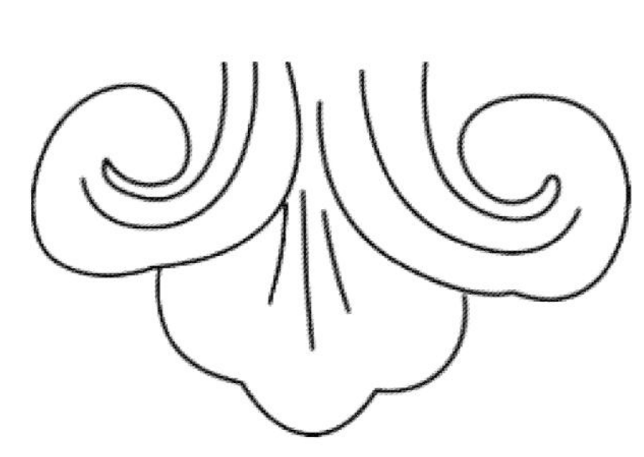
16-18　三叶花草之二（大足石篆山第5龛北宋文殊菩萨像）</td><td>
16-19　三叶花草之三（大足北山佛湾第136窟南宋白衣观音像）</td><td>
16-20　三叶花草之四（大足石门山第6窟南宋宝镜手观音像）</td></tr>
</table>

者以马头竹篮盛之，歌叫于市，买者纷然。”[1]在这种背景下，宋代花卉纹样大盛，建筑、陶瓷、丝织品，乃至金银首饰普遍施用各种各样花卉装点。

由上可知，大足与安岳宋代菩萨像瓔珞构成元素以几何纹与植物纹为主，造型千变万化。具体而言，北宋晚期至南宋早期几何纹与植物纹形式富于变化，几何纹中方胜纹、双圆环纹、玛瑙纹、多面体成为这个时期瓔珞的代表元素，造型多样的硕大牡丹纹则是植物纹代表元素。南宋中晚期几何纹与植物纹元素形式不像先前那样丰富，几何纹中项牌成为此时瓔珞的标志元素，植物纹则以造型一致的小型菊花纹为主。无论是几何纹，还是植物纹元素，均体现出与宋代世俗纹样相辅相成的紧密联系。几何纹样中的方胜纹、钱纹或球纹、如意纹等宋人喜爱的吉祥纹样，以及植物纹样中的牡丹、菊花等宋人喜爱的花卉成为菩萨像瓔珞的重要组成元素，传达出人们用世间美好之物寄予对菩萨的恭敬供养之情。可以说，大足与安岳宋代石刻菩萨像瓔珞构成元素的丰富程度，远远超过唐、五代时期，菩萨像瓔珞的流行元素恰是宋代世俗装饰纹样的主流，具有鲜明的时代特征。

2. 配置方式

为了进一步厘清大足与安岳宋代石刻菩萨像瓔珞的发展规律，根据配置方式的差异，可以将瓔珞分为胸饰瓔珞与通身瓔珞两类。通身瓔珞所占比重较大，又可以细分为上下两段式与遍体式。

（1）胸饰瓔珞（表17）。胸饰瓔珞是指瓔珞集中装饰在上身，但是有长短之分，可以明显分为前后两个阶段。第一阶段北宋晚期至南宋早期，胸饰瓔珞处于次要地位，这种情况与四川唐、五代菩萨像一致。第二阶段南宋中晚期，胸饰瓔珞成为主流。

第一阶段北宋晚期至南宋早期，绝大多数实例胸饰瓔珞集中在胸部偏上位置，长度受到该时期服装的制约，瓔珞下缘被僧祇支或袈裟的领襟遮盖（表17-1）。如大足妙高山第4窟正壁大势至菩萨像（表17-2）与右壁第一尊观音菩萨像，以及大足北山佛湾第136窟（1143年）文殊菩萨像和同窟（1142—1146年）普贤菩萨像（表17-3），少许胸饰瓔珞显露在外。瓔珞串联方式比较一致，主要元素体形硕大，次要元素起连接与点缀作用。少数实例胸饰瓔珞突破了服装的限制，完全显露在外，长度可至腹部。如大足北山佛湾第136窟（1142—1146年）日月观音像（表17-4），瓔珞串联方式比较复杂，中轴线上依次排列多个大小形状不一的主要元素，两侧三排联珠纹起连接作用，造型较唐、五代菩萨像胸饰瓔珞大有发展。

第二阶段南宋中晚期，胸饰瓔珞占据主导地位，由于该时期服装领襟垂至腹部，致使瓔珞显露在外，绝大多数长至腹部，少数长至胸部。瓔珞组合方式分为以下三种情况。之一，项牌垂挂式（表17-5—表17-7）。众多实例广布于大足与安岳地区，如大足宝顶山大佛湾菩萨像，安岳石羊场华严洞、茗山寺菩萨像项牌垂挂联珠纹，联珠纹相交处配置小型花卉或几何纹，成为该时期标志性瓔珞。该形式瓔珞继承当地唐代瓔珞传统，如安岳千佛寨第12龛第五、六尊菩萨像（表17-8），项牌下垂挂联珠纹瓔珞，似乎为宋代菩萨像瓔珞的前身。须特别提及的是，宋代世俗人所佩戴的项牌一般要系成串的瓔珞[2]，菩萨像项牌瓔珞亦与之相仿。之二，联珠纹串联式（表17-9）。以安岳石羊场华严洞菩萨像为典型，联珠纹纵横、交错串联，间以小型花卉或几何纹组成瓔珞，颇似长子法兴寺北宋晚期菩萨像瓔珞。之三，各种元素横向排列（表17-10、表17-11）。实例集中于大足地区，如宝顶山大佛湾第18龛大势至菩萨像，佛祖岩华严三圣龛文殊、普贤菩萨像等，瓔珞由一个个花卉元素组合排列而成，或缀以联珠纹，与南宋苏汉臣绢画《货郎图》中儿童佩戴的瓔珞十分相像[3]。

（2）通身瓔珞（表18、表19）。通身瓔珞是指瓔珞在上身与下身均有分布，具体分上下两段式与遍体式两种情况，两宋时期普遍流行，尤其在北宋晚期至南宋早期占据主导地位。大足与安岳宋代石刻菩萨像通身瓔珞进入一个崭新发展阶段，彻底改变了南北朝以来延续至唐、五代菩萨像X形通身瓔珞占主流的局面，亦与北方地区宋辽金时期“米”字形通身瓔珞显著区别，形成配置方式多样的自身特点。

其一，上下两段式通身瓔珞。北宋晚期至南宋早期盛极一时，南宋中晚期衰退。北宋晚期至南宋早期，上下两段式通身瓔珞与菩萨像袈裟、披风相匹配。大多数实例上段瓔珞底端位于袈裟、披风U形领襟之内或僧祇支上缘的位置，下段瓔珞则刻画在显露的及地长裙之上（表18-1）。大足地区如北山佛湾第286龛（1109年）观音菩萨像（同表11-2）、第180窟（1116—1122年）观音菩萨像（表18-2），以及妙高山第4窟观音菩萨像，上下两段式瓔珞串联方式变化丰富，上段瓔珞长短不一，大多数位于胸部偏上位置。下段瓔珞被中间长带一分为二，长带上未刻画瓔珞。有的实例下段瓔珞刻画在小腿收束部分，继承了五代传统，如大足北山佛湾第279

1　前引《梦粱录》，第14页。

2　前引《奢华之色——宋元明金银器研究（一）》图版1—图版55。

3　台北故宫藏。前引《中国历代绘画精品·人物卷2墨海瑰宝》图版57。

表17 大足与安岳宋代石刻菩萨像胸饰璎珞实例线描

<table>
<tr>
<td rowspan="2">
17-1 大足妙高山第 4 窟右壁第一尊南宋观音菩萨像</td>
<td>
17-2 大足妙高山第 4 窟南宋大势至菩萨像璎珞</td>
<td rowspan="2">
17-4 大足北山佛湾第 136 窟南宋日月观音像璎珞</td>
</tr>
<tr>
<td>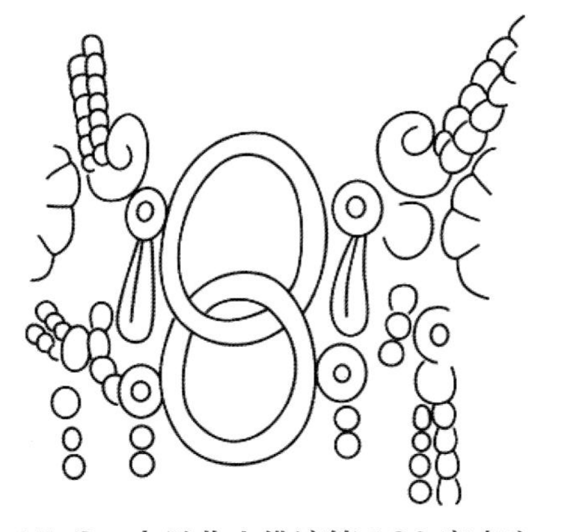
17-3 大足北山佛湾第 136 窟南宋普贤菩萨像璎珞</td>
</tr>
<tr>
<td rowspan="3">
17-5 安岳石羊场华严洞右壁第一尊南宋菩萨像</td>
<td>
17-6 安岳茗山寺第 3 龛南宋文殊菩萨像璎珞</td>
<td>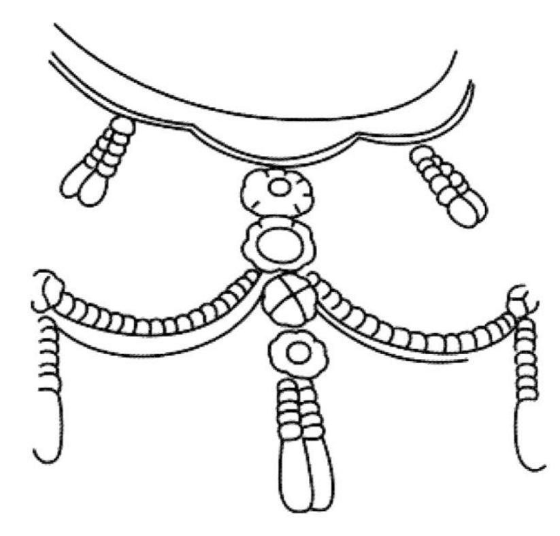
17-7 大足宝顶山大佛湾第 18 龛南宋观音菩萨像璎珞</td>
</tr>
<tr>
<td>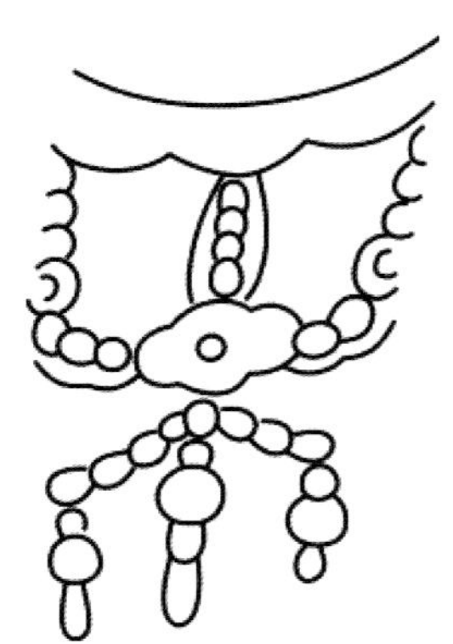
17-8 安岳千佛寨第 12 龛第六尊唐代菩萨像璎珞</td>
<td>
17-9 安岳石羊场华严洞右壁第二尊南宋菩萨像璎珞</td>
</tr>
<tr>
<td>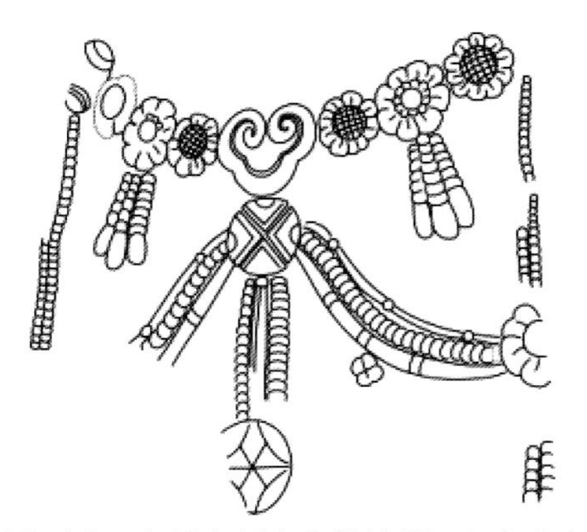
17-10 大足宝顶山大佛湾第 18 龛南宋大势至菩萨像璎珞</td>
<td>
17-11 大足佛祖岩华严三圣龛南宋文殊菩萨像璎珞</td>
</tr>
</table>

表18　大足与安岳宋代石刻菩萨像上下两段式通身璎珞实例和相关实例线描

18-1　大足妙高山第 4 窟右壁第三尊南宋观音菩萨像

18-2　大足北山佛湾第 180 窟右壁第五尊北宋观音菩萨像璎珞

18-3　安岳圆觉洞第 7 龛南宋观音菩萨像

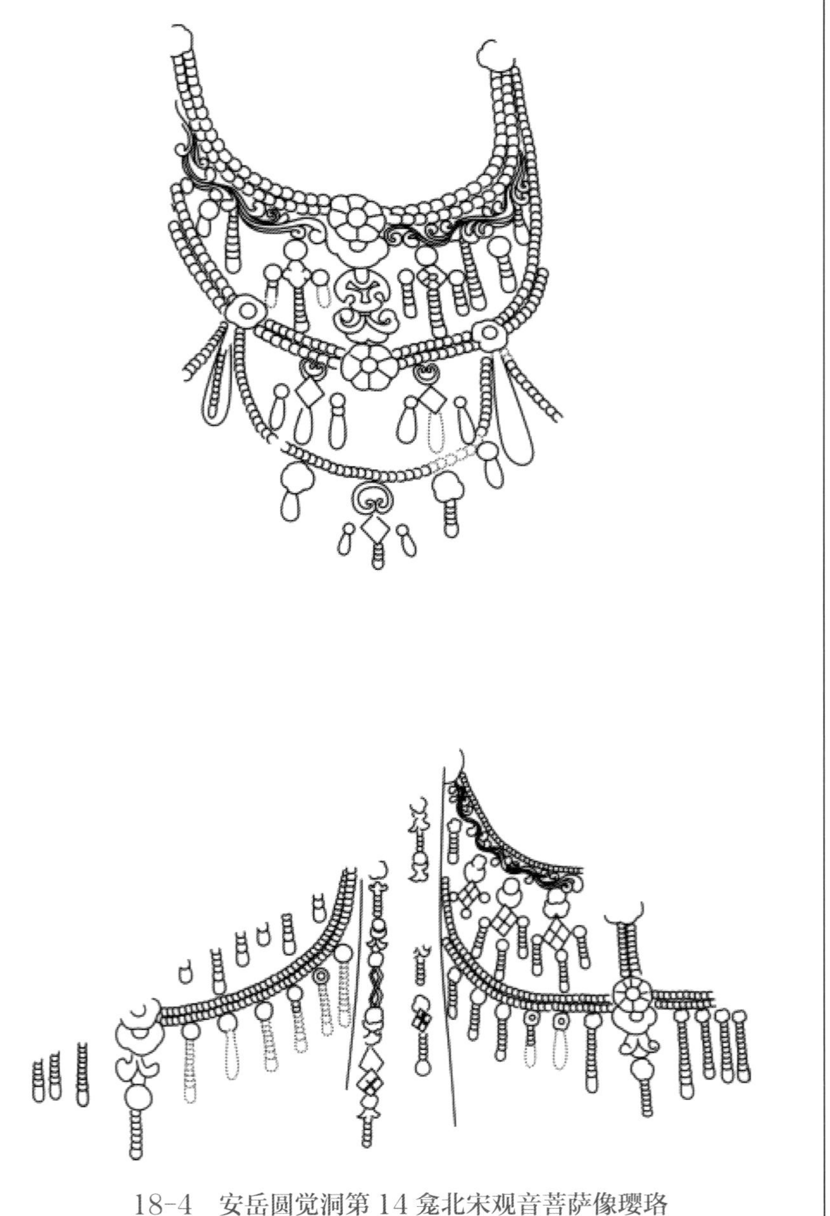

18-4　安岳圆觉洞第 14 龛北宋观音菩萨像璎珞

18-5　大足北山佛湾第 136 窟南宋玉印观音像

18-6　大足石门山第 10 窟后壁中尊南宋神像

18-7　大足宝顶山大佛湾第 29 窟左壁第六尊南宋菩萨像

18-8　大足宝顶山大佛湾第 14 窟文殊菩萨像

龛后蜀广政十八年（955年）日月光菩萨像、安岳圆觉洞第59龛后蜀观音菩萨像（同表11-1）。安岳地区以圆觉洞第7、14龛两尊观音菩萨像为典型（表18-3、表18-4），上下两段式璎珞较大足地区菩萨像璎珞更为繁密，璎珞或为密集网状，或为联珠纹串联，下段璎珞布满及地长裙，在中间长条带上亦刻画了璎珞，真可谓“银丝囊网，珠翠结综”[1]。相比较而言，宋代菩萨像璎珞较五代时期更为繁丽，变化多端。

该时期亦有少数实例上下两段式璎珞布局突破常规。如大足石门山第6窟（1141年）宝扇手观音像（同表10-5），因为着袒右肩式袈裟，上段璎珞集中在右胸与右肩位置。而大足北山佛湾第136窟（1142—1146年）玉印观音像（表18-5），下段璎络刻画在花结长带上，璎珞由双圆环纹、玛瑙纹、方胜纹、牡丹纹等排列而成，无论配置方式还是组合方式，均酷似大足石门山第10窟三皇像的璎珞（表18-6）。

南宋中晚期实例，上段璎珞如同该时期的胸饰璎珞，下段璎珞由于大部被服装遮覆，较少显露在外，如大足宝顶山大佛湾第29窟左壁第六尊菩萨像（表18-7）、第14窟文殊菩萨像（表18-8），以及第5龛左右胁侍菩萨像（表22-10、表22-11），显露在外的下段璎珞较短，稀松地分布在长裙与长带上，一条条璎珞竖直排列，并未横向连接，成为该时期的新特征。

其二，遍体式通身璎珞。北宋晚期至南宋早期盛行一时，南宋中晚期几近消失。宋代菩萨像遍体璎珞配置方式自由多样，取代了以往菩萨像X形遍体璎珞的配置方式。遍体璎珞是在胸饰璎珞、上下两段式通身璎珞的基础上发展而来的新形式。根据璎珞分布的位置，进一步细分为三组。第一组，胸饰璎珞组合两侧璎珞。第二组，胸饰璎珞组合下身三排璎珞。第三组，上下两段式璎珞组合其他部位璎珞。

第一组，胸饰璎珞组合两侧璎珞。璎珞主要配置于披帛、僧祇支与裙组合的服装，此外还见少数袈裟类服装。坐像实例为大足石门山第6窟（1141年）正壁观音、大势至菩萨像，大足妙高山第3窟文殊、普贤菩萨像与第4窟正壁观音菩萨像，立像实例为大足北山佛湾第136窟南宋绍兴十三年（1143年）大势至菩萨像[2]，胸饰璎珞或在僧祇支以内，或长至腹部，两侧璎珞或依附于披帛，或配置在袈裟左右领襟处，自颈部到达腿部。两侧璎珞串联方式有二，一者竖向多段联珠纹串联各种元素（表19-1），由唐、五代菩萨像璎珞发展而来，二者各种元素纵向排列（表19-2、表19-3），这在以往并不多见，其出现似乎与宋代女子服装花边装饰关联（表19-4）。宋代贵妇所着窄袖对襟背子，流行在领襟处装饰长条纹样，花边缀饰以泥金、印金、贴金以及彩绘刺绣，颜色艳丽、光彩照人，菩萨像披帛、袈裟两侧长条状璎珞似乎受到背子花边装饰的启发。

第二组，胸饰璎珞组合下身三排璎珞。大足北山佛湾第136窟（1142—1146年）白衣观音像、数珠手观音像与净瓶观音像为典型实例。璎珞配置于袈裟与披风两类服装，胸饰璎珞在腹部以上位置，位于领襟之内。下身璎珞位于腹部至小腿处，分作三排，以中排为轴线，左右对称分布。璎珞的组合方式亦分为二，一者各种元素相续排列（表19-5、表19-6），二者联珠纹与弦纹组合，形成连续的“8”字或网状骨架结构，主要元素安置在节点处或围合处，为宋代创新形式（表19-7、表19-8）。上述三尊菩萨像璎珞分布规整，主要元素硕大，形成繁而不杂，雍容华丽的艺术效果。

第三组，上下两段式璎珞组合其他部位璎珞。具体分为两种情况。第一种情况，璎珞配置在络腋（或僧祇支、披帛）与裙组合的服装上。立像实例如大足石篆山第7龛（1082—1088年）右胁侍菩萨像，大足石门山第6窟右壁（1141年）五尊观音菩萨像[3]（表19-9、表19-10），璎珞以上下两段式为基础，组合了络腋、披帛、宝缯上的璎珞。有的璎珞甚至随着披帛到达地面，也有的顺着络腋内外缠绕。璎珞纵横交错，随意分布于身体的各个部位，形成繁密布局，为宋代璎珞新型配置方式。坐像实例如大足北山佛湾第133窟南宋水月观音像（表19-11、表19-12），璎珞密布全身，繁缛至极。第二种情况，璎络配置在袈裟与披风两类服装上。如大足石门山第6窟左壁（1141年）五尊观音菩萨像（同表11-5），在上下两段式璎珞的基础上增添两侧宝缯带上璎珞。上下及两侧璎珞密集，身体中部则无璎珞表现，繁简对比强烈，这在以往亦未曾有过。

由上可知，根据璎珞配置方式与组合方式，可以将大足与安岳宋代石刻菩萨像分为前后两个阶段。第一阶段北宋晚期至南宋早期，璎珞为造型的重心，胸饰璎珞与通身璎珞均流行，尤其通身璎珞得到前所未有的发展。上下两段式通身璎珞来源于唐、五代，但表现远比以往丰富。遍体式璎珞获得突破性发展，创造出诸多新型配置方式，璎珞依附于不同类型的服装，配置在身体相应位置，布局千变万化。该时期璎珞的组合方式亦纷繁多变，多段联珠纹串联各种元素，联珠纹与弦纹组成“8”字或网状骨架，各种元素纵向排列尤其具有

1 前引《宋史》，第3486页。

2 前引《大足石刻雕塑全集·北山石窟卷（上）》图124。

3 从内至外依次是宝珠手、宝镜手、莲花手、如意轮、数珠手观音像。

表19 大足与安岳宋代石刻菩萨像通身璎珞实例线描和相关实例

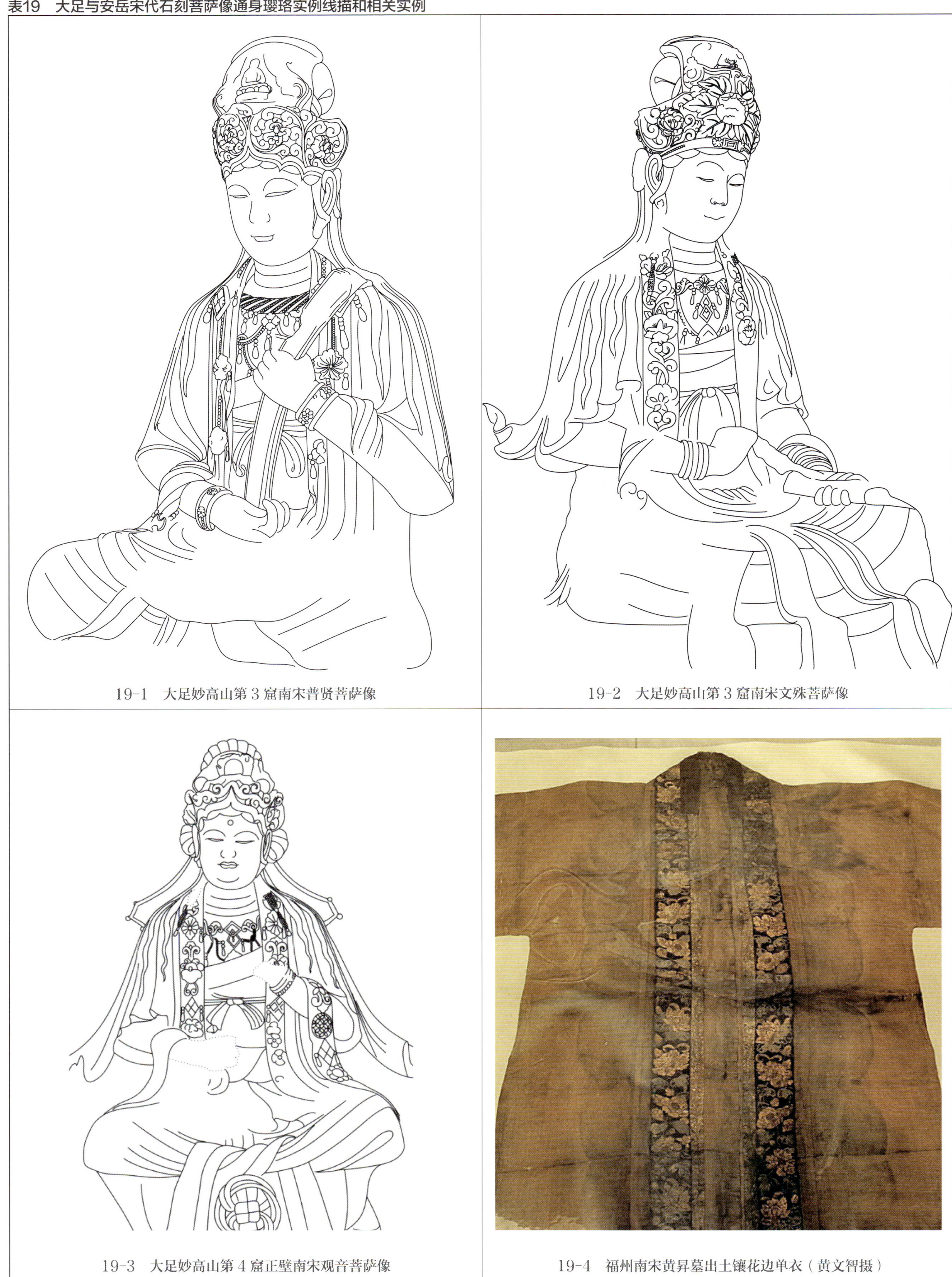

19-1 大足妙高山第 3 窟南宋普贤菩萨像

19-2 大足妙高山第 3 窟南宋文殊菩萨像

19-3 大足妙高山第 4 窟正壁南宋观音菩萨像

19-4 福州南宋黄昇墓出土镶花边单衣（黄文智摄）

续表

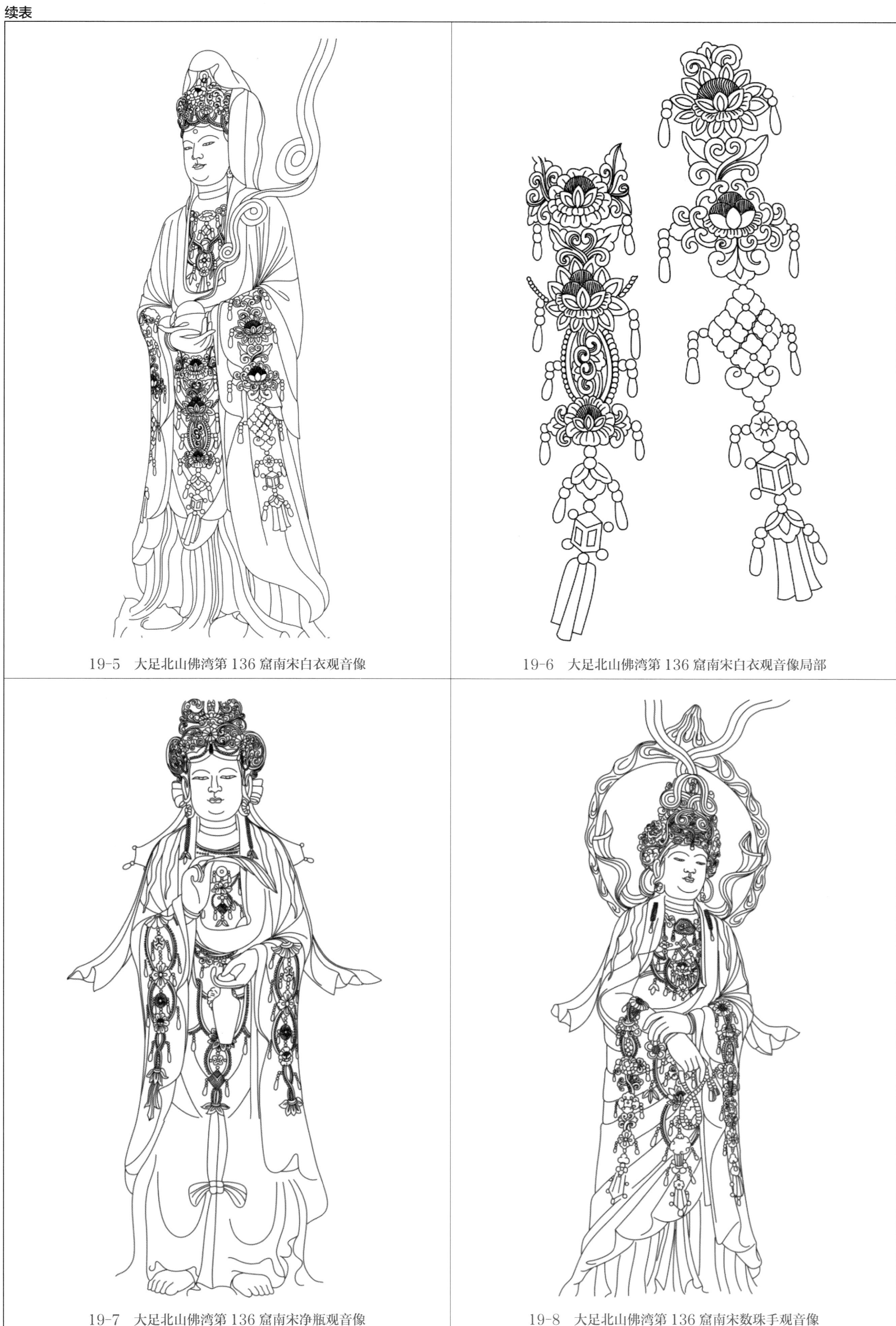

19-5 大足北山佛湾第 136 窟南宋白衣观音像

19-6 大足北山佛湾第 136 窟南宋白衣观音像局部

19-7 大足北山佛湾第 136 窟南宋净瓶观音像

19-8 大足北山佛湾第 136 窟南宋数珠手观音像

19-9 大足石门山第 6 窟南宋莲花手观音像

19-10 大足石门山第 6 窟南宋宝镜手观音像

19-11 大足北山佛湾第 133 窟南宋水月观音像

19-12 大足北山佛湾第 133 窟南宋水月观音像局部

时代特征（表20-1—表20-6）。第二阶段南宋中晚期，菩萨像璎珞处于次要地位，胸饰璎珞成为主流，通身璎珞整体衰退。该时期璎珞的组合方式有三种，项牌垂挂式、联珠纹串联式与各种元素横向排列式（表20-7—表20-9），其中第一种最具代表性。

大足与安岳宋代菩萨像装身具得以空前发展，无论是耳饰、手镯还是璎珞均与当时世俗女子的首饰有某些相通之处。虽然菩萨像装身具为石刻，但是依据造型约略能判断宋代首饰的两大类材质，即金银与珠翠[1]。此外，还有其他贵重材质，总括起来也许表现了七宝。诸如耳环、手镯、项牌大概表现的是金银首饰，珠串形耳坠、璎珞中联珠、双圆环大概为珍珠或玉翠首饰。玛瑙纹应表现了佛教七宝用品中的玛瑙。而方胜纹、如意纹、各式花卉等或许意味着由各种宝物雕刻而成。宋代手工业极其发达，首饰制作盛极一时。《梦粱录》卷十三："其他工役之人，或名为作分者，碾玉作、钻卷作、篦刀作、腰带作、金银打钑作、裹贴作、铺翠作。（中略）又有异名行者，如买卖七宝者谓之骨董行，钻珠子者名散儿行，（中略》行分最多，且言其一二。最是官巷花作，所聚奇异飞鸾走凤、七宝珠翠首饰、花朵冠梳，及锦绣罗帛、销金衣箱、描画领抹，极其工巧，前所罕有者，悉皆有之。"[2]宋代嫁娶仪式尤其崇尚各种金银、珠翠首饰，皇室贵族及丰厚之家尤盛[3]。《宋史》卷一百十五《礼志》："诸王纳妃。宋朝之制诸王聘礼，赐女家白金万两。（中略）定礼，羊、酒、彩各加十，茗百斤，头䌷巾段、绫、绢三十匹，黄金钗钏四双，条脱一副，真珠琥珀璎珞、真珠翠毛玉钗朵各二副，销金生色衣各一袭，金涂银合二，锦绣绫罗三百匹，果盘、花粉、花幂、眠羊卧鹿花饼、银胜、小色金银钱等物。"[4]可以想象贵族女子在出嫁时，身佩金银、珠翠首饰的富贵华丽景象。宋代华丽的首饰不但体现在世俗社会中，而且被艺术家或工匠巧妙地应用于宗教艺术，菩萨像豪华的装身具不正是在现实基础上的延伸吗？

综上所述，大足与安岳宋代石刻菩萨像装身具包括耳环、手镯与璎珞三方面，明显分为前后两个阶段。第一阶段北宋晚期至南宋早期，装身具获得极大发展。耳饰与手镯造型丰富，璎珞组成元素多种多样，繁缛华丽的通身璎珞达到历史新高峰。第二阶段南宋中晚期，装身具发展趋于缓慢。耳饰基本消失，手镯造型单一，璎珞组成元素有所减少，胸饰璎珞占据主流地位。大足与安岳宋代菩萨像装身具的兴盛，离不开唐、五代菩萨像重视装身具刻画的传统，更得益于宋代世俗首饰发达及装饰之风盛行的影响。透过菩萨像装身具，可以清晰地看出宋代佛教造像世俗化、地域化的发展进程。

四　躯体形态

（一）面部造型

北宋晚期至南宋早期菩萨像（表21-1—表21-6），脸形或椭圆或方圆，眉毛与鼻梁若断若连，两眼半睁，上眼睑或单层或双层，鼻梁直挺，嘴唇小巧。面部线条方圆结合，脸部外轮廓线、下颌线比较圆滑，而上眼睑、鼻梁、人中、上嘴唇线条表现得较为方折。

南宋中晚期菩萨像（表21-7—表21-9），大多数面形圆润，修眉细眼，眉毛与鼻梁相连，两眼微睁呈冥想状，上、下眼睑均两层，鼻梁线条柔和，嘴唇厚实，面带微笑。菩萨像端庄慈祥，神情似同时期佛像。

（二）躯体造型

大足与安岳宋代石刻菩萨像躯体，多被质地厚重的服装遮覆，肌体表现处于衰退阶段。胸、腹部肌肉比较扁平，腿部形态也不够清晰，四肢与躯体之间缺乏必要的空间分离。

1. 立像（表22）

立像以双腿直立造型为主，唐代菩萨像流行的S形曲线姿势逐渐退出历史舞台。多数实例造型平板化倾向明显，双臂与躯干粘连在一起，双腿隐于长裙之中，躯体外轮廓约略呈块状表现，与晚唐、五代部分菩萨像弱化肌体形态的表现一脉相承[5]。该时期变化自如

1　前引《奢华之色——宋元明金银器研究（一）》，第10页。

2　前引《梦粱录》，第112页。

3　前引《武林旧事》卷二："公主出嫁。（中略）观看公主房奁，真珠九翚四凤冠、褕翟衣一副，真珠玉佩一副，金格带一条，玉龙冠，绶玉环，北珠冠花篦环，七宝冠花篦环，真珠大衣、背子，珍珠翠领四时衣服，累珠嵌宝金器……"（第40页）《梦粱录》卷二十："女家回定帖（中略）具列房奁、首饰、金银、珠翠、宝器、动用、帐幔等物，及随嫁田土、屋业、山园等。（中略）议定礼，往女家报定。若丰富之家，以珠翠首饰、金器、销金裙褶，及段匹茶饼，加以双羊牵送。（中略）且论聘礼。富贵之家，当备三金送之，则金钏、金鋜、金帔坠者是也。若无金器，以银镀代之。（中略）女家答以金银双胜御、罗花幞头，绿袍、靴笏等物。"前引《梦粱录》，第185—186页。

4　前引《宋史》，第2735页。

5　如大足北山佛湾第10龛晚唐观音、大势至像，以及第53龛前蜀永平五年（915年）观音、地藏像，均为双腿直立造型，造型趋向平板状。

表20　大足与安岳宋代石刻菩萨像璎珞组合方式

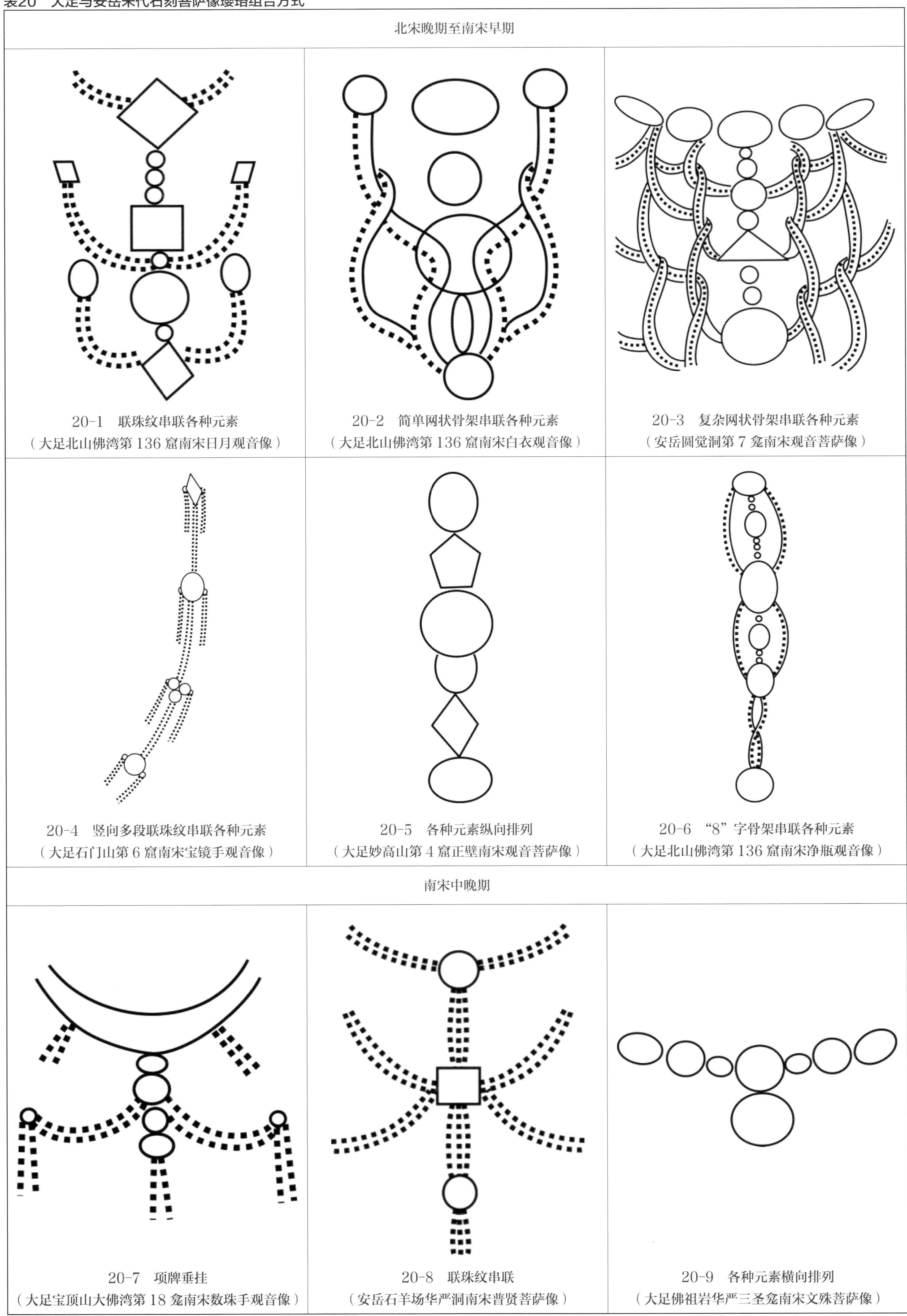

北宋晚期至南宋早期		
20-1　联珠纹串联各种元素 （大足北山佛湾第 136 窟南宋日月观音像）	20-2　简单网状骨架串联各种元素 （大足北山佛湾第 136 窟南宋白衣观音像）	20-3　复杂网状骨架串联各种元素 （安岳圆觉洞第 7 龛南宋观音菩萨像）
20-4　竖向多段联珠纹串联各种元素 （大足石门山第 6 窟南宋宝镜手观音像）	20-5　各种元素纵向排列 （大足妙高山第 4 窟正壁南宋观音菩萨像）	20-6　"8"字骨架串联各种元素 （大足北山佛湾第 136 窟南宋净瓶观音像）
南宋中晚期		
20-7　项牌垂挂 （大足宝顶山大佛湾第 18 龛南宋数珠手观音像）	20-8　联珠纹串联 （安岳石羊场华严洞南宋普贤菩萨像）	20-9　各种元素横向排列 （大足佛祖岩华严三圣龛南宋文殊菩萨像）

的手势成为造型新亮点。

北宋晚期至南宋早期，大足地区五处菩萨群像堪称典范，分别是北山佛湾第180窟（1116—1122年）十二尊观音菩萨像（表22-1）、第136窟（1142—1146年）四尊菩萨像[1]，峰山寺第4龛南宋十尊观音菩萨像（表22-2），妙高山第4窟南宋十尊观音菩萨像（表22-3），以及石门山第6窟（1141年）十尊观音菩萨像，大多数为正面立姿，头身比例协调，身躯修长，呈现宁静秀丽之美，与宋代清丽典雅的妙龄女子画像有几分相像[2]。偶见侧身立者，如石门山第6窟如意轮观音像（表22-4），身体微微向右倾，略呈S形，让人感受到几分鲜活的灵动，其体态与大足北山佛湾第125龛数珠手观音像相仿。安岳圆觉洞第7、14龛两尊观音菩萨像（表22-5、表22-6），躯体略显宽厚，姿态稳健。南宋中晚期菩萨立像典型实例，诸如安岳茗山寺第3龛文殊菩萨像（表22-7）、第8龛双菩萨像（表22-8、表22-9），以及大足宝顶山大佛湾第5龛左右胁侍菩萨像（表22-10、表22-11），肩膀宽阔，躯体厚重结实，举止端庄稳重，与佛像体形相仿（表22-12）。

菩萨像由于持物的多样性，致使手部姿势随之自由变化，实例或一手上扬、一手下垂，或一手上扬、一手横置胸前，或一手下垂外展，一手横置腹前，或两手相叠，或两手相交，或两手笼于袖中，或两手下垂。由于手势的多样性，在某种程度上打破了躯体直立所导致的僵硬格调，可视为宋代菩萨立像造型发展的突出之处。

2. 坐像（表23）

大足与安岳宋代菩萨坐像变化多端，倚坐、结跏趺坐、半跏趺坐、散盘坐、游戏坐并存，其中倚坐与结跏趺坐较多承袭晚唐、五代同地区菩萨像造型传统，而半跏趺坐、散盘坐、游戏坐更多在继承中寻求突破。大足与安岳宋代菩萨坐像造型多样化的情况与北方地区大体一致，具有时代共通性。

（1）倚坐。身体端坐于座上，两腿自然下垂。实例集中于北宋晚期至南宋早期大足北山佛湾石窟，诸如第119龛不空羂索观音像、第286龛（1109年）观音菩萨像（同表11-2），上身呈平板状，深受五代倚坐菩萨像影响[3]。两腿轮廓不甚清晰，量感较五代菩萨像有些弱化，唯双膝隆起体现一定的空间感。

（2）结跏趺坐。结跏趺坐像流行于两宋时期，绝大多数实例双腿完全被袈裟遮覆，未露双足。北宋晚期至南宋早期典型实例，诸如大足妙高山第4窟南宋观音、大势至菩萨像（同表12-7），大足石门山第6窟（1141年）观音、大势至菩萨像（表23-1），大足北山佛湾第110龛南宋菩萨像（表23-2）、第136窟（1142—1146年）文殊与普贤菩萨像（同表12-8、表12-10），上身平实，腿部简化为块状，无从体现腿部具体形态及叠压关系，造型与大足地区晚唐、五代菩萨像类似，如大足北山佛湾第58龛唐乾宁三年（896年）观音、地藏菩萨像。南宋中晚期实例，如安岳茗山寺第2龛双菩萨像（同表7-17），以及安岳高升大佛寺文殊、普贤菩萨像（同表8-9），双腿依然接近块状。大足陈家岩第1窟、大足宝顶山大佛湾第29窟菩萨像（表23-3），双腿两膝隆起，两膝之间下凹，体现一定的空间关系，通过袈裟衣纹能感觉到双腿的叠压关系。以上诸实例手势多种多样，有的双手合十，有的一手上扬、另一手放置膝部，有的双手一上一下共同持物，也有的双手相叠持物放置腹前。

南宋中晚期亦有部分实例造型高度统一，应引起特别重视。诸如大足石刻博物馆藏两尊观音菩萨像（表23-4、表23-5），以及安岳石羊场华严洞左壁第三尊菩萨像（表23-6），皆结跏趺坐，双手笼于袖中置于腹前，而且头覆披风。其中一尊菩萨像方形台座前面两侧题记："那伽常在定，无有不定时，为彼散乱人，故现如是相。"题记内容与苏州灵岩山两宋之际法慎刻《入定观音像碑》一字不差[4]，乃慈受深和尚（1077—1132年）入定观音像赞文[5]，证明此三尊造型一致的菩萨像尊格为入定观音。入定观音像诞生在北宋晚期禅宗大发展的背景之中，造型来源于打坐禅僧，被赋予禅定与般若意涵，又得力于禅僧的偈赞与推广，在两宋之际传布江南地区[6]。南宋一世，川僧东游江浙参禅学法蔚成风气，诸多川僧成为杭州径山、灵隐寺、净慈寺及宁波阿育王寺等名山大刹的住持[7]。川

---

1 分别是主像两侧观音、大势至菩萨像，左壁第三尊如意珠观音像，右壁第三尊数珠手观音像。

2 台北故宫博物院编辑委员会编：《千禧年宋代文物大展》，台北故宫博物院2000年版，图版Ⅳ-11。

3 大足、安岳五代流行倚坐菩萨像，诸如大足北山佛湾第48、92、256龛五代菩萨像与279龛后蜀广政十八年（955年）菩萨像，以及安岳圆觉洞第83龛后蜀菩萨像。

4 （唐）吴道子等绘，钱晓平等编：《历朝名画观音宝相》下册，上海辞书出版社2002年版，图版137。

5 慈受深或慈受怀深禅师（1077—1132年），宋代云门宗高僧，安徽六安人，14岁出家。北宋崇宁初年（1102年），前往嘉禾资圣寺，参访净照崇信禅师领悟意旨，尔后住于资福、焦山禅寺，宣和三年（1121年）受诏北上住持东京（今开封）大相国寺慧林禅寺，靖康元年（1126年），二度请退，得旨辞众，南下至天台石桥，寻徙灵岩山，敕补蒋山，后居洞庭包山，南宋绍兴二年（1132年）圆寂。慈受深和尚生平详见南宋正受编《嘉泰普灯录》卷9，《卍新纂续藏经》第七十九册，第342页上。又，（宋）慈受怀深撰，善清等编：《慈受深和尚广录》，《卍新纂续藏经》第七十三册。又《慈受深和尚广录》卷2《东京慧林禅寺慈受深和尚偈赞》："入定观音。那伽常在定，无有不定时。为彼散乱人，故现如是相。"《卍新纂续藏经》第七十三册，第112页上。

6 齐庆媛：《论入定观音像的形成与发展》，《敦煌研究》待刊。

7 唐希鹏、向世山：《南宋川僧冠绝大宋国探源》，《社会科学研究》2012年第6期。

表21　大足与安岳宋代石刻菩萨像面部造型实例

21-1　大足北山佛湾第180窟左壁第三尊北宋观音菩萨像（齐庆媛摄）

21-2　大足北山佛湾第180窟左壁第五尊北宋观音菩萨像（齐庆媛摄）

21-3　大足石门山第6窟南宋宝篮手观音像（李静杰摄）

21-4　大足石门山第 6 窟南宋莲花手观音像（李静杰摄）

21-5　大足北山佛湾第 136 窟南宋玉印观音像（陈怡安摄）

21-6　大足北山佛湾第 136 窟南宋文殊菩萨像（陈怡安摄）

21-7　安岳石羊场华严洞右壁第三尊南宋菩萨像（齐庆媛摄）

21-8　大足宝顶山大佛湾第 11 龛南宋菩萨像（齐庆媛摄）

21-9　大足宝顶山大佛湾第29窟左壁第四尊南宋菩萨像（黄文智摄）

表22　大足与安岳宋代石刻菩萨立像实例和相关实例

 22-1　大足北山佛湾第180窟左壁第三尊北宋观音菩萨像	 22-2　大足峰山寺第 4 龛左壁第二尊南宋观音菩萨像（孙明利摄）	 22-3　大足妙高山第 4 窟右壁第五尊南宋观音菩萨像（齐庆媛摄）
 22-4　大足石门山第 6 窟南宋如意轮观音像	 22-5　安岳圆觉洞第 7 龛北宋观音菩萨像（李静杰摄）	 22-6　安岳圆觉洞第 14 龛南宋观音菩萨像（李静杰摄）

续表

 22-7　安岳茗山寺第 3 龛南宋文殊菩萨像（李静杰摄）	 22-8　安岳茗山寺第 8 龛左侧南宋菩萨像（李静杰摄）	 22-9　安岳茗山寺第 8 龛右侧南宋菩萨像（李静杰摄）
 22-10　大足宝顶山大佛湾第5龛左侧南宋菩萨像	 22-11　大足宝顶山大佛湾第5龛右侧南宋菩萨像	 22-12　大足宝顶山大佛湾第5龛主尊南宋佛像

表23 大足与安岳宋代石刻菩萨坐像实例

 23-1　大足石门山第6窟南宋观音菩萨像	 23-2　大足北山佛湾第110龛南宋菩萨像（李静杰摄）	 23-3　大足宝顶山大佛湾第29窟左壁第三尊南宋菩萨像
 23-4　大足石刻博物馆藏南宋观音菩萨像之一	 23-5　大足石刻博物馆藏南宋观音菩萨像之二	 23-6　安岳石羊场华严洞左壁第三尊观音菩萨像线描

 23-7　大足宝顶山大佛湾第 29 窟右壁第五尊南宋菩萨像	 23-8　安岳石羊场华严洞左壁第五尊南宋菩萨像（李静杰摄）	 23-9　安岳石羊场华严洞右壁第五尊南宋菩萨像（齐庆媛摄）
 23-10　大足北山佛湾第 121 龛宋代观音菩萨像	 23-11　安岳石羊场华严洞南宋文殊菩萨像（齐庆媛摄）	 23-12　大足宝顶山大佛湾第 29 窟左壁第六尊南宋菩萨像

续表

 23-13　大足石门山第 4 龛北宋绍圣元年（1094 年）水月观音像	 23-14　大足北山佛湾第 113 龛宋代水月观音像	 23-15　大足北山佛湾第 180 窟北宋水月观音像
 23-16　大足宝顶山大佛湾圆觉洞左壁第四尊南宋菩萨像	 23-17　大足陈家岩第1窟右壁第五尊南宋菩萨像（出自《大足石刻雕塑全集・南山、石门山、石篆山等石窟卷》图148）	 23-18　大足宝顶山大佛湾圆觉洞右壁第四尊南宋菩萨像

僧往返于巴蜀、江浙之间，促进了两地佛教文化交流，这是大足与安岳地区盛行入定观音像的直接原因。

（3）散盘坐。菩萨散盘坐由结跏趺坐发展而来，即双腿盘曲而坐，一腿在前、另一腿在后的姿势，流行于南宋中晚期。如大足宝顶山大佛湾第29窟左、右壁第一、五尊菩萨像（表23-7），或左腿在前，或右腿在前，在前方者露足，手势亦无定式，与北方地区山西与陕西北宋菩萨像情况近似[1]。这种接近世人盘膝而坐的姿势，突破了佛教尊像结跏趺坐规整造型的束缚，愈发具有亲和力。

（4）半跏趺坐。半跏趺坐即一腿置于另一腿上，另一腿垂下。代表性实例为安岳石羊场华严洞左、右壁第一、二、四、五尊南宋菩萨像（同表7-14、表8-11），头部微低，或左腿搭在右腿上，或右腿搭在左腿上，下垂之腿向内倾斜足踏莲花，双腿外形圆浑，双足厚实。上身肩膀宽厚，显露在外的肌肤富有弹性。双手姿势及持物各不相同，富于变化。其中左、右壁第五尊菩萨像刻画得尤其精彩，左壁第五尊菩萨像左腿搭于右腿，右腿自然垂下略向左倾，头部转至右前方，上身微微向右倾。右手扶几，右肩耸起，左手下垂外展，左肩舒缓放松，从而使两肩形成高低、紧缓的起伏感（表23-8）。右壁第五尊菩萨像腿部与前者相仿，低头俯视左下方，上身向左倾斜，左手握几，右手抬起外展（表23-9）。上述两尊菩萨像通过头部的转动，身体的倾向，寓静于动，优美闲适，堪称宋代佛教雕塑的上乘之作。

（5）游戏坐。游戏坐是宋辽金时期菩萨像最具代表性的坐姿，在大足与安岳亦不例外。根据造型差异，可细分为三种。之一，一腿盘曲，另一腿垂下式。之二，一腿支起，另一腿垂下式。之三，一腿支起，另一腿盘曲式。游戏坐菩萨像通过自由自在的姿势，向人们展现了一种无拘无束、率意自然的宁静情趣。

之一，一腿盘曲，另一腿垂下式，流行于两宋时期。北宋晚期至南宋早期实例，诸如大足北山佛湾第121龛观音、地藏菩萨像（表23-10），两腿扁平，腿部隐于厚重的长裙之中，具体形态无从体现，与第191窟五代菩萨像双腿呈平板化造型相似。南宋中晚期实例，如安岳石羊场华严洞文殊、普贤菩萨像（表23-11、同表8-7），以及大足宝顶山大佛湾第29窟菩萨像（表23-12），上身端正，胸部平缓，继承以往传统，但腹部略微隆起，两腿轮廓比较清晰，膝部隆起，较前一阶段菩萨像更富有量感。下垂之腿微向内斜，柔和生动，与北方地区菩萨像相似，如长子法兴寺北宋晚期菩萨像。

之二，一腿支起，另一腿垂下式，为水月观音像的典型坐姿，上承五代传统，两宋时期在大足与安岳盛极一时，与北方地区发展同步。北宋晚期至南宋早期代表性实例，诸如大足石门山第4龛（1094年）像（表23-13）、北山佛湾第113龛像（表23-14）、妙高山第5窟水月观音像（同表12-4）。南宋中晚期实例，如安岳毗卢洞第5龛水月观音像（同表12-5）。此四尊造像均为右腿支起，同侧手搭在膝上，左腿垂下，同侧手扶地的姿势，与大足北山佛湾第210龛五代水月观音造型一致。这种姿势的水月观音像在北方地区宋辽金时期亦占据主导地位。其中大足石门山第4龛（1094年）、北山佛湾第113龛水月观音像，支起的右腿向内倾斜，右手撩起长带的造型，与子长钟山第3窟北宋水月观音像、富县石泓寺第2窟金代水月观音像如出一辙。大足妙高山第5窟水月观音像头部微微倾斜，多了几分灵动之感。安岳毗卢洞第5龛水月观音像，凝视左下方，上身略向左倾，而腿部则转向右方，这种复杂姿势体现雕塑家在处理人体动态时的娴熟技法，使得造像如此生动洒脱。

之三，一腿支起，另一腿盘曲式，左腿盘曲、右腿支起者为多，亦为水月观音像比较流行的坐姿，且被其他尊格菩萨像借用，与北方地区宋辽金时期菩萨像情况相近。北宋晚期至南宋早期实例集中于大足北山佛湾石窟，如第180窟（1116—1122年）水月观音像（表23-15），第131龛、133窟水月观音像（同表12-1、表12-2），左手扶地或持数珠，右手搭于右膝，与第211龛五代水月观音像造型相仿。南宋中晚期菩萨像，该造型亦用于十二圆觉菩萨像，如大足宝顶山大佛湾第29窟十二圆觉之左、右壁第四尊菩萨像（表23-16），大足陈家岩第1窟右壁第五尊菩萨像（表23-17）[2]，头部微向左斜，低头凝视，右手持长带搭于右膝，有一番安闲舒适之感，与大足北山佛湾第131龛水月观音相像，不同之处在于后者左手扶几，更显自由。右壁第四尊菩萨像则为左腿支起、右腿盘曲、左手搭左膝的相反造型（表23-18）。

由上可知，大足与安岳宋代石刻菩萨像肌体形态居造型次要位置，胸腹平缓，两臂与胸腹之间缺乏明确界线，腿部形态亦比较抽象。但是，菩萨像手势灵活多变，增加了造型的动态感。立像以双腿直立造型为主，坐像则姿势多样，与北方地区同时期菩萨像一致，共同体现宋辽金时期菩萨像造型的时代性。具体而言，北宋晚期至南宋早期菩萨像，面部造型多样，表情丰富，立像躯体修长，坐像腿部呈块状。南宋中晚期，面部造型趋于统一，立像敦实，坐像腿部比较圆浑，体现一定的量感。

1　如长子法兴寺十二圆觉菩萨像、子长钟山第3窟中心坛上菩萨像。

2　前引《大足石刻雕塑全集·南山、石门山、石篆山等石窟卷》图148。

五　结论

上文逐一分析了大足与安岳宋代石刻菩萨像宝冠、服装、装身具与躯体形态，下文从整体上总结菩萨像造型演化规律。

具体而言，可以将大足与安岳宋代石刻菩萨像分为前后两个阶段。第一阶段北宋晚期至南宋早期，约11世纪80年代至12世纪70年代，菩萨像宝冠、服装、装身具、躯体形态多样，富于变化，彰显了工匠丰富多彩的创造力。卷草纹与牡丹纹宝冠造型灵活多变。袈裟、披风与络腋（或僧祇支、披帛）与裙组合三类服装并行发展，在唐、五代原有造型基础上不断创新。耳饰、手镯与璎珞应有尽有，璎珞更是得到前所未有的发展。菩萨立像躯体修长、宁静安详，坐像自由随意。该时期，宝冠与装身具刻画精致，装饰豪华，形成繁缛华丽的艺术效果。第二阶段南宋中晚期，约自12世纪80年代至13世纪40年代，菩萨像宝冠、服装、装身具、躯体形态造型趋向统一。宝冠虽然繁丽，但形式显单调。袈裟成为服装的主流，其他两类服装处于衰退态势。耳饰消失，手镯造型单一，胸饰璎珞模式化，通身璎珞几乎消失。菩萨立像敦实厚重，坐像姿势依然多样。该时期繁缛细密的高大宝冠与简洁宽松的袈裟形成鲜明对比，呈现疏密有致的艺术效果。

大足与安岳宋代石刻菩萨像进入一个崭新发展阶段，造型不仅仅继承唐、五代传统，更多地撷取世俗文化因素，深刻反映了佛教造像世俗化、地域化的发展进程。牡丹纹宝冠系四川宋代菩萨像造型的创举，是宋人酷爱牡丹及牡丹栽培中心南移四川的产物。钩钮式袈裟与僧人袈裟同步发展，如实地反映了宋代袈裟革新的情况。菩萨像裙装长带花结造型与世俗服装花结装饰紧密相连，朴素清新，精巧美观。装身具的发展，离不开世俗首饰制作发达与装饰之风盛行的氛围。珠串耳坠直接体现了宋代上层社会女子所戴的珍珠耳坠，宽体雕花手镯再现了宋代锤揲手镯的面貌。璎珞几何纹元素中方胜纹、钱纹或球纹、如意纹，无一不是宋代世俗社会兴盛的吉祥纹样，而植物纹元素中牡丹纹、菊花纹亦深受世人喜爱。项牌垂挂式璎珞的兴盛，正是源于宋代项牌的流行。菩萨立像窈窕，秀丽恬静，暗含宋代女子典雅之美。菩萨坐像姿势自由多变，倚坐、结跏趺坐、半跏趺坐、散盘坐、游戏坐均得以发展，姿态愈加接近生活中人。大足与安岳宋代石刻菩萨像巧妙地融入世俗文化因素，并进一步创新发展，改变了以往菩萨像造型模式，形成鲜明地域、时代特征。

总体而言，大足与安岳宋代石刻菩萨像，不仅是佛教雕塑史上一颗璀璨的明珠，而且是中国雕塑史上不朽的丰碑。艺术家赋予菩萨像诸多美好的造型语言，将神圣的尊像人情化，深深感染了观者。菩萨像雕刻细腻、技精艺绝，造型水准达到了令后来者难以企及的高度。

附记：本稿以笔者《四川宋代石刻菩萨像宝冠造型分析》（《敦煌研究》2014年第2期）、《四川宋代石刻菩萨像造型分析——以服装、装身具与躯体形态为中心》（《石窟寺研究》2014年总第5辑），以及《大足与安岳宋代石刻菩萨像造型分析》（收录于《2014年大足学国际学术研讨会论文集》，重庆出版社2016年版）为基础综合整理而成，同时增加较多实例，内容阐述也更加全面。本稿得以完成，有赖于导师李静杰教授提供诸多实地考察资料与悉心指导，还有历次参加实地考察的同仁，尤其是孙明利、黄文智，以及林保尧、陈怡安提供大量第一手资料，在考察过程中承蒙大足石刻研究院提供诸多便利，笔者谨致谢忱！又，插图线描概为笔者绘制。

大足石刻彩绘颜料检测分析报告

杨 涛 赵 岗

一 概述

在人类文明的历史进程中，植物染料、动物汁液、天然彩泥和炭黑最早被穴居人类用于个人涂妆、器具装饰和早期艺术。大多数动植物染料在经受阳光暴晒之后极易褪色，但是茜草根红染料、菘蓝靛蓝染料、腊虫紫染料在环境不是很恶劣的条件下可以保存数百年[1]。除了土黄、土红和土褐等广泛分布的沉积黏土矿物颜料之外，氯铜矿（atacamite，$CuCl_2 \cdot 3Cu(OH)_2$）、雄黄（realgar，AsS）、雌黄（orpiment，As_2S_3）、孔雀石（malachite，$CuCO_3 \cdot Cu(OH)_2$）、青金石（lapis lazuli，$(Na,Ca)_8(AlSiO_4)_6(SO_4,S,Cl)_2$）、朱砂（cinnabar，HgS）和石青（azurite，$2CuCO_3 \cdot Cu(OH)_2$）等珍稀的鲜亮重金属矿物颜料也有悠久的历史，最早使用这些次宝石级有色颜料的地方应该有丰富的矿产资源，这些矿粉颜料先在本地广泛应用之后才会作为商品流通到外地。

朱砂在中国的应用最早可以追溯到公元前3000年，石青的应用最早源自埃及。人造埃及蓝（Egyptian blue，$CaSiO_3 \cdot CuSiO_3$）的化学合成至少始于公元前2000年，人工合成的铅白（white lead，$2PbCO_3 \cdot Pb(OH)_2$）、铅丹（minium，$PbO_2 \cdot 2PbO$）、铅黄（massicot，PbO）和铜绿（verdigris，$Cu(C_2H_3O_2)_2 \cdot 2Cu(OH)_2$）在古罗马时代就已广为知晓，但是干法人造朱砂（Chinese vermilion，HgS）则源自中国。

颜料在公元5世纪到15世纪即被作为大宗商品在世界范围内广泛流通。拜占庭时期，产于阿富汗阿姆河源头的天然青金石开始进入欧洲市场，此后数百年间一直被奉作宝石。与此同时，青金石向北经过中国新疆传到内地。土绿（glauconite，$(K,Na)(Fe^{3+},Al,Mg)_2(Si,Al)_4O_{10}(OH)_2$；celadonite，$K(Mg,Fe^{2+})(Fe^{3+},Al)Si_4O_{10}(OH)_2$）、赭土（limonite，$Fe_2O_3 \cdot H_2O$）和棕土（$Fe_2O_3 \cdot MnO_2$）最早在意大利被用作颜料，现今这些地方仍有高品质土性颜料的出产。大青（smalt，$CoO \cdot Al_2O_3 \cdot K_2O \cdot SiO_2$）主要产于德国，这种人造颜料深受荷兰、比利时和卢森堡人的喜欢。

文艺复兴后期（公元1530—1600年），胭脂红花、巴西红木、向日葵紫和菘蓝等植物染料在绘制书稿的插图时多有应用，后来才有黑色和褐色水性墨汁用于文稿。在中国，商朝时期就已经有朱砂的应用，孔雀石、石青和一些黏土颜料的应用也非常普遍；铅丹和铅白的应用至少始于唐朝。一般地说，唐代以前以矿物颜料为主，唐以后因植物颜料随织染之发达而逐渐利用于绘画[2]，常用的植物染料有靛蓝、胭脂红和藤黄。

现代合成颜料始于1704年德国人掌握普鲁士蓝（Prussian blue，$Fe_4[Fe(CN)_6]_3$的合成技术，1778年瑞典人合成亚砷酸铜（Scheele’s green，$CuHAsO_3$）。随着锌和钴元素的发现，1780年合成钴绿（Cobalt green，$CoO \cdot ZnO$）、1782年合成锌白（Zinc white，ZnO）、1802年合成钴蓝（Cobalt blue，$CoO \cdot Al_2O_3$）。1797年法国化学家发现铬元素，并于1809年合成铅铬绿（Chrome green，$Fe_4[Fe(CN)_6]_3 \cdot PbCrO_4$），接着是1817年德国人合成镉黄（Cadmium yellow，CdS）、1824年法国人合成群青（artificial ultramarine blue，$Na_{8-10}Al_6Si_6O_{24}S_{2-4}$；natural lazurite，$3Na_2O_3 \cdot Al_2O_3 \cdot 6SiO_2 \cdot 2Na_2S$）、1838年法国人合成氧化铬绿（viridian，$Cr_2O_3 \cdot 2H_2O$）。合成颜料让艺术家们摆脱了石青和青金石一类昂贵天然矿物颜料的束缚，为艺术的创作提供了极大的方便。

英国人在1856年工业合成染料苯胺紫（mauve，$C_{26}H_{23}N_4^+X^-/C_{27}H_{25}N_4^+X^-$），之后的近半个世纪里不断有新的有机染料被合成，除了1870年美国人合成出铅白的替代品锌钡白（lithopone，$BaSO_4 \cdot ZnS$）之外，这期间少有无机颜料问世。进入20世纪

1 Rutherford J. GETTENS，George L. STOUT. *Painting Materials: A Short Encyclopedia*. New York：Dover Publications，1942：pp.139-143.

2 蒋玄佁：《中国绘画材料史》，上海书画出版社1986年版，第95页。

后，1910年德国人合成出朱砂的替代品镉红（Cadmium red，CdS/CdSe）、1920年挪威和美国工业生产铅白、锌白和锌钡白的替代品钛白（Titanium dioxide，TiO_2）。之后人工合成的有机染料有酞菁铜蓝（blue copper phthalocyanine，$C_{32}H_{16}CuN_8$）和酞菁铜绿（green copper phthalocyanine，$C_{32}H_3Cl_{15}CuN_8$），无机颜料有钼酸橙（molybdate orange，$PbCrO_4 \cdot PbSO_4 \cdot PbMoO_4$）和锰蓝（Manganese blue，$BaMnO_4 \cdot BaSO_4$）。

颜料的检测和分析技术[1, 2]有偏光显微镜（polarized light microscopy）、紫外线荧光显微镜（ultraviolet fluorescence microscopy）、X射线衍射（X-ray diffraction）、红外透射和反射分光光谱（infrared and reflectance spectrophotometry）、拉曼光谱（Raman spectroscopy）、扫描电子显微镜（scanning electron microscopy）、透射电子显微镜（transmission electron microscopy）、X射线荧光（X-ray fluorescence）、薄层切片（thin-layer chromatography）、热释光（thermoluminescence）、热分析（thermal analysis）、X射线层析（X-radiography）、中子活化（neutron activation）、穆斯堡尔光谱（Mossbauer spectroscopy）、核磁共振光谱（nuclear magnetic resonance spectroscopy）、时域激光诱导荧光光谱（time-resolved laser-induced fluorescence spectroscopy）、荧光寿命成像（fluorescence lifetime imaging）、集成多光谱成像（integrated multi-spectral imaging）、光导纤维反射光谱（fiber optic reflectance spectroscopy）、光导荧光光谱（fiber optic fluorescence spectroscopy）、切片染色（stain tests on cross sections）、高效液相色谱（high-performance liquid chromatography）、气相色谱－质谱（gas chromatography － mass spectrometry）、酶联免疫吸附实验（enzyme-linked immunosorbent assay）。

本文采用物理和化学的现代科技手段检测分析大足区境内北山摩崖造像、多宝塔、南山摩崖造像、石篆山摩崖造像、宝顶山摩崖造像、石门山摩崖造像、舒成岩摩崖造像、尖山子摩崖造像、千佛岩摩崖造像和斗碗寨摩崖造像具有代表性的彩绘颜料，通过薄层切片观察颜料层的结构，通过颜料的化学成分推断其产地，再结合古代颜料的起源和发展历史对彩绘颜料进行分期或断代测年，揭示当时的科技水平、文化往来和对外贸易范围。

二　实验方法

（一）彩绘颜料样品

根据摩崖石刻的造像时代[3]和文物保护单位等级，选取北山、多宝塔、南山、石篆山、宝顶山、石门山、舒成岩、尖山子、千佛岩和斗碗寨等15处（表1）的彩绘颜料样品进行检测分析。各处彩绘颜料的取样部位依次如图1所示，每处一般取红色、绿色、蓝色、白色和黑色五种颜料样品，在石门山摩崖造像和千佛岩摩崖造像两处各采集得到橙色颜料样品。

（a）北山摩崖造像第 9 号龛

（b）北山摩崖造像第 155 号窟

（c）南山摩崖造像第 5 号窟

1　Elisabeth West FITZHUGH. *Artists' Pigments: A Handbook of Their History and Characteristics*. Washington: National Gallery of Art, 1998: pp.34-40, pp.204-210, pp.239-255, pp.281-286.

2　Francesca PIQUÉ, Giovanni VERRI. *Organic Materials in Wall Paintings*. Los Angeles: Getty Conservation Institute, 2015: pp.15-16.

3　刘长久、胡文和、李永翘：《大足石刻研究》，四川省社会科学院出版社1985年版，第359—360页。

（d）石篆山摩崖造像第 6 号龛

（e）多宝塔第 1 号龛

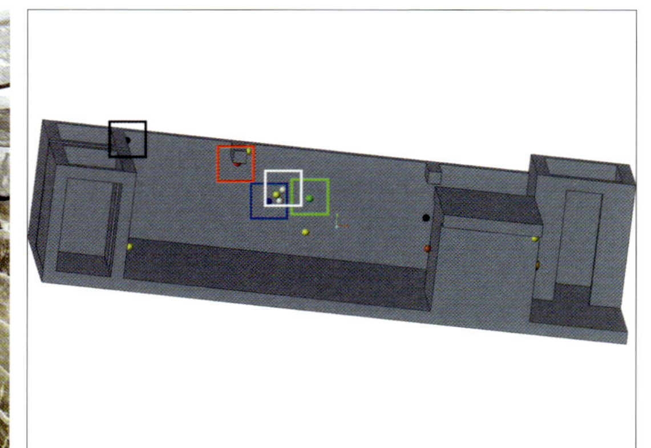

（f）宝顶山摩崖造像小佛湾第 6 号殿

（g）宝顶山摩崖造像大佛湾第 18 号龛

（h）宝顶山摩崖造像大佛湾第 11 号龛

（i）宝顶山摩崖造像大佛湾第 29 号窟

（j）宝顶山摩崖造像大佛湾第 11 号龛

（k）石门山摩崖造像第 6 号窟

（l）舒成岩摩崖造像第 5 号龛

（m）尖山子摩崖造像第 3 号龛

（n）千佛岩摩崖造像第 7 号龛

（o）斗碗寨摩崖造像第 4 号龛

图 1　大足石刻彩绘颜料的取样部位

表1　大足石刻彩绘颜料取样表

序号	名称	时代	文物保护单位等级	颜料取样点	样品编号				
					红	绿	蓝	白	黑
1	北　山	唐至宋	第一批全国重点	9号龛：千手观音像（晚唐）	1R	1G	1B	1W	1K
2				155号窟：宝顶山道场孔雀明王（宋1126年）	2R	2G	2B	2W	/
3	南　山	宋	第四批全国重点	5号窟：三清古洞（宋）	3R	3G	3B	3W	3K
4	石篆山	宋	第四批全国重点	6号龛：孔子及十哲像（宋1088年）	4R	4G	4B	4W	4K
5	多宝塔	宋	第四批全国重点	1号龛：释迦结跏趺坐佛[1]（宋）	5R	5G	5B	5W	5K
6	宝顶山	宋	第一批全国重点	6号殿：小佛湾本尊殿（宋）	6R	6G	6B	6W	6K
7				18号龛：观无量寿佛经变下品观（宋）	7R	7G	7B	7W	7K
8				11号龛：释迦牟尼涅槃图腹部（宋）	8R	8G	8B	8W	8K
9				29号窟：圆觉洞	9R	9G	9B	9W	9K
10				11号龛：释迦牟尼涅槃图头部（宋）	10R	10G	10B	10W	10K
11	石门山	宋	第四批全国重点	6号窟：西方三圣和十圣观音（宋1141年）	11R	11G	11B	11W	11K
12	舒成岩	宋	重庆市	5号龛：玉皇大帝（宋1143年）	12R	12G	12B	12W	12K
13	尖山子	唐至宋	重庆市	3号龛：释迦说法[2]（初唐[3]）	13R	13G	13B	13W	13K
14	千佛岩	明	重庆市	7号龛：观无量寿佛经变相（明1410年[4]）	14R	14G	14B	14W	14K
15	斗碗寨	清	大足区	4号龛：地母[5]（清）	15R	15G	15B	15W	15K

（二）仪器参数及样品预处理

对表1中的74个五色样品（1R～15K）以及石门山（11O）和千佛岩（14O）的2个橙色样品进行科学检测分析，测试项目有视频显微镜、偏光显微镜、紫外线荧光显微镜、扫描电子显微镜－电子散射能谱、X射线荧光、X射线衍射、傅立叶变换红外光谱和拉曼光谱（表2）。

表2　彩绘颜料检测分析项目一览表

序号	样品编号	镜下观察				图谱分析				
		视频显微镜		偏光显微镜	紫外线荧光显微镜	电子散射能谱	X射线荧光	X射线衍射	傅立叶红外光谱	拉曼光谱
		表面	薄层切片							
1	1R	√			√	√			√	
2	1G	√			√	√			√	
3	1B	√		√	√	√			√	√
4	1W	√			√	√			√	
5	1K	√			√	√			√	√
6	2R	√			√	√			√	√
7	2G	√			√	√			√	
8	2B	√			√	√			√	√
9	2W	√			√	√			√	
10	3R	√			√	√			√	
11	3G	√			√	√			√	
12	3B	√			√	√			√	
13	3W	√			√	√			√	
14	3K	√			√	√			√	
15	4R	√			√	√			√	
16	4G	√			√	√			√	
17	4B	√			√	√			√	
18	4W	√			√	√			√	
19	4K	√			√	√			√	
20	5R	√			√	√			√	
21	5G	√			√	√			√	

1　黎方银：《大足北山多宝塔内善财童子五十三参石刻图像》，《敦煌研究》1996年第3期，第51—63页。

2　陈明光、邓之金：《大足尖山子、圣水寺摩岩造像调查简报》，《文物》1994年第2期，第30—37页。

3　陈明光、黎方银：《大足尖山子发现初唐石刻造像》，《四川文物》1988年第4期，第28—30页。

4　王玉：《重庆地区元明清佛教摩崖龛像》，《考古学报》2011年第3期，第411—442、453—458页。

5　邓之金：《大足石刻中的道教造像》，《四川文物》1990年第4期，第34—42、32页。

续表

序号	样品编号	镜下观察				图谱分析				
		视频显微镜		偏光显微镜	紫外线荧光显微镜	电子散射能谱	X射线荧光	X射线衍射	傅立叶红外光谱	拉曼光谱
		表面	薄层切片							
22	5B	√			√	√			√	
23	5W	√			√	√			√	
24	5K	√			√	√			√	
25	6R	√			√	√			√	
26	6G	√			√	√			√	
27	6B	√			√	√			√	
28	6W	√			√	√			√	
29	6K	√			√	√			√	
30	7R	√			√	√			√	
31	7G	√			√	√			√	
32	7B	√			√	√			√	
33	7W	√			√	√			√	
34	7K	√			√	√			√	
35	8R	√			√	√			√	
36	8G	√			√	√			√	
37	8B	√			√	√			√	
38	8W	√			√	√			√	
39	8K	√	√		√	√			√	
40	9R	√			√	√			√	
41	9G	√			√	√			√	
42	9B	√			√	√			√	
43	9W	√			√	√			√	
44	9K	√			√	√			√	
45	10R	√			√	√			√	
46	10G	√			√	√			√	
47	10B	√			√	√			√	
48	10W	√			√	√			√	
49	10K	√			√	√			√	
50	11R	√			√	√			√	
51	11G	√			√	√			√	
52	11B	√			√	√			√	
53	11W	√			√	√			√	
54	11K	√			√	√			√	
55	12R	√			√	√			√	
56	12G	√			√	√			√	
57	12B	√			√	√			√	
58	12W	√			√	√			√	
59	12K	√			√	√			√	
60	13R	√			√	√			√	
61	13G	√			√	√			√	
62	13B	√			√	√			√	
63	13W	√			√	√			√	
64	13K	√			√	√			√	
65	14R	√			√	√			√	
66	14G	√			√	√			√	
67	14B	√			√	√			√	
68	14W	√			√	√			√	
69	14K	√			√	√			√	
70	15R	√			√	√			√	
71	15G	√			√	√			√	
72	15B	√			√	√			√	
73	15W	√			√	√			√	
74	15K	√			√	√			√	
75	11O	√			√	√			√	
76	14O	√			√	√			√	
砂岩						√	√	√	√	

1. 显微镜

检测所用视频显微镜（图2（a））、偏光显微镜（图2（b））和紫外线荧光显微镜（图2（c））的型号分别为Leica DVM2500、Leica DM750P和Leica DM2700P。其中，视频显微镜的光源为色温4500K的LED，配备Leica VZ80R常规光学变倍镜头，变倍比8：1、放大倍率（50～400）×、工作距离约60mm、视野6.1～0.78mm、景深2.7～0.78mil，像素分辨率1600×1200；偏光显微镜的双筒目镜放大倍率10×、物镜放大倍率40×、视野20mm；紫外线荧光显微镜的双筒目镜放大倍率10×、物镜放大倍率40×、视野22 mm，荧光的激发源为波长635nm的紫外光或蓝紫光。

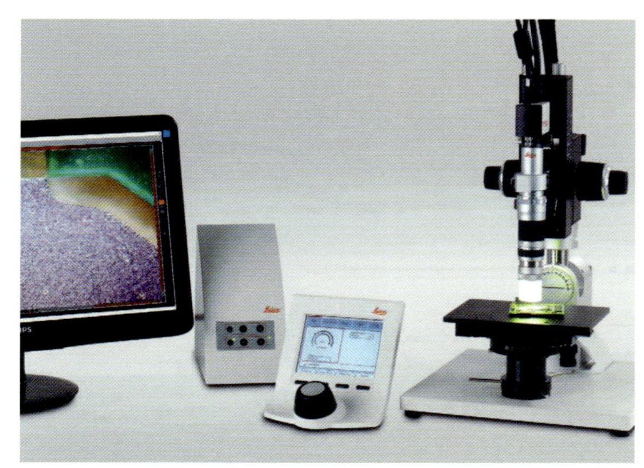

（a）Leica DVM2500 视频显微镜

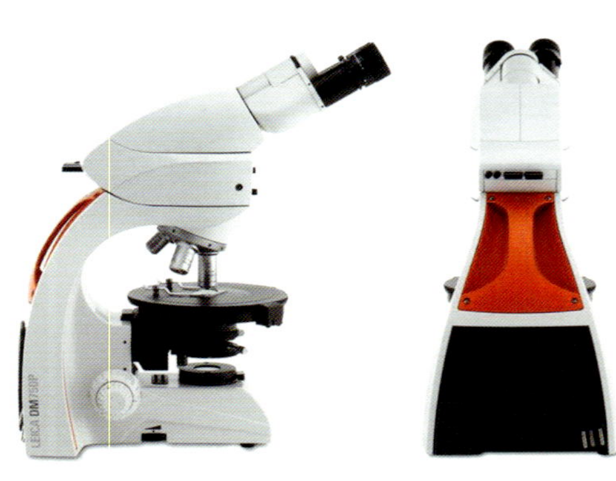

（b）Leica DM750P 偏光显微镜

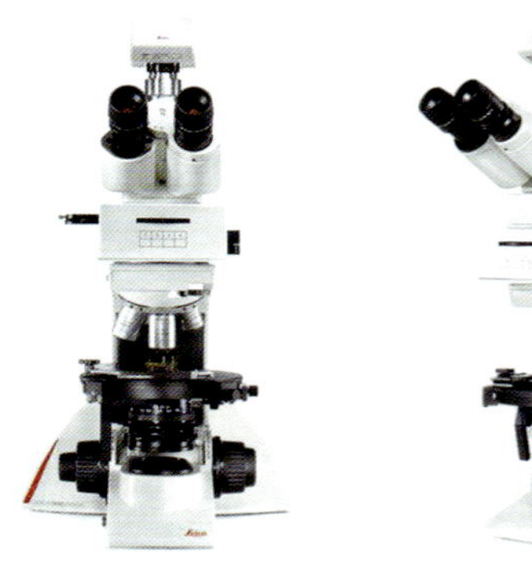
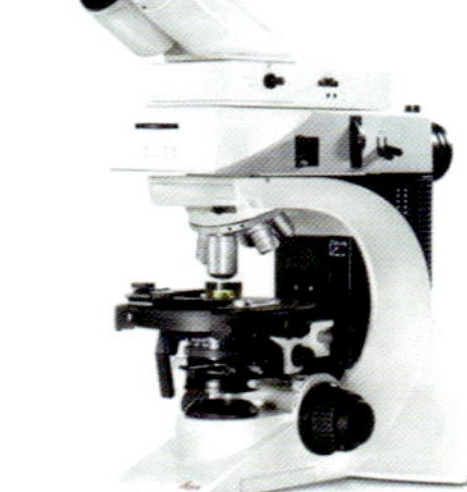
（c）Leica DM2700P 紫外线荧光显微镜

图2 显微镜设备

采用包埋法[1, 2]制备表2中76个彩绘颜料样品的薄层切片，所选包埋剂为透明的低黏度环氧树脂。参考岩石制片方法[3]，依据岩石薄片鉴定方法[4]在偏光显微镜下观察彩绘颜料的颗粒形貌，依据岩石荧光薄片鉴定方法[5]在紫外线荧光显微镜下鉴定彩绘颜料中的有机染料。

2. 能谱仪和光谱仪

扫描电子显微镜－电子散射能谱仪（图3（a））为FEI/Philips公司Sirion−100型场发射扫描电子显微镜搭载EDAX公司Genesis 2000型电子散射能谱仪，锂漂移硅蓝宝石X射线探头、工作电压25 kV、时间常数60～90s。

X射线荧光仪（图3（b））为Bruker公司ARTAX型便携式微区X射线荧光光谱仪，硅漂移探测器、空间分辨率70μm，分析元素范围$_{22}$Ti～$_{92}$U。在氦气保护条件下，轻质元素的检测性能提升，测量范围扩展至$_{11}$Na～$_{92}$U。

X射线衍射仪（图3（c））为Bruker公司D8 ADVANCE Eco型X射线多晶衍射仪，Cu靶X光管、工作电压40kV、工作电流40 mA、2θ范围5°～75°、步进角0.02°、扫描速度0.5 deg./s。

傅立叶变换红外光谱仪（图3（d））为Thermo Fisher公司Nicolet iS10型傅立叶变换红外光谱仪，KBr压片法制备试样，光谱范围4000～400cm^{-1}、分辨率0.4cm^{-1}。

拉曼光谱仪（图3（e））为Renshaw公司inVia型显微共聚焦激光拉曼光谱仪，激发光源波长785nm、光谱范围100～3200cm^{-1}、空间分辨率2μm。

1 夏寅：《偏光显微法在中国古代颜料分析中的应用研究及相关数据库建设》，西北大学硕士学位论文，2006年，第31—34页。

2 王青：《大足宝顶山石刻的彩绘颜料分析》，重庆师范大学硕士学位论文，2016年，第39—40页。

3 《中华人民共和国石油天然气行业标准 SY/T 5913—2004. 岩石制片方法》，国家发展和改革委员会，2004年。

4 《中华人民共和国石油天然气行业标准 SY/T 5368—2000. 岩石薄片鉴定》，国家石油和化学工业局，2000年。

5 《中华人民共和国石油天然气行业标准 SY/T 5614—2011. 岩石荧光薄片鉴定》，国家能源局，2000年。

（a）扫描电子显微镜－电子散射能谱仪

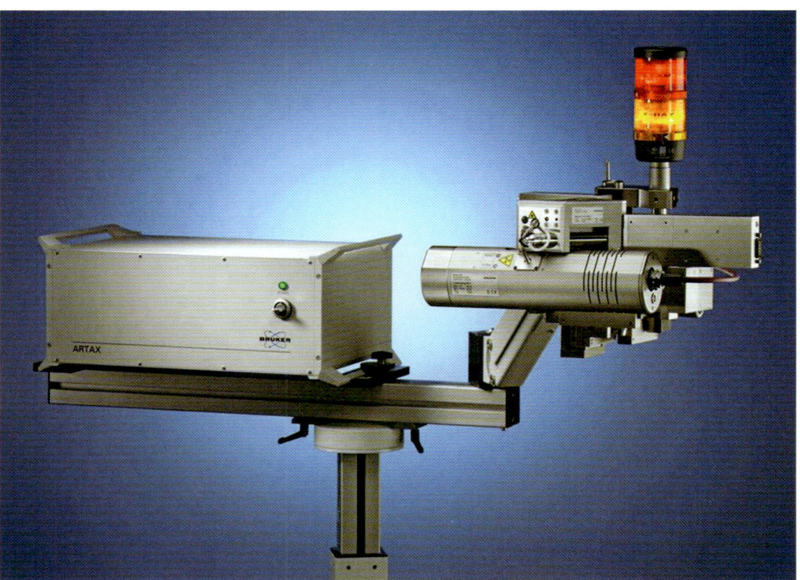

（b）X 射线荧光仪

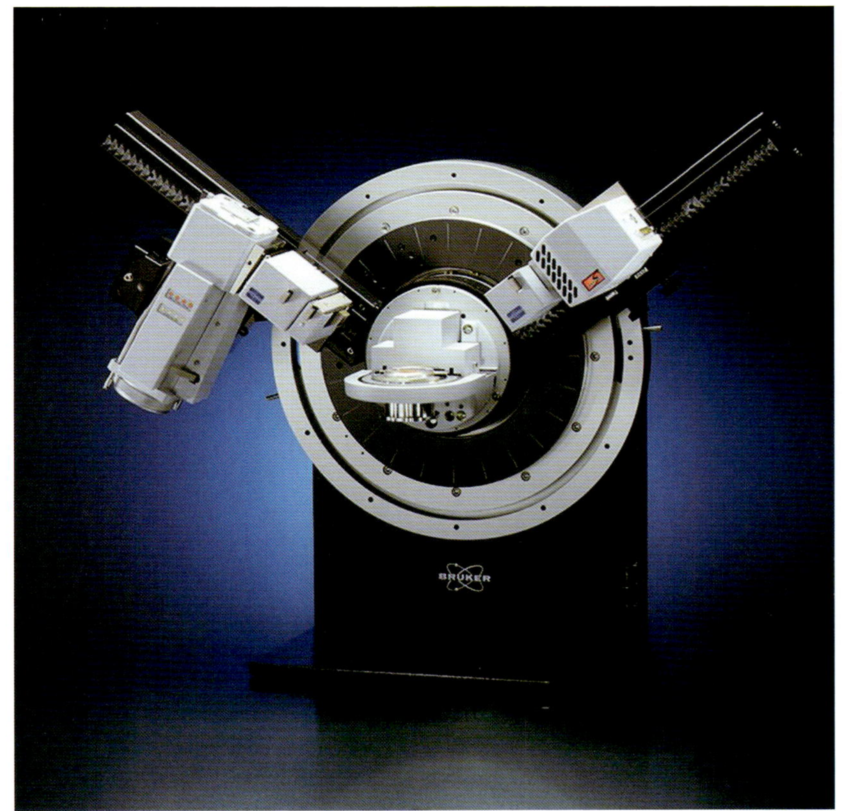

（c）X 射线衍射仪

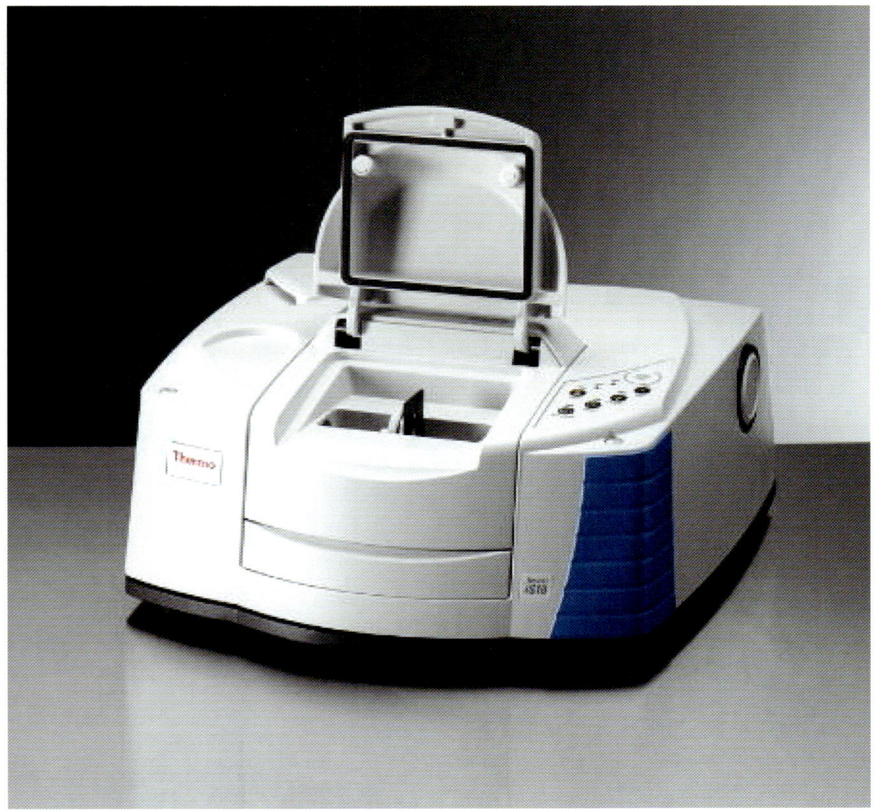

（d）傅立叶变换红外光谱仪

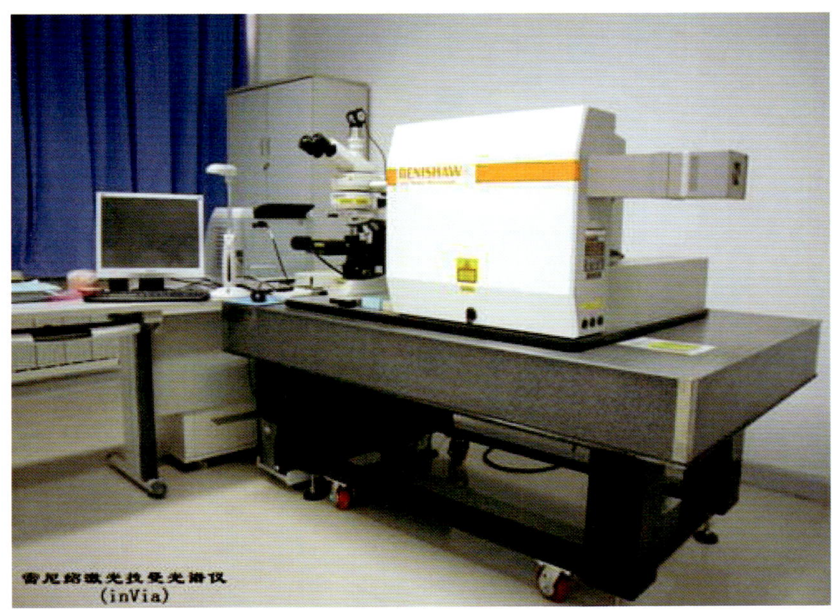

（e）激光拉曼光谱仪

图 3　图谱分析仪器

三 层位结构和颗粒形貌

在视频显微镜下，表2中各个颜料样品的高倍率真彩照片如图4所示。除了白色和黑色，红色、绿色和蓝色颜料样品在表观上有较大的差异。

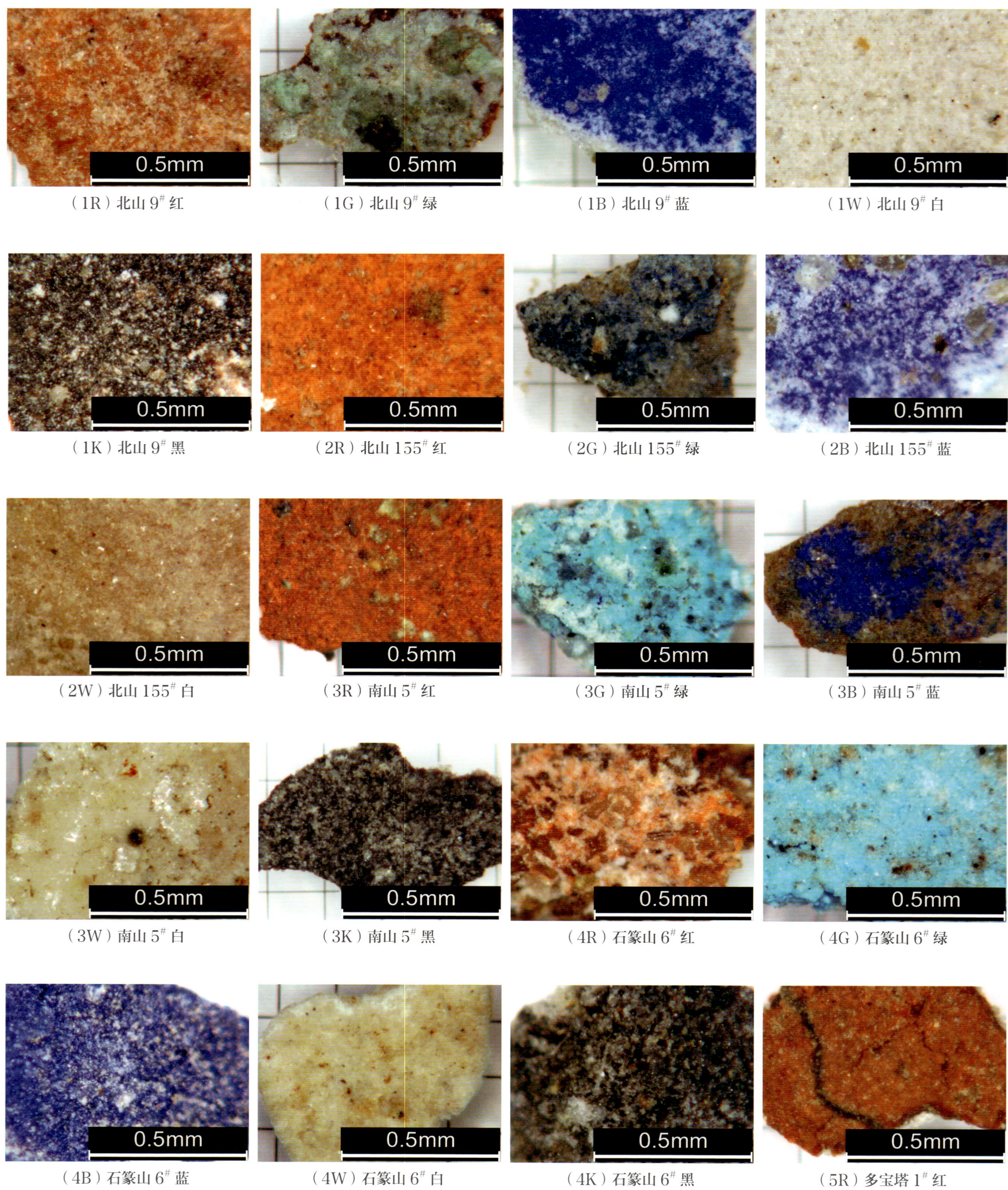

（1R）北山9#红　（1G）北山9#绿　（1B）北山9#蓝　（1W）北山9#白

（1K）北山9#黑　（2R）北山155#红　（2G）北山155#绿　（2B）北山155#蓝

（2W）北山155#白　（3R）南山5#红　（3G）南山5#绿　（3B）南山5#蓝

（3W）南山5#白　（3K）南山5#黑　（4R）石篆山6#红　（4G）石篆山6#绿

（4B）石篆山6#蓝　（4W）石篆山6#白　（4K）石篆山6#黑　（5R）多宝塔1#红

（5G）多宝塔 1# 绿　（5B）多宝塔 1# 蓝　（5W）多宝塔 1# 白　（5K）多宝塔 1# 黑

（6R）小佛湾 6# 红　（6G）小佛湾 6# 绿　（6B）小佛湾 6# 蓝　（6W）小佛湾 6# 白

（6K）小佛湾 6# 黑　（7R）大佛湾 18# 红　（7G）大佛湾 18# 绿　（7B）大佛湾 18# 蓝

（7W）大佛湾 18# 白　（7K）大佛湾 18# 黑　（8R）大佛湾 11# 红　（8G）大佛湾 11# 绿

（8B）大佛湾 11# 蓝　（8W）大佛湾 11# 白　（8K）大佛湾 11# 黑　（9R）大佛湾 29# 红

（9G）大佛湾 29# 绿　（9B）大佛湾 29# 蓝　（9W）大佛湾 29# 白　（9K）大佛湾 29# 黑

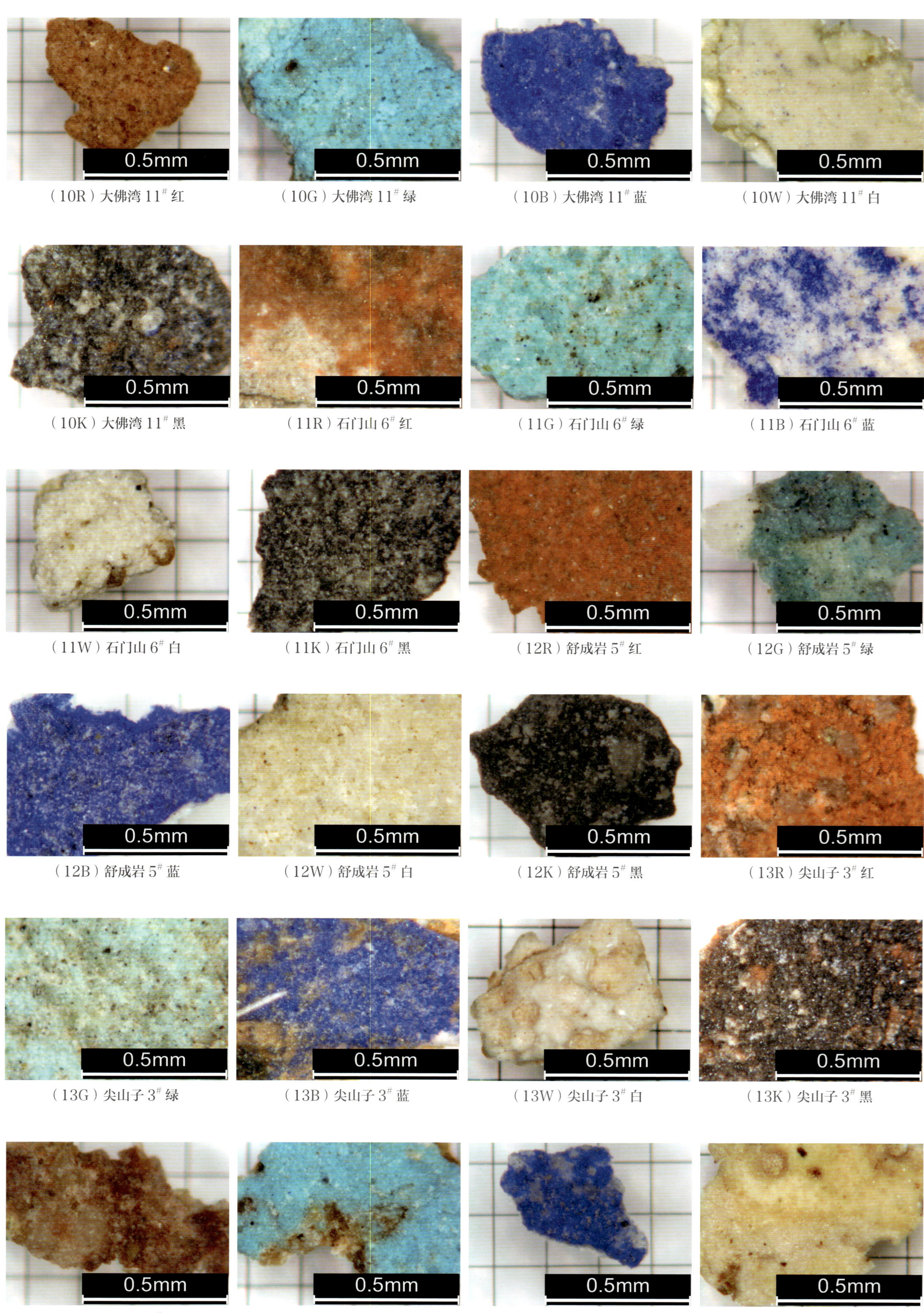

（10R）大佛湾 11# 红　（10G）大佛湾 11# 绿　（10B）大佛湾 11# 蓝　（10W）大佛湾 11# 白

（10K）大佛湾 11# 黑　（11R）石门山 6# 红　（11G）石门山 6# 绿　（11B）石门山 6# 蓝

（11W）石门山 6# 白　（11K）石门山 6# 黑　（12R）舒成岩 5# 红　（12G）舒成岩 5# 绿

（12B）舒成岩 5# 蓝　（12W）舒成岩 5# 白　（12K）舒成岩 5# 黑　（13R）尖山子 3# 红

（13G）尖山子 3# 绿　（13B）尖山子 3# 蓝　（13W）尖山子 3# 白　（13K）尖山子 3# 黑

（14R）千佛岩 7# 红　（14G）千佛岩 7# 绿　（14B）千佛岩 7# 蓝　（14W）千佛岩 7# 白

（14K）千佛岩 7# 黑　（15R）斗碗寨 4# 红　（15G）斗碗寨 4# 绿　（15B）斗碗寨 4# 蓝

（15W）斗碗寨 4# 白　（15K）斗碗寨 4# 黑　（11O）石门山 6# 橙　（14O）千佛岩 7# 橙

图 4　彩绘颜料样品的高倍显微镜照片

（一）薄层切片

观察图4中各个颜料样品的背面，结果发现单层有色颜料多以白色为底，但是北山摩崖造像第155窟绿色颜料（图5（a））、南山摩崖造像第5窟蓝色颜料（图5（b））、宝顶山摩崖造像第18龛绿色（图5（c））和蓝色（图5（d））颜料、宝顶山摩崖造像第11龛黑色颜料（图5（e））、宝顶山摩崖造像第29窟红蓝白黑四色颜料（图5（f）至图5（i））、尖山子摩崖造像第3龛蓝色（图5（j））和黑色（图5（k））颜料、千佛岩摩崖造像第7龛黑色（图5（l））和橙色（图5（m））颜料、斗碗寨摩崖造像第4龛红色颜料（图5（n））具有明显的多层结构。

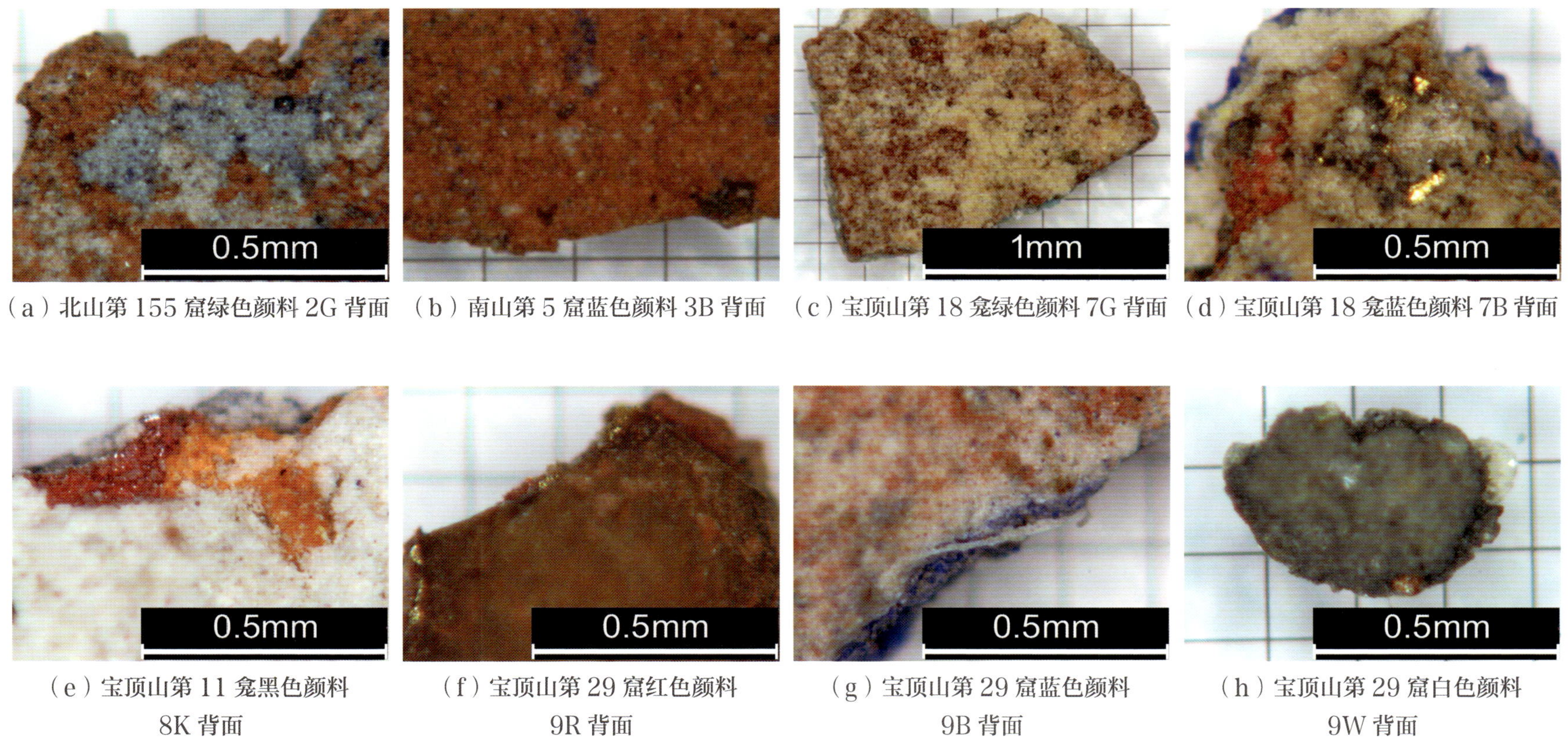

（a）北山第 155 窟绿色颜料 2G 背面　（b）南山第 5 窟蓝色颜料 3B 背面　（c）宝顶山第 18 龛绿色颜料 7G 背面　（d）宝顶山第 18 龛蓝色颜料 7B 背面

（e）宝顶山第 11 龛黑色颜料 8K 背面　（f）宝顶山第 29 窟红色颜料 9R 背面　（g）宝顶山第 29 窟蓝色颜料 9B 背面　（h）宝顶山第 29 窟白色颜料 9W 背面

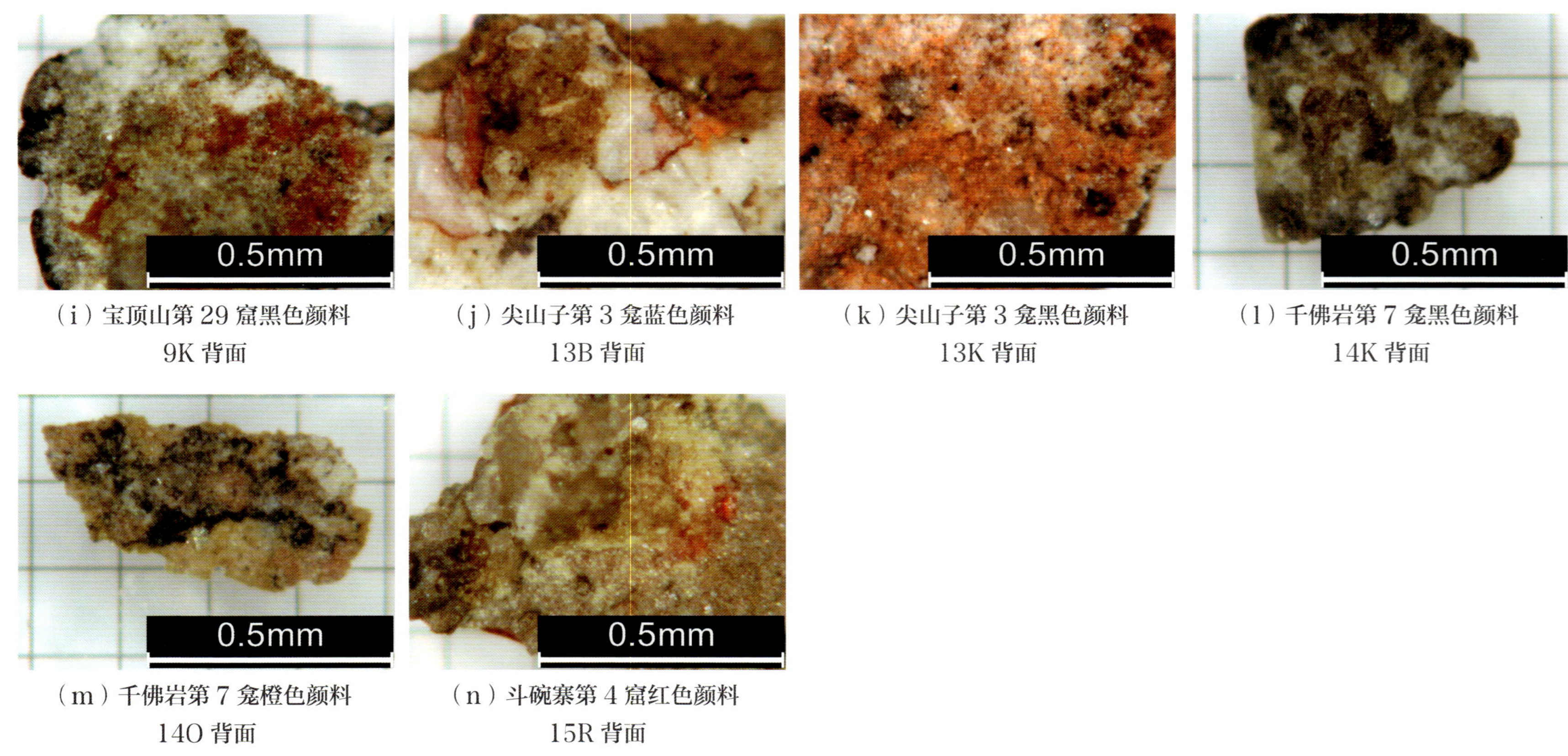

（i）宝顶山第 29 窟黑色颜料 9K 背面　（j）尖山子第 3 龛蓝色颜料 13B 背面　（k）尖山子第 3 龛黑色颜料 13K 背面　（l）千佛岩第 7 龛黑色颜料 14K 背面　（m）千佛岩第 7 龛橙色颜料 14O 背面　（n）斗碗寨第 4 窟红色颜料 15R 背面

图 5　大足石刻彩绘颜料检测分析

在显微镜下观察图4和图5中彩绘颜料样品8K的薄层切片（图6），发现黑色颜料涂层的厚度不均，薄处约0.1mm、厚处约0.2 mm。

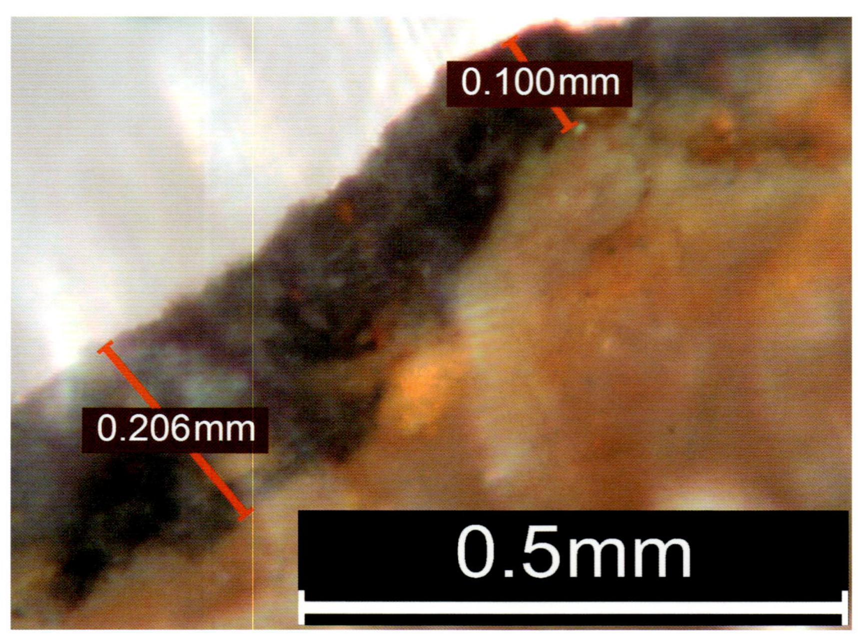

图 6　颜料样品 8K 的薄层切片

（二）颗粒形貌

1. 粒径

以彩绘颜料样品1B为例，在单偏光（图7（a））和正交偏光（图7（b））条件下观察单个颜料颗粒或颜料颗粒集合体的尺寸，发现样品中的蓝色颜料颗粒和白色颜料颗粒相互混杂，较小蓝色颜料颗粒的直径约3μm。与上海实业马利画材有限公司的矿物无机系列石青颜料（图8）以及北京岩彩天雅艺术中心的中国画矿物颜料天然石青（图9）和法国群青（图10）相比，北山摩崖造像第9号龛蓝色颜料样品1B在形貌上更加接近马利牌石青和天雅牌法国群青，其颗粒尺寸明显小于天雅牌天然石青的平均粒径50μm。

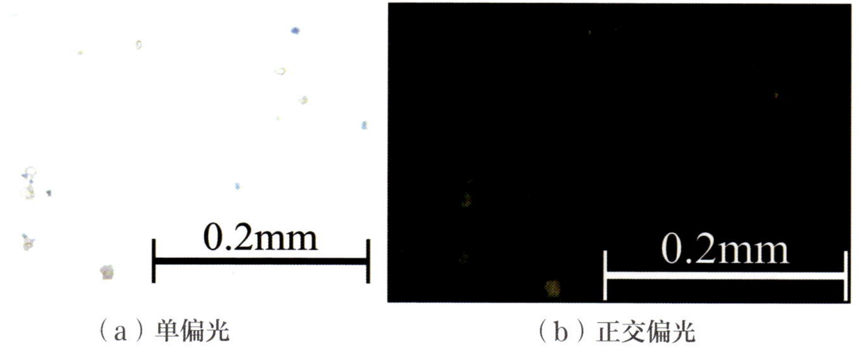

（a）单偏光　　（b）正交偏光

图 7　颜料样品 1B 的偏光显微镜成像

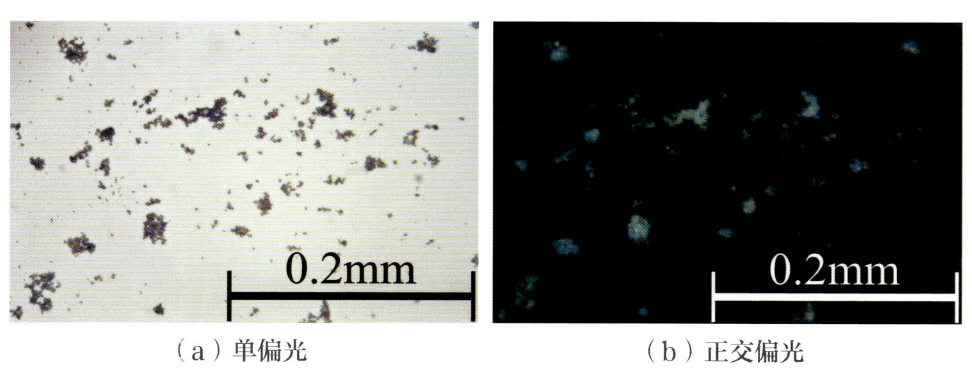

（a）单偏光　　（b）正交偏光

图 8　上海马利牌石青颜料的偏光显微镜成像

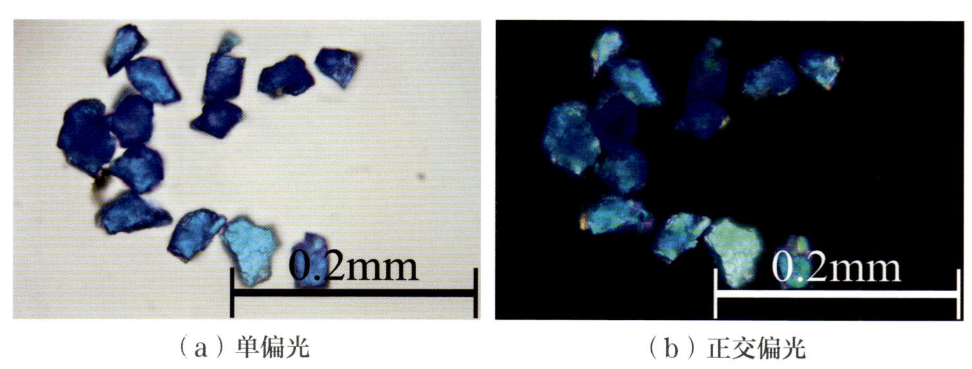

（a）单偏光　　（b）正交偏光

图 9　北京天雅牌天然石青颜料的偏光显微镜成像

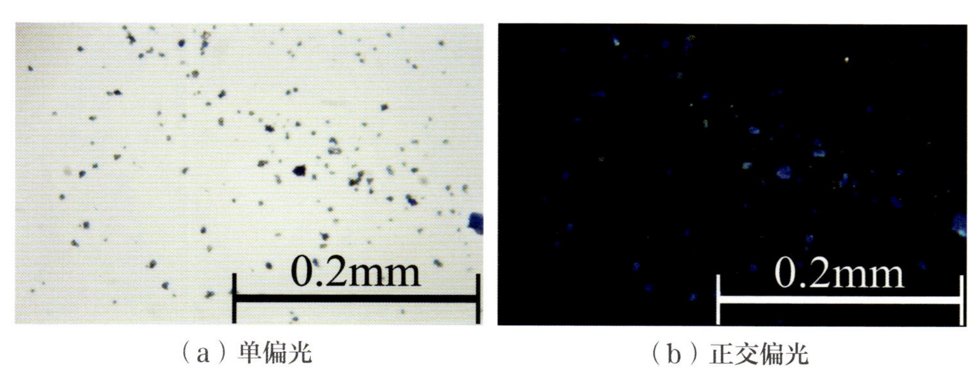

（a）单偏光　　（b）正交偏光

图 10　北京天雅牌法国群青颜料的偏光显微镜成像

2. 长短轴比

图7中偏光显微镜图像的像素分辨率为6016×4000，经色阶调整和数码放大之后测量图像中蓝色颜料颗粒的长轴和短轴（图11），计算得到6个近似椭圆形的随机颗粒的长短轴之比的平均值为1.8。

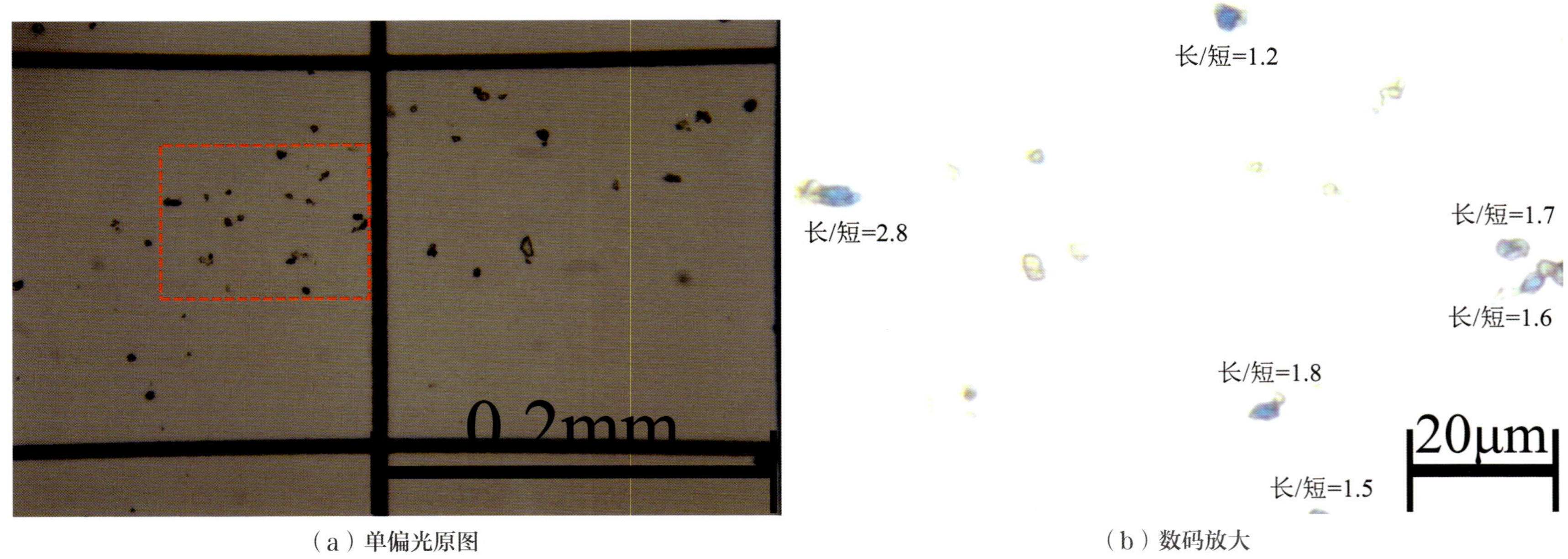

（a）单偏光原图　　（b）数码放大

图11　颜料样品1B的长短轴比

四　成分鉴定

采用电子散射能谱（图12）、X射线荧光（图13）和X射线衍射（图14）检测大足石刻彩绘的石质胎体，结果表明砂岩在化学元素上主要为O、Si、Al，含少量K、Ca、S、Fe、Cu，在矿物成分上主要为石英，含少量钠长石、钾长石、方解石和蒙脱石。

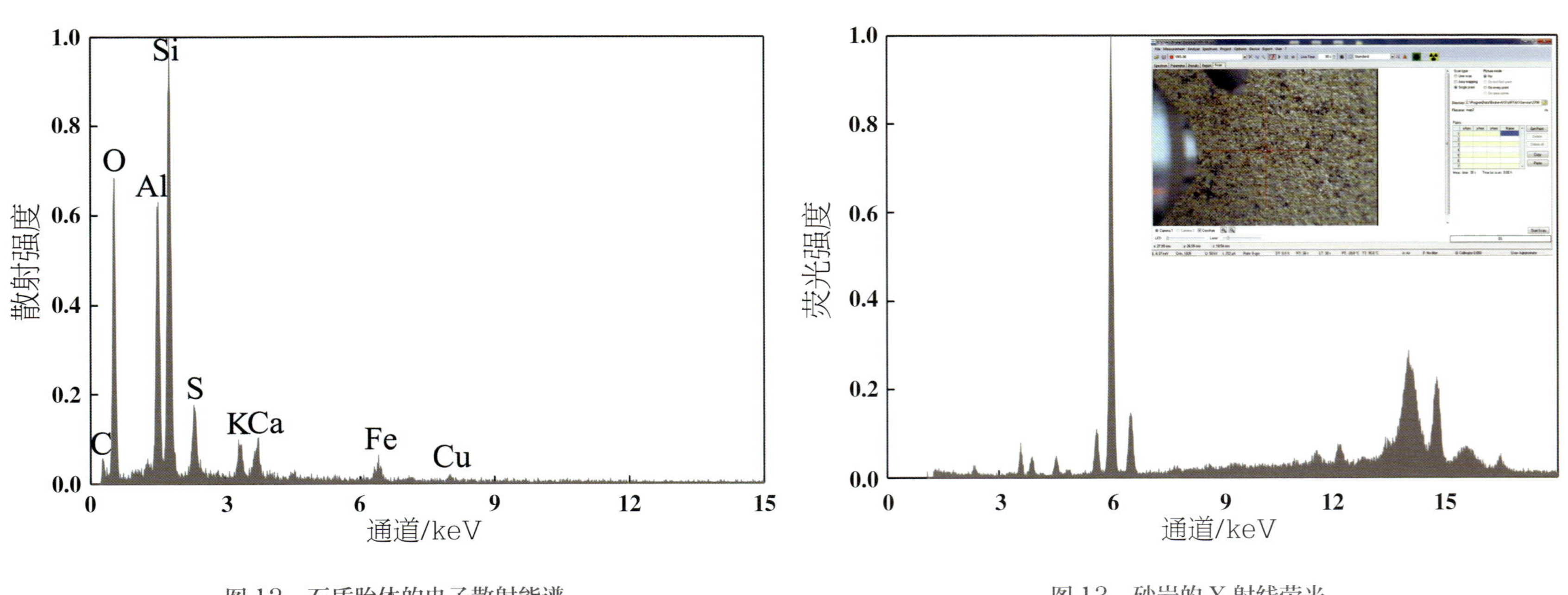

图12　石质胎体的电子散射能谱　　图13　砂岩的X射线荧光

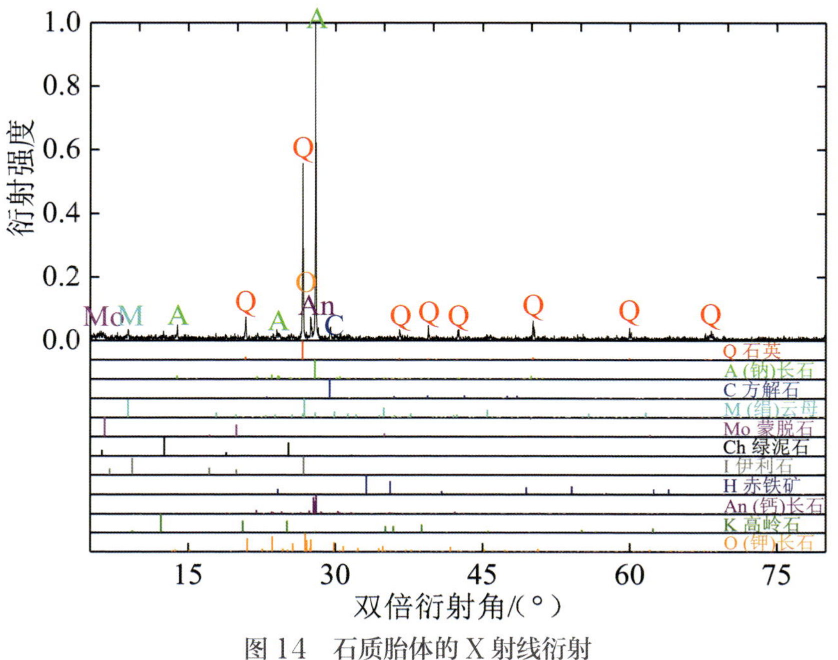

图 14　石质胎体的 X 射线衍射

除了中国蓝[1]（$BaCuSi_4O_{10}$）、中国紫（$BaCuSi_2O_6$）、天然青金石[2]、人造合成群青[3]、人造埃及蓝、钴蓝、土绿和高岭土等无机矿物颜料的化学成分中含有Si、Al元素之外，其他显色颜料几乎不含地壳中非常富集的Si和Al元素。

（一）红色颜料

在同等强度的紫外线照射下，宝顶山摩崖造像大佛湾第29窟和斗碗寨摩崖造像第4龛的红色颜料在荧光显微镜下表现出较明显的荧光现象（图15），这表明这2个红色颜料样品与其他13个样品的化学成分存在较大差异。

红色颜料样品的电子散射能谱（图16）结果表明：北山第9号龛、北山第155号窟、南山第5号窟、石篆山第6号龛、多宝塔第1号龛、宝顶山大佛湾第18号龛、石门山第6号窟、舒成岩第5号龛、尖山子第3号龛和千佛岩第7号龛的红色颜料的显色成分为铁红（Fe_2O_3）；宝顶山大佛湾第11号龛腹部、宝顶山大佛湾第11号龛头部的红色颜料的显色成分为铅丹（Pb_3O_4）；宝顶山大佛湾第29号窟的红色颜料的显色成分为朱砂（HgS）；宝顶山小佛湾第6号殿的红色颜料的显色成分为朱砂（HgS）和铅丹（Pb_3O_4）的混合物；斗碗寨第4号龛的红色为有机颜料（C-H-O）。除了石篆山第6号龛、宝顶山小佛湾第6号殿、宝顶山大佛湾第18号龛和宝顶山大佛湾第29号窟的红色颜料样品的底层以高岭土（$Al_2O_3 \cdot 2SiO_2 \cdot 2H_2O$）黏土矿物为主之外，其他龛窟的红色颜料样品的底层同时

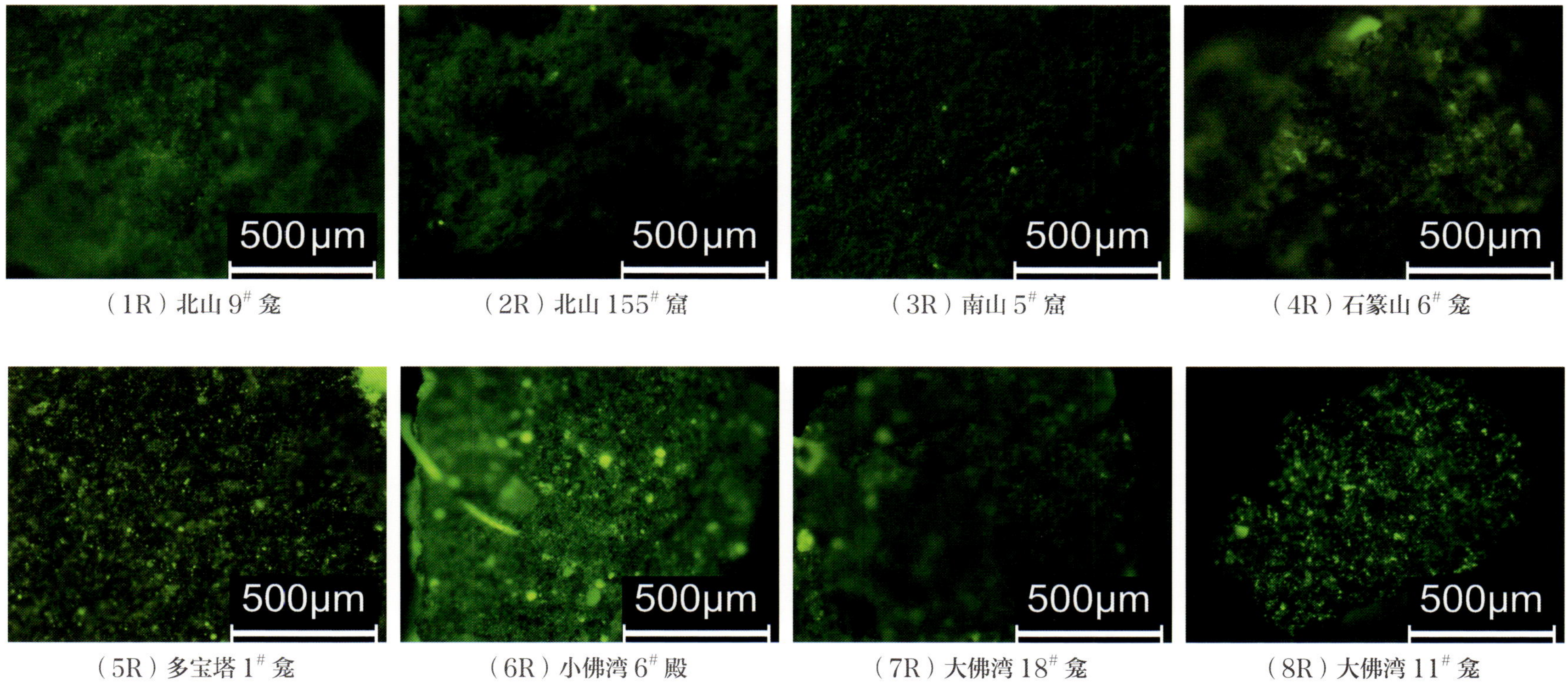

（1R）北山 9# 龛　（2R）北山 155# 窟　（3R）南山 5# 窟　（4R）石篆山 6# 龛

（5R）多宝塔 1# 龛　（6R）小佛湾 6# 殿　（7R）大佛湾 18# 龛　（8R）大佛湾 11# 龛

1　Xia Y., Ma Q. L., Zhang Z. G., et al. "Development of Chinese barium copper silicate pigments during the Qin Empire based on Raman and polarized light microscopy studies", *Journal of Archaeological Science*, 2014（49）, pp. 500–509.

2　罗文焱：《色相如天青金石》，中国地质大学（北京）硕士学位论文，2014年，第3—8页。

3　李杨：《颜色中的宝石——群青》，陕西师范大学硕士学位论文，2014年，第7—11页。

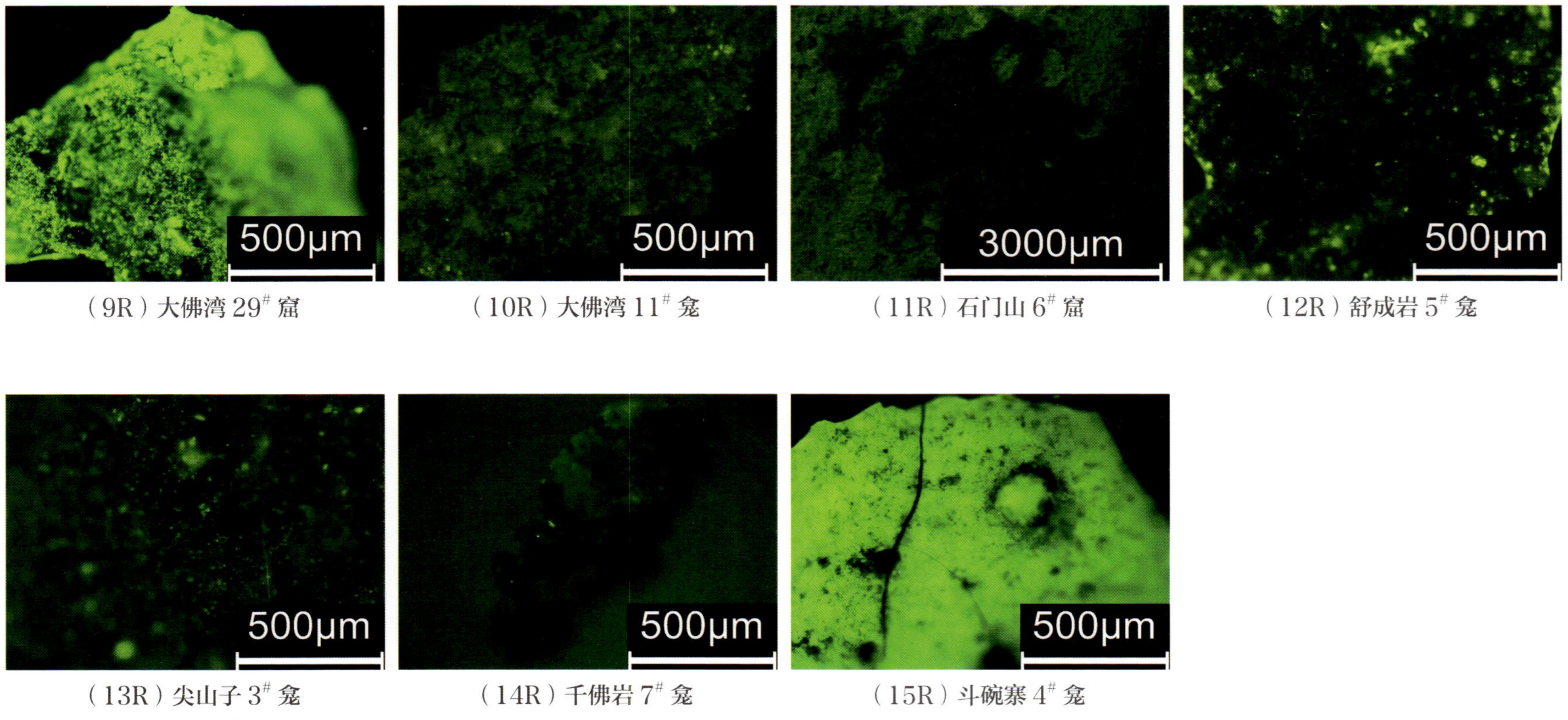

（9R）大佛湾 29# 窟　（10R）大佛湾 11# 龛　（11R）石门山 6# 窟　（12R）舒成岩 5# 龛

（13R）尖山子 3# 龛　（14R）千佛岩 7# 龛　（15R）斗碗寨 4# 龛

图 15　红色颜料样品的荧光显微镜伪色图像

富含石膏（$CaSO_4$）和高岭土（$Al_2O_3 \cdot 2SiO_2 \cdot 2H_2O$）。

根据中国科学院上海有机化学研究所红外谱图数据库[1]中常见化合物的红外谱图，无水石膏（anhydrous gypsum，$CaSO_4$）的红外吸收特征峰位为1149cm^{-1}；二水石膏（dihydrate gypsum，$CaSO_4 \cdot 2H_2O$）的红外吸收特征峰位为598cm^{-1}、662cm^{-1}、1112cm^{-1}、1617cm^{-1}、3397cm^{-1}和3545cm^{-1}；高岭土（kaolin，$Al_2Si_2O_7 \cdot 2H_2O$）的红外吸收特征峰位为340cm^{-1}、427cm^{-1}、467cm^{-1}、533cm^{-1}、695cm^{-1}、748cm^{-1}、909cm^{-1}、1008cm^{-1}、1103cm^{-1}、3620cm^{-1}和3696cm^{-1}；铁红（hematite，Fe_2O_3）的红外吸收特征峰位为980cm^{-1}；朱砂（cinnabar，HgS）的红外吸收特征峰位为266cm^{-1}和338cm^{-1}。

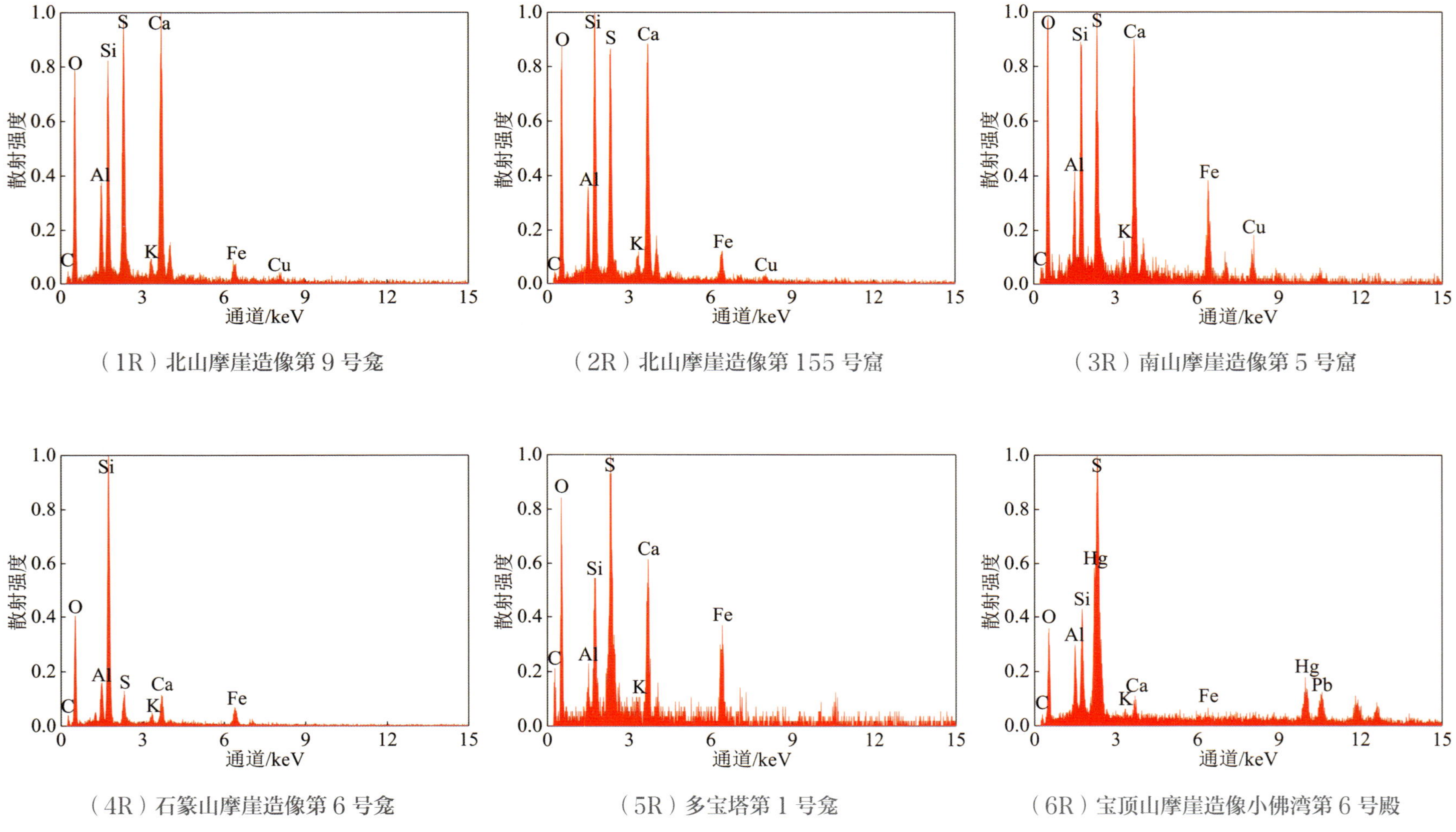

（1R）北山摩崖造像第 9 号龛　（2R）北山摩崖造像第 155 号窟　（3R）南山摩崖造像第 5 号窟

（4R）石篆山摩崖造像第 6 号龛　（5R）多宝塔第 1 号龛　（6R）宝顶山摩崖造像小佛湾第 6 号殿

1　中国科学院上海有机化学研究所“化学专业数据库[1978—2016]”（http://www.organchem.csdb.cn）。

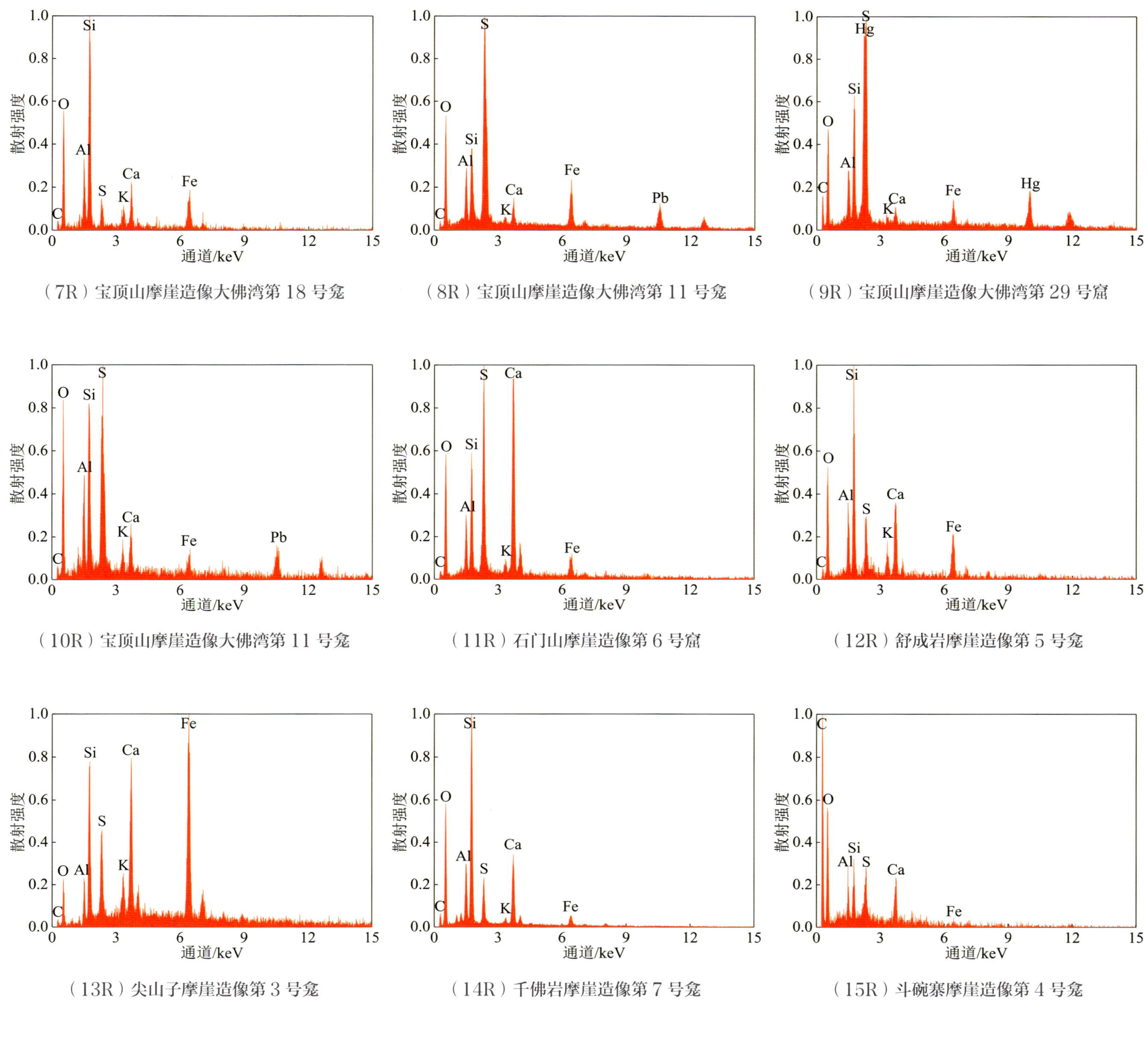

（7R）宝顶山摩崖造像大佛湾第 18 号龛　（8R）宝顶山摩崖造像大佛湾第 11 号龛　（9R）宝顶山摩崖造像大佛湾第 29 号窟

（10R）宝顶山摩崖造像大佛湾第 11 号龛　（11R）石门山摩崖造像第 6 号窟　（12R）舒成岩摩崖造像第 5 号龛

（13R）尖山子摩崖造像第 3 号龛　（14R）千佛岩摩崖造像第 7 号龛　（15R）斗碗寨摩崖造像第 4 号龛

图 16　红色颜料的电子散射能谱

红色颜料样品的傅立叶变换红外光谱（图17）结果表明：样品底层中石膏和高岭土成分对铁红的红外特征峰位的干扰非常大。除了宝顶山大佛湾第29号窟、宝顶山大佛湾第11号龛和斗碗寨第4号龛的红色颜料底层中不含石膏之外，其他红色颜料样品的底层中均检测出石膏成分。

根据RRUFF在线数据库[1]，赤铁矿在波长514nm、532nm、780nm和785nm的激光入射时均有显著的拉曼效应，其拉曼特征位移峰[2]为126cm^{-1}、222cm^{-1}、293cm^{-1}、411cm^{-1}、413cm^{-1}和1320cm^{-1}。拉曼光谱（图18）结果表明：北山摩崖造像第155号窟红色颜料样品的显色成分为铁红（Fe_2O_3）。

1　RRUFF Project "Integrated database of Raman spectra, X-ray diffraction and chemistry data for minerals"（http://rruff.info）, 2017.

2　He L., Wang N., Zhao X., et al. "Polychromic structures and pigments in Guangyuan Thousand-Buddha Grotto of the Tang Dynasty（China）", *Journal of Archaeological Science*, 2012, 39（6）, pp.1809-1820.

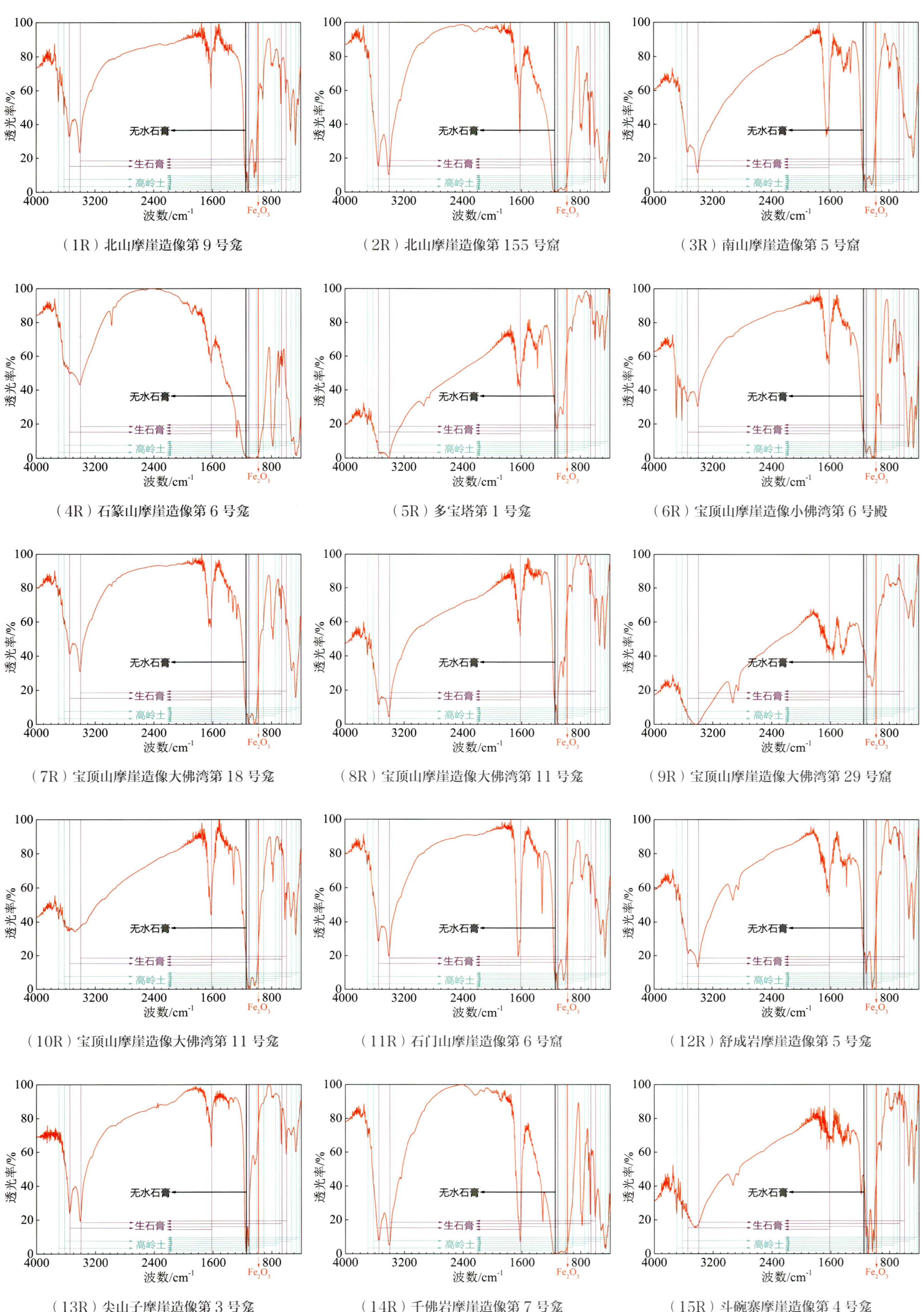

（1R）北山摩崖造像第 9 号龛

（2R）北山摩崖造像第 155 号窟

（3R）南山摩崖造像第 5 号窟

（4R）石篆山摩崖造像第 6 号龛

（5R）多宝塔第 1 号龛

（6R）宝顶山摩崖造像小佛湾第 6 号殿

（7R）宝顶山摩崖造像大佛湾第 18 号龛

（8R）宝顶山摩崖造像大佛湾第 11 号龛

（9R）宝顶山摩崖造像大佛湾第 29 号窟

（10R）宝顶山摩崖造像大佛湾第 11 号龛

（11R）石门山摩崖造像第 6 号窟

（12R）舒成岩摩崖造像第 5 号龛

（13R）尖山子摩崖造像第 3 号龛

（14R）千佛岩摩崖造像第 7 号龛

（15R）斗碗寨摩崖造像第 4 号龛

图 17　红色颜料的傅立叶变换红外光谱

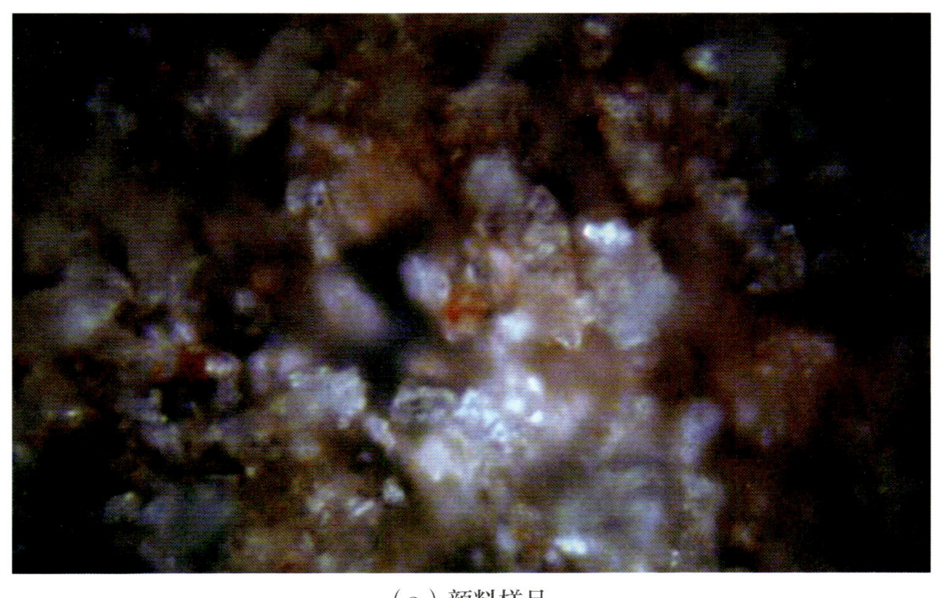

(a)颜料样品

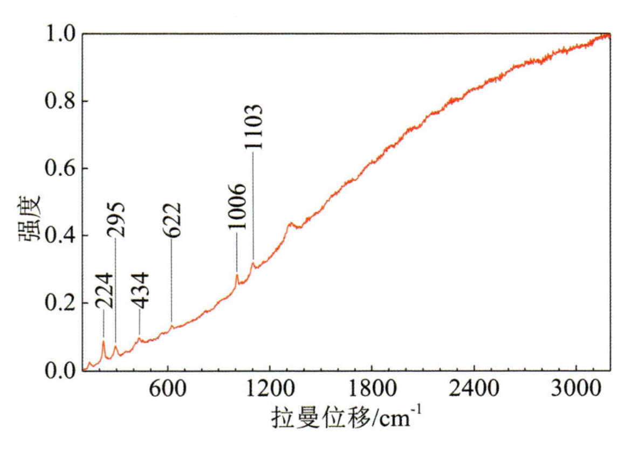

(b)拉曼光谱

图 18　北山第 155 号窟红色颜料的拉曼光谱(阮方红)

（二）绿色颜料

荧光显微镜观察（图19）结果表明：大足石刻绿色彩绘颜料在紫外光线照射下不会产生明显的荧光现象，所有15个绿色颜料样品的荧光显微镜伪色图像比较暗淡，图像中较明亮的部分为白色的颜料底层。

绿色彩绘颜料的电子散射能谱（图20）结果表明：除宝顶山摩崖造像大佛湾第18号龛的绿色颜料中没有检测出Cu元素之外，斗碗寨摩崖造像第4号龛和石篆山摩崖造像第6号龛的绿色颜料中检测出少量Cu元素，其他12个绿色颜料样品均富含Cu元素。

北山摩崖造像第9号龛的绿色颜料中除了富含Cu元素之外，还含有大量的C元素，因此推定其显色成分为碱式碳酸铜（孔雀石）。北山摩崖造像第155号窟和宝顶山摩崖造像大佛湾第11号龛腹部的绿色颜料样品中含有Cu元素和As元素，推定其显色成分为亚砷酸铜。除了Cu元素和As元素之外，南山摩崖造像第5号窟、多宝塔第1号龛、宝顶山摩崖造像小佛湾第6号殿、宝顶山摩崖造像大佛湾第29号窟、宝顶山摩崖造像大佛湾第11号龛头部、石门山摩崖造像第6号窟、舒成岩摩崖造像第5号龛、尖山子摩崖造像第3号龛和千佛岩摩崖造像第7号龛的绿色颜料中还含有Cl元素，因此推定其显色成分为亚砷酸铜和氯铜矿。

查询化学元素的电子散射能谱表可知：铅（$_{82}$Pb）元素Kα_1、Kα_2、Lα_1、Lβ_1和M谱线对应的电子能量分别为75.004keV、72.830keV、10.551keV、12.612keV和2.350keV，砷（$_{33}$As）元素Kα_1、Kα_2、Lα_1、Lβ_1和M谱线对应的电子能量分别为10.541keV、10.505keV、1.284keV、1.319keV和0.286keV，因此铅元素的Lα_1谱线很容易与砷元素的Kα谱线重叠。有基于此，推断斗碗寨摩崖造像第4号龛的绿色颜料中可能含有铅铬绿或氧化铬绿成分。

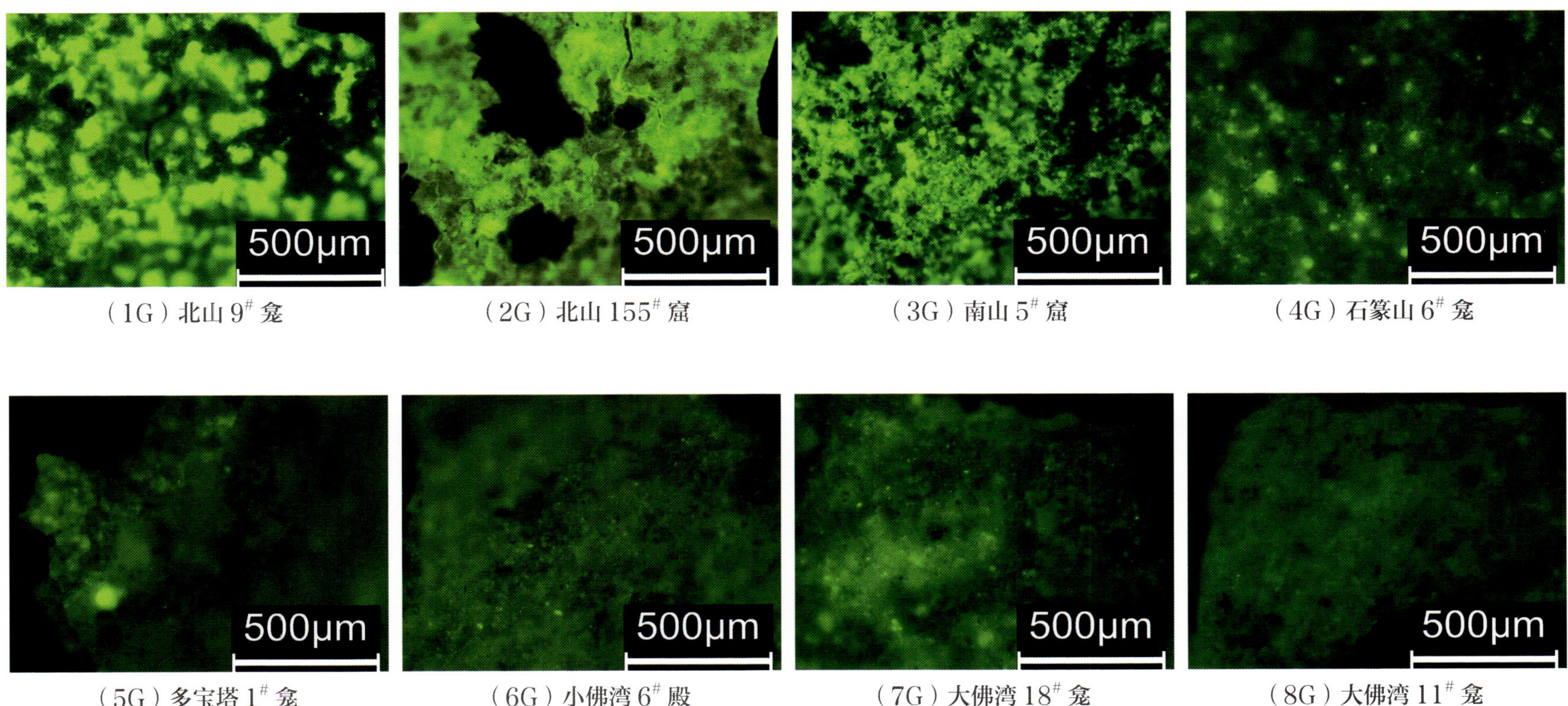

(1G)北山 9# 龛　(2G)北山 155# 窟　(3G)南山 5# 窟　(4G)石篆山 6# 龛

(5G)多宝塔 1# 龛　(6G)小佛湾 6# 殿　(7G)大佛湾 18# 龛　(8G)大佛湾 11# 龛

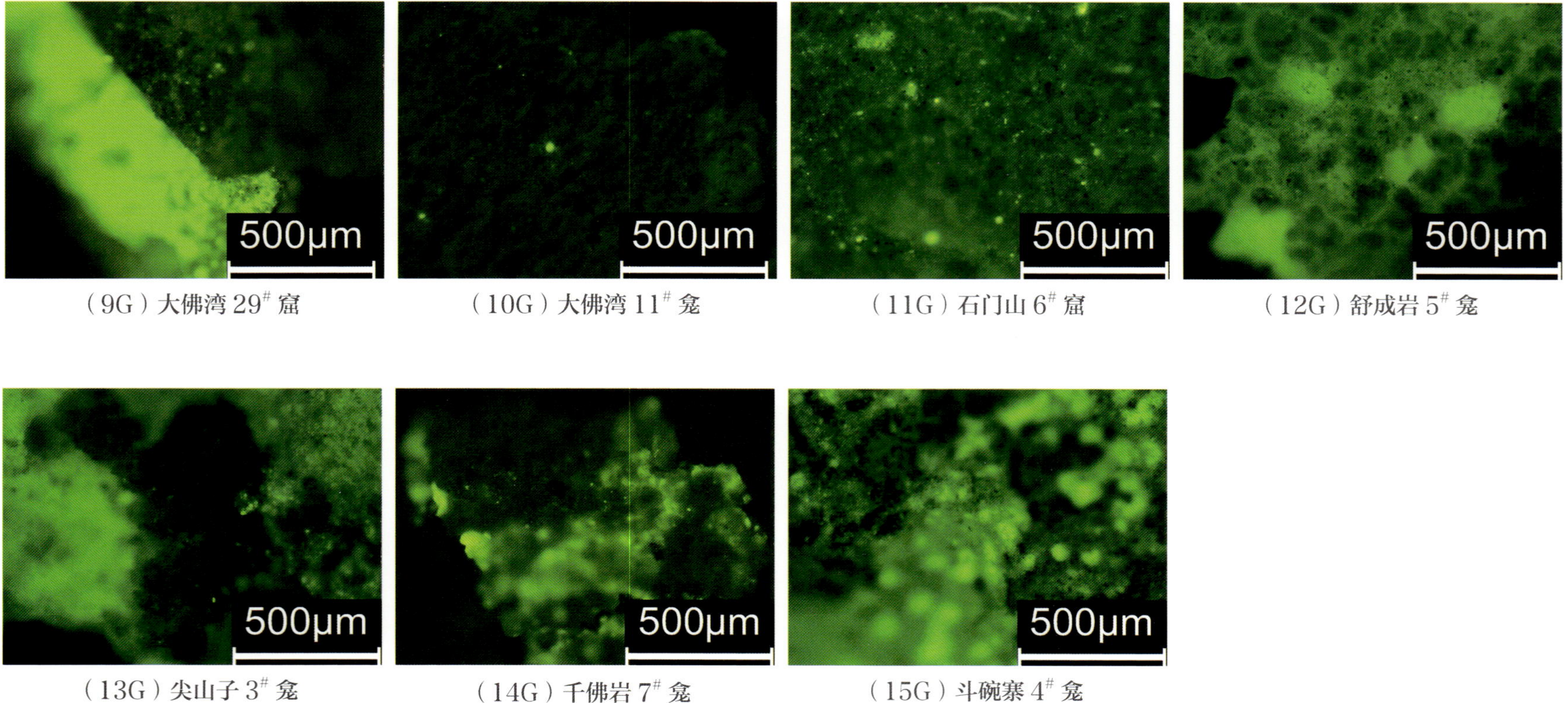

（9G）大佛湾 29# 窟　（10G）大佛湾 11# 龛　（11G）石门山 6# 窟　（12G）舒成岩 5# 龛

（13G）尖山子 3# 龛　（14G）千佛岩 7# 龛　（15G）斗碗寨 4# 龛

图 19　绿色颜料样品的荧光显微镜伪色图像

根据中国科学院上海有机化学研究所红外谱图数据库，孔雀石的红外特征峰位为523cm^{-1}、571cm^{-1}、777cm^{-1}、819cm^{-1}、874cm^{-1}、1046cm^{-1}、1096cm^{-1}、1390cm^{-1}、1496cm^{-1}、3313cm^{-1}和3403cm^{-1}；氯铜矿的红外特征峰位为507cm^{-1}、596cm^{-1}、

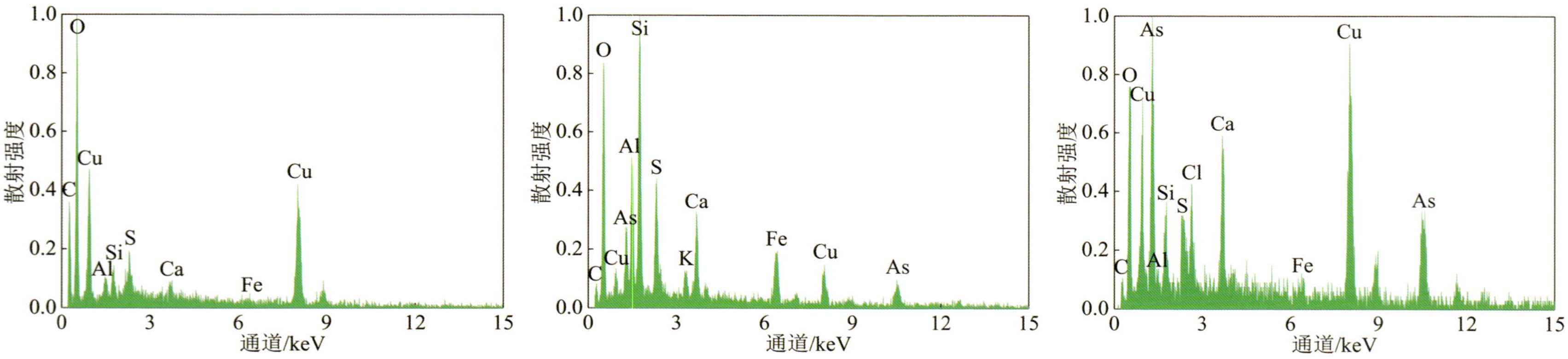

（1G）北山摩崖造像第 9 号龛　（2G）北山摩崖造像第 155 号窟　（3G）南山摩崖造像第 5 号窟

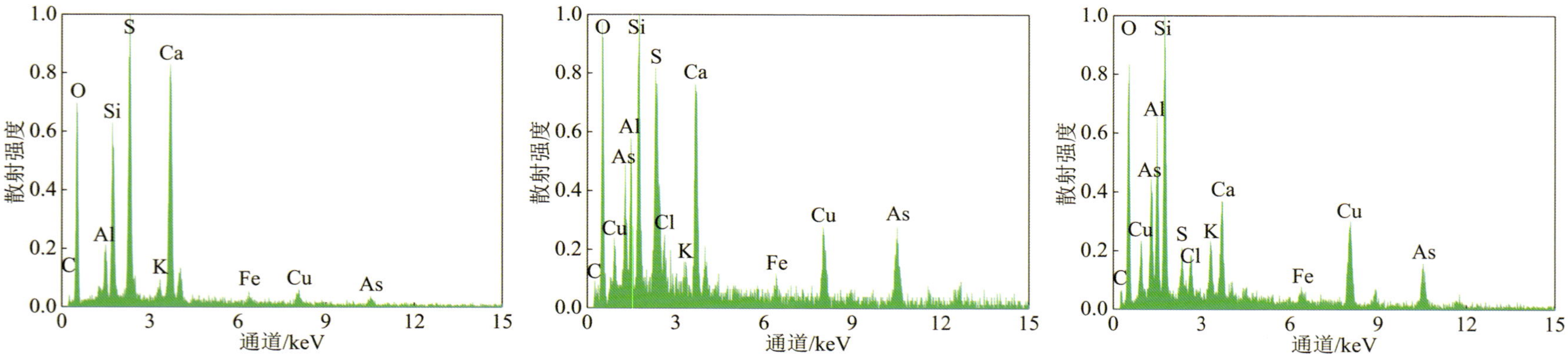

（4G）石篆山摩崖造像第 6 号龛　（5G）多宝塔第 1 号龛　（6G）宝顶山摩崖造像小佛湾第 6 号殿

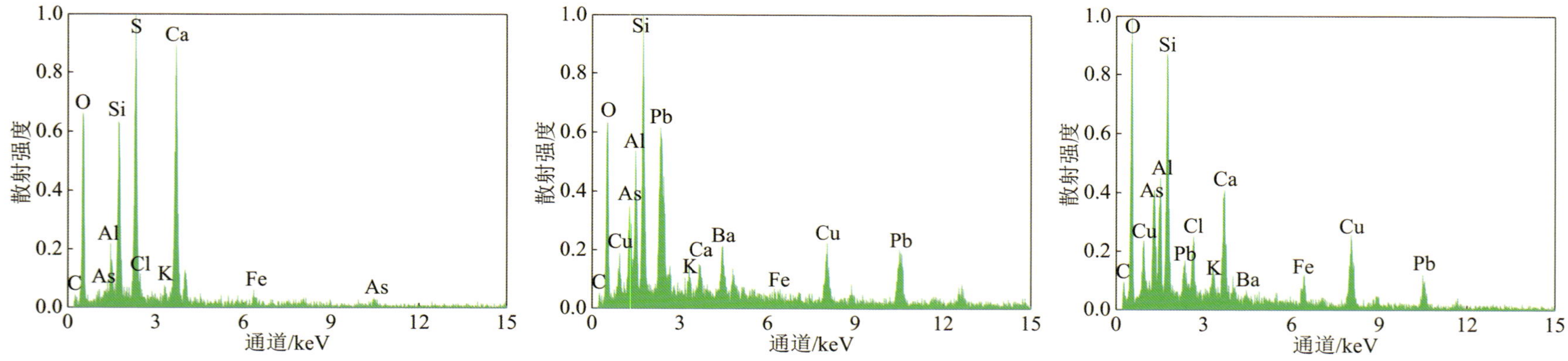

（7G）宝顶山摩崖造像大佛湾第 18 号龛　（8G）宝顶山摩崖造像大佛湾第 11 号龛　（9G）宝顶山摩崖造像大佛湾第 29 号窟

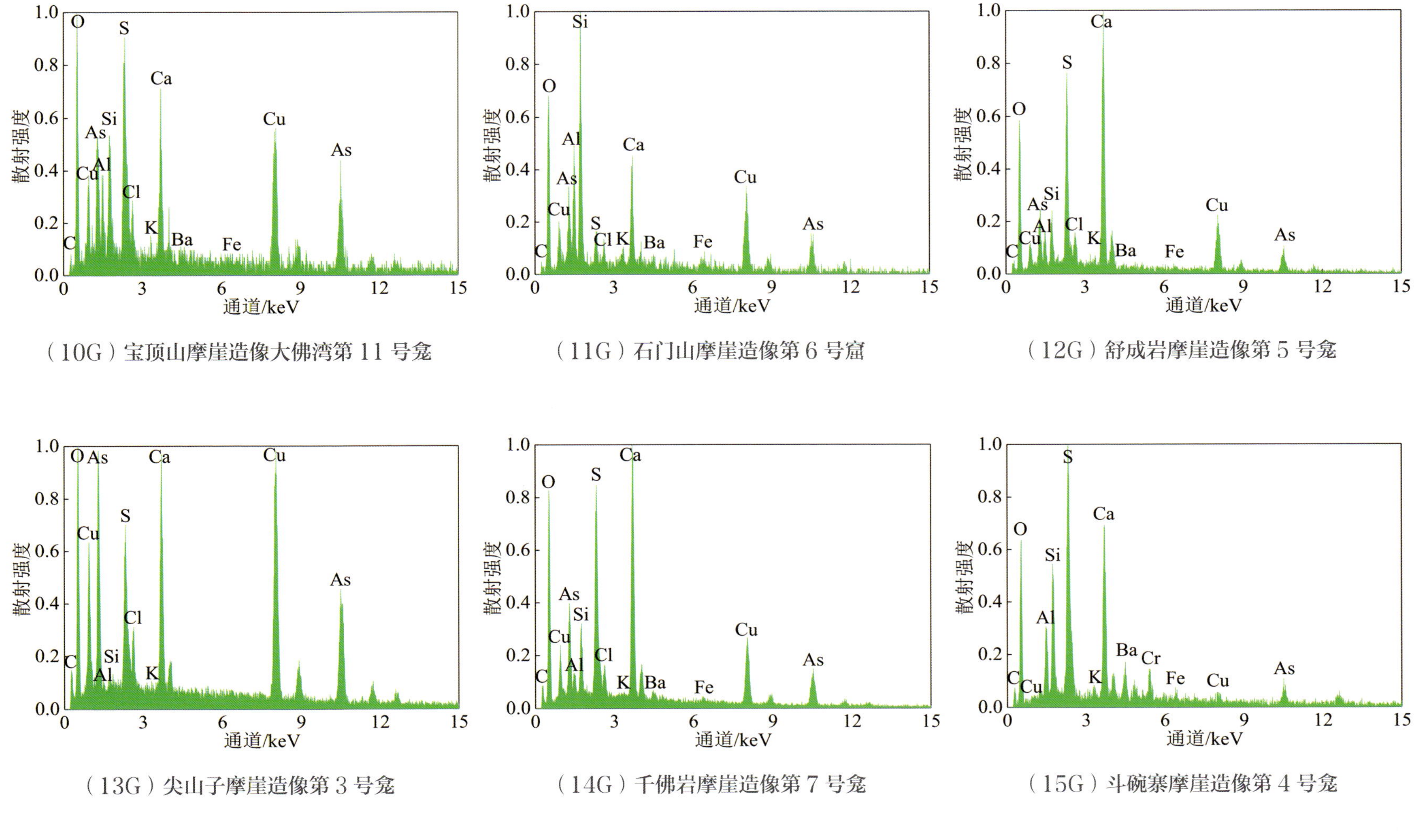

图 20　绿色颜料的电子散射能谱

820cm^{-1}、893cm^{-1}、913cm^{-1}、948cm^{-1}、985cm^{-1}、3341cm^{-1}和3450cm^{-1}。

傅立叶变换红外光谱（图21）结果表明：北山第9号龛绿色彩绘颜料含有孔雀石矿物成分。由于缺少亚砷酸铜的标准红外谱图，较难通过红外光谱法进行检测。

（三）蓝色颜料

经紫外光源照射后，所有的15个蓝色彩绘颜料样品在荧光显微镜下全部呈现暗色图像（图22）。宝顶山摩崖造像大佛湾第18号龛和第29号窟蓝色颜料的底层表现出较明显的荧光现象。

除了Na元素含量偏高之外，蓝色颜料样品的电子散射能谱（图23）与石膏和黏土的混合物的谱图非常相似，既不含红色颜料中常有的Fe、Hg，也不含绿色颜料中常有的Cu、As。斗碗寨摩崖造像第4号龛的蓝色颜料样品含有较多的Ca元素和S元素，与其他14个蓝色颜料样品相比，其O元素的含量相对较低。

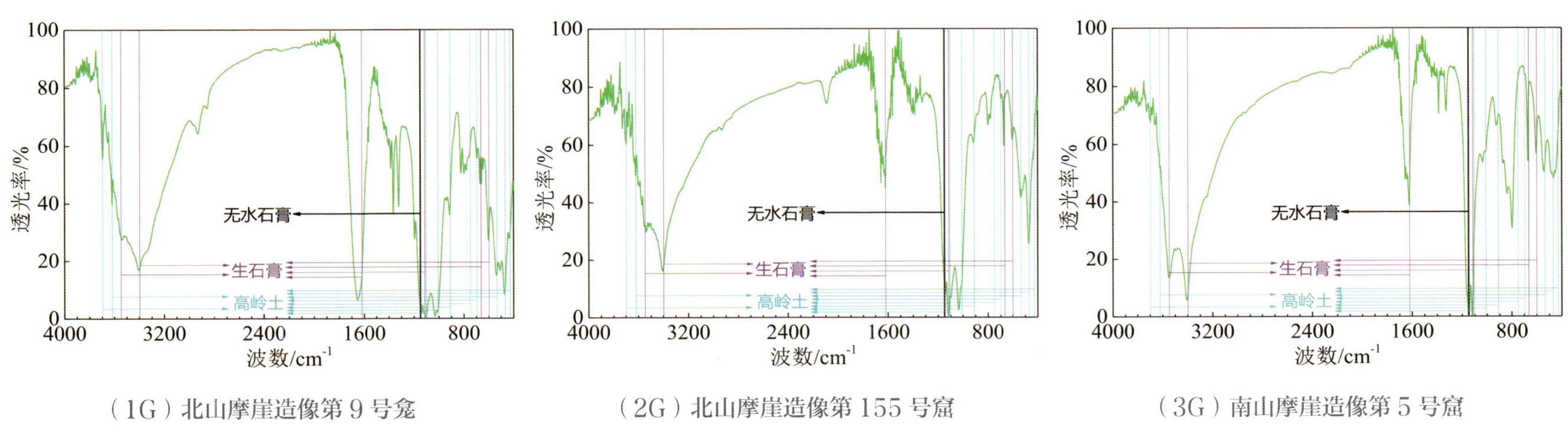

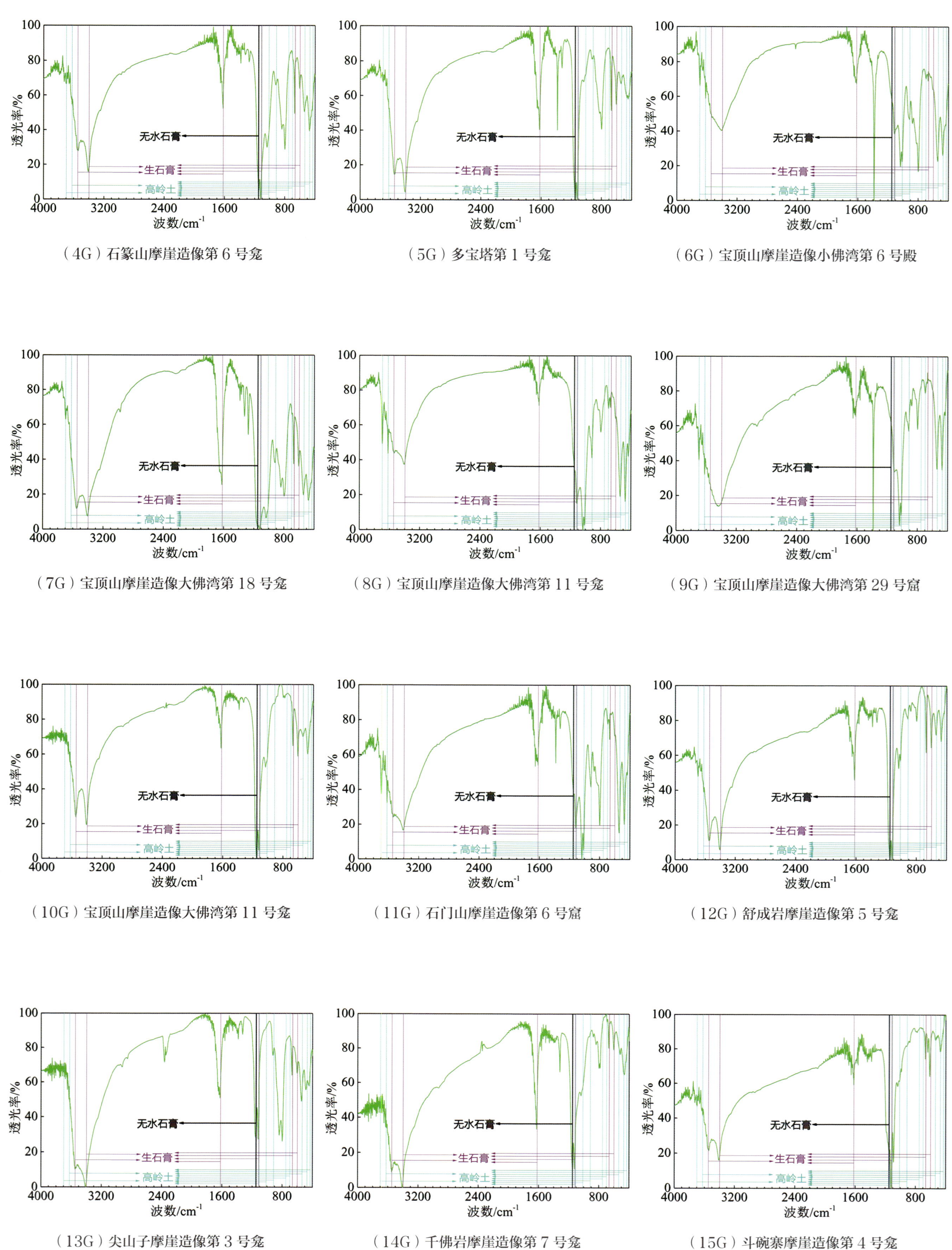

（4G）石篆山摩崖造像第 6 号龛

（5G）多宝塔第 1 号龛

（6G）宝顶山摩崖造像小佛湾第 6 号殿

（7G）宝顶山摩崖造像大佛湾第 18 号龛

（8G）宝顶山摩崖造像大佛湾第 11 号龛

（9G）宝顶山摩崖造像大佛湾第 29 号窟

（10G）宝顶山摩崖造像大佛湾第 11 号龛

（11G）石门山摩崖造像第 6 号窟

（12G）舒成岩摩崖造像第 5 号龛

（13G）尖山子摩崖造像第 3 号龛

（14G）千佛岩摩崖造像第 7 号龛

（15G）斗碗寨摩崖造像第 4 号龛

图 21　绿色颜料的傅立叶变换红外光谱

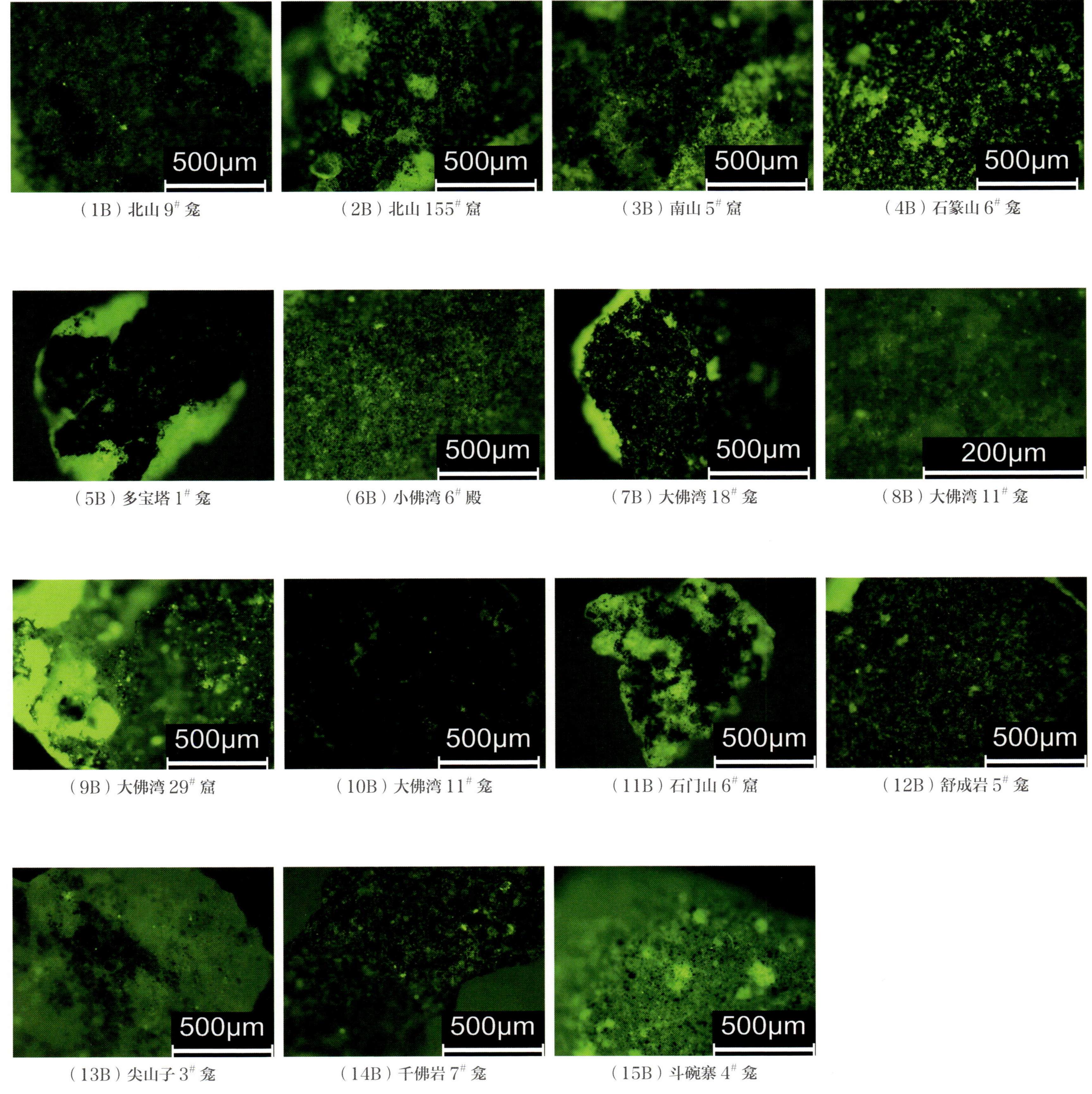

图 22　蓝色颜料样品的荧光显微镜伪色图像

波士顿艺术博物馆在线材料数据库[1]中天然青金石的红外特征峰位为939.69cm^{-1}、969.51cm^{-1}和1023.88cm^{-1}。与铁红相类似，通过傅立叶变换红外光谱（图24）无法确定蓝色颜料的种类。

1　Museum of Fine Arts Boston "Material database of chemical, physical, visual, and analytical information on historic and contemporary materials used in the production and conservation of artistic, architectural, archaeological, and anthropological materials（http://cameo.mfa.org/wiki/Lazurite）", 2017.

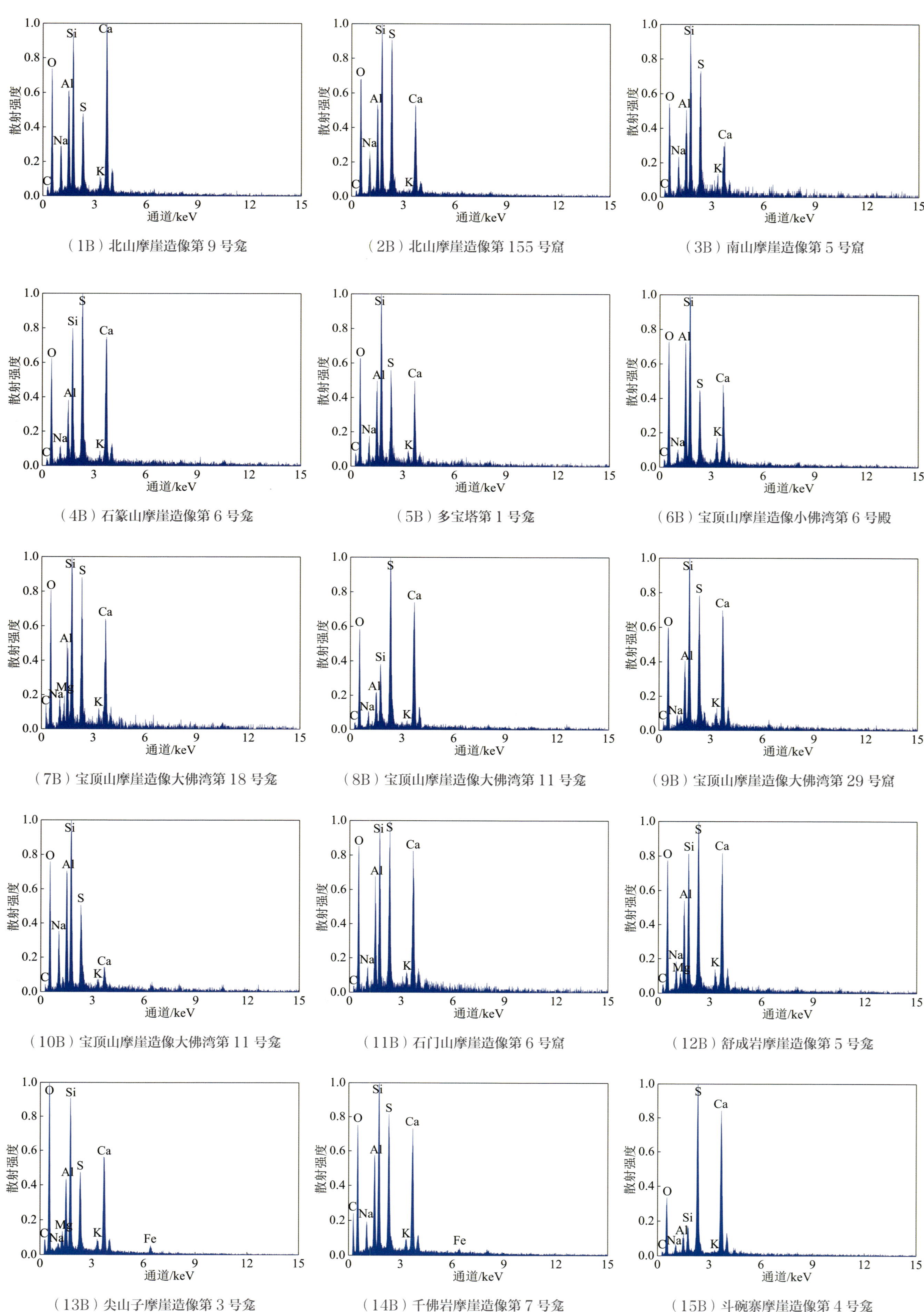

（1B）北山摩崖造像第 9 号龛　（2B）北山摩崖造像第 155 号窟　（3B）南山摩崖造像第 5 号窟

（4B）石篆山摩崖造像第 6 号龛　（5B）多宝塔第 1 号龛　（6B）宝顶山摩崖造像小佛湾第 6 号殿

（7B）宝顶山摩崖造像大佛湾第 18 号龛　（8B）宝顶山摩崖造像大佛湾第 11 号龛　（9B）宝顶山摩崖造像大佛湾第 29 号窟

（10B）宝顶山摩崖造像大佛湾第 11 号龛　（11B）石门山摩崖造像第 6 号窟　（12B）舒成岩摩崖造像第 5 号龛

（13B）尖山子摩崖造像第 3 号龛　（14B）千佛岩摩崖造像第 7 号龛　（15B）斗碗寨摩崖造像第 4 号龛

图 23　蓝色颜料的电子散射能谱

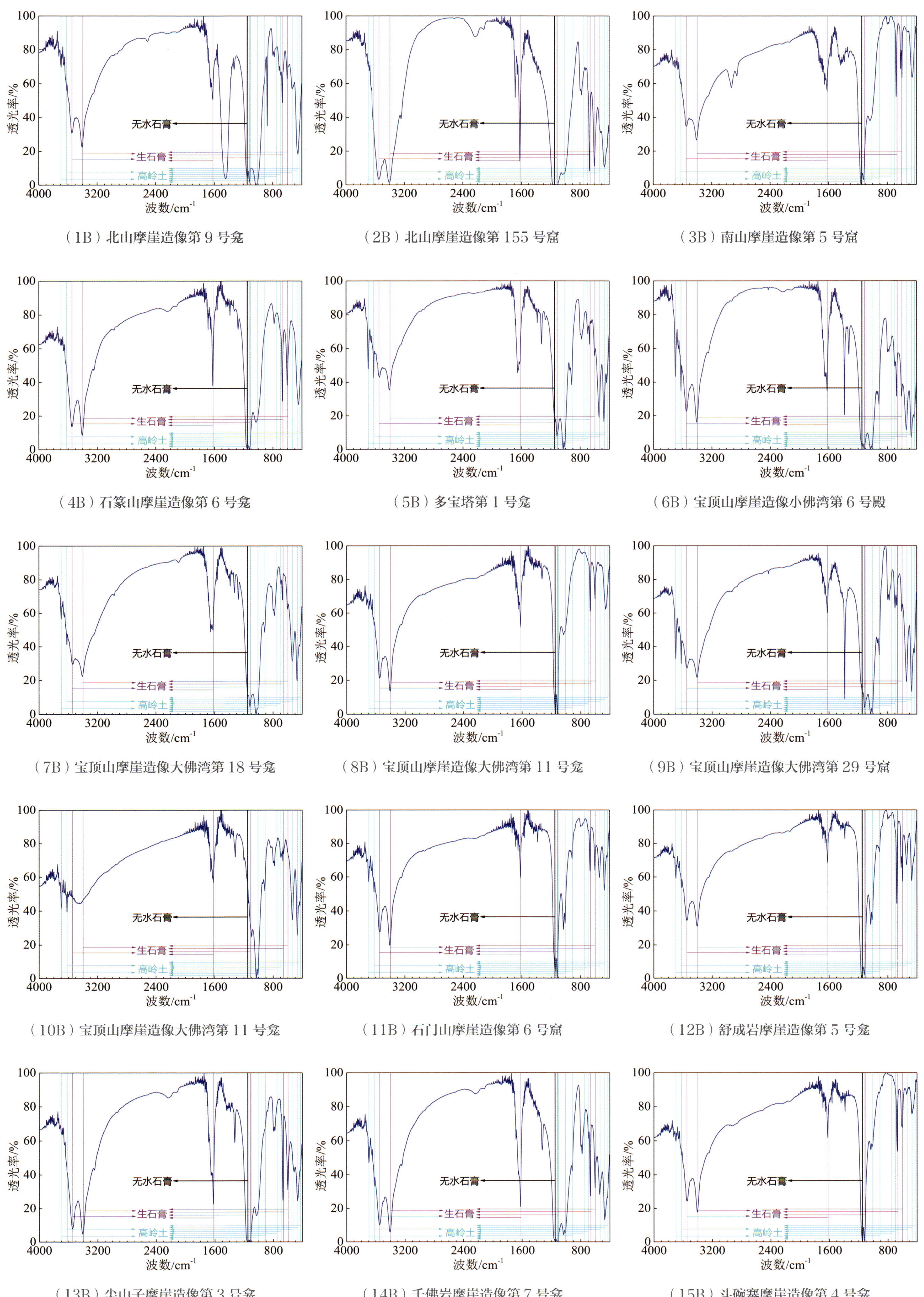

（1B）北山摩崖造像第 9 号龛

（2B）北山摩崖造像第 155 号窟

（3B）南山摩崖造像第 5 号窟

（4B）石篆山摩崖造像第 6 号龛

（5B）多宝塔第 1 号龛

（6B）宝顶山摩崖造像小佛湾第 6 号殿

（7B）宝顶山摩崖造像大佛湾第 18 号龛

（8B）宝顶山摩崖造像大佛湾第 11 号龛

（9B）宝顶山摩崖造像大佛湾第 29 号窟

（10B）宝顶山摩崖造像大佛湾第 11 号龛

（11B）石门山摩崖造像第 6 号窟

（12B）舒成岩摩崖造像第 5 号龛

（13B）尖山子摩崖造像第 3 号龛

（14B）千佛岩摩崖造像第 7 号龛

（15B）斗碗寨摩崖造像第 4 号龛

图 24　蓝色颜料的傅立叶变换红外光谱

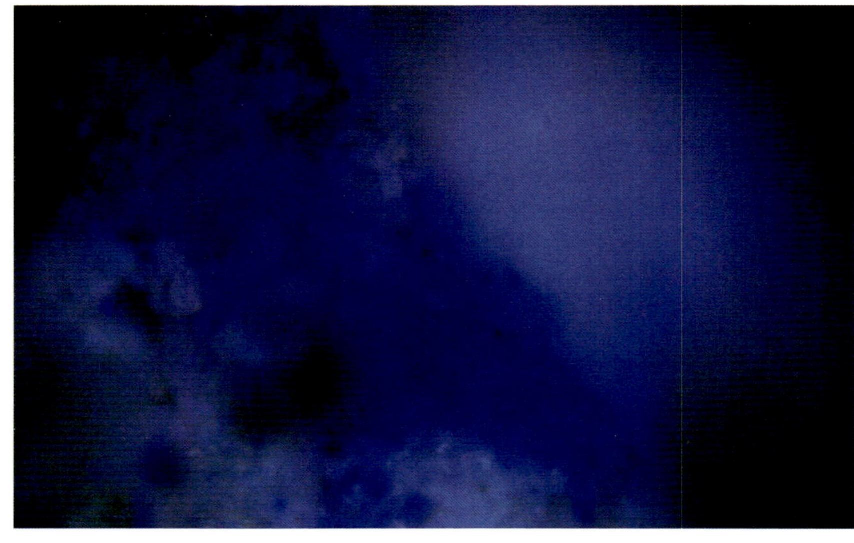

(a)北山第 9 号龛样品

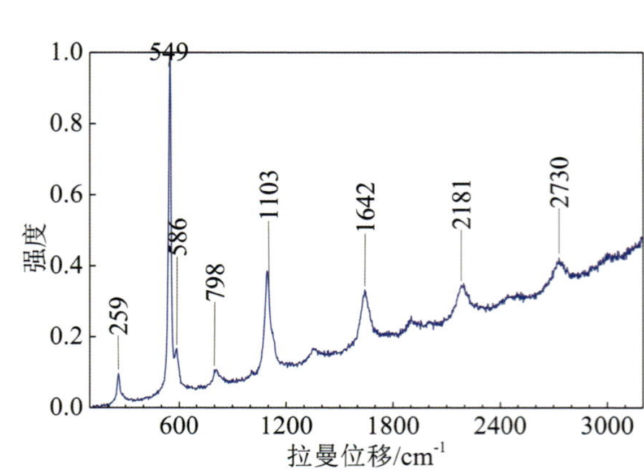

(b)北山第 9 号龛拉曼光谱

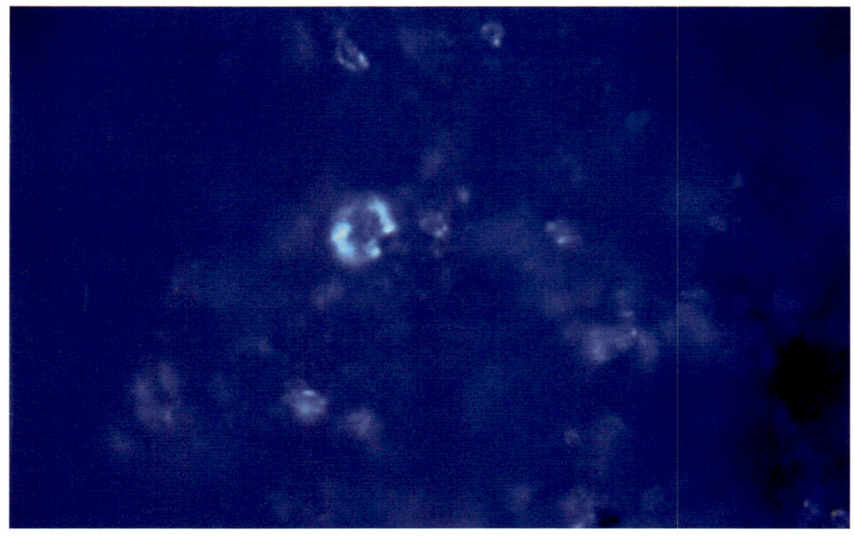

(c)北山第 155 号窟样品

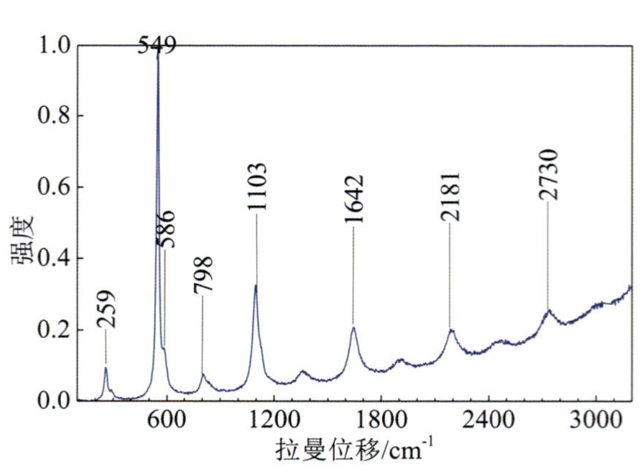

(d)北山第 155 号窟拉曼光谱

图 25　蓝色颜料的拉曼光谱

青金石或群青的特征拉曼位移[1, 2]为262cm^{-1}、546cm^{-1}、583cm^{-1}、806cm^{-1}、1093cm^{-1}、1361cm^{-1}和1645cm^{-1}。采用RRUFF配套软件Crystal Sleuth分析北山摩崖造像第9号龛和第155号窟蓝色颜料的拉曼光谱（图25），检索结果的第2个候选项即为Lazurite（匹配度：40%、RRUFF ID：R040023），表明样品中的显色成分为天然青金石或者合成群青。

（四）白色颜料

在同等强度的紫外光源照射下，除了北山摩崖造像第9号龛、北山摩崖造像第155号窟、石门山摩崖造像第6号窟和尖山子摩崖造像第3号龛的白色颜料的荧光显微图像比较暗淡之外，其他11个白色颜料样品均表现出较显著的荧光现象（图26），并以斗碗寨摩崖造像第4号龛白色颜料的荧光最明亮。

电子散射能谱（图27）结果表明：南山摩崖造像第5号窟、宝顶山摩崖造像大佛湾第18号龛、宝顶山摩崖造像大佛湾第29号窟和宝顶山摩崖造像大佛湾第11号龛头部的4个白色颜料样品中没有检测出S元素，而且Ca元素含量也较少，但是富含Pb元素，据此推断这4个白色颜料的显色成分为铅白（$2PbCO_3 \cdot Pb(OH)_2$）。多宝塔第1号龛、宝顶山摩崖造像小佛湾第6号殿和石门山摩崖造像第6号窟的3个白色颜料样品中S元素含量较少，但是多宝塔第1号龛白色颜料富含Ca元素，而宝顶山摩崖造像小佛湾第6号殿和石门山摩崖造像第6号窟中的白色颜料富含Si元素，据此推断多宝塔第1号龛白色颜料的显色成分可能为白垩或者方解石（$CaCO_3$）。

1　Ballirano P., Maras A. "Mineralogical characterization of the blue pigment of Michelangelo' s fresco 'The Last Judgement' ". *American Mineralogist*, 2006, 91（7）, pp. 997-1005.

2　常晶晶：《古代壁画中颜料及染料的拉曼光谱研究》，吉林大学硕士学位论文，2010年。

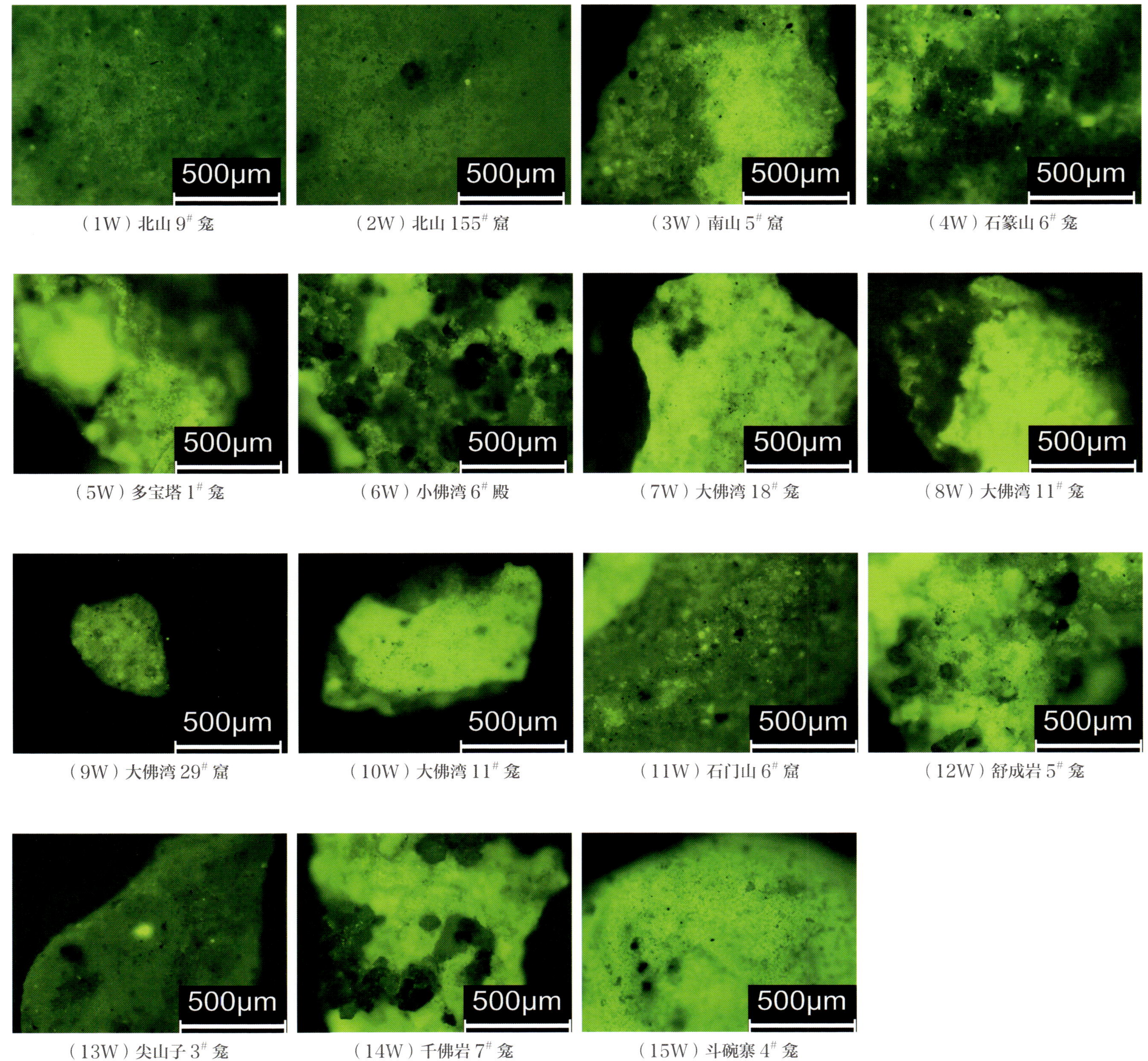

（1W）北山 9# 龛　（2W）北山 155# 窟　（3W）南山 5# 窟　（4W）石篆山 6# 龛

（5W）多宝塔 1# 龛　（6W）小佛湾 6# 殿　（7W）大佛湾 18# 龛　（8W）大佛湾 11# 龛

（9W）大佛湾 29# 窟　（10W）大佛湾 11# 龛　（11W）石门山 6# 窟　（12W）舒成岩 5# 龛

（13W）尖山子 3# 龛　（14W）千佛岩 7# 龛　（15W）斗碗寨 4# 龛

图 26　白色颜料样品的荧光显微镜伪色图像

根据中国科学院上海有机化学研究所的红外谱图和化合物结构数据库，碱式碳酸铅（$2PbCO_3 \cdot Pb(OH)_2$）的红外特征峰位为679cm^{-1}、1044cm^{-1}和1397cm^{-1}；碳酸钙[1]（$CaCO_3$）的红外特征峰位为318cm^{-1}、712cm^{-1}、872cm^{-1}和1426cm^{-1}。

利用Thermo Fisher Scientific公司的OMNIC软件检索白色颜料样品的傅立叶变换红外光谱（图28），结果表明多宝塔第1号龛的白色颜料在化学成分上以白垩为主；北山摩崖造像第9号龛、宝顶山摩崖造像小佛湾第6号殿、宝顶山摩崖造像大佛湾第11号龛腹部和宝顶山摩崖造像大佛湾第29号窟4个白色颜料样品的主要化学成分为高岭土或伊利石类黏土矿物；北山摩崖造像第155号窟、南山摩崖造像第5号窟、石篆山摩崖造像第6号龛、宝顶山摩崖造像大佛湾第18号龛、宝顶山摩崖造像大佛湾第11号龛头部、石门山摩崖造像第6号窟、舒成岩摩崖造像第5号龛、尖山子摩崖造像第3号龛和斗碗寨摩崖造像第4号龛9个白色颜料样品的主要化学成分为石膏。只有千佛岩摩崖造像第7号龛白色颜料的红外谱图无法通过软件自动完成检索。

1　Tao Yang, Xiao Ma, Bingjian Zhang, Hui Zhang. "The studies on the function of sticky rice on the microstructures of hydrated lime putties", *Construction & Building Materials*, 2016, 102（1）, pp. 105-112.

（五）黑色颜料

荧光显微镜观察（图29）结果表明：除了宝顶山摩崖造像大佛湾第11号龛和斗碗寨摩崖造像第4号龛的黑色颜料有较强的荧光现象之外，其他12个黑色颜料样品在紫外光的照射下均不会产生荧光。石篆山摩崖造像第6号龛和多宝塔第1号龛荧光显微镜图像中的明亮部分为黑色颜料的底层外缘，实际上是白色石膏所产生的明亮荧光。斗碗寨摩崖造像第4号龛黑色颜料的荧光图像具有强烈的花瓣式立体感，推断该黑色颜料样品含有具荧光效应的有机成分。

电子散射能谱（图30）结果表明：除了宝顶山摩崖造像大佛湾第11号龛腹部、宝顶山摩崖造像大佛湾第29号窟和宝顶山摩崖造像大佛湾第11号龛头部3个黑色颜料样品中不含S元素之外，其他11个样品中均检出S元素。在不含S元素的3个样品中，宝顶山摩崖造像大佛湾第11号龛的腹部和头部的2个黑色颜料样品都富含Pb元素，推断这2处黑色颜料样品的显色成分为铅丹（PbO_2·2PbO）的氧化[1,2,3]产物PbO_2。

斗碗寨摩崖造像第4号龛黑色颜料样品的电子散射能谱中含有大量的C元素和O元素，据此断定该黑色颜料样品为有机颜料，其成分中的Ba元素也值得进一步深入研究。

傅立叶变换红外光谱（图31）结果表明：宝顶山摩崖造像大佛湾第29号窟、宝顶山摩崖造像大佛湾第11号龛头部和斗碗寨摩崖造像第4号龛3个黑色颜料样品中的石膏成分较少。

炭黑、石墨、金刚石和钻石的化学成分都是单一的C元素。根据RRUFF拉曼光谱数据库，南非Premier矿区天然钻石（RRUFF ID：R150106）的特征拉曼位移为1344cm^{-1}；波士顿艺术博物馆在线材料数据库中油灯烟黑（lampblack）[4]的特征拉曼位移为1337cm^{-1}和1609cm^{-1}。

北山摩崖造像第9号龛黑色颜料的拉曼光谱（图32）结果表明该样品的显色成分为炭黑，谱图中417cm^{-1}、494cm^{-1}、617cm^{-1}、670cm^{-1}、1009cm^{-1}和1135cm^{-1}峰位是黑色颜料底层中二水石膏的特征拉曼位移。

（六）橙色颜料

在紫外光源的照射下，石门山摩崖造像第6号窟橙色颜料呈现出较明亮的荧光，但是千佛岩摩崖造像第7号龛的荧光显微镜图像却比较暗淡（图33）。因此，这2个橙色颜料样品的主要化学成分应该是不相同的。

通过MA-Table软件进行检索或查询电子散射能谱表[5]可知$_{16}$S元素的Kα和Lα谱线对应的能量分别为2.307keV和0.149keV，$_{80}$Hg元素的Kα、Lα和M谱线对应的能量分别为70.806keV、9.987keV和2.191keV。因此，Hg元素的Mα谱线与S元素的Kα谱线非常邻近。

橙色颜料的电子散射能谱（图34）结果表明：石门山摩崖造像第6号窟的颜料样品富含Hg元素和S元素，同时含有少量As元素，据此推断该样品的显色成分主要为朱砂（HgS），掺杂有橘黄色雄黄（realgar，AsS）或亮黄色雌黄（orpiment，As_2S_3）。

傅立叶变换红外光谱（图35）结果表明：千佛岩摩崖造像第7号龛橙色颜料样品的底层含有石膏成分，这与该样品的电子散射能

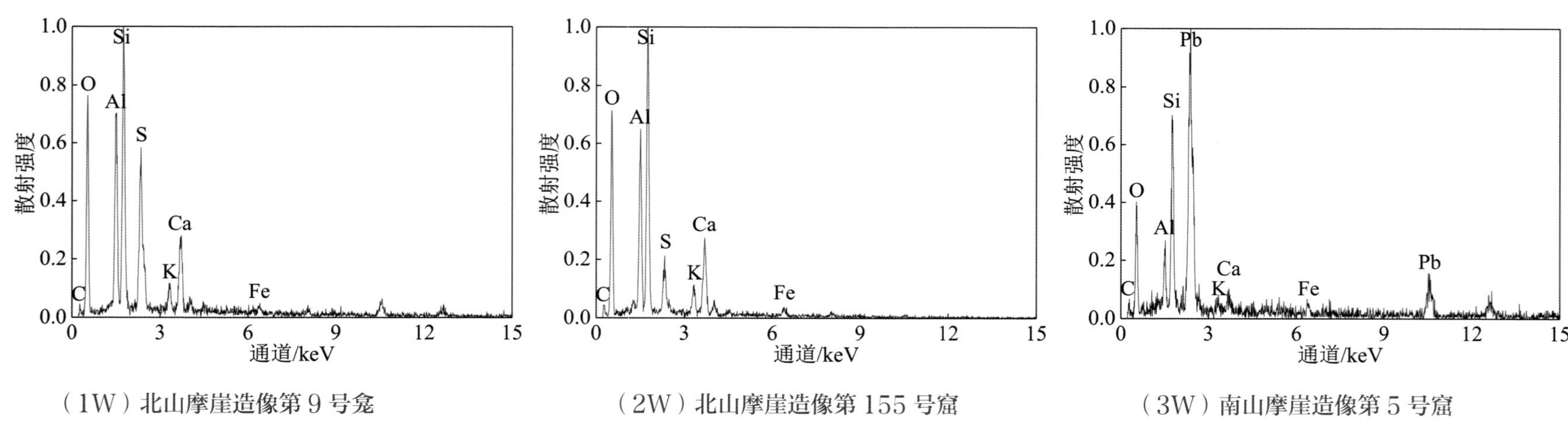

（1W）北山摩崖造像第 9 号龛　（2W）北山摩崖造像第 155 号窟　（3W）南山摩崖造像第 5 号窟

1　李最雄、樊再轩、盛芬玲：《铅丹朱砂和土红变色研究的新进展》，《敦煌研究》1992年第1期，第89—117、123—124、85页。

2　冯清平、张晓君、马晓军，杨玲：《敦煌壁画色变中微生物因素的研究——Ⅲ.枝孢霉在石窟壁画铅丹变色中的作用》，《微生物学报》1998年第5期，第365—370页。

3　雷爱文、童华、万晓霞：《古代敦煌壁画颜料的物质基础研究及铅丹的模拟老化研究》，《科技创新导报》2016年第17期，第178—179页。

4　Zhang Y. D., Wang J. L., Liu H. L., et al. “Integrated analysis of pigments on murals and sculptures in Mogao Grottoes”, *Analytical Letters*, 2015, 48（15）, pp. 2400-2413.

5　AMETEK Materials Analysis Division of EDAX Company. “Interactive Periodic Table of Elements（http://www.edax.com/download/Periodic_Table.pdf）”, 2017.

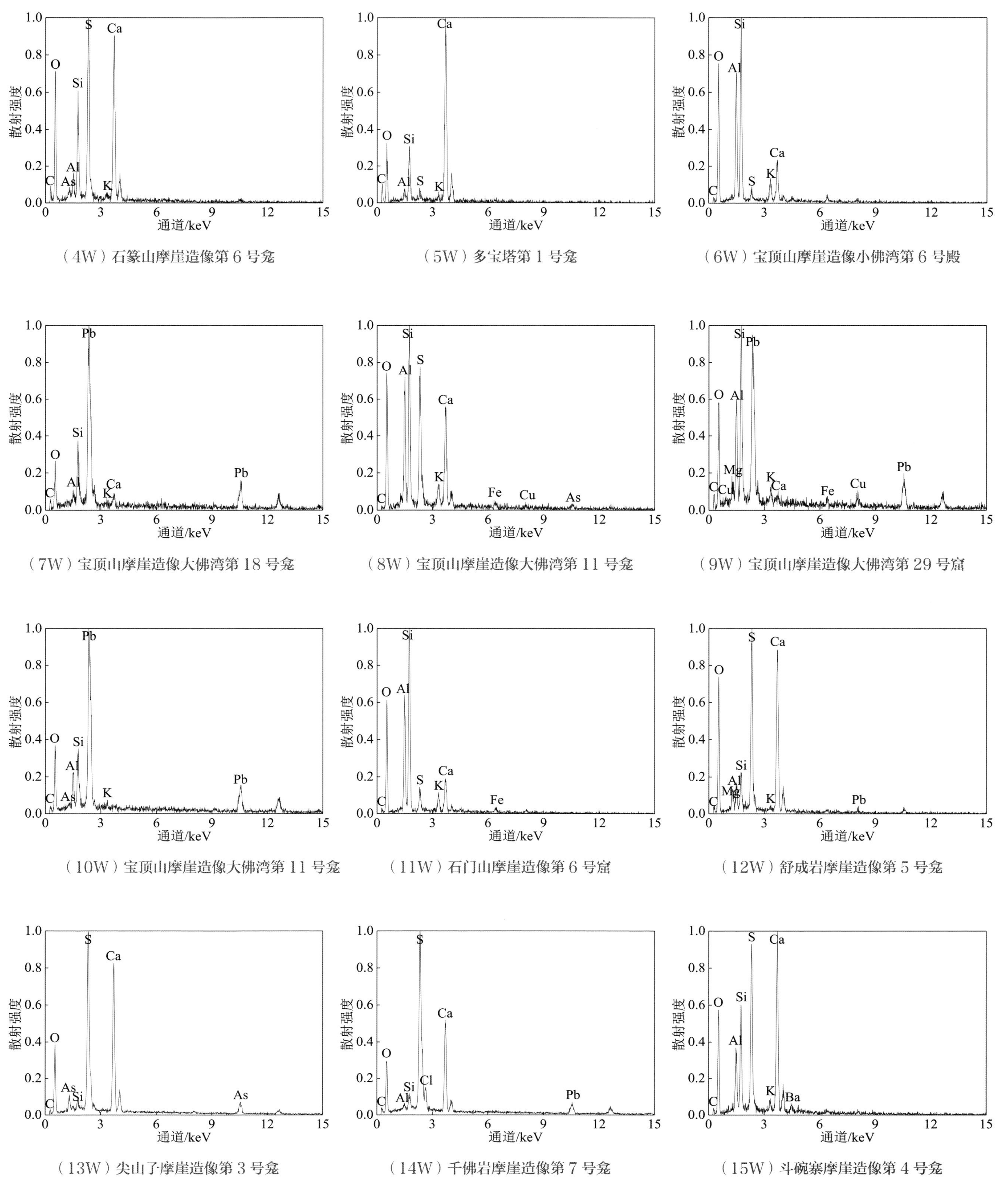

（4W）石篆山摩崖造像第 6 号龛
（5W）多宝塔第 1 号龛
（6W）宝顶山摩崖造像小佛湾第 6 号殿
（7W）宝顶山摩崖造像大佛湾第 18 号龛
（8W）宝顶山摩崖造像大佛湾第 11 号龛
（9W）宝顶山摩崖造像大佛湾第 29 号窟
（10W）宝顶山摩崖造像大佛湾第 11 号龛
（11W）石门山摩崖造像第 6 号窟
（12W）舒成岩摩崖造像第 5 号龛
（13W）尖山子摩崖造像第 3 号龛
（14W）千佛岩摩崖造像第 7 号龛
（15W）斗碗寨摩崖造像第 4 号龛

图 27　白色颜料的电子散射能谱

谱结果相一致。由于朱砂、雄黄和雌黄[1, 2]的红外特征峰位处于仪器测量范围之外的波长25～200μm的远红外光区400～50cm^{-1}，因此傅立叶变换红外光谱法未能检测出石门山摩崖造像第6号窟橙色颜料样品中的显色成分。

1　R. Forneris. "The Infrared and Raman Spectra of Realgar and Orpiment", *American Mineralogist*, 1969（54）pp. 1062-1074.

2　Andrea Macchia, Luigi Campanella, Delia Gazzoli, et al. "Realgar and Light", *Procedia Chemistry*, 2013（8）pp. 185-193.

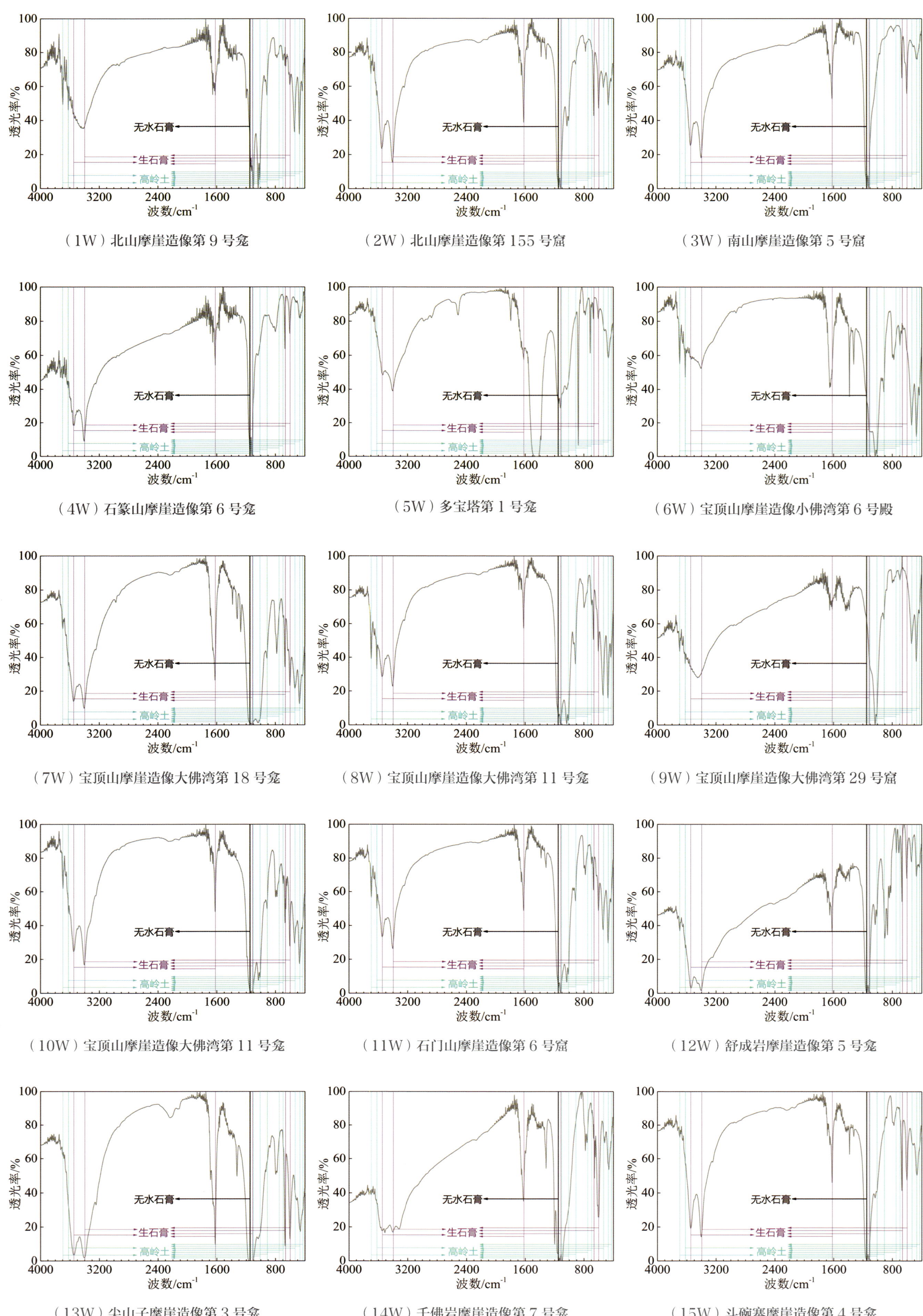

（1W）北山摩崖造像第 9 号龛

（2W）北山摩崖造像第 155 号窟

（3W）南山摩崖造像第 5 号窟

（4W）石篆山摩崖造像第 6 号龛

（5W）多宝塔第 1 号龛

（6W）宝顶山摩崖造像小佛湾第 6 号殿

（7W）宝顶山摩崖造像大佛湾第 18 号龛

（8W）宝顶山摩崖造像大佛湾第 11 号龛

（9W）宝顶山摩崖造像大佛湾第 29 号窟

（10W）宝顶山摩崖造像大佛湾第 11 号龛

（11W）石门山摩崖造像第 6 号窟

（12W）舒成岩摩崖造像第 5 号龛

（13W）尖山子摩崖造像第 3 号龛

（14W）千佛岩摩崖造像第 7 号龛

（15W）斗碗寨摩崖造像第 4 号龛

图 28　白色颜料的傅立叶变换红外光谱

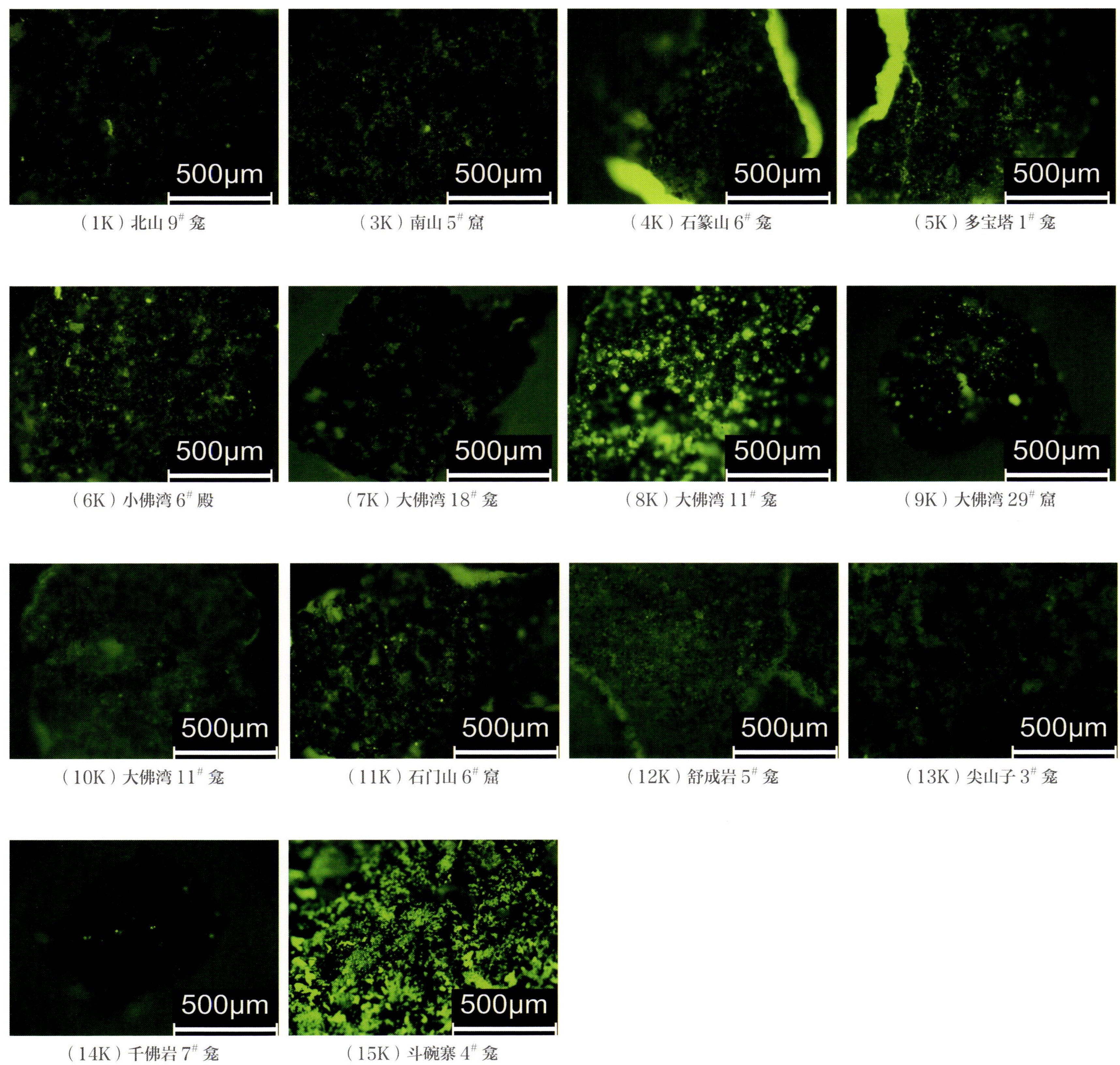

（1K）北山9#龛　（3K）南山5#窟　（4K）石篆山6#龛　（5K）多宝塔1#龛

（6K）小佛湾6#殿　（7K）大佛湾18#龛　（8K）大佛湾11#龛　（9K）大佛湾29#窟

（10K）大佛湾11#龛　（11K）石门山6#窟　（12K）舒成岩5#龛　（13K）尖山子3#龛

（14K）千佛岩7#龛　（15K）斗碗寨4#龛

图29　黑色颜料样品的荧光显微镜伪色图像

五　小结

（一）大足石刻颜料种类

在采集得到的76个彩绘颜料样品当中，只有斗碗寨摩崖造像第4号龛的红色颜料15R和黑色颜料15K为有机颜料，其他74个颜料样品均为无机颜料。斗碗寨摩崖造像第4号龛的红色颜料和黑色颜料在荧光显微镜下表现出明显的荧光效应，并且这2个颜料样品的电子散射能谱中C元素和O元素含量非常高。

根据有限数量的颜料样品，通过电子散射能谱推定大足石刻彩绘中的无机红色颜料有铁红、朱砂和铅丹，通过激光拉曼光谱方法证实了北山摩崖造像第155号窟的红色颜料为铁红。

大足石刻彩绘中的无机绿色颜料有孔雀石、亚砷酸铜和氯铜矿，这些颜料的电子散射能谱中普遍富含Cu元素。由于其成分中C元素含量很低，也未发现Co元素的散射峰，据此可以否定巴黎绿和钴绿的存在。

大足石刻彩绘中的无机蓝色颜料为人造合成群青或天然青金石，其电子散射能谱特征是Na元素含量较高。通过激光拉曼光谱方法

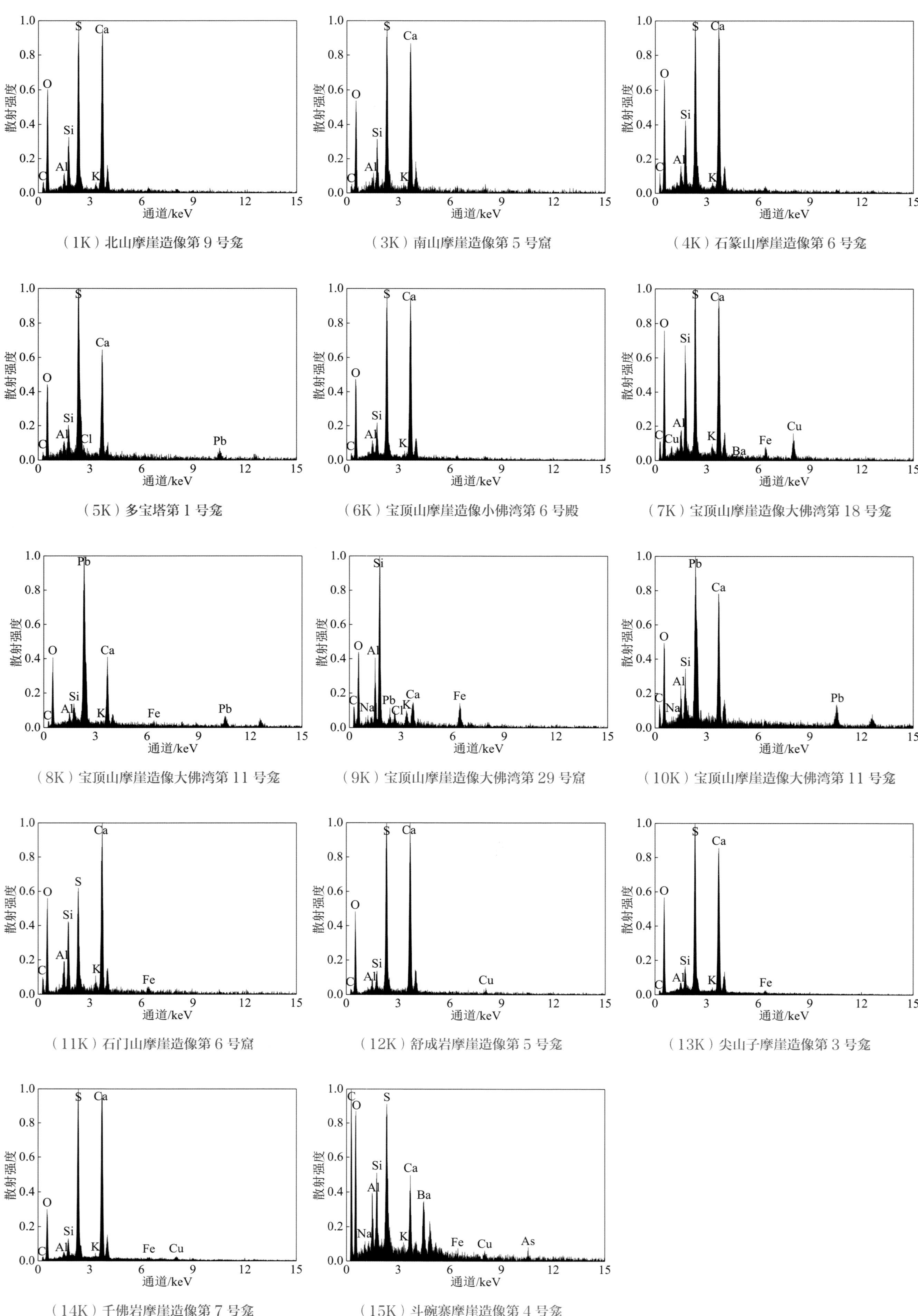

图 30　黑色颜料的电子散射能谱

证实了北山摩崖造像第9号龛和第155号窟的蓝色颜料为合成群青或天然青金石。通过偏光显微镜观察北山摩崖造像第9号龛的蓝色颜料颗粒，推断该样品为化学合成的群青。

大足石刻彩绘中的无机白色颜料（包括彩绘底层）有石膏、高岭土和白垩。通过傅立叶变换红外光谱证实多宝塔第1号龛的白色颜料样品为白垩。

大足石刻彩绘中的无机黑色颜料有炭黑和铅丹变色后的氧化产物。通过激光拉曼光谱方法证实了北山摩崖造像第9号龛的黑色颜料为炭黑。

（二）大足石刻颜料来源

铁红、朱砂、铅丹、孔雀石、氯铜矿、石膏、高岭土、白垩、炭黑等无机颜料在大足石刻摩崖造像开凿之前就已经广泛应用于彩绘和壁画。

亚砷酸铜是1775—1778年由瑞典人舍勒（Carl Wihelm Scheele）合成制得，之后逐渐取代孔雀石。因为化学性质不稳定，亚砷酸铜在1814年之后被巴黎绿替代。合成群青在1824—1828年用工业方法批量生产，它和天然青金石的颜色及化学成分非常相近。1927年，我国化学家戴安邦和凌鼎钟开始用四川等地国产原料[1, 2]合成群青。

据此推断，大足石刻的彩绘层应该在清代（1644—1911年）晚期被重新妆彩过，其间在继续延用部分传统颜料的同时，还使用了从国外进口的亚砷酸铜颜料。至于大足石刻彩绘中的蓝色群青颜料是法国进口，还是国内生产，这还需要进一步研究确定。

（三）大足石刻彩绘年代

观察彩绘颜料样品的背面可知大足石刻彩绘在历史上经过了多次的重绘。宝顶山大佛湾第18龛蓝色颜料部位至少经历过两次重绘，其底层之下为红色颜料，红色颜料的底层之下又为金箔层。另外，宝顶山大佛湾第11号龛腹部黑色颜料之下至少还有两层彩绘：红色和橘色。

绿色颜料中，氯铜矿的应用历史远早于合成颜料亚砷酸铜，因此大足石刻彩绘颜料中含有氯铜矿的作品应该完成于早期。

根据电子散射能谱，同时含有Cu元素和Cl元素的样品有南山摩崖造像第5号窟、多宝塔第1号龛、宝顶山摩崖造像大佛湾第29号窟、宝顶山摩崖造像大佛湾第11号龛头部、石门山摩崖造像第6号窟、舒成岩摩崖造像第5号龛、尖山子摩崖造像第3号龛和千佛岩摩崖造像第7号龛的绿色颜料，这8个龛窟的表层彩绘年代相对其他龛窟可能要早些。

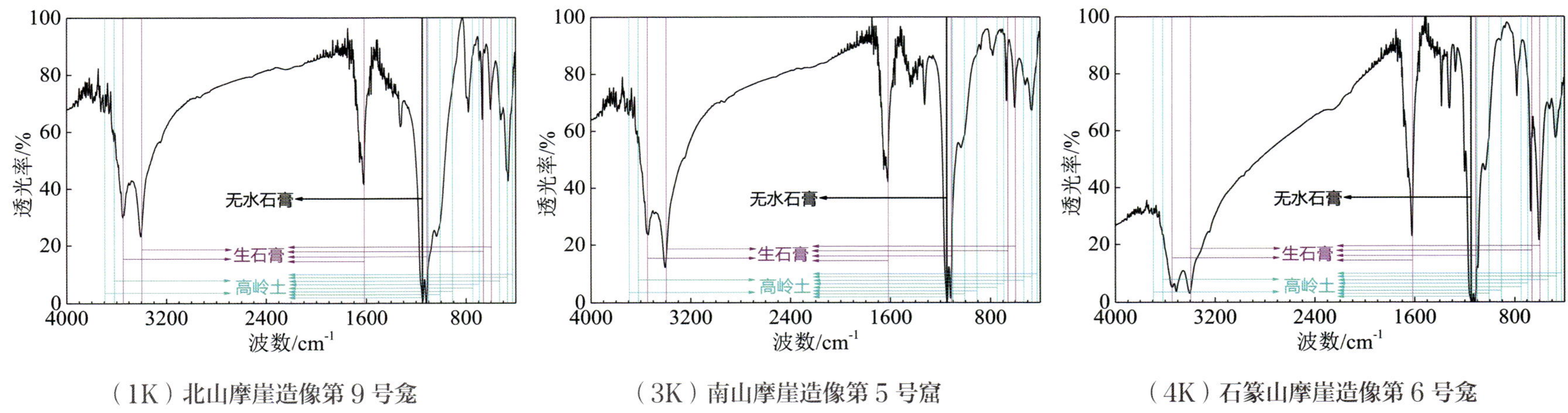

（1K）北山摩崖造像第 9 号龛　（3K）南山摩崖造像第 5 号窟　（4K）石篆山摩崖造像第 6 号龛

1　何秋菊、李涛、施继龙等：《道教人物画像颜料的原位无损分析》，《文物保护与考古科学》2010年第3期，第61—68页。

2　王进玉：《敦煌石窟合成群青颜料的研究》，《敦煌研究》2000年第1期，第76—81页。

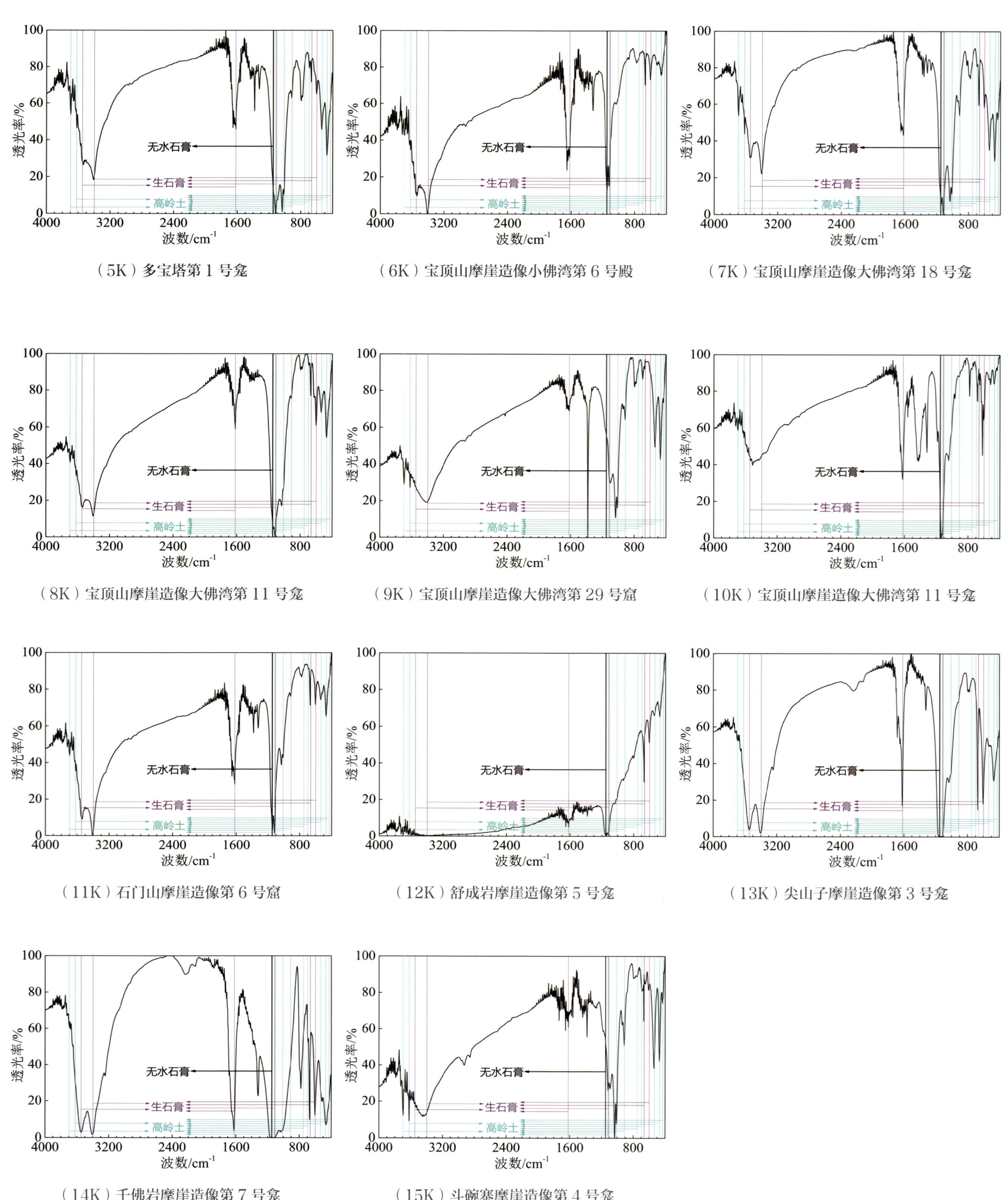

图31　黑色颜料的傅立叶变换红外光谱

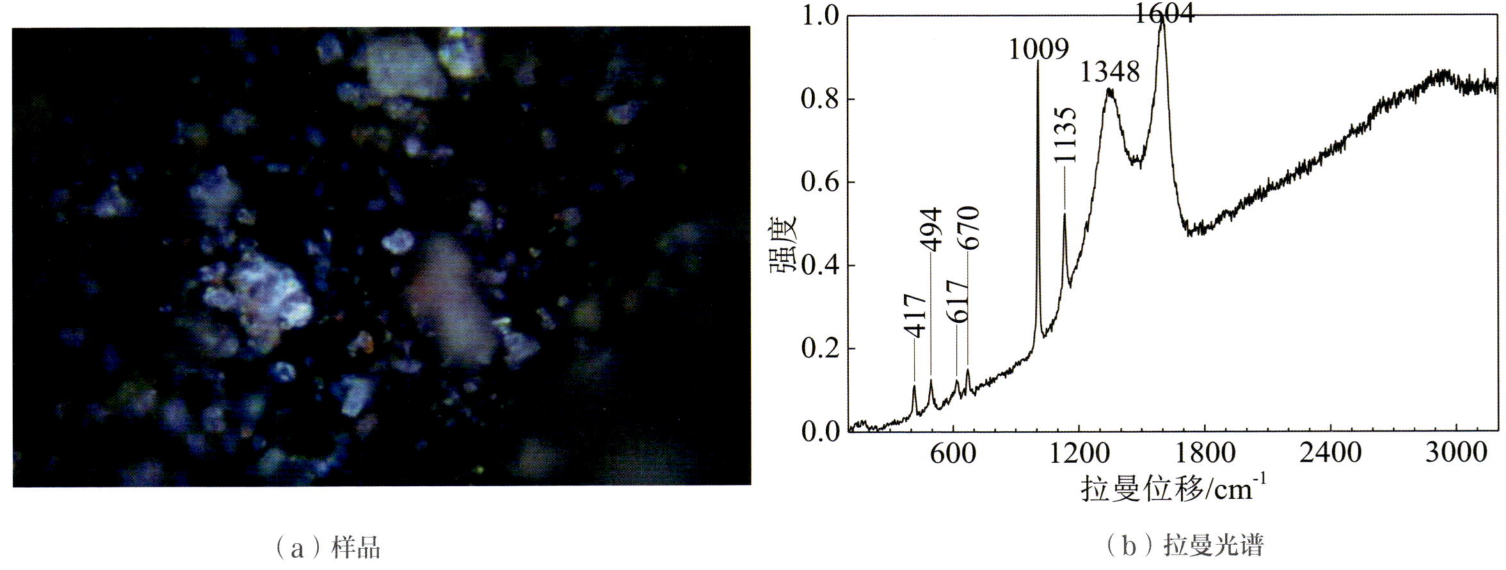

（a）样品 （b）拉曼光谱

图 32　北山第 9 号龛黑色颜料的拉曼光谱

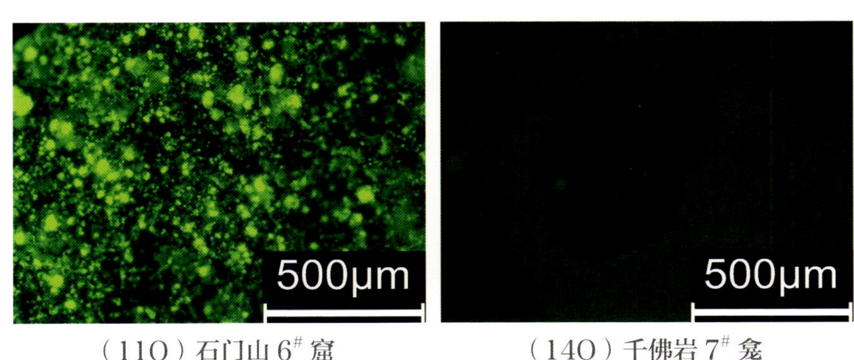

（110）石门山 6# 窟 （140）千佛岩 7# 龛

图 33　橙色颜料样品的荧光显微镜伪色图像

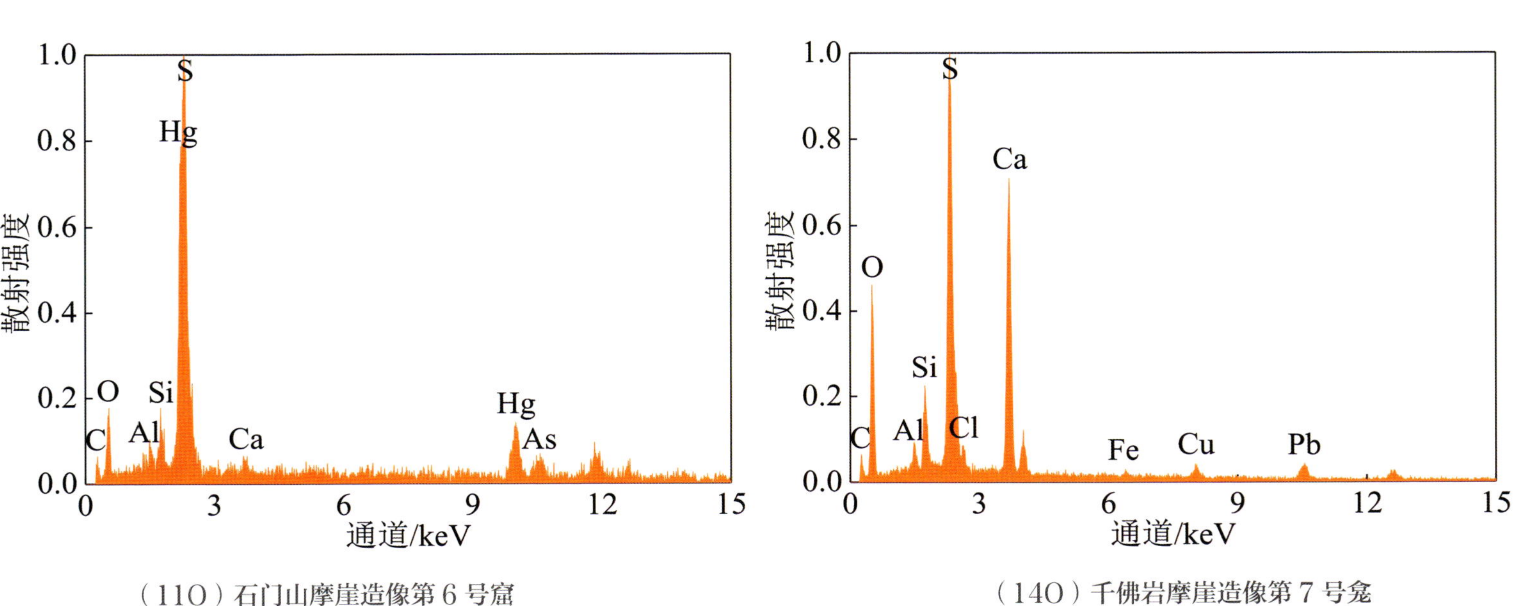

（110）石门山摩崖造像第 6 号窟 （140）千佛岩摩崖造像第 7 号龛

图 34　橙色颜料的电子散射能谱

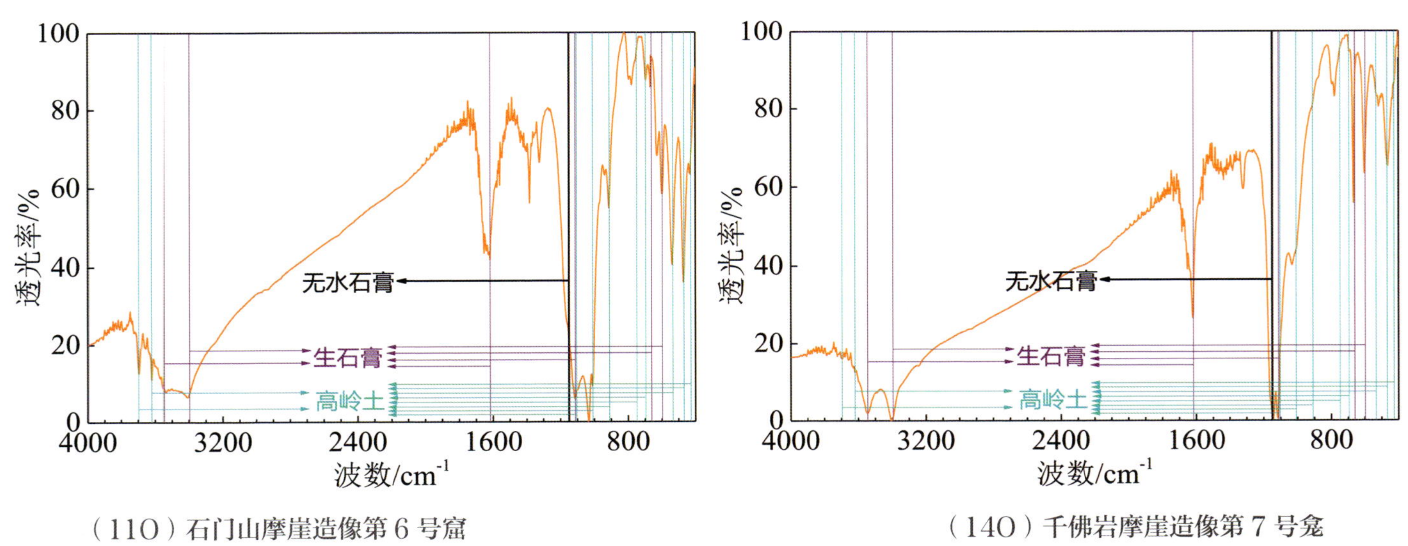

（110）石门山摩崖造像第 6 号窟 （140）千佛岩摩崖造像第 7 号龛

图 35　橙色颜料的傅立叶变换红外光谱

摄影测量方法制作数字线描图在大足石刻的应用

黄莉萍

概述

数字化线描图是我们在大足石刻研究院多年测绘研究工作的基础上，与武汉朗视软件有限公司、武汉华宇世纪科技发展有限公司合作完成的。在实施过程中采用了著名摄影测量专家张祖勋院士针对石窟寺数字考古的应用需求而研发的创新性成果“多基线数字近景摄影测量系统Lensphoto考古测绘版”。

考古工作是文物保护的重要组成部分，是通过从遗存中搜集信息并加以分析，而原始信息的搜取无疑是基础与重点，随着传感器、电子、光学、计算机等技术的飞速发展，通过计算机视觉技术获取物体表面三维信息的摄影测量与遥感技术开始成为主流，并且已经在文物本体信息提取和保护工程等项目中得到了卓有成效的应用。其中多基线数字近景摄影测量系统Lensphoto是当代近景技术脱颖而出的杰出代表，其不仅具有精确测量功能，并且具备精确三维建模和自动纹理映射及高精度正射影像快速生成等功能。其强大的数据处理及应用拓展功能极大地解决了近景摄影测量技术的实用瓶颈——“匹配、精度、交会角三者的矛盾”，使近景的应用从不确定到确定，真正实现了“所见即所得”。基于摄影测量方法Lensphoto获取的数字线描图具有精确的几何尺寸，能借助数字矢量平、立、剖面图精确表述洞窟相互的位置关系，而且可以依需输出不同比例尺的忠实于石窟寺遗存原貌的线图，能满足考古报告出版及石窟寺数字化管理和保护的需求。近年来，近景摄影测量技术逐渐被运用于数字考古之中，其成果数据——数字线描图、等值线图、正射影像、三维纹理模型等，能满足文博单位的数字档案建设、考古研究、文物保护及宣传弘扬的多种需求，尤为重要的是摄影测量方法免接触的特点，可以避免对文物本体及附属环境的保护性人为毁损。

摄影测量就是通过摄影进行测量，是从二维恢复三维的过程，即通过二维影像信息获得高精度的三维几何信息。运用“多基线数字近景摄影测量系统Lensphoto3D”实现石窟寺数字考古的流程主要包含外业数据采集、内业数据处理、外业调绘和出图归档四个部分。外业数据采集指外业技术人员在石窟寺现场采集工程影像及控制数据；内业数据处理主要是运用“多基线数字近景摄影测量系统Lensphoto3D”快速处理外业所采集的数据，得到文保单位所需的高精度的真正射影像、可量测的真纹理模型、精细的等值线图以及满足考古报告要求的数字线描图等各项成果数据；而外业调绘则是回到石窟寺现场与专业的考古人员共同核定成果数据；出图归档则是依据《大足石刻数字化成果规范》归档成果数据。

与考古测绘工作的其他技术方法相比，运用多基线数字近景摄影测量系统Lensphoto实现石窟寺数字考古具有以下优势：首先，摄影测量考古技术是用普通的单反相机采集数据，以影像为基础，能实施忠实于文物原状的可视化考古绘图，使考古绘图流程具备客观规范性，保证图形外观标准的一致性，更为重要的是，考古绘图的理论基础是以正投影法为基础的投影制图，基于正射影像和立体模型绘制的数字线描图就能充分满足正投影法，能确切地反映考古实物的位置、形状、大小和保存现状等；其次，运用摄影测量技术能够在不接触文物的基础上进行考古绘图，可最大程度地避免对文物的保护性破坏，有益于文物保护，还极大提高了数据采集的效率；第三，摄影测量技术获得的数据精准度高，成果数据达到毫米级精度，能客观而准确地达到考古制图忠实于原状的基本要求，使数字线描图不仅能满足研究的需要，同时还能为文物保护修复等提供可靠的数据支持，无疑精准性能赋予数字线描图新的应用价值；第四，成果数据较少数据冗余，相比其他数字化成果具有明显的小数据量的优势，有利于成果数据的存储、挖掘及应用拓展；第五，它能提供高精度的RGB点云DSM、真三维纹理模型、真正射影像、精细等值线图及数字线描图等丰富多样的成果数据，重要的是成果数据源于影像，故其特有的可视化属性为使用者提供了极大的便利，能很好地满足存储、修复、监测、研究及弘扬等文物保护的多种需求。

摄影测量技术丰富完善了传统的手工考古绘图方法，我们据此实现了文物数字线描图流程化的科学制作体系，赋予了“数字线描图的科学性、精准性与精美性”，能更好地满足包括考古报告出版在内的考古需求。目前，多基线数字近景摄影测量系统

Lensphoto3D作为先进的测绘新技术，逐步被广泛创新性运用于包括文物保护研究在内的多领域，在文物保护的重点工程项目中取得了高质量、高效率、高性价比的数字化数据成果，为文物保护研究项目的实施提供了可靠的数据基础。

从2010年12月至2016年1月，我们运用行业领先的多基线数字摄影测量系统Lensphoto开展了大足石刻小佛湾及宝顶山周边、石篆山、石门山、南山、多宝塔、倒塔、北山佛湾等石窟及建筑的2974幅数字线图、95幅等值线图以及595幅正射影像图的绘制。所获得的数字线描图能清晰、完整、准确地反映龛窟及建筑的形制、造像特征、保存状况等，实现了对石窟遗存进行科学、客观的记录，为科学保护与研究提供了客观的基础数据，对于全面推进大足石刻保护以及大足石刻的深入研究，将发挥深远而积极的意义。

一　研究背景

大足石刻是大足区境内摩崖造像的总称，有75处5万余尊宗教石刻造像，隆兴于9世纪末至13世纪中叶，是中国石窟艺术史上的第三次造像高峰。大足石刻的建成将中国石窟艺术史向后延续了四百余年，大足石刻也成为了中国石窟艺术建设上最后的丰碑。大足石刻保存了众多唐至清代的宗教摩崖石刻、建筑等遗存，以佛教题材为主，儒、道教造像并陈，尤以北山摩崖造像和宝顶山摩崖造像为著。早期的庙宇殿堂式结构的摩崖造像，如大佛湾造像与山崖连成一片，其直观性突破了宗教的约束，使造像更具人性化。雕刻形式包括圆雕、高浮雕、浅浮雕、凸浮雕、阴雕等五种。以北山、宝顶山、南山、石篆山、石门山（简称“五山”）摩崖造像为代表的大足石刻是中国石窟艺术重要的组成部分，是中国晚期石窟艺术的代表作品。1999年12月1日在摩洛哥历史文化名城马拉喀什举行的联合国教科文组织世界遗产委员会第23届会议上，大足石刻中的北山、宝顶山、南山、石篆山、石门山五处摩崖造像以“从印度传入中国的佛教密宗，中国的道教和孔子儒家在大足石刻造像中三教合一，首次形成了影响很大的三教和睦相处的现象；在中国封建社会晚期，宗教信仰兼收并蓄的现象在大足石刻这一特殊的艺术遗产中得到了具体而形象的表现”等符合世界遗产标准的三项条件，成功申报被列入了《世界遗产名录》，成为重庆市唯一的世界文化遗产。世界遗产委员会对其的评价：大足地区的险峻山崖上保存着绝无仅有的系列石刻。这些石刻以其艺术品质极高、题材丰富多变而闻名遐迩，从世俗到宗教，鲜明地反映了中国这一时期的日常社会生活，并充分证明了这一时期佛教、道教和儒家思想的和谐相处局面。

因年代久远，大足石刻遭到了难以避免的自然灾害、环境变化和人为的毁损，如13世纪末和17世纪中叶，大足石刻曾两度遭受兵燹导致宝顶山圣寿寺遭受了两次焚毁及两度重修。危岩崩塌、洞窟渗水、石质及晚期妆绘变色等多种病害侵蚀不可逆地在加剧，致使大足石刻变得极其脆弱。采用科学系统的手段尽早将石窟现有信息全面精确客观、永久性记录下来是大足石刻保护研究、展示利用和档案建设等工作的重要使命和历史责任。

大足石刻研究院作为具体负责以大足石刻为主要内容的全区文物的保护、研究和管理工作的专业机构。自上世纪以来，虽然做了较多的调查与研究工作，但系统的科学的考古报告工作尚未全面开展，石窟寺考古报告的编写是目前国内石窟寺研究工作的重中之重。而几何尺寸及纹理信息精准的石窟寺线描图在考古报告中具有重要作用，要求其具备科学性、精准性及精美性。传统的考古测绘方法精准度和效率都较低，利用网格手工绘制或者普通照相机拍摄的图片，由于受绘制人员的视角方位以及照相机成像原理的限制，存在着主观不可避免的变形现象，而且绘制工期长、遗漏信息多、照片不能形成连续画面等制约因素。随着石窟不可逆的客观毁损速度的加快，消失的遗存信息与日增多，因此挑战文物信息不可逆的衰亡性，完成包括数字线描图在内的科学精准的石窟寺数字化信息的获取已迫在眉睫刻不容缓。

随着计算机技术的发展，全新的数字近景摄影测量技术（以武汉大学遥感信息工程学院为技术背景的武汉朗视软件有限公司推出的有多项世界创新的多基线数字近景摄影测量系统Lensphoto）给我们提供了比较理想的技术手段。它很好地克服了传统手工绘图和普通相机拍照绘图中的弊端——无法保证线图的精准客观性。能获取客观忠实于石窟寺的原貌，具有精确的几何位置关系的数字平、立、剖多视图，图中的线条上任何一点的三维坐标都可知。它不仅可以给我们文物保护研究、展示利用和三维重建提供精确可靠的数据，确保文物档案中信息资料的准确性和完整性，而且非常有利于以数字文档形式进行存档和管理，从而能实现石窟寺的整体数字化管理。这无疑是文物保护的必行之路和最科学最先进的管理手段。

“文化遗产不可再生，也不能永生”，文化遗产所具有的不可再生性、不可替代性、复杂多样性及毁损因素的不确定性等，导致保护速度往往不及毁损速度，这些都决定了文化遗产的消亡具有不可逆的客观性。在信息技术快速迭代的当下文化遗产的数字化保护呈现出多学科交叉融合的态势，文物信息数字化获取向信息化应用发展。我们全力构建大足石刻文物数字化信息采集的技术体系及切实可行的信息化解决方案，提升大足石刻文物保护的综合技术实力，努力探寻能让大足石刻文化遗产“永生”的切实可行的科学系统的实施方案。

二　多基线数字近景摄影测量方法制作大足石刻数字线描图

多基线数字近景摄影测量系统Lensphoto制作大足石刻数字线描图大致分为外业数据采集、内业数据处理、外业调绘核图、内业出图归档等四个流程，如图1所示：

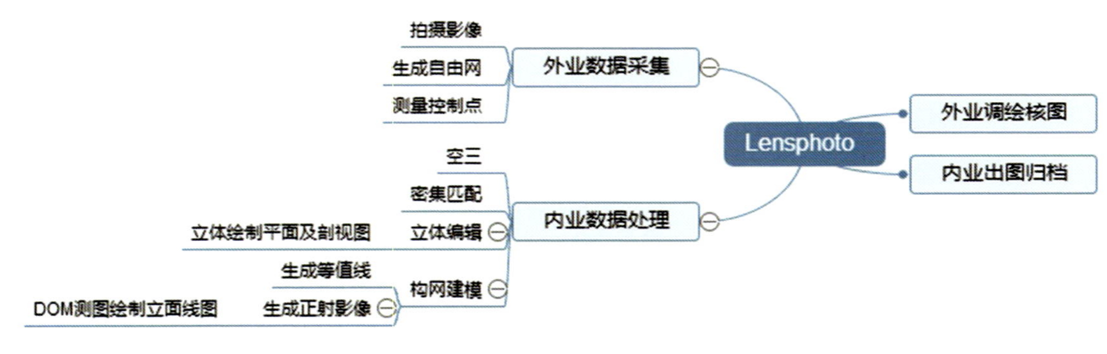

图 1　流程图

（一）外业数据采集（拍摄影像、测控制点）

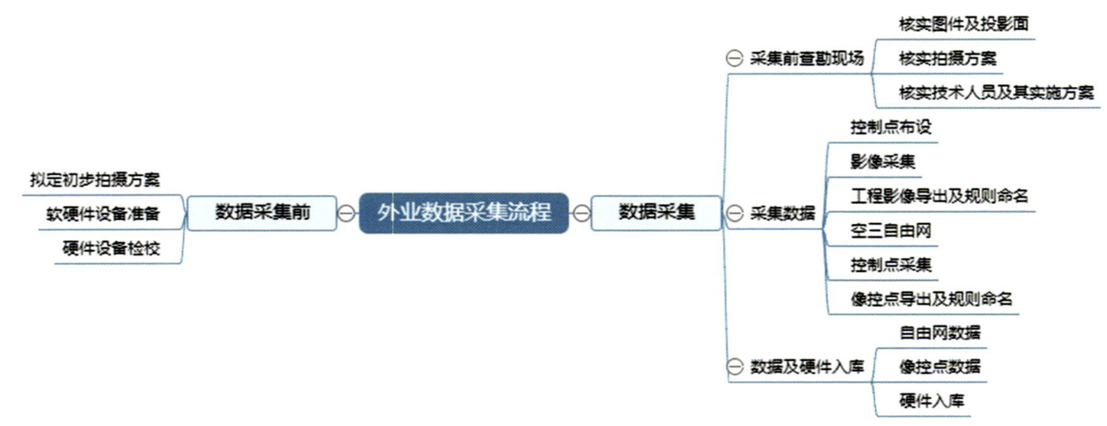

图 2　外业数据采集流程图

外业数据采集工作主要分为如图2所示的像片拍摄和控制点测量两项工作，一般情况这两项工作是同时交叉进行的。

数据采集前到石窟寺现场了解拍摄区域相关情况，如：有无造成拍摄遮挡的护栏、地面是否稳固、可做摄站及测站的区域、拍摄距离等。根据对被摄区域（石窟寺）情况进行记录、分析以及成果数据的具体要求，拟定初步的数据采集方案，包括拟定数据采集时的特殊要求，包括拍摄方式、重叠度、影像色彩及分辨率等，避免成果数据的不完整及确保内业数据处理的高效和高精度。

拍摄现场查勘内容如下：

- 对被拍摄物体周围环境考察，确定拍摄距离和拍摄地点；
- 根据被拍摄物体特点和拍摄距离及成果数据的要求选择合适的相机镜头；
- 根据文物考古专业人士的要求确定线描图的图类图件及正射影像投影面DAT；
- 根据相机的视场角和被摄物体成像的范围设计控制点分布图；
- 拟定操作平台的搭建方案。

1. 影像拍摄

采用经过标定而获取了相机镜头内方位元素的高分辨率定焦单反相机，采集满足Lensphoto系统及数字考古要求的系列工程影像。

①影像拍摄前的工作：根据对拍摄现场的查勘结果制定拍摄计划，并备用合适的相机和镜头、脚架、快门线、摄影光源等摄影配套装备。

拍摄方案的制定要考虑以下的影响因素：

●根据石窟寺的特点确定摄站；

●根据视场角和基线长度，确定每个摄站的影像数；

●一般依据摄影距离确定基线长度，为确保精度尽可能延长基线；

●根据石窟寺的特点确定拍摄方式，如：平行摄影、平行交向摄影、旋转摄影等；横拍、竖拍；手持拍摄、立体拍摄系统规则拍摄；

●根据成果数据的要求，如几何精度及纹理分辨率等核定石窟的拍摄方案。

②影像拍摄中的工作：根据每个石窟核定的拍摄方案严格规范实施，如图3所示。

③影像拍摄后的工作：对所摄影像进行现场质检，确保影像符合Lensphoto工程影像的要求及数据的完整性。特别结构复杂处需多角度的加摄影像，以避免单向造成的拍摄死角。现场对所拍影像运用Lensphoto进行空三自由网处理，确保外业影像数据的合规。

④复杂场景下近景影像的获取：采用自主创新的石窟寺摄影测量专用脚架（ZL201620861753.6）支撑相机正对被摄物，通过相机电子控制线进行拍照。石窟寺专用立体拍摄系统——考古摄影测量专用拍照滑轨（ZL201620860374.5）是针对结构复杂石窟的拍摄遮挡等难题而集成的专利设备，实践证明其很好地解决了复杂洞窟的相关拍摄困难，在石窟寺数据采集中发挥了重要作用。

图3　现场影像拍摄图

2. 控制点量测

采用免棱镜全站仪对被摄物测量一定数量特征点的三维坐标作为像控点。为避免对文物的保护性破坏，我们采用了无接触测量的方式，通过量测文物上的自然特征点（如图4所示）而非人为在文物上布设标志点的方式获取少量的像控点数据。当日对所采集的控制点数据进行输出整理并存盘。

控制点量测工作的相关要求如下：

①根据Lensphoto系统的控制点布设要求及现场查勘结果设计满足以下条件的控制点分布图：控制点分布均匀；原则上6张影像布控1个控制点；被摄区域的四个角点各一个点；每个工程至少6个控制点；每个控制点至少出现在两张影像上；拼接工程的公共区域布设至少3个控制点。

②对于洞窟测量，为避免人为接触遗存而造成的保护性损坏，我们采取了无接触测量方式，即选用遗存上客观存在的自然特征点作为外业控制点。为了保证精度，降低量测误差，自然特征点的选用（如图4所示）要避免突出的易造成散射和折射的尖端部位，我们的经验是最好选择有色差交界的平坦处，既能方便辨识，又能保证测量精度。然后如图5所示使用免棱镜全站仪测量按要求选取的自然特征点的三维坐标。

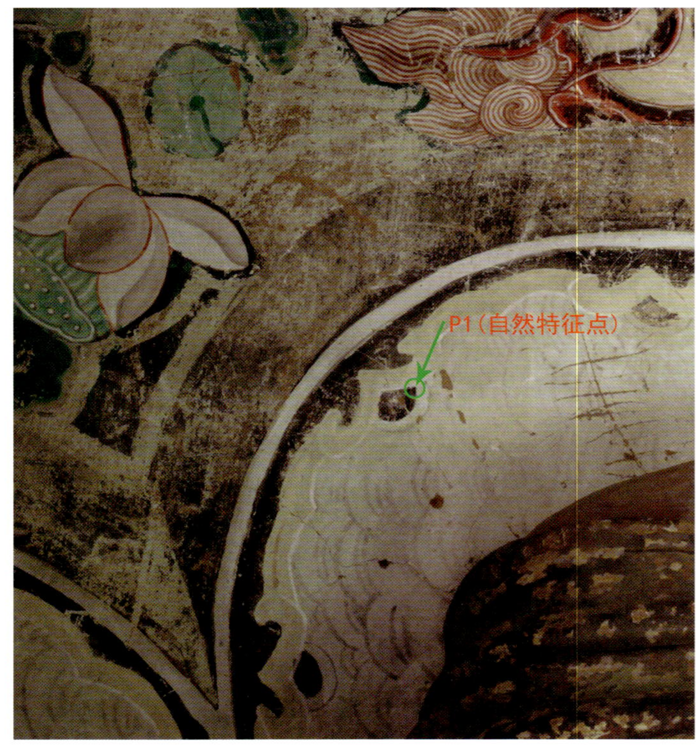

图4　特征点选取示意图

图5　控制点采集工作照

3. 现场生成自由网数据

①影像组织：图6所示的是Lensphoto系统中工程影像航带排列界面，导入影像数据和相机参数数据后，输入航带数，对影像进行航带分组。不同摄站相同序列的影像组成一个航带，平行摄影为单航带、旋转摄影为多航带。

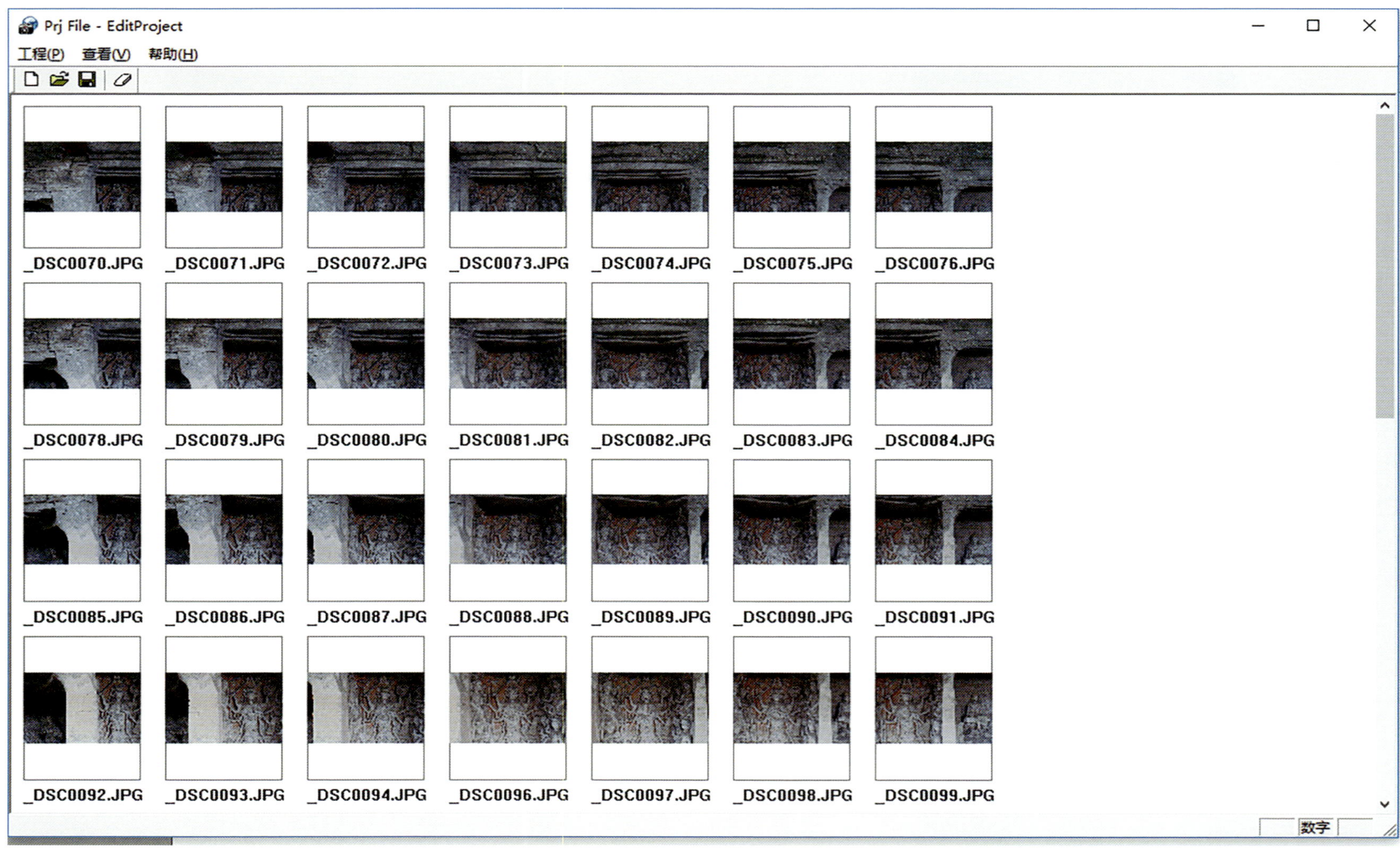

图6　航带排列界面

②自动空三：影像预处理分组后，给定种子点进行匹配并生成自由网数据。自由网平差之后的像点单位中误差必须小于像素大小的二分之一，如此获取的数据才被视为有效工程数据。

③自由网数据命名规则，以北山佛湾130号窟正立面为例，一级目录命名为“BSFW130”，二级目录为“BSFW130正立面”。当日对所采集的数据按照统一规范命名存档。

（二）数字摄影测量系统Lensphoto空三数据处理流程

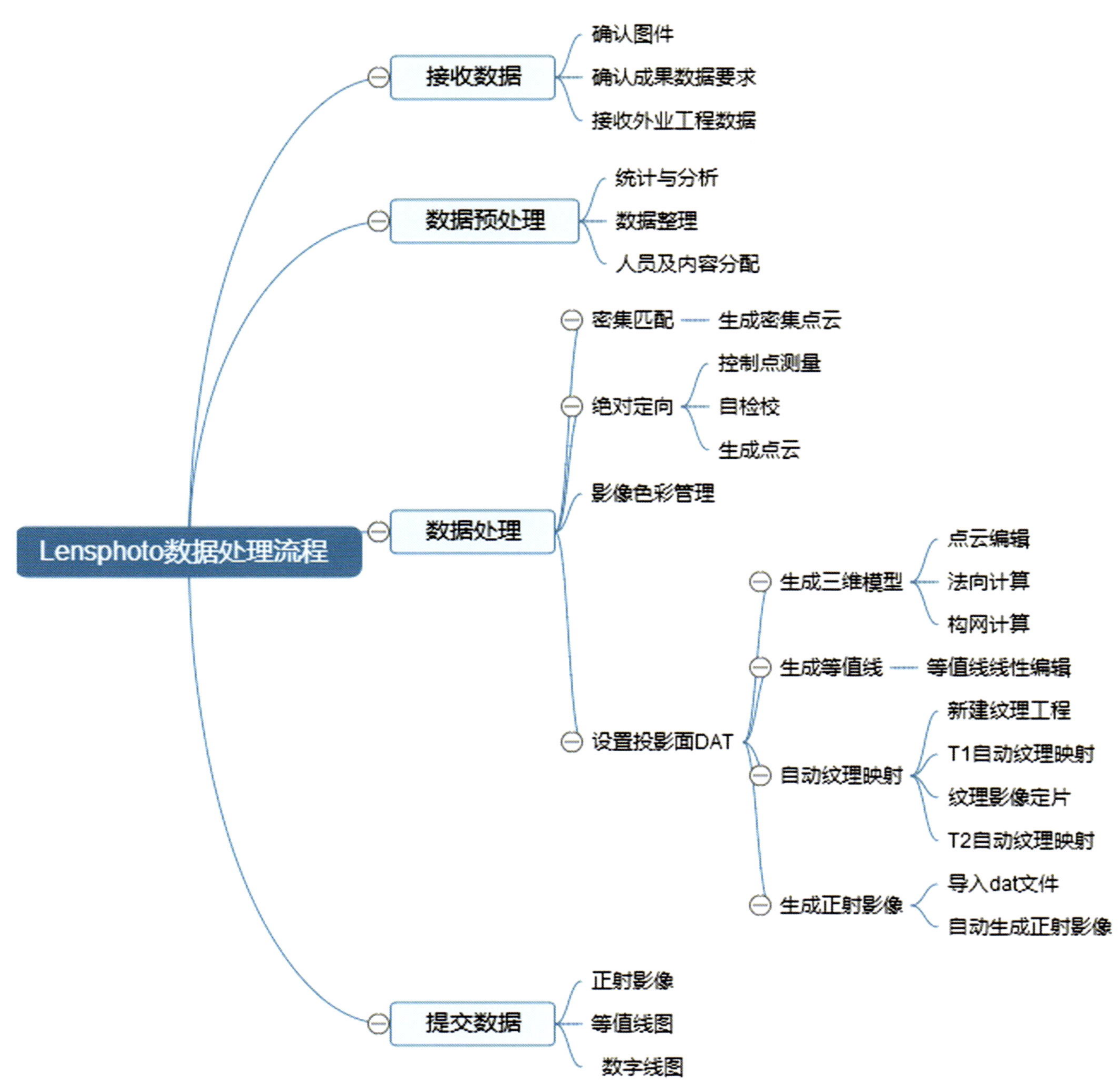

图7　Lensphoto 数据处理流程图

Lensphoto是应用张祖勋院士最新研发的可靠的多基线立体匹配算法获取大量同名点，然后通过近景空中三角测量完成模型自动连接，并获取相片外方位元素和相机参数，最终通过多光线前方交会自动生成物方区域三维坐标点的点云，既而建立高精度的数字表面模型。这个数字模型，不同于一般概念上的数模，它不是依靠内插法获得的近似值数模而是依靠精密的影像匹配法获得的可靠值数模。

空中三角测量具体流程如图8所示，下面以大足石刻北山佛湾130号窟正立面工程为例介绍Lensphoto的内业数据处理流程。

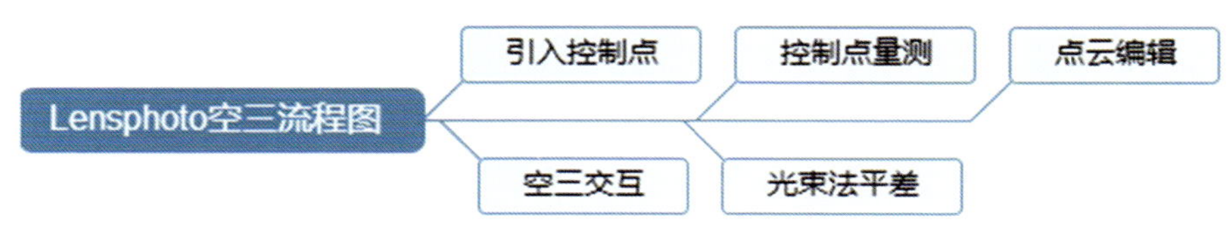

图8　Lensphoto 空三流程图

1. 给定种子点

匹配前人工给定航带内和航带间立体像对的种子点，目的是确定匹配像对两张影像间的概略偏移量，如图9所示。最新的Lensphoto3D不再需要手动添加种子点，实现了一键式自动操作。

平行摄影：只有一个航带，只需给定航带内的种子点；

旋转摄影：有多个航带，种子点的给定顺序：首先航带内，然后航带间。

图 9　给定种子点

2. 匹配

种子点添加完毕，进行全自动匹配，如图10所示。

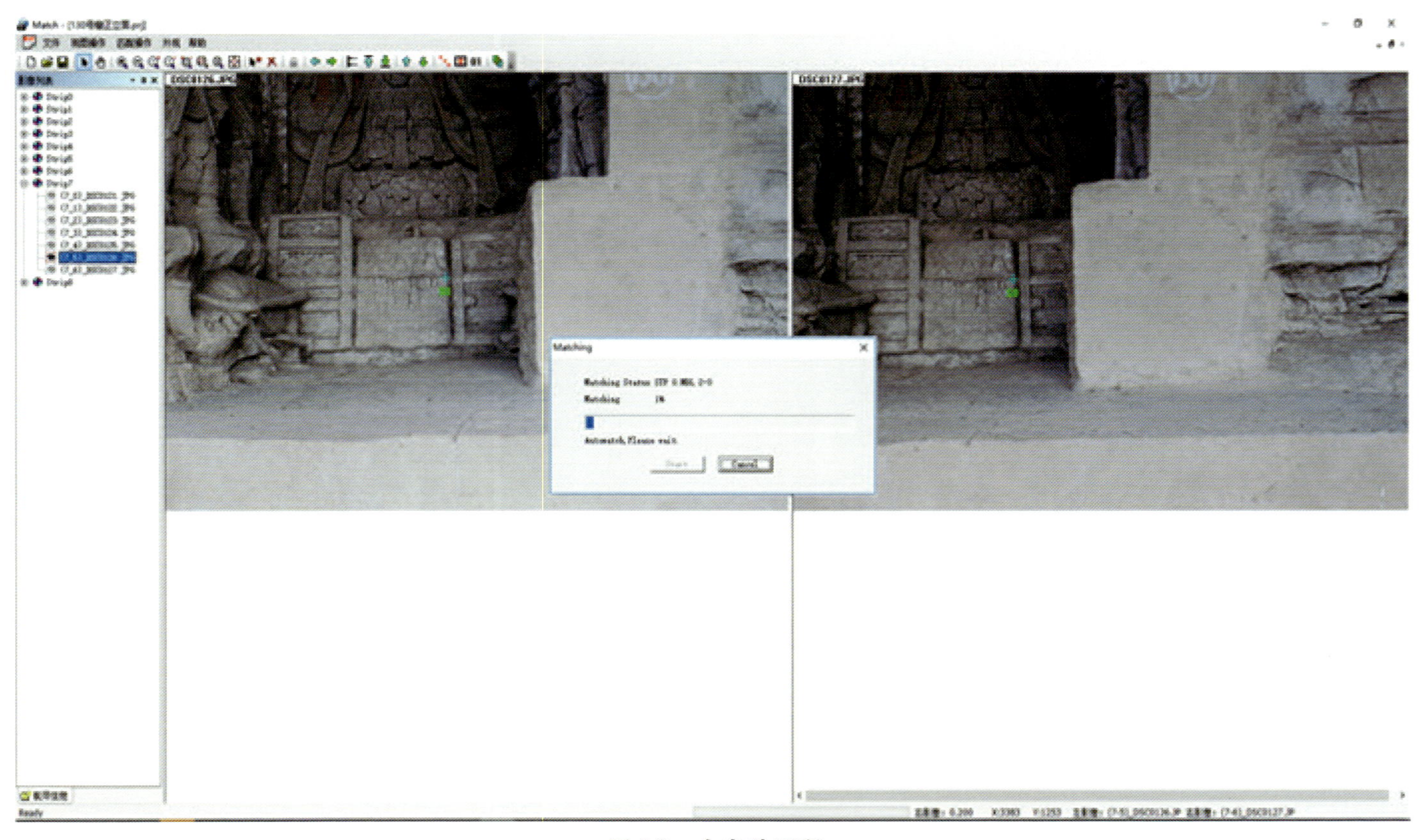

图 10　全自动匹配

3. 光束法平差

执行整体自由网平差如图11所示，进行相对定向，只有进行了相对定向，控制点量测才具有预测功能，这样有利于提高控制点量测的效率。

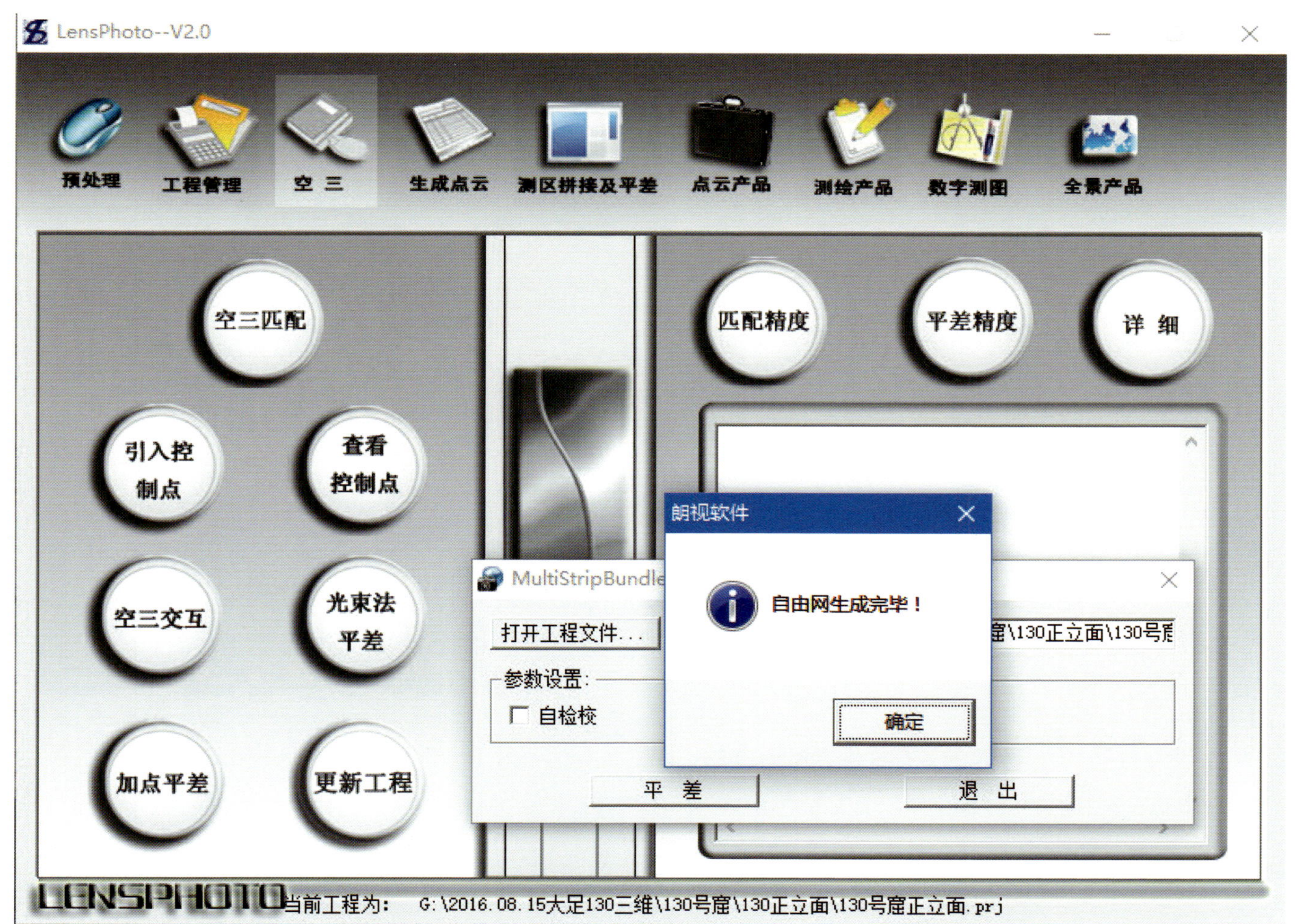

图 11 光束法平差

4. 控制点量测

①把全站仪导出的三维点信息进行编辑整理成软件可识别的*.ctl数据格式，测量物方控制点在影像中的坐标，如图12所示。

②平差

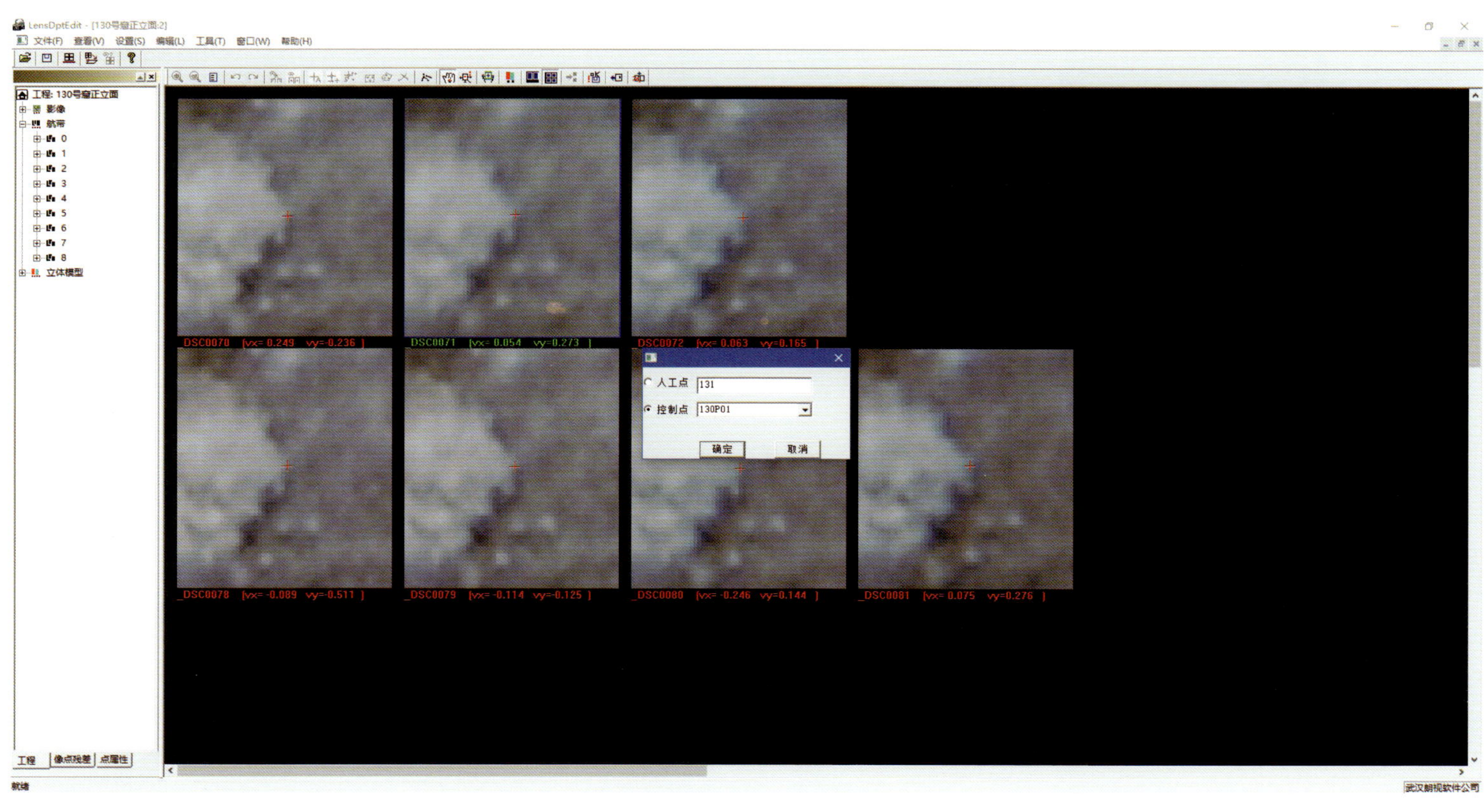

图 12 控制点量测

图13所示的是系统的平差界面，通过量测分布在工程边界的四个控制点并点击“平差”进行绝对定向，为空三交互中控制点预测（即控制点自动量测）做准备。

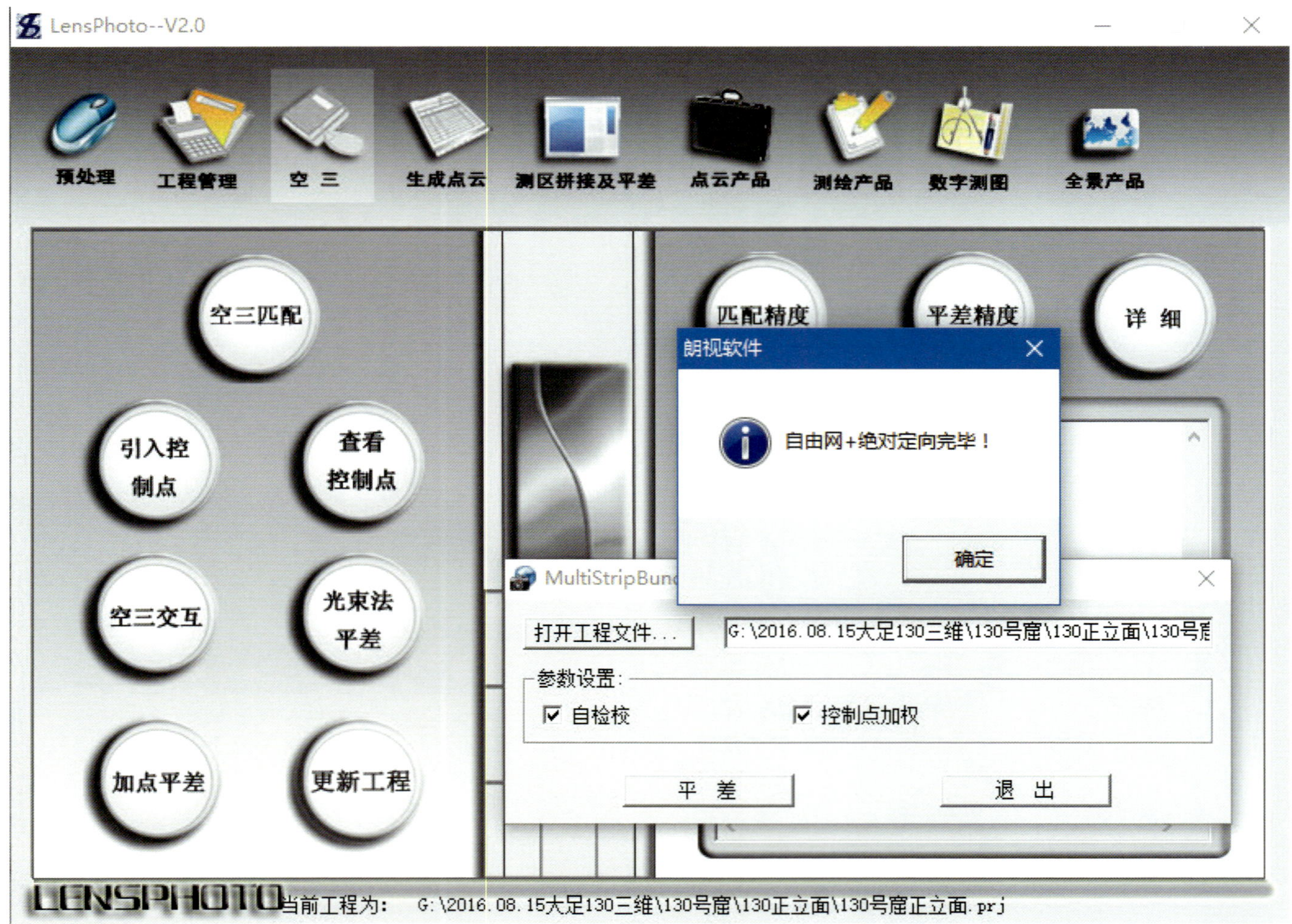

图 13　平差

③空三交互

进入如图14所示的主界面，直接点击控制点预测，在弹出界面中，选择需要量测的控制点号，点击“确定”即可。

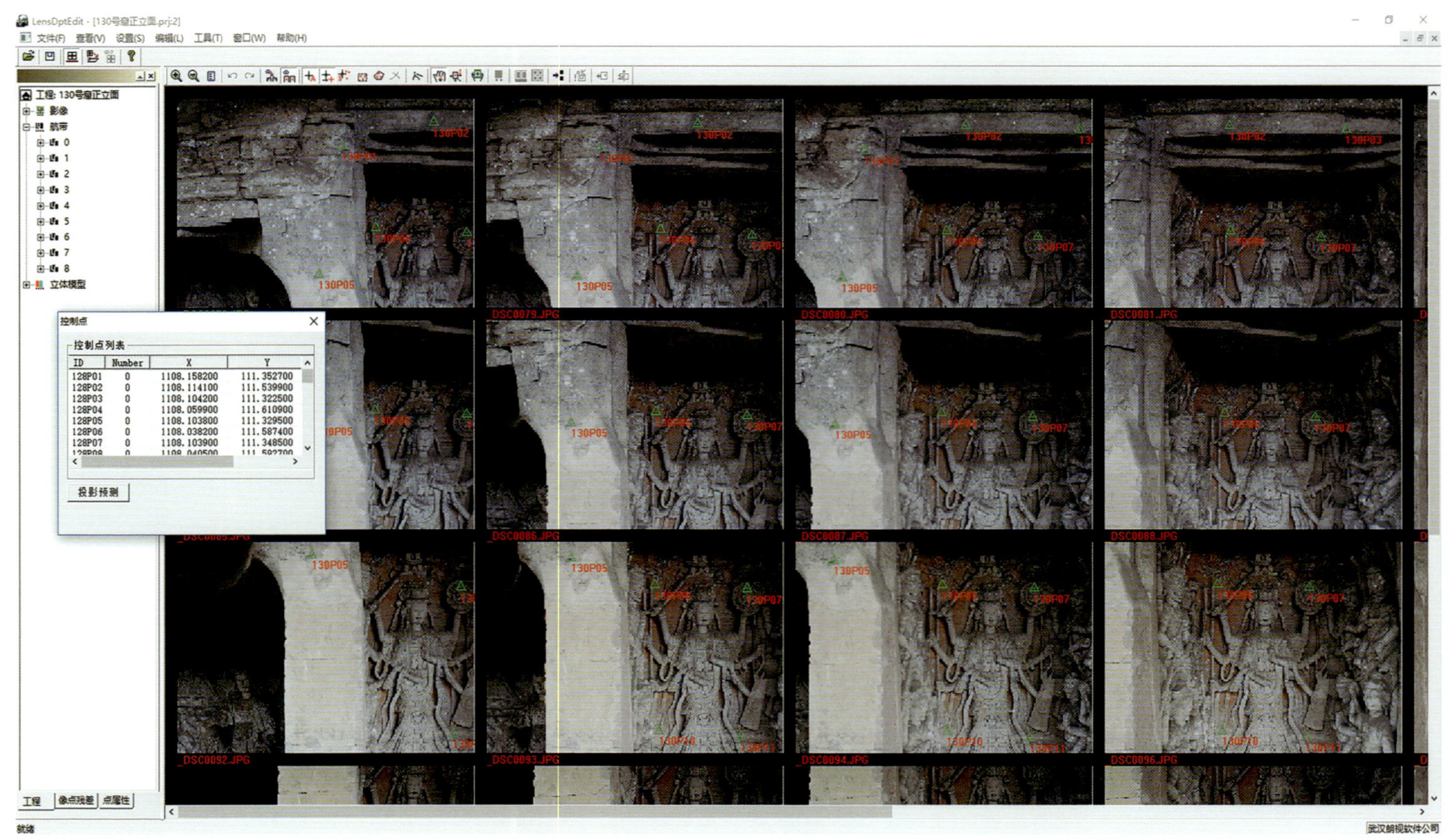

图 14　空三交互

5. 整体平差

如图15所示，勾选“自检校”和“控制点加权”的复选框，点击“平差”。本步骤是将量测的所有控制点进行整体平差绝对定向。从而得到平差后的模型点、影像的外方位元素，完成空三数据。

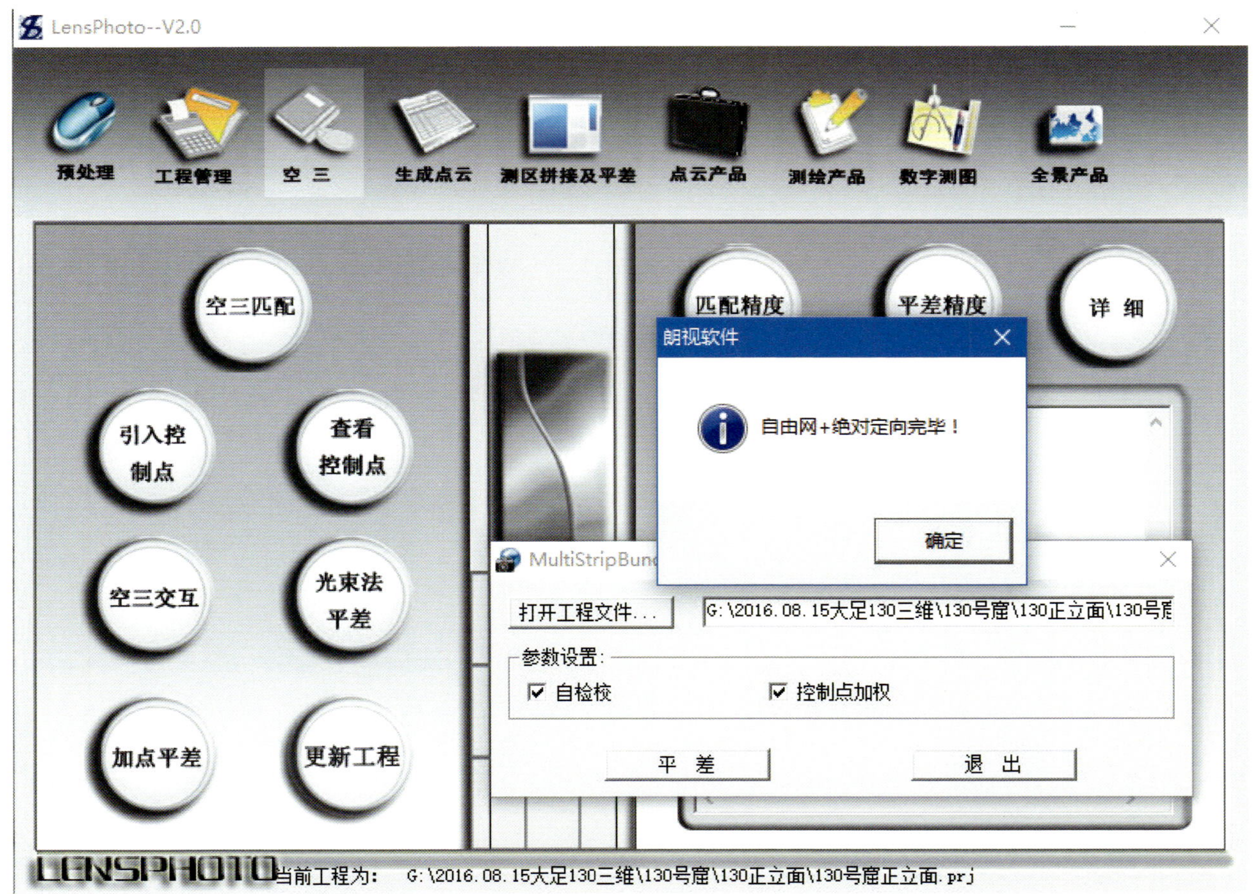

图 15　整体平差

6. 自动生成精密的密集点云

生成密集点云是在“空三匹配”的基础上通过“密集匹配”生成更精细密集的三维点，再通过“生成点云”来提取高精度的三维点云DSM。石窟寺数字化成果对几何尺寸及纹理分辨率的要求都很高，绝对精度要求达毫米级，纹理自动映射精度1/2个像素，所以，在空三数据基础上做密集匹配获取高质量的RGB点云DSM是高质量成果数据的重要保障。

打开LensphotoV3.0—新建工程文件.lst—导入相机参数，程序即可自动运行得到如图16所示的彩色密集点云.las。

图 16　RGB 点云

（三）正射影像图制作

设置投影面DAT：根据外业人员提供的控制点来确定正射影像DOM的投影面DAT。一般采用直角正射投影，有时为了确保信息完整的表述需要设定投影面，具体参数根据考古研究者的要求进行设置。

纹理模型及正射影像图制作流程如图17所示：

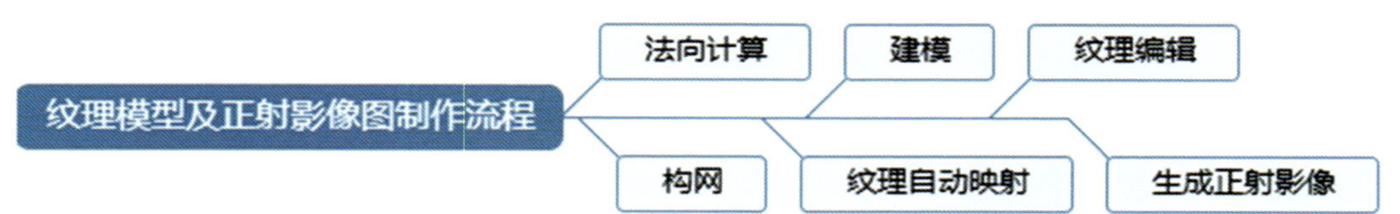

图17　纹理模型及正射影像图制作流程

1. 法向计算

法向计算是赋予原始点云数据以法向信息。导入点云数据，查看其法向信息并调整部分反法向数据的法向。

2. 构网计算

对点云模型建立点与点之间的连接关系，构成连接网。构网类型一般默认选择体构网设置。体构网是指对整体的三维点云模型进行构网操作；平面构网是指对单片点云数据进行构网操作，平面构网中的边界阈值默认为15，边界阈值设置得越大，得到的三角网越稀，三角形越大。在数据处理过程中的构网计算操作，一般都是立体构网；如果需要对单片的点云数据进行构网时，构网方式才选择平面构网。自动构网完成后得到三维模型。

3. 模型简化

在进行构网计算后，生成的面数据中包含的三角形比较多，数据量比较大，此时可以根据自己的实际需要，对面数据进行简化，以减小数据量。

4. 纹理映射

导入模型及其纹理影像数据，系统一键式生成高度逼真的纹理模型，如图21所示。因摄影测量的点源于影像，与影像是一一对应的，所以，我们基于摄影测量匹配点的建模能实现一键式纹理映射，即自动贴图，贴图精度达1/2个像素。

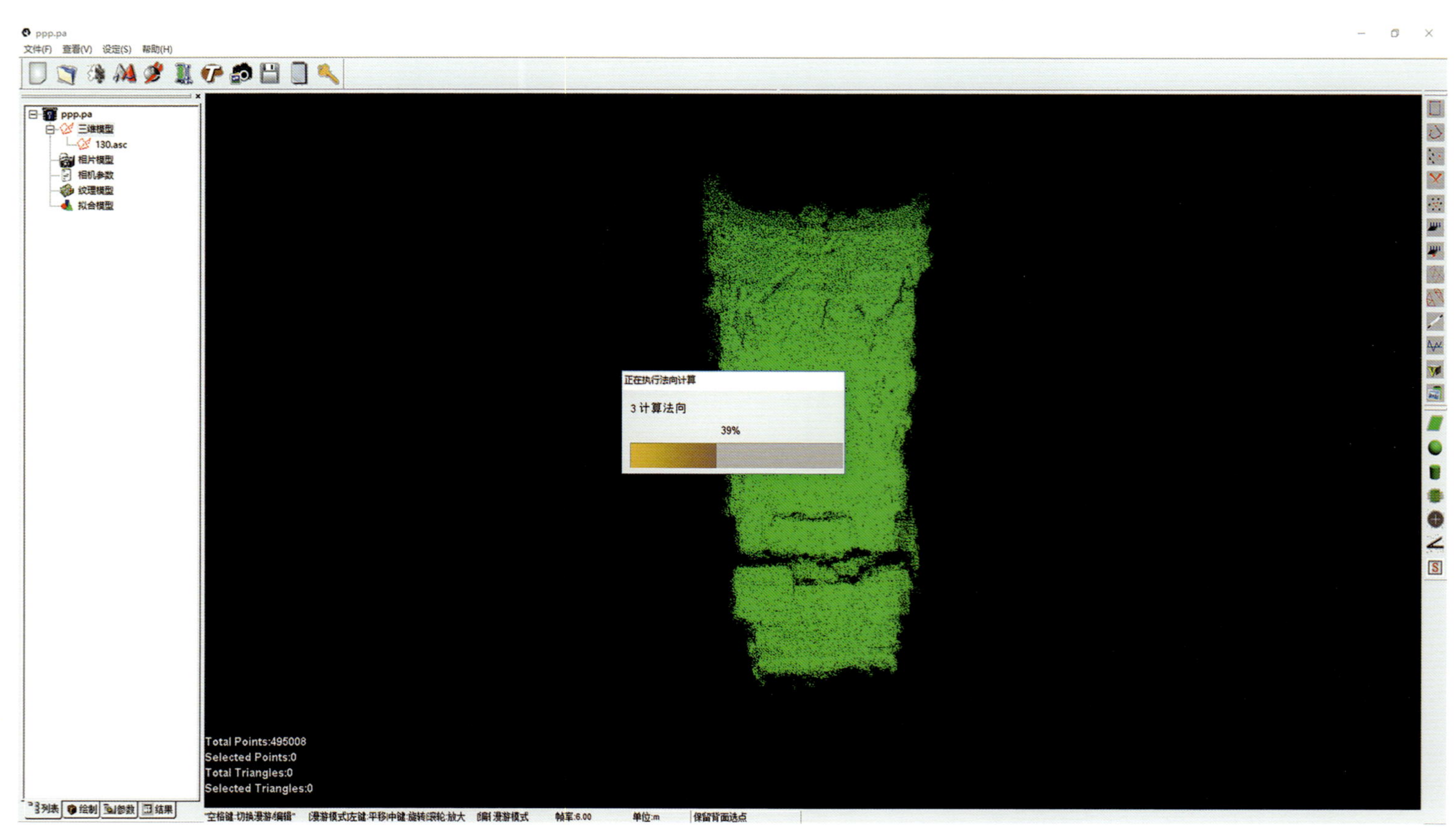

图18　法向计算

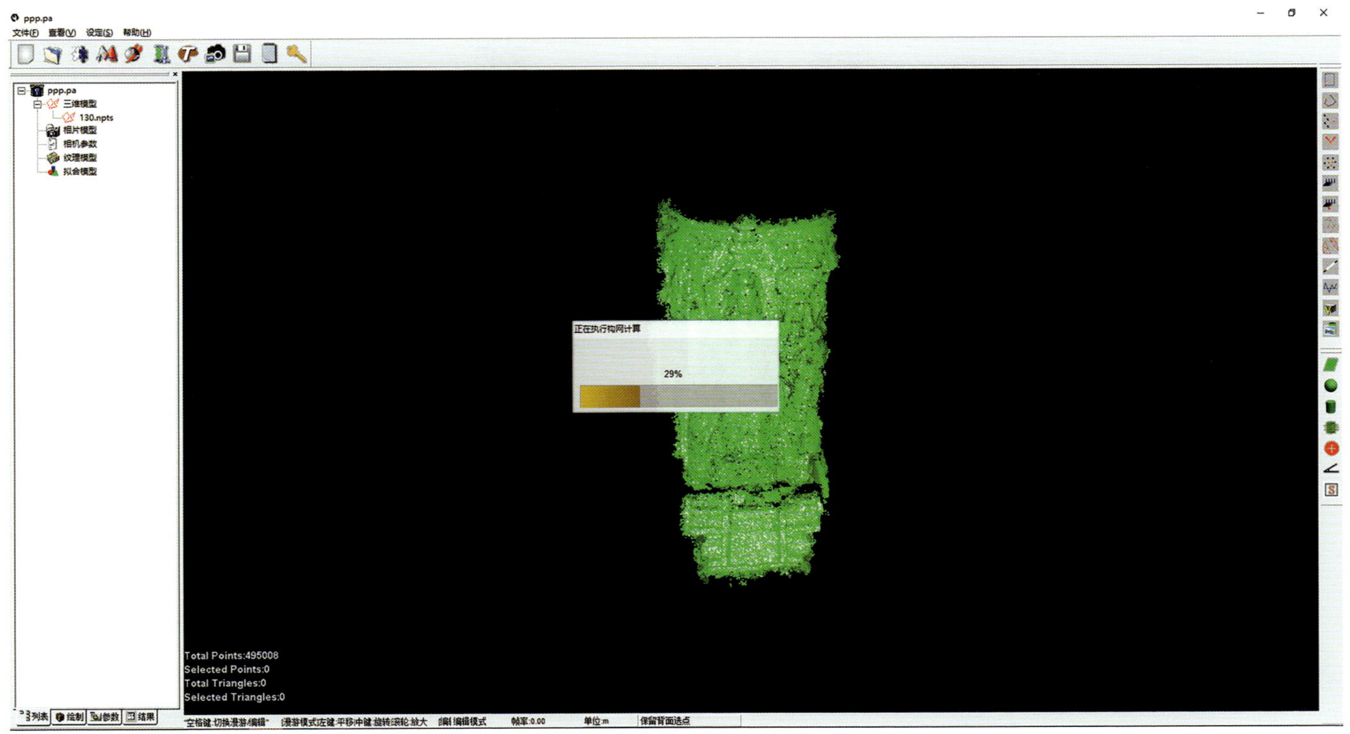

图 19　构网计算

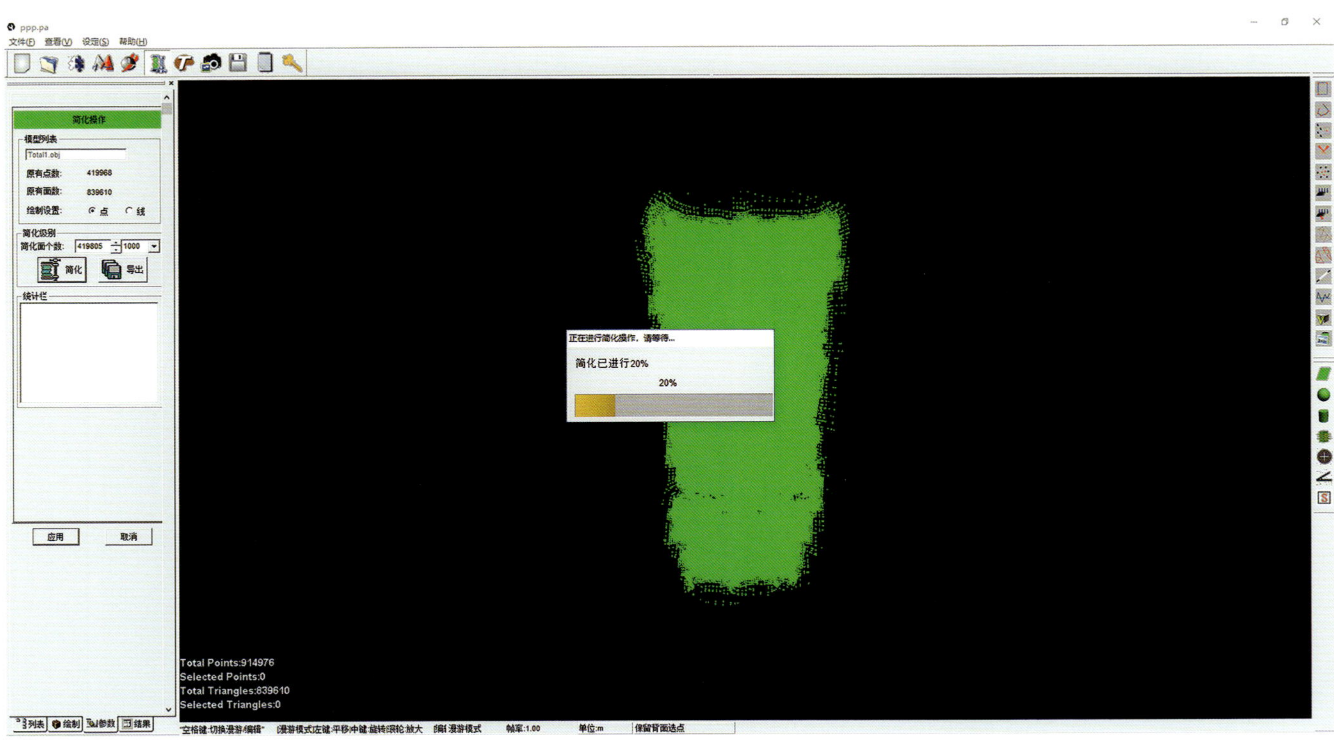

图 20　模型简化

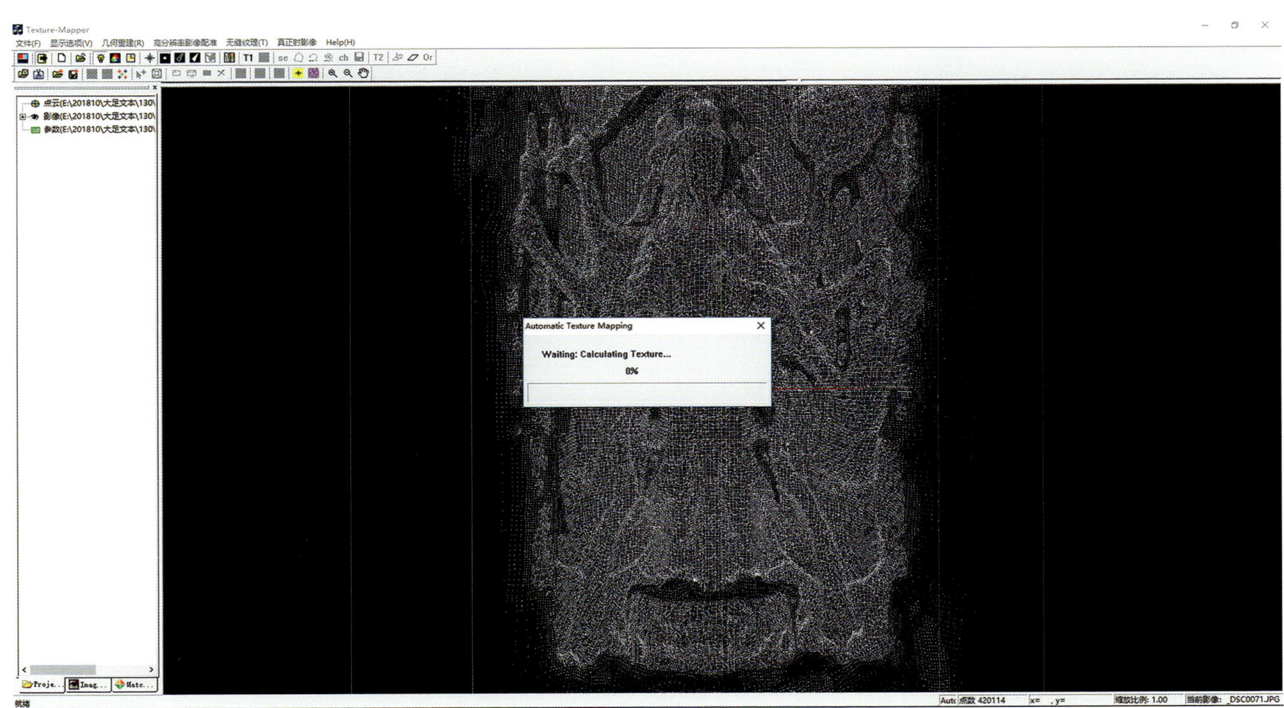

图 21　纹理自动映射

5. 纹理编辑

纹理编辑的过程是把之前的无缝纹理映射分成两步：第一步只计算出纹理坐标，计算得到纹理坐标后用编辑工具对纹理进行编辑（T1）；第二步对编辑完成后的纹理进行匀光羽化等操作，得到最后的纹理结果（T2）。

完成纹理自动映射后，若某块纹理缺失、色差明显、模糊，可通过纹理编辑功能对纹理影像进行编辑，即操作人员从系统显示的多张含有相同纹理的影像中选择最匹配的一张进行替换，如图22所示，再点击（T2）自动操作，最后保存即可得到替换纹理影像后的三维模型。

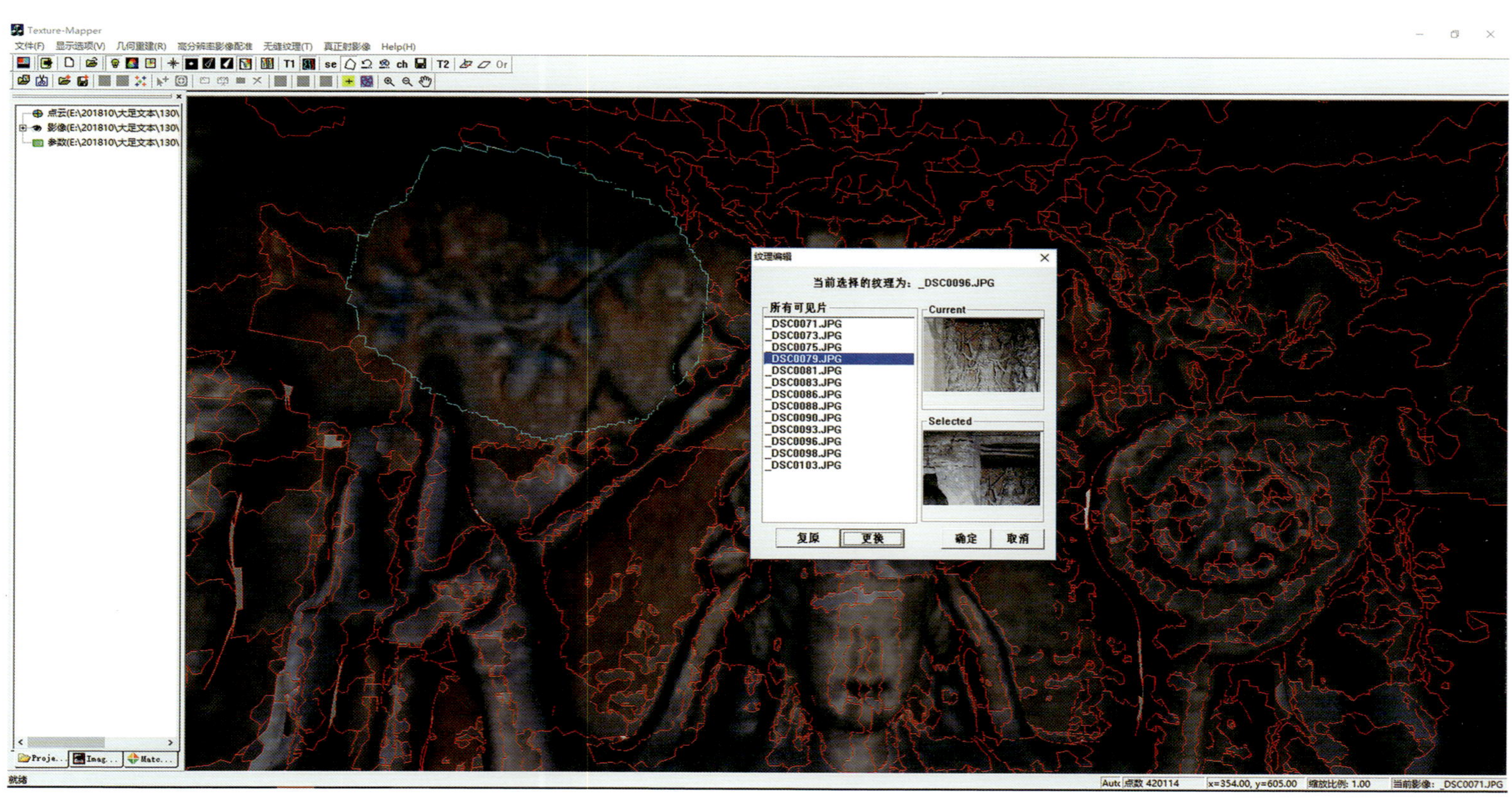

图 22　纹理编辑

6. 自动生成正射影像DOM

导入T2后的无缝纹理模型及投影面DAT数据，系统自动生成对应的正射影像DOM，如图23所示。

7. 自动生成等值线

图 23　自动生成正射影像

依据自主研发的自动建模程序和自动生成等值线程序处理得到的三维模型，继而生成精细等值线图，如图24所示。图25所示的等值线图能充分显示文物本体的形态和特征，充分满足数字考古的需求。

（四）数字线描图绘制

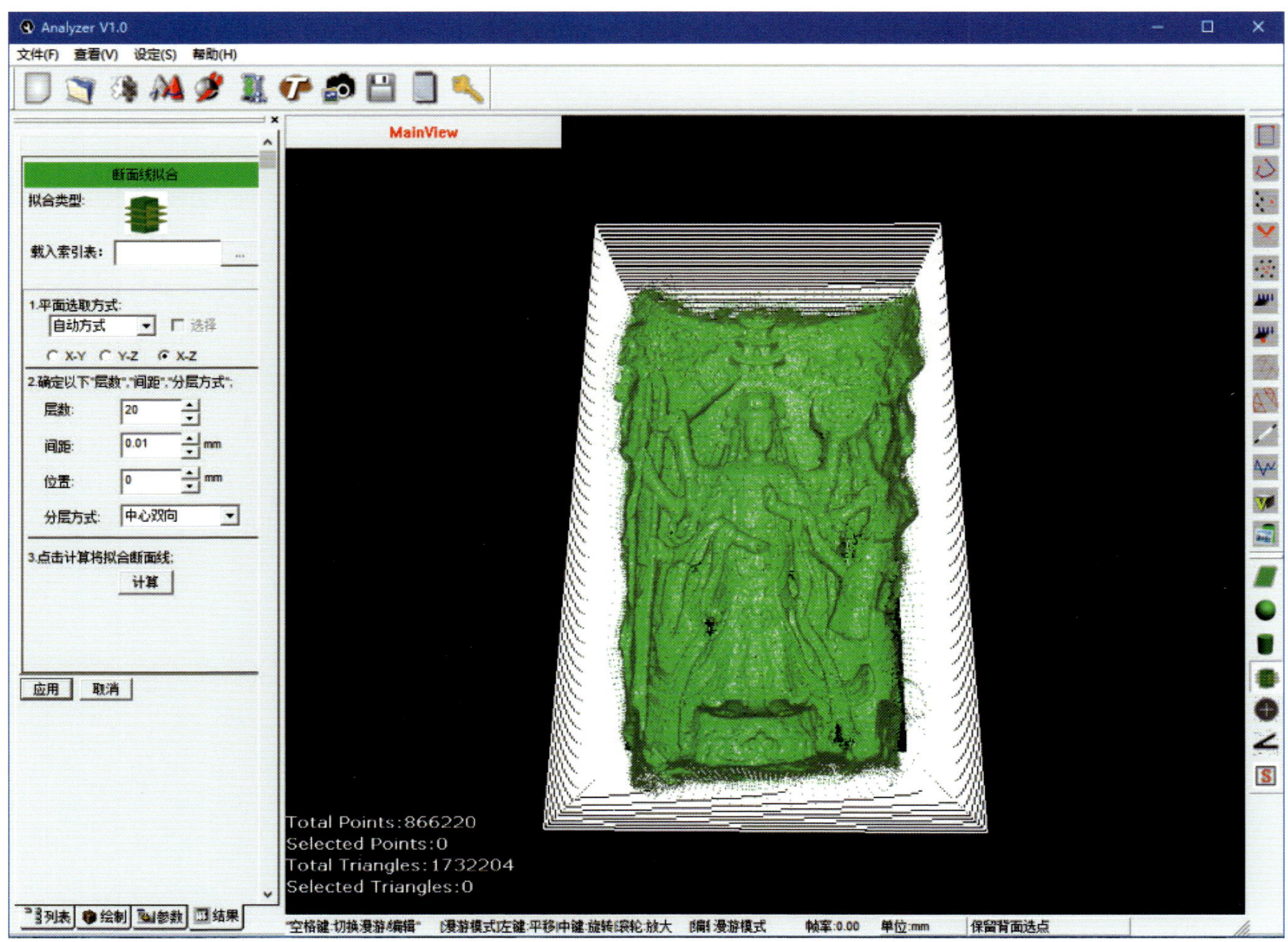

图 24　自动建模和自动生成等值线

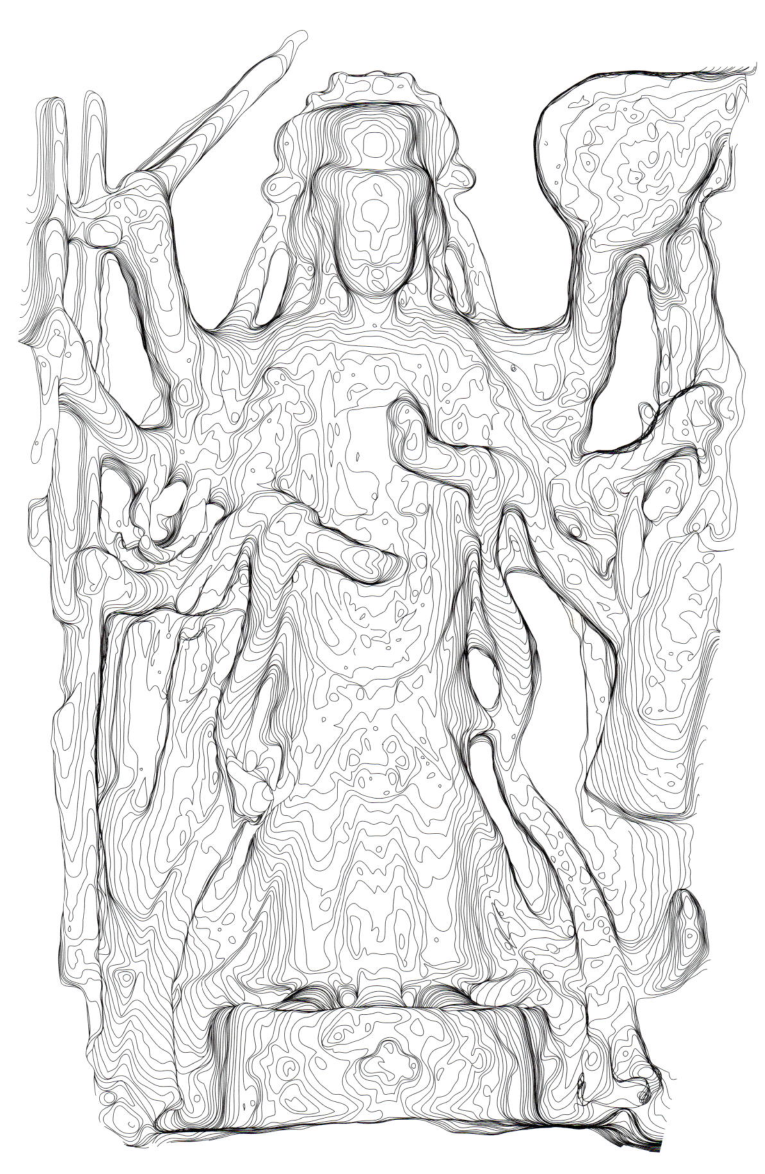
图 25　等值线图

1. 数字线描图绘制方法

数字线描图的绘制方法有两种：正射影像测图和立体测图。

①正射影像测图主要应用于文物的立面图绘制，实施流程如下：

a. 将工程文件.prj导入自主研发的正射影像测图软件；

b. 运用正射影像测图程序绘制生成.dxf文件；

c. 对.dxf进行后期线性编辑。

②图28所示的立体测图主要应用于石窟的底视、顶视和剖视图的绘制，实施流程如下：

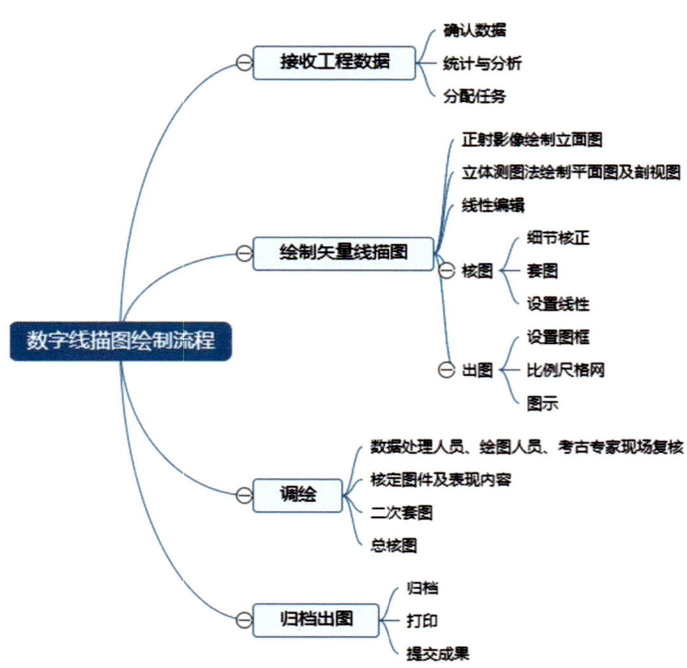

图 26　数字线描图绘制流程

图 27　正射影像测图

a. 双击新建的立体模型，打开立体像对，点击[icon]，显示立体像对的闪闭立体；

b. 立体状态下对立体像对中的点和线进行修改和添加；

特征点修改状态（调整立体，修改&删除特征点）

在此状态，框选立体像对中的特征点进行粗调立体，按住鼠标中键进行微调立体

特征点修改状态（添加特征点）

特征线修改状态（微调立体，删除特征线按Delete键）

特征线添加状态（添加特征线，按BackSpace键进行特征线结点回退）

c. 编辑完成并保存、输出。

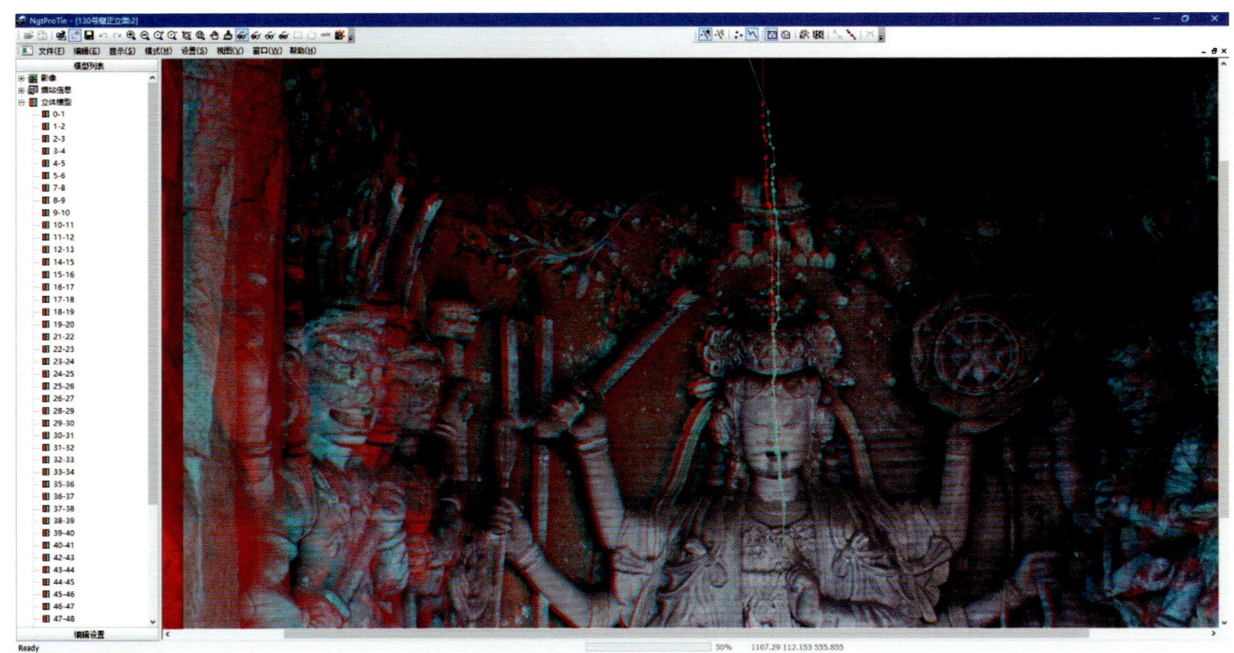

图 28　立体测图（NPriTin）

2. 外业调绘

打印经上述流程绘制得到的线描图1.0版，经由绘图技术人员和考古专业人员返回至石窟现场复核纸质的线描图1.0版，重点结合考古报告出版的要求确认线图的表现内容及线图的图件。

3. 归档出图

将经数据采集、数据处理及与考古专家共同现场调绘复核后的成果数据再按《大足石刻数字化成果数据标准》归档提交。

图 29　数字线描图

三　主要技术及难点的解决

（一）复杂场景下近景影像的获取

大足石刻是在险峻山崖上保存着绝无仅有的系列石刻，文物具有极高的艺术价值，易受到人为损害，所以必须进行无接触测量。由于洞窟处于险峻山崖上，周边装有人工护栏。依据近景摄影测量原理，获取影像尽量正对拍摄。洞窟中可实际拍摄距离短，如果由外业工作人员手持拍摄，必会产生仰角，影像变形，采用专利技术立体升降拍摄系统将相机固定在不同高度正对拍摄能很好解决这一难题。

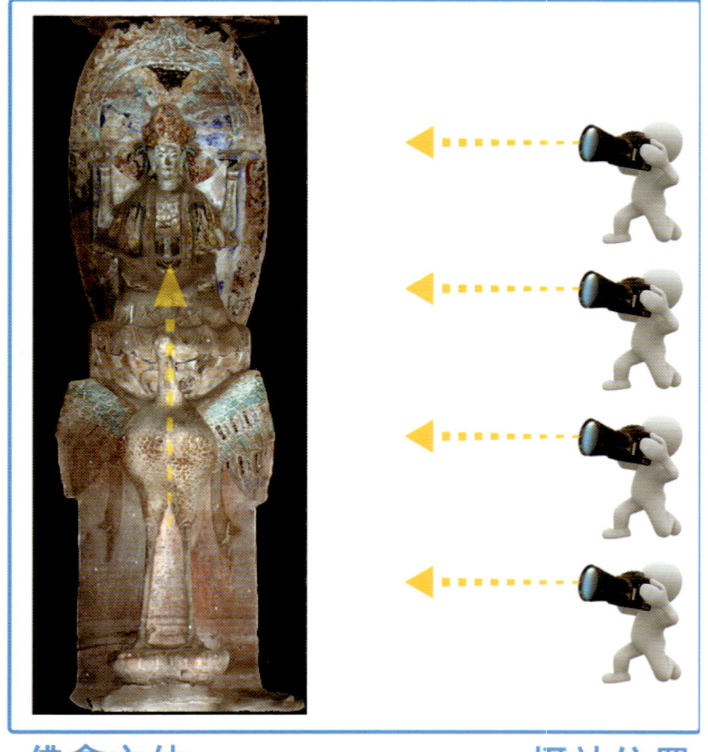

图 30　不同高度拍摄示意图

图 31　摄站最低部位拍照图

图 32　摄站中间部位拍照图

图 33　使用立体拍摄系统摄站高部位拍照图

（二）大数据近景影像的全自动摄影测量处理

摄影测量基本过程如图34所示，它包括摄影和测量两个主要步骤，首先获取被测物体的影像，然后对影像进行解析获取三维空间位置等几何信息。

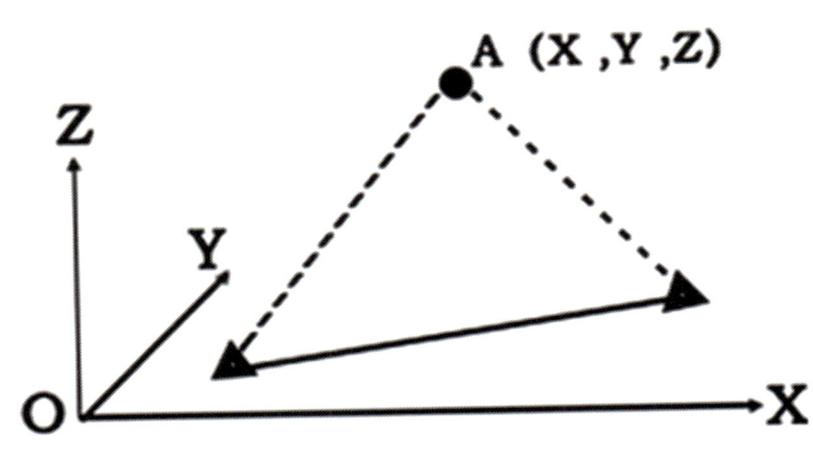

图34　摄影测量主要步骤

其基本原理如图35所示。它基于物方（空间）点、像点、相机中心三点共线的成像模型，根据两张或两张以上影像上的“同名点”进行交会得到空间点三维坐标，最终实现三维空间的测量与认知。三点共线的原理可以用下面的公式描述：

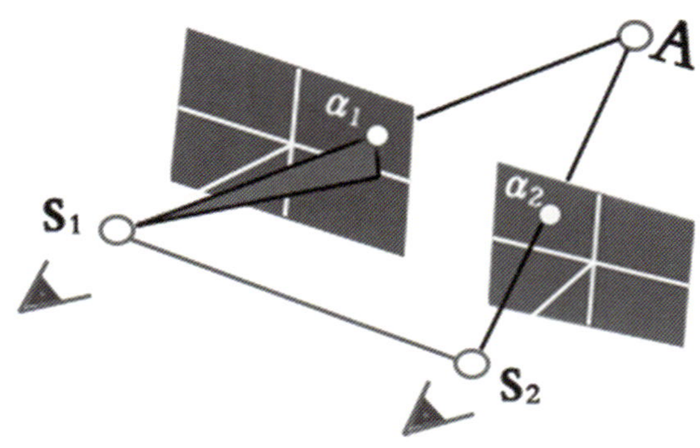

图35　摄影测量基本原理示意图

$$x-x_0=-f\frac{a_1(X_A-X_S)+b_1(Y_A-Y_S)+c_1(Z_A-Z_S)}{a_3(X_A-X_S)+b_3(Y_A-Y_S)+c_3(Z_A-Z_S)}$$
$$y-y_0=-f\frac{a_2(X_A-X_S)+b_2(Y_A-Y_S)+c_2(Z_A-Z_S)}{a_3(X_A-X_S)+b_3(Y_A-Y_S)+c_3(Z_A-Z_S)}$$
（公式1）

这就是中心投影的构像方程——共线方程，也是视觉测量所基于的基本模型。

在对大足石刻数字线描图制作过程中，运用张祖勋院士领军研发的Lensphoto系统，通过影像增强、特征点提取、影像匹配、相对定向、模型自动连接、自由光束法平差、自检校光束法平差，实现大数据量近景影像的全自动摄影测量处理。

1. 影像增强

Lensphoto系统采用Wallis滤波的方法实现影像增强技术。Wallis滤波是一种比较特殊的滤波器，它可以增强原始影像的反差并同时抑制噪声，特别是它可以大大增强影像中不同尺度的影像的纹理信息，所以在提取影像中的点特征时可提高点特征的数量和精度，而在影像匹配中则提高了匹配结果的可靠性和精度。Wallis滤波方法实际上是一种局部影像变换，它使在影像不同位置处的灰度方差和灰度均值都具有近似相等的数值，即影像反差小的区域的反差增强，影像反差大的区域的反差减小，使得影像中灰度的微小变化信息得到增强。同时，由于该滤波器在计算影像的局部灰度方差和均值时使用了平滑算子，所以它在增强影像有用信息的同时抑制了噪声，提高了影像的信噪比，使影像中存在的极为模糊的纹理模式得到增强。因此，Wallis处理后的影像虽然在视觉效果上有些像一幅噪声影像，但在进行特征点提取或立体匹配时，其效果要理想得多。

2. 特征点提取

特征点主要指影像上的明显点，如角点、圆点等。提取点特征的算子称为兴趣算子或有利算子，即运用某种算法从影像中提取出我们感兴趣的，即有利于某种目的的点。目前已经有很多的兴趣算子被提出。

Harris算子由于其计算简单，提取的点特征稳定，并且不需设置阈值，因而被广泛地应用于基于点特征的影像匹配。但是其缺点是精度不高，只能达到整像素级精度。而Förstner算子定位精度高，可达子像素级，但需要确定阈值，因此受图像灰度、对比度变化的影响。根据现有的理论，采用Harris算子和Förstner算子相结合用于点特征的提取，即用Harris算子提取出一定数量的特征点，然后用这些特征点作为Förstner的最佳窗口的中心点，在窗口内进行加权重心化，以精确定位特征点，使特征点的定位精度可达子像素级。

3. 空三匹配

摄影测量中双像（立体像对）的量测是提取物体三维信息的基础。在数字摄影测量中是以影像匹配代替传统的人工量测，来达到自动确定同名像点的目的。空三匹配，利用基于区域灰度的匹配方法，对立体影像对生成金字塔影像，采用从粗到细的相关策略，根据影像的相关性及核线约束条件，确定两幅影像之间的同名特征点，进一步利用最小二乘匹配方法进行精密匹配，提高匹配点精度。

由于空三匹配需要利用已经提取出的特征点在立体像对间匹配一定数量的、分布均匀的同名点，因而在特征点提取时，将影像划分为规则格网，每个格网内提取兴趣值最大的局部极值点作为特征点，这样既能保证匹配点在影像上的均匀分布，同时也提高了特征点提取及匹配的效率。

4. 自由网构建

由匹配获得的同名点，进行立体影像相对定向，根据立体影像间的公共点进行模型连接，最后利用光束法平差方法，构建自由网。

立体影像的相对定向就是要恢复摄影时相邻两影像摄影光束的相互关系，从而使同名光线对对相交，即恢复或确定立体像对两个光束在摄影瞬间相对位置关系的过程。利用连续法相对定向原理，根据立体影像间的同名点，依次确定影像序列中的各影像相对于第一张影像的相对位置及姿态信息。

相对定向后，各立体模型的像空间辅助坐标系相互平行，但比例尺不同。因此，需要根据相邻的立体影像之间的公共点，确定前后两个立体像对对应的模型的比例尺归化系数，使同名点对应的物方坐标一致。完成模型连接后，影像的外方位元素、匹配点摄影测量坐标都归化到以第一像对左影像摄影中心为原点的坐标系中。

光束法平差，是以一幅影像所组成的一束光线作为平差的基本单元，以中心投影的共线方程作为基础方程。通过各个光线束在空间的旋转和平移，使模型之间的公共点的光线实现最佳的交会。自由网光束法平差，以单张影像为平差单元，将影像坐标量测值作为观测值，建立平差数学模型，可最佳地顾及和改正影像系统误差的影响。经过光束法平差后，获得各影像在局部坐标系下的外方位元素及同名点在局部坐标系下的坐标，将其作为初始值，代入平差方程，求取局部坐标系下各影像及同名点精确的坐标。

同时，由于影像的重叠度高，测量对象往往出现在多张影像上，Lensphoto具有多基线立体匹配功能。利用多基线立体匹配方法获得的同名点具有大量的多余观测值，使用选权迭代法获取观测值的权值并利用多片前交进行平差计算，既能较有效地解决随机的误匹配问题，同时又能增加交会角，提高物方坐标解算的精度。

5. 量测控制点

利用Lensphoto软件中的控制点测量模块，测量控制点在影像中的坐标。首先，在被摄区域四角各选择一个控制点，量测其在至少两张影像上的坐标，将其代入光束法平差中，求算各影像初始的外方位元素。根据初始的外方位元素及控制点的实际物方坐标，利用共线方程，求出其他控制点在各影像中的坐标，再通过Lensphoto软件显示计算出的控制点影像位置，由操作人员根据显示的结果及控制点的实际位置进行修改，并保存，以完成控制点的量测操作。

6. 自检校光束法区域网平差

量测控制点的像点坐标后，利用控制点将构建自由网获取的影像及同名点在局部坐标下的坐标，纳入到控制点所在的物方坐标系中。先根据控制点在局部坐标系下的坐标及物方坐标，进行绝对定向即空间坐标相似变换，求解两坐标系之间的旋转角度、坐标原点的相对位移及坐标比例尺系数，从而确定各影像在物方坐标系的外方位元素及同名点在控制点所在物方坐标系下的坐标的初始值。

将求解的物方坐标下影像的外方位元素及同名点坐标，作为利用光束法平差初始值，并将控制点作为已知条件，利用严格的共线方程平差模型求解，精确地确定物方坐标系下影像的外方位元素及影像上同名点对应的目标上点的三维坐标。

（三）多片立体三维精细点云的快速匹配

经过自检校光束法平差后，各影像之间的相对位置关系精确确定，则存在如图36所示的关系。图中，S_1、S_2分别为一对立体像对左右影像的透视投影中心，通过S_1、S_2连线（摄影基线）与任一物方点A所形成的平面WA与立体像对左右影像相交于l_1、l_2，则物方点A在左影像的像点a_1，其在右影像中的同名点a_2，必定位于l_2。则平面WA称为过点A的核面，核面与影像面的交线即为核线，即l_1、l_2，且左核线上任一点对应右影像的同名点必定位于右影像的同名核线上。

如此，基于核线密集匹配方法，匹配时采用一维的搜索策略，同名点的搜索范围大大减少，且匹配计算简单，可快速生成理想的三维点云，有效地提高匹配效率及匹配精度。

同时，本成果可以根据需要，确定匹配后生成的点云的密度。通常设置为，每7×7个像素的区域，获取一对同名点，以孔雀明王拍摄情况为例，相机焦距28mm、摄影距离1.9m、像素大小6.4μm，则一个像素对应的地面大小为0.43mm^2，即地面分辨率0.43mm，若每7×7个像素获取一对同名点，则物方每3.01mm×3.01mm区域有一个点，则每1m^{2}区域，可匹配出110889个点。BSFW155—孔雀明王共拍摄了84张影像，匹配用时32分钟，匹配出918万个同名点。

Lensphoto快速匹配获取的精细密集RGB点云，为后续正射影像生成提供了优质的数据源，非常利于绘制高精度的精细的数字线描图产品。

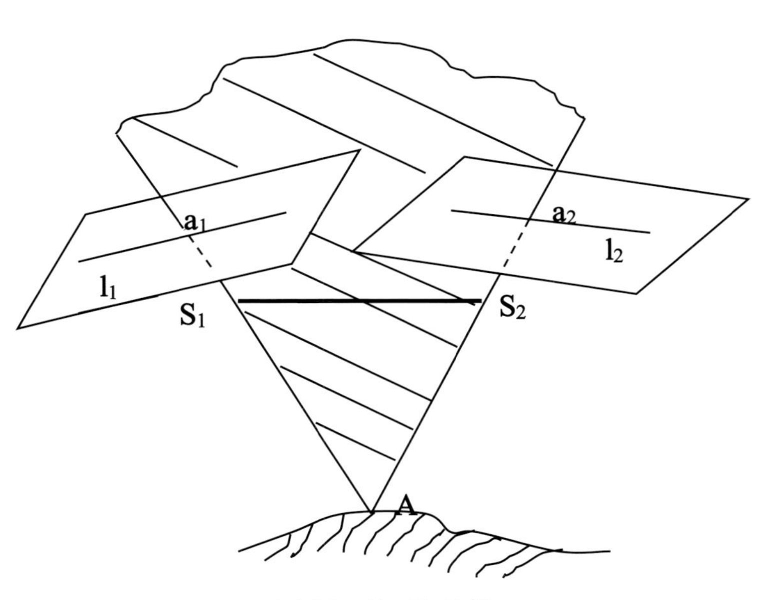

图36　核面与核线

（四）可定制投影面的精细正射影像制作

正射影像是由正射投影得到的，利用数字微分纠正的方法，基于影像的外方位元素、相机参数与数字地面模型，根据构像方程，或按一定的数学模型用控制点解算，从原始非正射投影的数字影像获取正射影像。正射影像具有正确的平面位置，并保存有丰富的影像信息。常用的正射影像制作如图37，正射影像的基础是数字高程模型（DEM），将DEM格网点的X、Y、Z坐标用共线方程变换到影像上去。如图37所示，摄影测量坐标系中的XOY平面与正射影像平面平行。

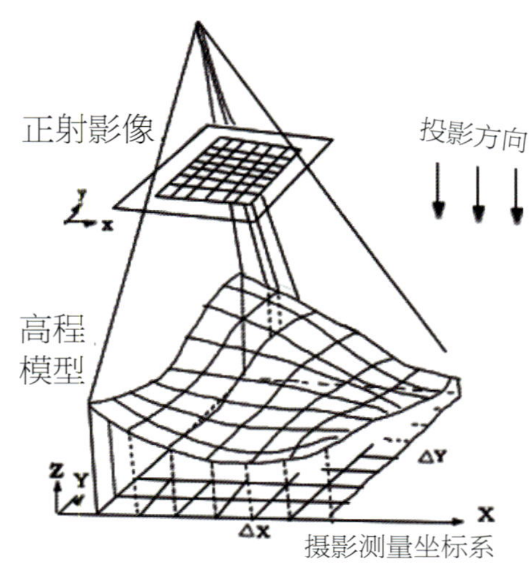

图 37　传统正射影像制作示意图

由于考古制图中所需的投影面与摄影测量中通常意义上的与Z方向垂直的平面为正射影像的投影面不同，摄影测量坐标系中XOY平面与所需的考古制图投影面存在一定的夹角，如果按照传统的方法将其投影到摄影测量坐标系XOY平面上生成正射影像，则采集的正射影像中的用于绘图的地物会严重压缩，而不能用于线描图的生产。

为满足考古制图的要求，需要进行如图38所示的方式进行正射影像生成。在拍摄前，确定所要求的投影面，拍摄时，尽量相对于投影面进行正直摄影，通过密集匹配生成三维点云，并构建TIN模型。这时，如果仍采用传统意义上的DEM格网点（在XOY平面上进行格网点划分）为基础的正射影像的生成，由于两个平面存在一定的平角，生成的格网点极可能为对应所需目标对象的另一侧面，造成影像生成的正射影像中所需的目标区域压缩严重，不能满足考古制图的要求，因而不再根据TIN模型生成数字高程模型DEM并以DEM为基础生成正射影像，而是直接由TIN模型，根据共线方程，利用数字微分纠正，生成特定投影面的正射影像，从而获得满足考古制图要求的正射影像，为后续的线描图的制作提供基础。同时，根据实际情况，选择合适的正射影像的采样间隔，以满足高精度的线描图的生产。

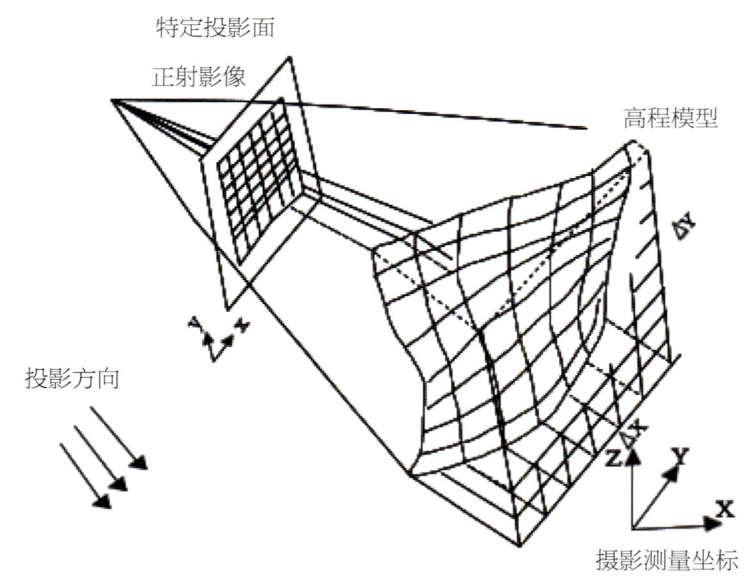

图 38　定制投影面正射影像制作示意图

图 39　BSFW130 生成定制投影面正射影像

四　取得的数据成果

为配合国家“十二五”图书出版的重点项目——《大足石刻全集》编撰出版，我们从2010年12月开始使用中国工程院院士、武汉大学遥感院张祖勋教授领衔研发的多基线数字近景摄影测量系统Lensphoto绘制了数字线描图、正射影像图、精细等值线图等。基于《大足石刻全集》系列考古报告集的实际需要，为获取石窟考古实测线描图，大足石刻研究院与武汉华宇世纪科技发展有限公司根据大足石刻实际情况，制定了包括数据采集、数据处理、绘图、调绘、出图线型等五项标准及规范，并在实际测绘中严格遵循。自2010年12月至2016年1月，分三期先后完成了小佛湾及宝顶周边宋代石窟及建筑，石篆山、石门山、南山、多宝塔、倒塔、北山佛湾等石窟、建筑的2974幅数字线图、95幅等值线图及595幅正射影像图的绘制。所获得的数字线图能清晰、完整、准确地反映龛窟及建筑的形制、造像特征、保存状况等；可对石窟遗存进行科学、客观的记录，为科学保护与研究提供客观的基础数据，对于全面推进大足石刻保护以及大足石刻的深入研究，具有深远而积极的意义。

（一）数据成果统计表

1. 小佛湾、舍利塔、字库塔成果数据统计

XFW	底视图	顶视图	立面视图	剖视图	等值线图	正射影像	合计
XFW1	5	0	4	6	0	4	19
XFW2	1	0	3	3	0	3	10
XFW3	1	1	5	4	2	3	16
XFW4	1	0	9	3	1	9	23
XFW5	1	1	4	1	0	0	7
XFW6	1	0	6	3	0	13	23
XFW7	2	0	2	2	0	2	8
XFW8	1	0	6	3	0	4	14
XFW9	1	1	17	5	0	17	41
观音洞	1	0	9	2	3	5	20
舍利塔	5	0	5	5	1	4	20
字库塔	3	0	4	5	0	4	16
倒塔	6	0	13	7	2	16	44
XFW整体	1	0	0	2	0	0	3
合计	30	3	87	51	9	84	264

2. 宝顶山、石篆山周边石窟造像及建筑成果数据统计

BDJJ	底视图	顶视图	立面视图	剖视图	等值线图	正射影像	合计
北塔经幢龛	1	0	1	1	0	1	4
墓塔1	1	0	1	2	0	1	5
墓塔2	1	0	1	2	0	1	5
北塔造像龛	1	0	2	3	0	2	8
三佛殿1号龛	1	0	1	2	0	1	5
三佛殿2号龛	1	0	1	2	0	1	5
三佛殿3号龛	1	0	1	2	0	1	5
佛祖岩	1	0	0	2	0	1	4
大佛坡1二佛	1	0	0	2	0	1	4
大佛坡2（东南西北）	4	0	0	4	0	4	12
三元洞	1	0	0	1	0	1	3
龙头山1	1	0	0	3	0	1	5
龙头山2	1	0	0	2	0	1	4
龙头山3	1	0	0	1	0	1	3

续表

BDJJ	底视图	顶视图	立面视图	剖视图	等值线图	正射影像	合计
龙头山4	1	0	0	3	0	2	6
龙头山5	1	0	0	2	0	1	4
龙头山6	1	0	0	1	0	1	3
龙头山7	1	0	0	1	0	1	3
龙头山8	1	0	0	2	0	1	4
仁功山1	1	0	0	2	0	1	4
仁功山2	1	0	0	1	0	1	3
仁功山3	1	0	0	1	0	1	3
珠始山	1	0	0	1	0	1	3
菩萨屋	1	0	0	2	0	1	4
菩萨堡	1	0	0	2	0	1	4
杨家坡	1	0	0	0	0	1	2
广大山	1	0	0	1	0	1	3
松林坡	0	0	0	1	0	1	2
古佛寺	0	0	0	1	0	1	2
对面佛	1	0	0	1	0	1	3
岩湾	1	0	0	2	0	1	4
龙潭	1	0	0	2	0	1	4
维摩顶西崖经变相	0	0	0	0	0	1	1
三块碑	1	0	0	1	0	3	5
SZS围墙外1号龛	1	0	0	1	0	1	3
SZS围墙外2号龛	1	0	0	2	0	1	4
塞子坡观音龛	1	0	0	1	0	1	3
合计	37	0	8	60	0	44	149

3. 石篆山成果数据统计

SZS	底视图	顶视图	立面视图	剖视图	等值线图	正射影像	合计
SZS1	1	0	3	3	0	3	10
SZS2	1	0	2	4	1	2	10
SZS3	1	0	1	1	0	1	4
SZS4	1	0	1	1	0	1	4
SZS5	1	1	6	4	0	3	15
SZS5-1	1	0	1	1	0	0	3
SZS6	1	0	5	4	1	3	14
SZS7	2	0	9	5	3	3	22
SZS8	3	0	9	7	1	3	23
SZS9	3	0	9	7	1	3	23
SZS10	1	0	2	3	0	1	7
SZS11	1	0	6	4	0	1	12
SZS12	0	0	1	0	0	1	2
SZS13	1	0	2	3	0	1	7
SZS14	1	0	8	5	0	4	18
SZS灵官	1	0	1	2	0	0	4
SZS10—12连续立面平面	1	0	1	0	0	0	2
合计	21	1	67	54	7	30	180

4. 石门山成果数据统计

SMS	底视图	顶视图	立面视图	剖视图	等值线图	正射影像	合计
SMS1	1	0	3	6	1	3	14
SMS2	1	0	2	4	0	2	9
SMS3	1	0	3	3	0	3	10

续表

SMS	底视图	顶视图	立面视图	剖视图	等值线图	正射影像	合计
SMS4	1	0	2	3	0	2	8
SMS5	1	0	1	0	0	1	3
SMS5-1	1	0	1	2	0	1	5
SMS6	1	1	6	3	2	3	16
SMS7	1	0	1	1	0	1	4
SMS8	1	0	7	3	0	4	15
SMS8-1	1	0	1	1	0	1	4
SMS9	1	0	2	3	0	1	7
SMS10	1	1	6	5	6	3	22
SMS11	1	0	1	4	0	1	7
SMS11-1	0	0	1	0	0	1	2
SMS12	0	0	1	0	0	2	3
SMS13	1	0	1	3	0	1	6
SMS13-1	1	0	1	3	0	1	6
SMS13-2	0	0	1	0	0	1	2
SMS灵官	1	0	1	2	0	1	5
SMS香炉	1	0	4	0	0	4	9
连续立面平面图	2	0	2	4	0	0	8
合计	19	2	48	50	9	37	165

5.南山成果数据统计

NS	底视图	顶视图	立面视图	剖视图	等值线图	正射影像	合计
NS1	1	1	4	4	1	3	14
NS2	1	1	4	2	0	3	11
NS2-1	1	0	1	1	0	0	3
NS3	0	0	1	0	0	1	2
NS3-1	1	0	1	1	0	1	4
NS4	1	0	3	4	3	3	14
NS5	2	2	17	9	2	3	35
NS5-1	0	0	1	0	0	0	1
NS6	1	0	7	6	0	1	15
NS6-1	1	0	1	1	0	0	3
NS7	0	0	1	0	0	1	2
NS8	0	0	1	0	0	1	2
NS8-1	1	0	1	1	0	1	4
NS9	0	0	1	0	0	1	2
NS10	0	0	1	0	0	1	2
NS10-1	0	0	1	0	0	0	1
NS11	0	0	1	0	0	1	2
NS12	0	0	1	0	0	1	2
NS13	0	0	1	0	0	1	2
NS14	0	0	1	0	0	1	2
NS15	1	0	2	3	0	1	7
合计	11	4	52	32	6	25	130

6.多宝塔成果数据统计

DBT	底视图	顶视图	立面视图	剖视图	等值线图	正射影像	合计
DBT1	1	1	4	6	0	0	12
DBT3	1	0	1	3	0	1	6
DBT4	1	1	1	3	0	1	7
DBT5	1	1	1	4	0	1	8

续表

DBT	底视图	顶视图	立面视图	剖视图	等值线图	正射影像	合计
DBT6	1	1	1	4	0	1	8
DBT7	1	1	3	3	1	1	10
DBT8	1	1	1	2	0	1	6
DBT9	1	0	1	2	0	1	5
DBT10	1	0	1	3	1	1	7
DBT11	1	0	1	3	0	1	6
DBT12	1	1	2	4	0	1	9
DBT13	1	0	1	3	0	1	6
DBT14	1	0	1	3	0	1	6
DBT15	1	1	2	3	0	1	8
DBT16	1	0	1	3	0	1	6
DBT17	1	1	1	3	0	1	7
DBT18	1	1	1	3	0	1	7
DBT19	1	1	1	3	0	1	7
DBT20	1	0	1	1	0	1	4
DBT21	1	0	1	3	0	1	6
DBT22	1	0	1	3	0	1	6
DBT23	1	1	2	2	0	1	7
DBT24	1	1	1	3	0	1	7
DBT25	1	1	1	3	0	1	7
DBT26	1	1	1	3	0	1	7
DBT27	1	0	1	3	0	1	6
DBT28	1	1	2	3	0	1	8
DBT29	1	0	1	3	0	1	6
DBT30	1	0	1	3	0	1	6
DBT31	1	0	1	3	0	1	6
DBT32	1	0	1	4	0	1	7
DBT33	1	1	2	3	1	1	9
DBT34	1	0	1	3	0	1	6
DBT35	1	0	1	3	0	1	6
DBT36	1	1	4	6	0	1	13
DBT37	1	1	1	3	0	1	7
DBT38	1	1	1	2	0	1	6
DBT39	1	1	4	5	1	1	13
DBT40	1	0	1	2	0	1	5
DBT41	1	0	2	3	0	1	7
DBT42	1	0	1	3	0	1	6
DBT43	1	1	4	3	1	1	11
DBT44	1	0	1	2	0	1	5
DBT45	1	0	2	3	0	1	7
DBT46	1	1	1	2	0	1	6
DBT47	1	1	4	4	0	1	11
DBT48	1	0	1	2	0	1	5
DBT49	1	1	1	3	0	1	7
DBT50	1	1	4	4	1	1	12
DBT51	1	1	1	3	0	1	7
DBT52	1	1	2	3	0	1	8
DBT53	1	0	1	3	0	1	6
DBT54	1	1	5	4	0	1	12
DBT55	1	0	1	3	0	1	6
DBT56	1	0	1	2	0	1	5
DBT57	1	1	5	4	0	1	12

续表

DBT	底视图	顶视图	立面视图	剖视图	等值线图	正射影像	合计
DBT58	1	1	1	1	0	1	5
DBT59	1	1	1	3	0	1	7
DBT60	1	1	4	5	1	1	13
DBT61	1	0	1	3	0	1	6
DBT62	1	1	2	4	0	1	9
DBT63	1	0	2	2	0	1	6
DBT64	1	1	4	5	0	1	12
DBT65	1	1	1	4	0	1	8
DBT66	1	1	1	4	0	1	8
DBT67	1	1	2	3	0	1	8
DBT68	1	0	2	3	0	1	7
DBT69	1	1	2	4	0	1	9
DBT70	1	1	2	3	0	1	8
DBT71	0	0	1	1	0	1	3
DBT71-1	0	0	1	1	0	0	2
DBT72	1	1	2	2	0	1	7
DBT73	0	0	1	1	0	1	3
DBT73-1	0	0	1	1	0	0	2
DBT74	1	1	2	3	0	1	8
DBT75	1	0	1	2	0	1	5
DBT76	0	0	1	2	0	1	4
DBT77	1	1	2	4	0	1	9
DBT78	0	0	1	1	0	1	3
DBT79	0	0	1	1	0	1	3
DBT80	0	0	1	1	0	1	3
DBT81	0	0	1	1	0	1	3
DBT82	1	1	1	1	0	0	4
DBT125	1	1	5	5	0	4	16
DBT门	0	0	4	0	0	3	7
DBT131	1	0	5	3	0	4	13
DBT130	1	1	6	7	0	4	19
DBT129	1	0	5	3	0	4	13
DBT128	1	1	8	4	0	4	18
DBT127	1	1	5	5	0	4	16
DBT126	1	1	6	3	0	4	15
DBT114	1	1	1	3	0	1	7
DBT115	1	1	1	3	0	1	7
DBT113	1	1	2	3	0	1	8
DBT123	1	1	2	3	0	1	8
DBT124	1	1	2	3	0	1	8
DBT122	1	1	2	3	0	1	8
DBT120	1	1	1	2	0	1	6
DBT121	1	1	1	3	0	1	7
DBT119	1	1	2	3	0	1	8
DBT117	1	0	1	2	0	1	5
DBT118	1	1	1	3	0	1	7
DBT116	1	1	2	3	0	1	8
DBT106	1	1	1	3	0	1	7
DBT105	1	1	2	3	0	1	8
DBT112	1	1	1	2	0	1	6
DBT111	1	1	4	5	0	1	12

续表

DBT	底视图	顶视图	立面视图	剖视图	等值线图	正射影像	合计
DBT110	1	1	1	2	0	1	6
DBT109	1	0	2	3	0	1	7
DBT108	1	1	1	3	0	1	7
DBT107	1	1	4	4	0	1	11
DBT98	1	1	1	3	0	1	7
DBT97	1	1	2	3	0	1	8
DBT104	1	1	1	2	0	1	6
DBT103	1	1	2	3	0	1	8
DBT102	1	1	1	3	0	1	7
DBT101	1	1	2	3	0	1	8
DBT100	1	1	1	2	0	1	6
DBT99	1	1	2	3	0	1	8
DBT90	1	1	2	3	0	1	8
DBT89	1	1	2	2	0	1	7
DBT96	1	1	1	3	0	1	7
DBT95	1	1	2	3	0	1	8
DBT94	1	1	1	1	0	0	4
DBT93	1	1	2	2	0	1	7
DBT92	1	1	1	1	0	0	4
DBT91	1	1	2	3	0	1	8
DBT88	1	1	1	1	0	0	4
DBT87	1	1	1	1	0	0	4
DBT86	1	1	1	1	0	0	4
DBT85	1	1	2	2	0	1	7
DBT84	1	1	2	1	0	1	6
DBT83	1	1	2	1	0	1	6
二佛	1	1	2	1	1	1	7
合计	124	90	248	376	8	148	994

7. 北山佛湾成果数据统计

BSFW	底视图	顶视图	立面视图	剖视图	等值线图	正射影像	合计
BSFW51	1	1	3	6	3	1	15
BSFW52	1	0	3	3	1	1	9
BSFW53	1	0	3	4	1	1	10
BSFW54	0	0	2	0	0	1	3
BSFW55	1	0	1	3	0	1	6
BSFW55-1	1	0	1	3	0	0	5
BSFW56	1	0	3	3	0	1	8
BSFW57	1	0	3	3	1	1	9
BSFW58	1	0	3	4	1	1	10
BSFW59	1	0	1	3	0	1	6
BSFW60	1	0	1	3	0	1	6
BSFW61	1	0	1	5	0	1	8
BSFW62	1	0	1	4	0	1	7
BSFW63	1	0	1	3	0	1	6
BSFW64	1	0	1	2	0	1	5
BSFW65	1	0	3	4	0	1	9
BSFW66	1	0	1	4	0	1	7
BSFW67	1	0	1	3	0	1	6
BSFW68	1	0	1	3	0	1	6
BSFW69	1	0	1	3	0	1	6

续表

BSFW	底视图	顶视图	立面视图	剖视图	等值线图	正射影像	合计
BSFW70	1	0	1	3	0	1	6
BSFW70-1	1	0	1	2	0	1	5
BSFW71	1	0	1	4	0	1	7
BSFW72	1	0	1	4	0	1	7
BSFW73	1	0	1	4	0	1	7
BSFW74	1	0	1	3	0	1	6
BSFW75	1	0	1	3	0	1	6
BSFW76	1	0	1	3	0	1	6
BSFW77	1	0	1	3	0	1	6
BSFW78	1	0	1	3	0	1	6
BSFW79	1	0	1	4	0	1	7
BSFW80	1	0	1	3	0	1	6
BSFW81	1	0	1	3	0	1	6
BSFW82	1	0	1	3	0	1	6
BSFW83	1	0	3	6	0	1	11
BSFW84	1	0	3	4	0	1	9
BSFW85	1	0	1	3	0	1	6
BSFW86	1	0	1	4	0	1	7
BSFW87	1	0	1	4	0	1	7
BSFW88	1	0	1	3	0	1	6
BSFW89	1	0	1	3	0	1	6
BSFW90	1	0	1	4	0	1	7
BSFW91	1	0	1	3	0	1	6
BSFW92	1	0	1	3	0	1	6
BSFW93	1	0	1	2	0	1	5
BSFW94	1	0	1	3	0	1	6
BSFW95	1	0	1	2	0	1	5
BSFW96	1	0	1	2	0	0	4
BSFW97	1	0	1	3	0	1	6
BSFW98	1	0	1	2	0	1	5
BSFW99—100	1	0	1	4	0	2	8
BSFW101	1	0	1	3	0	0	5
BSFW102	0	0	0	2	0	1	3
BSFW103	1	0	2	3	0	3	9
BSFW104	0	0	0	0	0	1	1
BSFW105	1	0	4	5	0	1	11
BSFW106	1	0	4	5	0	1	11
BSFW107	1	1	4	5	0	1	12
BSFW108	0	0	1	2	0	1	4
BSFW109	0	0	1	2	0	1	4
BSFW110	1	1	4	4	0	1	11
BSFW111	1	1	4	6	0	1	13
BSFW112	1	0	4	5	0	1	11
BSFW113	0	1	3	5	0	1	10
BSFW114	0	0	4	1	0	1	6
BSFW115	0	0	0	0	0	1	1
BSFW116	1	0	1	5	0	1	8
BSFW116-1	1	0	1	2	0	1	5
BSFW117	1	0	3	5	0	1	10
BSFW118	1	1	3	5	0	1	11
BSFW119	1	1	4	5	0	1	12
BSFW120	1	1	3	5	0	1	11

续表

BSFW	底视图	顶视图	立面视图	剖视图	等值线图	正射影像	合计
BSFW121	1	1	4	6	0	1	13
BSFW122	1	0	3	4	0	1	9
BSFW123	1	0	3	5	0	1	10
BSFW124	1	0	1	3	0	1	6
BSFW125	1	0	3	4	0	1	9
BSFW126	1	0	3	4	0	1	9
BSFW127	1	0	3	4	0	1	9
BSFW128	1	0	3	4	0	1	9
BSFW129	1	0	3	4	0	1	9
BSFW130	1	0	3	5	0	1	10
BSFW131	1	0	3	4	0	1	9
BSFW132	1	0	3	4	0	1	9
BSFW133	1	0	4	6	1	1	13
BSFW134	0	0	0	0	0	1	1
BSFW135	1	0	3	5	0	1	10
BSFW136	13	1	22	39	9	1	85
BSFW137	1	0	1	2	0	1	5
BSFW138	0	0	1	0	0	1	2
BSFW139	1	0	1	4	0	1	7
BSFW140	1	0	1	3	0	1	6
BSFW141	1	0	1	2	0	1	5
BSFW142+144	1	0	1	5	0	1	8
BSFW143	0	0	1	0	0	1	2
BSFW145	1	0	1	3	0	1	6
BSFW146	1	0	1	3	0	1	6
BSFW147	1	1	3	4	0	1	10
BSFW148	1	0	1	3	0	1	6
BSFW149	1	0	4	5	0	1	11
BSFW150	0	0	0	0	0	1	1
BSFW151	0	0	1	2	0	1	4
BSFW151−1	0	0	1	0	0	1	2
BSFW152	1	0	1	3	0	1	6
BSFW152−1	1	0	1	2	0	1	5
BSFW153	1	0	1	2	0	1	5
BSFW153−1	1	0	1	2	0	1	5
BSFW154	1	0	1	2	0	1	5
BSFW155	2	1	7	9	18	2	22
BSFW156	0	0	1	0	0	1	2
BSFW157	1	0	1	3	0	1	6
BSFW158	1	0	1	3	0	1	6
BSFW159	1	0	1	3	0	1	6
BSFW160	0	0	1	0	0	1	2
BSFW161	1	0	1	4	0	1	7
BSFW162	1	0	1	4	0	1	7
BSFW163	1	0	1	2	0	1	5
BSFW164	1	0	2	4	0	1	8
BSFW165	1	0	1	3	0	1	6
BSFW166	1	0	1	4	0	1	7
BSFW167	0	0	1	2	0	1	4
BSFW168	2	1	4	9	0	1	17
BSFW169	1	0	3	4	0	1	9
BSFW170	0	0	1	2	0	1	4

续表

BSFW	底视图	顶视图	立面视图	剖视图	等值线图	正射影像	合计
BSFW171	1	0	1	2	0	1	5
BSFW171-1	1	0	0	2	0	1	4
BSFW172	1	0	1	3	0	1	6
BSFW173	1	0	1	3	0	1	6
BSFW174	1	0	1	3	0	1	6
BSFW175	1	0	1	2	0	1	5
BSFW175-1	0	0	1	2	0	0	3
BSFW176	1	1	4	4	1	1	12
BSFW177	1	1	3	4	0	1	10
BSFW178	0	0	1	2	0	1	4
BSFW179	1	0	1	3	0	1	6
BSFW180	1	1	5	4	2	1	14
BSFW180-1	0	0	1	0	0	1	2
BSFW180-2	0	0	1	0	0	1	2
BSFW181+184	1	0	1	2	0	1	5
BSFW182	0	0	1	2	0	1	4
BSFW183	1	0	1	3	0	1	6
BSFW185	0	0	1	2	0	1	4
BSFW186	1	0	1	2	0	1	5
BSFW187	1	0	3	4	0	1	9
BSFW187-1	0	0	1	0	0	1	2
BSFW188	1	0	3	2	0	1	7
BSFW189	1	0	1	2	0	1	5
BSFW190	1	0	3	5	0	1	10
BSFW190-1	1	0	1	0	0	0	2
BSFW191	1	0	3	4	0	1	9
BSFW192	1	0	1	4	0	1	7
BSFW193	1	0	1	4	0	1	7
BSFW194	1	0	1	3	0	1	6
BSFW195	1	0	1	2	0	1	5
BSFW196	1	0	2	2	0	1	6
BSFW197	1	0	1	3	0	1	6
BSFW198	1	0	1	3	0	1	6
BSFW199	1	0	1	3	0	1	6
BSFW200	1	0	1	3	0	1	6
BSFW201	1	0	1	3	0	1	6
BSFW202	1	0	1	3	0	1	6
BSFW203—204	1	0	2	5	0	1	9
BSFW205	1	0	3	3	0	1	8
BSFW206	1	0	1	3	0	1	6
BSFW207	1	0	1	1	0	1	4
BSFW208	1	0	1	3	0	1	6
BSFW209	1	0	3	3	1	1	9
BSFW210	1	0	1	3	0	1	6
BSFW211	1	0	1	3	0	1	6
BSFW212	1	0	1	3	0	1	6
BSFW213	1	0	1	3	0	1	6
BSFW214	1	0	2	3	0	1	7
BSFW215	1	0	1	2	0	1	5
BSFW216	1	0	1	2	0	1	5
BSFW217	1	0	1	3	0	1	6
BSFW218	1	0	3	4	0	1	9

续表

BSFW	底视图	顶视图	立面视图	剖视图	等值线图	正射影像	合计
BSFW219	1	0	1	2	0	1	5
BSFW220	1	0	1	3	0	0	5
BSFW221	1	0	1	3	0	1	6
BSFW222	1	0	1	4	0	1	7
BSFW223	1	0	1	3	0	1	6
BSFW224	1	0	1	4	0	1	7
BSFW225	1	0	1	3	0	1	6
BSFW226	1	0	1	3	0	1	6
BSFW227	1	0	1	2	0	1	5
BSFW228	1	0	1	3	0	1	6
BSFW229	1	0	1	3	0	1	6
BSFW229-1	1	0	1	2	0	0	4
BSFW230	1	0	1	3	0	1	6
BSFW231	1	0	1	3	0	1	6
BSFW232	1	0	1	4	0	1	7
BSFW233	1	0	1	3	1	1	7
BSFW234	1	0	1	3	0	1	6
BSFW235	1	0	3	4	0	1	9
BSFW236	1	0	1	2	0	0	4
BSFW237	1	0	1	2	0	0	4
BSFW238	1	0	1	2	0	0	4
BSFW239	1	0	1	2	0	0	4
BSFW240	1	0	1	2	0	0	4
BSFW241	1	0	1	2	0	0	4
BSFW242	1	0	1	3	0	0	5
BSFW243	1	0	1	4	0	0	6
BSFW244	1	0	1	2	0	0	4
BSFW245	1	1	12	6	3	0	23
BSFW246	1	0	1	3	0	0	5
BSFW247	1	0	1	2	0	0	4
BSFW248	1	0	1	2	0	0	4
BSFW249	1	0	1	3	0	0	5
BSFW250	1	0	1	3	0	1	6
BSFW251	1	0	1	3	0	1	6
BSFW252	1	0	1	5	0	1	8
BSFW253	1	0	4	3	2	1	11
BSFW254	1	1	3	3	1	1	10
BSFW255	1	0	3	4	0	1	9
BSFW256	1	1	3	3	0	1	9
BSFW257	1	0	1	3	0	1	6
BSFW258	1	0	1	3	0	1	6
BSFW259	1	0	1	3	1	0	6
BSFW260+262+266	1	0	4	6	0	1	12
BSFW261	1	0	1	2	0	1	5
BSFW263	1	0	1	3	0	1	6
BSFW264	1	0	1	2	0	1	5
BSFW265	0	0	1	0	0	1	2
BSFW267	1	0	2	3	0	1	7
BSFW268+272	1	0	1	4	0	1	7
BSFW269+270	2	0	4	9	0	1	16
BSFW271	1	0	1	4	0	1	7
BSFW273	1	1	3	4	1	1	11

续表

BSFW	底视图	顶视图	立面视图	剖视图	等值线图	正射影像	合计
BSFW274	1	0	3	3	0	1	8
BSFW275	1	0	1	4	0	1	7
BSFW276	1	0	2	3	0	1	7
BSFW277	1	0	1	3	2	1	8
BSFW278	1	0	3	3	0	1	8
BSFW279	1	2	5	8	1	1	18
BSFW280	1	0	1	3	0	1	6
BSFW281	1	2	6	8	0	1	18
BSFW282	1	0	1	3	0	1	6
BSFW283	1	0	1	2	0	1	5
BSFW284	1	0	1	3	0	1	6
BSFW285	1	0	1	3	0	1	6
BSFW286	1	0	1	4	1	1	8
BSFW287	0	0	1	2	0	1	4
BSFW288	1	1	3	8	0	1	14
BSFW289	1	0	1	3	0	1	6
BSFW290	1	0	1	2	0	1	5
BSFW5	0	0	0	0	1	0	1
BSFW10	0	0	0	0	1	0	1
BSFW21	0	0	0	0	1	0	1
BSFW39	0	0	0	0	1	0	1
合计	233	25	430	811	39	227	1765

8. 成果数据统计总表

区域	底视图	顶视图	立面视图	剖视图	等值线图	正射影像	合计
北山佛湾	233	25	430	811	39	227	1765
多宝塔	124	90	248	376	8	148	994
南山	11	4	52	32	6	25	130
石门山	19	2	48	50	9	37	165
石篆山	21	1	67	54	7	30	180
小佛湾	30	3	87	51	9	84	264
结界	37	0	8	60	0	44	149
合计	475	125	940	1434	78	595	3647

（二）部分成果展示

1. 数字线描图

图 40　NS5 中心柱立面展开线描图（上）

图 41　SMS6 立面展开线描图

图 42　BSFW136 立面展开线描图

图 43　SZS7 立面展开线描图

图 44　SMS6 左立面线描图

图 45　XFW9（内）立面展开线描图

图 46　SMS6 右立面正射影像

图 47　SMS6 左立面正射影像

图 48　XFW9（外）左立面正射影像

图 49　XFW4 正立面正射影像

图 50　NS5 中心柱正立面正射影像

2. 正射影像图

3. 精细等值线图

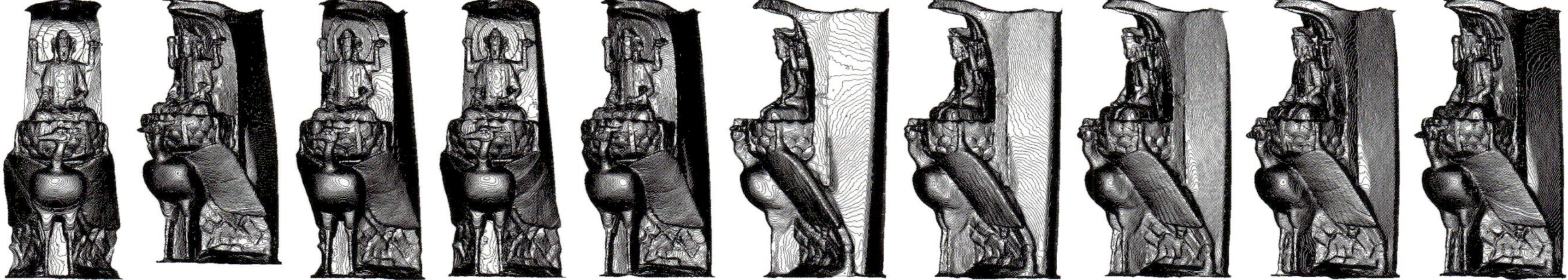

图 51　BSFW155 等值线图（0° 至 -90°）

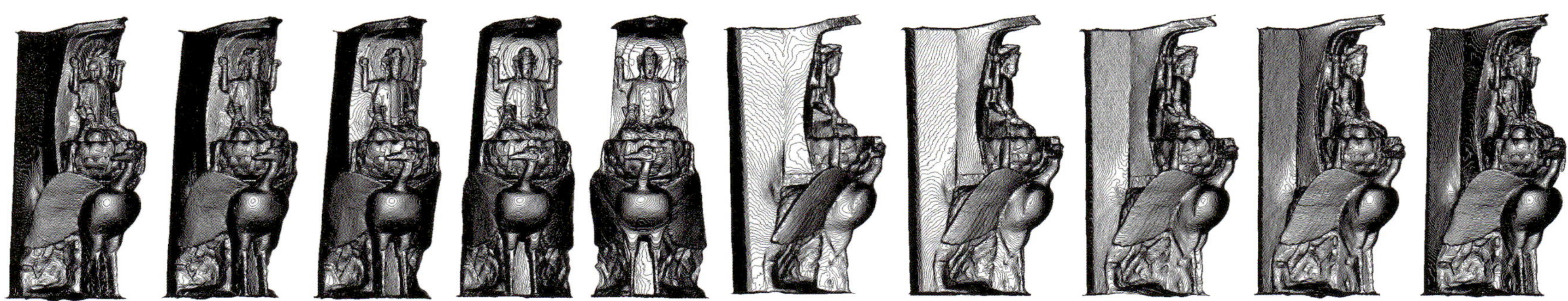

图 52　BSFW155 等值线图（0° 至 90°）

图 53　SMS6 左立面正射影像与线描图叠加图

4. 数据成果叠加图

图 54　SMS6 左立面正射影像与等值线叠加图

图 55　SMS6 左立面线描图与等值线叠加图

图 56　SMS6 左立面正射影像、线描图与等值线叠加图

五　创新点

（一）精细的摄影测量三维密集点云

运用Lensphoto匹配模块能便捷获取精细的被摄物三维密集点云，利于后期的正射影像生成及三维重建。影像匹配无疑是数字摄影测量的关键技术，其匹配质量的好坏直接影响数据处理的精度，同时匹配的自动化程度决定了近景摄影测量数据处理的效率。影像匹配的核心问题是“相似度量”的选择和搜索范围与搜索策略。针对近景影像的特点，Lensphoto分别采用了决定匹配的精度和鲁棒性的基于区域灰度匹配和决定影像匹配自动化程度的SIFT特征匹配，合理的匹配策略实现了数字近景影像的全自动、快速和精确匹配，能获取精细的摄影测量三维密集点云。

图 57　BSFW9 号窟激光扫描点云

图 58　BSFW9 号窟 Lensphoto 匹配点云

（二）三维可视化绘制数字线描图

传统的绘制考古线描图的方法是采用坐标纸、直尺、三角板、游标卡尺等，进行测量文物主要结构的尺寸，并在坐标纸上进行绘制主要轮廓，再进一步进行精细描绘，如图59所示。这种方法，耗时长，需要考古人员长期在石窟现场进行绘制，消耗大量的人力、物力，且效率低，往往需要几年的时间才能完成一幅图。

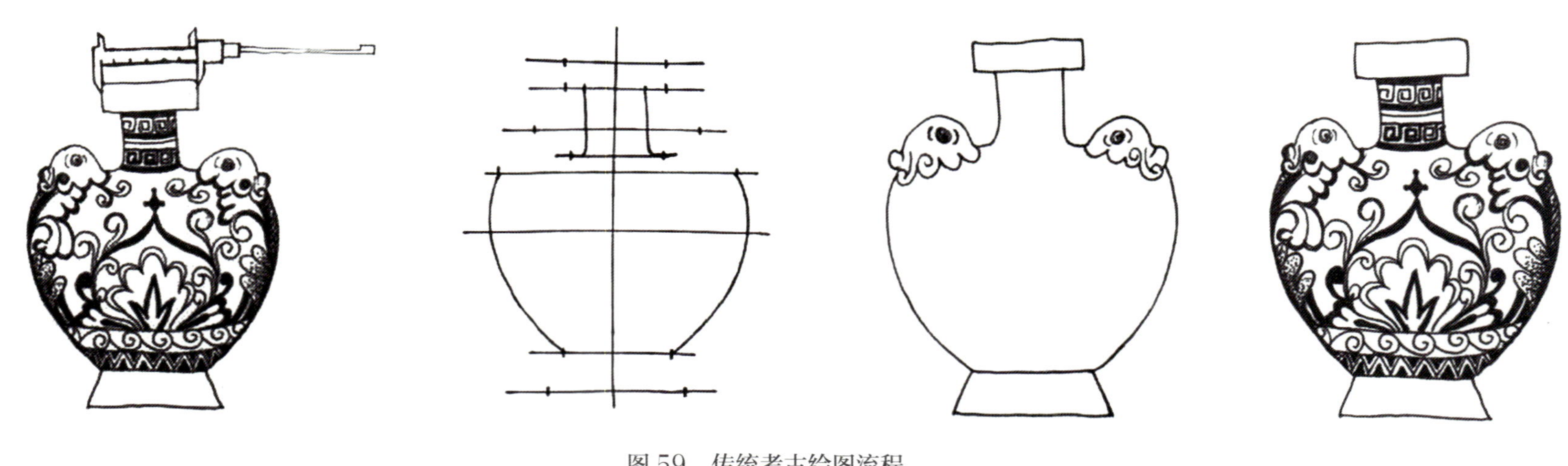

图59 传统考古绘图流程

摄影测量，是从双像（立体像对）进行量测并提取物体三维信息。由摄影测量原理可以知道，运用摄影测量的方法只需在现场拍摄影像及量取少量控制点，不需要在外业现场进行线描图绘制工作。

大足石刻数字线描图工作中，利用非量测数码相机Canon 5D Mark Ⅱ获取数字影像数据，将获取的数字影像直接导入到电脑中，应用张祖勋院士领衔研发的数字摄影测量系统Lensphoto的影像全自动匹配确定同名像点代替传统的人工量测，该系统的全自动空中三角测量处理流程，准确地恢复拍摄影像的空间位置姿态，进而利用共线方程，确定影像中同名点对应的物方点的坐标，快速获取物体精细密集的RGB三维点云，使得以点云为基础，生成满足考古要求的定制投影面的正投影影像精确、可靠。以BSFW130石窟正立面数据处理为例，共拍摄了120张影像，从全自动空中三角测量到正射影像生成，耗时1.2小时，绝对精度达毫米级，极大地提高了工作效率。获取正射影像后，应用以计算机辅助测图技术为基础的机助数字测图软件，使操作人员可以在个人电脑上，以正射影像为底图，进行数字线描图的绘制。Lensphoto将外业现场绘图，转到内业计算机上绘图，绘制完成后，再进行现场调绘，并最终成图。利用摄影测量方法绘制的数字线描图，方便存储与传输，形成多方共享的数字线描图数据文件，且以后根据需要可输入各种数据库，易于保存和修改，同时，可输出到数控绘图仪等模拟输出设备上，形成各种图件与表格

图60 以定制投影面正射影像为底图的线描图绘制

图61 整体线描图（BSFW130正立面线描图）

图 62　局部放大图

以满足各种应用。

因此，应用摄影测量技术进行考古数字线描图的绘制，具有高精度、高效率、成果数据类型丰富、高性价比、可实施性强等特点，实现了考古线描图绘制工作的内业可视化工作环境，减少了人力、物力、财力的耗损。

（三）可靠的高精度数字线描图产品

我们采用的摄影测量方法以客观、真实地反映物体信息的原始数字影像为基础，进行测量工作。摄影测量处理过程中，采用Harris与Förstner结合的特征点提取算法，提取影像中的特征点，特征点精度达到子像素级。同时，获取影像的重叠度大，并运用以最小二乘匹配精化的多基线匹配方法，获取子像素级的匹配精度。最后，采用自检校光束法平差，根据共线方程，运用严格的平差模型，计算出高精度的影像拍摄时的位置及姿态。并通过快速的匹配算法，生成精细密集的RGB三维点云，再按照考古所需的投影面以正投影方式生成高精度正射影像。最后以正射影像图为底图，进行线描图的可视化绘制。

影像数据获取选用的相机为Canon EOS 5D Mark Ⅱ非量测数码相机，其相机像平面大小5616×3744像素，像素大小6.4mm，镜头焦距28mm。且摄影测量过程中所需的控制点，由5＂全站仪测量，控制点为石窟自身的自然特征点，测量精度为2mm。以130号窟正立面为例，拍摄距离1.9m，地面分辨元0.43mm，共布设17个控制点，拍摄影像在水平方向重叠度85%，垂直方向重叠度70%。摄影测量处理后，控制点的像点中误差为1.33mm，约1/5个像素，控制点平面误差1.1mm，点位精度1.2mm，正射影像的分辨率3mm，因而线描图的精度可达到3mm。

Lensphoto可基于考古正投影方式生成精细的正射影像，在此基础上获取的数字线描图忠实于实物，充分满足考古制图对于精度的要求。且高分辨率正射影像中可以清楚地观察石窟中的塑像细节及轮廓，使得数字线描图的绘制方便、精确。另一方面，正射影像绘图软件中提供了曲线拟合、直线、直角、自动捕捉等人性化的绘图工具，能有效减少绘图误差，并且绘制的线条更平滑，与实物更切合。软件同时提供目标的测量功能，可方便地测量两点间的距离等。生成的线描图为矢量形式，易于放大、缩小，可按照所需要的比例尺成图。

综上所述，本项目成功运用了Lensphoto全数字摄影测量方法进行考古测量及数字线描图绘制。实践证明该方法相较于常规的测量及绘图方法具有成图精度高、效率高、成果数据类型丰富且益于应用拓展、性价比高、可实施性强等优势，充分满足了石窟寺保护与研究的需求，形成了石窟寺数字化保护的易于实施的可行性技术方法，对于提升大足石刻数字化保护能力，实现大足石刻文物遗存的"永生"具有积极的意义。

图书在版编目（CIP）数据

大足石刻专论 / 黎方银主编；大足石刻研究院编. 一重庆：重庆出版社，2018.10
（大足石刻全集. 第九卷）
ISBN 978-7-229-12696-4

Ⅰ. ①大… Ⅱ. ①黎… ②大… Ⅲ. ①大足石窟 – 文集
Ⅳ. ① K879.274-53

中国版本图书馆 CIP 数据核字（2017）第 228213 号

大足石刻专论
DAZU SHIKE ZHUANLUN
黎方银 主编　　大足石刻研究院 编

总 策 划：郭　宜　黎方银
责任编辑：曾海龙　王　娟　杨　帆
美术编辑：郭　宜　吕文成　王　远
责任校对：何建云
装帧设计：胡靳一　郑文武
排　　版：张仙桃

重庆出版集团
重庆出版社　出版

重庆市南岸区南滨路162号1幢　邮政编码：400061　http://www.cqph.com
重庆新金雅迪艺术印刷有限公司印制
重庆出版集团图书发行有限公司发行
E-MAIL:fxchu@cqph.com　邮购电话：023-61520646
全国新华书店经销

开本：889mm×1194mm　1/8　印张：71
2018年10月第1版　2018年10月第1次印刷
ISBN 978-7-229-12696-4
定价：2200.00元

如有印装质量问题，请向本集团图书发行有限公司调换：023-61520678